Dieses Buch ist ein Geschenk der

Advent International GmbH

Frankfurt a. M.

150 Jahre
Wissen für die Zukunft
Oldenbourg Verlag

Handbuch zur ökonomischen Bildung

herausgegeben von

Dr. Dr. h.c. Hermann May

Professor für Wirtschaftswissenschaft
und ökonomische Bildung

Mit Kapiteln von

Prof. Dr. Hans-Jürgen Albers
Pädagogische Hochschule Schwäbisch-Gmünd, Universität Stuttgart

Prof. Dr. Horst Friedrich
Universität zu Köln

Prof. Dr. Renate Harter-Meyer
Universität Hamburg

Prof. Dr. Dr. h.c. Hans Kaminski
Universität Oldenburg

Prof. Dr. Gerd-Jan Krol
Universität Münster

Prof. Dr. Klaus-Peter Kruber
Universität Kiel

Prof. Dr. Dr. h.c.Hermann May
Pädagogische Hochschule Heidelberg

Prof. Dr. Ulrich Pleiß
Universität Koblenz-Landau

Prof. Dr. Raimund Schirmeister
Universität Düsseldorf

Prof. Dr. Hans Jürgen Schlösser
Universität Siegen

Prof. Dr. Alfons Schmid
Universität Frankfurt

9., völlig überarbeitete und aktualisierte Auflage

Redaktion
Dipl.-Hdl. Ulla May

Oldenbourg Verlag München

Bibliografische Information der Deutschen Nationalbibliothek

Die Deutsche Nationalbibliothek verzeichnet diese Publikation in der Deutschen Nationalbibliografie; detaillierte bibliografische Daten sind im Internet über <http://dnb.d-nb.de> abrufbar.

Rosenheimer Straße 145, D-81671 München
Telefon: (089) 45051-0
oldenbourg.de

Lektorat: Wirtschafts- und Sozialwissenschaften, wiso@oldenbourg.de
Herstellung: Anna Grosser
Coverentwurf: Kochan & Partner, München
Gedruckt auf säure- und chlorfreiem Papier
Druck: Grafik + Druck, München
Bindung: Thomas Buchbinderei GmbH, Augsburg

ISBN 978-3-486-58740-1

Vorwort des Herausgebers zur neunten Auflage

Die sich im Zeitverlauf (zwangsläufig) ändernden wirtschafts- und gesellschaftspolitischen Sach- und Problemverhalten ließen eine erneute Überarbeitung und Aktualisierung dieses Handbuches angebracht erscheinen.

Heidelberg, im März 2008 Hermann May

Vorwort des Herausgebers zur siebenten Auflage

Fünf Jahre nach der letzten Überarbeitung dieses Handbuches schien es Verlag und Herausgeber erneut angezeigt, dessen Revision zu veranlassen. Sie umfasst vor allem die Aktualisierung respektive Fortschreibung des in diversen Beiträgen erfassten Zahlenmaterials, den Einbezug neuester einschlägiger Forschungsansätze und -ergebnisse sowie die damit einhergehende Erweiterung der Literaturhinweise. Der Beitrag Betriebliche Beschäftigungspolitik wurde eliminiert, der zur Geldpolitik – insbesondere im Hinblick auf deren Implikationen im Europäischen Währungssystem – erweitert. Neue Beiträge wurden nicht aufgenommen.

Allen Koautoren sei für ihr erneutes Engagement herzlich gedankt.

Heidelberg, im Januar 2003 Hermann May

Vorwort des Herausgebers zur dritten Auflage

Vier Jahre nach Erscheinen der ersten Auflage schien es Verlag und Herausgeber angezeigt, dieses Handbuch nicht nur in seinen Einzelbeiträgen zu aktualisieren, sondern auch durch neue Beiträge zu ergänzen. Um damit aber den Umfang des Werkes nicht zu sprengen, mußten einige Kürzungen erfolgen sowie einzelne Themen ganz entfallen, so: Arbeit – Existenzsicherung und Lebenswert, Frauenerwerbsarbeit, Umweltschutzorientierte Unternehmenspolitik. Neu aufgenommen wurden die Abhandlungen: Die Zukunft der Arbeit, Ökonomie und Evolution, die Zukunft des Sozialstaates, Globalisierung der Wirtschaft.

Allen, die zum Gelingen dieser Neuauflage beitrugen, danke ich verbindlichst.

Heidelberg, im Juni 1996 Hermann May

Vorwort des Herausgebers zur ersten Auflage

Das vorliegende Handbuch ist eine Ergänzung zu meinem ebenfalls im Oldenbourg Verlag, München, erschienenen Lehrbuch „Ökonomie für Pädagogen". Es greift jene Themen auf, die in diesem Lehrbuch nur peripher oder gar nicht berührt werden konnten, die aber den Wirtschaftsbürger in seiner Daseinsbewältigung tangieren und damit eine unterrichtliche Explikation sinnvoll erscheinen lassen. Daß mit diesem Anspruch keine geschlossene Darstellung der allgemeinbildungsrelevanten Ökonomie schlechthin angestrebt wird, erscheint einsichtig.

Wie das Lehrbuch, so bezieht auch das Handbuch seine Struktur aus den Stoff- und Problembezügen dreier, den jungen Menschen in seiner gegenwärtigen und zukünftigen Betroffenheit direkt angehenden Handlungsbereiche: dem Konsum, der Arbeit und der gesellschaftlichen Wirtschaft. Folgerichtig sind die Kapitel, nach einer **Einführung in den Problembereich Wirtschaft**, der **Konsumökonomie**, der **Arbeitsökonomie** und der **Gesellschaftsökonomie** gewidmet.

Die Sach- und Problemdarstellungen in den einzelnen Kapiteln sind durchaus nicht immer „aus einem Guß“. Die Heterogenität der Aussagen spiegelt hier die Pluralität der fachwissenschaftlichen und fachdidaktischen Meinungen wider. Sie soll bewußt auch in diesem Werk zum Ausdruck gelangen. Das verbindende Element aller hier vertretenen Meinungen ist jedoch das Bekenntnis zur Marktwirtschaft und die kompromißlose Absage an den Sozialismus, der als „intellektueller Hochmut … nie halb richtig, sondern immer nur ganz falsch ist“ (F. A. v. Hayek). In dieser Ausrichtung mag dieses Buch Lehramtsstudenten wie auch bereits in der Praxis stehenden Pädagogen eine Hilfe zur fachwissenschaftlichen Erarbeitung und fachdidaktischen Umsetzung wirtschaftskundlicher Stoffe sein; gleichzeitig soll es aber auch eine freiheitlich-marktwirtschaftliche Orientierung geben in einer von Unwahrheiten, Halbwahrheiten und Desinformation strotzenden ideologischen Medienwelt. Die zu den einzelnen Aufsätzen gegebenen Literaturhinweise mögen ein weiterführendes Studium der behandelten Problematik erleichtern.

Das Handbuch zur ökonomischen Bildung ist in Zusammenarbeit mit einschlägig ausgewiesenen Fachwissenschaftlern und Fachdidaktikern zustande gekommen. Sie gaben mir wertvolle Anregungen in konzeptioneller wie auch in thematischer Hinsicht. Ihnen weiß ich mich zu großem Dank verpflichtet. Mein Dank gilt aber auch dem Oldenbourg Verlag, der meinem Projekt von Anfang an wohlwollende Aufgeschlossenheit entgegenbrachte.

Heidelberg, im Juni 1991 Hermann May

Inhaltsübersicht

Inhaltsverzeichnis

1
EINFÜHRUNG IN DEN PROBLEMBEREICH WIRTSCHAFT

1.1 Die menschlichen Bedürfnisse
Hermann May

1.1.1 Begriffliches

Mit dem Begriff **Bedürfnis** wird in der Wirtschaftswissenschaft der Mangel belegt, den der Mensch bestimmten Gütern (einschließlich Dienstleistungen) gegenüber empfindet und den er bestrebt ist, zu beheben. In seiner Verschiedenartigkeit und Vielfältigkeit reflektiert dieses Mangelempfinden „das Produkt eines evolutionären Prozesses, in dem sich nicht nur individuelle und kollektive Bezüge, sondern auch unterschiedliche Bewusstseinsstufen von Verhaltensregelungen ausdifferenziert haben“[1]. „Was wir als Bedürfnis aktuell erleben, sind nur selten einfache, unkomplizierte Phänomene; kulturelle Entwicklung und individuelle Reifung haben aus ursprünglichen Bedürfnissen, aus Erlebnissen, Erfahrungen, Erkenntnissen und Normen komplexe Gebilde entstehen lassen, die in aller Regel mit den Kategorien des Bedürfens nur grob und unzulänglich beschrieben werden können.“[2] So gesehen, präsentiert sich ein Bedürfnis „als leibseelische Zuständlichkeit, die sich in Spannungs- und Antriebsmomenten äußert ...“[3].

Unter **Bedarf** verstehen wir die gegebenenfalls dem Bedürfnis entwachsende Absicht, den empfundenen Mangel durch Erwerb des begehrten Gutes zu beheben und somit das Bedürfnis zu befriedigen. Diese Bedürfnisbefriedigung setzt in der Regel die für den Erwerb des begehrten Gutes erforderliche Kaufkraft voraus. Der Bedarf repräsentiert damit das mit Kaufkraft ausgestattete Bedürfnis. Er wird damit zum Ausgangspunkt der **Nachfrage,** sei diese nun durch eine Person, einen Haushalt oder eine andere größere Personengruppe ausgeübt.

Abweichend von den hier aufgezeigten Begriffsbestimmungen werden die Termini Bedürfnis und Bedarf nicht selten synonym verwendet oder Bedarf wird als die Gesamtheit aller Bedürfnisse auf einem Markt oder in einer Volkswirtschaft verstanden.

Welche Begriffsfassung nun auch im konkreten Fall bevorzugt werden mag, fest steht, dass die Bedürfnisse des Menschen den Beweggrund seines wirtschaftlichen Handelns bilden. Sie lassen ihn nach Mangelbehebung und damit nach ihrer Befriedigung streben, was die Beschaffung der dafür geeigneten Mittel – finanzieller wie auch materieller Art – voraussetzt. Die Tatsache, dass diese Mittel jedoch nur in beschränktem Umfang verfügbar, also knapp sind, veranlasst ihn, in seinem (Mangelbehebungs-) Streben dem **ökonomischen Prinzip** zu folgen, das heißt, den angestrebten Erfolg (das ist die Bedürfnisbefriedigung) mit einem Minimum an Mitteln oder mit den gegebenen Mitteln ein Maximum an Erfolg zu realisieren.

1.1.2 Zur Systematisierung der Bedürfnisse

Sicherlich drängen nicht alle Bedürfnisse mit der gleichen Dringlichkeit nach Befriedigung. Dafür sind sie – wie bereits angedeutet – zu verschiedenartig. Versuche, die Bedürfnisse hinsichtlich ihrer Dringlichkeit respektive ihrer nach Absättigung drängenden Reihenfolge zu ordnen, sind deshalb naheliegend. So wird zwischen **primären** (angeborenen) und **sekundären** (gelernten, aus sozialen Kontakten erworbenen) Bedürfnissen unterschieden, zwischen **vitalen** (existentiellen, physiologischen), **sozialen** (soziopsychischen) und **geistigen** oder auch zwischen **Existenz-, Kultur- und Luxusbedürfnissen.** Diese Strukturierungsversuche sind durchweg sehr grob. So dürfte im Zuge all-

---

1 Hondrich, K. O.: Bedürfnisse, Ansprüche und Werte im sozialen Wandel, in: Hondrich, K. O., Vollmer, R. (Hrsg.): Bedürfnisse, Stabilität und Wandel, Opladen 1983, S. 27.

2 Scherhorn, G.: Bedürfnis und Bedarf, Sozialökonomische Grundbegriffe im Lichte der neueren Anthropologie, Berlin 1959, S. 100.

3 Ebenda.

gemeiner Wohlstandsmehrung insbesondere die Abgrenzung zwischen Kultur- und Luxusbedürfnissen zunehmend Schwierigkeiten bereiten. Vieles, was heute als unverzichtbar gilt, wurde noch vor nicht allzu langer Zeit als Luxus angesehen. Auch die auf Eugen von Böhm-Bawerk (1851–1914) zurückreichende Unterscheidung zwischen **Gegenwarts-** und **Zukunftsbedürfnissen,** die die Feststellung impliziert, dass der Mensch in der Regel die gegenwärtigen Bedürfnisse intensiver empfindet als die zukünftigen, bringt – so insbesondere hinsichtlich einer besseren Bedürfnisbefriedigung – nur wenig Erkenntnisgewinn.

Konsumökonomisch verwertbare Aufschlüsse über die Beweggründe menschlichen Konsumverhaltens ergeben sich wohl am ehesten aus dem bedürfnistheoretischen Ansatz des amerikanischen Psychologen Abraham H. Maslow (1908–1970), der sich bemühte, soziale Determinanten der Persönlichkeitsentwicklung aufzudecken und mit einer Hierarchisierung der (Grund-)Bedürfnisse zu verbinden. Maslow unterscheidet verschiedene Bedürfnisebenen, die er pyramidenartig anordnet.[4] (Siehe hierzu Abb. 1) Man spricht deshalb auch von der Maslowschen Bedürfnis-Pyramide.

Abb. 1

Die Basis dieser Pyramide bilden die physiologischen Bedürfnisse, deren Befriedigung mit der höchsten Dringlichkeit begehrt wird. Ihnen nachgeordnet sind mit abnehmender relativer Bedeutsamkeit: Sicherheitsbedürfnisse, soziale Bedürfnisse, das Bedürfnis nach Selbstachtung und gesellschaftlicher Wertschätzung und schließlich das Bedürfnis nach Selbstverwirklichung. Der Wert dieses Klassifizierungsversuchs liegt weniger in der Abgrenzung einzelner Bedürfnisebenen als vielmehr „in der Ausdifferenzierung der Persönlichkeit in verschiedene, grob umrissene Entwicklungsstadien, von denen die höheren nur erreicht werden können, wenn die vorigen mindestens einigermaßen verwirklicht wurden“[5].

Graphisch kann dieser Zusammenhang wie folgt veranschaulicht werden[6] (siehe Abb. 2).

Die den physiologischen Bedürfnissen in ihrer Manifestation nachgelagerten höheren Bedürfnisse werden als Ausdruck einer evolutorischen Entwicklung gedeutet, die an die Lernfähigkeit des Menschen gebunden ist und infolgedessen von jedem einzelnen in seiner Ontogenese erworben werden muss[7].

4 Vgl. Maslow, A. H.: Motivation und Persönlichkeit, Reinbek bei Hamburg 1989, S. 127ff.
5 Scherhorn, G.: Verbraucherinteresse und Verbraucherpolitik, Göttingen 1975, S. 9.
6 Ebenda.
7 Vgl. ebenda S. 10.

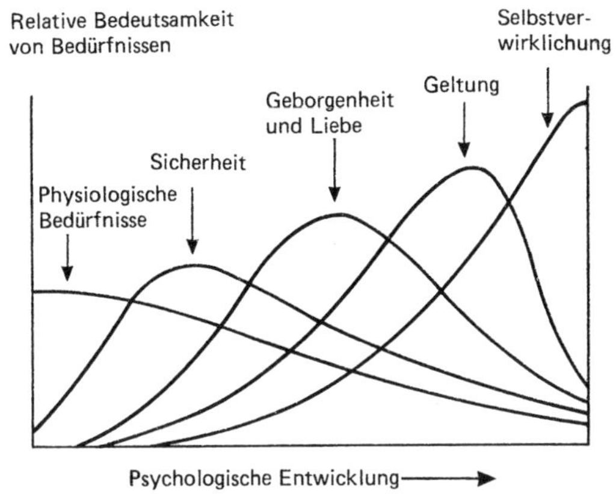

Abb. 2 Entnommen aus: Scherhorn, G., Verbraucherinteresse und Verbraucherpolitik, a.a.O., S. 9.

Die **physiologischen Bedürfnisse** sind Ausdruck der Bedingungen menschgemäßen Überlebens. Sie richten sich im wesentlichen auf Essen, Trinken, Schlaf, Kleidung, Wohnung, Sexualität, Sinneswahrnehmung, Bewegung. Ihre Befriedigung ist Voraussetzung für die Entwicklung höherer Bedürfnisse. Überall dort, wo eine Befriedigung dieser Bedürfnisse nicht ausreichend gewährleistet ist, lassen sich – Maslows Erkenntnis zufolge – neben Aggressivität, Missmut und Misstrauen deutliche Defizite im Sozialverhalten feststellen. Auch das Moralverhalten zeigt sich häufig eingeschränkt („Erst kommt das Fressen, dann die Moral." B. Brecht).

Sicherheitsbedürfnisse reichen über das bloße Überlebenwollen hinaus. Sie treten erst dann in Erscheinung, wenn die physiologischen Bedürfnisse hinreichend befriedigt sind. Sie setzen das Haben (Besitzen) voraus und knüpfen daran das Sichernwollen. Dieses Verlangen ist in die Zukunft gerichtet. Es erstreckt sich auf physischen Schutz und Geborgenheit, auf ökonomische und ökologische Sicherung (Einkommen, Vermögen, Arbeitsplatz, Umwelt) wie auch auf politische Stabilität. Menschen, deren Sicherheitsbedürfnisse nicht entsprechend abgesättigt werden, wird die Neigung zuerkannt, sich auf das (unbefriedigte) Sicherheitsstreben zu fixieren – sei dies in Familie, Gemeinde oder Staat – und darüber andere Strebungen zu vernachlässigen. Die weitere Persönlichkeitsentwicklung läuft damit Gefahr, blockiert zu werden.

Soziale Bedürfnisse treten im Zuge der Persönlichkeitsentwicklung erst dann auf, wenn dem Überlebenwollen und dem Verlangen nach Sicherheit einigermaßen entsprochen wurde. Sie umfassen den Wunsch nach sozialer Zugehörigkeit und Liebe, nach Gemeinschaftserleben (Gruppenzugehörigkeit, Geborgenheit) und daraus erwachsender Inanspruchnahme durch andere, nach Zuneigung und „Gebrauchtwerden". Wird dieses Bedürfnis, „zu empfangen und geliebt zu werden"[8], nicht ausreichend befriedigt, so droht die Persönlichkeitsentwicklung auf dieser Stufe unterbrochen zu werden, wobei der Frustrierte durch Anpassung und Konformitätsstreben (krampfhaft) versucht, die Zuneigung der anderen zu erheischen. Ansprüche und Verhalten werden dabei auf „das kleinste gemeinsame Vielfache"[9] reduziert.

8 Ebenda.

9 Ebenda S. 11.

Die **Bedürfnisse nach gesellschaftlicher Wertschätzung** (gesellschaftlichem Ansehen) und **Selbstachtung** streben über ihre Befriedigung zu innerer Unabhängigkeit und Freiheit. Sie bilden die Basis für die höchste Ebene der Persönlichkeitsentwicklung, die **Selbstverwirklichung.** Mit diesem Begriff wird im Maslowschen Verständnis ein Zustand umschrieben, der durch die Ausbildung der körperlichen und geistigen Möglichkeiten eines Menschen gekennzeichnet ist: „Was ein Mensch sein **kann, muss** er sein .... Selbstverwirklichung ... bezieht sich auf das menschliche Verlangen nach Selbsterfüllung, also auf die Tendenz, das zu aktualisieren, was man an Möglichkeiten besitzt."[10]

Wenn auch Maslows Bedürfnisklassifikation ein wertvoller Beitrag zur theoretischen Durchdringung des Konsumverhaltens darstellt, so kann sie immer nur als ein (vorläufiges) Ergebnis einer einschlägigen Befassung verstanden werden, das einer entsprechenden Kommentierung bedarf und dem auch Bedenken und Einwendungen entgegenstehen.[11] So gilt es zunächst festzustellen, dass das Klassifikationsschema selbst keinesfalls eine vollständige Aufzählung aller (Grund-)Bedürfnisse beinhaltet, sondern immer nur eine Gruppierung derselben anstrebt und somit ein hochdifferenziertes Spektrum von Einzelbedürfnissen unter Oberbegriffen zusammenfasst. Inwieweit es allerdings gelingt, den vollständigen Differenzierungsgrad von Grundbedürfnissen sichtbar zu machen, sei dahingestellt.

Gewichtiger als die Frage nach der Aussagefähigkeit der für die hochdifferenzierten Bedürfniskomplexe gewählten Sammelbezeichnungen (Oberbegriffe) scheint uns in Anlehnung an Hondrich das Problem, das sich durch die Koppelung der Maslowschen Klassifikation mit einem hierarchischen Stufenmodell ergibt. Die daraus sich ergebende Unterscheidung zwischen „niederen" (physiologischen) und „höheren", der Persönlichkeitsentfaltung dienenden Grundbedürfnissen, die ihrerseits in ihrem Auftreten einander nachgeordnet sind, lässt sich von der Beobachtung leiten, dass Kinder zuerst nach Nahrung, dann nach Sicherheit und Liebe und später erst nach sozialer Achtung und Selbstverwirklichung verlangen. Es bleibt zu fragen, ob eine solche Stufung auch dann noch angenommen werden darf, wenn sich im ontogenetischen und phylogenetischen Prozess die Grundstrukturen der Bedürfnisse herauskristallisiert haben. Für Hondrich scheint die Antwort hierauf eindeutig: „... solange ... die Grundbedürfnisse ausgebildet und im Grunde befriedigt sind, solange verschiebt sich ihre relative Wichtigkeit nicht mehr nach der Logik von Entwicklungsstufen, sondern nach Grenznutzenprozessen ..."[12].

1.1.3 Soziale Determinanten des Konsumentenverhaltens[13]

Bedürfnisse und Bedarf finden ihren marktmäßigen Niederschlag im sogenannten Konsumentenverhalten. Dieses als Wählen und Werten von Marktangeboten zu verstehende Verhalten von Einzelpersonen ist mehr als ein rein wirtschaftliches Sich-Geben[14] und verlangt deshalb neben der wirtschaftswissenschaftlichen Erfassung nach einer soziolo-

10 Maslow, A. H.: Motivation und Persönlichkeit, a.a.O., S. 74.

11 Vgl. hierzu Hondrich, K. O.: Bedürfnisse, Ansprüche und Werte im sozialen Wandel, a.a.O., S. 61 ff.

12 Ebenda S. 63.

13 Vgl. hierzu die ausführlichen Darlegungen bei Hillmann, K. H.: Soziale Bestimmungsgründe des Konsumentenverhaltens, Stuttgart 1971.

14 Vgl. Zahn, E.: Soziologie der Prosperität, Wirtschaft und Gesellschaft im Zeichen des Wohlstandes, München 1964, S. 23 f.

gischen und psychologischen. Die Erforschung des Konsumentenverhaltens wird somit zum Problem feldtheoretischer Überlegungen, in dessen Mittelpunkt der Wirkungszusammenhang aller Feldkräfte steht. Kurt Lewin (1890–1947) kleidete diese Erkenntnis in folgende Formel:

$$V = f(P, U).$$

Sie besagt, dass das Verhalten (V) einer Person eine Funktion ihres Lebensraumes sei, der selbst als Zusammenwirken der psychischen Beschaffenheit der Person (P) und der sozialen Kräfte der Umwelt (U) aufgefasst werden kann. Die vordergründig häufig als Ausdruck der eigenen individuellen Persönlichkeit erlebten Bedürfnisse und Konsumwünsche sind demnach als außerindividuelle Kräfte des soziokulturellen Umfeldes zu sehen[15]; das Konsumentenverhalten erweist sich in den ihm zugrundeliegenden Motivationen als über den Sozialisations- und Entkulturationsprozess weitgehend wert- und normbestimmt. Im Mittelpunkt einer dieser Feststellung Rechnung tragenden Analyse des Konsumentenverhaltens kann deshalb konsequenterweise weniger das Suchen nach einer festen Bedarfsstruktur eines gesellschaftlich eingebundenen Individuums stehen, als vielmehr die Befassung mit den von soziokulturellen Standards abhängigen Bedürfnisausprägungen, Konsumantrieben und Verbrauchsgewohnheiten eines Menschen, der erst durch das Hineinwachsen in eine bestimmte Kultur und Gesellschaft zu einer Sozialpersönlichkeit heranreift.[16] Dabei gilt es zu beachten, dass auch die Bedürfnisstrukturen der Sozialpersönlichkeiten durch den Sozialisations- und Entkulturationsprozess nicht endgültig festgelegt werden. In den modernen, dynamischen Gesellschaften wird nämlich die Motivationsstruktur des Einzelmenschen nicht nur bis zum Erreichen des Erwachsenenstatus tiefgreifend geprägt, sondern darüber hinaus von den exogenen Einflusskräften der sich wandelnden soziokulturellen Umgebung weitergeformt (Prinzip der Außenlenkung!). Der Zusammenhang zwischen dem Verhalten des Konsumenten und bestimmten Einflüssen der gesellschaftlich-kulturellen Umgebung soll im folgenden über die Begriffe soziale Rolle, soziale Gruppe und Bezugsgruppe erschlossen werden.

1.1.3.1 Soziale Rollen und Konsumentenverhalten

Mit der Einbettung in eine bestimmte soziokulturelle Umgebung internalisiert der Mensch deren kulturelle Werte und soziale Normen und wird gleichzeitig zum Inhaber sozialer Positionen. Mit der Einnahme dieser Positionen tritt er in ein mitmenschliches Beziehungsgeflecht und übernimmt darin soziale Rollen, „die gemeinhin als Bündel von Erwartungen, als Komplexe von Rechten und Pflichten aufgefasst“[17], zu bedeutsamen Determinanten seines Antriebslebens und somit seines Verhaltens werden. Für den Bereich des privaten Verbrauchs bedeutet dies, dass sich das Konsumverhalten des einzelnen nicht aus einer bestimmten Konsumenten„rolle“ ableitet, sondern – da jeder Konsument gleichzeitig mehreren Gruppen angehört – zu einem beträchtlichen Teil aus Elementen jener Erwartungssysteme, die für die übrigen Rollen, die er als soziokulturelle Persönlichkeit innehat (zum Beispiel als Junggeselle, Student, Sportler, Katholik etc.), konstitutiv sind.[18]

Die vielfältigen Zusammenhänge zwischen bestimmten Rollenerwartungen und dem Konsumentenverhalten lassen sich in Anlehnung an Ralf Dahrendorf (geb. 1929) auf

[15] Vgl. Hillmann, K. H.: Soziale Bestimmungsgründe des Konsumentenverhaltens, a.a.O., S. 41.
[16] Vgl. hierzu und zum folgenden ebenda S. 45.
[17] Ebenda S. 47.
[18] Vgl. ebenda S. 50.

drei Grundmuster reduzieren: Musserwartungen, Sollerwartungen und Kannerwartungen.[19]

Als **Musserwartungen** gelten – im allgemeinen weniger selbstverständliche – Erwartungen, die als gesetzlich fixierte Normen bestimmte Verhaltensweisen bei gerichtlicher Strafe (negative Sanktionen) verbieten und dadurch das Verbraucherverhalten eingrenzen (zum Beispiel Rauschgiftgenuss). Es sind häufig negativ formulierte Erwartungen.

Soll- und Kannerwartungen hingegen erwachsen aus Traditionen, Sitten, Bräuchen, gruppenspezifischen Gewohnheiten und Normen. Sollerwartungen sind mit sozialem Ausschluss (negative Sanktionen) oder gegebenenfalls mit Sympathie (positive Sanktionen) respektive mit Antipathie (negative Sanktionen) verbunden. Soll- und Kannerwartungen gelten mehr als selbstverständlich. Sie sind nicht mit gesetzlichen Sanktionen verknüpft. Ihnen unterliegen meist internalisierte, mit der Persönlichkeitsstruktur verwobene Normen (besonders deutlich in den geschlechtsspezifischen Rollenmustern von Mann und Frau!).

Besondere Bedeutung im aufgezeigten Zusammenhang erlangen die konsumbezogenen Soll- und Kannerwartungen der Berufsrolle und die daraus erwachsenden Konsummuster.[20]

Abgesehen von der Berufsrolle involvieren die meisten sozialen Rollen als soziokulturell standardisierte Verhaltensmuster einen Konsumaspekt. Das Konsumverhalten des einzelnen erweist sich deshalb in der Regel „um so differenzierter und mannigfaltiger, je mehr soziale Positionen er innehat und je mehr soziale Rollen er als Sozialpersönlichkeit »spielt«“[21].

Diese sozialen Rollen, die von dem Einzelmenschen als Sozialpersönlichkeit übernommen werden, bilden nun aber „keine konstanten und universalen Verhaltensmuster“[22]. Die heute stark außengelenkte Sozialpersönlichkeit zeigt sich offen und aufgeschlossen gegenüber soziokulturellen Wandlungen und Innovationen und ist deshalb in ihrem Rollenverhalten weniger starr und fixiert[23].

Die konsumsoziologisch relevanten Rollenerwartungen werden vom einzelnen in der Regel weniger als von außen an ihn herangetragene Forderungen empfunden, denn vielmehr als eigene Wünsche und Vorstellungen wie auch als Selbstverständlichkeiten. Sie werden in entsprechenden Situationen spontan und ohne rationale Entscheidungsbemühungen verhaltenswirksam und müssen als „entlastende Stabilisatoren des Konsumentenverhaltens“[24] gesehen werden (Entlastungsfunktion sozialer Rollen!).

Die vorausgegangenen Ausführungen zum prägenden Einfluss der sozialen Rollen auf das Konsumverhalten des privaten Nachfragers sollen nun keinesfalls die Schlussfolgerung provozieren, der Konsument sei unfrei und vollständig determiniert. Tatsächlich geben die breitgefächerten Konsumaspekte vieler Rollen dem einzelnen ein grosses Maß an Möglichkeiten der individuellen Ausgestaltung seines konsumtiven Verhaltens.[25] Es darf allerdings nicht übersehen werden, dass dieses Verbraucherverhalten nicht selten durch Rollenkonflikte gekennzeichnet ist; seien dies nun Konflikte zwi-

---

19 Vgl. Dahrendorf, R.: Homo sociologicus, Ein Versuch zur Geschichte, Bedeutung und Kritik der sozialen Rolle, 4. Aufl., Köln und Opladen 1964, S. 28 ff.

20 Vgl. Hillmann, K. H.: Soziale Bestimmungsgründe des Konsumentenverhaltens, a.a.O., S. 57.

21 Ebenda, S. 61.

22 Ebenda S. 62.

23 Vgl. ebenda S. 65 f.

24 Ebenda S. 68.

25 Vgl. ebenda S. 71.

schen antagonistischen Verhaltenserwartungen **innerhalb** von Rollen anderer (zum Beispiel Eltern und Freunde eines Jugendlichen), sogenannte **Intra-Rollenkonflikte,** oder aber Erwartungskonflikte **zwischen** verschiedenen Rollen des Konsumenten selbst (zum Beispiel zwischen der Rolle des Ehemannes und der des Liebhabers), sogenannte **Inter-Rollenkonflikte.** Diesem letzgenannten Zwiespalt wird durch die heute weitverbreitete Rollenüberlastung der Konsumenten Vorschub geleistet. So sind dem modernen „Durchschnittsbürger" aus seinen vielfältigen Zugehörigkeiten (zum Beispiel Familie, Beruf, Religionsgemeinschaft, Gewerkschaft, Vereine etc.) häufig so viele Rollen zugewiesen, dass er gar nicht mehr weiß, welcher beziehungsweise welchen Rollen er in welchem Umfang Rechnung tragen soll.[26]

1.1.3.2. Soziale Gruppen/sonstige Bezugsgruppen und Konsumentenverhalten

Als Inhaber von Positionen und Rollen ist die Sozialpersönlichkeit in ein Geflecht mehrerer Gruppen verwoben. Mehr noch: „Die Gruppe zwingt den realen Konsum aller Gruppenangehörigen unerbittlich, sich der von ihr diktierten Lebenshaltungsvorstellung anzupassen, da der Verbraucher sich sonst der Lächerlichkeit, dem Spott, einem Mangel an Hilfsbereitschaft, dem Fehlen seelisch-geistigen Kontakts … dem Boykott, ja, sogar dem Ausgestoßensein aus jener Gruppe aussetzt."[27]

Über diesen von der Gruppe respektive den Gruppen ausgehenden **Zwang** hinaus ist der Konsument zusätzlich noch durch **Gewohnheit** und **Nachahmung** an die Lebenshaltungsvorstellung der ihn aufnehmenden Gruppen gebunden.

Es lässt sich somit zusammenfassend feststellen, dass die Bedürfnisse und das aus ihnen erwachsende wirtschaftliche Handeln in starkem Maße durch Gruppenzugehörigkeit beeinflusst wird.

In unserer heutigen Gesellschaft lassen sich hinsichtlich ihrer Einflussnahme auf das Konsumentenverhalten insbesondere zwei Gruppenarten hervorheben: die Großgruppen und die Primärgruppen.[28]

Der individuelle Konsum der Angehörigen von (meist historisch gegliederten, statusstrukturierten) **Großgruppen** wird in der Regel von Normen beziehungsweise Rollenerwartungen geprägt. Insbesondere der „augenfällige", das heißt der im äußeren Erscheinungsbild des Konsumenten sich manifestierende Konsum, trägt diesen Vorgaben Rechnung. So lässt sich mit gewissen Einschränkungen vom Konsumverhalten eines leitenden Angestellten, eines mittleren Beamten, eines Akademikers et cetera sprechen. Hier kommen zum Teil verbrauchsorientierte Normen in Statussymbolen zum Ausdruck.

Vielfältiger als die in Großgruppen in Erscheinung tretenden Konsumdeterminanten sind die in **Primärgruppen** wirksam werdenden Prägungen. Hier ist die gruppenmäßige Verflochtenheit des einzelnen meist stark gefühlsbetont und schafft – bei vor-

---

[26] Vgl. hierzu auch Mayntz, R.: Soziologie der Organisation, Reinbek 1963, S. 84.

[27] Reichenau, Ch. v.: Der „homo extraordinatus" in: Festgabe für Leopold von Wiese aus Anlass der Vollendung seines 70. Lebensjahres, hrsgg. v. Geck, L. A. H., Kempski, J. v., Meuter, H.: 1. Bd., Mainz 1948, S. 121 f.

[28] Als **Großgruppen** (oder auch Sekundärgruppen) werden größere soziale Gebilde bezeichnet (z. B. Betriebe, Gewerkschaften, Kirchen, Parteien, Vereine), die rational organisiert, das heißt ziel- und zweckorientiert sind und weitgehend formalisierte und unpersönliche Beziehungen (z. B. bürokratisierte) aufweisen. **Primärgruppen** sind relativ stabile, enge persönliche Beziehungen ermöglichende Gruppen (z. B. Familie, Nachbarn, Gemeinde-Mitbürger, Arbeitskollegen).

wiegend selbstverständlicher Identifikation mit den Rollenmustern der Gruppe – spezifische Geschmacksnormen und Konsumansprüche.

Neben den Gruppen, in die der einzelne infolge seiner gesellschaftlichen Stellung als Mitglied integriert ist (Mitgliedsgruppen), erlangen in unserer modernen Gesellschaft auch **fremdartige (Bezugs-)Gruppen** (Nicht-Mitgliedsgruppen) Einfluss auf den Verbraucher. So orientieren sich mit wachsendem Wohlstand immer mehr Menschen an den Konsumstandards fremder, insbesondere höherer Schichten. Dies lässt sich vor allem mit dem Abbau von Standesgrenzen, Klassenschranken und Schichtungslinien sowie dem Streben nach sozialem Ansehen erklären.[29]

Außer diesem Orientierungsblick nach „oben" lässt sich, wie Ernest Zahn (geb. 1922) nachweist[30], bei Angehörigen der einstigen Oberklasse auch ein solcher nach „unten" feststellen, wo konsumfreudige Angehörige der aufstrebenden Mittelschicht sich zu „Geschmacksführern" und „Konsumpionieren" entwickeln und nachfrageprägenden Einfluss ausüben.

Ob nun der Orientierungsblick des Konsumenten nach „oben" oder nach „unten" schweift oder auf der gleichen sozialen Ebene verharrt, festzustehen scheint, dass die Flexibilität und Variabilität seines konsumtiven Verhaltens um so mehr zunimmt, je zahlreicher die fremden Bezugsgruppen sind, deren Wertvorstellungen, Konsumnormen und Verbrauchsgewohnheiten für ihn Leitfunktion erlangen.[31] Je größer aber die Flexibilität und Variabilität des Verbraucherverhaltens, desto geringer ist die Möglichkeit, Prognosen darüber abzugeben. Bedürfnisse sind eben keine unveränderlichen, feststehenden Größen.

1.1.4 Bedürfnisbefriedigung

Weitverbreitete Ängste über den ungehemmten Umgang mit knappen Ressourcen und die mit der Produktion und Konsumtion von Gütern in bedrohlichem Maße zunehmende Gesundheitsgefährdung und Umweltbelastung rufen in jüngster Zeit verstärkt Kritiker auf den Plan, die ihren Eifer an der vorherrschenden Bedürfnisausprägung und deren durch die Nachfrage in Erscheinung tretende Befriedigung entzünden. Ihr Bestreben ist es, die „bedrohliche" Nachfrage zu verändern und damit Schlimmeres zu bannen. Sie wenden sich deshalb in aufklärender Absicht an die ihrer Meinung nach durch verantwortungslose Werbung manipulierten Nachfrager und versuchen, diese eines Besseren zu belehren. Dieser Versuch muss unseres Erachtens fehlschlagen. Denn – von wenigen Ausnahmen abgesehen – wissen die Nachfrager heute über die Konsequenzen ihres Handelns hinreichend Bescheid. Nicht das mangelnde Wissen um die Folgen ihres Nachfrage-/Konsumverhaltens (Gesundheitsschäden, Umweltschäden, Umweltbelastung etc.) ist der entscheidende Grund für ihr beklagtes Handeln, sondern die Tatsache, dass sie sich von ihrem Tun einen größeren subjektiven Nutzen versprechen als dessen Unterlassen oder eine entsprechende Alternativ- oder Ersatzhandlung erwarten lässt.[32] Dieses Grundprinzip der Bedürfnisbefriedigung gilt es zu sehen. Damit sind dann auch die Möglichkeiten der Einflussnahme auf das Nachfrageverhalten klar umrissen: Entweder man zwingt dem Bedürfnisträger bestimmte, hoheitlich als er-

29 Vgl. Hillmann, K. H.: Soziale Bestimmungsgründe des Konsumentenverhaltens, a.a.O., S. 99.

30 Vgl. Zahn, E.: Soziologie der Prosperität, a.a.O., S. 126.

31 Vgl. Hillmann, K. H.: Soziale Bestimmungsgründe des Konsumentenverhaltens, a.a.O., S. 108.

32 Vgl. hierzu und zum folgenden Hondrich, K. O.: Bedürfnisänderung durch Aufklärung?, in: Meyer-Abich, K. M. u. Birnbacher, D. (Hrsg.): Was braucht der Mensch, um glücklich zu sein?, Bedürfnisforschung und Konsumkritik, München 1979, S. 125 ff.

strebenswert festgelegte Verhaltensweisen auf und unterdrückt so das eigennützige, am Kosten-Nutzen-Kalkül ausgerichtete Handeln, oder man respektiert das Kosten-Nutzen-Denken als ein dem Menschen eigenes Verhalten und versucht in diesem Rahmen, durch das Setzen von staatlichen Anreizen (wie beispielsweise steuerliche Belastung umweltbelastender Güter respektive steuerliche Entlastung/Subventionierung umweltfreundlicher Alternativgüter) die Nachfrage in die gewünschte Richtung zu lenken.

Gehen wir davon aus, dass in einer freiheitlichen Gesellschaft zwangsweise staatliche Vorgaben immer nur als Ultima ratio gelten können, so verbleibt als genereller Lösungsweg allein die Nutzbarmachung des menschlichen Nutzenstrebens, das heißt die Erwirkung alternativer Handlungen beziehungsweise der Bedürfnisbefriedigung über entsprechende Anreize. So wäre beispielsweise daran zu denken, mittels einer höheren steuerlichen Belastung von Vergaserkraftstoffen die Ingebrauchnahme von Kraftfahrzeugen zu drosseln und gleichzeitig ein Überwechseln von der Straße auf die Schiene attraktiver zu machen. Die bislang unter dem Aspekt der Unabhängigkeit und des Zeitgewinns verlockender eingestufte Fahrt mit dem eigenen Fahrzeug könnte so einem neuerlichen Kosten-Nutzen-Vergleich mit der Bahn nicht mehr standhalten. Die Schienenbeförderung würde den Vorzug erlangen und damit die Umwelt weniger (als durch den Straßenverkehr) belastet. Das gegenwartsbezogene persönliche Nutzenstreben könnte auf diese Weise dem zukunftsorientierten Gemeinwohl dienstbar gemacht werden.[33] Oder anders ausgedrückt: Die Bedürfnisse würden mittels staatlicher Sanktionen auf attraktiver gemachte alte oder aber auch verlockende neu konzipierte (Alternativ-)Angebote umorientiert und damit zugleich die Kosten für die Allgemeinheit und die Zukunft geringer gehalten.

1.1.5 Bedürfnis und Wirtschaftsordnung[34]

Der Einfluss der individuellen Bedürfnisse auf die Produktion ist je nach Wirtschaftsordnung unterschiedlich. In (zentralgelenkten) **Staatswirtschaften** wird Art, Umfang und Beschaffenheit (Qualität) der zu produzierenden Güter von der (obersten) Planungsinstanz festgelegt. Hierbei werden die Bedürfnisse der Konsumenten lediglich in dem Maße berücksichtigt, wie dies der Gesamtplan respektive die diesem zugrundeliegende Prioritätenliste zulässt. Dies führt in der Regel dazu, dass die Investitionsgüterproduktion den Vorzug gegenüber der Herstellung von Konsumgütern erhält und eine mehr die individuelle Bedürfnisausprägungen berücksichtigende, dafür aber kostenträchtigere (Klein-)Serienproduktion gegenüber einer uniformen, dafür aber kostengünstigeren Massenproduktion zurückstehen muss. Die individuellen Bedürfnisse haben sich den staatlichen Zweckmäßigkeitserwägungen zu fügen; Gemeinnutz rangiert hier vor Eigennutz beziehungsweise das zentral formulierte Gemeinwohl vor der individuellen Bedürfnisbefriedigung. Zunehmender Einfluss der Konsumentenwünsche auf die staatliche Güterproduktion, das heißt eine stärkere Berücksichtigung der Individualbedürfnisse durch die Planungsinstanz, kann – in beschränktem Umfang – nur über eine Ausweitung und Verbesserung des Produktionsapparates erwartet werden.

In **marktwirtschaftlichen Ordnungen** ist die Produktion in sehr viel stärkerem Maße als in Zentralverwaltungswirtschaften an den mit Kaufkraft ausgestatteten Bedürfnissen, dem Bedarf, ausgerichtet. Er bestimmt über die am Markt in der Nachfrage zum Ausdruck gebrachte Begehrensintensität und die damit bekundete Bereitschaft, entspre-

33 Siehe ebenda, insbesondere S. 127.

34 Vgl. hierzu Müller, J. H.: Artikel „Bedürfnis“, II, in: Staatslexikon, 7. Aufl., Freiburg–Basel–Wien 1985, Sp. 609 ff.

chende Preise zu bezahlen, Art, Umfang und Qualität der Produktion. Es setzen sich so die höheren Dringlichkeiten und damit die höheren Bedürfnisse von selbst durch. Dass in diesem (Markt-)Durchsetzungsprozess der Konsumentenwünsche immer nur die „kaufkräftigen" Bedürfnisse Beachtung finden, ist in der Natur der Märkte begründet. Um hier soziale Härten zu vermeiden, muss bedürftigen Personen durch den Staat ein Minimum an Kaufkraft (Mindesteinkommen) zur Verfügung gestellt werden, so dass sie zumindest ihre existentiellen Bedürfnisse menschenwürdig befriedigen können. Über die Notwendigkeit dieses staatlichen Eingriffs besteht in modernen Marktwirtschaften durchweg Einigkeit. Es wäre deshalb abwegig, diese Notwendigkeit des Staatseingriffes zum Anlass einer Anklage der Marktwirtschaft hochzustilisieren. Marktwirtschaften im modernen Verständnis schließen die soziale Verantwortung ausdrücklich ein.

Literaturhinweise

Galtung, J.: Menschliche Bedürfnisse – Brennpunkt für die Sozialwissenschaften, in: Sozialwissenschaften – wozu?, Frankfurt a. M. 1977, S. 89 ff.

Granvogl, H. u. Perridon, L.: Sozioökonomie, insbes. Kap. 2, München–Wien 2000.

Heffner, S.: A. H. Maslows Lehre von der Bedürfnishierarchie und Bedürfnisentwicklung, in: Zeitschrift für Wirtschafts- und Sozialwissenschaften, Heft 101, Jg. 1981, S. 479 ff.

Hillmann, K. H.: Soziale Bestimmungsgründe des Konsumentenverhaltens, Stuttgart 1971.

Hondrich, K. O.: Bedürfnisänderung durch Aufklärung?, in: Was braucht der Mensch, um glücklich zu sein?, Bedürfnisforschung und Konsumkritik, hrsgg. v. Meyer-Abich, K. M. u. Birnbacher, D., München 1979, S. 123–134.

Ders.: Bedürfnisse, Ansprüche und Werte im sozialen Wandel, in: Hondrich, K. O., Vollmer, R. (Hrsg.), Bedürfnisse, Stabilität und Wandel, Opladen 1983, S. 15–74.

Kroeber-Riel, W. u. Weinberg, P., Konsumentenverhalten, 8. Aufl., München 2003.

Maslow, A. H.: Motivation und Persönlichkeit, Reinbek 1989.

Müller, J. H.: Artikel „Bedürfnis", II, in: Staatslexikon, 7. Aufl., Freiburg–Basel–Wien 1985, Sp. 605–612.

Scherhorn, G.: Bedürfnis und Bedarf, Sozioökonomische Grundbegriffe im Lichte der neueren Anthropologie, Berlin 1959.

Ders.: Verbraucherinteresse und Verbraucherpolitik, Göttingen 1975.

Wittekind, H.: Stichwort „Bedürfnisse", in: May, H. (Hrsg.): Lexikon der ökonomischen Bildung, 6. Aufl., München–Wien 2006.

1.2 Ökonomische Verhaltenstheorie
Gerd-Jan Krol

1.2.1 Einleitung

Das allgemein bildende Schulwesen hat in den letzten Dekaden Aspekte des Gegenstandsbereichs Wirtschaft aufgenommen und in unterschiedliche Schulfächer integriert. Grundlegende Fragen wie die nach einer lerntheoretisch angeleiteten, fachwissenschaftlich tragfähigen, fachdidaktisch legitimierten und curricular und schulorganisatorisch abgesicherten Institutionalisierung sind nach wie vor ungelöst. Von einem konsistenten Konzept ökonomischer Bildung kann keine Rede sein. Hierzu tragen sicherlich der geringe Anteil fachwissenschaftlicher Studien in der Lehrerausbildung, der hohe Anteil fachfremd erteilter Unterrichte, das geringe Renommee der einschlägigen Unterrichtsfächer in den Schulen, die Schwierigkeiten, unter den schulorganisatorischen Zwängen und sich verschärfenden Zeitbudgetknappheiten angemessene Lernorganisationsformen für den Gegenstandsbereich Wirtschaft und Gesellschaft zu schaffen etc., bei. Aber auch wenn all diese Probleme gelöst wären, bleibt das Problem eines tragfähigen theoretischen Bezugsrahmens für die unterrichtliche Bearbeitung zukunftsbedeutsamer wirtschaftlicher Probleme und Fragestellungen, der den Bedingungen der modernen Gesellschaft angemessen Rechnung tragen kann.

Zentraler Bestandteil eines solchen Bezugsrahmens muss eine empirisch gehaltvolle Theorie sein, die nicht nur tragfähige Erklärungen für sozial, wirtschaftlich, ökologisch etc. problematische Verhaltensmuster, sondern auch empirisch gehaltvolle Aussagen über gangbare und erfolgversprechende Wege zur Veränderung der Verhaltensmuster zu liefern vermag. Hieran mangelt es gegenwärtig in den einschlägigen Bildungs- und Unterrichtskonzepten. Sie folgen ebenso wie die gesellschaftliche Kommunikation über grundlegende Probleme dem Muster, von individuellen Einsichten in „gesollte Zustände“ gleichzeitig auch unindividuelle Verhaltensbeiträge zur Problementschärfung/-lösung zu erwarten. Allgemein formuliert: Probleme werden als Ergebnis individuellen Fehlverhaltens gedeutet. Fehlverhalten wird auf unzureichendes Wissen oder auf Abweichung von gewünschten (moralischen) Verhaltensstandards zurückgeführt.

Entsprechend wird in der Vermittlung von Wissen und in der Förderung von individuellen Handlungsmoralen der zentrale Beitrag zur Realisierung angestrebter Zustände gesehen. Exemplarisch kann auf die Entschärfung von Umweltproblemen mittels der Förderung von Umweltbewusstsein, die Verringerung von Steuerhinterziehung durch Appelle an die Steuerehrlichkeit, Kostenentlastung im Gesundheitswesen durch Appelle an kostenbewusstes Ärzte- und Patientenverhalten, Entschärfung der Beschäftigungsproblematik durch Appelle an Arbeitgeber, auf Arbeitskräftefreisetzungen, Produktions- und Standortverlagerungen zu verzichten, Appelle an Konsumenten, im Interesse ökologischer und sozialer Ziele auf kostengünstigere Marktangebote zu verzichten, Appelle an Haushalte und Unternehmen zur Einstellung Schwarzarbeit fördernder Aktivitäten und vieles mehr verwiesen werden. Hier werden unerwünschte gesellschaftliche Handlungsergebnisse letztlich auf Wissensdefizite oder problematische Einstellungen („Gesinnungen“) zurückgeführt. Lösungen werden demzufolge vor allem in einer Veränderung der „Gesinnungen“ gesehen. Hierfür steht allgemein der Begriff der Moralisierung. Das entsprechende Erklärungs- und Lösungsmuster lässt sich wie folgt abbilden.[1]

[Handlungsgesinnungen] → [Handlungen] → [Handlungsfolgen (als aggregierte Ergebnisse unindividueller Handlung)]

[1] A. Suchanek, Chancen und Grenzen der Implementation umweltverträglicher Verhaltensmuster in der modernen Gesellschaft. In: Umweltethik und ihre gesellschaftliche Vermittlung, hrsg. v. M. Sellmann, Bad Honnef 1997, S. 59 f.

Es soll nicht die empirische Relevanz dieses Paradigmas insbesondere in Erziehungs- und Bildungsprozessen bestritten werden. Es wird hier allerdings mit Nachdruck die These vertreten, dass dieses Paradigma unter den Bedingungen der modernen Gesellschaft[2] ergänzungsbedürftig ist. Die Kritik setzt an beiden Pfeilen der obigen Abbildung an. Individuelles Handeln wird nicht nur in den Präferenzen zum Ausdruck kommenden Zielen und Motiven (den Handlungsgesinnungen) bestimmt, sondern auch von den Handlungsbeschränkungen (Restriktionen) unter denen die Individuen ihre jeweiligen Ziele verfolgen. Das ökonomische Verhaltensmodell stellt letztere in den Mittelpunkt und sucht Erklärungen der Handlungen in den Handlungsbeschränkungen bzw. deren Veränderung.

Der zweite bedeutende Kritikpunkt bezieht sich darauf, dass zentrale Probleme unserer Gesellschaft (die Handlungsfolgen) nicht als aggregierte Ergebnisse bewussten (intentionalen) Handels anzusehen sind, sondern als deren (nicht intendierten) Nebenwirkungen. So sind beispielsweise Umweltprobleme – von Umweltkriminalität abgesehen – als unbeabsichtigte Nebenfolgen eines an den Funktionslogiken des Alltags ausgerichteten Verhaltens zu sehen, welches grundlegenden ökonomischen und sozialen Handlungsanreizen folgt. Entsprechend lässt sich das Grundmuster der ökonomischen Verhaltenstheorie wie folgt abbilden.

Handlungsbedingungen/ Handlungsanreize → Handlungen → Handlungsfolgen

Es geht hier nicht darum, eine Entscheidung darüber zu treffen, ob der eine oder der andere Erklärungsansatz „der Realität" entspricht. Entscheidend ist die Zweckmäßigkeit des einen oder anderen Ansatzes im Lichte bestimmter Fragestellungen. Insbesondere wenn es darum geht, mehrheitlich unerwünschte Handlungsergebnisse zu erklären, entfaltet das ökonomische Verhaltensmodell seine Vorteile. Diskrepanzen zwischen allgemein gewünschten und allgemein gegebenen Zuständen erscheinen hier nicht als **Paradoxon**, sondern können gut erklärt werden. Dieser Ansatz leistet einen originären Beitrag zur Erklärung (und Lösung) des Problems, dass gleiche Personen in unterschiedlichen Situationen nach unterschiedlichen Wertmaßstäben zu handeln scheinen.

Im Folgenden soll das „ökonomische Verhaltensmodell" in seinen Grundzügen dargestellt und in Bezug auf seine didaktische Fruchtbarkeit kritisch gewürdigt werden. Hinsichtlich der Einordnung und der vielfältigen Konkretisierungen dieses Ansatzes für die Analyse unterschiedlicher (ökonomischer und außerökonomischer) Problem- und Entscheidungssituationen muss hier auf die Literatur verwiesen werden.[3]

---

2 Als Merkmale der modernen Gesellschaft gelten funktionale Differenzierung, Individualisierung, abnehmende Bindungskraft gemeinsam geteilter Normen (Wertepluralismus), zunehmende Komplexität und Anonymisierung. Wichtige Folgen sind u. a. eine abnehmende Bindungskraft allgemeiner sozialer Normen und eine zunehmende Bedeutung der Verhaltenskanalisierung durch allgemein akzeptierte (formelle und informelle) Regeln.

3 G. S. Becker, Der ökonomische Ansatz zur Erklärung menschlichen Verhaltens, Tübingen 1982. Derselbe u. G. J. Stigler, De Gustibus Non Est Disputandum. In: American Economic Review, Vol. 67, 1977. R. B. McKenzie, B. Tullock, Homo Oeconomicus. Ökonomische Dimensionen des Alltags, Frankfurt a. M., New York 1984. G. Fleischmann, Ökonomische Theorie der Bedürfnisbefriedigung und Wertwandel. In: Wertwandel und gesellschaftlicher Wandel, hrsg. v. H. Klages u. P. Kmieciak, Frankfurt a. M., New York 1981. B. S. Frey, Ökonomie ist Sozialwissenschaft, München 1990, insbesondere Teil B. G. Kirchgässner, Homo oeconomicus – Das ökonomische Modell individuellen Verhaltens und seine Anwendung in den Wirtschafts- und Sozialwissenschaften, Tübingen 1991. R. Manstetten, Das Menschenbild der Ökonomie, Freiburg,

1.2.2 Der ökonomische Ansatz zur Erklärung menschlichen Verhaltens

1.2.2.1 Das Grundmodell

Das ökonomische Verhaltensmodell basiert auf den Säulen methodologischer Individualismus, Mustererklärungen, Erklärung durch Veränderung der Handlungsbeschränkungen (Restriktionen) unter der Annahme gegebener Präferenzen, Eigennutzaxiom und Rationalität.

Methodologischer Individualismus: Das ökonomische Verhaltensmodell bezieht sich auf das Verhalten von Individuen. Keineswegs beschränkt sich jedoch der Erklärungsanspruch auf beobachtbares individuelles Verhalten. Ausdrücklich will der Ansatz auch das Verhalten von Gruppen und Handeln auf gesellschaftlicher Ebene – kollektives Handeln also – erklären und prognostizieren. Aber – und das ist grundlegend – dieser Ansatz führt das Handeln von Kollektiven auf die in ihnen zusammengefassten Individuen zurück. Gruppen und Kollektive stellen keine eigenständigen Entscheidungseinheiten dar, sondern ihr Verhalten wird dadurch erklärt, dass man auf der Ebene der (zu Kollektiven zusammengeschlossenen) Individuen ansetzt (methodologischer Individualismus). Dieser Ansatz lässt eine von den Zielen der Gesellschaftsmitglieder losgelöste Definition von „Gemeinwohl" nicht zu. „Gemeinwohlorientierte" Ziele sind aus der Aggregation individueller Ziele abzuleiten. Kollektive Entscheidungen werden also auf Entscheidungen der Mitglieder der jeweiligen Kollektive zurückgeführt. Nach dem ökonomischen Verhaltensmodell handeln beispielsweise nicht ökonomische Klassen (z. B. Proletariat oder Eigentümer von Produktionsmitteln), sondern Arbeitnehmer und Unternehmer, die sich in Gewerkschaften und Arbeitsgeberverbänden organisieren können, um ihre jeweiligen Mitgliederinteressen wirksamer zu vertreten.

Der Begriff des individuellen Verhaltens ist weit zu fassen und deckt ein breites Spektrum von Aktivitäten ab: Von Handeln/Unterlassen bis hin zu Urteilsleistungen, von Verhalten in wirtschaftlichen Entscheidungssituationen bis hin zu Verhalten in außerwirtschaftlichen Entscheidungssituationen, von Einzelentscheidungen mit hohem Reflexionsgrad bis hin zu regelgebundenem Entscheidungsverhalten in gleichartigen Entscheidungssituationen (Gewohnheitsverhalten).

Mustererklärung: Das ökonomische Verhaltensmodell ist nicht auf jedes beobachtbare Verhalten bestimmter, konkreter Individuen anzuwenden. Vielmehr geht es um die Erklärung und Vorhersage von Regelmäßigkeiten durchschnittlichen Verhaltens aller oder der Mehrzahl der Individuen in bestimmten Situationen. Es geht um Mustererklärungen individuellen Verhaltens unter bestimmten Situationsbedingungen, um „Erklärungen im Prinzip", nicht um Erklärungen „im Detail" (Hayek). Der Vorzug einer solchen Mustererklärung liegt darin, dass man ohne Informationen über einzelne Individuen in spezifischen Handlungssituationen auskommt.

Präferenzen und Restriktionen: Entscheidungssituationen von Individuen werden mittels der ökonomischen Verhaltenstheorie durch zwei Elemente beschrieben:

- durch die Wünsche und Ziele des Entscheidungsträgers (in Kurzform: **Präferenzen**)

München 2002. B. T. Ramb, M. Tietzel (Hrsg.), Ökonomische Verhaltenstheorie, München 1993. Kriterien zur Beurteilung der (situationsabhängigen) analytischen Fruchtbarkeit des Ansatzes liefert R. Zintl, Ökonomisches Rationalitätskonzept und normorientiertes Verhalten. In: Jahrbuch für Neue Politische Ökonomie, hrsg. v. E. Boettcher et al., Band 5, Tübingen 1986. Grundlegend und mit vielen Exemplifizierungen: K. Homann u. A. Suchanek, Ökonomik: Eine Einführung, Tübingen 2000.

- durch Beschränkungen des Handlungsspielraumes, denen sich das Individuum bei der Verfolgung seiner Ziele gegenübersieht (in Kurzform: **Restriktionen** bzw. **Handlungsbeschränkungen**).

Der Handlungsspielraum begrenzt die Handlungsmöglichkeiten, die dem einzelnen Entscheidungsträger zur Verfügung stehen. Die Struktur des „ökonomischen Verhaltensmodells" kann dann in formaler Schreibweise wie folgt dargestellt werden:

Verhalten = f (Präferenzen, Restriktionen).

Der ökonomische Ansatz unterscheidet strikt zwischen Präferenzen und Restriktionen. Erklärungen (und Prognosen) stützen sich auf Restriktionen. Dies ist aber nicht zwingend und hat – forschungsstrategisch – seine Ursache darin, daß sich Präferenzänderungen anders als Änderungen der Handlungsbeschränkungen nur schwer operationalisieren und überprüfen lassen.

Präferenzen beinhalten Wissen und Wertbesetzung des Wissens. Sie beziehen sich auf die im Sozialisationsprozess erworbenen Kenntnisse, Einstellungen und Wertmuster. Die Erforschung ihrer Ausprägungen und der Bedingungen ihrer Beeinflussung sind originärer Forschungsgegenstand der Psychologie, der Soziologie und der Pädagogik. Ein systematischer Ort intentionaler Präferenzausprägungen ist beispielsweise das Bildungssystem.

Restriktionen sind Beschränkungen des Handlungsspielraumes im Rahmen einer Entscheidungssituation bzw. einer Klasse von gleichartigen Entscheidungssituationen. Zu solchen Beschränkungen des Handlungsspielraumes gehören ökonomische und außerökonomische Faktoren. Zu den ökonomischen Faktoren im engeren Sinne gehören beispielsweise die Höhe des Einkommens (und des Vermögens), die Preise, aber auch die Zeit, die für die Vorbereitung und Durchführung von Entscheidungsalternativen zur Verfügung steht. Zu den außerökonomischen Faktoren sind physische und psychische Handlungsbeschränkungen ebenso zu zählen wie Gesetze und Verordnungen sowie nicht kodifizierte Normen und Werte, die an das Individuum herangetragen werden bzw. denen es sich verpflichtet fühlt.[4]

Eigennutzaxiom: In diesem durch „Präferenzen" und „Restriktionen" definierten Rahmen analysiert die ökonomische Verhaltenstheorie menschliches Verhalten. Sie unterstellt, dass Individuen die Handlungsmöglichkeiten nach Maßgabe ihrer Präferenzen bewerten. In diesem Lichte wägen sie Vor- und Nachteile von ins Blickfeld gelangenden Alternativen gegeneinander ab, vergleichen „Nutzen" und „Kosten" der Alternativen und entscheiden sich für diejenige Variante, die ihren Präferenzen am besten entspricht.[5] Den Individuen werden jeweils selbstinteressierte, eigennützige Handlungsziele unterstellt. Das allen unterstellte Ziel besteht in der Verbesserung der eigenen Situation bzw. der Abwehr einer Verschlechterung. Entscheidungen werden in der Grammatik individueller Vorteils-/Nachteilskalküle buchstabiert. Für die Analyse menschlichen Verhaltens wird also von einem individuellen Vorteilskalkül ausgegangen und es besteht keinerlei Anlass, dieses Streben nach Verbesserung der eigenen Situation auf materielle Werte wie Geld, Güter, Einkommen zu beschränken. Der Ansatz ist offen für immaterielle Werte wie z. B. soziales Ansehen bzw. Status oder Macht. Konstitutiv ist allein die Hypothese, dass durchschnittliches menschliches Verhalten (nicht jedes menschliche Verhalten) dadurch motiviert ist, sich selbst im Lichte der jeweiligen Prä-

---

4 Ausführlicher: B. S. Frey, K. Foppa, Human Behavior: Possibilities Explain Actions. In: Journal of Economic Psychology 7 (1986), insbesondere S. 140 ff.

5 Vgl. dazu: G. J. Kirchgässner, Ökonomie als imperial(istisch)e Wissenschaft. In: Jahrbuch für Neue Politische Ökonomie, hrsg. v. E. Boettcher et al., Band 7, Tübingen 1988, S. 129 ff.

ferenzen besser zu stellen bzw. Schlechterstellungen gegenüber dem status quo abzuwehren. Dieses Streben kann durchaus auch soziale Orientierungen **mit** umfassen. Auch muss eigennütziges Verhalten keineswegs mit einer Verschlechterung der Position anderer Individuen einhergehen, wie dem ökonomischen Ansatz häufig vorgeworfen wird. Es kommt eben auf die konkreten Ausprägungen der individuellen Präferenzen an. Dies gilt selbst für das mit zunehmender Deckung der Überlebensbedürfnisse an Bedeutung gewinnende Streben nach sozialem Status, welches allerdings in den vorherrschenden Formen des Statuswettbewerbs i. d. R. mit einer relativen Verschlechterung der Position anderer verbunden ist.[6]

Die Zweckmäßigkeit eines auf der Annahme eigennützigen, selbstinteressierten Handelns basierenden Erklärungsansatzes lässt sich auch durch die Ubiquität der (relativen) Knappheit verdeutlichen. Relative Knappheit meint, dass nicht alle Individuen ihre Wünsche zur gleichen Zeit und in gewünschtem Umfang realisieren können. Diese Trivialität impliziert nun aber Verwendungskonkurrenzen und den Zwang zur Auswahl aus einem Set von Alternativen und zwar unabhängig davon, ob der Einzelne sich dessen bewusst und über alle verfügbaren Alternativen informiert ist oder nicht. Angesichts der Faktizität der Auswahl verursacht jede Entscheidung damit Kosten, sog. Opportunitätskosten. Sie bestehen in der nächstbesten Alternative, auf die verzichtet werden muss, wenn man sich für eine entschieden hat. Es ist also durchaus zweckmäßig, das Problem der Auswahl zwischen Alternativen mittels individueller Kosten-/Nutzenkalküle bzw. individueller Vorteils-/Nachteilskalküle zu modellieren.

Rationalität: Die „ökonomische Verhaltenstheorie" unterstellt den Individuen nicht nur Eigen- bzw. Selbstinteresse als zentrales Handlungsmotiv, sondern auch **Rationalität.** Kern der Rationalitätsannahme ist, dass Individuen systematisch aus dem Spektrum erkannter Alternativen nach individuellen Vorteilskalkülen (Nutzen-/Kostenkalkülen) auswählen. Dies impliziert die Fähigkeit der Individuen, ihren Handlungsspielraum abzuschätzen, im Lichte ihrer jeweiligen Ziele (Präferenzen) zu bewerten und dann systematisch diejenige Variante auszuwählen, die eine möglichst „kostengünstige" Zielerreichung ermöglicht.[7] Rationalität ist kein Ziel, sondern sie ist ein Mittel zur „kostengünstigen" Erreichung eines Zieles, wobei der Kostenbegriff keineswegs auf pekuniäre Dimensionen zu beschränken ist und gleichermaßen zeitliche, physische, psychische und soziale Dimensionen umfassen kann. Welche Kostendimensionen relevant sind, bestimmt sich nach den Merkmalen der anstehenden Entscheidungssituation bzw. des zu lösenden Problems.

Rationalverhalten bedeutet keineswegs, dass Individuen jede einzelne Entscheidung unter vollständiger Information über alle verfügbaren Handlungsalternativen[8] einschließlich ihrer bewussten, nur am materiellen Vorteil orientierten Bewertung treffen, wie nicht selten unterstellt wird. Dieses Zerrbild eines (egozentrischen, materialistischen) Permanentkalkulators mit einer irrationalen „Leidenschaft für Leidenschaftslo-

---

6 Vgl. dazu: G.-J. Krol, Das Konzept rationalen Verhaltens als Bezugsrahmen für eine integrative Theorie des Konsumentenverhaltens. In: Ökonomische Bildung – Aufgabe für die Zukunft, Bergisch Gladbach 1988, insbesondere S. 163 ff. Grundlegend dazu: F. Hirsch, Die sozialen Grenzen des Wachstums, Reinbek bei Hamburg 1980.

7 M. Tietzel, Zur Theorie der Präferenzen. In: Jahrbuch für Neue Politische Ökonomie, hrsg. v. E. Boettcher et al., Band 7, Tübingen 1988, S. 39. G. Kirchgässner, a.a.O., S. 129 ff.; vgl. auch R. B. McKenzie, G. Tullock, a.a.O., S. 28 ff.

8 Dies entspräche maximierendem (statt optimierendem oder gar satisfizierendem) Verhalten. Vgl. hierzu: H. A. Simon, Entscheidungsverhalten in Organisationen, Landsberg 1981. W. Dörenbach, Bounded Rationality, Frankfurt a. M., Bern 1982.

sigkeit" dient häufig (vorschnell) für die Legitimation der Nichtbeschäftigung bzw. die Ablehnung des ökonomischen Ansatzes, statt ernsthafte Versuche zur Widerlegung seiner empirisch gehaltvollen Varianten zu unternehmen.[9] Zuzugestehen ist freilich, dass die mikroökonomische Lehrbuchtheorie mit dem häufig präferierten „Nirwana-Approach", der Maximierungsverhalten bei vollständiger Information und unbegrenzter Informationsverarbeitungskapazität unter Vernachlässigung von Institutionen unterstellt, was den „Fast Food Konsumenten" ökonomischer Theorie dazu eingeladen haben mag, diese realitätsferne Variante als pars pro toto zu nehmen und damit zugleich den „Ökonomischen Ansatz" als irrelevant, amoralisch oder gar unmoralisch abzulehnen.

Der Sinn der Rationalitätsannahme liegt nicht darin, die wirklichen Dispositionen und Motivationen der Individuen in ihrer jeweiligen Individualität wiederzugeben.[10] Die Fruchtbarkeit dieser Annahme zeigt sich bei der Erklärung (und Vorhersage) eines systematischen Zusammenhangs zwischen sozialen Handlungsbedingungen und sozialen Handlungsfolgen.[11] Es geht darum, gesellschaftliche Tatbestände und Probleme auf individuelles Verhalten zurückzuführen. Makropläne werden über anreizgesteuertes unindividuelles Verhalten systematisch mit der Mikroebene verknüpft und so mikroökonomisch fundiert. Exemplarisch: Die beobachtbare höhere Rücklaufquote bei Getränkebehältnissen wird mit einer systematischen Reaktion auf die Veränderung der Wegwerfkosten durch Einführung eines (Dosen-)Pfandes (Veränderung der Restriktionen), nicht aber mit gestiegenem Umweltbewusstsein erklärt.

Es ist für die Erklärung und Prognose von Verhalten zweckmäßig, zwischen der **Existenz** und dem **Wissen** um die Existenz und Bedeutung von Restriktionen zu unterscheiden.[12] Handlungsbeschränkungen können erst durch das Wissen um ihre Existenz verhaltenswirksam werden. Aber während dort, wo harter Wettbewerbsdruck herrscht, „Erfahrungslernen" objektiv bestehende Restriktionen schnell bekannt und verhaltenswirksam werden lässt, ist dies in nicht durch Wettbewerbsdruck gekennzeichneten Situationen nicht so eindeutig. So wird die Nichtbeachtung ökonomischer Handlungsrestriktionen (z. B. der Produktionskosten) im ökonomischen Wettbewerb die Marktposition des Unternehmens gefährden. Im politischen Wettbewerb wird die Nichtbeachtung der Wählerpräferenzen die Position von Politikern in Frage stellen. Kosten bzw. abnehmende Wählerloyalität in Form von Wählerstimmen sind hier maßgebliche Restriktionen, ohne deren explizite Berücksichtigung keine erklärende oder prognostizierende Aussage über Handeln von Unternehmen bzw. Politik erfolgen sollte. Anders stellt sich dies in nicht von Wettbewerbs- und Überlebensdruck gekennzeichneten Situationen dar. Hier muss das Wissen um die Bedeutung wichtiger Handlungsrestriktionen für gesellschaftliche Akteure, beispielsweise Konsumenten, Sparer und Kreditnehmer, Ausbildungsplatz- und Arbeitsplatzsuchende, auf andere Weise gefördert und gesichert werden, nämlich durch das Bildungssystem.

Auch steht die Annahme rationalen Verhaltens keineswegs in Widerspruch zu **regelgebundenem** oder an **Normen orientiertem Verhalten,** wie häufig unterstellt wird. Rationalität als konstitutives Element der ökonomischen Verhaltenstheorie erklärt das

---

9 Vgl. hierzu im Einzelnen: G. Fleischmann, Ökonomische Theorie der Bedürfnisbefriedigung und Wertwandel. In: Wertwandel und gesellschaftlicher Wandel, hrsg. v. H. Klages u. P. Kmieciak, Frankfurt a. M., New York 1981, S. 85. K. Homann, Philosophie und Ökonomik. In: Jahrbuch für Neue Politische Ökonomie, Band 27, Tübingen 1988, S. 111 ff.

10 R. Mannstetten, a.a.O. S. 228.

11 K. Homann u. A. Suchanek, a.a.O., S. 418.

12 B. S. Frey, K. Foppa, a.a.O., S. 146 ff.

Verhalten von Individuen keineswegs nur als Sequenz von (bewussten und autonomen) Einzelentscheidungen. Sie schließt regelgebundenes Routine- bzw. Gewohnheitsverhalten ebenso wenig aus wie an sozialen Normen orientiertes Verhalten.

1.2.2.2. Rationalität und Gewohnheitsverhalten

Der ökonomische Ansatz wird in der Wirtschaftsdidaktik auch mit dem Hinweis auf die Beobachtung gewohnheitsmäßigen Verhaltens und nur begrenzter Entscheidungskapazität der Menschen in ihren unterschiedlichen Rollen abgelehnt. Man übersieht, dass gerade der ökonomische Ansatz Gewohnheitsverhalten, aber auch an sozialen Normen orientiertes Verhalten gut erklären und prognostizieren kann.

Der ökonomische Ansatz erklärt menschliches Verhalten mit der Auswahl der den individuellen Präferenzen am besten entsprechenden Handlungsmöglichkeit, wobei die Handlungsmöglichkeiten durch die (situationsabhängig zu spezifizierenden) Restriktionen und deren Kenntnis begrenzt sind. Eine Abschätzung und Bewertung der Handlungsmöglichkeiten muss nur dann (aufs Neue) vorgenommen werden, wenn sich entweder die Präferenzen oder die die Handlungsmöglichkeiten beschränkenden Restriktionen oder beide geändert haben. Nach der ökonomischen Verhaltenstheorie reagieren Menschen auf Veränderungen von Präferenzen und/oder Restriktionen in systematischer Weise. Verhaltensänderungen lassen sich grundsätzlich – wenn nicht im Ausmaß, so doch in der Richtung – vorhersagen, wenn die Veränderungen der Handlungsbedingungen bzw. Restriktionen bekannt sind. Bleiben Präferenzen und Restriktionen unverändert, kann regelorientiertes Verhalten als rationale „Standardlösung(en) für wiederkehrende Auswahlprobleme“[13] zur Anwendung kommen. Regelgebundenes Handeln in Form von Gewohnheiten und Alltagsroutinen erspart Individuen Informations- und Entscheidungskosten. Deshalb kann es rational sein, sich in Situationen, die als gleichartig empfunden werden, an bewährte Regeln zu halten. In diesen Fällen ist von Verfahrensrationalität zu sprechen, die dann die einzelfallbezogene Zweckrationalität ersetzt. Die empirische Beobachtung gewohnheitsmäßigen Verhaltens und deren verhaltenstheoretische Untermauerung durch nur beschränkte Entscheidungskapazität kann jedenfalls die Ablehnung des ökonomischen Verhaltensmodells und hier speziell der Rationalität nicht überzeugend begründen. Dies kann besonders gut am Beispiel der Verbrauchererziehung gezeigt werden.

Exkurs

Unverzichtbares Element der Verbrauchererziehung ist die Anbahnung preisbewussten Beschaffungsverhaltens. Wenn beispielsweise Verbraucher, wie empirisch zu beobachten, auf umfassende Preisvergleiche und preisbewusstes Beschaffungsverhalten bei Gütern des alltäglichen Bedarfs verzichten, dann werden in der Verbrauchererziehung als Ursachen in der Regel unzureichendes Wissen bzw. falsches Verbraucherbewusstsein diagnostiziert. Der ökonomische Ansatz würde auf die Handlungsrestriktionen abstellen. Eine umfassende Nutzung der auf den Märkten bestehenden Preisunterschiede kann nämlich nur um den Preis steigender Kosten an Zeit und Geld realisiert werden. Ein auf umfassende Preisvergleiche und preisbewusste Beschaffung verzichtendes Konsumverhalten kann durchaus rational sein, wenn Konsumenten die mit Preisvergleichen verbundenen Kosten an Geld, Zeit, physischer und psychischer Belastung höher gewichten, als das Einsparungspotential jederzeitigen und einzelproduktbezogenen, preisbewussten Einkaufsverhaltens.

---

[13] V. Vanberg, Rules and Choice in Economics and Sociology. In: Jahrbuch für Neue Politische Ökonomie, hrsg. v. E. Boettcher et al., Band 7, Tübingen 1988, S. 158.

Entscheidend sind die verbraucherpolitischen und -didaktischen[14] Konsequenzen. Nach dem ökonomischen Ansatz sind es die Veränderungen der Kosten-Nutzen-Relationen bzw. die Veränderung des Wissens um die Kosten-Nutzen-Relationen durch die Verhaltensänderungen erklärt werden können.

Kaufentscheidungen sind immer mit Kosten verbunden. Verzichten Verbraucher darauf, sich vor dem Kauf zu informieren, steigt das Risiko eines Fehlkaufs. Informationen vor dem Kauf verringern das Risiko von Fehlkäufen. Hierauf weist der bisher vorherrschende verbraucherdidaktische Ansatz zu Recht hin. Er ignoriert aber, dass gleichzeitig die „Transaktionskosten" der Beschaffung steigen, weil Kosten der Informationsgewinnung, des Abwägens der Alternativen und vor allem steigende Kosten der Durchführung der Kaufentscheidung anfallen. Gerade bei Gütern des alltäglichen Bedarfs gilt, dass der tägliche Erwerb des jeweils preiswertesten Angebotes vor Ort einen zeitaufwendigen Slalom durch die Geschäfte voraussetzen würde. Anders als bei hochwertigen Gütern stehen hier in situativer Betrachtung einem relativ geringen Einsparungspotenzial bei der Vielzahl der Produkte und der Häufigkeit der Käufe hohe Kosten preisbewussten Kaufverhaltens gegenüber. Darüber hinaus bedeuten häufige Preisänderungen bei den Produkten in den jeweiligen Geschäften nicht nur hohe Informationskosten, sondern auch schnelles Veralten einer mit hohen Kosten erworbenen Markttransparenz. Selbst wenn die jeweils aktuellen Preisinformationen kostenlos zur Verfügung gestellt würden, bliebe das Problem, dass die gesunkenen Informationskosten der Durchführung der Kaufentscheidung in Form von Zeit und Geld schnell aufgewogen würden. Angesichts der hohen Informationskosten und der hohen Kosten der Durchführung der Kaufentscheidung kann bei Gütern des alltäglichen Bedarfs die Herausbildung von Gewohnheiten, beispielsweise bezugsquellentreues oder (unter Berücksichtigung weiterer Argumente) markentreues Beschaffungsverhalten, für Konsumenten der kostengünstigere Weg sein, um mit den Unsicherheiten einer mäßig dynamischen Umwelt fertig zu werden. Kostengünstiger jedenfalls als ein umfassender jederzeitiger Preis-/Qualitätsvergleich. Deshalb ist das in der Verbrauchererziehung implizit oder explizit angestrebte Ziel jederzeitigen und umfassenden, preisbewussten Beschaffungsverhaltens in der alltäglichen Praxis nicht einlösbar. Als Konsequenz des ökonomischen Ansatzes ergibt sich, bei der Entwicklung informationspolitischer und verbraucherdidaktischer Konzepte den damit verbundenen Kosten-Nutzen-Relationen ausdrücklich Rechnung zu tragen, beispielsweise indem Situationen des Kaufes hochwertiger Güter und Dienstleistungen anders behandelt werden als Kaufsituationen von Gütern des alltäglichen Bedarfs. Es sei nur am Rande vermerkt, dass der Markterfolg der Discounter genau mit diesem Verhaltensmodell korrespondiert.

1.2.2.3. Rationalität und normorientiertes Verhalten

In sich wiederholenden Situationen mit gleichartigen Handlungsbeschränkungen ist regelgebundenes Verhalten in Form von Alltagsroutinen und Gewohnheiten für das Individuum selbst vorteilhaft, weil es so notwendige Informations- und Entscheidungskosten vermeidet. Dies gilt unabhängig davon, ob das Individuum das gewohnheitsmäßige Verhalten in gleichartigen Situationen im Sozialisationsprozess erlernt oder durch freie und bewusste Entscheidung gewählt und dann beibehalten hat. Die Vorteile für

---

[14] Zu den verbraucherdidaktischen Konsequenzen der Analyse des Kaufs von Gütern des alltäglichen Bedarfs mittels des ökonomischen Ansatzes vgl. G.-J. Krol u. H. Diermann, Markentreue bei Alltagskäufen? In: Verbrauchererziehung und wirtschaftliche Bildung 1, 1985 sowie C. Kramer u. G.-J. Krol, Preisvergleiche bei Alltagskäufen, ebenda, Heft 4, 1989; B. Weber u. G.-J. Krol, Preisvergleiche bei Alltagskäufen (Projekt). In: Handlungsorientierte Methoden in der Ökonomie, hrsg. v. B. Steinmann u. B. Weber, Neusäß 1995, S. 181–193.

den gewohnheitsmäßig Handelnden liegen in Kosteneinsparungen und sie ergeben sich unabhängig vom Verhalten anderer Individuen.

Hiervon ist die Orientierung des Verhaltens an sozialen Normen zu unterscheiden.[15] Soziale Normen können individuelles Verhalten auf zweierlei Weise beeinflussen:[16]

- Einmal als internalisierte Norm, deren Befolgung intrinsisch motiviert ist. Normen beeinflussen hier als Identität stiftende Persönlichkeitsvariablen das Verhalten. Normen sind hier intern bindende Verhaltenskodices. Sie erhalten ihre verhaltensprägende Kraft durch das eigene Gewissen, nicht durch soziale Mechanismen (Belohnung/Bestrafung). Nicht „selfinterest“, sondern „interest in one's own self“[17] kennzeichnet den Menschen als moralisches Wesen. Moralische Normen werden hier zu einem Merkmal der Präferenzen des Individuums.
- Zum anderen wirken soziale Normen als Handlungsbeschränkungen (Restriktionen), deren Nichtbefolgung von Dritten sanktioniert wird. Die Sanktionen reichen vom „schiefen Angucken“ bei Normverstößen bis hin zu Freundschafts-, Solidaritäts- und Vertrauensentzug in sozialen Beziehungen. Bei Markttransaktionen beinhalten Sanktionen glaubwürdige Androhung oder Ausübung von Nachfrageentzug. Im politischen Prozess kann mit unterschiedlichen Formen des Entzugs politischer Loyalität sanktioniert werden. Normbefolgung ist hier extrinsisch motiviert.

Nun stehen beide Arten der Verhaltensbeeinflussung durch Normen nicht einfach und austauschbar nebeneinander. Die verhaltensprägende Wirkung sozialer Normen lässt sich nun mit dem ökonomischen Verhaltensmodell präzisieren. Ist die Befolgung moralischer Normen mit nur geringen „Kosten“ verbunden, werden Normenverstöße aber streng kontrolliert und auch sanktioniert, kann von einer weitgehenden Regelbefolgung ausgegangen werden. Ist Normbefolgung für das Individuum mit hohen „Kosten“ verbunden und sind individuelle Normverstöße nur schwer aufzudecken, wird die Befolgung moralischer Normen unwahrscheinlicher.[18] Die Verhaltenswirksamkeit von Normen hängt also ganz entscheidend von der Höhe der „Kosten“ für die Implementation, die Beibehaltung und die Kontrolle der Normen ab.[19] In überschaubaren Kleingruppenkontexten ist die verhaltensprägende Kraft sozialer Normen gegeben, weil Normabweichler leicht identifiziert und sanktioniert werden können. Dies stellt sich in der wertepluralen modernen Gesellschaft grundsätzlich anders dar. Hier kann es für den Einzelnen vorteilhaft sein, gegen auch von ihm grundsätzlich akzeptierte Normen zu verstoßen, während gleichzeitig Normbefolger der Ausbeutungsgefahr ausgesetzt sind.

Unter den Bedingungen der modernen Gesellschaft macht erst die klare Unterscheidung zwischen dem Interesse eines Individuums an der Gültigkeit einer sozialen Norm für die Gemeinschaft und dem Interesse an der eigenen Befolgung dieser Norm den Blick frei für Problemlösungen, die den durch die Restriktionen definierten Handlungsspielräumen angemessen Rechnung tragen. So weist Vanberg darauf hin, dass keinerlei logische Inkonsistenz besteht, wenn ein Dieb in einer Gemeinschaft ehrenwerter Menschen leben möchte. Das heißt, dass auch das Interesse eines jeden Individuums an der Gültigkeit der

[15] Vgl. dazu im einzelnen: V. Vanberg, a.a.O., S. 158 ff.

[16] J. Karpe u. G.-J. Krol, Ökonomische Verhaltenstheorie, Theorie der Institutionen und ökonomische Bildung. In: Konzeptionelle Ansätze ökonomischer Bildung, hrsg. v. K.-P. Kruber, Wirtschafts- und berufspädagogische Schriften, Bd. 17, Bergisch Gladbach 1997, S. 87 f.

[17] G. Kirsch, Umwelt, Ethik, individuelle Freiheit: Eine Bestandsaufnahme. In: Elemente einer rationalen Umweltpolitik, hrsg. v. H. Siebert, Tübingen 1996, S. 24.

[18] Vgl. hierzu im Einzelnen: G. Kirchgässner, Homo Oeconomicus, Tübingen 2000, S. 181 ff.

[19] G.-J. Krol, J. Karpe u. A. Zoerner, Die Stellung des privaten Haushalts im Wirtschaftsgeschehen. Ökonomische Bildung kompakt 2, Braunschweig 2005, S. 57.

sozialen Norm „Schutz des Eigentums" die Einhaltung dieser Norm nicht gewährleistet. Und jeder wird vermutlich intuitiv zustimmen, dass die Befolgung dieser Norm auch durch Bestimmungen des Strafgesetzbuches und Informationen über Aufklärungsquoten und Höhe der Strafen, durch Gestaltung von und Aufklärung über Handlungsrestriktionen also, gesichert werden muss.

Aber während es nach dem ökonomischen Ansatz für das Individuum unter angebbaren Bedingungen rational sein kann, sich der Befolgung einer für die Gemeinschaft für wünschenswert erachteten sozialen Norm zu verweigern, verbindet der vom Aufklärungsethos geprägte pädagogische Ansatz die Weckung des individuellen Interesses an der Gültigkeit einer sozialen Norm immer auch als Argument für die Befolgung durch das Individuum. Eben dies ist in anonymen Großgruppenkontexten immer dann zweifelhaft, wenn individuell vorteilhaftere Handlungsmöglichkeiten gegeben sind, wenn die **Befolgung** einer akzeptierten sozialen Norm regelmäßig den Verzicht auf eine individuell vorteilhaftere Alternative impliziert. Und dies ist immer dann der Fall, wenn die **Entscheidungssituation** des Individuums durch Merkmale geprägt ist, wie sie mit dem **Theorem der öffentlichen Güter** (bzw. Kollektivgüter) beschrieben werden. Dieses Theorem bezieht sich auf Entscheidungssituationen, in denen Individuen eine gewünschte Leistung in Anspruch nehmen können, ohne sich an den Kosten ihrer Erstellung/Erhaltung beteiligen zu müssen. Andererseits kommt die Leistung aber nur zu Stande, wenn eine hinreichende Zahl von Individuen den Kostenbeitrag leistet. Je größer nun die Zahl der an der Leistung Interessierten, um so geringer ist das Gewicht eines einzelnen Kostenbeitrages zum Zustandekommen der Leistung, um so stärker der **Anreiz** zum Einnehmen der „Trittbrettfahrerposition". Denn aus der Sicht des Individuums liegt die vorteilhafteste Variante unter diesen Konstellationen darin, seinen Kostenbeitrag zur Bereitstellung oder Erhaltung der Leistung in der Erwartung zu verweigern, dass der Kostenbeitrag der jeweils anderen ihm eine kostenlose Partizipation an der Leistung ermöglichen wird. Und wenn, wie nach dem ökonomischen Ansatz unterstellt, Individuen sich i. d. R. für die individuell vorteilhafteste Variante entscheiden werden, wird überwiegendes Trittbrettfahrerverhalten die Bereitstellung des von allen Gewünschten verhindern. Wohlgemerkt, die Ursachen dafür, dass aus individueller Perspektive rationales Verhalten nicht auch zu gesellschaftlich gewünschten Ergebnissen führt, liegen nach diesem Ansatz in Merkmalen der Entscheidungssituation, in dessen Kollektivgutcharakter, **nicht** jedoch in Merkmalen der Person. Folglich sind (auch und vor allem) Merkmale der Entscheidungssituation und deren Veränderung, hier Maßnahmen zur Beschränkung der Trittbrettfahrerposition, von Bedeutung. Die Konsequenzen für eine sich den Bezugswissenschaften verpflichtend fühlende Wirtschaftsdidaktik liegen auf der Hand: Werden für wichtig erachtete soziale Normen in individuellem Verhalten verfehlt, so mag Information und Aufklärung über die Bedeutung einer sozialen Norm notwendig sein. Solche bewusstseinsbildenden Prozesse reichen jedoch nicht aus, wenn sie sich auf Situationen beziehen, die Strukturmerkmale öffentlicher Güter aufweisen. Beispielhaft sei auf umweltverträglicheres Verhalten, Steuerehrlichkeit, Verzicht auf nicht erforderliche oder gar unberechtigte Versicherungsleistungen verwiesen. Diese und ähnlich gelagerte Kontexte führen in soziale Dilemmata, bei denen das von allen Gewünschte mit individueller Vorteilhaftigkeit konfligiert. Hier werden Appelle an die Handlungsmoral mit dem Ziel der Anreizresistenz nicht nur wirkungslos bleiben, sie können auch zur Erosion moralischer Standards beitragen.

Diese Aussage ist erläuterungsbedürftig, gilt doch gerade im Kontext von Bildungs- und Erziehungsprozessen das gute Beispiel, das Vorbild, als Norm stabilisierend. Exemplarisch sei hier auf appellative Verzichtpostulate in Bezug auf Umweltverschmutzung, Ressourcenübernutzung, verschiedene Formen unzureichender Steuerehrlichkeit, extensive Nutzung von Sozial- und Versicherungsleistungen und reduzierts

Sorgfaltsniveau nach Abschluss einer Versicherung verwiesen. All diesen (und anderen) Problemen liegt mit sozialen Dilemmata eine gleichartige Struktur zugrunde, deren Offenlegung das Versagen von moralischer Aufrüstung der Akteure als Lösungsstrategie verdeutlichen kann und eine regelgebundene Form von Moralgeltung nahe legt.

Soziale Dilemmata sind durch bestimmte situative (nicht personale) Merkmale gekennzeichnet. Auf Vorteilskalkülen basierende individuelle (Handlungs-)Rationalitäten aggregieren sich zu unerwünschten gesellschaftlichen Ergebnissen. Dies kann mit einer bestimmten Spielart des so genannten Gefangenendilemmas plastisch veranschaulicht werden.[20] Wir wählen hier als Beispiel den Erhalt von Fischbeständen in den Weltmeeren durch Bestand sichernde Fangmengen der Fischer/Fischfangnationen. Die Fischbestände seien zunächst durch offenen Zugang der Fischer, aber schon unübersehbare Anzeichen von Überfischung gekennzeichnet, so dass Fischer bei Aufrechterhaltung bisheriger Fangstrategien die eigene ökonomische Existenz gefährden. Weshalb dauert dann die kollektive Selbstschädigung der Fischer/Fischnationen an? Mangelt es an Wissen oder Bewusstsein hinsichtlich der Bedeutung der Bestandssicherung und der Artenvielfalt in den Meeren? Nach dem ökonomischen Verhaltensmodell sind die Handlungsbedingungen, die Anreizkonstellationen, für die Fischer zu fokussieren. Diese stellen sich wie folgt dar: Zwar haben alle ein Interesse am Erhalt der Bestände, aber bei freiem Zugang zu den Beständen hat jeder einzelne Fischer einen Anreiz, seine Fangmengen in der Erwartung beizubehalten oder gar zu steigern, dass die jeweils anderen ihre Fangmengen reduzieren werden. Dies gilt insbesondere, wenn die Fangmengen nicht zu kontrollieren und die Beibehaltung der Fangmengen **eines** Fischers für die anderen nicht spürbar ist. Dieser Anreiz besteht für jeden Fischer. Geben einige diesem Anreiz im Interesse der Bestandserhaltung nicht nach (Anreizresistenz), stellt sich die Situation für diese auf folgende Weise dar: Die freiwilligen Fangbeschränkungen der „Vorbilder“ landen in den Netzen der anderen. Das heißt Normbefolgung der „Vorbilder“ wird in Situationen sozialer Dilemmata nicht nur nichts Spürbares im Hinblick auf das angestrebte Ziel bewirken, sondern dem Normbefolger im Vergleich zu den anderen Fischern auch spürbare „Kosten“ in Form von Ertragsverzichten auferlegen. Nicht fehlendes „Wollen“, sondern mangelndes „Können“ verhindert dann eine freiwillige Bestand sichernde Strategie. Stärkung von Handlungsmoralen durch Appelle bedarf hier der geeigneten institutionellen Flankierung. Es muss durch institutionelle Maßnahmen sichergestellt werden, daß „das gute Beispiel des Fangverzicht leistenden Fischers“ nicht durch die jeweils anderen ausbeutbar bleibt. In diesen und strukturell gleich gelagerten Situationen führen Appelle an individuelle Handlungsmoralen allein zu **Verantwortungszumutungen**. Sie werden nicht nur nichts Dauerhaftes im Hinblick auf das angestrebte Ziel bewirken, es besteht auch die Gefahr, dass die „vorbildlichen“ Fischer ihre moralischen Standards aufgeben und zur alten Fangstrategie zurückkehren. Das heißt appellative Moralisierung wird am Ende die Moral nicht stärken, sondern zur weiteren Erosion moralischer Standards beitragen, solange die Ausbeutungsmöglichkeiten nicht wirksam beschränkt werden. Es ist ein originärer Beitrag des ökonomischen Verhaltensmodells, in Situationen sozialer Dilemmata Strategien der Förderung von Moralgeltung auf die (kollektive) Gestaltung der Anreizstrukturen zu richten. Damit gerät kollektives Handeln in den Blick und es soll hier abschließend auf Modellierung politischen Entscheidungsverhalten mittels des ökonomischen Verhaltensmodells eingegangen werden.

---

[20] Siehe den Beitrag „Umweltprobleme aus ökonomischer Sicht – Zur Relevanz der Umweltökonomie für die Umweltbildung“ (4.14.2.2) in diesem Bande.

1.2.2.4. Staatliches Handeln und ökonomischer Ansatz

Der ökonomische Ansatz wird in den letzten Jahren verstärkt und mit zunehmendem Erfolg für die Analyse politischer Entscheidungen (und auch der Entscheidungen von Organisationen und Bürokratien) herangezogen. Wirtschaftsdidaktisch ist dabei nicht nur von Bedeutung, dass mit einem einheitlichen Referenzmodell unterschiedliche Handlungsebenen in Wirtschaft und Gesellschaft analysiert werden können, sondern auch, dass der ökonomische Ansatz politisches Handeln untrennbar mit dem Individuum, seinem Wissen und seinen Einstellungen verknüpft.

Der ökonomische Ansatz analysiert kollektives Handeln, indem Entscheidungen von Individuen in unterschiedlichen Rollen untersucht werden, als Wähler, Bürokraten, Politiker, Mitglieder oder Leiter von Organisationen. Analytisches Mittel bei der Erklärung und Prognose ist auch hier die Annahme, dass alle Akteure sich selbstinteressiert verhalten, dass sie ihr Verhalten im Zweifel an der Sicherung bzw. Verbesserung der eigenen Position orientieren. So wie das ökonomische Modell Verbraucherverhalten mit der Annahme der Mehrung des individuellen Nutzens und das Verhalten von Unternehmen aus Gewinnzielen erklärt (im Modell: Nutzenmaximierung bzw. Gewinnmaximierung), unterstellt das Modell für das Entscheidungsverhalten der Politiker auf der Zielebene Erlangung (Opposition) bzw. Sicherung und Ausbau (Regierung) der politischen Macht. Das heißt unter den Handlungsrestriktionen einer parlamentarischen Demokratie Wählerstimmenmehrung bzw. -maximierung. Analog wird den Wählern unterstellt, dass sie denjenigen Politikern (Parteien) ihre Stimme geben, von denen sie den größten Nutzen erwarten. Die entsprechende Ausprägung der Eigennutzorientierung für Verbandsfunktionäre manifestiert sich in ihrem Streben nach Wiederwahl durch Stabilisierung bzw. Erhöhung der Mitgliederzahlen bzw. des Organisationsgrades oder finanzieller Ressourcen (Spendenaufkommen), für die staatlichen Bürokraten (Verwaltungen) in ihrem Streben nach Ausweitung ihrer Aufgaben und wachsenden Budgets, weil nicht zuletzt angesichts von Laufbahnvorschriften diese Verhaltensausprägungen den pekuniären und Karriereinteressen der Mitglieder in hierarchisch organisierten Verwaltungen am besten entsprechen.

Anders als in klassischen Demokratietheorien handelt hier der Staat nicht automatisch allgemeinwohlorientiert. Gemeinwohl steht nicht neben individuellen Zielen oder gar gegen diese, sondern es ergibt sich durch deren Aggregation. Staatliches Handeln wird nun als Verhalten der entsprechenden Akteure (Politiker, Verwaltungen) zur Förderung ihrer eigenen Interessen modelliert. Die soziale Funktion von Politik ist nach diesem Ansatz nicht Hauptziel, sondern Nebenprodukt. Entsprechend schrieb schon **J. A. Schumpeter,** auf den die ökonomische Analyse wirtschaftlicher und gesellschaftlicher Entscheidungsprozesse zurückgeführt werden kann: „[U]m zu verstehen, wie die demokratische Politik diesem sozialen Ziele dient, müssen wir vom Konkurrenzkampf um Macht und Amt ausgehen und uns klar werden, dass die soziale Funktion, so wie die Dinge nun einmal liegen, nur nebenher erfüllt wird – im gleichen Sinn wie die Produktion eine Nebenerscheinung beim Erzielen von Profiten ist.“[21]

Dieser Ansatz enthält wichtige wirtschaftsdidaktische Implikationen, denn er macht im Gegensatz zur klassischen, auf Interessenausgleich abstellenden Demokratietheorie politische Entscheidungen wieder zu einer Angelegenheit der betroffenen Individuen. Werden politische Entscheidungen nicht an sachliche Notwendigkeiten oder abstrakte Allgemeinwohlformulierungen angebunden, sondern aus eigennützigen Zielen der Politiker unter den Handlungsbeschränkungen der erwarteten bzw. tatsächlichen Wähler-

[21] J. A. Schumpeter, Kapitalismus, Sozialismus, Demokratie, 2., erw. Aufl., München 1950, S. 448.

reaktionen im politischen Wettbewerb abgeleitet, dann ergeben sich unter der Annahme ungleichen Informationsstandes der Wähler untereinander und unterschiedlichen Organisationsgrades von Wählergruppen weitreichende Einsichten.

Wenn zur Beurteilung politischer Programme und des Handelns von Politikern eine Vielzahl von Informationen notwendig ist, die nicht allen Wählern gleichermaßen zur Verfügung steht, sondern mit unterschiedlichen Kosten (Geld, Zeit, Mühen etc.) erhoben werden muss, dann müssen Politiker gleiche Stimmen nicht gleich behandeln. Dann werden Politiker geneigt sein, eher den Interessen der Informierten (und Engagierten bzw. Organisierten) als den Interessen der weniger Informierten Rechnung zu tragen. Wenn beispielsweise der Informationsstand der Bürger im Bereich des Einkommenserwerbs allgemein höher ist als im Bereich der Einkommensverwendung, weil Wähler ihr Einkommen in einem relativ eng umgrenzten Bereich, den sie relativ gut überschauen, verdienen, es aber in vielen, kaum zu überschauenden Bereichen ausgeben, dann folgt nach dem ökonomischen Ansatz, dass Politiker Problemen des Produktionsbereichs größere Aufmerksamkeit beimessen werden als Problemen im Bereich des Konsums.

Diese Ergebnisse verstärken sich noch, wenn man Bürokratien und den Einfluss von Verbänden und Interessengruppen in die Analyse einbezieht. Mit Hilfe des ökonomischen Ansatzes lässt sich gut erklären, warum breitgestreute Interessen wie beispielsweise Verbraucherinteressen in einer Demokratie schwer organisierbar sind und deshalb den i. d. R. gut organisierten, ausgrenzbaren Partikularinteressen unterliegen.[22] Denn je verbreiteter ein konkretes Interesse, um so eher haben Leistungen zur Bedienung dieses Interesses den Charakter eines „öffentlichen Gutes“, dessen Nutzung ja bekanntlich nicht auf den Kreis derjenigen beschränkt werden kann, die beispielsweise durch Mitgliedschaft einen Beitrag zu den Kosten der Leistungserstellung geleistet haben. Wenn aber die Nutzung einer Leistung für das Individuum auch ohne Beteiligung an den „Kosten“ der Leistungserstellung möglich ist, bestehen systematische Anreize, die „Kosten“ zu meiden und eine Trittbrettfahrerposition einzunehmen. Glücklicherweise folgen nicht alle diesen Anreizen, aber gerade diese sollten ein Interesse an der institutionellen Beherrschung der Ausbeutung ihres Handelns durch Trittbrettfahrer haben. Das ökonomische Verhaltensmodell liefert dazu eine für die globalisierte moderne Gesellschaft unverzichtbare Grundlage.

1.2.3 Zusammenfassung

Das ökonomische Verhaltensmodell kann einen wertvollen Beitrag zu einer angemesseneren inhaltlichen Strukturierung der auf Politik, Wirtschaft und Gesellschaft bezogenen Fachdidaktiken liefern. Es bietet einen einheitlichen, disziplinübergreifenden Rahmen für die Analyse gesellschaftlicher Probleme. Diese werden als unintendierte Wirkungen intentionalen Handelns, d. h. eines aus individuellen Vorteils-/Nachteilskalkülen in Dilemmasituationen abgeleiteten, anreizkompatiblen Handelns interpretiert. Erklärungsvariablen dieses Ansatzes sind die situationsspezifischen Anreizkonstellationen. Das ökonomische Verhaltensmodell ist also keine anthropologisch fundierte, allgemeine Theorie menschlichen Verhaltens, die den Facetten der Individualität der Individuen auch nur annähernd Rechnung tragen könnte und will, sondern eher eine

[22] Allgemein dazu: M. Olson, Logik des kollektiven Handelns, Tübingen 1968. Angewandt auf Organisationsprobleme der Gewerkschaften: N. Eickhoff, Eine Theorie der Gewerkschaftsentwicklung, Tübingen 1973; angewandt auf Organisationsprobleme der Verbraucher vgl. z. B. B. Brune, Organisation von Verbraucherinteressen, Frankfurt a. Main 1980, insbesondere S. 141 ff.

allgemeine Theorie der Anreizstrukturen[23], die in Entscheidungssituationen unter dem Regime bestimmter Handlungsbedingungen (Institutionen) wirksam sind. Auf diese situativen, problemspezifischen Anreizstrukturen reagieren Durchschnittsmenschen systematisch und damit vorhersagbar, so die schlichte, aber in den Folgerungen weitreichende Aussage. Das schließt „Anreizresistenz" übende „Helden" nicht aus[24], aber Helden sind und bleiben rar. Dieser Ansatz wird nun auf die verschiedenen gesellschaftlichen Akteure in den für die jeweils spezifischen Handlungssituationen übertragen. Unterschiedliches Verhalten wird auf unterschiedliche Restriktionen zurückgeführt, denen die Akteure in unterschiedlichen Entscheidungskontexten unterliegen. Solche Handlungsbeschränkungen werden von verschiedenen sozialwissenschaftlichen Disziplinen untersucht. Der ökonomische Ansatz bietet deshalb ein hohes **Integrationspotenzial.** Er lädt dazu ein, die Erkenntnisse anderer Sozialwisenschaften über die Restriktionen in die Analyse einzubringen (statt wie bisher üblich, die Ergebnisse einzelner sozialwissenschaftlicher Disziplinen als konkurrierend zu begreifen und nach nicht offen gelegten Kriterien auszuwählen).

Gleichwohl stößt das ökonomische Verhaltensmodell auf verbreitete Ablehnung insbesondere bei moralsensiblen Wissenschaften wie Pädagogik, Philosophie, Soziologie, Theologie u. a. Ein wichtiger Grund liegt darin, dass die **analytischen Kategorien Eigennutz** bzw. Selbstinteresse und **Wettbewerb** von ihrem Paradigmenbezug gelöst und mit inhumaner Konkurrenzgesellschaft gleichgesetzt werden, in der Eigennutz und Allgemeinwohl als Gegensätze begriffen werden. Hier wirkt ein vormodernes Erklärungsmodell, welches aggregierte Handlungsergebnisse ursächlich auf individuelle Handlungsmotive zurückführt. Unintendierte Folgen individuellen Handelns (Nebenfolgen), deren Aufdeckung eine zentrale Aufgabe der Sozialwissenschaften ist, können mit diesem Ansatz nicht erfasst werden.[25] Allenfalls für gut struktuierte, überschaubare Entscheidungssituationen, wie sie in Kleingruppenkontexten anzutreffen sind, mag der Ansatz tragfähig sein. Für die moderne Gesellschaft gelten komplexe, schlecht strukturierte Entscheidungssituationen mit der Folge, dass intentionales Handeln allenthalben Nebenwirkungen erzeugt, die nicht mehr auf der Ebene der Motive involvierter Akteure beherrschbar sind, sondern durch das Institutionen- und Regelgefüge zu beherrschen sind. Geht man ausdrücklich vom Paradigmenbezug der genannten Kategorien aus, dann wird man die moralische Verantwortung der Ökonomie nicht dort suchen, wo Egoismus und Wettbewerb mit negativ erscheinenden Einzelphänomenen belegt werden können (z. B. Täuschung und andere Formen missbräuchlicher Ausnutzung von Marktmacht), sondern dort, wo über die Einhaltung oder Einrichtung von Regeln für Austauschbeziehungen (z. B. auf Märkten) in der Gesellschaftsordnung zu entscheiden ist. Auf dieser paradigmenbestimmten Ebene muss das empirische Sowohl-als-auch von Egoismus und Altruismus, von Eigennutz und Gemeinwohlorientierung entschieden werden. Der Vorwurf, die Ökonomie sei mit ihrer Entscheidung für das Eigeninteresse als analytischer Kategorie eine amoralische bzw. unmoralische Wissenschaft, entbehrt jeglicher Grundlage.[26] Ökonomik gründet ihre Aussagen auf der analytischen Kategorie selbstinteressierten Handelns als causa movens des Verhaltens auf individueller und kollektiver Ebene, und ihre Empfehlungen zur Realisierung von Allgemeinwohl müssen folglich

---

[23] K. Homann u. A. Suchanek, a.a.O. S. 418ff., insbesondere S. 421.

[24] G. Kirchgässer, Die Bedeutung moralischen Handelns für die Umweltpolitik. In: GAiA, 9. Jg., No. 1 (2000), S. 46.

[25] G. Kirchgässner, Das ökonomische Verhaltensmodell: Der Homo Oeconomicus. In: Homo Oeconomicus. Ein neues Leitbild in der globalisierten Welt?, hrsg. v. V. v. Well u. K. Kufeld, Berlin 2006, S. 86.

[26] Vgl. hierzu ausführlicher: K. Homann, a.a.O., S. 109ff.

auch dann tragfähig sein, wenn die gesellschaftlichen Akteure (Politiker, Anbieter, Verbraucher, Arbeitnehmer, Steuerzahler etc.) nicht allgemeinwohlorientiert, sondern selbstinteressiert bzw. eigennützig handeln. Es wird also nicht (nur) gefragt, wie sich die Akteure verhalten sollen, sondern (auch), wie sie sich verhalten werden. Das ökonomische Verhaltensmodell kann also als Prüfprogramm für die Tragfähigkeit individueller Handlungsmoral gesehen werden, die insbesondere in sozialen Dilemmasituationen brüchig wird.

Pädagogen und Schule streben die für wünschenswert erachteten sozialen Zustände als Ergebnisse intentionalen Verhaltens über eine Veränderung der Präferenzen an. Durch Beeinflussung von Wissen, Einstellungen und Wertsystemen sollen bestimmte Verhaltensdispositionen gefördert, andere benachteiligt werden. Dies ist für Bildungsprozesse unverzichtbar und in Kleingruppenkontexten und „low-cost"-Situationen tragfähig. Aber entscheidend sind die Konsequenzen, die gezogen werden, wenn für wichtig erachtete soziale Zustände systematisch verfehlt werden, wie es allenthalben anzutreffen ist und mit der Kategorie sozialer Dilemmata näher charakterisiert wird. Nach dem tradierten Ansatz ist auch hier mit verstärktem Bemühen um die Anbahnung entsprechender Verhaltensdispositionen durch Wissen und Wertsystembeeinflussung zu reagieren. In der Terminologie des ökonomischen Ansatzes steht Präferenzbeeinflussung mit dem Ziel der Anreizresistenz im Mittelpunkt der Beherrschung von sozialen Dilemmasituationen.

Der ökonomische Ansatz erklärt das Verhalten vor allem aus den (situationsabhängigen) Handlungsbeschränkungen. Er stellt die Probleme der Umsetzung von Verhaltensdispositionen in konkretes Verhalten in den Mittelpunkt seines Erkenntnisinteresses. Er geht davon aus, dass das Tun und Unterlassen der Akteure entscheidend von den in der Entscheidungssituation wirksamen Anreizen und Handlungsbeschränkungen bestimmt wird. Welcher Art diese jeweils sind, lässt sich nur mittels empirisch gehaltvoller Theorien beantworten. Wer sich also auf den ökonomischen Ansatz zur Erklärung und Prognose von Verhalten gesellschaftlicher Akteure einlässt, wird nicht umhin kommen, die für spezifische Entscheidungssituationen relevante Theorie zu Grunde zu legen.[27]

Der pädagogische Ansatz führt unerwünschte Ergebnisse auf der Makroebene auf „Fehlverhalten" auf der Mikroebene zurück, dem durch Information, Aufklärung und Wertevermittlung, letztlich mit dem Ziel der Anreizresistenz, zu begegnen ist. Der ökonomische Ansatz erklärt unerwünschte Ergebnisse auf der Makroebene mit fehlerhaften Anreizkonstellationen bei den Funktionslogiken entsprechendem Verhalten der Akteure auf der Mikroebene, dem mit einer Veränderung der Anreizstrukturen durch Fortentwicklung des institutionellen Rahmens zu begegnen ist. Hierzu bedarf es der Aufklärung der Individuen über (nicht zur beliebigen Disposition stehenden) Grundlagen der Interaktion (Kooperation und deren Verweigerung) in der modernen Gesellschaft.

Damit werden für eine angemessene Behandlung der Gegenstandsbereiche Politik, Wirtschaft und Gesellschaft im allgemeinbildenden Schulwesen gehaltvolle Theorien relevant, die etwas über die Entstehung, die Wirkung und die Gestaltung von Institutio-

[27] Zur Vereinbarkeit des ökonomischen Ansatzes mit psychologischen und soziologischen Erklärungsmustern vgl. B. S. Frey u. W. Stroebe: Ist das Modell des Homo Oeconomicus „unpsychologisch"? In: Zeitschrift für die gesamte Staatswissenschaft, Band 136, 1986, S. 82 ff.; G. Gäfgen u. H. G. Monissen, Zur Eignung soziologischer Paradigmen. Betrachtungen aus der Sicht des Ökonomen, in: Jahrbuch für Sozialwissenschaft 1/1978, insbesondere S. 139 ff. K. D. Opp, Ökonomie und Soziologie – Die gemeinsamen Grundlagen beider Fachdisziplinen. In: Die Ökonomisierung der Sozialwissenschaften, hrsg. v. H. B. Schäfer u. K. Wehrt, Frankfurt/M., New York 1989, S. 103 ff.

nen aussagen. Die ökonomische Verhaltenstheorie liefert hierzu ein originäres unverzichtbares Fundament.

Literaturhinweise

G. S. Becker u. G. N. Becker, Die Ökonomik des Alltags, Tübingen 1988.

B. S. Frey, Ökonomie ist Sozialwissenschaft. Die Anwendung der Ökonomie auf neue Gebiete, München 1990.

K. Homann u. A. Suchanek, Ökonomik, eine Einführung, Tübingen 2000.

J. Karpe u. G.-J. Krol, Ökonomische Verhaltenstheorie, Theorie der Institutionen und ökonomische Bildung. In: Konzeptionelle Ansätze ökonomischer Bildung. Wirtschafts- und berufspädagogische Schriften, Bd. 17, hrsg. v. K.-P. Kruber, Bergisch Gladbach 1997, S. 75–102.

G. Kirchgässner, Homo Oeconomicus, Tübingen 2000.

G. Kirchgässner, Das ökonomische Verhaltensmodell: Der Homo Oeconomicus. In: Homo Oeconomicus. Ein neues Leitbild in der globalisierten Welt?, hrsg. v. V. v. Well u. K. Kufeld, Berlin 2006, S. 81–106.

G. Kirsch, Umwelt, Ethik, individuelle Freiheit: Eine Bestandsaufnahme. In: Elemente einer rationalen Umweltpolitik, hrsg. v. H. Siebert, Tübingen 1996, S. 3–32.

A. Suchanek, Chancen und Grenzen der Implementation umweltverträglicher Verhaltensmuster in der modernen Gesellschaft. In: Umweltethik und ihre gesellschaftliche Vermittlung, hrsg. v. M. Sellmann, Bad Honnef 1997, S. 45–116.

1.3 Die Theorie der Wahlakte
Raimund Schirmeister

1.3.1 Wirtschaften, Wählen, Entscheiden

Wirtschaften heißt **Wählen:**

- Beim Einkauf im Supermarkt **wählt** der Konsument aus dem breit gefächerten Angebot und **entscheidet** sich für bestimmte Artikel.
- Der Personalleiter einer mittelständischen Maschinenfabrik **prüft** die Bewerbungsunterlagen, die auf die Stellenannonce eines CNC-Drehers eingegangen sind, und **gibt** schließlich einem Bewerber den **Vorzug.**
- Der Rat der Europäischen Zentralbank erörtert in seiner vierzehntägigen Routinesitzung Maßnahmen zur Eindämmung der Inflation und beschließt, die Versorgung der Geschäftbanken mit Liquidität (Zentralbankgeld) zu erschweren.

An den Beispielen wird ersichtlich, dass wirtschaftliches Geschehen stets durch menschliche Handlungen ausgelöst und gestaltet wird. Denen vorgelagert sind mehr oder weniger vielschichtige und aufwendige Prozesse des Suchens, der Informationsbeschaffung und -weiterverarbeitung sowie des vergleichenden Abwägens, ehe in einem Entschluss die konkret zu verwirklichenden Maßnahmen festgelegt werden. Damit ist der Gegenstand einer **ökonomischen Theorie der Wahlakte** umrissen: Aus einer Menge von Handlungsmöglichkeiten (also: dem Warenangebot des Supermarktes) ist über jedes Element (also: jeden Artikel) zu befinden, ob es angenommen (sprich: gekauft) oder abgelehnt (d. h. im Regal gelassen) wird. **Entscheidungen** treffen besagt demnach, sich für oder gegen **Handlungsalternativen** auszusprechen. (Das wären die Bewerbungen auf die Stellenanzeige für den Personalleiter bzw. das sog. „Geldpolitische Instrumentarium“ – z. B. die Veränderung der Konditionen, zu denen sich Geschäftsbanken Liquidität verschaffen können – für die Europäische Zentralbank). Zumindest „nichts tun“ im Vergleich zu „etwas tun“ muss als Handlungsweise offen stehen, sonst liegt überhaupt kein untersuchungsbedürftiges Problem vor.

Entscheidungen analysieren heißt, ihre voraussichtlichen Auswirkungen festzustellen und mit den Vorstellungen und Vorgaben des Entscheidungsträgers zu vergleichen: Welche Folgen seines Tuns, die er mit seinem Entschluss auslöst, sieht der Entscheider als wünschenswert an? Welche sucht er unter allen Umständen zu vermeiden? Welche akzeptiert er? Welche sind für ihn ohne Bedeutung? Mittels derartiger **Präferenzen** werden die vorziehenswürdigen Alternativen bestimmt und ggf. in eine Rangfolge gebracht, und zwar so, dass eine dritte Person bei gleichem Informationsstand zu einer identischen Auswahl gelangen würde.

Als wichtigste Präferenz ist zweifellos die **Zielpräferenz** anzusehen, weil „ziellose“ Entscheidungen in der Realität vielleicht vorkommen, sich jedoch einer systematischen und nachprüfbaren Auseinandersetzung entziehen. **Ziele** sind Ausdruck einer – expressis verbis formulierten oder implizit unterstellten – Festlegung: diesen oder jenen (End-)Zustand will man erreichen! Genau die Handlungsweisen sind folglich zu präferieren, die das angestrebte Resultat exakt oder annähernd versprechen. Typisch ökonomische Zielsetzungen eines Konsumenten sind wohl Einnahmen/Ausgaben, Produktarten und -qualitäten; bei Unternehmungen herrschen Gewinn, Umsatz oder Marktanteile vor, wohingegen Wachstum, Preisniveaustabilität und Vollbeschäftigung charakteristisch volkswirtschaftliche Größen bezeichnen. Stets kann nur eine begrenzte Anzahl an **Zielvariablen** bei einer konkreten Wahl zur Bewertung beigezogen werden. Falls andere ausgeklammert oder als gerade nicht relevant angesehen werden, heißt das nicht notwendigerweise, Handlungsalternativen wären diesbezüglich unwirksam, sondern nur, dass ihre Konsequenzen nicht in die aktuelle Entscheidungsfindung einfließen. Bei ihrer Realisierung können sich solche übersehenen „Neben-Wirkungen“ leicht als ein im Nachhinein schwer revidierbarer Ballast entpuppen, wie die häufig zunächst unbeachteten Ziele „ökologische“ und „soziale Verträglichkeit“ anschaulich belegen.

Die Zuordnung jeder einzelnen Alternativenwirkung zu jeder Zielvariablen lässt sich kompakt zu einer **Ergebnismatrix** verdichten. Tab. 1 zeigt exemplarisch das Problem „Autokauf“: Zur Wahl stehen die drei Modelle A, B und C, die hinsichtlich ihres „Preises“ sowie ihrer „Umweltfreundlichkeit“ und ihrer „Farbe“ zu beurteilen sind; andere Zielvariable (Geschwindigkeit, Benzinverbrauch, Reparaturanfälligkeit usw.) interessieren den Käufer nicht, bleiben daher unbeachtet.

Tab. 1 Ergebnismatrix

Ziele / Alternativen	Zielvariable: Preis	Umwelt-freundlichkeit	Farbe
Modell A	25 T€uro	gering	blau
Modell B	40 T€uro	mittel	grün
Modell C	34 T€uro	hoch	weiß

Gemessen werden Zielbeiträge in unterschiedlichen **Einheiten** und auf verschieden starken **Skalenniveaus:** In Geldgrößen ist selbstverständlich der Preis angegeben, so dass bei dieser **Kardinalskala** auch die Differenz zwischen zwei Werten – das heißt, um wieviel Modell C teurer oder billiger ist als A bzw. B – quantifiziert zum Ausdruck gebracht wird (etwa „um 9 T€uro teurer“ bzw. „6 T€uro billiger“). Letzteres entfällt bei der nur komparativ vergleichenden **Ordinalskala,** wie sie der „Umweltfreundlichkeit“ als Maßstab zugrunde liegt (und von ähnlichen Einstufungen wie „schneller/langsamer“, „besser/schlechter“, „mehr/weniger“ her bekannt und vertraut ist). Noch undifferenzierter sind **Nominalskalen** (wie die Farbskala) mit ihrer lediglich klassifikatorischen Einschätzung „zutreffend/unzutreffend“. Zur vollständigen Beschreibung der Zielpräferenz sind schließlich noch Angaben über den jeweils verfolgten Grad der **Zielerfüllung** vonnöten: Unser Autokäufer strebe einen möglichst geringen Preis und zumindest durchschnittliche Umweltfreundlichkeit an, während ihm alle Farben mit Ausnahme von „weiß“ als annehmbar erscheinen. Ganz allgemein wird der Grad der Zielerfüllung als **Extremwert** gefordert (**Maximierung** eines Gewinns, **Minimierung** von Kosten), in Form von **Begrenzungen** (Mindestgewinne, Preisobergrenzen etc.) festgelegt oder – bei einer Nominalskala – durch explizite Angabe **fixiert.**

Allein mit der Aufstellung der Ergebnismatrix ist ein Wahlproblem nur ausnahmsweise gelöst, nämlich dann, wenn eine Handlungsmöglichkeit alle anderen **dominiert,** also in keiner Zielvariablen schlechter, in mindestens einer jedoch besser ist als jede Konkurrenzalternative. Gewöhnlich treten **Zielkonflikte** auf: Modell A weist den geringsten Preis auf, scheidet aber wegen seiner fehlenden Umweltfreundlichkeit aus; Modell B ist in dieser Hinsicht befriedigend, aber leider am teuersten; schließlich genügt die farbliche Ausstattung von C nicht den Anforderungen. In einem solchen Dilemma erscheint es zuallererst angebracht, die gesamte Entscheidungsfindung noch einmal daraufhin zu überdenken, ob die vorliegende Ergebnismatrix tatsächlich schon als endgültig angesehen werden muss. Zwei Vorgehensweisen kommen in Betracht, um zu anderen Bewertungsgrundlagen zu gelangen:

Durch nochmaliges **Suchen** eröffnen sich vielleicht neue, bislang nicht bedachte Perspektiven. Ein Wechsel des Autohändlers und Überprüfung seiner Modelle auf ihre Eignung – allgemein: die Suche nach zusätzlichen Handlungsalternativen – liegen auf der Hand. Zu denken ist aber auch an eine verbesserte informatorische Fundierung aller

Zielwirkungen durch aktuellere und/oder präzisere Daten (etwa bei der Zielvariablen „Umweltfreundlichkeit").

Anpassungsprozesse hingegen korrigieren die Zielpräferenz in einer oder mehreren Komponenten, sei es verschärfend, wenn Erfahrung den Entscheidungsträger lehrt, dass höhere Ansprüche durchaus erfüllbar sind, sei es abschwächend, falls seine Vorstellungen unter keinen Umständen mit den vorhandenen Möglichkeiten in Einklang stehen. (Beispielsweise erscheint Modell A durch Absenkung des Zielerreichungsniveaus bei „Umweltfreundlichkeit" auf „gering" als uneingeschränkt vorziehenswürdig). Neben der Änderung des geforderten Erfüllungsgrades ist es insbesondere das Zielsystem selbst, das es zu hinterfragen gilt: Hinzunahme neuer bzw. Verzicht auf gewisse Zielvariablen lassen sich als Grenzfälle der **Zielgewichtung** deuten, indem Zielsetzungen als mehr oder weniger wesentlich erachtet werden. Eine Alternative wird gewählt, wenn sie z. B. im Hauptziel den besten Beitrag liefert; bei Gleichwertigkeit wird das zweitwichtigste Ziel hinzugezogen, dann das drittwichtigste usw. Eine solche „lexikographische Ordnung" lege etwa die Rangreihung „Preis" vor „Umweltfreundlichkeit" vor „Farbe" fest.

1.3.2 Bewältigung von Zielkonflikten

Angenommen, entscheidungsprozessuale Verbesserungen haben sich erschöpft, bleibt die Aufgabe, bei gegebener Ergebnismatrix und nicht-dominanter Alternative die Wahlsituation dennoch aufzulösen. Zwei Ansätze verdienen hierzu ausführlicher erörtert zu werden, weil sie beide im Wirtschaftsalltag von kaum zu unterschätzender Bedeutung sind: „Nutzwertanalyse" und „Optimierung".

1.3.2.1. Nutzwertanalyse

Wahlprobleme – wie der Autokauf – kommen in dieser oder leicht abgewandelter Form häufig vor. Genannt seien Produktbewertungen (etwa durch die „Stiftung Warentest"), aber auch Arbeitsbewertungen zur Findung eines innerbetrieblichen oder tariflichen Lohngefüges sowie Bodenbewertungen im Rahmen der Flurbereinigung mögen zur Illustration dienen. Stets ist eine begrenzte Anzahl von Objekten oder Maßnahmen, die Alternativenmenge, im Hinblick auf verschiedene Ziele – hier oft **„Bewertungskriterien"** genannt – zu ordnen. Das geschieht mittels einer **Nutzwertanalyse („Punktbewertungsverfahren", „Scoring-Modell")**. Zunächst müssen die verschiedenen Skalen und Maßgrößen vereinheitlicht werden. Das wird über **Nutzwerte („Punktwerte")** auf meist kardinalem Niveau bewerkstelligt. Tab. 2 zeigt die spaltenweise Transformation aus Tab. 1 in eine 5-stufige kardinale Nutzenskala:

Tab. 2 Nutzwertanalyse

Ziele / Alternativen	Zielvariable Preis 50%	Umwelt-freundlichkeit 40%	Farbe 10%
Modell A	4	0	3
Modell B	1	2	3
Modell C	3	4	0

Bewertungsskala: 4 = sehr gut; 3 = gut; 2 = befriedigend; 1 = mit Mängeln; 0 = ungeeignet

Preis, Umweltfreundlichkeit und Farbe werden jeweils mit Wertungen zwischen „sehr gut“ (= 4 Punkte) und „ungeeignet“ (= 0 Punkte) beziffert; durch Addition erhält man daraus den Gesamtwert einer Alternative. Im Beispiel sind die Modelle A und C mit je 7 Punkten ranggleich, lediglich B schneidet wegen seines hohen Preises geringfügig schlechter ab. Statt die Erfüllung jeder Zielvariablen isoliert zu bewerkstelligen (minimaler Preis → Modell A; mindestens mittlere Umweltfreundlichkeit → Modelle B, C; usw.), richtet sich die Bewertung an einer übergeordneten Zielvorstellung aus **(„Metaziel“):** Wähle die Alternative mit dem höchsten **Gesamtnutzwert!**

Verfeinern lassen sich die Resultate, wenn die Ziele darüberhinaus gewichtet werden, um ihre unterschiedliche Bedeutung für den Entscheidungsträger zu betonen. Zu diesem Zweck wird jeder Zielvariablen ein Wert zwischen 0 und 1 zugewiesen, wobei sich die drei Zahlen zu 1 (bzw. 100%) aufaddieren. Die gewogenen Gesamtwerte errechnen sich dann aus Gewicht mal Nutzwert, summiert über alle Zielvariablen, also

$$\begin{aligned} \text{Modell A:}\quad & 0{,}5 \times 4 + 0{,}4 \times 0 + 0{,}1 \times 3 = 2{,}3 \\ \text{Modell B:}\quad & 0{,}5 \times 1 + 0{,}4 \times 2 + 0{,}1 \times 3 = 1{,}6 \\ \text{Modell C:}\quad & 0{,}5 \times 3 + 0{,}4 \times 4 + 0{,}1 \times 0 = 3{,}1 \end{aligned}$$

Hier nimmt C unangefochten den Spitzenplatz ein, da dessen Schwachpunkt, die weiße Farbe, letztlich doch nicht als so gravierend empfunden wird, wie der Gewichtungsfaktor von lediglich 10% belegt. Umgekehrt disqualifiziert der hohe Faktor von 50%, der dem Preis beigemessen wird, Modell B unwiderruflich.

Das eben skizzierte Grundschema der Nutzwertanalyse reicht völlig aus, um die Vorzüge einer derartigen Bewertungshilfe zu demonstrieren: Die einfachen mathematischen Operationen in Verbindung mit nahezu beliebiger Anpassbarkeit an die realen Ziele und deren Ausprägungen erklären ihre weite Verbreitung. Das kann leicht dazu führen, die tatsächlichen Werturteile hinter dem einleuchtenden Formalismus zu verbergen: Gewichtungsfaktoren können nicht beliebig gesetzt werden (obwohl dies gerne so praktiziert wird). Vielmehr bringen sie zum Ausdruck, wie der Entscheidungsträger ein Mehr des einen Zielbeitrags gegen ein Weniger der anderen beziffert. Dem gemäß sind die Auswirkungen derartiger Gewichtungsverschiebungen oft gravierend: Würden beispielsweise die Zielgewichte auf 70% beim Preis zu Lasten von nur 20% Umweltfreundlichkeit verschoben – eine sicherlich zu rechtfertigende Abänderung –, avancierte Modell A zur vorteilhaftesten Alternative:

$$\begin{aligned} \text{Modell A:}\quad & 0{,}7 \times 4 + 0{,}2 \times 0 + 0{,}1 \times 3 = 3{,}1 \\ \text{Modell B:}\quad & 0{,}7 \times 1 + 0{,}2 \times 2 + 0{,}1 \times 3 = 1{,}4 \\ \text{Modell C:}\quad & 0{,}7 \times 3 + 0{,}2 \times 4 + 0{,}1 \times 0 = 2{,}9 \end{aligned}$$

Die Gefahr von Manipulationen sowohl bei der Informationsbeschaffung als auch bei den diversen Bewertungsschritten (insbesondere Zuordnung der Nutzwerte und Zielgewichte) ist insoweit offenkundig, relativiert sich allerdings durch die Möglichkeit sukzessiven Nachprüfens. Zudem garantiert der Zugang zur Aufstellung der Ergebnismatrix Vollständigkeit und Sorgfalt bei der Wirkungsbeschreibung, wie sie bei rein intuitivem Abwägen schwerlich zu leisten wären. Letztlich bestimmt sich die Qualität der Zielerreichung jedoch nicht aus dem Bewertungs**akt,** sondern aus der Existenz und dem Auffinden geeigneter Handlungsalternativen, mithin wesentlich aus der Effizienz vorgelagerter Suchprozesse.

1.3.2.2. Optimierung

Das Anliegen der **Optimierung** sei anhand einer kleinen Planungsaufgabe entwickelt (s. Tab. 3): Eine Unternehmung stellt die beiden Produkte P_1 und P_2 her und erlöst hiermit auf dem Absatzmarkt 6 GE (= Geldeinheiten) bzw. 5 GE je Mengeneinheit (z. B. je

Tonne, je laufenden Meter). Nach Abzug der variablen Stückkosten (wie Material und Fertigungslohn) verbleibt ein **Deckungsbeitrag** je Mengeneinheit (**„Stückdeckungsbeitrag“**; abgekürzt: **„DB“**) von 2 GE bei P_1 und 3 GE bei P_2. Bei der anstehenden Überlegung, wieviel eigentlich von jedem der beiden Produkte gefertigt und verkauft werden soll, ist die Antwort bei der momentanen Informationslage zweifelsfrei: Trotz höherer Stückerlöse von P_1 ist möglichst viel von P_2 zu produzieren, da dessen Stückdeckungsbeitrag vergleichsweise größer ist, die fixen Kosten (wie Abschreibungen, Gehälter des Managements) daher eher gedeckt und die Gewinnschwelle bei geringerer Auslastung erreicht werden.

Tab. 3 Ermittlung der Deckungsbeiträge

	Produkte	
	P_1	P_2
Preis je Mengeneinheit	6 GE	5 GE
– variable Stückkosten	4 GE	2 GE
= DB je Mengeneinheit	2 GE	3 GE

Neu zu durchdenken ist diese Einschätzung, falls der Herstellungsaufwand von Produkt zu Produkt variiert. Angenommen, eine Mengeneinheit (abgekürzt: „ME“) P_1 beanspruche die Maschine M_I 2 Maschinenstunden, P_2 hingegen 4 Maschinenstunden, so erzielt die Unternehmung bei voller Auslastung der Kapazität von 12 Maschinenstunden folgende Gesamtdeckungsbeiträge:

$$\begin{aligned} \text{Produkt } P_1\text{:}\quad & 12 \text{ Stunden}/2 \text{ Stunden} = 6 \text{ ME} \\ & \rightarrow 6 \text{ ME} \times 2 \text{ GE} = 12 \text{ GE} \\ \text{Produkt } P_2\text{:}\quad & 12 \text{ Stunden}/4 \text{ Stunden} = 3 \text{ ME} \\ & \rightarrow 3 \text{ ME} \times 3 \text{ GE} = 9 \text{ GE} \end{aligned}$$

gemäß der Formeln

$$\text{Produktionsmenge} = \text{Kapazität} / \text{Belegungszeit}$$

und

$$\text{Gesamtdeckungsbeitrag} = \text{Produktionsmenge} \times \text{DB}.$$

Demnach ist der Gesamtdeckungsbeitrag DB_{ges} bei ausschließlicher Produktion von P_1 um 3 GE höher als der entsprechende von P_2. Der Grund für diese Divergenz liegt schlicht in der kürzeren Zeit, die zur Herstellung von P_1 benötigt wird. Falls zwei (oder mehr) Produkte um beschränkte, folglich **knappe** Maschinenkapazität konkurrieren, kann daher – als zu konstatierendes Zwischenergebnis – die ursprünglich korrekte Auswahlregel „forciere das Produkt mit dem höchsten DB“ falsch sein.

Nun durchläuft in industriellen Produktionsprozessen ein Produkt typischerweise mehrere Herstellungsstufen (wie Walzen, Gießen, Drehen, Pressen, Montieren, Beschichten etc.); dem sei im Beispiel mit den Aggregaten M_{II} und M_{III} Rechnung getragen. In Tab. 4 sind die erforderlichen Eingangsdaten aufgelistet. Tab. 5 enthält die maximal möglichen Gesamtdeckungsbeiträge bei ausschließlicher Fertigung von P_1 resp. P_2 und getrennt für M_I, M_{II} und M_{III}. Zeilenweise gelesen, liefert sie das Ergebnis, Produkt P_1 ist zu favorisieren, betrachtet man allein M_I oder M_{II}; die DB_{ges} von P_1 sind nämlich offensichtlich größer. Auf M_{III} wäre jedoch P_2 vorzuziehen, da bei gleichem Zeitbedarf der höhere DB von 3 GE zum Tragen kommt.

Tab. 4 Belegungszeiten und Maschinenkapazität

	Produkte		Kapazität
	P_1	P_2	
Maschine M_I	2 Std.	4 Std.	12 Std.
Maschine M_{II}	1 Std.	4 Std.	10 Std.
Maschine M_{III}	3 Std.	3 Std.	15 Std.

Tab. 5 Maximale Gesamtdeckungsbeiträge je Maschine und je Produkt

	Produkte	
	P_1	P_2
Maschine M_I	12 GE	9 GE
Maschine M_{II}	20 GE	7,5 GE
Maschine M_{III}	10 GE	15 GE

Soll bei dieser Konstellation besser P_1 oder vielleicht doch P_2 gefertigt werden?

Ehe die Auflösung des Konfliktes vorgetragen wird, sei zuvor das Beispiel in den Kontext einer Theorie der Wahlakte eingebettet.

Bei jedem Schritt der Problemausweitung durch Hinzunahme neuer Informationen blieben gewisse Aspekte immer unangetastet: der Gesamtdeckungsbeitrag der Unternehmung ist die zu maximierende Zielgröße! Und: es sind noch andere Ziele zu erfüllen, nämlich die Herstellung von P_1 und P_2, wobei die Maschinenkapazitäten die produzierenden Mengen limitieren. Solche Begrenzungen, die gewöhnlich als **Restriktionen** bezeichnet werden, treten im Wirtschaftsleben regelmäßig auf (z. B. als Nachfrage-, Beschaffungs-, Personal-, Kapitalrestriktionen). Die Zielpräferenz eines derartigen Wahlproblems lautet daher zusammengefasst: **Maximiere eine Zielvariable** (wie den Gewinn oder den Gesamtdeckungsbeitrag) **unter Einhaltung vorgegebener Restriktionen**! (oder auch: **Minimiere** eine Zielvariable – z. B. Kosten – unter Einhaltung von Restriktionen). So spezifisch diese Zielkonfiguration der **Optimierung** auf den ersten Blick erscheinen mag, so weitreichend ist dennoch ihre Anwendbarkeit: denn sie erfasst eine grundlegende einzelwirtschaftliche Problemstellung, wie sie sich tagtäglich wiederholt.

Welche Aktionsmöglichkeiten stehen der Unternehmung eigentlich zur Verfügung, um überhaupt Deckungsbeiträge zu erwirtschaften? Natürlich P_1 oder P_2 produzieren und hernach verkaufen! Die scheinbar triviale Antwort ist – siehe Tab. 5 – so allerdings zu pauschal.

Ein erwünschter Gesamtdeckungsbeitrag (beispielsweise von 6 GE) kann auf unterschiedliche Art realisiert werden: durch Herstellung entweder von 3 Mengeneinheiten P_1 oder von 2 Mengeneinheiten P_2. Die Vorgabe wäre aber auch, wovon man sich leicht überzeugen kann, bei 1,5 Mengeneinheiten P_1 plus 1 Mengeneinheit P_2 oder bei 0,75 P_1 in Verbindung mit 1,5 P_2 erfüllt. Demnach existieren beliebig viele **P_1-P_2-Kombinationen,** um einen bestimmten Gesamtdeckungsbeitrag zu erlösen. Das besagt aber nichts anderes, als dass jede derartige Kombination entscheidungstheoretisch als **Handlungsalternative** aufzufassen ist, die Alternativenmenge somit unendlich viele Elemente besitzt (obschon dem praktische Grenzen entgegenstehen, weil irgendwann einmal die Teilbarkeit in immer kleinere Lose endet). Ein bestimmter DB_{ges} ist daher als **geometrischer Ort** von P_1-P_2-Mengenkombinationen erklärbar: In Abb. 1, in welcher auf der

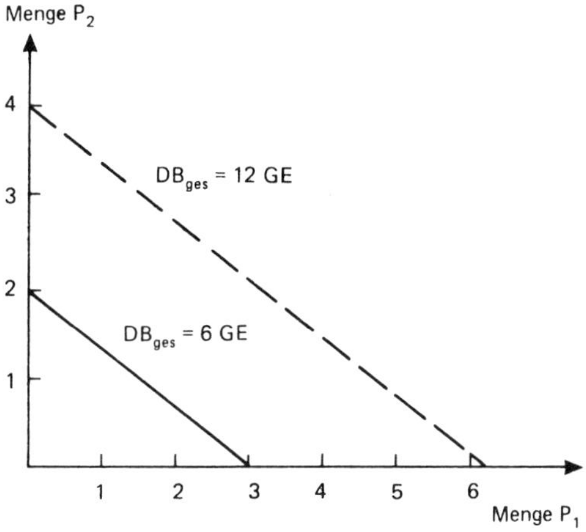

Abb. 1 Gesamtdeckungsbeitrag als geometrischer Ort von Produktionsmengenkombinationen

Abszisse die Produktionsmenge P_1, auf der Ordinate die Produktionsmenge P_2 abgetragen ist, markiert die Verbindungslinie zwischen den Punkten (3 / 0) und (0 / 2) alle Produktionsprogramme der Unternehmung mit dem Gesamtdeckungsbeitrag DB_{ges} = 6 GE.

Analog kann für jeden anderen Gesamtdeckungsbeitrag die zugehörige Linie eingetragen werden. Gestrichelt ist das für DB_{ges} = 12 GE erfolgt: Entweder 6 ME von P_1 oder 4 ME von P_2 oder viele andere **P_1-P_2-**Verbindungen liefern den Betrag. Bemerkenswert – und ins Auge fallend – ist der Tatbestand, dass die beiden Geraden, die jeweils einen bestimmten DB_{ges} verkörpern, **parallel** verlaufen, und zwar so, dass ein **höherer** Gesamtdeckungsbeitrag weiter vom **Ursprung** entfernt liegt, als ein **geringerer:** Je mehr hergestellt und verkauft wird, desto mehr kann erlöst werden (vorausgesetzt, Erlöse und variable Kosten ändern sich im gleichen Verhältnis). Begrenzt wird die ständige Ausdehnung der Produktion allein durch die Maschinenkapazitäten.

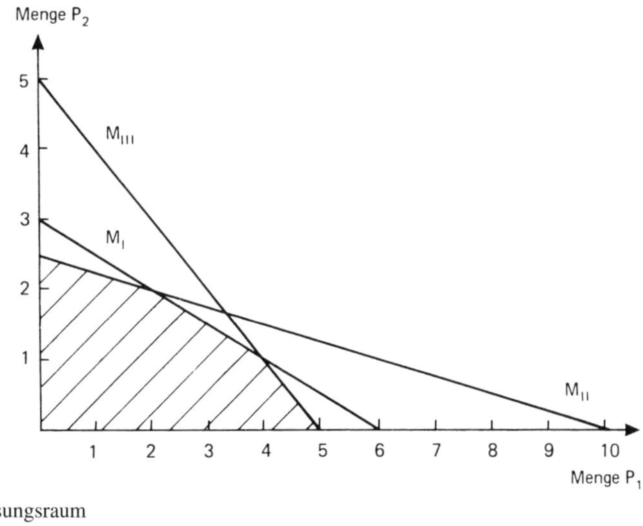

Abb. 2 Lösungsraum

Wieviel auf jeder Maschine von P_1 und P_2 produziert werden kann, lässt sich ebenfalls graphisch veranschaulichen (s. Abb. 2). Bei M_I kommen, wie schon oben ermittelt, 6 ME von P_1 oder 3 ME von P_2 oder eine Vielzahl von P_1-P_2-Mengenkombinationen in Betracht; die Verbindungslinie zwischen (6 / 0) und (0 / 3) kennzeichnet demnach die Kapazitätsgrenze des Aggregats M_I. Entsprechend sind auch die Kapazitäten der Maschinen M_{II} und M_{III} als Restriktionsgeraden zu ermitteln. Die simultane Nutzung aller drei Anlagen mit ihren begrenzten Kapazitäten zeigt nun, dass gewisse P_1-P_2-Programme (z. B. 1 ME von P_1 mit 4 ME von P_2) zwar auf M_{III}, nicht jedoch auf M_I und M_{II} zu realisieren sind. Da selbstverständlich alle drei Maschinen ausreichen müssen, begrenzt die jeweils **knappste** – d. h., am nächsten zum Ursprung hin plazierte – Kapazität die Wahlmöglichkeit. Von links nach rechts betrachtet (also mit wachsender Produktionsmenge P_1) greift zunächst M_{II}, dann M_I und schließlich M_{III}. Das Fünfeck (0 / 0), (0 / 2,5), (2 / 2), (4 / 1) und (5 / 0) beschreibt diese **zulässigen** P_1-P_2-Produktionsmengen, den sogenannten **Lösungsraum** (in Abb. 2 schraffiert).

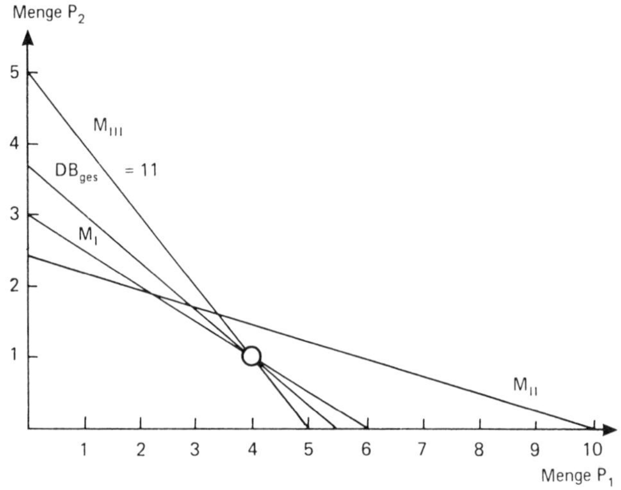

Abb. 3 Optimale Lösung

Der Schritt zur Bestimmung der optimalen Lösung – maximiere den DB_{ges} unter Einhaltung der Restriktionen – ist jetzt einfach (s. Abb. 3): Man trage in den Lösungsraum der Abb. 2 eine Gesamtdeckungsbeitragsgerade gemäß Abb. 1 ein und verschiebe sie so lange parallel, bis sie möglichst weit entfernt vom Ursprung, aber noch durch den Lösungsraum verläuft. Im Beispiel ist das gerade im Schnittpunkt zwischen M_I und M_{III} der Fall und ergibt einen Gesamtdeckungsbeitrag von 11 GE; Herstellung von 4 Mengeneinheiten P_1 und 1 Mengeneinheit P_2 ist mithin das vorteilhafteste, was die Unternehmung in der geschilderten Situation zu tun vermag.

Die zu der Beispielrechnung angestellten Überlegungen sind unmittelbar auf realitätsnahe Entscheidungsaufgaben übertragbar. Statt zwei sind dann eben 20, 200 oder gar 2000 Produkte zu einem Programm zu kombinieren, wobei ggf. einige tausend Restriktionen einzuhalten sind. An der Zielpräferenz ändert sich deswegen nichts, allein die Lösungsableitung kann natürlich nicht mehr anhand einer Graphik erfolgen; vielmehr sind vertiefende mathematische Analysen erforderlich. Die dafür verwandten Algorithmen, die heutzutage als benutzerfreundliche Softwarepakete vorliegen, garantieren –

bei linearer Problemkomplexion – stets das optimale Ergebnis. Insofern erschloss die rasche und weite Verbreitung leistungsfähiger Computer der Optimierung vielfältige Anwendungsbereiche. Neben der industriellen Produktionsplanung seien exemplarisch die Liquiditätssteuerung in Banken, die Personaleinsatzplanung im Luftverkehr und die Routenplanung im Vertrieb genannt.

1.3.3 Sicherheitspräferenzen

Ein Entscheidungsträger, der in einer Wahlsituation die zielwirksamste Alternative ausfindig macht, mag mit ihrer Ausführung zögern. Ihm ist bewusst, dass Entscheidungen **zukunftsgerichtet** sind, man also nie Gewissheit hat, ob das Erwartete wirklich eintritt. **Risiken,** die in unzureichenden Informationen über die Konsequenzen einer Maßnahme gründen, sind folglich nicht auszuschließen und können dazu animieren, weniger geeigneten Handlungsweisen den Vorzug zu geben, weil die Gefahr ungenügender Zielerreichung reduziert erscheint. Die **Sicherheitspräferenz** ist mithin als essentieller Aspekt von Wahlakten zu diskutieren.

Unsicherheit meint nicht, über die Zukunft bestehen keinerlei Vorstellungen. Wären die Folgen der erwogenen Alternativen überhaupt nicht vorhersehbar, könnte keine rationalen Kriterien unterliegende Wahl getroffen werden. Fehlende Sicherheit besagt lediglich, **mehrere,** allesamt bekannte **Zustände** sind möglich, man weiß nur nicht, welcher davon letztlich Realität wird. Das Wetter am kommenden Wochenende, die Ergebnisse einer Lotterie, die Tendenz der Kapitalmarktzinsen: was tatsächlich passiert, bleibt offen, obschon man das Spektrum der denkbaren Ereignisse vollständig aufzuzählen im Stande ist. Bei einem Sonderfall **mehrwertiger Erwartungen,** der sogenannten **Spieltheorie,** besorgt ein bewusst agierender **Gegenspieler** des Entscheidungsträgers die verschiedenen Zustände. Durch „Hineindenken" in den Kontrahenten und seine Aktionsvariablen kann – unabhängig von Informationsstand und Präferenzannahme – das eigene Verhalten entsprechend gesteuert werden. „Schach" ist schlechthin ein solches Spiel, doch weisen alle Konfliktsituationen (z. B. Tarifverhandlungen) derartige Merkmale auf. Bei Unbeeinflussbarkeit oder Zufälligkeit spricht man daher präziser von **Umweltzuständen.**

1.3.3.1 Entscheidung unter Ungewissheit

Alfred Fernweh erwägt, Ende September acht Tage Extraurlaub zu nehmen. Er ist sich allerdings noch unschlüssig, ob er lieber im Schwarzwald wandern oder in Spanien baden will. Kopfzerbrechen bereitet ihm überdies die im Herbst möglicherweise schon unsichere Witterung, die seine sportlichen Ambitionen doch erheblich beeinträchtigen würde. Zwar könnte er sich sowohl in Spanien als auch im Schwarzwald durchaus bei Regen vergnügen, aber der Erholungswert wäre seiner Meinung nach nicht unerheblich vermindert. Zur Ordnung seiner Gedanken stellt er daher ein wettereinbeziehendes Punktbewertungsmodell auf, wobei er eine Skala zwischen -5 („miserabel") und $+5$ („Spitze") zugrundelegt (s. Tab. 6). Zudem schließt er nicht aus, vielleicht doch zu Hause zu bleiben, da seine Wohnung dringend renoviert werden müsste. Welchen Rat kann man A. F. in seiner Lage erteilen?

Die Tücken des geschilderten Problems liegen im fehlenden Wissen, ob das Wetter tatsächlich schön oder schlecht wird: Bei schönem Wetter verfügt der „Schwarzwald" über die höchste Punktzahl (nach der individuellen Präferenz des A. F.), bei schlechtem Wetter schneidet das Daheimbleiben relativ am besten ab. Ohne weitere Angaben sind die drei Vorhaben demzufolge unvergleichbar, die Wahl selbst unentscheidbar!

Tab. 6 Urlaubsproblem

Umweltzustände Alternativen	Wetter schön	 schlecht
Spanien	4	– 2
Schwarzwald	5	– 3
Keine Reise	1	0

Bewertungsskala: zwischen – 5 („miserabel") und + 5 („Spitze")

Die Annahme mehrerer Umweltzustände führt, soweit keine Alternative die übrigen dominiert, in einen Zwiespalt, ähnlich dem, wie er bei der Berücksichtigung konfliktärer Ziele auftrat. Der seinerzeit bewährte Ausweg bietet sich auch hier an: Die verschiedenen, den Umweltzuständen zugewiesenen Nutzwerte sind zu einer einzigen Zahl zusammenzufassen, um die Vergleichbarkeit zu erzwingen. Allein welche **Bewertungsregel („Ungewissheitskriterium", „Entscheidungsregel")** die Synthese bewerkstelligt, steht dann noch zur Debatte.

Ein Beispiel einer derartigen Vorschrift ist die **Maximin-Regel** (s. Tab. 7). Von jeder Alternative wird zunächst der schlechteste Wert ausgesucht (etwa –2 bei „Spanien"); gewählt wird schließlich derjenige, deren schlechtester Wert am größten ist. Das **Maximum** unter den Zeilen**minima** ist die gesuchte Lösung, im Beispiel der Verzicht auf eine Reise mit der Punktzahl 0.

Tab. 7 Maximin-Regel

Umweltzustände Alternativen	Wetter schön	 schlecht	Zeilen- minima	Rang- folge
Spanien	4	– 2	– 2	2.
Schwarzwald	5	– 3	– 3	3.
Keine Reise	1	0	0*	1.

Das Pendant zu Maximin ist die **Maximax-Regel** (s. Tab. 8): Am vorteilhaftesten ist die Alternative mit dem absolut größten Nutzwert (das ist das **Maximum** unter den Zeilen**maxima**). Hier avanciert der „Schwarzwald" zum Favoriten.

Tab. 8 Maximax-Regel

Umweltzustände Alternativen	Wetter schön	 schlecht	Zeilen- maxima	Rang- folge
Spanien	4	– 2	4	2.
Schwarzwald	5	– 3	5*	1.
Keine Reise	1	0	1	3.

Jede der beiden Bewertungsregeln sichert eine zweifelsfreie Rangordnung. Das erleichtert zwar das Auswahlprozedere, aber de facto ist das Problem dadurch nicht gelöst, sondern nur verlagert: Welche Regel soll man denn anwenden?

Ein Verhalten, das sich an Maximin orientiert, lässt alle relativ höheren Nutzwerte je Zeile außen vor; d. h., alle als positiv empfundenen Zustände – wie „schönes Wetter" – haben keinerlei Einfluss. Das genaue Gegenteil impliziert Maximax, indem gerade die positiven Ereignisse relevant sind. Ob man das eine oder das andere vorzieht, hängt von der eigenen Erwartungshaltung ab: Ein krankhafter Pessimist rechnet stets mit dem Negativen (dem „schlechten Wetter"), ist mit Maximin somit richtig bedient. Der unverbesserliche Optimist glaubt an die Huld des Wettergotts und handelt gemäß Maximax. Die **Risikoeinstellung** des Entscheidungsträgers determiniert mithin die einzusetzende Bewertungsregel.

Zwischen der ausgesprochenen Risikofreude des Optimisten und der extremen Risikoscheu des Pessimisten plaziert sich ein weites Feld an Risikonuancierungen. Umständlicher in der Anwendung ist – um ein Beispiel herauszugreifen – das **Prinzip des kleinsten Bedauerns („Savage-Niehans-Regel").** Die Ausgangsmatrix wird zunächst in eine andere umgewandelt, indem jeder Nutzwert vom jeweiligen Maximum einer Spalte subtrahiert wird (s. Tab. 9). Materiell drücken die entstandenen Ziffern einen Nutzenentgang aus, den man in Kauf nehmen muss, wenn man sich statt für die im betreffenden Zustand beste für eine andere Alternative entschieden hat (bei „schlechtem Wetter" wäre der Verzicht auf die Reise optimal, also gehen im „Schwarzwald" drei Nutzeneinheiten verloren, usf.). Unter diesen „Enttäuschungsindikatoren" wird nun das Minimum aller Zeilenmaxima gewählt; d. h., man will die Enttäuschung, extrem falsch gelegen zu haben, möglichst klein halten; hier fällt die Entscheidung zugunsten „Spaniens" aus. In dieser Bewertungsregel verbindet sich somit ein milder Pessimismus mit ausgeprägtem Opportunitätsdenken.

Tab. 9 Prinzip des kleinsten Bedauerns

Umweltzustände / Alternativen	Wetter: schön	Wetter: schlecht		
Spanien	4	– 2		
Schwarzwald	5	– 3		
Keine Reise	1	0		
↓	↓		Zeilen-maxima	Rang-folge
Spanien	1	2	2*	1.
Schwarzwald	0	3	3	2.
Keine Reise	4	0	4	3.

1.3.3.2. Entscheidung bei Risiko

Entscheidungen unter Ungewissheit ignorieren völlig, dass einzelne Zustände mit geringerer oder größerer Wahrscheinlichkeit Realität werden können; implizit werden alle Zukunftslagen für gleich möglich erachtet. Gerade beim Beispiel der Wetterentwicklung gibt es jedoch eine Reihe von Anhaltspunkten (wie Klima, Jahreszeit, geographischer Ort), die Differenzierungen nahe legen. Erfasst werden solche Abstufungen über **Zustandswahrscheinlichkeiten.** Angegeben in Prozent oder als Dezimalbruch addieren sie sich – ähnlich den Zielgewichten – zu 100% bzw. 1. In Tab. 10 sind für das Urlaubsproblem die Nutzwerte um die Wahrscheinlichkeiten ergänzt. Die Rangreihung besorgen auch hier Bewertungsregeln, von denen sich das **Erwartungswertkriterium**

(**„Bayes-Regel"**) besonderer Beliebtheit erfreut: die Summe der mit ihrer Wahrscheinlichkeit multiplizierten Punktzahlen bildet den Gesamtwert einer Alternative:

		Gesamtwert	Rangfolge
Spanien:	$0{,}8 \times 4 + 0{,}2 \times (-2)$	= 2,8	1.
Schwarzwald:	$0{,}7 \times 5 + 0{,}3 \times (-3)$	= 2,6	2.
Keine Reise:	$0{,}4 \times 1 + 0{,}6 \times 0$	= 0,4	3.

Die hohe Gewichtung schönen Wetters von 80% gibt bei dieser Lösung letztlich den Ausschlag zugunsten Spaniens.

Tab. 10 Punktbewertung mit Zustandswahrscheinlichkeiten

Umweltzustände / Alternativen	Wetter: schön W	schön P	schlecht W	schlecht P
Spanien	80%	4	20%	−2
Schwarzwald	70%	5	30%	−3
Keine Reise	40%	1	60%	0

Legende: W = Wahrscheinlichkeit, P = Punktzahl

Da alle Einzelwerte in den Gesamtwert einer Alternative unter Berücksichtigung ihrer Eintrittswahrscheinlichkeit eingehen, basiert diese Regel auf der Idee der Durchschnittsbildung mit dem **wahrscheinlichkeitsgewogenen Mittelwert („Erwartungswert")** als Resultat: Weder wird das Positive (bzw. Negative) über-, noch unterschätzt; ein Entscheidungsträger ist dem Risiko gegenüber **neutral.**

In der Theorie der Wahlakte wird der Begriff „Risiko" (zumindest) in zwei Varianten gebraucht (was gelegentlich verwirrt, im Kontext jedoch keine Schwierigkeiten macht): Einmal umfassender, wenn ganz allgemein die Gefahr des Abweichens realisierter von geplanter Zielerreichung ausgedrückt werden soll; das ist, wie geschildert, auch für Entscheidungen unter Ungewissheit ein wesentlicher und bedenkenswerter Tatbestand. Zum anderen ein enger Begriff für Wahlsituationen bei mehrwertigen Erwartungen, über deren Eintreten Wahrscheinlichkeitsinformationen bekannt sind; letzteres charakterisiert die **Entscheidung bei Risiko** (und grenzt sie von der **Ungewissheit** ab). In bezug auf ihre formale Handhabbarkeit weisen derartig strukturierte Probleme den immensen Vorteil auf, das gesamte Instrumentarium der mathematischen Wahrscheinlichkeitsrechnung und Statistik einbringen zu können, so dass ihr hochentwickelter theoretischer Stand kaum überrascht. Aus Sicht der praktischen Nutzung bleibt allerdings eine zentrale Frage noch unbeantwortet: Wie oder woher gewinnt man die Wahrscheinlichkeiten?

Eine erste Quelle assoziiert Glücksspiele: Eine **logische Möglichkeitsanalyse** belegt, die Wahrscheinlichkeit, eine 6 zu würfeln, beträgt $^1/_6$, sechs Richtige im Zahlenlotto zu tippen hingegen 1 zu knapp 14 Millionen. Kombinatorische Überlegungen sind insoweit und unbestritten fruchtbar, allein ihr Beitrag zur Lösung konkreter ökonomischer Sachaufgaben bleibt eher untergeordnet.

Ein zweiter Weg leitet Wahrscheinlichkeiten als **relative Häufigkeiten** aus umfangreichen Datensammlungen her. Auf diese Weise schätzen Versicherungen präzise Schadenswahrscheinlichkeiten (z. B. von Todesfällen, Unfällen). Aber auch die Reparaturanfälligkeit von Serienprodukten oder der Umfang diesbezüglicher Mängelrügen sind Beispiele für erfolgreiche Anwendungen.

Fehlt dieses Datenmaterial, was für alle nicht beliebig wiederholbaren Vorgänge der Fall ist, muss auf Schätzungen des Entscheidungsträgers oder anderer Personen zurückgegriffen werden. Solche **subjektiven Wahrscheinlichkeiten („subjektive Glaubwürdigkeiten“)** sind nicht unumstritten, da sie eine Objektivität suggerieren, die keineswegs auf solidem Fundament steht. Andererseits kann auf diese Weise ein menschliches Erfahrungspotential nachprüfbar in die Entscheidungsfindung einfließen. Ehe das eigentlich zu lösende Wahlproblem angegangen wird, ist daher in Vor-Entscheidungen zu befinden, ob subjektive Glaubwürdigkeiten oder Ungewissheitssituation vorgezogen oder schlicht Sicherheit der Daten unterstellt werden.

1.3.4 Leitbild rationalen Wählens

Reflexionen über Wahlakte sind der Versuch, zu Einsichten über das Treffen „richtiger“ Entscheidungen zu gelangen. Durch **Beobachten des Verhaltens** von Konsumenten, Unternehmern, Wirtschaftspolitikern gewinnt man Anschauungsmaterial: wie (re-)agiert jemand in Wahlsituationen? Untersuchungen dokumentieren (und bestätigen insofern subjektive Alltagseindrücke), viele tatsächlich in der Realität vollzogenen Handlungen sind unbedacht, widersprüchlich oder unzweckmäßig vorbereitet, obschon die Informationsgrundlagen zur Erreichung vorteilhafterer Ergebnisse genügt hätten. Solch „Fehlverhalten“ lässt sich unter Umständen in der Person und ihrer persönlichen Situation oder Rolle durchaus begründen und rechtfertigen (z. B. Impulskäufe); es kann aber auch zum Anlass genommen werden, nachzudenken, ob Defizite dieser Art nicht abzubauen sind. Das erfordert zuallererst einen Maßstab, was „gute“ Entscheidungen vor weniger brauchbaren auszeichnet. Im Rahmen der **Entscheidungslogik** werden unter verschiedenen Anwendungsbedingungen (Zielkonflikte, Entscheidungen bei Risiko und unter Ungewissheit) Wege diskutiert und in ihren Konsequenzen ausgelotet, wie man vernünftigerweise wählen sollte. **Rationalität** avanciert zu dem **Leitbild,** an welchem sich ökonomische Entscheidungen auszurichten haben, an welchem sie letzten Endes gemessen werden. Folgerichtig sind – eingebettet in die Aufklärung über wirtschaftliche Institutionen und Gesetzmäßigkeiten – die Bereitstellung handhabbarer Entscheidungs**instrumente** ein Hauptanliegen **ökonomischer Bildung,** damit fortan bewusster, effizienter, fundierter und erfolgreicher gewählt wird. Der **Theorie der Wahlakte,** wie sie hier in ihren Grundzügen umrissen wurde, kommt dabei die zentrale Rolle der alle anderen wirtschaftswissenschaftlichen Teilgebiete umfassenden Klammer zu, soweit man die praktische Umsetzung von Erkenntnissen in konkretes Handeln im Auge hat.

Literaturhinweise

Bamberg, Günter/Coenenberg, Adolf Gerhard: Betriebswirtschaftliche Entscheidungslehre, 13. Aufl., München 2006.

Bühlmann, H./Loeffel, H./Nievergelt, E.: Entscheidungs- und Spieltheorie, Berlin, Heidelberg, New York 1975.

Eisenführ, Franz/Weber, Martin: Rationales Entscheiden, 4. Aufl., Berlin 2003.

Eisenführ, Franz/Weber, Martin: Fallstudien zu rationalem Entscheiden, Berlin, Heidelberg 2001.

Gäfgen, Gerard: Theorie der wirtschaftlichen Entscheidung, 3. Aufl., Tübingen 1974.

Laux, Helmut: Entscheidungstheorie I und II, 6. Aufl., Berlin 2005.

Müller-Merbach, Heiner: Operations Research, 3. Aufl., München 1992.

Neumann, John von/Morgenstern, Oskar: Spieltheorie und wirtschaftliches Verhalten, 3. Aufl., Würzburg 1973.

Schildbach, Thomas: Entscheidung, in: Vahlens Kompendium der Betriebswirtschaftslehre, Band 2, 5. Auflage, München 2005.

Schmidt, Ralf-Bodo: Wirtschaftslehre der Unternehmung, Band 2: Zielerreichung, Stuttgart 1973.

Sieben, Günter/Schildbach, Thomas: Betriebswirtschaftliche Entscheidungstheorie, 4. Aufl., Düsseldorf 1994.

2
KONSUMÖKONOMIE

2.1 Die privaten Haushalte als Wirtschaftssektor
Hans-Jürgen Albers

2.1.1 Zum gegenwärtigen Stand der Haushaltswirtschaftslehre

Träger des wirtschaftlichen Handelns sind die Wirtschaftssubjekte (Wirtschaftseinheiten). Ein **Wirtschaftssubjekt** ist beispielsweise ein bestimmtes Unternehmen oder ein bestimmter privater Haushalt. Ein **Wirtschaftssektor** stellt die Zusammenfassung (= Aggregation) gleichartiger Wirtschaftssubjekte einer Volkswirtschaft dar. Der Wirtschaftssektor „Private Haushalte“ besteht demnach aus der Gesamtmenge aller privaten Haushalte. Die privaten Haushalte sind einer von insgesamt vier Wirtschaftssektoren. Unterschieden werden die drei Binnensektoren „Private Haushalte“, „Unternehmen“, „Staat“ (= öffentliche Haushalte) und der Sektor „Ausland“.

Unternehmen, Staat und Ausland verfügen über eigene Teilwirtschaftslehren. Die ökonomischen Aktivitäten der Unternehmen sind Erkenntnisobjekt der Betriebswirtschaftlehre; Staat und Ausland sind bedeutsame Gegenstände der Volkswirtschaftslehre, insbesondere der Finanzwissenschaft und der Außenwirtschaftslehre. Im Gegensatz zu diesen drei Sektoren spielt der Sektor „Private Haushalte“ im traditionellen Lehrgebäude der Ökonomie nur eine untergeordnete Rolle. Den privaten Haushalt betreffende Aussagen finden sich verstreut sowohl in makro- als auch in mikroökonomischen Analysen, vor allem in nachfragebezogenen Theorien. Nicht selten werden Nachfrage bzw. Nachfrager und private Haushalte gleichgesetzt. Dies kommt jedoch in zweifacher Weise einer Verkürzung des Gegenstandes gleich. Zum einen gelten Fragen rationalen und optimalen Nachfrageverhaltens für alle nachfragenden Wirtschaftssubjekte: für Unternehmen und Staat ebenso wie für private Haushalte. Zum anderen erschöpfen sich die ökonomischen Aktivitäten der privaten Haushalte nicht in der Nachfrage nach Konsumgütern. Ähnliche Einwände gelten gegenüber einer Sichtweise, die eine Wirtschaftslehre der privaten Haushalte gleichsetzt mit einer Verbraucherlehre oder einer Verbraucherwirtschaftslehre.

Eine systematische und konzentrierte Darstellung der ökonomischen Aktivitäten des Sektors „Private Haushalte“ fehlt bis heute weitgehend. Die in teilweiser Anlehnung an die Wirtschaftslehre entwickelte „Hauswirtschaftslehre“ (auch als „Haushaltslehre“, „Hauswirtschaft“ u. ä. bezeichnet), deckt das Wirtschaftshandeln der privaten Haushalte, seine Bedingungen und Folgen sowie die Beziehungen zu anderen Wirtschaftssektoren nur unvollständig ab; sie versteht sich in erster Linie als Haushaltsführungslehre und behandelt Fragen der Ernährung, der Haus- und Nadelarbeit, der Familienpflege, des Kochens, der Bekleidung usw. Derzeitige Darstellungen des Wirtschaftssektors „Private Haushalte“ stehen unter diesen einschränkenden Bedingungen einer noch unbefriedigenden Aufarbeitung des Gegenstandes.

Das Defizit in der wissenschaftlichen Aufarbeitung und die mangelnde wissenschaftsliterarische Behandlung des privaten Haushalts dürfte zum Teil auf die klassische Zweiteilung der Wirtschaftslehre im deutschsprachigen Raum in Volkswirtschaftslehre und Betriebswirtschaftslehre zurückzuführen sein. Diese Dichotomisierung bietet zum einen keinen Platz für eine systematische und umfassende Behandlung des privaten Haushalts und verhindert angesichts der festumrissenen Erkenntnisobjekte beider Teildisziplinen, dass sich eine der beiden für den privaten Haushalt zuständig fühlt.

Eine weitere Ursache für die Zurückhaltung in der wissenschaftlichen Beschäftigung mit dem privaten Haushalt dürfte in der Komplexität des Gegenstandes liegen. In den haushaltsbezogenen Aktivitäten finden sich biologische, psychologische, soziologische, sozialpsychologische, ökonomische, naturwissenschaftliche, technische und gewiss auch theologische und etliche weitere Aspekte. In seiner Gesamtheit könnte dem privaten Haushalt nur ein interdisziplinärer Ansatz gerecht werden. Für eine Einzeldisziplin ist ein derart diffuses Phänomen jedoch ein undankbares Erkenntnisobjekt.

Nicht zuletzt sind wissenschaftliche Disziplinen auch nachfrageorientiert. Während in den Unternehmen und beim Staat eine große Zahl interessierter Abnehmer für entsprechende wirtschaftswissenschaftliche Erkenntnisse und Handlungsvorschläge vorhanden ist, konnte dies zumindest in der Vergangenheit nicht in gleicher Weise für die privaten Haushalte unterstellt werden. Die wirtschaftstheoretische Abstinenz der Privatpersonen dürfte zum Teil auch durch das Bildungswesen verursacht sein. Während betriebs- und volkswirtschaftliche Sachverhalte in den Lehrplänen selbst der allgemeinbildenden Schulen in mehr oder weniger großem Umfange vertreten sind, kommt der private Haushalt dort kaum vor. Dies muss in gewisser Weise erstaunen, da doch alle Schüler mit Sicherheit einmal im Rahmen eines privaten Haushalts wirtschaften müssen, während die Verwertung beispielsweise betriebswirtschaftlicher Kenntnisse von der später zu treffenden Berufswahl abhängt und für einen beträchtlichen Teil der Schüler bestenfalls eine geringe Bedeutung besitzt. Die zunehmende Kompliziertheit der ökonomischen Vorgänge im privaten Haushalt und dessen zunehmende Vernetzung mit den übrigen Wirtschaftssektoren dürfte jedoch das Interesse sowohl der Wissenschaften als auch der Haushaltsmitglieder an einer ökonomischen Aufarbeitung des Sektors „Private Haushalte" wachsen lassen.

Eine **Haushaltswirtschaftslehre** hätte – ähnlich wie die Betriebswirtschaftslehre – in einzelwirtschaftlicher Sicht und unter Einbezug gesamtwirtschaftlicher Einbindungen als Erkenntnisobjekt die Gesamtheit wirtschaftlicher Vorgänge und Entscheidungen in privaten Haushalten unter Einschluss ihrer Bedingungen, Abläufe und Folgen.

Eine so verstandene Haushaltswirtschaftslehre könnte Teilbereich der Betriebswirtschaftslehre oder eine eigenständige Teildisziplin der Wirtschaftslehre sein. Für Eigenständigkeit sprechen neben dem bereits genannten Grund einer mangelnden Berücksichtigung der privaten Haushalte durch die traditionellen Teilwirtschaftslehren auch strukturelle Gründe. Die Einbeziehung der privaten Haushalte in den Betriebsbegriff führt bei der Bestimmung eines einheitlichen Auswahlprinzips der Betriebswirtschaftslehre zu Schwierigkeiten. Die Probleme ergeben sich nicht zuletzt daraus, dass auf den von der Betriebswirtschaftslehre schwerpunktmäßig betrachteten Gütermärkten die Betriebe in erster Linie Anbieter und die Haushalte Nachfrager sind.

Die bisherige Vernachlässigung der privaten Haushalte in der Wirtschaftstheorie ist aus mehreren Gründen unberechtigt.

Übersicht 1 Die Haushaltswirtschaftslehre im Gesamtgefüge der Wirtschaftslehre

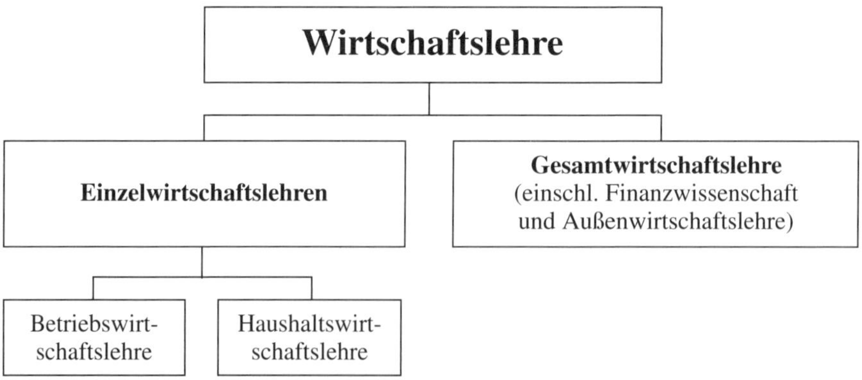

Die privaten Haushalte sind historisch die frühesten Wirtschaftseinheiten und bis heute sowohl Keimzelle als auch Zielpunkt aller wirtschaftlichen Aktivitäten. „Der Verbrauch allein ist Ziel und Zweck einer jeden Produktion, daher sollte man die Interessen des Produzenten eigentlich nur soweit beachten, wie es erforderlich sein mag, um das Wohl des Konsumenten zu fördern" (Adam Smith).

Betriebe und Volkswirtschaften dienen keinem Selbstzweck, sondern sind Organisationsformen, die eine optimale Versorgung der Haushalte vermitteln sollen. Sie erfüllen lediglich ursprüngliche Haushaltsfunktionen, die in einem langen Prozess der Arbeitsteilung aus Gründen der Rationalisierung aus den Haushalten in andere Wirtschaftseinheiten verlagert wurden. Unternehmen sind Stätten ausgegliederter Haushaltsproduktion. Darüber hinaus sind die privaten Haushalte sowohl auf den Produktmärkten als auch auf den Faktormärkten von der Zahl der Wirtschaftseinheiten und deren Wirtschaftskraft her der bedeutsamste Sektor. Schließlich sind alle Personen innerhalb einer Volkwirtschaft in irgendeiner Weise in die ökonomischen Aktivitäten der privaten Haushalte direkt eingeschlossen, was für Unternehmen und Staat nicht gleichermaßen gilt.

2.1.2 Zum ökonomischen Begriff des privaten Haushalts

Angesichts der Vielschichtigkeit des Phänomens „Privater Haushalt" kann eine ökonomische Betrachtung nur einen Teil des Gegenstandes erfassen. Zahlreiche und gewiss nicht minder wichtige nichtökonomische Aspekte müssen dabei unberücksichtigt bleiben. Gleiches gilt für Gegenstand und Umfang des ökonomischen Begriffs „Privater Haushalt". Jede am Erkenntnisobjekt „Privater Haushalt" interessierte wissenschaftliche Disziplin hat ihr eigenes Begriffsverständnis.

Auf den Haushalt als Keimzelle menschlichen Wirtschaftshandelns weist bereits die Herkunft des Terminus „Ökonomie" hin. Das lateinische **oeconomicus** geht auf griechische Ursprünge zurück. **Oikos** bedeutet soviel wie Haus, Haushalt, Gehöft und **oikonomia** kennzeichnet die Haushaltsführung, die Verwaltung; entsprechend sind mit **oiko-nomikos** die Haushaltsführung gemeint und der **oiko-nomos** schließlich ist der Haushalter, Verwalter bzw. Wirtschafter.

Die privaten Haushalte stellen zunächst einmal neben den Unternehmen, dem Staat (= öffentliche Haushalte) und dem Ausland einen der vier Wirtschaftssektoren dar. Im ökonomischen Sprachgebrauch wird unter **Haushalt** im allgemeinen eine Verbrauchswirtschaftseinheit (Konsumtionswirtschaft) verstanden. Eine gängige Unterscheidung teilt die Haushalte in private und öffentliche Haushalte ein. **Anstaltshaushalte** und **Organisationen ohne Erwerbszweck** werden entweder den privaten oder den öffentlichen Haushalten zugerechnet, je nachdem, ob sie unter privater oder öffentlicher Trägerschaft stehen.

Öffentliche Haushalte sind die **Gebietskörperschaften** (Bund, einschl. Ausgleichsfonds und ERP-Sondervermögen; Länder; Gemeinden, einschl. Gemeindeverbände und kommunale Zweckverbände mit ihren Einrichtungen wie Krankenhäuser, Altersheime, Schlachthöfe usw.), **Organisationen ohne Erwerbszweck,** deren Mittel überwiegend aus öffentlichen Zuschüssen stammen, und die gesetzliche **Sozialversicherung** (Rentenversicherungen, Kranken- und Unfallversicherungen, Arbeitslosenversicherung, Pflegeversicherung).

Anstaltshaushalte sind öffentliche und private Einrichtungen mit sozialer, wirtschaftlicher oder religiöser Zweckbestimmung, in denen Insassen und oder Personal ständig gemeinschaftlich wohnen, ohne jedoch den Charakter einer Lebensgemeinschaft zu besitzen (Altenheime, Krankenhäuser, Kinderheime, Klöster, Kasernen, Strafanstalten, Wohnheime usw.).

Private Haushalte sind jene nichtöffentlichen Wirtschaftseinheiten, die Faktorleisten bereitstellen und für das dafür enthaltene Entgelt vorwiegend Konsumgüter nachfragen. Danach zählen zu den privaten Haushalten Personenhaushalte, also Wirtschaftseinheiten, die hauptsächlich als Endverbraucher von Konsumgütern, als Zahler von Transferleistungen und als Anleger von Ersparnissen tätig sind und die die dafür erforderlichen Mittel aus dem Verkauf von (unselbstständigen) Arbeitsleistungen, aus selbstständiger Tätigkeit, aus dem Empfang von Transferleistungen, aus Vermögenserträgen oder aus Gewinnentnahmen beziehen. Nach der Personenzahl wird eine Einteilung in **Einpersonenhaushalte,** zu denen auch Untermieter zählen, und **Mehrpersonenhaushalte** (= Gruppe zusammenlebender Personen, die in bezug auf die Einkommensverwendung überwiegend gemeinsam wirtschaftet) vorgenommen. Haus- und Betriebspersonal, Untermieter, Kostgänger und Besucher zählen nicht zu den privaten Haushalten, bei denen sie wohnen oder von denen sie verpflegt werden. Im weiteren Sinne umfassen die privaten Haushalte auch private Organisationen ohne Erwerbszweck (Gewerkschaften, Kirchen, politische Parteien, Vereine, Stiftungen usw.)

Die ökonomischen Aktivitäten der privaten Haushalte im Bereich Grundstücke, Gebäude, Wohnungen, Produktions- und Investitionstätigkeiten der Selbstständigen sind dem Sektor Unternehmen zugeordnet.

In der amtlichen deutschen Statistik wird neuerdings streng die Familienstatistik, die sich mit zusammenlebenden Familien, also der Eltern-Kinder-Gemeinschaft, befasst, von der Haushaltsstatistik unterschieden. Als Privathaushalt wird eine zusammenwohnende und eine wirtschaftliche Einheit bildende Personengemeinschaft gezählt sowie Personen, die allein wohnen und wirtschaften. Zum Haushalt können verwandte und familienfremde Personen gehören (z.B. Hauspersonal), Anstalten gelten nicht als Haushalte, können aber Privathaushalte beherbergen (z.B. Haushalt des Anstaltsleiters). Familien sind Ehepaare bzw. alleinstehende Väter oder Mütter, die mit ihren ledigen Kindern zusammenleben (Zweigenerationenfamilie).

Die frühere Erfassung von drei verschiedenen **Haushaltstypen** (Typ 1: geringes Einkommen; Typ 2: mittleres Einkommen; Typ 3: höheres Einkommen) hat das Statistische Bundesamt mit der Neukonzeption der *Laufenden Wirtschaftsrechnungen* im Jahre 1999 aufgegeben, da der Aussagegehalt dieser Statistik mehr und mehr abgenommen hat. Die neuen *Laufenden Wirtschaftsrechnungen* sind weitgehend der *Einkommens- und Verbrauchsstichprobe* angepasst worden.

Unterschieden werden jetzt die Haushalte nach

- sozialer Stellung und Alter des/der Haupteinkommensbeziehers/-bezieherin,
- Haushaltstyp (Paare; Alleinerziehende mit Kind[ern]; Alleinlebende) und Haushaltsgrößen und
- monatlichem Haushaltsnettoeinkommen.

2.1.3 Statistische Daten zu den privaten Haushalten

Die zahlenmäßige Entwicklung bei den Privathaushalten hängt eng zusammen mit der demographischen Entwicklung der Gesamtbevölkerung, wie Zahl, Altersaufbau, Geburtenrate usw., aber auch von soziokulturellen und soziographischen Entwicklungen wie dem Trend von der Groß- zur Kleinfamilie, den Wanderungsbewegungen zwischen ländlichen und städtischen Räumen usw.

Die Zahl der Privathaushalte nahm von 35,256 Mio. im Jahre 1991 auf 39,178 Mio. im Jahre 2005 und damit um 11,1% zu. Die Gesamtbevölkerung wuchs im gleichen Zeitraum nur um 6,6% von 80,152 Mio. auf 82,675 Mio. Das lässt erkennen, dass die Anzahl der Personen pro Haushalt geringer geworden ist: die durchschnittliche Personenzahl nahm um 7% von 2,27 auf 2,11 ab. 1950 betrug die durchschnittliche Personenzahl pro Haushalt noch 2,99 (Westdeutschland). Zugenommen haben vor allem die Einpersonenhaushalte (um 24%) und die Zweipersonenhaushalte (um 22%), während die Haushalte mit 5 und mehr Mitgliedern um ca. 14% abgenommen haben.

Während im Jahre 1900 in rund 44% aller Privathaushalte fünf oder mehr Personen lebten, lag der entsprechende Wert 2005 bei nur noch 3,9%. Der Anteil der Zweipersonenhaushalte nahm im gleichen Zeitraum von 15% auf 33,7%, und der Anteil der Einpersonenhaushalte („Singles“) von 7% auf 37,5% zu; damit lebten 2005 17,7% der Bevölkerung allein. Die durchschnittliche Haushaltsgröße sank von 1900 bis 2005 von 4,5 Personen auf 2,11 Personen. 1950 stellten die Zweipersonenhaushalte noch die zahlenmäßig größte Gruppe dar; 2005 lagen die Einpersonenhaushalte deutlich an der Spitze. Die überwiegende Mehrzahl der alleinlebenden Personen ist weiblich (Anteil 2000: 58%).

Bei einer differenzierteren Betrachtung lassen sich z.T. deutliche Unterschiede zwischen den einzelnen Bundesländern feststellen. Die drei Stadtstaaten Berlin (1,79), Hamburg (1,85) und Bremen (1,86) liegen mit ihrer Mitgliederzahl je Haushalt deutlich unter dem Durchschnitt von 2,11; Baden-Württemberg (2,21), Rheinlandpfalz (2,18) und Bayern (2,17) liegen deutlich über dem Durchschnitt. Die Quote der Haushalte mit 5 und mehr Personen schwankt relativ geringfügig zwischen 1,8% in Sachsen und 5,2% in Baden-Württemberg. Bei den Einpersonenhaushalten ergeben sich jedoch deutliche regionale Unterschiede. Während in Brandenburg nur etwa ein Drittel aller Haushalte aus einer Person besteht, gehört in Berlin, Hamburg und Bremen die Hälfte aller Haushalte zu den Einpersonenhaushalten.

Zusammenhänge bestehen auch zwischen der Gemeindegröße und der Größe der privaten Haushalte: je größer die Einwohnerzahl der Gemeinde, um so geringer die durchschnittliche Mitgliederzahl je Haushalt. In Gemeinden unter 5000 Einwohnern weisen die Haushalte im Schnitt 2,35 und in Großstädten 1,89 Mitglieder auf. Von allen Haushalten in der Bundesrepublik residieren 14,3% (Einwohner: 15,9%) in Gemeinden unter 5000 Einwohnern, 24,0% (25,7%) in Gemeinden mit 5000 bis 20000 Einwohnern, 27% (27,3%) in Gemeinden mit 20000 bis 100000 Einwohnern und 34,7% (31,1%) in Gemeinden mit 100000 und mehr Einwohnern. Erwartungsgemäß sind in den Großstädten auch die Einpersonenhaushalte überproportional vertreten: Nur rund 31% aller Einwohner, aber circa 43% aller Einpersonenhaushalte entfallen auf Gemeinden mit 100000 und mehr Einwohnern.

Das monatliche Haushaltsnettoeinkommen steigt in aller Regel mit der Anzahl der Mitglieder. 8% der Einpersonenhaushalte mussten im Jahr 2005 mit weniger als 500 Euro im Monat auskommen; immerhin jeder zwanzigste Einpersonenhaushalt verfügt über mehr als 4500 Euro monatlich. Mit bis zu 2000 Euro im Monat können 84% der Einpersonenhaushalte, 47% der Zweipersonenhaushalte und 25% der Haushalte mit 3 und mehr Personen wirtschaften. Mehr als 2600 Euro stehen 9% der Einpersonenhaushalte, 33% der Zweipersonenhaushalte und 54% der Haushalte mit 3 und mehr Personen monatlich an Nettoeinkommen zur Verfügung. Nach wie vor bestehen erhebliche Einkommensunterschiede zwischen alten und neuen Bundesländern

Die Anzahl der sog. „nichtehelichen Lebensgemeinschaften“ hat in den vergangenen Jahrzehnten stark zugenommen; von 1996 bis 2005 stieg ihre Zahl von 1,8 Mio. auf 2,4 Mio. In der weitaus überwiegenden Zahl der nichtehelichen Lebensgemeinschaften

Übersicht 2 Privathaushalte in Deutschland
1950 Westdeutschland, ab 1991 Deutschland, Mikrozensus

Jahr	Gesamt	1 Pers	2 Pers	3 Pers	4 Pers	5+Pers	Bev. in Priv.h.	Pers/ Hh
				Tausend				
1950	16650	3229	4209	3833	2692	2687	49850	2,99
1991	35256	11858	10863	6017	4742	1777	80152	2,27
2000	38124	13750	12720	5598	4391	1665	82473	2,16
2005	39178	14695	13266	5477	4213	1527	82675	2,11
Prozentualer Anteil an Gesamthaushalten								
1950	100	19,39	25,28	23,02	16,17	16,14		
1991	100	33,63	30,81	17,07	13,45	5,04		
2000	100	36,07	33,36	14,68	11,52	4,37		
2005	100	37,51	33,86	13,98	10,75	3,90		

leben keine Kinder (2005: 72%). Auch hier bestehen deutliche Unterschiede: in den alten Bundesländern sind 74%, in den neuen Bundesländern jedoch nur 52% der nichtehelichen Lebensgemeinschaften ohne Kinder.

Zugenommen haben auch die sog. „unvollständigen Familien". Das sind allein Erziehende mit Kindern. 2005 gab es in Deutschland 2,6 Mio. allein erziehende Väter oder Mütter, davon 1,6 Mio. mit mindestens einem Kind unter 18 Jahren.

2.1.4 Die ökonomischen Aktivitäten der privaten Haushalte

Gemeinsam ist den wirtschaftlichen Aktivitäten der unterschiedlichen Wirtschaftssubjekte das allgemeine Prinzip der Nutzenmaximierung. Während sich dieses im Unternehmen in dem – zumindest langfristigen – Streben nach maximalem Gewinn durch den Absatz betrieblicher Leistungen äußert, äußert es sich im privaten Haushalt im Streben nach maximalem Nutzen (= Bedürfnisbefriedigung) durch bestmögliche Versorgung mit (materiellen und immateriellen) Gütern. Mit einer gewissen Vereinfachung lässt sich sagen, dass die wirtschaftlichen Aktivitäten des privaten Haushalts auf Einkommensentstehung als Voraussetzung und auf optimale Einkommensverwendung als Bedingung für maximale Bedürfnisbefriedigung gerichtet sind. Ob auch die Maximierung des Einkommens zu den Zielen gehört, ist umstritten; letztlich kann dies ebenso wie konkrete Fragen der Bedürfnisbefriedigung nur individuell beantwortet werden.

Die traditionelle Wirtschaftslehre stellt die Bedingungen der Nutzenerzielung und -maximierung als ein nahezu ausschließlich rationales Nachfrageverhalten dar. Danach ist der aus allen Gütern erzielte Gesamtnutzen eines Subjektes dann maximal, wenn die Grenznutzen der einzelnen Güter gleich groß sind (Zweites Gossensches Gesetz). Diese Aussage kann jedoch nur eine allgemeine Verhaltenstendenz wiedergeben, ihre Anwendung auf konkretes Wirtschaftshandeln bereitet unüberwindliche Schwierigkeiten. Die Wertschätzung der vielen, für die Bedürfnisbefriedigung potentiell zur Verfügung stehenden Güter, und damit der erzielbare Nutzen, ist individuell sehr unterschiedlich. Eine Quantifizierung des Nutzens, den ein bestimmtes Gut stiftet, ist vollends unmöglich. Neben individuellen Präferenzen hängt er auch von situativen Bedingungen ab.

Wenn jemand durstig ist, stiftet ein Glas Wasser eben einen erheblich größeren Nutzen als zu nichtdurstigen Zeiten. Der private Haushalt muss bei seinem Bestreben, das allgemeine Ziel der Nutzenmaximierung zu erreichen, auf eindeutige Entscheidungsgrundlagen und zuverlässige Handlungsschemata verzichten.

Das Wirtschaftshandeln entspringt darüber hinaus nicht nur ökonomischen Zielen. Die Wünsche, mit der Mode zu gehen, Aufzufallen, Bewunderung oder auch Neid anderer zu erregen und vieles mehr, sind Motive zahlreicher und vielfältiger ökonomischer Aktivitäten.

Private Haushalte treten als wirtschaftende Subjekte auf **Produktmärkten,** auf **Faktormärkten** und auf **Geld-** bzw. **Kapitalmärkten** in Erscheinung. Darüber hinaus entwickeln sie auch wirtschaftliche Aktivitäten, die nicht über Märkte laufen und solche, die in den gängigen Kategorien von Angebot und Nachfrage nur schwerlich unterzubringen sind (z. B. Transfers).

Produktmärkte sind Märkte für **Güter.** Güter sind **Waren** (oft auch materielle Güter genannt) und **Dienstleistungen** (oft auch immaterielle Güter genannt). Auf Produktmärkten sind die Haushalte Nachfrager nach **Konsumgütern.** Sofern Haushalte Güter anbieten, werden sie in wirtschaftlichem Sinne wie Unternehmen behandelt: dies gilt insbesondere für landwirtschaftliche Haushalte (zum Sonderfall des Austausches von Dienstleistungen zwischen privaten Haushalten siehe weiter unten).

Faktormärkte sind Märkte für **Produktionsfaktoren.** Auf Faktormärkten sind im allgemeinen Unternehmen und Staat Nachfrager und die privaten Haushalte Anbieter. Die Haushalte bieten die Produktionsfaktoren an. Produktionsfaktoren sind die für die Produktion notwendigen Grundelemente Arbeit, Boden/Natur und Kapital. Durch die Kombination von – in der Regel allen drei – Produktionsfaktoren werden in Unternehmen oder durch den Staat **Güter** hergestellt. Der Produktionsfaktor **Arbeit** besteht aus der in der Volkswirtschaft zur Verfügung stehenden menschlichen Arbeitskraft. Unter dem Produktionsfaktor **Boden** werden alle natürlichen Ressourcen verstanden (Fläche, Raum, Wald, Wasser, Luft, Bodenschätze). Unter **Kapital** werden zum einen Produktionsmittel (Gebäude, Maschinen, Werkzeuge) verstanden; in dieser Form wird vom Kapital als produzierten Produktionsmitteln, als Real- oder Sachkapital, gesprochen. Zum anderen ist die Verwendung von Kapital = Geld jedoch auch in der Wirtschaftslehre gebräuchlich. Zwar ist Geldkapital nicht selbst ein Produktionsfaktor, in seiner Funktion als universelles Tauschmittel ist sein Besitz jedoch Voraussetzung und Bedingung für Verfügungsmöglichkeiten über Realkapital.

In der Wirtschaftspraxis fragen auch private Haushalte Arbeitsleistungen anderer privater Haushalte nach (beispielsweise in Form von Haushaltshilfen, Putzhilfen, für Kinderbetreuung usw.). Diese Aktivitäten stellen sowohl unter Nachfrage- als auch unter Angebotsgesichtspunkten einen Sonderfall dar. Die Frage ist, ob es sich dabei um Transaktionen auf Güter- oder auf Faktormärkten handelt, ob dabei der Produktionsfaktor Arbeit oder eine Dienstleistung gehandelt wird. Die Antwort fällt je nach Betrachtungsweise unterschiedlich aus. Aus wirtschaftstheoretischer Sicht handelt es sich dabei um ein Angebot des Produktionsfaktors Arbeit seitens der privaten Haushalte und um Nachfrage nach diesem Produktionsfaktor durch private Haushalte. Die Volkswirtschaftliche Gesamtrechnung behandelt diese Aktivitäten gewissermaßen mit einem sowohl-als-auch. Einerseits betrachtet sie sie als Vorgänge auf Produktmärkten, nämlich als Kauf und Verkauf von Dienstleistungen. Andererseits belässt sie aber diese Aktivitäten innerhalb des Sektors „Private Haushalte"; um beides miteinander zu vereinbaren, richtet sie für die betroffenen Haushalte Produktionskonten ein und macht sie sozusagen zu Unternehmen innerhalb des Sektors „Private Haushalte" (vgl. hierzu auch unten den Abschnitt „Die privaten Haushalte in der Volkswirtschaftlichen Gesamtrechnung").

Für die Zurverfügungstellung von Produktionsfaktoren erhalten die privaten Haushalte Entgelte (Löhne, Gehälter, Zins, Miete, Pacht, Gewinn), die sie für den Kauf von Konsumgütern verwenden oder in Form von Ersparnissen anderen Haushalten (z. B. öffentlichen Haushalten) und Unternehmen bzw. den Banken anbieten. Durch die Anlage der Ersparnisse erzielen die privaten Haushalte Vermögenserträge. Sofern die Ersparnisse nicht in bar gehalten werden, sondern – i. d. R. über das Bankensystem – angelegt werden, treten die privaten Haushalte mit ihren Ersparnissen als Anbieter am Geldmarkt (kurzfristig) oder am Kapitalmarkt (langfristig) in Erscheinung. Als Nachfrager nach Liquidität treten die privaten Haushalte am Geld- bzw. Kapitalmarkt als Kreditnehmer (Konsumtivkredite) auf.

In einer gewissermaßen passiven Rolle finden sich die privaten Haushalte als Zahler und Empfänger von **Transfers.** Transfers sind **Übertragungen** wirtschaftlicher Güter, insbesondere von Geld, ohne direkte ökonomische Gegenleistung; es handelt sich dabei um wechselseitige Übertragungen zwischen privaten und öffentlichen Haushalten (Staat). Die privaten Haushalte leisten Transferzahlungen vor allem in Form von Steuern und Beiträgen zur gesetzlichen Sozialversicherung; für die öffentlichen Haushalte stellen diese Leistungen Transfereinkommen dar. Auf der anderen Seite leisten die öffentlichen Haushalte Transferzahlungen, die aus der Sicht der privaten Haushalte Transfereinkommen darstellen (z. B. Wohngeld, Kindergeld, Renten). Insbesondere die Transferzahlungen der privaten Haushalte sind nicht freiwillig, sondern unterliegen hoheitlichen, in der Regel gesetzlichen Regelungen des Staates. Freiwillige Übertragungen sind Schenkungen.

Die bisher erwähnten wirtschaftlichen Aktivitäten der privaten Haushalte sind gewissermaßen offen. In nicht unbeträchtlichem Maße finden auch verdeckte Leistungen statt, wobei hier verdeckt zunächst nur heißt, dass diese Leistungen nicht in offizielle Rechenwerke, wie beispielsweise die Volkswirtschaftliche Gesamtrechnung, eingehen.

Hierzu gehört vor allem die sog. **Eigenarbeit.** Die Tätigkeit der Haushaltsmitglieder in Haus, Haushalt, Garten usw. sowohl in Form produktiver Leistungen (z. B. Nahrungsanbau, Hausrenovierung) als auch in Form von Diensten (z. B. Nahrungszubereitung, Wäschepflege, Raumreinigung, Kindererziehung, Kranken- und Altenpflege, Aktivitäten im Bereich Gesundheit, Erholung, Freizeit usw.) stellt als Eigenversorgung einen mengenmäßig beträchtlichen Teil der gesamtwirtschaftlichen Leistung dar. Diese Leistungen sind formell unentgeltlich und gehen daher nicht in die Statistik ein.

Ähnlich verhält es sich mit der sog. **Nachbarschaftshilfe.** Hierbei handelt es sich um Leistungen von Haushaltsmitgliedern, die im Bekannten-, Verwandten- und Nachbarschaftskreis sowie in Vereinen unentgeltlich erbracht werden.

Während diese Form der Nachbarschaftshilfe vom Gesetzgeber toleriert wird, ist eine verdeckte entgeltliche Leistungserbringung (Schwarzarbeit) illegal und gehört zur sog. **Schattenwirtschaft,** die in den letzten Jahren – nicht nur in der Bundesrepublik – an Umfang zugenommen hat. Zur Schattenwirtschaft zählen jene einkommenschaffenden Tätigkeiten, die eigentlich im Bruttoinlandsprodukt ausgewiesen werden müssten, die aber nicht erfasst werden können, weil sie ohne Kenntnis des Staats erbracht werden. Neben der Schwarzarbeit, bei der Privatpersonen Leistungen gegen Entgelt erbringen, die weder Eigenleistung noch Nachbarschaftshilfe darstellen, fallen darunter auch die Geschäfte ohne Rechnung seitens der Unternehmen. Zur Vermeidung von Steuern laufen diese Leistungen nicht durch die Bücher des Unternehmens und werden zumeist bar entgolten.

Eine Zusammenstellung der ökonomischen Aktivitäten privater Haushalte ergibt folgende Übersicht:

Übersicht 3 Ökonomische Aktivitäten der privaten Haushalte

Ökonomische Aktivitäten des Sektors „Private Haushalte“	
Produktmärkte	Nachfrager nach Waren und Dienstleistungen (Konsumgüter)
Faktormärkte	Anbieter der Produktionsfaktoren Arbeit, Boden, Kapital
Geld- und Kapitalmärkte	Anleger von Ersparnissen Nachfrager nach (Konsumtiv-)Krediten
Nichtmarkt-Aktivitäten	Eigenarbeit (Leistungen in Haus, Haushalt, Garten usw.) Anbieter von Arbeitskraft (Schwarzarbeit)
Transfers	Empfänger von Übertragungen (Sozialleistungen, Renten usw.) Zahler von Übertragungen (Steuern, Sozialversicherung usw.)

Die ökonomischen Aktivitäten der privaten Haushalte besitzen gesamtwirtschaftlich eine erhebliche Bedeutung. Von der gesamtwirtschaftlichen Nachfrage (das ist die Nachfrage aller vier Wirtschaftssektoren) entfällt mehr als die Hälfte auf die privaten Haushalte. Anders ausgedrückt: mehr als die Hälfte des Bruttoinlandsprodukts wird für den privaten Verbrauch hergestellt. Im Jahre 2006 entfielen auf die Haushalte 58%, auf die Unternehmen 18%, auf den Staat 18% und auf den Außenbeitrag 5% des Inlandsprodukts. Durch ihren hohen Anteil sind die privaten Haushalte die weitaus wichtigste Stütze für Arbeitsmarkt und Konjunktur.

Für die Zurverfügungstellung von Produktionsfaktoren auf den Faktormärkten erhalten die privaten Haushalte Entgelte. Die Summe aller Entgelte, das Volkseinkommen, betrug 1730 Mrd. Euro im Jahre 2006; davon entfielen 1145 Mrd. Euro (66%) auf Arbeitnehmerentgelte und 585 Mrd. Euro (34%) auf Unternehmens- und Vermögenseinkommen. Der Anteil der Einkommen aus unselbständiger Tätigkeit am Volkseinkommen ist die **Lohnquote;** sie betrug im Jahre 1950 58%, stieg während der sechziger und siebziger Jahre des vergangenen Jahrhunderts auf ca. 73% und sank danach wieder ab.

Die privaten Haushalte geben in aller Regel nicht ihr gesamtes Einkommen für Konsumzwecke aus, sondern sparen – aus unterschiedlichen Motiven – einen Teil des Einkommens. Der Anteil der Ersparnis am verfügbaren Einkommen der privaten Haushalte (**Sparquote**) beträgt – mit gewissen Schwankungen – zwischen 10% und 15%. Diese Ersparnisse stehen – soweit sie in den Bankensektor fließen – u. a. den Unternehmen für Investitionskredite zur Verfügung. Das gesamte private Geldvermögen der Deutschen betrug Ende 2005 4,3 Billionen Euro; pro Haushalt ergibt das einen Betrag von ca. 109 000 Euro. Das Sparen der Haushalte ist Voraussetzung für Investitionen der Unternehmen. In dem Umfange, in dem die Haushalte sparen, also Konsumverzicht üben, werden Produktionsfaktoren für die Herstellung von Investitionsgütern frei. Daher ist ex post in einer Volkswirtschaft die Summe aller Ersparnisse gleich der Summe der Nettoinvestitionen.

Gewissermaßen im Gegenzug sind die privaten Haushalte auch bedeutsame Kreditkunden der Banken. Die Kreditverpflichtungen der privaten Haushalte beliefen sich im Jahre 2005 auf ca. 1569 Mrd. Euro; davon entfielen 1039 Mrd. Euro auf Wohnungsbaukredite, 311 Mrd. Euro auf gewerbliche Kredite (an Einzelunternehmer), 206 Mrd. Euro auf Konsumentenkredite und 13 Mrd. Euro auf sonstige Kredite. Die durchschnittliche Verschuldung der privaten Haushalte ist von 1991 bis 2005 von 23 400 Euro auf 40 000 Euro gestiegen.

Eine höhere Verschuldung der privaten Haushalte ist ein gewisses Wohlstandsphänomen. In Zeiten schlechter wirtschaftlicher Perspektiven steigt in der Regel die Sparquote und sinkt die Kreditaufnahme; in wirtschaftlich guten Zeiten, in denen die Zinsen und Rückzahlungen besser verkraftet werden können, steigen dagegen die Kredite zumeist an.

Über den zeitlichen und wertmäßigen Umfang der Eigenarbeit in Haus, Haushalt, Garten usw. liegt nur bedingt statistisches Material vor. Wegen der Nichterfassung dieser Tätigkeiten und wegen Problemen der geldmäßigen Bewertung liegen z. T. nur Schätzungen vor. Nach Ermittlungen des Statistischen Landesamtes Baden-Württemberg betrug 1985 die Arbeitszeit einer Nur-Hausfrau in einem Haushalt mit zwei Kindern durchschnittlich 248 Stunden im Monat; das entspricht einer täglichen durchschnittlichen Arbeitszeit von 8 Stunden und 9 Minuten (einschl. Wochenenden, Sonn- und Feiertagen). Wird diese Zeit mit dem Bruttoarbeitslohn einer angelernten Industriearbeiterin bewertet, entspricht die Arbeit in Haus und Familie einem Wert von 1638 € monatlich.

Über den Umfang der Schwarzarbeit liegen naturgemäß keine genauen Zahlen vor. Einschlägige Schätzungen gehen davon aus, dass der Wert der Schwarzarbeit in Deutschland etwa 10–15% des Bruttoinlandsprodukts erreicht. Am stärksten verbreitet ist die Schwarzarbeit in Bauberufen.

2.1.5 Verknüpfungen der privaten Haushalte mit anderen Wirtschaftssektoren

Die Beziehungen der privaten Haushalte zu den übrigen Sektoren Unternehmen, Staat und Ausland sind vielfältig. Sie werden in der **Kreislaufanalyse** dargestellt und in der **Volkswirtschaftlichen Gesamtrechnung** zahlenmäßig erfasst.

In der Kreislaufanalyse werden die (Tausch-)Transaktionen zwischen den Sektoren in Gleichungen und graphisch in Form von Strömen dargestellt, wobei der Übersichtlichkeit halber nur die Geldströme aufgenommen werden; die ihnen entgegengesetzten Güterströme werden nicht erfasst. Bei einer Beschränkung auf die Beziehungen der privaten Haushalte zu den anderen drei Sektoren und unter Vernachlässigung der Beziehung zwischen Unternehmen, Staat und Ausland ergibt sich das in Übersicht 4 dargestellte Kreislaufmodell.

Von den Unternehmen, vom Staat und vom Ausland (z.B. Arbeitslohn für Auspendler, Beteiligungen an ausländischen Unternehmen, Vermögensanlagen im Ausland) beziehen die privaten Haushalte Einkommen für die Hingabe von Produktionsfaktoren. Vom Staat und vom Ausland beziehen die Haushalte außerdem Transfereinkommen in Form von Renten, Sozialleistungen, Stipendien usw. Diese Einkommen fließen zum größten Teil wieder in die drei Sektoren zurück:

- An die Unternehmen für Käufe von Konsumgütern. Staatliche Leistungen stehen in der Regel unentgeltlich zur Verfügung und werden über Steuern finanziert. Die Lieferungen aus dem Ausland werden als Importe behandelt. Aus der Sicht der Haushalte sind sie Bestandteil des Konsums; eine Aufteilung in Inlands- und Auslandskonsum findet nicht statt.
- An den Staat in Form von Transferzahlungen (Steuern, Sozialversicherung usw.)
- An das Ausland in Form von Übertragungen (z.B. Überweisungen von Gastarbeitern in ihre Heimatländer).

In der Volkswirtschaftlichen Gesamtrechnung werden drei Aktivitätskonten geführt: Produktionskonto, Einkommenskonto und Vermögensänderungskonto.

Ubersicht 4 Kreislauf der offenen Wirtschaft mit staatlicher Aktivität

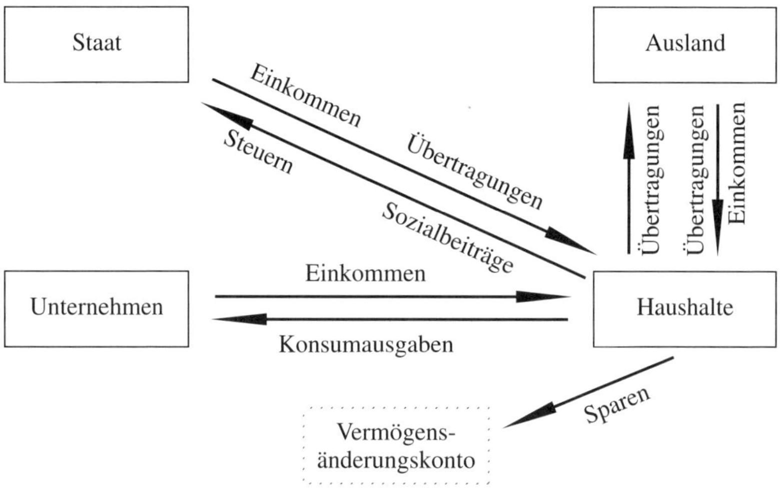

Das **Produktionskonto** der privaten Haushalte nimmt in der Systematik eine Sonderstellung ein, da Haushalte „eigentlich" keine produzierenden Wirtschaftssubjekte sind. Das Produktionskonto enthält die zwischen privaten Haushalten ausgetauschten Dienstleistungen (**„häusliche Dienste"**), wie Hausangestellte, Reinigungsdienste, Chauffeure, Betreuungsdienste usw. Grundsätzlich möglich wäre eine Gleichstellung dieser privaten Haushalte mit den selbstständig tätigen Freiberuflern (z.B. Ärzte, Architekten, Rechtsanwälte usw.) und damit eine Zuordnung zu dem Sektor „Unternehmen". Weil jedoch die an andere private Haushalte Dienstleistungen verkaufenden privaten Haushalte keine eigenen Betriebsstätten mit dauerhaften Produktionsmitteln unterhalten und weder gewerbe- noch umsatzsteuerpflichtig sind, werden sie nicht als Unternehmen behandelt, sondern als private Haushalte mit Produktionskosten.

Das **Einkommenskonto** weist auf der rechten Seite die Entstehung aller Einkommen der privaten Haushalte (Bruttoeinkommen) aus. Haushalte beziehen Einkommen aus dem soeben beschriebenen Verkauf von Dienstleistungen an andere Haushalte. **Faktoreinkommen** (Einkommen aus unselbstständiger Arbeit sowie Einkommen aus Vermögen) und Transfereinkommen. Die Faktoreinkommen können von Unternehmen, vom Staat und/oder vom Ausland bezogen werden. Die Transfereinkommen kommen vom Staat (einschl. Sozialversicherung) und von Unternehmen (z.B. Betriebsrenten).

Die linke Seite des Einkommenkontos gibt Auskunft über die Verwendung des Einkommens. Die geleisteten Übertragungen bestehen aus direkten Steuern und sonstigen Transfers an Unternehmen (Beiträge an Betriebskrankenkasse, betriebliche Rentenfonds usw.), an den Staat (Sozialbeiträge) und an das Ausland (vor allem Überweisungen von Gastarbeitern an ihre Heimatländer; gebucht wird nur der Saldo aus gezahlten und empfangenen Transfers). Nach Abzug der geleisteten Übertragungen verbleibt das verfügbare Einkommen (Nettoeinkommen). Es wird verwendet für Käufe von Konsumgütern (einschl. der evtl. von anderen Haushalten eingekauften Dienstleistungen) und für Ersparnisse. Übersteigen die geleisteten Übertragungen und die Käufe von Konsumgütern das Bruttoeinkommen, ist die Ersparnis in dem betrachteten Zeitraum negativ; die Haushalte „entsparen“. Dies geschieht durch Abbau vorhandenen Vermögens oder durch Kreditaufnahme. Werden Kredite bei Banken aufgenommen, sind dafür Zinsen zu zahlen. In diesem Falle leisten die privaten Haushalte Faktoreinkommen an den Sektor „Unternehmen“ (vgl. hierzu ausführlicher den Beitrag „Die Einkommensverwendung der privaten Haushalte“).

Das vollständige Einkommenskonto der privaten Haushalte hat folgendes Aussehen:

Übersicht 5 Einkommenskonto der privaten Haushalte

Direkte Steuern und Sozialbeiträge	Arbeitnehmerentgelte
Konsumausgaben	Vermögenseinkommen
Sparen	Transfereinkommen

Das **Vermögensänderungskonto** erfasst auf der rechten Seite die Entstehung der Vermögensänderung in Form der Ersparnis. Auf der linken Seite wird die Verwendung der Ersparnis in Form der Vermögenszunahme (Einnahmeüberschuss) festgehalten; ist die Ersparnis positiv, führt sie in voller Höhe zu einem Geldvermögenszuwachs. Die Veränderung an Sachvermögen wird – im Gegensatz zu den Unternehmen – ebensowenig erfasst wie gebrauchsbedingte Wertminderungen.

Literaturhinweise

Blosser-Reisen, L.: Grundlagen der Haushaltsführung. Eine Einführung in die Wirtschaftslehre des Haushalts. – Baltmannsweiler, 2. Aufl. 1976
Böventer, E. v.: Einführung in die Mikroökonomie. – München, Wien, neueste Auflage
Dubberke, A.: Betriebswirtschaftliche Theorie des privaten Haushalts. – Berlin 1958
Egner, E.: Der Haushalt. Eine Darstellung seiner volkswirtschaftlichen Gestalt. – Berlin 1976
Franke, J.: Grundzüge der Mikroökonomie. – München, Wien, neueste Auflage
Grundlagen der Wirtschaftswissenschaften: Teil 4: Mikroökonomie. – Stuttgart 1979
Haslinger, F.: Volkswirtschaftliche Gesamtrechnung. – München, Wien, neueste Auflage
May, H.: Ökonomie für Pädagogen. – 14. Aufl., München - Wien 2008
Stobbe, A.: Volkswirtschaftliches Rechnungswesen. – Berlin u. a. neueste Auflage
Varian, H. R.: Grundzüge der Mikroökonomik. – München, Wien 1989
Wöhe, G.: Einführung in die Allgemeine Betriebswirtschaftslehre. – München, neueste Auflage
Woll, A.: Allgemeine Volkswirtschaftslehre. – München, neueste Auflage

2.2 Einkommensverwendung der privaten Haushalte
Hans-Jürgen Albers

Aussagen zur Einkommensverwendung privater Haushalte stützen sich zwangsläufig auf umfangreiches Zahlenmaterial. Die im folgenden verwendeten Daten beruhen ausschließlich auf Veröffentlichungen des Statistischen Bundesamtes. Dieses gewinnt die spezifischen Daten für die privaten Haushalte durch jährliche Erhebungen bei ausgewählten Haushalten („laufende Wirtschaftsrechnungen“, ca. 2000 Haushalte) und durch Erhebungen mit mehrjähriger Periodizität bei Haushalten aller Bevölkerungsschichten („Einkommens- und Verbrauchsstichproben“, ca. 62000 Haushalte). Wichtige Quellen für den Bereich „Private Haushalte“ sind das jährlich erscheinende Statistische Jahrbuch, die Fachserien „Wirtschaftsrechnungen“ und „Volkswirtschaftliche Gesamtrechnung“ sowie Beiträge in „Wirtschaft und Statistik“.

Die verwendeten Zahlen sind von ihrem Aussageumfang her in zwei Kategorien einzuteilen:

- Gesamtwirtschaftliche Zahlen . Hierbei handelt es sich um aggregierte Größen, die für die gesamte Volkswirtschaft oder einen Sektor gelten (Beispiel: „Das Volkseinkommen in Deutschland betrug im Jahre 2000 1740 Mrd. €“). Die gesamtwirtschaftlichen Zahlen entstammen der Volkswirtschaftlichen Gesamtrechnung.
- Durchschnittszahlen. Hierbei handelt es sich um rechnerische Größen, die durch Division der Gesamtsumme durch die Anzahl der beteiligten Elemente ermittelt werden (Beispiel: „Das Volkseinkommen in Deutschland betrug im Jahre 2000 durchschnittlich 21 000 € je Einwohner“).

2.2.1 Das Brutto-Einkommen der privaten Haushalte

Notwendige Bedingung für die Verwendung von **Einkommen** ist deren Entstehung. Die privaten Haushalte verfügen über unterschiedliche Einkommensquellen, von denen zumeist mehrere das Gesamteinkommen eines bestimmten Haushalts speisen. Die wichtigsten Nomenklaturen der verschiedenen Einkommen sind die des Steuerrechts und der Volkswirtschaftlichen Gesamtrechnung.

Die steuerlich relevanten **Einkommensarten** sind in § 2 Einkommensteuergesetz (EStG) aufgeführt:

1. Einkünfte aus Land- und Forstwirtschaft
2. Einkünfte aus Gewerbebetrieb
3. Einkünfte aus selbstständiger Arbeit
4. Einkünfte aus nichtselbstständiger Arbeit
5. Einkünfte aus Kapitalvermögen
6. Einkünfte aus Vermietung und Verpachtung
7. sonstige Einkünfte im Sinne des § 22

Die Volkswirtschaftliche Gesamtrechnung unterscheidet vier Einkommensarten:

- Arbeitnehmerentgelt. Hierbei handelt es sich um Entgelte für die Arbeitsleistungen, die an (in- und ausländische) Unternehmen und den Staat abgegeben werden. In der Regel handelt es sich dabei um Löhne und Gehälter. Hinzugerechnet werden auch die Löhne aus dem Verkauf von Dienstleistungen an andere private Haushalte (z.B. für Reinigungs- und Betreuungsdienste).
- Unternehmenseinkommen. Hierbei handelt es sich um Gewinne aus dem Betrieb eines Unternehmens oder der Tätigkeit als selbstständiger Freiberufler. Ebenfalls erfasst wird hier das Einkommen aus der Vermietung von Wohnungen (einschl. Eigennutzung), da nach den Regeln der Volkswirtschaftlichen Gesamtrechnung die Vermietung von Wohnraum als Tätigkeit im Sektor „Unternehmen“ betrachtet wird.

- Einkommen aus Vermögen. Vermögenseinkommen entstehen als Zinsen, Dividenden und sonstigen Beteiligungserträgen, die die privaten Haushalte z. B. für festverzinsliche Wertpapiere, Aktien, Beteiligungen und sonstige ertragbringende Guthaben bei Banken erzielen.
- Transfereinkommen. Hierbei handelt es sich um Übertragungen, denen keine spezifische ökonomische Gegenleistung gegenübersteht (u. a. Renten, Sozialleistungen wie Kranken-, Kinder- und Wohngeld, Beamten- und Betriebspensionen).

Die Arbeitnehmerentgelte sowie die Unternehmens- und Vermögenseinkommen machen zusammen die Faktoreinkommen aus, so dass die buchmäßig erfassten Einkommen aus Faktor- und Transfereinkommen bestehen. Im folgenden wird die Nomenklatur der Volkswirtschaftlichen Gesamtrechnung zugrundegelegt, da diese zum einen umfassender ist (sie erfasst auch die steuerlich nicht relevanten Transfereinkommen) und zum einen zahlenmäßig besonders gut aufbereitet ist.

Neben den buchmäßig erfassten Einkommen verfügen die privaten Haushalte zum Teil noch über Einkommen aus Schwarzarbeit, dessen Höhe aber naturgemäß nicht genau bekannt ist und über einkommenswerte Anteile aus der Eigenarbeit in Haus, Haushalt, Garten usw., die aber ebenfalls nicht erfasst werden und daher auch hier unberücksichtigt bleiben.

Schließlich können die Haushalte ihr ausgabefähiges Geld noch durch Kredite (**Konsumtivkredite**) erhöhen. Kredite zählen zwar nicht zum Einkommen, gehen jedoch zusammen mit den Einkommen in die Nachfrage nach Konsumgütern ein und haben auch in Form von Zinsleistungen Einfluss auf die Einkommensverwendung.

Der im folgenden verwendete Einkommensbegriff erfasst folgende Einkommensarten:

1. Arbeitnehmerentgelte
2. Vermögenseinkommen
3. Transfereinkommen

Diese Einkommen bilden die rechte Seite des Einkommenskontos der privaten Haushalte in der Volkswirtschaftlichen Gesamtrechnung (vgl. auch den Beitrag „Die privaten Haushalte als Wirtschaftssektor"). Die Summe dieser Einkommen ist das **Bruttoeinkommen,** aus dem sich nach Abzug von direkten Steuern und Sozialbeiträgen das **Nettoeinkommen,** auch **verfügbares Einkommen** genannt, ergibt. Ein weniger fest umrissener Begriff ist der des frei verfügbaren Einkommens; es wird durch weiteren Abzug vertraglich festgelegter Zahlungen (Miete, Telefon, freiwillige Versicherungsträger, Zinsen, Tilgung usw.) ermittelt.

Zusammensetzung und Entwicklung des Einkommens der privaten Haushalte hat folgendes Aussehen (Tabelle 1).

Die Steigerung des verfügbaren Einkommens je Haushalt von 1993 bis 2005 um 26% ist den Haushalten jedoch nicht in vollem Umfang als Kaufkraft zugewachsen. Ein Teil des Zuwachses beim **Nominaleinkommen** ist durch Preissteigerungen kompensiert worden. Wird das Nominaleinkommen um die im gleichen Zeitraum stattgefundene Inflation bereinigt, verbleibt das **Realeinkommen;** mit seiner Hilfe kann die tatsächliche Entwicklung der Kaufkraft der Einkommen festgestellt werden.

Die Summe aller Erwerbs- und Vermögenseinkommen **(Primäreinkommen),** die Inländern zufließt, wird als **Volkseinkommen** bezeichnet; es betrug im Jahre 2005 1684 Mrd. Euro. Auf die Erwerbs- und Vermögenseinkommen der privaten Haushalte entfielen davon 1658 Mrd. Euro (98%; Rest: Vermögenseinkommen des Staates und unverteilte Gewinne der Unternehmen); das entspricht einem durchschnittlichen Gesamtein-

Tab. 1 Einkommen der privaten Haushalte in Deutschland

Gegenstand	1993 Gesamt Mrd. €	1993 Durchschnitt je Haushalt (€)	2005 Gesamt Mrd. €	2005 Durchschnitt je Haushalt (€)
Arbeitnehmerentgelte	938	25 912	1 129	28 817
+ Unternehmensgewinne	151	4 171	159	4 058
+ Vermögenseinkommen	198	5 470	370	9 444
= **Primäreinkommen**	**1 287**	**35 552**	**1 658**	**42 320**
+ Empfangene Übertragungen	366	10 110	531	13 554
– Geleistete Übertragungen	575	15 884	721	18 403
= **Verfügbares Einkommen**	**1 078**	**29 779**	**1 468**	**37 470**
Private Konsumausgaben	943	26 050	1 310	33 437
Sparen	134	3 702	158	4 033

Quelle: Statistisches Bundesamt, eigene Berechnungen

kommen von 20 112 Euro je Einwohner bzw. von 42 755 Euro je Erwerbstätigen. Die Primäreinkommen der privaten Haushalte setzen sich zusammen aus den Arbeitnehmerentgelten und aus den Unternehmens- und Vermögenseinkommen. Die Arbeitsentgelte besaßen im Jahre 1950 einen Anteil am Volkseinkommen **(Lohnquote)** von 58,2%; dieser Anteil stieg in den Folgejahren mit einigen Schwankungen, aber doch weitgehend kontinuierlich an und betrug 2006 66,3%; entsprechend gingen die Unternehmens- und Vermögenseinkommen anteilig zurück.

Die den Wirtschaftlichkeitsrechnungen der privaten Haushalte zugrundegelegten Haushaltsgruppen (vgl. den Beitrag „Die privaten Haushalte als Wirtschaftssektor") erzielten 2003 monatlich folgende Einkommen, die für die verschiedenen Verwendungen zur Verfügung standen (Tab. 2):

Tab. 2 Monatseinkommen der privaten Haushalte nach Haushaltstypen im Jahre 2003 (je Haushalt und Monat)

	Monatliches Haushaltsnettoeinkommen (Euro)					
	unter 900		1300–1500		2000–2600	
	€	%	€	%	€	%
Bruttoeinkommen aus unselbstständiger Arbeit	183	22	764	44	1308	46
Bruttoeinkommen aus selbstständiger Arbeit	24	3	29	2	90	3
Einnahmen aus Vermögen	16	2	100	6	276	10
Einkommen aus Transferzahlungen und Untervermietung	587	71	821	47	1149	40
Haushaltsbruttoeinkommen	**810**	**98**	**1714**	**99**	**2823**	**99**
Sonstige Einnahmen	19	2	21	1	41	1
Verfügbares Einkommen	**829**	**100**	**1735**	**100**	**2864**	**100**

Quelle: Statistisches Bundesamt, eigene Berechnungen

Die Übersicht lässt erkennen, dass mit zunehmendem Einkommen die Bedeutung von Transfereinkommen abnimmt. Mit wachsendem Einkommen dominiert zunehmend das Einkommen aus unselbstständiger Arbeit. Die Anteile der Einkommen aus selbstständiger Arbeit sowie aus Vermögen nehmen ebenfalls mit wachsendem Einkommen zu. Zu den sonstigen Einnahmen gehören u. a. Erbschaften und Erlöse aus dem Verkauf gebrauchter Waren.

2.2.2 Die Verwendung der Einkommen

2.2.2.1 Übersicht

Das zuvor ermittelte Einkommen der privaten Haushalte steht diesen nicht in vollem Umfang zur beliebigen Verwendung zur Verfügung. In einer ersten Unterscheidung lassen sich drei Verwendungsbereiche feststellen (vgl. auch die linke Seite des Einkommenskontos im Beitrag „Die privaten Haushalte als Wirtschaftssektor"):

- Übertragungen (Einkommen- und Vermögenssteuern sowie Pflichtbeiträge zur Sozialversicherung). In diesem Bereich unterliegt die Einkommensverwendung sowohl hinsichtlich der Leistungspflicht als auch der Leistungshöhe gesetzlichen Regelungen. Der Haushalt hat keinerlei Entscheidungsgewalt. Soweit die Leistungspflicht aus Einkommen aus unselbstständiger Arbeit herrührt, werden die Beträge gleich vom Arbeitgeber einbehalten und an den Staat abgeführt.
- Ausgaben für den Privaten Verbrauch. Hierunter fallen die Ausgaben für Käufe von Konsumgütern. Für einen Teil der Ausgaben besteht eine vertragliche Leistungspflicht (Miete, Ratenzahlungen, Zinsen, Telefon, freiwillige Versicherungen usw.). Hier verfügen die Haushalte über Entscheidungsmöglichkeiten, die den zugrundeliegenden Vertrag betreffen (Abschluss, Änderung, Kündigung), i. d. R. jedoch nicht über laufende Leistung innerhalb der vertraglichen Bindung. Der größere Teil der Ausgaben für den Privaten Verbrauch unterliegt jedoch sowohl hinsichtlich Verwendung als auch Höhe einer fallweisen Entscheidung des Haushalts.
- Ersparnis. Rechnerisch ergibt sich die Ersparnis als Restgröße, die nach Abzug des Privaten Verbrauchs vom verfügbaren Einkommen bleibt. In der Praxis bestehen für einen Teil der Ersparnisse jedoch auch vertragliche Bindungen (Bausparen, Ratensparverträge usw.), so dass nicht selten die Sparverpflichtungen die Höhe der Ausgaben für den Privaten Verbrauch mitbestimmen.

2.2.2.2 Übertragungen an den Staat

Übertragungen (Transferzahlungen) werden an den Staat (Bund, Länder, Gemeinden, Sozialversicherung) geleistet; sie bestehen im wesentlichen aus Einkommens- und Vermögenssteuern sowie den Pflichtbeiträgen zur Sozialversicherung.

2.2.2.2.1 Steuern

Steuern sind Zwangsabgaben, die ein öffentliches Gemeinwesen erhebt, ohne dass dafür eine spezielle Gegenleistung gewährt wird. Grundlage der Besteuerung ist das Steuerrecht, das aus einer Vielzahl steuerrechtlicher Normen besteht. Das gesamte Steueraufkommen in der Bundesrepublik Deutschland betrug 2005 ca. 490 Mrd. Euro. Es wurde gespeist aus rund vierzig verschiedenen Steuern; allerdings entfielen etwa drei Viertel der Summe auf nur vier Steuern: Lohn-, Mehrwert-, Mineralöl- und Gewerbesteuer.

Die privaten Haushalte sind **Steuerträger** etlicher direkter und indirekter Steuern. Für die direkten Steuern sind die Haushalte gleichzeitig **Steuerschuldner,** bei den indirekten Steuern fallen Träger und Schuldner auseinander, da diese Steuern im Wege der Steuerüberwälzung in andere Größen, insbesondere Güterpreise, eingehen. So sind beispielsweise für die Mehrwertsteuer die Betriebe Steuerschuldner; da sie die Steuer jedoch über die Preise an den Verbraucher weiterreichen, ist dieser letztlich Steuerträger.

An direkten Steuern zahlten die privaten Haushalte 2005 ca. 200 Mrd. Euro. Davon entfielen auf die Lohnsteuer 154 Mrd. Euro. Insbesondere die Lohnsteuer als Steuer auf unselbstständige Tätigkeit entwickelte sich für den Staat zu einer ergiebigen Einnahmequelle (sie ist eine **Gemeinschaftssteuer** und steht zu je 42,5 dem Bund und den Ländern und zu 15% den Gemeinden zu). Trotz verschiedenen Steuerreformen, die den Arbeitnehmern Entlastungen bringen sollten, ist sie sowohl absolut als auch relativ im Laufe der Jahre angestiegen; 2005 entfiel auf die Lohnsteuer ein Anteil von 31,4% des gesamten Steueraufkommens. Die Steuerquote, das ist der Anteil der erhobenen Steuern im Verhältnis zum Bruttolandsprodukt, betrug in Deutschland im Jahre 2005 22% und lag damit international im unteren Bereich.

2.2.2.2.2 Pflichtbeiträge zur Sozialversicherung

Die gesetzliche Sozialversicherung besteht aus den Zweigen Rentenversicherung, Krankenversicherung, Arbeitslosenversicherung, Unfallversicherung und Pflegeversicherung; ihre Träger sind Körperschaften des öffentlichen Rechts. Beitragsgrundlage und Beitragsberechnung sind gesetzlich geregelt. Die Beiträge zur Unfallversicherung werden vollständig vom Arbeitgeber getragen; die Beiträge zu den übrigen Versicherungszweigen werden vom Arbeitgeber und Arbeitnehmer je zur Hälfte entrichtet.

Zweck der Sozialversicherung ist, soziale Nöte zu lindern und eine Grundsicherung gegen die Wechselfälle des Lebens zu gewährleisten. Ihr Grundstein wurde Ende des 19. Jahrhunderts mit der Gesetzgebung zur Krankenversicherung der Arbeiter, dem Unfallversicherungsgesetz und dem Gesetz über die Invaliditäts- und Alterssicherung gelegt.

An Sozialbeiträgen zahlten die privaten Haushalte 2005 449 Mrd. Euro. Die Sozialabgabenquote, das ist der Anteil der Sozialabgaben im Verhältnis zum Bruttoinlandprodukt betrug in Deutschland im Jahre 2005 17,7%.

Während die Höhe der Sozialversicherungsbeitragssätze einkommensunabhängig ist – das soziale Element findet sich in den höheren Leistungen, die für diese Beiträge bei Familien mit Kindern in der Regel anfallen –, sinkt die steuerliche Belastung durch Eheschließung und mit der Anzahl der Kinder. Dies ist Ausdruck der auch im Grundgesetz verankerten besonderen Verantwortung des Staates gegenüber Familien („Familienprivileg“).

2.2.2.3 Einkommenssituation nach Abzug der Übertragungen

Die Zahlung von Steuern und gesetzlichen Sozialbeiträgen liegt nicht in der Verfügungsmacht der Haushalte, so dass für die eigentlichen ökonomischen Entscheidungen nur das Netto- bzw. Verfügbare Einkommen zur Verfügung steht.

Bei einem gesamtwirtschaftlichen Haushaltsnettoeinkommen von 1470 Mrd. Euro und rund 39,2 Mio. Privathaushalten verfügte 2005 jeder Privathaushalt im Durchschnitt über ein Gesamtnettoeinkommen von ca. 47 500 Euro. Eine längerfristige Betrachtung zeigt den beträchtlichen Wohlstandsanstieg in diesem Jahrhundert. Von 1925 bis 1990 hat sich das reale Nettoeinkommen mehr als vervierfacht. Die größten Zuwächse erbrachten die ersten Jahrzehnte der Nachkriegszeit: allein von 1950 bis 1990 wuchs die Lohnkaufkraft um das 3,5fache; seit 1990 stagnieren die Realeinkommen.

Deutliche Unterschiede in der Einkommenslage privater Haushalte ergeben sich bei einer Differenzierung nach der beruflichen Stellung des Haushaltsvorstands. In Haushalten von Selbstständigen betrug im Jahre 2003 das durchschnittlich verfügbare Monatseinkommen 4470 Euro, bei Angestellten 3521 Euro, bei Beamten 4535 Euro, bei Arbeitern 2806 Euro und bei Arbeitslosen 1623 Euro.

Tab. 3 Einkommen privater Haushalte in Deutschland 2003 (nach sozialer Stellung des Haupteinkommensbeziehers)

	Selbstständiger	Beamter	Angestellter	Arbeiter	Arbeitsloser
			Euro		
Einkommen aus unselbstständiger Tätigkeit	617	3922	3799	2837	215
Einkommen aus selbstständiger Tätigkeit	3078	72	60	14	21
Einkommen aus Vermögen	796	572	412	333	172
Einkommen aus Transferzahlungen	709	807	588	521	1246
Haushaltsbruttoeinkommen	**5200**	**5373**	**4859**	**3705**	**1654**
– direkte Steuern	538	776	751	378	26
– Pflichtbeiträge zur Sozialversicherung	285	142	655	572	34
Haushaltsnettoeinkommen	**4377**	**4455**	**3453**	**2755**	**1594**
+ sonstige Einnahmen	92	81	67	50	29
Verfügbares Einkommen	**4469**	**4536**	**3520**	**2805**	**1623**

Quelle: Statistisches Bundesamt

Das verfügbare Einkommen steht für den privaten Verbrauch und für Ersparnisbildung zur Verfügung.

2.2.2.4 Privater Verbrauch

Als **Privater Verbrauch** werden die Waren- und Dienstleistungskäufe der inländischen privaten Haushalte für Konsumzwecke und der Eigenverbrauch der privaten Organisationen ohne Erwerbszweck bezeichnet. Nicht enthalten sind Käufe von Grundstücken und Gebäuden. Hinsichtlich dieser Käufe werden Privathaushalte als Unternehmen betrachtet.

Durch die Bereitstellung von Produktionsfaktoren erzielen die Haushalte Einkommen. Mit diesem Einkommen treten sie – nach Abzug von Steuern und Sozialbeiträgen – am Gütermarkt als Nachfrager und Käufer von Konsumgütern auf. Der Private Verbrauch stellt somit den Anteil der Privathaushalte an der Verwendung des Inlandsprodukts dar. Von dem Bruttoinlandsprodukt 2005 in Höhe von 2241 Mrd. Euro entfielen auf den Privatverbrauch 1321 Mrd. Euro (58,9%), auf den Staat 420 Mrd. Euro (18,7%), auf die Bruttoinvestitionen der Unternehmen 384 Mrd. Euro (17,1%) und auf den Außenbeitrag (= Ausfuhr minus Einfuhr) 116 Mrd. Euro (5,2%). Über die Hälfte der gesamtwirtschaftlichen Produktion ging somit an die privaten Haushalte, die den weitaus bedeutsamsten Nachfragesektor darstellen und dadurch die wichtigste Stütze für Konjunktur und Arbeitsplätze sind.

2.2.2.4.1 Theoretische Aspekte der privaten Güternachfrage

Im Bereich der Konsumgüternachfrage liegen die eigentlichen wirtschaftlichen Entscheidungen der Privathaushalte. Daher nimmt es nicht wunder, dass dieser Bereich in besonderer Weise auch von der Wirtschaftstheorie aufgegriffen und aufgearbeitet worden ist. Zum Teil werden Nachfrageaspekte ausschließlich im Rahmen des Sektors „Private Haushalte“ abgehandelt, was jedoch einer problematischen Einschränkung gleichkommt, da Fragen optimalen Nachfrageverhaltens in gleicher Weise für andere nachfragende Wirtschaftseinheiten (Unternehmen, Staat) gelten.

Grundannahme der wirtschaftstheoretischen Analyse des Nachfrageverhaltens privater Haushalte ist **Nutzenmaximierung** als Ziel und darin eingeschlossen Rationalität als Verhaltensmaxime. Die wirtschaftlichen Aktivitäten basieren auf einer spezifischen Präferenzordnung des Haushalts, die sich aufgrund objektiver Merkmalsausprägungen (z. B. Familienstand, Haushaltsgröße, Alter) und individueller Besonderheiten (z. B. Hobby) ergibt und letztlich für jeden Haushalt verschieden ist.

Das Prinzip der Nutzenmaximierung dürfte – trotz gelegentlich geübter Kritik an dieser Prämisse – die Zielsetzung ökonomischen Handelns im Privathaushalt durchaus zutreffend beschreiben, wenn „Nutzen“ nicht in einem engen Sinne an materielle Bedürfnisbefriedigung geknüpft wird. Mit seiner Güternachfrage will der Haushalt ohne Zweifel ein Höchstmaß an Bedürfnissen befriedigen, welche Bedürfnisse dabei auch immer eine Rolle spielen, also den Nutzen des eingesetzten Geldes bzw. der eingebrachten Arbeitskraft maximieren.

Die Konsummenge eines Haushalts besteht aus einer endlichen Anzahl von Gütern. Die Präferenzordnung eines Haushalts bestimmt den Nutzen, den der Konsum eines bestimmten Gutes stiftet; dieser Nutzen ist von Gut zu Gut unterschiedlich. Darüber hinaus ist der Nutzen auch von den spezifischen Bedingungen der jeweiligen Konsumsituation abhängig. Letzteres wird im **„Gesetz vom abnehmenden Grenznutzen“** (1. Gossensches Gesetz) ausgedrückt: Bei Konsum mehrerer Einheiten eines Gutes stiftet jede weitere Einheit dieses Gutes einen geringeren Nutzen als die vorhergehende Einheit. Bei gegebenem Einkommen und gegebenen Güterpreisen ist das Haushaltsoptimum dann erreicht, wenn der Nutzen, den der Konsument aus den verschiedenen Gütern zieht, in seiner Summe (Gesamtnutzen) maximal ist. Wird unterstellt, dass der Haushalt in der Lage ist, aufgrund seiner Präferenzordnung den Nutzen der verschiedenen Güter zu quantifizieren, so erreicht er sein Nutzenmaximum mit der Güterkombination, bei der die Grenznutzen der zuletzt beschafften Einheiten der Güter gleich groß sind (**„Gesetz vom Nutzenausgleich“**; 2. Gossensches Gesetz).

Bei gegebener Präferenzordnung hängt die optimale Verbrauchsmenge von zwei Größen ab: Haushaltseinkommen und Güterpreisen. Die allgemeine Nachfragefunktion für ein bestimmtes Gut x hat folgendes Aussehen:

$$N_x = f(p_x, p_1, p_2, \dots p_n, E)$$

Die Nachfrage nach Gut x ist demnach abhängig vom Preis (p) für das Gut x, von den Preisen anderer Güter und vom Einkommen (E). für zwei Güter x und y besteht die gesamte Konsummenge des Haushalts aus: $m_x + m_y$; bei gegebenen Güterpreisen von p_x und p_y ist die in Güterpreisen bewertete Konsummenge $M = p_x m_x + p_y m_y$. Wenn der Haushalt die durch sein Einkommen E gesetzte Grenze nicht überschreiten will, kann M höchstens so groß sein wie E. Es gilt die Budgetrestriktion.

$$M = E \geqslant p_x m_x + p_y m_y$$

Das Einkommen markiert die äußerste Grenze der Konsumausgaben: es wird daher auch **Bilanzgerade** oder **Budgetgerade** genannt.

Ein gegebenes Nachfrageverhalten verändert sich, wenn sich seine Parameter verändern. So reagiert die Nachfrage des Haushalts auf Einkommensänderungen (**Einkommenselastizität**), auf Änderungen des Preises für das betrachtete Gut (**direkte Preiselastizität**) und auf Preise anderer Güter, die mit dem betrachteten Gut in einer substitutiven oder komplementären Beziehung stehen (**indirekte** oder **Kreuzpreiselastizität**).

Die allgemeine Nachfragefunktion ist ein Modell und Modelle müssen vereinfachen und abstrahieren. Dennoch ist Kritik an den Prämissen berechtigt. Das Nachfrageverhalten von Personen ist nicht nur rational bedingt, sondern auch – und vielleicht noch mehr – durch subjektive und sozialpsychologische Determinanten. Sie alle in die Präferenzordnung einzuflechten, hieße, diese zu überfrachten. Ein konkreter Marktakt hängt von zahlreichen Faktoren und Einflussgrößen, nicht nur von den Güterpreisen ab. Persönliche und räumliche Präferenzen, Modetrends u. a. spielen eine beachtliche Rolle. Gerade an diesen nichtrationalen Entscheidungselementen setzt die Werbung mit Erfolg an.

2.2.2.4.2 Reale Güternachfrage der privaten Haushalte

Ausgaben für den Privaten Verbrauch

Wie Tabelle 4 zeigt, hat sich der Private Verbrauch in der jüngeren Vergangenheit für die Haushalte durchaus erfreulich entwickelt. Gab 1998 jeder Einwohner im Schnitt 13 506 Euro jährlich für den privaten Verbrauch aus, so waren es 2005 bereits 15 685 Euro. In der Steigerung um 17% sind allerdings auch die zwischenzeitlich eingetretenen Preiserhöhungen enthalten. Inflationsbereinigt stieg der private Konsum um 7%.

Tab. 4 Entwicklung des Privaten Verbrauchs nominal und real

	1998	2005	Steigerung
	in jeweiligen Preisen		
Konsumausgaben insgesamt	1 108 Mrd. €	1 293 Mrd. €	17%
Konsumausgaben je Einwohner	13 506 €	15 685 €	16%
	Preisbereinigt, Kettenindex (2000 = 100)		
Konsumausgaben insgesamt	95	102	7%

Quelle: Statistisches Bundesamt, eigene Berechnungen

Eine genauere Beschreibung des privaten Verbrauchs liefern die laufenden Wirtschaftsrechnungen, die insbesondere eine Differenzierung nach Warengruppen vornehmen. Die Tabelle 5 zeigt die in sich noch weiter differenzierten Warengruppen und die je-

Tab. 5 Entwicklung des Privaten Verbrauchs nach Warengruppen

	1970	1990	2000	2005	1970	1990	2000	2005
	(Mrd. Euro; in jeweiligen Preisen)				(%; Anteile am Gesamtverbrauch)			
Nahrungsm., Getränke Tabakwaren	55,37	146,13	173,79	194,67	30,0	22,1	15,6	15,6
Bekleidung, Schuhe	19,00	54,28	71,08	54,54	10,3	8,2	6,4	4,4
Wohnungsmieten, Energie	30,09	134,38	274,04	305,78	16,3	20,4	24,6	24,4
Möbel, Haushaltsgeräte	18,70	61,85	80,12	88,60	10,1	9,4	7,2	7,1
Gesundh.- u. Körperpflege	8,48	35,00	45,31	59,03	4,6	5,3	4,1	4,7
Verkehr und Nachrichten	25,92	113,93	189,48	209,06	14,0	17,3	17,0	16,7
Bildung, Unterh., Freizeit	18,87	67,61	113,80	125,73	10,2	10,2	10,2	10,0
Pers. Ausstattung, Sonstiges	8,14	47,07	165,35	213,78	4,4	7,1	14,9	17,1
Käufe der Privathaushalte im Inland	**184,59**	**660,25**	**1112,99**	**1251,19**	**100,0**	**100,0**	**100,0**	**100,0**

Quelle: Statistisches Bundesamt, eigene Berechnungen

weiligen Ausgaben in Euro und jeweiligen Anteilen an den Gesamtausgaben in ihrer zeitlichen Entwicklung.

Tabelle 5 lässt erkennen, dass die Anteile für den Grundbedarf im Verlaufe der letzten 30 Jahre kontinuierlich gesunken sind. Eine Ausnahme bilden jedoch die Ausgaben für Wohnungsmiete und Energie (ohne Kraftstoffe): Machten diese 1970 erst ca. 16% der Gesamtausgaben aus, waren es 2005 fast 25%. Während die Ausgaben für Gesundheits- und Körperpflege, Verkehr und Nachrichtenübermittlung, für Bildung, Unterhaltung, Freizeit nahezu gleich bleiben, stiegen die Ausgaben über die persönliche Ausstattung (hierin sind u. a. auch Pauschalreisen enthalten) beträchtlich an

Noch deutlicher werden – siehe Tabelle 6 – die Verschiebungen in der Struktur des privaten Verbrauchs durch einen langfristigen Vergleich.

Aus Tabelle 6 ist die beträchtliche Veränderung der Verbrauchsstrukturen zu erkennen. Stark rückläufig waren vor allem die Einkommensteile, die für Nahrungsmittel, Genussmittel und häusliche Dienste (Dienstpersonal) ausgegeben wurden bzw. ausge-

Tab. 6 Entwicklung der Verbrauchsausgaben 1850–2000 (% des Gesamtverbrauchs)

	1850	1880	1910	1935	1950	2000
Nahrungsmittel, Genussmittel	60,0	57,8	51,7	48,4	44,2	15,6
Wohnung, Möbel, Energie	15,8	18,7	23,5	23,9	22,9	31,0
Bekleidung	10,9	13,5	14,2	11,8	14,0	6,4
Gesundheits-, Körperpflege	2,4	2,3	3,4	5,2	4,7	4,1
Häusliche Dienste	10,3	5,8	2,9	2,0	1,2	0,0
Bildung, Erholung	0,5	0,8	1,4	3,5	6,5	10,2
Verkehr	0,2	1,0	3,0	5,2	6,6	17,0

Quelle: Hoffmann, W. G.: Das Wachstum der deutschen Wirtschaft seit der Mitte des 19. Jahrhunderts. – Berlin u. a. 1965, S. 116 ff.; Statistisches Bundesamt; eigene Berechnungen.

geben werden mussten; auffallend ist insbesondere der Rückgang bei Nahrungs- und Genussmitteln von 60,0% auf 15,6%. Für Bekleidung sowie Gesundheits- und Körperpflege blieben die Anteile ohne große Veränderungen. Stark bis sehr stark zugenommen haben die Anteile für Wohnung, Möbel/Energie, Bildung, Erholung und Verkehr.

Deutliche Unterschiede ergeben sich auch bei einer Differenzierung nach Haushaltseinkommen.

Tab. 7 Privater Verbrauch nach Haushaltsnettoeinkommen im Jahre 2003

	Monatliches Haushaltsnettoeinkommen (Euro)					
	unter 900	1300–1500	2000–2600	unter 900	1300–1500	2000–2600
	Euro			%		
Nahrungsmittel, Getränke, Tabakwaren	140	209	300	17	16	15
Bekleidung, Schuhe	36	63	99	4	5	5
Wohnen, Energie	331	484	640	41	36	32
Innenausstattung, Haushaltsgegenstände	28	60	110	3	4	6
Gesundheitspflege	18	35	62	2	3	3
Verkehr	68	147	265	8	11	13
Nachrichtenübernittlung	41	52	63	5	4	3
Freizeit, Unterhaltung, Kultur	74	153	249	9	11	13
Bildungswesen	6	9	15	1	1	1
Beherbergungs- und Gaststättendienstleistungen	29	61	88	4	5	4
Andere Waren und Dienstleistungen	37	62	92	5	5	5
Privater Verbrauch	**808**	**1335**	**1983**	**100,0**	**100,0**	**100,0**

Quelle: Statistisches Bundesamt; eigene Berechnungen

Tabelle 7 lässt erkennen, dass mit steigendem Einkommen ein ständig geringerer Anteil der Ausgaben auf den Grundbedarf entfällt. Beanspruchen die ersten drei Warengruppen bei niedrigem Einkommen noch 62%, so sinkt dieser Anteil für mittlere Einkommen auf 57% und für höhere Einkommen auf 52%; entsprechend wachsen die Spielräume für den freien Bedarf. Dieser Trend ließ sich in gewisser Weise auch schon in der Längsschnittbetrachtung der Tabelle 6 beobachten. Er spiegelt die als **„Engelsches Gesetz“** bezeichnete Hypothese wieder, wonach mit steigendem Einkommen die Ausgaben für Nahrungsmittel sinken, die Einkommenselastizität für Nahrungsmittel also kleiner als 1 ist (nach dem Statistiker Engel, 1857). Auch für das **„Schwabesche Gesetz“** (nach dem Statistiker Schwabe, 1868) wonach der gleiche Effekt für die Wohnungsausgaben gilt, findet sich eine Bestätigung in Tabelle 7.

Ein immer größer werdender Teil der Konsumausgaben wird über Kredite finanziert. Der Bestand an Ratenkrediten hat – wie Tab. 8 erkennen läßt – kontinuierlich zugenommen.

Tab. 8 Ratenkredite der privaten Haushalte (Mrd. Euro; jeweils Bestand am Jahresende)

	1990	1992	1994	1996	1998	2000	2002	2004	2006
Ratenkredite	61	76	82	97	106	109	115	123	131

Quelle: Deutsche Bundesbank

2.2.2.5 Ersparnis

Die nicht für den Privaten Verbrauch und sonstige Ausgaben verwendeten Teile des verfügbaren Einkommens dienen der Ersparnisbildung (einschl. Entschuldung). Sparen ist das Gegenteil von Verbrauch. Dem Sparen liegen unterschiedliche Sparmotive zugrunde: Altersvorsorge, Kapitalsammlung für bestimmte Pläne (z.B. Hausbau, Auto, Urlaub) usw.

Insgesamt wurden im Jahre 2005 158 Mrd. Euro gespart. Die gesamtwirtschaftliche **Sparquote** (das ist die Ersparnis in Prozent des verfügbaren Einkommens) liegt in den vergangenen Jahrzehnten relativ konstant zwischen 11% und 15%. Die Sparleistung der verschiedenen Haushaltstypen ist unterschiedlich (Tabelle 9).

Tabelle 9 lässt erkennen, dass mit wachsendem Einkommen die Sparneigung bzw. Sparfähigkeit wächst. Typ 1 mit geringerem Einkommen weist eine negative Ersparnis auf; Haushalte mit sehr geringem Einkommen müssen sich entweder verschulden oder auf Sparverträge früherer Perioden zurückgreifen.

Tab. 9 Ersparnis nach Haushaltsnettoeinkommen im Jahre 2003

	Monatliches Haushaltsnettoeinkommen (Euro)		
	unter 900	1300–1500 Euro	2000–2600
Durchschn ausgabefähiges Einkommen	724	1425	2333
Ersparnis	–86	7	104
Ersparnis in % des Einkommens	–11,9	0,5	4,5

Quelle: Statistisches Bundesamt; eigene Berechnungen

Das andauernde positive Sparen hat zu einer beachtlichen Kapitalansammlung geführt: Das private Geldvermögen in Deutschland betrug 2005 rund 4,3 Billionen Euro. Den durchschnittlich rund 109000 Euro je Privathaushalt stehen Schulden von ca. 40000 Euro gegenüber. Bei den Anlageformen dominieren Spareinlagen, Anlagen bei Versicherungen und festverzinsliche Wertpapiere, wobei jedoch für Neuanlagen zusehends Formen mit höheren Zinserträgen bevorzugt werden. Aus ihrem Vermögen erzielten die privaten Haushalte im Jahre 2003 – nach Abzug der Einnahmen aus Vermietung und Verpachtung – durchschnittlich monatliche Einnahmen von 321 Euro. Die Ersparnisse sind jedoch recht unterschiedlich verteilt: Haushalte von Selbstständigen sparten monatlich 869 Euro, von Angestellten 468 Euro, von Arbeitern 313 Euro und von Arbeitslosen 89 Euro. (Vgl. hierzu auch den Beitrag „Geldvermögensbildung der privaten Haushalte“).

Tabelle 10 zeigt abschließend noch einmal die Einkommen der Privathaushalte und deren Verwendung im Überblick.

Tab. 10 Überblick über die Einkommensverwendung im Jahre 2003

	Alle Haushalte	Haushalte mit monatlichem Nettoeinkommen unter 900	1300–1500	2000–2600
			Euro	
Haushaltsbruttoeinkommen	**3561**	**811**	**1714**	**2822**
– Übertragungen	728	106	313	527
= Haushaltsnettoeinkommen	**2833**	**705**	**1401**	**2295**
+ Sonstige Einnahmen	51	19	24	39
= Ausgagefähiges Einkommen	**2884**	**724**	**1425**	**2334**
– Privater Verbrauch	2563	810	1418	2226
= Ersparnis	**321**	**–86**	**7**	**105**

Quelle: Statistisches Bundesamt

Literaturhinweise

Albers, H.-J.: Einkommenserwerb und Einkommensverwendung – früher und heute. In: Verbrauchererziehung und wirtschaftliche Bildung. 1986, Heft 3, S. 1–16

Albers, H.-J.: Private Haushalte im Wirtschaftsgeschehen. In: Ökonomische Grundbegriffe, Wochenschau Sonderausgabe Dezember 2006, S. 16–24, Schwalbach/Ts., Wochenschau-Verlag

Böventer, E. v.: Einführung in die Mikroökonomie. – München, Wien, neueste Auflage

Franke, J.: Grundzüge der Mikroökonomik. – München, Wien, neueste Auflage

Haslinger, F.: Volkswirtschaftliche Gesamtrechnung. – München, Wien, neueste Auflage

Hoffmann, W. G.: Das Wachstum der deutschen Wirtschaft seit der Mitte des 19. Jahrhunderts. – Berlin, Heidelberg, New York 1965

May, H.: Ökonomie für Pädagogen. – 14. Aufl., München, Wien, 2008

Stobbe, A.: Volkswirtschaftliches Rechnungswesen. – Berlin, Heidelberg u. a., neueste Auflage

Varian, H. R.: Mikroökonomie. – München, Wien, neueste Auflage

2.3 Verbraucherleitbilder und Implikationen für die Verbraucherpolitik

Gerd-Jan Krol

2.3.1 Einleitung

Von Verbraucherpolitik als einem eigenständigen – wenn auch sehr heterogenen – Politikbereich kann erst in jüngerer Zeit gesprochen werden. So wie sich der Begriff des Verbrauchers mit der Trennung von Haushalts- und Produktionssphäre im Gefolge des arbeitsteiligen Industrialisierungsprozesses ergeben hat, so ist Verbraucherpolitik die Reaktion auf spezifische Probleme in einer durch Massenproduktion und Massenkonsum geprägten Industriegesellschaft. Die wirtschaftliche Entwicklung führte einerseits zu einem rasanten Anstieg der Menge, der Vielfalt und der Komplexität des Güterangebotes bei steigenden Masseneinkommen und damit zu einem Anstieg der Wahlmöglichkeiten und des materiellen Versorgungsniveaus. Andererseits führte dies angesichts nur beschränkter Informationsaufnahme und -verarbeitungskapazität zu wachsender Unübersichtlichkeit über die Marktangebote – und die Markttransparenz als notwendige (wenn auch nicht hinreichende) Bedingung für reflektierte Entscheidungen zwischen Wahlmöglichkeiten und die damit verbundene gezielte Ausübung der Informations- und Sanktionsfunktion durch Verbraucher blieb zunehmend hinter dem dafür bestehenden Informationsbedarf zurück. Es wurde deutlich, dass die marktwirtschaftlichen Systemen zugeschriebene Leistungsfähigkeit der Mehrung der Konsumentenwohlfahrt nicht mehr nur durch eine auf die Konkurrenzbeziehung zwischen Anbietern einwirkende Wettbewerbspolitik zu sichern ist, sondern u. a. auch der aktiven Mitwirkung der Konsumenten bedarf (Verbraucherpolitik zur Stärkung der Wettbewerbsfunktionen).[1] Auch zeigte sich, dass eine Sozialpolitik, die sich auf die Ausstattung sozial Schwacher mit Einkommen konzentriert, zu kurz greift, wenn diese Klientel bei der Einkommensverwendung in besonderem Maße von Marktrisiken betroffen ist und beispielsweise von erheblichen Kaufkraftverlusten durch unvorteilhaftes Beschaffungsverhalten betroffen ist[2] (sozialpolitische Ausrichtung der Verbraucherpolitik). Heute besteht über die prinzipielle Notwendigkeit verbraucherpolitischer Aktivitäten Konsens, aber über einzelne verbraucherpolitische Ziele wird ebenso gestritten wie über Zielprioritäten und Maßnahmen, die unter der abstrakten Formulierung „Förderung des Verbraucherinteresses“ je nach Problemsicht unterschiedlich eng- oder weitgefasst sind. Enge Sichtweisen beschränken das Verbraucherinteresse auf Käuferinteressen. Weiterungen ergeben sich, wenn auch die Angebots- und Nutzungsbedingungen öffentlicher Güter sowie Probleme der konstanten Verwendung von Gütern im Haushalt, insbesondere im Zusammenhang mit Kindern und Jugendlichen, einbezogen werden. Weite Fassungen des Verbraucherinteresses verknüpfen Konsumprobleme im Rahmen eines umfassenden Wohlfahrtskonzeptes mit Problemen im Produktionsbereich bzw. der Arbeitswelt.[3] Je nach Operationalisierung des Begriffs Verbraucherinteresse ergeben sich unterschiedliche verbraucherpolitische Ziele und Maßnahmen.[4]

---

[1] G. Scherhorn, Über die Bedeutung des Verbraucherverhaltens für die Funktionsfähigkeit des Marktes. In: Zeitschrift für Verbraucherpolitik, Heft 1, 1977, S. 20ff., insbesondere S. 24f.

[2] Hierzu H. J. Scherl, Die Armen zahlen mehr – ein vernachlässigtes Problem der Verbraucherpolitik in der Bundesrepublik Deutschland? In: Zeitschrift für Verbraucherpolitik, Heft 2, 1978, S. 110ff.

[3] Ausführlich zu unterschiedlichen Operationalisierungen des Verbraucherinteresses und den politischen Implikationen: B. Stauss, Verbraucherinteressen. Gegenstand, Legitimation und Organisation, Stuttgart 1980.

[4] Die verbraucherpolitischen Ziele für die Bundesrepublik lassen sich wie folgt zusammenfassen:
- Stärkung der Verbraucherposition durch Förderung des Wettbewerbs
- Information und Beratung des Verbrauchers über Marktgeschehen, Marktverhalten und rationelle Haushaltsführung
- Verbesserung der Rechtsposition

Auf der Ebene der Ziele spielen normative Theorien eine besondere Rolle. Sie beinhalten Aussagen über das „Gesollte", über erwünschte Zustände/Verhaltensweisen. Hingegen sind für die Frage, mit welchen Maßnahmen bestimmte, vorgegebene Ziele am besten zu erreichen sind, positive Theorien erforderlich. Sie geben nicht Auskunft darüber, wie bestimmte Maßnahmen im Hinblick auf ein bestimmtes Ziel wirken sollen, sondern wie sie gewirkt haben und wirken werden. Beides wird in dem Begriff „verbraucherpolitische Konzeption" zusammengeführt und weiter ausdifferenziert.[5]

Der Begriff „verbraucherpolitische Konzeption" geht über den Inhalt dieses Beitrages hinaus. Eine wirtschaftspolitische Konzeption bezeichnet einen rationalen, d. h. widerspruchsfrei aufeinander abgestimmten Zusammenhang von Zielen, Methoden und ordnungspolitischen Prinzipien auf dem Hintergrund einer bestimmten ökonomischen (Problem-)Situation. Für eine verbraucherpolitische Konzeption als Teil der Wirtschaftspolitik gilt darüber hinaus die Vereinbarkeit mit der „wirtschaftspolitischen Gesamtkonzeption". Mitropoulos unterscheidet – angeordnet nach der zeitlichen Abfolge ihrer Entstehung – vier Gruppen verbraucherpolitischer Konzeptionen, die sich wie folgt bezeichnen lassen:[6]

- Wettbewerbspolitik als Verbraucherpolitk
- Verbraucherpolitk als Ergänzung des Wettbewerbs
- Interventionistische Verbraucherpolitk mit (partieller) Substitution des Wettbewerbs
- Interventionskritische Ansätze.

Ihnen liegen u. a. unterschiedliche normative Vorstellungen über Interessen, Ziele und Handlungsmöglichkeiten der Verbraucher zugrunde, auch wenn diese nicht ausdrücklich expliziert und zur Abgrenzung der Konzeptionen verwendet werden.

Die unterschiedlichen **normativen** Positionen werden in diesem Beitrag vier Verbraucherleitbildern zugeordnet.[7] Diese Leitbilder sind nicht als sich wechselseitig ausschließende Alternativen zu sehen. Sie akzentuieren jeweils bestimmte Problemschichten und sind für die praktische Verbraucherpolitik bisher durchaus unterschiedlich bedeutsam gewesen. Es sind dies das Leitbild der Konsumentensouveränität, das Leitbild der Konsumfreiheit, das Leitbild des Konsumentenschutzes und das Leitbild der Konsumentenpartizipation. Abschließend soll mit dem informationsökonomischen Ansatz ein Beitrag vorgestellt werden, der verbraucherpolitischen Handlungsbedarf nicht mittels Verbraucherleitbildern, sondern nach für die genannten Leitbilder gemeinsam relevanten Entscheidungssituationen typisiert.

- quantitativ und qualitativ optimale und umweltfreundlicher produzierte Versorgung mit privaten und öffentlichen Gütern
- Stärkung der verbraucherpolitischen Interessenvertretung.

Vgl. Zweiter Bericht der Bundesregierung zur Verbraucherpolitik, hrsg. vom Bundesministerium für Wirtschaft, Bonn-Duisdorf 1975, S. 10 f. Zu einzelnen verbraucherpolitischen Maßnahmen und Politikbereichen vgl.: E. Kuhlmann, Verbraucherpolitik, Grundzüge ihrer Theorie und Praxis, München 1990, S. 27 ff. Vgl. auch den kritischen Überblick von G. Hemberle und W. v. Keitz, Ziele und Strategien der Verbraucherpolitik – Normenkritische Analyse verbraucherpolitischer Konzeptionen. In: Plädoyer für eine neue Verbraucherpolitik, hrsg. v. B. Biervert et al., Wiesbaden 1978, S. 30 ff.

[5] St. Mitropoulos, Verbraucherpolitik in der Marktwirtschaft. Berlin 1997, insbesondere S. 4–18.

[6] Ebenda, S. 17 i.V.m. S. 18–91.

[7] Zu anderen paradigmatischen Bündelungen vgl. beispielsweise H. R. Jensen, The Relevance of Alternative Paradigms as Guidelines for Consumer Policy and Organized Consumer Action. In: Journal of Consumer Policy. Vol. 9, RO 4, 1986, S. 389 ff.

2.3.2 Konsumentensouveränität

Das Leitbild der Konsumentensouveränität gehört zu den legitimatorischen Grundlagen marktwirtschaftlicher Systeme in der Auseinandersetzung mit anderen wirtschaftspolitischen Konzeptionen. Schon Adam Smith schrieb in seinem 1776 erschienenen Werk: „Konsumption ist der einzige Zweck aller Produktion; und das Interesse des Produzenten sollte nur insoweit berücksichtigt werden, als es zur Förderung des Konsumenteninteresses nötig ist.“[8] Smith weist in seiner Auseinandersetzung mit dem merkantilistischen Wirtschaftssystem hier dem Verbraucherinteresse den Status des allgemeinen Interesses zu, während das vom Merkantilsystem geschützte und geförderte Produzenteninteresse als nachrangig ausgewiesen wird. Er stellt dem durch Staatseingriffe und Monopolisierungstendenzen gekennzeichneten merkantilistischen System das Prinzip der Marktsteuerung gegenüber, nach dem die Verbraucher durch ihre aggregierten Einkommensverwendungsentscheidungen Umfang und Struktur der Produktion bestimmen sollen. Indem Verbraucher ihr Einkommen auf Märkte, Produkte und Unternehmen verteilen, ihre Kaufkraft also bestimmten Marktangeboten zuführen und anderen verweigern, lenken sie – nolens volens und allein durch die Wettbewerbsordnung vermittelt – die Produktion und den Einsatz von Produktionsfaktoren.[9] Dieses von Smith gegenüber dem merkantilistischen Staat entwickelte und in der Folgezeit modifizierte Leitbild einer liberalen, marktwirtschaftlichen, verbrauchergesteuerten Wirtschaftsordnung hat seine zentrale Bedeutung bis heute behalten, auch wenn Anhänger dieses Konzepts zugestehen, dass es nie vollständig realisiert werden kann.[10] So ist unbestritten, dass die Autonomie der Verbraucherentscheidungen durch das jeweilige soziale Umfeld beschränkt ist, dass die Präferenzartikulation auf Märkten nicht nur durch Zahlungsbereitschaft, sondern auch durch Zahlungsfähigkeit bestimmt ist. Diese und weitere Einwände zwingen jedoch keineswegs zur Aufgabe des Konzepts.[11] Normativ verstanden beinhaltet das Konzept der Konsumentensouveränität dann **den Auftrag,** die Lenkungsfunktion der Verbraucher dort zu stärken, wo diese ungebührlich und unzulässig beschränkt ist.

Die für die Produktionssteuerung nach den Konsumentenbedürfnissen zentrale Lenkungswirkung der Einkommensverwendungsentscheidungen der Verbraucher hängt zunächst davon ab, dass auf den Märkten **Wahlmöglichkeiten** zwischen austauschbaren Gütern/Händlern/Herstellern bestehen. Diese werden durch die Wettbewerbsbedingungen auf den Märkten bestimmt. Da nun aber dem sich selbst überlassenen Wettbewerb eine Tendenz zur Beschränkung und Selbstaufhebung innewohnt, anerkennen auch die Vertreter dieses Leitbildes, dass der Staat zur Erhaltung und Förderung einer funktio-

---

[8] A. Smith, Untersuchung über das Wesen und die Ursachen des Volkswohlstandes, 3. Band, Berlin 1878, S. 206.

[9] Eine ausführliche Darstellung des Konzepts der Konsumentensouveränität findet sich beispielsweise bei P. Meyer-Dohm, Sozialökonomische Aspekte der Konsumfreiheit, Freiburg i. Br. 1965, insbesondere S. 43–75. D. Jeschke, Konsumentensouveränität in der Marktwirtschaft – Idee, Kritik, Realität, Berlin 1975.

[10] Dies gilt für alle Leitbilder, Utopien und Ideale. Sie erhalten ihre Bedeutung nicht dadurch, dass sie konkret anzustrebende Ziele darstellen, sondern dadurch, dass sie Orientierungspunkte für Zielformulierungen und Maßnahmen bieten. Entscheidend für die Frage der Abgrenzung zu Ideologien ist dann, ob eine **überprüfbare Annäherung** an ein Leitbild erfolgen kann. Erst wenn dies nicht möglich erscheint, degenerieren Leitbilder zur Ideologie. Vgl. dazu G. Fleischmann, Verbraucherpolitik. In: Wirtschaftswissenschaftliches Studium, 11. Jahrgang, Heft 7, 1982, S. 299.

[11] A. Lerch, Zwischen Fiktion und Dogma: Das Prinzip Konsumentensouveränität aus ethischer Sicht. In: Ethik des Konsums, hrsg. v. P. Koslowski u. B. Priddat, München 2006, S. 75–90.

nierenden Wettbewerbsordnung knappe Ressourcen beanspruchen muss, die er dem Einfluss der Einkommensverwendungsentscheidungen der Verbraucher entzieht. Schutz und Gestaltung der Wettbewerbsordnung durch einen regelüberwachenden und regelsetzenden Staat gehört zu den notwendigen Voraussetzungen dieses Konzepts.

Für die Lenkungswirkung der Einkommensverwendungsentscheidungen ist aber nicht nur die durch die Wettbewerbsbedingungen bestimmte Existenz von Wahlmöglichkeiten entscheidend. Nicht weniger wichtig für die Ausrichtung der Produktionsstruktur an den Konsumentenbedürfnissen ist, dass Verbraucher über die bestehenden Wahlmöglichkeiten **informiert** sind. Denn nur, wenn Konsumenten ihre Nachfrage den Produkten/Herstellern zuwenden, die ihren Bedürfnissen am besten entsprechen und damit gleichzeitig konkurrierenden, aber minderwertigen Angeboten die Kaufkraft vorenthalten, kann sichergestellt werden, dass die Unternehmen in ihrem Bemühen, Gewinne zu erwirtschaften, gleichzeitig auch kostengünstig Konsumentenwünsche erfüllen. Dabei darf dieses Konzept nicht so gesehen werden, dass die Verbraucher sich in der aktiven Rolle befinden, auf die die Unternehmen nur reagieren. Massenproduktion und Veränderungen im Vertriebswesen haben es mit sich gebracht, dass Verbraucher i. d. R. auf vorgegebenes Angebot reagieren, die Unternehmen also initiativ sind. Dies bedeutet aber dann nicht eine Aufhebung der Konsumentensouveränität, wenn sich die Entscheidungen der Unternehmen über die Produktionsstruktur und die Eigenschaftsmerkmale der Konsumgüter von den Einkommensverwendungsentscheidungen der Verbraucher wirksam kontrollieren und korrigieren lassen müssen; wenn ausgeschlossen werden kann, dass es den Unternehmen i. d. R. gelingt, durch den Einsatz des Marketinginstrumentariums die Einkommensverwendungsentscheidungen der Verbraucher an vorgegebene Produktionsentscheidungen anzupassen. Die Anbieter haben heute die Funktion von Interpreten der Verbraucherwünsche[12] und ihrer kostengünstigen Realisierung: Vor Aufnahme der Produktion sind die erwarteten Verbraucherwünsche Richtgröße für die Entscheidungen über Umfang und Struktur des Konsumgüterangebotes. Die Richtigkeit dieser Entscheidungen muss sich aber immer erst durch die (möglichst gezielte und an den wahren Bedürfnissen orientierte) Verteilung der aggregierten einzelwirtschaftlichen Kaufkraft auf Märkte, Unternehmen und Güter erweisen. Zwar belohnen Verbraucher immer die Anbieter, denen sie Kaufkraft zuführen und bestrafen damit gleichzeitig alle Angebote, denen sie ihre Kaufkraft vorenthalten, aber Vertreter der Konsumentensouveränität gehen davon aus, dass die Einkommensverwendungsentscheidungen hinreichend autonom erfolgen und besser als jedes andere Verfahren die „wahren Bedürfnisse" der Verbraucher widerspiegeln. Sie sehen in den aggregierten individuellen Kauf- und Nichtkaufentscheidungen die zentrale Steuerungsgröße, die Umfang und Struktur des Güterangebotes nicht vollkommen, aber doch bestmöglich unter die Konsumentenbedürfnisse zwingt.

Auch die Vertreter der Konsumentensouveränität anerkennen **Grenzen der Realisierbarkeit.** Sie liegen einmal in der Problematik „öffentlicher Güter" und „externer Effekte". So ist prinzipiell unbestritten, dass der Staat selbst das Angebot bestimmter Güter übernehmen muss (z. B. Gesetzgebung, Verwaltung, Rechtspflege, Landesverteidigung, Aufrechterhaltung oder Bereitstellung einer bestimmten Umweltqualität u. a.). Da der Nutzen solcher Güter grundsätzlich nicht auf den Kreis derjenigen beschränkt werden kann, die zu den Kosten ihrer Erstellung beigetragen haben, bzw. da solche Leistungen auch konsumiert werden können, ohne sich zwingend an den Kosten ihrer Erstellung beteiligen zu müssen, kommt eine kaufkräftige Nachfrage nach solchen Gü-

---

[12] P. Meyer-Dohm, Die Konsumentensouveränität und die Notwendigkeit des Konsumentenschutzes. In: Das Wirtschaftsstudium (WISU), Heft 6, 1978, S. 279.

tern und Leistungen nicht zustande und damit auch kein Marktangebot. Anbieter würden die aufgewendeten Kosten der Bereitstellung mangels kaufkräftiger Nachfrage nicht erstattet bekommen. Hier muss der Staat für ein entsprechendes Angebot Sorge tragen.

Auch wird dem Staat sein Eingriffsrecht in die Marktsteuerung dort zugestanden, wo Produktion und Konsum mit Schäden für Dritte (negative externe Effekte) oder auch gravierenden Selbstschädigungen verbunden sind.[13] Auch Anhänger der Konsumentensouveränität anerkennen also die Notwendigkeit, in bestimmten, aber im Einzelnen zu begründenden Fällen, die Souveränität der Verbraucher zu beschränken. Art und Ausmaß der Beschränkung werden hingegen durchaus kontrovers diskutiert.

Vertreter dieses Konzepts fordern vor allem eine konsequente Wettbewerbspolitik, die den Verbrauchern Wahlmöglichkeiten auf den Märkten eröffnen soll. Aber auch dann bleibt die Gefahr eines Machtungleichgewichtes zwischen Produzenten und Konsumenten aufgrund asymmetrisch verteilter Informationen. Wenn Verbraucher – auf sich allein gestellt – angesichts der Gütervielfalt die Marktangebote nicht überblicken und die wahrgenommenen Produkte in ihren Eigenschaftsmerkmalen nicht beurteilen können, besteht die Gefahr, dass die Verbraucher nicht die Güter kaufen, die ihren Bedürfnissen am besten entsprechen. Die Lenkungseffekte solcher, auf unvollständiger Information beruhenden Kaufentscheidungen bewirken dann ein Zurückbleiben der Konsumentenwohlfahrt hinter dem, was möglich ist. Deshalb wird – die Wettbewerbspolitik ergänzend – von einem umfassenden System der Verbraucherinformation eine Verbesserung im Sinne der Konsumentensouveränität erwartet.

Die **verbraucherpolitische Botschaft** des Konzepts der Konsumentensouveränität lautet: **Wettbewerbspolitik** zwecks Sicherung von Wahlmöglichkeiten und Lenkungseffekten der Einkommensverwendungsentscheidungen der Verbraucher plus **Verbraucherinformationspolitik** zwecks Sicherung der **durch Konsumentenbedürfnisse bestimmten Richtung** der Lenkungseffekte.

2.3.3 Konsumfreiheit

Der Begriff Konsumfreiheit meint formal zunächst nur das Recht, im Rahmen der durch das verfügbare Einkommen gesetzten Grenzen aus vorgegebenem Konsumgüterangebot frei wählen zu können. Diese Definition deckt auch die Praxis zentralplanwirtschaftlicher Produktionssteuerung, soweit die Verteilung von Konsumgütern über Preise und freie Einkommensverwendung organisiert ist.[14] Als Leitbild für die Verbraucherpolitik geht das Konzept der Konsumfreiheit weiter und auch über das Konzept der Konsumentensouveränität hinaus, da es nicht nur die Lenkungswirkung der Nachfrageentscheidungen der Verbraucher auf den Märkten beinhaltet, sondern darüber hinaus die Einkommensverwendungsentscheidungen mit dem Postulat nach Selbst-

[13] Ein Beispiel für staatliche Eingriffe bei Vorliegen negativer externer Effekte stellt beispielsweise die Umweltpolitik dar. Vgl. hierzu den Beitrag „Umweltprobleme aus ökonomischer Sicht – Zur Relevanz der Umweltökonomie für die Umweltbildung“ in diesem Bande. Hinsichtlich der Selbstschädigung ist auf das Verbot des Drogenkonsums zu verweisen. Aber auch die Zwangsversicherung gegen bestimmte Risiken, beispielsweise fehlendes Einkommen im Alter aufgrund der Geringschätzung zukünftiger Bedürfnisse im Vergleich zu den gegenwärtigen, kann hierunter subsumiert werden.

[14] Zur Unterscheidung zwischen formaler und effektiver Konsumfreiheit vgl. J. Kruse, Informationspolitik für Konsumenten. In: Wirtschaftspolitische Studien, Heft 52, Göttingen 1979, S. 48f.

verwirklichung auch im Konsumbereich[15] (neben der Selbstverwirklichung im Produktionsbereich) oder auch ökologischen, sozialen und Nachhaltigkeitsdimensionen verbindet.[16] Auch dieses Konzept geht davon aus, dass die Lenkung der Produktion durch die Verbraucher erfolgen sollte. Aber anders als im Konzept der Konsumentensouveränität, welches Beschränkungen der Entscheidungsfreiheit an den Nachweis der Gefährdung existentieller Bedürfnisse (z.B. Leben, Gesundheit, Vermögen etc.) bindet, geht das Konzept der Konsumfreiheit weiter. Es behauptet für die hochentwickelten Massenkonsumgesellschaften mit weitgehender Deckung existentieller Bedürfnisse zunehmend **Enttäuschungen** und **Irrtümer der Verbraucher** bei der Befriedigung entwicklungspsychologisch „höherer" Bedürfnisse, z.B. nach Selbstverwirklichung auch im Konsumbereich oder hinsichtlich des Wunsches, den Konsum an verallgemeinerungsfähigen moralischen Maßstäben auszurichten.[17] Diese Position unterscheidet ausdrücklich zwischen allgemein gültigen menschlichen Bedürfnissen einerseits und den von Raum und Zeit abhängigen konkreten Alternativen zu ihrer Befriedigung andererseits. So wird das Bedürfnis nach Wärme heute nicht mehr durch offenes Feuer, sondern durch den Kauf von beispielsweise Heizöl, Strom oder Gas und der für die Wärmeproduktion notwendigen „Infrastruktur" (Brennofen, Heizkörper etc.) befriedigt. Der Kauf eines Wintermantels lässt sich nicht mehr aus den Eigenschaftsmerkmalen des Kleidungsstückes (Preis, Haltbarkeit des Stoffes etc.) in Bezug auf die Befriedigung des Bedürfnisses nach Schutz vor den Elementen erklären. Vom Angebot maßgeblich mitbestimmter Zeitgeschmack und damit Erwartungen, die Dritte vermeintlich oder tatsächlich an den Konsumenten herantragen (allgemein: soziale Faktoren), gewinnen zunehmenden Einfluss auf die Verbraucherentscheidungen. Vertreter dieses Leitbildes sehen im Wettbewerb funktionale Qualitätsunterschiede austauschbarer Produkte zunehmend eingeebnet und einen zunehmenden Einfluss der den sogenannten Zusatznutzen konstituierenden Kriterien wie Marke, Produktimage etc. Aber auch die Übereinstimmung der Unternehmenskultur oder des Produktes mit den Wertvorstellungen des Konsumenten kann hierunter subsumiert werden. Je größere Bedeutung diesen Zusatznutzen begründenden Faktoren bei der Produktauswahl beizumessen ist,[18] umso wahrscheinlicher sind vermutlich Enttäuschungen über deren Beitrag zur Bedürfnisbefriedigung im Alltag. Die These zunehmender Enttäuschungen und Irrtümer bei der Befriedigung „höherrangiger" Bedürfnisse lässt sich unterschiedlich begründen.

Scitovsky stellt seine Argumentation auf die individuelle Handlungssituation des einzelnen Verbrauchers in hochentwickelten Industriegesellschaften bei einem Mindestmaß an sozialer Absicherung ab. Er sieht eine zentrale Triebkraft menschlichen Handelns in der Vermeidung bzw. Überwindung von Langeweile, in dem Bedürfnis nach

[15] Eine ausführliche Darstellung des Konzepts findet sich bei ihrem Hauptvertreter G. Scherhorn, Verbraucherinteresse und Verbraucherpolitik, Göttingen 1975, insbesondere S. 2–6.

[16] Hierfür steht beispielsweise das Konzept „LOHAS" (Lifestyle of Health and Sustainability). Ein knapper Überblick über nachhaltigen Konsum findet sich bei L. Reisch, Nachhaltiger Konsum. In: Das Wirtschaftsstudium (WISU), Bd. 28, Heft 5, 1999, S. 683–696. Ausführlicher dazu: G. Scherhorn u. C. Weber (Hrsg.), Nachhaltiger Konsum, München 2003.

[17] Hierbei wird auf die Bedürfnishierarchie von A. H. Maslow Bezug genommen. G. Scherhorn, Verbraucherinteresse und Verbraucherpolitik, a. a. O., S. 9ff.

[18] Vgl. dazu beispielsweise: Was braucht der Mensch, um glücklich zu sein? Bedürfnisforschung und Konsumkritik, hrsg. v. K. Maier-Abich u. D. Birnbacher, München 1979, insbesondere die Beiträge von K. M. Meyer-Abich, H. Meixner und K. O. Hondrich. Zu ökologischen und sozialen Dimensionen vgl. M. Neuner, Verantwortliches Konsumentenverhalten. Individuum und Institution, Berlin 2001

Anregung (excitement).[19] Mit der Absicherung der existentiellen Risiken durch Einkommensentwicklung und Ausbau des Systems sozialer Sicherung im Gefolge des wirtschaftlichen und sozialen Fortschrittes wurden den Menschen in der Industriegesellschaft wichtige Quellen des „Excitement" verschüttet.[20] Sie werden heute vor allem im Konsum- und Freizeitbereich gesucht, allerdings allzu häufig in einer Weise, die eine anhaltende Bedürfnisbefriedigung ausschließt. Für den Bereich des Konsumhandelns geht Scitovsky davon aus, dass Verbraucher ihr grundlegendes Bedürfnis nach Anregung heute vor allem durch den „Drang nach Neuem" zu befriedigen suchen, wobei analytisch zwei Strategien zu unterscheiden sind:

- Verwendung von Marktgütern zur **Eigenproduktion von „Anregungen"** durch selbstentdeckende, kreative Verhaltensweisen, die anhaltenden, stimulierenden Gehalt aus nach dem Prinzip „Versuch und Irrtum" organisierten Lernprozessen ziehen (intrinsisch motivierte Lernprozesse im Umgang mit Konsumgütern, wie sie beispielsweise solche Prozesse ermöglichen, die umgangssprachlich mit dem Begriff „Steckenpferd" belegt sind).
- Bezug von **„Anregungen" aus Besitz und passiver Verwendung** jeweils **neuester Marktgüter** mit der Folge abnehmender stimulierender Wirkung, da der Reizgehalt passiv verwendeter Marktgüter mit der Zeit entweder durch Gewöhnung oder durch neue Marktangebote abnimmt.

Scitovsky kritisiert die faktische Dominanz der zweiten Strategie in Verbindung mit der These, dass die wirtschaftliche Entwicklung zwar den Zugang der Konsumenten zu diversen Quellen der Anregung (Neuheiten) erleichtert, aber nicht auch gleichzeitig deren Reizgehalt verbessert hat.

Scherhorn weist auf die zu **Hypertrophie** führende **Aufwandskonkurrenz** hin. Er kritisiert das (von den Anbietern systematisch geförderte) Bestreben der Verbraucher, über die Ausstattung mit Konsumgütern angestrebten oder erreichten sozialen Status nach außen zu tragen. Er sieht in diesem Streben eine die „Selbstverwirklichung im Konsumbereich" behindernde Tendenz. Indem „Müllers" erfolgreich danach streben, mit den „Meiers", den Trendsettern, mitzuhalten (egalisierende Tendenzen), werden „Meiers" versuchen, sich durch neue Konsumgüter abzusetzen (differenzierende Tendenzen). Die dialektische Einheit von Konformitäts- und Abgrenzungsstreben begründet eine zu Hypertrophie führende, Umwelt- (und Nachhaltigkeits)probleme verschärfende Konsumdynamik, die darüber hinaus sowohl bei „Müllers" wie bei „Meiers" Enttäuschungen vorprogrammiert, da dieser **positionale Wettbewerb** in der Konsumgüterausstattung ein **Nullsummenspiel** ist, bei dem „Müllers" nur vorübergehend zu Lasten „Meiers" gewinnen können und umgekehrt.

Mit dem von **Fred Hirsch** eingeführten Begriff der sogenannten **Positionsgüter** lässt sich das Problem von Irrtümern über den Beitrag von Konsumgütern zur Bedürfnisbefriedigung in einen grundsätzlichen Zusammenhang einordnen. Hirsch weist darauf hin, dass die wirtschaftliche Entwicklung nicht nur materielle Knappheit mindert, sondern auch neue Knappheiten bei sogenannten Positionsgütern schafft,

- sei es, dass eine steigende Nachfrage auf nicht oder nur sehr begrenzt vermehrbare Bestände stößt (z. B. Antiquitäten, Kunstwerke),

[19] T. Scitovsky, Psychologie des Wohlstands, Frankfurt a. M. 1977.

[20] Derselbe, The Desire for Excitement in Modern Society. In: Kyklos, 1981. Vol. 34, Issue 1, pp. 3–13.

- sei es, dass eine steigende Nachfrage auf Güter trifft, die gesellschaftlich knapp sind (z. B. sozialer Status, Führungspositionen, begehrte Berufe),
- oder sei es, dass Knappheit erst durch die mit steigendem Einkommen möglich werdende extensive Nutzung durch viele entsteht (z. B. Verkehrsstau, Einbußen an Erholungswert des Urlaubs in Touristikzentren, Umweltbelastungen u. a.).[21]

Hier führen aus einzelwirtschaftlicher Sicht optimale Entscheidungen aggregiert zu Zuständen, die – von niemandem gewollt, aber von allen verursacht – negativ auf den Entscheidungsträger zurückwirken. Die Entstehung und Verschärfung solcher Knappheiten stellt sich im wirtschaftlichen Wachstum um so schärfer, je weniger sich die Vielfalt der auf den Märkten angebotenen Alternativen voneinander unterscheidet und je gleichartiger die Ver-/Gebrauchsgewohnheiten der Konsumenten sind.

Mit dem Begriff der **strukturell oktroyierten Bedarfe** stellt **Offe** auf eine weitere Quelle von Irrtümern über den Beitrag von Marktgütern zur Bedürfnisbefriedigung ab, die sich allerdings auch auf Existenzbedürfnisse beziehen können.[22] Im Kern geht es darum, dass bestimmte Käufe nicht als frei gewählte Alternativen zur Befriedigung des Bedürfnisses des Käufers aufzufassen sind, sondern diesem durch seine Lebensumstände aufoktroyiert werden, ohne dass Verbraucher dies erkennen. Die Nachfrage nach Medikamenten aufgrund gesundheitsschädlicher Arbeits- oder Wohnverhältnisse, die Nachfrage nach vor Lärm schützenden Fenstern oder Bepflanzungen sind Beispiele, wo die Einkommensverwendungsentscheidungen durch die Lebensumstände vordeterminiert, nicht aber das Ergebnis einer freien Konsumwahl sind.

Das Konzept der Konsumfreiheit stellt die an Selbstbestimmung in sozialer Verantwortung orientierte Lebensführung in den Mittelpunkt ihrer Problemsicht. Nach diesem Ansatz werden **Wettbewerbspolitik** und **Verbraucherinformation** als **notwendig, aber nicht hinreichend** angesehen, die diagnostizierte strukturelle Unterlegenheit der Verbraucher zu mindern. Hinzukommen muss eine **Verbrauchererziehung und Verbraucherbildung,** die die Verbraucher über die Entwicklung ihrer Bedürfnisse aufklärt und zu einer kritischen Reflexion der Bedarfe mit dem Ziel der Selbstbestimmung in sozialer Verantwortung auch im Konsum- und Freizeitbereich befähigt. Dies schließt auf der Ebene des Verbraucherverhaltens ein, die Strategie der anonymen Abwanderung (Produkt-, Geschäfts-, Herstellerwechsel) im Falle unbefriedigenden Angebotes durch Artikulation von Widerspruch und Kritik[23] zu ergänzen. Wettbewerbspolitik soll Wahlmöglichkeiten und damit eine notwendige Voraussetzung dafür schaffen, dass Verbraucher mittels einer bedürfnisadäquaten Einkommensverwendungsstruktur Angebote belohnen und bestrafen können. Abwanderung bzw. Zuwanderung (Nichtkauf bzw. Kauf) entfalten ihre sanktionierende Wirkung aber nur dann, wenn sie für Anbieter fühlbar sind, d. h. wenn gleichgerichtetes Verhalten einer hinreichenden Zahl von Verbrauchern zustande kommt und kompensatorische Effekte ausgeschlossen werden können. Hier kann Verbraucherorganisierung und öffentlichkeitswirksame Artikulation von Widerspruch und Kritik die Wahrscheinlichkeit eines hinreichenden Maßes an gleichgerichtetem Verhalten erhöhen. Gleichgerichtete Abwanderung hat ein hohes Sanktionspotenzial, jedoch nur ein vergleichsweise geringes Informationspotenzial, weil der „bestrafte“ Anbieter i. d. R. nichts über die Gründe der Kundenabwanderung erfährt.

---

[21] F. Hirsch, Die sozialen Grenzen des Wachstums. Eine ökonomische Analyse der Wachstumskrise, Reinbek bei Hamburg 1980.

[22] C. Offe, Ausdifferenzierung oder Integration – Bemerkungen über strategische Alternativen der Verbraucherpolitik. In: Zeitschrift für Verbraucherpolitik, Heft 1 + 2, 1981, S. 123 f.

[23] Vgl. hierzu A. O. Hirschmann, Abwanderung und Widerspruch, Reaktionen auf Leistungsabfall bei Unternehmen, Organisationen und Staaten, Tübingen 1974.

Das Umgekehrte gilt für Widerspruch und Kritik. Hier erfährt der Anbieter zwar etwas über die Gründe der Unzufriedenheit, aber er muss diese nicht abstellen, wenn er nicht mit einer spürbaren Absatzeinbuße rechnen muss, weil beispielsweise Kritik nicht öffentlich wird oder Kundenabwanderung nur zu hohen Kosten möglich ist. Die Wirksamkeit von Widerspruch und Kritik ist letztlich an die Glaubwürdigkeit der damit einhergehenden Abwanderungsdrohung gebunden.[24] Ein wichtiges Element der Konsumfreiheit ist demnach neben der **Verbraucherorganisierung** die Verbesserung der **Marktkommunikation,** die sowohl für Anbieter wie auch für Verbraucher vorteilhaft sein kann. Anbieter erfahren etwas über die Konsumentenwünsche und gewinnen – im Vergleich zur zu schnell einsetzenden gleichgerichteten Abwanderung – die Zeit, die sie benötigen, um Fehler zu korrigieren und sich auf Konsumentenwünsche einzustellen. Verbraucher haben eine höhere Chance, ein ihren Bedürfnissen besser entsprechendes Konsumgüterangebot zu bekommen.

2.3.4 Verbraucherschutz

Konsumentensouveränität und stärker noch Konsumfreiheit implizieren hohe Anforderungen an die Entscheidungsfähigkeit der Verbraucher. Beide Konzepte sehen in der Wettbewerbspolitik und Verbraucherinformationspolitik, das Konzept der Konsumfreiheit zusätzlich in der Verbrauchererziehung und -bildung, wirksame Möglichkeiten der Hilfe zur Selbsthilfe. Reglementierender Verbraucherschutz wird danach nur insoweit akzeptiert bzw. für notwendig gehalten, wie die Ergebnisse auf den Märkten zu nicht hinnehmbaren Gefährdungen der Sicherheit, der Gesundheit und des Vermögens der Verbraucher führen.

Das Leitbild des **Konsumentenschutzes** geht über diese streng subsidiäre Funktion des Verbraucherschutzes hinaus und begründet dies mit einer anderen Einschätzung der Entscheidungsfähigkeit von Verbrauchern. Dieses Leitbild unterstellt eine **systematisch eingeschränkte Entscheidungskapazität** der Verbraucher, die auch durch Verbraucherinformation und Verbraucherbildung nicht aufgehoben werden kann. Die beschränkte Entscheidungsfähigkeit von Verbrauchern wird mit zwei voneinander nicht unabhängig zu sehenden Argumenten begründet.

Zum einen wird auf die **Beeinflussung** der **Einstellungen und Entscheidungen** der Verbraucher durch die modernen Techniken des **Konsumgütermarketing** verwiesen, denen Verbraucher ausgesetzt sind.[25] W. Kroeber-Riel, der diese Position in der Auseinandersetzung mit dem Konzept der Konsumfreiheit 1976 besonders prononciert vertreten hat,[26] formuliert dazu: „Wenn sich der Konsument wie ein Hund konditionieren

---

24 Eine ausführliche Analyse der Handlungsmöglichkeiten von Konsumenten auf Märkten findet sich bei G. Specht, Die Macht aktiver Konsumenten, Stuttgart 1979.

25 Hinsichtlich der prinzipiellen Beeinflussungsmöglichkeit der Verbraucherentscheidungen durch das Konsumgütermarketing besteht in der Fachliteratur kein Dissens. Allerdings verlaufen die Beeinflussungsmechanismen sehr viel differenzierter, als das in der Verbrauchererziehung in der Regel unterstellt wird. Aus der Fülle der einschlägigen Literatur sei hierzu empfohlen: W. Kroeber-Riel u. G. Meyer-Hentschel, Werbung. Steuerung des Konsumentenverhaltens, Würzburg, Wien 1982. Konsumentenverhalten und Information, hrsg. von H. Meffert, H. Steffenhagen u. H. Freter unter Mitarbeit von N. Bruhn, Wiesbaden 1979. Eine grundlegend andere Sicht der Werbung aus Verbraucherperspektive findet sich im informationsökonomischen Ansatz (s. 2.3.6).

26 Vgl. dazu die Auseinandersetzung in der Wirtschaftswoche, 29. Jahrgang, Heft 51, 1975, S. 50–56 und die Replik in Wirtschaftswoche, 30. Jahrgang, Heft 2, 1976, S. 3–36; W. Kroeber-Riel, Kritik und Neuformulierung der Verbraucherpolitik auf verhaltenswissenschaftlicher Grundlage. In: Die Betriebswirtschaft, 37. Jahrgang, Heft 1, 1977, S. 89 ff; S. 399.

lässt, so helfen dagegen keine Appelle an seine Rationalität, kein besseres Informationsangebot. Was fehlt, sind Schutzmaßnahmen. [...] Die Devise sollte heißen: Weniger (rationale) Verbraucheraufklärung und mehr Verbraucherschutz."[27] Für die Verbraucherpolitik wird daraus die Schlussfolgerung gezogen, Verbraucher vor Maßnahmen des Marketing abzuschirmen, soweit diese nachweislich erhebliche Schäden für ihn verursachen. Dies impliziert eine – gemessen am status quo – wirksamere Kontrolle und weiterreichende Reglementierung von Marketingaktivitäten.

Der zweite Stützpfeiler des Leitbildes Konsumentenschutz wird aus Ergebnissen der psychologischen Entscheidungsforschung und aus empirischen Untersuchungen zum Informations- und Entscheidungsverhalten von Verbrauchern abgeleitet. Danach zeigt sich, dass Verbraucher keineswegs, wie die Konzepte Konsumentensouveränität und Konsumfreiheit implizieren, daran interessiert sind, möglichst alle Verbraucherentscheidungen bewusst, d. h. unter Kenntnisnahme aller verfügbaren Alternativen einschließlich ihrer Folgewirkungen, zu treffen. Im Gegenteil: Verbraucher haben die **Neigung, den Entscheidungsaufwand** im Konsumbereich (Aufwand an Zeit, Mühen, Kosten der Informationsbeschaffung und Kaufdurchführung etc.) **zu verringern.** Angesichts der vielfältigen Handlungsbeschränkungen (Restriktionen), denen sich Verbraucher im Alltag gegenübersehen, werden sie nur ausnahmsweise und nur unter Vorliegen besonderer Bedingungen bereit und in der Lage sein, aufwendige Kaufentscheidungen zu fällen, beispielsweise, wenn ein Kauf aufgrund hohen finanziellen, qualitativen oder sozialen Risikos eine hohe Bedeutsamkeit erlangt. Entscheidend für die Ingangsetzung kognitiv aufwendiger Kaufentscheidungsprozesse sind dabei nicht die je nach Produkt und Kaufsituation objektiv bestehenden unterschiedlichen Kaufrisiken, sonderen deren subjektive Wahrnehmung. Nach dem risikotheoretischen Ansatz[28] versuchen Konsumenten das Kaufrisiko zu reduzieren, wenn dieses eine bestimmte, von Konsument zu Konsument unterschiedliche Schwelle der Risikowahrnehmung übersteigt. Als Risikoreduzierungsstrategien kommen in diesen Situationen aber nicht nur Informationsaktivitäten vor dem Kauf in Betracht. Auch Preis–Qualitätsassoziationen, Zuflucht zu bekannten Marken und Herstellern mit Reputation oder schlicht die Orientierung an in der Vergangenheit gemachten Erfahrungen sind Risikoreduzierungsstrategien, die angesichts der Neigung zur Verringerung des Entscheidungsaufwands zum

Kaufrisiken

Finanzielle Risiken	Qualitative Risiken		Ökologische Risiken
	Objektivierbare	Subjektive	
• Preise • Finanzierungskosten • Finanzielle Fogebelastugen (Betriebskosten, etc.)	• Funktionalität • Handhabung • Sicherheit • Service • Garantie- und Kulanzregelungen	• Sensorische Risiken • Ästhetische Risiken • Prestige-, Statusrisiken • Moralische Risiken	Umweltbelastungen (Ressourcenbeanspruchung, Emissionsintensität) • der Produktion • des Verbrauchs • der Entsorgung

27 W. Kroeber-Riel, Konsumentenverhalten, München 1975, S. 399.

28 R. A. Bauer, Consumer Behavior as Risk Taking. In: Risk Taking and Information Handling in Consumer Behavior. Ed. By D. F. Cox, Boston 1967, S. 23–33.

Typologie von Kaufentscheidungen

	kognitiver Aufwand/ Planungsaktivität	Güterart (vorwiegend)	subjektiv empfundenes Risiko			Häufig-/ Regelmäßigkeit	Verhaltensdisposition
			finanzielles	qualitatives	soziales		
Spontan-/ Impulsivkäufe	keine	geringwertige Güter	nicht vorhanden			häufig/ unregelmäßig	Reiz (Auslöser) bewirkt unmittebar Kaufreaktion
Gewohnheitskäufe	gering, Orientierung an Erfahrungen, bei Zufriedenheit: Wiederholung	Güter des alltäglichen Bedarfs	i. d. R. gering			häufig/ regelmäßig	wenig Informationen vor dem Kauf/stark selektive Wahrnehmung des Angebotes/ ausgeprägte Bezugsquellenbindung
vereinfachte Kaufentscheidungen	Planung des Mitteleinsatzes bei gegebenen Kaufzielen	„shoppig goods“	höher			seltener/ unregelmäßig	größere Bereitschaft zur Informationssuche/ geringe Bezugsquellenbindung
extensive Kaufentscheidungen	umfassende Planung des Kaufzieles (Bedarfsprioritäten) *und* der dafür aufzuwendenden Mittel	hochwertige bzw. als bedeutsam empfundene Güter	hoch			selten/ unregelmäßig	hohe Bereitschaft zu umfassender Informationssuche/ geringe Bezugsquellenbindung

Quelle: G.-J. Krol u. H. Diermann, Projekt: Markentreue bei Alltagskäufen? Verbrauchererziehung und wirtschaftliche Bildung, Heft 1, 1985, S. 2.

Einsatz kommen. In der Mehrzahl der Fälle werden Kaufentscheidungen gewohnheitsmäßig, nicht selten gar spontan erfolgen.[29]

Verbraucherinformation als Schwerpunkt einer Strategie der Verbraucherpolitik wird von dieser Position mit großer Skepsis betrachtet, weil sie zum einen nichts gegen die Manipulationstechniken des Konsumgütermarketing bewirken könne, zum anderen aber auf der falschen Annahme beruhe, dass diese Informationen auch umfassend genutzt werden. Verbrauchererziehung und Verbraucherbildung wird nur vergleichsweise geringes Gewicht beigemessen, weil sie – wenn überhaupt – allenfalls längerfristig die Herausbildung von Trotzreaktionen gegen manipulative Marketingtechniken fördern könne. Diese Position stellt die Leitbilder Konsumentensouveränität und mehr noch Konsumfreiheit unter Ideologieverdacht, weil sie die Quadratur des Zirkels versuchen, wenn sie darauf abzielen, möglichst alle Kaufentscheidungen durch informations- und bildungspolitische Aktivitäten in umfassend reflektierte, ein hohes Maß an Selbstbestimmung und sozialer Verantwortung enthaltende Entscheidungen über den Kauf, Ge- und Verbrauch von Gütern zu überführen. Sie sieht die Menschen in der mit anderen Rollen konkurrierenden Verbraucherrolle unaufhebbar nach einer **Verringerung der**

[29] Vgl. dazu allgemein: E. Kuhlmann, a. a. O., S. 47, G.-J. Krol u. H. Diermann, Projekt: Markentreue bei Alltagskäufen? Verbrauchererziehung und wirtschaftliche Bildung, Heft 1, 1985, S. 1 ff.

Entscheidungsbelastung durch die Herausbildung von den den subjektiven Ansprüchen genügenden **Gewohnheiten** streben. Nicht Gewohnheitsbildung als Strategie zur Verringerung von Entscheidungsbelastung ist zu verändern, sondern allenfalls ihre konkreten Ausprägungen. **Verbraucherinformation** soll nach diesem Leitbild so gestaltet werden, dass sie (individuell vorteilhafte und wettbewerbspolitisch wünschbare) **Gewohnheitsbildungen stützen** (statt sie zu eliminieren), beispielsweise durch gezielte Schlüsselinformationen. Manipulation und Fremdbestimmung werden als unvermeidlich angesehen. Dort, wo Art und Ausmaß auf Abhilfe drängen, sind nach dieser Position vor allem **Maßnahmen des rechtlichen Verbraucherschutzes** zur Reglementierung des Anbieterverhaltens zu ergreifen.

Von der gleichen diagnostischen Basis ausgehend, aber in den Zielsetzungen umfassender angelegt und mehr vorbeugenden Verbraucherschutz anstrebend, schlägt Simitis eine mit umfassenden Markteingriffs- und -kontrollkompetenzen ausgestattete Verbraucherschutzbehörde vor, die zwecks Steigerung ihrer Konfliktfähigkeit auf der Partizipation von Betroffenen aufbauen soll.[30]

2.3.5 Konsumentenpartizipation

Die bisher genannten Leitbilder gehen von der gegebenen Rollenverteilung zwischen Anbietern und Verbrauchern aus. Verbesserungen der Verbraucherpositionen werden im Rahmen der grundsätzlich **reaktiven Verbraucherrolle** angestrebt. Reaktive Verbraucherrolle meint, dass Verbraucher ihre Informations- und Sanktionsfunktion in der Weise wahrnehmen, dass sie auf ein **vorgegebenes Angebot** mit Widerspruch und Kritik und/oder Kauf bzw. Nichtkauf reagieren und auf diese Weise über die Angemessenheit der von den Anbietern getroffenen Entscheidungen über die Angebotsbedingungen im Lichte ihrer Bedürfnisse befinden sollen.

Weiterreichende Veränderungen der ordnungspolitischen Rahmenbedingungen beinhalten Positionen, die diesen über anonyme Märkte verlaufenden arbeitsteiligen Entscheidungsprozess zwischen Anbietern und Verbrauchern aufheben und auf andere Weise eine stärkere Berücksichtigung des Verbraucherinteresses hinsichtlich der Entscheidungen über Umfang und Struktur der Produktion realisiert sehen wollen. Gemeinsam ist den in den Begründungen und politischen Forderungen sehr unterschiedlichen Positionen das Bemühen, die mit zunehmender Arbeitsteilung vollzogene strukturelle Differenzierung in Produktionssphäre einerseits und Konsumsphäre andererseits zu mindern bzw. aufzuheben.

Eine **frühzeitige** Beteiligung von Verbrauchern an Produktionsentscheidungen **(ex-ante Verbraucherpolitik)** wird zum einen mit Mängeln der Marktsteuerung, genauer des Preissystems, begründet. So wird darauf verwiesen, dass selbst bei intensivem Preiswettbewerb die Ausrichtung von Produktionsentscheidungen an Marktpreisen zur Verletzung individueller und kollektiver Verbraucherinteressen führen kann, weil die Marktpreise nicht alle wirtschaftlichen Handlungsfolgen widerspiegeln.

Einmal wird hervorgehoben, dass in der Produktion und beim Konsum Kostenbestandteile anfallen, die von Dritten oder der Gesellschaft zu tragen sind, die aber nicht in die Kostenkalkulation der Produkte und damit in die Preise eingehen, die für die Käufer ja wieder Kosten darstellen. Die Preise täuschen damit geringere Kosten vor, als tatsächlich von der Gesellschaft zu tragen sind. Entsprechend ist die preiselastische Nachfrage

[30] K. Simitis, Verbraucherschutz. Schlagwort oder Rechtsprinzip, Baden-Baden 1975, insbesondere S. 269 ff.

nach diesen Gütern zu hoch. Wo also diese so genannten „negativen externen Effekte" vorliegen (z. B. verschiedene Formen der Umweltbelastung), wo die institutionellen Bedingungen es also Produzenten und Konsumenten gestatten, systematisch einen Teil der von ihnen verursachten Handlungsfolgen auf Dritte oder die Allgemeinheit abzuwälzen, dort gehen von den Marktpreisen fehlerhafte Informationen für Produzenten und Konsumenten aus.[31] Das zweite wichtige Argument bezieht sich darauf, dass Marktpreise häufig blind gegenüber sich abzeichnenden Verknappungen in der Zukunft sind. Wenn Anbieter und Nachfrager ihre Entscheidungen an ihren kurzfristigen Gegenwartsinteressen orientieren, können Marktpreise auch immer nur über die gegenwärtigen Marktkonstellationen informieren.[32] Zukünftige soziale und ökologische Risiken schlagen sich dann nur unzureichend in den Marktpreisen nieder. Hinzu kommt, dass eine zu starke Abhängigkeit der Verbrauchernachfrage vom vorgegebenen Marktangebot gesehen wird, so dass die informierende und sanktionierende Funktion der Verbraucher im Rahmen der gegenwärtigen Rollenverteilung zwischen Unternehmen als Interpreten der Konsumentenwünsche und der erst danach einsetzenden, die Angemessenheit der Unternehmensentscheidung belohnenden bzw. bestrafenden Wirkung der Nachfrageentscheidungen, für nicht hinreichend wirksam gehalten wird.[33]

Die wohlfahrtskritische Perspektive lässt diese Position angesichts sozialer und ökologischer Probleme **„Basisinnovationen"** fordern, die sie aber durch die gegebene Rollenverteilung und die vorherrschenden Verhaltensweisen erschwert sieht. Da die Produktion neuer Güter zur Befriedigung bisher nicht gedeckter Bedürfnisse (bis hin zu bisher nicht praktizierten Konsumstilen), d. h. Basisinnovationen, mit höherer Ungewissheit und angesichts der dafür notwendigen Investitionen mit höherem Risiko verbunden sind, werden bei den Anbietern Tendenzen gesehen, solche Innovationen zu unterlassen. Statt dessen werden Produktinnovationen von i. d. R. nur marginaler Reichweite angeboten, deren Beitrag zur Bedürnisbefriedigung sich häufig im „vorzeitigen" Ersatz „an sich funktionsfähiger" Produkte manifestiert. Entsprechende Produktions- und Konsummuster werden angesichts (weltweiter) sozialer und ökologischer Probleme als nicht länger verantwortbar angesehen.

Im Rahmen der bestehenden Rollenverteilung zwischen Unternehmen und Verbrauchern geben zielgerichtete Abwanderung und Widerspruch der Verbraucher bestenfalls Hinweise auf Unzulänglichkeiten im Konsumgüterangebot, jedoch keine verlässlichen Informationen über mögliche Alternativen. Deshalb wird zusätzlich eine **frühzeitige Beteiligung der Verbraucher** an den Entscheidungen über das Angebot an öffentlichen und privaten Gütern gefordert. Sie wird grundsätzlich als auch im Anbieterinteresse liegend gesehen, da man sich davon eine Verringerung der Risiken von „Basisinnovationen" verspricht, insbesondere wenn deren Rentabilität an komplementäre soziale Innovationen geknüft ist.

Konstitutiv für diese Position ist die wohlstandskritische, gesellschaftspolitische Ausrichtung. Konsumenteninteressen reichen über die Käufer- bzw. Nutzerperspektive von privaten und öffentlichen Gütern weit hinaus. Besondere Bedeutung haben in diesem Konzept die unterschiedlichen sozialstrukturellen Voraussetzungen für das Er-

---

[31] Vgl. hierzu ausführlicher den Beitrag: Umweltprobleme aus ökonomischer Sicht – Zur Relevanz der Umweltökonomie für die Umweltbildung, 4.14 in diesem Bande.

[32] Vgl. hierzu im Einzelnen: C. Czerwonka, G. Schöppe u. S. Weckbach, Der aktive Konsument. Kommunikation und Kooperation, Göttingen 1976, S. 98 ff.

[33] C. Czerwonka et al., a. a. O., S. 153 ff. Siehe hierzu und zu den vorgenannten Argumenten auch: B. Biervert, W. F. Fischer-Winkelmann u. R. Rock: Grundlagen der Verbraucherpolitik, Reinbek bei Hamburg 1977, insbesondere S. 106 ff.

kennen der „wahren" Bedürfnisse, die in dieser Sicht keineswegs mit den subjektiven Interessen gleichgesetzt werden dürfen. Insbesondere wird auf die Abhängigkeit der subjektiv empfundenen Verbraucherinteressen von Merkmalen der Arbeitswelt verwiesen.[34]

Bezüglich der Realisierung der Konsumentenbeteiligung werden unterschiedliche Vorschläge gemacht. Sie reichen von einer **produktionszentrierten Verbraucherpolitik** mit einer integrierten Sicht der Arbeits-, Prozess- und Produktpolitik,[35] die der Interdependenz zwischen Verbraucherverhalten und Arbeitswelt auch auf der Gestaltungsebene Rechnung trägt, über die Anwendung des Modells des herrschaftsfreien Diskurses der Erlanger Schule[36] bis hin zu Modellen der direkten und indirekten **Verbrauchermitbestimmung** und Konzeptionen der Investitionslenkung. Alle Konzepte stehen jedoch vor dem Problem, nicht alle betroffenen Verbraucher frühzeitig an den Produktionsentscheidungen beteiligen zu können. Wenn also Konsumentenpartizipation keine diktatorischen Züge bekommen soll, bleiben Abwanderung und Widerspruch als Sanktionsinstrumente der nicht beteiligten Verbraucher unverzichtbar. Dies gilt insbesondere auch gegenüber selbsternannten oder gewählten[37] Vertretern des Verbraucherinteresses. Wenn man aber berücksichtigt, dass Verbraucher mit zunehmender Freizeit in bestimmten Bereichen (z. B. im Freizeit-/Hobbybereich) zu ausgesprochenen Experten werden und als solche gebrauchswertorientierte Innovationen anregen könnten, erscheinen geeignete Kooperationsformen zwischen Unternehmen und Verbrauchern in Ergänzung zu Abwanderung und Widerspruch durchaus nützlich. Freilich bleibt diese Aussage weit hinter dem zurück, was das Leitbild der Konsumentenpartizipation zu erreichen beabsichtigt. Auch ist darauf zu verweisen, dass diesem Aspekt in der Realität eher durch Verbesserungen der Marktkommunikation als durch institutionalisierte Verbrauchermitbestimmung Rechnung getragen wird.

Nicht nur mehr oder weniger weitreichende Ergänzungen bzw. Änderungen des wirtschaftlichen Lenkungsmechanismus, sondern grundlegende Änderungen des arbeitsteiligen Industriesystems implizieren Forderungen im Rahmen der „alternativen Diskussion". Sie beantwortet das Problem der engeren Verknüpfung von Produktion und Konsum mit einer den Beteiligungsmodellen entgegengesetzten Strategie. Nicht von einer wirksameren Einbringung von Konsum- und Haushaltsinteressen in den arbeitsteiligen Produktionsprozess wird ein Lösungsbeitrag erwartet, sondern – genau entgegengesetzt – von einer Rückführung von produktiven Funktionen in die Haushalts- und Konsumsphäre. Allein die damit verbundenen Produktivitätseinbußen lassen diesen Weg als allgemeine Strategie nicht gangbar erscheinen. Er kann allenfalls in begrenzten Anwendungsbereichen zum Zuge kommen. Experimente in dieser Richtung lassen sich vor allem in Form von Selbsthilfeinitiativen identifizieren, deren Mitglieder aber zumindest noch partiell vom arbeitsteiligen Industriesystem abhängen (z. B. bezüglich der Nachfrage oder eines Mindestmaßes an sozialer Absicherung). Als generelle verbraucherpolitische Alternative zum arbeitsteiligen Produktionssystem sind sie nicht denkbar.

---

[34] Zur verbraucherpolitischen Relevanz der Interdependenzen zwischen Konsum und Arbeitsinteressen siehe: H. Minte, Konsum- und Arbeitsinteressen des privaten Haushalts, Bochum 1978.

[35] C. Offe, a. a. O., S. 131 ff.

[36] B. Biervert et al., a. a. O.

[37] Diese Unterscheidung stellt auf die Unterscheidung zwischen Fremd- und Selbstorganisation des Verbraucherinteresses ab, die wiederum von großer Bedeutung für den Einfluss der Verbraucher gegenüber Anbietern privater und öffentlicher Güter ist. Vgl. hierzu im Einzelnen: B. Biervert et al., a. a. O., S. 23–86; H.-G. Brune, Organisation von Verbraucherinteressen, Frankfurt a. Main 1980.

2.3.6 Verbraucherleitbilder und Informationsökonomie

In den bisherigen Ausführungen wurden Verbraucherprobleme an Merkmalen festgemacht, die sich vorwiegend auf unterschiedliche Einschätzungen der Möglichkeiten selbstbestimmten Konsumentenhandelns bzw. auf deren Voraussetzungen und Wirkungen bezogen. Bezugspunkte bildeten Kriterien, die letztlich am Verbraucher als Entscheidungsträger festgemacht waren.

Mit dem informationsökonomischen Ansatz rücken nun Merkmale der Entscheidungssituation in den Mittelpunkt, die quasi quer zu den Verbraucherleitbildern liegen und zu einer situationstypologischen Einschätzung ihrer Relevanz beitragen.[38] Der informationsökonomische Ansatz rückt die für alle Verbraucherleitbilder relevante Frage der Markttransparenz als Voraussetzung für gute Marktergebnisse auf zwei Ebenen in den Mittelpunkt. Zum einen weist er darauf hin, dass Verbraucherinformationen auch Eigenschaftsmerkmale öffentlicher Güter haben. Zwar ist die Gewinnung von Informationen über qualitätsrelevante Eigenschaftsmerkmale für die Verbraucher – anders als für die Produzenten, bei denen diese Informationen als Nebenprodukt des Produktionsprozesses anfallen – mit hohen Kosten verbunden. Sind solche Informationen aber einmal erhoben, können sie in den Medien und über das Internet günstig verbreitet werden. Sie stehen den Konsumenten dann quasi kostenlos und ohne wechselseitige Nutzenbeeinträchtigung zur Verfügung (fehlendes Ausschlussprinzip von Preisen und Nichtrivalität im Konsum). So kann man Testergebnisse auch in den Medien oder von Bekannten erfahren, nicht nur durch den Kauf der Zeitschrift „Test“. Diese Möglichkeit des „Trittbrettfahrens“, d. h. der kostenlosen Nutzung von mit hohen Kosten gewonnenen Informationen, reduziert deren **Markt**nachfrage. Liegen die Kriterien Nichtrivalität im Konsum und fehlende Ausschlussmöglichkeit über Marktpreise ganz oder teilweise vor, wird ein fehlendes bzw. zu geringes Marktangebot die Folge sein. Dies ist ein erstes Argument für Informationsasymmetrien zwischen Produzenten und Konsumenten: Die Kollektivguteigenschaften von Verbraucherinformationen bewirken auf Märkten ein zu geringes Marktangebot. Deshalb muss der Staat auf geeignete Weise für eine „Verbesserung“ des Angebotes an Verbraucherinformationen Sorge tragen.

Zum anderen weist dieser Ansatz auf Barrieren zur Herstellung von Markttransparenz hin, die im Gefolge des wirtschaftlichen und technischen Fortschritts entstanden sind. **Beschleunigungstendenzen** (steigendes Güterangebot bei beschleunigtem Produktwechsel und wachsender Gütermenge im Haushalt) bewirken bei gegebener Konsumzeit steigende Opportunitätskosten der Informationsgewinnung. Dies gilt allgemein. Hinzu kommt, dass die Vorstellung, Eigenschaftsmerkmale von Gütern ließen sich grundsätzlich vor dem Kauf in Erfahrung bringen, zunehmend infrage zu stellen ist. **Suchguteigenschaften,** die sich prinzipiell *vor dem Kauf* hinreichend genau ermitteln lassen, werden zunehmend durch **Erfahrungsguteigenschaften** und durch **Vertrauensguteigenschaften** ergänzt. Erfahrensguteigenschaften lassen sich nicht vor, sondern grundsätzlich erst nach dem Kauf ermitteln. Ob beispielsweise das in Supermärkten abgepackte Lebensmittel, die Konservendose oder die gebuchte Urlaubsreise ihr Qualitätsversprechen hält, lässt sich erst nach dem Kauf bzw. nach dem Gebrauch des Produktes feststellen. Aber ob die Anlageempfehlung einer Bank den Bedürfnissen des Anlegers entspricht oder den Interessen des Beraters bzw. der Bank, ob das knusprige Brot unter Verwendung unerwünschter Zusatzstoffe gebacken ist, ob das Fleisch aus Massenproduktion oder naturnaher Viehhaltung stammt, ob etwa belastete Futtermittel zur Anwendung gekommen sind, all dies sind Fragen, die der Verbraucher mit vertret-

[38] St. Mitropoulos, a.a.O. S. 324–348.

barem Aufwand weder vor noch nach dem Kauf beantworten kann. Der Verbraucher muss in solchen Situationen den Angaben der Anbieter vertrauen. Man spricht von Vertrauensguteigenschaften. Ihre Bedeutung nimmt mit zunehmender *Internationalisierung* und *Globalisierung,* mit *bio- und gentechnologischem Fortschritt* und den neuen *Informations- und Kommunikationstechnologien* zu. Die zunehmende Bedeutung von Erfahrungsgut- und insbesondere Vertrauensguteigenschaften verschärfen das Problem der Informationsasymmetrien zwischen Anbietern und Nachfragern auf Konsumgütermärkten.

Diese Informationsasymmetrien können nun in **Marktversagen** einmünden. Üblicherweise wird angenommen, dass auf Wettbewerbsmärkten gute Qualitäten die schlechten Qualitäten verdrängen. Liegen aber zwischen Anbietern und Verbrauchern hinsichtlich wichtiger Qualitätseigenschaften Informationsasymmetrien vor, besteht die Gefahr, dass umgekehrt die schlechten Qualitäten die guten Qualitäten verdrängen *(adverse Selektion bzw. Negativauslese).* Dies hat Akerlof am Beispiel des Gebrauchtwagenmarktes, des Market for Lemons, beschrieben.[39] Seine Arbeiten zur Bedeutung von Informationsasymmetrien für die Funktionsfähigkeit von Märkten wurden 2001 mit dem Nobelpreis für Wirtschaftswissenschaften bedacht. Seine unschwer nachzuvollziehende Argumentation läuft darauf hinaus, dass es für Verbraucher bei fehlender Qualitätstransparenz rational ist, sich bei Kaufentscheidungen am Produktpreis zu orientieren. Nur so können sie dem Risiko entgehen, für mäßige Qualität einen (zu) hohen Preis zu bezahlen. Besteht nun eine positive Beziehung zwischen überlegener Qualität und Produktionskosten, werden Produzenten überlegener Qualitäten vom Markt verdrängt, wenn sie diese nicht glaubwürdig kommunizieren können. Bei anhaltender Qualitätsunsicherheit ist zu erwarten, dass Märkte für qualitativ überlegene Güter nicht zustande kommen. Die Gefährlichkeit dieser adversen Selektion liegt gerade darin, dass sie nicht offensichtlich ist und allenfalls an der Grenze zu krassem Fehlverhalten und Kriminalität in das öffentliche Bewusstsein gehoben wird (Zucker- und Glykolbeimischungen zum Wein, unzulässige Tierfutterbeimischungen, Weiterverarbeitung von „Gammelfleisch" zu Lebensmitteln etc.), dann aber eher als Ausnahme erscheint.

> „Wir leben in Lemon-Gleichgewichten und wissen gar nicht, welche Gutsqualitäten wir entbehren. Warum bleiben die Langzeitautos auf dem Reißbrett, warum scheuert der Anzug so schnell durch, warum verglimmen die Glühbirnen so bald? Warum hält der Damenstrumpf selbst zaghaften Annäherungsversuchen nicht stand? Warum rosten Waschmaschinen und Kühlschränke? Warum welken die Schnittblumen, bevor sie erblühen, warum schmilzt das Schnitzel in der Pfanne dahin? Warum ist der Käse so fad und der Schinken so wässerig? In diesen und tausend ähnlichen gelagerten Fällen ist adverse Selektion die Erklärung."[40]

Für die Verbraucherpolitik interessieren insbesondere Ansatzpunkte zur Entschärfung der Informationsasymmetrien. Drei Ansatzpunkte sind zu nennen: **Selbstinformation** (Screening) der Verbraucher, gegebenenfalls unter Einschaltung von Spezialisten; Information der Verbraucher durch die besser informierte Anbieterseite (Signaling) sowie staatlich initiierte, geförderte oder getragene Verbraucherinformationspolitik. Die Möglichkeit der Verhinderung von adverser Selektion durch Selbstinformation der Verbrau-

---

[39] G. A. Akerlof, The Market for „Lemons": Quality Uncertainty and the Market Mechanism. In: Quarterly Journal of Economics, 84, S. 488–500.

[40] H.-W. Sinn, Kommentar zu: G. Magoulos, Verbraucherschutz als Problem asymmetrischer Informationskosten. In: C. Ott u. H.-B. Schäfer (Hrsg.), Allokationseffizienz in der Rechtsordnung, Berlin u. a. 1989, S. 82. Eine übersichtliche Darstellung der Problematik asymmetrischer Informationen und eine kritische Würdigung verbraucherpolitischer Antworten finden sich bei H.-W. Sinn, Verbraucherschutz als Staatsaufgabe. In: Perspektiven der Wirtschaftspolitik, Bd. 4, 2003, S. 281–294.

cher dürfte angesichts des Kollektivgutcharakters des Gutes Verbraucherinformation nur begrenzt gegeben sein. Verbraucher werden nur ein suboptimales Informationsniveau realisieren.

Zu den Signalingaktivitäten gehört zunächst die Werbung, der häufig Informationsgehalt über Produktqualitäten abgesprochen wird. Die Informationökonomik bietet eine differenzierte Sicht der Werbung. Informationsasymmetrien über Produktqualitäten sind nicht nur für Verbraucher, sondern auch für Anbieter problematisch. Anbieter überlegener Qualitäten müssen ein Interesse daran haben, Verbraucher über die Qualitätsmerkmale ihrer Güter zu informieren, da sie diese sonst unter Wert verkaufen müssten oder gar durch Billiganbieter aus dem Markt verdrängt würden. Dabei stehen sie in einem Aufmerksamkeitswettbewerb, in dem detaillierte und komplexe Qualitätsinformationen unterzugehen drohen. Leicht zu kommunizierende und vom Verbraucher leicht zu verarbeitende *„Qualitätsversprechen"* in Form von Garantie- und Kulanzregelungen, Aufbau und Pflege eines Markennamens, Selbstverpflichtungen unterschiedlicher Art und nicht zuletzt auch der (vergleichenden) Werbung können als **Investition in die Unternehmensreputation** gesehen werden,[41] die dem Verbraucher deshalb wichtige Informationen verschaffen, weil der Aufbau von Reputation nur gelingen kann, wenn die durch diese Aktivitäten gegebenen Qualitätsversprechen *glaubwürdig* sind.[42] In dieser Sicht hängt die Funktion der Werbung als eines glaubwürdigen Qualitätsindikators nicht so sehr von der Inhaltlichkeit der kommunizierten Eigenschaftsmerkmale des Produktes ab, als vielmehr von ihrem *sunk-cost-Chrakter.* Werbeaufwendungen sind „versunkene Kosten", die unwiederbringlich verloren sind, wenn die beworbenen Produkte nicht dem Qualitätsstandard der Werbebotschaft entsprechen.[43] Dieser Zusammenhang begründet die These, dass ein mit aufwendiger Werbung vorgetragenes Qualitätsversprechen zu einer Geisel in der Hand des Verbrauchers werden kann.[44] Damit sind Irreführungen der Verbraucher durch Signalingaktivitäten nicht ausgeschlossen, wenn Anbieter statt einer dauerhaften Unternehmensreputation eine schnelle „Opportunitätsprämie" (Gewinne durch Minderqualitäten) anstreben. Opportunitätsprämien sind hinsichtlich Vertrauensguteigenschaften, die die Verbraucher nicht überprüfen können, wahrscheinlicher als bei Erfahrungsguteigenschaften, bei denen Wiederholungskäufe anhaltende Irreführungen verhindern können und bei Erfahrungsguteigenschaften wieder wahrscheinlicher als bei Suchguteigenschaften, die sich schon vor dem Kauf eruieren lassen. Auch sind sie dort wahrscheinlicher, wo keine dauerhaften Marktbeziehungen bestehen oder angestrebt werden, sei es aufgrund von Laufkundschaft, sei es aufgrund der Tatsache, dass der Anbieter nur kurz im Markt zu bleiben beabsichtigt. Daraus wäre abzuleiten, dass den Qualitätsversprechen von (international agierenden) Großunternehmen, die an dauerhafter Kundenbindung interessiert sind und deren Produkte und Unternehmensstrategien im Brennpunkt der Öffentlichkeit stehen, eine höhere Glaubwürdigkeit haben als die Qualitätsversprechen eines „Bahnhofsrestaurants" oder eines Anbieters im globalisierten und flüchtigen Internet.

Damit wird deutlich, dass – unabhängig davon, welches Verbraucherleitbild zugrunde gelegt wird – Screening- und Signalingaktivitäten keinesfalls hinreichen, Informationsasymmetrien und damit Marktversagen zu beseitigen. Hinzu kommen müssen verbraucherpolitische Aktivitäten des Staates. Sie können direkte Regulierungen bei Vorliegen

41 M. Tietzel, Probleme asymmetrischer Informationsverteilung beim Güter- und Leistungstausch. In: C. Ott u. B. Schäfer (Hrsg.), a.a.O. S. 59.

42 Zur Bedeutung der Glaubwürdigkeit in Marktbeziehungen: H. Bonus, Wenn Vertrauensbildung zum Schlüsselfaktor wird. In: Neue Züricher Zeitung Nr. 146 v. 27./28. Juni 1998.

43 J. Drexl, Die wirtschaftliche Selbstbestimmung des Verbrauchers, Tübingen 1998, S. 197.

44 R. Richter, Institutionen ökonomisch analysiert, Tübingen 1994, S. 28.

hoher Risiken zum Gegenstand haben (Verwendungsverbote, Mindestqualitäts-, Sicherheits- und Haftungsstandards u. a.), sie können aber auch die Selbsthilfe der Verbraucher durch Senkung der Informationskosten zum Ziel haben, sei es in Form der Bereitstellung eines anbieterunabhängigen Informationsangebotes, sei es durch Vorgabe bestimmter Informationspflichten der Anbieter. Sie können schließlich darauf abzielen, die Anreize zum Aufbau von Unternehmensreputation, beispielsweise durch Schutz von Markennamen und Überwachung von Gütezeichen, zu stärken. Insbesondere bei Vertrauensgütern sind hierfür Mindestkriterien vorzugeben, deren Einhaltung zur Sicherung der Glaubwürdigkeit in geeigneter Weise zu überwachen ist.

Offen geblieben ist in diesem Beitrag die durch Europäisierung, Globalisierung, die neuen Informations- und Kommunikationstechnologien sowie die Diskussion um Nachhaltigkeit ausglöste inhaltliche Neuausrichtung praktizierter oder geforderter Verbraucherpoliitk.[45] Ihre problembezogene institutionelle Ausgestaltung wird das Problem tragfähiger Verbraucherleitbilder angemessen zu berücksichtigen haben.

Literaturhinweise

J. Drexl, Die wirtschaftliche Selbstbestimmung des Verbrauchers, Tübingen 1998.

E. Kuhlmann, Verbraucherpolitik, München 1990, Kap. 3.

St. Mitropoulos, Verbraucherpolitik in der Marktwirtschaft, Berlin 1997.

M. Neuner, Verantwortliches Konsumentenverhalten, Individuum und Institution, Berlin 2001.

G. Scherhorn, Verbraucherinteresse und Verbraucherpolitik, Göttingen 1975.

H.-W. Sinn, Verbraucherschutz als Staatsaufgabe. In: Perspektive der Wirtschaftspolitik, Bd. 4, 2003, S. 4, 2003, S. 281–294.

---

45 Einen knappen Überblick hierzu liefert: L. Reisch, Neue Verbraucherpolitik, Ziele, Strategien und Instrumente. In: WiSt Heft 8 (2005), S. 441–445.

2.4 Konsumentenerziehung
Ursprünge, Strömungen, Probleme, Gestaltungsversuche

Ulrich Pleiß

2.4.1 Leben, Konsum und Wirtschaft im Alltagsverstand

Bis Anfang der 50er Jahre hat es eigentlich für Normalverbraucher noch nie „rosige Zeiten“ gegeben. Erst durch die Währungsreform 1948 vorbereitet, endete damals die staatliche Bewirtschaftung von Nahrungsmitteln und lebenswichtigen Konsumgütern in der BRD 1950. Das dann einsetzende Wirtschaftswunder wäre ohne die aufgestauten Bedürfnisse überhaupt nicht möglich gewesen, und wem will man verdenken, dass er nach der langen Zeit des Darbens so etwas wie Konsumglück empfand? Nach den entbehrungsreichen Zeiten konnten beim Bürger konsumkritische Gedanken kaum Platz greifen, und die neue Sinnerfüllung äußerte sich als massenpsychologisch verstehbare Auswirkung, die Bedürfnisbefriedigung so schnell wie möglich voranzutreiben. Esswelle, Bekleidungs- und Einrichtungswelle, Reise- und Autowelle sowie schließlich die Bauwelle für Eigenheime zeugen für die sich aufgrund von Existenz-, Wohlstands- und Luxusbedürfnissen immer höher steigernden Konsumanstrengungen.

Befragt man nach einem halben Jahrhundert die Gegenwart, dann haben sich die ökonomischen Bedingungen zwar verändert, aber die Konsumeinstellung ist in weiten Kreisen der Bevölkerung konstant geblieben. Lebenssinn und Lebenserfüllung sind nach wie vor wesentlich an der glitzernden und Begehren weckenden Vielfalt der Konsumgüter festgemacht. Eine Wiederholung des von Konsumwünschen angetriebenen Prozesses zeigt sich in den neuen Bundesländern. Wenn sich als Konsequenz in den 60er Jahren die Forderung nach **intentionaler** Konsumentenerziehung erhob, so wurde sie insbesondere von Theoretikern vorangebracht, denen das Soll mehr als die Erkenntnis des Seins am Herzen lag. Insofern sich dadurch wertend-weltanschauliche Positionen mit den ohnehin unterschiedlichen disziplinären Ausgangspunkten des Problemangriffes vermengten, entwickelte sich keine einheitliche Theorie der Konsumentenerziehung, sondern es lassen sich nur Ansätze und Strömungen feststellen.

2.4.2 Ursprünge und Strömungen konsumentenerzieherischen Denkens

2.4.2.1 Anstöße durch Sozial-, Kultur- und Konsumkritik

Wesentliche Anstöße gingen von einer gewissen Kultur- und Sozialkritik aus[1], von Philosophen, Sozialpsychologen, Soziologen und auch Nationalökonomen. Die Einwendungen richteten sich gegen die Verabsolutierung der Konsumhaltung in der industriellen Gesellschaft mit ihrer Massenproduktion und ihrem Massenkonsum, die Degradierung der Kultur zum Konsumgut, Kult am Lebensstandard, die raffinierte Werbung zur Weckung von als unecht betrachteten Bedürfnissen, die Überbetonung des privaten Konsums und die Vernachlässigung öffentlicher Aufgaben, die damit einhergehende Entwürdigung, Entseelung und Reduktion der Menschlichkeit. Zugkräftige Schlagworte gingen in die Auseinandersetzung ein. Die Begriffe Wohlstandsgesellschaft, Konsumgesellschaft, Überflussgesellschaft, Verschwendungswirtschaft verbreiteten sich und wurden kritiklos begierig aufgegriffen; die Rede vom Konsumzwang und Konsumterror, von außengeleiteten Menschen, Manipulation, geheimen Verführern, Konsumidioten und Konsumsklaven machte die Runde.[2] Hier wurden private Wert-

---

1 Vgl. Überblicke bei Imobersteg, Markus: Die Entwicklung des Konsums mit zunehmendem Wohlstand. Zürich u. a. 1967, S. 99 ff. u. 198 ff. – Weber, Erich: Die Verbrauchererziehung in der Konsumgesellschaft. 2. Auflage, Essen 1969, S. 36 ff.

2 Sehr häufig wurden folgende Schriften zitiert: Bednarik, K.: An der Konsumfront. Stuttgart 1957. – Freyer, H.: Theorie des gegenwärtigen Zeitalters. Stuttgart 1955. – Fromm, E.: Haben oder Sein. Stuttgart 1976. Ders.: Der moderne Mensch und seine Zukunft. 2. Auflage, Frankfurt/M. 1967. –

urteile als für alle gültig ausgegeben oder bestimmte Erscheinungen unzulässig generalisiert, die sich als Bedrohungsvisionen gut verkaufen ließen. Man produzierte Behagen am angeblichen Unbehagen.[3] In der Regel waren die Autoren wirtschaftlich so gestellt, dass sie die Freuden der bejammerten Konsumgesellschaft nicht entbehren mussten. Den ersten konsumentenerzieherischen Versuchen kam diese „Enthüllungsliteratur" offensichtlich entgegen.[4]

2.4.2.2 Verbraucherpolitik, Konsumerismus und Marketing

Trotz ihrer zunächst marktbezogenen Einschränkung hat die verbraucherpolitisch initiierte Richtung die Literatur über Verbrauchererziehung maßgeblich geprägt. Untersuchungen aus der verbraucherpolitischen Richtung stammen insbesondere von Scherhorn und Mitarbeitern[5], die auch in anderen Herausgeberschriften und in der Aufsatzliteratur in Erscheinung treten. Scherhorn[6] nahm seinen Ausgang von Bedürfnisforschungen. Auf Biervert sei hingewiesen.[7] Einen umfangreichen Abschnitt widmet alsdann Kuhlmann der Verbrauchererziehung[8], der auch amerikanische Literatur auswertet und auf die schwierige Feststellung von Wirkungen eingeht.

Die schulisch zu vermittelnde Verbraucherbildung ist, folgt man den systematischen Gliederungen bzw. Aufzählungen der Instrumente, das letzte Glied der Verbraucherpolitik und betrifft Kinder und Jugendliche. Im Mittelpunkt steht das der Gleichgewichtsidee verpflichtete und Verbraucherinteressen bündelnde Gegenmachtkonzept, das hier insbesondere die Rolle des Menschen als in Freiheit handelnder und rational entscheidender Marktteilnehmer betrifft, also auf sein Einkaufsverhalten und seine optimale Einkommensverwendung abstellt.[9]

Galbraith, J. K.: Gesellschaft im Überfluss. München/Zürich 1963. – Gehlen, A.: Die Seele im technischen Zeitalter. Hamburg 1957. – Habermas, Jürgen: Notizen zum Mißverhältnis von Kultur und Konsum. In: Merkur, 10. Jg. H. 3, März 1956, S. 212–228. – Mahr, A.: Der unbewältigte Wohlstand. Berlin 1964. – Marcuse, H.: Ideen zu einer kritischen Theorie der Gesellschaft. Frankfurt/M. 1969. Ders.: Der eindimensionale Mensch. Neuwied/Berlin 1967. – Packard, V.: Die geheimen Verführer. Düsseldorf 1958. Ders.: Die große Verschwendung. Düsseldorf 1961. – Plack, Arno: Die Gesellschaft und das Böse. 3. Auflage, München 1968. – Riesmann, D.: Die einsame Masse. München 1958. – Schelsky, Helmut: Schule und Erziehung in der industriellen Gesellschaft. Würzburg 1957. – Zahn, E.: Soziologie der Prosperität. München 1964.

3 Wiswede, Günter: Der Mythos vom manipulierten Verbraucher. In: Jahrbuch der Absatz- und Verbrauchsforschung, Heft 3, 1972, S. 157.

4 Vgl. Weber, Erich: Aufgaben der Verbrauchererziehung in der Konsumgesellschaft. In: Erziehung und Unterricht 1969, S. 3. – Scherer, Georg: Konsumhaltung und Erwachsenenbildung. In: Erwachsenenbildung 1958, S. 105 ff. – Castner, Thilo: Konsumzwang als wirtschaftspädagogisches Problem. In: Deutsche Berufs- und Fachschule 1961, S. 592 ff. – Ders.: Konsum und Erziehung. In: Deutsche Berufs- und Fachschule 1976, S. 846 ff.

5 Scherhorn, Gerhard unter Mitarbeit von Hansen, Imkamp u. Werner: Gesucht der mündige Verbraucher. Düsseldorf 1973, insb. S. 66 ff. – Ders. mit Eichler, Augustin u. Hoffmann: Verbraucherinteresse und Verbraucherpolitik. Göttingen 1975, insb. S. 1 ff., S. 180 ff. u. 232 ff. – Ders. (Hrsg.) mit Elke Scherhorn, Hoffmann, R. Meyer-Harter u. H. Meyer: Verbrauchererziehung in der Bundesrepublik Deutschland. Baltmannsweiler 1979.

6 Scherhorn, Gerhard: Bedürfnis und Bedarf. Berlin 1959.

7 Biervert, Bernd: Wirtschaftspolitische, Sozialpolitische und Sozialpädagogische Aspekte einer verstärkten Verbraucheraufklärung. Köln 1972.

8 Kuhlmann, Eberhard: Verbraucherpolitik. München 1990, S. 272 ff.

9 Scherhorn, Gerhard: Erziehung zur Konsumfreiheit. In: Hauswirtschaftliche Bildung 1977, S. 3 ff. – Merkle, Werner: Konzeptionelle Überlegungen zur schulischen Verbraucherbildung. In: Mitteilungsdienst der VZ/NRW 3 – 1982, S. 13.

Diese Position hat Hampel in einem kritischen Resümee veranlasst, die Frage „Käufererziehung“ oder „Verbrauchererziehung“ aufzuwerfen.[10] Die Schule dürfe sich nicht einer Spielart des „homo oeconomicus“, einem vordergründigen Rationalverhalten, wie produktkritisch, preisbewusst und werbekritisch zu machen, verschreiben, sondern müsse die Ausübung der Konsumfreiheit als Chance zur individuellen Selbstwerdung und autonomen Lebensgestaltung in Ansatz bringen, die am gesamten Lebenssinn festzumachen ist, also an einem meta-ökonomischen Bezugspunkt. Es ginge nicht um das vordergründige Kaufverhalten, sondern um die Vermittlung von Qualifikationen, die erlauben, die Fragen nach dem „Wie“ und „Wozu“ des Konsums zu stellen.

Inzwischen hat sich verbraucherpolitisches Denken, über das Marktmodell hinausgehend, bezüglich haushaltsinterner Beratung[11], Leistungen des Staates[12] und Selbstverwirklichung[13] ausgedehnt.

Während die hierzulande entstandene Verbraucherpolitik auf der Basis des Wettbewerbsmodells gesamtwirtschaftlich angelegt ist, trägt der amerikanische Konsumerismus einzelwirtschaftliche Züge insofern, als er sich aus einer Bewegung gegen das Missstände im Gefolge habende Marketing von Unternehmungen, also zunächst als Antimarketing, entwickelt hat, dann aber weiter ausgreift, öffentliche Güter einbezieht, Schutzaktivitäten des Staates fordert und Berücksichtigung von Verbraucherfragen in der Schulausbildung verlangt.[14] Ungeachtet des unterschiedlichen Ursprungs stimmen die Argumente im einzelnen überein.

Gleichwohl gehen das facettenreich ausgeweitete und kaum noch durchschaubare Marketing und Verbraucherarbeit als Konsumerziehung eine Symbiose ein.[15] „Es geht um die Frage, inwieweit der Interessenkonflikt zwischen Anbietern und Verbrauchern durch Formen einer verbesserten Interaktion und Kommunikation geregelt werden kann ...“ Auf den Grund gegangen wird vielschichtigen Problemen, die sich aus der konkurrierenden Einflussnahme von Kommunikationsmächten und Sozialisierungsinstanzen ergeben, wobei das biblische Bild des kriegerischen Konfliktes zweier ungleich ausgerüsteter Gegner – hier Marketing als mächtiger Goliath, dort Konsumerziehung als schwächlicher David – als kontrovers interpretierte Deutungsmuster bemüht werden.

2.4.2.3 Aufbruch zur verbrauchererzieherischen Problematik in der Pädagogik

Während sich das Bildungsdenken der Verbraucherpolitik wegen seiner Marktbezogenheit aus einem Partialansatz heraus entwickelt hat, stellen pädagogische Bemühungen von vornherein auf personale Totalmodelle ab. Benning legt dar, dass Konsumerzie-

---

10 Hampel, Gustav: Verbrauchererziehung oder Käufererziehung? In: Hauswirtschaftliche Bildung 1973, S. 176 ff.

11 Schneider, Lothar: Die Notwendigkeit zur Entwicklung neuer Wege in der Verbraucherberatung. In: Verbraucherarbeit – Herausforderungen der Zukunft, hrsg. von Reinhard Rock u. Karl-Heinz Schaffartzik, Frankfurt/M. u. a. 1983, S. 116 ff.

12 So schon Meyer-Dohm, P.: Konsumpolitik und Marktwirtschaft. In: Wirtschaft und Gesellschaft, hrsg. von E. Arndt u. a., Tübingen 1975, S. 238 ff. – Scherhorn, Gerhard: Konsumfreiheit als Leitbild der Verbraucherbildung. In: Verbraucherrundschau 2 – 1973, S. 8 f.

13 Den von Scherhorn und Eichler entwickelten Ansatz stellt kritisch dar Leonhäuser, Ingrid-Ute: Bedürfnis, Bedarf, Normen und Standards. Berlin 1988, S. 34 ff.

14 Vgl. Meffert, Heribert: Konsumerismus – neue Dimension des Marketing? In: Markenartikel 1973, S. 320 ff. – Petermann, Günter: Marketingkritik und kritische Verbraucherreaktion. In: Markenartikel 1974, S. 422 ff. – Grothues, Ulrich: Konsumerismus, Konsumerziehung und Politische Bildung. In: Erziehungswissenschaft und Beruf 1974, S. 334 ff.

15 Preuß, Volker/Steffens, Heiko (Hrsg.): Marketing und Konsumerziehung. Goliath gegen David? Frankfurt/New York 1993, S. 7, 10 f., 37, 238 ff., 249 ff. u. 293 ff.

hung integraler Bestandteil der Gesamterziehung und Konsum pädagogisch nicht anders als andere Lebensäußerungen zu bewerten sei.[16]

In Sorge um das allgemeine Schulwesen vermisste die Allgemeine Pädagogik die Wahrnehmung von Aufgaben der Konsumentenerziehung, so dass in diese Lücke Weber mit einer systematisch ausgearbeiteten und auf die Hauptschule gerichteten Abhandlung hineinstieß.[17] Nicht ungenannt bleibe ferner Giesecke, der Konsum als Moment der Freizeiterziehung kenntlich machte[18], und schließlich das anregend wirksam gewordene Buch von Beer, der wirtschaftspsychologisch von Werbewirkungen ausging.[19] Diese drei Bücher stellen im Grunde genommen überhaupt den Anfang einer Theorie der Konsumentenerziehung dar und haben, wie aus mehreren Auflagen hervorgeht, eine große Verbreitung und Beachtung gefunden. In den 60er Jahren erschienen, sind sie jedoch stark von der eingangs erwähnten konsumkritischen Strömung durchtönt.

2.4.2.4 Wirtschaftswissenschaft und Didaktik der Wirtschaftslehre als Promotor von Verbrauchererziehung

Um verbrauchererzieherische Probleme in Angriff nehmen zu können, bedarf es solider wirtschaftswissenschaftlicher Kenntnisse, aber die hauptamtliche Tätigkeit des Theoretikers muss auch mit dem Fragenkomplex korrelieren. Insofern hat sich mit nachhaltiger Ergiebigkeit die Einrichtung von Lehrstühlen für Wirtschaftswissenschaft und Didaktik der Wirtschaftslehre ausgewirkt.

Ihre Entstehung steht im Zusammenhang mit den 1964 gegebenen Empfehlungen des Deutschen Ausschusses für das Erziehungs- und Bildungswesen zur Arbeitslehre in der Hauptschule, die im Laufe der Diskussion und im Zuge der bildungspolitischen Verwirklichung eine Ausweitung zur „Hinführung zur Wirtschafts-, Arbeits- und Berufswelt“ erfahren hat. Indem die ursprünglich technisch determinierte Arbeitsweltorientierung eine sozialökonomische Fundierung und Ausweitung erhielt, war insbesondere besagte Wirtschaftsdidaktik gefordert, deren Überlegungen sich aber bald nicht mehr auf die Hauptschule beschränkten. Durch die Parallelität von Fachwissenschaft und Fachdidaktik präparierte letztere die verbrauchererzieherische Intention aus der mikroökonomischen Konsumökonomie und makroökonomisch unter wirtschaftspolitischem Aspekt aus der Gesellschaftsökonomie heraus. Durch die wirtschaftspolitische Einstellung bedingt, lag der Rückgriff auf die Verbraucherpolitik nahe.[20] Zeugnis dafür legt u. a. die Zusammenarbeit von Lehrstuhlangehörigen mit der Arbeitsgemeinschaft der Verbraucher (AGV) in Bonn ab, die zu Modellseminaren oder Publikationen beitrugen (Dörge, Steffens, Krafft, Kaminski).[21]

Außer der Nähe der nordrhein-westfälischen Lehrstühle zu Spitzenorganisationen der Wirtschaft und besagter AGV gab das besondere Interesse der Düsseldorfer Landes-

---

16 Benning, A.: Konsumerziehung. In: Lexikon der Pädagogik, II. Band, Freiburg 1970, S. 477.

17 Weber, Erich: Die Verbrauchererziehung in der Konsumgesellschaft. Essen 1967, 2. Auflage 1969.

18 Giesecke, Hermann (Hrsg.): Freizeit- und Konsumerziehung. Göttingen 1968, 2. Auflage 1971, 3. Auflage 1974.

19 Beer, Ulrich: Konsumerziehung gegen Konsumzwang. Tübingen 1967, 2. Auflage 1970, 3. Auflage 1974.

20 Bundesfachgruppe für ökonomische Bildung: Zur Ökonomie in der Lehrerbildung. o.J. (1981).

21 Verbraucherrundschau Heft 2, 1973 (Verbrauchererziehung); Heft 11, 1975 (Verbraucherbildung in der Erprobung); Heft 4/5, 1977 (Verbraucherbildung in der Entwicklung); Heft 8/9, 1978 (Verbrauchererziehung in der Lehrerfortbildung).

regierung[22] an schulischer Realisation der dortigen verbrauchererzieherischen Reflexion erhebliche Schubkraft. Um einige Beispiele zu nennen, sei auf die Arbeiten von Steffens, Kaminski und Meyer hingewiesen, die hier ihren Ausgang nahmen.[23] Krol gab viele Jahre Informationshefte zu „Verbrauchererziehung und wirtschaftliche Bildung“ heraus (1995 eingestellt). Kaiser und Kaminski sind in Verbindung mit der Stiftung Verbraucherinstitut Berlin um „Unterrichtsmodelle zur Verbraucherbildung in Schulen“ (1981 ff.) bemüht. Schließlich seien die von Dörge und Steffens herausgegebenen „Fallstudien zur Verbraucherbildung“ (1974) genannt. Ebenfalls aus dieser Richtung stammend, stellte Twardy 1978, nunmehr aber schon disziplinär ausgestattet, eine „Konsumpädagogik“ vor und näherte sich damit der Wirtschaftspädagogik.[24]

2.4.2.5 Wirtschaftspädagogik und Konsumentenerziehung

Eigentlich hätte Konsumentenerziehung ein zentrales Thema von Wirtschaftspädagogen sein müssen. Da jedoch die Etablierung von Lehrstühlen an Wirtschaftsfakultäten und (Handels-)Wirtschaftshochschulen in den 20er Jahren aus Gründen der Handelslehrerbildung erfolgte, stand die Berufsbildungsproblematik im Zentrum ihres Interesses. Sofern sie jedoch über die Struktur ihrer Disziplin nachdachten, entging ihnen die konsumentenerzieherische Aufgabe nicht. Systematisch gesehen, räumten sie der Fragestellung allen anderen voran einen Platz ein, füllten ihn aber nicht aus. Daran hat sich wegen des Übergewichtes berufspädagogischer Forschung und Lehre bis heute nicht viel geändert. In seinen 1928 erschienenen „Grundfragen der Berufsschul- und Wirtschaftspädagogik“ wies Friedrich Feld auf die Notwendigkeit allgemeiner Wirtschaftsbildung hin (S. 29) und rückte „Konsumtion“ als Bildungsaufgabe für Mädchenschulen in den Blick. Ferner stellte Löbner in seinem 1935 herausgekommenen Buch „Wirtschaft und Erziehung“ Konsumentenerziehung und häusliche Wirtschaftserziehung (S. 44) heraus. Gleiches taten wir erstmals 1968. In neuerer Zeit sind grundlegende Arbeiten von Berke[25] und Baumgardt[26] zu nennen.

Insofern Wirtschaftspädagogen Lehrstühle für Wirtschaftswissenschaft und Didaktik der Wirtschaftslehre übernahmen, wurde ihr Interesse gewissermaßen zwangsläufig auf Konsum als Anknüpfungspunkt für Wirtschaftserziehung an allgemeinen Schulen gelenkt.

Von Dauenhauer[27] stammt eine Didaktik, die von Fragen der fachlichen Verbraucheraufklärung zum Entwurf einer Konsumpädagogik übergeht. Angesichts der Einstiegsmöglichkeiten in das sog. Wirtschaftsleben über Unternehmung/Beruf oder Privathaushalt/

---

22 Krafft, Dietmar (Hrsg.): Verbrauchererziehung an den Hauptschulen in Nordrhein-Westfalen. Band I und II und eine Kurzfassung, Düsseldorf 1975. – Krafft, Dietmar (Hrsg.). Verbrauchererziehung an den Realschulen und Gymnasien des Landes Nordrhein-Westfalen. Band I, II und III und eine Kurzfassung, Düsseldorf 1977.

23 Steffens, Heiko: Strategie der Verbraucherbildung. In: Verbraucherpolitik in der Marktwirtschaft, hrsg. von Bernd Biervert u. a., Rowohlt 1978, S. 224 ff. – Ders.: Verbrauchererziehung, Fernstudienlehrgang Arbeitslehre, Deutsches Institut für Fernstudien an der Universität Tübingen 1980. – Kaminski, Hans: Verbrauchererziehung in der Sekundarstufe I. Bad Heilbrunn 1978. – Meyer, Heinrich: Europäische Verbrauchererziehung. Frankfurt/M. 1983.

24 Twardy, Martin (1978): Konsumpädagogik. München/Köln 1983.

25 Berke, Rolf: Lernziel – kritischer Verbraucher. In: Verbraucherschutz in der Marktwirtschaft, hrsg. von Erwin Dichtel, Berlin 1975, S. 161 ff.

26 Baumgardt, Johannes: Erziehung zum sinnvollen Konsumieren. In: Erziehung zum Handeln, Festschrift für Martin Schmiel, hrsg. von Johannes Baumgardt und Helmut Heid, Trier 1978, S. 25 ff.

27 Dauenhauer, Erich: Verbraucherkunde und ihre Didaktik. Paderborn 1978.

Konsum gliedern wir die Wirtschaftspädagogik in die Hauptgebiete „Berufspädagogik" und „Konsumentenpädagogik". Wenn überhaupt Konsumentenerziehung vorangebracht werden soll, muss, wie wir es getan haben[28], unermüdlich die Einrichtung entsprechender Lehrstühle und Forschungsinstitute an Universitäten gefordert werden, die überdies in der Lage sind, die im Argen befindliche Lehrerbildung in die Wege zu leiten. Dafür besteht aber wegen der maroden Staatsfinanzen in absehbarer Zeit keine Chance.

Eine weitere Untergliederung der konsumbezogenen Wirtschaftspädagogik – z. B. in Kreditpädagogik oder Werbepädagogik[29] – ist mit Sicherheit nicht institutionalisierungsfähig, was nicht heißt, dass Krediterziehung oder Werbeerziehung als Objekte pädagogischer Reflexion entfallen sollten. Bei ihnen handelt es sich um Phänomene der Erziehungswirklichkeit, während der Begriff „Pädagogik" herkömmlich die darauf bezogene Fachwissenschaft meint. Insofern ist die Formulierung „Werbepädagogik in der Grundschule" nicht glücklich gewählt.

2.4.2.6 Stiftung Verbraucherinstitut Berlin (VI)

Insbesondere unter Entwicklungsaspekten ist auf das Verbraucherinstitut speziell einzugehen. Hier ist der Beleg dafür, dass ohne eine Institution mit Personal und Sachmitteln Konsumerziehung nicht voranzubringen ist. Für die vorangehend dargestellten Ansätze ist charakteristisch, dass es sich stets nur um „Gelegenheitsarbeit" handelt, denn im Spektrum jener Lehr- und Forschungsgebiete nimmt Konsum und Erziehung nur einen engbegrenzten und nicht einmal unbedingt obligatorisch zu betreuenden Platz ein. Damit entfällt die permanente Auseinandersetzung mit der Problematik. So versteht sich, dass die Euphorie der 70er bzw. 80er Jahre abgeflaut ist.

Voll eingestiegen war inzwischen das 1978 von der Arbeitsgemeinschaft der Verbraucherverbände und der Stiftung Warentest gegründete und durch den Bundesminister für Wirtschaft finanzierte Berliner Verbraucherinstitut. Nicht nur, dass die ständige Konzentration auf das spezielle Themengebiet zur Ansammlung eines geballten Sachverstandes geführt hat, sondern auch, dass sich das Leistungsangebot an „Multiplikatoren" – nämlich an Mitarbeiter/innen von Verbraucherorganisationen, Lehrer/innen, Erwachsenenbildner, Journalisten, Politiker etc. – richtet, hat dem Institut eine konkurrenzlose und dominierende Stellung verschafft, was auch durch die vielen Veröffentlichungen in den letzten Jahren dokumentiert wird.

Prinzipiell ist die Zielsetzung verbraucherpolitisch initiiert. Soweit uns jedoch nicht Aktivitäten (Seminare, Tagungen, Workshops, Fernlehrgänge, Expertengespräche, Medienpakete, Publikationen) bezüglich Beratung und Verbraucherschutz interessieren, sondern Erwachsenenbildung und schulische Verbraucherbildung, hat darüber hinausgehend ein mehrdimensionales und „bereichsübergreifendes" Denken Platz gegriffen[30] (z. B. ökonomisch, ökologisch, psychisch, sozial, politisch, rechtlich, ethisch orientiert).

---

[28] Pleiß, Ulrich: Die Abgrenzung der Wirtschaftspädagogik als aktuelles methodologisches und wissenschaftspolitisches Problem (1969). In: Ders. Wirtschaftspädagogik, Bildungsforschung, Arbeitslehre. Heidelberg 1982, S. 87, vgl. auch S. 131 = Konsumpädagogik (1976). – Ders.: Berufs- und Wirtschaftspädagogik als wissenschaftliche Disziplin. In: Arbeits-, Berufs- und Wirtschaftspädagogik im Übergang, Festschrift zum 60. Geburtstag von Gerhard P. Bunk, hrsg. von Rudolf Lassahn und Birgit Ofenbach, Frankfurt/M. 1986, S. 127 f. – Ders.: Begriffliche Studien zur Konsumentenerziehung. Baltmannsweiler 1987, S. VII.

[29] Hamm-Beckmann, Anja: Kreditpädagogik zur Prävention privater Überschuldung. Köln 2000, S. 3, 5 u. 207. – Deutsches Jugendinstitut (Hrsg.): Werbepädagogik in der Grundschule. Opladen 1997.

[30] Vgl. Jahresprogramme 1990, A 37; 1994, A 45; 1995, A 27; 1991, A 60.

Zugleich hat man sich von pädagogischer Intentionalität leiten lassen, verdeutlicht durch den erweiternden Sprung: „Vom Lernzielkatalog zur Bildungskonzeption“.[31]

Bezüglich Strömungen ist also festzustellen, dass die konsumentenerzieherischen Richtungen aufeinander zugelaufen sind, dass es, Konzeptionen betreffend, kaum Unterschiede gibt. Das Problem besteht vielmehr darin, die Konzeptionen zu instrumentieren, klarzulegen, wie das Intendierte „rübergebracht“ wird: sei es in Lehrplänen der Bildungseinrichtungen, sei es durch Methodik und Unterrichtsmodelle. Dabei spielt das hauptamtlich besetzte Verbraucherinstitut die maßgeblichste Rolle, und zwar durch die Schaffung von Unterrichtsmaterialien mit entsprechender Instruktion der Multiplikatoren. Leider ist die Story damit nicht zu Ende. Seit 1997 litt das Institut unter Kürzungen der Bundesmittel, was die Streichung von Veranstaltungen, Reduzierung von Publikationen und Entlassungen zur Folge hatte. Für die Fachwelt ist es schon beklemmend, wenn es 1999/2000 hieß: „Mit diesem Jahresbericht präsentiert sich das Verbraucherinstitut (VI) ein letztes Mal einer breiteren Öffentlichkeit“. Jedoch ist es zusammen mit der Arbeitsgemeinschaft der Verbraucherverbände (AgV) und dem Verbraucherschutzverein (VSV) im November 2000 in der „Verbraucherzentrale Bundesverband e.V.“ (vzbv) Berlin aufgegangen. Abzuwarten bleibt, wie sich die finanzielle Aufwertung des vzbv infolge des im Januar 2001 errichteten Bundesministeriums für Verbraucherschutz, Ernährung und Landwirtschaft auf die zukünftige Förderung der Verbraucherbildung auswirken wird.[32]

2.4.3 Überlegungen zur Zweckmäßigkeit der Begriffsbildung

Ein ordnendes Aufarbeiten im Hinblick auf „Verbrauchererziehung/Verbraucherbildung“ bzw. „Konsumentenerziehung/Konsumerziehung“ – Ausdrücke wie „Konsumentenbildung“ oder „Konsumbildung“ finden sich nicht – kann sich entweder auf das Bestimmungswort „Verbraucher/Konsument“ als der adressatenbezogenen Inhaltskomponente richten oder auf das Grundwort „Erziehung/Bildung“ als der Vermittlungskomponente.

2.4.3.1 Impulse aus der Volkswirtschaftslehre

Das die Adressaten von Erziehung/Bildung näher kennzeichnende Bestimmungswort „Verbraucher“ oder „Konsument“ ist in der Regel in Anlehnung an die Volkswirtschaftslehre definiert worden. Durch deren modelltheoretische Vorgaben, sei es in der Mikroökonomie als Haushalts- bzw. Konsumtheorie oder sei es in der Makroökonomie als Darstellung des haushaltssektoralen Einkommenserzielungs- und Verwendungsprozesses, sind nur marktorientierte Definitionen möglich. Aus Vereinfachungsgründen endet nämlich der wirtschaftswissenschaftlich interessante Produktions- und Verteilungsprozess, wenn ein Gut in den Bereich des „Wirtschaftssubjekts“ Privathaushalt gelangt ist, der als black-box behandelt wird.

Bedeutet das Fremdwort „Konsum“ wie auch der deutsche Ausdruck „Verbrauch“ exakt „Verzehr“, dann gilt die mit „Konsumausgaben“ verbundene „Marktentnahme“ bzw. der ökonomische (nicht juristische) „Kauf“ von Sach- und Dienstleistungen als

---

[31] Vgl. Jahresprogramme 1991, A 60; 1992, A 56. Weiterhin vgl. Preuß, Volker: Zum Verhältnis von Marketing und Konsumerziehung. In: Preuß/Steffens (Hrsg.) Goliath gegen David, 1993, S. 286 ff. – Verbraucherbildung in der Schule, hrsg. von der Stiftung Verbraucherinstitut, Berlin 1993, S. 13 f. und 18 ff.

[32] Stiftung Verbraucherinstitut: Jahresbericht 1995/96, S. 2. – dto: Jahresbericht 1999/2000, S. 2 u. 16. – Verbraucherpolitische Korrespondenz, Nr. 24 vom 4. Dezember 2001, S. 2f.

Verzehr von Teilen des Sozialprodukts durch den als „Letztverbraucher" bzw. schlicht als „Konsumenten" benannten Privathaushalt. Dieses modelltheoretische „Wirtschaftssubjekt" ist, selbst wenn der zugrunde liegende Sachverhalt voll in die Verbrauchererziehung eingebracht wird, zur Begriffsbestimmung nicht geeignet, denn darauf ließen sich nicht kritisches oder verantwortungsbewusstes Handeln beziehen.

2.4.3.2 Personale Subjekte in Marketingtheorie und Soziologie

Die beiden genannten Disziplinen müssen tiefer greifen, den haushaltsdeterminierten „black-box-Konsumenten" aufhellen, vom Wirtschaftssubjekt zum personalen Subjekt vorstoßen. Die Soziologie bietet dafür die „Verbraucherrolle" an, die für bestimmte Theorien sehr hilfreich sein mag, nicht aber für erzieherische Zielsetzungen, weil die isoliert-abstrahierte Rolle neben anderen Rollen wie Sparer, Kreditnehmer, Steuerzahler, Freizeitgestalter nicht die Ganzheit der Person trifft. Die Marketingtheorie analysiert personales Konsumentenverhalten, reduziert aber den mehrphasigen Prozess der Konsumentscheidung auf Käuferverhalten, weil ihr erkenntnisleitendes Interesse an Absatzstrategien von Unternehmungen festgemacht ist.

Im übrigen gehen beide Richtungen mit dem Begriff „Konsumentensozialisation"[33] auf erzieherische Belange ein. Der der amerikanischen Soziologie entnommene Begriff betrifft die Anpassung von Individuen an die in Gesellschaft oder Gruppen vorherrschenden Normen und Werte, speziell an die durch Familie, Freundschafts- und Nachbarschaftsbeziehungen, Massenmedien und Werbung beeinflusste Konsumentenrolle. Solche Sozialisation geschieht fortlaufend, d. h. vom frühen Kindesalter an. Den Wirkungen kommt jedoch keine letzte Gültigkeit zu; genuine, d. h. **beabsichtigte** Konsumentenerziehung, wird diesen Grundprozess kritisch zu reflektieren haben.

2.4.3.3 Verbraucherpolitische Begriffsvorstellungen

Die Herkunft von Verbraucherpolitikern aus der volkswirtschaftlichen Studienrichtung hat für das marktbestimmte Verbraucherverständnis gesorgt, das mit der Figur des Käufers immer noch überwiegt. Stauss[34] kommt sogar zu dem Schluss, dass angesichts verbraucherpolitischer Zielsetzungen die Vorstellung vom Verbraucher als Adressat des marktvermittelten Güterangebots den klarsten Bezugspunkt liefert. Durch die Einbeziehung öffentlicher Güter schlechthin gehe verbraucherpolitisches in allgemeinpolitisches Handeln über, eine kaum noch zu bewältigende Ausuferung des Verbraucherinteresses, so dass es geraten sei, auch im öffentlichen Bereich jenen als Verbraucher anzusehen, der durch Tauschprozesse öffentliche Güter wie Verkehrsleistungen, Strom, Wasser, Postdienste usw. erwirbt.

Wenn Stauss[35] dem Verbraucherbegriff weiterhin die Eigenproduktion im Haushalt zuordnet, dann ist das nur möglich unter Neuauflage des bereits zurückgewiesenen Verständnisses von Haushalt als Konsument mit der Folge, dass alle hauswirtschaftlichen Tätigkeiten, alles was im Haushalt geschieht, Konsumentenverhalten darstellt.

Die Abgrenzung der Vermittlungskomponente ist wesentlich von Scherhorn vorangebracht worden[36], der allenthalben in der Literatur zitiert wird. Gleichgültig, ob Ver-

---

33 Vgl. Kroeber-Riel, Werner: Konsumentenverhalten. 3. Auflage, München 1984, S. 635. – Roth, Richard: Die Sozialisation der Konsumenten. Frankfurt/M. 1983.

34 Stauss, Bernd: Verbraucherbegriff und Verbraucherpolitik. In: Mitteilungsdienst der Verbraucherzentrale NRW 3–1982, S. 68 f.

35 Ders.: a. a. O., S. 67 u. 69.

36 Scherhorn: Verbraucherinteresse 1975, S. 131 ff. u. 211.

braucherinformation oder -beratung, Verbrauchererziehung oder -bildung, diese Differenzierung ist im Grunde genommen immer auf Informationen, auf Wissenstransfer, abgestellt. Die Verbraucherinformation wird als Vermittlung von Einzelproblemen verstanden, und zwar ohne systematischen Zusammenhang mit anderen Problemen und ohne Einübung des Gelernten, sei es durch Massenmedien, sei es durch Beratungsstellen. Erweitert sich allerdings Einzelberatung[37] zu Gruppenberatung, nimmt sie schon Züge von Verbraucherschulung an. Beide werden auch unter Verbraucheraufklärung subsumiert.[38]

Der Begriff „Verbraucherbildung" betreffe nach Scherhorn hingegen alle Maßnahmen, die der Unterrichtung über zusammenhängende Stoffgebiete bzw. der systematischen Einübung grundlegender Verhaltensweisen dienen. Die Verbraucherbildung teilt sich in „Verbraucherschulung", die auf Kurse der Erwachsenenbildung, auf Fern- oder Selbstunterrichtung zutrifft, und „Verbrauchererziehung", deren Adressaten Kinder und Jugendliche im Lernort Schule sind. Im übrigen plädiert Steffens dafür, Verbraucherbildung und Verbrauchererziehung synonym zu verwenden.[39]

2.4.3.4 Personenbezogene Begriffsbildung – wirtschaftspädagogische Begriffsortung

Die bisher aufgewiesene Bindung der Verbrauchererziehung an die Marktstellung des Verbrauchers und an die Verbraucherrolle befriedigt pädagogisch und wirtschaftspädagogisch nicht. Die Erziehungswissenschaft befasst sich mit dem Individuum als ganzheitliche und zu fördernde Person. Konsum ist ein physisch-psychischer Sachverhalt und darf daher nicht ökonomisch definiert werden. Die letzte Produktionsleistung im Privathaushalt charakterisiert das Ende des Wirtschaftsprozesses, die Bereitstellung von Gütern für Zwecke des Konsums. Die davon abzuhebende Konsumphase stellt eine besondere Art der Auseinandersetzung des Menschen mit der Welt dar.[40] Ursache ist die Nutzung oder der Verzehr von Gütern, Wirkung die Bedürfnisbefriedigung und damit einhergehend die Existenzsicherung des Menschen. Weil jedoch das personale Konsumieren die Güterbereitstellung voraussetzt, wird durch den personalen Konsumakt der Güterbestand dezimiert. Folglich erweisen sich der ökonomische Begriff „Endverbrauch", der sich auf den Verzehr bereitgestellter Güter bezieht, und der Begriff „Konsum", der auf den personalen Akt des Konsumierens zielt, als zwei Seiten ein und derselben Erscheinung. Infolgedessen ist es unzweckmäßig, wirtschaftspädagogisch von „Letzt**verbrauchern"** zu sprechen, wenn man **„Konsumenten"** meint.

Wenn der Erziehungsbegriff wirtschaftspädagogisch gebraucht wird, geht er über die verbraucherpolitische Begrenzung hinaus, denn Information, Aufklärung und Beratung fallen unter die Fremderziehung, und sogar die soziologische Konsumentensozialisation wird abgedeckt durch die funktionale Erziehung. Nicht zu leugnen ist natürlich, dass kein absoluter Erziehungsbegriff zur Verfügung steht, denn dadurch, dass er von Intentionen her geprägt ist, erliegt er zeitbedingten Denkrichtungen. Durch den Ausgang vom Intentionalen ist der **Erziehungsbegriff** an das **Erziehungshandeln** gebunden und selbst wenn funktionales (unbeabsichtigtes) Erziehungsgeschehen und (eigengesteuerte) Selbsterziehung begrifflich eingeschlossen sind, erfolgt diese Subsumierung

[37] Hoffmann, Annemarie L.: Verbraucherberatung als Hilfe zur Selbsthilfe – Ziele, Mittel und Erfolge. In: Hauswirtschaftliche Bildung 1980, S. 9 ff.

[38] Zweiter Bericht der Bundesregierung zur Verbraucherpolitik. Sonderdruck 1975, S. 48.

[39] Steffens, Heiko: Verbrauchererziehung – Begriff und Richtziele. In: Mitteilungsdienst der Verbraucherzentrale NRW 3 – 1982, S. 2.

[40] Vgl. auch Baumgardt: Erziehung zu ... 1978, S. 27.

nur unter der Bedingung, dass eingetretene Wirkungen im Sinne von Intentionen positiv bewertet werden. Um das konkrete Erziehungshandeln operational zu machen, bedarf es einer **Zielkonzeption,** für die der Begriff der **„Bildung"** steht, nämlich der intentionale Entwurf im Hinblick auf das reflexive „Sich-Bilden" der Person. Erziehung geht also vom Handelnden aus; Bildung steht für die Zielkonzeption.

2.4.4 Weisen des Konsumierens und Güterarten

Wir haben Konsumieren als physisch-psychisch gesteuerte Handlungen des Menschen kenntlich gemacht. Liegt zwar dem Wort „Konsum" die Bedeutung von „Verzehr" zugrunde, so darf das Verzehren bezüglich verschiedener Güterarten nicht zu eng ausgelegt werden. „Verzehren" trifft nur auf kurzfristig konsumierbare Güter wie Brot, Butter oder Kaffee zu. Bei längerfristig gebrauchsfähigen Gütern wie Häusern, Autos oder Wohnungseinrichtungen spricht man von „Nutzung". Für Dienstleistungen eignet sich das Wort „Inanspruchnahme". Bleiben noch als besondere Güterart Informationen zu erwähnen, die „zur Kenntnis" genommen werden.

Richteten sich ursprünglich konsumentenerzieherische Intentionen auf private Wirtschaftsgüter, so wird inzwischen allenthalben die Meinung vertreten, öffentliche Leistungen einzubeziehen. Offen bleibt jedoch das Problem, wie es um freie Güter bestellt ist. Konsumiert man freie Güter? Nun gibt es wohl außer der Luft, dem freien Meer und Regenwasser kaum noch freie Güter, besser gesagt, absolut freie. Uns scheint es nicht zweckmäßig zu sein, sie dem Konsumbegriff zu unterwerfen. Aber sie sind, man denke an die fortlaufende Zerstörung der Umwelt, konsumerzieherisch **relevant.** Gleicherweise ließen sich „quasi" freie Güter herausstellen. Sie sind knapp und gehören anderen, und zwar meistens dem Staat, stehen aber zur freien Nutzung zur Verfügung. Wenn es darum geht, das Bewusstsein zur Vermeidung von Umweltschäden zu wecken, dann darf vor absolut und quasi freien Gütern nicht haltgemacht werden.

Für konsumentenpädagogische Erwägungen mag also gelten, dass für knappe Güter der Verzehr, für freie das Bewahren maßgeblich ist.

Der sich hier andeutende ökologische Aspekt nährt die Maxime eines „Nachhaltigen Konsums", die durch die 1992er UN-Konferenz in Rio de Janeiro bezüglich „Sustaina ble Development" ins Bewusstsein gebracht worden ist. Dort ging es um ökonomische Entwicklungschancen für alle Staaten, gerechten Ausgleich der Lebenschancen zwischen Nord und Süd und Erhalt der natürlichen Lebensgrundlagen. Gemäss Kapitel 4 der verabschiedeten Agenda 21 ist damit die Veränderung von Konsumgewohnheiten programmiert, so dass man sich international um „Sustainable Consumption" bemühte. Da das Thema durch Verbraucherinformation und -bildung transportiert werden muß, sorgte das Berliner Verbraucherinstitut 1994 und 1996 mit Workshops „Nachhaltiger Konsum" für die Verbreitung des Anliegens. (Sustainable = nachhaltig = zukunftsträchtig = zukunftsförderlich).[41]

Als weitere Konsumweise ist der „kompensatorische Konsum" zu nennen, der nach Lange physisch-psychische Defizite dämpfen soll. Nicht des Gebrauchswertes wegen wird gekauft, sondern um im Zuge unbewusster Selbsthilfe über Frustrationen hinwegzukommen. Bei Verengung auf bestimmte Objekte entstehen Süchte (Nikotin, Kaufsucht); die Person wird vom Suchterleben abhängig.[42]

---

41 Stiftung Verbraucherinstitut (Hrsg.): Nachhaltiger Konsum. Berlin 1996.

42 Lange, Elmar; Muck, Franz: Werkstatt Konsumpädagogik. Hamm 1997, S. 10f.

2.4.5 Konsumhaltung als Zerrbild

Ganz im Gegensatz zur Pädagogik, die Haltung wegen ihrer sittlich motivierten Konstanz als zielrelevant schätzt, hat euphorische Sozialkritik unter Zuhilfenahme des an Kauf gebundenen Konsumbegriffs eine Negativbestimmung von Konsumhaltung vorgenommen. Man hat so etwas wie eine „illegitime" Konsumhaltung konstruiert, beklagt die Totalisierung und Habitualisierung des Konsums, meint, dass sich der Mensch antlitzlos und als ausgestorbene Existenz zeige und erhebt angesichts dieser isolierten Daseinsverfassung erzieherische Forderungen.[43] Als legitim gilt ein Konsumverständnis, das mit dem Kauf von Waren, also von Sachleistungen, im Zusammenhang stehe, bei dem mit der Zahlung alles abgegolten sei, man äußerst passiv bleibe, ohne Reue genießen könne und sich im Glauben von Lebenserfüllung wiege. Die Illegitimität beginne dort, wo diese Konsumhaltung in andere Lebensgebiete wie Geselligkeit, Unterhaltung, Bildung, Tourismus, Sport übertragen werde. Hier dürfe nicht mehr der Grundsatz des Käuflichen gelten; Aktivität sei gefordert; der entrichtete Pauschalpreis sichere noch nicht das Erlebnis einer Reise; Sport bedürfe der Ausübung und nicht des Zuschauens.[44]

Wenn die erzieherische Forderung erhoben wird, dass zwischen dem Konsumierbaren und dem Nichtkonsumierbaren unterschieden werden könne, und für Nichtkonsumierbares die Konsumhaltung unangemessen sei, dann ist dieses Verlangen, was Dienstleistungen angeht, als Ausfluss eines reduzierten, an Sachleistungen gebundenen Konsumbegriffs verfehlt. Bestimmten Wirtschaftsgütern gegenüber einen Bereich uneigentlichen Konsums abzustecken und eine verdammungswürdige illegitime Konsumhaltung auszuhecken, vergewaltigt die Tatsachen.

2.4.6 Zwischen Konsumzwang und Konsumfreiheit

Wenn man dem Postulat der Freiheit und Selbstbestimmung in der Konsumentenerziehung den Vorrang gibt, beschwört man gerne als anzugreifende Gegenposition bestimmte Zwänge. Keinesfalls dürfen sie so absolut und undifferenziert gehandhabt werden, wie das oft geschieht. Im größeren Zusammenhang gesehen, resultiert Konsumzwang aus individueller Determiniertheit, beschränktem Konsumbudget, sozialem Eingegliedertsein und suggestiver Bedürfnisweckung.

Was zunächst die individuelle Befindlichkeit angeht, ist der Mensch wegen seiner Bedürfnislage grundsätzlich gezwungen zu konsumieren, was aber nicht heißt, dass nicht gewisse Handlungsspielräume übrigbleiben. Wenig Entscheidungsfreiheit lassen die sog. Existenzbedürfnisse, die auf Nahrung, Bekleidung, Wohnung usw. gerichtet sind, doch täuscht die Etikettierung mit „existenznotwendig" insofern, als die zur Befriedigung geeigneten Güter der Art nach substituierbar, hinsichtlich der Qualität wählbar und bezüglich der Menge kaum festgelegt sind. Disponibler erweisen sich Wohlstands- oder gar Luxusbedürfnisse. Die herkömmlich bekannte Bedürfnis-Güter-Einteilung enthüllt ihre Relativität, denn es zeigt sich, dass existenznotwendige Güter zugleich solche der Wohlstands- oder Luxuskategorie sein können. Ist zwar ein naturhaft auferlegter Konsumzwang gegeben, so beseitigt er nicht gewisse Freiheitsspielräume.

---

[43] Weber: Verbrauchererziehung 1969, S. 34 f. u. 78 ff. – Beer: Konsumerziehung 1967, S. 16 u. 19 ff. – Scherer: Konsumhaltung 1958, S. 108. – Imobersteg: Entwicklung des Konsums 1967, S. 198 ff.

[44] Weiterführend Preuß, Volker: Sport, Wirtschaft und Konsum. In: Verbrauchererziehung und wirtschaftliche Bildung 1991, S. 1–16, insb. S. 9.

Die aufgewiesenen Wahlfreiheiten unterliegen ökonomischen Restriktionen, wie sie durch die verfügbare Konsumsumme gegeben sind. Ein geringes Budget lässt kaum, ein hohes Einkommen hingegen gewährt Entscheidungsmöglichkeiten.

Konsumrelevante Entscheidungsspielräume würden weiterhin durch die gesellschaftliche Einbindung des Menschen eingeengt. Riesman spricht in diesem Zusammenhang vom außengeleiteten Menschen. Als erstes sind Zwänge zu nennen, die vom Lebensstandard ausgehen. Lebensstandard ist eine Norm, die aus der sozialen Gruppe herauswächst und qualitativ wie quantitativ die Daseingestaltung lenkt, indem familiäre Herkunft, Ausbildungsgang und Berufsstatus sich verbrauchslenkend auswirken. Gewissermaßen handelt es sich hierbei um einen statisch wirksamen Zwang; der einzelne will nicht unter das allgemeine Niveau zurückfallen. Von dynamischer Natur erweist sich der Zwang, wenn das Prestigemoment zum Zuge kommt. Besonders das Streben von Aufsteigern nach sozialer Anerkennung bedient sich auffälliger Produkte, die einen hervorgehobenen Status demonstrieren sollen; nicht des Gebrauchs-, sondern des Geltungsnutzens wegen werden sie konsumiert. Dabei liefert jene Gruppe das Leitbild, zu der man gehören möchte und von der man geschätzt zu werden hofft.

Konsumzwänge löse ferner die heutige zur Fremdbedarfsdeckung veranstaltete Massenproduktion aus, die auf anonyme Konsumenten gerichtet ist. Galbraith wagt diesbezüglich die These von der Gesellschaft im Überfluss, die in Sicherung von Vollbeschäftigung und Einkommen die Produktion zum Fetisch erhoben hat. Es gilt nicht mehr nur den dringenden Bedarf zu decken, sondern es wird, weil für viele Produkte Bedürfnisse überhaupt erst geweckt werden müssen, offensichtlich Überflüssiges erzeugt. Ist die paradoxe Situation gegeben, dass die Produktion nicht nur Konsumgüter hervorbringt, die für die Bedürfnisbefriedigung dienlich sind, sondern zugleich Bedürfnisse wecken muss, um Konsumgüter produzieren zu können, dann liegt es auf der Hand, dass man gezwungen ist, Menschen zum Konsumieren zu nötigen. Der Absatzdruck verlängert sich über die Werbung zum Konsumzwang. Die Anstiftung zum Konsum ist u. E. jedoch nicht so geartet, dass der Konsument stringent gezwungen wird.

Der vorstehende Aufriss verdeutlicht, dass das Verhältnis von Konsumzwang und Konsumfreiheit ziemlich relativ geartet ist. Bezieht man darauf erzieherische Absichten, dann ergibt sich, dass gegenüber naturhaftem Konsumzwang und sehr geringem Konsumbudget kein Angriffspunkt für Konsumentenerziehung vorhanden ist. Konsumentenerziehung kann erst dort beginnen, wo Freiheitsspielräume vorhanden sind.

Aus dem aufgewiesenen Kontext heraus sind zwei Hauptfragen erziehungsrelevant: Manipulation (Verführung) zum Konsum versus Appell (Ermahnung) zum Antikonsum.

„Erziehung zum Verbrauch" kann nicht die pädagogische Intention sein.[45] Die Anleitung dazu – von „Erziehung" zu sprechen, wäre verfehlt – soll die Werbung geben, die mit ausgeklügelten und sogar ins Unterbewusste hineinreichenden Maßnahmen Menschen in einen permanenten Konsumrausch versetzen möchte. Solange Werbung nicht betrügerische Informationen verbreitet oder Sittlichkeitsgebote verletzt – z. B. Fernsehbeeinflussung gegenüber noch nicht kritikfähigen Kindern[46] –, ist ihr Versuch, zum Konsumieren anzustiften, durchaus legitim. Dennoch belastet man sie mit dem Odium der Verwerflichkeit, indem sie als „Manipulation" des Konsumenten diskreditiert wird. Das Theorem des Abhängigmachens greift wenig. Zweifellos stehen wir alle in ständi-

45 Fegebank, Barbara: Erziehung zum Verbrauch? In: Die berufsbildende Schule 1974, S. 171 ff.

46 Vgl. Wolsing, Theo: „Früher oder später kriegen wir Euch alle". In: Preuß/Steffens (Hrsg.) Goliath und David, S. 135–164.

ger Kommunikation mit der kulturellen und uns mit Informationen überflutenden Umwelt, die nicht ohne Einfluss bleibt, was Begriffe wie Sozialisation, funktionale Erziehung oder geheime Miterzieher belegen. Die Auswirkung gezielter Manipulation ist ähnlich ungewiss wie die ausgeübte Erziehung. Jedenfalls schließt die beliebte Spekulation keinesfalls die Brücke zwischen Ursache (getroffener Maßnahme) und Wirkung (angestrebtem Ziel), so dass der Mythos vom manipulierten Konsumenten der Dramatik entbehrt.[47]

Der Pädagoge, der um Persönlichkeitsentfaltung bemüht ist, darf sich nicht als Handlanger der Wirtschaft verstehen. Damit ergibt sich die Frage, ob Erziehung zum Antikonsum der einzuschlagende Weg ist. Seit altersher ist der Bedürfnislosigkeit das Wort geredet worden. Plutarch: „Wer wenig bedarf, der kommt nicht in die Lage, auf vieles verzichten zu müssen." Wilhelm Busch: „Drum lebe mäßig, denke klug; wer nichts gebraucht, der hat genug."[48] Würde man indessen das hier anklingende Ethos der Enthaltsamkeit in eine Strategie zum Antikonsum ummünzen, dann käme man mit Werten in Konflikt, die allen als unaufgebbar erscheinen: Volkswohlstand und hoher Lebensstandard.

Weder die Stimulation zum Konsum noch der Appel zum Antikonsum können als Erziehungsziel maßgeblich sein. Wenn es darum geht, Konsum auf hohem Niveau zu bejahen, aber sich von den Auswüchsen zu distanzieren, dann muss der Educandus befähigt werden zu unterscheiden, was sinnvoller Lebensführung dienlich ist oder nicht.

2.4.7 Erziehung zu sinnvollem Konsumieren[49]

Der bisherige Streifzug durch die konsumentenerzieherische Ideenwelt hat uns immer wieder mit der Problematik sinnvollen Konsumhandelns konfrontiert. Um so mehr rückt diese Zielgebung ins Zentrum, weil weder Stimulation zum noch Appell gegen Konsum Anliegen einer Konsumentenerziehung sein können. Damit deutet sich an, dass vielleicht eine Mittelposition gesucht werden müsste.

2.4.7.1 Sinnvoll als Maßhalten

Beer[50] rückt die „Wozu"-Frage in den Vordergrund. Weil pauschale Voreingenommenheiten von Übel seien, müsse man differenzieren und sehen, dass mögliche Gefahren nicht in den Dingen selber stecken, sondern in der Macht und Ohnmacht des Menschen ihnen gegenüber. „Entscheidend sind Maß und Ziel."

Einen ähnlichen Standpunkt nimmt auch Weber[51] ein, der für „Erziehung zum partiellen Verzicht" plädiert. „Darunter wird die gerade heute in unserer Konsumgesellschaft nötige Fähigkeit und Bereitschaft zum Maßhalten verstanden. Solches Maßhalten schließt Lebensfreude nicht aus."

Die Überlegungen zielen auf ein ganz einfaches Optimierungsmodell, das wegen seiner ausgleichenden Beschaffenheit wohl nicht die beste, aber vermutlich auf weiten Strecken eine befriedigende Lösung sichert. Diese Tugend des Maßhaltens forderte schon

---

[47] Wiswede: Mythos 1972, S. 157 ff.
[48] Vgl. Beer: Konsumerziehung 1967, S. 26 f.
[49] Treffsicher stellt Baumgardt seine Untersuchungen unter diese Thematik. Vgl. a. a. O., 1978.
[50] Beer: Konsumerziehung 1967, S. 45 u. 41.
[51] Weber: Verbrauchererziehung 1969, S. 82 u. 50.

Aristoteles.[52] Je nach der konkreten Situation liege der Wert „Maß“ in der Mitte zwischen zwei Extremen. Im übrigen ist ein mäßigender Effekt durch ein beschränktes Konsumbudget gegeben, denn eine solche Einkommensbedingung wirkt sich als partieller Verzicht aus.

Für die Auslegung des „sinnvollen Konsumierens“ reicht also ein solch einfaches Modell nicht aus. Vielmehr kommt es für die Maßstabsgewinnung auf die rechte Sicht von Mensch und Welt[53], auf die Hinwendung zum Lebenssinn an.

2.4.7.2 Zum Sinn von Leben und Welt

Gehen wir von einigen Beispielen aus: Wenn jemand Hunger und Durst hat, ist es sinnvoll, eine Befriedigung in der Weise der alten Gefängnisverköstigung mit Brot und Wasser zu suchen. Dies ist jedoch für längere Zeit nicht sinnvoll, weil sich ernährungsphysische Gesundheitsmängel einstellen. Sinnvoller ist es, ein Steak zu essen und Milch zu trinken, und dennoch ist es nicht sinnvoll, wenn jemand dem Vegetarismus anhängt.

Grundsätzlich scheint jede Befriedigung durch Güter sinnvoll zu sein. „Sinnvoll“ allein auf das angedeutete Verhältnis von Mittel (Konsumgut) und Zweck (Befriedigung) zu beziehen, dürfte nicht ausreichend sein, weil lediglich auf den Eignungswert der Güter Bezug genommen würde.

Um Aufschluss über Sinn von Leben und Welt[54], über deren „Wozu“ und „Woher“ zu erhalten, werden sie nicht anders als kulturelle Erscheinungen der finalen Betrachtungsweise unterzogen. Dem Sein sei also eine gewisse Zielstrebigkeit zugehörig. Dennoch bleibt bestehen, dass Finalität an ein vernunftbegabtes Wesen mit Denken und Wollen gebunden gedacht ist, so dass sich Antworten nicht ohne einen zwecksetzenden und unser Dasein lenkenden überweltlichen Logos, religiös als Gott verstanden, finden lassen. Wissen schlägt in Glauben um; Sinnklärung greift über das Weltbild der Einzelwissenschaften hinaus und ist in Metaphysik, Weltanschauung und Religion angesiedelt. Der Begriff „Sinn“ ist mit „Wert“ verwandt. Nach dem letzten Sinnprinzip fragen, bedeute nichts anderes, als nach dem letzten Wertgrund der Welt zu suchen.[55]

Die transzendent-religiöse Sinnbestimmung sucht den Ausgang bei Gott, dem absoluten Seins- und Wertgrund der Welt. Zu prüfen wäre, wie steht die den Glauben interpretierende Theologie zum Konsum, welche Anweisungen gibt sie aus ihrem das Weltganze auf Gott beziehenden Sinnverständnis heraus. Für eine Verketzerung des Konsums wird nicht eingetreten, doch eine Vergeistigung des Konsumvorganges gefordert, und zwar in Achtung vor dem gottentsprungenen Sein.[56] Diese Aufklärung hätte der schulische Religionsunterricht zu übernehmen.

In transzendent-säkularer Sicht sind bezüglich des Lebenssinnes philosophisch aufgearbeitete Weltanschauungslehren zu bemühen. Nun darf nicht übersehen werden, dass die transzendente Sinnbestimmung daran krankt, dass uns im Sein eine Zielstrebigkeit aufleuchtet, dass es uns aber verwehrt ist, sie wissenschaftlich zu erkennen, so dass entsprechende Aussagen emotional durchtönte Spekulationen sind, insbesondere im

---

52 Vgl. Hartmann, Nicolai: Einführung in die Philosophie. Vorlesungsnachschrift, 3. Auflage, Osnabrück 1954, S. 147.

53 Scherer: Konsumhaltung 1958, S. 109.

54 Unsere Überlegungen stützen sich auf Hessen, Johannes: Lehrbuch der Philosophie. 2. Band (Wertlehre), 2. Auflage, München/Basel 1959; 3. Band (Wirklichkeitslehre), 2. Auflage, 1962.

55 Hessen: Wirklichkeitslehre 1962, S. 278.

56 Scherer: Konsumhaltung 1958, S. 108 ff.

Hinblick auf Wertvorstellungen. Der gespürte „enthaltene“ Sinn ist also letztlich ein „beigelegter“ Sinn. Damit wird die Sinnfrage ins irdische Dasein zurückgeholt und ist immanent angehbar. Letztlich gibt es so viele Sinnfestlegungen wie menschliche Subjekte. Weil sich nicht jeder den letzten Lebensfragen enträtselnd zuwendet, sind die meisten auf die großen Denker der Geistesgeschichte angewiesen, wodurch sich allerdings die Vielzahl möglicher Sinnmeinungen reduziert und eine Gruppierung der Weltanschauungen eintritt.

2.4.7.3 Wertordnungszusammenhänge und konsumtive Wertentscheidung

In der Regel versucht man, den Sinn des menschlichen Lebens methodisch durch eine Schichtenanalyse zu erfassen und sieht, weil er als Krönung der Schöpfung mit Geistigkeit versehen und mit Willensfreiheit ausgestattet ist, seine Vollendung in der sittlichen Persönlichkeit, ein Prozess, der die Verwirklichung als Sollensgebot aufzufassender Werte zum Gegenstand hat. Genau darauf stellt der Wirtschaftspädagoge Schlieper mit seinem Bildungsbegriff ab, indem er „Wertordnungszusammenhänge“ anvisiert.[57] Von hier aus gerät die Bestimmung des „sinnvollen“ Konsums in Bedrängnis. Das selektierende Denken schichtet nicht nur den Menschen als Leib-Seele-Geist-Wesen, sondern baut auch Werthierarchien auf, die gewissermaßen analog strukturiert sind. Nicht anders ist es um Rangordnungen von Bedürfnissen bestellt. „Niedere“ Werthaltigkeit korreliert mit dem Menschen als Naturwesen und existenziellen Grundbedürfnissen, „höhere“ mit dem Geistwesen und sozialen und kulturellen Bedürfnissen usw. Durch Schichtung und Stufung erhalten die höheren Werte, insbesondere kulturelle und sittliche, Priorität eingeräumt, während Lust- und Vitalwerte gewissermaßen etwas anrüchig sind. Notwendigerweise geschieht nämlich die sinnhafte Personwerdung im Entscheidungsfalle durch das jeweilige Vorziehen des höheren Wertes[58], so dass sich die werthafte Geistigkeit sinnerfüllend über die naturhaften Triebe erhebt. Diese Entscheidungsregel zum erzieherischen Prinzip erhoben, gibt Erziehung zum „sinnvollen“ Konsum wenig Chancen, weil das konsumentenerzieherische Bemühen im eigentlich zu überwindenden Bereich der Profanität angesiedelt ist.

Was sich durch Schichtung als eine aufwärtsgerichtete Werthierarchie darstellen lässt, findet im tatsächlichen Leben stets zugleich statt. Dadurch bleiben die niederen Werte im Spiel. Durch ein gewisses **Zugleich** der Werteverwirklichung erweisen sich die niederen Werte als Werte sui generis, denn der Mensch ist im aufsteigenden Prozess der Selbstwerdung an seine Leiblichkeit gebunden. Zum Vorschein kommt eine überbrückungsnotwendige Wertantinomie. Sinnvolles Menschsein erfüllt sich nicht nur im Streben nach höheren Werten, sondern zunächst einmal in der Beachtung der niederen, denn diese seien die existenznotwendigen, die fundamentaleren. Die einen verlangen Bevorzugung wegen ihrer Höhe, die anderen wegen ihres fundamentalen Charakters.[59]

2.4.7.4 Sinnvolles Konsumieren als qualifiziertes Optimierungsmodell

Damit steht nichts im Wege, für die Bestimmung „sinnvolles Konsumieren“ die in der Wirtschaftstheorie thematisierte Nutzenmaximierung zu übernehmen, die in ihrem Ursprung psychologisch interpretiert war und erst im Zuge ökonomischer Modellbildung sterilisiert worden ist. Die These von der Nutzenmaximierung aufgreifen heißt, sie auf den vollblütigen Menschen zurückzunehmen und nicht auf das modellverengte Wirt-

---

[57] Schlieper, Friedrich: Allgemeine Unterrichtslehre für Wirtschaftsschulen. 2. Auflage, Freiburg 1957, S. 18.

[58] Hartmann: Einführung 1954, S. 168 ff.

[59] Hartmann: Einführung 1954, S. 170 f.

schaftsubjekt zu beziehen, die abhängigen Variablen über die Gütermengen hinweg auszudehnen, insbesondere die bisher im Modell als Daten behandelten Größen wie Bedürfnisstruktur, Preise und Einkommen (Konsumbudget) aus ihrer „Gegebenheit" zu entlassen. Nicht ausreichend ist ferner, die der Käuferfigur zugeordneten Merkmale „produktbewusst", „preisbewusst", „werbekritisch" zu verwenden. Das Konsumhandeln ist vielmehr in seiner ganzen Tragweite als soziales Handeln aufzuarbeiten[60], denn mit ihren Konsumentscheidungen gestalten die Individuen nicht nur ihr eigenes Leben, sondern beeinflussen auch die politische und wirtschaftliche Entwicklung auf betrieblicher, staatlicher und internationaler Ebene. Und damit nicht genug.

Hingewiesen wurde auf die Ehrfurcht vor der göttlichen Schöpfung. Dass die Welt dem Menschen nicht nur als ausbeutungsfähiges Sein zur Verfügung steht, erfahren wir heute hautnah. Im einen wie im anderen Falle sind wir genötigt, die Welt unter ein auf Pflege bedachtes Soll zu stellen, wenn sich nicht Weltzerstörung als Kehrseite von konsumtiver Lebenserfüllung einstellen soll. Zum Sinnbezug gehören folglich, dass die Grenzen dieser Erde, der Rohstoffe, des Wirtschaftswachstums wie auch die Bedürfnisse ausweitende Bevölkerungsexplosion beachtet werden. Für das Berliner Verbraucherinstitut (vgl. Jahresprogramme) ist die ökologische Verantwortung ein Schwerpunkt.[61]

„Sinnvoll" in die Konsumentenerziehung einzubringen gelingt nur, wenn nicht allein der **Zweck** des Konsums in bezug auf die Sinnhaftigkeit von Welt und Leben reflektiert, also die „Wozu"-Frage gestellt wird, sondern wenn darüber hinaus die **Mittel** neben ihres bloßen Dienstwertes auch als Eigenwert Beachtung finden, ferner die Bedingungen des Konsumprozesses unter Einschluss der vorgelagerten Produktion und schließlich alle Nebenwirkungen berücksichtigt werden. Die unerhörte Vielzahl eigenwertiger Variablen schränkt die im Prinzip nicht sinnverletzende Nutzenmaximierung ein.[62] Wie ein solches optimierendes Modell rational und effektiv zu handhaben wäre, ist das schier unlösbare Problem. Doch lässt sich wohl behaupten, **dass je weniger man um diese wechselseitigen Beziehungen weiß, um so mehr die Möglichkeit entgleitet, „sinnvoll" zu konsumieren.** Aus diesem mannigfaltigen Beziehungskomplex heraus ist Konsumentenerziehung zu konzipieren. Wenn Bildung[63] den Grad der Einsicht „in die Sach- und Wertzusammenhänge, die zwischen den Einzelerscheinungen der Umwelt, zwischen dem Ganzen der menschlichen Kultur und dem Sinn des menschlichen Lebens bestehen" meint, dann greift eine derartige Bildung des Konsumenten weit über die an der Marktstellung des Verbrauchers festgemachte Verbrauchererziehung hinaus.

Wenn versucht worden ist, die Sinnfrage aus der Wertdimension heraus grundsätzlich zu beleuchten, so sind natürlich weiterführende Überlegungen zu Wertarten und -stufungen bis hin zu Brauch und Sitten, eigenwohl- und gemeinwohlrelevanten Werteinstellungen usw. erforderlich. Bei Steffens finden sich einige konsumethische Postulate.[64] Müller versteht seine Untersuchung als „Plädoyer für eine neue Konsumethik"

---

60 Vgl. Hunziker, Peter: Erziehung zum Überfluss. Stuttgart u.a. 1972, S. 110.

61 Müller, Egon: Erziehung zum verantwortungsbewussten Verbraucher. München 1980, S. 13. – Dörge, Friedrich-Wilhelm (Hrsg.): Qualität des Lebens. Opladen 1973, S. 15 u. 24ff. – Vgl. ferner Weinbrenner, Peter: Von Otto-Normalverbraucher zu Öko-Paul. Für eine ökologische Umorientierung der Verbrauchererziehung. Berlin 1992. – Lackmann, Jürgen: Ökologische Verbrauchererziehung. Weingarten 1995.

62 In diesem Sinne auch Steffens: Begriff 1982, S. 4 unten.

63 Schlieper: Unterrichtslehre 1957, S. 18.

64 Steffens: Begriff 1982, S. 5.

und das Berliner Verbraucherinstitut lässt sich ebenfalls wesentlich von ethischen Forderungen leiten: „Insofern kann ethischer Konsum auch Nichtkonsum (Verzicht) bedeuten.“[65] Zu bedenken ist auch, dass sich die situativen Bedingungen ständig ändern[66] und konsumentenerzieherische Überlegungen einem Wertewandel[67] ausgesetzt sind, so dass „sinnvolles Konsumieren“ eine dynamische Betrachtung erfordert. Was in der Zeitfolge unterschiedlich sinnstiftende Ansätze betrifft, sind vergleichende Studien von Muck instruktiv.[68]

Wir haben festgestellt, dass Erziehung zu **„sinnvollem“** Konsumieren die Zielsetzungsbefähigung unter Beachtung von Sach- und Wertezusammenhängen meint. Eine Voraussetzung dafür ist die Kritikfähigkeit. Der **„kritische“** Konsument ist derjenige, der für sein Handeln ein distanziertes Situationsverständnis gewonnen hat. Verantwortung ist Ausfluss sittlicher Werthaltung. Wer seine Ziele sachkritisch und werteverpflichtet bestimmt, hat für seine Zielerreichung **„verantwortlich“** einzustehen, vor sich selber, vor seinen Mitmenschen, vor künftigen Generationen, vor dem Bestand dieser Erde und religiös vor Gott. Der „rationale“, „mündige“ oder „vernünftige“ Konsument ist ebenfalls unter dem Gesichtspunkt der Zielerreichung zu fixieren: **„Rationales“** Handeln hebt sich ab vom impulsiven, gewohnheitsmäßigen oder inkonsistenten Handeln.

2.4.8 Didaktisch entwickelte Lernzielgefüge

Mit dem jähen Aufschwung des didaktischen Interesses Ende der 50er Jahre und durch Übernahme amerikanischer Curriculum-Strategien ist die Lernzielformulierung im Hinblick auf Operationalisierung, Evaluationierung und Taxonomierung praktiziert und theoretisiert worden. Die Operationalisierung hatte die Überwindung des didaktischen Materialismus, der bloßen bildungspolitischen Vorgabe von Stoffplänen, durch Hinzunahme der Verhaltensdimension zur Folge. Im Blick stehen nun kognitive, affektive und psycho-motorische Lernziele. Weil mehrere formale Merkmale auf einen Inhalt bezogen werden können, sind nicht sie primär für die Lehrplankonstruktion geeignet, sondern die Inhalte genießen wegen ihrer Nichtbeliebigkeit Priorität.[69]

In die didaktisch-strategische Diskussion kam die 1964 vom Deutschen Ausschuss initiierte Arbeitslehre hinein, die, was Verbraucherbildung betrifft, je nach Bundesland unter Beihilfe von Wirtschafts-, Technik- und Haushaltslehre eine spezielle Ausgestaltung erfuhr. Inzwischen haben sich die Lehrpläne unter Mitwirkung fachdidaktischer Kommissionen und gestützt auf Schulversuche zu so ausgereiften Konzeptionen entwickelt, dass sie nunmehr literarisch im Vordergrund stehen. Als Beispiele seien genannt: Rahmenrichtlinien Sekundarschule Wirtschaft/Technik 1999 von Sachsen-Anhalt und Lehrplan Arbeitslehre 2000 von Rheinland-Pfalz. Indessen droht Gefahr, dass sie theoretisch überfrachtet sind.

Jenseits behördlicher Bemühungen sind gegenwärtig Konzeptionsentwürfe nicht mehr das Thema, während man sich früher im universitären Bereich gewissermaßen als Lotse betätigt hatte, obwohl es keine ausschließlich auf Konsumentenerziehung bezogene Kapazitäten gibt. Dennoch ist man stetig um intensive Zielreflexion bemüht gewesen.

[65] Müller: Verantwortungsbewusster Verbraucher 1980, Titelblatt. – Stiftung Verbraucherinstitut: Jahresbericht 1995/96, S. 4f.

[66] Baumgardt: Erziehung zu … 1978, S. 45.

[67] Nibbrig, Bernhard: Wertewandel und Verbraucherverhalten. In: Verbrauchererziehung und wirtschaftliche Bildung, Heft 2, Jahrgang 1988, S. 17ff.

[68] Lange/Muck: Werkstatt 1997, S. 33f.

[69] Blankertz, Herwig: Theorien und Modelle der Didaktik. 11. Auflage 1980, S. 40.

Partielle Versuche bieten z. B. Kruber (Wirtschaftslehre), Castner (Kulturkritik), Fegebank (Verbraucherkunde), Ahlhaus (Warenkunde) und Mosenthin (Textilunterricht).[70]

Aufgrund seiner Forschung zum Thema „Europäische Verbrauchererziehung" bietet H. Meyer[71] einen etwas umfangreicheren offenen Grobzielkatalog zu den Problembereichen Wettbewerbsbedingungen und zufriedenes Verbraucherverhalten, Erhaltung und Sicherung eines gesunden Lebens und langfristige Sicherung der natürlichen Lebensgrundlagen an. Es handelt sich um undifferenzierte Empfehlungen, die von den je besonderen Unterrichtssituationen her einer Konkretisierung bedürfen. Hingegen nimmt Dauenhauer[72] eine lernort- und altersgerechte Differenzierung für Familie, Grundschule, Sekundarstufe I und II sowie für die Erwachsenenbildung vor. In der Tat steht man vor einem Dilemma. Offene Curricula sind im wahrsten Sinne „offen" und so für die Unterrichtsplanung nicht ohne weiteres anwendbar. Operationalisierte Curricula lassen nicht nur keinen Spielraum, sondern können erst nach langjährigen Schulversuchen so zurechtgestutzt sein, dass die Vorgaben auch erreicht werden.

Neben den beispielhaft angedeuteten Einzelversuchen haben sich einige Wissenschaftler zu einer bestimmten Richtung zusammengefunden. Den Anstoß auf der Basis formaler Bildung hat Dörge[73], sich in die curricularen Zeitströmungen einfädelnd, gegeben. Um Handlungsfähigkeit zu entbinden, kämen als Qualifikationen kritisches Bewusstsein, Analysefähigkeit, Urteilsfähigkeit und Handlungsbereitschaft in Frage. Zugleich peilt er den Sachhorizont an: Wirtschaft des privaten Haushalts, Marktgeschehen, öffentliche Haushaltswirtschaft und Wirtschaftspolitik.

Als eine Weiterentwicklung sind die zitierten Arbeiten von Steffens zu nennen[74], die sich als ein Anfang stringenter Curriculumkonstrukton erweisen. Er stellt fünf Richtziele heraus, die dann zu Grobzielen und einer didaktischen Matrix verdichtet werden.

Mit seinen Vorstellungen hat Steffens unmittelbar den kommentierten Zielkatalog „Verbrauchererziehung in der Schule" beeinflusst, der unter Mitarbeit namhafter Fachleute von der Verbraucherzentrale Nordrhein-Westfalen und der Stiftung Verbraucherinstitut Berlin[75] erstellt worden ist.

Auf die Linie der vorangehend angedeuteten ökologischen und konsumethischen Orientierung schwenkt die Dissertation von Müller[76] ein, die, pädagogisch argumentierend, ohne einzel-, volks- und weltwirtschaftliche Bezüge zu vernachlässigen, auf Werthaltungen des Verbrauchers zielt: „Anzustreben ist der Verbraucher, der interessenkonform und verantwortlich gegenüber seiner Umwelt, Mitwelt und Nachwelt verbrauchen und leben lernt." Ein neues Verbraucherbewusstsein, eine neue Konsumethik seien pädagogisch zu fördern. Sehr gründlich werden unter Auswertung einer umfang-

---

70 Kruber, Klaus-Peter: Die Qualifikationsstruktur des Verbrauchers in der Marktwirtschaft. In: Die berufsbildende Schule 1974, S. 166ff. – Castner, Thilo: Konsum und Erziehung. In: Die Deutsche Berufs- und Fachschule 1976, S. 851. – Fegebank, Barbara: Verbrauchererziehung in der Schule. In: Hauswirtschaftliche Bildung 1977, S. 116f. – Ahlhaus, Otto: Vorberufliche Erziehung und Verbrauchererziehung durch Warenkunde. In: Deutsche Berufs- und Fachschule 1978, S. 169ff. – Mosenthin, Gertrud: „Verbrauchererziehung" oder „Kulturelle Bildung". In: Textilarbeit und Unterricht 1984, S. 120f.

71 Frankfurt/M.. 1983, S. 430ff.

72 Dauenhauer: Verbraucherkunde 1978, S. 148ff., 155, 166, 181 u. 190.

73 Dörge: Didaktik 1973, S. 10.

74 Wir beziehen uns hier auf Steffens: Begriff 1982, S. 3ff. – Die Matrix befindet sich auf S. 5.

75 Sonderdruck, herausgegeben von den beiden genannten Institutionen, 1984.

76 Müller: Verantwortungsbewußter Verbraucher 1980, S. 3, 97ff., 161ff., 173ff. und 196ff.

Didaktisches Strukturgitter der Verbrauchererziehung von Steffens (vgl. Fußnote 74)

	Grundlegende Kenntnisse und Verbraucher-information	Kritisches Verbraucher-verhalten	Organisation von Verbraucher-interessen	Konsumethische Postulate
anthro-pologisch/ psycho-logisch	Bedürfnisse, Bedarf, Wünsche, Ansprüche	Bedarfsreflexion	Bedürfnisgerechte Versorgung mit privaten und öffentlichen Gütern	Berücksichtigung nichtgüterbezogener Bedürfnisse, u. a. des Interesses an Selbst-bestimmung und -ver-wirklichung
sozial	Haushaltstyp, Rollenstruktur	Kaufentscheidungen im Spannungsfeld unterschiedlicher Bedürfnisse in einer Gruppe	Selbst- und Mit-bestimmung bei Konsumentschei-dungen, z. B. durch festgelegte Spielregeln	Berücksichtigung sozialer und kultureller Aus-wirkungen des Konsums (auch weltgesellschaftlich)
naturwissen-schaftlich/ technisch	Schadstoffe in der Nahrung (Techno-logiegehalt von Haushaltsgeräten, Normen, Prüf- und Gütezeichen)	Waren- und Materialprüfung (selbsttätig und Nutzung von Tests), Energie-verwendung	Zeitersparnis und Arbeitserleichterung durch Haushalts-organisation: sinnvolle Ernährung	Umweltfreundliche Technologien
wirtschaft-lich	Einkommen, Geld, Verbraucherstruktur von Haushaltstypen, Finanzierungs-formen, Angebot und Nachfrage	Preis- und quali-tätsbewusster Einkauf	Förderung des Wett-bewerbs am Markt, Schaffung von Markttransparenz, Nutzung von Infor-mationsquellen	Berücksichtigung der Zusammenhänge zwischen Arbeit und Konsum; Verteilungs-gerechtigkeit
rechtlich	Rechtsmündigkeit, Preisauszeichnung, allgemeine Ge-schäftsbedingungen	Rechtsbewusstes Verhalten beim Abschluss von Verträgen (Kaufverträgen)	Anwendung von Sanktions-möglichkeiten des Verbrauchers	Sozialverpflichtung des Eigentums, faire Geschäftsbedin-gungen, Grundrechte des Verbrauchers
politisch	Verbraucherinter-essen – Anbieter-interessen; Verbrau-cherorganisationen, Verbraucherschutz	Unterstützung von Verbraucherorgani-sationen und -initia-tiven	Verbraucherpolitik, Wirtschaftspolitik, Selbsthilfeorgani-sationen	Solidarität; Gleich-rang der Verbraucher-interessen; gesamt-wirtschaftliche Mit-bestimmung

reichen Literatur vielseitig verwobene Lebenszusammenhänge entschlüsselt und zu mehrdimensionalen, aber wiederum adressatenunspezifischen Lernzielgefügen aufgearbeitet. Kognitiven und handlungsbezogenen Lernzielen sind inhaltliche Unterrichtsvorschläge zugeordnet.

Überblickt man die Zieldiskussion, so zeigt sich, dass das formale Verhaltenselement überwiegt. Erforderlich wären materiale Zusammenstellungen, die zunächst auch adressatenunspezifisch gehalten werden könnten. Sie wären um so notwendiger, wie die Konsumproblematik fachlich mehrdimensional zu entfalten ist. Solche Inhaltskataloge wären eine Auswertung der verschiedensten Fachwissenschaften unter didaktischem

Gesichtspunkt. Ein weiterer Schritt wäre, eine fachdidaktisch inspirierte Konsumtheorie zu entwerfen, an die sich insbesondere Lehrer bei ihrer Unterrichtsvorbereitung halten könnten. Ein erster Versuch liegt von Dauenhauer[77] vor. Ein der Verbrauchererziehung vorgeschalteter fachwissenschaftlicher Teil gibt an, über welches Wissen der mündige Verbraucher verfügen sollte und erweist sich als eine systematische Darstellung verbraucherkundlicher Stoffbereiche (Verbraucherkunde). Vohland[78] hat dann dieser Aufgabe eine umfängliche Studie gewidmet, die in kritischer Analyse die Ergebnisse von Wirtschaftswissenschaft, Soziologie, Ökologie, Psychologie usw., soweit sie mit dem Konsumentenverhalten befasst sind, integrierend zusammenfasst. Welcher Literatur und welchen Theoremen wird vom Inhalt her Vorrang eingeräumt? Der Autor richtet seine Aufmerksamkeit auf den Käufer und auf das Gegenmachtkonzept. Alsdann folge der Fachdidaktiker nicht dem Erkenntnisanspruch des Fachwissenschaftlers und reduziere nur dessen Theorien, sondern er lasse sich von seinen Lernzielen – hier der Selbstbestimmung – leiten. „Es ist dabei nicht zu vermeiden, dass der Gesamtzusammenhang der verschiedenen fachwissenschaftlichen Teilaussagen dabei weitgehend aufgegeben wird oder ganz verloren geht; er wird durch Einordnung in ein fachdidaktisches Ziel- und Sinnsystem ersetzt.“ Man steht also bei allem objektiven Bemühen wieder vor dem Wertdilemma.

Die Linie didaktisch gelenkter fachlicher Vororientierung mit anschließenden Hinweisen zur unterrichtlichen Vermittlung verfolgen ebenfalls Arbeiten aus der Regie des Berliner Verbraucherinstituts.[79]

Statt der in den 70er und 80er Jahren intensiv gepflegten konzeptionellen Diskussionen treten seit 1995 in der Buch- und Zeitschriftenliteratur einzelne Sachthemen mit Bezug auf unterschiedliche Adressaten in den Vordergrund, und zwar nach der Häufigkeit geordnet: (1) Werbung, (2) Geld–Kredit–Schulden, (3) Gesundheit–Ernährung–Körperpflege, (4) Markt–Kauf, (5) Ökologie, (6) Kinder–Jugendliche und (7) Erwachsenene–höheres Lebensalter.

2.4.9 Adressaten und Institutionen von Konsumentenerziehung

2.4.9.1 Massenmedien

Der intentionale Einsatz von Massenmedien ist begrenzt, weil eine bildungsregelnde Instanz fehlt. Dennoch sind sie verbrauchererzieherisch nicht abstinent, denn je nach Interessenlage oder anfallenden Meldungen werden informierend oder beratend Konsumthemen angeschnitten, sei es bezüglich Ernährung, Gesundheit, Wohnung, Bekleidung, Hauswirtschaft, Taschengeld, Schulden oder sei es bezüglich Warenqualitäten, Verkaufspraktiken, Rechtsverhältnissen, Freizeitaktivitäten, Urlaubsgestaltung usw. Beteiligt sind beispielsweise die Test-Zeitschrift, Frauenzeitschriften, aber auch Tagespresse, Fernsehen und Internet.

Während jedoch Tagespresse und Zeitschriften anfangen Not zu leiden, erfahren Bildschirminformationen zunehmend Zuspruch. Durch den Übergang vom gedruckten Wort

[77] Dauenhauer: Verbraucherkunde 1978, S. 9.

[78] Vohland, Ulrich: Verbraucherverhalten und Verbrauchererziehung. Baltmannsweiler 1982, S. 10f., 23, 25, 33ff., 41, 45.

[79] Vgl. z.B. Kaminski, Hans u.a.: Der Verbraucher in der Marktwirtschaft. Produktion-Marketing-Konsum. Unterrichtsmodell für die Sekundarstufe II. Berlin u.a. 1991. – Mackert, Hildegard u.a.: Verbraucherbildung in der Schule. Berlin 1993.

zur elektronischen Kommunikation haben sich die verbrauchererzieherischen Einflussmöglichkeiten der Massenmedien rasant verändert. Etwa seit dem letzten Jahrzehnt widmen sich die Tagesschauen im Fernsehen vermehrt Wirtschaftsnachrichten, die Verbraucher tangieren, z. B. Ökosteuer, Eurokurs, Hormonskandal, Anlagechancen, Arbeitslosenzahlen, Managementquerelen. Intensiver spricht das breite Nachrichtenspektrum von n-tv Konsumenten an. Darüber hinaus spielen Magazine eine große Rolle, weniger bei den privaten Sendern (wohl Pro 7/BIZZ-Wirtschaftsmagazin), sondern mehr bei den öffentlich-rechtlichen (Südwest explizit „Verbrauchermagazin" u. ä. MDR, alsdann Wirtschafts- bzw. Marktmagazine wie ARD/Plusminus, ZDF/Wiso, Bayern/Profile, Hessen/M€X, NDRuWDR/Markt).

Sofern es sich nicht um eigens entwickeltes Unterrichtsmaterial handelt, sondern Berichte, Meldungen und Hinweise aufklärenden und beratenden Charakter haben, präsentiert sich der Informationsstrom als ein Einzelprobleme behandelnder Wissenstransfer. Freilich darf dieses „meinungsbildende" Potential nicht gering eingeschätzt werden, doch bleibt die „verbraucherbildende" Wirkung, weil als geheime Miterziehung empirisch kaum fassbar, ungewiss. Im übrigen wird manches zwar höchst fachkundig, doch zu komprimiert und überhastet dargeboten, so dass Laien überfordert sind. Paradoxerweise ergibt sich daraus, dass die effiziente Nutzung gewisser Massenmedien eine systematisch vermittelte Verbraucherbildung voraussetzt.

Das wird auch von den fachlich Zuständigen und Betreibern des Fernsehens als Knackpunkt empfunden. Die Komplexität der Materie und die begrenzten Sendezeiten erlauben eben keine eingehenderen Erklärungen, so dass ein Sortiment von Begleitmaterial und Verständnishilfen (Faxabruf, telefonische Kontakte, Disketten, CD-Rom, Videotext, Broschüren, Bücher, Internetseiten) geschaffen und dessen Kommerzialisierung angebahnt worden ist. Alsdann ist das Ansprechalter problematisch. Interessiert ist eigentlich nicht die jüngere, sondern die ältere Generation ab 50. Um Zuschauer zu fesseln, entarten Sachsendungen zu talkshowähnlichen Verbrauchershows. Angesagt ist „Servotainment"; Unterhaltung verdrängt Verbraucherbildung.[80]

Völlig neue Ausblicke eröffnet die Verbreitung des Internets. Während das Fernsehen über das flüchtige Wort vermittelt, erleichtert der elektronisch vor Augen geführte beständige Buchstabe (wie auch Graphiken, Bildelemente) die Erfassung und damit das Lernen. Ältere werden sich des Internets spärlicher, die junge Generation hingegen mehr und mehr bedienen, doch legen erhebliche Gerätekosten und Benutzerentgelte Einschränkungen nahe. Erschrecken mag die Vision, dass die gesamte Verbraucherberatung entpersonalisiert und in massenmediale Beziehungen gedrängt wird. Seit 1996 war das Berliner Verbraucherinstitut im Internet erreichbar und in Verbindung mit anderen europäischen Verbraucherorganisationen entstand 1999 für junge Konsumenten das erste Online-Verbrauchermagazin „yomag.net".[81]

2.4.9.2 Familie

Selbst ohne Absicht geschieht im täglichen Umgang Konsumentenerziehung funktional in der Familie. Hier sind schon Kleinkinder betroffen und die übrigen noch nicht volljährigen Mitglieder. Ob jedoch eine „sinnvolle" Konsumhaltung vermittelt wird, hängt vom familiären Lebensstil ab und inwieweit Eltern selber die erforderliche Einsicht und

---

80 Teichmann, Jan Andreas: Vom Bildungsprogramm zum Servotainment. Diplomarbeit Universität Eichstätt 1998. – TV-Test, Verbraucherinformation im Fernsehen. Redaktion: Barbara Kamutzki, Vikki Schaefer, Volker Preuß. Bundeszentrale für politische Bildung, Bonn 1999.

81 Stiftung Verbraucherinstitut: Jahresberichte 1995/96, S. 34 ff. und 1997/98, S. 25 ff.

den entsprechenden Erziehungswillen, z. B. die Überwachung des Fernsehkonsums von Kindern[82], besitzen. Nur unter dieser Bedingung kann die Familie und damit der Privathaushalt intentional wirkender Lernort sein. Die Chance zur „Führung" ist gegeben, jedoch das Fiasko der „Verführung" nicht weniger.

2.4.9.3 Kinder- und Jugendarbeit

Im Zuge konzeptionsvergleichender Untersuchungen rückt Muck diesen bisher kaum beachteten Bereich, der neben Elternhaus und Schule mit Bildungs- und Erziehungsaufgaben befasst ist, in das Blickfeld von Konsumentenerziehung. Geprüft werden programmatische Forderungen und Realisierungsmöglichkeiten. Als progressive Variante im Sinne der 68er Euphorie will eine Seite die Erziehung von Gesellschaftlichkeit und Mündigkeit in den Mittelpunkt der Jugendarbeit gestellt sehen und zielt entsprechend auf die Emanzipation gegenüber der Konsumgesellschaft. Die andere Seite konzediert, dass Konsum einen überaus hohen Stellenwert im Leben einnimmt, denkt an die gesellschaftlichen und psychischen Auswirkungen des kompensatorischen, Frustrationen ausgleichenden Konsums. Wenn also beiderseits Konsumerziehung als notwendige Aufgabe der Jugendarbeit bejaht wird, so stellt man am Ende doch die grundsätzliche Frage, ob diese überhaupt realisiert werden könnte, zumal die Jugendarbeit in der Freizeit stattfände, auf Unterhaltung und Entspannung angelegt sei. Die Aufgaben der Jugendarbeit seien eben anders gelagert als die der Schule. Das scheint, weil plausibel, im allgemeinen zu stimmen. Speziell, d. h. bei besonderer Thematik, schreibt sich Pilz-Kusch Erfolge zu.[83]

Während offensichtlich die Verbraucherbildung in der Jugendarbeit(-pflege) nicht recht greift, ist ihr Erfolg im Kindergarten empirisch verbürgt.[84] Anregungen gab Cebulla von der Verbraucherzentrale NW 1986. Weil Kinder sich an den auf Berufsarbeit ausgerichteten Erwachsenenrhythmus anpassen müssen, erfahren sie nicht mehr die notwendige einfühlsame Zuwendung. Ausserdem würde kindliches Wohlverhalten durch materielle Vergünstigungen gesteuert, durch Fernsehen, Lutscher usw., die als Ersatzbefriedigung kompensatorische Funktion haben. Um derartige negative Auswirkungen zu beschränken, müssen Alternativen zur konsumfixierten Lebensweise auch im Kindergarten angeboten werden, ein situatives Lernen, das Aktivität und Kreativität entbindet. – Was konkret machbar ist, zeigt das von Schubert und Strick 1992 entwickelte Penzberger Modell (Landkreis Weilheim) „Spielzeugfreier Kindergarten", das viel Nachahmung gefunden hat. Es geht nicht um Abschreckung, sondern darum Süchten vorzubeugen, die entstehen können, wenn Konsum der Ersatzbefriedigung dient. Wenn Kinder mit Dingen zuzuschütten an Verantwortungslosigkeit grenzt, zugleich Süchtige Verzichtgestörte sind, musste zur Fülle ein Gegensatz geschaffen werden: Man eliminierte das Spielzeug. So entstand ein Erfahrungs- und Spielraum, in dem die Kinder selbst „zu Schöpfern ihrer Lernprozesse werden".

[82] Wolsing, Theo: Kinder und Jugendliche als Wirtschaftsfaktor. In: Verbrauchererziehung und wirtschaftliche Bildung 1990, S. 1–16.

[83] Lange/Muck: Werkstatt 1997, S. 41 ff. – Pilz-Kusch, Ulrike: Schuldenprävention mit Jugendlichen. 2. Auflage, Düsseldorf 1995.

[84] Cebulla-Jünger, Edeltraut: Kind und Konsum. In: Theorie und Praxis der Sozialpädagogik 1988, S. 236 ff. – Becker-Textor/Schubert/Strick: Ohne Spielzeug. Freiburg u. a. 1997, S. 9, 12 f., 33, 14, 162, 163, 36 u. 20. – Vgl. auch Schneider, Gundel: Kaufglück. Konsumerziehung durch Spielen. Anregungen für Kindergarten und Schule. Münster 1988.

2.4.9.4 Erwachsenenbildung

Angesicht der Elternbefähigung[85] stellt sich die grundsätzliche Frage der konsumbezogenen Erwachsenenbildung. Lässt man sich vom Postulat der „éducation permanente“ leiten[86], der ständigen Wissensaktualisierung als Voraussetzung zeitgemäßen Handelns, dann besteht kein Grund, Erwachsene nicht in dieses lebenswichtige Bildungsgebiet einzubeziehen. Löbner[87] sprach sich schon früh für eine Ausdehnung auf Rentner und Pensionäre aus und plädiert für eine verbrauchskundliche Geragogik. Im großen und ganzen lässt die Bereitschaft Erwachsener, sich weiterbildend der Konsumproblematik anzunehmen, zu wünschen übrig. Was abgefordert wird, sind Spezialkurse besonders mit hauswirtschaftlicher Thematik und Gesundheit. Erhebliche Anstrengungen für Multiplikatoren unternimmt die Stiftung Verbraucherinstitut Berlin, und zwar mit publizierten Materialien sowie vielseitigen Veranstaltungen.[88] Auch Fischer[89] legt in einem früheren Sachstandsbericht dar, dass erfolgversprechende Ergebnisse bei sozialschwachen Konsumenten und Randgruppen zu erwarten seien (bei Ausländern, Aussiedlern, Obdachlosen, Heimjugendlichen, Landbevölkerung). Insofern das Angebot bei der Erwachsenenbildung vornehmlich durch Kurse erfolgt, ergeben sich kasuistische Bildungseffekte.

Das ist die eine Seite. Andererseits zeigt sich, dass Verbraucherbildung für Erwachsene, insbesondere für Frauen, integrativ strukturiert sein muss, wenn die alltägliche Lebensführung als bildungsstiftender Bezugspunkt dient. Frauen sind Expertinnen des Alltags und besitzen eher als Männer die Fähigkeit zur Integration.[90]

2.4.9.5 Schulen

Die vorangegangene Analyse verdeutlicht, dass eine planmäßige Verbrauchererziehung nur über obligatorischen Schulunterricht zu erreichen ist. Adressaten wären also schulpflichtige Kinder und Jugendliche. Abzuklären ist, welche Schulart dafür zuständig sein soll, denn in der Literatur werden sowohl berufliche als auch allgemeinbildende Schulen angeführt.

Beruflichen Schulen Konsumentenerziehung als gesonderte Aufgabe zuzuordnen, ist eigentlich kein Thema, denn sie verfolgen professionelle und nicht allgemeine Bildungsziele. Indessen besteht zu bestimmten berufsgegebenen Stoffgebieten ein affines Verhältnis: extrem stark in hauswirtschaftlichen Einrichtungen[91], teilweise bezüglich Wirtschaftslehre, Rechtskunde, Warenkunde, Sozialkunde usw. Insofern kann man sich Verbraucherproblemen nicht verschließen, kann sie aber schon aus Zeitgründen nicht eigenständig verankern. Dennoch forschten das Berliner Verbraucherinstitut und die Universität Paderborn in Versuchen nach einer Verknüpfung.[92] Geht man vom Stand-

---

85 Scherer,Georg: Konsumhaltung und Erwachsenenbildung, a. a. O., S. 110.

86 Walter, Theodor: Verbrauchererziehung. In: Hauswirtschaft und Wissenschaft 1980, S. 254.

87 Löbner, Walther: Lernziel-kritischer Verbraucher (Teil 2). In: Verbraucherschutz in der Marktwirtschaft, hrsg. von Erwin Dichtl, Berlin 1975, S. 177 ff.

88 Vgl. auch Berger, Klaus u. a.: Verbraucherbildung mit Erwachsenen. Bonn 1988.

89 Fischer, Wolfgang Chr./Lenzen, Richard/Vielhaber, Reinhard: Konzeptionsentwurf für eine zielgruppenorientierte Verbraucherbildung Erwachsener. Bremen 1983, S. 50 ff.

90 Jurczyk, Karin: Die Arbeit des Alltags. In: Focus Alltag, hrsg. v. Stiftung Verbraucherinstitut und Deutsches Institut für Erwachsenenbildung, Frankfurt/M. 1996, S. 39 u. 52–54.

91 Vgl. Wieter, Gisela/Grimme, Gisela: Verbrauchererziehung im Berufsbildenden Schulwesen. In: Hauswirtschaftliche Bildung 1982, S. 147 ff.

92 Jahresbericht 1990, A 46; 1991, A 61; 1992, A 57. – Kaiser, Franz-Josef/Brettschneider, Volker: Lernbüro. Verbraucher und Umweltbildung im Fach Bürowirtschaft. Berlin 1995.

punkt der Laienbildung in der Form der Alltagsqualifizierung an die Schulbestimmung heran, dann ist das allgemeine Schulwesen zuständig. Konsumentenerziehung würde also in unterschiedlicher Intensität und Dauer in den Aufgabenbereich von Grundschulen, Hauptschulen, Realschulen, Gymnasien und Gesamtschulen gehören. Tatsächlich ist darauf inzwischen das problematisierende Schrifttum ausgerichtet, wobei der Schwerpunkt bei der Sekundarstufe I liegt.

Was die von den Bundesländern verordnete Verbraucherbildung betrifft, haben unsere Umfragen im Dezember 2001 ergeben: so viele Bundesländer existieren, so vielfältige Lösungen sind vorhanden. Da sie sich, von Details ausgehend, nicht zu einem Schema aggregieren lassen, gilt es, mithilfe einiger Zitate die Spannweite aufzuweisen und das Terrain schneisenartig zu lichten:

1. „Verbrauchererziehung ist … kein selbständiges Fach und kann es nach unserer Auffassung auch nicht sein“ (Rheinland-Pfalz).
2. „Verbraucherbildung ist an allen Schularten vertreten, die Festlegung auf eine bestimmte Schulstufe gibt es in diesem Zusammenhang nicht“ (Berlin).
3. „Die Schulen realisieren dies Aufgabengebiet sowohl als fächerübergreifende Unterrichtsvorhaben („Unterrichtsprinzip“) wie auch unterschiedlicher Fächer („Gastfächer)“ (Hamburg).
4. „Verbrauchererziehung ist bei uns … curricular festverankert im Lernfeld Arbeitslehre für die Sekundarstufe I“ (Bremen).

2.4.10 Konsumentenerziehung im Fächerspektrum der Schule

Die aufgeworfene Frage rückt als Möglichkeiten die Behandlung als eigenes Fach, als Unterrichtsprinzip, als Gastfach oder als Lernbereich in den Blick. Bei der Lösung handelt es sich um etwas Komplexes. Deshalb findet Konsumentenerziehung nicht in nur einer Wissenschaft ihr Gegenstück, sondern sie muss sich von einer ganzen Reihe von Bezugswissenschaften helfen lassen. Religiöse, ethische, soziale, physische, psychische, politische, verbraucherpolitische, haushälterische, gesundheitliche, ernährungsmäßige, technische, rechtliche, umweltgefährdende u. a. Aspekte sind mitbestimmend für die Unterrichtsinhalte. Hinzu kommt erschwerend die Lehrerbildung.

2.4.10.1 Verbraucherkunde als selbständiges Fach

Neue Bildungsansprüche ziehen für gewöhnlich Forderungen nach neuen Schulfächern nach sich. Seitdem Konsumentenerziehung als didaktisch legitimes Anliegen feststeht, wird seit Anfang der 70er Jahre in vielen Stellungnahmen das selbständige Schulfach „Verbraucherkunde“ verlangt[93]. Grundsätzlich käme wegen der Lebensbedeutsamkeit der Thematik ein Pflichtfach in Frage, denn betroffen sind alle Heranwachsenden, so dass die Beliebigkeit eines Wahlfaches nicht ausreicht. Indessen sprach sich Scherhorn[94] gegen ein eigenes Schulfach aus, weil das Konsumenteninteresse nicht isoliert gesehen werden dürfe. Deutlicher meinte Berke[95]: „So wenig wie es **den** Verbraucher als abstrakte Wirklichkeit unseres wirtschaftlichen und gesellschaftlichen Lebens gibt, so wenig kann es **die** Verbraucherkunde als selbständiges Unterrichtsfach geben.“ Die

---

93 Insbesondere forderte die Arbeitsgemeinschaft der Verbraucher ein solches Fach. Vgl. Heid, Ute: Verbraucherbildung. Ein Situationsbericht. In: Verbraucher Rundschau 3 – 1974, S. 3.

94 Scherhorn: Verbraucherinteresse 1975, S. 186.

95 Berke: Kritischer Verbraucher 1975, S. 168.

beanspruchte „Verbraucherkunde“ ist also wegen der Fülle der vorangehend kenntlich gemachten Aspekte und Bezugswissenschaften nicht einzulösen.

2.4.10.2 Unterrichtsprinzip[96]

Immer dann, wenn man für eine neue Bildungsaufgabe kein selbständiges Fach einrichten will, insbesondere auch, weil die zur Verfügung stehende Wochenstundenzeit einen Engpass darstellt und Finanzmittel für Erweiterungen, auch bei der Lehrerbildung, fehlen, entschließt man sich zur Behandlung als Unterrichtsprinzip. Positiv ließe sich natürlich einwenden, dass zur Meisterung der vielfältigen konsumentenerzieherischen Aspekte exakt die Inanspruchnahme aller Schulfächer die vernünftigste Lösung sei. Doch wird damit die Geschlossenheit des konsumentenerzieherischen Anliegens weitgehend aufgeweicht, so dass sich fragt, welche Konsequenzen sich aus einem heterogen bestimmten Zusatzziel ergeben. Grundsätzlich gesehen, lässt sich die eigentliche Fachintention nur noch weniger vollkommen durchsetzen, während konsumentenerzieherische Themen nicht die Aufmerksamkeit zugewendet erhalten, die ihnen zusteht. Unter dieser Einschränkung lassen sich konsumentenerzieherische Aspekte einführen: etwa in Religion die sittliche Verantwortung für Mitmenschen und Umwelt, in Deutsch Sprache und Überredsamkeit der Werbung, in Biologie Umweltschäden durch Skitourismus, in Chemie Inhaltsstoffe und Wirkung von Kosmetika,[97] in der Kunsterziehung ästhetische Gestaltung des Wohnbereichs, in Erdkunde Rohstoffvorkommen und -reserven, Raubbau an Wäldern, Ausrottung von Pflanzen und Tieren, Klimakollaps, Bevölkerungsexplosion etc. Gerade im Gefolge des 1992er „Umweltgipfels“ in Rio steht für Geiger[98] die weltweit reflektierende Geographie an erster Stelle im Fächerkanon, wenn die Leitlinie „Sustainable Development“ das Konsumverhalten auf den Prüfstand ruft.

2.4.10.3 Gastfächer als Minimallösung

Dauenhauer[99] legt sehr richtig dar, dass, wenn Verbrauchererziehung mehreren Fächern als Unterrichtsprinzip überantwortet wird, kein Fachvertreter sich sonderlich zuständig fühlt, so dass der spezifische Unterricht vernachlässigt werde. Deshalb sollte sie einem bestimmten Fach zugeordnet werden. Scherhorn[100] spricht demgemäß von einem „gastgebenden“ Fach und Steffens[101] von einem „Trägerfach“. Es liegt auf der Hand, dass derartig „tragende“ Fächer nur solche sein können, die ohnehin zu Konsumentenerziehung in einem affinen Verhältnis stehen, d. h. ohne deren Beteiligung sie überhaupt nicht instrumentierbar ist. Zu nennen wären Wirtschaftslehre, Sozial- und Politikkunde, Haushaltskunde oder Textiles Gestalten.

So behandelt Specht[102] eine Wirtschaftskunde für Verbraucher; Weber[103] stellt Verbraucherkunde als Teilgebiet der Wirtschaftskunde vor. Dörge[104] meint, die Beschäftigung mit Verbraucherfragen biete in der Regel einen guten Einstieg in sozio-ökonomi-

---

96 Vgl. auch Berke: Kritischer Verbraucher 1975, S. 172 f. – Steffens: Strategie 1978, S. 234 f.

97 Wolsing, Theo: Verbraucherbildung im naturwissenschaftlichen Unterricht. In: Arbeiten und Lernen/Wirtschaft 1996, S. 48 f. – Betr. Rahmenplan Naturwissenschaften, Sekundarstufe 1, 1995 für Hessen.

98 Geiger, Michael: Denk-mal – Unser Wohlstand und Konsum. In: Praxis Geographie 1995, S. 43 ff.

99 Dauenhauer: Verbraucherkunde 1978, S. 143.

100 Scherhorn: Verbraucherinteresse 1975,S. 186.

101 Steffens: Strategie 1978, S. 248.

102 Specht, K. G.: Wirtschaftskunde für Verbraucher, aber wie? In: Der Verbraucher 1963, S. 967 ff.

103 Weber: Verbrauchererziehung 1969, S. 60.

104 Dörge: Didaktik 1973, S. 11.

sche Problemkreise, und Kaminski[105] sieht ebenfalls Verbrauchererziehung als konstitutive Aufgabe einer sozio-ökonomischen Bildung.

Ähnliche Untersuchungen wachsen aus der Haushaltslehre heraus. Busse[106] kommt zu dem sehr bemerkenswerten Ergebnis, dass haushaltsbezogene Fachwissenschaft aus mehreren Bezugswissenschaften bestehe, die vom Didaktiker für ein verbrauchererzieherisches Curriculum integrierend aufzuarbeiten seien. Haushalt ist für Schneider[107] täglich erlebte Wirklichkeit. Insofern sei Verbrauchererziehung Bestandteil der Haushaltslehre, denn durch die Einbettung des Konsums in die Haushaltsaufgaben „ist mit der Frage nach dem ‚Was' konsumieren auch jene nach dem ‚Wie' und ‚Wozu' zu klären. Konsum wird zur Hilfsfunktion autonomer Lebensgestaltung. Schlagwortartig formuliert, heisst das: „Haushaltsbezogene Verbraucherbildung" ist ein Teilgebiet „haushaltsbezogener Bildung".[108]

Für Mosenthin[109] erhält Verbraucherbildung im Rahmen des Textilunterrichts eine regulierende Funktion. Sie wird nicht nur als ein Teilgebiet verstanden, „das in den einzelnen Schuljahren entsprechend berücksichtigt werden muss, sondern als eine pädagogische Zielsetzung des Faches."

2.4.10.4 Lernbereich als Maxmimallösung

Ist anzunehmen, dass die Einführung eines Lernbereiches, der Konsumentenerziehung zum Thema hat, auf den Widerstand herkömmlicher Fächer stoßen würde, so hat diese Vermutung eigentlich wenig Überzeugungskraft, weil in der Schullandschaft bereits bildungspolitische Entscheidungen getroffen sind, die eine Absonderung – nur unter anderem Namen – zum Gegenstand haben. Gemeint ist die Arbeitslehre. 1964 vom Deutschen Ausschuss konzipiert, sollte durch sie die Hauptschule als Eingangsstufe des beruflichen Bildungsweges präsentiert werden, doch theoretisch und bildungspolitisch hat man an diesem Modell herumkuriert. Durch den übergeordneten Gesichtspunkt einer „Hinführung zur Wirtschaftswelt" wurden Haushalts- und Verbraucherthemen additiv eingebracht. Man entzieht aber der ursprünglich berufsorientierten „Arbeitslehre" völlig den Boden, wenn Konsumerziehung als ihr didaktischer Bezugspunkt verstanden wird.[110] Soweit die konsumtive Position des wirtschaftenden Laien Angelpunkt sein soll, wäre statt Arbeitslehre ein mehrdimensionaler Lernbereich „Wirtschaft und Konsum" denkbar.

Gibt man einem am Konsumieren festgemachten Lernbereich den Vorzug[111], dann sind Wirtschaftslehre, Hauswirtschaftslehre, Techniklehre, Textiles Gestalten usw., soweit sie noch selbständig sind, zu integrieren. Die Einführung einer „Lebenskunde" wäre zur Verklammerung dienlich.

---

105 Kaminski, Hans: Zur Innovationsproblematik der Verbraucherbildung in der Lehrerfortbildung. In: Verbraucher Rundschau 8/9 – 1978, S. 7.

106 Busse, Brigitte: Das Streben nach Prestige. In: Hauswirtschaftliche Bildung 1972, S. 51 f.

107 Schneider, Lothar: Haushaltslehre und Verbrauchererziehung. In: Mitteilungsdienst der Verbraucherzentrale NRW 3 – 1982, S. 8.

108 Autor(inn)enteam der Stiftung Verbraucherinstitut: Haushaltsbezogene Verbraucherbildung. In: Hauswirtschaftliche Bildung 1998, S. 106 u. 157.

109 Mosenthin: Verbrauchererziehung 1984, S. 116f. – Vgl. auch Kruber, Klaus-Peter/Mosenthin, Gertrud/Royl, Wolfgang: Textilarbeit und Verbrauchererziehung. Baltmannsweiler 1986.

110 Grothues, Ulrich: Konsumerziehung als didaktischer Bezugspunkt der Arbeitslehre. In: Die Arbeitslehre 1974, S. 61.

111 Bick, Alfons/Meiser, Berthold: Taschenbuch der Verbrauchererziehung. Baltmannsweiler 1977, S. 9ff. – Steffens: Strategie 1978, S. 234.

Die Mehrdimensionalität des konsumrelevanten Handlungsraumes lässt sich aber selbst mit einem derartig strukturierten Lernbereich nicht erschöpfend erschließen. Nichts führt daran vorbei, dass, wenn Konsum ein wesentlicher Zug der Existenz des Menschen und seines Angewiesenseins auf die auszunutzende Umwelt ist, Konsumentenerziehung zugleich Unterrichtsprinzip bei den nicht im Lernbereich einbezogenen Schulfächern bleiben muss.

Mit welchem Elan für Verbraucherbildung im Rahmen der Haushaltslehre gekämpft wird, gibt Tornieporth mit dem Unterrichtsmodell „Tomatenkultur", einem Glanzstück, zu erkennen.[112] Als handlungsorientiert bezeichnet, ist es jedoch zugleich fächerübergreifend angelegt, denn es besticht durch die Fülle bildungsfördernder Aspekte. Sie reichen von kindlicher Pflanzenanzucht, Vitaminien, Inlandsverbrauch bis zu Erwerbsgartenbau, Gentechnik, importierter Auslandsproduktion, von ökologischer Erzeugung bis zu Rezepten und gesunder Zubereitung.

Doch ohne Wermutstropfen geht es nicht. Bezüglich Techniklehre nimmt Fieblinger die Zurücknahme der Konsumentenschulung im hessischen Lehrplan für Arbeitslehre von 1993 in den Blick.[113] Damit geht einher, dass die Vermittlung von Technikkompetenz, einerseits als Auswahl- und andererseits als Bedienungskompetenz bei Geräten, geschmälert wird. Das sei offensichtlich nicht gravierend, weil Produkte mehr und mehr automatisiert seien, das Interesse am Gebrauchswert durch den Geltungsnutzen abgelöst werde und unbedingt erforderliche Technikkompetenz die Möglichkeiten der Allgemeinbildung übersteigt. Folglich nehme man Beratungsleistungen in Anspruch, so dass sich verbraucherbildende Techniklehre erübrige.

Auch wenn nach unserer Auffassung die berufsgerichtete Arbeitslehre ein schlechter Ansatzpunkt für eine aus der originären Lebenssphäre heraus zu gestaltenden Bildung ist,[114] so hat ihre 1964 bildungspolitisch herbeigeführte Geburt doch eines bewirkt, nämlich „dass der traditionelle Fächerkanon der allgemeinbildenden Schule" eben nicht mehr „an einem Rollenspektrum orientiert ist, das der gesellschaftlichen Wirklichkeit des gegenwärtigen Menschen nicht mehr entspricht".[115] Zwar können wir nicht für andere Fächer sprechen, doch sind die vorangehend aufgewiesenen Lösungen als ein zufriedenstellendes Optimum zu bewerten. Aus unserem Anliegen heraus bedarf es gegenwärtig – anders als 1967 von Loch/Muth gefordert – keiner „alles umfassenden Neugliederung des allgemeinbildenden Fächerkanons".

Literaturauswahl

Scheibe, Peter F.: Konsumentenerziehung. Wien 1957.

Beer, Ulrich: Konsumerziehung gegen Konsumzwang. Tübingen 1967, 2. Auflage 1970, 3. Auflage 1974.

Weber, Erich: Die Verbrauchererziehung in der Konsumgesellschaft. Essen 1967, 2. Auflage 1969.

Giesecke, Hermann (Hrsg.): Freizeit- und Konsumerziehung. Göttingen 1968, 2. Auflage 1971, 3. Auflage 1974.

---

112 Tornieporth, Gerda: Tomatenkultur. Baltmannsweiler 1997.

113 Fieblinger, Günter: Technikkompetenz des Verbrauchers. In: Didaktik der Berufs- und Arbeitswelt 1995, H. 3/4, S. 28 ff.

114 Pleiß, Ulrich: „Wirtschafts- und Arbeitslehre" – was ist das? In: Rhein-Pfälzische Schulblätter 1976, S. 33–36, 41–47, 49–56. – Ders.: Wirtschaftsorientierte Didaktiken und allgemeines Schulwesen. In: Beck, Klaus u. a. (Hrsg.): Berufserziehung im Umbruch. Weinheim 1996, S. 263 ff.

115 Loch, Werner/Muth, Jakob: Herausgebervorwort zu Weber, Erich: Die Verbrauchererziehung in der Konsumgesellschaft, a. a. O., S. 8 f.

Pleiß, Ulrich: Der Betrieb als materialer Bezugspunkt wirtschaftsdidaktischer Aussage. In: Wirtschaft und Erziehung 1968, S. 116f.
Pleiß, Ulrich: Die Abgrenzung der Wirtschaftspädagogik als aktuelles methodologisches und wissenschaftspolitisches Problem. In: Betriebswirtschaftliche Forschung und Praxis 1969, S. 576f. u. 580.
Bey, J. P.: Konsumerziehung in der Grundstufe. Frankfurt/M. u.a. 1972.
Dörge, Friedrich-Wilhelm: Didaktik und Methodik der Verbraucherbildung. In: Verbraucher Rundschau 2–1973, S. 10ff.
Scherhorn, Gerhard: Gesucht – der mündige Verbraucher. Düsseldorf 1973.
Dörge, F. W./Steffens, H. (Hrsg.): Fallstudien zur Verbraucherbildung. Ravensburg 1974ff.
Berke, Rolf: Lernziel – kritischer Verbraucher. In: Verbraucherschutz in der Marktwirtschaft, hrsg. von Erwin Dichtl, Berlin 1975, S. 161f.
Krafft, D. (Hrsg.): Lernbereich Wirtschaft. Arbeitsmaterialien zur Verbraucherpolitik etc. Düsseldorf 1975ff.
Pleiß, Ulrich: „Wirtschafts- und Arbeitslehre" – was ist das? In: Rhein-Pfälzische Schulblätter 1976, S. 33–36, 41–47, 49–56.
Scherhorn, Gerhard u.a.: Verbraucherinteresse und Verbraucherpolitik. Göttingen 1975.
Bick, Alfons/Meiser, Berthold: Taschenbuch der Verbrauchererziehung. Baltmannsweiler 1977.
Kultusministerkonferenz: Bericht zum Sachstand der Verbrauchererziehung in der Schule. Bonn 1977.
Weinbrenner, Peter: Arbeitnehmer- und verbraucherorientierte Wirtschaftsdidaktik. In: Zeitschrift für Pädagogik 1977, S. 381ff.
Baumgardt, Johannes: Erziehung zu sinnvollem Konsumieren. In: Erziehung zum Handeln, Festschrift für Martin Schmiel, hrsg. von Johannes Baumgardt und Helmut Heid, Trier 1978, S. 25ff.
Dauenhauer, Erich: Verbraucherkunde und ihre Didaktik. Paderborn 1978.
Fischer, Wolfgang Chr./Lenzen, R.: Verbrauchererziehung an Bremischen Schulen unter besonderer Berücksichtigung der Sekundarstufen. Bremen 1978.
Kaminski, Hans: Verbauchererziehung in der Sekundarstufe I. Bad Heilbrunn 1978.
May, Hermann: Arbeitslehre. Wirtschaftswissenschaftliche und wirtschaftsdidaktische Grundlagen. München 1978.
Steffens, Heiko: Strategie der Verbraucherbildung. In: Verbraucherpolitik in der Marktwirtschaft, hrsg. von Bernd Biervert u.a., Rowohlt 1978, S. 224ff.
Dörge, Friedrich-Wilhelm: Verbraucher und Markt. Curriculumbausteine zur Wirtschaftslehre. Opladen 1979.
Scherhorn, Gerhard (Hrsg.): Verbrauchererziehung in der Bundesrepublik Deutschland. Baltmannsweiler 1979.
Müller, Egon: Erziehung zum verantwortungsbewussten Verbraucher. Plädoyer für eine neue Konsum-Ethik. München 1980.
Steffens, Heiko: Verbrauchererziehung. Fernstudienlehrgang Arbeitslehre, Deutsches Institut für Fernstudien an der Universität Tübingen, Weinheim 1980.
Kaminski, Hans: Verbrauchererziehung. In: Wirtschaft, Handwörterbuch zur Arbeits- und Wirtschaftslehre, hrsg. von Franz-Josef Kaiser u. Hans Kaminski, Bad Heilbrunn 1981, S. 314ff.
Pleiß, Ulrich: Wirtschaftspädagogik, Bildungsforschung, Arbeitslehre. Heidelberg 1982, S. 67f., S. 87f. u. 91, S. 109 u. 131, S. 140f.
Steffens, Heiko: Verbrauchererziehung – Begriff und Richtziele. In: Mitteilungsdienst der Verbraucherzentrale NRW 3 – 1982, S. 1ff.
Vohland, Ulrich: Verbraucherverhalten und Verbrauchererziehung. Baltmannsweiler 1982.
Fischer, Wolfgang Chr./Lenzen,Richard/Vielhaber, Reinhard: Konzeptionsentwurf für eine zielgruppenorientierte Verbraucherbildung Erwachsener. Bremen 1983.
Meyer, Heinrich: Europäische Verbrauchererziehung. Frankfurt/M. 1983.
Twardy, Martin (1978): Konsumpädagogik. München/Köln 1983.
Diethelm, Gerd: Verbrauchererziehung in den allgemeinen Schulen (Sekundarstufe I) des Landes Hessen. Eine empirische Untersuchung. Frankfurt am Main 1984.
Kruber, Klaus-Peter/Mosenthin, Gertrud/Royl, Wolfgang: Textilarbeit und Verbrauchererziehung. Baltmannsweiler 1986.
Pleiß, Ulrich: Berufs- und Wirtschaftspädagogik als wissenschaftliche Disziplin. In: Arbeits-, Berufs- und Wirtschaftspädagogik im Übergang, Festschrift zum 60. Geburtstag von Gerhard P. Bunk, hrsg. von Rudolf Lassahn und Birgit Ofenbach, Frankfurt/M. 1986, S. 127f.

Pleiß, Ulrich: Begriffliche Studien zur Konsumentenerziehung. Wirtschaftspädagogische Überlegungen zur Verwendung fachwissenschaftlicher Konsumbegriffe als leitende didaktische Zielkategorie. Baltmannsweiler 1987.
Cebulla-Jünger, Edeltraut: Kind und Konsum. Zukunftsorientierte Verbraucherbildung im Kindergarten. In: Theorie und Praxis der Sozialpädagogik 1988, S. 236ff.
Hendrikson, Kurt: Ethik und Konsumkultur. Vom Sinn des Seins in der Wohlstandsgesellschaft. Stuttgart 1988.
Fischer, Andreas: Lernziel – Verantwortliches Konsumieren, Möglichkeiten und Grenzen. In: Wirtschaftliche Grundbildung, Opladen 1993, S. 1–16.
Kruber, Klaus-Peter (Hrsg.): Didaktik der ökonomischen Bildung. Schriftenreihe Wirtschaftsdidaktik, Berufsbildung und Konsumentenerziehung, Band 29, Hohengehren 1994.
Lackmann, Jürgen: Ökologische Verbrauchererziehung. Weingarten 1995.
Fieblinger, Günter: Technikkompetenz des Verbrauchers. In: Didaktik der Berufs- und Arbeitswelt 1995, S. 28ff.
Geiger, Michael: Zukunftsorientierte Erziehung für die „Eine Welt". Ders.: Denk-mal – Unser Wohlstand und Konsum. Materialien für den Geographieunterricht. In: Praxis der Geographie 1995, S. 10ff. u. S. 43ff.
Kiper, Hanna; Paul, Annegret: Kinder in der Konsum- und Arbeitswelt. Weinheim 1995.
Pilz-Kusch, Ulrike: Schuldenprävention mit Jugendlichen. 2. Auflage, Düsseldorf 1995.
Schubert, Elke; Strick, Rainer: Spielzeugfreier Kindergarten. Ein Projekt zur Suchtprävention für Kinder mit Kindern. 5. Auflage, München 1995.
Pleiß, Ulrich: Wirtschaftsorientierte Didaktiken und allgemeines Schulwesen. In: Beck, Klaus u.a. (Hrsg.): Berufserziehung im Umbruch. Weinheim 1996, S. 263ff.
Salosnig, Maria: Spielzeugfreier Kindergarten – mehr als ein Projekt zur Suchtprävention. In: Psychologie in Erziehung und Unterricht 1996, S. 307ff.
Weinbrenner, Peter: Wege zu einem globalen und sozialverträglichen Konsum. Berlin 1996.
Wolsing, Theo: Verbraucherbildung im naturwissenschaftlichen Unterricht. In: Arbeiten und Lernen/Wirtschaft 1996, S. 48ff.
Arndt, Karin: Geld fällt nicht vom Himmel. Wie Kinder lernen, mit Geld umzugehen. Ravensburg 1997.
Becker-Textor, Ingeborg; Schubert, Elke; Strick, Rainer (Hrsg.): Ohne Spielzeug. „Spielzeugfreier Kindergarten" – ein Konzept stellt sich vor. Freiburg u.a. 1997.
Deutsches Jugendinstitut (Hrsg.): Werbepädagogik in der Grundschule. Opladen 1997.
Geise, Wolfgang: Der Impulskauf als Gegenstand von Verbrauchererziehung. In: Didaktik der Berufs- und Arbeitswelt 1997, S. 21ff.
Lange, Elmar; Muck, Franz: Werkstatt Konsumpädagogik. Hamm 1997.
Tornieporth, Gerda: Tomatenkultur. Ein Unterrichtsmodell zur handlungsorientierten Verbraucherbildung. Hohengehren 1997.
Schneider, Gundel: Kaufglück. Konsumerziehung durch Spielen. Münster 1998.
Steffens, Heiko: Kids, Knete, Konsum. Sonderheft der Zeitlupe Nr. 35 vom März 1998, hrsg. Bundeszentrale für politische Bildung Bonn.
Teichmann, Jan Andreas: Vom Bildungsprogramm zum Servotainment. Diplomarbeit Universität Eichstätt 1998.
Hamm-Beckmann, Anja: Kreditpädagogik zur Prävention privater Überschuldung – eine wirtschaftspädagogische Perspektive. Köln 2000.
Rosendorfer, Tatjana: Kinder und Geld. Frankfurt/M. 2000.
Supper, Michael: Der „heimliche Lehrplan" in der Verbrauchererziehung durch Werbung und Medien. Frankfurt/M. 2000.
Meinhold, Roman v.: Konsum–Lifestyle–Selbstverwirklichung. Weingarten 2001.
Lackmann, Jürgen (Hrsg.): Verbraucherpolitik und Verbraucherbildung. Weingarten 2002.
Steffens, Heiko, Verbraucherbildung, in: May, H. (Hrsg.), Lexikon der ökonomischen Bildung, 6. Auflage, München–Wien 2006.
May, Hermann, Didaktik der ökonomischen Bildung, 6. Auflage, München–Wien 2007.

Aus bzw. in Verbindung mit Stiftung Verbraucherinstitut Berlin

Kaiser, Franz-Josef/Kaminski, Hans: Verbraucherbildung in Schulen. Unterrichtsmodelle. Bad Heilbrunn 1981 ff., Bd. 1 Bedürfnisse, Bd. 2 Verbraucherinformationen, Bd. 3 Geld und Kredit, Bd. 4 Soziale Sicherung, Bd. 5 Werbung, Bd. 6 Jugend und Konsum.

Berger, Klaus u. a.: Verbraucherbildung mit Erwachsenen. Berichte – Materialien – Planungshilfen. Frankfurt/M. 1988.

Brettschneider, Volker/Hübner, Manfred: Konsum im Spannungsfeld von Ökonomie und Ökologie. Unterrichtsmodell für die Sekundarstufe II. Berlin 1991.

Kaminski, Hans/Hartz, Inga/Reuter-Kaminski, Ortrud: Der Verbraucher in der Marktwirtschaft. Produktion – Marketing – Konsum. Unterrichtsmodell für die Sekundarstufe II. Berlin u. a. 1991.

Kaminski, Hans/Reuter-Kaminski, Ortrud: Der jugendliche Verbraucher in der Marktwirtschaft. Unterrichtsmodell für die Sekundarstufe II. Berlin u. a. 1991.

Krol, G. J./Schlösser, H. J.: EG ’92 – Europäischer Binnenmarkt und Verbraucher. Ein didaktisches Modell für die schulische Verbraucherbildung. Berlin 1991.

Rosenberger, Günther (Hrsg.): Konsum 2000. Veränderungen im Verbraucheralltag. Reihe Marketing und Verbraucherarbeit, Band 6, Frankfurt a. M. u. a. 1992.

Weinbrenner, Peter: Von Otto-Normalverbraucher zu Öko-Paul. Für eine ökologische Umorientierung der Verbrauchererziehung. Reihe Verbrauchererziehung praktisch, Berlin 1992.

Mackert, Hildegard/Strehlow, Jürgen/Heyland, Matthias: Verbraucherbildung in der Schule. Berlin 1993.

Preuß, Volker/Steffens, Heiko: Marketing und Konsumerziehung. Goliath gegen David? Reihe Marketing und Verbraucherarbeit, Band 8, Frankfurt a. M. u. a. 1993.

Gnielzyk, Peter: Verbrauchererziehung in der Grundschule. Reihe Verbrauchererziehung praktisch, Berlin 1995.

Kaiser, Franz-Josef/Brettschneider, Volker: Lernbüro. Verbraucher- und Umweltbildung im Fach Bürowirtschaft. Berlin 1995.

Stiftung Verbraucherinstitut (Hrsg.): Umweltbezogene Werbung. Irreführung oder Orientierung für den Verbraucher. Berlin 1995.

Jurczyk, Karin: Die Arbeit des Alltags. In: Focus Alltag, hrsg. v. Stiftung Verbraucherinstitut und Deutsches Institut für Erwachsenenbildung, Frankfurt/M. 1996, S. 34 ff.

Stiftung Verbraucherinstitut (Hrsg.): Nachhaltiger Konsum. Berlin 1996.

Autor(inn)enteam der Stiftung Verbraucherinstitut Berlin: Haushaltsbezogene Verbraucherbildung. Die „Stiftung Verbraucherinstitut“ und ihre Weiterbildungsaktivitäten. In: Hauswirtschaftliche Bildung 1998, S. 106 f. u. 152 ff.

Stiftung Verbraucherinstitut: Jahresberichte 1995/96, 1997/98 u. 1999/2000.

TV-Test, Verbraucherinformation im Fernsehen. Redaktion: Barbara Kamutzki, Vikki Schaefer, Volker Preuß. Bundeszentrale für politische Bildung, Bonn 1999.

3
ARBEITSÖKONOMIE

3.1 Die Zukunft der Arbeit
Hans Jürgen Schlösser

3.1.1 Einleitung: Arbeitsmärkte in der Krise?

Weltweit waren im Jahr 2005 194,7 Millionen Menschen arbeitslos. Das sind 2,2 Millionen mehr als im Jahre 2004 und 34,4 Millionen mehr als 1995. In den meisten Staaten Lateinamerikas liegt die Arbeitslosigkeit bei 8%, im Mittleren Osten und Nordafrika übersteigt sie 12%. In den ostasiatischen Ländern herrscht dagegen mit einer Arbeitslosenquote von 3,6% annähernd Vollbeschäftigung.[1]

Dieses sind Durchschnittsziffern, welche für sich genommen kein korrektes Bild ergeben, da die Streuung sehr hoch ist. Das ostasiatische Land mit den höchsten Wachstumsraten stellt China dar; der Strukturwandel, welcher mit der stürmischen Industrialisierung der chinesischen Volkswirtschaft einhergeht, erzeugt aber auch hier Arbeitslosigkeit, sowohl bei der Landbevölkerung als auch in den schnell wachsenden Großstädten: Das Wall Street Journal schätzte 1994 die Gesamtzahl der chinesischen Arbeitslosen auf 160 Millionen, davon 30 Millionen allein aus Freisetzungen eines einzigen Jahres.[2] Solche Ziffern mögen einen Eindruck davon geben, dass die westlichen Industrieländer relativ zu Ostasien an weltwirtschaftlichem Gewicht verlieren, sowohl hinsichtlich der wirtschaftlichen Probleme als auch der Wirtschaftskraft. In diesen Zusammenhang gehört auch, dass heute fast 40% des Weltoutputs in Asien erzeugt wird, und dass fast 50% des Weltenergieverbrauchs, aber auch der Weltumweltverschmutzung außerhalb der OECD anfallen.[3]

Auch in den westlichen Industrieländern ist die Lage uneinheitlich: Während in Deutschland und Belgien die Arbeitslosenquote bei etwas über 8% (2006) liegt, beträgt sie in Polen über 13%. In den USA herrscht bei einer Arbeitslosenquote von 4,6% fast Vollbeschäftigung. Wenn wir allerdings die Jugendarbeitslosigkeit betrachten, zeigt sich ein anderes Bild: Mit über 10% ist der Anteil der jungen Arbeitslosen in den USA doppelt so hoch wie die Gesamtarbeitslosenquote. In Deutschland liegt sie mit über 13,5% etwas über der Gesamtquote. In Polen übersteigt die Jugendarbeitslosigkeit hingegen 29,8%.

Jugendarbeitslosigkeit (15–24 Jährige) in ausgewählten OECD-Ländern in Prozent, 2006

Deutschland	Belgien	Großbritannien	USA	Polen
13,5	18,9	13,9	10,5	29,8

Quelle: OECD, Employment Outlook 2007, Paris 2007

Richten wir den Blick noch einmal auf die USA: In den vergangenen Jahren ist der Arbeitsmarkt dort stetig gewachsen. Im wesentlichen handelt es sich dabei entgegen in Europa verbreiteter Vorurteile nicht um „minderwertige“ Stellen, sondern um Arbeitsplätze im Management und bei professionellen, hoch bezahlten Dienstleistungen. Doch auch hier gibt es eine andere Seite: Amerikaner mit geringer beruflicher Qualifikation stehen im Schatten des Wachstums und müssen Einkommensverluste hinnehmen, denn sie können die neugeschaffenen Arbeitsplätze nicht besetzen. Die Niedrigverdiener in den USA, das sind die unteren 10% der Einkommensempfänger, verdienen kaufkraftmäßig nur die Hälfte wie die entsprechende Gruppe in Deutschland.

Auch Japan hält sich gut in der internationalen Arbeitsmarktstatistik, allerdings zu Arbeitsbedingungen, deren Akzeptanz deutschen Arbeitnehmern schwerfallen dürfte.

[1] Vgl. ILO, Global Employment Trends Brief 2007, Genf 2007.
[2] Vgl. The Wall Street Journal, 21. 2. 1994.
[3] Vgl. OECD, Global Energy. The Changing Outlook, Paris 1992.

Nahm ein japanischer Arbeiter 1970 durchschnittlich 8,8 Tage Urlaub im Jahr, so waren es in den neunziger Jahren nur noch 7,9 Tage. Im Jahr 2002 wurden 317 Fälle von „Karoshi" registriert; „Karoshi" ist spontaner Tod am Arbeitsplatz durch Überarbeitung[4].

Diese Zahlen vermitteln einen ersten Eindruck von der aktuellen Arbeitsmarktproblematik und ihrer Uneinheitlichkeit. Was für unsere Volkswirtschaft wünschenswert wäre, mag einfach zu formulieren sein: Chinesische Wachstumsraten ohne chinesische Umweltkatastrophen und Massenelend, japanische Produktivität, aber mit 6 Wochen Urlaub und ohne Karoshi, amerikanisches Arbeitsplatzwachstum ohne Niedrigstverdiener, ohne „working poor". Kann es so etwas geben?

Wir müssen uns zur Erörterung dieser Frage den unterschiedlichen wirtschaftspolitischen Konzepten und den weltwirtschaftlichen Entwicklungstendenzen zuwenden.

3.1.2 Konzeptionen der Arbeitsmarktpolitik

Vereinfacht lassen sich heute drei arbeitsmarktpolitische Konzeptionen[5] unterscheiden:

- Das US-Modell setzt auf Deregulierung der Märkte, Lohnsenkung im unteren und teilweise im mittleren Einkommenssegment und die Begrenzung der Gewerkschaftsmacht. Am Arbeitsmarkt gilt: Hire and Fire. Der amerikanische Ökonom Kenneth Boulding spricht von „Cowboy-Kapitalismus".[6]
- Das deutsche Modell, vom französischen Ökonomen Michel Albert als „rheinischer" – im Unterschied zum amerikanischen – Kapitalismus bezeichnet[7], setzt auf Sozialpartnerschaft, Konsens, runde Tische, konzertierte Aktionen und Bündnisse für Arbeit. Es ist in der Vergangenheit von zahlreichen Staaten bewundert worden, denn es galt bisher als erfolgreich. Heute hingegen geht international die Rede von der „German Desease", der deutschen Krankheit um. Arbeitsmarktpolitisches Leitbild ist seit den 1950er Jahren die Lebenszeitstelle mit umfangreichen sozialen Zusatzleistungen und starker, auch emotionaler Bindung des Arbeitnehmers an Betrieb und Region.
- Das Modell der Kommission der Europäischen Union ist unter starkem französischen Einfluß entwickelt worden und beruht auf der Vorstellung, dass Wachstum und Beschäftigung durch Politik mach- und planbar sind. Der Schlüssel zur Lösung fast aller Probleme wird in einer entschiedenen Politik zur Verbesserung der Infrastruktur gesehen, insbesondere im Ausbau des europäischen Straßennetzes, der Schienenverkehrswege, der Telekommunikationsnetze und der Forschungseinrichtungen. Zur Realisierung sollen die Mitgliedsstaaten finanzielle Mittel und Kompetenzen an die EU abtreten. Federführend ist faktisch die Kommission. Das Modell stößt auf zunehmenden Widerstand in den europäischen Bevölkerungen, Regierungen und Regionen, welche um ihre Eigenständigkeit fürchten und mehr Subsidiarität anmahnen. Der letztlich auf die französische Konzeption der Planification zurückgehende Planungsoptimismus wird besonders von Deutschen und Briten nicht geteilt.

---

4 Vgl. Gones, H., Opfer des Fleißes, in: Die Zeit, Nr. 11, 04. 03. 2004.

5 Die folgende Einteilung ist zweckmäßig, aber nicht zwingend. Vgl. als Alternative Schmid, G., Vollbeschäftigung in der integrierten sozialen Marktwirtschaft, in: Arbeitslosigkeit ist vermeidbar – Wege aus der Arbeitslosigkeit. Ein Symposium der Bertelsmann Stiftung, Gütersloh 1990, S. 71–106.

6 Vgl. Boulding, K. Economics as a Science, New York u.a. 1988.

7 Vgl. Albert, M., Kapitalismus contra Kapitalismus, Frankfurt/M., New York 1992.

Der Erfolg der verschiedenen Konzeptionen hängt davon ab, in welchem weltwirtschaftlichen Umfeld sie sich behaupten müssen. Dieses Umfeld ist in einem rasanten Wandel begriffen, der sich unter anderem mit den Termini Globalisierung und Wandel der Arbeitswelt auf der Basis neuer Technologien und Managementkonzepte beschreiben lässt.

3.1.3 Der Wandel des weltwirtschaftlichen Umfeldes

3.1.3.1 Globalisierung

Mit Globalisierung wird eine Phase des Zusammenwachsens der Weltwirtschaft bezeichnet, in der de fakto nationale Grenzen, Regulierungen und Wirtschaftspolitiken immer bedeutungsloser werden, weil sich gar nicht mehr sagen lässt, in welchem Land ein Produkt überhaupt hergestellt worden ist. Wenn ein LKW zwar in Alabama zusammengesetzt wird, der Motor aber aus Kanada stammt, die Reifen aus Mexiko kommen und die Sitzbezüge in Bangladesch genäht werden, so lässt sich schwerlich von einem amerikanischen Produkt reden. Hinzu tritt dann noch, dass das Computerprogramm für den Zusammenbau in Indien geschrieben wurde, die Verkäufe von einer Firma auf den Bahamas oder in Jamaika abgerechnet werden und die Betriebsanleitung in England formuliert und in Indonesien gedruckt worden ist. Für die USA gilt bereits heute, das von den 30 000 Dollar, die ein gehobener PKW dort kostet, nur noch etwa 5000 Dollar am Ende bei Arbeitnehmern und Kapitalgebern in den USA selbst verbleiben. In Europa nähern wir uns dem an. Nur konsequent wird bereits davon gesprochen, dass in Zukunft Bezeichnungen wie „Made in Germany“ oder „Made in Japan“ sinnlos werden und durch „Made by Siemens“ oder „Made by Toyota“ ersetzt werden sollten.

Die arbeitsmarktpolitischen Konsequenzen der Globalisierung lauten:

1. Der Standortwettbewerb verschärft sich. Jeder Arbeitsplatz in der Erzeugung international handelbarer Güter konkurriert mit jedem anderen Arbeitsplatz der gleichen Produktion auf der ganzen Welt. Die wirtschaftliche Bewertung eines Standortes erfolgt nicht mehr nach lokalen, regionalen oder nationalen Gesichtspunkten, sondern nach europäischen und zunehmend nach globalen Vergleichskriterien.
2. Das Wettbewerbsklima wird immer unfreundlicher und regelloser. Die Weltwirtschaft ist unfreundlich und undankbar: Wer gestern noch zuverlässig und günstig geliefert hat, verliert heute seine Kunden, wenn neue Anbieter mit besseren Angeboten auf den Markt kommen. Dies geschieht aber nahezu täglich. Loyalität zu traditionellen Geschäftspartnern wird immer teurer.
3. Der rheinische Kapitalismus der sozialen Marktwirtschaft gerät unter Druck. Umverteilung, Sicherheit und Schutz vor Wettbewerb werden als Leitbilder umstritten. Der Schutz bestehender Unternehmen, Arbeitsplätze und sozialer Besitzstände durch das Konzert von Staat und Verbänden gerät in den Ruch eines Paktes zu Lasten Dritter, nämlich derjenigen, die keinen Arbeitsplatz haben. Immer schwieriger scheint es zu sein, Bestehendes zu sichern und gleichzeitig den Nicht-Arrivierten Teilhabe an der Erwirtschaftung des Volkseinkommens zu ermöglichen. Bedeutsam mag dabei sein, dass just in diesem Zeitraum die letzten Angehörigen der Gründergeneration der Bundesrepublik Deutschland, also die Väter und Lotsen des „rheinischen Konsenskapitalismus“ aus Altersgründen von Bord gegangen sind.

Der deutsche Arbeitsmarkt wird Teil eines internationalen Arbeitsmarktes. der die USA, Asien, Afrika, Lateinamerika, Westeuropa und auch Osteuropa und die Länder der ehemaligen Sowjetunion umfasst. Die Frage nach der Wettbewerbsfähigkeit einer

Volkswirtschaft weicht der Frage nach der Wettbewerbsfähigkeit der deutschen Arbeitskräfte.

3.1.3.2 Wandel der Arbeitsorganisation

Die selben technischen Innovationen, die Mikroelektronik und die neuen Kommunikationstechnologien, welche die Globalisierung ermöglichen, verändern, zusammen mit neuen Managementkonzepten, auch die Arbeitswelt. Das westdeutsche Nachkriegsmodell der Industriealisierung verliert heute seine Gültigkeit. Wiederum vereinfacht, aber als Trendbeschreibung gültig, lässt es sich folgendermaßen charakterisieren:

Typisch ist die Massenproduktion mit hohen Fixkosten, niedrigen variablen Kosten und geringer Flexibilität. Der Nachfrager kommt in den Genuss niedriger Preise, aber Veränderungen erfolgen nur langsam, die Produktionsumstellungen sind teuer. Die direkte Arbeit am Produkt wird immer mehr von niedrig qualifizierten ausländischen Arbeitnehmern geleistet, die unter hohem Rationalisierungsrisiko stehen. Gewährleistungsarbeiten dagegen obliegen deutschen Facharbeitern. Beruflicher Aufstieg erfolgt „weg von der Produktion". Je weiter entfernt von der Produktion der Arbeitsplatz, desto höher der berufliche Status seines Inhabers. Nicht zuletzt daraus resultiert eine hohe Privilegierung von Angestellten gegenüber Arbeitern. Einkommen und Status hängen wesentlich von der Erstausbildung ab, Karrieren erfolgen in Laufbahnen. Auf seiten des Managements entspricht diesem Modell der „Direktorialkapitalismus": Tiefgestaffelte Organisationen, abgegrenzte Abteilungen, Entscheidungen von „oben" und Ausführung „unten" bestimmen das Bild. Teilweise liegen militärische Analogien nahe: Die Arbeiter als Soldaten, die Meister als Unteroffiziere und das Management als Offizierskorps. Qualifikationsanforderungen und Bildungssysteme sind entsprechend ausgerichtet.

Die Stichworte Gruppenarbeit, Lean Management, Kaizen u.a. stehen für eine andere Arbeitsorganisation in Gegenwart und Zukunft. Die herkömmliche Managementhierarchie wird durch vielseitig ausgebildete Mannschaften ersetzt, die direkt am Produktionsort eingesetzt werden. Vorbei sind die Zeiten, als jemand um so mehr Entscheidungsbefugnis hatte, je weiter er vom Problem entfernt war. Arbeiter, Ingenieure, Programmierer arbeiten eng zusammen, entwickeln gemeinsam neue Ideen und setzen sie direkt in der Fertigung um. Das versammelte Fachwissen aller an der Fertigung Beteiligten wird genutzt, um immerzu Verbesserungen am Produkt und am Produktionsprozess anzubringen. Die Teams in der Fertigung haben relativ große Eingriffsmöglichkeiten, führen Reparaturen oft selbst aus und beseitigen Engpässe. Wenn heute auch oft noch mehr Leitbild als Realität bringt dieses Modell doch vielseitig ausgebildete Arbeitskräfte hervor, die in der Lage sind, unterschiedliche Aufgaben eigenverantwortlich zu übernehmen.

Die Ansiedlung der Entscheidungsbefugnis möglichst weit unten und möglichst nahe an der Produktion bedeutet eine Aufwertung der Fertigungsarbeitsplätze und einen Statusgewinn der Arbeiter, dagegen in vielen Fällen einen Statusverlust der Angestellten. Für manchen stellt sich der Wandel auch als „Abstieg an die Front" dar. Die neunziger Jahre bringen in den Industrieländern die Genesis einer neuen Arbeiter- und Angestelltenkultur, und die alten Hierarchien geraten ins Wanken. Verantwortung und Eigeninitiative treten an Stelle von Befehl und Gehorsam, Entscheidungskompetenz gilt heute als Forderung an Jeden. Schlüsselqualifikationen wie Kommunikationskompetenz, Teamfähigkeit, Kreativität und Generalistentum verdrängen teilweise tätigkeits- und berufsspezifische Anforderungen. Die berufliche Erstausbildung verliert an Bedeutung gegenüber der Qualifikation „on the Job".

3.1.3.3 Neue Leitbilder

Für unser Verhältnis zur Arbeit wird die skizzierte Entwicklung schwerwiegende Folgen haben. Eine besteht darin, dass wir niemals „fertig" sein werden: Eine bestimmte berufs- und tätigkeitsspezifische Qualifikation mag im Laufe eines Berufslebens früher oder später perfektioniert werden, ein bestimmtes Werk, sei es ein handwerkliches oder geistiges Produkt, wird irgendwann vollendet, aber soziale Kompetenz, Kreativität kennt kein Ende, ist nie perfektioniert, nie vollendet. Die ständige schrittweise Verbesserung ist das leitende Postulat der neuen Arbeitswelt und nicht das Opus, dass der Vollendung harrt oder das irgendwann einmal abgerundete Können, welches die berufliche Identität und den Berufsstolz früher stiftete. Das Ethos der ständigen Verbesserung von Abläufen ersetzt das Ethos der Vollendung von Werken.

Was bedeutet dies für das Leitbild eines „erfüllten Berufslebens"? Beruf wird heute nicht mehr mit „Berufung" verbunden, und schon gar nicht mit der Vollendung von Werken – wobei ja die Assoziation der beruflichen Werkvollendung an die „guten Werke" des Christentums nicht zufällig, sondern durchaus konstitutiv für den älteren, heute überkommenen Berufsbegriff ist. Befragungen von jungen Arbeitnehmern und Schülern zeigen deutlich, dass für die neunziger Jahre ein postmaterialistisches Arbeitsethos leitend ist, bei dem ein Ziel zentral ist: Die Selbstverwirklichung im Beruf. Hier ergeben sich moralische und philosophische Fragen: Ist das nicht vielleicht ein unmäßiger Wunsch? Und wenn er denn erfüllbar wäre, in welcher Arbeitswelt? Vielleicht nur in einer, die den „ganzen Menschen" aufsaugt? Wäre dies nicht eine totalitäre Arbeitswelt?[8]

Berufsspezifische Fähigkeiten und Fertigkeiten verlieren an Bedeutung gegenüber Schlüsselqualifikationen und persönlichen Eigenschaften. Zwar sind Schlüsselqualifikationen nur in konkreter Tätigkeit erwerbbar, bedingen also spezifische Fertigkeiten und beweisen sich auch aktuell in ihnen, aber diese berufsspezifische Fertigkeiten haben geringe Halbwertszeiten und kaum Eigenwert. Sie müssen in immer kürzeren Zyklen abgeschrieben werden.

Globalisierung und neue Arbeitskultur sind zwei Seiten derselben Münze, die durch neue Technologien und Managementsysteme sowie durch den wirtschaftlichen Aufholprozess immer neuer industrieller Schwellenländer geprägt worden ist. Es sind dabei Preise zu zahlen: In der globalisierten Weltwirtschaft gilt die Formel $\frac{1}{2} \times 2 \times 3$: Halb so viele Beschäftigte, die zweimal so gut bezahlt werden wie heute und dreimal soviel Wertschöpfung erzeugen. Wenn das oft genug wiederholt wird, so bleiben den Unternehmen nur noch kleine Kernbelegschaften, die aber entscheidend für den Geschäftserfolg sind. Anstatt alles selbst zu machen, bilden Unternehmen Netzwerke, Bündnisse, Allianzen, Clans, wobei es schwer sein wird, das einzelne Unternehmen im Gewirr wechselnder, projektbezogener Verbünde noch genau abzugrenzen. Die Kernbelegschaften stellen eine neue Elite industrieller Experten dar, die sehr hart und keineswegs im Wochenrhythmus arbeitet, hohe Einkommen bezieht und sich aus eigenem Einkommen sozial absichert. Was wird aus den Arbeitnehmern, die nicht zu den Kernbelegschaften gehören werden?

---

8 Vgl. zur „Überschätzung der Arbeit" Koslowski,P., Überarbeitete und Beschäftigungslose. Sinnverlust der Arbeit durch Übergeschäftigkeit und Unterbeschäftigung, in: Arbeit ohne Sinn? Sinn ohne Arbeit? Über die Zukunft der Arbeitsgesellschaft, Weinheim 1994, S. 120–132.

3.1.4 Die neuen Berufskategorien

Der amerikanische Arbeitsminister Robert Reich formulierte die Konsequenzen für den amerikanischen Arbeitsmarkt:

„Wenn wir ... von der Wettbewerbsfähigkeit der USA im allgemeinen sprechen, sprechen wir nur davon, wieviel der Weltmarkt im Durchschnitt zu zahlen bereit ist für die von Amerikanern erbrachte Leistung. Einige Amerikaner werden höhere Löhne erzielen, andere viel tiefere. Die Amerikaner werden nicht mehr gemeinsam aufsteigen oder fallen, sie sitzen nicht mehr in einem nationalen Boot. Sie sitzen zunehmend in verschiedenen, kleineren Booten".[9] Reich hat drei Typen von „Berufskategorien" unterschieden, welche unterschiedliche Perspektiven zu gegenwärtigen haben:

Die Kernbelegschaften erbringen „kreative Vorleistungen". Sie sind hoch qualifiziert, verfügen über Hochschulabschlüsse und arbeiten schöpferisch in gleichberechtigten Teams, die in der ganzen Welt verteilt sein können und über elektronische Kommunikation und schnelle Verkehrsmittel untereinander Kontakt halten. Ihre Fähigkeiten sind weltweit knapp und erzielen eine hohe Wertschöpfung. Je länger sie im Beruf sind desto „besser" werden sie, denn ihre Kreativität nimmt durch kreatives Arbeiten zu. Es handelt sich um Ingenieure, Anwälte, Kommunikationsfachleute, Planer, Designer, Finanzspezialisten, Autoren und andere. Ihre Schlüsselqualifikationen: die Fähigkeit, von der komplexen Wirklichkeit zu abstrahieren, in Systemen zu denken, Gedankenexperimente durchzuführen und sich mit anderen über komplexe Sachverhalte zu verständigen. Diese Schlüsselqualifikationen entwickeln sie „on the Job" immer höher. Einen Vorsprung haben sie durch eine Ausbildung, die Selbständigkeit und Eigensinn nicht gedämpft, sondern gefördert hat. Sie können sorglos in die Zukunft schauen, solange sie am Weltmarkt wettbewerbsfähig sind. Ob ihnen das gelingt liegt wesentlich in ihrer eigenen Verantwortung.

Eine zweite Gruppe in diesem zwar holzschnittartigen, aber wohl den Trend kennzeichnenden Modell bilden Arbeitnehmer, die persönliche Dienstleistungen erbringen. Das sind Leistungen, die im persönlichen Kontakt mit Kunden, Patienten oder Klienten erbracht werden. Es handelt sich zum Beispiel um Ärzte, Lehrer, Kellner, Verkäufer oder Pflegepersonal. Ihre Leistungen können nicht gelagert oder transportiert, also auch nicht importiert werden. Sie können gleichwohl unter Druck geraten: Ein Teil der Arbeiten kann automatisiert werden, und die Nachfrage nach ihren Leistungen hängt stark vom Staat ab, zum Beispiel vom staatlichen Bildungs- oder Gesundheitssystem. Gerät der Staat in Finanznot, so kommen ihre Arbeitsplätze und Gehälter in Gefahr. Eine weitere Gefährung ihrer Arbeitsplätze geht vom Immigranten aus, die das Lohnniveau drücken sowie von arbeitslos gewordenen Mitgliedern der dritten Gruppe: Den Routinearbeitern.

Routinemäßige Arbeit wird ständig durch Rationalisierung abgebaut und ist dem Wettbewerb aus Niedriglohnländern direkt ausgesetzt. Weltweit werden pro Tag 300 000 Menschen geboren, in zehn Jahren wird die Weltbevölkerung um mehr als eine Milliarde Menschen gewachsen sein. Diese Menschen werden bereit sein, dauerhaft für einen weitaus niedrigeren Lohn und unter unvergleichlich schlechteren Arbeitsbedingungen zu arbeiten als die Arbeitnehmer in den heutigen Industrieländern. Bereits heute sind die Lohnunterschiede so hoch, dass keine Lohnzurückhaltung auf Dauer Routinearbeitsplätze erhalten könnte: in Rumänien beträgt der Stundenlohn etwa 1,50 €, in

[9] Reich, R.B., Die Zukunft der Arbeit. Drei Leistungsklassen, in: gdi impuls, Heft 3/91; vgl. ausführlich ders., The Work of Nations, Preparing Ourselves for the 21st Century Capitalism, New York 1991, passim.

China 0,50 €, in der Ukraine 0,70 €[10]. Solche Lohnunterschiede können auch durch die höhere Arbeitsproduktivität in Deutschland nicht wettgemacht werden. Die Industrieländer müssen deshalb mit einem starken Rückgang der Routinearbeitsplätze rechnen.

Diese grobe Einteilung in drei Arbeitsmarktsegmente täuscht allerdings darüber hinweg, dass auch Managementpositionen, besonders im mittleren Management, hoch gefährdet sind. Das Ausdünnen der Führungsebenen durch flache Hierarchien, Outsourcing von Bereichen, die nicht zum Kerngeschäft gehören und die ständige Anpassung der immer schlankeren Unternehmen an immer neue Wettbewerbssituationen stellt für fast alle Qualifikationsniveaus das Leitbild des Lebenszeitarbeitsplatzes für immer in Frage. Wenn gleichzeitig die soziale Sicherung durch den Staat nicht mehr im bisherigen Umfang geleistet werden kann, so stellt sich die Frage nach der Zukunft jener, die nicht zum hochqualifizierten Expertenkern der kreativen Vorleister gehören, sondern als Arbeitsuchende auf den enger und härter werdenden Märkten antreten.

3.1.5 Die Informatisierung der Arbeitswelt

Die neuen Informations- und Kommunikationstechnologien ermöglichen die Globalisierung und die Neuorganisation der Arbeitswelt und sind zugleich ein Motor der Entwicklung. Während der französische Arbeitsmarktforscher Georges Friedman für die Industriegesellschaften die Bedeutung der neu entstandenen „Maschinenwelt" gegenüber der „Natürlichen Welt" des vorindustriellen Zeitalters herausgearbeitet hat,[11] gilt in Zukunft das Primat der „Infosphäre" (Boulding), der Informationswelt, für das Arbeitsleben.

Heute üben in Deutschland bereits mehr als die Hälfte der Erwerbstätigen Berufe aus, bei denen die Informationsverarbeitung im Vordergrund steht, und es ist zu erwarten, dass dieser Anteil weiter zunimmt.[12]

Die Digitalisierung der Telekommunikation ermöglicht es, immer mehr Daten immer schneller und zuverlässiger über beliebige Entfernungen zu übertragen. Die Integration verschiedenster Dienste und Informationstechnologien zu Multimedia fördert neue Formen des Arbeitens und Lernens. Multimedia-Spezialisten entwickeln, produzieren und vermarkten Informationsdienstleistungen: Neue Berufe enstehen, für die es – bisher – keine standardisierten Ausbildungsgänge gibt. Im Umfeld von Multimedia enstehen aber auch Arbeitsplätze für traditionelle Berufe: Schauspieler, die in interaktiven Videos auftreten, Kaufleute, die in Multimediafirmen tätig sind u. a. Schließlich verwenden professionelle Multimedia-Nutzer die neuen Systeme am Arbeitsplatz.

Die neuen Berufe rekrutieren sich aus benachbarten Berufen, ohne festgelegte Qualifizierungsmuster. Die wichtigsten Schlüsselqualifikationen für Multimediaexperten bestehen darin, komplexe Systeme bedienen und abstrakte Problemlagen bewältigen zu können; hohe Bildungsabschlüsse werden vorherrschen[13].

Eine der wichtigsten Veränderungen der Arbeitswelt im Kontext mit Multimedia könnte die Zunahme der Telearbeit sein: Wenn Büroräume immer teurer, Fahrtkosten immer höher, Informationstechniken dagegen immer billiger werden, steigt die wirtschaftliche Attraktivität von Telearbeit.

---

[10] Vgl. Stelzer, J., 70 Cent – wer bietet weniger?, in: Die Zeit, Nr. 18, 28. 04. 2005

[11] Friedmann, G., Zukunft der Arbeit, Perspektiven der industriellen Gesellschaft, Köln 1953.

[12] Vgl. Dostal, W., Die Informatisierung der Arbeitswelt – Multi Media, offene Arbeitsformen und Telarbeit, in: MittAB, Heft 4/95.

[13] Vgl. Dostal, W. a. a. O., S. 531 ff.

Struktur der Telekommunikationsdienstleistungen

Telekommunikationsdienst-leistungen	Inhalt/Kurzbeschreibung
Übermittlungsdienste	• Mailboxdienst • Telefaxdienst (mit Zwischenspeicherung) • Elektronischer Austausch von Geschäftsdokumenten (EDI) • Bündelfunk • Satelitenfunk • Mobilfunk, Funkruf, Datenfunk • Sonstige Übermittlungsdienste • Telekommunikationsdienste für firmeninterne Anwendungen
Kompatibilitätsdienste	• Anpassung von Übertragungsgeschwindigkeit, -format, -code und/oder Protokoll
Netzmanagementdienste	• Bereitstellung von Netzen/Ü-Wegen mit einer definierten Verfügbarkeit
Informationsdienste	• Datenbanken
Transaktionen	• z. B. Reservierung- und Bestellsysteme
Verarbeitungsdienste	• Im Rahmen von DV-Anwendungen
Fernwirkdienste	• Fernsteuerung, Fernüberwachung, Ferndiagnose, Fernwartung

Quelle: Dostal, W. a. a. O.

Unter Telearbeit verstehen wir mit Dostal alle Tätigkeiten, die mit Telekommunikationsmitteln außerhalb der traditionellen Arbeitsplatzagglomerationen ausgeübt werden. Eine Sonderform der Telearbeit ist die Teleheimarbeit. Wichtig ist die Unterscheidung zwischen ständiger und gelegentlicher Telearbeit, da in Zukunft eher Mischfomen denn „reine" Telearbeit auftreten werden. Im EU-Durchschnitt liegt der Anteil in Telearbeit Tätigen an der Erwerbsbevölkerung bei 13%. Führend sind die Niederlande mit 26,4%, in Deutschland beträgt die Telearbeitsquote 16,6%.[14] Die Vorteile der Telearbeit bestehen in Kostensenkungen durch Einsparung von Büros und Fahrtkosten und der Möglichkeit der Arbeitnehmer, zuhause zu arbeiten und mehr Freizügigkeit nutzen zu können. Die Probleme liegen im rechtlichen Bereich, da die traditionellen Regelungen des Arbeitsrechts nicht ohne Weiteres anwendbar bzw. abzusichern sind. Zu den arbeitsrechtlichen Problemen gehören zum Beispiel Fragen des Zutrittsrechts von Arbeitgebern und Arbeitnehmervertretern, arbeitschutzrechtliche Bestimmungen, Sozialversicherungsschutz, Einflussmöglichkeiten des Betriebsrates, unfallrechtliche Frage, Freiwilligkeit der Telearbeit. Kritiker warnen auch vor „Scheinselbständigkeit", aber gleichwohl wird Telearbeit „zukünftig – wenn eine neue Generation ins Erwerbsleben tritt, die mit der Kommunikationstechnik aufgewachsen ist – eine große Verbreitung finden, da es kaum noch Argumente für eine rigide räumliche Konzentration von informationsbezogener Erwerbsarbeit geben wird."[15]

[14] Vgl. Bundesanstalt für Arbeitsschutz und Arbeitsmedizin (bana): Aktuell 3/06 (Amtliche Mitteilung der Bundesanstalt für Arbeitsschutz und Arbeitsmedizin).

[15] ebd. S. 540.

„Newspeak“ der Telearbeit

Eine ***Außerbetriebliche Arbeitsstätte*** kann ein Haushalt oder ein Nachbarschafts- bzw. Satellitenbüro sein und bezeichnet ausgelagerte Arbeitsplätze, an denen weiterhin abhängig Beschäftigte tätig sind. Dieser Begriff ist durch die Betriebsvereinbarung der Firma IBM festgelegt worden.

Business-Television „ersetzt die allgemeineren Begriffe „Teleconferencing“ und „Videoconferencing“ und bezeichnet die Produktion und Verteilung von Fernsehprogrammen für geschlossene Benutzergruppen. (Seibold 1995). Genutzt wird Business-TV vor allem in den Bereichen Managementinformation, Aus- und Fortbildung, Marketing und Vertrieb. Es handelt sich vor allem um eine eindirektionale Bild- und Tonübertragung vom Entstehungsort des Programms zu beliebig vielen Empfangsstationen. Über Audiorückkanäle können die Zuschauer in das Programm eingreifen.

Desktop-Videokommunikation (siehe dazu Kuhnert 1995) umfaßt die Erweiterung der Kommunikation zwischen zwei oder mehreren Partnern mit PC und einer zusätzlichen Kamera, mit der der Gesprächspartner oder Dokumente bildlich übertragen und auf dem Bildschirm eingeblendet werden. Dazu existiert meist auch eine Sprachverbindung mit besonderem Komfort. Damit lassen sich Videokonferenzen, zu denen bislang spezielle Studios erforderlich waren, an den Arbeitsplatz verlagern, womit dann eine spontane Kommunikation möglich wird. Desktop-Videokommunikation ist die technische Basis für virtuelle Organisationen.

Distant Working ist der englische Begriff für Fernarbeit.

Fernarbeit ist ein früher Begriff für die räumliche Verlagerung von Arbeit. Er wird manchmal synonym für Telearbeit verwendet.

Global Village ist das „Globale Dorf.“ Dieser Begriff aus der Telekommunikationsdiskussion meint, daß heute auch Dörfer, also kleine räumliche Einheiten, durch Telekommunikation global werden können, also Anschluß an die weltweiten Informationsnetze bekommen. Damit könnten die weitere Konzentration wieder abflauen und dörfliche Strukturen realisierbar werden.

Hoffice ist die Zusammenfassung von Home und Office. Es meint das Vorhandensein eines häuslichen Büros, das ähnlich ausgestattet ist wie das Büro in der Zentrale bzw. an einem anderen Arbeitsplatz. Dieses Hoffice kann genutzt werden, um privat bedingte Büroarbeiten zu erledigen, beispielsweise die Steuererklärung, Schriftwechsel, Bankgeschäfte, Archivierung u.ä., es kann aber auch für beruflich bedingte Arbeiten genutzt werden.

Joint Editing ist ein Verfahren, mit dem mehrere Autoren einen Text bearbeiten und somit zu abgestimmten Schriftstücken kommen. Diese ist ähnlich aufgebaut wie bei der Telekooperation.

New Work ist ein Begriff, der die neuen Arbeitsformen außerhalb der starren abhängigen repetitiven Arbeit umschreibt. „New Worker arbeiten mal außerhalb, mal innerhalb eines Firmenverbandes. Innerhalb eines Betriebes sind sie in verschiedenen Funktionen einsetzbar, ...der Lohn von New Work wird kein statischer mehr sein, der sich an Posten und Positionen mißt. Er setzt sich aus drei Faktoren zusammen: einem Grundgehalt, einem Gruppen-Bonus und einem Individual-Produktivitäts-Bonus.“ (Horx 1995: 33).

Outworking ist Synonym für den Begriff Fernarbeit.

Telearbeitszentren sind Nachbarschaftsbüros, in denen Arbeitskräfte gemeinsam Telearbeit für verschiedene Auftraggeber erledigen. Es gibt dazu verschiedene Initiativen von Telearbeitszentren in strukturschwachen Gebieten, in denen eine kleine Zahl von Festangestellten viele freie Mitarbeiter organisatorisch betreuen, die dann ad hoc die jeweils aktuellen Arbeiten erledigen. Für diese handelt es sich eher um Rufbereitschaft bzw. kapazitätsorientierte variable Arbeitszeit.

Telecommuting ist der englische Begriff für Telearbeit. Commuting steht für Pendeln zum Arbeitsplatz, sodaß der Begriff eigentlich mit „Telependeln“ übersetzt werden müßte. Telecommuters brauchen sich also nicht ins Auto oder in andere Verkehrsmittel setzen, um an ihren Arbeitsplatz zu kommen, sondern können dies über Telekommunikation realisieren.

Ein ***Telehaus*** ist eine Einrichtung der Innovationsförderung, in dem Telekommunikationsanschlüsse und -geräte neuester Ausführung aufgebaut sind, um Interessenten die probeweise Nutzung ohne Investitionen zu ermöglichen. Sie können dann für eine begrenzete Zeit für neue Aktivitäten genutzt werden, bevor dann eine eigene Infrastruktur aufgebaut wird. (weitere Informationen in: Telehaus Oberfranken 1995).

Telekooperation meint lediglich die Zusammenarbeit von Menschen, die räumlich verstreut an einer gemeinsamen Aufgabe arbeiten und über Telekommunikation Informationsaustausch betreiben. Heute werden dazu über das Telefon hinaus auch weitere Telekommunikationsformen wie Bild- und Textübertragung verwendet.

Telematic Cities sind Städte, die eine besonders gut ausgestattete Telekommunikations-Infrastruktur aufweisen und mit anderen derartigen Zentren mit leistungsstarken Telekommunikationsverbindungen kooperieren. Waren früher für die Stadtentwicklung andere Infrastrukturelemente notwendig und förderlich, können es heute diese Telekommunikationsbezüge sein.

Teleport leitet sich ab vom Hafen, der Umschlagsort für Waren und in letzter Zeit auch für Dienstleistungen war. Heute lassen sich diese Strukturen auch auf Informationen anwenden, sodaß der Teleport ähnlich wie die Telematic City einen bedeutenden Knoten im Informationsnetz darstellt. Deshalb werden heute auch ***Cityports*** definiert (Huber 1995).

Teleteaming entspricht der Telekooperation, nur daß beim Teleteaming ein festes Team, das länger zusammenarbeitet, kooperiert, während bei der Telekooperation auch wechselnde Zusammensetzung denkbar ist.

Groupware sind Softwareprodukte, die die Gruppenarbeit durch Computerhilfe unterstützen, insbesondere die Erstellung anspruchsvoller Software oder anderer Informationsstrukturen (Lewe/Krcmar 1991).

Videoconferencing ist zunächst in speziellen Videokonferenzräumen angeboten worden, in denen die Konferenzteilnehmer über Sprach- und Videokommunikation Besprechungen führen konnten. Heute sind diese Möglichkeiten auch am einzelnen PC gegeben, sodaß der Aufbau und die Unterhaltung derartiger Videokonfernzräume nur für spezielle Aufgabenbereiche noch relevant ist.

Quelle: Dostal, W. a.a.O.

3.1.6 Arbeitsmarktrisiko und Arbeitsmarktfähigkeit

Das Arbeitsmarktrisiko hat zwei Dimensionen:

- Das Risiko, den Arbeitsplatz zu verlieren.
- Das Risiko, als Arbeitsloser keinen Arbeitsplatz zu finden.

Deutschland und die USA unterscheiden sich wesentlich hinsichtlich des Risikomixes: In Deutschland ist das Risiko, seinen Arbeitsplatz zu verlieren, wesentlich geringer als in den USA. Dagegen ist bei uns das Risiko, als Arbeitsloser keinen Arbeitsplatz mehr zu bekommen und „draußen vor der Tür“ zu stehen, viel höher als in den USA. Dies spiegelt sich auch in der Arbeitslosenstatistik wieder: In den USA finden 90% aller Arbeitslosen nach spätestens 6 Monaten wieder eine Stelle. In Deutschland sind es ungefähr ein Drittel, und entsprechend höher ist in Deutschland der Anteil der Langzeitarbeitslosen. Es ist generell fraglich, ob Politik überhaupt das Arbeitsmarktrisiko insgesamt beeinflussen kann, oder ob sie nur einen Einfluss auf das Risikomix nimmt.

Wenn sich das Leitbild des Lebenszeitarbeitsplatzes in einer globalisierten Weltwirtschaft nicht mehr aufrecht erhalten lässt, weil lebenslange Arbeitsplatzsicherheit von Unternehmen nicht gewährt werden kann, die sich einem hektischen, unprognostizierbaren und unfreundlichen Weltmarkt nicht nur jährlich, sondern bald vielleicht in

Monatsräumen anpassen müssen, dann steigt das Arbeitsmarktrisiko, wenn nicht der Marktzugang für Arbeitslose erleichtert wird. Ein Szenario, das nicht auf den Erhalt von Arbeitsplätzen setzt, sondern auf den Erhalt der Arbeitsmarktfähigkeit der Menschen, folgt aus dem in den USA entwickelten Konzept der „Employability":[16]

Das Konzept geht davon aus, dass Arbeitssicherung in Zukunft kaum noch über die Sicherheit des Arbeitsplatzes zu gewinnen ist, sondern über die persönliche Fähigkeit, möglichst vielseitig und auf hohem Niveau einsatzfähig zu sein, eben: employable. Dabei ist Qualifikation das Sicherungssystem, welches die alten korporatistischen Sicherungssysteme von Arbeitgebern und Gewerkschaften ablösen soll. Zur Arbeitsmarktfähigkeit gehört ein erweiterter Qualifikationsbegriff; er umfasst zum Beispiel

- Bildung
- Reputation
- Status
- Ansehen
- zusätzlich erworbene Fähigkeiten.

Wenn „Heuern und Feuern" häufiger wird, weil der Typus des großen Industriekonzerns zugunsten kleiner, flexibler Firmen zurückgedrängt wird, welche die Sozialsicherung ihrer Mitarbeiter weder übernehmen können noch wollen, dann kann die Arbeitssicherheit nicht mehr an definierte Arbeitsplätze gebunden werden. Arbeitssicherheit durch Arbeitsmarktfähigkeit beinhaltet unter anderem, dass der Arbeitgeber sich verpflichtet,

- das gesamte Potential an Fähigkeiten seines Arbeitnehmers in Anspruch zu nehmen
- und ihm die Chance zu geben, sich über das konkret am Arbeitsplatz abgeforderte Wissen hinaus weiterzuentwickeln. Dazu gehören Jobrotation, Karriereplanung und Weiterbildungsangebote.

Von staatlicher Seite gehört zum Konzept der Arbeitsmarktfähigkeit, dass in Zeiten der Arbeitslosigkeit konsequent weitere Qualifizierung gefördert wird. Das Sozialsystem wäre dann nichts anderes als eine qualifizierende Überbrückungshilfe. Das Modell des „rheinischen Kapitalismus" mit seinem Leitbild des Lebenszeitarbeitsplatzes ist vielleicht attraktiver als das der Employability – aber nur solange es funktioniert und nicht zum „Non Hire and Early Retire" absinkt.

3.1.7 Neue Selbständigkeit

In den USA und zunehmend auch in Europa haben viele der gut qualifizierten Arbeitslosen, die Opfer von Outsourcing und Lean Management geworden sind, eigene Firmen gegründet, allerdings ohne jemanden anderen außer sich selbst anzustellen. Aus diesem Grund wird auch von „Selbstangestellten" statt von Selbständigen gesprochen.[17] Ausgestattet mit einer Computeranlage, Faxgerät und Modem bieten sie, häufig im Netzwerk mit anderen Selbstangestellten, hochqualifizierte Dienstleistungen an. Entgegen der pessimistischen Erwartung vieler Beobachter erzielen diese neuen Selbständigen überdurchschnittliche Einkommen und äußern eine hohe Arbeitszufriedenheit.

[16] Vgl. die Darstellung bei Hank, R., Arbeit – Die Religion des 20. Jahrhunderts. Auf dem Weg in die Gesellschaft der Selbständigen, Frankfurt/M. 1995, S. 203ff. Das Konzept geht zurück auf Moss Kanter, R., Employability and Job Security in the 21th Century, in: Demnos 2/1994 (Special ployment Issue), zit. n. Hank.

[17] Vgl. Fischer, P., Die Selbständigen von morgen. Unternehmer oder Tagelöhner? Frankfurt/M., New York 1995.

Diese überraschenden – und teilweise von ihrem Erfolg selbst überraschten – Gewinner entsprechen sehr genau den Leitbildern der neuen Arbeitswelt. Sie sind mit den neuen Kommunikations- und Arbeitsmitteln vertraut, sind flexibel und sie erstreben, nachdem sie erfahren haben, wie wenig gesichert heute eine Zukunft in einem herkömmlichen Unternehmen ist, nicht mehr vordringlich eine feste Anstellung. Es schreckt sie nicht, von ihrer Wohnung aus „Home Based Business" (HBB) zu betreiben. Gerade für ältere Arbeitnehmer, die in einer anscheinend dem Jugendwahn verfallenen amerikanischen Unternehmensszene kaum noch Anstellungschancen sehen, haben so eine erfolgreiche berufliche Existenz erarbeitet.

Sie produzieren in wechselnden Netzwerken für individuelle Kunden (Customizing) Computersoftware, erstellen Expertisen, entwickeln Marketingkonzepte und Marktanalysen oder liefern technische Berechnungen. Wird ein Auftrag zu groß für einen Anbieter, so sucht er sich am Markt die Partner mit der notwendigen Kompetenz, gründet kurzfristig einen Verbund, der sich nach Projektabschluss wieder auflöst oder zusammenbleibt und Anschlussaufträge bearbeitet.

Das Medium der Selbstangestellten ist das Internet. Hier suchen sie ihre Geschäftspartner, teilweise auch ihre Kunden und tauschen Erfahrungen aus. Der Sektor hat bereits in wenigen Jahren in den USA eine solche Dynamik entwickelt, dass er aus sich selbst heraus Arbeitsplätze schafft: Selbstangestellte benötigen für ihre Aufträge ihrerseits Dienstleistungen und Beratungen, und es bilden sich ganz neue Unternehmen, die sich auf die Unterstützung der Selbstangestellten spezialisiert haben.

Das Hire and Fire System der USA hat dazu geführt, dass soziale Sicherheit nicht mehr davon abhängt, ob man bei einem Unternehmen fest angestellt ist oder nicht. In diesem System ist das Interesse an Selbständigkeit höher als in Volkswirtschaften, in denen das Leitbild der sozial abgesicherten Lebenszeitstelle prägend ist. Andererseits ist der Neueinstieg als Selbstangestellter in den USA leichter als in der „geschlossenen" europäischen Unternehmenswelt.

3.1.8 Ein kommunitaristisches Konzept: Der „Dritte Sektor"

Kern des Konzepts ist die Idee, Arbeitslose, die nicht Selbstangestellte werden oder „Employability" erlangen können, mit gemeinnützigen Arbeiten zu beschäftigen. Das Modell entstammt einer Denkrichtung, die als Kommunitarismus bezeichnet wird, und welche die Bedeutung von Gemeinschaften in den Vordergrund stellt. Einer ihrer führenden Vertreter auf dem Gebiet der Arbeitsmarktpolitik, Jeremy Rifkin, beschreibt das Anliegen so: „Jetzt aber, da Wirtschaft und Staat nicht mehr in der Lage sind, die wichtigsten Bedürfnisse der Bevölkerung zu erfüllen, müssen die Menschen sich notgedrungen wieder selbst umtun und neue lebensfähige Gemeinschaften bilden – als Puffer gegen die unpersönlichen Kräfte des Weltmarkts und gegen das Unvermögen des Regierungsapparats".[18]

Die Kommunitaristen sehen eine Lösung des Arbeitsproblems im „Dritten Sektor", dem Bereich freiwilliger sozialer Arbeit, in denen man seinen Mitmenschen Zeit widmet, anstatt mit ihnen Marktbeziehungen einzugehen. Nach diesem Konzept muss die Politik dafür sorgen, dass ein zunehmender Anteil der Wertschöpfung des marktwirtschaftlichen Sektors in den Dritten Sektor übertragen wird und auf diese Weise lokale Infrastrukturen und soziale Gemeinschaften stärkt. In Europa ist der französische Ökonom Thierry Jeantet der führende Vertreter dieses von ihm als „Economie Sociale" be-

[18] Rifkin, J., Das Ende der Arbeit und ihre Zukunft, Frankfurt/M., New York 1995, passim.

zeichneten Konzepts.[19] Er verweist auf die bereits heute große volkswirtschaftliche Bedeutung des Non-Profit-Bereichs: Allein in Deutschland gibt es mehr als 300000 Freiwilligenorganisationen, und fest angestellt arbeiten im Dritten Sektor heute bereits mehr Menschen als in der Landwirtschaft und halb so viel wie im Banken- und Versicherungswesen.

Ein wesentliches Problem des Modells vom Dritten Sektor ist seine Finanzierung, werden doch die meisten Non-Profit-Organisationen, die ihren Mitarbeitern auch Einkommen zahlen, zu 80 bis 90% vom Staat getragen. Soll, wie die Kommunitaristen es fordern, der Dritte Sektor zu einem Auffangbecken für alle vom Marktbereich freigesetzten Menschen ausgebaut werden, so erfordert dies, dass die dafür notwendigen Mittel vom Marktbereich abgezweigt werden müssen. Unumgänglich wird es wohl auch sein, dass das heutige System von Sozialleistungen durch ein Konzept ersetzt wird, in welchem Zahlungen an die Arbeit im gemeinnütziger Sektor gebunden werden.

3.1.9 Ausblick: Wertewandel und neuer Stellenwert der Arbeit

Immer weniger Menschen sehen in der Erwerbsarbeit den wesentlichen oder sogar alleinigen Lebensinhalt. Gestiegene Qualifikation und ein höheres Niveau der Allgemeinbildung führen zur Hinterfragung traditioneller Arbeitsformen und zur Forderung nach einer besseren Integration von Arbeit und Freizeit. Hinzu tritt, dass der Neueinstieg in traditionelle Arbeitsplätze für junge Menschen immer schwieriger wird.

Einer der fundamentalsten Beiträge zur Bedeutung der Arbeit für den Menschen ist von der Philosophin Hannah Arendt mit ihrem Werk „Vita Activa" geleistet worden.[20] Anknüpfend an Aristoteles beschreibt Arendt drei Typen menschlichen Tätigseins und bringt sie in eine wertende Reihenfolge: Handeln, Herstellen und Arbeiten.

Arbeiten, an letzter Stelle stehend, dient der Selbsterhaltung des Menschen und ist notwendig, Leben und Welt zu erhalten. Sie hat weder Anfang noch Ende, ihre Ergebnisse sind nicht von Dauer, und oft birgt sie die Erfahrung qualvoller Anstrengung. Wenn der Mensch nur noch „animal laborens" ist, dann hat er das Wissen um die anderen Tätigkeitsformen verloren.

Zu diesen gehört das „Herstellen": Es ist auf den Erhalt des politischen Gemeinwesens ausgerichtet und steht vor der Arbeit, es stabilisiert das menschliche Leben, unterliegt aber nicht seinen Notwendigkeiten.

An erster Stelle steht das Handeln: Sprechen und Handeln sind die Tätigkeiten, in denen sich nach Arendt die Einzigartigkeit des Menschen darstellt, es ist die am höchsten geschätzte Tätigkeitsform des Menschen. Sprechend und handelnd unterscheiden sich die Menschen aktiv voneinander, anstatt lediglich verschieden zu sein, in diesen Modi offenbart sich das Menschsein selbst.

Arendt kritisiert vor diesem Hintergrund, dass durch die Überbewertung der Arbeit die Ordnung der drei Begriffe aufgehoben worden ist und letztlich alles zur Arbeit wird und der Arbeit Qualitäten zugesprochen werden, die sie gar nicht haben kann. Herstellen und Handeln sinken auf das Niveau der Arbeit herab, seitdem das aktive Leben seine Ausrichtung auf das kontemplative Leben verloren hat.

Die Sozialwissenschaftlerin Andrea Maurer greift Arendts philosophische Arbeit auf und beschreibt Perspektiven und Tendenzen zur Bewältigung des Spannungsverhältnis-

[19] Jeantet, T., La Modernisation de la France par l'Economie Social, Paris 1986, zit. n. Rifkin.
[20] Vgl. Arendt, H., Vita Activa oder vom tätigen Leben, München, Zürich 2002 (Neuausgabe).

sen und Ungleichgewichts zwischen vita activa und vita contemplativa.[21] Dabei werden, auch in Anlehnung an Rifkin, „Zeitpionierhafte Lebenstile“ herausgearbeitet:

„Zeitrebellen“ stellen das Effizienzprimat moderner Wirtschaftssysteme fundamental in Frage. Sie entstammen den „neuen sozialen Bewegungen“ – Ökologiebewegung, Tierschutzbewegung, Friedensbewegung, Verfechter ganzheitlicher Medizin etc. – und wollen sich den Zeitzwängen der Gesellschaft entziehen. Ihre Versuche, neue Zeitumgangsformen zu entwickeln, sind radikal. Ob ihr Ausstieg aus den bestehenden gesellschaftlichen Arrangements in Zukunft utopische Kraft entfaltet, ist offen.

„Zeitpioniere“ sind dagegen Personen, die ihre eigenen Zeitvorstellungen in der Arbeit und im außerbetrieblichen Alltag zu verwirklichen versuchen und sich der Realität stellen. Dabei entwickeln sie eigene Gestaltungsformen von Zeit.

Zeitpioniere akzeptieren also grundsätzlich die Erwerbsarbeit, suchen dabei aber individuell nach neuen Wegen und Zielen. Im Unterschied zu „Zeitkonventionalisten“ wollen sie individuelle Lebensentwürfe auf autonomen Verbindungen von Arbeitszeit und Freizeit aufbauen.

Zeitpioniere verfügen über hohe berufliche Qualifikationen, die es ihnen ermöglichen, „eigene“ Arbeitszeiten auszuhandeln und durchzusetzen. Oft machen sie sich auch selbständig. Sie stellen bewusst das Konzept der Normalarbeitszeit in Frage. „Der Utopiegehalt im zeitpionierhaften Lebensstil besteht, anders als beim Modell der Arbeitszeitverkürzung, darin, dass die Kritik herkömmlichen Wert- und Ordnungsstrukturen gilt, deren Überwindung in der bewußt individualisierten, autonom vorzunehmenden Verknüpfung von Arbeitszeit und Lebenszeit besteht, woraus sich ein neuer Lebensstil entwickeln kann.“[22]

Literaturhinweise

Albert, M., Kapitalismus contra Kapitalismus, Frankfurt/M., New York 1992.

Arendt, H., Vita Activa oder vom tätigen Leben, München Zürich 2002 (Neuausgabe).

Bundesanstalt für Arbeitsschutz und Arbeitsmedizin (bana): Aktuell 3/06 (Amtliche Mitteilung der Bundesanstalt für Arbeitsschutz und Arbeitsmedizin).

Boulding, K. Economics as a Science, New York u.a. 1988

Dostal, W., Die Informatisierung der Arbeitswelt – Multimedia, offene Arbeitsformen und Telearbeit, in: MittAB, Heft 4/95.

Fischer, P., Die Selbständigen von morgen. Unternehmer oder Tagelöhner? Frankfurt/M., New York 1997.

Friedmann, G., Zukunft der Arbeit, Perspektiven der industriellen Gesellschaft, Köln 1953.

Gones, H., Opfer des Fleißes, in: Die Zeit, Nr. 11, 04. 03. 2004.

Hank, R., Arbeit – Die Religion des 20. Jahrhunderts. Auf dem Weg in die Gesellschaft der Selbständigen, Frankfurt/M. 1995

ILO, Global Employment Trends Brief 2007, Genf 2007.

Jeantet, T., La Modernisation de la France par l'Economie Social, Paris 1986.

Koslowski, P., Überarbeitete und Beschäftigungslose. Sinnverlust der Arbeit durch Übergeschäftigkeit und Unterbeschäftigung, in: H. Hoffmann, D. Kramer (Hrsg.), Arbeit ohne Sinn? Sinn ohne

---

21 Dabei geht sie besonders ausführlich auf die Zukunft der Frauen-Arbeit ein, ein Thema, das im vorliegenden einführenden Beitrag nicht behandelt werden kann. Vgl. Maurer, A., Moderne Arbeitsutopien. Opladen 1994. Eine gewerkschaftliche Position zu diesem Thema wird pointiert dargestellt bei Schauer, H., Zeitpolitik und Zeitkultur, in: H. Bullens (Hrsg.), Zukunft der Arbeit. Analysen-Prognosen-Strategien, Heidelberg 1990.

22 ebd. S. 114.

Arbeit? Über die Zukunft der Arbeitsgesellschaft, Weinheim 1994.
Maurer, A., Moderne Arbeitsutopien. Opladen 1994.
Moss Kanter, R., Employability and Job Security in the 21th Century, in: Demos 2/1994 (Special Employment Issue).
OECD, Employment Outlook, Paris, Jg. 1993–2007.
OECD, Labour Force Statistics: 1980–2000, Paris 2001
OECD, Global Energy. The Changing Outlook, Paris 1992.
Reich, R. B., Die Zukunft der Arbeit: Drei Leistungsklassen, in: gdi impuls, Heft 3/91.
Reich, R. B., The Work of Nations, Preparing Ourselves for the 21st Century Capitalism, New York 1991
Rifkin, J., Das Ende der Arbeit und ihre Zukunft, Frankfurt/M., New York 1998
Schauer, H., Zeitpolitik und Zeitkultur, in: H. Bullens (Hrsg.), Zukunft der Arbeit. Analysen-Prognosen-Strategien, Heidelberg 1990.
Schmid, G., Vollbeschäftigung in der integrierten sozialen Marktwirtschaft, in: Arbeitslosigkeit ist vermeidbar – Wege aus der Arbeitslosigkeit. Ein Symposium der Bertelsmann Stifung, Gütersloh 1990.
Stelzer, J., 70 Cent – wer bietet weniger?, in: Die Zeit, Nr. 18, 28. 04. 2005.

3.2 Arbeitszufriedenheit
Hans-Jürgen Albers

3.2.1 Zum Begriff Arbeitszufriedenheit

Arbeitszufriedenheit drückt – in allgemeiner Form – subjektive Einstellungen und Empfindungen gegenüber Arbeit aus, wobei in aller Regel die berufliche Arbeit gemeint ist. Der Versuch einer weitergehenden Begriffserklärung stößt schon bald auf erhebliche Schwierigkeiten, da in der einschlägigen Literatur ein „fast babylonisches Begriffschaos" (Neuberger 1974, S. 140) herrscht. Probleme einer eindeutigen und einheitlichen Begriffsverwendung ergeben sich u. a. aus der Abgrenzung zwischen vorwiegend kognitiv strukturierten Einstellungen und emotional geprägten Empfindungen (vgl. u. a. Wiswede, 1980, S. 144 f.), aus der Existenz mehrerer Begriffe im Bereich arbeitsbezogener Einstellungen und Empfindungen und aus der Tatsache, dass der in theoretischen Abhandlungen verwendete – und dort schon uneinheitliche – Zufriedenheitsbegriff sich noch unterscheidet von dem in empirischen Untersuchungen zugrundegelegten operationalisierten, d. h. messbar gemachten Zufriedenheitsbegriff.

Eine weitere Schwierigkeit ergibt sich aus der mangelnden interkulturellen Vergleichbarkeit des Phänomens Arbeitszufriedenheit. Psychologische und sozialpsychologische Analysen greifen oftmals auf angloamerikanische Literatur und Untersuchungen zurück. An einer unmittelbaren interkulturellen Vergleichbarkeit bestehen angesichts der traditionellen und gesellschaftlichen Bedingtheit von Arbeitseinstellungen und -empfindungen jedoch Zweifel. Die Anwendung bespielsweise amerikanischer job-statisfaction-Theorien und -Untersuchungen auf „Arbeitszufriedenheit" muss solange unter Vorbehalt erfolgen, wie nicht die Identität von „statisfaction" und „Zufriedenheit" und die interkulturelle Übereinstimmung im subjektiven Verständnis von „job" einerseits und „Arbeit" bzw. „Beruf" andererseits geklärt ist. „Die deutsche Arbeitszufriedenheit" ... vermag zumindest die Bedeutung von „job" nicht adäquat wiederzugeben; ein Unterschied zwischen Zufriedenheit und statisfaction ist zu vermuten." (Ferber 1959, S. 1)

Zur Kennzeichnung einer subjektiven, auf die Arbeit bezogenen Einstellungs- und Gefühlslage werden in der einschlägigen Literatur neben „Arbeitszufriedenheit" vor allem auch die Termini „Arbeitsfreude", „Betriebsklima" und „Berufszufriedenheit" verwendet. Für ihre Definitionen ergeben sich einerseits zum Teil die gleichen Schwierigkeiten wie für Arbeitszufriedenheit, so dass Unterschiede und Abgrenzungen nicht immer deutlich werden; andererseits wird der Kern dessen, was Arbeitszufriedenheit meint, erst durch den Versuch einer Abgrenzung zu verwandten Begriffen deutlich.

Wissenschaftliche Beschäftigungen mit der **Arbeitsfreude** setzten bereits gegen Ende des 19. Jahrhunderts ein. Eine der frühen und bis in die Gegenwart hinein am häufigsten zitierten Auseinandersetzungen ist das in den zwanziger Jahren erschienene Werk „Der Kampf um die Arbeitsfreude" (Man 1927). Nach der dort vertretenen Auffassung strebt jeder Arbeitende von sich aus nach Arbeitsfreude. Daher ist es auch nicht notwendig, diese gezielt zu fördern; es reicht, wenn sie nicht gehemmt wird. Die frühen Arbeiten basieren mehr oder weniger auf einem handwerklich bestimmten Arbeitsbegriff. Er ist geprägt von der Einheit von Arbeitendem und Werk, von der Gesamtheit von Planung, Durchführung, Vollendung und Anwendung. Das Aufkommen industrieller Produktionsbedingungen und die damit einhergehende Arbeitsteilung und Arbeitsentfremdung werden als wesentliche Gefährdung der Arbeitsfreude verstanden (vgl. u.a. auch die Untersuchungen von Herkner 1906; Lau ^{2}1924; Bues 1926; Horneffer 1928; Lazarsfeld 1931).

Das **Betriebsklima** wurde etwa Mitte des 20. Jahrhunderts Gegenstand eingehender, vorwiegend betriebssoziologischer Untersuchungen. Auch für das Betriebsklima gilt nach Auffassung nahezu aller Autoren, dass sein Begriff vage und uneinheitlich ist. Unklar ist insbesondere, ob es sich dabei um eine von individuellen Einstellungen weitgehende losgelöste Kollektiveinstellung oder um die Summe von Einzeleinstellungen handelt, ob also beispielsweise ein Beschäftigter persönlich zwar unzufrieden sein kann aber gleichzeitig in der Lage ist, dem Betrieb ein gutes Klima zu bescheinigen. Ungeklärt ist auch, ob jemand, der auf Befragen dem Betrieb ein gutes Klima attestiert, wirklich den Betrieb meint oder lediglich ausdrückt, dass er sich in seiner begrenzten und unmittelbaren betrieblichen Umgebung wohlfühlt. Auffallend – und ein zumindest indirekter Hinweis auf die Existenz einer kollektiven Empfindung – ist, dass, trotz der Heterogenität der individuellen Einstellungen, die Angehörigen eines Betriebes sich zumeist übereinstimmend über die Qualität und über eventuelle Veränderungen des Klimas in ihrem Betrieb äußern. Eine solche Gemeinsamkeit ist nur möglich, wenn es für den gesamten Betrieb gleichermaßen geltende Einflussgrößen auf das Betriebsklima gibt und wenn im Betrieb sozialpsychologische Mechanismen wirken, die zu einer Vereinheitlichung von Einstellungen beitragen. Zu den klimabestimmenden Faktoren gehören nach einschlägigen Untersuchungen die Qualität zwischenmenschlicher Beziehungen und betrieblicher Menschenführung, Entlohnung und Arbeitsplatzsicherheit, Art und Bedingungen der Tätigkeit, Entfaltungs- und Selbstverwirklichungsmöglichkeiten (vgl. u.a. Briefs 1934; Becker/Dirks u.a. 1955; Götte 1962; Friedeburg ²1966; Kellner 1975; Albers 1980).

Berufszufriedenheit intendiert weniger einen Bezug zur konkreten und augenblicklichen Arbeitssituation als vielmehr die Frage der richtigen oder falschen Berufswahl und weist somit einen stärkeren Langzeitbezug auf. Ursprung einer möglichen Differenzierung könnte das bis heute noch wirksame calvinistische Berufsethos sein, welches in der namengebenden „Berufung“ die Hauptkomponente des beruflichen Zugangs sah. Auch der gelegentlich beobachtete stärkere Zusammenhang zwischen Motivation und Zufriedenheit auf höheren Ebenen der betrieblichen Hierarchie wird auf ein höheres Berufsethos, das durch längere Berufsausbildung und damit verbundene bessere Internalisierung berufsständischer Werte bedingt ist, zurückgeführt. Die begriffliche Abgrenzung von Arbeitszufriedenheit und Berufszufriedenheit schließt ein, dass ein Beschäftigter zwar mit seinem Beruf zufrieden sein kann, mit den konkreten Bedingungen der Arbeitssituation, unter denen die Berufsausübung stattfindet, jedoch nicht (vgl. Wiswede 1980, S. 143).

Bei der Klärung des Begriffes **Arbeitszufriedenheit** ist vor allem bedeutsam, ob es sich dabei um Einstellungen oder Empfindungen handelt, oder, falls beides eingeschlossen ist, wie die Gewichte verteilt sind. Unterschiedliche Auffassungen bestehen auch darüber, ob es sich bei Arbeitszufriedenheit um eine generelle Attitüde handelt, deren Ausprägung zwar von unterschiedlichen betrieblichen und arbeitsbezogenen Faktoren abhängt, die aber nicht weiter segmentierbar ist, oder ob sich hinter dem Konstrukt Arbeitszufriedenheit eine Vielzahl mehr oder weniger voneinander unabhängiger Einzeleinstellungen zu diesen Faktoren verbirgt, die jeweils eigenständig auf der Dimension Zufriedenheit – Unzufriedenheit laden und in ihrer Summe mehr zum einen oder anderen Pol tendieren und somit eine Gesamtaussage ermöglichen.

Einige Autoren, die einen differenzierten Zufriedenheitsbegriff bevorzugen, der sich auf – als bedeutsam empfundene – Teilaspekte der Arbeit beschränkt, verwenden entsprechend Partialbegriffe wie Lohnzufriedenheit, Zufriedenheit mit dem Führungsstil usw.

Die Mehrzahl der Analysen basiert auf der Annahme, dass sich Arbeitszufriedenheit zwar aus Einzeleinstellungen zusammensetzt, jedoch mehr ist als deren Summe, dass zwischen den partiellen Einstellungen eine im einzelnen nicht durchschaubare Wechselwirkung bestehe, die zu einer Gesamteinstellung „Arbeitszufriedenheit“ führe. Grundlage hierfür ist die Definition von Hoppock (1935); danach ist Arbeitszufriedenheit „any combination of psychological, physiological and environmental circumstances that causes a person thruthfully to say, I am statisfied with my job' “ (zit. n. Wiswede 1980, S. 144).

Wird Arbeitszufriedenheit als messbares Phänomen angenommen, kann nicht die ganze Arbeitssituation einbezogen werden. Vielmehr dürfen nur soche Einzeleinstellungen zusammengefasst werden, die auf der Dimension Zufriedenheit – Unzufriedenheit laden. In der Regel wird ein eindimensionales Kontinuum mit den Polen extreme Zufriedenheit und extreme Unzufriedenheit unterstellt.

Ein enger Zusammenhang wird von den meisten Autoren zwischen Arbeitszufriedenheit und Bedürnissen bzw. Bedürfnisbefriedigung gesehen. „Zufriedenheit oder Unzufriedenheit stellt sich ein im Ergebnis der Realisierung oder Nichtrealisierung der Bedürnisse und Erwartungen der Menschen durch die Umweltfaktoren. Ob jemand zufrieden ist oder nicht, hängt also nicht nur von den Umweltfaktoren ab, sondern auch von den Bedürnissen und Erwartungen der Menschen. ... Wenn jemand mit bestimmten Erwartungen an die Arbeit herantritt und diese werden nicht befriedigt, dann ist er unzufrieden. Wenn ein anderer ohne diese Erwartungen an dieselbe Arbeit herantritt, kann er durchaus zufrieden sein, denn dann gibt es keine Differenz zwischen seinen Bedürfnissen und Umweltfaktoren“ (Stollberg 1968, S. 81). Insofern dominiert heute ein dynamischer Zufriedenheitsbegriff, der Aussagefähigkeit erst durch das individuelle Anspruchsniveau erhält. Nach dieser Auffassung ist Arbeitszufriedenheit ein Ausdruck der Übereinstimmung von subjektiven Erwartungen an die Arbeit und dem Ausmaß der Erwartungserfüllung durch die objektiven Arbeitsbedingungen.

Nicht zuletzt ist der Arbeitszufriedenheitsbegriff von der jeweiligen historisch-gesellschaftlichen Situation, insbesondere vom vorherrschenden Arbeitsbegriff, abhängig. Die Einstellungen der Menschen zu ihrer Arbeit haben sich im Laufe der Zeit nachhaltig geändert. Allein in den vergangenen zweihundert Jahren hat sich ein tiefgreifender Wandel in der Arbeitswelt und in der Art und Weise, wie Menschen arbeiten, vollzogen. Ohne Zweifel haben diese Veränderungen auch Spuren im subjektiven Arbeitsverständnis hinterlassen. Die in einer agrarisch und handwerklich-ständisch geprägten Arbeitswelt offensichtlich bestehende innere Bindung des Menschen an seine Arbeit, das unmittelbare Erlebnis existentieller Bedeutung von Arbeit, ist im Zuge der Industrialisierung, der zeitlichen und lokalen Auslagerung der Arbeitsprozesse aus den übrigen Lebensbereichen, des arbeitsteiligen und durch Maschineneinsatz bestimmten Arbeitsvollzuges und nicht zuletzt durch steigenden Wohlstand und soziale Absicherung der Nichtarbeitszeiten weitgehend verlorengegangen. Die früher fast ausschließlich in der Arbeit gesuchte Lebenserfüllung hat sich mehr und mehr auch auf außerberufliche Lebensbereiche verlagert, was sowohl für das Individuum als auch für die Arbeitswissenschaften zu einer veränderten Einschätzung der Bedeutung von Zufriedensein mit der Arbeit geführt hat.

Wird versucht, die vorherrschenden Auffassungen zu einem Begriffsverständnis zusammenzubinden, kann Arbeitszufriedenheit aufgefasst werden als „ein auf das gesamte Arbeitsfeld oder auf Segmente desselben bezogene kognitiv-emotionale Haltung, die sich als Ergebnis eines im einzelnen nicht erkennbaren Zusammenspiels zahlreicher Faktoren des realen Arbeitsraumes (Art und Bedingungen der Tätigkeit, Sozialbeziehungen usw.), der psychogenen Disposition(individuelle Bedürfnisse, Ansprüche und Erwartungen) und der Umwelt (gesellschaftlicher Arbeitsbegriff, sozialkulturelle Normen und Wertvorstellungen etc.) einstellt“ (Albers 1977, S. 43).

3.2.2 Zur individuellen und betrieblichen Bedeutung von Arbeitszufriedenheit

In einem auffallenden Gegensatz zu der mangelnden Eindeutigkeit des begrifflichen Instrumentariums steht die allgemeine Übereinstimmung hinsichtlich der Bedeutung. In kaum einer Äußerung über Betriebsklima, Arbeitsfreude, oder Arbeitszufriedenheit wird versäumt, auf die individuelle und betriebliche Relevanz des gemeinten Sachverhalts hinzuweisen.

Die vermutete Bedeutung war ohne Zweifel gewichtiger Anlass für eingehendere wissenschaftliche Beschäftigungen mit der Arbeitszufriedenheit. Daneben war es wohl nicht nur eine rein zeitliche Zufälligkeit, dass intensivere Auseinandersetzungen mit Arbeitseinstellungen und -empfindungen einsetzten, als diese sich aufgrund der tiefgreifenden Veränderungen in der Arbeitswelt nachhaltig wandelten. „Arbeitszufriedenheit konnte erst dann zum Problem werden, als sich ‚Arbeit' als ein eigenständiger Bereich aus dem ‚Leben' ausdifferenzeirt hatte und ihm als abgehobener andersartiger Teil gegenübergestellt wurde" (Neuberger 1985, S. 164).

Marksteine der ersten Forschungsepoche waren die Untersuchungen von Levenstein (1912) und die von Herkner, Schmoller und A. Weber initiierten Erhebungen des Vereins für Socialpolitik in den ersten Jahren dieses Jahrhunderts, von denen insbesondere die Schriften von M. Weber (1909) „Zur Psychophysik der industriellen Arbeit" und von M. Bernays (1910) über „Auslese und Anpassung der Arbeiterschaft der geschlossenen Großindustrie" erwähnenswert sind. Spezielle Bezüge zur Arbeitsfreude und Arbeitszufriedenheit – gerade auch jugendlicher Arbeiter – wiesen die Untersuchungen der zwanziger Jahre auf. Hier sind neben den Arbeiten der Wiener Schule (u. a. Lau ^{2}1924; Bues 1926; Lazarsfeld 1931) vor allem die Untersuchungen von de Man (1927) zu nennen. Anfang der dreißiger Jahre brach die umfangreiche arbeitssoziologische Forschung im deutschsprachigen Raum fast vollständig ab.

In den USA war die „Entdeckung" der zwischenmenschlichen Beziehungen und deren Bedeutung für den Arbeitserfolg durch die im Jahre 1924 begonnenen Untersuchungen in den Hawthorne-Werken Anlass für eine Vielzahl von job-satisfaction-Untersuchungen, von denen Hoppock (1935) bereits 36 aufzählt (umfassender Vroom 1964). Ihren (quantitativen) Höhepunkt erreichte die job-satisfaction-Forschung in den USA etwa zwischen 1955 und 1975.

In Deutschland wurde die einschlägige Forschung, jetzt nicht mehr unter dem Stichwort „Arbeitsfreude", sondern „Arbeitszufriedenheit", zunächst in den fünfziger Jahren wieder aufgenommen. Eine der ersten ausführlichen Untersuchungen zur „Arbeitszufriedenheit" ist die zu Anfang der fünfziger Jahre durchgeführte Erhebung über „Arbeiter, Management, Mitbestimmung" (Pirker/Braun/Lutz/Hammelrath 1955; weiterhin u. a. die Arbeiten von Becker/Dirks u. a. 1955; Popitz/Bahrdt/Jüres/Kesting 1957). Nach einer gewissen Zurückhaltung in den sechziger Jahren erlebte die Arbeitszufriedenheits-Forschung in den siebziger Jahren einen erneuten Boom (vgl. u. a. Kern/Schumann 1973; Neuberger 1974a und 1974b; Bruggemann/Groskurth/Ulich 1975; Albers 1977; Meyer 1982).

War in den frühen Untersuchungen der Wunsch maßgebend, den Wurzeln der zunehmenden Sinnentleerung der Arbeit auf die Spur zu kommen und ihr durch eine Förderung von Arbeitsfreude und -zufriedenheit entgegenzuwirken, so dominierten in den ersten amerikanischen Analysen betriebsbezogene Aspekte der Leistungsförderung mittels positiver Arbeitseinstellungen und -empfindungen.

Die Frage nach der individuellen und betrieblichen Bedeutung hängt eng zusammen mit der Frage, ob Arbeitszufriedenheit selbst schon **Zweckcharakter** besitzt oder ein **Mittel** für die Erreichung anderer Ziele darstellt.

Die in zahlreichen Untersuchungen festgestellte höhere Identifikation mit der Arbeit und damit letztlich mit den betrieblichen Zielsetzungen bei zufriedenen Arbeiten macht Zufriedenheit zu einem für die Betriebsleitung interessanten Phänomen. Der vermutete oder tatsächliche Zusammenhang zwischen Arbeitszufriedenheit, Motivation und Leistung war denn auch sowohl Ausgangspunkt zahlreicher, vor allem älterer, empirischer Untersuchungen als auch betrieblicher Maßnahmen zur Herbeiführung oder Erhaltung dieses Zustandes. Ein Zusammenhang zwischen Produktionsleistung, Ausschuss, Fehlzeiten usw. und Zufriedenheit ist so häufig festgestellt worden, dass der Zufriedenheitsforschung gelegentlich der Vorwurf eines allzu eindeutigen Nützlichkeitsstandpunktes in dem Sinne gemacht wurde, dass dem Management die Möglichkeit gegeben wurde, durch geringe, aber gezielte Veränderungen die Arbeiter zufriedener und damit produktiver zu machen, ohne die vorhandenen Übelstände tatsächlich zu beseitigen. „Man sagte Erhöhung der Arbeitsfreude und meinte Steigerung der Arbeitsproduktivität" (Oldendorff 1970, S. 195).

Der Gegenpol, die „Unzufriedenheit", dient seinerseits in vielen Untersuchungen als erklärende Variable für negative Erscheinungen. So wurden positive Korrelationen zwischen Unzufriedenheit mit der Arbeit auf der einen Seite und Ausschussproduktion, krankheitsbedingten Fehlzeiten, Absentismus (nicht krankheitsbedingte Fehlzeiten, „Blaumachen"), Fluktuation usw. auf der anderen Seite festgestellt. Neben der Art des Zusammenhangs, ob es sich beispielsweise um eine echte Korrelation, eine Scheinkorrelation oder um eine Intervention handelt, ist auch die Wertung der beobachteten Auswirkungen teilweise problematisch. Insbesondere die Fluktuation erfährt eine unterschiedliche Beurteilung. Während sie einerseits von Betrieben als unerwünschte Erscheinung betrachtet wird, wird sie andererseits in Form der „Mobilität" für die heutige Zeit als wichtige Schlüsselqualifikation bezeichnet (vgl. ausführlich zu Untersuchungsbefunden und deren Problematisierung Albers 1977, S. 99 ff.).

Dem stehen jedoch auch Befunde gegenüber, die keine oder gar eine negative Beziehung zwischen Arbeitszufriedenheit und Arbeitsleistung erkennen lassen (vgl. u. a. die Korrelationstabellen zahlreicher Untersuchungen bei Vroom 1964, S. 184 ff.; Stollberg 1968, S. 11; Neuberger 1974b, S. 169 ff.). Bereits zu Beginn dieses Jahrhunderts stellte Bernays (1910, S. 349) fest: „Die ‚nicht ermüdeten', die ‚nicht angestrengten' und die ‚zufriedenen' Arbeiter sind die in jeder Hinsicht untüchtigsten; die ‚müdesten' ‚angestrengten' und ‚unzufriedenen' Arbeiter die brauchbarsten."

Für diese etwas verwirrenden Ergebnisse werden verschiedene durchaus einleuchtende Erklärungen angeboten. Zum einen variieren sowohl das theoretische Zufriedenheitskonstrukt als auch das eingesetzte empirische Instrument von Erhebung zu Erhebung zum Teil erheblich; zum anderen zeigt sich, dass der Vergleichsgröße „Leistung" ebenfalls sehr unterschiedliche Auffassungen darüber zugrundeliegen, was als Leistung zu werten und zu messen sei. Insbesondere das Problem einer Quantifizierung höherwertiger, vor allem geistiger und damit gewissermaßen unsichtbarer Leistung bereitet nahezu unüberwindliche Schwierigkeiten. Nicht auszuschließen ist auch, dass – bei entsprechendem Anspruchsniveau – die Zufriedenheit mancher Arbeitnehmer sich gerade aus mangelden Leistungsanforderungen speist. Insgesamt ist Zufriedenheit bestenfalls eine notwendige, aber noch keine hinreichende Bedingung für Leistung (vgl. hierzu auch unten die Ausführungen zur Messung von Arbeitszufriedenheit).

Neben dem betrieblichen Aspekt ist vor allem im Zusammenhang mit Bemühungen um eine humane Arbeitswelt die **individuelle Bedeutung** von Arbeitszufriedenheit hervorgehoben worden. Beruf und Arbeit besitzen im Leben der meisten Menschen einen hohen Stellenwert. Trotz deutlich reduzierter Arbeitszeiten in den vergangenen Jahrzehnten bestimmt die tägliche Arbeit während der wichtigsten Abschnitte unseres Lebens den Inhalt der überwiegenden Tageszeit. Darüber hinaus nimmt sie auch einen qualitativ wichtigen Platz ein. Die Berufsarbeit ist nach wie vor ein bedeutsamer, wenn nicht der bedeutsamste Lebensbereich, in dem die Mehrzahl der Menschen Entfaltungsmöglichkeiten, Selbstbestätigung, soziale Kontakte usw. sucht. Im Zentrum der Überlegungen zu Beziehungen zwischen „Zufriedenheit“ und „Humanisierung“ steht die Überzeugung, dass eine Arbeitswelt nur dann als human angesehen werden kann, wenn die Arbeitssituation für den einzelnen mit dem Gefühl individuellen und sozialen Wohlbefindens verbunden ist. Als wichtiger Indikator diesen Wohlbefindens gilt die Arbeitszufriedenheit.

In diesem Sinne wird Zufriedenheit in der Arbeit zu einem letztlich nicht mehr begründungsbedürftigen Ziel. Es repräsentiert unveräußerliche menschliche Ansprüche, denen sich andere (z. B. ökonomische) Zielsetzungen unterzuordnen haben (vgl. auch Neuberger 1985, S. 170 ff.).

Wie sich der allseits beschworene **Wertewandel** auf die Einschätzung der Arbeitszufriedenheit auswirkt, bleibt abzuwarten. Zunächst einmal bietet sich eine ambivalente Sichtweise an. Wertewandel beinhaltet sowohl Einstellungsänderungen externer Art über die Bedeutsamkeit von Arbeit gegenüber anderen Lebensbereichen als auch solche interner Art über die Arbeit selbst. Kern der ersten Aussage ist, dass immer mehr Menschen eine subjektiv angemessene Balance zwischen Persönlichkeit, Arbeit, Freizeit und anderen Aspekten des Lebens suchen. Die früher alles überragende Bedeutung der Berufsarbeit für das Leben der Menschen ist zurückgegangen, und andere Lebensbereiche haben sowohl quantitativ als auch qualitativ ein größeres Gewicht gewonnen. Diese Entwicklung spricht dafür, dass parallel zur abnehmenden Lebensbedeutsamkeit der Berufsarbeit auch die Bedeutung der auf sie bezogenen Zufriedenheit zurückgeht. Demgegenüber steht jedoch, dass eine von schwerer körperlicher Belastung weitgehend befreite Arbeit ebenso wie das im Zuge von Wohlstand und sozialer Absicherung weitgehend verlorengegangene Gefühl existentieller Notwendigkeit von Arbeit zu einer veränderten Auffassung von der Arbeit selbst geführt haben. Arbeit wird nicht mehr so überwiegend wie in früheren Zeiten als Quelle der Existenzsicherung verstanden, sondern als Lebensbereich, der – wie andere auch – einen Beitrag zu einem erfüllten Leben leisten soll. Entsprechend rangieren in neueren Befragungen – vor allem bei jüngeren Personen – nicht mehr Einkommen und Arbeitsplatzsicherheit, sondern Freude und Erfüllung an erster Stelle. Diese Entwicklung spricht ihrerseits für eine zunehmende Bedeutung der Arbeitszufriedenheit.

Kritische Stimmen, die den Wert von „Zufriedenheit“ grundlegend in Frage stellen, sind in der arbeitswissenschaftlichen Literatur nur vereinzelt vertreten. Die Aussage „Ich bin zufrieden“ besitzt jedoch ohne Zweifel einen ambivalenten Charakter. Sie kann Ausdruck des Wohlbefindens und des Erfolgs sein, der Erfüllung und der inneren Bejahung des bestehenden Zustandes. Sie kann aber auch Ausdruck der Gewöhnung und Anpassung an unzulängliche Arbeitsverhältnisse sein.

Insgesamt verfügt ein Zustand der Zufriedenheit über ein geringes Evolutionspotential. Damit wohnen ihm Elemente der Behäbigkeit und der Stagnation inne. Da nur sehr selten Idealzustände bestehen, mag eine Einstellung, die den status quo festigt, als problematisch erscheinen. Bei einer grundsätzlichen Betrachtung kann sich durchaus die Frage einstellen, ob Zufriedenheit überhaupt ein erstrebenswerter Zustand ist, oder ob nicht ein gewisses Maß an Unzufriedenheit, im Sinne von Noch-Nicht-Zufriedensein mit dem bisher Erreichten, eine notwendige Voraussetzung für individuellen und gesellschaftlichen Fortschritt darstellt (vgl. hierzu auch Albers 1975).

3.2.3 Messung von Arbeitszufriedenheit

Empirische Untersuchungen zur Arbeitszufriedenheit setzen die Messung des Phänomens voraus. Dieser Vorgang schließt ein die **Definition** des Erkenntnisobjekts, seine **Operationalisierung,** die Bestimmung des **Meßinstruments** und dessen Auswahl oder – falls in der gewünschten Form noch nicht vorhanden – seine Konstruktion.

Die Schwierigkeiten – und die daraus resultierenden unterschiedlichen Ergebnisse – einer Bestimmung des Erkenntnisgegenstandes wurden bereits bei den Ausführungen zum Begriff der Arbeitszufriedenheit deutlich. Die Probleme vergrößern sich noch beträchtlich, wenn versucht wird, das theoretische Konstrukt zu operationalisieren, d. h. in messbare Merkmale und deren Ausprägungen umzusetzen. Forscher basteln mit Mühe ein Konstrukt „Arbeitszufriedenheit" und grenzen es gegen andere Begriffe (z. B. Berufszufriedenheit) kunstvoll ab. Bei der Annahme, dass die Probanden die Intentionen des Forschers und seine Abgrenzungen aufnehmen und ihre Einstellung und Empfindungen entsprechend differenzieren und ausdrücken, dass sie z. B. bei der Frage nach der Arbeitszufriedenheit an die aktuelle Arbeitssituation, bei einer Frage nach der Berufszufriedenheit jedoch an die übergreifende, längerfristige berufliche Situation denken, spielt in nicht unbeträchtlichem Maße das Prinzip Hoffnung mit.

Die Untersuchungen zur Arbeitszufriedenheit basieren nahezu ausschließlich auf Befragungen. Hierbei konkurriert die – wissenschaftlich sicher elegantere – Form der indirekten Fragetechnik mit der direkten Frage nach der Zufriedenheit. Die meisten Forscher entscheiden sich für die direkte Form. Eine indirekte Fragestellung steht vor allem vor dem Problem bedeutungsleicher alternativer Kriterien und wirft damit kaum zu beantwortende Fragen der Validität auf.

Wie immer die Fragestellung auch beschaffen sein mag, sie mündet immer in irgendeiner Form in die Aufforderung an Probanden, sich zu ihrer Zufriedenheit mit der Arbeit zu äußern. Was aber meint ein Befragter, wenn er sagt, er sei zufrieden oder unzufrieden? Hier stellt sich zum einen das Problem der Passung von Forschungskonzept und subjektivem Verständnis der Befragten. Zahlreiche Untersuchungen gehen optimistisch davon aus, dass zwischen dem Zufriedenheitsverständnis des Forschers und den Verständnissen der Probanden ein hinreichend großes Maß an Übereinstimmung besteht. In vielen Erhebungen herrscht auch – ausgesprochen oder unausgesprochen – eine pragmatische Linie vor, die Zufriedenheit mit Zufriedenheitsaussagen gleichsetzt; Arbeitszufriedenheit ist demnach das, was entsprechende Untersuchungen als Arbeitszufriedenheit messen.

Weiterhin stellt sich das Problem des Zusammenhangs von Arbeit, Arbeitseinstellungen und Einstellungsäußerungen. Bei einer – notwendigerweise – größeren Zahl von Probanden ergeben sich zwangsläufig sehr unterschiedliche individuelle Anspruchsmuster und sehr verschiedenartige reale Arbeitsbedingungen innerhalb einer Untersuchung. Die äußerlich gleiche Zufriedenheitsaussage als Ausdruck der Übereinstimmung von individuellen Ansprüchen und real vorgefundener Arbeitssituation beruht somit auf ganz unterschiedlichen Voraussetzungen; dennoch werden gleichlautende Aussagen innerhalb eines Samples zusammengefasst.

Äußerungen über die eigene Arbeit werden darüber hinaus durch die „Brille" gesellschaftlicher Erwartungen und der Persönlichkeitsprägung durch eine bestimmte, oft jahre- und jahrezehntelang ausgeübte Arbeit gegeben. Es erscheint zweifelhaft, ob der Arbeitnehmer da noch zu einer objektiven Reflexion über seine Arbeitssituation und die damit verbundenen Empfindungen fähig ist. Insbesondere das Eingeständnis von Unzufriedenheit ist für den Befragten möglicherweise mit unangenehmen Selbstzweifeln verbunden. „Wo Erfolg mit dem Erfolg in der Arbeit identifiziert wird, kann das Eingeständnis von Arbeitsunzufriedenheit leicht als allgemeine Erfolglosigkeit, als generelles Versagen interpretiert werden. Kritik an der Arbeit fällt dann fast zwangsläufig mit der Kritik an der eigenen Person zusammen: wem es nicht gelingt, die als unbefriedigend erkannte Situation zu beseitigen, stellt sich selbst in Frage. ... Sich mit seiner Arbeit zu arrangieren, „alles in allem“ zufrieden zu sein, auch wenn viele Einzelheiten negativ erscheinen, ist in dieser Situation leicht ein Gebot positiver Selbstinterpretation“ (Kern/Schumann 1970, S. 184).

Niemand kann, ohne in schwerwiegende kognitive Dissonanzen zu geraten, viele Stunden jeden Tages mit Dingen zubringen, die er als unbefriedigend empfindet. Ein Mindestmaß an Zufriedenheit mit dem, was man tut, ist Bedingung dafür, es überhaupt tun zu können. Gesellschaftliche Normen, Selbstachtungsbedürfnisse und der Wunsch nach kognitivem Gleichgewicht dürften häufig dazu führen, entweder unbefriedigende Arbeitsverhältnisse nicht als solche anzuerkennen oder die subjektive Unzufriedenheit Dritten gegenüber nicht einzugestehen.

Als Instrumente zur Messung von Arbeitszufriedenheit werden vor allem mündliche Interviews, standardisierte schriftliche Befragungen und Skalen eingesetzt. Das Ergebnis hängt in nicht unbeträchtlichem Maße von der Art der Fragestellung ab. So ergaben sich in einer Studie 13–25% unzufriedene Arbeiter bei der Frage, ob sie mit ihrer Arbeit zufrieden seien, jedoch 54%, wenn gefragt wurde, ob sie dieselbe Arbeit wählen würden, wenn sie nochmals beginnen würden (vgl. Wiswede 1980, S. 156). Allerdings bleibt unbelegt, ob die zweite Frage auf der gleichen Dimension misst wie die erste, was auf das allgemeine Validitätsproblem hinweist, ob Arbeitszufriedenheit überhaupt anders als durch die direkte Frage nach ihr zu messen ist (vgl. ausführlich zur Messung von Arbeitszufriedenheit u. a. Neuberger 1974b; Wiswede 1980, S. 156 ff.).

3.2.4 Ergebnisse der Zufriedenheitsforschung

Die Vergleichbarkeit von Ergebnissen der Zufriedenheitsforschung leidet darunter, dass theoretisches Konstrukt, Operationalisierung und Meßinstrumente in den Untersuchungen unterschiedlich und dadurch die Befunde in Einzelheiten nur bedingt vergleichbar sind. Auffallendstes Ergebnis der bisherigen Zufriedenheitsforschung ist, dass sich in den weitaus meisten Erhebungen die überwiegende Mehrzahl der Befragten mit ihrer Arbeit zufrieden erklärte.

Die durchgängig hohe Zufriedenheit der Beschäftigten, auch derer, die stark zerlegte, sich ständig wiederholende und monotone Teilaufgaben verrichten, hat immer wieder Verwunderung hervorgerufen. So berichtet bereits Münsterberg ([3]1922, S. 116) mit Erstaunen von einer Fabrikarbeiterin, die seit 12 Jahren Tag für Tag hunderte von Glühlampen in Reklamezettel einzuwickeln hatte und dabei täglich bis zu 13 000 mal die gleichen Arbeitsgriffe ausführte. Friedmann (1953, S. 289 f.) schildert den Fall einer Arbeiterin in einer Schweizer Uhrenfabrik. Die Tätigkeit dieser Frau bestand seit 22 Jahren darin, an einer vorgezeichneten Stelle ein einziges Loch in einen Uhrenrohling zu bohren. Beide Beschäftigte erklärten auf Befragen, dass sie mit ihrer Arbeit nicht nur zufrieden seien, sondern sie auch interessant fänden, sich an ihrem Arbeitsplatz wohlfühlten und keine andere Arbeit verrichten wollten.

Als Erklärung für derartige, immer wieder beobachtete Ergebnisse kann die durch jahrelange Gewöhnung erreichte Anpassung an unzulängliche Arbeitsbedingungen ebenso dienen wie das Bemühen, ein evtl. Unbefriedigtsein Dritten gegenüber nicht zuzugeben. Hinzu kommt auch, dass Befragungen über Zufriedenheit in der Regel bei Arbeitern stattfinden, Reflexionen darüber jedoch bei Akademikern. Ein Teil des in manchen

Interpretationen von Untersuchungsergebnissen anklingenden Unverständnisses über das hohe Maß an vorgefundener Arbeitszufriedenheit dürfte darauf zurückzuführen sein, dass die Untersuchenden ihre Vorstellungen von Arbeit in die untersuchte Situation hineinprojizieren. Nach Zweig (1952, S. 111) weisen derartige Äußerungen zunächst einmal nur darauf hin, dass die „Soziologen ... denken, diese oder jene Arbeit müsse tödlich und seelenzerstörend sein, was aber nur heißt, dass sie so empfinden würden, wenn sie diese Arbeit tun müssten".

Insgesamt bestätigen die Befunde einer hohen Zufriedenheit auch bei inferioren Arbeitsbedingungen noch einmal die These, dass Zufriedenheit keine absolute, sondern eine relative Größe ist, die lediglich das Ausmaß der Erfüllung subjektiver Ansprüche durch die realen Gegebenheiten wiedergibt.

Neben der Gesamtzufriedenheit, die in der Regel auch mit einer einzigen, zusammenfassenden Frage ermittelt wird, werden in den meisten Untersuchungen auch Partialzufriedenheiten mit einzelnen Aspekten der Arbeit und der Arbeitsumgebung erhoben. Wie wichtig ein Einzelaspekt für die allgemeine Zufriedenheit ist, wird teilweise durch eine gesonderte Einschätzung der Wichtigkeit erfragt, teilweise durch das Maß der Korrelation mit der Gesamtzufriedenheit ermittelt. Die Wirkungsrichtung zwischen Gesamtzufriedenheit und Partialzufriedenheiten, ob die Einzeleinschätzungen sich zu einem Gesamtempfinden verdichten oder ob die Grundstimmung die Einzelempfindungen prägt, ist strittig.

Zu den Einzeldeterminanten, die für das Zufriedenheitsempfinden eine bedeutsame Rolle spielen, zählen – ohne dass eine eindeutige Rangfolge herzustellen ist – vor allem

- die Qualität **zwischenmenschlicher Beziehungen,** wobei Beziehungen zu Kollegen zu unterscheiden sind von Beziehung zu Vorgesetzten;
- Die **Entlohnung,** wobei sowohl die absolute Lohnhöhe eine Rolle spielt als auch – vor allem bei höheren Lohnstufen – die an der jeweils erbrachten Leistung orientierte relative Lohngerechtigkeit zu anderen Beschäftigten;
- **Art und Bedingungen der Tätigkeit,** wobei eine Entsprechung von individuellen Fähigkeiten und Arbeitsanforderungen in aller Regel zu einer höheren Zufriedenheit führt;
- Das **Ansehen,** das Beruf und auch Betrieb in den Augen anderer genießen.

Wiswede (1980, S. 170 ff.) gruppiert die Einzeldeterminanten nach **Kontentfaktoren,** die sich auf den Arbeitsinhalt beziehen, und nach **Kontextfaktoren,** die sich auf die externen Bedingungen der Arbeit richten.

Neben der Zufriedenheit erwachsener Arbeitnehmer ist in der jüngeren Vergangenheit auch die Zufriedenheit der Lehrlinge in Form der **Ausbildungszufriedenheit** untersucht worden (vgl. u. a. Alex/Heuser/Reinhardt 1973; Laatz 1974; Albers 1977; Schweikert 1988; Hecker 1989). In den allgemeinen Trends unterscheiden sich die Befunde bei Jugendlichen nicht sonderlich von denen der Erwachsenen. In Untersuchungen des Bundesinstituts für Berufsbildung erklärten sich 1985 rund 80% mit ihrer Ausbildung als zufrieden. 76% der Auszubildenden würden, noch einmal vor die Wahl gestellt, wieder denselben Beruf ergreifen; 70% möchten auch noch in zehn Jahren im erlernten Beruf arbeiten (vgl. Berufsbildungsbericht 1989, S. 66 ff.).

Die Untersuchungen bei Auszubildenden brachten auch die Bestätigung für ein in der Praxis seit langem bekanntes Phänomen, das in der einschlägigen Literatur als „Berufskrise" oder „Jugendkrise" behandelt wird (vgl. u. a. Busemann 1950; Scharmann 1965, S. 207 ff.; Albers 1978): den Rückgang der anfangs überaus positiven Einstellung zur

Ausbildungssituation mit zunehmender Ausbildungsdauer. So äußerten sich beispielsweise in einer Lehrlingsbefragung (vgl. Albers 1978, S. 906ff.) im 1. Ausbildungsjahr 99%, im 2. Ausbildungsjahr 100%, im 3. Ausbildungsjahr 84% und im 4. Ausbildungsjahr nur noch 68% der Befragten zufrieden. Ursachen hierfür liegen sowohl in alters- und entwicklungsbedingten Besonderheiten als auch in einer gewissen Ernüchterung, die nach den ersten Erfahrungen mit der neuartigen Arbeitswelt einsetzt. Nicht zuletzt dürfte das nahende Ende der Schonzeit und der bevorstehende Übergang in das eigentliche Berufsleben eine Rolle spielen.

Literaturhinweise

Alex, L./Heuser, H./Reinhardt, H.: Das Berufsbildungsgesetz in der Praxis. Eine Repräsentativbefragung von Auszubildenden. Bonn 1973

Albers, H.-J.: Pädagogische Aspekte der Arbeitszufriedenheit. In: Die Deutsche Berufs- und Fachschule 71 (1975), S. 483–489

Albers, H.-J.: Zufriedenheit in Arbeit und Ausbildung. Die individuelle Einstellung zum Beruf und zur Ausbildungssituation. Trier 1977. (Wirtschafts- und berufspädagogische Abhandlungen, Bd. 6)

Albers, H.-J.: Einstellungsänderungen während der Ausbildungszeit. Erscheinungsformen, Ursachen und Auswirkungen der sogenannten „Berufskrise“. In: Die Deutsche Berufs- und Fachschule 74 (1978, S. 901–916

Albers, H.-J.: Das Betriebsklima. In: Zeitschrift für Arbeitswissenschaft 34 (1980), S. 142–148

Becker, E./Dirks, W. u. a.: Betriebsklima. Frankfurt/Main 1955

Bernays, M.: Auslese und Anpassung der Arbeiterschaft der geschlossenen Großindustrie.
133. Band der Schriften des Vereins für Socialpolitik. Leipzig 1910

Berufsbildungsbericht 1989, hrsg. vom Bundesministerium für Bildung und Wissenschaft.
Bonn 1989

Briefs, G.: Betriebsatmosphäre und Betriebstradition. In: Betriebsführung und Betriebsleben in der Industrie. Stuttgart 1934, S. 74–81

Bruggemann, A./Groskurth, P./Ulich, E.: Arbeitszufriedenheit. Bern 1975

Bues, H.: Die Stellung des Jugendlichen zum Beruf und zur Arbeit. Bernau 1926

Dick, R. v.: Stress und Arbeitszufriedenheit bei Lehrerinnen und Lehrern. Marburg 2. Aufl. 2006

Ferber, Chr. v.: Arbeitsfreude. Wirklichkeit und Ideologie. Stuttgart 1959

Fischer, L. (Hrsg.): Arbeitszufriedenheit. Konzepte und empirische Befunde. Göttingen 2. Aufl. 2006

Friedeburg, L. v.: Soziologie des Betriebsklimas. Frankfurt/Main ^{2}1966

Friedemann, G.: Zukunft der Arbeit. Köln 1953

Götte, M.: Betriebsklima. Göttingen 1962

Hecker, U.: Betriebliche Ausbildung: Berufszufriedenheit und Probleme. Berlin 1989

Herkner, H.: Die Bedeutung der Arbeitsfreude in Theorie und Praxis der Volkswirtschaft.
In: Neue Zeit- und Streitfragen, Bd. XII, 1906, S. 3–36

Hoppock, R.: Job statisfaction. New York 1935

Horneffer, E.: Der Weg zur Arbeitsfreude. Berlin 1928

Kellner, W.: Betriebsklima. In: Handbuch des Personalwesens (hrsg. von E. Gaugler), Enzyklopädie der Betriebswirtschaftslehre, Bd. V. Stuttgart 1975, S. 631–634

Kern, H./Schumann, M.: Industriearbeit und Arbeiterbewußtsein, Teil I. Frankfurt/Main 1970

Laatz, W.: Berufswahl und Berufszufriedenheit der Lehrlinge. München 1974

Lau, E.: Beiträge zur Psychologie der Jugend in der Pubertätszeit. Langensalza ^{2}1924

Lazarsfeld, P. F.: Jugend und Beruf. Jena 1931

Levenstein, A.: Die Arbeiterfrage. München 1912

Man, H. de: Der Kampf um die Arbeitsfreude. Jena 1927

Meyer, W. H.: Arbeitszufriedenheit – ein interessiertes Mißverständnis. Opladen 1982

Müller, K./Bungard, W.: Kulturelle Einflüsse auf die Arbeitszufriedenheit. Eine multinationale Untersuchung. Taunusstein 2006

Münsterberg, H.: Psychologie des Wirtschaftslebens. Leipzig ^{3}1922

Neuberger, O.: Theorien der Arbeitszufriedenheit. Stuttgart u.a. 1974a
Neuberger, O.: Messung der Arbeitszufriedenheit. Stuttgart u.a. 1974b
Neuberger, O.: Arbeit. Stuttgart 1985
Oldendorff, A.: Sozialpsychologie im Industriebetrieb. Köln 1970
Pirker, Th./Braun, S./Lutz, B./Hammelrath, F.: Arbeiter, Management, Mitbestimmung. Stuttgart, Düsseldorf 1955
Popitz, H./Bahrdt, H. P./Jüres, E. A./Kersting, H.: Technik und Industriearbeit, Tübingen 1957
Schweikert, K.: Ganz die alten? Was Auszubildende meinen, was Auszubildende tun. Berlin 1988
Stollberg, R.: Arbeitszufriedenheit – Theoretische und praktische Probleme. Berlin 1968
Vroom, V. H.: Work and Motivation. New York, London, Sydney 1964
Weber, M.: Zur Psychophysik der industriellen Arbeit (1909). In: Weber, M.: Gesammelte Aufsätze zur Soziologie und Sozialpolitik. Tübingen 1924
Wiswede, G.: Motivation und Arbeitsverhalten. München 1980
Zweig, F.: The British Workers. London 1952

3.3 Gewerkschaften und Arbeitgeberverbände – Interessengruppen am Arbeitsmarkt und in der Wirtschaftspolitik Klaus-Peter Kruber

3.3.1 Die besondere Stellung von Gewerkschaften und Arbeitgeberverbänden in der Marktwirtschaft

Demokratische Gesellschaften sind unter anderem dadurch gekennzeichnet, dass sich Bürger frei in Vereinen und Verbänden organisieren können, um ihre speziellen Interessen gemeinsam wahrnehmen und besser durchsetzen zu können.

Unter der Vielzahl der Verbände und Vereine in einer pluralistischen Gesellschaft sind Gewerkschaften und Arbeitgeberverbände von besonderer Bedeutung. Die Freiheit der Bildung und Betätigung von Gewerkschaften und Arbeitgeberverbänden gehört zu den Wesensmerkmalen einer sozialen Marktwirtschaft. Das Grundgesetz verleiht diesem Recht Verfassungsrang (Koalitionsfreiheit, Art. 9 Abs. 3 GG). Koalitionsfreiheit beinhaltet neben der Vereinigungsfreiheit das Recht der Arbeitsmarktverbände, Löhne und Arbeitsbedingungen ohne Einmischung des Staates in Tarifverträgen festzulegen (Tarifautonomie) und zur Durchsetzung ihrer Forderungen unter bestimmten Voraussetzungen auch Druck auf die Gegenseite auszuüben (Arbeitskampf mit Streik bzw. Aussperrung als schärfsten Instrumenten). Die Arbeitsmarktverbände haben eine Ausnahmestellung in der Marktwirtschaft: Nur ihnen ist es gestattet, auf einem der wichtigsten Teilmärkte, dem Arbeitsmarkt, Angebots- bzw. Nachfragekartelle zu bilden. Grundsätzlich sollte auf allen anderen Märkten durch das Verbot von Kartellabsprachen und Monopolbildung Wettbewerb durchgesetzt werden. Auch in der Rechtsordnung gelten für diese Verbände Besonderheiten: Das Tarifvertragsgesetz verleiht bestimmten Verträgen zwischen den Arbeitsmarktverbänden quasi Gesetzeskraft (Unabdingbarkeit und Allgemeingültigkeit). Ferner sind den Gewerkschaften und Arbeitgeberverbänden durch Gesetz wichtige öffentliche Aufgaben in der Berufsbildung (z. B. Festlegung von Ausbildungsordnungen), in der Rechtsprechung (z. B. Benennung der ehrenamtlichen Arbeitsrichter) und in der Sozialversicherung und Arbeitsverwaltung (paritätische Besetzung der Aufsichtsgremien) zur Selbstverwaltung übertragen. Aufgrund der ihnen durch die Wirtschaftsverfassung übertragenen Aufgaben und Instrumente am Arbeitsmarkt und in der Sozialpolitik kann man die Arbeitsmarktverbände zusammen mit Parlament, Regierung und Bundesbank zu den Trägern der Wirtschaftspolitik im System der Sozialen Marktwirtschaft rechnen (Franz 2006).

Dies war nicht immer so, und besonders auf Seiten der Gewerkschaften bedurfte es langer Kämpfe bis zur heutigen Akzeptanz (Tenfelde 1987, Uellenberg 1997). Entstanden sind die Gewerkschaften im 19. Jh. als Selbsthilfe- und Kampforganisationen der Arbeitnehmer: Als Selbsthilfe- und Schutzverbände gründeten sie Unterstützungskassen für Krankheit, Unfall, Arbeitslosigkeit und Alter. Als Widerstands- und Kampforganisationen kämpften sie gegen Verschlechterungen bzw. für Verbesserungen der Löhne und Arbeitsbedingungen. Zur Abwehr gewerkschaftlicher Forderungen schlossen sich die Arbeitgeber in Anti-Streikvereinen zusammen (Adamy/Steffen 1985, 12 ff.). Im wilhelminischen Deutschen Reich wurden die Gewerkschaften misstrauisch betrachtet und zeitweise politisch verfolgt. Erst in Art. 159 der Weimarer Reichsverfassung von 1919 wurde das Recht zur Bildung von Gewerkschaften und Arbeitgeberverbänden (Koalitionsfreiheit) verfassungsmäßig garantiert. Im nationalsozialistischen Deutschland von 1933 bis 1945 waren die Gewerkschaften verboten, die Deutsche Arbeitsfront war ein Instrument der NS-Politik. Nach dem zweiten Weltkrieg wurden Arbeitgeberverbände und die Gewerkschaften in Westdeutschland neu begründet. 1945 entstand die Deutsche Angestelltengewerkschaft (DAG), 1949 schlossen sich 16 Industriegewerkschaften unter dem Dach des Deutschen Gewerkschaftsbundes (DGB) zusammen. Heute sind die Arbeitsmarktverbände eine unverzichtbare gesellschaftliche Einrichtung zur geregelten Austragung der unvermeidlichen Auseinandersetzungen über Löhne und Arbeitsbedingungen in der sozialen Marktwirtschaft. Sie sind ferner gewichtige Einflussfaktoren im Prozess der politischen Willensbildung in der pluralistischen Demokratie. Aufgrund ihrer besonderen Stellung tragen sie Mitverantwortung für die Wirtschafts- und Gesellschaftspolitik, ohne selbst Teil des Staates zu sein. Aus dieser Funktionsvielfalt ergeben sich nicht selten Probleme für die Zieldefinition und Legitimation der Verbandspolitiken (vgl. unten).

Völlig anders war die Rolle von Gewerkschaften in einer sozialistischen Zentralplanwirtschaft, z. B. in der DDR bis 1989. Alleiniger Arbeitgeber war faktisch die staatliche Planungsbürokratie. Nach dem Selbstverständnis des kommunistischen Staates war das Volk Eigentümer der Produktionsmittel, Gewerkschaften waren daher eigentlich funktionslos. Dennoch gab es in der DDR mit dem Freien Deutschen Gewerkschaftsbund (FDGB) eine fast alle Werktätigen erfassende Massenorganisation. Allerdings war der FDGB nach westlichem Verständnis nicht ein Verband zur Durchsetzung von Arbeitnehmerinteressen, sondern eine Einrichtung des Staates zur Erfassung und Organisation eines zentralen Bereichs der Gesellschaft. Die im FDGB zusammengeschlossenen 16 Einzelgewerkschaften verstanden sich als „treue Kampfgefährten der SED“. Eine gewerkschaftliche Lohnpolitik gegen den staatlichen Arbeitgeber gab es nicht. Die Löhne und Lohnsteigerungsraten wurden in der Volkswirtschaftsplanung beschlossen. Die Gewerkschaften verstanden sich als „Treibriemen“ für die Vermittlung der übergeordneten Ziele der Volkswirtschaftsplanung an die Werktätigen. Sie organisierten den „sozialistischen Wettbewerb“ zur Verbesserung und Überbietung der Planvorgaben. Der FDGB bemühte sich um Aktivierung seiner Mitglieder beim „Aufbau des Sozialismus“ auf allen Gebieten. Über seine politische Schulungsarbeit wirkte er auch als Kaderreserve für die SED.

Die Gewerkschaften organisierten auf betrieblicher und überbetrieblicher Ebene wichtige soziale Einrichtungen (z. B. Kinderkrippen und Kindergärten, Werkskantine, betriebliche Verkaufsstellen, Vergabe von Werkswohnungen und Ferienplätzen). Ferner war der FDGB direkt Teil der Staatsmacht: Er war mit einer eigenen Fraktion in der Volkskammer vertreten. Wie alle Abgeordneten, so wurden auch die 61 Vertreter des FDGB über die Einheitsliste der Nationalen Front gewählt (Müller 1990).

Die Schlüsselstellung der Gewerkschaften bei der Vergabe von Kindergarten- und Ferienplätzen, Wohnungen usw. und die Möglichkeit, durch eine Mitgliedschaft gesellschaftliches Engagement nachzuweisen, führten dazu, dass fast alle Werktätigen Mitglieder im FDGB waren (1987 9,5 Mio.). Nach der „Wende“ beschlossen die Delegierten des FDGB seine Auflösung und die Angliederung der Einzelgewerkschaften an den DGB (Uellenberg 1997, S. 171 ff.). Auch auf der Arbeitgeberseite erfolgte der Aufbau von Organisationen nach westlichem Vorbild und die Vereinigung unter dem Dach der Arbeitgeberverbände.

3.3.2 Die Organisation der Arbeitsmarktverbände

3.3.2.1 Prinzipien gewerkschaftlicher Organisation

Gewerkschaften lassen sich nach der Abgrenzung ihres Tätigkeitsbereichs und nach ihrer weltanschaulichen Ausrichtung unterscheiden (Uellenberg 1997, S. 16 ff.). Die ersten Gewerkschaften gingen aus Handwerker- bzw. Facharbeitervereinigungen hervor. Buchdrucker, Zigarrenarbeiter und andere organisierten sich zur solidarischen Durchsetzung berufsspezifischer Forderungen gegenüber den Arbeitgebern (Berufsverbandsprinzip). Die sozialistische und die christliche Arbeiterbewegung erfassten dagegen auch die ungelernten oder angelernten Arbeiter und strebten nach einer Organisation der gesamten Arbeiterschaft von Betrieben über die Grenzen der Berufe und Wirtschaftszweige hinaus (Industrieverbandsprinzip). Bis heute dominieren Berufsgewerkschaften in Großbritannien. Auch in Deutschland gibt es nach dem Berufsverbandsprinzip organisierte Gewerkschaften: die Gewerkschaft der Polizei (GdP), faktisch auch die Gewerkschaft Erziehung und Wissenschaft („Lehrergewerkschaft"). Die meisten im DGB zusammengeschlossenen Gewerkschaften sind nach dem Industrieverbandsprinzip gegliedert, d.h. sie erfassen alle organisierten Arbeitnehmer eines Wirtschaftszweigs unabhängig von ihren Berufen.

Beide Organisationsprinzipien haben Auswirkungen auf Verhaltensweise und volkswirtschaftliche Ergebnisse gewerkschaftlicher Aktivität. Sind die Gewerkschaften nach dem Berufsverbandsprinzip gegliedert, so muss in einem Unternehmen mit mehreren, z.T. in ihren Interessen durchaus nicht gleich gerichteten Gewerkschaften verhandelt werden. Unter Umständen kann eine kleine Berufsgruppe, die eine Schlüsselstellung im Betrieb innehat, das Gesamtunternehmen (und damit auch die übrigen Arbeitnehmer) zur Durchsetzung ihrer gruppenspezifischen Ziele durch einen Streik unter Druck setzen. Nicht auszuschließen ist, dass das Berufsverbandsprinzip die Streikhäufigkeit in der Volkswirtschaft erhöht. Demgegenüber gilt beim Industrieverbandsprinzip der Grundsatz „Ein Betrieb – eine Gewerkschaft". Dies erleichtert die Konsensfindung im Unternehmen und auf Branchenebene. Eine Industriegewerkschaft kann ihren Forderungen durch die Mobilisierung von Massen Nachdruck verleihen. Andererseits hat sie aber wegen der Heterogenität ihrer Mitglieder auch kompliziertere Willensbildungsprozesse. Gesamtwirtschaftlich ist es nicht unbedenklich, wenn eine Industriegewerkschaft für einen Wirtschaftssektor (z.B. die Metallindustrie) einheitliche Lohnsteigerungen durchsetzt, obwohl er Wirtschaftszweige von sehr unterschiedlicher Produktivität umfasst (z.B. Automobilindustrie und Werften). Lohnsteigerungen, die sich am durchschnittlichen Produktivitätsanstieg des Sektors orientieren, schöpfen den Lohnerhöhungsspielraum der Autohersteller nicht aus, während sie zugleich die Schwierigkeiten von produktivitätsschwächeren Werften vermehren. Volkswirtschaftlich ist eine stärkere Differenzierung der Lohnabschlüsse nach beruflicher Qualifikation, Wirtschaftszweigen und Regionen wünschenswert. Dem steht die Tendenz entgegen, dass Lohnabschlüsse in einer ertragsstarken Branche und einer prosperierenden Region zur Richtschnur für die übrigen Lohnverhandlungen werden. Die Gewerkschaften sind als Richtungsgewerkschaften entstanden. Sie entwickelten sich aus der sozialistischen Arbeiterbewegung, christlichen Arbeitervereinen und den liberalen Gewerkschaften (Hirsch-Dunckersche Gewerkschaftsvereine). Nach 1917 kam die kommunistisch orientierte Gewerkschaftsbewegung hinzu. Besonders in Frankreich und Italien sind die Gewerkschaften in verschiedene Richtungen gespalten, die sich an politische Parteien anlehnen. So stehen die größten französischen Gewerkschaften, die CGT und die CFDT, der kommunistischen Partei bzw. den Sozialisten nahe. Die Force Ouvrière (FO) versteht sich als sozialdemokratisch-reformistisch: Sie setzt sich für die Verbesserung der Position der Arbeitnehmer im bestehenden Wirtschafts- und Gesellschaftssystem ein und kämpft nicht für seine Umwandlung nach kommunistischem oder sozialistischem Leitbild. Eine ähnliche Grundposition wie die FO nimmt die nach dem Berufsverbandsprinzip organisierte Lehrergewerkschaft FEN ein.

Die ideologische Spaltung der Gewerkschaftsbewegung führt nicht selten zu Auseinandersetzungen zwischen Gewerkschaften und schwächt ihre Position insgesamt. Aus dieser Erfahrung resultiert der Gedanke der Einheitsgewerkschaft. Sie will unabhängig von der weltanschaulichen Bindung ihrer Mitglieder deren Interessen als Arbeitnehmer vertreten. Die deutschen Gewerkschaften DGB, CGB und der Deutsche Beamtenbund (DBB) sind nach ihren Satzungen unabhängig von politischen Parteien. Der CGB bekennt sich zu seiner Tradition aus der christlichen Arbeiterbewegung. Die im DGB zusammengeschlossenen Gewerkschaften beanspruchen, beide Traditionen der Arbeiterbewegung in sich zu vereinen: „Die Einheitsgewerkschaft ist aus den Erfahrungen der Arbeitnehmer vor und während der Weimarer Republik und der Verfolgung in der Nazidiktatur entstanden. Sie hat die historischen Traditionen, politischen Richtungen und geistigen Ströme der Arbeiterbewegung, vor allem der freiheitlich-sozialistischen und der christlich-sozialen Richtungen, in eine gemeinsame Organisation zusammengeführt" (DGB-Grundsatzprogramm 1981).

Parteipolitische Unabhängigkeit bedeutet nicht, dass die Gewerkschaften nicht zu politischen Fragen Stellung nehmen und dabei in der Bundesrepublik häufiger mit sozialdemokratischen Positionen übereinstimmen als mit denen anderer Parteien. Auch gehören mehr Gewerkschafter der SPD an als der CDU. Aber die Gewerkschaften achten darauf, dass ihren Führungsgremien stets auch Vertreter der Christlich-Demokratischen Arbeitnehmerschaft CDA („Arbeitnehmerflügel" der CDU) angehören. Nicht selten gehen jedoch Aufrufe von DGB-Gewerkschaften zu politischen Fragen über die Neutralität hinaus und enthalten konkrete Wahlempfehlungen an die Mitglieder. Gewerkschaften verstehen sich heute nicht mehr nur als Arbeitsmarktverbände, sondern beanspruchen ein Mitspracherecht in allen gesellschaftspolitischen Fragen. Das Grundsatzprogramm des DGB enthält Forderungen zur „demokratische(n) Gestaltung des wirtschaftlichen, sozialen kulturellen und politischen Lebens" von Punkt 1: Arbeitnehmerrechte bis Punkt 30: Kunst und Kultur. Die Gewerkschaften beziehen Positionen zur Energiepolitik, zur Außen-, Sicherheits- und Verteidigungspolitik und definieren in „Wahlprüfsteinen" zu Bundes- oder Landtagswahlen gewerkschaftliche Forderungen zu Fragen wie kommunales Wahlrecht für Ausländer oder Fragen der Migrationspolitik. Dabei ist fraglich, ob sie von ihren Mitgliedern zu solchen allgemeinpolitischen Forderungen legitimiert sind: schließlich erfolgt der Beitritt zu einer Gewerkschaft zur solidarischen Vertretung von Arbeitnehmerinteressen (Löhne, Arbeitsbedingungen, Arbeitszeit, Mitbestimmung, Rechtsschutz usw.).

Auf internationaler Ebene sind die Zusammenschlüsse der Gewerkschaften nach weltanschaulichen Richtungen unterschieden. Der 1945 gegründete Weltgewerkschaftsbund geriet bald unter kommunistischen Einfluss. Daraufhin gründeten unabhängige, sozialdemokratische und sozialistische Gewerkschaften 1949 den Internationalen Bund Freier Gewerkschaften IBFG, dem auch die DGB-Gewerkschaften angehören. Daneben steht der christlich orientierte Weltverband der Arbeitnehmer (Mitglied ist der CGB).

3.3.2.2 Aufbau und Willensbildung der Gewerkschaften

In Deutschland gibt es mehrere Gewerkschaftsorganisationen. Die bedeutendste ist der 1949 gegründete Deutsche Gewerkschaftsbund DGB. 2006 waren in 8 Einzelgewerkschaften des DGB 6,6 Mio. Mitglieder – Arbeiter, Angestellte, Beamte – zusammengeschlossen. Daneben gab es bis 2001 die Deutsche Angestelltengewerkschaft (DAG). Sie verstand sich als Interessenvertretung speziell der Angestellten. Seit der Verschmelzung mit anderen Gewerkschaften zur neuen Dienstleistungsgewerkschaft ver.di gehören auch die ehemaligen DAG-Mitglieder dem DGB-Verbund an.

Eine ins 19. Jahrhundert zurückreichende Tradition weist der Christliche Gewerkschaftsbund Deutschlands auf. Auch der Deutsche Beamtenbund versteht sich als Gewerkschaft. Da jedoch die Beamtengehälter nicht durch Tarifverträge, sondern durch Gesetz festgelegt werden und die Beamten nicht streiken dürfen, fehlen diesem berufsständischen Interessenverband wichtige Merkmale einer Gewerkschaft.

Nach der Selbstauflösung des FDGB hat sich nur jedes dritte Mitglied einer Gewerkschaft angeschlossen. Der DGB konnte zunächst seine Mitgliederzahl bis Ende 1991

Tab. 1 DGB-Gewerkschaften, Mitgliederstand am 2006 (in Tausend)

IG Metall (Metall- und Elektroindustrie)	2333
ver.di (Vereinigte Dienstleistungsgewerkschaft)	2280
IG BCE (Bergbau, Chemie, Energie)	729
IG BAU (Bauen, Agrar, Umwelt)	391
GEW (Erziehung und Wissenschaft)	252
Transnet (Eisenbahn)	250
NGG (Nahrung, Genussmittel, Gaststätten)	211
GdP (Polizei)	179
DGB insgesamt 1991 11800, 1994 9768, 1998 8311, 2001 7899, 2006 6586	

Quelle: DGB, iwd 2/2007

auf 11,8 Mio. steigern. Seither haben die Gewerkschaften Mitglieder verloren. Vor allem die hohe Arbeitslosigkeit dürfte zum Rückgang der Organisationsbereitschaft beigetragen haben. Allein von 2000 bis 2006 haben die DGB-Gewerkschaften etwa 1,3 Mio. Mitglieder verloren, der Christliche Gewerkschaftsbund konnte seine Mitgliederzahl halten (300 000) und der Deutsche Beamtenbund konnte sie sogar leicht steigern auf 1,3 Mio.

Neben diesen traditionellen Gewerkschaften haben sich in den letzten Jahren Gewerkschaften für Spezialistenberufe gebildet. Der Marburger Bund vertritt die Interessen von 100 000 Krankenhausärzten, die Vereinigung Cockpit die von 8000 Piloten, und in der 2007 durch einen monatelangen Streik bekannt gewordenen GDL sind Lokomitivführer und Zugbegleiter schlagkräftig organisiert.

Der DGB ist die Dachorganisation von ursprünglich 16, heute 8 Einzelgewerkschaften. In den letzten Jahren haben sich mehrere Einzelgewerkschaften zusammengeschlossen. Zuerst fusionierten IG Druck u. Papier und IG Kunst zur IG Medien, es folgten 1996 der Zusammenschluss der IG Bau-Steine-Erden und der Gewerkschaft Gartenbau, Land- und Forstwirtschaft zur IG Bauen-Agrar-Umwelt (IG BAU) und die Fusion von IG Chemie, IG Bergbau und Energie und IG Leder zur IG Bergbau, Energie, Chemie (IG BCE). 2001 schlossen sich die ÖTV (Gewerkschaft Öffentliche Dienste, Transport und Verkehr), HBV (Handel, Banken, Versicherungen) und die Postgewerkschaft mit der DAG zur Dienstleistungsgewerkschaft ver.di zusammen.

Als Dachorganisation ist der DGB nicht selbst Tarifpartner. Er vertritt die branchenübergreifenden Interessen und unterhält zentrale Einrichtungen (Bildungsstätten, Wirtschaftswissenschaftliches Forschungsinstitut, Verlagseinrichtungen). Er gliederte sich (Stand 2000) in 9 Bezirke, die in 94 Regionen unterteilt sind. Die Willensbildung im DGB vollzieht sich auf Bundesebene in drei Organen. Der Bundeskongress ist das höchste Organ. Er legt die Richtlinien der Gewerkschaftspolitik fest, beschließt die Satzung, wählt den Bundesvorstand. Er tagt alle 4 Jahre und setzt sich aus 400 Delegierten der 8 Einzelgewerkschaften zusammen. Die Zahl der Delegierten richtet sich nach der Mitgliederzahl der Gewerkschaften. Der Bundesausschuss ist das Beschlussorgan zwischen den Kongressen. Er besteht aus 70 Mitgliedern. Er tritt vierteljährlich zusammen und beschließt über die Finanzen, organisatorische Fragen usw. Die laufenden Geschäfte führt der Bundesvorstand. Im gehören die 8 Vorsitzenden der Einzelgewerkschaften und 5 weitere geschäftsführende Mitglieder an (www.dgb.de). Die Gewerkschaften finanzieren sich hauptsächlich über die Mitgliederbeiträge. Sie dienen zur Deckung der Personal- und Sachkosten und zur Ansammlung einer Streikkasse für

Lohnersatzzahlungen an Mitglieder im Falle eines Arbeitskampfes. Neben den Mitgliedsbeiträgen verfügten die DGB-Gewerkschaften in der Vergangenheit über Einnahmen aus ihrem beträchtlichen Wirtschaftsvermögen. Sie waren Eigentümer des Bau- und Wohnungskonzerns Neue Heimat, der Bank für Gemeinwirtschaft, des Versicherungskonzerns Volksfürsorge, der Bausparkasse BHW und der Einzelhandelskette coop. Der Zusammenbruch der Neuen Heimat (1982) im Gefolge unlauterer Manipulationen führte dazu, dass der DGB sich von seiner Unternehmertätigkeit zurückzog und die meisten Beteiligungen in den Jahren nach 1991 verkaufte.

Die eigentlichen Machtzentren sind die Einzelgewerkschaften. Sie kontrollieren den DGB über die Entscheidungsgremien. Bei ihnen liegt die Finanzhoheit. Sie erheben die Mitgliedsbeiträge und finanzieren den Dachverband durch eine Umlage. Bei ihnen liegt auch die Tarifhoheit. Sie bilden die Tarifkommissionen, führen die Tarifverhandlungen und gegebenenfalls den Arbeitskampf. Die Einzelgewerkschaften werden auf Bundesebene vom Hauptvorstand geleitet. Sie sind untergliedert in Landes-, Bezirks- und Ortsverbände. Allerdings ist ihr Einfluss auf die vom Gesamtverband artikulierte Politik nicht gleich: Im DGB dominieren die großen Gewerkschaften. Insbesondere die Vorsitzenden der großen Gewerkschaften (IG Metall, ver.di, IG BCE) haben großen Einfluss auf die Politik des DGB.

Eine große Mitgliederzahl stärkt auch die Verhandlungsposition am Arbeitsmarkt. Wichtiger noch ist der Organisationsgrad (Anteil der gewerkschaftlich Organisierten an der Gesamtzahl der Arbeitnehmer einer Branche). In der Bundesrepublik sind weniger als 30% der Arbeitnehmer Mitglieder einer Gewerkschaft (Zum Vergleich: in Schweden 80%, in den USA 14%). In den einzelnen Wirtschaftszweigen und Berufsgruppen ist der Organisationsgrad unterschiedlich (ungelernte Arbeiter 13%, Facharbeiter 45%, Beamte 67%). Weitere Faktoren sind die innere Geschlossenheit des Verbandes (Homogenität der Interessen, Streikbereitschaft) und die Struktur der Gegenseite. Es macht einen Unterschied, ob der Gewerkschaft einzelne, nicht organisierte Arbeitgeber gegenüberstehen oder ein Arbeitgeberverband. Und schließlich hängt es von der Konjunktur ab, welche Seite am Arbeitsmarkt die besseren Durchsetzungschancen hat: Im Boom sind die Unternehmer eher bereit, hohe Lohnforderungen zu akzeptieren; verbreitete Arbeitslosigkeit schwächt die Position der Gewerkschaften.

Um die Solidarisierung der Verbandsmitglieder mit der Politik der Führung zu sichern, ist ein möglichst direkter Informationsfluss zu den Mitgliedern im Betrieb wichtig. Als Kontaktpersonen und Ansprechpartner im Betrieb fungieren von den Gewerkschaften benannte „Vertrauensleute“. Sie sollen die Führung über Probleme und Stimmungen unter den Arbeitnehmern informieren und den Mitgliedern die Position der Gewerkschaftsführung vermitteln. Sie sind zu unterscheiden von den Betriebsräten. Diese sind die gewählten Vertreter aller Arbeitnehmer des Betriebs, die die Mitbestimmung nach dem Betriebsverfassungsgesetz wahrnehmen. Zwar sind die meisten Betriebsräte Mitglieder von Gewerkschaften (im Bundesdurchschnitt entfallen 50% der Sitze in Betriebsräten auf Gewerkschaftslisten). Dies schließt nicht aus, dass es in Einzelfällen zwischen der eher betriebsbezogenen Interessenvertretung durch den Betriebsrat und der eher auf übergeordnete wirtschafts- und gesellschaftspolitische Ziele gerichteten Gewerkschaftspolitik zu Konflikten kommen kann.

Eintritt und Verbleib in Verbänden sind freiwillig. Es besteht daher ein Interesse der Gewerkschaften, Leistungen des Verbandes allein den Mitgliedern zukommen zu lassen um einen Anreiz zum Beitritt zu schaffen. Ein starker Anreiz könnte darin bestehen, dass Gewerkschaften Arbeitgeber im Tarifvertrag dazu verpflichten, Lohnerhöhungen oder zusätzliche Urlaubstage nur an Gewerkschaftsmitglieder zu gewähren oder nur Gewerkschafter einzustellen (closed shop). Solche Regelungen widersprechen dem

Prinzip der Koalitionsfreiheit. Es beinhaltet nicht nur das Recht, einem Verband beizutreten (positive K.), sondern auch die Freiheit, ihm nicht beizutreten (negative K.). Es darf daher kein Druck zum Beitritt ausgeübt werden. Zwar gelten Tarifverträge nur für die Arbeitnehmer und Arbeitgeber, die in den vertragschließenden Verbänden organisiert sind. Insofern könnten die Lohnerhöhungen in der Tat auf die gewerkschaftlich organisierten Arbeitnehmer beschränkt bleiben. Aber die Arbeitgeber haben ein Interesse, die Lohnerhöhung auch den nicht organisierten Arbeitnehmern zu gewähren, sonst würden sie diese ja in die Arme der Gewerkschaften treiben. Beide Parteien sind sich bei ihren Verhandlungen bewusst, dass die ausgehandelte Einkommensverbesserung bzw. die Kostenerhöhung branchenweit wirksam wird. Ein Tarifvertrag kann auf Antrag der Tarifparteien vom Arbeitsminister für allgemein verbindlich erklärt werden und gilt dann für alle Arbeitnehmer der Branche als rechtlich verbindliche Untergrenze der Entlohnung (Adamy/Steffen 1985, 215ff). Engagierte Gewerkschafter bezeichnen ihre nicht organisierten Kollegen gelegentlich als „Trittbrettfahrer“ der Lohnpolitik. Diese haben allerdings im Falle eines Arbeitskampfes keinen Anspruch auf Zahlungen aus der Streikkasse. Der Anspruch auf Streikgeld ist – neben ideellen Motiven (Solidarität der Arbeiter) – der stärkste Anreiz zum Beitritt zu einer Gewerkschaft. Weitere Vorteile sind Rechtsberatung bei Arbeitskonflikten, die Möglichkeit, an gewerkschaftlichen Bildungsmaßnahmen teilzunehmen usw.

3.3.2.3 Aufbau und Willensbildung der Arbeitgeberverbände

In der Bundesrepublik wurde 1950 die Bundesvereinigung der Deutschen Arbeitgeberverbände (BDA) als Dachverband der Arbeitgeberverbände gegründet. Im BDA sind (Stand 2002) 54 Fachverbände und 14 Landesvereinigungen zusammengeschlossen. Die Fachverbände gliedern sich nach Wirtschaftszweigen. Insgesamt umfasst die BDA Arbeitgeberverbände aus ca. 400 Wirtschaftszweigen (Industrie, Dienstleistungen, Handwerk, Landwirtschaft). Etwa 75% der Unternehmen mit ca. 80% aller Beschäftigten gehören Arbeitgeberverbänden an (www.arbeitgeber.de). Die öffentlichen Arbeitgeber sind nicht Mitglieder im BDA, sie bilden eine eigene Vereinigung. Auch der Arbeitgeberverband der Stahlindustrie ist nur Gastmitglied der BDA. Der Grund ist die besonders weit gehende Mitbestimmung in der Montanindustrie. Hier sind von den Arbeitnehmern gewählte Arbeitsdirektoren Mitglied im Vorstand der Montanunternehmen. Sie könnten damit auch im Arbeitgeberverband vertreten sein. Dies verstößt nach Auffassung der BDA gegen das Prinzip der „Gegnerfreiheit“, wonach die Tarifkommissionen jeweils nur mit Vertretern einer Seite besetzt sein sollen.

Organe der BDA sind die Mitgliederversammlung, der Vorstand, das Präsidium und die Hauptgeschäftsführung. Die Mitgliederversammlung besteht aus Delegierten der angeschlossenen Verbände. Sie beschließen die Satzung und wählen das Präsidium. Der Vorstand besteht aus den Vorsitzenden der Mitgliedsverbände. Das Präsidium leitet die Tätigkeit der BDA im Rahmen der vom Vorstand festgelegten Richtlinien. Es besteht aus bis zu 51 Mitgliedern unter dem Vorsitz des Präsidenten. Die laufenden Geschäfte werden von der Hauptgeschäftsführung mit Sitz in Berlin erledigt.

Die BDA vertritt übergreifende Interessen der Arbeitgeberseite. Tarif- und Finanzhoheit liegen bei den einzelnen Mitgliedsverbänden. Auch in einem Arbeitgeberverband gibt es schwierige Probleme der Willensbildung. Die tarifpolitische Geschlossenheit erweist sich nicht selten als brüchig. Insbesondere wenn sich die wirtschaftliche Lage der Unternehmen stark unterscheidet, ist es nicht leicht, eine Verhandlungsposition für den Tarifkonflikt zustande zu bringen und durchzuhalten. Unternehmen mit günstiger Auftrags- und Ertragslage werden eher bereit sein, höhere Lohnforderungen zu akzeptieren, um eine Produktionsunterbrechung zu vermeiden als Unternehmen, die

die Kostensteigerungen nicht im Preis weitergeben können. Tarifverhandlungen enden mit einem Kompromiss zwischen den Arbeitsmarktparteien, wobei Angebot und Forderung ihrerseits bereits Ergebnis komplizierter Willensbildungsprozesse sind.

3.3.3 Der Einfluss von Gewerkschaften und Arbeitgeberverbänden auf die Wirtschaftspolitik

Bisher konzentrierte sich die Darstellung auf die Funktion von Gewerkschaften und Arbeitgeberverbänden am Arbeitsmarkt. In der pluralistischen Demokratie richten die Verbände auch Forderungen an den Staat. Er ist der Gesetzgeber, er verteilt finanzielle Mittel und vergibt Ämter. Verbände versuchen, Einfluss auf die Entscheidungen von Parlament, Regierung und Verwaltung zu nehmen, um ihre Interessen zur Geltung zu bringen.

Der Einfluss starker Verbände auf die Politik zur rücksichtslosen Durchsetzung partikulärer Interessen auf Kosten schwächer organisierter Gruppen wird zu Recht als Deformation der Demokratie beklagt. Aber Verbände sind unvermeidbare und auch unverzichtbare Akteure im politischen Spiel (wobei freilich Regeln zur Begrenzung und Offenlegung des Verbandseinflusses gelten müssen). Eine realistische Staatstheorie hat davon auszugehen, dass in der modernen, komplexen Gesellschaft ein „Allgemeinwohl“ nicht a priori definiert werden kann. Der Ansatz der pluralistischen Demokratie geht aus von „der Hypothese, in einer differenzierten Gesellschaft könne im Bereich der Politik das Gemeinwohl lediglich a posteriori als das Ergebnis eines delikaten Prozesses der divergierenden Ideen und Interessen der Gruppen und Parteien erreicht werden“ (Fraenkel 1972, 160 ff.). Verbände haben danach einen legitimen Platz in der Politik. Sie artikulieren und aggregieren Interessen bestimmter Bevölkerungsgruppen, die, vom einzelnen vorgetragen, nicht wahrgenommen würden. Und sie bieten politisch Interessierten Beteiligungsmöglichkeiten am politischen Prozess über die periodischen Wahlen hinaus (Schneider 1975, 19). Politiker sind darauf angewiesen, über die Verbände auf Probleme aufmerksam gemacht zu werden. Sie benötigen den Sachverstand von Verbänden zur Vorbereitung ihrer Entscheidungen und möchten rechtzeitig mögliche Reaktionen darauf erfahren (Frey/Kirchgässner 2002, 204 ff.).

Verbände können versuchen, als pressure group durch die Mobilisierung ihrer Mitglieder (Demonstrationen, Streik, Aufrufe zum Wahlverhalten) oder der öffentlichen Meinung Druck auf die politischen Entscheidungsträger auszuüben. Insgesamt bedeutsamer als solche spektakulären Aktionen ist ihre dauerhafte Einwirkung auf Gesetzesvorbereitung und -durchführung. Verbände werden von den Ministerien bereits im Referentenstadium zu Gesetzentwürfen gehört (Beiräte, Fachausschüsse). Parlamentsausschüsse geben ihnen in Hearings Gelegenheit, Stellung zu nehmen. Durch Einwirkung auf Abgeordnete (Lobbyismus) und über Parlamentarier, die zugleich Vertreter des Verbandes sind, können politische Entscheidungen beeinflusst werden. Und schließlich ist auch die Bürokratie bei der Ausführung der Gesetze auf Informationen und häufig auch auf die Kooperation von Verbänden angewiesen (z.B. bei der Konkretisierung von Gesetzen, die im Arbeits- oder Umweltschutz den „Stand der Technik“ vorschreiben).

Allerdings sind die Verhandlungsmacht und der politische Einfluss von Verbänden nicht gleich. Im Allgemeinen gilt: je höher die Zahl der Mitglieder, je größer die finanziellen Mittel, je stärker das gemeinsame Interesse und je bedeutender die Möglichkeiten des Verbandes, durch Leistungsverweigerung direkt oder über unbeteiligte Dritte (verärgerte Bürger bei einem Streik der Eisenbahner) Druck auf die Arbeitgeber oder auf die Regierung auszuüben, desto größer ist die Chance zur Durchsetzung der Forderungen des Verbands. Diese Kriterien (Schneider 1975, 133 ff.; Frey/Kirchgässner 2002, 201 ff.) sind aber nicht gleich verteilt. So sind zwar die Konsumenten zahlreich, aber sie gelten als schwer organisierbar: Ihre Interessen sind sehr unterschiedlich und punktuell, und ihre Möglichkeiten, gemeinsam Druck auszuüben (Käuferstreik) sind begrenzt. Andererseits sind z. B. Lokomotivführer oder Fluglotsen kleine Gruppen mit homogenen Interessen, und sie haben eine Schlüsselfunktion in einem sensiblen Bereich der Wirtschaft inne, der es ihnen ermöglicht, ihren Forderungen wirksam Nachdruck zu verleihen. Generell sind in der arbeitsteiligen Wirtschaft die Verbände in der stärkeren Position, die knappe Leistungen anbieten. Das trifft auf viele Unternehmerverbände und die Gewerkschaften zu. Instrumente zur Durchsetzung von Forderungen am Arbeitsmarkt sind auf Seiten der Gewerkschaften der Streik und auf Seiten der Arbeitgeber die Aussperrung.

Streiks oder Aussperrungen zur Durchsetzung politischer Forderungen sind unzulässig. Ein Streik, der sich gegen ein Gesetzesvorhaben richtet, das die Gewerkschaften bekämpfen, übt Druck auf die Unternehmer aus, die – anders als bei einem Arbeitskampf um Löhne oder Arbeitszeiten – gar nicht in der Lage sind, die Forderungen der Streikenden zu erfüllen. Die Arbeitsmarktverbände haben jedoch eine Fülle anderer Möglichkeiten, ihren Forderungen in der Politik Gehör zu verschaffen.

Dazu gehören nicht zuletzt die engen personellen Verbindungen zwischen Unternehmerverbänden bzw. Gewerkschaften und Politikern. Zahlreiche Abgeordnete sind Mitglieder in Unternehmerverbänden oder Gewerkschaften. Nicht wenige von ihnen waren vor ihrer Parlamentstätigkeit Funktionäre dieser Verbände oder sind es gleichzeitig noch. Daraus lässt sich freilich nicht ohne weiteres auf einen entsprechenden Verbandseinfluss schließen. So fühlten sich nach einer EMNID-Umfrage nur 18% der befragten Abgeordneten in ihrer Meinungsbildung stark von den Gewerkschaften beeinflusst; 16% sagten dies von den Unternehmerverbänden. Diese Angaben sind ein deutlicher Hinweis auf die Bedeutung von Gewerkschaften und Unternehmerverbänden als Einflussfaktoren der politischen Willensbildung.

3.3.4 Gesamtwirtschaftliche Wirkungen der Lohnpolitik

Löhne sind eine volkswirtschaftliche Schlüsselgröße. Als wichtigste Einkommensquelle sind sie mit bestimmend für die gesamtwirtschaftliche Konsumgüternachfrage und die Ersparnis. Als bedeutendster Kostenfaktor beeinflussen sie die Höhe von Produktion und Beschäftigung und die internationale Wettbewerbsfähigkeit (Vgl. zum Folgenden Cassel/Thieme 2003, Franz 2006, Molitor 2006).

3.3.4.1 Der Einfluss der Gewerkschaften auf Reallohn und Beschäftigung

Lohnforderungen der Gewerkschaften zielen im Allgemeinen auf die Erhaltung bzw. Verbesserung der Einkommensposition der Arbeitnehmer. Sie können bezwecken, die Lohnquote konstant zu hatten, sie zugunsten der Arbeitnehmer zu verbessern oder die Position einer Branche im Gefüge der gesamtwirtschaftlichen Lohnstruktur zu verbessern. Im ersten Fall geht es den Gewerkschaften darum, eine bereits eingetretene Verschiebung der funktionellen Einkommensverteilung zugunsten der Gewinn- und Vermögenseinkommen rückgängig zu machen. Im zweiten Fall möchten die Gewerkschaften darüber hinaus die Einkommensverteilung zu ihren Gunsten ändern. Die dritte Zielsetzung deutet an, dass es auch zwischen Gewerkschaften eine Konkurrenz gibt.

Gegenstand der Verhandlungen am Arbeitsmarkt sind die Tariflöhne und die Arbeitszeit der beschäftigten Arbeitnehmer. Für die Einkommensverteilung kommt es jedoch auf die Effektivlöhne, ihre Kaufkraft (Reallöhne) und die gesamtwirtschaftliche Beschäftigung an. Tariflöhne bilden die Untergrenze der Entlohnung. Von tarifgebundenen Unternehmen dürfen sie nicht unterschritten werden. Nicht selten werden übertarifliche Zuschläge gezahlt, so dass die Effektivlöhne höher liegen. Solche übertariflichen Zulagen werden eingeführt, wenn aus innerbetrieblichen Gründen die Verdienstgruppen stärker differenziert werden sollen als in den Tarifgruppen vorgesehen ist. Sie werden auch gezahlt, wenn ein expandierendes Unternehmen dringend benötigte Fachkräfte nur durch das Angebot höherer Löhne von anderen Firmen abziehen kann. Sind Arbeitskräfte in der Hochkonjunktur knapp, besteht eine Tendenz zum Anstieg der Effektivlöhne über die in den Lohnverhandlungen festgelegten Tariflöhne hinaus (wage drift). Bei schwächerer Konjunktur kann dagegen eine Annäherung von Effektiv- und Tariflöhnen beobachtet werden: Setzen die Gewerkschaften Lohnerhöhungen durch, so besteht die Möglichkeit, dass Unternehmen den tariflichen Lohnanstieg ganz oder teilweise dadurch auffangen, dass sie bisherige übertarifliche Leistungen abbauen. In Zeiten hoher Arbeitslosigkeit kommt es zu Vereinbarungen auf Betriebsebene über Lohnkürzungen und/oder Arbeitszeitverlängerungen, um gefährdete Arbeitsplätze zu erhalten (negative wage drift). Wo Tarifverträge bestehen, muss allerdings die Gewerkschaft zustimmen.

Die Differenzierung der Lohnstruktur durch betriebliche Abweichungen vom Tariflohn hat eine wichtige volkswirtschaftliche Funktion. Sie lockert die nivellierende Wirkung branchenweiter Tariflohnabschlüsse und ermöglicht Flexibilisierung am Arbeitsmarkt. Es ist daher nicht unproblematisch, wenn Gewerkschaften bestrebt sind, betriebsspezifische Vereinbarungen zu unterbinden.

Ein Anstieg der Nominallöhne bedeutet noch nicht eine Verbesserung der Einkommenssituation der Arbeitnehmer. Steigen die Preise stärker als die Löhne, so verringert sich die Kaufkraft der Arbeitnehmereinkommen, die Reallöhne sinken. Nimmt die Arbeitslosigkeit zu, so haben nur die Arbeitnehmer einen Vorteil von steigenden Löhnen, die beschäftigt bleiben. Ziel gewerkschaftlicher Lohnpolitik müsste daher eine Verbesserung des Reallohns bei Erhaltung bzw. Zunahme der Beschäftigung sein. In der Praxis wird der Erfolg der Lohnpolitik aber meist daran gemessen, welcher prozentuale Anstieg der Nominallöhne erreicht werden konnte.

Die Wirkungen eines Lohnanstiegs auf Preisniveau und Beschäftigung sind von vielen Faktoren abhängig und können an dieser Stelle nur grob skizziert werden. Betriebswirtschaftlich bedeutet eine Lohnerhöhung, die über die Zunahme der Arbeitsproduktivität hinausgeht, einen Anstieg der Stückkosten. Ein Unternehmen kann in verschiedener Weise darauf reagieren. Das Unternehmen kann erstens die Preise erhöhen, wenn es die Absatzlage erlaubt. Damit wird der Kostenanstieg auf die Abnehmer übergewälzt. Der Anstieg der Lohnkosten pro Stück verteuert den Produktionsfaktor Arbeit relativ zum Kapital. Das Unternehmen kann daher zweitens versuchen, durch Rationalisierungsmaßnahmen im bestehenden Betrieb und durch Einsatz neuer Technologien Arbeit zu substituieren und den Kostendruck zu vermindern. Rationalisierung ist häufig mit Umsetzung oder Entlassung von Arbeitskräften verbunden. Erlaubt die Marktlage nicht die Überwälzung im Preis und sind die Rationalisierungsmöglichkeiten ausgeschöpft, geht der Kostenanstieg zu Lasten der Gewinne. Dies kann drittens zu einer Einschränkung der Investitionstätigkeit des Unternehmens und zum Abbau von Arbeitsplätzen (in dem Unternehmen und in der Investitionsgüterindustrie) führen.

Gesamtwirtschaftlich hängt die Möglichkeit, Preise auf breiter Front zu erhöhen (Inflation), von der konjunkturellen Situation und von der Geldpolitik der Bundesbank ab. Lässt die Geldpolitik Inflation zu, wird der nominale Lohnanstieg real geringer sein bzw. zunichte gemacht. Bevölkerungsgruppen, die ihr Einkommen nicht erhöhen konnten (Rentner, Arbeitslose, nicht berufstätige Alleinerziehende), werden von dem Kaufkraftverlust voll getroffen (soweit nicht der Staat seine Transferleistungen der Inflationsrate anpasst).

Eine Drosselung der Investitionstätigkeit als Folge einer nachhaltigen Schmälerung der Gewinne verringert das Wirtschaftswachstum, verschlechtert die internationale Wettbewerbsposition und gefährdet die Vollbeschäftigung. Inflation und Investitionsschwäche sind volkswirtschaftlich (und auch aus der Sicht der Gewerkschaften) schädlich und zu vermeiden.

Volkswirtschaftlich erwünscht ist dagegen der kostensenkende Rationalisierungsdruck, der zum einen vom wirtschaftlichen Wettbewerb ausgeht und zum anderen von einer Lohnpolitik, die zur Ausschöpfung aller Produktivitätsreserven zwingt. Die Wirkungen von lohnkosteninduzierten Rationalisierungsinvestitionen auf die Beschäftigung sind sehr komplex. Sie hängen u. a. davon ab, in welchem Umfang das durch die Lohnerhöhung gestiegene Einkommen im Inland zu zusätzlicher Güternachfrage wird und wie viele Arbeitsplätze durch die Rationalisierungsinvestitionen in anderen Bereichen geschaffen werden.

Die Bedeutung der Lohnpolitik für Inflation und Beschäftigung hat – ungeachtet der grundgesetzlich garantierten Tarifautonomie (Art. 9,3 GG) – dazu geführt, dass die Regierung versucht, Einfluss auf die Lohnentwicklung zu gewinnen. Eine in der Bundesrepublik durch das Stabilitätsgesetz (1967) eingeführte Variante war die „Konzertierte Aktion", ein institutionalisierter Gesprächskreis von Regierung, Bundesbank, Arbeitgebervertretern, Gewerkschaften und anderen Wirtschaftsverbänden. Die Regierung stellte den am Wirtschaftsgeschehen maßgeblich beteiligten Gruppen unverbindliche „Orientierungsdaten" zur voraussichtlichen gesamtwirtschaftlichen Entwicklung zur Verfügung, die den Verbänden als Leitlinien für ihr wirtschaftliches Verhalten dienen und überzogenen Ansprüchen an das Sozialprodukt vorbeugen sollten (Molitor 2006, 157 ff.).

Das Konzept der Konzertierten Aktion war von Anfang an wirtschaftstheoretisch und ordnungspolitisch umstritten (Cassel/Thieme 2003, 414 ff.). Stabilitätspolitisch erwiesen sich die unverbindlichen Gespräche als wenig erfolgreich (moral suasion). Die Verbände vermieden es, sich festzulegen (und hätten dies – als Dachverbände – auch gar nicht verbindlich tun können). Sie haben andere Wege, sich Informationen zu verschaffen und Einfluss auf die Wirtschaftspolitik auszuüben. Eine Erweiterung der Kompetenzen der Konzertierten Aktion – etwa Erlass verbindlicher Lohn- und Preisrichtlinien – hätte den Verzicht der Arbeitsmarktparteien auf die Tarifautonomie bedeutet und eine Gewichtsverlagerung in der Wirtschaftspolitik von den demokratisch legitimierten Trägern (Parlament, Regierung) hin zu einer mehr ständischen Wirtschaftsordnung. Die Konzertierte Aktion wird in der Bundesrepublik seit einer Auseinandersetzung zwischen Arbeitgebern und Gewerkschaften um das Mitbestimmungsgesetz von 1976 nicht mehr praktiziert.

3.3.4.2 Der Beitrag der Lohnpolitik zu Wachstum und Standortsicherung

Arbeitslosigkeit und Kurzarbeit stellen eine große Herausforderung an die Arbeitsmarktparteien dar. Die Erfahrungen der 80er- und 90er-Jahre zeigen, dass die Möglichkeiten staatlicher Beschäftigungspolitik an ihre Grenzen gestoßen sind. Arbeitslosigkeit ist heute nicht mehr überwiegend konjunkturbedingt; staatliche Beschäftigungsprogramme verpuffen meist ohne dauerhafte Wirkung und treiben die Staatsverschuldung und u.U. die Inflation in die Höhe. Ursachen von hartnäckiger Arbeitslosigkeit sind zu geringes Wachstum, Defizite der Qualifikation der Arbeitnehmer (mismatch unemployment) und strukturelle Entwicklungen, die mit dem rasanten technologischen Wandel, der vertieften europäischen Integration und dem Prozess der Globalisierung zusammenhängen. Der internationale Standortwettbewerb hat zugenommen. Wenn auch die hohe Produktivität der deutschen Wirtschaft bisher ausreichte, die Arbeitskosten pro Stück auf einem international wettbewerbsfähigen Niveau zu halten, so war dies nur möglich, weil die Unternehmen radikal (vor allem gering qualifizierte) Arbeitskräfte durch Maschinen ersetzt haben. Vor allem die durch eine großzügige Sozialpolitik und den demografischen Wandel in die Höhe getriebenen Personalzusatzkosten verteuern Arbeit und zwingen Unternehmen zu Rationalisierung und/oder Abwanderung ins Ausland. Die Lohnpolitik muss sich in Zeiten der Globalisierung auf neue Bedingungen einstellen und bisherige Muster überprüfen.

Das gilt umso mehr, als sich die Lage in West- und in Ostdeutschland noch immer unterscheidet. Lange bestand in vielen ostdeutschen Wirtschaftszweigen ein hoher Rückstand der Arbeitsproduktivität, während sich die Arbeitskosten viel rascher anglichen. Im Jahre 2000 hatten die Arbeitskosten je Beschäftigten in Ostdeutschland bereits etwa 80 v. H. des Niveaus in Westdeutschland erreicht. Die Arbeitsproduktivität betrug jedoch erst 61 v. H. Damit lagen die Lohnstückkosten in Ostdeutschland im Durchschnitt um 6 Prozent über denen im Westen – ein Sachverhalt, der die Wettbewerbsfähigkeit ostdeutscher Betriebe auch auf internationalen Märkten stark behindert hat. Erst jüngst nähern sich Arbeitskosten und Produktivität einander an und liegen heute (2006) bei ca. 80% des westdeutschen Niveaus (IW, Deutschland in Zahlen 2007, 129).

Generell muss sich Tarifpolitik angesichts globaler Konkurrenz stärker als bisher an der Ertragslage der Unternehmen orientieren, und die Arbeitsmarktparteien müssen mit ihren Mitteln den Prozess der Umstrukturierung unterstützen (betriebliche Weiterbildungs- und Umschulungsmaßnahmen u. Ä.). Der Strukturwandel und die Umsetzung der Arbeitskräfte gelingen leichter, wenn die Signale am Arbeitsmarkt in die richtige Richtung weisen. Für die Lohnpolitik bedeutet dies am Produktivitätsfortschritt orientierte regional und sektoral differenzierte Tariflohnabschlüsse und Duldung einer breiteren Spreizung der Effektivlöhne durch die Gewerkschaften. Die Arbeitsmarktparteien brauchen auf das bewährte Instrument branchenweiter Kollektivverhandlungen nicht zu verzichten, wenn sie in Tarifverträgen „Öffnungsklauseln" vereinbaren, die in begründeten Sonderfällen für einzelne Betriebe oder einzelne Arbeitsverträge abweichende Regelungen zulassen. Das starre Festhalten der Tarifparteien an flächendeckenden Branchentarifverträgen hat dazu geführt, dass vor allem in Ostdeutschland zahlreiche Unternehmen aus Arbeitgeberverbänden ausgetreten (bzw. gar nicht erst eingetreten) sind, und dass der Anteil der Unternehmen, die der Tarifbindung unterliegen (im Westen 70 v. H. und im Osten 55 v. H.) insgesamt rückläufig ist.

Notwendig ist ferner ein Abbau der durch gesetzliche und tarifvertraglich vereinbarte Sozialleistungen enorm angewachsenen Lohnzusatzkosten (Arbeitgeberanteile zur Sozialversicherung, Lohnfortzahlung bei Krankheit, Urlaubsgeld, zusätzliche betriebliche Altersversorgung. Sonderzahlungen usw.). Sie betragen inzwischen 11,53 Euro, das sind 77 v. H. des direkten Bruttostundenlohns von 15,02 Euro, und treiben die Kosten pro Arbeitsstunde auf den internationalen Spitzenwert von 26,55 Euro (2005; IW, Deutschland in Zahlen 2007, S. 142). Erforderlich ist auch eine Flexibilisierung der Arbeitszeiten (z. B. durch vermehrte Teilzeitarbeit, Jahresarbeitszeitkonten und Abgeltung von Überstunden durch Freizeit), um den Erfordernissen moderner Produktionstechniken und der globalen Standortkonkurrenz Rechnung zu tragen und neue Arbeitsplätze zu schaffen. Qualifiziertes Personal ist der wichtigste Standortfaktor des Hochlohnlandes Deutschland. Deshalb müssen berufliche Qualifikations- und Umschulungsmaßnahmen verstärkt und die Effizienz der Arbeitsvermittlung verbessert werden. Das Aufbrechen des Vermittlungsmonopols der Bundesanstalt für Arbeit und die Zulassung von privaten Vermittlungsagenturen für Arbeitslose war ein Schritt in diese Richtung. Die Arbeitsmarktpolitik der Zukunft wird differenzierter und flexibler sein müssen als bisher.

Internationaler Wettbewerb, Rationalisierung und technischer Fortschritt gefährden insbesondere gering qualifizierte Arbeitsplätze. Immer mehr einfache Arbeiten werden durch Maschinen ersetzt oder ins kostengünstigere Ausland verlagert, verbleibende Arbeitsplätze stehen unter starkem Konkurrenzdruck durch ausländische Arbeitskräfte. Gering qualifizierte Arbeitskräfte finden nur zu sehr niedrigen Löhnen Beschäftigung („Armutslöhne“). Das am Markt erzielbare Einkommen reicht in solchen Niedriglohnjobs nicht aus, den Lebensunterhalt zu gewährleisten (working poor). Das Arbeitseinkommen liegt unter dem durch die Sozialpolitik gewährten Sozialeinkommen.

In der Diskussion geht es um den Stellenwert von Arbeit in unserer Gesellschaft, aber auch um die Frage von Anreizen im Spannungsfeld von Arbeits- und Sozialeinkommen. Die diskutierten Vorschläge lassen sich zwei Grundmodellen zuordnen. (1) Kombilohnmodelle sehen staatliche Zuschläge zum Lohn vor. Zu beachten sind hier insbesondere mögliche Mitnahmeeffekte der Arbeitgeber und das Problem der Anreize gegenüber der Inanspruchnahme von Sozialleistungen. Mit der Ergänzung niedriger Einkommen durch Arbeitslosengeld II (ALG II) ist dieses Modell ansatzweise realisiert. (2) Gewerkschaften und SPD fordern ergänzend die Einführung von Mindestlöhnen. Zu beachten ist hier, dass Mindestlöhne, die über den Marktlöhnen liegen, die Tendenz zur Wegrationalisierung von Arbeitsplätzen befördern. Staatlich festgelegte Mindestlöhne widersprechen auch dem Prinzip der Tarifautonomie. Die Große Koalition ist aktuell (2007) in dieser Frage uneinig. Beschlossen wurde ein allgemein verbindlicher Mindestlohn für die Postbranche ab 2008. Ferner soll das „Entsendegesetz“, das bisher nur für das Baugewerbe galt, auf andere Branchen ausgeweitet werden. Die Tarifparteien können danach beim Arbeitsminister beantragen, die Allgemeinverbindlichkeit deutscher Tariflöhne auch auf Arbeitnehmer auszudehnen, die bei im Ausland ansässigen Firmen angestellt sind, aber in Deutschland (bspw. im Reinigungsgewerbe) arbeiten.

3.3.5 Der europäische Binnenmarkt und die Internationalisierung der Wirtschaft als Herausforderung an die Gewerkschaften

Bereits heute ist für viele Unternehmen der relevante Markt der europäische oder der Weltmarkt. Die Internationalisierung der Wirtschaft wird weiter zunehmen. Unternehmer denken bei Investitions- und Absatzentscheidungen in internationalen Dimensionen. Viele Firmen unterhalten Produktionsstätten im Ausland. Löhne, Lohnnebenkosten, Arbeitszeiten und die Ausgestaltung sozialer Rechte der Arbeitnehmer (Kündigungsschutz, Mitbestimmung) unterscheiden sich auch in der EU noch stark. Sie sind zusammen mit anderen Faktoren (wie Größe des Marktes, Qualifikation der Arbeitnehmer, Infrastruktureinrichtungen, Besteuerung usw.) Standortfaktoren im internationalen Wettbewerb.

Gewerkschafter sprechen von einer „Schlagseite“ bei den Integrationsfortschritten in der EU zu Lasten der Absicherung der sozialen Rechte der Arbeitnehmer. Sie fordern zum Beispiel eine „Charta sozialer Grundrechte“ für den Binnenmarkt. Die vom Europäischen Rat 1989 in Madrid verabschiedete Deklaration über Grundzüge eines „europäischen Sozialraums“ reicht ihnen nicht aus. Die Gewerkschaften akzeptieren, dass man die Standards der sozialen Sicherung der hoch entwickelten EU-Staaten nicht einfach auf die Randregionen übertragen kann. Die Wirtschaft der schwächer entwickelten Länder würde die damit verbundenen Kosten nicht tragen können. Aber sie möchten bestimmte Mindeststandards festlegen, um Verschlechterungen zu verhindern und sie schrittweise nach oben anpassen (Lecher 1989). Die Wirtschaft und einige Regierungen fürchten, zu rasche Angleichung nach oben könnte die Investitionsbedingungen in den ohnehin benachteiligten Regionen weiter verschlechtern.

Die Zahl der multinationalen Unternehmen („Multis") nimmt in Europa und weltweit zu. Gewerkschafter befürchten davon eine Aushöhlung von Arbeitnehmerrechten: Multis könnten mit der Drohung von Produktionsverlagerungen die Interessen von Arbeitnehmern im Konzern gegeneinander ausspielen und Druck auf soziale „Besitzstände" ausüben. Und wenn die maßgeblichen Entscheidungen in der ausländischen Konzernzentrale fallen, so wird die Mitbestimmung der Arbeitnehmer ausgehöhlt. Eine europaweite gesetzliche Regelung der Mitbestimmung der Arbeitnehmer gibt es nicht. Die Regelungen zur betrieblichen Mitbestimmung durch den Betriebsrat gehen in den einzelnen EU-Ländern unterschiedlich weit; Mitbestimmung auf Unternehmensebene gibt es überhaupt nur in der Bundesrepublik, den Niederlanden, Luxemburg und Dänemark.

1994 hat die EU eine „Richtlinie über Europäische Betriebsräte" verabschiedet, die am 22. 9. 1996 in Kraft getreten ist. Danach kann in allen multinationalen Unternehmen ein Euro-Betriebsrat gegründet werden, wenn das Unternehmen mindestens 1000 Mitarbeiter beschäftigt und in mindestens 2 EU-Staaten Betriebe unterhält. Über 1000 Unternehmen erfüllen diese Kriterien. Vorreiter waren zuerst einige französische und deutsche Konzerne (darunter Airbus, Renault, Volkswagen), die auf freiwilliger Basis Euro-Betriebsräte eingerichtet haben (iwd Nr. 10/1996).

Die internationale Zusammenarbeit der Gewerkschaften besteht erst in den Anfängen. Der Internationale Bund Freier Gewerkschaften (IBFG) und der Weltverband der Arbeitnehmer sind lockere Verbindungen ohne eigene Kompetenzen. Ansätze zu einer wirksameren Zusammenarbeit gibt es auf europäischer Ebene. Der Europäische Gewerkschaftsbund EGB ist der Zusammenschluss von (2006) 79 Gewerkschaften aus 35 Ländern (er reicht also über die EU hinaus). Seine Funktion ist die europabezogene Koordination gewerkschaftlicher Aktivitäten und ihre Vertretung gegenüber den politischen Entscheidungsträgern in der Gemeinschaft. Der EGB besteht aus sehr unterschiedlichen, auf nationaler Ebene z. T. miteinander konkurrierenden und verschiedenen ideologischen Richtungen angehörenden Gewerkschaften. Daraus ergibt sich das Problem einer „hochsensiblen, heiklen und schwierigen Abstimmung der nationalen Interessen in den einschlägigen ökonomischen und sozialen Aufgabenbereichen" (Lecher 1989, 641).

Eine zweite Ebene gewerkschaftlicher Zusammenarbeit bilden die Europäischen Gewerkschaftsausschüsse. Es handelt sich um lockere Vereinigungen der nationalen Branchengewerkschaften (z. B. Europäischer Metall-Gewerkschaftsbund EBM).

Als Arbeitsmarktparteien sind Arbeitgeberverbände und Gewerkschaften nur auf nationaler Ebene tätig. Anders ist es hinsichtlich der Interessenvertretung gegenüber den Organen der EU. Diese ist auch institutionell etabliert. Ein bedeutendes Gremium hierfür ist der Wirtschafts- und Sozialausschuss. In ihm sind Gewerkschaften, Arbeitgeber und andere Wirtschaftsverbände vertreten. Der Ausschuss erörtert sozialpolitische Probleme der europäischen Integration. Er berät die Kommission und nimmt Stellung zu ihren Vorschlägen und Richtlinienentwürfen im Rahmen des Gesetzgebungsverfahrens der Gemeinschaft (Art. 257 ff. EU-Vertrag).

Literaturhinweise

Adamy, Wilhelm; Steffen, Johannes (1985): Handbuch der Arbeitsbeziehungen, Bonn 1985.

Cassel, Dieter; Thieme, H. Jörg (2003): Stabilitätspolitik, in: Vahlens Kompendium der Wirtschaftstheorie und Wirtschaftspolitik, Bd. 2, 8. Aufl. München 2003, S. 363–441.

Fraenkel, Ernst (1972): Der Pluralismus als Strukturelement der freiheitlich-rechtsstaatlichen Demokratie, in: Nuscheler, Franz; Steffani, Winfried (Hrsg.): Pluralismus – Konzeption und Kontroversen, München 1972, S. 160ff.

Franz, Wolfgang (2006): Arbeitsmarktökonomik, 6. Aufl. Berlin 2006

Frey, Bruno u. Gebhard Kirchgässner (2002): Theorie demokratischer Wirtschaftspolitik, 3.A. München 2002.

IW (Institut der Deutschen Wirtschaft): Deutschland in Zahlen 2007, Köln 2007

Lecher, Wolfgang (1989): Koordinaten gewerkschaftlicher Europapolitik, in: WSI-Mitteilungen H. 10/1989, S. 640–647.

Molitor, Bruno (2006): Wirtschaftspolitik, 7. Aufl. München 2006

Müller, Werner (1990): Zur Geschichte des FDGB – eine vorläufige Bilanz, in: Gewerkschaftliche Monatshefte. H. 5/6 1990, S. 341–352.

Schneider, Herbert (1975): Die Interessenverbände, 4. Aufl. München 1975.

Tenfelde, Klaus u. a. (1987): Geschichte der deutschen Gewerkschaften. Von den Anfängen bis 1945, Köln 1987.

Uellenberg-van Dawen, Wolfgang (1997): Gewerkschaften in Deutschland von 1848 bis heute, 2. Aufl. München 1997.

3.4 Staatliche Beschäftigungspolitik
Alfons Schmid

3.4.1 Einleitung

Wesentliche Charakteristika von Marktwirtschaften bilden die dezentralen Entscheidungen der Konsumenten, Unternehmer und Arbeitnehmer in wirtschaftlichen Angelegenheiten und die gegenseitige Abstimmung dieser Entscheidungen über den Markt. Damit kommt dem Preis-, Zins- und Lohnmechanismus die zentrale Bedeutung für die Steuerung der wirtschaftlichen Entwicklung zu. Daneben gibt es zwar auch in den „real existierenden" Marktwirtschaften noch andere Steuerungsmechanismen – Verhandlungen, Hierarchie und Wahlen –, im Vordergrund steht aber die dezentrale Marktkoordination.

Obwohl von der dezentralen Entscheidungskoordination durch den Markt auch gesamtwirtschaftlich erwünschte Ergebnisse erwartet wurden, entsprach die Realität nicht immer diesen Erwartungen. Ökonomisch ausgedrückt führte der Markt nicht immer zum gesamtwirtschaftlichen Gleichgewicht. Diese mangelnde Stabilität realer marktwirtschaftlicher Systeme tritt raum-zeitbezogen in unterschiedlicher Intensität und unterschiedlichem Ausmaß auf. Zutreffend bleibt aber die Aussage, dass der Markt gesamtwirtschaftlich nicht immer die gewünschten Ergebnisse erbringt.

Ein gesamtwirtschaftlich unerwünschtes Ergebnis sind die Beschäftigungsschwankungen bzw. die immer wieder auftretende und anhaltende Arbeitslosigkeit. Da der Markt allein demnach nicht in der Lage ist, Vollbeschäftigung zu gewährleisten, folgte daraus die Notwendigkeit einer staatlichen Beschäftigungspolitik. Darunter werden hier die Maßnahmen subsumiert, die das gesamtwirtschaftliche Angebot und die gesamtwirtschaftliche Nachfrage beeinflussen, sich also auf die globale Ebene beziehen, um damit Vollbeschäftigung zu erreichen bzw. aufrechtzuerhalten.

In diesem Beitrag wird zuerst die empirische Entwicklung der Beschäftigung und der Arbeitslosigkeit in der Bundesrepublik Deutschland beschrieben. Daran schließt sich ein kurzer Überblick über die wichtigsten Ansätze zur Erklärung der Beschäftigungsentwicklung an. Einen weiteren Schwerpunkt bilden Ziele und Instrumente der Beschäftigungspolitik. Abschließend wird ein kurzer Überblick über die europäische Beschäftigungspolitik gegeben.

3.4.2 Beschäftigungsentwicklung in der Bundesrepublik

Die Beschreibung der Beschäftigungsentwicklung in der Bundesrepublik erfolgt anhand ausgewählter Indikatoren. Das sind quantitative und qualitative Maßzahlen, anhand derer die Daten erhoben, aufbereitet und ausgewertet werden. Welche Indikatoren verwandt werden, ist von der Fragestellung abhängig. Da hinter einer Frage eine mehr oder weniger ausformulierte Theorie steckt, hängt die Auswahl der Indikatoren und empirischen Daten von der jeweiligen theoretischen Position ab. Hier werden entsprechend der Themenstellung gesamtwirtschaftliche, globale Indikatoren verwandt. Das sind hoch aggregierte Maßzahlen, die entweder die Summe aller einzelwirtschaftlichen Größen darstellen oder aus Stichproben gewonnen werden. Ihr Vorteil besteht in ihrer Einfachheit: Anhand einer Zahl kann ein Einblick in reale Entwicklungen gewonnen werden. Sie beinhalten allerdings auch erhebliche Beschränkungen. Wegen des hohen Aggregationsniveaus gehen Informationen verloren. Was sich hinter dem jeweiligen globalen Indikator an strukturellen oder einzelwirtschaftlichen Veränderungen vollzieht, bleibt verborgen.

Die Beschreibung der Beschäftigungsentwicklung erfolgt hier anhand gesamtwirtschaftlicher Indikatoren. Gängiger Indikator dafür, ob Vollbeschäftigung erreicht wird oder nicht, ist die Arbeitslosenquote, definiert als Anteil der Arbeitslosen an den Erwerbspersonen. Diese umfassen die Summe aus den Erwerbstätigen plus den Arbeitslosen.

Es gibt nicht die Arbeitslosenquote, sondern verschiedene Arbeitslosenquoten, die raum-zeitlich variieren. Der Grund dafür liegt darin, dass die Definitionen sowohl für die Arbeitslosigkeit als auch für die Erwerbstätigkeit unterschiedlich sein können und auch sind. Vor allem zwei Verfahren werden verwandt. Die beiden Varianten unterscheiden sich bei der Erfassungsmethode: Während in der Bundesrepublik das Meldeverfahren praktiziert wird, basiert die EU-Methode auf einer Haushaltsbefragung durch eine repräsentative Stichprobe.

Arbeitslose nach der EU-Methode sind Personen ab 15 Jahre, die keine Beschäftigung, auch nicht geringfügig, ausüben, sich während der letzten vier Wochen aktiv um eine Arbeit bemüht haben und eine Arbeit innerhalb der nächsten zwei Wochen aufnehmen könnten. Zu den Arbeitslosen in der Statistik der Bundesagentur für Arbeit zählen alle Personen, die das 15., aber noch nicht das 65. Lebensjahr vollendet haben, die beschäftigungslos sind oder nur eine kurzzeitige Beschäftigung (gegenwärtig unter 15 Stunden pro Woche) ausüben und ein versicherungspflichtiges, mindestens 15 Stunden wöchentlich umfassendes Beschäftigungsverhältnis von mehr als 7 Kalendertagen suchen. Sie müssen sich persönlich beim zuständigen Arbeitsamt gemeldet haben, der Arbeitsvermittlung zur Verfügung stehen und dürfen nicht arbeitsunfähig erkrankt sein.

Das Erwerbspersonenpotential einer Volkswirtschaft hängt von der Bevölkerung und dem Erwerbsverhalten ab. Die Erwerbsquote drückt den Anteil der Erwerbspersonen (= Erwerbstätige plus registrierte Arbeitslose) an der Bevölkerung aus. Maßgeblich für die Höhe der Erwerbsquote sind ökonomische, psychologische, politische und soziale Gründe.

Die Gesamtbeschäftigung, erfasst durch den Indikator Erwerbstätige (Selbstständige plus abhängig Beschäftigte), stieg nach Tab. 1 bis 1960 stark an und blieb bis 1973 in etwa auf diesem Niveau. Dann ging sie bis 1977 aufgrund der Krisenentwicklung erheblich zurück und stieg bis 1980 wieder an. Vom Frühjahr 1981 bis Mitte 1984 sank die Beschäftigung drastisch. Bis 1990 hat sie wieder beträchtlich zugenommen. Nach der Vereinigung der beiden deutschen Staaten nahm vor allem in der ehemaligen DDR die Beschäftigung bis 1997 drastisch ab. Bis 2001 ist die Erwerbstätigkeit in Gesamtdeutschland wieder angestiegen, dann wieder zurückgegangen. Seit 2006 nimmt die Gesamtbeschäftigung wieder zu.

Noch stärker als die gesamte Erwerbstätigkeit veränderte sich die Anzahl der abhängig Beschäftigten. Bei einer Zunahme bzw. einer Abnahme der Erwerbstätigenzahlen verändert sich die Beschäftigung der Arbeitnehmer überproportional. Darin drücken sich einmal der Rückgang der Selbständigen und der entsprechende Anstieg der abhängig Beschäftigten aus. So hat der Anteil der Arbeitnehmer an den gesamten Erwerbstätigen von ca. 68% 1950 auf fast 89% 2006 zugenommen. Zum anderen wirken sich wirtschaftliche Veränderungen bei den Arbeitnehmern stärker aus als bei den Selbständigen.

Die Entwicklung der ausländischen Arbeitnehmer ist während der Vollbeschäftigungsphase bis 1973 durch einen starken Anstieg gekennzeichnet. Mit Beginn der hohen Arbeitslosigkeit seit 1974 ging ihre Anzahl, abgesehen von dem leichten Anstieg 1978–1980, zurück. Bis in die neunziger Jahre hat sie wieder zugenommen; seitdem geht sie zurück.

Die Arbeitslosenquote als wichtigster Indikator für die Arbeitslosigkeit ist nur von begrenzter Aussagefähigkeit. Sie erfasst nur einen Teil der Erwerbslosigkeit: die offene Arbeitslosigkeit. So berücksichtigt dieser Indikator keine Veränderungen der Arbeitszeit. Kurzarbeit verändert zwar die Anzahl der beschäftigten Arbeitnehmer nicht, wohl aber die Beschäftigung, ausgedrückt in Arbeitsstunden. Eine weitere Begrenzung des Indikators Arbeitslosenquote besteht darin, dass z.T. Arbeitswillige nicht registriert

Tab. 1 Entwicklung von Beschäftigung und Arbeitslosigkeit in der Bundesrepublik-West 1950–1990 und in Gesamtdeutschland von 1991–2006, ausgewählte Indikatoren, Jahresdurchschnittswerte in 1000, Arbeitslosenquote in Prozent (Inländerkonzept)

Jahr	Erwerbstätige insgesamt	darunter Arbeitnehmer zusammen	darunter Ausländer	Arbeitslose	Stille Reserve	Kurzarbeiter	Offene Stellen	Arbeitslosenquote
1950[a]	19997	13674	–	1580	–	–	116	10,4
1955	22830	16840	80	928	–	–	200	5,2
1960	26247	20257	279	271	47	3	465	1,0
1965	26887	21757	1119	147	–	1	649	0,5
1970	26668	22246	1807	149	–	10	795	0,6
1973	27160	23222	2498	273	90	44	572	1,0
1977	26008	22686	1872	1030	607	231	231	3,8
1980	27059	23897	2018	889	622	137	308	3,2
1983	26347	23293	1694	2258	1120	675	76	7,9
1987	27157	24141	1577	2229	1031	278	171	7,6
1990	28495	25471	1775	1883	913	56	314	6,2
			Gesamtdeutschland					
1991	38664	35144	1891	2602	1255	1761	363	7,3
1997	37390	33574	2038	4384	2461	183	337	11,4
2001	39209	35226	1979	3853	1523	123	507	9,4
2003	38631	34558	1795	4377	1783	195	355	10,5
2005	38726	34370	1719	4861	1415	125	413	11,7
2006	39000	34698	1782	4532	1421	74	564	10,9

[a] 1950/1955 ohne Saarland und Westberlin
Quellen: JAHRESGUTACHTEN, div. Jg.; http://www.destatis.de/basis/d/vgr/vgrtab10.htm; http://www.arbeitsagentur.de/nn_216654/Navigation/zentral/Veroeffentlichungen/Statistik/Statistik-Nav.html; Autorengemeinschaft, Der Arbeitsmarkt in den Jahren 2001 und 2002 mit Ausblick auf 2003, in: Mitteilungen aus der Arbeitsmarkt- und Berufsforschung, 35. Jg. (2002), S. 27 ff. MITTEILUNGEN aus der Arbeitsmarkt- und Berufsforschung, Heft 1/1999; Heft 1/2006; Bach, H. U. Klinger, S., Rothe, T., Spitznagel, E. 2007, Arbeitsmarkt 2007, IABKurzbericht Nr. 5, Nürnberg.

sind, aber arbeiten würden, wenn Arbeitsplätze vorhanden wären. Dieser Teil wird durch den Indikator „Stille Reserve“ zu erfassen versucht.

„Offene Stellen“ sind freie Arbeitsplätze. Auch dieser Indikator weist Mängel auf, die seine Aussagefähigkeit und Verwendbarkeit beschränken. So wird der Arbeitskräftebedarf nur zu einem Teil offen ausgewiesen, da die Arbeitgeber nicht verpflichtet sind, die freiwerdenden Arbeitsplätze den Arbeitsämtern zu melden. So wurde die Zahl der offenen Stellen für 2006 auf ca. 1,4 Mio. geschätzt, von denen nur ca. 560000 den Arbeitsämtern gemeldet wurden. Außerdem kann die Zahl der offenen Stellen vom tatsächlichen Arbeitskräftebedarf der Unternehmen abweichen, da keine Kontrolle besteht, ob die gemeldeten Stellen tatsächlich auch frei sind.

Die beiden Indikatoren „Arbeitslosenquote“ und „Offene Stellen“ verdeutlichen exemplarisch, mit welchen Problemen Indikatoren behaftet sein können. Die Gründe dafür bestehen in der Diskrepanz zwischen dem theoretischem Anspruch, der der jeweiligen Fragestellung zugrunde liegt, und den unzureichenden empirischen Kenntnissen und/

oder den ungenügend entwickelten Indikatoren. Es ist daher erforderlich, sich der Beschränkungen der Indikatoren bewusst zu sein und sie nur als Annäherung zur Beschreibung der realen Entwicklung zu verstehen. Da in der Öffentlichkeit noch immer die „Arbeitslosenquote" und die „Offenen Stellen" verwandt werden, wird auch hier weiter auf diese gängigen Indikatoren abgestellt.

Die Gesamtzahl der registrierten Arbeitslosen hat im ersten Jahrzehnt des Bestehens der Bundesrepublik mit dem Anstieg der Erwerbstätigen stark abgenommen. 1960 wurde in etwa Vollbeschäftigung erreicht. Diese Feststellung mag auf den ersten Blick verwundern, da immer noch ca. 250000 Personen arbeitslos waren. Doch in Wirtschaftsordnungen marktwirtschaftlicher Prägung ist selbst bei Vollbeschäftigung ein gewisser Prozentsatz arbeitslos. Dieser Teil setzt sich aus der Saisonarbeitslosigkeit, verursacht durch jahreszeitliche Einflüsse und soziale Gewohnheiten, und der friktionellen Arbeitslosigkeit, vor allem durch den Wechsel des Arbeitsplatzes bedingt, zusammen. Außerdem unterscheidet man noch die strukturelle Arbeitslosigkeit, bei dem Angebot und Nachfrage auf einem bestimmten Teilarbeitsmarkt auseinander fallen, und die konjunkturelle Arbeitslosigkeit, die durch Nachfrageschwankungen verursacht ist.

In den sechziger Jahren bestand mit Ausnahme von 1967 eine geringe Arbeitslosigkeit. Seit 1974 haben die Arbeitslosenzahlen stark zugenommen und erstmals seit 1954 wieder die Millionengrenze überschritten. Nach einem Rückgang von 1977 bis 1980 ist seitdem eine ausgeprägte Massenarbeitslosigkeit zu verzeichnen. 2005 erreichte sie mit knapp 5 Mio. registrierten Arbeitslosen den höchsten Stand seit Bestehen der Bundesrepublik. Die Entwicklung seit 1983 verdeutlicht, dass Beschäftigung und Arbeitslosigkeit sich nicht immer gegenläufig entwickeln. Während von 1983 bis 1987 die Zahl der Beschäftigten um ca. 800000 zunahm, verringerte sich die Zahl der Arbeitslosen in dem gleichen Zeitraum nur um ca. 30000. Der größte Teil der Beschäftigungszunahme resultierte aus der demografischen Entwicklung (geburtenstarke Jahrgänge), der zunehmenden Erwerbsneigung der Frauen und aus der Stillen Reserve.

Die Bedeutung des Arbeitslosenproblems tritt noch deutlicher hervor, wenn die Stille Reserve und die Kurzarbeit berücksichtigt werden. Bei der Kurzarbeit besteht zwar weiter ein Beschäftigungsverhältnis, aber es wird nur ein Teil der üblichen Arbeitszeit gearbeitet. Vor allem 1974/75 ist die Anzahl der Kurzarbeiter stark angestiegen. Die Kurzarbeit ging mit dem beginnenden Aufschwung ab 1977 als erste der drei Indikatoren der Arbeitslosigkeit zurück. Von 1980 bis 1983 nahm sie wieder zu, um dann wieder, mit Ausnahme von 1987, zu sinken. Anfang der neunziger Jahre erreicht sie einen Höchststand. Seitdem hat ihre Bedeutung stark abgenommen.

Zählt man die Stille Reserve zu den offiziellen Arbeitslosenzahlen, dann wird das Ausmaß der bestehenden Erwerbslosigkeit noch deutlicher: Für die gesamte Bundesrepublik Deutschland belief sich unter Berücksichtigung der registrierten Arbeitslosen und der Entlastung durch arbeitsmarktpolitische Maßnahmen („verdeckte Arbeitslosigkeit") die Erwerbslosigkeit 2006 auf insgesamt 6,2 Mio. Personen. Zählt man die Stille Reserve hoch hinzu, so waren 2006 etwa 7,5 Mio. Menschen erwerbslos bzw. hatten keinen regulären Arbeitsplatz.

Die bisher benutzten Daten sind Bestandsgrößen, d.h. Zahlen, die den Bestand zu einem Zeitpunkt oder als Durchschnitt über einen bestimmten Zeitraum ausdrücken. Die dahinter liegenden Bewegungen werden mit diesen Bestandsgrößen nicht erfasst. Es sind aber erheblich mehr Arbeitnehmer/innen von Arbeitslosigkeit betroffen und finden wieder einen Arbeitsplatz, als es die ausgewiesenen Bestandszahlen zum Ausdruck bringen. So gab es z.B. im Jahr 2005 in Gesamtdeutschland knapp 7 Mio. Zugänge in Arbeitslosigkeit und knapp 6,9 Mio. Abgänge aus Arbeitslosigkeit.

3.4.3 Erklärungsansätze

Während die Abweichungen zwischen Vollbeschäftigung als erwünschter gesamtwirtschaftlicher Beschäftigungssituation und der tatsächlichen Entwicklung allseits gesehen werden, divergieren die Meinungen über die Ursachen der Abweichungen beträchtlich. Trotz aller Unterschiede lassen sie sich auf zwei Grundpositionen zurückführen. Diese Positionen sind durch die unterschiedliche Sichtweise bestimmt, wie marktwirtschaftliche Systeme funktionieren. Die keynesianische Position geht von der Vorstellung aus, dass der private Sektor einer Marktwirtschaft instabil sei, d. h. der Marktmechanismus nicht ohne äußere Eingriffe in der Lage ist, gesamtwirtschaftliches Gleichgewicht mit Vollbeschäftigung zu gewährleisten. Die neoklassische Position geht grundsätzlich von der Stabilität des privaten, durch den Markt koordinierten Sektors aus und führt die beobachteten Abweichungen vom Vollbeschäftigungsgleichgewicht auf exogene Störungen des Marktes zurück.

Grundlegende und gemeinsame Elemente der neoklassischen Theorien sind drei Charakteristika:

- Flexibler Preis-, Lohn- und Zinsmechanismus.
- Gültigkeit des Say'schen Theorems. Danach „schafft“ sich jedes Angebot seine eigene Nachfrage, d. h. es gibt kein Problem mangelnder Nachfrage.
- Quantitätstheorie des Geldes. Die Geldmenge bestimmt das Preisniveau. Auf den realwirtschaftlichen Sektor übt die Geldmenge keinen Einfluss aus („neoklassische Dichotomie“).

In der Neoklassik wurden bis zur Weltwirtschaftskrise Marktwirtschaften als „staatsfreie“ Wirtschaften analysiert und interpretiert. Erklärungen über die zyklischen Schwankungen der wirtschaftlichen Entwicklung konnten im Rahmen dieser einzelwirtschaftlichen Analysen nicht gegeben werden. Eine endogene Erklärung der Massenarbeitslosigkeit während der Weltwirtschaftskrise war nicht möglich.[1] Daher fehlten auch beschäftigungspolitische Konzepte zur Bekämpfung der hohen Arbeitslosigkeit. Auf diesem Hintergrund entwickelte J. M. Keynes seine Instabilitätshypothese, nach der eine Marktwirtschaft nicht von sich aus bei Abweichungen vom Gleichgewicht Vollbeschäftigung wieder herstellen kann.

Die Keynes'sche Theorie beinhaltet folgende zentrale Elemente:[2]

- Der monetäre (Geld) und der reale Sektor (Produktion) sind bei Keynes nicht mehr strikt getrennt. Vielmehr beeinflusst der Geldmarkt auch den realen Wirtschaftsprozess. Dieser Einfluss kommt dadurch zustande, dass Geld nicht nur allgemeines Tauschmittel ist, sondern von den Wirtschaftssubjekten auch aus Vorsichts- und Spekulationsgründen „gehalten“ wird. Es kann einmal den in der Neoklassik unterstell-

---

1 Natürlich gab es auch andere Sichtweisen wie z. B. bei Marx und Schumpeter. Diese spielten jedoch beschäftigungspolitisch keine Rolle.

2 Vgl. u. a. Franz, W., Stabilisierungspolitik am Ende der achtziger Jahre. Eine Standortbestimmung aus makrotheoretischer und wirtschaftspolitischer Sicht, „Konjunkturpolitik“, 35. Jg. (1989), S. 22 ff.; Wagner, H., Stabilitätspolitik, 7. Aufl., München, Wien 2004; Cassel, D., Beschäftigungs- und Stabilitätspolitik, in: Bundesministerium für innerdeutsche Beziehungen, Materialien zum Bericht zur Lage der Nation im geteilten Deutschland 1987, Bonn 1987, S. 72 ff.; Cassel, D. Thieme, H. J.: Stabilitätspolitik, in: Vahlens Kompendium der Wirtschaftstheorie und Wirtschaftspolitik, Bd. 2, 8. Aufl., München 2003, S. 363–441; Kromphardt, J., Arbeitslosigkeit und Inflation, 2. Aufl., Göttingen 1998; Krol, G.-J., Schmid, A. 2002, Volkswirtschaftslehre, 21. Aufl., 3. Kapitel, Tübingen 2002.

ten Zusammenhang von Ausgaben und Einnahmen unterbrechen, das Say'sche Theorem ist dann unzutreffend: Haushalte oder Unternehmen geben einen Teil ihres Einkommens nicht aus: Das Angebot ist dann größer als die Nachfrage, es kommt zu Produktionseinschränkungen und Arbeitslosigkeit. Zum zweiten bildet sich der Zins auf dem Geldmarkt und bestimmt die Höhe der realen Investitionsgüternachfrage.

- Für Keynes ist die Rolle der Erwartungen von zentraler Bedeutung. Erwartungen bilden sich wegen der Unsicherheit allen Wirtschaftens und resultieren aus unterschiedlichen Einflüssen. Unsicherheit und sich verändernde Erwartungen führen zu Schwankungen in der Investitionsnachfrage. Es gibt keinen marktendogenen Mechanismus, der die Schwankungen in der Investitionsnachfrage kompensiert. Der private Sektor ist daher nach Keynes instabil, d. h. es gibt keine automatische Wiederherstellung der Vollbeschäftigung.
- Auf dem Arbeitsmarkt analysiert Keynes zwei Fälle. Einmal geht er von der empirischen Beobachtung aus, dass die Nominallöhne (nicht die Reallöhne!) nach unten weitgehend starr sind. In diesem Fall ergibt sich bei einem Nachfragerückgang ein Gleichgewicht bei Unterbeschäftigung. Zum andern analysiert er die wirtschaftliche Entwicklung auch unter der Annahme flexibler Löhne und Preise. Hierbei braucht es – entgegen der neoklassischen Lehrmeinung – keine Rückkehr zur Vollbeschäftigung zu geben. Erwarten die Konsumenten und Investoren weitere Lohn- und Preissenkungen, so werden sie ihre Konsum- und Investitionsausgaben hinausschieben. Eine Wiederherstellung der Vollbeschäftigung erfolgt damit auch bei flexiblen Löhnen nicht.

In der Folgezeit ist der Keynes'sche Ansatz weiter entwickelt, modifiziert, neu interpretiert und kritisiert worden. Darauf kann hier nicht weiter eingegangen werden.[3] Von wesentlicher Bedeutung für die Beschäftigungspolitik war die sog. neoklassische Synthese, die eine Verbindung zwischen der Neoklassik – als für den mikroökonomischen Bereich zutreffend – und von Keynes' gesamtwirtschaftlicher Theorie intendierte. Zentrale Prämissen bildeten hierbei die Annahmen starrer Nominallöhne nach unten, die Instabilität der Geldnachfrage und der Investitionen und die daraus abgeleitete Möglichkeit eines Unterbeschäftigungsgleichgewichts. Arbeitslosigkeit konnte nach dieser Sicht nur durch eine staatliche Beschäftigungspolitik beseitigt werden.

Dem keynesianischen Instabilitätspostulat stellt die neoklassische Theorie die Basishypothese eines grundsätzlich stabilen privaten Sektors gegenüber. Danach besteht unter bestimmten Annahmen bei völlig freier Lohn- und Preisbildung ein wirtschaftliches Gleichgewicht auf allen Märkten, d. h. die Wirtschaftspläne von Anbietern und Nachfragern sind erfüllt. Es gibt keinen Anlass zu Planrevisionen und die Märkte sind geräumt. Bei Abweichungen vom Marktgleichgewicht besteht die Tendenz zur Wiederherstellung des Gleichgewichts. Dies gilt auch auf dem Arbeitsmarkt. Bei flexiblen Löhnen tendiert der Arbeitsmarkt zur Vollbeschäftigung. Für längerfristige Abweichungen vom Vollbeschäftigungsgleichgewicht und längeranhaltender Arbeitslosigkeit sind nach dieser Sichtweise nicht der Markt, sondern exogene Störungen wie staatliche Eingriffe oder gewerkschaftliche Aktivitäten verantwortlich, die eine Einschränkung des Lohnmechanismus zur Folge haben. Die beschäftigungspolitischen Folgerungen bestehen nach neoklassischer Sicht in der Forderung nach einer Abstinenz staatlicher oder sonstiger Eingriffe in den Arbeitsmarkt sowie nach einem Abbau von Arbeitsmarktregulierungen.

---

[3] Vgl. z. B. als kurzen Überblick Krol, G. J., Schmid, A., a.a.O.; Wagner, H., a.a.O.

3.4.4 Ziele und Instrumente

Die Verpflichtung des Staates auf das Vollbeschäftigungsziel ist in der Bundesrepublik Deutschland im Gesetz zur Förderung der Stabilität und des Wachstums von 1967 festgelegt. Danach haben Bund und Länder bei ihren finanzpolitischen Maßnahmen das gesamtwirtschaftliche Gleichgewicht zu beachten, das durch die vier Ziele Stabilität des Preisniveaus, angemessenes und stetiges Wachstum, außenwirtschaftliches Gleichgewicht sowie hoher Beschäftigungsstand konkretisiert wird. Der Gesetzgeber hat darauf verzichtet, das Vollbeschäftigungsziel – ebenso wie die anderen Ziele – zu operationalisieren.

Während über das Vollbeschäftigungsziel noch Einigkeit besteht, gehen die Meinungen darüber, wann Vollbeschäftigung vorherrscht, wie dieses operationalisiert werden soll, auseinander. Es gibt keine eindeutige Definition. Die Definitionen variieren je nach Raum-Zeitbezug. In der Bundesrepublik hat sich der Zielanspruch in Abhängigkeit von der tatsächlichen Entwicklung der Arbeitslosigkeit beträchtlich verringert. So galt Ende der sechziger Jahre Vollbeschäftigung bei einer Arbeitslosenquote von ca. 1% als erreicht. Dieser hohe Anspruch wurde sukzessive immer weiter aufgegeben.

Das beschäftigungspolitische Instrumentarium des Stabilitätsgesetzes besteht aus

- Informationsinstrumenten, um die Informationsbasis der Akteure zu verbessern,
- Planungsinstrumenten, um auf Krisen schneller reagieren zu können,
- Koordinationsinstrumenten, um die verschiedenen Akteure aufeinander abzustimmen sowie
- Eingriffsinstrumenten, um die gesamtwirtschaftliche Nachfrage zielkonform zu beeinflussen.[4]

Das Eingriffsinstrumentarium im Stabilitätsgesetz ist, dies folgt aus der keynesianischen Fundierung dieses Gesetzes, primär fiskalpolitischer Art (vgl. den Artikel Fiskalpolitik in diesem Handbuch).

Außer der Fiskalpolitik können auch die Geldpolitik, die Einkommenspolitik und die Außenwirtschaftspolitik beschäftigungspolitisch eingesetzt werden. Die Geldpolitik (Europäische Zentralbank, vgl. den Artikel Geldpolitik) versucht durch eine geldmengen- oder zinsorientierte Politik die gesamtwirtschaftliche Nachfrage zielkonform zu steuern. Die Einkommenspolitik zielt auf ein zielkonformes Verhalten der Tarifvertragsparteien, ist aber primär Lohnpolitik. Außerdem ist noch auf die Außenwirtschaftspolitik hinzuweisen, die über eine Veränderung der Export- und Importnachfrage die Beschäftigung zielkonform beeinflussen kann. Unter beschäftigungspolitischen Gesichtspunkten spielte sie bisher nur eine untergeordnete Rolle. Welche dieser Politiken mit ihrem Instrumentarium eingesetzt wird, hängt von der jeweils verfolgten beschäftigungspolitischen Konzeption ab.

3.4.5 Beschäftigungspolitische Konzeptionen

In diesem Punkt werden kurz die beschäftigungspolitischen Konzepte referiert, die in Wissenschaft und Politik Bedeutung erlangt haben.

---

4 Vgl. z. B. Mackscheidt, K., Steinhausen, J., Finanzpolitik I, Grundfragen fiskalpolitischer Lenkung, 2. Aufl., Düsseldorf 1975.

3.4.5.1 Traditionelle Globalsteuerung

Der traditionelle Keynesianismus führt die Instabilität einer sich selbst überlassenen Marktwirtschaft auf eine unzureichende gesamtwirtschaftliche Nachfrage zurück. Diese Diagnose beinhaltet gleichzeitig die Therapie: Es muss zusätzliche Nachfrage entfaltet werden. Für diese Zusatznachfrage hat der Staat zu sorgen, da der Markt hierzu von sich aus nicht in der Lage ist.

Entsprechend der mikro- und makroökonomischen Differenzierung im Keynesianismus bleibt die staatliche Nachfragesteuerung auf die gesamtwirtschaftliche Ebene beschränkt, die einzelwirtschaftliche Koordination erfolgt weiter über den Marktmechanismus. Die globale Steuerung der Nachfrage hebt das marktwirtschaftliche System nicht auf, da sie indirekter Natur ist. Die einzelnen Wirtschaftssubjekte können weiter entscheiden, ob sie auf die staatlichen Maßnahmen reagieren wollen oder nicht.

Die „Philosophie" der keynesianisch orientierten Globalsteuerung besteht darin, für eine Verstetigung der gesamtwirtschaftlichen Nachfrage im Konjunkturverlauf so zu sorgen, dass weder Arbeitslosigkeit noch Inflation auftreten. Die traditionelle Globalsteuerung ist eine antizyklische Konjunkturpolitik, indem bei Arbeitslosigkeit durch staatlich induzierte Zusatznachfrage wieder Vollbeschäftigung und bei Inflation durch Abschöpfung überschüssiger Gesamtnachfrage wieder Preisniveaustabilität hergestellt werden soll. Diese Art der Globalsteuerung wird fallweise bei Bedarf eingesetzt (diskretionäre Konjunkturpolitik), sie ist also kurzfristiger Natur. Diese kurzfristige Orientierung erfordert eine gute Informationsbasis über die jeweilige Konjunktursituation, die zu erwartende Entwicklung sowie über die Wirkung des einzusetzenden Instrumentariums. Sie erfordert weiter eine schnelle politische Handlungsfähigkeit. Dieser Anforderung kommt z. B. das Stabilitätsgesetz durch bestimmte Regeln entgegen (Verordnungen, Schubladenprogramme).

Nach Auffassung der Keynesianer wirkt die Fiskalpolitik sicherer, direkter und vorhersehbarer als die Geldpolitik. Dies gilt vor allem dann, wenn die Fiskalpolitik über die Staatsausgabenseite betrieben wird. Einnahmepolitische Maßnahmen sind nicht so wirksam, da sie nur indirekt Einfluss auf den privaten Konsum und die privaten Investitionen ausüben. Der Geldpolitik kommt vor allem bei Arbeitslosigkeit nur eine die Fiskalpolitik unterstützende Funktion zu. Dies liegt einmal an der indirekten Wirkungsweise der Geldpolitik. Es liegt aber auch daran, dass die Keynesianer theoretisch abgeleitet haben, dass unter bestimmten Bedingungen eine expansive Geldpolitik nicht in der Lage ist („Liquiditätsfalle"), zusätzliche Nachfrage zur Überwindung der Arbeitslosigkeit anzuregen.

Um der Handlungsmacht von Gruppen und Verbänden, die die Wirksamkeit der Globalsteuerung beschränken können, zu begegnen, wird von den Keynesianern eine Einkommenspolitik gefordert. Diese Einkommenspolitik, zumeist Lohnpolitik, soll dafür sorgen, dass eine expansive Fiskalpolitik zu Beschäftigungseffekten führt und nicht durch stabilitätswidrige Lohn- und Preissteigerungen konterkariert wird.

Mit dem Auftreten des Inflations-. und Stagflationsproblems zu Beginn der siebziger Jahre ist die traditionelle Globalsteuerung stark kritisiert worden. Die Kritik hat sicherlich einige Schwachpunkte der traditionellen Globalsteuerung aufgedeckt; sie hatte aber z.T. auch die Funktion, den staatlichen Einfluss auf die Marktwirtschaft im Sinn eines „Mehr-Markt-Weniger-Staat" zurückzudrängen. Heute spielt die traditionelle keynesianische Globalsteuerung offiziell in kaum einem Land mehr eine Rolle.

Worauf ist die mangelnde Wirksamkeit der keynesianischen Globalsteuerung zurückzuführen? Als Einwände werden u. a. folgende Argumente angeführt:

a) Als wesentlicher Kritikpunkt gilt das Verschuldungsproblem. Nach dem ursprünglichen Konzept der Globalsteuerung sollten sich die erforderliche Staatsverschuldung zur Bekämpfung der Arbeitslosigkeit und die Überschüsse zur Bekämpfung der Inflation in etwa entsprechen, so dass längerfristig kein Verschuldungsproblem entstehen würde. Durch die langanhaltende Arbeitslosigkeit seit 1974 hat in fast allen Industrieländern die Staatsverschuldung beträchtlich zugenommen, ohne dass dies Ausdruck einer antizyklischen Fiskalpolitik gewesen wäre. Zum überwiegenden Teil wurde lediglich keine Parallelpolitik betrieben, indem rezessionsbedingte Steuermindereinnahmen nicht durch entsprechende Ausgabenkürzungen „ausgeglichen" wurden.

b) Die rapide Zunahme der Verschuldung hat der Möglichkeit einer keynesianischen Politik des „deficit-spending" enge Grenzen gesetzt, selbst wenn sie aktiv und nicht halbherzig betrieben worden wäre. Die Gründe dafür sind subjektiver und objektiver Natur. Auf der subjektiven Ebene spielt die Einschätzung der Staatsverschuldung durch die Öffentlichkeit eine wesentliche Rolle. Wird die Zunahme der Verschuldung als wirtschaftlich bedenklich empfunden, dann halten sich die Investoren und Konsumenten mit ihren Ausgaben zurück und verhindern dadurch eine wirksame Vollbeschäftigungspolitik. Obwohl es keine eindeutigen objektiven Grenzen der Staatsverschuldung gibt, ergeben sich doch gewisse Beschränkungen, wenn aufgrund einer erheblichen Zunahme der Verschuldung die Zinsen und Tilgungen aus dem öffentlichen Haushalt längerfristig überproportional ansteigen. Entsprechend sind andere Ausgabenkomponenten zu kürzen und die fiskalpolitische Manövriermasse sinkt. Wann allerdings die Grenzen erreicht sind, lässt sich nicht eindeutig bestimmen. Eine weitere Grenze wird im sog. „crowding-out" Effekt gesehen. Führt die Kreditaufnahme des Staates zu Zinssteigerungen, dann verdrängt er private Investoren vom Kapitalmarkt, da er zinsrobuster ist. Die Investitionsnachfrage stagniert und eine Überwindung der Wirtschaftskrise tritt nicht ein. Dieser Effekt dürfte allerdings mehr theoretischer Natur sein, da die Ersparnisse nicht konstant sind, sondern bei dynamischer Betrachtungsweise im Laufe der wirtschaftlichen Entwicklung auch zusätzliche Ersparnisse entstehen. Außerdem ist in Krisenzeiten die Verschuldungsbereitschaft der Privaten gering, so dass kaum ein Verdrängungswettbewerb stattfinden dürfte.

c) Weitere Kritikpunkte sind:

- Von monetaristisch-neoklassischer Seite wird der Lernprozess der Wirtschaftssubjekte für die eingetretene Unwirksamkeit der Globalsteuerung verantwortlich gemacht.
- Durch die kurzfristige Orientierung können nur vorhandene Arbeitsplätze über eine Nachfragepolitik wieder besetzt, aber keine neuen Arbeitsplätze geschaffen werden.
- Ein international stark verflochtenes Land wie die Bundesrepublik kann nicht allein eine expansive Politik betreiben, wenn die anderen Länder einer kontraktiven Konsolidierungspolitik Priorität einräumen.

3.4.5.2 Neoklassisch orientierte Strategien

Die Stabilitätsauffassung der Neoklassik impliziert, dass sich die staatliche Wirtschaftspolitik weitgehend aus dem Wirtschaftsprozess heraushalten soll, weil die Marktwirtschaft per se stabil sei. Auftretende Instabilitäten werden auf staatliche Interventionen in den Markt zurückgeführt. Nun haben sich zwar auch die neoklassischen Auffassungen über die Rolle des Staates im Zeitablauf gewandelt. Geblieben ist aber die Meinung, dass der Staat keine Konjunkturpolitik betreiben solle, da diese destabilisierend wirke.

3.4.5.2.1 Das monetaristische Konzept

Besondere Bedeutung vor allem für die praktizierte Geldpolitik hat der Monetarismus erlangt. Aus den Überlegungen der Monetaristen folgt u. a., dass

- Instabilitäten primär durch eine kurzfristige, diskretionäre Geld- und Fiskalpolitik verursacht werden;
- die Geldmenge langfristig nur die Inflationsrate bestimmt;
- kurzfristig von Geldmengenveränderungen zwar Produktions- und Beschäftigungseffekte ausgehen können, Wirkungsdauer und Stärke aber unbekannt sind;
- die Fiskalpolitik nur über ihren Einfluss auf die Geldmenge konjunkturpolitische Wirkungen hat.

Aus ihren theoretischen und empirischen Untersuchungen leiten die Monetaristen die Empfehlung ab, die Geldpolitik wegen der mangelnden Kenntnis der kurzfristigen Wirkungen mittelfristig zu orientieren, d. h., dass die Geldmenge jährlich mit einer bestimmten Wachstumsrate, weitgehend unabhängig von der konjunkturellen Entwicklung, zunehmen soll. Diese mittelfristige Verstetigung der Geldmenge führt gleichzeitig zu einer Verstetigung der Erwartungen. Damit können die Wirtschaftssubjekte die künftige Entwicklung exakter antizipieren. Sie werden weniger Überraschungen in ihren Erwartungen erleben. Die Folge ist, dass über die Verstetigung der Erwartungen eine Verstetigung der konjunkturellen Entwicklung erreicht werde. Die monetaristische Stabilisierungsstrategie beschränkt sich also im Wesentlichen auf die mittelfristige und stetige Ausdehnung der Geldmenge. Damit werde gleichzeitig Stabilität des Preisniveaus bei stetiger Wirtschaftsentwicklung erreicht.

Nicht nur für die Geldpolitik, sondern auch für die Fiskalpolitik wird eine mittelfristige Orientierung gefordert, um destabilisierende Einflüsse zu vermeiden. Hält sich die Wirtschaftspolitik an diese Regeln, dann wird der Marktmechanismus längerfristig für Vollbeschäftigung sorgen und die monetaristische Geldpolitik Stabilität des Preisniveaus gewährleisten.

Der Monetarismus hat im Zusammenhang mit der weltweiten Inflationsbeschleunigung zu Beginn der siebziger Jahre und dem Versagen der keynesianischen Globalsteuerung bei der Inflationsbekämpfung erheblichen Einfluss auf die praktizierte Wirtschaftspolitik in fast allen Ländern gewonnen. Die Zentralbanken sind von der Zins- zur Geldmengensteuerung in mittelfristiger Perspektive übergegangen und es wird überwiegend eine monetaristisch orientierte Geldpolitik betrieben.

Der Monetarismus wurde und wird heftig kritisiert. Thesenartig werden kurz einige wesentliche Punkte, die gegen die Konzeption vorgebracht werden, referiert:

- Die Argumentation der Monetaristen basiert auf der Prämisse, dass die Marktwirtschaft stabil in dem Sinne ist, dass bei Abweichungen vom gesamtwirtschaftlichen Gleichgewicht der Marktmechanismus zu einer Wiederherstellung des Gleichgewichts bei Vollbeschäftigung führt. Die Instabilitäten in der Bundesrepublik werden daher nicht auf die mangelnde Funktionsweise der Marktwirtschaft, sondern auf das prozyklische Verhalten der staatlichen Akteure und das marktwidrige Verhalten von Verbänden zurückgeführt. Die Prämisse von der Stabilität des privaten Sektors kann aber bezweifelt werden. Zwar konnte bisher die Instabilität des privaten Sektors nicht nachgewiesen werden – dies ist auch nicht möglich, da es eine Wirtschaft

„ohne Staat" in der Realität nicht gibt –, doch gerade der unzureichend funktionierende Marktmechanismus hat zu einer verstärkten Intervention des Staates geführt.

- Der Monetarismus vernachlässigt Machtprobleme, die eine Beeinträchtigung des Marktmechanismus beinhalten und daher eine wichtige monetaristische Annahme in Frage stellen. Die Auffassung, dass der Marktmechanismus zu einer Wiederherstellung der Vollbeschäftigung führt, ist in praxi bisher nicht bestätigt worden. Eine Überwindung der Arbeitslosigkeit ist beim Monetarismus nicht automatisch zu erwarten.
- Ein weiterer Einwand bezieht sich auf die politische Ebene. Den Monetaristen wird politische „Naivität" vorgehalten, da es sich keine Regierung in einem demokratisch-parlamentarischen System leisten könne, längere Zeit eine hohe Arbeitslosigkeit zur Inflationsbekämpfung in Kauf zu nehmen. Dies kann jedoch nach Auffassung der Monetaristen der Fall sein, da es einige Zeit dauert, bis sich die Wirtschaftssubjekte in ihren Erwartungen an die mittelfristige Geldmengenexpansion angepasst haben. Bisher scheint dieses Argument aber kaum eine Rolle zu spielen, da die bestehende hohe Arbeitslosigkeit überwiegend passiv als „Schicksal" hingenommen wird.

Dem Monetarismus kommt das Verdienst zu, das Problem der Inflation und die Inflationsbekämpfung in den Vordergrund gestellt zu haben. Eine Überwindung der Arbeitslosigkeit lässt dieses Konzept nicht erwarten.

3.4.5.2.2 Angebotsorientierte Wirtschaftspolitik

Ebenfalls an einer Stärkung des privatwirtschaftlichen Sektors, einem „Mehr-Markt" und „Weniger-Staat", ist das Konzept einer angebotsorientierten Wirtschaftspolitik orientiert. Während für den Bereich der Geldpolitik keine Unterschiede zum Monetarismus bestehen, wird von der staatlichen Finanzpolitik eine Verbesserung der Angebotsbedingungen gefordert. Nicht durch die Nachfrageseite, sondern durch eine Beeinflussung der Produktionsbedingungen, primär der Privatinvestitionen, sollen die bestehenden Probleme gelöst werden. Von den verschiedenen Varianten einer angebotsorientierten Wirtschaftspolitik (z. B. die „Reagonomics") wird hier wegen seiner Bedeutung für die praktizierte Beschäftigungspolitik kurz das Konzept des „Sachverständigenrats zur Begutachtung der gesamtwirtschaftlichen Entwicklung" (SVR) dargestellt.

Nach Auffassung des SVR geht die seit 1974 bestehende Krise nicht auf ein Nachfragedefizit, sondern auf Störungen der Angebotsbedingungen zurück. Darunter versteht der SVR alles, „was den individuellen Ertrag des Wirtschaftens beeinträchtigt und damit die Neigung oder Fähigkeit zu arbeiten, zu sparen und Risiken zu übernehmen und was die Flexibilität der Reaktionen auf veränderte Bedingungen einschränkt – beides mit dem Ergebnis, daß Produktion und Beschäftigung hinter dem zurückbleiben was möglich und gewünscht ist".[5]

Diese Angebotsprobleme führt der SVR primär auf folgende Ursachen zurück:

- Änderung in den außenwirtschaftlichen Rahmenbedingungen
- staatlich bedingte Angebotshemmnisse
- Anpassungsprobleme beim Strukturwandel
- ein zu hohes Reallohnniveau oder zu starre Lohnstruktur
- mangelnde Flexibilität auf dem Arbeitmarkt sowie
- die Unsicherheit allen Wirtschaftens.[6]

---

[5] Jahresgutachten 1981, Ziff. 296.

[6] Vgl. Krol, G.-J., Schmid, A., a.a.O.

Der SVR negiert nicht grundsätzlich die Möglichkeit einer keynesianischen Nachfragesteuerung. Er argumentiert aber, dass die Entwicklung seit 1974 nicht konjunkturell, sondern durch strukturelle Entwicklungen geprägt ist. Daher fordert er eine mittelfristig ausgerichtete und angebotsorientierte Strategie. Zentraler Ansatzpunkt sind die Förderung und Steigerung aller Investitionen, also neben den Ersatz- und Erweiterungsinvestitionen auch die Rationalisierungsinvestitionen. Die für die Bewältigung des Strukturwandels und die Schaffung von Arbeitsplätzen geforderte Investitionspolitik bedarf einer längeren Zeitspanne, da das Aufspüren neuer Märkte, die Entwicklung neuer Produkte und Produktionsverfahren und die Herstellung neuer Investitionen Zeit brauchen. Eine Angebotspolitik wirkt daher erst mittelfristig.

Außer auf eine monetaristisch orientierte Geldmengenpolitik richtet sich die Forderung des SVR primär auf zwei Bereiche, die Finanz- und die Lohnpolitik. Staat und Gewerkschaften sind aufgerufen, sich so zu verhalten, dass die privaten Investitionen nicht behindert und günstige Bedingungen für eine forcierte Investitionstätigkeit geschaffen werden.

Die Staatsausgaben sollen sich mittelfristig entsprechend dem Produktionspotential entwickeln. Dieses Prinzip gilt grundsätzlich auch für die Einnahmenseite. Konjunkturbedingte Defizite sollen aber hingenommen werden, um einen prozyklischen Effekt zu vermeiden. Eine weitere Rückführung der Staatsquote hält der SVR für erforderlich, um den Spielraum für privatwirtschaftliche Aktivitäten zu erhöhen.

Eine wichtige Rolle weist der SVR den Löhnen bzw. der Lohnpolitik zu. So fordert(e) er eine (relative) Lohnsenkung, ein Zurückbleiben der Reallöhne hinter dem Anstieg der Arbeitsproduktivität, um durch eine Lohnkostensenkung eine Rentabilitätssteigerung der Investitionen zu erreichen. Sinkende Lohnkosten führen bei gleich bleibender Nachfrage zu steigenden Gewinnen und diese zu mehr Investitionen und Beschäftigung. Nach einer eingehenden Analyse kommt der SVR zu dem Schluss, dass aufgrund der gegebenen Bedingungen in der Bundesrepublik bei einer zurückhaltenden Lohnpolitik kein Rückgang der gesamtwirtschaftlichen Nachfrage zu erwarten ist, sondern dass „der reale Kaufkrafteffekt der Lohnsenkung über seinen Anfangswert hinaus noch kräftig zunimmt“[7]. Er geht also von der Gültigkeit des Say'schen Theorems aus.

Auf der strukturellen Ebene wird eine stärkere Differenzierung der Lohnstruktur gefordert. Diese Lohndifferenzierung soll vor allem durch eine Senkung der Löhne für einfache Arbeit, also bei den unteren Lohngruppen erreicht werden. Außerdem fordert der SVR eine verstärkte Flexibilisierung des Arbeitsmarktes. Die „Formen erhöhter Beweglichkeit“ betreffen „sowohl die flexiblere Gestaltung der Arbeitszeit wie auch die Fähigkeit und Bereitschaft der Arbeitnehmer, neue Tätigkeiten zu übernehmen, höhere oder breitere Qualifikationen zu erwerben, den Arbeitsort zu wechseln, sich selbständig zu machen“[8]. Von dieser Deregulierung des Arbeitsmarktes erwartet der SVR auch „eine Steigerung der Beschäftigungschancen von Arbeitslosen“[9].

Als Kritikpunkte am Konzept einer angebotsorientierten Wirtschaftspolitik des SVR werden genannt:

- In der Bundesrepublik hat sich die praktizierte Wirtschaftspolitik zunehmend am Konzept des SVR orientiert. Ein durchschlagender „Erfolg“ ist zumindest für den Abbau der Arbeitslosigkeit bisher nicht festzustellen; allerdings nimmt seit 1989 die Beschäftigung im Trend zu. Ob dieser Anstieg allerdings der angebotsorientierten

[7] Ebenda, Ziff. 300.

[8] Jahresgutachten 1987. Ziff. 368

[9] Ebenda.

Wirtschaftspolitik zu verdanken ist oder durch andere Einflussfaktoren verursacht wurde, lässt sich nicht eindeutig beantworten.

- Der unterstellte positive Nachfrageeffekt einer (relativen) Lohnsenkung basiert auf einer recht optimistischen Einschätzung der Nachrageentwicklung, deren Realitätsbezug begrenzt ist. Daher erscheint es fraglich, ob durch Lohnzurückhaltung die Beschäftigung zunimmt. Umstritten bleibt auch die Forderung einer stärkeren Differenzierung der Lohnstruktur sowie einer größeren Flexibilisierung des Arbeitsmarktes. Eine Beschäftigungswirksamkeit dieser beiden Maßnahmen lässt sich bisher weder theoretisch noch empirisch so eindeutig nachweisen, wie es theoretisch und arbeitmarktpolitisch in jüngster Zeit postuliert wird.
- Eine Schwäche besteht in dem angenommenen Zusammenhang einer Gewinnsteigerung durch Kostensenkung und der dadurch bedingten Zunahme der Investitionen. Die These, dass der Gewinn die Investition bestimme, unterliegt erheblichen Einschränkungen, da es auch andere Investitionsdeterminanten gibt (z.B. Halten des Marktanteils, Verbesserung der Wettbewerbsposition). Ein Unternehmen investiert außerdem trotz höheren Gewinns nicht zusätzlich, wenn es die erhöhte Produktion nicht absetzen kann.

3.4.5.3 Alternative Wirtschaftspolitik

Seit 1975 veröffentlicht eine Gruppe von Ökonomen jährlich erscheinende Memoranden. Ziel dieser Gruppe ist die Entwicklung eines Alternativkonzepts zum SVR, in dem nicht eine Verstärkung des Marktmechanismus propagiert wird, sondern für die Wirtschaftspolitik kurzfristig eine sozialorientierte, politisch durchsetzbare Vollbeschäftigungsstrategie vorgeschlagen und langfristig eine demokratische „Neuordnung der Wirtschaft" gefordert werden. Nach Auffassung der Memorandengruppe ist die Krisenentwicklung markt- und profitgesteuerten Wirtschaftssystemen immanent. Diese Krisenhaftigkeit wird auf ein Nachfragedefizit zurückgeführt, das aus dem Auseinanderfallen der Entwicklung von Produktionskapazitäten und Gesamtnachfrage folgt. Das Kernproblem der Krise wird also „als zyklischer und überzyklischer Widerspruch zwischen Kapitalakkumulation und Endnachfrageentwicklung interpretiert"[10].

Die fortschreitende Konzentration und Vermachtung der Märkte durch vermehrte Unternehmenszusammenschlüsse, stärkeres Wachstum der Großunternehmen, Absprachen, Kooperationen und zunehmende Verflechtungen verringern den Wettbewerb und erhöhen die Handlungsmacht der Unternehmen. Die Konzentrationstendenz verursacht nach Einschätzung der Memorandengruppe eine Profithierarchie im Unternehmensbereich. Im „konzentrierten" Sektor können die Unternehmen wegen der Beschränkung des Wettbewerbs höhere Profite als im Wettbewerbssektor durchsetzen. Die bestehende Disproportionalität zwischen Kapazitäts- und Nachfrageentwicklung wird dadurch verstärkt.

Aus der Diagnose folgt wieder die Therapie: Der die Arbeitslosigkeit bewirkende Nachfragemangel ist kurzfristig durch eine expansive Nachfragepolitik zu bekämpfen. Eine Förderung privater Investitionen scheidet aus, um die bestehende Disproportion zwischen Angebot und Nachfrage nicht zu verstärken. Nach dem Kriterium der Sozialorientierung soll der Staat eine expansive Nachfragepolitik betrieben, die sich auf die Produktion solcher Güter richtet, die der Markt nicht oder nur zu unverhältnismäßig hohen Preisen bereitstellt. In den einzelnen Memoranden wurde immer wieder ein staatliches Beschäftigungsprogramm zur Überwindung der Arbeitslosigkeit gefordert, das dem Muster traditioneller keynesianischer Globalsteuerung entsprecht. Um der Kritik

[10] Memorandum 1984, S. 87.

am Keynesianismus Rechnung zu tragen, wird eine Bindung der staatlichen Ausgaben an beschäftigungspolitische Auflagen und Kontrollen gefordert („Keynes-Plus"). Dadurch sollen die beschäftigungspolitische Wirksamkeit der Globalsteuerung erhöht und machtbedingten Handlungsmöglichkeiten sowie Ausweichstrategien der Unternehmen beschränkt werden.

Außer einer staatlichen Zusatznachfrage erfordert die diagnostizierte Diskrepanz zwischen vorhandenen Kapazitäten und unzureichender Nachfrage eine Ausweitung des Konsums. Diese kann nur durch kräftige Lohnerhöhungen und nicht wie beim SVR durch Lohnzurückhaltung erreicht werden. Die durch eine aktive Lohnpolitik bewirkte Verminderung der Profite entspricht den theoretischen Überlegungen. Die Nachfragepolitik reicht nach Auffassung der Verfasser der Memoranden nicht aus, um die Abschwächung der Wachstumsdynamik zu kompensieren. Daher fordern sie eine Verkürzung der Arbeitszeit bei vollem Lohnausgleich.

Mit dem offensichtlichen Scheitern planwirtschaftlicher Systeme stellt sich, so die Arbeitsgruppe Alternative Wirtschaftspolitik, die Aufgabe, ihre bisherige wirtschaftspolitische Konzeption zu überprüfen. War bisher zumindest die längerfristige Perspektive in den Memoranden eher auf eine Überwindung des Kapitalismus gerichtet, so wird nun konstatiert, dass das kapitalistische Wirtschaftssystem „in den verschiedenen Ordnungsformen existieren und sich in unterschiedlichen Richtungen entwickeln"[11] kann. Aus dieser Einsicht folgern die Autoren, dass eine alternative Wirtschaftspolitik, „die sich auf die Lösung der Beschäftigungsprobleme durch „qualitatives Wachstum" und eine Konzeption des strukturorientierten Keynesianismus („Keynes plus") konzentriert"[12], nicht mehr ausreicht. Der ökologische Umbau komme als gleichrangige Aufgabe hinzu.

„Wir haben in früheren Memoranden die Palette der beschäftigungspolitischen Maßnahmen dargestellt, die ergriffen werden sollten, um das Ziel der Vollbeschäftigung zu erreichen. Sie reichen von dem vermehrten und verbesserten Einsatz arbeitsmarktpolitischer Instrumente über Lohnkostenzuschüsse, die Schaffung eines öffentlichen Beschäftigungssektors und ein umfangreiches Investitionsprogramm bis hin zu einer allgemeinen Arbeitszeitverkürzung mit weitgehendem Lohnausgleich. Wir haben für ein solches Programm Kosten von rund 240 Mrd. DM pro Jahr veranschlagt und gezeigt, wie diese finanziert werden können, ohne an anderer Stelle beschäftigungsschädliche oder sozial unzumutbare Löcher aufzureißen. Dabei stehen die Erhebung einer Vermögensteuer, einer Börsen-, einer Devisenumsatz- und einer Spekulationsteuer, einer kommunalen Wertschöpfungsteuer sowie die Streichung des Ehegattensplittings und die Intensivierung des Kampfes gegen Wirtschaftskriminalität und Steuerhinterziehung im Vordergrund. Außerdem schlagen wir eine Umstellung der Ökosteuer auf eine jährlich steigende Besteuerung von Primärenergie (außer erneuerbare Energien) vor ... Soweit diese Einnahmen erst längerfristig anfallen und noch nicht sofort zur Verfügung stehen, sollten die Ausgaben für eine wirksame Beschäftigungspolitik über Neuverschuldung vorfinanziert werden."[13]

Die Kritik am Konzept einer sozialorientierten Wirtschaftspolitik wird im Folgenden, ohne Anspruch auf Vollständigkeit, in Thesenform zusammengefasst:

- Kritisiert wurde, u. a. auch von den Gewerkschaften, die einseitige Interpretation der Entwicklung der Einkommensverteilung zuungunsten der Löhne, da sie die reale Entwicklung nicht widerspiegele.

[11] Memorandum 1990, S. 167.

[12] Ebenda, S. 144.

[13] Memorandum 2001, S. 33f.

- Empirisch nicht ausreichend abgestützt ist die These von den überhöhten Profiten im Monopolsektor. Es gibt auch empirische Untersuchungen, nach denen im Konzentrationssektor die Profite nicht überdurchschnittlich hoch sind, sondern eher unter dem Durchschnitt liegen. Damit bleibt eine Hauptthese in den Memoranden in ihrer Gültigkeit beschränkt.
- Die Forderung nach einer expansiven Lohnpolitik stellt das Kaufkraftargument in den Vordergrund, der Kostenaspekt der Löhne bleibt weitgehend ausgeblendet oder wird einseitig interpretiert.
- Das Konzept eines alternativen Entwicklungstyps im Rahmen von Marktwirtschaften ist eine Aneinanderreihung verschiedener, sicherlich wichtiger Postulate, aber noch keine praktikable Konzeption.

3.4.6 Praktizierte Beschäftigungspolitik

Welche Bedeutung hatten bzw. haben die stabilitätspolitischen Konzepte für die in praxi betriebene Politik? Unter dieser Fragestellung lässt sich die Wirtschaftsgeschichte der Bundesrepublik grob in vier Phasen unterscheiden:

- von der Währungsreform 1948 bis zur Krise 1967,
- von der Wiederherstellung der Vollbeschäftigung 1967/68 bis 1973,
- seit 1974 als Phase mit hoher Arbeitslosigkeit und teilweisem Vorhandensein stagflationärer Tendenzen und
- seit 1999 im Kontext der Europäischen Währungsunion.

In der ersten Phase gab es keine direkte Beziehung zwischen wirtschaftswissenschaftlichen Konzepten und praktizierter Wirtschaftspolitik. Indirekt war die Geld- und Finanzpolitik am traditionellen neoklassischen Denkmuster orientiert. Der Staat betrieb keine Konjunkturpolitik, sondern übte eine weitgehende konjunkturpolitische Abstinenz. Eine Förderung der privaten Investition zur Forcierung des Wirtschaftswachstums und zur Verringerung der hohen Arbeitslosigkeit in den fünfziger Jahren fand durch Steuer- und Abschreibungserleichterungen statt. Diese Investitionspolitik war längerfristig orientiert. Die Geldpolitik entsprach dem traditionellen Muster einer Zins- und Liquiditätspolitik; oberste Priorität hatte die Preisniveaustabilität.

Mit der Krise 1967 fand ein „Paradigmenwechsel“ in der offiziellen stabilitätspolitischen „Philosophie“ statt. Mit der Verabschiedung des Stabilitätsgesetzes und seiner Anwendung dominierte die traditionelle keynesianische Globalsteuerung. Zur Überwindung der Rezession von 1967 wurden zwei Konjunkturprogramme eingesetzt. Das Schwergewicht lag auf der Staatsausgabenseite, vor allem im Hoch- und Tiefbau.

Mit der zunehmenden Inflation zu Beginn der siebziger Jahre ergriff die damalige Bundesregierung eine Reihe von Maßnahmen zur Dämpfung der gesamtwirtschaftlichen Nachfrage. Diese der keynesianischen Denkweise entstammenden Maßnahmen hatten keine große Wirksamkeit, da sie einmal relativ gering dimensioniert waren und zum andern durch Einsprüche und Einwände von Seiten der Verbände „verwässert“ wurden. Die damals betriebene Geldpolitik entsprach ebenfalls dem keynesianischen Konzept der Globalsteuerung: Sie war weitgehend Zinspolitik und unterstützte die im Vordergrund stehende Fiskalpolitik. Probleme ergaben sich für die Geldpolitik bei der Inflationsbekämpfung Anfang der siebziger Jahre aus der internationalen Verflechtung.

Eine Wende der konjunkturpolitischen Rahmenbedingungen trat mit der weitgehenden Freigabe der Wechselkurse im März 1973 und der drastischen Ölpreissteigerung Ende

1973 ein. Die Wechselkursfreigabe stellte die Handlungsfähigkeit der Bundesbank wieder her, da die Interventionspflicht am Devisenmarkt entfiel. Die Ölpreisexplosion konfrontierte die Bundesrepublik ebenso wie die anderen Länder mit dem Stagflationsproblem, dem gleichzeitigen Bestehen von Inflation und Arbeitslosigkeit. Die Änderung der Rahmenbedingungen und die stagflationäre Entwicklung bewirkten bei der Bundesbank 1974 eine Abkehr von einer keynesianisch orientierten Geldpolitik und die weitgehende Übernahme des monetaristischen Konzepts. Die Geldmenge rückte als zentrale Steuerungsvariable in den Vordergrund. Die Bundesbank verkündete seitdem für jeweils ein Jahr im voraus eine Bandbreite für die Geldmengenexpansion. Im Mittelpunkt der Geldpolitik steht seitdem die Bekämpfung der Inflation. Die Bundesbank hat ihre monetaristisch orientierte Geldpolitik in einer pragmatischen Form betrieben, kurzfristige Abweichungen vom Geldmengenziel wurden toleriert. Die Geldpolitik der Bundesbank hat sich sicherlich erheblich zur Begrenzung der Inflation nach der beiden Ölpreissteigerungen und zur Rückkehr zur weitgehenden Preisniveaustabilität beigetragen. Das Beschäftigungsziel blieb zweitrangig und die Arbeitslosigkeit seit 1974 hoch. Diese Entwicklung steht im Einklang mit dem Monetarismus: Er bietet ein Konzept für die Inflationsbekämpfung, er beinhaltet aber keine Theorie der Beschäftigungspolitik.

Die Fiskalpolitik hat auf die Entwicklungen seit 1974 mit einer z.T. verwirrenden Anzahl an Programmen und Maßnahmen reagiert, die z.T. arbeitsmarktpoltitischer, z.T. beschäftigungspolitischer Art waren. Den ergriffenen Maßnahmen werden nur geringe bzw. sogar kontraproduktive Beschäftigungswirkungen zugerechnet.

Die beschäftigungspolitischen Aktivitäten der Fiskalpolitik von 1977 bis Anfang der achtziger Jahre werden als verstetigte Wachstums- und Strukturpolitik charakterisiert: „Anstatt eines mit wechselnder Dossierung operierenden Nachfragemanagements wurde nun eine mehr auf Regelhaftigkeit und Verlässlichkeit ausgerichtete Fiskalpolitik in dem Sinne angestrebt, dass die Wachstumsrate der Staatsausgaben der des Produktionspotentials entsprechen sollte“[14]. Außerdem erfolgte verstärkt eine strukturelle Orientierung der Fiskalpolitik.

Dem erneuten Anstieg der Arbeitslosigkeit 1980 begegnete die Bundesregierung nicht mehr mit Beschäftigungsprogrammen keynesianischer Art. Wegen der enormen Zunahme der Staatsverschuldung versuchte sie durch Ausgabenkürzungen sowie durch Steuer- und Beitragserhöhungen den drastischen Anstieg der öffentlichen Verschuldung zu verringern. Erst Anfang 1982 ergriff der Bund wieder beschäftigungspolitische Maßnahmen mit dem Kern einer Investitionszulage.

1986/87 erfolgte eine gewisse Kurskorrektur in der Wirtschaftspolitik. So hat die Bundesbank aufgrund der starken Aufwertung der DM und der überwiegend dadurch bedingten Stabilität des Preisniveaus 1986 und 1987 eine stärkere Zunahme des Geldmengenwachstums toleriert, als ursprünglich vorgegeben wurde. Die Fiskalpolitik hat ihren Konsolidierungskurs aufgegeben und eine stärkere Zunahme der Staatsverschuldung hingenommen. Außerdem wurden im Rahmen der „Maßnahmen zur Stärkung des Wachstums“ 1987 zinsgünstige Investitionsdarlehen vergeben.

Mit dem Wirtschaftsaufschwung und der Beschäftigungszunahme seit 1988/89 verfolgt die Geldpolitik wieder einen eher restriktiven Kurs. Die Diskont- und Lombardsätze wurden mehrmals erhöht, um einer mit dem konjunkturellen Aufschwung verbunden Inflationsgefahr zu begegnen. Die Fiskalpolitik war durch die erfolgten Steuersenkungen weniger stabilitätspolitisch als vielmehr (um)-verteilungspolitisch orientiert. Eine bewusste Fiskalpolitik zur Senkung der weiterhin bestehenden hohen Arbeitslosigkeit

---

14 Vgl. Franz, W.: a.a.O., S. 39.

wurde nicht betrieben, wenn auch, durch die Steuersenkungen bedingt, z.T. expansive Impulse der Fiskalpolitik eintraten. Für einige Problemgruppen des Arbeitsmarktes, z. B. Langzeitarbeitslose, wurden Sonderprogramme aufgelegt.

Seit der Vereinigung mit der ehemaligen DDR steht die Geld- und Fiskalpolitik vor neuen Herausforderungen. Die hohen Kosten der Vereinigung und die am Anfang überwiegende Finanzierung durch staatliche Verschuldung haben wie ein keynesianisches Konjunkturprogramm gewirkt und ein hohes Wachstum in den alten Bandesländern (mit)bewirkt. Mit dieser Entwicklung war aber eine Zunahme der Inflationsrate verbunden, die die Bundesbank mit einer sehr restriktiven Geldpolitik bekämpfte. Außerdem stieg die Staatsverschuldung aufgrund der Defizitpolitik stark an. Es traten also die bereits bekannten Wirkungen der traditionellen keynesianischen Globalsteuerung ein: Positive kurzfristige Nachfrage- und Produktionseffekte, wenn auch nicht dort, wo sich beabsichtigt waren, nämlich in den neuen Bundesländern. Mittelfristig ergaben sich die bekannten Probleme der Stagflation und der Staatsverschuldung. Die Bundesregierung schaltete wieder auf ein Konsolidierungskonzept der Staatsfinanzen um, obwohl die Nachfrageschwäche in der Rezession 1993 gerade eine expansive Ausgabenpolitik erfordert hätte. Ein keynesianisches Element bildet die Hinnahme konjunkturbedingter Einnahmeausfälle. Aber dies akzeptieren auch Neoklassiker. „Verkauft“ wurde die anfänglich faktisch betriebene keynesianische Politik als Angebots- und Wachstumspolitik.

Teil der skizzierten Konsolidierungs- und Marktstrategien sind auch die Maßnahmen zur Verringerung der Lohnnebenkosten, die staatlicherseits vor allem im Gefolge der Vereinigung rasant angestiegen sind. Diese Verringerung betreffen vor allem „Reformen“ in der Sozial- und Krankenversicherung. Beide „Reformen“ implizieren eine Senkung der Leistungen und teilweise Erhöhungen der Beiträge für die Arbeitnehmer und die Versicherten. Durch die Senkung der Lohnnebenkosten soll zum einen die Beschäftigung steigen – neoklassische Arbeitsmarkttheorie –, zum andern sollen Defizite in diesem Bereich abgebaut werden bzw. nicht entstehen.

Mit der Verwirklichung der Europäischen Währungsunion hat sich die angebotsorientierte Wirtschaftspolitik weitgehend durchgesetzt. Die Europäische Zentralbank verfolgt einen „flexiblen“ Monetarismus. Die finanzpolitischen Vereinbarungen von Maastricht beschränken eine nationalstaatliche, gesamtwirtschaftliche Nachfragesteuerung durch „deficit spending“. Im Vordergrund stehen finanzpolitische Konsolidierungsanstrengungen, die auf eine Verringerung der Neuverschuldung des Staates zielen. Die Gründe dafür liegen u. a. darin, dass in einer Währungsunion nationalstaatliches fiskalpolitisches „demand management“ erheblichen Wirkungsbeschränkungen unterliegt. Verstärkt wird auf eine Stärkung des Marktes, vor allem des Arbeitsmarktes, gesetzt und gedrängt.

Mit dem Wechsel der Regierung 1998 zur „Rot-Grün“ gab es zu Beginn einen kurzen Strategiewechsel zu einer etwas stärkeren Betonung der Nachfrageseite: Die ersten Steuersenkungsprogramme zielten vor allem auf eine Entlastung der unteren Einkommensbezieher im Sinn einer Stärkung der Kaufkraft. Neben der Umverteilungszielsetzung von „oben nach unten“ wurde dies auch konjunkturpolitisch begründet. Mit der Ausscheiden des ersten Finanzministers setzte sich wieder die Angebotspolitik durch. Sie reichte von einer Forcierung der finanzpolitischen Konsolidierungspolitik durch eine Rückführung der Neuverschuldung – u. a. auch europapolitisch bedingt und begründet – bis zu Steuersenkungsmaßnahmen in mehreren Stufen. Diese Senkungen betreffen zum einen die Konsumenten, sie betreffen zum andern teilweise die Unternehmen. Außerdem erfolgten „Reformen“ in der Sozial- und Krankenversicherung mit dem stabilitätspolitischen Ziel, die Lohnnebenkosten zu senken. Man erhofft sich dadurch einen Abbau der Arbeitslosigkeit.

Die große Koalition steht weiter in der Kontinuität einer angebotsorientierten Beschäftigungspolitik. Schwerpunkte sind eine Konsolidierung der öffentlichen Finanzen, die u. a. durch kräftige Steuererhöhungen erreicht werden soll, sowie eine Unternehmenssteuerreform. Daneben gibt es aber mit einem Wachstumsprogramm („Impulsprogramm“) auch nachfrageorientierte Elemente. Beabsichtigt, aber nur teilweise erfolgreich, sind weiter Senkungen der Lohnnebenkosten.

Die EZB hat zu Beginn ihrer Tätigkeit eine vorsichtige und überwiegend am Ziel der Preisniveaustabilität orientierte Geldpolitik betrieben. Die Abschwungtendenzen im Jahr 2001 in den USA und anderen Industrieländern bewirkten, nachdem die Preisschübe durch den Anstieg des Erdölpreises „verarbeitet“ waren, durch eine vorsichtige Zinssenkungspolitik eine Orientierung an den Zielen der Vollbeschäftigung und des Wirtschaftswachstums. Inzwischen hat die EZB die Geldmarktzinssätze in mehreren Schritten erhöht, um möglichen Inflationsgefahren rechtzeitig zu begegnen.

3.4.7 Europäische Beschäftigungsstrategie

Aufgrund der anhaltend hohen Arbeitslosigkeit in den meisten EU-Ländern hat die EU eine „Europäische Beschäftigungsstrategie“ konzipiert. Diese Strategie hat zur Verabschiedung der „Beschäftigungspolitischen Leitlinien“ und zu einem „Europäischen Beschäftigungspakt“ geführt.

Ausgangspunkt der Leitlinien war das „Weißbuch zu Wachstum, Wettbewerbsfähigkeit und Beschäftigung“ der EU-Kommission 1993. Darin sind eine Reihe an Vorschlägen enthalten, die teilweise neoklassisch, teilweise keynesianisch begründet waren. Sie umfassten struktur-, wettbewerbs- und beschäftigungspolitische Maßnahmen. Bis zur Verabschiedung der Leitlinien war dieses Weißbuch Bezugspunkt für eine europäische Beschäftigungspolitik.

In der Vertragsreform von Amsterdam 1997 wurden das Beschäftigungsziel als gemeinsames Ziel der EU und die „Entwicklung einer koordinierten Beschäftigungsstrategie“ in den neuen EU-Vertrag aufgenommen. Auf dem Beschäftigungsgipfel von 1997 in Luxemburg wurden die beschäftigungspolitischen Leitlinien sowie die Umsetzung in nationale Aktionspläne (NAP) und ihre Überwachung konkretisiert. Die beschäftigungspolitischen Leitlinien umfassen vier Säulen:

a) Verbesserung der Beschäftigungsfähigkeit;

b) Entwicklung des Unternehmergeistes und Schaffung von Arbeitsplätzen;

c) Förderung der Anpassungsfähigkeit der Unternehmen und ihrer Beschäftigten;

d) Verstärkung der Maßnahmen zur Chancengleichheit für Frauen und Männer.

Den bisher letzten Schritt einer europäischen Beschäftigungsstrategie bildet der auf dem Kölner EU-Gipfel von 1999 verabschiedete „Europäische Beschäftigungspakt“. Dieser bekräftigt zum einen die beschäftigungspolitischen Ziele der Leitlinien. Das Neue dieses Paktes ist der „Makroökonomische Dialog“. Dieser findet halbjährlich zwischen den Vertretern der Sozialpartner, der EZB und den nationalen Regierungen statt und soll zur „Europäisierung“ der Beschäftigungspolitik beitragen. Lohn-, Geld-, Finanz- und Einkommenspolitik sollen durch einen systematischen Informationsaustausch die beschäftigungspolitischen Dimensionen ihrer „Politiken“ deutlich machen und im günstigsten Fall aufeinander abstimmen.

Im Unterschied zur Geldpolitik sind für die Beschäftigungspolitik die einzelnen Nationalstaaten zuständig. Begründet wird dies u. a. mit Unterschieden in den Beschäftigungssystemen der einzelnen Länder. Die EU kann daher nicht direkt Einfluss auf die nationalstaatliche Beschäftigungspolitik nehmen. Im Luxemburgprozess wurde daher als Koordinationsmechanismus zwischen der EU und den Mitgliedstaaten die „Methode der offenen Koordinierung“ (MOK) festgelegt. Danach wird intendiert, durch Information und Kommunikation zwischen der Europäischen Kommission und den Nationalstaaten einen Lernprozess in den einzelnen Ländern in Gang zu setzen und dadurch die Beschäftigungssituation zu verbessern. Instrumente dafür sind beschäftigungspolitische Vorschläge der EU für die Nationalstaaten, Verpflichtung der Länder zur Erstellung der NAP's, Vergleich der beschäftigungspolitischen „performance“ der Staaten durch ein europaweites Monitoring, Benchmarking und Vergleich von good practice Beispielen.[15]

Die Europäische Beschäftigungsstrategie wird unterschiedlich beurteilt. So werden dem Lernprozess im Kontext der Methode der offenen Koordinierung positive Effekte zugeordnet. Der Übergang von der aktiven zur aktivierenden Arbeitsmarktpolitik in Deutschland gilt als ein Beispiel dafür. Auch die erhöhte Transparenz und der Vergleich der Beschäftigungspolitik zwischen den Mitgliedsstaaten werden als positiver Effekt angeführt.

Es gibt aber auch einige Kritik an der Europäischen Beschäftigungsstrategie. Stichwortartig und ohne Anspruch auf Vollständigkeit seien einige Probleme genannt:[16]

- Die freiwillige Kooperation zwischen nationalen Regierungen, supranationalen Organisationen und nationalen privaten Akteuren unterliegt hinsichtlich ihrer Wirksamkeit Einschränkungen; die Akteure, die nicht kooperieren wollen, werden dies freiwillig nicht tun, wenn keine entsprechenden Anreize bestehen.
- Sanktionen gegen Länder, die die vereinbarten Ziele nicht erreichen, existieren nicht.
- Unverbindlichkeit besteht auch bei den NAP's; ob diese in der Öffentlichkeit stärker als bisher wahrgenommen werden, ist ungewiss. Diese Wahrnehmung wäre aber eine Möglichkeit, um den Druck auf die Zielerreichung zu erhöhen.
- Probleme bestehen bei der Finanzierung durch die EU und/oder durch die nationalen Regierungen.

Nach dem kritischen Bericht einer „hochrangigen Sachverständigengruppe“ 2004 über die Lissabon-Strategie[17] hat die Kommission 2005 eine Modifikation der Europäischen Beschäftigungsstrategie beschlossen. Danach steht nicht mehr die Erreichung quantifizierbarer Ziele im Vordergrund, sondern rasch umzusetzende Maßnahmen: „Die Realisierung bis 2010 und die unterschiedlichen Beschäftigungsquotenziele gelten nicht mehr als prioritär. Kernelement der Mitteilung ist jetzt vielmehr eine Neubelebung vor allem der wachstums- und beschäftigungspolitischen Prioritäten.“[18] Neben einer stärkeren Abstimmung mit der Makro- und Mikropolitik wurden ab 2005 neue beschäftigungspolitische Leitlinien beschlossen, die u. a. eine flexicurity, die Verbindung von Flexibilität und Sicherheit am Arbeitsmarkt in den Vordergrund stellen.

---

15 Vgl. Schmid, G., Kull, S. 2004, Die Europäische Beschäftigungsstrategie Anmerkungen zur „Methode der offenen Koordinierung“, ttp://skylla.wz-berlin.de/pdf/2004/i04-103.pdf; Hartlapp, M. 2006, Über Politiklernen lernen. Überlegungen zur Europäischen Beschäftigungsstrategie, WZB discussion paper SP I 2006-114; Kommission der Europäischen Gemeinschaften 2005, Entwurf des Gemeinsamen Beschäftigungsberichts 2004/2005, SEC(2005)67, Brüssel.

16 Vgl. Keller, B., Europäische Arbeits- und Sozialpolitik, 2. Aufl., München, Wien 2001, S. 307ff.

17 Vgl. Hochrangige Sachverständigengruppe (Vorsitz W. Kok) 2004, Die Lissabon-Strategie für Wachstum und Beschäftigung, Brüssel, http://ec.europa.eu/growthandjobs/pdf/kok_report_de.pdf

18 EU-Kommission 2005, Ein Neubeginn für die Strategie von Lissabon 2005, http://europa.eu/scadplus/leg/de/cha/c11325.htm

Insgesamt lässt sich konstatieren, dass damit neben der monetären Integration auch die soziale Integration auf der Gemeinschaftsebene einen wichtigen Stellenwert hat. Allerdings ist die institutionelle Ausgestaltung sehr unterschiedlich. Während die Geldpolitik mit der EZB eindeutige Steuerungsmöglichkeiten hat, sind diese bei der Koordination nationaler und supranationaler Akteure in der Beschäftigungspolitik nicht gegeben.

3.4.8 Zusammenfassung

Gemessen an den gängigen Indikatoren lässt sich in der Bundesrepublik für die Beschäftigungsentwicklung feststellen, dass Phasen der Vollbeschäftigung mit Phasen der Arbeitslosigkeit abwechselten, inzwischen die Phasen der Arbeitslosigkeit sehr lange dauern. Die Erklärungen über die Ursachen der Arbeitslosigkeit divergieren, sind aber im Wesentlichen auf die neoklassische oder die Keynes'sche Theorie zurückzuführen. Je nach Erklärung divergieren auch die beschäftigungspolitischen Konzepte: „Mehr Markt und weniger Staat“ konkurriert mit „Mehr Staat und weniger Markt“. Die praktizierte Beschäftigungspolitik folgte im Zeitablauf unterschiedlichen Konzepten. Mit der EU tritt ein neuer Akteur mit einer neuen Form der Koordination in der Beschäftigungspolitik auf, dessen beschäftigungspolitische Wirksamkeit bisher begrenzt ist.

Literaturhinweise

Bundeszentrale für politische Bildung: Wirtschaftspolitik, Schriftenreihe Bd. 292, Bonn 1990.
Cassel, D. Thieme, H. J.: Stabilitätspolitik, in: Vahlens Kompendium der Wirtschaftstheorie und Wirtschaftspolitik, Bd. 2, 8. Aufl., München 2003, S. 363–438
Deutsche Bundesbank, Monats- und Geschäftsberichte, lfd. Jahrgänge.
Europäische Kommission, Beschäftigung in Europa, lfd. Jahrgänge.
Europäische Zentralbank, Monats- und Geschäftsberichte, lfd. Jahrgänge.
Franz, W., Stabilisierungspolitik am Ende der achtziger Jahre. Eine Standortbestimmung aus makrotheoretischer und wirtschaftspolitischer Sicht, „Konjunkturpolitik“, 35. Jg. (1989), S. 22ff.;
Hochrangige Sachverständigengruppe (Vorsitz W. Kok) 2004, Die Lissabon-Strategie für Wachstum und Beschäftigung, Brüssel, http://ec.europa.eu/growthandjobs/pdf/kok_report_de.pdf
Klauder, W., Arbeit, Arbeit, Arbeit, Düsseldorf 1999.
Krol, G.-J., Schmid, A. 2002, Volkswirtschaftslehre, 21. Aufl., 3. Kapitel, Tübingen 2002.
Kromphardt, J., Arbeitslosigkeit und Inflation, 2. Aufl., Göttingen 1998.
Memoranden der Arbeitsgruppe Alternative Wirtschaftspolitik, lfd. Jahrgänge.
OECD: Employment Outlook, lfd. Jahrgänge, Paris.
Sachverständigenrat zur Begutachtung der gesamtwirtschaftlichen Entwicklung, Jahresgutachten, lfd. Jahrgänge.
Schmid, G., Kull, S. 2004, Die Europäische Beschäftigungsstrategie Anmerkungen zur „Methode der offenen Koordinierung“, http://skylla.wz-berlin.de/pdf/2004/i04-103.pdf
Statistisches Bundesamt, http://www.destatis.de
Teichmann, U., Grundriß der Konjunkturpolitik, 5. Aufl., München 1997.
Wagner, H., Stabilitätspolitik, 7. Aufl., München, Wien 2004.

3.5 Arbeitsmarktpolitik
Alfons Schmid

3.5.1 Einleitung

Ist der Arbeitsmarkt ein Markt wie jeder andere, oder ist er durch Besonderheiten charakterisiert, die eine spezifische Arbeitsmarktpolitik erforderlich machen? Es besteht weitgehende Einigkeit darüber, dass der Marktmechanismus zwar auch das Angebot und die Nachfrage auf dem Arbeitsmarkt koordiniert, dass aber zusätzliche Regulationsmechanismen existieren. Über Bedeutung, Ausmaß und Rolle dieser Mechanismen für den Arbeitsmarkt gehen die Auffassungen in Wissenschaft und Öffentlichkeit auseinander.

Für die Arbeitsmarktpolitik gibt es keine eindeutige Begriffsbestimmung. In diesem Beitrag wird zwischen Beschäftigungs- und Arbeitsmarktpolitik unterschieden. Unter die Beschäftigungspolitik werden die Maßnahmen subsumiert, die auf das gesamtwirtschaftliche Angebot und die gesamtwirtschaftliche Nachfrage abzielen, um damit das Niveau der Beschäftigung zu beeinflussen. Arbeitsmarkt und Arbeitsmarktpolitik beziehen sich auf die strukturelle Ebene, also auf das Verhältnis von Teilarbeitmärkten zueinander oder zum gesamten Arbeitsmarkt. Arbeitsmarktpolitik umfasst damit die „Summe aller Regelungen, Einrichtungen und Aktivitäten, welche die generellen Beziehungen zwischen Angebot und Nachfrage auf den ... Arbeitsmärkten ... beeinflussen sollen“.[1]

Außer der gesamtwirtschaftlichen Beschäftigungs- und der strukturellen Arbeitsmarktpolitik findet sich in der Literatur der Begriff der lokalen oder kommunalen Beschäftigungs- und/oder Arbeitmarktpolitik. Darunter werden die Maßnahmen und Aktivitäten subsumiert, die auf der lokalen Ebene von kommunalen Akteuren ergriffen bzw. getätigt werden, um die lokale Beschäftigungssituation zu verbessern.

In diesem Beitrag steht die strukturelle Arbeitsmarktpolitik im Mittelpunkt. Zuerst werden kurz die Besonderheiten des Arbeitsmarktes referiert und dann die empirische Entwicklung des Arbeitsmarktes anhand einiger ausgewählter Indikatoren beschrieben. Ein weiterer Schwerpunkt umfasst die Ziele und Instrumente der Arbeitsmarktpolitik sowie eine Einschätzung von deren Wirksamkeit. Damit steht hier die Arbeitsmarktpolitik i.e.S. im Mittelpunkt. Auf die Arbeitsmarktpolitik i.w.S., die sich auch auf den Arbeitsschutz und Persönlichkeitsschutz sowie qualitative Aspekte des Arbeitsmarktes bezieht, kann nicht eingegangen werden.[2]

3.5.2 Besonderheiten des Arbeitsmarktes

Die Spezifika des Arbeitsmarktes liegen darin begründet, dass „die Arbeit als Tauschobjekt dieses Marktes völlig anders geartet ist als die Tauschobjekte der übrigen Märkte“[3]. Auf den Arbeitsmärkten werden nicht Arbeitskräfte angeboten und nachgefragt, sondern die menschliche Arbeitsleistung. Doch diese ist untrennbar mit ihrem Besitzer verbunden. Eine Analyse des Arbeitsmarktes hat daher einerseits zu berücksichtigen, dass die menschliche Arbeit nicht nur als „Ware“ betrachtet werden kann. Sie hat andererseits zu berücksichtigen, dass der Marktmechanismus auch für das Angebot an und die Nachfrage nach Arbeitskräften Bedeutung hat. Die Diskussion in Wissenschaft und Öffentlichkeit bewegt sich zwischen diesen beiden Positionen.

---

1 Mertens, D., Kühl, J., Arbeitsmarkt I: Arbeitsmarktpolitik, „Handwörterbuch der Wirtschaftswissenschaft“, Bd. 1, Stuttgart etc. 1977, S. 297.

2 Vgl. z. B. Lampert, H., Althammer, J., Lehrbuch der Sozialpolitik, 8. Aufl., Berlin 2007.

3 Müller, J. H., Arbeitsmarkt, in: Görres-Gesellschaft (Hg.), Staatslexikon, 7. Aufl., Freiburg etc. 1985, S. 284 f.

Die Besonderheiten des Arbeitsmarktes manifestieren sich in der Besonderheit des Arbeitsvertrages gegenüber den sonstigen Kaufverträgen.[4] Eine Besonderheit des Arbeitsvertrages besteht darin, dass nur Nutzungs- oder Verfügungsrechte getauscht werden. Bei dem Tausch überträgt der Arbeitnehmer einen Teil seiner Verfügungsrechte über sich selbst auf den Arbeitgeber. Damit entsteht eine Autoritätsbeziehung zwischen Arbeitgeber und Arbeitnehmer. Aufgrund dieser Autoritätsbeziehung erfolgt die Koordination nicht durch gleichberechtigte Marktpartner, sondern durch ein hierarchisches Über-/Unterordnungsverhältnis. Diese Autoritätsbeziehung gründet auf strategischen Vorteilen der Arbeitgeber, einem „strukturellen Machtgefälle" zugunsten der Betriebe. Die Gründe dafür liegen in folgenden Faktoren:[5]

- Die Arbeitnehmer müssen ihre Arbeitskraft zu ihrer Existenzsicherung verkaufen, ohne günstige Verkaufsgelegenheiten abwarten zu können, da sie in der Regel über kein Vermögen verfügen bzw. die Vermögensverteilung sehr ungleich ist. Kapital ist dagegen leichter liquidisierbar und lässt sich daher leichter marktstrategisch nutzen. Wegen dieser Unterschiede besteht seitens der Arbeitnehmer eine größere Risikoaversion.
- Der Arbeitnehmer als Humankapitalbesitzer kann seine Arbeitskraft nicht getrennt von seiner Person verkaufen.
- Die Arbeitgeber sind strategisch im Vorteil bei der Organisation und Durchsetzung ihrer Interessen, da sie im Betrieb über das Dispositionsrecht verfügen. Die Arbeitgeber sind aufgrund dieses strategischen Vorteils in der Lage, den Produktionsprozess und die Arbeitsorganisation entsprechend ihren Zielvorstellungen wesentlich zu gestalten.
- Die Arbeitgeber können durch die Bindung der Anforderungen und der Entlohnung an den Arbeitsplatz eine Verfolgung der Eigeninteressen sowie ein opportunistisches Verhalten der Arbeitnehmer beschränken. Der Beschränkung opportunistischen Verhaltens für die Arbeitnehmer steht die Verbesserung opportunistischer Möglichkeiten auf Seiten der Arbeitgeber gegenüber.
- Die Kosten einer Vertragserneuerung sind für den Arbeitnehmer in der Regel höher als für den Arbeitgeber. Verursacht eine Abwanderung Kosten und übersteigen diese Kosten die des Betriebes für eine Neueinstellung, dann besteht auch hier eine Asymmetrie in den Handlungsmöglichkeiten.

Eine zweite Besonderheit des Arbeitsvertrages besteht in der asymmetrischen Spezifikation der Leistungen beider Vertragsseiten. Beim Arbeitsvertrag ist nur die Leistung des Arbeitgebers in Form des vereinbarten Lohns oder Gehalts festgelegt. Der konkrete Arbeitsinhalt, die zu leistende Arbeit bleibt in der Regel unbestimmt, es wird zumeist nur ein Rahmen für die Arbeitstätigkeit festgelegt („zone of acceptance"). Diese Unbestimmtheit der genauen Arbeitsleistung entspricht den Interessen des Arbeitgebers respektive des Betriebes, da dadurch flexibel auf Unsicherheiten über künftige Entwicklungen des Marktes reagiert werden kann.

Aus diesen Besonderheiten folgt, dass das Arbeitsverhältnis typischerweise nicht im Sinn rein marktmäßiger Tauschverhältnisse, sondern zumindest z.T. durch andere Allo-

---

[4] Vgl. z.B. Buttler, F., Vertragstheoretische Interpretationen von Arbeitsmarktinstitutionen, in: G. Bombach, B. Gahlen, A. E. Ott (Hg.), Arbeitsmärkte und Beschäftigung – Fakten, Analysen, Perspektiven, Tübingen 1987, S. 203 ff.

[5] Vgl. z.B. Sesselmeier, W., Blauermel, G.: Arbeitsmarkttheorien. Ein Überblick, 2. Aufl., Heidelberg 1997.

kationsmechanismen geregelt wird. Aufgrund der strategischen Vorteile der Arbeitgeber sind die Arbeitnehmer bereit, auf einen Teil ihrer Verfügungsrechte zu verzichten und ein Autoritätsverhältnis einzugehen, das ein Weisungs- und Direktionsrecht des Arbeitgebers beinhaltet.

Das Weisungsrecht des Arbeitgebers ist aber nicht absolut, es besteht nur innerhalb gewisser Grenzen. Diese Grenzen sind einmal durch die Unsicherheit gezogen, wo der Arbeitnehmer künftig im Betrieb optimal eingesetzt werden kann. Zum zweiten sind sie durch die Bereitschaft der Arbeitnehmer begrenzt, andere Tätigkeiten auszuüben. Eine weitere Begrenzung folgt aus den Kosten der Kündigung für den Arbeitgeber, die ihrerseits von den Arbeitsmarktverhältnissen abhängen.

Diese Besonderheiten des Arbeitsmarktes bedingen spezifische Institutionen auf staatlicher, verbandlicher und betrieblicher Ebene, die das Zusammentreffen des Arbeitskräfteangebots und der Arbeitskräftenachfrage auf dem Arbeitsmarkt regeln. Für eine pluralistische Demokratie wie die Bundesrepublik enthält das Grundgesetz die für die Gestaltung der Arbeitsmarktordnung wesentlichen Prinzipien. Anzuführen sind hier die persönlichen Freiheitsrechte und Gleichheitsgrundsätze (Art. 1 und 2 GG), die Gleichberechtigung (Art. 3 GG), die Freizügigkeit (Art. 11 GG), die Freiheit der Berufs- und Arbeitsplatzwahl (Art. 12 GG) und das Eigentumsrecht (Art. 14 GG). Die Koalitionsfreiheit (Art. 9 GG) gewährleistet die Tarifautonomie, die den Tarifvertragsparteien das Recht einräumt, Tarifverträge abzuschließen, die „... den Inhalt, den Abschluß und die Beendigung von Arbeitsverhältnissen sowie betriebliche und betriebsverfassungsrechtliche Fragen ordnen können" (§ 1 des Tarifvertragsgesetzes). Da der abgeschlossene Tarifvertrag nur für die Mitglieder der Tarifvertragsparteien verbindlich ist, kann der Bundesminister für Arbeit und Sozialordnung den abgeschlossenen Tarifvertrag für allgemeinverbindlich erklären, sodass er auch auf die Nichtmitglieder Anwendung findet. Die im Tarifvertrag festgelegten Regelungen beinhalten u. a. eine Lohnuntergrenze. Damit soll u. a. eine anomale Arbeitsmarktreaktion verhindert werden. Diese besteht darin, dass bei sinkendem Lohn das Arbeitskraftangebot zunimmt (zunehmen kann), um ein bestimmtes Einkommen zu sichern. Diese Anomalie tritt primär bei einem Lohn auf, der gerade das Existenzminimum sichert.

Weitere gesetzliche Regelungen, die für den Arbeitsmarkt Bedeutung haben, sind das Betriebsverfassungsgesetz, das Mitbestimmungsgesetz, das Arbeitschutzrecht und das Kündigungsschutzrecht.

Die Prinzipien des Grundgesetzes werden zwar in ihrem Allgemeinheitscharakter für den Arbeitsmarkt überwiegend akzeptiert. Die konkrete Ausformung der institutionellen Regelungen für den Arbeitsmarkt wird jedoch kontrovers beurteilt. Mit der enormen Zunahme und Dauer der Massenarbeitslosigkeit wurden die Arbeitsmarktregulierungen zunehmend in Frage gestellt und für die Bekämpfung und Verringerung der Arbeitslosigkeit, insbesondere von Problemgruppen, als kontraproduktiv bezeichnet:

„Ein funktionierender Arbeitsmarkt kommt nicht ohne regulierende Eingriffe aus. Dies ist unstreitig; doch müssen die Regulierungen sich im Zuge der wirtschaftlichen Entwicklung verändernden Marktbedingungen anpassen. Deshalb ist immer wieder zu fragen, ob die überkommenen Regulierungen noch zweckdienlich sind. Angesichts der hohen Arbeitslosigkeit sind die heute bestehenden Regulierungen des Arbeitsmarktes auch, ja entscheidend nach ihren Wirkungen auf die Beschäftigung zu beurteilen. Beschäftigungsmindernde Regulierungen bedürfen eingehender Überprüfung."[6]

---

6 Jahresgutachten des Sachverständigenrats zur Begutachtung der gesamtwirtschaftlichen Entwicklung 1987, Ziff. 377.

Die Forderungen nach einer verstärkten Flexibilisierung des Arbeitsmarktes bilden seit einiger Zeit einen Schwerpunkt in der arbeitsmarktpolitischen Diskussion. Sie umfassen verschiedene Bereiche. Ein Bereich betrifft staatliche Regelungen, die sich auf den Arbeitsmarkt beziehen wie z. B. das Betriebsverfassungsgesetz mit der Forderung einer Deregulierung betrieblicher Mitbestimmungsmöglichkeiten oder einer Verringerung des Kündigungsschutzes. Ein anderer Bereich bezieht sich tarifvertragliche Regelungen wie z. B. eine Flexibilisierung des Flächentarifvertrages durch Ausstiegsklauseln und betriebsnähere Tarifvereinbarungen. Weitere Bereiche sind die Forderungen nach einer weiteren Arbeitszeitflexibilisierung (täglich, wöchentlich, jährlich, Lebensarbeitszeit) sowie einer räumlichen Mobilitätserhöhung. Ein anderer Schwerpunkt der Flexibilisierungsdebatte betrifft die Arbeitsverhältnisse. Danach steht künftig nicht mehr das unbefristete Normalarbeitsverhältnis im Vordergrund, sondern flexible Arbeitsverhältnisse wie Leiharbeit, befristete Arbeit, Teilzeitbeschäftigung. Neuere Diskussionen im Kontext der neuen Informations- und Kommunikationstechnologien betonen das Entstehen neuer Arbeitsformen wie Freelancer, E-Lancer, Arbeitsnomaden, Arbeitskraftunternehmer.

Es gab und gibt auch erhebliche Kritik an den Vorschlägen für eine verstärkte Flexibilisierung und Deregulierung des Arbeitsmarktes. Als Beispiel ein Zitat aus den Memoranden: „Die Strategie der Deregulierung zur Entfesselung der Kapitalwirtschaft konzentriert sich weiterhin auf die Flexibilisierung bisher rechtlich geschützter Beschäftigungsverhältnisse auf dem Arbeitsmarkt ... Dabei zeigen alle die Beispiele für die Aushöhlung des „Normalarbeitsverhältnisses“, dass die beabsichtigten Flexibilisierungen die individuellen Entfaltungsmöglichkeiten abhängig Beschäftigter empfindlich einschränken, während die Unternehmen zusätzliche Verfügungsmacht über die Beschäftigten gewinnen ... Diese Flexibilisierung der Tarifpolitik ist kein wirksamer Beitrag zur Sicherung und Schaffung von Arbeitsplätzen. Sie würde weiter zur sozialen Polarisierung beitragen.“[7]

Vorteile der Flexibilisierung des Arbeitsmarktes für eine verbesserte Anpassungsfähigkeit der Betriebe im (internationalen) Wettbewerb nutzen und die damit verbundenen Nachteile für die Arbeitnehmer vermeiden, intendiert das Konzept der „flexicurity“[8], z. B. bei den Personalserviceagenturen (PSA) der Bundesagentur für Arbeit. Häufig wird dabei auf die Arbeitsmarktpolitik in Dänemark verwiesen; dort besteht kein Kündigungsschutz für Arbeitnehmer, aber eine ausgeprägte Arbeitsmarktpolitik für Arbeitslose mit gezielten Förderprogrammen. Auch auf EU-Ebene spielt das flexicurity-Konzept im Rahmen der Europäischen Beschäftigungsstrategie in den neuen Leitlinien inzwischen eine Rolle.[9]

Ob eine verstärkte Flexibilisierung und Deregulierung beschäftigungssteigernd wirkt oder nicht, ist schwierig zu beurteilen, da in den Argumentationen unterschiedliche Zielorientierungen vorherrschen. Notwendig erscheint die Analyse der jeweiligen Maßnahme. So ist weder jede Flexibilisierung am Arbeitsmarkt beschäftigungsfördernd oder beinhaltet einen Abbau von Arbeitnehmerschutzrechten, noch sind die institutionellen Regulierungen am Arbeitsmarkt per se beschäftigungshemmend oder beinhalten einen Arbeitnehmerschutz. So hat die institutionalistische Arbeitsökonomie belegt, dass Institutionen am Arbeitsmarkt, wie z. B. die Gewerkschaften oder die Mitbestimmungsregelungen, auch effizient sein können.[10]

---

7 Arbeitsgruppe Alternative Wirtschaftspolitik, Memorandum ’87, Köln 1987, S. 130f.

8 Vgl. Keller, B., Seifert, H. (Hg.), Atyische Beschäftigung, Berlin 2007.

9 Vgl. http://europa.eu/scadplus/leg/de/cha/c11323.htm

10 Vgl. Buttler, F., a.a.O., S. 203ff.; vgl. auch Mueller, H. D., Schmid, A., Arbeit, Betrieb und neue Technologien, Stuttgart etc. 1989, S. 125ff.

3.5.3 Strukturelle Entwicklung des Arbeitsmarktes

Strukturelle Entwicklungen und Probleme bilden zwar den Gegenstandsbereich der Arbeitsmarktpolitik, sie sind aber nicht unabhängig von der gesamtwirtschaftlichen Entwicklung. Sie werden von dieser beeinflusst und wirken selbst auf die gesamtwirtschaftliche Entwicklung zurück: Es besteht also ein Interdependenzverhältnis zwischen beiden Ebenen. Eine erfolgreiche Beschäftigungspolitik verbessert die Bedingungen für die Arbeitsmarktpolitik und umgekehrt. In diesem Beitrag steht aus analytischen Gründen die strukturelle Arbeitsmarktpolitik im Mittelpunkt.

Im Folgenden wird anhand ausgewählter Indikatoren die Arbeitsmarktentwicklung in der Bundesrepublik kurz beschrieben, um einen Eindruck über Bewegungen und Veränderungen zu vermitteln. Zuerst erfolgt die Beschreibung der sektoralen Arbeitsmarktentwicklung anhand der drei Sektoren:

a) Land-, Forstwirtschaft, Fischerei (primärer Sektor)
b) Warenproduzierendes Gewerbe (sekundärer Sektor) und
c) Dienstleistungsgewerbe (tertiärer Sektor).

Bereits die grobe Unterteilung in die drei Wirtschaftssektoren zeigt, welch ausgeprägter Strukturwandel in der Bundesrepublik in dem Beobachtungszeitraum stattgefunden hat. Stark ging die Erwerbstätigkeit in der Landwirtschaft zurück. 1950 waren dort (Westdeutschland) ca. 2,2 Mio. Menschen beschäftigt, im Jahr 2006 in Gesamtdeutschland etwa 850 000. Die Ursache für den absoluten Rückgang bei der Beschäftigung liegt in der hohen Produktivitätssteigerung in der Landwirtschaft und der relativ geringen Nachfragezunahme nach landwirtschaftlichen Produkten.

Im sekundären Sektor stieg die Beschäftigung absolut und relativ zuerst an, in den sechziger Jahren blieb sie relativ in etwa konstant, seitdem nimmt sie deutlich ab. So

Tab. 1 Sektorale Beschäftigungsentwicklung in der Bundesrepublik, 1950–2006, Anteil an den Erwerbstätigen im Inland, Anteile in Prozent.

Sektor Jahr	primärer Sektor[1] Erwerbst.	sekundärer Sektor[2] Erwerbst.	tertiärer Sektor[3] Erwerbst.
1950[4]	24,6	42,9	32,5
1960	13,7	47,9	38,3
1970	8,5	48,9	42,6
1980	5,2	43,4	51,4
1991[5]	4,0	36,7	59,3
2001	2,6	32,4	65,0
2006	2,2	25,5	72,3

[1] Land- und Forstwirtschaft, Fischerei.
[2] Bergbau und Gewinnung von Steinen und Erden, Verarbeitendes Gewerbe, Energie- und Wasserversorgung, Baugewerbe.
[3] bis 1991: Verkehr und Nachrichtenübermittlung, Handel, Kreditinstitute und Versicherungen, Wohnungsvermietung, Staat, sonstige Dienstleistungen; ab 1991: Handel, Gastgewerbe und Verkehr, Finanzierung, Vermietung und Unternehmensdienstleister, öffentliche und private Dienstleister.
[4] ohne Saarland und Berlin.
[5] Gesamtdeutschland.

Quellen: Statistisches Bundesamt, http://www.destatis.de/basis/d/erwerb/erwerbtab1.htm; Jahresgutachten, div. Jahrgänge.

sank die absolute Beschäftigung um ca. 2,5 Mio. zwischen 1960 und 2001 (knapp 20%) in der alten Bundesrepublik. In Gesamtdeutschland ging die Erwerbstätigkeit in diesem Sektor zwischen 1991 und 2006 um ca. 3,5 Mio. zurück; hier spielt vor allem der industrielle Abbau in der ehemaligen DDR eine wesentliche Rolle. Auch hier sind die hohe Steigerung der Produktivität und der relative Nachfragerückgang seit Anfang der siebziger Jahre für diese Entwicklung verantwortlich.

Im tertiären Sektor nahm der Anteil der Beschäftigung erst langsam und dann beschleunigt zu. Die Beschäftigung ist wegen des vergleichsweise geringen Produktivitätsanstiegs im Dienstleistungssektor überproportional angestiegen. Gegenwärtig arbeiten fast ¾ der Erwerbstätigen im Dienstleistungssektor.

Von wesentlicher Bedeutung für die Arbeitsmarktpolitik ist auch die Kenntnis der Anforderungen an die Arbeitskräfte und deren Veränderungen. Um dafür adäquate Informationen zu haben, wird inzwischen nicht mehr nur auf die Entwicklung der Berufsstruktur abgestellt, da jemand mit einem bestimmten Beruf sehr unterschiedliche Arbeitstätigkeiten verrichten kann. Zutreffendere Aussagen bietet dafür die Entwicklung der Tätigkeitsfelder und der Qualifikationen. Tabelle 2 vermittelt einen Eindruck über die bisherige und zu erwartende Entwicklung der Tätigkeiten.

Auch bei den Tätigkeiten schlagen die sektoralen Entwicklungen durch: Die Tätigkeiten im Produzierenden Gewerbe gehen anteilsmäßig zurück; vor allem für die Herstellung von industriellen Gütern werden immer weniger Arbeitskräfte benötigt. Ein wesentlicher Grund dafür ist die überproportionale Zunahme der Arbeitsproduktivität in diesem Sektor aufgrund von technisch/organisatorisch bedingter Rationalisierung und Automatisierung. Besonders betroffen sind davon die Hilfstätigkeiten, die einen ausgeprägten Rückgang zu verzeichnen haben.

Die Dienstleistungstätigkeiten nehmen dagegen überwiegend absolut und relativ zu. Vor allem Betreuungs-, Beratungs- und Lehrtätigkeiten steigen überproportional an. Aber auch die Bedeutung von Organisieren und Managen nimmt zu. Der Anteil der allgemeinen Dienstleistungen geht dagegen zurück. Dieser Rückgang erfolgt primär bei

Tab. 2 Wandel der Tätigkeitsstruktur in der Bundesrepublik, alte Bundesländer, 1985–2010, Anteile in Prozent

Tätigkeitsfelder	1985	1995	2010
1. Maschinen einrichten/einstellen	8,4	7,6	6,4
2. gewinnen/herstellen	20,9	16,3	12,2
3. reparieren	6,3	6,1	5,2
4. Handelstätigkeiten	10,7	11,4	12,8
5. Bürotätigkeiten	16,3	18,1	18,6
6. Forschungs-/Entwicklungstätigkeiten	5,0	5,3	5,7
7. Organisation und Management	5,8	6,7	8,6
8. Allgemeine Dienste*	15,2	14,2	13,1
9. betreuen, beraten, Lehren u.ä.	11,4	14,4	17,3
Summe (ohne Auszubildende)	100,0	100,0	100,0

* Reinigen, Bewirten, Lagern, Transportieren, Sichern.

Quelle: Reinberg, A. 1999: Der qualifikatorische Strukturwandel auf dem deutschen Arbeitsmarkt – Entwicklungen, Perspektiven und Bestimmungsgründe, in: Mitteilungen aus der Arbeitsmarkt- und Berufsforschung, 31. Jg., S. 446.

Tab. 3 Entwicklung der Qualifikationsstruktur der Erwerbstätigen in Deutschland, 1970–2010, Anteile in Prozent.

Qualifikationsebene	1970	1980	1991*	1998[1]	2010[2]
ohne Ausbildung	40,0	31,9	18,5	15,0	11,4
betriebliche Ausbildung/Lehre	43,5	49,7	60,5	60,1	59,6
Berufs-, Fach-, Technikerschule	10,7	10,1	8,9	8,7	12,0
Fachhochschule	1,9	2,8	4,4	6,3	6,7
Hochschule	3,9	5,5	7,7	9,9	10,3

* Die Zahlen vor 1991 und ab 1991 sind wegen z.T. unterschiedlicher Abgrenzungen nicht ganz vergleichbar.
[1] bis 1998 alte Bundesländer
[2] Gesamtdeutschland, IAB-Prognose

Quelle: Schmid, A., Beschäftigung und Arbeitsmarkt, Frankfurt, New York 1984, S. 85; Reinberg 1999, a.a.O., S. 445.

den Lager- und Transporttätigkeiten mit Hilfsfunktionen, also eines Tätigkeitsbereichs, der mit der Produktion von materiellen Gütern verbunden ist und geringe Qualifikationen erfordert.

Werden die Tätigkeiten nach der Qualifikation strukturiert, dann belegt Tabelle 3 die Höherqualifizierungsthese. Danach impliziert der zu erwartende Strukturwandel am Arbeitsmarkt eine abnehmende Bedeutung der gering qualifizierten Tätigkeiten, eine etwa gleichbleibende Bedeutung der mittleren Qualifikationen und eine beträchtliche Zunahme der Tätigkeiten, die höhere Qualifikationsanforderungen stellen.

Aber nicht nur auf der Nachfrageseite waren in der Vergangenheit und sind in der Zukunft erhebliche Veränderungen zu verzeichnen. Auch die Angebotsseite des Arbeitsmarktes unterlag und unterliegt künftig erheblichen Veränderungen. Diese beziehen sich auf die demografische Entwicklung, ein verändertes Erwerbsverhalten insbesondere der Frauen, internationale Arbeitskräftewanderungen, staatliche Regelungen hinsichtlich Ausbildung und Ausscheiden aus dem Erwerbsleben sowie Arbeitsschutzregelungen für bestimmte Arbeitskräftegruppen, tarifvertragliche Vereinbarungen über Arbeitszeit, Weiterbildung etc.

3.5.4 Arbeitsmarktpolitische Ziele

Die Ziele der Arbeitsmarktpolitik unterlagen im Zeitablauf einem erheblichen Wandel. Am Anfang standen eher sozialpolitische Ziele im Vordergrund, vor allem die Absicherung des Einkommensrisikos bei Arbeitslosigkeit. Mit dem AFG von 1969 erfolgte eine Schwerpunktverlagerung auf die aktive Arbeitsmarktpolitik. Eine solche Politik zielt auf eine Verringerung von Mismatch-Problemen auf dem Arbeitsmarkt, d.h. die Diskrepanz von offenen Stellen bei gleichzeitiger Arbeitslosigkeit soll verringert werden. Wir haben im empirischen Überblick gesehen, dass sektorale und qualifikatorische Unterschiede beim Angebot an und bei der Nachfrage nach Arbeitskräften bestehen. Aktive Arbeitsmarktpolitik zielt auch auf die Verbesserung der Arbeitsmarktchancen von bestimmten Zielgruppen wie bestimmte Gruppen von Jugendlichen, Geringqualifizierte und Behinderte.

Die neuesten Entwicklungen in der Zielsetzung der Arbeitsmarktpolitik intendieren eine Verbindung von passiver und aktiver Arbeitsmarktpolitik im Sinn von Fördern und Fordern:

„Das zentrale Leitmotiv der Arbeitsmarktreformen ist das Konzept des aktivierenden Sozialstaats. Im Mittelpunkt steht ein gewandeltes Verständnis der Aufgabenteilung von Staat und Bürgerinnen und Bürgern. Die Reformen am Arbeitsmarkt stellen im zentralen Lebensbereich der Erwerbsarbeit nach dem Grundsatz „Fördern und Fordern" eine neue Balance zwischen staatlich organisierter Daseinsvorsorge einerseits und der Eigeninitiative der Bürgerinnen und Bürger andererseits her.

Fördern mit Perspektive – beschreibt die Unterstützung der Arbeitslosen und die Dienstleistungen, die ihnen von den Agenturen für Arbeit erbracht werden.

Fordern mit Legitimation – bedeutet das Einhalten der vor allem in der Eingliederungsvereinbarung festzulegenden Aktivitäten und der gesetzlichen Pflichten durch die oder den Arbeitslosen."[11]

Das neue Konzept der aktiven und aktivierenden Arbeitsmarktpolitik („workfare") basiert darauf, dass Leistungen des Sozialstaates nur im Tausch gegen Arbeit der Empfänger erbracht werden. So ist die Teilnahme an workfare verpflichtend und der Schwerpunkt liegt auf dem Einsatz von Arbeit.[12] Diesem Konzept werden verschiedene Funktionen zugeschrieben:

a) eine Selektionsfunktion im Sinn einer Unterstützung nur für die wirklich Bedürftigen;
b) eine Anreizfunktion zur Arbeitsplatzsuche;
c) einen Effekt zur Erhaltung des Humankapitals durch eine Abschreckungsfunktion von Transferleistungen,
d) eine Allokationsfunktion durch Erhöhung des Sozialprodukts.[13]

Das Konzept einer aktiven und aktivierenden Arbeitsmarktpolitik wurde in den Sozialgesetzbüchern (SGB) III und dem SGB II kodifiziert („Hartzgesetze I–IV"). Im SGB III liegt der Schwerpunkt der Arbeitsmarktpolitik auf der Arbeitsförderung:

„(1) Die Leistungen der Arbeitsförderung sollen dazu beitragen, dass ein hoher Beschäftigungsstand erreicht und die Beschäftigungsstruktur ständig verbessert wird. Sie sind insbesondere darauf auszurichten, das Entstehen von Arbeitslosigkeit zu vermeiden oder die Dauer der Arbeitslosigkeit zu verkürzen. Dabei ist die Gleichstellung von Frauen und Männern als durchgängiges Prinzip zu verfolgen. Die Leistungen sind so einzusetzen, dass sie der beschäftigungspolitischen Zielsetzung der Sozial-, Wirtschafts- und Finanzpolitik der Bundesregierung entsprechen.

(2) Die Leistungen der Arbeitsförderung sollen insbesondere

1. den Ausgleich von Angebot und Nachfrage auf dem Ausbildungs- und Arbeitsmarkt unterstützen,
2. die zügige Besetzung offener Stellen ermöglichen,
3. die individuelle Beschäftigungsfähigkeit durch Erhalt und Ausbau von Kenntnissen, Fertigkeiten sowie Fähigkeiten fördern,
4. unterwertiger Beschäftigung entgegenwirken und

---

[11] Bundesministerium für Wirtschaft und Arbeit, A–Z der Arbeitsförderung, Berlin 2005.

[12] Vgl. Koch, S., Stephan, G., Walwei, U., Workfare: Möglichkeiten und Grenzen, in: Zeitschrift für Arbeitsmarktforschung, 38. Jg., Heft 2/3, S. 421.

[13] Vgl. ebenda.

5. zu einer Weiterentwicklung der regionalen Beschäftigungs- und Infrastruktur beitragen."[14]

Im SGB II liegt der Schwerpunkt auf der Grundsicherung für Arbeitslose durch das Zusammenlegen der bisherigen Arbeitslosenhilfe und Sozialhilfe (Arbeitslosengeld II):

„1) Die Grundsicherung für Arbeitsuchende soll die Eigenverantwortung von erwerbsfähigen Hilfebedürftigen und Personen, die mit ihnen in einer Bedarfsgemeinschaft leben, stärken und dazu beitragen, dass sie ihren Lebensunterhalt unabhängig von der Grundsicherung aus eigenen Mitteln und Kräften bestreiten können. Sie soll erwerbsfähige Hilfebedürftige bei der Aufnahme oder Beibehaltung einer Erwerbstätigkeit unterstützen und den Lebensunterhalt sichern, soweit sie ihn nicht auf andere Weise bestreiten können. Die Gleichstellung von Männern und Frauen ist als durchgängiges Prinzip zu verfolgen. Die Leistungen der Grundsicherung sind insbesondere darauf auszurichten, dass

1. durch eine Erwerbstätigkeit Hilfebedürftigkeit vermieden oder beseitigt, die Dauer der Hilfebedürftigkeit verkürzt oder der Umfang der Hilfebedürftigkeit verringert wird,
2. die Erwerbsfähigkeit des Hilfebedürftigen erhalten, verbessert oder wieder hergestellt wird,
3. geschlechtsspezifischen Nachteilen von erwerbsfähigen Hilfebedürftigen entgegengewirkt wird,
4. die familienspezifischen Lebensverhältnisse von erwerbsfähigen Hilfebedürftigen, die Kinder erziehen oder pflegebedürftige Angehörige betreuen, berücksichtigt werden,
5. behindertenspezifische Nachteile überwunden werden.

(2) Die Grundsicherung für Arbeitsuchende umfasst Leistungen

1. zur Beendigung oder Verringerung der Hilfebedürftigkeit insbesondere durch Eingliederung in Arbeit und
2. zur Sicherung des Lebensunterhalts."[15]

3.5.5 Arbeitsmarktpolitische Instrumente

Die angebots- und nachfrageseitigen Veränderungen stellen eine enorme Herausforderung für die Arbeitsmarktpolitik dar, um die daraus folgenden Anpassungserfordernisse zu bewältigen. Zwar ergeben sich nach dem einfachen neoklassischen Arbeitsmarktmodell keine Anpassungsprobleme, da der Markt über einen funktionierenden Lohnmechanismus für einen reibungslosen Ausgleich sorgt. Doch basiert dieses Modell auf so spezifischen Annahmen, dass damit der reale Angebots-Nachfrageprozess auf dem Arbeitsmarkt nicht zutreffend beschrieben wird. Bei realitätsnäheren neoklassischen Arbeitsmarktmodellen bedarf es einer Arbeitsmarktpolitik, um dic Anpassungsprozesse am Arbeitsmarkt zu unterstützen. Wegen der Spezifika des Arbeitsmarktes existieren eine Reihe von staatlichen und tarifvertraglichen Regelungen, die eine spezifische Funktionsweise des Arbeitsmarktes implizieren und daher der arbeitsmarktpolitischen Ergänzung bedürfen. Schließlich folgt die Notwendigkeit einer besonderen Arbeitsmarktpolitik aus sozialpolitischen Gründen, um ein bestimmtes Einkommensniveau bei Arbeitslosigkeit zu sichern.

[14] Sozialgesetzbuch III, § 1.
[15] Sozialgesetzbuch II, § 1.

Für die Erreichung der sozialpolitischen und der strukturpolitischen Zielsetzungen der Arbeitsmarktpolitik existiert ein reichhaltiges Instrumentarium, das im Zeitablauf teilweise modifiziert und erweitert wurde. Passive Arbeitsmarktpolitik umfasst ein ganzes Bündel an Einkommensersatzleistungen. Die Wichtigsten sind in der Bundesrepublik das Arbeitslosengeld I und das Arbeitslosengeld II. Es gibt noch weitere Maßnahmen, die sich der passiven Arbeitsmarktpolitik zuordnen lassen: Aufwendungen für vorgezogenen Ruhestand, um den Arbeitsmarkt zu entlasten, Erwerbsunfähigkeitsrenten, vorgezogene Rente wegen Arbeitslosigkeit.

Die Ausgestaltung des Bezugs von Arbeitslosengeld I und II bezieht sich auf verschiedene Bereiche. So ist die Lohnersatzrate zu bestimmen, d. h. das Verhältnis von Arbeitslosengeld zum bisherigen Lohn. Festzulegen ist auch die Bezugsdauer von Arbeitslosengeld I sowie die Kriterien für den Bezug von Arbeitslosengeld I und II. Weitere Ersatzleistungen sind Wintergeld, Übergangsgeld, Insolvenzgeld, Kurzarbeitergeld, Teilarbeitslosengeld. Wir verweisen für eine genauere Information dafür auf die Regelungen des SGB III.

Für eine aktive und aktivierende Arbeitsmarktpolitik steht ein umfangreiches Instrumentarium zur Verfügung, um die strukturelle Arbeitslosigkeit, den Mismatch zu verringern, den Strukturwandel auf dem Arbeitsmarkt zu unterstützen und das Entstehen von Arbeitslosigkeit zu verhindern. Wesentliche Bereiche sind:

- Beratung und Vermittlung von Stellensuchenden;
- Förderung der beruflichen Weiterbildung;
- Arbeitsbeschaffungsmaßnahmen;
- Existenzgründungen;
- Arbeitplatzmaßnahmen;
- Verbesserung der beschäftigungspolitischen Rahmenbedingungen;
- Organisatorische Maßnahmen.

Mit der Reform der Arbeitsmarktpolitik durch die „Hartzgesetze I–IV“ sind die Instrumente in den genannten Bereichen weiter ausdifferenziert und ergänzt worden. In diesem Beitrag können für die Bereiche nur kurz ausgewählte Instrumente angeführt werden.

a) Arbeitsvermittlung und Beratung

„Die Ausgleichsprozesse am Arbeitsmarkt werden durch Beratungsangebote der Agentur für Arbeit im Vorfeld oder auch begleitend unterstützt. Diese Angebote, die sich Berufsberatung, Berufsorientierung oder Arbeitsmarktberatung nennen, richten sich an Jugendliche und Erwachsene ebenso wie an Arbeitgeber …

Die Arbeitsmarktberatung der Agentur für Arbeit richtet sich an Arbeitgeber und soll dazu beitragen, Arbeitgeber bei der Besetzung von Ausbildungs- und Arbeitsstellen durch Rat und Auskunft insbesondere zur Lage und Entwicklung des Arbeitsmarktes und der Berufe, zur Gestaltung von Arbeitsplätzen, Arbeitsbedingungen und der Arbeitszeit, zur betrieblichen Aus- und Weiterbildung und zur Eingliederung förderungsbedürftiger Auszubildender und Arbeitnehmer zu unterstützen.

Die Vermittlung in den Agenturen für Arbeit beginnt in der Regel mit einer systematischen Untersuchung der Fähigkeiten und Einsatzmöglichkeiten (Profiling) des Ausbildungs- bzw. Arbeitsuchenden. An das Profiling schließt sich der Abschluss einer Eingliederungsvereinbarung an, in der die zu einer beruflichen Eingliederung erforderlichen Leistungen und die eignen Bemühungen festgehalten werden. Als Vermittler kommen nicht nur die Agenturen für Arbeit in Frage, sondern auch von diesen beauftragte Arbeitsmarktdienstleister.

Zur besseren vermittlerischen Betreuung der Ausbildungs- und Arbeitsuchenden sind in den Agenturen für Arbeit Kundenzentren eingerichtet worden. Die Kundenzentren bestehen aus drei Elementen: Service-Center, Empfang und Kundenbereich. Am Empfang lassen sich Formalitäten erledigen, z. B. Formulare ausfüllen und zur Bearbeitung weiterleiten. Die Mitarbeiter im Service-Center klären telefonisch Fragen. Wer mit seinem Vermittler spezielle Fragen besprechen will, erhält im Service-Center einen verbindlichen Termin. Auf das Gespräch können sich die Vermittler im Kundenbereich also besser vorbereiten. Wartezeiten in den Agenturen für Arbeit verkürzen sich."[16]

Arbeitsagenturen können ihre Kunden an einen privaten Arbeitsvermittler weiterleiten. Hierzu zählt auch der Anspruch von Arbeitslosen, nach sechsmonatiger Arbeitslosigkeit einen Vermittlungsgutschein für einen privaten Arbeitsvermittler zu erhalten.

Die Arbeitsagenturen können Träger mit Eingliederungsmaßnahmen beauftragen, wobei den Trägern freigestellt ist, welche Maßnahmen sie ergreifen; es soll ein möglichst hoher Eingliederungserfolg erzielt werden.

Zur Verbesserung der Vermittlung sind in jeder Arbeitsagentur Personalserviceagenturen (PSA) eingerichtet worden, in der Arbeitslose befristet als Zeitarbeitnehmer eingestellt werden. Dadurch soll eine betriebsnahe Weiterbildung und Vermittlung in ein Dauerarbeitsverhältnis möglich sein.

b) Förderung der beruflichen Weiterbildung

Im Rahmen der „Hartzgesetze" wurde die Förderung der beruflichen Weiterbildung geändert. Die Arbeitsvermittler erstellen eine individuelle Eingliederungsprognose für den Arbeitslosen. Aus der Ausrichtung der „neuen" Arbeitsmarktpolitik auf die Integration in den ersten Arbeitsmarkt folgt für die Weiterbildung, dass nur die Personen gefördert werden, die eine hohe Wiedereingliederungschance nach der Maßnahme haben. Dafür wird ein Bildungsgutschein ausgestellt.

„Arbeitnehmerinnen und Arbeitnehmer ohne abgeschlossene Berufsausbildung, die noch nicht mindestens drei Jahre beruflich tätig gewesen sind, können grundsätzlich nicht gefördert werden, da berufliche Weiterbildung auf bereits vorhandenen beruflichen Kenntnissen und Fähigkeiten aufbaut. Dieser Personenkreis kann ggf. im Rahmen der Förderung der Berufsausbildung gefördert werden. In Fällen, in denen personenbedingt jedoch eine berufliche Erstausbildung oder berufsvorbereitende Bildungsmaßnahme nicht möglich oder nicht zumutbar ist, kann eine Weiterbildung auch dann gefördert werden, wenn eine dreijährige Berufstätigkeit noch nicht ausgeübt worden ist."[17]

d) Arbeitsbeschaffungsmaßnahmen

„Mit Arbeitsbeschaffungsmaßnahmen (ABM) fördert die Bundesagentur für Arbeit durch pauschalierte Lohnkostenzuschüsse die befristete Einstellung von förderungsbedürftigen Arbeitslosen, sofern die Beschäftigung zusätzlich und im öffentlichen Interesse ist (§§ 260–271 SGB III). Zwar kommen auch gewinnorientierte Unternehmen als Träger/innen in Betracht, jedoch darf das Ergebnis der ABM nicht überwiegend erwerbswirtschaftlichen Interessen dienen. Ab Januar 2004 wurden die Strukturanpas-

---

[16] http://www.bmas.bund.de/BMAS/Navigation/Arbeitsmarkt/beratung-und-vermittlung.html

[17] http://www.bmas.bund.de/BMAS/Navigation/Arbeitsmarkt/Foerderung/arbeitnehmer,did=120268.html

sungsmaßnahmen (SAM) mit den ABM zusammengelegt. Gleichzeitig wurden die Förderkonditionen für ABM auf unterschiedliche Weise verändert. So muss beispielsweise seither mit ABM nicht mehr notwendigerweise die Eingliederungsaussicht, sondern die Beschäftigungsfähigkeit der zugewiesenen Arbeitnehmer/innen verbessert werden. Außerdem werden anstelle der früheren anteiligen Zuschüsse Festbeträge je nach erforderlicher Qualifikation für die Tätigkeit gezahlt."[18]

e) Existenzgründungen

Eine Förderung der Selbständigkeit von Arbeitslosen besteht in Form des Überbrückungsgeldes bereits seit 1986. Seit 2003 können Personen, die sich selbständig machen, einen Anspruch auf einen Existenzgründungszuschuss geltend machen („Ich-AG"). Diese Förderung von Existenzgründungen aus Arbeitslosigkeit wurde inzwischen neu ausgestaltet. Die bisherigen Förderinstrumente – der Existenzgründungszuschuss (Ich-AG) und das Überbrückungsgeld – wurden im August 2006 durch ein einheitliches Förderinstrument, den Gründungszuschuss, ersetzt.

f) Verbesserung der beschäftigungspolitischen Rahmenbedingungen

Aus der Diskussion über eine verstärkte Flexibilisierung und Deregulierung folgten Maßnahmen, die auf eine Verbesserung der Rahmenbedingungen und auf Makrowirkungen der aktiven Arbeitsmarktpolitik zielten. So wurde die Leiharbeit durch das Arbeitnehmerüberlassungsgesetz neu geregelt. Damit fielen bisherige Beschränkungen bei der Leiharbeit wie z. B. die zeitliche Beschränkung der Überlassungsdauer weg. Geändert wurde auch das Teilzeit- und Befristungsgesetz dahingehend, eine leichtere Befristung der Beschäftigungsverhältnisse älterer Arbeitnehmer zu ermöglichen.

Auf eine Verbesserung der Rahmenbedingungen im Niedriglohnbereich zielen die Mini- und Midijobs. Bei den Minijobs wurde die Bruttoentgeltgrenze auf 400 € angehoben („400 €-Jobs") und die zeitliche Befristung auf 15 Stunden pro Woche aufgehoben. Diese Jobs sind sozialabgabenfrei, der Arbeitgeber hat eine Pauschalbetrag von inzwischen 30% für die Sozialabgaben zu entrichten.

Neu eingeführt wurden Midijobs. Nach Überschreiben der Geringfügigkeitsgrenze von 400 € sind die Sozialabgaben nicht sofort in voller Höhe zu entrichten, sondern sie setzen gleitend ein. Sie beginnen mit 4% und steigen kontinuierlich bis auf den vollen Beitragsatz ab 800 €. Damit sollen Arbeitsplätze im Niedriglohnbereich durch eine Senkung der Lohnnebenkosten entstehen.

g) Arbeitsplatzbezogene Maßnahmen

Zur Überwindung von Eintrittsbarrieren vor allem für Problemgruppen des Arbeitsmarktes dienen die Eingliederungsbeihilfen (Lohnkostenzuschüsse). Wesentliche Zielsetzung war eine stärkere Ausrichtung an Einzelfällen. Außerdem wurden die Regelungen des bis Ende 2003 gesondert bestehenden Eingliederungszuschusses für Ältere als Sonderregelung zum Eingliederungszuschuss bei Vermittlungshemmnissen und für schwer behinderte und sonstige behinderte Menschen neu gefasst.

Neu geregelt wurden auch das Kurzarbeitergeld und die Zuschüsse zu Sozialplanmaßnahmen. Ersteres wurde durch die Förderung der Teilnahme an Transfermaßnahmen, letzteres durch das Transferkurzarbeitergeld ersetzt. Das Ziel beider Instrumente ist die Vermeidung drohender Arbeitslosigkeit aufgrund einer Betriebsänderung.

[18] Bundesministerium für Arbeit und Soziales, Die Wirksamkeit moderner Dienstleistungen am Arbeitsmarkt, Bericht 2006, Berlin 2006, http://www.bmas.bund.de/BMAS/Redaktion/Pdf/Pressemitteilungen-Pressetermine-Anhaenge/hartz-bericht-langfassung,property=pdf,bereich=bmas, sprache=de,rwb=true.pdf

Lohnersatzleistungen

Obwohl eine aktive und aktivierende im Mittelpunkt der Arbeitsmarktpolitik steht, bilden Lohnersatzleistungen immer noch einen Aufgabenschwerpunkt der Arbeitsmarktpolitik. Die Lohnersatzleistungen sind Geldzahlungen an arbeitslose Arbeitnehmer, die bereit sind, eine bezahlte Arbeit anzunehmen, für die aber kein Arbeitsplatz zur Verfügung steht.

Die Geldleistungen an Arbeitslose zur Sicherung ihrer Existenz und als Gegenwert der bezahlten Beiträge gehören eigentlich zur Sozialpolitik.

Mit den Reformen der Arbeitsmarktpolitik sind bei den Lohnersatzleistungen erhebliche Änderungen eingetreten. So werden nun Arbeitslosengeld I und Arbeitslosengeld II unterschieden.

„Arbeitslosengeld (I) ist eine Entgeltersatzleistung, die nach dem SGB III geleistet wird. Das Arbeitslosengeld ist eine Versicherungsleistung. Es wird aus den Beiträgen zur Arbeitslosenversicherung finanziert.

Das Arbeitslosengeld (I) ist die Leistung einer Risikoversicherung. ... Versichertes Risiko ist der wegen Beschäftigungslosigkeit eintretende Entgeltausfall. Aufgabe des Arbeitslosengeldes ist es, den Lebensunterhalt anstelle des ausfallenden Arbeitsentgelts zu sichern.

Nach geltendem Recht beträgt die Höhe des Arbeitslosengeldes deshalb für Arbeitslose mit einem Kind im Sinne des Steuerrechts 67%, für die übrigen Arbeitslosen 60% des um die gesetzlichen Abzüge, die bei Arbeitnehmern gewöhnlich anfallen, verminderten Bruttoarbeitsentgeltes.

Die für den Anspruch auf Arbeitslosengeld erforderliche Anwartschaftszeit von zwölf Monaten muss zukünftig grundsätzlich innerhalb der letzten zwei Jahre vor der Arbeitslosmeldung (sog. Rahmenfrist) erfüllt werden ...“[19]

Das Zweite Buch Sozialgesetzbuch SGB II regelt die Grundsicherung für Arbeitsuchende, die erwerbsfähig, aber hilfebedürftig sind. Ein wesentliches Anliegen der Reform war es, auch die bisherigen Sozialhilfeempfänger in den Fokus von Förderung und Vermittlung zu rücken. Im Arbeitslosengeld II sind die bisherige Arbeitslosenhilfe und Sozialhilfe zusammengefasst worden. Hat ein Erwerbsfähiger kein ausreichendes Einkommen oder Vermögen, erhalten er und seine Angehörigen Leistungen, die den Lebensunterhalt sichern. Außerdem gibt es noch das Sozialgeld für die Hilfebedürftigen, die nicht arbeitsfähig sind.

Bei der Berechnung der Leistungen der Grundsicherung für Arbeitsuchende zählt nicht nur der Bedarf der Antragstellerin oder des Antragstellers. Einfluss haben auch Einkommen und Vermögen der Menschen, die mit ihm oder ihr unter einem Dach wohnen. Wichtig ist auch, ob es sich um eine Bedarfsgemeinschaft oder eine Haushaltsgemeinschaft handelt.

Alle Angebote der Grundsicherung für Arbeitsuchende wollen vor allem eines erreichen: die Hilfebedürftigen in die Lage versetzen, auf eigenen Füßen zu stehen. Mini-, Midi- und Teilzeitjobs sind geeignet, wenigstens einen Teil des Lebensunterhalts selbst zu verdienen.

Hilfebedürftige Arbeitsuchende müssen Vermögen für ihren eigenen Lebensunterhalt verwenden, bevor sie Arbeitslosengeld II beanspruchen können. Bis zu bestimmten Obergrenzen gibt es aber Freibeträge. Sie schützen vor allem die Rücklagen, die der Al-

[19] http://www.bmas.bund.de/BMAS/Navigation/Arbeitsmarkt/arbeitslosengeld.html

tersvorsorge dienen. Außerdem wird ein angemessenes selbst bewohntes Hausgrundstück genauso wie ein angemessenes Kraftfahrzeug nicht als Vermögen berücksichtigt.[20]

Von den Leistungsempfängern waren 2005 rd. 1,2 Mio. Empfänger von Arbeitslosengeld I und knapp 3,2 Mio. erhielten Arbeitslosengeld II. Auf die aktiven Maßnahmen der Arbeitsmarktpolitik entfielen 25,6%, das Arbeitslosengeld I 50,8%.

Finanzierung

„Die Leistungen der Arbeitsförderung und die sonstigen Ausgaben der Bundesagentur werden durch Beiträge der Versicherungspflichtigen, der Arbeitgeber und Dritter (Beitrag zur Arbeitsförderung), Umlagen, Mittel des Bundes und sonstige Einnahmen finanziert.“ (§ 340 SGB III) So zahlt z. B. der Bund im Jahr 2008 ca. 7,6 Mrd. € für die Arbeitsförderung (§ 363)

Die Beitragssätze haben je nach wirtschaftlicher Situation eine unterschiedliche Höhe. Sie werden je zur Hälfte von Arbeitnehmern und Arbeitgebern aufgebracht. Der Bundesminister für Arbeit und Soziales setzt sie nach Maßgabe der Finanzlage der Bundesanstalt unter Berücksichtigung der Wirtschafts- und Beschäftigungslage fest. Die Bemessungsgrundlage unterliegt einer Höchstgrenze, die jährlich entsprechend der Einkommensentwicklung angehoben wird.

Die Kosten für die Grundsicherung für Arbeitsuchende (Arbeitslosengeld II) trägt der Bund, soweit die Leistungen von der Bundesagentur für Arbeit erbracht werden. Dies gilt auch für Arbeitsgemeinschaften (ARGE). (§ 46 SGB II). Der Bund beteiligt sich zweckgebunden an den Leistungen für Unterkunft und Heizung.

Außer den in „Hartzgesetzen I–IV“ kodifizierten Regelungen der Arbeitsmarktpolitik betreiben Bund und Länder und teilweise die Kommunen ebenfalls mit bestimmten Programmen Arbeitsmarktpolitik. So hat der Bund z. B. ein Programm für Langzeitarbeitslose mit besonderen Vermittlungshemmnissen und ein Programm zur Verbesserung der Qualifizierung und Beschäftigungschancen von jüngeren Menschen mit Vermittlungshemmnissen aufgelegt.

3.5.6 Wirkungen der Arbeitsmarktpolitik

Die Arbeitsmarktpolitik der Bundesagentur wird, u. a. bedingt durch die dauerhaft hohe Massenarbeitslosigkeit und die finanziellen Restriktionen, die vor allem seit der Vereinigung Deutschlands bestehen, zunehmend einer bewertenden Betrachtung unterzogen. Solche Bewertungen unterliegen aber einigen Schwierigkeiten. So ist bei einer Bewertung zu klären, anhand welcher Ziele eine Beurteilung vorgenommen werden soll. Als oberstes Ziel gilt der „Beschäftigungserfolg“, d. h. ob die geförderte Person mit der arbeitsmarktpolitischen Maßnahme einen regulären Arbeitsplatz erhält.

Weitere Schwierigkeiten bei der Bewertung tauchen auf, wenn Zielkonflikte bei bestimmten arbeitsmarktpolitischen Instrumenten bestehen. So ist ein zentrales Ziel der passiven Arbeitsmarktpolitik, durch Arbeitslosengeld die von Arbeitslosigkeit betroffenen Personen vor materiellen Risiken abzusichern und ihnen einen gesellschaftlich als angemessen festgelegten Lebensstandard zu gewährleisten. Aus dieser sozialpolitischen Perspektive wäre eine großzügige Bemessung der Lohnersatzleistungen adäquat. Aus einer arbeitsmarktpolitischen Perspektive hat eine möglichst schnelle und kosten-

[20] Vgl. http://www.bmas.bund.de/BMAS/Navigation/Arbeitsmarkt/arbeitslosengeld-2.html

günstige Integration in den Arbeitsmarkt oberste Priorität. Danach kann, und diese Argumentation ist häufig anzutreffen, eine großzügige Bemessung beim Arbeitslosengeld und bei der Arbeitslosenhilfe dazu führen, dass sich die Arbeitslosen nicht oder nicht ausreichend um einen Arbeitsplatz bemühen, sondern es sich in der „sozialen Hängematte" bequem machen. Aus dieser Perspektive wäre also ein geringes Arbeitslosengeld bzw. eine geringe Arbeitslosenhilfe angemessen.

Allerdings gibt es bei der arbeitsmarktpolitischen Zielsetzung auch die umgekehrte Einschätzung. Danach bildet eine angemessene Höhe der Lohnersatzleistungen einen positiven Anreiz für Arbeitslose, sich aktiv um eine Stelle zu bemühen. Welche der beiden Sichtweisen zutrifft, ist eine empirische Frage, die allerdings nicht so einfach zu beantworten. Es gibt in der Empirie Beispiele für beide Sichtweisen. So werden z.B. die USA als Beispiel für die erste arbeitsmarktpolitische Bewertung angeführt. Dänemark ist ein Beispiel für die zweite Sichtweise.

Die Dominanz der Integrationszielsetzung verstellt zumindest teilweise auch den Blick auf andere Ziele der Arbeitsmarktpolitik. So kann es ein eigenständiges Ziel sein, die Beschäftigungsfähigkeit von Personen wieder herzustellen, oder für bestimmte Zielgruppen einen Arbeitsplatz in einem öffentlich geförderten Beschäftigungssektor zur Verfügung zu stellen, ohne dass damit eine Integration in den ersten Arbeitsmarkt verbunden ist. Solche eher sozialpolitischen Zielsetzungen sind zunehmend in den Hintergrund getreten. Der kurze Überblick über die arbeitsmarktpolitischen Instrumente in SGB III und II verdeutlicht diese Einschätzung. So stehen die Verhinderung von Arbeitslosigkeit und die Integration in den ersten Arbeitsmarkt im Mittelpunkt dieser Gesetze.

Ein weiteres Problem bei der Beurteilung der Arbeitsmarktpolitik besteht in der „Zurechenbarkeit" von Erfolgen auf bestimmte arbeitsmarktpolitische Maßnahmen. So kann jemand einen Arbeitsplatz aus verschiedenen Gründen erhalten. Für die Integration können neben der Maßnahme selbst auch sonstige Einflussgrößen eine Rolle spielen, z.B. das Alter, das Geschlecht, die Motivation, die soziale Umgebung. Außerdem kann jemand durch eine Maßnahme zwar einen Arbeitsplatz erhalten; aber aufgrund der Finanzierung kann jemand anders dadurch arbeitslos werden. Hier ist die Differenzierung zwischen Brutto- und Nettoeffekten in der Arbeitsmarktpolitik angesprochen. Ob die Integration also tatsächlich auf die Maßnahme oder auf andere Einflussfaktoren zurückgeht, bedarf daher spezifischer Untersuchungen und Methoden.

Hier setzt die Wirkungsforschung an, die in jüngster Zeit erheblich an Bedeutung gewonnen hat.[21] In SGB II und III ist explizit eine Evaluation der Arbeitsmarktpolitik in diesen Gesetzen kodifiziert. Zentrale Zielsetzung bildet in der neueren Evaluationsforschung die Herausarbeitung des Beitrags einer (aktiven und aktiverenden) arbeitsmarktpolitischen Maßnahme für den Beschäftigungserfolg. Dabei wird zwischen der mikroökonomischen und der gesamtwirtschaftlichen Wirkungsanalyse unterschieden. Auf der Mikroebene wird versucht, den Effekt der Maßnahme von anderen Einflussfaktoren zu „isolieren". Methodischer Ansatzpunkt ist dabei die Bildung einer möglichst identischen Vergleichsgruppe, die aber nicht an einer arbeitsmarktpolitischen Maßnahme teilnimmt. Durch den Vergleich der Beschäftigungsquote der Teilnehmer einer Maßnahme mit der Beschäftigungsquote der Vergleichsgruppe, die nicht an der Maßnahme teilgenommen hat, lässt sich die Wirkung einer arbeitsmarktpolitischen Maß-

[21] Vgl. das Heft 3/2001 der Mitteilungen aus der Arbeitsmarkt- und Berufsforschung; Fitzenberger; B., Hujer; R. 2002, Stand und Perspektiven der Evaluation der Aktiven Arbeitsmarktpolitik in Deutschland, in: Perspektiven der Wirtschaftspolitik, Bd. 3, S. 139 ff.; Kleinhenz, G. (Hg.) 2002: IAB-Kompendium Arbeitsmarkt- und Berufsforschung, Nürnberg, S. 371 ff.

nahme evaluieren. So einfach diese Methode klingt, so schwierig ist seine Umsetzung. So bestehen z. B. Probleme bei der Bildung einer in den beobachtbaren und nicht beobachtbaren Merkmalen identischen Vergleichsgruppe.

Die arbeitsmarktpolitischen Instrumente des SGB III sind einer umfangreichen Evaluation unterzogen worden.[22] Die Ergebnisse sind recht unterschiedlich. Positive Effekte werden z. B. der Förderung von Existenzgründungen, der beruflichen Weiterbildung, den Mini- und Midijobs zugerechnet. Kritisch werden dagegen ABM und die Personalserviceagenturen beurteilt. Beurteilungskriterium bildet die Integration in den ersten Arbeitsmarkt.[23]

3.5.7 Schlussbemerkung

Der Arbeitsmarkt ist durch Besonderheiten gekennzeichnet, die ihn von sonstigen Märkten unterscheiden. Es finden beträchtliche Bewegungen und Veränderungen statt, die arbeitsmarktpolitische Maßnahmen notwendig machen. In der Bundesrepublik erfolgt die Arbeitsmarktpolitik auf der Basis des SGBIII und SGB II. Im Mittelpunkt der Arbeitsmarktpolitik steht inzwischen ein Aktivierungskonzept, das neben Fördern und auch Fordern umfasst. Während die Arbeitsmarktpolitik lange Zeit positiv hinsichtlich ihrer Wirksamkeit beurteilt wurde, ist die Einschätzung aufgrund neuer Evaluationsstudien einer differenzierten Beurteilung gewichen. Danach wirken sich einige Instrumente positiv auf die Integration in den Arbeitsmarkt aus, bei einigen Instrumenten wird eine Verschlechterung in den ersten Arbeitsmarkt diagnostiziert.

Literaturhinweise

Allmendinger, J. Eichhorst, W., Walwei, U. (Hg.) 2005: IAB Handbuch Arbeitsmarkt, Frankfurt/New York.

Bericht der Arbeitsgruppe Benchmarking und der Bertelsmann Stiftung 2001: Benchmarking Deutschland: Arbeitsmarkt und Beschäftigung, Berlin, Heidelberg.

Bundesministerium für Arbeit und Soziales, Die Wirksamkeit moderner Dienstleistungen am Arbeitsmarkt, Bericht 2006, Berlin 2006, http://www.bmas.bund.de/BMAS/Redaktion/Pdf/Pressemitteilungen-Pressetermine-Anhaenge/hartz-bericht-langfassung,property=pdf,bereich=bmas, sprache=de,rwb=true.pdf

Fitzenberger, B., Hujer, R. 2002, Stand und Perspektiven der Evaluation der Aktiven Arbeitsmarktpolitik in Deutschland, in: Perspektiven der Wirtschaftspolitik, Bd. 3, S. 139–158.

Fürstenberg, F. 2000: Berufsgesellschaft in der Krise, Berlin.

Kleinhenz, G. (Hg.) 2002, IAB-Kompendium Arbeitsmarkt- und Berufsforschung, Nürnberg.

Krol, G.-J., Schmid, A. 2002: Volkswirtschaftslehre – Eine problemorientierte Einführung, 3. Kapitel, 21. Aufl., Tübingen.

Koch, S., Stephan, G., Walwei, U., Workfare 2005: Möglichkeiten und Grenzen, in: Zeitschrift für Arbeitsmarktforschung, 38. Jg. (2005), Heft 2/3, S. 419–440.

Lampert H. 1997, Arbeitsmarktordnung, in: D. Kahsnitz, G. Ropohl, A. Schmid, Handbuch zur Arbeitslehre, München, Wien, S. 429–441.

Mitteilungen aus der Arbeitsmarkt- und Berufsforschung, inzwischen Zeitschrift für Arbeitsmarktforschung, lfd. Jahrgänge.

OECD, Employment Outlook, lfd. Jg., Paris.

Reinberg, A. 1999, Der qualifikatorische Strukturwandel auf dem deutschen Arbeitsmarkt – Entwicklungen, Perspektiven und Bestimmungsgründe, in: Mitteilungen aus der Arbeitsmarkt- und Berufsforschung, 31. Jg., S. 434–447.

---

[22] Vgl. Bundesministerium für Arbeit und Soziales 2006, a.a.O.

[23] Vgl. ebenda.

Sachverständigenrat zur Begutachtung der gesamtwirtschaftlichen Entwicklung, Jahresgutachten, lfd. Jahrgänge (http://www.sachverstaendigenrat-wirtschaft.de/).
Sesselmeier, W., Blauermel, G. 1997: Arbeitsmarkttheorien. Ein Überblick, 2. Aufl., Heidelberg.
Sozialgesetzbuch III und Sozialgesetzbuch II, http://gesetze.bmas.bund.de/Gesetze/sgb03xinhalt.htm und http://gesetze.bmas.bund.de/Gesetze/sgb02xinhalt.htm
Statistisches Bundesamt, http://www.destatis.de
Zerche, J., Schönig, W., Klingenberger, D. 2000, Arbeitsmarktpolitik und -theorie, München, Wien.

3.6 Bildung und Weiterbildung – technischer Fortschritt und Qualifikation
Hans-Jürgen Albers

3.6.1 Begriff, Ziele, Bereiche und Systeme von Bildung

Der **Bildungsbegriff** leidet an einer eigenartigen Ambivalenz. Einerseits ist er einer der am häufigsten verwendeten Begriffe in den Humanwissenschaften, andererseits ist seine Bedeutung überaus vage und seine Verwendung uneinheitlich. Diese Mängel, die seine Eignung als Leitbegriff menschlicher Entwicklung beeinträchtigen, haben – vor allem in den sechziger und siebziger Jahren – zur Suche nach zweckmäßigeren Begriffen geführt. Da jedoch Ersatzbegriffe, wenn sie einen gleich weiten Aussageumfang anstreben, auch mit den gleichen Mängeln behaftet sind, hat sich an der Dominanz des Bildungsbegriffes wenig geändert; seit einigen Jahren scheint er sogar eine Renaissance zu erleben.

Sein Dilemma teilt der Bildungsbegriff mit einer Vielzahl anderer geisteswissenschaftlicher Begriffe. Bestimmungen von Gegenstand und Umfang sind objektivierbaren Messungen nicht zugänglich, sondern lediglich im Wege der Konsensbildung möglich. Grundsätzlich ist jedermann erlaubt, mit Bildung zu bezeichnen, was er damit bezeichnen möchte.

Weitgehende Einigkeit besteht heute darüber, dass es einen allgemeingültigen Begriff von Bildung nicht gibt, sondern dass das, was Bildung meint, für jede Epoche unter Berücksichtigung der spezifischen gesellschaftlich-historischen Bedingungen neu formuliert werden muss und dass Bildung lediglich einen Oberbegriff darstellt, der weiterer Differenzierungen und Konkretisierungen bedarf. Einvernehmen besteht auch darüber, dass Bildung sowohl einen Prozess der Aneignung als auch einen Zustand von Erreichtem bezeichnet und dass Bildung nicht beliebiger Selbstzweck ist, sondern sich in den Anforderungen des realen Lebens bewähren muss. Nicht zuletzt besteht eine enge wechselseitige Abhängigkeit zwischen Bildungsbegriff einerseits und Bildungszielen und -inhalten andererseits. Bildung äußert sich letztlich in dem, was in „Bildungs"einrichtungen vermittelt bzw. erworben wird.

Trotz aller Unterschiede in der Begriffsverwendung ergibt sich ein gemeinsamer Kern im heute vorherrschenden Bildungsbegriff. Danach ist Bildung **Ausstattung des Individuums mit jenen Kenntnissen, Fertigkeiten, Fähigkeiten, Einsichten, Haltungen usw., die es ihm erlauben, in seinem sozialen, materialen, historischen und gesellschaftlichen Lebensumfeld eine eigenständige Persönlichkeit auszubilden und aus dieser heraus individuelle, gesellschaftliche und berufliche Aufgaben zu erkennen, verantwortlich zu prüfen und ggf. praktisch tüchtig zu meistern.**

In diesem Bildungsbegriff ist sowohl die Zielsetzung in allgemeiner Form enthalten als auch die Notwendigkeit weitergehender Differenzierungen angedeutet.

Von der Verantwortbarkeit her sind zunächst Selbstbildung und institutionalisierte Bildung zu unterscheiden. Die vom Individuum eigenständig organisierte Selbstbildung spielt vor allem im traditionellen, humanistisch geprägten Bildungsverständnis eine Rolle; heute wird Bildung weitestgehend mit institutionalisierten, insbesondere schulischen Lernprozessen gleichgesetzt. Schulen gelten als das Bildungswesen schlechthin. Hinsichtlich der Trägerschaft lassen sich weiterhin öffentliche und private Bildungsinstitutionen unterscheiden.

Die wohl folgenreichste und – trotz überaus zahlreicher wissenschaftlicher Bemühungen – bis heute nicht befriedigend aufgearbeitete Unterscheidung ist die von **Allgemeinbildung und Berufsbildung,** die den hier dargestellten Sachverhalt in besonderer Weise berührt. Die mit etlichem historischen und irrationalen Ballast befrachtete Diskussion um das Verhältnis beider Bildungsbereiche zueinander, um Gemeinsamkeiten, Unterschiede, Wertigkeiten usw. hat wie kaum ein anderes Thema die bildungstheoretische und bildungspolitische Diskussion der letzten hundertfünfzig Jahre bestimmt.

Die vielschichtige Diskussion kann hier nicht nachvollzogen werden, wiewohl sie durchaus sowohl für den Zusammenhang von Bildung und Weiterbildung als auch allgemein für Adaption und Akzeptanz des wirtschaftlich-technischen Fortschritts durch das Bildungswesen beachtlichen Erklärungswert besitzt.

Insbesondere der Begriff der Allgemeinbildung – und seine Wandlungen – haben Bildungsverständnis und Bildungswesen seit Beginn des 19. Jahrhunderts in Deutschland entscheidend geprägt. Die insbesondere von Wilhelm von Humboldt propagierte Idee der allgemeinen Menschenbildung und die damit einhergehenden inhaltlichen und institutionellen Unterscheidungen führten zu der bis heute bestehenden Trennung von allgemeiner und beruflicher Bildung.

Vor allem in den ersten Jahrzehnten dieses Jahrhunderts hat es zahlreiche Versuche gegeben, die Gegensätze einzuebnen. Namen wie Georg Kerschensteiner, Alois Fischer, Eduard Spranger und Theodor Litt stehen für dieses Bemühen, das zumindest für den Bereich der Erziehungswissenschaft, weniger jedoch für das öffentliche Bildungsverständnis und für die Strukturen des Bildungswesens Erfolg hatte. Während es ihnen um Gleichwertigkeit und zweckmäßiges Miteinander bzw. Nacheinander von allgemeiner und beruflicher Bildung ging, waren in den sechziger und siebziger Jahren dieses Jahrhunderts zahlreiche theoretische und praktische Ansätze einer Integration (u. a. Kollegschule in Nordrhein-Westfalen) zu verzeichnen.

Beim genauen Hinsehen zeigt sich, dass Gegenstände der kontroversen Diskussion nicht in erster Linie Bildungsbegriff und Bildungsziele waren, sondern die Bildungsinhalte. Die Bedeutung von Bildungsinhalten resp. Lerninhalten ergibt sich auch ihrer Mittlerfunktion zwischen dem Bildungsziel/Lernziel und dem Bildungs- bzw. Lernergebnis. Bildung kann nicht im inhalteleeren Raum stattfinden. Das Ziel bedarf zu seiner Realisierung der Inhalte, und letztlich bestimmen die Inhalte das Ergebnis, nicht die bewusst oder unbewusst vorangestellten Ziele. Je besser die Inhalte die Ziele repräsentieren, um so mehr stimmen Ziel und Ergebnis überein. Hieraus ergibt sich die Auswahl geeigneter Inhalte als Kernaufgabe der Didaktik, wenn nicht der Bildung schlechthin. Die zentrale Frage lautet also: Welche Inhalte zählen zur allgemeinen und welche zur beruflichen Bildung? In der Vergangenheit wurde zumeist versucht, die Frage in Anlehnung an (Schul-)Fächer zu beantworten. Bestimmte Fächer (z. B. Latein, Geschichte, Deutsch usw.) wurden als allgemeinbildend, andere (z. B. Ökonomie, Technik usw.) als berufsbildend verstanden. Dieses Fächerdenken prägt bis heute noch weihin das öffentliche Bildungswesen in Deutschland und das Bildungsdenken der Mehrzahl der Menschen; einer entideologisierten Analyse hält diese Struktur jedoch nicht stand.

Ausgangspunkte der Betrachtung haben die im oben gekennzeichneten Bildungsbegriff bereits genannten Lebenssphären und die **Bedeutsamkeit** von Bildungsinhalten im Hinblick auf diese Lebenssphären zu sein. Dem Individuum stellen sich Anforderungen im privaten, gesellschaftlichen und beruflichen Bereich, die es bewältigen muss. Und Bildung soll das Individuum zur Bewältigung seiner Lebenssituationen befähigen.

Werden die Lebensanforderungen, die sich den Individuen in den drei Lebensbereichen stellen, miteinander verglichen, stellt sich heraus, dass zahlreiche Lebenssituationen im privaten und gesellschaftlichen Bereiche für alle Individuen, für die Allgemeinheit also, annähernd gleich sind. Die Bildungsinhalte, die auf diese Anforderungen vorbereiten, sollten folglich Gegenstand der Allgemeinbildung sein und nach Möglichkeit allen zugute kommen. Darüber hinaus ergeben sich aus individuellen Biographien, subjektiven Interessen usw. jedoch auch in diesen Bereichen bildungsrelevante Unterschiede, die im Wege einer den jeweiligen Ausprägungen angemessenen speziellen Bildung zu befriedigen sind.

Es zeigt sich aber auch, dass in der beruflichen Lebenssphäre die Situationen für die Individuen je nach ausgeübtem Beruf höchst unterschiedlich sind. Die berufsspezifischen Situationen und Anforderungen des Schreiners, Elektrikers, Versicherungskaufmanns, Rechtsanwalts oder eines der anderen ca. 20 000 Berufe weichen so sehr voneinander ab, dass ihnen nicht mehr mit einer gleichen Bildung für **alle,** sondern nur mit einer den Anforderungen der einzelnen Berufe gerecht werdenden, differenzierten und damit **speziellen** Bildung – eben der **Berufsbildung** – entsprochen werden kann. Gemeinsame – und damit einer allgemeinen Bildung zugängliche – Anforderungen bestehen nur hinsichtlich jeder Situationen, die mit der grundlegenden Tatsache einer Berufsausübung, aber noch nicht mit spezifischen Berufsanforderungen zusammenhängen. Berufsbildung erweist sich somit in ihrer notwendigen Differenzierung als jener Teil – allerdings als bedeutsamster Teil – der Spezialbildung, der zwar für private und öffentliche Lebenssituationen nicht ohne Belang ist, jedoch schwerpunktmäßig auf die Bewältigung beruflicher Situationen abhebt.

Unter dem Dach „Bildung" finden sich also sowohl die für alle bedeutsame und schwerpunktmäßig auf die Bewältigung gesellschaftlicher und privater Lebenssituationen vorbereitende „Allgemeinbildung" als auch die nur für bestimmt Gruppen bedeutsame Spezialbildung, die als „Sonstige Spezialbildung" ebenfalls auf die Bewältigung individuell bestimmter gesellschaftlicher und privater Lebenssituationen vorbereitet, und die „Berufsbildung", die in allgemeiner Ausprägung für jene Individuen bedeutsam ist, die einen Beruf ausüben oder ausüben wollen, und in spezifischer Form für jene Individuen bedeutsam ist, die einen **bestimmten** Beruf ausüben.

Eine Veranschaulichung dieser Struktur ist in Schaubild 1 (s. u.) dargestellt, wobei aus Gründen der Übersichtlichkeit nur die vorrangigen Beziehungen zwischen Bildungs- und Lebensbereichen wiedergegeben sind. Selbstverständlich bestehen auch durchaus wichtige Beziehungen beispielsweise zwischen Allgemeinbildung und beruflichen Lebenssituationen und zwischen Berufsbildung und privaten und gesellschaftlichen Lebenssituationen.

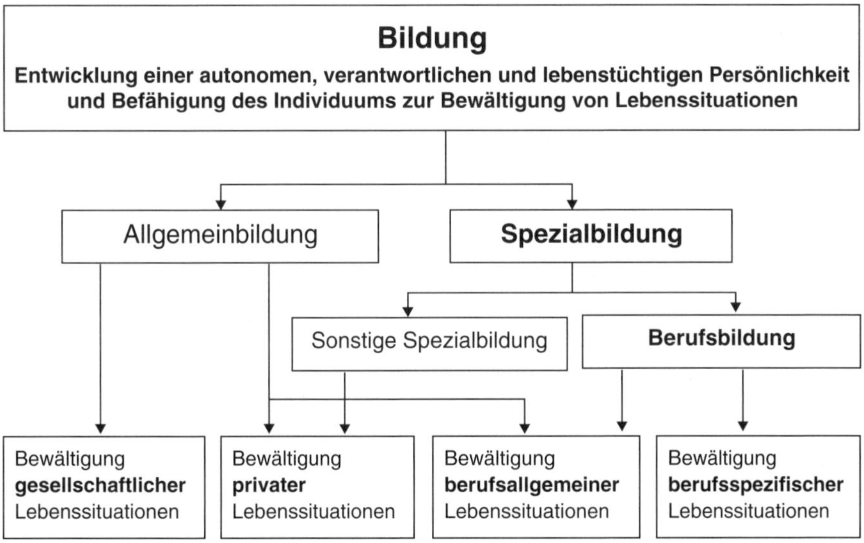

Schaubild 1 Bildungsbegriff und Bildungsbereiche

Die unterschiedlichen Bildungsbereiche lassen sich zusammenfassend so kennzeichnen:

Allgemeinbildung: Ausstattung der Individuen mit jenen Kenntnissen, Fertigkeiten, Fähigkeiten, Einsichten, Haltungen usw., die ihnen eine personal verantwortbare Bewältigung der für **alle** strukturell gleichen Lebenssituationen, vor allem im privaten und gesellschaftlichen Lebensbereich, ermöglichen **(allgemeinbedeutsame Bildungsinhalte).**

Spezialbildung: Ausstattung der Individuen mit jenen Kenntnissen, Fertigkeiten, Fähigkeiten, Einsichten, Haltungen usw., die ihnen eine personal verantwortbare Bewältigung **bestimmer,** nach Beruf, Vorlieben usw. individuell unterschiedlicher Lebenssituationen ermöglichen. Die Spezialbildung ist das logische Pendant zur Allgemeinbildung. Ihre Inhalte sind unterschiedlich und jeweils nur für bestimmte Gruppen von Personen bedeutsam.

Berufsbildung: Ausstattung der Individuen mit jenen Kenntnissen, Fertigkeiten, Fähigkeiten, Einsichten, Haltungen usw., die ihnen eine personal verantwortbare Bewältigung **beruflicher** Lebenssituationen ermöglichen **(berufsbedeutsame Bildungsinhalte).** Im Gegensatz zur Allgemeinbildung ist von der Gesamtmenge berufsbedeutsamer Bildungsinhalte für ein einzelnes Individuum nur ein kleiner, auf **seine** Berufstätigkeit(en) bezogener Teil relevant **(individuell bedeutsame berufliche Bildungsinhalte).**

Die in Schaubild 2 wiedergegebene Grundstruktur des deutschen Bildungswesens entspricht im wesentlichen der vorgenommen Differenzierung in Bildungsbereiche.

Mit **Weiterbildung,** oft auch synonym als **Erwachsenenbildung** bezeichnet, sind Formen organisierten Lernens gemeint, die nach Abschluss der allgemeinen und/oder beruflichen Erstausbildung – und zumeist nach einer mehr oder weniger langen Phase der Lernabstinenz – realisiert werden. Motive für die Weiterbildung liegen zum einen im Wunsch nach beruflicher Weiterentwicklung und zum anderen in der Befriedigung privater Lernwünsche. Auch im Bereich der Weiterbildung hat es sich daher eingebürgert, zwischen einer allgemeinen und einer berufsbezogenen Weiterbildung zu unterscheiden, wobei die Trennung jedoch nicht immer eindeutig vorgenommen werden kann. So finden sich beispielweise im Fremdsprachenkurs einer Volkshochschule sowohl Teilnehmer, die die Kenntnisse für private Urlaubspläne verwenden wollen, als auch solche, die mit ihrer Hilfe berufliche Absichten verbinden. Hinter der beruflichen Weiterbildung, die quantitativ vorrangig ist, verbergen sich oft Lernnotwendigkeiten, die sich aus den raschen Veränderungen in der Arbeitswelt ergeben und ein lebenslanges Lernen erfordern.

Träger der allgemeinen Weiterbildung sind die öffentliche Hand (z. B. Volkshochschulen), Kirchen und eine Vielzahl von Interessenverbänden; die berufliche Weiterbildung wird vor allem von Betrieben, deren Verbänden (z. B. Industrie- und Handelkammern) sowie den Gewerkschaften getragen.

Grundstruktur des Bildungswesens in der Bundesrepublik Deutschland

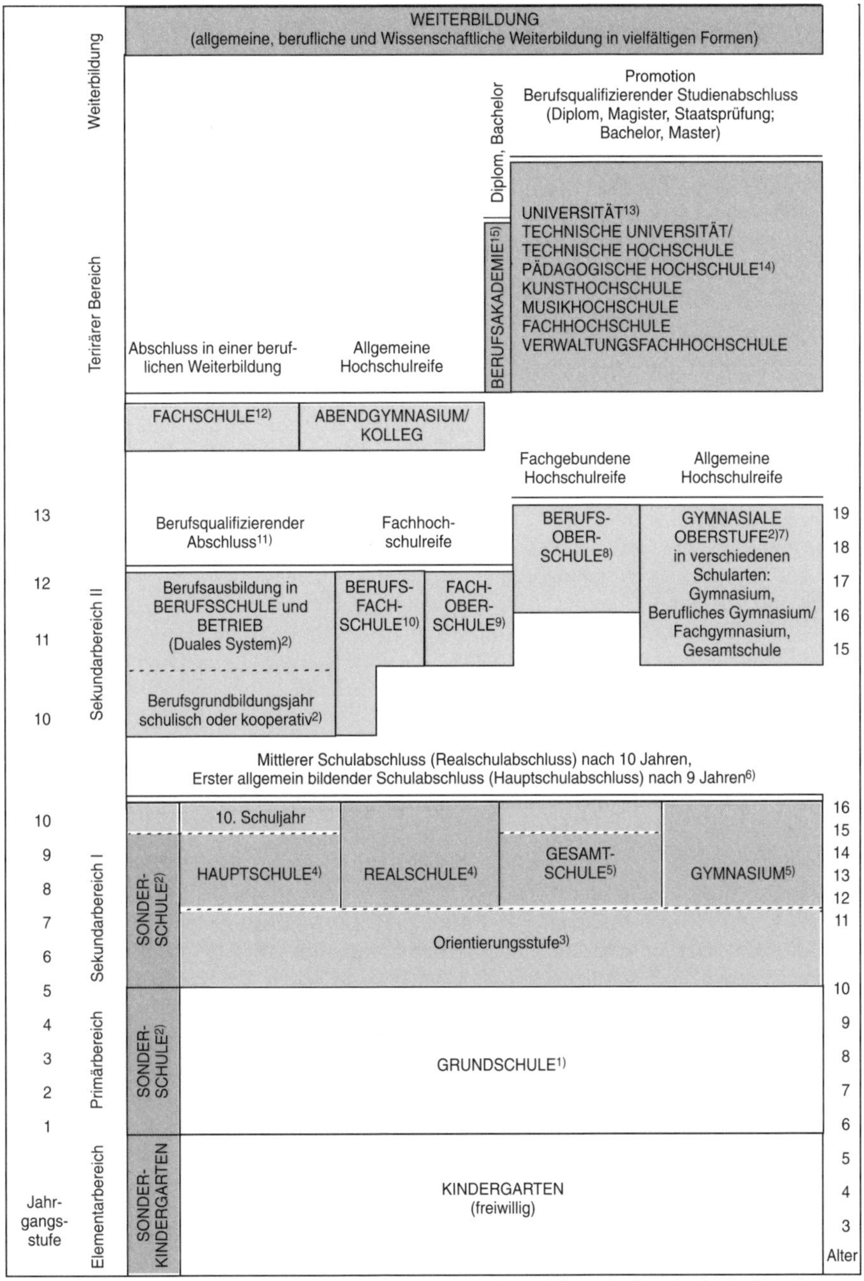

Herausgeber: Sekretariat der Ständigen Konferenz der Kultusminister der Länder in der Bundesrepublik Deutschland, Dokumentations- und Bildungsinformationsdienst, Lennéstr. 6, 53113 Bonn, Tel.: 0228 501-0

Quelle: http:/www.bmbf.de/pub/GuS_2005_ges_de.pdf

Schaubild 2

3.6.2 Das allgemeine Bildungssystem

In Deutschland findet sich, wie in den meisten Staaten, nicht nur eine Trennung von allgemeinen und beruflichen Bildungsinstitutionen, sondern auch ein zeitliches Nacheinander von Allgemeinbildung und Berufsbildung. Die Zuständigkeit für die Schulen liegt bei den Bundesländern (Kulturhoheit der Länder); dadurch ergeben sich trotz struktureller Gleichheit von Land zu Land gewisse Unterschiede.

Die erste Stufe der **allgemeinbildenden Schulen** wird gemeinhin mit dem Beginn der Schulpflicht angesetzt. Diese beginnt mit der ersten Klasse der Grundschule bzw. des Primarbereichs. Die Schulanfänger sind sechs oder sieben Jahre alt. Der vorausgehende Besuch des Kindergartens bzw. Elementarbereichs ist freiwillig und wird auch dann noch nicht zum eigentlichen Bildungssystem gerechnet, wenn er in Form einer Vorschule geführt wird.

Der Primarbereich (Grundschule, Klassen 1–4 in integrierten Gesamtschulen und Freien Waldorfschulen) wird von allen Kindern besucht; er vermittelt Grundkenntnisse und bereitet auf den Besuch weiterführender Schulen vor. Ca. 98,7% der Kinder besuchen eine Grundschule, 0,5% eine Gesamtschule und 0,8% eine Waldorfschule. Die Zahl der Grundschüler sank von 3,386 Mio. im Jahre 1991 auf 3,147 Mio. im Jahre 2003.

An die Grundschule schließt sich die zweijährige **Orientierungsstufe** an. Sie ist entweder den weiterführenden Schulen zugeordnet (schulartabhängige Orientierungsstufe) oder ein eigenständiger Schulabschnitt (schulartunabhängige Orientierungsstufe). In der Orientierungsstufe, bei der schulartabhängigen Form schon am Ende der Grundschule, fällt die gemeinsam von Kind, Eltern und Schule zu treffende wichtige Entscheidung über die weitere Schullaufbahn. Die schulartunabhängige Orientierungsstufe umfasst die Klassenstufen 5 und 6; entsprechend beginnen die anschließenden weiterführenden Schulen bei Klassenstufe 7.

Weiterführende Schulen sind Hauptschule, Realschule und Gymnasium. Daneben bestehen Gesamtschulen, Waldorfschulen und Abendschulen. Vor allem in Ostdeutschland besucht ein nicht unerheblicher Teil der Schüler auch Schularten mit mehren Bildungsgängen. Die **Hauptschule** umfasst die Klassenstufen 5 bzw. 7 bis 9 (in Bundesländern mit zehnjähriger Vollzeitschulpflicht bis 10) und soll eine allgemeine Bildung als Grundlage für eine praktische Berufsausbildung vermitteln. Die Schülerzahl stieg von 1991 bis 1995 von 1,076 auf 1,124 Mio. an und ist seitdem rückläufig; 2003 betrug sie 1,093 Mio. Der Schwund ist nicht nur demographisch – wie bei der Grundschule – bedingt, sondern auch durch wachsende Übergangsquoten zu Realschulen und Gymnasien verursacht.

Die **Realschule** umfasst die Klassenstufen 5 bzw. 7 bis 10 und vermittelt über einen mittleren Bildungsabschluss eine allgemeine Grundlage für gehobene Berufe; der Abschluss der Realschule berechtigt zum Besuch der Fachoberschule, des Fachgymnasiums oder zum Übergang auf ein Gymnasium in Aufbauform. Die Schülerzahl stieg von 1,039 Mio. im Jahre 1991 auf 1,297 Mio. im Jahre 2003 an.

Das **Gymnasium** umfasst die Klassenstufen 5 bzw. 7 bis 13. Das Abschlusszeugnis gilt als Befähigungsnachweis zum Studium an Hochschulen. Die Gymnasien sind nach Schwerpunktprofilen differenziert (mathematisch-naturwissenschaftlich, neusprachlich, wirtschaftswissenschaftlich usw.). Sie wurden 1991 von 1,864 Mio. und 2003 von 2,316 Mio. Schülern besucht.

Die Schullaufbahnentscheidung wird in erster Linie auf Grund der schulischen Leistungen in der Grundschule oder der Orientierungsstufe getroffen; in aller Regel fällt die

Entscheidung für die mögliche höhere Schulart. Somit lässt sich grob sagen, dass das beste Drittel eines Altersjahrgangs zum Gymnasium geht, das mittlere Drittel die Realschule besucht und das schlechteste Drittel auf der Hauptschule bleibt. Damit hat die Hauptschule den in ihrer Bezeichnung suggerierten Charakter weitestgehend verloren; etwas diskriminierend wird von ihr bereits als einer Restschule gesprochen.

Das durch Hauptschule, Realschule und Gmnasium gekennzeichnete dreigliedrige Schulsystem herrscht in den Bundesländern vor. Seit den sechziger Jahren existieren jedoch auch **Gesamtschulen,** in denen die verschiedenen Schularten in unterschiedlicher organisatorischer und inhaltlicher Ausgestaltung zusammengefasst sind. In den sog. integrierten Gesamtschulen können die Schüler sowohl Haupt-, Real- aus auch Gymnasialabschluss erwerben. 2003 bestanden in Deutschland 2436 Schulen mit mehreren Bildungsgängen und 759 integrierte Gesamtschulen.

Absolventen von Haupt- und Realschulen wechseln überwiegend in das Beschäftigungssystem, absolvieren eine Berufsausbildung und erfüllen die restliche Schulpflicht im Rahmen des beruflichen Bildungssystems. Von den Gymnasialabgängern des Jahres 2005 planten 52% ein Studium und 17% eine duale Ausbildung; für die übrigen stand zunächst Wehr- oder Zivildienst, ein Praktikum oder sonstiges an.

3.6.3 Das berufliche Bildungssystem

3.6.3.1 Zielsetzung und Grundlagen

Ziel des beruflichen Bildungssystems ist es, durch eine gewisse Vertiefung und Verbreiterung der Allgemeinbildung, vor allem aber durch die Vermittlung berufsrelevanter Kenntnisse, Fertigkeiten und Fähigkeiten, die Lernenden zur Bewältigung berufsbezogener Anforderungen zu befähigen.

Nach § 1 Berufsbildungsgesetz (BBiG) vom 14. August 1969 gehören zur Berufsbildung die „Berufsausbildung, die berufliche Fortbildung und die berufliche Umschulung. Die **Berufsausbildung** hat eine breit angelegte berufliche Grundbildung und die für die Ausübung einer qualifizierten Tätigkeit notwendigen fachlichen Fertigkeiten und Kenntnisse in einem geordneten Ausbildungsgang zu vermitteln … Die berufliche **Fortbildung** soll es ermöglichen, die beruflichen Kenntnisse und Fertigkeiten zu erhalten, zu erweitern, der technischen Entwicklung anzupassen oder beruflich aufzusteigen. Die berufliche **Umschulung** soll zu einer anderen beruflichen Tätigkeit befähigen."

Wichtigste Grundlagen im Bereich der beruflichen Bildung sind das Berufsbildungsgesetz und die Schulgesetze der Länder: aber auch andere Gesetze (z. B. Arbeitsförderungsgesetz, Jugendarbeitsschutzgesetz, Betriebsverfassungsgesetz, Handwerksordnung) und Verordnungen (z. B. Ausbilder-Eignungsverordnungen, Berufsgrundbildungsjahr-Anrechnungsverordnungen) enthalten wichtige Regelungen.

Institutionell wird das System beruflicher Bildung von zwei großen Säulen getragen: den beruflichen Schulen und den Betrieben („**Duales System** der beruflichen Bildung"). Insbesondere die **berufliche Erstausbildung** wird von den **Lernort**bereichen „Schule" und „Betrieb" gemeinsam durchgeführt. Fort- bzw. Weiterbildung wird überwiegend von Betrieben und Wirtschaftsverbänden, Umschulung von der Bundesanstalt für Arbeit organisiert. Die in jüngster Zeit an Bedeutung zunehmenden **überbetrieblichen Unterweisungsstätten** werden teils dem Lernortbereich Betrieb zugeordnet, teils als eigener Lernortbereich geführt. In der Tat nehmen sie eine Mittelposition ein, da sie einerseits zwar an die privatwirtschaftlich getragene betriebliche Ausbildung gekoppelt sind, andererseits aber organisatorisch eigenständig sind und – ähnlich den Schulen – einen hohen Pädagogisierungsgrad besitzen.

3.6.3.2 Berufliche Erstausbildung im Dualen System

Die **berufliche Erstausbildung („Lehre“)** findet fast ausschließlich in dem von beruflichen Schulen und Betrieben gebildeten Dualen System statt (siehe Übersicht 3). Die vollzeitschulische Berufsausbildung spielt quantitativ keine große Rolle, zumal viele Absolventen anschließend noch eine Ausbildung im Dualen System durchlaufen.

Die traditionelle Arbeitsteilung, wonach die beruflichen Schulen theoriegeleiteten Unterricht und die Betriebe praxisorientierte Unterweisung betreiben, gilt heute nicht mehr uneingeschränkt. Praxisräume in den Schulen sowie pädagogische Systematisierung und Organisation der betrieblichen Ausbildung (z. B. in Lehrwerkstätten) haben zu einer teilweisen Überschneidung der Tätigkeitsfelder geführt.

Jugendliche unter achtzehn Jahren dürfen nur in einem staatlich anerkannten Ausbildungsberuf ausgebildet werden. Die Anerkennung obliegt dem Bundesminister für Wirtschaft oder dem sonst zuständigen Fachminister im Einvernehmen mit dem Bundesminister für Bildung und Wissenschaft. Die anerkannten Ausbildungsberufe werden alljährlich in einem Verzeichnis zusammengefasst und im Bundesanzeiger veröffentlicht: 1999 enthielt es 355 Ausbildungsberufe.

Durch den Dualismus in der beruflichen Ausbildung haben auch die Auszubildenden auf zwei Schultern zu tragen. Der Ausbildungsvertrag wird mit einem Betrieb geschlossen, der auch die Verantwortung für eine inhaltlich und organisatorisch ordnungsgemäße Ausbildung trägt. Gleichzeitig unterliegen die Auszubildenden, sofern sie nicht das 18. Lebensjahr vollendet oder auf andere Weise ihre Schulpflicht erfüllt haben, der Pflicht zum Besuch der Berufsschule. Ein bis zwei Wochentage verbringt der Auszubildende in der Berufsschule, die übrige Zeit im Betrieb. Die Phasen betrieblicher und schulischer Ausbildung können auch zu Blöcken zusammengefasst werden (Blockunterricht).

Die gleichzeitige Ausbildung in Schule und Betrieb hat Vor- und Nachteile, wobei jedoch nach fast einhelliger Meinung aller Beteiligten die Vorteile überwiegen. Für den Betrieb sprechen u. a. Realitätsnähe und Ernstcharakter, für die Schule u. a. die Möglichkeiten, Lerngegenstände unabhängig von betrieblichen Besonderheiten zu systematisieren und den Lernprozess – unabhängig von Zufälligkeiten der betrieblichen Auftragslage – nach pädagogischen Kriterien zu gestalten. Die Vorteile – aber auch die Nachteile – unmittelbarer betrieblicher, d. h. arbeitsplatzbezogener Ausbildung mindern sich durch die Verbreitung der Lehrwerkstätten und überbetrieblichen Unterweisungsstätten.

Der Verbund der beiden Lernorte Schule und Betrieb führt dazu, dass in der Ausbildung zwei Bereiche miteinander kombiniert werden, in denen für gleiche Aspekte jeweils unterschiedliche Bedingungen gelten. Die nachfolgende Gegenüberstellung soll einen Überblick über das System ermöglichen und die Ausführungen zu den beiden „Säulen“ verständlicher machen, indem sie die Einordnung erleichtern.

Der schulische Teil der beruflichen Ausbildung liegt in öffentlicher Verantwortung. Die Gesetzgebung obliegt den einzelnen Bundesländern. Jedes Bundesland hat jeweils in seinen Schulgesetzen die Einzelheiten festgelegt, was zum Teil zu unterschiedlichen Regelungen führt. Die Länder sind auch für die personelle Ausstattung der beruflichen Schulen zuständig. Die räumliche und sächliche Ausstattung obliegt kommunalen Trägern (Städte, Landkreise). Der betriebliche Teil der Ausbildung liegt in den Händen der zumeist privatwirtschaftlichen Betriebe, die zu Ausbildungsleistungen grundsätzlich

Duales System der beruflichen Bildung

	Schulische Ausbildung	Betriebliche Ausbildung
Sphäre	öffentlich	privatwirtschaftlich
Gesetzliche Zuständigkeit	Bundesländer	Bund
Gesetzliche Regelung	Schulgesetze	Berufsbildungsgesetz
Lernort	Schule(n)	Betriebl. Lehrwerkstatt
Grundlage	Schulpflicht	Ausbildungsvertrag
Inhaltliche Regelung	Lehrpläne	Ausbildungsordnungen
Adressaten	Schüler	Auszubildende
Lehrende	Lehrer	Ausbilder

Übersicht 3

nicht verpflichtet sind. Ausbildungsbetriebe müssen ihre Eignung nachweisen, bestimmte Mindestbedingungen und Pflichten erfüllen (BBiG §§ 6ff. und 20ff.). Gesetzlich zuständig ist der Bund. Damit bestehen für die betriebliche Ausbildung bundesweit einheitliche Regelungen, die im Berufsbildungsgesetz niedergelegt sind.

Lernorte für die schulische Ausbildung sind Schulen einschl. der vorhandenen Schulwerkstätten. Unterschieden werden kaufmännische, gewerbliche, haushaltswissenschaftliche und landwirtschaftliche Berufsschulen. Nach dem ersten Ausbildungsjahr, das eine breitere Ausbildung auf Berufsfeldebene anstrebt, geschieht die Unterrichtung zumeist berufsspezifisch in Fachklassen. Grundlage des Schulbesuchs ist die gesetzliche Schulpflicht. Die schulische Ausbildung ist vorwiegend theoriebetont, ihre Inhalte und deren Gliederung sind in Lehrplänen festgelegt. Für den schulischen Teil der Ausbildung sind die Jugendlichen Schüler; die Lehrenden sind Lehrer (in der Regel Landesbeamte mit akademischer Ausbildung).

Lernorte für die betriebliche Ausbildung sind Arbeitsplatz, Lehrwerkstätten und überbetriebliche Unterweisungsstätten. Rechtliche Grundlage ist ein privatrechtlicher Ausbildungsvertrag zwischen Ausbildendem (Lehrherrn) und Auszubildendem (Lehrling); der Vertrag muss schriftlich abgefasst und von den Vertragsparteien sowie dem gesetzlichen Vertreter des Auszubildenen unterschrieben werden. Für die Inhalte des Vertrages gelten Mindestanforderungen (BBiG § 4). Die betriebliche Ausbildung ist vorwiegend praxisbetont, wobei jedoch die zunehmenden Anforderungen eine – von Beruf zu Beruf unterschiedliche – zunehmende theoretische Anreicherung der praktischen Unterweisung erfordern. Inhaltliche Grundlage der betrieblichen Ausbildung – und das Pendant zu den schulischen Lehrplänen – ist die für jeden Beruf bestehende **Ausbildungsordnung.** Darin ist u. a. festgelegt die Ausbildungsdauer, die zu vermittelnden Fertigkeiten und Kenntnisse **(Ausbildungsberufsbild)**, eine Anleitung zur sachlichen und zeitlichen Gliederung **(Ausbildungsrahmenplan)** sowie die Prüfungsanforderungen. Im Betrieb sind die Jugendlichen Auszubildende. Die Lehrenden sind Ausbilder, in der Regel Meister, die ihre Eignung durch Ablegen der Ausbilder-Eignungsprüfung nachgewiesen haben.

Die nicht einfache Zusammenarbeit und Abstimmung zweier so unterschiedlicher Bildungsorte **(„Didaktische Parallelität“)** wird durch die unterschiedlichen gesetzlichen und administrativen Zuständigkeiten noch erschwert. Einem zu weiten Auseinanderdriften der Bildungswege wird entgegengewirkt durch Rahmenvereinbarungen und Rahmenlehrpläne auf der Ebene der Kultusministerkonferenz (KMK), die sowohl einheitliche Maßgaben für die einzelnen Bundesländer vorsehen als auch eine Abstimmung mit den für die betriebliche Ausbildung geltenden sachlichen und zeitlichen Inhalten der Ausbildungsordnungen vornehmen.

Der weitaus überwiegende Teil der beruflichen Bildung vollzieht sich im Dualen System. Neben den dort vertretenen Lernorten bestehen weitere berufliche Schulen. Im Interesse einer einheitlichen Nomenklatur hat die Kultusministerkonferenz am 8. 12. 1975 „Bezeichnungen zur Gliederung des beruflichen Schulwesens“ erlassen. Danach bestehen im wesentlichen fünf Arten berufsbildender Schulen, innerhalb derer jedoch zahlreiche Varianten – zum Teil noch mit Unterschieden zwischen den Bundesländern – existieren. Außer der bereits behandelten Berufsschule sind dies die Berufsfachschule, die Berufsaufbauschule, die Fachoberschule und die Fachschule. Eine genauere Beschreibung von Zielen, Eingangsvoraussetzungen, Dauer usw. dieser Schulen würde hier zu weit führen. Jedes Landesschulgesetz enthält eine für das jeweilige Bundesland zutreffende Kennzeichnung. Neben den Grundformen werden in einzelnen Bundesländern weitere Bezeichnungen für berufliche Schulen verwendet, wobei die Schularten nur z. T. mit den bisher beschriebenen übereinstimmen; hierzu gehören Berufsoberschule, Berufskolleg, Fachakademie, Berufsakademie und Berufliche Gymnasien.

Die folgende Tabelle gibt einen Überblick über die Schülerzahlen an den verschiedenen beruflichen Schularten:

Schüler berufsbildender Schularten 2003

	Gesamt (in Tsd)	Anteil an der Gesamtschülerzahl %	Anteil weiblicher Schüler %
Berufsschulen	1685,3	61,8	40,3
Berufsvorbereitungsjahr	79,3	2,9	38,6
Berufsgrundbildungsjahr	49,2	1,8	30,1
Berufsaufbauschulen	0,7	0,0	14,3
Berufsfachschulen	498,3	18,3	59,3
Fachoberschulen	117,0	4,3	48,7
Fachgymnasien	114,5	4,2	49,0
Fachschulen	160,1	5,9	51,0
Sonstige	21,1	0,8	
Summe	**2725,5**	**100,0**	

Quelle: Bundesministerium für Bildung und Forschung: Grund- und Strukturdaten 2005, Tab. 2.2 und 2.6; eigene Berechnungen

Tabelle 4

3.6.3.3 Berufliche Weiterbildung

Berufliche Weiterbildung soll zum einen einen Beitrag zur Persönlichkeitsentwicklung des Berufstätigen leisten und zum anderen – aufbauend auf den Grundlagen der beruflichen Erstausbildung – ein quantitativ und qualitativ ausreichendes Qualifikationspotenzial für den Arbeitsmarkt sichern bzw. bereitstellen. Angesichts der Vielzahl und Unterschiedlichkeit von Zielen, Inhalten, Trägern, Adressaten und rechtlichen Grundlagen kann schwerlich von einem „System“ gesprochen werden. Wenn von beruflicher Weiterbildung gesprochen wird, sind in der Regel institutionalisierte Lernprozesse (einschließlich Fernunterricht) gemeint, die an die allgemeine Schulbildung, eine berufliche Erstausbildung und/oder mehrjährige Arbeitserfahrung anknüpfen und beruflichen Zwecken dienen. Daneben findet gerade im Bereich der beruflichen Weiterbildung in beträchtlichem Umfange Selbststudium statt. Der Hochschulbereich wird in die übliche Begriffsverwendung nicht mit einbezogen.

Berufliche Weiterbildung findet statt in Betrieben und außerbetrieblichen Einrichtungen, in Fachschulen, in Volkshochschulen und ähnlichen Einrichtungen, Umschulungszentren und Berufsförderungswerken; Träger sind staatliche, öffentlich-rechtliche und private Institutionen. Wichtigste gesetzliche Grundlagen sind das Berufsbildungsgesetz, das Arbeitsförderungsgesetz, die Schulgesetze der Länder, die Erwachsenen-(Weiter-)bildungsgesetze.

Die berufliche Weiterbildung wird von den Arbeitnehmern in zunehmendem Maße als Notwendigkeit bzw. Chance erkannt. Die Zahl der Teilnehmer an Maßnahmen zur beruflichen Fortbildung und Umschulung mit bestandener Abschlussprüfung betrug 2003 ca. 126 000. Nach Schätzungen des Instituts der deutschen Wirtschaft gaben die Unternehmen 2004 für die betriebliche Weiterbildung 27 Mrd. € aus; das entsprach 1072 € je Mitarbeiter.

Zur Förderung der Weiterbildung ist die „Konzertierte Aktion Weiterbildung" ins Leben gerufen worden, die sich aus Vertretern von Bund, Ländern und Gemeinden, der Spitzenverbände der Wirtschaft, der Gewerkschaften, der Kirchen, der Hochschulen, Volkshochschulen und der Kulturarbeit in der Bundesrepublik Deutschland zusammengesetzt und in sechs Arbeitskreisen (1. „Weiterbildung und Öffentlichkeitsarbeit", 2. „Personale und soziale Kompetenzen", 3. „Berufliche Weiterbildung und Neue Technologien", 4. „Wissenschaftliche Weiterbildung", 5. „Bundeswehr und Weiterbildung", 6. „Weiterbildung und Medien") die Weiterbildung auf breiter Basis fördern soll, ohne jedoch die bestehenden Strukturen und Kompetenzen zu verändern.

3.6.4 Ökonomisch-technische Entwicklung und Qualifikationsanforderungen

Der **ökonomisch-technische Wandel** ist so offenkundig und verändert die Lebensbedingungen jedes einzelnen im privaten, gesellschaftlichen und vor allem beruflichen Bereich so nachhaltig, dass er fast schon zu einer charakterisierenden Bezeichnung der derzeitigen Epoche geworden ist. Darüber hinaus hat die Entwicklung der letzten 150 Jahre auch die Menschen selbst in ihrem Denken, Fühlen und Wollen, in ihrem Selbst- und Weltverständnis entscheidend geprägt. Ohne Elektrizität, Fernsehen, Auto usw. wären wir alle nicht so, wie wir sind.

Derart massive Veränderungen der Lebenswelt hinterlassen ihre Spuren natürlich auch im Bildungssystem. Die Bewältigung des Wandels wird zur Aufgabe schlechthin. Betroffen von der Entwicklung ist das gesamte Bildungssystem, da sich neue Anforderungen auch für den privaten und gesellschaftlichen Bereich ergeben. Im Vordergrund der vorliegenden Betrachtungen stehen jedoch die Veränderungen in der Arbeitswelt und deren Auswirkungen auf Qualifikationsanforderungen der Beschäftigten.

Die ökonomisch-technische Entwicklung führt aus Gründen des Wettbewerbs und der Marktanpassung zu besonders schnellen und besonders umfassenden Adaptionen in der Wirtschaft und setzt dort gewissermaßen eine Kettenreaktion in Gang: Veränderungen in der Arbeitswelt führen zu veränderten Qualifikationsanforderungen an die Beschäftigten und diese wiederum zu neuen Anforderungen an die Qualifizierungsprozesse.

Die Veränderungen in der unmittelbaren Arbeitswelt bewirken einen umfassenden **technisch-organisatorischen Wandel;** sie beziehen sich sowohl auf Produkte (**Produktinnovation**) als auch auf Produktionsmittel, Arbeitsverfahren und damit einhergehend auf neue Kommunikationsstrukturen (**Prozessinnovation**). Wesentliches Merkmal ist auch der rasche Wissensumschlag und der stetige Wissenszuwachs. Aufgrund der kurzen Innovationszeiten veraltet angesammeltes Wissen immer schneller und bedarf einer häufigen und schnellen Aktualisierung und Erweiterung. Einschlägige Schätzungen gehen davon aus, dass in 5 bis 7 Jahren etwa 50% des Berufswissens veralten und dass sich das technische Wissen derzeit etwa alle zehn Jahre verdoppelt.

Neben diesen arbeitsplatzbezogenen Veränderungen hat der umfassende gesellschaftliche Wandel, von dem die ökonomisch-technische Entwicklung ein Teilaspekt ist, weitere qualifikationsrelevante Folgen. So werden beispielsweise viele der bisherigen Arbeitsplätze abgebaut, neue, andere Arbeitsplätze geschaffen. In zahlreichen Berufen ergibt sich hieraus ein Rückgang, in anderen Berufen ein Ansteigen der Beschäftigtenzahlen, zum Teil entstehen gänzlich neue Berufe. Dieser Trend wird noch überlagert von jenen strukturellen Verschiebungen vom landwirtschaftlichen über den produzierenden Sektor zum Dienstleistungssektor, die noch immer nicht zum Stillstand gekommen sind. Derartige Veränderungen können nicht nur durch natürliche Fluktuation bewältigt werden. Eine nicht unbeträchtliche Anzahl von Berufstätigen muss im Laufe ihres Lebens einmal oder gar mehrmals den Beruf wechseln und sich damit oft ganz neuen und anders gearteten Qualifikationsanforderungen stellen.

Auch bei den Adressaten beruflicher Bildung haben Veränderungen stattgefunden. Zum einen hat die Vorbildung der Beschäftigten in den letzten Jahrzehnten quantitativ und qualitativ zugenommen. Immer mehr Mitarbeiter treten aufgrund längerer und intensiver Schulausbildung mit einem höheren Lebensalter, mit einer höheren Allgemeinbildung und i. d. R. größeren Lernerfahrungen und Lernfähigkeiten in die Arbeitswelt ein. Zum anderen hat ein Wandel in den arbeits- und berufsbezogenen Einstellungen und Wertvorstellungen, nicht nur der jungen Menschen, stattgefunden. Kern dieses sog. Wertewandels ist, dass immer mehr Menschen eine subjektiv angemessene Balance zwischen Persönlichkeit, Arbeit, Freizeit und anderen Aspekten des Lebens suchen. Die früher alles überragende Bedeutung der Berufsarbeit für das Leben der Menschen ist zurückgegangen, und andere Lebensbereiche haben sowohl quantitativ als auch qualitativ ein größeres Gewicht gewonnen.

Eng mit den Veränderungen am Arbeitsplatz verbunden ist ein weiter Aspekt, der jedoch eine eigenständige Bedeutung besitzt: der Rückgang der Arbeitsteilung. Die über Jahrzehnte vorangetriebene Trennung in planerische und gestaltende Arbeiten einerseits und in ausführende Tätigkeiten andererseits und eine scheinbar in infinitum fortschreitende Arbeitszerlegung vor allem der ausführenden Tätigkeiten ist nicht nur zum Stillstand gekommen, sie macht – bedingt durch den Einsatz moderner Technologien aber auch als Folge eines veränderten Verständnisses vom arbeitenden Menschen und von einer humanisierten Arbeitswelt – einer wieder stärkeren Bündelung von Tätigkeiten und Anforderungen Platz.

Die Entwicklung, die hier nur grob skizziert werden kann, dürfte insgesamt zu einem Rückgang körperlicher Belastungen und einer Zunahme geistiger Beanspruchungen führen. Die neuen Qualifikationsanforderungen, die häufig mit dem Sammelbegriff „Schlüsselqualifikationen“ bezeichnet werden, umfassen u. a. Lernfähigkeit, planerisches Denken, Prozessverständnis, analytische Fähigkeiten, Flexibilität, Selbstständigkeit, Kommunikations- und Kooperationsfähigkeit usw.

Die aus der ökonomisch-technischen Entwicklung resultierenden Qualifikationsanforderungen lassen sich heute weniger denn je innerhalb einer zeitlich begrenzten Berufsausbildung vermitteln bzw. erwerben. Der Zwang zum ständigen Neu-, Um- und Hinzulernen macht die berufliche Weiterbildung zu einem immer wichtigeren Teil des Bildungssystems.

Literaturhinweise

Albers, H.-J.: Allgemeine sozio-ökonomisch-technische Bildung. Zur Begründung ökonomischer und technischer Elemente in den Curricula allgemeinbildenden Unterrichts. – Köln, Wien 1987 – (Wirtschafts- und Berufspädagogik in Forschung und Praxis, Bd. 7)

Albers, H.-J.: Wirtschaftsentwicklung und Aus- und Weiterbildung. In: Rosa, S./Schart, D./Sommer, D.-H. (Hrsg.): Fachübergreifende Qualifikationen und betriebliche Aus- und Weiterbildung. – Esslingen 1988, S. 31–49 – (Stuttgarter Beiträge zur Berufs- und Wirtschaftspädagogik, Bd. 5)

Albers, H.-J.: Didaktische und methodische Konsequenzen moderner Qualifikationsanforderungen für die betriebliche Bildungsarbeit. In: Rosa, S./Schart, D./Sommer, K.-H. (Hrsg.): Fachübergreifende Qualifikationen und betriebliche Aus- und Weiterbildung. – Esslingen 1988, S. 81–100 – (Stuttgarter Beiträge zur Berufs- und Wirtschaftspädagogik, Bd.6)

Albers, H.-J.: Das berufliche Bildungswesen in der Bundesrepublik Deutschland. In: Pädagogik. Handbuch für Studium und Praxis/Leo Roth (Hrsg.). – München ²2001, S. 529–537

Becker, M.: Industrielle Arbeit und Bildung. – Baltmannsweiler 1988 – (Schriftenreihe Wirtschaftsdidaktik, Bd. 11)

Blankertz, H.: Bildungsbegriff. In: Dahmer, I./Klafki, W. (Hrsg.): Geisteswissenschaftliche Pädagogik am Ausgang ihrer Epoche – Erich Weniger. Weinheim, Berlin 1968, S. 103–113

Bundesminister für Bildung und Wissenschaft: Berufsbildungsbericht (erscheint jährlich)

Deutscher Industrie- und Handelstag: Berufsausbildung in der Bundesrepublik Deutschland. – Bonn 1982 (deutsch, englisch, französisch)

Grote, G.: Technisch-organisatorischer Wandel, Qualifikation und Berufsbildung. – Bergisch Gladbach 1987 (Wirtschafts- und Berufspädagogische Schriften, Bd. 4)

Kern, H./Schumann, M.: Das Ende der Arbeitsteilung? – München 1984

Mertens, D.: Schlüsselqualifikationen. In: Mitteilungen aus der Arbeitsmarkt- und Berufsforschung, 7. Jahrg., 1974, S. 36–43

Müllges. U. (Hrsg.): Handbuch der Berufs- und Wirtschaftspädagogik: 2. Bände. – Düsseldorf 1979

Münch, J.: Das berufliche Bildungswesen in der Bundesrepublik Deutschland. – Luxemburg: Amt für amtliche Veröffentlichungen der Europäischen Gemeinschaften, 1982

Robinsohn, S. B.: Bildungsreform als Revision des Curriculum. – Neuwied 1967

Schmiel, M./Sommer, K.-H.: Lehrbuch Berufs- und Wirtschaftspädagogik. – München 1985

Sommer, K.-H.: Betriebliche Ausbildung. In: Pädagogik. Handbuch für Studium und Praxis/Leo Roth (Hrsg.). – München ²2001, S. 538–553

Stratmann, K.: Quellen zur Geschichte der Berufserziehung. Wuppertal 1969

3.7 Technischer Wandel und Beschäftigung
Alfons Schmid

3.7.1 Einleitung

Die Diskussion über den Zusammenhang von technischem Wandel und Beschäftigung wird nicht kontinuierlich geführt. Insbesondere wenn hohe Arbeitslosigkeit auftritt und längere Zeit besteht, hat sie „Konjunktur". So wurde in den 20er und 30er Jahren intensiv über „technologische Arbeitslosigkeit" diskutiert. Die anhaltende hohe Arbeitslosigkeit in den letzten beiden Jahrzehnten führte dazu, dass die positiven Auswirkungen vor allem der neuen Informations- und Kommunikationstechnologien (IuK) für die Beschäftigungs- und Arbeitsmarktentwicklung thematisiert wurden.

Welche Beschäftigungseffekte mit der Einführung neuer Techniken verbunden sind, darüber gehen die Meinungen und Einschätzungen auseinander. Sie gelten als „Job-Knüller" und als „Job-Killer". Ihrer Einführung werden steigende wie sinkende Qualifikationsanforderungen zugeschrieben. Unterschiedliche Auffassungen bestehen auch darüber, ob Hierarchie und Kontrolle in den Betrieben mit den Techniken steigen oder sinken, sich dezentrale Arbeitsformen und die Autonomie der Beschäftigten ausweiten oder nicht, die Belastungen für die Arbeitnehmer zu- oder abnehmen.

Von dieser Vielzahl der mit dem technologischen Wandel, insbesondere den IuK-Technologien verbundenen Auswirkungen auf Beschäftigung und Arbeitsmarkt stehen in diesem Beitrag die quantitativen Arbeitsmarktwirkungen im Mittelpunkt. Es soll die Frage beantwortet werden, ob die Einführung neuer Techniken zu technologischer Arbeitslosigkeit führt oder nicht. Außerdem werden einige Qualifikationswirkungen der neuen Technologien angesprochen. Nach einer Klärung der Begriffe „Technik" und „technologische Arbeitslosigkeit" wird ein systematischer Überblick über die potentiellen Beschäftigungseffekte technischer Neuerungen sowie die theoretische Diskussion des Zusammenhangs von technischem Wandel und Beschäftigung gegeben. Abschließend referieren wir einige ausgewählte empirische Befunde.

3.7.2 Technik, Innovation, technologische Arbeitslosigkeit

Die Begriffe Technik und technologische Arbeitslosigkeit werden unterschiedlich verwandt. Aus ökonomischer Sicht umfasst Technik[1] bzw. technischer Fortschritt primär folgende Dimensionen:

- die Entwicklung neuer Materialien als Inputs in den Produktionsprozess;
- die Anwendung neuer Produktionsverfahren bei der Herstellung von Gütern und Dienstleistungen: Prozessinnovationen;
- die Entwicklung neuer oder qualitativ verbesserter Güter: Produktinnovationen.

Diese Dimensionen verdeutlichen, dass der technische Wandel nicht nur die Arbeit betrifft, sondern alle Produktionsfaktoren umfasst. Somit kann der technische Fortschritt nicht nur arbeitssparend, sondern auch kapitalsparend oder neuerdings energiesparend sein.[2]

Der Prozess der technologischen Entwicklung wird üblicherweise in die drei Phasen Invention, Innovation und Diffusion unterteilt. Die Produktion neuen Wissens erfolgt primär in staatlichen und intermediären Institutionen, obwohl zunehmend auch Unternehmen Grundlagenforschung betreiben. Innovationen, die (erstmalige) Einführung neuer Produktionsverfahren oder neuer Produkte, werden überwiegend von Betrieben

---

1 Die Begriffe Technik und Technologie werden hier synonym gebraucht.

2 Vgl. als Überblick Mettelsiefen, B., Barens, I.: Direkte und indirekte Beschäftigungswirkungen technologischer Innovationen, „BeitrAB 112", Nürnberg 1987, S. 16.

durchgeführt. Die Diffusion umfasst die Ausbreitung von technischen Neuerungen. In neueren, evolutionstheoretisch orientierten Arbeiten wird dieses Drei-Phasen-Schema als der technologischen Entwicklung nicht adäquat betrachtet. Charakteristisch sei für die Technologie u. a. ihre kontinuierliche und kumulative Entwicklung, in der Invention, Innovation und Diffusion als ein einheitlicher Prozess zu sehen sind.

Gegenwärtig sind es vor allem die neuen Technologien, die das Interesse am Zusammenhang zwischen technischem Wandel und Beschäftigung hervorrufen. Was allerdings unter neuen Technologien zu verstehen ist, darüber gibt es keine einheitliche Auffassung. Ein Grund dafür liegt darin, dass neue Technologien noch nicht bekannt sind. Neue Technologien sind eigentlich schon bekannte Technologien, die neueren Datums sind. Der Gebrauch des Begriffes „neu" ist daher ungenau.

Als neue Technologien gelten gegenwärtig die Informations- und Kommunikationstechnologien, die Biotechnologie sowie neue Werkstoffe. Als neue Technologien des 21. Jahrhunderts werden u. a. die Nanotechnologie (winzige Strukturen, Schalter und Funktionselemente), die Sensortechnik (miniaturisierte Meßfühler), die Adaptronik (selbständiges Anpassen an wechselnde Bedingungen), die Photonik und Optoelektronik (Informationsspeicherung mittels Lichtteilchen anstelle von Elektronen) sowie die Neuroinformatik und die künstliche Intelligenz (Nachahmung intelligenter Leistungen des menschlichen Gehirns) genannt.[3] Wir beschränken uns bei den folgenden Ausführungen auf die zur Zeit wichtigsten dieser neuen Technologien für Arbeitsmarkt und Beschäftigung, die Informations- und Kommunikationstechnologien.

Was ist das Neue an diesen neuen Technologien? Die erste industrielle Revolution war dadurch gekennzeichnet, dass sie körperliche Energie durch Maschinen ersetzte. In der zweiten Revolution erfolgte eine enorme Teilung und Zerlegung der menschlichen Arbeit (Taylorismus), die einmal eine starke Erhöhung der Arbeitsproduktivität und damit der Einkommen zur Folge hatte, zum andern aber auch zur Entfremdung und zur Kontrolle der Arbeit führte. Die dritte, auf der Mikroelektronik basierende Revolution bezieht sich auf die Information als neuem „Produktionsfaktor". Die Komplexität hochentwickelter Gesellschaften und die zunehmende internationale Arbeitsteilung implizieren eine große Bedeutung der Information für die Funktionsweise von Wirtschaft und Gesellschaft. Die neuen IuK-Technologien beinhalten das Potential und bieten die Möglichkeit, um den Informationsprozess zu rationalisieren und auch solche Sektoren einer Rationalisierung zugänglich zu machen, die sich bisher einer Technisierung weitgehend entzogen. Diese Technologien (Internet) verringern räumliche Transaktionskosten und tragen damit zu einer Entgrenzung wirtschaftlicher Aktivitäten bei, d. h. sie sind neben der Liberalisierung ein wesentlicher Bestimmungsfaktor für die Globalisierung.

Außer der Konkretisierung der Technik bedarf es zur Behandlung der Themenstellung dieses Beitrags auch einer Begriffsbestimmung der technologischen Arbeitslosigkeit. Wann gibt es technologische Arbeitslosigkeit? Besteht sie nur bei bereits existierender Arbeitslosigkeit oder auch bei Vollbeschäftigung? Eine Möglichkeit der Bestimmung technologischer Arbeitslosigkeit setzt an der Berechnung fiktiver Freisetzungen an. Bei dieser Verfahrensweise wird untersucht, wie viele Arbeitskräfte zwischen zwei Zeitpunkten freigesetzt worden wären, wenn bei gleichbleibender Nachfrage die neuen Techniken bereits im Zeitpunkt Null der Beobachtungsperiode verwandt worden wären. Die Differenz zur tatsächlichen Beschäftigung im Zeitpunkt Null gilt als fiktive Freisetzung. Diese Definition der technologischen Arbeitslosigkeit ist unzureichend, da sie die

---

[3] Vgl. z. B. Bundesministerium für Forschung und Technologie: Technologien des 21. Jahrhunderts, Bonn 1993 sowie dass., Chance Zukuft – Neue Technologien Berlin 2000; http://www.bmbf.de/download.html#Neue.

durch die neuen Technologien induzierten Nachfrageeffekte, also die endogenen Folgewirkungen, unberücksichtigt lässt.

Diese Folgeeffekte berücksichtigt die Begriffsbestimmung von Lederer aus den dreißiger Jahren. Danach ist technologische Arbeitslosigkeit „derjenige Teil der Arbeitslosigkeit, der weder durch technischen Fortschritt bzw. der durch ihn ausgelösten Veränderungen innerhalb eines bestimmten Zeitraums noch durch die autonome spontane Entwicklung innerhalb des Wirtschaftssystems kompensiert wird. Technologische Arbeitslosigkeit wäre also erst bei einem Tempo des technischen Fortschritts anzunehmen, welcher das ‚normale' Tempo übersteigt."[4] Gegen diese Definition wird eingewandt, dass damit nur eine Beschleunigung des technischen Wandels technologische Arbeitslosigkeit verursachen könne. Gerade wenn Freisetzungs- und Kompensationseffekte gemeinsam gesehen werden, könne technologische Arbeitslosigkeit auch ohne Beschleunigung der technischen Entwicklung auftreten, wenn sich aufgrund der Besonderheiten des technischen Wandels die endogenen Kompensationseffekte abschwächen: „Als technologische Arbeitslosigkeit wäre danach diejenige Arbeitslosigkeit bzw. der Teil der Arbeitslosigkeit zu bezeichnen, der sich aus der Veränderung im technologischen Wandel ergibt, wobei es gleichgültig ist, ob dafür eine Beschleunigung im Innovationstempo oder aber eine Abschwächung endogener Kompensationseffekte verantwortlich ist."[5] Diese Definition liegt den weiteren Ausführungen zugrunde.

3.7.3 Beschäftigungseffekte technischen Wandels

In der Ökonomie konkurrieren zwei Hypothesen über die quantitativen Beschäftigungseffekte des technologischen Wandels miteinander: die Freisetzungs- und die Kompensationshypothese. Nach der Freisetzungshypothese beinhaltet der technische Fortschritt primär Prozessinnovationen. Er erhöht das Rationalisierungspotential und führt zur Freisetzung von Arbeitskräften, die durch Kompensationsmechanismen nicht ausgeglichen werden können. Nach der Kompensationshypothese löst der technische Fortschritt auch marktendogene Effekte aus, die die Freisetzungen wieder kompensieren.[6] Dabei werden in der Literatur verschiedene Kompensationseffekte angeführt, die von der Verbesserung der internationalen Wettbewerbsfähigkeit durch den technischen Fortschritt über das Maschinenherstellungsargument und Preissenkungen bis zur Bedeutung der Flexibilität von Löhnen und Preisen reichen.

3.7.3.1 Ein systematischer Überblick

In der Ökonomie besteht Einigkeit, dass mit der Einführung von technischen Neuerungen sowohl Freisetzungs- als auch Kompensationseffekte verbunden sind. Die Auffassungen divergieren aber, wenn die Bedeutung der Effekte beurteilt wird, d. h., ob die Freisetzungs- oder die Kompensationseffekte dominieren. Ein Grund für diese unterschiedlichen Auffassungen liegt darin, dass bei der Beurteilung der Beschäftigungswirkungen des technischen Wandels z.T. nur bestimmte Effekte berücksichtigt werden. Um theoretische und empirische Untersuchungen über diese Wirkungen hinsichtlich ihrer Reichweite und Aussagefähigkeit einschätzen zu können, wird im Folgenden ein kurzer

---

4 Lederer, E.: Technischer Fortschritt und Arbeitslosigkeit, Frankfurt 1981 (1938), S. 54.

5 Hagemann, H., Kalmbach, P.: Neue Technologien, Beschäftigung und Arbeitsmarkt, in: Universität Bremen (Hg.): Arbeit und Technik, „diskurs" Nr. 10, Bremen 1985, S. 77.

6 Vgl. z. B. Klauder, W.: 1988, Technischer Fortschritt und Beschäftigung, „WiSt", 17. Jg. 1988, S. 113 f.

systematischer Überblick über die potentiellen Beschäftigungswirkungen des technischen Wandels gegeben.

Für diese Systematik sind das Aggregationsniveau sowie die Fristigkeit von Bedeutung.[7] Anhand dieser beiden Kategorien lassen sich die grundlegenden Beschäftigungseffekte der technologischen Entwicklung ableiten:[8]

1. direkte und indirekte Effekte
2. kurzfristige und langfristige Effekte.

Die indirekten Beschäftigungswirkungen können noch in verstärkende und verlagernde Effekte unterteilt werden. Übersieht 1 fasst diese Beschäftigungseffekte zusammen.

Übersicht 1 Potentielle technologische Beschäftigungseffekte

	Beschäftigungs-effekte	Ort / Zeit	direkt	indirekt	
				verstärkend	verlagernd
Niveau der Beschäftigung	Freisetzung	kurzfristig			
		langfristig			
	Kompensation	kurzfristig			
		langfristig			

Quelle: Mettelsiefen, B., Barens, I.: a.a.O., S. 47.

Die Freisetzungseffekte lassen sich nach dieser Systematisierung in kurzfristige und langfristige direkte und indirekte (verstärkende und verlagernde) Wirkungen unterteilen. Die Einsparung von Arbeitskräften durch die Einführung neuer Technologien unmittelbar am Einsatzort kann zeitlich mit dem Technikeinsatz zusammenfallen. Die Folge ist eine sofortige Freisetzung von Arbeitskräften („first-round-effect"). Die Beschäftigungswirkungen können aber auch erst später am Einsatzort der neuen Technologie eintreten, wie z. B. durch die Verringerung künftiger Neueinstellungen („second-round-effect").

Weitere Freisetzungen sind möglich, die nicht direkt am Einsatzort der neuen Technik eintreten. Diese indirekt verstärkenden Effekte können produktionstechnisch oder über die Nachfrageseite bewirkt werden: „So kann der Einsatz neuer Technologien neben der Reduzierung des Arbeitsinputs auch zu einer Verringerung des Einsatzes von Rohstoffen, Energie und anderen Vorleistungen führen, der bei den betroffenen Lieferanten weitere Arbeitsfreisetzungen hervorrufen kann."[9] Nachfrageseitig bedingte Freisetzungen ergeben sich dann, wenn ein Nachfrageausfall durch die freigesetzten Arbeitskräfte eintritt. Erwähnt sei noch ein tertiärer Beschäftigungseffekt, der auftritt, wenn die Einführung neuer Technologien auf vor- und nachgelagerten Betrieben zu Innovationen führt.

[7] Vgl. Blattner, N.: Technischer Wandel und Beschäftigung: Zum Stand des Diskussion, in: G. Bombach, B. Gahlen, A. E. Ott (Hg.): Technologischer Wandel – Faktoren, Analysen, Perspektiven, Tübingen 1986, S. 173 ff.

[8] Vgl. Mettelsiefen, B., Barens, I.: a.a.O., S. 47 ff.

[9] Ebenda, S. 48.

Ein indirekt verlagernder Effekt tritt ein, wenn eine Innovation nicht direkt am Einsatzort, sondern an einer anderen Stelle zu Freisetzungen führt. Diese Verlagerung kann innerbetrieblich, zwischen Sektoren und zwischen Ländern erfolgen.

Die Summe aus direkten und indirekten arbeitssparenden Wirkungen ergibt den gesamten Freisetzungseffekt aus der Einführung einer technischen Neuerung.

Bei den Kompensationseffekten lassen sich ebenfalls wieder direkte und indirekte (verstärkende und verlagernde) Effekte unterscheiden. Direkte Kompensationswirkungen treten auf, wenn in Verbindung mit der Einführung einer neuen Technik mehr Arbeitskräfte (relativ zu den nur nach der Freisetzung verbliebenen Arbeitskräften) unmittelbar am Einsatzort beschäftigt werden. Führt z. B. die durch die neue Technik bewirkte Senkung der Arbeitskosten zu einer Preisreduktion, dann erhöhen sich, abhängig von der Preiselastizität der Nachfrage, Produktion und Beschäftigung. Ein anderer direkter Kompensationseffekt tritt ein, wenn mit der Einführung von Neuerungen ein zusätzlicher Arbeitskräftebedarf z. B. für Wartung und Reparatur verbunden ist.

Neue Techniken induzieren auch verschiedene indirekte verstärkende Kompensationseffekte. Die durch neue Technologien bewirkten Preis- und Kostensenkungen implizieren einen realen Einkommenseffekt mit dadurch induzierten Veränderungen der Konsum- und Investitionsgüternachfrage. Zusätzlich kann die reale Einkommenserhöhung einen Multiplikatoreffekt bewirken, der die Beschäftigung weiter stimuliert. Von besonderem Interesse ist die Investitionsgüterindustrie. Da der größte Teil des technischen Fortschritts kapitalgebunden ist, führt eine Innovation zu einer zusätzlichen Nachfrage nach Maschinen mit einer entsprechenden Erhöhung der Beschäftigung in der Investitionsgüterindustrie (Maschinenherstellungsargument). Die damit verbundenen höheren Einkommen haben wieder einen Einkommens- und Multiplikatoreffekt.

Ein weiterer indirekter Kompensationseffekt folgt aus Veränderungen der internationalen Nachfrage. Dieser Effekt hängt davon ab, wie sich die internationale Wettbewerbsposition durch Innovationen verändert. Schließlich können positive Beschäftigungseffekte als indirekte verstärkende Kompensationseffekte noch auftreten, wenn Prozessinnovationen zu Produktinnovationen führen, um „(a) ein gegebenes Produkt qualitativ zu veredeln, (b) ein völlig neues Produkt zu gestalten oder (c) die Marktfähigkeit bestehender Produkte zu erhöhen“.[10]

Die meisten der eben skizzierten indirekt verstärkenden Kompensationseffekte beinhalten auch indirekte verlagernde Wirkungen. Wenn Veränderungen der Beschäftigungsstruktur untersucht werden sollen, ist diese Unterscheidung sinnvoll. Die Effekte entsprechen denen unter den direkten verlagernden Freisetzungseffekten.

Aus diesen Beschäftigungseffekten des technischen Wandels lassen sich die gesamten direkten sowie die gesamten indirekten Beschäftigungseffekte als Saldo aus den direkten Freisetzungs- und Kompensationseffekten und den indirekten Freisetzungs- und Kompensationseffekten ableiten. Die beschäftigungsstrukturverändernden Wirkungen ergeben sich aus den beschäftigungsverlagernden indirekten Effekten.

Ergänzend ist noch anzumerken, dass Freisetzungseffekte eher den Prozessinnovationen, Kompensationseffekte eher den Produktinnovationen zugerechnet werden. Unter dem Zeitaspekt tritt der Freisetzungseffekt vor allem kurzfristig ein, während der Kompensationseffekt erst in der längeren Periode wirksam wird.

Die Systematik der Beschäftigungseffekte des technischen Wandels erleichtert die Beurteilung vorliegender Untersuchungen hinsichtlich ihrer Aussagefähigkeit und Reich-

---

[10] Ebenda, S. 52.

weite. So untersuchen eine Reihe von Studien nur die direkten Freisetzungseffekte und vernachlässigen die anderen Wirkungen. Dies ist sicherlich eine zulässige Vorgehensweise, wenn die Beschränkung deutlich gemacht wird und kein Anspruch auf eine vollständige Erfassung der Beschäftigungseffekte erhoben wird. Nicht zulässig erscheint aber ein Vorgehen, das diese Beschränkung nicht deutlich macht. In der öffentlichen Diskussion werden Ergebnisse von Untersuchungen teilweise als repräsentativ dargestellt, obwohl diese Untersuchungen diesen Anspruch selbst gar nicht erheben. Auch eine solche Verfahrensweise ist, soll eine zutreffende Aussage gemacht werden, unzulässig.

3.7.3.2 Theoretische Erklärungsansätze

Die Diskussion über die Beschäftigungswirkungen des technischen Fortschritts, insbesondere die Frage, ob die technologische Entwicklung zu Arbeitslosigkeit führt oder nicht, hat in der Ökonomie eine lange Tradition. Eine erste intensive Diskussion fand in der ökonomischen Klassik statt. Verbunden ist sie mit den Namen Say, Malthus und Sismondi. Hinzuweisen ist auch auf das berühmte Kapitel von Ricardo „On Machinery" sowie auf die ausführliche Behandlung der Thematik bei Marx. Bereits in der Klassik bewegte sich die Diskussion zwischen Freisetzungs- und Kompensationstheorie.[11]

Eine zweite Phase der Diskussion über technologische Arbeitslosigkeit fand in den 30er Jahren im Gefolge der mit der Weltwirtschaftskrise einhergehenden Massenarbeitslosigkeit statt. Wesentliche Beiträge leisteten hierzu Lederer, Kahler, A. Lowe, Schumpeter, Hicks und Pigou. Im Vordergrund standen die Beschäftigungswirkungen der Automation. Die Diskussion bewegte sich auch in jener Zeit zwischen der Freisetzungs- und der Kompensationstheorie.

Die Diskussion über die Auswirkungen der auf der Mikroelektronik basierenden IuK-Technologien basierte anfangs auf diesen Debatten. Sie hat zu keinen zusätzlichen Einsichten geführt; die bekannten Argumente wurden überwiegend reproduziert und modifiziert.[12] Seit den neunziger Jahren hat die Diskussion über technologische Arbeitslosigkeit kaum noch Bedeutung. Mit der „Wiederentdeckung" Schumpeter's wurden zunehmend die positiven Wirkungen von Innovationen im Allgemeinen und neuen IuK-Technologien im Besondern auf Wachstum und Beschäftigung thematisiert. Besonders auf den neuen IuK-Technologien basierende Innovationen sind demnach nicht nur keine Jobkiller, sondern Jobknüller, die wesentlich zu einer positiven Beschäftigungsentwicklung[13] in den auf dem Weltmarkt konkurrierenden Ländern beitragen. Die neuen IuK-Technologien führten auch zu höheren Qualifikationsanforderungen der Beschäftigung (Höherqualifizierungsthese). Entsprechend würden sich durch die Nutzung dieser Technologien die Arbeitsmarktchancen der gering Qualifizierten verschlechtern.

Die theoretischen Positionen zur Erklärung des Zusammenhangs zwischen technischem Wandel und Beschäftigung stimmen darin überein, dass der technologische Wandel ei-

---

[11] Vgl. Mettelsiefen, B.: Technischer Wandel und Beschäftigung, Frankfurt 1982.

[12] Eine Ausnahme bildet die Traversendiskussion, die aber bisher keinen wesentlichen Einfluss auf die Diskussion ausübte. Vgl. hierzu Hagemann, H.: Wachstumsgleichgewicht, Traverse und technologische Unterbeschäftigung, in: H. Hagemann, P. Kalmbach (Hg.): Technischer Fortschritt und Arbeitslosigkeit. Frankfurt 1983, S. 246 ff.

[13] Vgl. Rheinisch-Westfälisches Institut für Wirtschaftsforschung, Beschäftigungswirkungen von Forschung und Entwicklung, Kurz- und Langfassung, Essen 2005; Welsch, J., Paradigmenwechsel beim Zusammenhang von Innovation und Beschäftigung, in: Wirtschaftsdienst, Heft 12 (2006), S. 811 ff.

nen Freisetzungseffekt haben wird. Sie differieren in der Einschätzung des Kompensationseffekts, d. h. in der Frage, inwieweit der Freisetzungseffekt durch den Kompensationseffekt ausgeglichen wird oder nicht.

Als theoretische Erklärungsversuche des Zusammenhangs können folgende Ansätze angeführt werden:

1. die neoklassische Erklärung,
2. die akkumulationstheoretische Erklärung und
3. innovationstheoretische Überlegungen.

Ad 1. Im Rahmen der neoklassischen Theorie kann es eigentlich keine technologische Arbeitslosigkeit geben. Unter bestimmten Annahmen sorgen der Lohn- und der Preismechanismus dafür, dass auf dem Güter- und Arbeitsmarkt Angebot und Nachfrage immer ausgeglichen sind. Hat z. B. eine Innovation arbeitssparende Effekte, dann führt bei flexiblen Löhnen und funktionierendem Wettbewerb auf dem Arbeitsmarkt das durch die Freisetzung erhöhte Arbeitsangebot zu sinkenden (Real-)Löhnen. Damit kommt, so die neoklassische Sichtweise, ein Substitutionsprozess zwischen Arbeit und Kapital in Gang, da sich Arbeit im Verhältnis zu Kapital verbilligt hat: Die Nachfrage nach Arbeit steigt. Der Lohnmechanismus sorgt für eine Wiederherstellung der Vollbeschäftigung.

Technologische Arbeitslosigkeit kann nur dann auftreten, wenn die Substitutionsmöglichkeiten zwischen Arbeit und Kapital beschränkt sind. Besteht z. B. ein Komplementaritätsverhältnis zwischen Arbeit und Kapital, dann bewirken Veränderungen des Faktorpreisverhältnisses zwischen Lohn und Zins keine Wiederherstellung der Vollbeschäftigung. Das Problem mangelnder Substitutionsmöglichkeiten spielt in der Neoklassik aber keine größere Rolle.

Eine andere Variante der neoklassischen Sichtweise geht von einem fixen Kapitalbestand aus, der im Prinzip unbegrenzte Beschäftigungsmöglichkeiten bietet. Eine durch zunehmendes Arbeitsangebot bewirkte Reallohnsenkung führt in diesem Fall zu einer Mehrbeschäftigung bei gegebenem Kapitalbestand, da ein niedrigerer Lohn zusätzliche Arbeitsplätze rentabel macht.

Technologische Arbeitslosigkeit kann es nach der Neoklassik nur bei „Unvollkommenheiten“ des Arbeitsmarktes geben. Hier werden vor allem institutionelle Hemmnisse wie staatliche Regulierungen und die gewerkschaftliche Lohnpolitik angeführt. Technologische Arbeitslosigkeit ist nach dieser Sicht eine Form der Mindestlohnarbeitslosigkeit. Sinken die Reallöhne wegen gesetzlicher oder tarifvertraglicher Regelungen nicht in ausreichendem Maß im Gefolge der Einführung neuer Technologien, dann kann technologischer Wandel Arbeitslosigkeit verursachen. Verantwortlich ist dann aber nicht die Technik, sondern die mangelnde Flexibilität der Löhne nach unten: „Viel plausibler ist die Hypothese, daß bei falscher Lohn-Zins-Relation aus den Optionen, die das neue technische Wissen offeriert, vornehmlich jene ausgewählt werden, die besonders viel Arbeit einsparen – zuviel an Arbeit und zuwenig, wenn überhaupt, an Kapital. Dies gilt vor allem für Prozeßinnovationen: Überhöhte Löhne und gedrückte Zinsen locken aus der Schatzkammer des neuen Wissens nicht die Kapitalsparer an, sondern die Job-Killer. Das Ergebnis ist technologische Arbeitslosigkeit, ... Aber es ist nicht die Arbeitslosigkeit einer Technik, die vom Himmel gefallen ist, sondern einer Technik, die sich früher oder später herausbildet, wenn die Weichen der Wirtschaft bei Löhnen und Zinsen falsch gestellt werden.“[14]

[14] Giersch, H.: Arbeit. Lohn und Produktivität. „Weltwirtschaftliches Archiv“. Bd. 119 (1983), S. 10.

Hier kann keine ausführliche Kritik der neoklassischen Erklärung technologischer Arbeitslosigkeit erfolgen. Erwähnt sei einmal die Kritik am methodologischen Konzept. Die neoklassische Analyse ist statischer Natur und berücksichtigt nicht die dynamischen Prozesse der technologischen Entwicklung. Zum andern ist die grundsätzliche Kritik an der neoklassischen Aussage anzuführen, dass Flexibilität der Löhne Vollbeschäftigung gewährleiste. Dieser Zusammenhang ist nur unter eingeschränkten und realitätsfernen Prämissen gültig. So bleibt z.B. unberücksichtigt, dass bei Erwartung weiter sinkender Löhne keine neuen Arbeitskräfte eingestellt werden. Der Nachfrageausfall sinkender Löhne wird ebenso wenig berücksichtigt wie der Zusammenhang zwischen Lohnhöhe und Produktivität, d.h., dass sinkende Löhne auch zu sinkender Produktivität führen können und dann auch nach neoklassischer Analyse bei einer Lohnsenkung nicht mehr Arbeitskräfte eingestellt werden.

Ad 2. Der akkumulationstheoretische Ansatz geht von einem kapitalgebundenen technischen Fortschritt aus. Unter dieser Prämisse ist der Kompensationseffekt von der Entwicklung des Realkapitals abhängig. Hier wird neben dem Güter- und dem Arbeitsmarkt mit dem Kapital eine weitere Dimension berücksichtigt. Diese Theorie verweist auf die produktionstechnische Seite des technologischen Wandels und betont die dynamischen Aspekte der Kapitalakkumulation: „Hierin liegt auch jene eher skeptische Kompensationsposition begründet, die auf Ricardo zurückgeht und die die Beschäftigungsauswirkungen des technischen Fortschritts primär unter dem Aspekt einer zeit- und kostenerfordernden Anpassung und Veränderung der technisch-materiellen Basis des Produktionssystems betrachtet.[15]

Während der nachfragetheoretische Marktansatz auf den Kreislaufprozess abstellt, betont der akkumulationstheoretische Ansatz die Rolle des Realkapitals. Dabei spielt die Produktion von neuen Maschinen eine besondere Rolle für die Kompensation der Freisetzungseffekte. Es besteht aber weitgehende Einigkeit darüber, dass durch die Herstellung neuer Investitionsgüter nur ein Teil der freigesetzten Arbeitskräfte wieder Beschäftigung finden kann. In der klassischen Theorie wurde kurzfristig von fixen Produktionskoeffizienten ausgegangen, so dass unter dieser Prämisse nur eine Beschleunigung der Akkumulationsrate einen ausreichenden Kompensationseffekt ermöglicht.

Zur Kritik an der akkumulationstheoretischen Position ist primär auf zwei Aspekte zu verweisen. Die Annahme fixer Produktionskoeffizienten begrenzt die Analyse ebenso wie die Vernachlässigung der Nachfrageseite des technologischen Wandels.

Ad 3. Innovationen wirken sich auf den technischen Fortschritt aus. Auf der gesamtwirtschaftlichen Ebene sind die Beschäftigungseffekte von Innovationen dann positiv, wenn ihre Auswirkungen auf die Wachstumsrate des gesamtwirtschaftlichen Wachstums größer sind als auf die Wachstumsrate der gesamtwirtschaftlichen Produktivität. Dabei wird u.a. auf die Schumpeter'sche Innovationstheorie rekurriert. Danach wird das Wirtschaftswachstum wesentlich durch Innovationen bestimmt: „Wirtschaftszweige mit hohem technischen Fortschritt weisen demnach eine höhere Wachstumsrate und eine positivere Beschäftigungsentwicklung auf.“[16] Hinsichtlich der Beschäftigungseffekte war Schumpeter aber eher skeptisch.

Eine weitere Begründung lässt sich aus der neuen Wachstumstheorie ableiten. Danach bildet der technische Fortschritt keine exogene Größe, sondern wird endogen zu klären versucht. Wissen bildet hierbei einen eigenständigen Wachstumsfaktor. Die Akkumulation von Wissen durch staatliche und private Ausgaben für Forschung und Innovation

[15] Mettelsiefen. B., Barens, : a.a.O.. S. 19.

[16] Rheinisch-Westfälisches Institut für Wirtschaftsforschung, a.a.O. (Langfassung), S. 85.

steigert demnach das wirtschaftliche Wachstum. Hinsichtlich positiver Beschäftigungseffekte wird unterstellt, dass die Auswirkungen von Wissen und Innovation auf das Wachstum höher sind als auf die Produktivitätsentwicklung. In der traditionellen Sprache könnte man argumentieren, dass die Kompensationseffekte höher sind als die Freisetzungseffekte. Eine genauere Begründung, warum damit positive Beschäftigungseffekte verbunden sind, liegt m.W. nicht vor. Mögliche Begründungen könnten in den externen Effekten von Wissen und in Wissensspillovers liegen. Beide bewirken ein höheres Wirtschaftswachstum.[17]

Insgesamt bleibt festzuhalten, dass die theoretischen Erklärungsversuche von technischem Wandel und Beschäftigung zwar eine Reihe an Einsichten in die Wirkungszusammenhänge brachten und verschiedene Beschäftigungseffekte herausarbeiteten. Eine eindeutige Erklärung dieses Zusammenhangs leistet keine der Theorien. Aus theoretischer Sicht kann nicht eindeutig beurteilt werden, ob der technische Fortschritt zu Arbeitslosigkeit oder zu mehr Beschäftigung führt oder nicht. Daher wird abschließend die Empirie befragt.

3.7.4 Empirischer Befund

Es gibt inzwischen eine Vielzahl an empirischen Untersuchungen über die Auswirkungen insbesondere neuer IuK-Technologien auf die Quantität und Qualität der Arbeitsplätze.[18] In diesem Beitrag kann nur ein begrenzter Ausschnitt berücksichtigt werden.

- *Gesamtwirtschaftliche Ebene*

Der technische Wandel schlägt sich auf der gesamtwirtschaftlichen Ebene in Veränderungen der Produktivität und/oder der Nachfrage nieder. Daher werden bei einer gesamtwirtschaftlicher Betrachtung als Indikatoren die Arbeitsproduktivität (je Erwerbstätigen oder je Arbeitsstunde) und das reale Bruttosozialprodukt (BSP) oder Bruttoinlandsprodukt (BIP) herangezogen. Abb. 1 illustriert die trendmäßige Entwicklung dieser Größen in der Bundesrepublik.

Die Wachstumsrate der Arbeitsproduktivität (pro Erwerbstätigen und pro Stunde) nahm in der Bundesrepublik im längerfristigen Trend kontinuierlich ab. Die relative Zunahme des Bruttoinlandsprodukts ist ebenfalls, unter Schwankungen, im Trend zurückgegangen. In den neunziger Jahren lässt sich eine Verlangsamung des abnehmenden Trends konstatieren, eine Umkehrung des Trends aber nicht. Eine Beschleunigung oder Forcierung des technischen Fortschritts auf der gesamtwirtschaftlichen Ebene lässt sich aus diesen Indikatoren nicht ableiten. Dies gilt sowohl für die Indikatoren der Arbeitsproduktivität als auch für das Verhältnis von Nachfrage (BIP) und Produktivität. Eine gravierende Auseinanderentwicklung dieser Indikatoren und damit eine Zunahme der technologischen Arbeitslosigkeit wegen verringerter endogener Kompensationseffekte lässt sich ebenfalls nicht feststellen. So folgt die Erwerbstätigenproduktivität seit Mitte

[17] Vgl. kurz Krol, G.-J., Schmid, A., Volkswirtschaftslehre – eine problemorientierte Einführung, 21. Aufl., Tübingen 2002, S. 341 ff.

[18] Vgl. u.a. Dostal, W.: Fünf Jahre Mikroelektronik-Diskussion, „MittAB", 15. Jg. (1982), S. 151 ff.; Friedrich, W., Ronning, G.: Arbeitsmarktwirkungen moderner Technologien, Teil I und II, Köln-Konstanz 1985; Schettkat, R., Wagner, M. (Hg.): Technologischer Wandel und Beschäftigung, Berlin, New York 1989; OECD: The OECD Jobs Study, Part 1, Paris 1994, S. 123 ff.; Schmid, A. u. a., Globalisierung und regionaler Arbeitsmarkt, München und Mering 2001, S. 3 ff.; Brown, C., Campbell, A., The Impact of Technological Change on Work and Wages, „Industrial Relations", Vol. 41 (2002), S. 1 ff.; Rheinisch-Westfäliksches Institut für Wirtschaftsforschung, a.a.O.

Abb. 1 Entwicklung des Bruttoinlandsprodukts, der Arbeitsproduktivität und der Erwerbstätigkeit in der BRD 1952–2005[a]

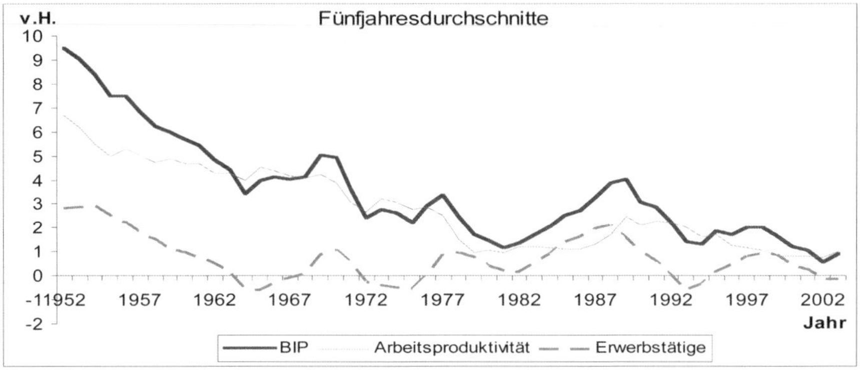

[a] gleitende Fünfjahresdurchschnitte

Quellen: Jahresgutachten des Sachverständigenrats zur Begutachtung der gesamtwirtschaftlichen Entwicklung, div. Jg.; http://www.destatis.de/jetspeed/portal/cms/Sites/destatis/Internet/DE/Content/Statistiken/Arbeitsmarkt/Erwerbstaetige/Tabellen/Content50/InlaenderInlandskonzept,templateId=renderPrint.psml; http://www.bundesbank.de/statistik/statistik_zeitreihen.php?lang=de&open=konjunktur&func=row&tr=JJ5000

der sechziger Jahre dem Trend des BIP, eine zunehmende Scherenentwicklung zwischen beiden Indikatoren ist nicht zu verzeichnen.

Auch Prognosen über die künftige Entwicklung der Arbeitsproduktivität lassen keine Tendenzen erkennen, die auf eine technologisch bedingte Arbeitslosigkeit schließen lassen. Projektionen der wirtschaftlichen Entwicklung bis zum Jahr 2015 schätzen für Gesamtdeutschland eine jahresdurchschnittliche Zunahme der Erwerbstätigenproduktivität von 2000 bis 2015 von etwa 1,5% (jahresdurchschnittliche Zuwachsrate des realen BIP 1,7%).[19] Sollte diese Einschätzung eintreten, dann nehmen künftig die Zuwachsraten der Produktivität bis 2005 weiter ab, ab diesem Zeitpunkt wird mit einer leichten Zunahme der jährlichen Wachstumsrate der Arbeitsproduktivität gerechnet. Daraus lässt sich aber noch keine Trendumkehr in Richtung zunehmender Wachstumsraten der Arbeitsproduktivität ableiten. Insgesamt stützen die Projektionen eine durch technischen Wandel bedingte Zunahme technologischer Arbeitslosigkeit nicht.

Allerdings sind diese Ergebnisse aus methodischen Gründen mit Vorsicht aufzunehmen. Das Auftreten technologischer Arbeitslosigkeit lässt sich wegen des ungelösten Zurechenbarkeitsproblems aus dem Vergleich der Wachstumsraten von Arbeitsproduktivität und BIP weder begründen noch verneinen. Die Kurven drücken nur eine Korrelation aus, sie beinhalten aber keine Erklärung. Außerdem sind die Produktivitätsveränderungen die Summe verschiedener Einflussfaktoren. Neben der Technik haben u. a. auch der Strukturwandel und höher qualifizierte Arbeitskräfte Einfluss auf die Produktivitätsentwicklung. Denkbar ist auch, dass eine Beschleunigung des technischen Wandels künftig eintreten wird, diese Beschleunigung aber durch eine Verlangsamung ande-

[19] Vgl. Schnur, P., Zika, G.: Gute Chancen für moderaten Aufbau der Beschäftigung, Projektion bis 2015, in: IAB Kurzbericht Nr. 16 (2002), S. 2.

rer Faktoren kompensiert wird, so dass insgesamt keine gravierenden Veränderungen zu verzeichnen sind. So bewirken z. B. bestimmte Umweltschutzinvestitionen eine Verlangsamung der Produktivitätsentwicklung.

U. a. diese methodischen Begrenzungen gesamtwirtschaftlicher Indikatoren haben dazu geführt, in umfangreichen Untersuchungen die Auswirkungen von Innovationen auf Beschäftigung und Arbeitsmarkt zu analysieren. Für die Bundesrepublik erfolgte dies in den achtziger Jahren in der sog. Meta-Studie.[20] Das Deutsche Institut für Wirtschaftsforschung (DIW) hat im Rahmen der Meta-Studie II verschiedene Innovationsszenarien und deren Beschäftigungseffekte untersucht. Die Autoren kommen zu folgendem Ergebnis: „Nur unter günstigen Bedingungen führt eine erhöhte Innovationsaktivität zu höherer Beschäftigung als nach der Status-quo-Entwicklung. Aber selbst bei pessimistischen Annahmen erweisen sich beschäftigungspolitisch erhöhte Innovationsanstrengungen vorteilhafter als ein Innovationsverzicht. Vor allem wird aber durch eine stärkere Innovationsaktivität ein höheres Einkommensniveau erreicht."[21]

In neueren Untersuchungen werden Beschäftigungswirkungen der „Informationsgesellschaft" zu schätzen versucht.[22] Überwiegend werden darin den neuen IuK-Technologien in entwickelten Volkswirtschaften positive Beschäftigungswirkungen zugerechnet.[23] Ihre Anwendung erhöhe die Produktivität, was zu sinkenden Absatzpreisen und der Erschließung neuer Märkte führe und auf diesem Weg die Arbeitsnachfrage erhöhe. Diese Technologien werden also vor allem Kompensationseffekte zugeschrieben.

Internationale Querschnittsuntersuchungen stützen die These, dass Innovationen positive Auswirkungen auf das Wirtschaftswachstum haben. Der Zusammenhang zwischen Innovationsaktivitäten und der Erwerbstätigenquote ist dagegen nach solchen Untersuchungen nicht so eindeutig, aber tendenziell ebenfalls positiv.[24]

Hinsichtlich der Beschäftigungseffekte von Produkt- und Prozessinnovationen stützt die Mehrzahl der empirischen Untersuchungen bei Letzteren die theoretisch gemachte Aussage, dass sie beschäftigungssteigernd wirken. Hinsichtlich des Beschäftigungseffekts von Prozessinnovationen kommt die Mehrzahl der empirischen Studien zu neutralen oder negativen Aufwirkungen auf die Beschäftigung.

Insgesamt lässt sich festhalten, dass auf gesamtwirtschaftlicher Ebene zwar Auswirkungen der technologischen Entwicklung auf die Beschäftigung zu erwarten sind, eine technologische Arbeitslosigkeit auf der Makroebene bisher kaum eingetreten ist und nach gegenwärtigen Kenntnisstand auch nicht eintreten wird. Die Empirie liefert Belege dafür, dass Innovationen gesamtwirtschaftlich eher beschäftigungserhöhend wirken.

- *Strukturelle Entwicklung*

Eine Struktur kann nach verschiedenen Kriterien eingeteilt werden. Hier wird die Beschäftigungsentwicklung anhand von zwei Einteilungskriterien untersucht: Frühere Un-

---

20 Vgl. als Überblick Matzner, E., Schettkat, R., Wagner, M.: Arbeitsmarktwirkungen modern Technologien, Berlin 1988. Schettkat., R., Wagner, M. (Hg.): Technologischer Wandel und Beschäftigung, Berlin, New York, 1989.

21 Matzner, E., Schettkat, R., Wagner, M.: a.a.O., S. 121.

22 Vgl. z.B. Bellmann, L., Hilpert, M., Kistler, E.: Technik und Beschäftigung, in: IFS u.a. (Hg.), Jahrbuch sozialwissenschaftliche Technikberichterstattung, Berlin 1999, S. 215 ff.

23 Vgl. Bundesministerium für Bildung und Forschung: Zur technologischen Leistungsfähigkeit Deutschlands, Endbericht März 2001, ftp.bmbf.de/tlf2000_net.pdf

24 Vgl. Rheinsch-Westfälisches Institut für Wirtschaftsforschung (Kurzfassung), a.a.O., S. 13.

tersuchungen nach Produkt- und Prozessinnovationen, neuere Untersuchungen nach der Intensität der Forschung und Entwicklung (FuE).

Werden die Betriebe danach klassifiziert, ob sie Produkt- oder Prozessinnovationen, eine Kombination beider oder keine Innovationen durchführen, dann ergibt sich hinsichtlich der künftigen Beschäftigungseffekte das in Tab. 1 wiedergegebene Bild. Bei allen Innovatoren ging die Beschäftigung im Beobachtungszeitraum von 1979 bis 1985 zurück: „Die Beschäftigungsentwicklung war zwar auch bei den Innovatoren negativ, aber die Beschäftigtenzahl ging bei den Nichtinnovatoren sehr viel stärker zurück, was auf die günstigere Umsatzentwicklung bei den innovierenden Betrieben zurückzuführen ist.“[25] Die hinsichtlich der Beschäftigtenentwicklung günstigste Situation ergab sich bei den Innovatoren, die kombinierte Prozeß- und Produktinnovationen durchführten.

Hinsichtlich der Berufsstrukturveränderungen im Zusammenhang mit der Innovationsaktivität ergab sich für das Produzierende Gewerbe ein differenziertes Bild. Die Wirtschaftszweige mit ausgeprägter Innovationsaktivität reduzierten die Arbeitskräfte mit direkten Fertigungsaufgaben in relativ großem Umfang. In Branchen mit zurückhaltender Innovationstätigkeit war ein erheblich größerer Anteil mit direkten Fertigungsaufgaben beschäftigt. Dagegen wurden in Wirtschaftszweigen mit ausgeprägter Innovationstätigkeit die produktionsbegleitenden Tätigkeiten relativ stark erhöht. So konnten Arbeitskräfte mit Wartungsaufgaben ihre Beschäftigungsposition in Branchen mit hoher Innovationsaktivität besser behaupten als in innovationsschwachen Wirtschaftszweigen. Als Gewinner erwiesen sich die Beschäftigten im Bereich Forschung und Entwicklung. Im Verwaltungsbereich vollzog sich die relative Expansion der Arbeitskräfte vorwiegend auf der Ebene höher qualifizierter Tätigkeiten.

Neuere Untersuchungen thematisieren den Zusammenhang der Beschäftigungsentwicklung und der Innovation nach der FuE-Intensität in Unternehmen. Unterschieden werden FuE-intensive Industriezweige und nicht FuE-intensive Industriezweige. Bei ersteren wird noch zwischen Spitzentechnik und höherwertiger Technik unterschieden. Einteilungskriterium ist der Anteil von FuE-Aufwendungen am Umsatz der Unternehmen.

Tab. 1 Beschäftigungsveränderungen bei hoher und geringer Innovationsaktivität (in 1000), durchschnittliche jährliche Wachstumsraten, 1979–1985

Betriebstyp	Umsatz	Produktivität	Beschäftigung
Innovatoren	2,0	2,5	−0,5
Darunter:			
• Produktinnovatoren	1,3	2,3	−1,0
• Prozessinnovatoren	1,4	2,6	−1,2
• kombinierte Produkt- und Prozessinnovatoren	2,4	2,5	−0,1
Nichtinnovatoren	−0,8	1,5	−2,3

Quelle: Matzner, E., Schettkat, R., Wagner, M., Arbeitsmarktwirkungen moderner Technologien, Berlin 1988, S. 121.

[25] Matzner, E., Schettkat, R., Wagner, M.: a.a.O., S. 85.

Abb. 2 Entwicklung der Beschäftigung in FuE-intensiven Industriezweigen, 1995–2001

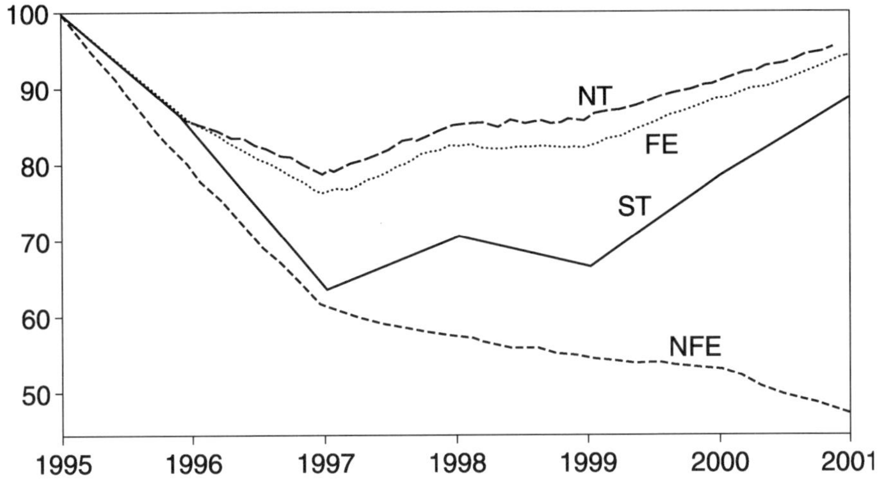

FE = FuE-intensive Wirtschaftszweige
ST = Spitzentechnik
HT = hochwertige Technik
NFE = nicht FuE-intensive Wirtschaftszweige

Quelle: Bundesministerium für Bildung und Forschung: Zur technologischen Leistungsfähigkeit Deutschlands 2001, Berlin 2002, S. XXXIII.

Der bereits in Tabelle 1 zum Ausdruck kommende Zusammenhang wird hier unter einer etwas anderen Perspektive bestätigt. FuE-intensive Wirtschaftzweige verzeichnen im Beobachtungszeitraum eine erheblich günstigere Beschäftigungsentwicklung als nicht FuE-intensive Industriezweige. Eine positivere Entwicklung der Beschäftigung besteht auch bei der höherwertigen Technik im Vergleich zur Spitzentechnik. Aus der Abbildung 2 wird aber auch deutlich, dass Innovation nicht immer zu zunehmender Beschäftigung führt. Zwischen 1995 und 1999 ist die Beschäftigung auch in den FuE-intensiven Wirtschaftszweigen zurückgegangen. Seitdem hat sie zugenommen.

Eine neuere Untersuchung des Rheinisch-Westfälischen Instituts für Wirtschaftsforschung bestätigt auch für die achtziger Jahre die in Abb. 2 dargestellte Entwicklung. Für den Zeitraum von 1991 bis 2001 kommt diese Untersuchung aber zu einem anderen Ergebnis. Danach hat die Beschäftigung in allen nach der Forschungsintensität differenzierten Bereichen abgenommen. Am stärksten nahm sie aber in der Spitzentechnik (–3,1%), am geringsten in wenig forschungsintensiven Wirtschaftszweigen (–1,8%) ab. Sektoren mit hochwertiger Technik (–2,3%) und nicht forschungsintensive Wirtschaftszweige (–2,5%) lagen dazwischen.[26]

Diese Befunde zeigen, dass Innovationen nur einen unter mehreren Einflussfaktoren auf die Beschäftigungsentwicklung darstellen; sie zeigen auch, dass Korrelationen zwischen Innovation und Beschäftigung mit Vorsicht aufzunehmen sind.

26 Vgl. Rheinisch-Westfälisches Institut für Wirtschaftsforschung, a.a.O., S.158.

- *Einzelwirtschaftliche Ebene*

Mikrostudien haben den Vorteil, dass sie detaillierte Aussagen über die Auswirkungengen des technischen Wandels auf unterschiedliche Aspekte und Bereiche betrieblicher Arbeit zulassen. Sie haben aber den Nachteil, dass sie nur die direkten, aber nicht die indirekten Effekte erfassen. Früher wurden primär Fallstudien durchgeführt mit dem Vorteil, dass sie innerbetriebliche Anpassungsprozesse detailliert nachzeichneten; Fallstudien haben aber den Mangel, dass diese nicht repräsentativ sind. Seit der Meta-Studie sind Mikrodatensätze entstanden, mit denen sich auf einzelwirtschaftlicher Ebene repräsentative Ergebnisse über die direkten Beschäftigungswirkungen von Innovationen schätzen lassen. Die mikroökonometrischen Ergebnisse der meisten Studien zeigen „einen positiven, wenn auch nicht immer signifikanten Zusammenhang zwischen Produkt- und Prozessinnovationen auf der einen Seite und der Beschäftigungsentwicklung auf der anderen Seite".[27]

Die mikroökonometrischen Studien haben den Vorteil der Repräsentativität, sie können aber die innerbetrieblichen Auswirkungen und Anpassungsprozesse der Einführung von neuer Technik auf die betriebliche Beschäftigung nicht nachzeichnen. Hier haben Fallstudien ihren Stellenwert. Neuere Fallstudien zeigen ein von differenziertes Bild.[28] So wählt und implementiert ein Betrieb Innovationen zusammen mit anderen Investitions- und strategischen Entscheidungen. Diese Entscheidungen hängen von der gesamtwirtschaftlichen Ebene und dem institutionellen System ab. Neue IuK-Technologien verändern die Arbeits- und Unternehmensorganisation. So werden neue Produktionsverfahren und neue Produkte durch diese Technologien unterstützt bzw. entwickelt, die sich hinsichtlich der Qualität, der Produktvielfalt, der Nutzung und der Kundenorientierung verändern. Aber nicht nur innerbetriebliche Veränderungen der Arbeitsorganisation sind mit der Einführung neuer Technologien verbunden. In jüngster Zeit sind vor allem überbetriebliche Reorganisationsprozesse wie überbetriebliche Dezentralisierung, Globalisierung, Netzwerke im Kontext der neuen IuK-Technologien untersucht worden. Betriebe mit überbetrieblichen IuK-gestützten Vernetzungen und Dezentralisierungen haben im Vergleich zu Betrieben, die nicht vernetzt sind und nicht überbetrieblich dezentralisiert haben, eine vergleichsweise positive Beschäftigungsentwicklung.[29] Allerdings ist an die gerade gemachten Ausführungen zu erinnern: Nicht die neuen Technologien allein, sondern die Nutzung im Kontext betrieblicher Strategien der Reorganisation des Betriebes bedingt diese Beschäftigungstrends.

3.7.5 Qualifikationseffekte neuer Technologien

Die Auswirkungen neuer Technologien auf die Qualifikation der Beschäftigten zu analysieren unterliegt erheblichen Schwierigkeiten, da u. a. der Qualifikationsbegriff selbst nicht einfach und eindeutig zu definieren ist. In der Literatur sind bisher im Kontext der technologischen Entwicklung verschiedene Qualifikationstrends diagnostiziert worden: Dequalifizierung, Polarisierung, Um- und Andersqualifizierung, Anqualifizierung, Requalifizierung, Höherqualifizierung. Wegen des Flexibilitätspotentials der neuen IuK-Technologien kommt der Arbeitsorganisation eine zentrale Rolle bei der Qualifikationsentwicklung zu, und diese beinhaltet einen nicht geringen Gestaltungsspielraum bei den

[27] Bellmann, L., Kohaut, S., Lahner, M.: Betriebliche Beschäftigungsentwicklung und Innovationsaktivitäten, in: G. Kleinhenz (Hg.), IAB-Kompendium Arbeitsmarkt- und Berufsforschung, „BeitrAB 250", Nürnberg 2002, S. 246.

[28] Vgl. Brown, C., Campbell, B. A.: a.a.O., S. 28 ff.

[29] Vgl. Schmid, A. u. a.: a.a.O., S. 108 ff.

Qualifikationsanforderungen, die mit der Einführung dieser neuen Technologien verbunden sind.

Nach den meisten Studien treten Dequalifizierungs- wie Höherqualifizierungstendenzen im Gefolge neuer Technologien auf. Überwiegend wird aber in den Studien die Höherqualifizierungsthese gestützt. So bestätigt z. B. die Meta-Studie II tendenziell diese These. Zu ähnlichen Aussagen kommt ein Literaturüberblick über die Veränderungen von Qualifikationsanforderungen im Gefolge der Einführung mikroelektronik-basierter Technologien.[30] Ebenfalls eine Unterstützung der Höherqualifizierungsthese folgt aus Untersuchungen über die Auswirkungen neuer „Netzwerktechnologien" (Internet) auf die Qualifikationsstruktur der Beschäftigten. Danach führen informations- und kommuniktionstechnologische Vernetzungen zu einer höheren Nachfrage nach qualifizierten Arbeitskräften. Die Nachfrage nach gering Qualifizierten geht danach zurück.[31] In Betrieben mit Produktinnovationen war nach einer neueren Untersuchung das Beschäftigungswachstum hochqualifizierter Arbeitskräfte 1998–2001 höher als in Betrieben ohne solche Innovationen. Das gilt auch für Geringqualifizierte. Bei Facharbeitern war es aber umgekehrt; dort sank deren Beschäftigung in innovativen Betrieben stärker als in nicht innovativen.[32]

Insgesamt weist die These einer differentiellen Höherqualifizierung aufgrund technischer und arbeitsorganisatorischer Innovationen theoretische und empirische Evidenz auf. Allerdings ist diese These insofern zu modifizieren, als eine Differenzierung der Qualifikationsanforderungen unterschiedliche Wirkungen zeigt. Diese Unterschiede hängen aber eher von den quantitativen Effekten bei den verschiedenen Beschäftigtengruppen als von grundlegenden Veränderungen der Qualifikationsinhalte ab; letztere verändern sich zwar auch im Gefolge der neuen Technologien, aber überwiegend graduell. Für motorische Fähigkeiten auf Arbeitsplätzen mit geringen Anforderungen wird eher die Dequalifizierungshypothese gestützt, ihr Anteil an den Beschäftigten sinkt technologieinduziert, der Anteil der Beschäftigten mit kognitiven und interaktiven Fähigkeiten nimmt zu.

3.7.6 Ergebnis

Die Einführung technologischer Neuerungen bewirkt erhebliche direkte und indirekte Beschäftigungseffekte. Nach einer Klärung der beiden zentralen Begriffe und einigen Anmerkungen über die Analyse der technologischen Entwicklung wurde ein Überblick über die potentiellen Beschäftigungseffekte gegeben. Die Diskussion der zentralen Erklärungsansätze, dem Markt-, dem Akkumulations- und dem innovationstheoretischen Ansatz, verdeutlichte, dass die Theorien jeweils nur bestimmte Beschäftigungseffekte erklären können. Die referierten empirischen Ergebnisse zeigen das grundsätzliche Problem einer Zurechnung der Arbeitslosigkeit und der Beschäftigungsentwicklung zu technischen Veränderungen. Empirische Untersuchungen stützen zumeist die These, dass auf gesamtwirtschaftlicher Ebene bisher und voraussichtlich auch künftig der technologischen Arbeitslosigkeit keine größere Bedeutung zukam bzw. zukommen wird, sondern eher positive Beschäftigungswirkungen vor allem von Produktinnovationen zu erwarten sind. Einige schätzen die Entwicklung skeptischer ein. Auf struktureller und einzelwirtschaftlicher Ebene sind in bestimmten Bereichen und Branchen erhebliche Arbeitsplatzeffekte des technischen Wandels und der neuen Technologien zu konstatie-

30 OECD: a.a.O., S. 123 ff.

31 Vgl. Schmid, A. u. a.: a.a.O., S. 124 ff.

32 Vgl. Rheinisch-Westfälisches Institut für Wirtschaftsforschung (Kurzfassung), a.a.O., S. 21.

ren, die für einen Teil der Beschäftigten Bereitschaft zu Mobilität und Flexibilität und für die Betriebe Anpassungsbereitschaft und -fähigkeit erfordern. Hinsichtlich der Qualifikationseffekte scheinen die Studien die These einer differentiellen Höherqualifizierungsthese zu bestätigen.

Literaturhinweise

Bellmann, L., Hilpert, M., Kistler, E.: Technik und Beschäftigung, in: IFS u.a. (Hg.), Jahrbuch sozialwissenschaftliche Technikberichterstattung, Berlin 1999, S. 215ff.

Matzner, E., Schettkat, R., Wagner, M.: Arbeitsmarktwirkungen moderner Technologien, Berlin 1988.

Mettelsiefen, B., Barens, I.: Direkte und indirekte Beschäftigungswirkungen technologischer Innovationen, „BeitrAB 112", Nürnberg 1987.

OECD: The OECD Jobs Study, Part I, Paris 1994. S. 123ff.

Rheinisch-Westfälisches Institut für Wirtschaftsforschung, Beschäftigungswirkungen von Forschung und Entwicklung, Kurz- und Langfassung, Essen 2005.

Schettkat, R., Wagner, M. (Hg.): Technologischer Wandel und Beschäftigung, Berlin, New York 1989.

Schmid, A. u.a., Globalisierung und regionaler Arbeitsmarkt, München und Mering 2001.

Welsch, J., Paradigmenwechsel beim Zusammenhang von Innovation und Beschäftigung, in: Wirtschaftsdienst, Heft 12 (2006).

4
GESELLSCHAFTS-ÖKONOMIE

4.1 Ökonomie und Evolution
Hans Jürgen Schlösser

4.1.1 Einleitung: Gegenstand evolutorischer Theorien in der Ökonomie

Eine Alltagsweisheit besagt, dass die einzige Konstante des Lebens darin besteht, dass sich immer wieder alles wandelt und nichts bleibt wie es war. Dies gilt für die biologische Sphäre, die Politik, gewiss auch für den Bereich der Wirtschaft: Produktions- und Preisstruktur der Volkswirtschaften verändern sich, neue Produkte und Produktionsverfahren werden erfunden und verwirklicht, neue Institutionen entstehen und alte verschwinden, und auch Gewohnheiten, Geschmack und Werthaltungen des Einzelnen verändern sich im Zeitablauf.

Für die Biologie hat Charles Darwin bedeutsame theoretische Grundlagen für eine Erklärung der Entstehung neuer Arten, für die Bedeutung von Mutationen und Modifikationen erarbeitet; er war der Schöpfer der biologischen Evolutionstheorie. Auch die neoklassische Wirtschaftstheorie, welche heute den Kern der „Mainstream Economics" bildet, untersucht Wandel. Sie fragt: Wie verändern die wirtschaftlichen Akteure ihr Verhalten, wenn sich die Rahmenbedingungen – zum Beispiel die verfügbaren Techniken oder der politische Rahmen – ändern? Gleichwohl handelt es sich dabei um keine „evolutorische" Theorie.

Als evolutorisch wird eine Theorie nur dann angesehen, wenn sie nicht nur die Anpassung eines Systems an veränderte Rahmenbedingungen untersucht, sondern auch die Entstehung neuer Situationen selbst (endogen) erklärt und nicht allein als von außen (exogen) verursacht ansieht:

„Die Theorie erklärt, wie es zu Neuerungen in den untersuchten Entwicklungen kommt und welche allgemeinen Einflüsse sie haben, d. h. sie formuliert Hypothesen über das zeitliche Verhalten von Systemen, in denen Neuerungen auftreten und sich ausbreiten."[1]

Solche Theorien sind immer auch dynamisch, d. h. sie berücksichtigen die zeitliche Dimension der Entwicklung. Zeit aber ist historisch, irreversibel: zahlreiche, wenn auch nicht alle Entwicklungen können nicht einfach rückgängig gemacht werden, und das Entwicklungsergebnis ist abhängig davon, auf welche Weise es zustande gekommen ist („Pfadabhängigkeit").[2]

Der Begriff Evolution wird wegen Darwins berühmter Theorie oft als Domäne der Biologie angesehen. Tatsächlich hat es aber auch schon vor Darwins Arbeiten Evolutionstheorien auf verschiedensten Gebieten gegeben, und einige sind gänzlich ohne Rückgriff auf biologische Analogien erarbeitet worden.[3] Wir können die evolutorische Theorie der Ökonomie deshalb als selbständiges wirtschaftswissenschaftliches Forschungsfeld ansehen, in dem Hypothesen über den wirtschaftlichen Wandel, über die Entstehung und Verbreitung von Neuerungen aufgestellt und getestet werden. Allerdings hat es, wie zu zeigen sein wird, auch Versuche gegeben, „soziobiologisch" vorzugehen und die Evolutionstheorie der Biologie auf die Wirtschaft anzuwenden.[4]

---

1 Witt, U, Individualistische Grundlagen der evolutorischen Ökonomik, Tübingen 1987, S. 9.

2 Pfadabhängigkeit bzw. Irreversibilität sei an einem Beispiel erläutert: In den 1970er Jahren ist die Arbeitslosigkeit in vielen Ländern stark angestiegen, weil sich Rahmenbedingungen wie Energiepreise u. a. verschlechtert hatten. Hielt die Arbeitslosigkeit dann länger an, so führte eine spätere Rückkehr zu günstigeren Rahmenbedingungen keineswegs automatisch wieder zur Vollbeschäftigung, weil etwa Langzeitarbeitslose nicht mehr ohne Weiteres in den Arbeitsmarkt zu integrieren waren.

3 Vgl. ausführlich Lau, C., Gesellschaftliche Evolution als kollektiver Lernprozess, Berlin 1981.

4 Alfred Marshall sprach zum Beispiel von „ökonomischer Biologie". Vgl. Witt, U., Evolutorische Ökonomik – Umrisse eines neuen Forschungsprogramms, in: Neuorientierungen in der ökonomischen Theorie, Hrsg.: E. K. Seifert, B. P. Priddat, Marburg 1995.

Die Evolutorische Ökonomik ist im weitesten Sinn eine Theorie des Wandels in ökonomischen Systemen, den die traditionelle neoklassische Theorie nicht befriedigend erklärt. Während neoklassische Wachstumsmodelle ihr Hauptgewicht auf die Kapitalakkumulation legen und die neuere Wachstumstheorie technischen Wandel zu endogenisieren versucht, bezieht die evolutorische Wachstumstheorie die dymanische Entwicklung der Fähigkeiten von Unternehmen sowie das institutionelle Umfeld („Innovationssysteme") in die Betrachtung mit ein und leitet ökonomischen Wandel aus der Fähigkeit einer Volkswirtschaft, Innovationen zu generieren, ab.[5] – Die Evolutorische Ökonomik ist einer der dynamischsten Forschungsbereiche der Wirtschaftswissenschaften. Entsprechend hat sich bislang noch kein einheitlicher konzeptioneller und theoretischer Rahmen entwickelt. Ein informativer Überblick über den aktuellen Stand der einschlägigen Forschung findet sich u. a. in der von Kurt Dopfer herausgegebenen Publikation „Evolutionary Economics. Program and Scope" sowie dem umfassenden Lehrbuch von Carsten Herrmann-Pillath „Grundriß der Evolutionsökonomie".

4.1.2 Schumpeter: Evolution und Innovation

Ein Beispiel für ökonomische Evolutionstheorie ohne Rückgriff auf biologische Analogien stellt Joseph A. Schumpeters „Theorie der wirtschaftlichen Entwicklung" dar.[6]

Nach Schumpeter wird wirtschaftlicher Wandel „aus der Wirtschaft" heraus hervorgebracht, indem Unternehmer Innovationen realisieren. In diesem Ansatz spielt die begriffliche Abgrenzung zwischen Innovation (Neuerung) und Invention (Erfindung) eine bedeutende Rolle. Als Akteur steht der Unternehmer im Mittelpunkt, dessen Persönlichkeit und Motivation konstitutiv für den Wandel sind.

Die Invention, also die Erfindung, geht der Innovation voraus. Sie ist nicht prognostizierbar – sonst wäre sie ja keine ! – und für sich genommen ohne jede praktische ökonomische Bedeutung. Erst wenn ein Innovator sich ihrer annimmt und sie verwirklicht, also wirtschaftlich nutzt und so in das Wirtschaftsleben einbringt, treibt sie die ökonomische Evolution voran.

Einerseits stellt die Innovation einen schöpferischen Akt dar, schafft doch der Innovator „neue Kombinationen"; andererseits verdrängt die Innovation bestehende Produkte und Verfahren und wirkt somit zerstörerisch. Der durch Innovationen getriebene ökonomische Evolutionsprozess stellt sich als Prozess „schöpferischer Zerstörung" dar. Mit diesem Begriff trifft Schumpeter die „Janusköpfigkeit" der wirtschaftlichen Evolution und gibt wichtige Hinweise für die Unstetigkeit der ökonomischen Entwicklung. Das in der neoklassischen Wirtschaftstheorie so zentrale „Gleichgewicht" spielt in Schumpeters Ansatz nur eine geringe Rolle: Schließlich sind es die durch schöpferische Zerstörungsakte geschaffenen wirtschaftlichen Ungleichgewichte, die den Motor der Evolution bilden.

Der Akteur der schöpferischen Zerstörung ist der Unternehmer, ein Typus, der erheblich vom traditionellen Homo oeconomicus der Neoklassik abweicht:

Der Unternehmer muss keineswegs mit dem Erfinder identisch sein – oft ist er es auch nicht – und manche Erfinder waren ausgesprochen schlechte Unternehmer. In jedem Fall aber greift er Inventionen auf und setzt sie in wirtschaftlich erfolgreiche Verfahren (Prozessinnovation) und Produkte (Produktinnovation) um, oft getrieben von einer

---

[5] Vgl. Nelson, R., The Agenda for Growth Theory: A Different Point of View. Cambridge Journal of Economics, 22, 1998.

[6] Schumpeter, J.A., Theorie der wirtschaftlichen Entwicklung, Berlin 1952 (5. Aufl.).

„Vision“ und für Anwendungen, an die die Inventoren gar nicht gedacht haben. Die Unternehmerfunktion ist die Innovation, und Schumpeter grenzt sie deutlich ab von den Funktionen des Geschäftsführers, der für den reibungslosen Ablauf des Tagesgeschäfts sorgt, und des „Kapitalisten“, der sein Kapital riskiert. Gleichwohl ist nicht ausgeschlossen, dass alle Funktionen in einer Person zusammenfallen können.

Innovationen verschaffen dem Unternehmer „Pioniergewinne“, ist er doch zunächst einmal „Monopolist“ des neuen Verfahrens oder Produkts. Die wirtschaftliche Entwicklung wird aber nicht allein vom Innovator geprägt, denn die Pioniergewinne rufen „Imitatoren“ auf den Plan.

Mit ihnen befasst sich die „Diffusionsforschung“: Imitatoren „adaptieren“ die Innovationen anderer und reduzieren im Zeitablauf den Pioniergewinn des Innovators, der nun wiederum zu neuen Innovationen motiviert wird. So „diffundieren“ Neuerungen in der Volkswirtschaft, und neue Innovationszyklen werden von Schumpeterschen Unternehmen initiiert.

Im Prinzip muss der Unternehmer kein im juristischen Sinne Selbständiger sein, auch Teams in Großunternehmen und selbst Funktionäre in Verwaltungen können Innovatoren, also Unternehmer, sein. Allerdings muss in jedem Fall die Persönlichkeit des Einzelnen, die Organisation, in der er tätig ist, und das volkswirtschaftliche und soziale Umfeld insgesamt dem Innovationsprozess günstig sein.[7] Die Erfahrung hat gezeigt, dass marktwirtschaftliche Wirtschaftssysteme, in denen Innovatoren wegen ihrer Pioniergewinne weniger beneidet als bewundert und imitiert werden, diese Voraussetzungen schaffen können.

Die klare Abgrenzung von Invention, Innovation und Imitation ist allerdings im konkreten Fall schwierig[8], denn die Realisierung der Invention als Innovation beinhaltet häufig selbst wiederum Aspekte von Invention, und auch die Imitation wird ein zumindest teilweise innovativer Akt, wenn nicht einfach abgeschaute Praktiken nachgemacht werden, sondern kreative Anpassungsleistungen notwendig sind. Dennoch ist zweckmäßig, evolutionstheoretisch zwischen „Entstehungs- und Ausbreitungszusammenhang“ (Witt) zu unterscheiden.

4.1.3 Hayek: Evolution und Ordnung

Auf Friedrich A. von Hayek geht die Auffassung zurück, dass das Marktsystem nicht allein die Aktivitäten der wirtschaftlichen Akteure koordiniert und damit die Leistung dezentraler Informationsverarbeitung erbringt, sondern auch Neuerungen generiert und bewertet.[9] Hayek bettet letztendlich seine Theorie wirtschaftlicher Evolution in den Versuch einer allgemeinen Theorie der Kulturevolution ein.[10]

Auf Märkten werden einige Aktivitäten belohnt, andere bestraft, letztlich erfolgt durch Märkte eine gesellschaftliche, jedoch dezentrale Kontrolle des Innovationsprozesses. Die Innovatoren setzen sich dem marktwirtschaftlichen Auswahlverfahren aus, das Er-

---

7 Vgl. zu diesen drei Aspekten im einzelnen Röpke, J., Die Strategie der Innovation, Tübingen 1977.

8 Vgl. Witt, U.; Individualistische Grundlagen der evolutorischen Ökonomik, a. a. O., S. 17 ff.

9 Vgl. Hayek, F.A. von, Der Wettbewerb als Entdeckungsverfahren, in: Freiburger Studien, Hrsg. F.A. Hayek, Tübingen 1969, S. 249–265.

10 Vgl. ders., Bemerkung über die Entwicklung von Systemen von Verhaltensregeln, in: Freiburger Studien, Hrsg.: F.A. Hayek, Tübingen 1969, S. 144–160 und ausführlich und grundsätzlich ders., The Fatal Conceit, London 1988.

gebnis der immer währenden Selektion ist nicht vorhersagbar und stellt die Ausgangsbasis für weitere Innovationen dar, die sich wiederum dem Markt stellen müssen. So entstehen auch immer neue Kombinationsmöglichkeiten und Transformationen der Gesellschaft. Der zukünftige Pfad, den die Gesellschaft dabei nimmt, hängt davon ab, in welche alternative Anziehungsbereiche das System bisher geraten ist. Solche „Attraktoren" stellen nichts anderes dar, als eine Vielzahl sich ausschließender, aber möglicher Koordinationsgleichgewichte, die zusammen eine vieldimensionale „adaptive Landschaft" bilden, in der die Evolution vor sich geht.[11]

Ziel einer ökonomischen Evolutionstheorie wäre letztlich die Beschreibung dessen, was diese adaptive Landschaft ausmacht und wovon ihre Gestalt abhängt. Hayek geht bei seinem Versuch von drei Stufen der Evolution aus:

1. Genetische Evolution: Sie hat die biologische Erbschaft des Menschen geschaffen (Basisverhalten).
2. Evolution in den Produkten menschlichen Verstandes und Wissens mit besonderer Bedeutung der Überlieferung durch schriftliche Aufzeichnung.
3. Kulturelle Evolution: Sie ist weder genetisch kodiert noch bewusst entworfen, sondern sie stellt ein System erlernter Verhaltensregeln dar, deren Rolle häufig noch nicht einmal von jenen verstanden wird, die die Regeln befolgen.

Welche Regeln entstehen, ist nach Hayek eine Frage des Zufalls, nicht aber, welche Regeln „überleben". Für Letzteres ist das Ergebnis von Auswahlprozessen entscheidend: Diejenigen Gruppen, die es schaffen, Regeln zu entwickeln und weiterzugeben, die besser funktionierende soziale Beziehungen ermöglichen, expandieren, absorbieren oder unterwerfen rivalisierende Gruppen und verbreiten damit unbeabsichtigt ihr „überlebendes" Regelwerk. In diesem Prozess werden die Regeln immer differenzierter und abstrakter.

Im Laufe von Tausenden von Jahren ist nach Hayek so eine spontane Ordnung entstanden, die ein hohes Maß an Zivilisation und Produktivität ermöglicht. Diese Ordnung ist zwar von Menschen erzeugt, aber nicht entworfen worden. Ihre bedeutendste Errungenschaft ist ein System differenzierter Märkte, und diese Ordnung beinhaltet unpersönliches Wissen, wie es im Laufe der Ausleseprozesse in der Form „überlebender" unpersönlicher Verhaltensregeln angehäuft wurde.

4.1.4 Nelson und Winter: Evolution und ökonomische natürliche Auslese

Noch stärker als Hayek nähern sich Nelson und Winter in ihrem Ansatz den Argumentationsstrukturen biologischer Evolutionstheorie.[12] Grundlegend ist die Vermutung, dass der marktwirtschaftliche Wettbewerbsprozess alle Unternehmen vom Markt eliminiert, die keine ausreichende Ertragslage sicherstellen können. „Ökonomische natürliche Auslese" unter Unternehmen findet dabei in einer Selektionsumgebung (selection environment) statt, in dem Unternehmen mit unterschiedlichen Verhaltensregeln und -typen agieren. In abgeschwächter Analogie zur Biologie entsprechen solche Verhal-

[11] Vgl. die Darstellung bei Witt, U., Evolutorische Ökonomie – Umrisse eines neuen Forschungsprogramms, a. a. O., S. 168 und die dort angegebene Literatur.

[12] Vgl. Nelson, R.R., Winter, S.G., An Evolutionary Theory of Economic Change, Cambridge, Mass. 1982.

tensroutinen den „Genotypen“, das daraus abgeleitete spezielle Verhalten den „Phänotypen“.[13]

Unternehmen mit erfolgreichen Routinen wachsen, die anderen schrumpfen, und im Ergebnis kommt es zur Erhöhung der relativen Häufigkeit der erfolgreichen „Gene“. Verschlechterungen der Ertragslage führen zur Suche nach verbesserten Verhaltensroutinen, in biologischer Analogie zu bewusst hervorgrufener Mutation. Ist der Genotypus unfähig zu mutieren, d. h. zu lernen, so wird das Unternehmen früher oder später vom Markt eliminiert. Zusätzliche Dynamik kann der Prozess durch Zufälle und durch Zuwanderung neuer Genotypen gewinnen.

Nelson und Winter legen das Schwergewicht ihrer Analyse auf den Selektionsprozess und verdeutlichen seine Bedeutung: Der Markt selektiert die ihm angebotenen Unternehmensroutinen, indem er den verschiedenen Unternehmen unterschiedliche Expansionsmöglichkeiten einräumt. Die Unternehmensorganisation kann diese selektierende Kraft aber korrigieren, indem sie die dem Markt angebotenen Routinen je nach deren Erfolg und den eigenen Ansprüchen variiert.[14]

Mit ihrem Ansatz bewegen sich Nelson und Winter nicht allein in soziobiologischen, sondern auch in schumpeterianischen Denktraditionen, spielt doch Innovation als Überlebenskonzept komplexer Systeme in ihrer Evolutionstheorie die zentrale Rolle. Sie verweisen besonders auf die Notwendigkeit, sich an Umweltänderungen anzupassen. Die Selektionsumgebung ist aber nicht notwendigerweise eine unveränderbare Größe, denn es sind zwei Arten neuerungsträchtiger Wandlungsvorgänge im Evolutionsgeschehen zu unterscheiden:[15]

- Akteure reagieren auf nicht vorhersehbare Änderungen ihrer Umwelt in Form reaktiver Umweltanpassung – das selection environment wird „hingenommen“;
- Akteure ergreifen im Rahmen antizipativer Umweltanpassung die Initiative und erkunden und gestalten ihre Umwelt. Sie werden versuchen, sich diejenige Umwelt zu verschaffen, für deren Meisterung sie kompetent sind.

Der letztendliche Grund für ökonomische Evolution besteht somit darin, dass wirtschaftliche Akteure auf Dauer nur durch Innovation am Markt „überleben“ können, solange sie ihre Umwelt nicht vollständig kontrollieren können. Deshalb sind „Innovationen [...] Bestandteile evolutiver Systeme und erhalten von hier aus Funktion, Bedeutung und Bewertung.“[16]

Von besonderer Bedeutung ist der Entwicklungsstand des gesamten wirtschaftlichen und sozialen Umfeldes[17], denn dieser bestimmt die Erfolgswahrscheinlichkeit von Innovationen aufgrund von Komplementaritäten. Cottrell liefert für solche Komplemen-

---

[13] In der Sichtweise der Biologie ist ein Individuum in seinem Genotypus durch Art und Zusammensetzung seiner Gene festgelegt. Die jeweiligen konkreten Eigenschaften des Organismus, die sich durch das Zusammenwirken des genetischen Programms mit der Umwelt entwickeln, sind im Phänotypus verkörpert.

[14] Kritisch wird angemerkt, dass Nelson und Winter sich bei ihrer Analyse auf die Angebotsseite und auf Prozessinnovationen beschränken und dem Neuerungsprozess selbst zuwenig Aufmerksamkeit schenken. Vgl. ausführlich Witt, U., Individualistische Grundlagen der evolutorischen Ökonomie, a. a. O., S. 93 ff.

[15] Vgl. Röpke, J., a. a. O., S. 6f.

[16] Peetsch, F.R., Zum Stand der Innovationsforschung, in: Innovationsforschung als multidisziplinäre Aufgabe, Hrsg.: Neuloh, O., Ruegg, W., Göttingen 1975, S. 13.

[17] Vgl. ausführlich Nelson, R.R. Winter, S.G., In Search of a Useful Theory of Innovation, in: Innovation, Economic Change and Technology Policy, Hrsg. Stroetmann, K.A., Basel 1977.

taritäten und Zusammenhänge ein anschauliches Beispiel in einer wirtschaftshistorischen Analyse der Einführung der Dampfkraft in der Landwirtschaft:[18]

Die ersten Dampftraktoren waren so schwer, dass sie den Ackerboden zerdrückten, und außerdem konnten sie auf kleinen, diversifizierten Bauernhöfen nicht rentabel eingesetzt werden. Diese repräsentierten aber die optimale Unternehmensgröße für den Einsatz des Pferdepflugs. Erst als komplementäre Innovation in der Metallurgie es erlaubten, leichtere Fahrzeuge herzustellen, und als der Strukturwandel in der Landwirtschaft einsetzte, setzten sich auch die dampfgetriebenen Traktoren durch und waren simultan Verursacher dieses Strukturwandels.

4.1.5 Neuere Entwicklungen in der Evolutorischen Ökonomik

Evolutorische Spieltheorie

Die Evolutorische Spieltheorie geht zurück auf Maynard Smith[19] und stellt eine Weiterentwicklung der nicht-kooperativen Spieltheorie dar.[20] Es wird jedoch nicht von einer kleinen Zahl von Akteuren in einem einmaligen Spiel, sondern vielen Akteuren, welche über einen langen Zeitraum handeln, ausgegangen. Dabei kommt die Evolutorische Spieltheorie zu ähnlichen Ergebnissen wie die traditionelle, obwohl sie von vollkommenen unterschiedlichen Annahmen über das Verhalten und den Wissensstand der Akteure ausgeht.[21] So nimmt die Evolutorische Spieltheorie beispielsweise an, dass das Wissen der Akteure beschränkt ist und sie nicht von ihren (ererbten) Strategien abweichen können. Neue Strategien entstehen durch zufällige Mutation und nicht durch die sofortige Anpassung rationaler Akteure an veränderte Rahmenbedingungen. Eine Strategie gilt dann als evolutorisch stabil, wenn sie nicht durch zufällige Mutation verdrängt werden kann. Eine wichtige Erkenntnis der Evolutorischen Spieltheorie ist, dass in nicht-kooperativen Spielen alle evolutionsstabilen Gleichgewichte Nash-Gleichgewichte, aber nicht alle Nash-Gleichgewichte evolutionsstabil sind. Mit einfachen Worten ausgedrückt: Das ungeplante Ergebnis einer unbewussten Enwicklung resultiert, wie im Ökosystem der Natur, über lange Sicht auch bei unwissenden Individuen immer aus der für alle Akteure wechselseitigen besten Antwort auf die Verhaltensweisen der Mitspieler.

Evolutorisches Lernen

Individuelle und soziale Lernmodelle sind zu einem der interessantesten Anwendungsbereiche der Evolutorischen Ökonomie avanciert. Dabei werden vermehrt biologische Konzepte zur Modellierung von Lernprozessen genutzt.[22] Es geht hier im wesentlichen darum, Methoden der Weitergabe von (Erb-)Information von einer Generation auf die nächste analog auf Lernprozesse anzuwenden. So werden beispielsweise genetische Algorithmen, die die Entwicklung einer Population über einen langen Zeitraum mit Hilfe von Selektion, Mutation und Crossover mit Hilfe mathematischer Methoden

---

18 Vgl. Cottrell, F., Energy and Society. The Relation between Energy, Social Change and Economic Development, New York u. a. 1953, S. 93.

19 Smith, M., The Theory of Games and the Evolution of Animal Conflicts. Journal of Theoretical Biology 47, 1974, S. 209–221.

20 Weibull, J., Evolutionary Game Theory, Cambridge 1995.

21 Steven, M., Otterpohl, L., Evolutionäre versus nicht-kooperative Spieltheorie, WiSt 4/2000, S. 201 ff.

22 Vgl. Brenner, T., Komplexität und Lernen: Überblick über die mathematischen Methoden und Modelle. In: de Gijsel, P. u.a. (Hrsg.): Komplexität und Lernen. Ökonomie und Gesellschaft 17, Marburg 2001, S. 82.

modellieren, verwendet, um zu beschreiben, wie Lernen zustande kommt. Diese Erkenntnisse lassen sich verwenden, um ökonomische Modelle zu formulieren, die mit verhältnismäßig einfachen Annahmen über den Wissensstand und die Lernfähigkeit der Wirtschaftssubjekte auskommen.

Evolutorische Wirtschaftspolitik

Die traditionelle Theorie der Wirtschaftspolitik beinhaltet Empfehlungen an die politischen Entscheidungsträger, mit bestimmten Instrumenten vorab definierte Ziele (Allokationseffizienz, Wachstum, Geldwertstabilität etc.) zu erreichen. Dabei wird oft nicht beachtet, dass einerseits das Zielsystem extrem komplex ist und andererseits die Wirtschaftspolitik selbst dem institutionellen Wandel unterliegt. Eine wirtschaftspolitische Instrumentenwahl auf Grundlage der beiden Annahmen der Komplexität des Zielsystems und des Wandels von Regeln unterscheidet sich von der traditionellen Wirtschaftspolitik: Die Evolutorische Ökonomik versteht Wirtschaftspolitik vielmehr „als einen Prozeß der wechselseitigen Beeinflussung von Handlungsgrundlagen“[23] der Wirtschaftssubjekte und Entscheidungsträger. Von eindeutigen Ziel-Mittel-Zusammenhängen wird nicht ausgegangen, sondern es wird vielmehr versucht, die Komplexität des Zielsystems im politischen Handeln zu berücksichtigen. Dies kann am Beispiel der Entwicklungspolitik näher erläutert werden.[24] Im Sprachgebrauch der Entwicklungspolitik werden manche Länder im Hinblick auf ihr Pro-Kopf-Einkommen als entwickelt und andere als unterentwickelt bezeichnet, wobei weder beachtet wird, ob in den unterentwickelten Ländern ein geregeltes Zusammenleben, eine unzerstörte Kulturidentität oder eine intakte Umwelt existiert. Die Komplexität des Zielsystems wird also systematisch auf eine Variable reduziert. Hinzu kommt, dass die entwicklungspolitischen Konzepte selbst nicht unabhängig von den institutionellen Rahmenbedingungen sind: Vor allem zur Zeit des Kalten Krieges wurde die Einteilung in Entwicklungsländer und entwickelte Nationen durch strategische Überlegungen, etwa durch das Ringen um blockfreie Staaten, verzerrt. Aus evolutorischer Sicht ergibt sich eine vorsichtige Ziel-Mittel-Auswahl, die immer das Ziel der Erhaltung der institutionellen Anpassungsfähigkeit mitverfolgen sollte. Eine Evolutorische Wirtschaftspolitik sieht sich daher vor die Aufgabe „einer behutsamen Steuerung mit maßvollen Eingriffen in marktliche Wettbewerbsprozesse“ gestellt.[25]

4.1.6 Ausblick

Die Evolutorische Ökonomik greift die Frage nach dem Wandel in der ökonomischen Entwicklung auf, die von der neoklassischen Wirtschaftstheorie lange vernachlässigt worden ist. Entscheidende Impulse sind immer wieder von der „österreichischen“ Schule der Wirtschaftswissenschaft geliefert worden (z. B. v. Hayek), die wie keine andere Denkrichtung der Ökonomie die Bedeutung des Wissens und des Lernens in den Vordergrund ihrer Analyse stellt.

Analogien zur biologischen Evolutionstheorien werden von der Evolutorischen Ökonomik zur Weiterentwicklung der herkömmlichen neoklassischen Modelle verwendet und liefern neue Denkanstöße bei der Analyse langfristigen gesellschaftlichen Wandels, der Modellierung individueller und sozialer Lernprozesse etc. Bislang wird als wesent-

23 Koch, L. T., Evolutorische Wirtschaftspolitik, Tübingen 1996, S. 119.

24 Koch, L. T., a.a.O., S. 145 ff.

25 Bleischwitz, R., Offene Ziele – Zur Funktion von Zielen in einer evolutionären Wirtschaftspolitik. Beitrag für die Jahrestagung des Vereins für Socialpolitik 2001, http://www.uni-magdeburg.de/vfs2001/paperhandling/papers/RaimundBleischwitz.pdf, S. 23.

liches Hindernis bei der Übertragung dieser Erkenntnisse auf die Wirtschaftswissenschaft die mangelnde Prognosefähigkeit und das Populationsdenken angesehen, welches dem methodologischen Individualismus der traditionellen Neoklassik entgegensteht.

Hat die neoklassische Ökonomie die Analyse von Wandel und Dynamik nicht zuletzt deshalb verfehlt, weil sie sich sehr eng am statischen Gleichgewichtsmodell der klassischen Mechanik orientiert hat, so sollte nun ein solcher Fehler – die unkritische Übernahme eines naturwissenschaftlichen Modells in die Wirtschaftswissenschaft – kein zweites Mal begangen werden. Langfristig besteht eine Perspektive nicht unbedingt in der reinen Analogie zur theoretischen Biologie, sondern in der Verallgemeinerung von Evolutionstheorien sowie der Anwendung evolutorischer Konzepte auf Spezialfälle. Es zeichnet sich ein hohes Maß an Interdisziplinarität ab, bei der die biologische Evolutionstheorie jedoch einen hohen Stellenwert hat.

Literaturhinweise

Bleischwitz, R., Offene Ziele – Zur Funktion von Zielen in einer evolutionären Wirtschaftspolitik, Beitrag für die Jahrestagung des Vereins für Socialpolitik 2001, Online unter http://www.uni-magdeburg.de/vfs2001/paperhandling/papers/RaimundBleischwitz.pdf, 24.07.2002.

Brenner, T., Komplexität und Lernen: Überblick über die mathematischen Methoden und Modelle, in: de Gijsel, P. u. a. (Hrsg.): Komplexität und Lernen. Ökonomie und Gesellschaft 17, Marburg 2001.

Cottrell, F., Energy and Society. The Relation between Energy, Social Change and Economic Development, New York u. a. 1953.

Dopfer, K. (Ed.), Evolutionary Economics. Program and Scope, Boston 2001.

Hayek, F. A. von, Der Wettbewerb als Entdeckungsverfahren, in: Freiburger Studien, Hrsg. A.F. Hayek, Tübingen 1969, S. 249–265.

ders., Bemerkung über die Entwicklung von Systemen von Verhaltensregeln, in: Freiburger Studien, Hrsg.: F. A. von Hayek, Tübingen 1969, S. 144–160.

ders., The Fatal Conceit, London 1988.

Koch, L. T., Evolutorische Wirtschaftspolitik, Tübingen 1996.

Hermann-Pillath, C., Grundriß der Evolutionsökonomik, München 2002.

Lau, C., Gesellschaftliche Evolution als kollektiver Lernprozess, Berlin 1981.

Nelson, R., The Agenda for Growth Theory: A Different Point of View. Cambridge Journal of Economics, 22, 1998.

Nelson, R. R., Winter, S.G., An Evolutionary Theory of Economic Change, Cambridge, Mass. 1982.

Nelson, R. R., Winter, S.G. In Search of a Useful Theory of Innovation, in: Innovation, Economic Change and Technology Policy, Hrsg.: Stroetmann, K.A., Basel 1977.

Peetsch, F. R., Zum Stand der Innovationsforschung, in: Innovationsforschung als multidisziplinäre Aufgabe, Hrsg.: Neuloh, O., Ruegg, W., Göttingen 1975.

Röpke, J., Die Strategie der Innovation, Tübingen 1977.

Schumpeter, J. A., Theorie der wirtschaftlichen Entwicklung, Berlin 1952 (5. Aufl.).

Smith, M., The Theory of Games and the Evolution of Animal Conflicts, Journal of Theoretical Biology 47, 1974, S. 209–221.

Steven, M., Otterpohl, L., Evolutionäre versus nicht-kooperative Spieltheorie, WiSt 4/2000, S 201 ff.

Weibull, J., Evolutionary Game Theory, Cambridge 1995.

Witt, U., Individualistische Grundlagen der evolutorischen Ökonomik, Tübingen 1987.

Witt, U., Evolutorische Ökonomik – Umrisse eines neuen Forschungsprogramms, in: Neuorientierungen in der ökonomischen Theorie, Hrsg.: E.K. Seifert, B.P. Priddat, Marburg 1995.

4.2 Wirtschaft und Politik – Zur Interdependenz von wirtschaftlicher und politischer Ordnung

Hermann May

4.2.1 Allgemeine Feststellungen

Wirtschaft und Politik sind in modernen Gesellschaften eng miteinander verwoben; sie hängen in vielfachen Beziehungen voneinander ab und bilden damit ein politisch-ökonomisches System.

Diese Interdependenz von Wirtschaft und Politik, insbesondere die aus dieser resultierende **Einflußnahme** des Staates respektive **der staatlichen Politik auf die Wirtschaft**, tritt besonders deutlich in den Bereichen der Allokation, der (Einkommens-) Verteilung und der Stabilisierung in Erscheinung.

Die **Allokation**, das heißt die Verwendung der zur Verfügung stehenden Produktionsfaktoren (Ressourcen), ist heute in weiten Bereichen durch staatliche Interventionen geprägt. So wird die Landwirtschaft in allen hochentwickelten Industrienationen durch hoheitliche Eingriffe (Preisfixierungen, Produktionssteuerung durch Subventionen, Importbeschränkungen) mehr oder minder den Marktzwängen enthoben und fristet ein geschütztes Dasein. Ähnlich der Steinkohlebergbau und andere durch Strukturkrisen bedrohte Wirtschaftsbereiche.

Auch die **Einkommensverteilung** ist in den entwickelten Industriegesellschaften maßgeblich durch Staatseingriffe gestaltet. Nicht nur Steuer- und Sozialversicherungssysteme bewirken hier eine drastische Umverteilung der aus dem Leistungsprozeß resultierenden Einkommen; auch regionalpolitische Maßnahmen zielen auf Vermeidung beziehungsweise Beseitigung interregionaler Ungleichheiten (Inegalitäten) in der Verteilung von Einkommen und dem daraus erwachsenden Wohlstand.

Die staatlichen Anstrengungen zur Begegnung von gesamtwirtschaftlichen Ungleichgewichten, das heißt zur **Stabilisierung** der Volkswirtschaft, sind allseits evident. Über eine entsprechende Fiskal- und Geldpolitik versucht hier der Staat Konjunkturschwankungen, Inflation und Arbeitslosigkeit zu beeinflussen.

Der **Einfluß der Wirtschaft auf die staatliche Politik** gestaltet sich zum einen über die dem Staat aus der Wirtschaft zufließenden Steuern als Finanzierungsmittel. So lassen gute Zeiten, das heißt eine prosperierende Wirtschaft, die Steuereinnahmen des Staates entsprechend anwachsen, während schlechte Zeiten, das heißt eine stagnierende oder rückläufige wirtschaftliche Entwicklung, die Steuerzuflüsse an den Staat drosseln.

Außer über das Steuervolumen nimmt die Wirtschaft über die allgemeine wirtschaftliche Situation und das von dieser ausgehende Vertrauen oder Mißtrauen der Wähler zu/gegenüber der dafür als verantwortlich angesehenen Regierung Einfluß auf die staatliche Politik. Die Popularität und Wiederwahl der Regierung und damit auch deren Aussicht/Chance auf Durchsetzbarkeit ihrer Politik hängt nämlich in hohem Maße von der Zufriedenheit der Wähler mit der allgemeinen Wirtschaftslage ab. So führt eine Verbesserung der Wirtschaftslage in der Regel zu einem verstärkten Votum für die Regierung, während eine Verschlechterung der Wirtschaftslage regelmäßig eine Stärkung der Opposition und damit möglicherweise eine Abwahl der Regierung nach sich zieht.

Die aufgezeigte gegenseitige Abhängigkeit von Wirtschaft und Politik lässt sich wie folgt (Abb. 1) veranschaulichen:

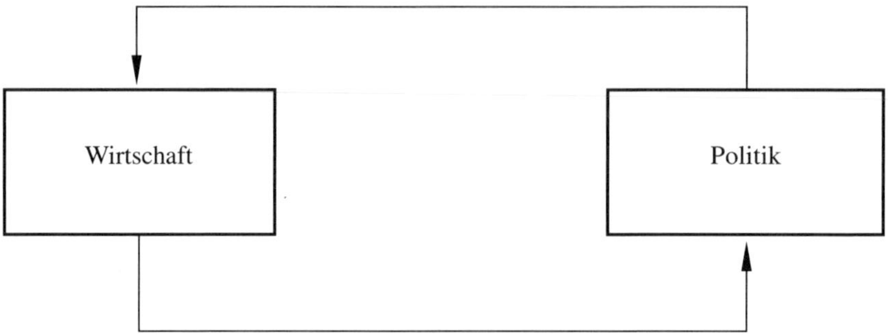

Abb. 1 Grundschema der gegenseitigen Abhängigkeit von Wirtschaft und Politik

Die Abbildung lässt deutlich werden, dass beide Bereiche, Wirtschaft und Politik, durch Rückkoppelungen verbunden sind und keinesfalls der staatliche Bereich einseitig die Wirtschaft durch wirtschaftspolitische Interventionen beeinflußt.

4.2.2 Modelltheoretische Darstellung der politisch-ökonomischen Interdependenz[1]

Der Zusammenhang zwischen Wirtschaft und Politik wird in jüngerer Zeit von der ökonomischen Theorie (ökonomische Theorie der Politik) analysiert und modellmäßig erfaßt. Sie sieht – in abstrahierender Vereinfachung – das politische Streben als Ausdruck des Wettbewerbs zweier Parteien beziehungsweise Parteienblöcke (einer rechten Partei respektive eines rechten Parteienblocks, den Liberalen, und einer linken Partei respektive eines linken Parteienblocks, den Sozialisten) um die Gunst der Wähler. Das Feld der politischen Auseinandersetzung wird in Analogie zum Markt, auf dem die Unternehmer um die Nachfrager konkurrieren, als Stätte des „Kampfes" um die Stimmen der Wähler gedeutet. Dem gewinnmaximierenden Unternehmer wird der stimmenmaximierende Politiker gegenübergestellt. So wie der gewinnmaximierende Unternehmer die Bedürfnisse seiner potentiellen Nachfrager besser als seine Mitbewerber am Markt zu erspüren und zu befriedigen und darüber seinen Gewinn zu maximieren versucht, so ist die einzelne Partei (repektive der einzelne Parteienblock) bestrebt, die Interessen ihrer potentiellen Wähler besser zu erfassen als ihre politischen Konkurrenten, sie in ihrem Programm zu berücksichtigen und darüber möglichst viele Wählerstimmen zu gewinnen. Denn nur über eine entsprechende (Stimmen-) Mehrheit können die Parteien die begehrte Regierungsgewalt erlangen.

Auf ihrer Suche nach der Mehrheit der (Wähler-)Stimmen müssen sich die von „rechts" wie auch die von „links" kommenden Parteien (respektive Parteienblöcke) am gewichtigen Wählerpotential der Mitte orientieren, denn nur die diesem angehörenden Stimmen können die angestrebte Mehrheit bringen. Dieses „Buhlen" um den mehrheitsbringenden (Mitte-)Wähler (Wählerwerbung) führt dazu, dass die diesem Rechnung tragenden Parteiprogramme sich einander nähern (s. Abb. 2), das heißt, dass beide Parteien den Nachweis, eine „Volkspartei" zu sein, zu erbringen versuchen.

---

[1] Vgl. hierzu insbesondere die einschlägigen Darlegungen bei Teichmann, U.: Wirtschaftspolitik, 2. Aufl., München 1983, S. 145–153. Siehe auch: Behrends, S., Neue Politische Ökonomie, München 2001.

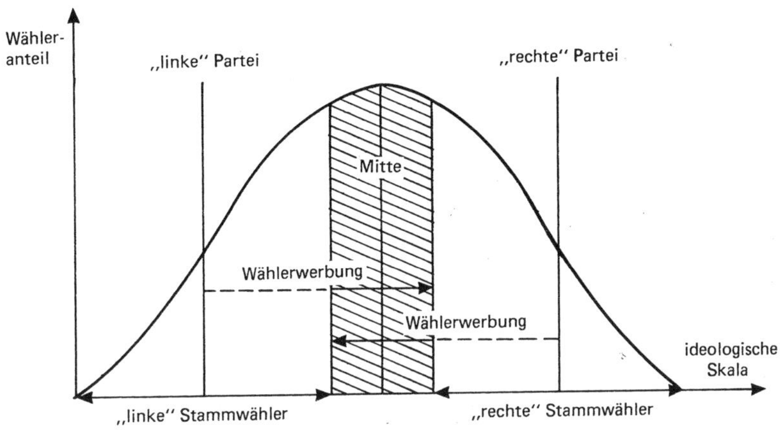

Abb. 2 Parteienkonkurrenz um den Mittewähler

Wir gehen von der vereinfachenden Annahme aus, dass sich die Wählerpräferenzen über die ideologische Skala von „links“ nach „rechts“ gemäß der Normalverteilung erstrecken. Beide Parteien, die „linke“ und die „rechte“, verfügen über eine Stammwählerschaft, die ihrerseits jeweils ein innerparteiliches Spektrum von „radikal“ (links-„radikal“/rechts-„radikal“) bis „gemäßigt“ (links-„gemäßigt“/rechts-„gemäßigt“) aufweist. Beide Stammwählerschaften grenzen an die Mittewähler an (die der „linken“ Parteien von links, die der „rechten“ Parteien von rechts). Um diese Mittewähler bemühen sich – wie bereits dargelegt – beide Parteien, indem sie ihre Programme und Wahlversprechungen entsprechend gestalten (Wählerwerbung). Nun ist es aber jederzeit möglich, dass Teile der Parteimitgliederschaft dem programmatischen Zug zur Mitte nicht folgen, insbesondere dann, wenn sie sich in ihren ideologischen Vorstellungen „betrogen“ fühlen. Die mehrheitsbezogenen Pragmatiker sehen sich konfrontiert mit den auf ideologischen Positionen beharrenden Mitgliedern. Die Wahlchance der Partei hängt in dieser Situation von ihrer Fähigkeit ab, die „Ideologen“ von der Notwendigkeit pragmatischer Konzessionen zu überzeugen, ohne die der Machterhalt respektive die Machterringung gefährdet ist. Die Kunst dieses abwägenden Taktierens besteht darin, die pragmatischen Zugeständnisse einerseits so attraktiv zu gestalten, dass die zur angestrebten Mehrheit erforderlichen Mittewähler ihre Stimme einbringen, andererseits sie (die Zugeständnisse) so gering zu halten, dass die Stammwähler, insbesondere die am ideologischen Rand, ihre Stimme nicht verärgert versagen. Je treuer diese Randwähler sind, desto mehr Konzessionen an die Mittewähler können ihnen hierbei zugemutet werden.

Obgleich die Parteien und mit ihnen die Politiker von „rechts“ und „links“ in durchaus eigennütziger Weise die Stimmenmehrheit und damit die Regierungsgewalt zu erlangen trachten, führt der Kampf um die Stimmen zwangsläufig zu einer optimalen Berücksichtigung der Interessen der Allgemeinheit. Die „List der Demokratie“ (Ph. Herder-Dorneich) stellt den Eigennutz in den Dienst des Allgemeinwohls.

Eine modellhaft differenzierende und konkretisierende Erweiterung des oben aufgezeigten Grundmusters der politisch-ökonomischen Interdependenz lässt sich anhand des nachfolgenden Schaubildes (Abb. 3) vornehmen.[2]

[2] Vgl. hierzu und zum folgenden Frey, B.: Theorie demokratischer Wirtschaftspolitik, München 1981, S. 12 ff.

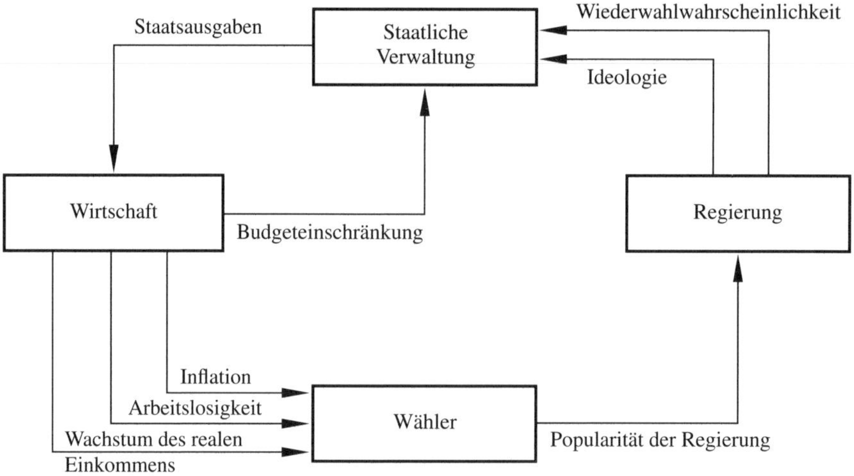

Abb. 3 Erweitertes Schema der Interdependenz von Wirtschaft und Politik
Entnommen aus: Frey, B., Theorie demokratischer Wirtschaftspolitik, a. a. O., S. 13.

Die **untere**, von der **Wirtschaft** zur **Regierung** führende Verbindung zeigt in ausschnitthafter Verkürzung den Einfluß von **Einkommenswachstum, Arbeitslosigkeit** und **Inflation** auf die Meinungsbildung der Wähler über die Tüchtigkeit (Popularität) der **Regierung** und damit über deren Wiederwahlchance. Die Regierungspopularität und damit die Wiederwahlwahrscheinlichkeit gerät offensichtlich in Abhängigkeit zu diesen ökonomischen Größen. Je schlechter sich die Wirtschaftslage im Ausweis von Arbeitslosigkeit, Inflation und Einkommenswachstum präsentiert, desto unpopulärer ist die Regierungspolitik, und desto weniger sind die Wähler geneigt, die Regierungspartei(en) wiederzuwählen.

Die **obere**, von der **Regierung** zur **Wirtschaft** führende Verbindung zeigt, mit welchen Mitteln die Regierung ihre Machtstellung zu erhalten beziehungsweise auszubauen versucht. So wird sie – in dem Umfang, in dem es der Mittewähler zulässt – bestrebt sein, ihre eigenen ideologischen Vorstellungen (**Ideologie**) durchzusetzen und dementsprechend die Staatsausgaben / den Staatsausgabenzuwachs zu drosseln („rechte" Partei) respektive zu erhöhen („linke" Partei). Muss die Regierung um ihre Popularität und damit um ihre Wiederwahl bangen, so wird sie sich im Kampf um die Gunst des Wählers in der Regel zu einer Erhöhung der **Staatsausgaben** durchringen und damit die Arbeitslosenquote zu senken und das Einkommenswachstum zu heben versuchen. Die einer solchen expansiven Staatsausgabenpolitik mit großer Wahrscheinlichkeit folgende Inflationszunahme wird von der Regierung erfahrungsgemäß bis zu einem bestimmten Grad in Kauf genommen; nicht zuletzt deshalb, weil diese (Inflationszunahme) meist erst nach den Wahlen in Erscheinung tritt.

Die Umsetzung der Regierungspläne ist in der Praxis häufig mit Schwierigkeiten verbunden. So bringt die **staatliche Verwaltung** den Plänen der Regierung meist dann Widerstand entgegen, wenn diese Änderungen der bisherigen Verfahrensweisen anstreben. Darüber hinaus sind es oft gesetzliche Hindernisse, die größeren Änderungen der Staatsausgaben im Wege stehen. Auch das jeweilige **Budget** legt dem staatlichen Ausgabenverhalten Einschränkungen auf; dieses hat sich nämlich an den Steuereinnahmen zu orientieren, die ihrerseits eng an das Wirtschaftswachstum gekoppelt sind.

Der aufgezeigte Zusammenhang zwischen Wirtschaft und Politik lässt deutlich werden, dass diese Beziehung eine zirkuläre ist. Das Wirtschaftsgeschehen beeinflußt die staatliche Politik und diese wiederum die Wirtschaft.

4.2.3 Grundgesetz und Wirtschaftsordnung in der Bundesrepublik Deutschland[3]

Das Verhältnis von Staat und Gesellschaft und damit auch die Ordnung der Wirtschaft ist in der Bundesrepublik Deutschland durch das Grundgesetz nach den Prinzipien des demokratischen und sozialen Rechtsstaates (Art. 20/28 GG) sowie innerhalb dieser nach den Grundrechten verfaßt. Die Grundrechte gewähren in umfassender Weise Freiheiten – so insbesondere die wirtschaftlich relevanten Grundfreiheiten der allgemeinen Handlungsfreiheit nach Art. 2 Abs. 1 GG, der Berufs- und Gewerbefreiheit nach Art. 12 GG sowie der Eigentumsgarantie nach Art. 14 GG – „und damit soziale Chancen auf ebenso persönlich-individuelle Entfaltung wie auf freie Selbstorganisation".[4] Die auf diesen Grundrechten gegründeten Ordnungen der Gesellschaft und Wirtschaft sind hinsichtlich ihrer konkreten Ausgestaltung prinzipiell **offen**; ihre Vollendung ist nämlich ins Belieben der Bürger – respektive der ihre Interessen bündelnden und im demokratischen Willensbildungsprozeß vertretenden Parteien – gestellt. Dies bedeutet, dass aus dem Grundgesetz keine bestimmte Wirtschaftsordnung (im Sinne eines wirtschaftsverfassungsrechtlich geschlossenen Ordnungssystems) abgeleitet werden kann. Die grundgesetzliche Wirtschaftsverfassung ist „neutral". Diese (wirtschaftsverfassungsrechtliche) „Neutralität" bedeutet vor allem inhaltliche Offenheit in der konkreten wirtschaftspolitischen Gestaltung; sie bedeutet nicht, dass sich der Staat aus der Wirtschaft herauszuhalten habe. Der Staat hat vielmehr das Recht, in eigenem Ermessen gestaltend in die Wirtschaft einzugreifen, wobei ihm prinzipiell alle Mittel der wirtschaftspolitischen Gestaltung zur Verfügung stehen. Grenzen sind dem Staat in Wahrnehmung dieser wirtschaftspolitischen Gestaltungsmöglichkeiten dort gesetzt, wo Verfassungsbestimmungen, insbesondere die oben genannten Grundrechte mit ihren Freiheitsgarantien, tangiert werden. So lässt das Grundgesetz weder eine (sozialistische) Zentralverwaltungswirtschaft noch eine reine Marktwirtschaft zu. Während eine (sozialistische) Zentralverwaltungswirtschaft die Verstaatlichung der Produktionsmittel einschlösse und damit gegen die Eigentumsgarantie des Art. 14 GG vestoßen würde, geriete eine rein liberalistische Marktwirtschaft in Kollision mit den Grundsätzen des Sozialstaates. – Diese für die Wirtschaft in ihrer Gesamtheit getroffenen Feststellungen schließen jedoch nicht aus, dass im Ausnahmefall – etwa in bestimmten Krisen- oder Mangelsituationen – auch zentrale Planungssysteme für einzelne Sektoren der Wirtschaft zur Anwendung kommen können, oder dass in wirtschaftlichen Teilräumen die reine Wettbewerbswirtschaft praktiziert würde. Offenheit der Wirtschaftsverfassung im Sinne des Grundgesetzes bedeutet demnach „ebenso Offenheit im Sinne von konkreter, situationsgemäßer Gestaltbarkeit wie zum anderen Offenheit im Sinne eines ordnungspolitisch auch dauerhaften Offenhaltens"[5]. Unsere gegenwärtig praktizierte oder irgendeine andere „soziale Marktwirtschaft" ist deshalb lediglich als verfassungsrechtlich mögliche, nicht aber als eine verfassungsrechtlich zwingende Ordnungsform unserer bundesdeutschen Wirtschaft zu sehen.[6]

---

[3] Vgl. hierzu Scholz, R., u. Lieser-Triebnigg, E.: Grundgesetz und Wirtschaftsordnung in der Bundesrepublik Deutschland, in: Materialien zum Bericht zur Lage der Nation im geteilten Deutschland 1987, Bonn 1987, S. 26–32.

[4] Ebenda, S. 27.

[5] Ebenda.

[6] Vgl. ebenda S. 27.

Als Ordnungsform unserer bundesdeutschen Wirtschaft ist die „soziale Marktwirtschaft“ respektive das ihr unterliegende Sozialstaatsprinzip ständig **konkretisierungsbedürftig**. Die aktuelle wirtschaftliche und soziale Situation sowie der aus dieser erwachsende Gestaltungsbedarf bestimmen ihren jeweiligen (konkreten) Inhalt. Seine Fassung ist dem Gesetzgeber aufgegeben.

Die **staatlichen Zuständigkeiten** für die konkretisierende Ausgestaltung der Wirtschaft lassen sich auf folgende Aktivitäten reduzieren:

- die Wirtschaftsplanung,
- die Wirtschaftslenkung im engeren Sinne,
- die Wirtschaftsaufsicht und
- die staatliche Eigenwirtschaft.

Die Maßnahmen der staatlichen **Wirtschaftsplanung** richten sich wesensmäßig auf die langfristige Beeinflussung von komplexen Wirtschaftsabläufen, sei es der gesamten Volkswirtschaft oder von regionalen oder sektoralen Teilbereichen derselben. Sie können empfehlender (indikativer) oder anweisender (imperativer) Art sein; sie können gesamtwirtschaftliche wie auch einzelwirtschaftliche Vorgaben beinhalten. Die zentrale Planung imperativer Art kann jedoch – entsprechend dem Grundsatz der Verhältnismäßigkeit – jeweils nur die Ultima ratio zur Begegnung von definitiven Krisen- oder Mangelsituationen sein. Ihre Haupteinsatzgebiete liegen im Bereich der so genannten Entwicklungsplanung und (als Gemeinschaftsaufgaben von Bund und Ländern) auf den Gebieten der „Verbesserung der regionalen Wirtschaftsstruktur“ wie auch „der Agrarstruktur und des Küstenschutzes“.[7] Wir sprechen in diesem Zusammenhang von sektoraler und regionaler Wirtschaftsplanung.

Die wohl größte gesamtwirtschaftliche Bedeutung erlangt bei uns die staatliche Wirtschaftsplanung im Rahmen der Globalsteuerung nach dem Gesetz zur Förderung der Stabilität und des Wachstums der Wirtschaft (StWG) vom 8.6.1967 in Verbindung mit dem Verfassungsauftrag zur Wahrung des „gesamtwirtschaftlichen Gleichgewichts“ (vgl. Art. 109 Abs. 2 GG). Ihnen zufolge haben Bund und Länder ihre Wirtschafts- und Finanzpolitik so zu gestalten, dass diese „im Rahmen der marktwirtschaftlichen Ordnung gleichzeitig zur Stabilität des Preisniveaus, zu einem hohen Beschäftigungsgrad und außenwirtschaftlichem Gleichgewicht bei stetigem und angemessenem Wachstum beitragen“ (§ 1 Satz 2 StWG). Dieser Zielkatalog (so genanntes „magisches Viereck“) greift die wichtigsten verfassungsmäßigen Grundziele der staatlichen Wirtschaftspolitik auf. Diese Staatsziele sind ein Reflex allgemein anerkannter Werte. Sie können sich im Zeitverlauf ändern oder ergänzt werden; so etwa durch die (Ziel-)Vorgabe „Umweltschutz“.

Die Maßnahmen der **Wirtschaftslenkung** im engeren Sinne umfassen all jene staatlichen Interventionen, die darauf gerichtet sind, den Wirtschaftsablauf unter bestimmten Zielvorgaben zu regulieren, ohne jedoch wirtschaftsplanerisch zu sein. Es lassen sich hoheitlich eingreifende (Qualifikationserfordernisse für einzelne Berufe, Auflagen, bestimmte Handlungs- oder Organisationsangebote, Erlaubnis- und Verbotsvorbehalte, Konzessionierungen) und leistungsmäßig fördernde (Gebote, Verbote, Unterstützung wie Subventionsgewährung und Finanzhilfen, Steuervergünstigungen, Beratungs- und Qualifikationshilfen und sonstige Dienstleistungsangebote) Maßnahmen unterscheiden.

---

[7] Vgl. ebenda S. 30.

Im Rahmen der **Wirtschaftsaufsicht** übernimmt der Staat den defensiven Schutz bestimmter (autonomer) Wirtschaftsbereiche vor speziellen Gefahren oder Mißbräuchen. So schützt beziehungsweise sichert die Kartellaufsicht den freien Wettbewerb, die Versicherungsaufsicht ein funktions- und leistungsfähiges Versicherungswesen und die Kreditaufsicht ein solides und funktionierendes Kreditgewerbe.

Die **staatliche Eigenwirtschaft**, die auf öffentlichem Eigentum basiert, tritt unter zwei unterschiedlichen Zielvorgaben in Erscheinung: zum einen als Unternehmen, die bestimmten öffentlichen Aufgaben, insbesondere der Daseinsvorsorge, dienen (staatliche Sozialwirtschaft), zum anderen als Unternehmen, die – ähnlich den privatwirtschaftlich geführten Unternehmen – rein erwerbswirtschaftliche Zwecke verfolgen (staatliche Erwerbswirtschaft).

Die staatliche Sozialwirtschaft bezieht ihre Legitimation aus dem grundgesetzlichen Sozialstaatsprinzip. Ihm zufolge kann der Staat aus Gemeinwohlgründen sozialwirtschaftliche Eigenzuständigkeiten entwickeln (zum Beispiel Versorgungsbetriebe des allgemeinen zivilisatorischen Bedarfs). In Erfüllung dieser Aufgaben kann der Staat eigene Monopole herausbilden (Verwaltungsmonopole).

Der staatlichen Erwerbswirtschaft fehlt eine vergleichbare Legitimation. Die reine Gewinnerzielung kann nicht zur Staatsaufgabe erhoben werden. Da sich jedoch aus dem Grundgesetz kein allgemeines Verbot erwerbswirtschaftlicher Staatstätigkeit ableiten lässt, müssen entsprechende öffentliche Aktivitäten toleriert werden. Sie haben sich jedoch prinzipiell und ebenso wie privatwirtschaftliche Unternehmen den Vorschriften des Wettbewerbsrechtes zu fügen.

4.2.4 Gefährdungen und Herausforderungen unserer marktwirtschaftlichen Ordnung[8]

Die bundesdeutsche Wirtschaftspolitik ist heute weit davon entfernt, den Erfordernissen einer freien Marktwirtschaft zu entsprechen. Ihre ursprünglich ordnungspolitische Ausrichtung wich im Zuge eines Ausbaus der Sozialstaatlichkeit einem zunehmenden „unsystematischen Interventionismus“.[9] Die freiheitliche Ordnung scheint bedroht. Folgen wir Artur Woll, so sind es vor allem drei Entwicklungen, die diese Bedrohung ausmachen:

- der Trend zum Kollektivismus,
- die Zunahme der öffentlichen Verschwendung und
- die Entartung der Demokratie zum Parteienstaat.

Der **Trend zum Kollektivismus** und damit zu sozialistischen Ordnungsformen ist Ausdruck einer Politik, die sich im Kampf um die Wählerstimmen „von den Prinzipien einer individuell orientierten Ordnung löst“[10] und zu sympathiemehrenden „Wahlgeschenken“ hinreißen lässt. Diese Feststellung lässt sich unter anderem an zwei (Zeit-) Erscheinungen verdeutlichen: die Ersetzung von Eigenverantwortung durch Staatszuständigkeit und der Zug zur Egalität.

Die Inpflichtnahme des Staates (Ersetzung von Eigenverantwortung durch Staatszuständigkeit) ist heute ein allseits erkennbares Phänomen. Besonders in der Gesundheitsfür- und -vorsorge wird dieses Anspruchsverhalten exemplarisch deutlich. Hier, wo in der

---

[8] Vgl. hierzu Woll, A.: Wirtschaftspolitik, München 1984, S. 353–373.
[9] Ebenda S. 353.
[10] Ebenda.

Regel ein jeder (persönlich) interessiert ist respektive interessiert sein müßte, sein Leben zu schützen und zu erhalten, könnte der Staat seine Zuständigkeit getrost auf das unverzichtbar Notwendige beschränken, das heißt, seine Hilfe ausschließlich dort anbieten, wo einzelne sich selbst zu helfen (wirtschaftlich) außerstande sind. Tatsächlich hat die staatliche Gesundheitspolitik die Eigenverantwortung und Eigenvorsorge durch den Aufbau staatlicher Zuständigkeiten für weite Bevölkerungskreise überflüssig gemacht. Durch Erhebung einer allgemeinen Finanzierungsumlage (Pflichtbeiträge) hat sie gleichzeitig das Anspruchsdenken stimuliert und der Verschwendung knapper Mittel Tür und Tor geöffnet. Wirtschaftliches und soziales Verhalten (im Sinne eines sparsamen Umganges mit den beanspruchbaren Mitteln) wird nicht oder nicht ausreichend „belohnt", unwirtschaftliches und unsoziales Verhalten (im Sinne eines verschwenderischen Umganges mit den beanspruchbaren Mitteln) wird nicht oder nicht hinreichend „bestraft". Die Reform des Gesundheitswesens durch das Gesundheitsreformgesetz von 1989, das Gesundheitsstrukturgesetz von 1993 sowie die Gesundheitsreformen von 1997, 2000, 2004 und 2007 können hier nur als Schritte in die richtige Richtung gewertet werden.

Auch der Zug zur Egalität verrät kollektivistisches und damit sozialistisches Streben. Ihm unterliegt eine wahlstrategische Distanz gegenüber den über dem Durchschnitt rangierenden „Eliten" und eine „veständnisvolle", buhlende Hinwendung zu den „vom Schicksal nicht verwöhnten" Unterdurchschnittlichen. Die weitverbreitete Mißgunst, die die überdurchschnittlich Erfolgreichen von seiten der weniger Erfolgreichen (naturgemäß) auf sich ziehen, lässt es den stimmenmaximierenden Politikern wahltaktisch opportun erscheinen, diese sich insbesondere hinsichtlich ihres Einkommens über den Durchschnitt Erhebenden auch überdurchschnittlich zu belasten. Diesem Verlangen nach „ausgleichender Gerechtigkeit" wird von staatlicher Seite wohl am auffälligsten durch die Steuergesetzgebung, insbesondere das Einkommensteuergesetz, entsprochen. Mit ihrem Eintreten für eine progressive Besteuerung der überdurchschnittlichen Einkommen (Einkommensteuerprogression) wollen die jeweiligen Politiker der (Wähler-)Masse der Durchschnittlichen und Unterdurchschnittlichen den Nachweis dafür erbringen, dass sie sich mit ihrer Forderung nach „angemessener" Belastung der „Reichen" weitgehend identifizieren und damit sich mit ihr selbst solidarisieren. Die gleichzeitige Entlastung der unteren und mittleren Einkommen (das heißt die steuerliche Begünstigung der Masse der Einkommensbezieher) verstärkt diesen wahltaktischen Schachzug. – Dass mit einer solchen Bestrafung der wirtschaftlich Erfolgreichen nicht selten deren Leistungswille gedämpft und damit weiteres oder weiter ausgreifendes unternehmerisches Engagement mit seinen arbeitsplätzeschaffenden Effekten in gesamtwirtschaftlich bedenklicher Weise konterkariert wird, wird bei diesem opportunistischen, populistischen Solidarhandeln durchweg verschwiegen respektive geleugnet.

Es wäre nun aber zu einfach, die „Schuld" der beklagten Entwicklung zum Kollektivismus einseitig dem Staat und der durch ihn vertretenen (Wirtschafts-)Politik zuzuweisen. Sicherlich, der Staat ist für seine Politik verantwortlich; diese kann aber – in ihrer (wähler-)mehrheitsorientierten Ausrichtung – immer nur als Reaktion auf den geäußerten respektive vermuteten Wählerwillen verstanden werden. Einer kollektivistischen wohlfahrtsstaatlichen Wirtschaftspolitik muss deshalb – zumindest in einem mehrheitsrelevanten Umfang – ein kollektivistisch-wohlfahrtsstaatlich orientierter Wählerwille unterstellt werden. Dieser Wählerwille deriviert von einem dem Menschen durchaus typischen Bedürfnis nach Sicherheit. Nur verlangt dieses Bedürfnis auch die Einsicht, dass es letzte Sicherheit nicht geben kann, solange Menschen in ihren Entscheidungen frei sind. Denn Freiheit impliziert immer Ungewissheit, da sie die Wahl zwischen verschiedenen Möglichkeiten mit in ihrer Totalität nicht vorhersehbaren Folgen offen lässt.[11] Die Hinwendung zu wohlfahrtsstaatlichen Programmen entspricht häufig der Furcht, sich dieser Ungewissheit zu stellen und statt dessen dem Staat die Entscheidung zu überlassen. Dass der Staat im Umfang der Entscheidungsübernahme die Freiheit der „entlasteten“ Individuen einschränkt und darüber hinaus bei seinen Entscheidungen in gleicher Weise der Ungewissheit unterliegt, wird häufig nicht gesehen oder aber bewusst ignoriert. Inwieweit sich dieser dem Kollektivismus bahnbereitenden Mentalität durch politisch-ökonomische Aufklärung steuern lässt, sei dahingestellt. Ihre Zurückdrängung respektive weitere Ausbreitung wird über den künftigen Charakter – freiheitlich oder kollektivistisch – unserer Wirtschafts- und Gesellschaftsordnung bestimmen.

Was häufig vordergründig als „sozialer Staat“ apostrophiert und als Wahlköder ausgeworfen wird, erweist sich bei kritischer Betrachtung als ökonomisch unverantwortliche **öffentliche Verschwendung**. Diese Tatsache kann nicht mehr verwundern, hat doch die ökonomische Theorie längst aufgezeigt, „dass mit der Inanspruchnahme von knappen Ressourcen durch den Staat zwangsläufig Unwirtschaftlichkeit einhergeht“[12]. Diese Zwangsläufigkeit kann auch nicht durch das redliche Bemühen verantwortungsvoller Politiker um eine solide Haushaltsführung außer Kraft gesetzt werden, da sie – wie A. Woll überzeugend darlegt[13] – sich aus Umständen ableitet, die nicht aufhebbar sind, nämlich aus der menschlichen Natur und aus den systembedingten Notwendigkeiten staatlicher Verwaltung. So lehrt uns die Erfahrung, dass die meisten Menschen

- öffentliche Güter als freie Güter betrachten,
- entgeltpflichtige Güter und Leistungen sparsamer in Anspruch nehmen als wirklich oder vermeintlich kostenlose,
- persönliches Eigentum sorgsamer behandeln als öffentliches.

Diese Einstellung kann nicht verwundern, da – systembedingt – eine Verschwendung öffentlicher Güter nicht durch den Markt sanktioniert wird (Rechnungshöfe können durch ihre Verwaltungskontrolle den Markt nicht ersetzen !) und entsprechende Sparanreize fehlen. Ihr (dieser Haltung) könnte nur in der Weise begegnet werden, dass individuelles Verhalten individuell sanktioniert würde. Da nun aber in einer freien Gesellschaft die Möglichkeiten öffentlicher Sanktionen stark beschränkt sind und demzufolge auch die öffentliche (Ressourcen-)Verschwendung nicht zu vermeiden ist, hätte als vernünftige Konsequenz dieser Erkenntnis die Regel zu gelten, öffentlich **nur** solche Güter anzubieten, bei denen individuelles Verhalten und individuelle Sanktionen **nicht** gekoppelt werden können. Eine strikte Einschränkung öffentlicher Aufgaben wäre deshalb angezeigt. Die Wirklichkeit wird diesem Anspruch leider nicht gerecht. Im Gegenteil ! Mit der Ausweitung der sozialen Verantwortung (respektive der sozialen Köderung der Mehrheits-Wähler) greift die staatliche Aktivität (Bürokratien und Kollektivgüterangebote) in einem ausufernden Maße um sich. Dass im Zuge dieser Entwicklung der wirtschaftliche Freiraum der Bürger zwangsläufig eingeschränkt wird, bleibt häufig unbeachtet. Die Erkenntnis nämlich, dass die Ausdehnung der Staatsquote, das ist der Anteil der Staatsausgaben am Bruttoinlandsprodukt (er lag in der Bundesrepublik zeitweise über 50 v. H.), immer nur zu Lasten des verfügbaren Einkommens der Privaten erfolgen kann, hat nur bei wenigen Platz gegriffen.[14] Dem Staat

---

11 Vgl. ebenda S. 362.

12 Ebenda S. 356.

13 Vgl. ebenda S. 356 ff.

14 Wachsender Staatsanteil höhlt die Marktwirtschaft aus; wohlfahrtsstaatliche Reglementierung tritt an die Stelle individueller Freiheiten und Entscheidungsbefugnisse. Wie Friedrich A. von Hayek darzulegen versucht, kann im Wege demokratischer Willensbildung eine liberale Marktwirtschaft so denaturiert werden, dass sie totalitäre Züge annimmt. Vgl. Hayek, F.A. v.: Grundsät-

selbst kann verständlicherweise nicht daran gelegen sein, seine mit „Wohltaten" umworbenen (potentiellen) Wähler dahingehend aufzuklären, dass das, was er (zusätzlich) gibt, in der Regel nur über Zwangsabgaben und damit über eine Beschneidung der privaten wirtschaftlichen Dispositionsfreiheit (Kaufkraft) finanziert werden kann. So müssen die Bürger zusehen, „wie (ihnen, d. Verf.) durch Anziehen der Steuerschraube Mittel, die vielleicht für einen Hauskauf oder eine Autobeschaffung vorgesehen waren, entzogen werden, der Staat aber Häuser errichtet oder renoviert und zahlreiche Dienstwagen beschafft".[15]

Die Tatsache, dass die Staatstätigkeit einen unsere freiheitliche Ordnung bedrohenden Umfang angenommen hat, lässt zunehmend die Forderung nach Einschränkung derselben laut werden. Diese Forderung ist sicher leichter erhoben als erfüllt. Ihre Umsetzung verlangt nämlich nicht nur Antwort auf die äußerst problematischen Fragen, wie und in welchem Umfang eine staatliche Aktivitätsbeschränkung realistischerweise angegangen werden kann, sondern auch und vor allem den Mut und die Bereitschaft der verantwortlichen Politiker respektive ihrer Partei(en), sich den Anfeindungen der durch die Reformprogramme partieller „staatlicher Fürsorge" enthobenen Bevölkerungskreise zu stellen und entsprechende (Wahl-)Stimmverluste in Kauf zu nehmen.

Die **Entartung der Demokratie zum Parteienstaat** ist aus der Tatsache geboren, dass heute Politiker zum Beruf und die Partei zum Arbeitgeber der Politiker geworden ist.[16] Die Partei als politisches Unternehmen beziehungsweise das Management dieser Unternehmen bestimmen die Politik, die die Politiker als Arbeitnehmer dieses Unternehmens zu vertreten haben. Ihr Einkommen ist Entgelt für parteidienliches Verhalten. Dieses haben sie zur Rechtfertigung ihres Unterhaltes ständig zu beweisen. Die persönliche Überzeugung der Abgeordneten hat sich dabei der Parteiräson unterzuordnen. Es herrscht eine Parteioligarchie, die den Staat fest im Griff hält. Ein solcherart verfaßter Parteienstaat, insbesondere eine derartige Parteioligarchie, steht in Widerspruch zu einer freiheitlichen Ordnung. Er ermöglicht der jeweiligen demokratisch gewählten Mehrheit den Zugriff auf die Exekutive und Judikative. Von der jeweiligen Mehrheit angestrebte personelle Veränderungen/Neubesetzungen im Staatsapparat im Wege der Ämterpatronage stoßen kaum auf beamtenrechtliche Hindernisse. Diese Personalpolitik ermöglicht der Partei, parteidienliches Verhalten zu belohnen und sich damit eine ergebene Dienerschaft zu erhalten. Parteien und Staat werden zur Einheit.

Der Entartung unserer freiheitlichen Wirtschafts- und Gesellschaftsordnung zum Parteienstaat ließe sich unseres Erachtens in dreifacher Weise begegnen[17]:

- Stärkung der wirtschaftlichen Unabhängigkeit der Abgeordneten,
- Beseitigung der Parteienfinanzierung aus Steuermitteln und
- Abkehr von der Ämterpatronage.

Die Tatsache, dass die Abgeordneten – insbesondere im Bundestag, aber auch in den Landtagen – Politik großteils als Beruf betreiben und sich damit in finanzielle (teilweise existentielle) Abhängigkeit zu der ihnen Arbeit und damit (ihr) Einkommen vermit-

ze einer liberalen Gesellschaftsordnung, in: Ordo, Jahrbuch für die Ordnung von Wirtschaft und Gesellschaft, Band 18 (1967), S. 12 ff., sowie Brandt, K.: Dualistische Wirtschaftsordnung: Gegensatz zur Sozialen Marktwirtschaft, in: Orientierungen zur Wirtschafts- und Gesellschaftspolitik, Heft 44 (Juni 1990), S. 55.

[15] Woll, A.: Wirtschaftspolitik, a. a. O., S. 358.

[16] Vgl. hierzu und zum folgenden ebenda S. 358 ff.

[17] Vgl. ebenda S. 367 ff.

telnden Partei begeben, lässt die Gefahr erkennen, die sich für eine der persönlichen Verantwortung des Mandatsträgers verpflichtete Berufsausübung ergibt. Dieser Gefahr zu begegnen wäre wohl am einfachsten durch eine **Stärkung der wirtschaftlichen Unabhängigkeit der Abgeordneten**. Konkret wäre eine solche Stärkung der wirtschaftlichen Unabhängigkeit wohl am ehesten dadurch zu erreichen, dass die Abgeordnetentätigkeit wieder wie früher als Nebenberuf ausgeübt würde und damit die Einkommenssicherung im wesentlichen dem Hauptberuf zufiele.

Die Ausweitung der Parteiapparate als Basen der Machtverwaltung ist zweifelsfrei durch die bei uns praktizierte **Parteienfinanzierung** begünstigt. Diese Parteienfinanzierung erfolgt aus Steuermitteln und somit aus Zwangsabgaben. Eine Zwangsfinanzierung bestimmter (politischer) Ansichten und ihrer Verbreitung ist unseres Erachtens mit den Prinzipien einer freiheitlichen Ordnung und Demokratie nicht zu vereinbaren. Es lässt sich nur schwer Verständnis dafür aufbringen, dass Parteien als private Institutionen eine Privilegierung erfahren sollen, die sie der allgemeinen Verpflichtung enthebt, ihre Einnahmen (das sind Mitgliederbeiträge und Spenden) und Ausgaben zur Deckung zu bringen.

Nicht minder problematisch als die Parteienfinanzierung ist aus der Sicht einer freiheitlichen Wirtschafts- und Gesellschaftsordnung die in der Bundesrepublik Deutschland zur Tradition gewordene **Ämterpatronage**. Diese eröffnet der Partei die Möglichkeit, Parteimitglieder oder der Partei nahestehende Personen für erwiesene wie auch noch zu erwartende Dienste (Mitgliedschaft, Sympathiewerbung, Wahlhilfe) oder finanzielle Leistungen (Unterstützungen) in Staatsstellungen zu bringen. Die Partei schafft sich mittels dieses Instrumentes ein Heer von ihr wohlergebenen Staatsbediensteten, die in der Regel bereit sind, die Ziele der Partei zu denen des Staates zu machen. Damit mißbraucht die Partei den Staatsappparat gleichsam für ihre partikularen Interessen. Konkret sind es die höheren Funktionsstellen der Beamtenschaft, der Justiz und des Militärs, die – dieser Absicht folgend – „nach dem Parteibuch" besetzt werden. Dieser Praxis sollte aus rechtsstaatlichen Erwägungen mit aller Entschiedenheit begegnet werden. Von den Staatsbediensteten insgesamt sollte eine strikte parteipolitische Neutralität im Amt erwartet werden können. Ihre Politisierung ist dem Rechtsstaat direkt entgegengerichtet; sie verdrängt den freien, seinem Gewissen verantwortlichen Menschen durch den weisungsgebundenen Funktionär.[18] – Unsere Demokratie muss notwendigerweise entpolitisiert werden.[19]

Literaturhinweise

Behrends, S., Neue Politische Ökonomie, München 2001.
Bernholz, P.: Grundlagen der politischen Ökonomie, 3. Aufl., Tübingen 1993.
Downs, A.: Ökonomische Theorie der Demokratie, Tübingen 1968.
Frey, B. S.: Theorie demokratischer Wirtschaftspolitik, München 1981/2. Aufl. 1994.
Hayek, F. A. von, Die Verfassung der Freiheit, Tübingen 1971.
Kyrer, A., Neue Politische Ökonomie 2005, München–Wien 2001.
Lambertz, G.: Bessere Wirtschaftspolitik durch weniger Demokratie?, Duisburger Volkswirtschaftliche Schriften, Bd. 6, Hamburg 1990.
Peters, H.-R., Wirtschaftspolitik, 3. Aufl., München–Wien 2000.
Rupp, H.-H.: Grundgesetz und „Wirtschaftsverfassung", Tübingen 1974.
Schumpeter, J. A.: Kapitalismus, Sozialismus und Demokratie, 6. Aufl., München 1987.

---

18 Vgl. ebenda S. 372.

19 Diese Erkenntnis wird neuerdings mit Nachdruck durch J.M. Buchanan vertreten.

Teichmann, U.: Wirtschaftspolitik, Eine Einführung in die demokratische und die instrumentelle Wirtschaftspolitik, 3. Aufl., München 1989/4. Aufl. 1993/5. Aufl. 2001.

Weede, E.: Wirtschaft, Staat und Gesellschaft: Zur Soziologie der kapitalistischen Marktwirtschaft und der Demokratie, Tübingen 1990.

Winterberger, A. K.: Von der liberalen Demokratiekritik zur liberalen Verfassungsreform – oder: Kann der Parteienstaat gebändigt werden?, in: Baader, R. (Hrsg.), Wider die Wohlfahrtsdiktatur, Gräfeling 1995.

Woll, A.: Wirtschaftspolitik, München 1984/2. Aufl. 1992.

4.3 Marktversagen – Staatsversagen
Hermann May

4.3.1 Der Staat im liberalen Wirtschaftsverständnis

Im Verständnis der liberalen Ökonomie gründet das Marktgeschehen auf den Prinzipien: individuelle Freiheit, Selbstinteresse und Konkurrenz. In ihrer Respektierung reduzieren sich die ökonomischen Funktionen des Staates auf die Herstellung und Kontrolle eines die Marktprozesse gewährleistenden **Ordnungsrahmens**, auf Bereitstellung bestimmter **kollektiver Güter** und auf die Sicherung einer **stabilen Währung**. Diese liberale Grundposition, weiterverfolgt im **Ordo-** und **Neoliberalismus** (Walter Eucken, 1895–1977; Hans Großmann-Dörth, 1901–1950; Alexander Rüstow, 1885–1963; Wilhelm Röpke, 1899–1966) sowie in der **Neoklassik** (Friedrich A. von Hayek, 1899–1992; James M. Buchanan, geb. 1919), weist dem Staat keinesfalls eine inferiore Stellung zu, ist er es doch, der das marktwirtschaftliche System erst etabliert und erhält. In Wahrnehmung dieser Aufgabe hat er sich allerdings in seinen wirtschaftspolitischen Eingriffsnahmen (Interventionen) auf ein Minimum zu beschränken, um die Selbstregulierungskräfte des Marktes nicht zu beeinträchtigen. Dort, wo staatliche Interventionen notwendig sind, sollen sie im Verständnis der Liberalen so gestaltet sein, dass sie den individuellen Entscheidungsspielraum der Wirtschaftssubjekte so wenig wie möglich einschränken und gleichzeitig den staatlichen Ermessensspielraum aufs engste begrenzen. In dieser **subsidiären** Ausrichtung staatlicher Eingriffe erlangt die (Markt-)**Ordnungspolitik** in Form der Wettbewerbspolitik absolute Priorität vor einer in die gesamtwirtschaftlichen Abläufe eingreifenden **Prozeßpolitik**. Ausnahmen von diesem Grundsatz gelten nur dann als zu rechtfertigen, „wenn entweder kein Wettbewerb möglich ist oder das Marktergebnis trotz Wettbewerb nicht befriedigen kann“[1], mithin so genanntes **Marktversagen** vorliegt.

4.3.2 Marktideal und Marktwirklichkeit

Werden wir uns der Tatsache bewusst, dass das liberale Marktmodell ideale Bedingungen unterstellt, die in der Realität durch vielfältige Unvollkommenheiten eingeschränkt werden, so wird uns auch verständlich, dass der marktwirtschaftliche Lenkungsmechanismus nicht immer in der Lage ist, in theoretisch optimaler und damit idealer Weise zu reagieren. Diese realen Marktunvollkommenheiten führen zwangsläufig zu Abweichungen vom theoretisch angestrebten Marktergebnis.

Vorschnell und nicht selten aus ideologischen Erwägungen[2] wird in der Folge allzu oft „Marktversagen“ konstatiert und der Staat zu Hilfe gerufen, ohne zu prüfen, ob tatsächlich der Markt versagt, oder ob nicht im Gegenteil staatliche Interventionen die angestrebten Marktreaktionen verhindern.

Die Klagen, die unter dem Stichwort „Marktversagen“ in die wirtschaftspolitische Diskussion eingebracht werden, sind im wesentlichen folgende:

- Der Markt sei nicht in der Lage, die „wirklichen“ Bedürfnisse der Konsumenten zu erfassen;

---

1 Seidenfus, H.St.: Sektorale Wirtschaftspolitik, in: Issing, O. (Hrsg.): Spezielle Wirtschaftspolitik, München 1982, S. 86.

2 Es sind insbesondere Erwägungen kollektivistischer, sozialistischer Ausrichtung, denenzufolge die Aufgaben des Staates sehr viel weiter gefaßt sind als im liberal-ökonomischen Denken. Der liberalen Idee des Minimalstaates wird hier die sozialistische Vorstellung des Wohlfahrtsstaates entgegengehalten.

- der marktwirtschaftliche Koordinationsmechanismus versage bei den so genannten öffentlichen Gütern;
- mit der Produktion und Konsumtion von Gütern und Dienstleistungen träten Außenwirkungen (externe Effekte) auf, die marktwirtschaftlich nicht abgegolten würden;
- bestimmte Märkte ließen einen funktionsfähigen Wettbewerb nicht zu;
- Marktwirtschaften verfügten über keine ausreichend wirksamen Mechanismen zur Bewältigung gesamtwirtschaftlicher Instabilitäten;
- Marktwirtschaften verzögerten den wirtschaftlichen Strukturwandel.

Nachfolgend soll untersucht werden, ob und in welchem Umfang diese Klagen berechtigt sind und wie ihnen gegebenenfalls Rechnung getragen werden könnte.

4.3.2.1 Die Bedürfniserfassung

Die insbesondere durch die Frankfurter Schule und die ihr nahestehenden Sozialwissenschaftler ins Gespräch gebrachte Unterscheidung zwischen „wahren" und „künstlichen" Bedürfnissen lässt sich von der Behauptung leiten, dass die Souveränität der Konsumenten durch die der Produzenten abgelöst worden sei und die Nachfrage durch marktmächtige Produzenten systematisch geschaffen und stimuliert würde.[3] Mittels subtiler Werbungsmethoden und der Kreation ständig neuer, meist kurzlebiger Produkte schüfen diese eine Vielzahl „künstlicher Bedürfnisse", um sie sodann gewinnträchtig zu befriedigen. Zum Ausgleich dieser profitablen Absättigung hochgezüchteter, „künstlicher" Bedürfnisse müßte nun zwangsläufig ein Großteil der „wahren" Bedürfnisse, insbesondere solche nach öffentlichen Gütern[4], unberücksichtigt bleiben. Diese Entwicklung sei damit zu begründen, dass zum einen der Gewinnanreiz bei öffentlichen Gütern für private Produzenten zu gering sei und zum anderen die Dominanz der privaten Güterangebote den Staat zu so vielen öffentlichen (Folge-) Investitionen zwänge, dass ihm dadurch nicht mehr ausreichend Mittel zur Finanzierung der den „wahren" Bedürfnissen entsprechenden Güter verblieben. So verschlängen beispielsweise die mit dem expansiven Kauf privater Kraftfahrzeuge notwendig werdenden öffentlichen Folgeinvestitionen im Straßenbau so viele staatliche (Finanzierung-)Mittel, dass für die Bereitstellung der als sinnvoller angesehenen öffentlichen Verkehrsmittel nurmehr unzureichende Gelder übrigblieben. Eine allgemeine Unterversorgung mit öffentlichen Gütern griffe Raum.

Die hier skizzierte, erstmals in den fünfziger Jahren von dem amerikanischen Ökonomen John Kenneth Galbraith (1908–2006) formulierte Klage fand rasch Verbreitung.

---

[3] Vgl. hierzu und zum folgenden Leipold, H.: Planversagen versus Marktversagen, in: Hamel, H. (Hrsg.): Bundesrepublik Deutschland – DDR, Die Wirtschaftssysteme, 3. Aufl., München 1979, S. 179 ff. Siehe außerdem: Fritsch, M., Wein, T. u. Ewers, H.-J., Marktversagen und Wirtschaftspolitik, 3. Aufl., München 1999.

[4] Öffentliche Güter werden im Gegensatz zu den privaten Gütern (auch Individualgüter genannt: Wirtschaftsgüter, die am Markt von privaten Anbietern offeriert werden) nicht über den Markt, sondern vom Staat angeboten. In Form von Waren und Diensten werden sie nicht (wie Individualgüter) vom einzelnen allein, sondern gemeinsam mit anderen verbraucht (Kollektivgüter). Dass ihre Bereitstellung durch die öffentliche Hand erfolgt, wird damit begründet, dass

- private Unternehmer sie nicht anbieten können (hohes Investitionsrisiko, lange Reife- und Amortisationsdauer) oder wollen (zu hohes Risiko, zu geringe Gewinnchancen) oder
- der Staat aufgrund politischer Erwägungen sie anbieten will.

Als Beispiele wären zu nennen: innere und äußere Sicherheit, Unterricht und Bildung, Kunst, Kultur, Rechtsschutz, Infrastruktur, Gesundheitswesen, Rundfunk- und Fernsehprogramme.

Auch wenn sie heute noch unter dem Schlagwort „öffentliche Armut bei privatem Reichtum“ gerne aufgegriffen und als klassisches Beispiel für Marktversagen angeführt wird, bleibt ihr Gehalt äußerst fragwürdig. Die Ausgangsbasis der These, die Unterscheidung zwischen „wirklichen“ und „künstlichen“ Bedürfnissen, erweist sich nämlich bei näherer Betrachtung als rein willkürlich. Es gibt keine nach allgemeiner Übereinkunft als „wirklich“ oder „künstlich“ einzustufenden Bedürfnisse. Eine solche Klassifikation ist höchst subjektiv und spiegelt die Präferenzen des anmaßenden Juroren wider. Sie für allgemeinverbindlich zu erklären, hieße, den Konsumenten in seiner individuellen Wertschätzung mißachten und ihn dem diktatorischen Urteil einer Einzelperson oder eines Kollektivs unterwerfen. Eine solche Entmündigung stünde in Widerspruch zum marktwirtschaftlichen Prinzip der Freiheit; sie kennzeichnet die menschenverachtende Theorie und Praxis der Zentralverwaltungswirtschaften.

Dass die Werbung Einfluß nimmt auf die Bedürfnisbildung der Konsumenten, wird sicherlich von niemandem bestritten. Sie versucht insbesondere dort die Kaufentscheidung in eine bestimmte Richtung zu lenken, wo der Verbraucher Unsicherheit in seiner Präferenzordnung erkennen lässt. Es hieße jedoch die Bedeutung der Werbung überschätzen, wollte man durch sie eine Beherrschung der Konsumenten bewirkt sehen. Wie die einschlägige empirische Forschung nachweist, ist der Verbraucher keineswegs der Werbung ausgeliefert; er weiß nämlich sehr wohl auszuwählen und akzeptiert in der Regel nur das, wozu er irgendwie „prädisponiert“ ist[5]. Diese Prädisposition ist durch die kulturellen und sozialen Wertvorstellungen bestimmt, denen der einzelne unterliegt. Jedes Angebot der Wirtschaft, das diesen Wertvorstellungen nicht entspricht, wird von ihm zurückgewiesen.

Was nun die Anschlussbehauptung der öffentlichen Armut, das heißt der Unterversorgung mit öffentlichen Gütern, angeht, so gilt es festzustellen, dass diese ebenso willkürlich ist wie das behauptete Marktversagen bei der Bedürfniserfassung. Ein statistischer Nachweis dieser These lässt sich nämlich nicht erbringen, da einerseits der Anteil der Staatsausgaben am Nationaleinkommen keine Rückschlüsse auf das Versorgungsniveau öffentlicher Güter zulässt, und andererseits die Bedürfnisse nach öffentlichen Gütern – die sich ja nicht in kaufkräftiger Nachfrage niederschlagen – eine exakte Erfassung nicht zulassen. Die Anmeldung von Bedürfnissen nach öffentlichen Gütern fällt – sofern ihr(e) entgeltlose(r) Inanspruchnahme/Bezug erwartet oder gefordert werden kann – erfahrungsgemäß unangemessen hoch aus und kann deshalb nicht als Ausdruck einer tatsächlichen Begehrensintensität gewertet werden. Auch wenn das Wetteifern der Politiker um die Gunst der Wähler und das Streben bürokratischer Stelleninhaber nach Mehrung ihres Einflusses und ihres Ansehens diese oft (in ökonomisch bedenklicher Weise) veranlaßt, dem Verlangen nach mehr Staatsleistungen zu entsprechen, darf daraus nicht auf eine entsprechende Bedürftigkeit und damit eine Unterversorgung der zu begünstigenden Bürger geschlossen werden. Aufschluss über die wirklichen Präferenzen der Konsumenten bei ihrer Versorgung mit öffentlichen Gütern könnte nur dadurch erreicht werden, dass diese Güter (wie die privaten Güter) zu kostendeckenden oder marktmäßigen Preisen angeboten würden. Solange dies nicht geschieht, ist der öffentlichen Verschwendung Tür und Tor geöffnet. Diese Feststellung veranlaßte Wolfram Engels, der These von der öffentlichen Armut die (These) von der öffentlichen Verschwendung entgegenzusetzen.[6]

---

[5] Vgl. König, R.: Soziologische Orientierungen, Vorträge und Aufsätze, Köln und Berlin 1965, S. 469.

[6] Vgl. Engels, W.: Mehr Markt, Soziale Marktwirtschaft als politische Ökonomie, Stuttgart 1976, S. 116ff.

4.3.2.2 Öffentliche Güter

Öffentliche Güter sind im wesentlichen durch zwei Merkmale charakterisiert:

- die **Nicht-Ausschließbarkeit** des potentiellen Nachfragers von der Inanspruchnahme des Gutes und
- die **Nicht-Rivalität** unter den Nachfragern des Gutes.

Das marktwirtschaftliche Ausschlussprinzip, demzufolge all diejenigen, die nicht bereit sind, den für irgendein (privates) Gut geforderten (Markt-)Preis zu zahlen, vom Konsum eliminiert sind, kann bei öffentlichen Gütern aus technischen Gründen oder weil seine Einhaltung zu hohe Kosten verursachen würde, nicht zum Zuge kommen. Wird nämlich ein solches Gut (öffentlich) angeboten, kann es prinzipiell von jedermann in Anspruch genommen werden, ohne dass er dafür in persönlicher Zurechnung ein Entgelt zu entrichten hätte (z. B. Schwarzhörer). Solange nun aber der einzelne nicht zur Kasse gebeten wird, wird er – auf seinen Vorteil bedacht – die Bereitstellung des öffentlichen Gutes für notwendig, ja unverzichtbar erklären und mit Nachdruck fordern.[7] Müßte er dagegen für die Inanspruchnahme des öffentlichen Gutes bezahlen, so entspräche es seinem Vorteilsstreben, sein für dieses bestehende Interesse zu verheimlichen und darauf zu hoffen, dass schon andere die Bereitstellung des Gutes fordern (und dafür bezahlen) und er dann kostenlos an diesem partizipieren könnte. Dieses Trittbrettfahrer-Verhalten (free-rider-position) führt – in Verbindung mit der Tatsache, dass die Preise dieser öffentlichen Güter mehr oder weniger willkürlich (politisch) festgelegt werden – in der Regel gesamtwirtschaftlich zu einer Unterversorgung und somit zu einer nicht-optimalen Allokation der knappen Ressourcen.[8] Für private Unternehmer besteht, da die Eigenart des Gutes eine persönliche Zurechnung seiner Herstellungskosten nicht zulässt, kein Anreiz, sich entsprechend zu engagieren.[9] Der Markt „versagt" hier beziehungsweise muss hier „versagen". Die Produktion der betreffenden Güter unterbliebe, wenn sich nicht der Staat ihrer annähme.

Nicht-Rivalität des Konsums bedeutet, dass ein (öffentliches) Gut gleichzeitig von einer Vielzahl oder sogar einer unbegrenzten Anzahl von Personen konsumiert werden kann, ohne dass es dadurch für den einzelnen zu einer entsprechenden Nutzeinbuße käme (z. B. Rundfunk- oder Fernsehsendung). Die Nachfrager nach einem solchen Gut sehen sich somit nicht veranlaßt, untereinander um die Inanspruchnahme zu konkurrieren.

Die Tatsache, dass bestimmten Gütern die aufgezeigten Merkmale und damit die Eigenschaften von öffentlichen Gütern zukommen, lässt nun aber keineswegs die Schlussfolgerung zu, dass ihre Produktion grundsätzlich in den Zuständigkeitsbereich des Staates fallen muss. Der Staat ist nämlich keineswegs besser in der Lage, die Präferenzen der Konsumenten zu erfassen als dies private Anbieter wären. Hinzu kommt, dass „geborene" Kollektivgüter, das heißt Güter, die **nur** als öffentliche Angebote denkbar sind, nur sehr selten vorkommen, so etwa das Gut der äußeren und inneren Sicherheit oder das der Rechtsschaffung und Rechtssicherheit. Es ist in diesem Bezug Molitor zuzustimmen, wenn er feststellt: „Vieles, was man heute ... bei uns wie selbstverständlich als staatliche Aufgabe ausgibt, gilt in anderen Gesellschaften, wie etwa den USA, ebenso selbstverständlich als Terrain freier Bürgerinitiativen und der Selbstverwaltung."[10] Viele öffentliche Güter sind demnach „öffentlich gemachte" Güter („gekorene" öffentliche Güter),

---

[7] Vgl. Donges, J.: Marktversagen und Staatsversagen – was überwiegt? in: Zeitschrift für Wirtschaftspolitik, 34. Jg. (1985), S. 125.

[8] Vgl. Molitor, B.: Wirtschaftspolitik, München-Wien 1988, S. 77.

[9] Vgl. ebenda.

[10] Ebenda.

so insbesondere: Sozialvesicherung, Umwelt, Bildung, Infrastruktur.[11] Bei ihnen dürfte eine konkurrierende Produktion zwischen Staat und privaten Produzenten oder nur unter privaten Produzenten entscheidende Vorteile bringen, da – entsprechend den ökonomischen Bedingtheiten – mal das eine, mal das andere Unternehmen die verlangten „öffentlichen“ Güter kostengünstiger bereitstellen könnte.[12] Eine Beurteilung der Frage, ob und inwieweit die Produktion öffentlicher Güter ganz oder teilweise dem Markt überlassen werden sollte, hätte grundsätzlich die Möglichkeit der Privatisierung der Verfügungsrechte[13] und damit verbunden der Einführung des Wettbewerbs zu prüfen.[14] Ergäbe sich hierbei die Erkenntnis, dass bestimmte Güter/Leistungen nicht über Wettbewerbsmärkte angeboten werden sollten, dann wäre die in Erwägung zu ziehende öffentliche Regelung in der Gesamtheit ihrer Teilregelungen auf die von diesen ausgehenden Anreizwirkungen gegenüber Produzenten und Konsumenten zu untersuchen, da das Ergebnis dieser öffentlichen Regelung – ausschließlich oder vorrangig – von diesen Anreizwirkungen abhängt. Fügten wir uns beispielsweise der Auffassung, dass Rechtsprechung, Polizei und hoheitliche Verwaltung zweckmäßigerweise nicht über Markt und Wettbewerb anzubieten seien, so wären eben Einkommen, Aufstiegschancen und Ansehen der „Produzenten“ dieser Leistungen (Richter, Polizisten, Verwaltungsbeamte) in der Weise zu gestalten, dass sie diese (an-)reizten, ihre Aufgaben (Arbeit) möglichst gut zu erledigen und damit auch den „Konsumenten“ (d.h. den Bürgern) die Inanspruchnahme dieser Leistung attraktiv erscheinen zu lassen. Diese Feststellung lässt sich dahingehend verallgemeinern, dass überall dort, wo dem Staat die Produktion öffentlicher Güter aus Zweckmäßigkeitserwägungen zugestanden werden muss (wo also gewissermaßen „geborene“ öffentliche Güter vorliegen), diese einer strengen (Effizienz-)Kontrolle zu unterwerfen ist. „Es sind Anreize zu erfinden, das öffentliche Gut ‚Kontrolle‘ zu produzieren: vom Rechnungshof über die Opposition und die Gestaltung der Aufstiegschancen in der Bürokratie bis hin zur Wissenschaft und zum Ombudsmann.“[15] Überall dort jedoch, wo keine „geborenen“ öffentlichen Güter vorliegen, sollte versucht werden, deren Produktion ganz oder zumindest teilweise dem Wettbewerb des Marktes zu überantworten und damit eine bessere Allokation der Ressourcen zu erwirken.

4.3.2.3 Externe Effekte

Von der Produktion und Konsumtion von Gütern und Dienstleistungen gehen nicht selten Wirkungen aus, für die der Markt keine entsprechende Abgeltung trifft. Solche „externen Effekte“ können vorteilhaft (positiv) oder aber nachteilig (negativ) sein. Sind sie **positiv**, dann ist der private Ertrag des Verursachers (Produzent oder Konsument) kleiner als der gesellschaftliche, da außer ihm noch Dritte (Privatpersonen, andere Unternehmen oder die Gesellschaft) Nutzen aus seiner wirtschaftlichen Aktivität ziehen. Wir sprechen in diesem Zusammenhang von gesellschaftlichen (externen) Ersparnissen. Als Beispiele für derartige externe Ersparnisse ließen sich anführen:

- Der Bau eines großen Kaufhauses, das massenhaft Kundschaft anzieht, mit der auch die angrenzenden kleineren Ladengeschäfte Kaufabschlüsse tätigen;

---

[11] Vgl. Homann, K.: Vertragstheorie und Property-Rights-Ansatz, Stand der Diskussion und Möglichkeiten der Weiterentwicklung, in: Biervert B., Held, M. (Hrsg.): Ethische Grundlagen der ökonomischen Theorie, Frankfurt–New York 1989, S. 53.

[12] Vgl. Donges, J.: Marktversagen und Staatsversagen – was überwiegt?, a.a.O., S. 125.

[13] Siehe hierzu als erläuterndes Beispiel die Darlegungen zur Vergabe von Umweltlizenzen unter dem nächsten Gliederungspunkt dieses Beitrags (Externe Effekte).

[14] Siehe hierzu und zum folgenden Homann, K.: Vertragstheorie und Property-Rights-Ansatz, a.a.O., S. 52ff.

[15] Ebenda S. 54

- Grundlagenforschung, die Erkenntnisse zeitigt, deren sich die Zweckforschung bedienen kann;
- betriebliche Ausbildung von Arbeitskräften, deren erworbenes Fachwissen und -können (Humankapital) nachfolgenden Arbeitgebern zugute kommt.

Gegensätzlich zu den aufgezeigten Beispielen gestaltet sich die Situation bei **negativen** externen Effekten. Diese sind als kostenverursachende Folgen von Produktions- und Konsumtionsvorgängen zu fassen, die in die Kalkulation respektive Haushaltsrechnung des Verursachers nicht eingehen, sondern von Dritten (Privatpersonen, anderen Unternehmen oder der Gesellschaft) in Form von Mehraufwendungen oder realen Schäden getragen werden. Der private Ertrag solcher wirtschaftlicher Aktivitäten ist somit größer als der gesellschaftliche. Es ergeben sich externe Verluste. Als Standardbeispiel für solche externen Verluste können die allseits beklagten Umweltschäden in ihren vielfältigen Erscheinungsformen genannt werden, so insbesondere:

- Luftverschmutzung durch Rauch, gewerbliche Schadstoffemissionen, Autoabgase;
- Wasserverschmutzung durch private und gewerbliche Abwässer;
- Lärmbelästigung durch Privatpersonen und Betriebe.

Während positive externe Effekte die Überlegung begünstigen, der Staat könnte beziehungsweise sollte wirtschaftliche Aktivitäten, von denen vorteilhafte Auswirkungen zu erwarten sind, fördern (z. B. Infrastrukturinvestitionen als Anreiz für Industrieansiedlungen), provozieren negative externe Effekte häufig den Ruf nach staatlicher Unterbindung respektive Minderung der Nachteile/Schäden. Die in diesem Zusammenhang diskutierten Verfahrensweisen sind recht unterschiedlich: Verbote und Gebote, Festlegung bestimmter Normen und Standards (z. B. für Schadstoffemissionen), Erhebung von Steuern und Abgaben, Gewährung von Subventionen.

Obgleich marktwirtschaftlichen Ordnungen Gebote und Verbote wie auch monetäre Sanktionen keineswegs wesensfremd sind, werden sie hinsichtlich ihrer Tauglichkeit zur Begegnung negativer externer Effekte, insbesondere der Umweltverschmutzung, zunehmend in Zweifel gezogen. Hier richtet sich das Augenmerk verstärkt auf den Verkauf von zeitlich befristeten **Umweltlizenzen**, so zum Beispiel von Emissionsrechten. Im Rahmen dieser Regelung legt der Staat als Quasieigentümer des Umweltgutes regionale Obergrenzen für die zulässige Gesamtemission eines Schadstoffes fest und erlaubt den schadstoffemittierenden Unternehmen Umweltbelastungen nur im Umfang käuflich zu erwerbender (Umweltbelastungs-)Anrechtscheine.[16] Umweltbelastung wird damit zum Kostenfaktor im unternehmerischen Kalkül. Diese Tatsache provoziert das unternehmerische Bestreben, die Schadstoffemissionen so weit wie möglich zu reduzieren und damit die (Umweltbelastungs-)Kosten zu senken. Es besteht somit für die Unternehmer ein aus ihrem Gewinnstreben resultierender Anreiz, umweltbelastende Produktionsverfahren zu vermeiden respektive durch umweltfreundlichere zu ersetzen.

In einer Modifikation des aufgezeigten Denkansatzes wäre auch die Schaffung **privater Eigentumsrechte** an den bisher „freien" Umweltgütern zu erwägen. Ihnen zufolge würden die Benutzer dieser Güter den Eigentümern ein Entgelt (wie für den Gebrauch anderer knapper Güter) bezahlen. So ließen sich beispielsweise den Anrainern eines Sees Eigentumsrechte einräumen, aufgrund derer sie von den Verschmutzern des Wassers Schadensersatz fordern könnten.[17] Private Eigentumsrechte an den bislang „freien"

[16] Vgl. hierzu Molitor, B.: Wirtschaftspolitik, a. a. O., S. 80.

[17] Vgl. Ahrns, H.-J., Feser, H.-D.: Wirtschaftspolitik, Problemorientierte Einführung, 5. Aufl. München-Wien 1987, S. 159.

Umweltgütern könnten auf diese Weise die in Umweltschäden Verstrickten – Betroffene und Verursacher – in Verhandlungen über eine angemessene Kompensation für die Duldung von beziehungsweise den Verzicht auf Aktivitäten, die externe Effekte bewirken, vereinbaren.[18]

Dass die immense ökonomische Bedeutung solcher (Vermeidungs-)Anreize in der Vergangenheit nicht erkannt wurde, muss als ein Staatsversagen gesehen werden. Der Staat in seinem politischen Handeln hat es nämlich versäumt, das Gut „Umwelt“ dem Markt zu überantworten und dadurch mit Preisen zu belegen. Statt dessen wurde und wird noch immer Umwelt als kollektives und kostenloses (statt als ein knappes und damit entsprechend teueres) Gut behandelt, von dem jeder nach Belieben Gebrauch machen konnte/kann. Die Umwelt wurde/wird bedenkenlos mißbraucht (nach dem Motto: was nichts kostet, ist nichts wert !) und die Belastungen und Schädigungen auf die Allgemeinheit abgewälzt.[19]

Wie das Beispiel der Umweltbelastung deutlich machen soll, kann sich eine effiziente Lösung des Externalitätenproblems wohl am besten über Preise und Märkte vollziehen. Dies setzt jedoch rechtlich-institutionelle Rahmenbedingungen voraus, die auf die Gewährung fungibler Eigentums- oder Nutzungsrechte (property rights) abheben. Die Funktion dieser Rechte besteht darin, Güter oder Handlungsfolgen bestimmten Personen exklusiv zuzurechnen. Erfolgt die Zurechnung dieser Rechte derart, dass der durch externe Effekte Betroffene diese **nicht** dulden muss, so hat der Verursacher für den Schaden zu haften. Im umgekehrten Fall hat der Betroffene eine Duldungspflicht, und der Verursacher muss nicht für den Schaden einstehen.[20] In der Regel setzt eine solche Zurechnung zwischen den Beteiligten Verhandlungen darüber voraus, wie die Duldung von beziehungsweise der Verzicht auf externe Effekte erzeugende Aktivitäten abzugelten ist. Je klarer die Rechtsposition der Verhandlungspartner definiert ist, desto niedriger gestalten sich die mit der Handlung verbundenen so genannten **Transaktionskosten** (das sind die Kosten der Informationsbeschaffung, der Verhandlungsführung, der Kontrolle über die Einhaltung der Vereinbarungen etc.). Das private Eigentumsrecht trägt diesem Erfordernis am weitestreichenden Rechnung. Es sichert die kostengünstigste Einigung.

4.3.2.4 Gefährdung des Wettbewerbs

Die Chance, auf bestimmten Märkten mit bestimmten Gütern Gewinne zu erzielen, lockt Anbieter an. Solange es dort keine Marktzugangsbarrieren gibt, werden demzufolge die Angebotsmenge zu- und damit die Gewinne abnehmen. Diese Tatsache lässt verständlich erscheinen, dass jeder Produzent (Anbieter) eines am Markt eingeführten Produktes (potentiell) bestrebt ist, diese Entwicklung zu verhindern oder doch zumindest zu mildern. Es ist nämlich, so Walter Eucken, ein „tiefer Trieb zur Beseitigung von Konkurrenz und zur Erwerbung von Monopolstellungen überall und zu allen Zeiten lebendig“[21]. Um diesem Trieb zu entsprechen, ist Macht erforderlich. (Markt-) Macht zu erringen, die es gestattet, andere am Marktzutritt oder an ihrer freien Marktentfaltung zu hindern und damit die eigenen Gewinne möglichst hoch zu halten und nicht nach Null streben zu lassen, liegt deshalb im (Selbst-)Interesse der einzelnen oder

[18] Vgl. ebenda. S. 17.

[19] Vgl. hierzu auch Leipold, H.: Wirtschafts- und Gesellschaftssysteme im Vergleich, 4. Aufl., Stuttgart 1985, S. 116.

[20] Vgl. hierzu und zum folgenden Ahrens, H.-J., Feser, H.-D.: Wirtschaftspolitik, a.a.O., S. 16f.

[21] Eucken, W.: Grundsätze der Wirtschaftspolitik, Bern-Tübingen 1952, S. 31.

Gruppen von Produzenten. Die daraus erwachsenden Anstrengungen lassen die Optimalität des Marktsystems als gefährdet erscheinen.

Dem (privatwirtschaftlichen) **Monopolisten** begegnet heute allgemein die Furcht, dass er im Gegensatz zu der bei marktlichem Wettbewerb realisierten Angebotssituation über die Einschränkung der Wahlfreiheit der Nachfrager (und damit der Verletzung der Konsumentensouveränität) hinaus seine Marktmacht mißbrauche und eine schlechtere Marktversorgung bei höheren Güterpreisen durchsetze. Diese Furcht wird allerdings durch die realistische Vermutung gedämpft, dass Monopolisten (im Gegensatz zu konkurrierenden Produzenten) aufgrund ihrer Größe eher in der Lage sind, Kostenvorteile zu realisieren und eine der Nachfrage zum Vorteil gereichende Durchsetzung des technischen Fortschritts zu begünstigen. Sollte es einem Monopolisten tatsächlich gelingen, aufgrund seiner Machtposition attraktive Gewinne zu machen, so dürfte dies aber auch geradezu zwangsläufig Konkurrenz anlocken (die unter Einbezug des technischen Fortschritts entweder das gleiche Gut oder aber Ersatzgüter [Substitutionskonkurrenz] anbietet) und damit tendenziell auf Auflösung der Monopolsituation hinwirken. In welchem Umfang sich diese Tendenz zur (Selbst-)Auflösung von Monopolen allerdings tatsächlich durchzusetzen vermag, lässt sich generell nicht sagen. Wichtig erscheint auf jeden Fall, dass die (potentielle) Konkurrenz, insbesondere die Substitutionskonkurrenz und der technische Fortschritt, nicht behindert werden. Diesem Erfordernis hat der Staat notwendigerweise durch eine entsprechende Wettbewerbsordnung Rechnung zu tragen.

Was das **„natürliche Monopol“**[22] angeht, so gilt auch hier (wie bei den übrigen Monopolen) zunächst, dass allein ein hohes Einkommen noch nicht ein staatliches Eingreifen rechtfertigt. Schließlich wird die Gesellschaft nicht schon dadurch geschädigt, dass beispielsweise ein in seiner Art „einmaliger“ Filmstar, Fußballspieler oder Popsänger Traumgagen einstreicht oder der Eigner einer Heilquelle aus dem Verkauf des Wassers hohe Erlöse bezieht, nur weil sie genau das anzubieten vermögen, was viele Nachfrager wünschen und wofür sie auch entsprechend hohe Preise zu zahlen bereit sind.[23] Entscheidend ist vielmehr, dass es keine Marktzugangsbarrieren gibt, die aufkommende Konkurrenz unterbinden.

Die in der Vergangenheit immer wieder erhobene Behauptung, dass in den Bereichen der Bahn sowie des Post- und Fernmeldewesens „natürliche Monopole“ vorlägen, ist bei näherer Betrachtung nicht haltbar. Die hier in den neunziger Jahren des vorigen Jahrhunderts weltweit aufgebrochenen und (teil-)privatisierten Staatsmonopole ließen sehr rasch die Unhaltbarkeit dieser Behauptung deutlich werden. Die Mär vom „natürlichen Monopol“ entpuppte sich als Rechtfertigungsstereotyp für zum Teil schamloses Abkassieren überteuerter (weil wirtschaftlich nicht hinreichend effizienter) Leistungen. Eine staatliche Monopolbildung und damit die Nichtzulassung privater Konkurrenz war hier marktwirtschaftlich niemals zu rechtfertigen. Wettbewerb von Anfang an hätte – im Gegensatz zu den staatlichen Prophezeiungen – auch in diesen Bereichen mit hoher Wahrscheinlichkeit ebensowenig zu chronischen Überkapazitäten und damit zur Ver-

---

22 „Natürliche Monopole“ resultieren aus der ausschließlichen Verfügungsmacht über bestimmte Naturvorräte, wie Bodenschätze, Heilquellen, wie auch aus einer besonderen natürlichen Begabung (z. B. eines Künstlers). Echte natürliche Monopole sind höchst selten. Viel häufiger begegnet man so genannten (d. h. unechten) natürlichen Monopolen, die erst durch eine entsprechende Marktpolitik (i. d. R. durch Ankauf der verschiedenen natürlichen Vorkommen) geschaffen wurden.

23 Vgl. hierzu und zum folgenden auch Donges, J.: Marktversagen und Staatsversagen – was überwiegt? a. a. O., S. 125.

schwendung knapper Ressourcen geführt wie das in anderen wettbewerblich organisierten Produktionssektoren der Fall war und ist.

Eine Gefährdung des Wettbewerbs wird häufig auch in der Herausbildung von **Oligopolen** und deren marktstrategischem Verhalten vermutet. Bei dieser Marktform ist die Angebotsseite durch wenige marktmächtige Unternehmen repräsentiert. Als Beispiele ließen sich nennen: die Automobilindustrie, die Waschmittelproduktion, die Reifenhersteller, die Unterhaltungselektronik. Die Verhaltensweise des Oligopolisten ist dadurch gekennzeichnet, dass er bei seinen Aktionen nicht nur die Reaktionen der Marktgegenseite, der Nachfrager, sondern auch die seiner Konkurrenten zu berücksichtigen hat. Obgleich die möglichen Aktions-Reaktions-Muster vielfältig und für die Beteiligten nicht mit Gewissheit vorhersehbar sind, lässt sich der markt-**strategische Spielverlauf** im Oligopol mit einer gewissen Plausibilität auf folgende Grundmuster reduzieren:[24]

> Versucht ein einzelner Anbieter durch Preissenkung seinen Absatz zu Lasten seiner Konkurrenten zu erhöhen, so hat er damit zu rechnen, dass diese ihrerseits ebenfalls ihre Preise senken. Dies hat zur Folge, dass sich – nach erfolgter Anpassung – sämtliche Anbieter auf einem niedrigeren Preisniveau und damit – bei Konstanz von Nachfrage und Kosten – auch auf einem niedrigeren Gewinniveau einfinden. Eine Positionsverbesserung, das heißt eine Ausweitung des Marktanteils im Wege der Preissenkung, ist demnach kaum zu erreichen. Hinzu kommt, dass dieses strategische Vorgehen die Gefahr einschließt, existenzbedrohende (ruinöse) Preiskämpfe auszulösen.
>
> Auch der Versuch eines einzelnen Oligopolisten, seine Gewinnsituation durch eine Preiserhöhung zu verbessern, dürfte so lange wenig Erfolg versprechen, als seine Konkurrenten nicht mitziehen. Mit hoher Wahrscheinlichkeit dürfte nämlich die (einsame) Preiserhöhung zu einer Abwanderung bisheriger Kunden führen, so dass seine Aussicht auf einen höheren Gewinn durch einen niedrigeren Umsatz in hohem Maße in Frage gestellt wird.

Beide hier skizzierten Grundmuster (preis-)strategischen Marktverhaltens im Oligopol lassen eine gewisse **Rigidität der Preise** als typisch erscheinen. Auch Veränderungen in den Produktions- und/oder Nachfragebedingungen schlagen hier nicht zwangsläufig auf die Preise durch. Strategien des Nicht-Preiswettbewerbs, wie beispielsweise Werbung, Produktdifferenzierung, gewinnen damit an Bedeutung. Ihr Eroberungspotential ist jedoch selten so stark, dass sich die Konkurrenten nicht des Vorteils gemeinsamen Handelns (gemeinsamer Absprachen !) bewusst blieben. Dies scheint um so eher der Fall, je geringer die Anzahl der Anbieter und je größer ihre Reaktionsverbundenheit ist.[25] Die Gefahr wettbewerbsbeschränkender Abreden und Verhaltensabstimmungen erscheint mithin für Oligopole immer gegeben. Ihr gilt es von staatlicher Seite durch Herstellung und Kontrolle von Wettbewerb entgegenzuwirken. Wie dieser Wettbewerb konkret gestaltet werden soll und welcher Mittel sich der Staat dazu bedienen darf, darüber gehen die Auffassungen auseinander.

4.3.2.5 Gesamtwirtschaftliche Instabilität

Als äußerst problematische Fehlentwicklungen werden den Marktwirtschaften gesamtwirtschaftliche Instabilitäten, wie sie in konjunkturellen Schwankungen und insbesondere bei (anhaltender) Unterbeschäftigung in Erscheinung treten, zum Vorwurf gemacht. An sie knüpft sich die Forderung, der Staat möge über konjunktur- und beschäftigungspolitische Maßnahmen für eine stabile Entwicklung der Marktprozesse sorgen.

---

24 Vgl. Ahrens, H-J., Feser, H.-D.: Wirtschaftspolitik, a. a. O., S. 19.

25 Vgl. ebenda.

In diesem Sinne empfehlen John Maynard Keynes (1883–1946) und seine Anhänger, die gesamtwirtschaftliche Nachfrage durch antizyklische, das heißt dem Konjunkturverlauf entgegengerichtete, Staatseingriffe so zu beeinflussen, dass Vollbeschäftigung gesichert ist. Auf die Konjunkturphase der Rezession (Merkmale: Nachfragerückgang, Entlassung von Arbeitskräften, verminderte Investitionen) übertragen, entspräche dem, dass der Staat beispielsweise durch steuerliche Entlastung der privaten und Unternehmereinkommen sowie durch Erhöhung seiner eigenen Ausgaben (notfalls im Wege der Verschuldung) die Nachfrage nach Konsum- und Investitionsgütern stimuliere und damit den den wirtschaftlichen Abschwung bedingenden Nachfrageausfall und die über diesen induzierte Unterbeschäftigung kompensiere. – Dieses Verständnis des gesamtwirtschaftlichen Gleichgewichts stößt insbesondere bei liberalen Ökonomen auf Widerspruch. Für sie werden marktwirtschaftliche Ordnungen quasi selbsttätig über den Preis(-mechanismus) im Gleichgewicht gehalten. Unterbeschäftigung wird deshalb als Folge zu hoher Löhne gesehen, deren Anpassung durch Gewerkschaften oder Staat (z. B. durch gesetzliche Mindestlohnregelung) verhindert wird. Für konjunktur- und beschäftigungspolitische Eingriffe des Staates besteht nach ihrer Überzeugung keine Veranlassung. Staatlicher Handlungsbedarf besteht allenfalls hinsichtlich der Sicherung der Marktprozesse und damit der Ausräumung der diese beeinträchtigenden Hindernisse. Gesamtwirtschaftliche Instabilitäten lassen sich dem liberalen Wirtschaftsverständnis zufolge nicht als Ausdruck des Marktversagens, sondern vielmehr als Ausdruck des Staatsversagens erklären.

4.3.2.6 Verzögerungen im wirtschaftlichen Strukturwandel

Auch die immer wieder erhobene Klage, dass der Markt den wachstumsnotwendigen Strukturwandel zeitlich verzögere, da seine Preise nur die gegenwärtige Wertschätzung der Nachfrager signalisierten, nicht aber die künftige (und damit keine entsprechenden Zukunftsinvestitionen initiierten), ignoriert in ihrer Einseitigkeit die Wirkung staatlicher Interventionen. So wird heute in der Bundesrepublik Deutschland eine Reihe existentiell gefährdeter Wirtschaftszweige (wie beispielsweise der Steinkohlebergbau, die Stahlindustrie, Werften) durch den Staat künstlich erhalten. „Statt sich mit Verfahrens- und vor allem Produktinnovationen dem Wandel der internationalen Arbeitsteilung anzupassen, haben zahlreiche Unternehmen, im Einklang mit den Gewerkschaften, lieber den Schutz des Staates erfleht und – in Form von offenen und versteckten Subventionen, Importbarrieren und öffentlichen Aufträgen – diesen auch erhalten.“[26] Die zunächst als befristet oder einmalig angekündigten (Staats-)Hilfen haben sich in einem Großteil der Fälle zu **Dauerhilfen** entwickelt und damit die notwendige Strukturbereinigung verhindert beziehungsweise hinausgeschoben.[27] Hier hat offensichtlich einmal mehr weniger der Markt als vielmehr der Staat versagt, der in der Regel aus (wahl-)politischen Erwägungen Fehlallokationen von Ressourcen (d. h. weniger effiziente Verwendungen knapper Produktionsfaktoren) und damit Schädigungen des Gemeinwohls induzierte.[28]

4.3.3 Abschließende Bemerkungen

Wie die vorausgegangenen Darlegungen einsichtig zu machen versuchten, sind die Fälle wirklichen Marktversagens weit weniger häufig anzutreffen, als vielfach behauptet. Dass die These vom Versagen des Marktes dennoch weiterhin ihre Attraktivität be-

[26] Donges, J.: Marktversagen und Staatsversagen – was überwiegt? a. a. O., S. 128.
[27] Vgl. Peters, H.-R.: Sektorale Strukturpolitik, München-Wien, 1988, S. 69.
[28] Vgl. ebenda S. 68 f.

wahrt, lässt sich wohl nur damit erklären, dass ihre Verfechter die Marktrealität am Marktideal der vollkommenen Konkurrenz – die lediglich eine in didaktischer Absicht entworfene Abstraktion darstellt – messen. Eine solche Urteilsbildung übersieht allzu leicht, dass die eigentlichen Ursachen von Fehlentwicklungen weniger im Markt als vielmehr in staatlichen Eingriffen begründet sind. In der Tat hat sich die Staatstätigkeit in den letzten vierzig Jahren beträchtlich ausgeweitet. Dies kann nicht verwundern; zeigt sich doch immer wieder, dass sich der Staat als Regulator – auch wenn er sich anfangs in der Rolle des wohlwollenden Diktators (benevolent dictator) gibt – schon recht bald als Betreuer der Regulierten versteht und deren Interessen zunehmend zu den seinen macht (Gefangennahme-Theorie/capture-theory)[29]. Hilfen werden zu Dauerhilfen, Aktionsprogramme zu volkswirtschaftlicher Verschwendung.

Es wäre zu wünschen, dass sich der Staat der Schädlichkeit seiner Markteingriffe bewusst wird, sich entsprechende Zurückhaltung auferlegt und sich verstärkt darauf konzentriert, durch ordnungspolitische Gestaltung den Marktmechanismus zu stärken und die Entfaltungsspielräume für die Wirtschaftssubjekte möglichst groß zu halten. Ein solches Staatsverhalten wäre dazu angetan, die Fehlentwicklungen am Markt zu reduzieren.

Literaturhinweise

Ahrns, H.-J., Feser, H.-D.: Wirtschaftspolitik, Problemorientierte Einführung, 5. Aufl., München–Wien 1987/7. Aufl. 1997.

Barton, St. E.: Property Rights and Human Rights. Efficiency and Democracy as Criteria for Regulatory Reform, in: Journal of Economic Issues, Bd. 1 (1983).

Bator, F. M.: The Anatomy of Market Failure, in: Quarterly Journal of Economics, Bd. 72, Cambridge 1958.

Buchanan, J. M.: The Demand and Supply of Public Goods, Chicago 1968.

Donges, J.: Marktversagen und Staatsversagen – was überwiegt? in: Zeitschrift für Wirtschaftspolitik, 34. Jg. (1985).

Engels, W.: Mehr Markt, Soziale Marktwirtschaft als politische Ökonomie, Stuttgart 1976.

Eucken, W.: Grundsätze der Wirtschaftspolitik, Bern–Tübingen 1952.

Fees, E., Umweltökonomie und Umweltpolitik, 3. Aufl., München 2007.

Fritsch, M., Wein, T. u. Ewers, H.-J., Marktversagen und Wirtschaftspolitik, 3. Aufl., München 1999/6. Aufl. 2005.

Hamm, W.: Die Schimäre vom Marktversagen, in: Frankfurter Allgemeine Zeitung, Nr. 274 v. 24.11 1990, S. 13.

Homann, K.: Vertragstheorie und Property-Rights-Ansatz, Stand der Diskussion und Möglichkeiten der Weiterentwicklung, in: Biervert, B., Held, M. (Hrsg.): Ethische Grundlagen der ökonomischen Theorie, Frankfurt–New York 1989.

König, R.: Soziologische Orientierungen, Vorträge und Aufsätze, Köln und Berlin 1965.

Leipold, H.: Planversagen versus Marktversagen, in: Hamel, H. (Hrsg.): Bundesrepublik Deutschland – DDR, die Wirtschaftssysteme, 3. Aufl., München 1977.

ders.: Wirtschafts- und Gesellschaftssysteme im Vergleich, 4. Aufl., Stuttgart 1985.

Molitor, B.: Wirtschaftspolitik, München-Wien 1988/6. Aufl. 2001.

Neumann, M. (Hrsg.): Ansprüche, Eigentums- und Verfügungsrechte, Schriften des Vereins für Socialpolitik, N. F., Bd. 140 (1984).

Peters, H.-R.: Sektorale Strukturpolitik, München-Wien 1988/2. Aufl. 1996.

Schüller, A. (Hrsg.): Property Rights und ökonomische Theorie, München 1983.

Seidenfus, H. St.: Sektorale Wirtschaftspolitik, in: Issing, O. (Hrsg.): Spezielle Wirtschaftspolitik, München 1982.

[29] Vgl. ebenda. S. 71.

4.4 Funktionen des Wettbewerbs und Leitbilder der Wettbewerbspolitik in der freiheitlichen Wirtschaftsgesellschaft Klaus-Peter Kruber

Betrachtet man die politische Entwicklung der letzten Jahre, so scheint „die Marktwirtschaft" im Wettbewerb der Systeme „gesiegt" zu haben. In fast allen ehemals sozialistischen Planwirtschaften wird die Marktwirtschaft eingeführt. Allerdings zeigt näheres Hinsehen, dass häufig sehr unklare Vorstellungen mit Marktwirtschaft verbunden werden. Viele Menschen haben Schwierigkeiten zu verstehen, wie eine Marktwirtschaft funktioniert, in der Millionen von Einzelplänen am Markt koordiniert werden. Märkte entfalten ihre Wohlstandswirkungen nur in einer Wettbewerbsordnung. Die Erfahrungen in den letzten Jahren der ehemaligen Sowjetunion zeigen, dass die partielle Zulassung des Marktmechanismus allein zu eher problematischen Ergebnissen führt: „Die Rechte, die wir den Betrieben gegeben haben, führten bei der Monopolisierung unserer Wirtschaft zu Verzerrungen bei Investitionen und Preispolitik sowie zu einer Desorganisation des Marktes." (M. Gorbatschow in einer Rede vor dem Präsidialrat der UdSSR im März 1990.) Preisbildung am Markt muss verbunden sein mit dezentralen Eigentumsrechten, stabiler Währung, sozialer Absicherung und nicht zuletzt mit der Durchsetzung und Sicherung von wirtschaftlichem Wettbewerb. Insbesondere die Funktionen des Wettbewerbs und die Prinzipien einer Wettbewerbsordnung müssen angesichts der Konzentration auf nationalen, europäischen und Weltmärkten stärkere Beachtung finden.

4.4.1 Wettbewerb als Entdeckungsverfahren für Wissen in einer spontanen Ordnung

Entwickelte Volkswirtschaften sind hoch komplexe Gebilde. Menschen mit jeweils spezifischem Wissen, Neigungen und Fähigkeiten sind arbeitsteilig miteinander verbunden, ohne den gesamten Prozess, dessen Teil sie sind, zu überblicken und zu verstehen. Bei so alltäglichen Dingen wie dem Einschalten einer Schreibtischlampe nutzen wir Kenntnisse und Arbeitsleistungen von zahlreichen anderen Menschen, ohne eine Vorstellung über das Wissen, die Einrichtungen, Werkzeuge und Produktionsvorgänge, die dahinter stehen. „Die Summe des Wissens aller einzelnen existiert nirgends als integriertes Ganzes. Das große Problem ist, wie alle von diesem Wissen profitieren können, das nur verstreut als getrennte, partielle, und manchmal widersprüchliche Meinung aller Menschen existiert." (v. Hayek 1983, 33).

Zweifellos ist die Zivilisation das Ergebnis menschlicher Pläne und menschlichen Handelns. Sie hat sich aus den Plänen und den Handlungen und Erfahrungen von Millionen Menschen über Jahrhunderte entwickelt. Aber sie ist nicht das Ergebnis eines Plans. Zwar planen jeder einzelne, jedes Unternehmen, jede Regierung, doch beziehen sich diese Pläne immer nur auf begrenzte Teilbereiche. Stets ergeben sich neue, unerwartete Einflüsse und Probleme. Pläne müssen ergänzt und revidiert werden. Planung ist in unserer Welt überlebensnotwendig. Doch je umfangreicher der Gegenstand der Planung, je weiter der Planungszeitraum und je weniger Raum für alternative Versuche bleibt, desto ungewisser ist der Erfolg. Das heute Vorfindbare ist nicht die Verwirklichung der Pläne von vor 20 Jahren, und die Wirtschaft des Jahres 2030 wird sich von dem unterscheiden, was Unternehmen und Regierungen heute planen: Viele Probleme sind noch nicht erkannt, viele Produkte noch nicht erdacht, auch wenn das Wissen vielleicht heute schon irgendwo vorhanden ist.

Es sind Veränderungen im Kleinen, die allmählich zu veränderten Strukturen im Großen führen: Zur Energieeinsparung beim Heizen von Gebäuden tragen neue oder in zahllosen Details verbesserte Baumaterialien, Dämmstoffe, Isolierungen, Heizungsanlagen, Mess- und Reglerapparaturen, Wärmeverbundsysteme usw. bei. Sie wurden entwickelt, weil Unternehmen auf veränderte Marktdaten reagieren mussten.

Steigende Energiekosten und wachsende Sensibilität für Umweltbelastung durch Energieverbrauch führen zu schlechteren Verkaufschancen für energievergeudende Produkte. Um sich Vorteile am Markt zu sichern, bzw. um nicht vom Markt verdrängt zu werden, bemühen sich die besten Fachleute um neue Lösungen. Welche Lösungsmöglichkeiten existieren und letztlich erfolgreich sein werden, kann nicht vorausgesagt werden. „Die Auswahl ergibt sich daraus, dass die einzelnen die Erfolgreicheren nachahmen und dass sie von Zeichen und Symbolen geleitet werden, wie den Preisen, die für ihre Erzeugnisse geboten werden ..." (v. Hayek 1983, 37). Der Wettbewerb kann als Entdeckungsverfahren zur Mobilisierung des in einer Gesellschaft vorhandenen Wissens und als Zwang und Anreiz zu seiner Anwendung interpretiert werden (v. Hayek 1968). Die Effizienz und Dynamik der spontanen Ordnung eines marktwirtschaftlichen Systems beruhen auf der Wirksamkeit des wirtschaftlichen Wettbewerbs.

4.4.2 Funktionen des Wettbewerbs

Wettbewerb bezeichnet eine Rivalitätsbeziehung zwischen unabhängig voneinander planenden Wirtschaftseinheiten. Aktionen eines Wettbewerbers bei der Verfolgung seiner Ziele beeinträchtigen die Zielerreichung anderer Wettbewerber und zwingen sie, sich um vergleichbare oder bessere Leistungen zu bemühen: Die Einführung eines verbesserten Produkts durch ein Unternehmen führt zu Umsatz- und letztlich Gewinneinbußen bei seinen Konkurrenten. Diese sehen sich gezwungen, Maßnahmen zu ergreifen (z. B. Preissenkung oder Qualitätsverbesserung ihrer Produkte), die ihrerseits auf das wettbewerbsaktive Unternehmen zurückwirken und verhindern, dass es sich auf seiner Leistung ausruhen kann.

Wettbewerb erfüllt damit mehrere grundlegende ökonomische Funktionen (Berg 1999, 301). Er zwingt Unternehmen,

- solche Güter zu produzieren, die den Bedürfnissen der Konsumenten entsprechen (Steuerungsfunktion);
- Produktionsfaktoren möglichst effizient einzusetzen (Allokationsfunktion);
- ständig nach kostengünstigeren Produktionsverfahren und neuen, besseren Produkten zu forschen und für ihre Verbreitung zu sorgen (Innovations- und Diffusionsfunktion);
- auf Änderungen der Nachfrage- oder Angebotsbedingungen (z. B. Verknappung von Rohstoffen) rasch und flexibel durch Umstellung ihrer Produktionsverfahren bzw. ihrer Produktion zu reagieren (Strukturanpassungsfunktion);
- Wettbewerb ermöglicht leistungsbedingte Gewinne. Aber er baut diese Gewinne wieder ab, wenn andere Unternehmen die gleichen oder bessere Leistungen erbringen (Einkommensverteilungsfunktion);
- Wettbewerb sorgt für Begrenzung und Kontrolle wirtschaftlicher Macht (Kontrollfunktion).

Neben den ökonomischen Funktionen erfüllt der Wettbewerb eine bedeutende gesellschaftspolitische Aufgabe. Er eröffnet und sichert Freiheitsspielräume für die am Marktgeschehen beteiligten wirtschaftenden Menschen (Freiheitsfunktion): Die Abwesenheit einer verbindlichen Gesamtplanung ermöglicht es jedem Unternehmen, Produktion, Produktionsverfahren, Investitionen usw. nach eigenen Zielsetzungen zu planen. Das Angebot rivalisierender Hersteller eröffnet dem Verbraucher Wahlmöglichkeiten und Handlungsfreiheit für seine Einkommensverwendung. Die Existenz unabhängig voneinander planender Unternehmen ermöglicht dem Arbeitnehmer, zwischen Arbeitsplätzen zu wählen und auf unterschiedliche Arbeitsbedingungen zu reagieren. Wettbewerb ist somit Voraussetzung für Wahl- und Handlungsfreiheit von Unternehmern,

Konsumenten und Arbeitnehmern. Wettbewerb, genauer: die Freiheit zu wettbewerblichen Aktionen (Wettbewerbsfreiheit) ist ein wichtiges Element einer freiheitlichen Gesellschaftsordnung (v. Hayek 1983).

4.4.3 Wettbewerb als dynamischer Prozess

Der Wettbewerb lässt sich als Prozess aus Vorstoß und Reaktion beschreiben. Durch ein neues Produkt, eine Preissenkung, eine Werbeaktion oder eine andere absatzpolitische Maßnahme will sich ein Unternehmer einen Vorteil am Markt verschaffen (Vorstoß). Hat das Unternehmen Erfolg, gewinnt es Kunden, und konkurrierende Anbieter verlieren Umsatz. Dies zwingt sie, ihrerseits bessere Produkte zu entwickeln, günstigere Preise anzubieten, ihre Werbung attraktiver zu gestalten, neue Vertriebswege zu erschließen usw. (Reaktion). Die Reaktionen können ihrerseits zum Vorstoß werden und den Wettbewerbsprozess neu in Gang setzen.

Der wettbewerbliche Vorstoß setzt dreierlei voraus: den Willen zum Wettbewerb (spirit of competition), einen ausreichenden Freiraum für wettbewerbliche Handlungen und einen Anreiz, das damit verbundene Risiko zu übernehmen.

Spirit of competition ist nicht selbstverständlich. Unter den Funktionsbedingungen einer sozialistischen administrativen Planwirtschaft tendierten Betriebsleiter zur Vermeidung von Risiko und zur Zurückhaltung gegenüber Neuerungen sowohl bei Produkten als auch bei Produktionsverfahren. In westlichen Marktwirtschaften kann aber im Allgemeinen davon ausgegangen werden, dass sich immer wieder Pionierunternehmer finden werden, die einen wettbewerblichen Vorstoß unternehmen (Schumpeter 1911).

Vorstoßender Wettbewerb erfordert, dass die Marktteilnehmer Entscheidungs- und Handlungsalternativen haben: Die Nachfrager müssen auf substitutive Angebote anderer Produzenten ausweichen können, die Anbieter müssen mit ihren Leistungen Bedürfnisse verschiedener Nachfrager befriedigen können. Wettbewerb erfordert daher in der Regel, dass es am Markt jeweils mehrere Anbieter und Nachfrager gibt. Damit ist jedoch noch keine Aussage über die Wettbewerbsintensität in verschiedenen Marktformen verbunden.

Ein wettbewerblicher Vorstoß setzt weiter voraus, dass eine Chance besteht, zumindest zeitweilig tatsächlich Vorteile zu erlangen. Der Erfolg von neuen oder verbesserten Produkten, von Preisänderungen, Werbeaktionen usw. ist ungewiss und mit dem Risiko von Verlusten verbunden. Ist nun mit einer sofortigen Reaktion der Konkurrenten zu rechnen, würden etwaige Gewinne gleich wieder erodiert. Der Wettbewerbsvorstoß würde unter diesen Umständen möglicherweise erst gar nicht unternommen. Vorübergehende „prozessuale Leistungsmonopole“ sind nicht nur mit Wettbewerb vereinbar, sie sind eine seiner Voraussetzungen (Arndt 1974).

Durch nachfolgenden Wettbewerb wird das prozessuale Leistungsmonopol wieder abgebaut. In die gleiche Richtung wie die Reaktion der vorhandenen Konkurrenten wirkt die potenzielle Konkurrenz durch Anbieter, die bisher noch nicht auf diesem Markt präsent waren: Die Extragewinne des wettbewerbsaktiven Unternehmens veranlassen andere Unternehmen, in den offenbar lukrativen Markt einzutreten. Diese Reaktionen sorgen für die Verbreitung der Innovation (Diffusionsprozess) bzw. für eine Tendenz zu Preissenkungen. Damit ist ein Abbau der (nun ja nicht mehr auf einem Leistungsvorsprung beruhenden) anfänglichen Extragewinne des Neuerers auf das „normale“ Maß der Kapitalverzinsung verbunden (Einkommensverteilungsfunktion des Wettbewerbs). Einen solchen Innovations- und Diffusionsprozess können wir gegenwärtig z. B. bei der raschen Entwicklung von Nutzungsmöglichkeiten der modernen Telekommunikationstechnologien (Internet, Handy, e-commerce) beobachten. Der nachfolgende Wettbewerb durch die vorhandenen Konkurrenten bzw. die Bedrohung durch potenzielle Konkurrenten begrenzt zugleich die ökonomische Machtposition des prozessualen Leistungsmonopols. Durch den Wettbewerb der Nachahmer wird die Marktmacht abgebaut (die Kunden haben nun Alternativen). Die Furcht, potenzielle Anbieter auf den Plan zu rufen kann bei freiem Marktzugang einen Monopolisten veranlassen, sich in seiner Preispolitik wie im Wettbewerb zu verhalten (Machtkontrollfunktion des Wettbewerbs).

Im Wettbewerbsprozess spielt nicht nur der spirit of competition eine Rolle. Feststellbar ist auch eine „propensity to monopolize". Das im Wettbewerb erfolgreiche Unternehmen ist bestrebt, sein prozessuales Leistungsmonopol dauerhaft abzusichern. Unternehmen, die sich im Wettbewerb unterlegen fühlen, versuchen, sich dem Wettbewerbsdruck durch Absprachen, die die Wahl- oder Handlungsmöglichkeiten Dritter beschränken, oder durch andere wettbewerbsbeschränkende Maßnahmen zu entziehen. Oder sie rufen nach dem Schutz des Staates vor „unfairem" Wettbewerb ausländischer Konkurrenten, fordern die „Erhaltung mittelständischer Strukturen" oder weisen auf die Gefährdung von Arbeitsplätzen in ohnehin strukturschwachen Regionen hin.

Gelingt es dem vorstoßenden Unternehmen, eine marktbeherrschende Stellung zu erringen, den Marktzugang dauerhaft zu erschweren oder kauft es seine Konkurrenten auf, so wird der Markt monopolisiert (Unternehmenskonzentration). Das gleiche gilt, wenn bisherige Konkurrenten ihre Einkaufspolitik gegenüber Lieferanten oder ihre Verkaufspolitik gegenüber Kunden absprechen (Kartellbildung). Es ist daher Aufgabe der Wettbewerbspolitik, eine Rahmenordnung für den Wettbewerb festzusetzen, und der Staat hat seinerseits wettbewerbsbeschränkende Eingriffe zu unterlassen.

4.4.4 Wettbewerbspolitische Konzeptionen

In seinen ökonomischen Funktionen ist Wettbewerb ein Instrument zur Erreichung übergeordneter Wohlstandsziele. Die Funktionsfähigkeit des Wettbewerbs wird danach beurteilt, inwieweit diese Ziele erreicht werden. Wettbewerb, der zu befriedigenden Marktergebnissen führt, gilt als „workable". Wettbewerbspolitik hat nach diesem Ansatz die Aufgabe, marktstrukturelle Bedingungen für workable competition zu schaffen (Kantzenbach 1967).

Andere Theoretiker betonen die Freiheitsfunktion des Wettbewerbs. Sie messen der Wettbewerbsfreiheit einen Eigenwert zu; Wettbewerb wird zum Ziel an sich. Aufgabe der Wettbewerbspolitik ist es für sie, Entscheidungs- und Handlungsfreiheit der Marktteilnehmer zu sichern, d. h. wettbewerbsbeschränkende Verhaltensweisen zu unterbinden (Hoppmann 1972).

4.4.4.1 Das wettbewerbspolitische Konzept der workable competition

Das Konzept der workable competition entstand in der Auseinandersetzung mit dem preistheoretischen Modell der vollständigen Konkurrenz. Unter der Annahme vollständiger Konkurrenz auf allen Märkten wird der Gesamtnutzen des in einer Volkswirtschaft erzeugten Güterbündels in dem Sinne maximiert, dass kein Mitglied der Gesellschaft besser gestellt werden kann, ohne dass ein anderes schlechter gestellt werden müsste (Pareto-Optimum). Die Annahmen dieses Modells sind außerordentlich restriktiv und allenfalls an Aktienbörsen näherungsweise erfüllt. Dennoch galt vollständige Konkurrenz lange Zeit als anzustrebendes, wenn auch nie völlig zu realisierendes Leitbild der Wirtschaftspolitik im Allgemeinen und der Wettbewerbspolitik im Besonderen. Bei vollständiger Konkurrenz ist der Gleichgewichtspreis für alle Marktteilnehmer ein

Datum, an das sie sich mit ihren Produktions- und Einkaufsentscheidungen anzupassen haben, ohne selbst darauf Einfluss nehmen zu können. Wettbewerb über Preise und Werbung findet nicht statt, beschrieben ist allenfalls der Endzustand in einer stationären Wirtschaft nach Abschluss aller Anpassungsvorgänge. Aber eben diese Vorgänge sind aus der Betrachtung ausgeklammert; und in der Realität kommen sie auch nicht zu einem Abschluss (Schumpeter 1911).

J.M. Clark wies in seinem bahnbrechenden Vortrag „Toward a Concept of Workable Competition" (1940/1975, 143 ff.) darauf hin, dass „Unvollkommenheiten" wie z.B. Produktdifferenzierung, beschränkte Markttransparenz, Kostenvorteile von Großunternehmen bei Massenproduktion (economies of scale) usw. nicht nur in vielen Fällen als gegeben „hingenommen" werden müssen, sondern Voraussetzung für Wettbewerb sind.

Clark geht noch einen Schritt weiter. Bestimmte „Unvollkommenheiten" können notwendig sein, um andere, die vielleicht aus Effizienzgründen unvermeidbar sind, auszugleichen („Gegengiftthese"). Gibt es auf einem Markt z.B. aus Gründen technischer Effizienz nur wenige große Anbieter, die bei hoher Markttransparenz ein homogenes Produkt anbieten, kommt der Preiswettbewerb zum Erliegen. Preissenkungen eines Oligopolisten wirken sich fühlbar auf den Umsatz der anderen aus, werden sofort wahrgenommen und gleich mit einer Preissenkung für die eigenen Produkte beantwortet. Unter diesen Umständen hat der vorstoßende Wettbewerber keinen Vorteil zu erwarten, er wird isoliert nicht seine Preise verändern, sondern nur im (stillschweigenden) Einvernehmen mit den anderen Oligopolisten (oligopolistische preispolitische Interdependenz). Ein Beispiel ist die gleichgerichtete oligopolistische Preispolitik der Mineralölfirmen auf dem Benzinmarkt. Auf einem solchen Markt könnte die oligopolistische Interdependenz durch Produktdifferenzierung gelockert werden und ein Spielraum für wettbewerbliche Aktionen entstehen: Eine Produktdifferenzierung schafft Präferenzen zugunsten des vorstoßenden Unternehmens bei den Nachfragern. Denn die Entwicklung und Einführung einer neuen Produktvariante oder einer Werbeaktion durch die nachfolgenden Wettbewerber benötigen Zeit. Auch im engen Oligopol können sich so Gelegenheiten zu Qualitäts- und Präferenzwettbewerb entwickeln.

Das Konzept der workable competition betont insbesondere die dynamischen Funktionen des Wettbewerbs (Clark 1961): Der wettbewerbliche Vorstoß eines Unternehmers löst zusammen mit den Reaktionen der nachfolgenden Wettbewerber Entwicklungsprozesse aus, die allenfalls in der Tendenz zu einem Gleichgewicht führen, ohne es je zu erreichen. Märkte durchlaufen Entwicklungsphasen: Sie expandieren oder sie schrumpfen. Und auch auf Märkten, die vorübergehend stagnieren, vollziehen sich Marktprozesse: z.B. wirtschaftliche Konzentration auf wenige marktbeherrschende Unternehmen, Verlagerung der Investitionstätigkeit in andere, expandierende Märkte (Heuss 1965).

Die Weiterentwicklung zu einem praktikablen wettbewerbspolitischen Konzept erfolgte insbesondere durch Bain (1954) und Scherer (1980). Die Frage, ob Wettbewerb mit Blick auf die übergeordneten gesamtwirtschaftlichen Ziele funktionsfähig ist, erfordert ein Messkonzept (Test) für die untersuchten Märkte. In umfangreichen empirischen Untersuchungen erforschten Bain und Scherer den Zusammenhang zwischen Marktstrukturmerkmalen, Verhaltensweisen im Wettbewerb und den Ergebnissen der Marktprozesse. Als Marktstruktur werden Merkmale eines Marktes bezeichnet, die sich nur langfristig ändern (z.B. Zahl der Anbieter und Nachfrager, Marktanteile, Art der Produkte, Kostenstrukturen, economies of scale usw.). Das Marktverhalten beschreibt die wettbewerblichen Verhaltensweisen, bzw. den Einsatz der absatzpolitischen Instrumente der Unternehmen am Markt (Preispolitik, Produktentwicklung, Werbung usw.). Als Marktergebnisse werden die Resultate der Marktprozesse (Breite und Qualität des

Konsumgüterangebots, Effizienz der Produktion, technischer Fortschritt, Entwicklung der Konsumgüterpreise usw.) bezeichnet. Vertreter des Konzepts der workable competition gehen von einer Kausalität zwischen Marktstruktur, Marktverhalten und Marktergebnissen aus. Caves formuliert die Grundüberzeugung knapp: „Market structure is important because the structure determines the behavior of firms in the industry, and the behavior in turn determines the quality of the industry's performance“ (Caves 1972, 16). Für die Wettbewerbspolitik lässt sich hieraus ein pragmatisches Konzept entwickeln. Die Funktionsfähigkeit des Wettbewerbs auf einem Markt wird an der performance dieses Marktes abgelesen (Marktergebnistest). Befriedigende Ergebnisse (günstige Preise, gute Qualität, innovative Produkte, niedrige Gewinne o.ä.) gelten als Anzeichen für funktionierenden Wettbewerb. Eingriffe der Wettbewerbspolitik sind – ungeachtet von beobachteten Verhaltensweisen und Konzentrationsvorgängen – nicht erforderlich. Unbefriedigende Marktergebnisse deuten auf Funktionsmängel des Wettbewerbs hin. Ansatzpunkt für wettbewerbspolitische Eingriffe ist die Marktstruktur. Insbesondere die Marktform (Zahl der Anbieter, Grad der wirtschaftlichen Konzentration), die Marktzutrittsschranken (economies of scale, staatliche Konzessionen, Zölle, Patente) und die Produktdifferenzierung sind relevante Anknüpfungspunkte für Eingriffe. Benötigt werden Instrumente, mit denen die wirtschaftliche Konzentration beeinflusst werden kann (Fusionskontrolle), die Offenhaltung der Märkte und die Förderung von Forschung und Entwicklung. Dabei ist die Politik auf der Grundlage von Fallstudien am jeweiligen Markt pragmatisch zu orientieren. Wettbewerbsgefährdende Konzentrationsvorgänge sind zu unterbinden. Entsprechend der „Gegengiftthese“ kann es nach diesem Konzept aber auch angebracht sein, auf polypolistisch „zersplitterten“ Märkten mit vielen Kleinunternehmen Konzentrationsprozesse zu fördern (Kantzenbach 1967; „strukturorientierte Industriepolitik“).

An dieser Stelle setzt die Kritik am Konzept der workable competition an. Das Beurteilungskriterium Marktergebnis und das einzelfallorientierte Vorgehen dient insbesondere Politikern, die glauben, ihre wirtschaftspolitische Führungskraft beweisen zu müssen, als Alibi für „gesamtwirtschaftlich“ begründete Konzentrationsförderung. Ein Beispiel ist die Übernahme der Ruhrgas AG durch den Energiekonzern E.ON im Jahre 2002 unter Förderung und auf Betreiben der Bundesregierung. Nach der Untersagung der Fusion durch das Bundeskartellamt und gegen die Bedenken der Monopolkommission und führender Wirtschaftswissenschaftler wurde eine „Ministererlaubnis“ erteilt (Die Wirtschaftswoche, 11. 7. 2002).

Sein Missbrauch für oft durchsichtige Argumentationen von Politikern beeinträchtigt nicht die Leistungen des Konzepts der workable competition. Fallstudien und breit angelegte empirische Branchenstudien haben wichtige Erkenntnisse über Wettbewerbsvorgänge in verschiedenen Marktstrukturen erbracht. Aber die Rückführung konkreter Marktergebnisse auf bestimmte Marktstrukturen ist mit erheblicher Unsicherheit behaftet: Welche Marktergebnisse sollen zur Beurteilung herangezogen werden (Preis, Qualität, technische Neuerungen, Gewinnrate)? Wie sollen diese Merkmale gemessen werden? Wie ist zu entscheiden, wenn nicht alle Merkmale in die gleiche Richtung deuten? Darüber hinaus stellt sich die grundsätzliche Frage, ob Marktergebnisse überhaupt als Testmaßstab geeignet sind. Versteht man Wettbewerb als Entdeckungsverfahren, so ist das Ergebnis dieses Prozesses offen, d. h. die Marktergebnisse sind nicht vorhersehbar. Es kann dann aber auch nicht gesagt werden, ob das Marktergebnis bei einer bestimmten Marktstruktur optimal oder schlechter ist als bei einer hypothetischen anderen (v. Hayek 1968, 3 ff.). In der wettbewerbspolitischen Praxis wird versucht, dieses Problem zu umgehen, indem man die Marktergebnisse auf dem zu beurteilenden Markt mit denen auf einem ähnlich strukturierten anderen Markt vergleicht, von dem man annimmt, dass dort der Wettbewerb besser funktioniert. Die Marktergebnisse des untersuchten Marktes (z. B. der Preis für ein bestimmtes Produkt, die Gewinnraten der Anbieter) werden verglichen mit den Preisen und Gewinnen, die diese Anbieter auf einem räumlich getrennten Markt für das gleiche Produkt erzielen (räumlicher Vergleichsmarkt), bzw. die sie in einem früheren Zeitraum, vor Eintritt der Wettbewerbsbeschränkung, auf dem gleichen Markt erzielt haben (zeitlicher Vergleichsmarkt). Das Vergleichsmarktkonzept scheitert allerdings in den meisten Anwendungsfällen (Herdzina 1999, 65 ff.): Tatsächlich in allen relevanten Merkmalen mit Ausnahme der Wettbewerbsbeschränkung vergleichbare Märkte lassen sich kaum finden. Fordert etwa ein marktbeherrschendes Pharmaunternehmen für ein Produkt im Inland einen höheren Preis als auf einem ausländischen Markt, so wird das Unternehmen meistens nachweisen können, dass dort andere Nachfragebedingungen, eine andere Vertriebsorganisation, weniger aufwändige Zulassungsverfahren usw. bestehen, die den Preisunterschied erklären. In der Wettbewerbspraxis gibt es nur wenige Fälle, in denen der Nachweis des Missbrauchs von Marktmacht mit Hilfe des Vergleichsmarktkonzepts juristischen Kriterien standgehalten hat.

4.4.4.2 Das wettbewerbspolitische Konzept der Wettbewerbsfreiheit

Vertreter des Konzepts der Wettbewerbsfreiheit würden in dem obigen Beispiel darauf verweisen, dass die Preise im In- und Ausland (umgerechnet zum Wechselkurs) nur deshalb unterschiedlich sein können, weil die Freiheit, das Produkt im Ausland einzukaufen, durch Einfuhrbeschränkungen oder durch den inländischen Hersteller verhindert wird. So könnte z. B. der marktbeherrschende Hersteller inländische Pharmahändler nur beliefern, wenn sie sich verpflichten, das Produkt nicht über das Ausland zu beziehen. Die Wettbewerbsbeschränkung liegt in einer Einschränkung der Wettbewerbsfreiheit. Wird die Wettbewerbsfreiheit hergestellt, werden sich auch die Marktergebnisse verbessern. Diese Überlegungen verdeutlichen bereits die Grundposition der Vertreter des Konzepts der Wettbewerbsfreiheit. Sie halten den Prozess des Wettbewerbs für zu komplex, um ihn in einem Marktstruktur - Marktverhalten – Marktergebnis – Modell positiv beschreiben zu können. Jedoch kann man Tatbestände und Verhaltensweisen identifizieren, die die Freiheit zu wettbewerblichem Handeln beeinträchtigen. Diese gilt es durch Festlegung von Spielregeln zu bekämpfen, dann wird der Wettbewerb zu guten volkswirtschaftlichen Ergebnissen in einer freiheitlichen Ordnung führen.

Wettbewerb bedeutet nicht Abwesenheit von Marktmacht. Die Position von Konkurrenten ist nicht gleich. Das Unternehmen, das ein effizienteres Produktionsverfahren einsetzt, gewinnt einen Kostenvorsprung und damit die Möglichkeit, den Preis zu senken. Es hat die Macht, eine der an diesem Markt geltenden Bedingungen, den Preis, nach seinem Willen zu ändern. Aber im Wettbewerb werden solche Machtpositionen des vorstoßenden Unternehmens durch die nachfolgende Reaktion der Konkurrenten bzw. durch das Ausweichen der Nachfrager auf substitutive Angebote begrenzt. „Entscheidend für alle Wettbewerbsprozesse ist somit nicht das Fehlen, sondern die Unbeständigkeit (und die dadurch gegebene Begrenzung) der Macht. Solange die Macht zwischen bahnbrechenden und nachahmenden Unternehmen und zwischen Anbietern und Nachfragern hin- und herpendelt, ist wirtschaftliche Macht ungefährlich.“ (Arndt 1974, 10).

Hoppmann (1972) beschreibt den Wettbewerb im Anschluss an C. D. Edwards (1964) in zwei Dimensionen: als Austauschprozess zwischen den beiden Marktseiten (bargaining process zwischen Anbietern und Nachfragern) und als Parallelprozess, d. h. als wettbewerbliches Nebeneinander auf jeder Marktseite (Konkurrenz der Anbieter um die Kunden bzw. der Nachfrager um das Angebot). Wettbewerbsfreiheit im Austauschprozess bedeutet die Möglichkeit, unter Alternativen wählen zu können, erfordert also substitutive Angebote mehrerer konkurrierender Unternehmen. Wettbewerbsfreiheit im Parallelprozess erfordert die Freiheit zu Vorstoß und Reaktion und die Abwesenheit von Zwang. Sie ist z. B. beschränkt, wenn ein Kartell seinen Mitgliedern unter Androhung von Sanktionen bestimmte Preise oder Absatzgebiete vorschreibt oder wenn ein marktbeherrschender Hersteller dem Einzelhandel die Endverkaufspreise diktiert (Preisbindung) oder wenn eine marktbeherrschende Brauerei Gastwirte vertraglich bindet, kein Bier anderer Hersteller zu verkaufen (Ausschließlichkeitsbindung). Solche privaten oder auch staatlichen Wettbewerbsbeschränkungen sind als Verstoß gegen die Spielregeln zu unterbinden.

Unter Rückgriff auf rechtsstaatliche Gesetzgebungsgrundsätze (v. Hayek 1983, 179 ff.) und in Anlehnung an US-amerikanische Antitrustgesetze (diese haben eine lange Tradition seit dem Sherman Act von 1890) fordern die Vertreter der Konzeption der Wettbewerbsfreiheit die Formulierung und Anwendung von per se-Regeln in der Wettbewerbspolitik. Es soll nicht im Einzelfall mit Blick auf bestimmte wirtschaftspolitische Ziele entschieden werden, sondern es sollen Spielregeln festgelegt sein, aus denen vorhersehbar klar ist, was nicht erlaubt ist und wofür man verantwortlich gemacht wird. In der Praxis bedeutet das, dass die Wettbewerbspolitik vorzugsweise mit generellen Verboten und eindeutigen „Aufgreifkriterien“ arbeiten soll. Sie haben den Vorteil der Klarheit und Verlässlichkeit für die Unternehmen und sind justiziabel für die Wettbewerbsbehörden. Aber sie beinhalten auch das Risiko, dass sie umgangen werden können und nicht jeden möglichen Fall von Wettbewerbsbeschränkung erfassen. Vertreter des Konzepts der Wettbewerbsfreiheit nehmen dieses Risiko mit Blick auf die freiheitliche Rechtsstaatlichkeit und die Ergebnisoffenheit von Marktprozessen in Kauf.

Ansatzpunkte für wettbewerbspolitische Regelungen sind das Marktverhalten und in gewissem Umfang auch die Marktstruktur (Herdzina 1999, Berg 1999, 309 ff.). Wettbewerbsbeschränkende Verhaltensweisen (Boykott, Täuschung, Diskriminierung, Preis- oder Gebietsabsprachen im Kartell usw.) sollen generell verboten sein. Die missbräuchliche Gestaltung von Vertragsbedingungen (z. B. bei Ausschließlichkeitsbindungen, Koppelungsgeschäften) soll untersagt werden.

Es ist nicht immer leicht, den Missbrauch zu definieren. Aber als noch schwieriger erweist sich die Politik gegenüber der wirtschaftlichen Konzentration. Unternehmenszusammenschlüsse können das Ergebnis lebhaften Wettbewerbs sein. In manchen Fällen verbessern sie die Wettbewerbsposition der beteiligten mittelständischen Unternehmen gegenüber bisher übermächtigen Konzernen. Dies könnte zur Belebung des Wettbewerbs auf einem bisher vom Marktführer beherrschten Markt beitragen. Auch kann die Übernahme eines Unternehmens ein Mittel sein (u.U. kurzfristig das einzig mögliche), auf einem neuen Markt Fuß zu fassen und den Wettbewerb dort zu beleben. Schließlich kann es notwendig sein, die Finanzkraft von großen Unternehmen zusammenzubringen, um die Entwicklung und Markteinführung von aufwändigen Innovationsprojekten zu ermöglichen. Aber nicht immer ist eine Fusion der einzige Weg, diese Ziele zu erreichen, Schwächere Formen der Kooperation reichen vielfach aus; sie beinhalten keine Eigentumsverbindungen und betreffen nur das angestrebte Ziel, nicht – wie im Fall der Fusion – sämtliche Aktivitäten der beteiligten Unternehmen. Durch Unternehmenszusammenschlüsse können umfassende und dauerhafte Marktmachtpositionen entstehen. Horizontale Konzentration kann zur Oligopolisierung bzw. Monopolisierung des Marktes führen. Vertikale oder konglomerate Konzentration können einem Unternehmen eine überragende Marktstellung verschaffen, weil es Rohstoff- oder Absatzwege beherrscht oder im Wettbewerb auf finanzielle Ressourcen aus anderen Märkten zurückgreifen kann (Blair 1972). Marktstrukturen mit nur wenigen oder einem dominierenden Großunternehmen begünstigen wettbewerbsbeschränkendes Verhalten.

Verhaltensweisen, die unter anderen Bedingungen unproblematisch sind, gewinnen eine neue Qualität: Vereinbart ein Hersteller mit einem Einzelhändler, dass dieser ausschließlich seine Marke führt, so ist dies wettbewerbspolitisch unbedenklich, wenn es konkurrierende Hersteller und Händler substitutiver Produkte gibt (Beispiel: Vertragshändler von Automobilmarken). Anders sind Ausschließlichkeitsverträge zu beurteilen, die ein marktbeherrschendes Unternehmen durchsetzt: Händler, die sich seinen Bedingungen nicht fügen, laufen Gefahr, vom Markt verdrängt zu werden, weil sie nicht die dominierende Marke im Angebot führen. Vertreter des Konzepts der Wettbewerbsfreiheit treten daher auch bei Unternehmenszusammenschlüssen für die Anwendung des Verbotsprinzips ein. Wegen der beschriebenen Unsicherheiten soll das Verbot allerdings auf Fälle von „superconcentration“ beschränkt bleiben (Edwards 1964, 110; Hoppmann 1972, 80 ff.). Im Gesetz definierte Aufgreifkriterien (Umsatz-, Marktanteilswerte usw.) sollen die von der per se-Regel geforderte Klarheit und Allgemeinheit gewährleisten.

Beschränkt man sich auf die superconcentration, so verliert auch der Einwand an Bedeutung, Fusionskontrolle könne den innovativen Fortschritt behindern. Nach den Studien von Bain, Blair und anderen ist diese Sorge nicht begründet. Großunternehmen, insbesondere solche auf hoch konzentrierten Märkten, erweisen sich nicht als besonders innovationsfreudig. Blair spricht sogar von der „creative backwardness of bigness“ (Blair 1972, S. 228).

In den USA entstand in der Auseinandersetzung mit der Theorie der workable competition das neoklassische Konzept der Chicago School (G.J. Stigler). Es wendet sich gegen eine an Marktanteilswerten und oft fragwürdigen Effizienzkriterien orientierte Wettbewerbspolitik, die im Ergebnis häufig zu staatlich gelenkter Konzentrationsförderung („Industriepolitik“) führt. Die Chicago School fordert klare gesetzliche Regeln gegen private Wettbewerbsbeschränkungen (z. B. Kartelle) und den Abbau von Zugangshemmnissen zu den Märkten (barriers to entry). Solche Marktbarrieren gehen häufig auf Eingriffe des Staates zurück: z. B. Zölle, Subventionen, staatliche Monopole, Auftragsvergabe nur an nationale Anbieter usw. Bei freiem Marktzugang (contestable markets) sind auch marktbeherrschende Unternehmen unbedenklich, da potenzielle Konkurrenz besteht und sie unter Wettbewerbsdruck geraten, sobald sie Leistungsschwächen aufweisen (Bsp. Abbau der zunächst marktbeherrschenden Stellung von IBM durch amerikanische Newcomer und japanische Importe, Bsp. Telekommunikationsmarkt in Deutschland nach Aufhebung des Postmonopols). Angesichts zunehmend weltweiter Unternehmensverflechtungen stellt der Abbau von Marktzugangshemmnissen die wohl wirksamste Politik zur Sicherung von Wettbewerb dar.

4.4.4.3 Das wettbewerbspolitische Konzept des Gesetzes gegen Wettbewerbsbeschränkungen (GWB)

Wie alle Gesetze in einer pluralistischen Demokratie ist auch das Gesetz gegen Wettbewerbsbeschränkungen (GWB, Kartellgesetz) nicht einfach die praktische Umsetzung einer theoretischen Konzeption. Das GWB ist das Ergebnis eines politischen Prozesses vor dem Hintergrund der Einflussnahme durch politische und wirtschaftliche Interessengruppen. Dennoch lassen sich im GWB bestimmte konzeptionelle Grundlinien nachweisen. Die ersten Entwürfe zum GWB orientierten sich am Leitbild der vollständigen Konkurrenz. Sie waren geprägt von der wirtschaftstheoretischen Position der Ordoliberalen (Eucken, Böhm). So sah der Josten-Entwurf 1949 ein fast absolutes Kartellverbot, eine umfassende Fusionskontrolle und die Entflechtung bestehender marktbeherrschender Konzerne vor. Unter dem Druck von Interessenverbänden der Wirtschaft und ihnen nahestehender Abgeordneter wurden in den folgenden Jahren neue, immer mehr „entschärfte“ Entwürfe vorgelegt. Die schließlich beschlossene erste Fassung des GWB (1957) hatte mit der ursprünglichen Konzeption nur noch wenig gemeinsam, wenn auch das Leitbild in den Begründungen noch genannt wird (Schmidt 2005). Das GWB von 1957 beschränkte sich auf ein Kartellverbot mit zahlreichen Ausnahmen. Entflechtung und Fusionskontrolle waren nicht mehr vorgesehen, lediglich eine in der Praxis kaum durchsetzbare Missbrauchsaufsicht über marktbeherrschende Unternehmen.

Einige Wirtschaftszweige wurden von den Vorschriften des GWB ganz oder teilweise ausgenommen (Ausnahmebereiche, §§ 99 ff. GWB in der Fassung von 1957): Bundesbahn, Bundespost, Verkehrswirtschaft, Banken, Versicherungen, Landwirtschaft und Versorgungsunternehmen unterlagen nicht der Wettbewerbsaufsicht durch das GWB, sondern waren staatliche Monopole bzw. durch den Staat reglementierte Wirtschaftszweige. Als Begründung wurde und wird häufig angegeben, es handele sich um Wirtschaftszweige, in denen Wettbewerb nicht möglich sei, bzw. nicht zu befriedigenden Marktergebnissen führen werde (sogenannte „natürliche“ Monopole). Diese Begründungen erweisen sich bei genauerer Prüfung als fragwürdig. Die enge Verbindung von Versorgungswirtschaft und Staat verhinderte Wettbewerb. Erst als im Zuge der EU-Binnenmarktpolitik nach 1992 schrittweise mehr Wettbewerb in der Elektrizitäts-, Gas- und Wasserversorgung zugelassen wurde, kam es zu Preissenkungen und Qualitätsverbesserungen.

In der Diskussion um die Weiterentwicklung des Wettbewerbsrechts in den 60er und 70er Jahren wurden die Erkenntnisse der neueren Wettbewerbstheorie und der US-amerikanischen Antitrustpolitik verarbeitet. An die Stelle des Leitbilds der vollständigen Konkurrenz trat der Wettbewerb als dynamischer Prozess. Unter dem Eindruck der rasch sich vollziehenden wirtschaftlichen Konzentration auf vielen Märkten rückte das Problem der marktbeherrschenden Unternehmen und der Unternehmenszusammenschlüsse in den Vordergrund. Starke Beachtung fand das Konzept der workable competition, das in Deutschland vor allem von Kantzenbach vertreten wurde. An seiner Vorstellung, Marktstrukturen von „optimaler Wettbewerbsintensität“ durch Kooperationserleichterung für kleinere Unternehmen einerseits und Fusionskontrolle bei Großunternehmen andererseits wirtschaftspolitisch zu gestalten, entzündete sich eine heftige wissenschaftliche Kontroverse. Sie führte zur Präzisierung des Konzepts der Wettbewerbsfreiheit als Gegenposition. In die zweite Novellierung des GWB (1973) gingen wichtige Elemente der Konzeption der workable competition ein. So wurde die Zusammenarbeit von kleineren Unternehmen, soweit dadurch eine Verbesserung ihrer Leistungsfähigkeit am Markt zu erwarten ist, erleichtert (§ 7b GWB: Kooperationsvereinbarungen, 1998 ersetzt durch § 3 Mittelstandskartelle). Marktbeherrschende Unternehmen unterliegen der Missbrauchsaufsicht durch das Bundeskartellamt (§ 19 Abs. 1 GWB). Zusammenschlüsse, die zu einer marktbeherrschenden Stellung führen oder sie verstärken würden, unterliegen einer präventiven Zusammenschlusskontrolle (§§ 35 ff. GWB). Allerdings hat der Bundeswirtschaftsminister die Möglichkeit, auch wettbewerbsbeschränkende Unternehmenszusammenschlüsse zu erlauben, wenn dadurch überwiegende gesamtwirtschaftliche Vorteile zu erwarten sind (§ 42 GWB: „Ministererlaubnis“). Andererseits sind in der novellierten Fassung des GWB auch per se-Prinzipien weiter enthalten (grundsätzliches Kartellverbot des § 1 GWB mit klar definierten Ausnahmen, §§ 2–3 GWB). Andere sind zusätzlich eingeführt worden, z. B. Aufgreifkriterien für die Einleitung des Verfahrens der Fusionskontrolle (mindestens 500 Mio. Euro Umsatz der beteiligten Firmen, § 35 Abs. 1). Ferner wird z. B. bei bestimmten, im Gesetz genannten Marktanteilswerten Marktbeherrschung vermutet (§ 19 Abs. 3 GWB). Wettbewerbsbeschränkende Vertikalvereinbarungen (z. B. Ausschließlichkeitsbindungen oder knebelnde Lizenzbedingungen) sind verboten, ebenso Preisbindung des Händlers durch den Hersteller (außer bei Verlagserzeugnissen, § 30 GWB). 1998 wurde das GWB erneut novelliert und besser mit dem europäischen Wettbewerbsrecht abgestimmt. Durch die Vollendung des europäischen Binnenmarktes und das EU-Wettbewerbsrecht wurden fast alle Ausnahmebereiche abgeschafft und z.T. intensivem Wettbewerb ausgesetzt (Beispiele sind Telekommunikation, Banken, Versicherungen). Vom Kartellverbot ausgenommen ist nach § 28 nur noch die Landwirtschaft. Für Banken, Versicherungen und für die Verwertung von Urheberrechten und Sportveranstaltungen gelten neben dem GWB einige besondere Bestimmungen. Die bedeutendsten wettbewerbspolitischen Entscheidungen (insbesondere über grenzüberscheitende Unternehmenszusammenschlüsse) fallen heute auf EU-Ebene.

Sowohl das GWB als auch das EU-Wettbewerbsrecht stellen einen Kompromiss aus verschiedenen wettbewerbstheoretischen Schulen und politischen Vorgaben dar.

4.4.5 Herausforderungen an die Wettbewerbspolitik

4.4.5.1 Die Macht der Banken

Die Macht der Banken beruht auf der Fähigkeit von Großbanken, die laufenden Geschäfte, Investitions- oder Konzentrationsvorhaben von Unternehmen in ihrem Sinne zu beeinflussen. (Der Einfluss von Großbanken und anderen Großunternehmen auf wirtschaftspolitische Entscheidungen der Regierung ist in erster Linie ein Problem der politischen Willensbildung und nicht der Wettbewerbspolitik.)

In der Bundesrepublik stehen über 4000 Banken, Sparkassen, Kreditgenossenschaften, Realkreditinstitute usw. im Wettbewerb auf den Kreditmärkten. Allerdings haben die 5 größten deutschen Kreditinstitute (Deutsche Bank, HypoVereinsbank, WestLB, Dresdner Bank, Commerzbank) eine herausgehobene Marktposition inne.

Macht kann aus der Funktion der Banken als Kreditgeber resultieren (Finanzmacht): Bei Verhandlungen über die Verlängerung dringend benötigter Kredite kann die Bank Einfluss auf die Geschäftspolitik des Unternehmens nehmen. Hohe Konzentration im Bankensektor verstärkt die Finanzmacht der Großbanken. Ab einem bestimmten Ausmaß der Kreditgewährung an einen großen Schuldner wird die Abhängigkeit allerdings gegenseitig, weil Illiquidität des Schuldners auch die Existenz der Bank bedrohen kann. Nach spektakulären Verlusten und Konkursen im Kreditgewerbe wurden mit der Novelle zum Kreditwesengesetz (KWG) 1976 neue Grenzen für Großkredite in Abhängigkeit von der Höhe des Eigenkapitals einer Bank festgesetzt, um dieser Gefahr zu begegnen.

Stärker als die Finanzmacht wird der Einfluss der Großbanken durch Beteiligungen, Ausübung des Depotstimmrechts und Aufsichtsratsmandate kritisiert (Arndt 1974, 13 ff.). Banken sind bei zahlreichen Industrie- und Handelsfirmen am Kapital beteiligt, so besitzt beispielsweise die Deutsche Bank Einfluss verschaffende Aktienpakete von DaimlerChrysler und Karstadt. Bedeutender noch ist der Einfluss der Banken durch Ausübung des Depotstimmrechts. Zwar hat eine Bank nach § 135 AktG die Weisung der Aktionäre für die Ausübung des Stimmrechts in der Hauptversammlung einzuholen, doch folgen die meisten Depotkunden den Vorschlägen der Bank. Infolge des Depotstimmrechts sind die Banken in den Aufsichtsräten von Aktiengesellschaften in einem Umfang vertreten, der weit über die Zahl der Sitze hinausgeht, die ihnen auf Grund ihrer eigenen Beteiligungen zustehen. Entsprechend stark sind auch personelle Verflechtungen durch Vertreter der Großbanken in den Aufsichtsräten. Zwar begrenzt § 100 AktG die Zahl der Aufsichtsratsmandate einer Person auf 10, aber das bedeutet keine Begrenzung für die Gesamtzahl der von Vertretern einer Bank ausgeübten Mandate.

Als Hausbank und über ihre Aufsichtsratsmandate verfügen Banken über interne Informationen aus den Unternehmen, die ihnen einen Insider-Vorsprung vor anderen Anlegern am Kapitalmarkt verschaffen können. Auch ist über die Bankenvertreter in Aufsichtsräten von konkurrierenden Unternehmen eine informelle Abstimmung des Wettbewerbsverhaltens dieser Unternehmen nicht auszuschließen.

Die Monopolkommission forderte bereits 1976 eine Begrenzung von Bankbeteiligungen am Aktienkapital eines Unternehmens auf 5% und hat diesen Vorschlag seither mehrfach wiederholt. Auch wird gefordert, das Prinzip der Universalbank, die alle Bankgeschäfte betreiben darf, aufzugeben und nach amerikanischem Vorbild Kreditbanken und Anlagebanken zu trennen.

4.4.5.2 Multinationale Konzentration

Angesichts der Intensität der Handels- und Kapitalverflechtungen insbesondere zwischen den industrialisierten Volkswirtschaften ist eine auf nationale Märkte ausgerichtete Wettbewerbspolitik sehr problematisch geworden. Aus der Sicht vieler exportorientierter Unternehmen ist der für sie relevante Markt der „Weltmarkt“, und viele der stärksten Wettbewerber auf Inlandsmärkten sind im Ausland beheimatet. Die EU ist für zahlreiche Unternehmen bereits heute Binnenmarkt. Große multinationale Unternehmen (MNU) unterhalten weltweit Produktionsstätten und planen in „globalen Dimensionen“. Wachsende internationale Handelsverflechtung erweitert die Märkte, öffnet durch Kartelle und Konzentration verkrustete Märkte, erzwingt mit neuen Produkten und Technologien nachfolgenden Wettbewerb der inländischen Unternehmer, erweitert das Güterangebot und drückt die Preise zugunsten der Verbraucher. Aber auch Wettbewerbsbeschränkungen und wirtschaftliche Konzentration reichen über die Grenzen hinweg. Die Macht von internationalen Kartellen und von multinationalen Unternehmen sind zentrale Probleme der weltwirtschaftlichen Ordnung (Kantzenbach 2001). Mit der Vollendung des europäischen Binnenmarktes und der deutschen Wiedervereinigung ging eine Konzentrationswelle einher. Bis 1987 lag die Zahl der dem Bundeskartellamt angezeigten Unternehmenszusammenschlüsse bei etwa 800 pro Jahr. Die folgenden Jahre bis 1997 brachten einen Anstieg auf über 1500 pro Jahr. Seitdem geht die Zahl der Anmeldungen zurück; zuletzt (2005) lag sie bei 1100. Von den Anmeldungen entfielen über die Hälfte auf Zusammenschlüsse mit ausländischer Beteiligung. Auf EU-Ebene wurden 2005 313 Fusionsvorhaben angemeldet, ebenfalls ein Rückgang gegenüber den Vorjahren. Die meisten Zusammenschlüsse können (häufig mit Auflagen) vollzogen werden, nur wenige werden aus Wettbewerbsgründen untersagt. Die Zahl der Untersagungen durch das Bundeskartellamt liegt im Durchschnitt bei etwa 8 bis 10 pro Jahr, auf EU-Ebene bei 1 bis 2 (Monopolkommission 2006, Ziff. 259 bzw. 295).

Grundsätzlich sind Unternehmenszusammenschlüsse, an denen ausländische Partner beteiligt sind, wettbewerbspolitisch nicht anders zu beurteilen als rein nationale. Unter dem Aspekt der europäischen Einigung sind sie eher zu begrüßen: Sie beschleunigen und festigen das Zusammenwachsen in der Gemeinschaft. Allerdings können mit multinationalen Zusammenschlüssen auch besondere Probleme verbunden sein.

So wird besonders in den Entwicklungsländern auf die Macht von MNUs zur Beeinflussung von politischen Entscheidungen im Gastland und mögliche Konflikte zwischen nationalen wirtschaftspolitischen Prioritäten und den Zielen der MNUs hingewiesen. Aus der Sicht der Wettbewerbspolitik ist die Fähigkeit von MNUs, ihre materiellen und finanziellen Ressourcen zwischen verschiedenen Ländern zu verlagern, von großer Bedeutung. Beispielsweise kann die Muttergesellschaft der Tochterfirma im konzerninternen Handel hohe Preise in Rechnung stellen und niedrige Preise zahlen. Damit werden Gewinne aus einem Land in das andere transferiert, ohne dass sie als solche erkennbar werden. Dies unterläuft nicht nur die Gewinnbesteuerung des Staates, in dem die Tochterfirma ihren Sitz hat. Es eröffnen sich im multinationalen Konzern auch besonders schwer zu kontrollierende Möglichkeiten, ruinösen Verdrängungswettbewerb auf einem Markt durch Gewinne aus einem anderen zu finanzieren (Kantzenbach 2001).

Das nationale Wettbewerbsrecht bietet keine befriedigende Handhabe gegen multinationale Konzentration. Zwar findet das GWB nach § 130 Abs. 2 auch auf Wettbewerbsbeschränkungen Anwendung, die von im Ausland ansässigen Unternehmen verursacht werden, wenn sie sich in der Bundesrepublik auswirken. Diese Vorschrift wurde auch bereits auf grenzüberschreitende Fusionsvorhaben angewandt (effects doctrine, Auswirkungsprinzip). Die im Inland ansässigen Tochterunternehmen ausländischer Konzerne unterliegen der deutschen Rechtsprechung, gegen sie können auch Sanktionen vollstreckt werden. Manche Entscheidungen oder Handlungen gehen jedoch von der ausländischen Konzernzentrale aus. In diesen Fällen ergeben sich in der Praxis erhebliche Probleme, die notwendigen Ermittlungen bei der ausländischen Muttergesellschaft durchzuführen und Beschlüsse im Ausland durchzusetzen.

Grundsätzlich ist eine nur auf den nationalen Markt gerichtete Beurteilung der Problematik der multinationalen Konzentration nicht angemessen. Von wachsender Bedeutung ist daher die Ergänzung der nationalen Wettbewerbspolitik durch das Wettbewerbsrecht der EU. Art 81 des EU-Vertrags verbietet Vereinbarungen und Verhaltensweisen, die den Wettbewerb verfälschen und den Handel zwischen den EU-Staaten beeinträchtigen. Beispiele für verbotene Praktiken sind Preisabsprachen, Vereinbarungen über Marktaufteilung oder Produktionsquoten, Koppelungsgeschäfte usw., soweit sie den Handel in der EU beschränken. Beispielsweise hat die EU-Kommission Preisabsprachen zwischen den bedeutendsten europäischen Vitaminherstellern (darunter die deutsche BASF) mit hohen Geldbußen belegt. Bestimmte Kooperationsvereinbarungen, die geeignet sind, die Leistungsfähigkeit von kleineren Unternehmen zu stärken, ohne den Wettbewerb wesentlich zu beschränken, sind vom Kartellverbot ausgenommen bzw. können im Einzelfall zugelassen werden. Art. 82 EU-Vertrag verbietet die missbräuchliche Ausnutzung einer marktbeherrschenden Stellung auf dem EU-Markt oder auf einem wichtigen Teilmarkt, soweit dadurch der zwischenstaatliche Handel beeinträchtigt wird. Beispiele sind missbräuchlich überhöhte Preise, sachlich nicht gerechtfertigte Diskriminierung beim Preis oder bei der Belieferung, Behinderung von Konkurrenten durch Ausschließlichkeitsbindung von Händlern usw. Nach diesen Vorschriften hat die EU-Kommission wettbewerbsbeschränkende Vertriebspraktiken von Autoherstellern (z. B. VW) untersagt und mit hohen Bußen geahndet.

Nach einer Entscheidung des Europäischen Gerichtshofs von 1971 kann auch die Erweiterung einer marktbeherrschenden Stellung durch Übernahme eines konkurrierenden Unternehmens als Missbrauch angesehen werden. Art. 82 bezog sich nur auf Fusionsfälle, die den Handel zwischen den Mitgliedstaaten beeinträchtigten. Die Missbrauchskontrolle greift auch erst im Nachhinein. Erst 1989 wurde eine wirksamere Fusionskontrolle eingeführt; 2004 wurde die Fusionskontrollverordnung novelliert (EG-VO 139/2004). Sie sieht vor, dass Unternehmenszusammenschlüsse von gemeinschaftsweiter Bedeutung ab einer bestimmten Größenordnung (weltweiter Gesamtumsatz der betroffenen Unternehmen von mehr als 5 Mrd. Euro, davon in der EU mindestens 250 Mio. Euro) grundsätzlich vorher angemeldet und einer Prüfung durch die EU-Kommission unterzogen werden müssen. Der Zusammenschluss ist zu untersagen, wenn dadurch eine marktbeherrschende Stellung in der EU oder in einem wesentlichen Teil der EU begründet oder verstärkt wird. „Mammuthochzeiten“ ab ca. 5 Mrd. Euro beteiligtem Umsatz unterliegen demnach einer auf die EU bezogenen supranationalen

Kontrolle. Es bleibt jedoch das Problem einer wirksamen Kontrolle der weltweiten Aktivitäten von MNUs. Zwar ist auch die EU-Fusionskontrolle auf MNUs mit Sitz außerhalb der EU anwendbar (es gilt das Auswirkungsprinzip), doch stellen sich die gleichen Probleme wie bei § 130 Abs. 2 GWB: Haben die fusionierenden Unternehmen ihren Sitz im Ausland, so ist der Vollzug inländischen Wettbewerbsrechts auf ausländischem Territorium nicht sichergestellt. Nicht selten wird das Auswirkungsprinzip diskriminierend gehandhabt. Einerseits wird versucht, es auf im Ausland ansässige Unternehmen anzuwenden, andererseits wird seine Anwendung abgelehnt, wenn ausländische Kartellbehörden gegen inländische Unternehmen vorgehen wollen. Erforderlich sind deshalb Kooperationsabkommen zwischen nationalen Wettbewerbsbehörden. Zwischen den USA und den EU-Staaten besteht seit 1991 ein Abkommen, das gegenseitige Rechts- und Amtshilfe und Informationsaustausch zwischen der Federal Trade Commission (amerikanische Wettbewerbsbehörde) und der EU-Kommission (sie ist für die EU-Wettbewerbspolitik zuständig) regelt. Die Kooperationspartner erklären sich bereit, ihr nationales Wettbewerbsrecht auf Unternehmen anzuwenden, denen der Partnerstaat wettbewerbswidriges Verhalten vorwirft (positive comity). So konnte die EU-Kommission bei den Zusammenschlüssen der US-amerikanischen Unternehmen Boeing/ McDonnell Douglas (1996) und General Electric/Honeywell (2001), die die amerikanische Wettbewerbsbehörde FTC bereits gebilligt hatte, aufgrund des Auswirkungsprinzips und der positive comity eine Reihe von Auflagen durchsetzen, die negative Auswirkungen auf den Wettbewerb in der EU verhindern sollen.

Nach Ansicht vieler Wettbewerbspolitiker reicht bilaterale Kooperation (positive comity) nicht aus, wettbewerbsbeschränkende Praktiken global tätiger MNUs wirksam zu begegnen. Sie fordern eine internationale Wettbewerbsordnung unter dem Dach der World Trade Organazation (WTO). So hat eine Gruppe von Ökonomen und Juristen 1993 dem GATT (Vorläufer und seit 1995 eine Teilorganisation der WTO) einen Entwurf vorgelegt (Draft International Antitrust Code). Der DIAC sollte kein internationales Einheitsrecht schaffen, sondern lediglich verbindliche Mindeststandards und verbindliche internationale Rechts- und Amtshilfe in Fällen von Wettbewerbsbeschränkungen mit grenzüberschreitenden Auswirkungen (vgl. Kantzenbach 2001, 249ff.). Bei Streitfällen zwischen den nationalen Kartellbehörden sollte ein International Antitrust Panel schlichten. Eine Verwirklichung dieses Plans ist vorerst nicht abzusehen.

Auch andere internationale Organisationen wie der Wirtschafts- und Sozialrat der Vereinten Nationen (ECOSOC) oder die Welthandelskonferenz (UNCTAD) und die Internationale Handelskammer haben Empfehlungen für die Überwachung durch die Staaten erarbeitet. In der Praxis ist ihre Bedeutung gering. Auch wenn der Prozess der Globalisierung bisher tendenziell weit häufiger zur Verschärfung des Wettbewerbs und zur Aufbrechung von Monopolen als zur Vermachtung von Märkten geführt hat bleibt festzuhalten, dass die Internationalisierung der unternehmerischen Aktivitäten von MNUs der internationalen Zusammenarbeit von Staaten und der Entwicklung einer internationalen Wettbewerbsordnung voraneilt.

Literaturhinweise

Arndt, Erich (1974): Wirtschaftliche Macht, München 1974.

Bain, J.S. (1954): Economies of Scale, Concentration, and the Condition of Entry in Twenty Manufacturing Industries, in: American Economic Review, Vol. 44 (1954), S. 15–39.

Berg, Hartmut (1999): Wettbewerbspolitik, in: Vahlens Kompendium der Wirtschaftstheorie und Wirtschaftspolitik, Bd. 2, 7. A. München 1999, S. 301–362.

Blair, John M, (1972): Economic Concentration, Structurc, Behavior and Public Policy, New York 1972.

Caves, Richard (1972): American Industry: Structure, Conduct, Performance. 3. A. Englewood Cliffs 1972.

Clark. John Maurice (1940/1975): Toward a Concept of Workable Competition, in: American Economic Review, Vol. 30 (1940), dt. in: Herdzina, Klaus (Hrsg.): Wettbewerbstheorie, Köln 1975, S. 143–160.

Clark, John Maurice (1961): Competition as a Dynamic Process, Washington, D.C. 1961.

Edwards, Corvin D. (1964): Maintaining Competition, New York, Toronto, London 1964.

EG-VO 139/2004: Verordnung des Rats der EU über die Kontrolle von Unternehmenszusammenschlüssen.

Hayek, Friedrich v. (1968): Der Wettbewerb als Entdeckungsverfahren, Kieler Vorträge N.F. 56 Kiel 1968.

Hayek, Friedrich v. (1983): Die Verfassung der Freiheit, 2. A. Tübingen 1983.

Herdzina, Klaus, (1999): Wettbewerbspolitik, 5. A. Stuttgart 1999.

Heuss, Ernst (1965): Allgemeine Markttheorie, Tübingen. Zürich 1965.

Hoppmann, Erich (1972): Fusionskontrolle, Tübingen 1972.

Kantzenbach, Erhard (1967): Die Funktionsfähigkeit des Wettbewerbs, 2. A. Göttingen 1967.

Kantzenbach, Erhard (2001): Wettbewerbspolitik in der globalisierten Wirtschaft, in: Th. Theurl, C. Smekal (Hrsg.): Globalisierung, Tübingen 2001, S. 231–257.

Monopolkommission (2006): Mehr Wettbewerb auch im Dienstleistungssektor. 16. Hauptgutachten der Monopolkommission für die Jahre 2004/05, BT-Drucksache 16/2460, Bonn 2006.

Schmidt, Ingo (2005): Wettbewerbspolitik und Kartellrecht, 8. A. Stuttgart 2005.

Scherer, Frederic M. (1980): Industrial Market Structure and Economic Performancc, 2. A. Chicago 1980.

Schumpeter, Joseph A. (1911): Theorie der wirtschaftlichen Entwicklung, Leipzig 1911.

4.5 Arbeitslosigkeit
Horst Friedrich

4.5.1 Dimensionen der Arbeitslosigkeit

4.5.1.1 Die statistische Dimension

Arbeitslosenzahlen in Millionenhöhe waren in den 60er Jahren und bis Mitte der 70er Jahre in der Bundesrepublik Deutschland unvorstellbar. Seitdem aber als Folge der wirtschaftlichen Rezession im Anschluss an die erste Ölkrise 1975 die Millionengrenze an Arbeitslosen überschritten wurde und als Folge der wirtschaftlichen Rezession im Anschluss an die zweite Ölkrise 1983/84 mehr als 2,5 Millionen Arbeitslose registriert wurden, stellt sich die Bewältigung der Arbeitslosigkeit als vordringliches wirtschaftspolitisches Problem dar. Eine neue Dimension hat dieses Problem mit der deutschen Einheit erreicht, da durch den wirtschaftlichen Umstrukturierungsprozeß auf dem Gebiet der ehemaligen DDR die Arbeitslosigkeit erheblich zunahm (s. Tab. 1). Schließlich erreichte die Arbeitslosigkeit infolge zu geringen Wachstums bei zunehmendem globalen Wettbewerb zu Beginn des Jahres 2006 einen Höchststand von 5 Millionen. Prognosen bis zum Jahre 2010 über die Entwicklung der Erwerbsbevölkerung einerseits und den Bedarf an Arbeitskräften andererseits lassen befürchten, dass die Arbeitslosigkeit auf längere Zeit ein Problem bleiben wird.

Gemessen wird der Stand der Arbeitslosigkeit üblicherweise mit der **Arbeitslosenquote**, die den Anteil der registrierten Arbeitslosen an der Gesamtzahl der abhängigen Erwerbspersonen erfaßt (im Jahresdurchschnitt 2007 um 9%).

Zur Kennzeichnung von Unterbeschäftigung muss auch die Zahl der **Kurzarbeiter** berücksichtigt werden, wobei nach den Vorschriften des Sozialgesetzbuches III (Arbeitsförderung) die Minderung der tatsächlich geleisteten Arbeitszeit bei Kurzarbeit zwischen 10 und 90 Prozent der normalen Arbeitszeit schwanken kann.

Ein weiteres Kennzeichen von Unterbeschäftigung ist das Auftreten einer „**stillen Reserve**“. Dazu zählen erwerbsfähige und erwerbswillige Personen, die sich bei Arbeitslosigkeit nicht beim Arbeitsamt registrieren lassen oder bei ungünstiger Arbeitsmarktlage die Arbeitssuche aufgeben, die aber bei besserer Arbeitsmarktlage bzw. unter besonderen Arbeitsbedingungen (z. B. Teilzeitarbeit) wieder eine Arbeit aufnehmen würden.

Schließlich ist zu beachten, dass es neben der statistisch ermittelten „offenen“ Arbeitslosigkeit noch eine **„verdeckte“ Arbeitslosigkeit** gibt. Dabei handelt es sich um Personen, die über einen Arbeitsplatz verfügen, obwohl ihre Mitarbeit nicht oder nur teilweise benötigt wird. Diese Art von Arbeitslosigkeit war charakteristisch für Betriebe im Bereich der ehemaligen DDR, die eine dementsprechend niedrige Arbeitsproduktivität aufwiesen.

Welche Höhe der Arbeitslosigkeit gesellschaftspolitisch noch tolerierbar ist, bzw. bei welcher Höhe der Arbeitslosenquote wirtschaftspolitische Eingriffe dringend erfolgen müssen, lässt sich nicht allgemeingültig sagen. Dies wird sehr deutlich, wenn man die beschäftigungspolitischen Vorstellungen der 60er Jahre mit den heutigen Zielvorstellungen vergleicht. Im Jahreswirtschaftsbericht von 1968 hatte die Bundesregierung Vollbeschäftigung mit einer Arbeitslosenquote von 0,8 Prozent gleichgesetzt. Heutige Zielvorstellungen beschränken sich dagegen darauf, für erreichbar gehaltene Werte als **Zielprojektionen** anzugeben, ohne dass damit das eigentliche Ziel der Vollbeschäftigung näher präzisiert wird.

Wenn es um die Bewältigung der Arbeitslosigkeit als wirtschaftspolitisches Problem geht, muss die statistische Dimension nicht nur die Höhe, sondern auch die Struktur der Arbeitslosigkeit erfassen. Hier zeigen sich Unterschiede in regionaler Hinsicht (Arbeitslosenquoten im Jahresdurchschnitt 2007: Westdeutschland 7,5%; Ostdeutschland

Tab. 1 Entwicklung der Arbeitslosigkeit

Jahr	Arbeitslosenquote	Erläuterung
1946	7,0	Nachkriegsarbeitslosigkeit
1950	11,0	Nachkriegsarbeitslosigkeit
1955	5,6	„Wirtschaftswunder"
1960	1,3	„Wirtschaftswunder"
1965	0,7	„Vollbeschäftigung"
1970	0,7	„Vollbeschäftigung"
1975	4,7	Rezession (1. Ölkrise)
1980	3,8	Rezession (2. Ölkrise)
1985	9,3	–
1990	7,2	Deutsche Einheit
1995	10,4*	Arbeitsplatzabbau Ost
2000	10,7	–
2005	13,0	globaler Wettbewerb

* ab 1995 Gesamtdeutschland
Datenmaterial: Bundesagentur für Arbeit

15,1%), vor allem aber lassen die Strukturdaten des Arbeitsmarktes einige **Problemgruppen** erkennen, deren Vermittlungsschwierigkeiten vorzugsweise vom Ausbildungsstand, dem Gesundheitszustand und dem Alter bestimmt werden. Treten diese vermittlungserschwerenden Faktoren kombiniert auf, so ist **Langzeitarbeitslosigkeit** die Folge. Zur Gruppe der Langzeitarbeitslosen zählen jene Personen, die ein Jahr oder länger ohne Beschäftigung sind. Seit Mitte der 90er Jahre zählt bereits ein Drittel der Arbeitslosen zu diesem Personenkreis (im Juli 2006: 43%).

4.5.1.2 Die individuelle Betroffenheit

Arbeitslosigkeit ist mit finanziellen Einbußen verbunden. Auch wenn ein Anspruch auf Leistungen der Bundesagentur für Arbeit besteht, müssen Abschläge gegenüber dem bisherigen Nettoeinkommen in Kauf genommen werden. Insbesondere bei länger andauernder Arbeitslosigkeit sind Einschränkungen des Lebensstandards nicht zu vermeiden.

Aus den Amtlichen Nachrichten der Bundesagentur für Arbeit geht hervor, dass ein steigender Anteil der gemeldeten Arbeitslosen überhaupt keinen Anspruch auf finanzielle Leistungen hat. Dazu zählen Jugendliche, die noch keinen Anspruch auf Leistungen aus der Arbeitslosenversicherung erworben haben, Dauerarbeitslose, die ihren Anspruch auf Arbeitslosengeld ausgeschöpft haben, und Arbeitslose (insbesondere Frauen), denen keine finanzielle Leistung gezahlt wird, weil eine Bedürftigkeit nicht vorliegt (wenn bspw. der Ehepartner ein Einkommen aus Berufstätigkeit bezieht).

Während das Arbeitslosengeld I als beitragsfinanzierte Versicherungsleistung in der Höhe gestaffelt und zeitlich begrenzt gezahlt wird, findet nach Beendigung der Zahlung von Arbeitslosengeld ein empfindlicher Einschnitt in der finanziellen Situation statt. An die Stelle der früher gezahlten Arbeitslosenhilfe ist ab 2005 das Arbeitslosengeld II getreten, das als Zusammenlegung von Arbeitslosenhilfe und Sozialhilfe für Erwerbsfähige sich in der Höhe an der bisherigen Sozialhilfe orientiert. Diese steuerfinanzierte Leistung wird grundsätzlich zeitlich unbegrenzt gezahlt, ist aber an den Nachweis der Bedürftigkeit gebunden. (Nicht erwerbsfähige Hilfsbedürftige erhalten weiterhin Sozialgeld).

Von der Bundesagentur für Arbeit durchgeführte Befragungen von Arbeitslosen ergaben, dass wegen der Arbeitslosigkeit in erster Linie persönliche Ausgaben eingeschränkt werden mussten, Anschaffungen wurden zurückgestellt und fast $^1/_3$ der befragten Arbeitslosen waren mit Zahlungsverpflichtungen in Verzug gekommen oder mussten Schulden machen.

Empirische Untersuchungen haben ergeben, dass von den Arbeitslosen die **psychischen Belastungen** häufig noch stärker empfunden werden als die finanziellen. In einer Leistungsgesellschaft wird Arbeit zur sozialen Norm: Nur wer arbeitet, ist nützlich für die Gesellschaft, und Arbeitslosigkeit erfährt eine negative Bewertung in der Öffentlichkeit. Besonders bei Andauern der Arbeitslosigkeit lassen sich folgende Auswirkungen feststellen:

- Veränderung der Zeitstruktur des Alltags durch Änderung des gewohnten Rhythmus von Arbeitszeit und Freizeit,
- Verlust der Zukunftsperspektive im Hinblick auf die individuelle Berufskarriere und die familiäre Entwicklung,
- Verlust sozialer Kontakte zu den Arbeitskollegen und der damit verbundenen Anerkennung,
- Einschränkung von Möglichkeiten der persönlichen Selbstdarstellung in der Berufstätigkeit,
- Einbußen im Hinblick auf das soziale Selbstwertgefühl,
- Verringerung der Autorität in der Familie durch Beeinträchtigung der Ernährerfunktion,
- Erleben individueller Handlungsohnmacht bei vergeblicher Stellensuche bzw. wiederholter Arbeitslosigkeit,
- Erlebnis der Abhängigkeit gegenüber der Arbeitsvermittlung und der Arbeitsverwaltung,
- Aufkommen individueller Schuldgefühle bei selektiven Entlassungen.[1]

4.5.1.3 Gesamtwirtschaftliche Kosten und politisches Gewicht

Gesamtwirtschaftlich betrachtet, stellt Arbeitslosigkeit einen unfreiwilligen Verzicht auf die volle Ausnutzung des Erwerbspersonenpotentials dar. Die gesamtwirtschaftlichen Kosten der Arbeitslosigkeit bestehen nicht nur aus **Mehrausgaben der öffentlichen Haushalte** (z. B. Arbeitslosengeld, Arbeitslosengeld II, Sozialgeld und Wohngeld), sondern auch aus **Mindereinnahmen** (Steuerausfälle und Rückgang der Beitragseinnahmen zur Sozialversicherung). Ferner müssen die Sozialkosten für die Betreuung und Beratung von Arbeitsosen und die **Produktionsausfälle** wegen der Nichtbeschäftigung von Arbeitslosen berücksichtigt werden.

Hohe Arbeitslosigkeit stellt nicht nur ein wirtschaftliches Problem dar, sondern kann zu einer Bedrohung des politischen Systems führen. So war es nicht zuletzt die anhaltende Massenarbeitslosigkeit, auf deren Höhepunkt 1932 in Deutschland mehr als sechs Millionen Menschen arbeitslos waren, die zu steigender **politischer Radikalisierung** führte und den Weg für den Nationalsozialismus ebnete. Ein Vergleich der Entwicklung der Arbeitslosenziffern und der Wahlergebnisse in der Bundesrepublik liefert allerdings keinen Beleg für die These, dass zunehmende Arbeitslosigkeit zur politischen Radikalisierung führt.

[1] Vgl. Büchtemann, C.F.: Die Betroffenheit von Arbeitslosigkeit als soziale Erfahrung, in: Politische Bildung, Jg. 12 (1979), H. 2, S. 38–74.

Befragungen lassen deutlich erkennen, dass unter den politischen Wünschen der Befragten die Beseitigung von Arbeitslosigkeit den höchsten Stellenwert einnimmt. Wird nach den Behebungsmöglichkeiten gefragt, so erhalten unter den zur Auswahl gestellten Vorschlägen staatliche Maßnahmen hohe Zustimmung. Wenn trotz dieser hohen Priorität des Vollbeschäftigungsziels dennoch keine radikalen politischen Entwicklungen in der Bundesrepublik eingetreten sind, so lässt dieses auf einen relativ hohen Grad der **Akzeptanz** von Arbeitslosigkeit schließen. Dafür gibt es mehrere Gründe:

- Innerhalb des Bestandes an Arbeitslosen herrscht eine hohe Fluktuation. Auch bei zunehmender Dauer der Arbeitslosigkeit (s. o.) stellt sich für die meisten Betroffenen Arbeitslosigkeit nur als vorübergehendes Problem dar. Angesichts der fortlaufenden Änderung des Kreises der Betroffenen ist eine wirksame politische Interessenvertretung durch Selbstorganisation der Arbeitslosen weitgehend auszuschließen.
- Auch bei längerfristig Arbeitslosen ist nur ein geringer Grad an Selbstorganisation zu beobachten, der sich auf die Gründung von Arbeitslosen-Initiativen beschränkt, aber kein politisches Gewicht darstellt.
- Angesichts der nach wie vor bestehenden Vorurteile gegenüber Arbeitslosen kann von den Nichtbetroffenen kaum ein stärkeres Engagement zugunsten der Arbeitslosen erwartet werden. Vor allem die Dauerarbeitslosigkeit ist ein Problem von Randgruppen.

4.5.1.4 Die verfassungsrechtliche Dimension: Recht auf Arbeit und staatliche Beschäftigungspolitik

Immer wieder wird gefordert, den Staat über ein verfassungsrechtlich garantiertes **Recht auf Arbeit** dazu zu verpflichten, durch eine entsprechende Beschäftungspolitik für die Beseitigung von Arbeitslosigkeit zu sorgen. Dem Gebot sozialer Gerechtigkeit entspräche es, wenn als Äquivalent zum Schutz des Privateigentums auch der Schutz vor Arbeitslosigkeit verfassungsrechtlich gewährleistet würde[2]. Die Aufnahme eines „Recht auf Arbeit" in die Verfassung ist aber nur sinnvoll, wenn durch weitere Gesetze geregelt wird, dass dem von Arbeitslosigkeit Betroffenen ein subjektiver, gerichtlich durchsetzbarer Anspruch auf einen Arbeitsplatz zusteht. Ein derartiges Recht ist jedoch in einer marktwirtschaftlichen Wirtschaftsordnung ein systemfremdes Element, das mit anderen wirtschaftlichen Freiheitsrechten kollidiert: Um die gegen den Staat gerichteten Ansprüche einlösen zu können, müßte der Staat ggf. eine Bewirtschaftung der Arbeitsplätze vornehmen. Entweder müßte der Staat unabhängig von der Marktsituation Arbeitsplätze schaffen oder aber die Arbeitgeber entsprechend verpflichten. Damit wird die grundgesetzlich garantierte Tarifautonomie berührt, denn das Arbeitsplatzangebot im privatwirtschaftlichen Bereich muss als Funktion der Lohnpolitik angesehen werden. Die Steuerung des Arbeitsplatzangebots durch den Staat würde dagegen eine Investitionslenkung und eine Berufslenkung nach sich ziehen.

Eine abgeschwächte Form der staatlichen Beschäftigungsgarantie liegt vor, wenn der Staat per Gesetz zu einer **Vollbeschäftigungspolitik** verpflichtet wird, ohne dass für den einzelnen Arbeitnehmer das Recht auf einen einklagbaren Arbeitsplatz besteht. In der Bundesrepublik war der Staat sowohl nach dem Gesetz zur Förderung der Stabilität und des Wachstums der Wirtschaft von 1967, als auch nach der ursprünglichen Fassung des Arbeitsförderungsgesetzes von 1969 verpflichtet, einen Beitrag zur Erzielung eines hohen Beschäftigungsstandes zu leisten, eine staatliche Vollbeschäftigungsgarantie kann aber aus den allgemein gehaltenen gesetzlichen Bestimmungen nicht herausgele-

---

2 vgl. Rath, M.: Die Garantie des Rechts auf Arbeit, Göttingen 1974, S. 143.

sen werden. In der Beantwortung der Frage, wie weit der Staat durch Eingriffe in den Wirtschaftsablauf beschäftigungspolitisch intervenieren soll, unterscheiden sich **wirtschaftswissenschaftliche Grundpositionen**, die aus einer unterschiedlichen Analyse der Ursachen von Arbeitslosigkeit zu kontroversen Empfehlungen hinsichtlich der Rolle des Staates und der einzuschlagenden Strategien kommen.

Nach der an J.M. Keynes (1936) anknüpfenden Grundposition herrscht die Auffassung vor, dass eine durch Arbeitslosigkeit gekennzeichnete gesamtwirtschaftliche Entwicklung auf einer nachlassenden Nachfrage im privatwirtschaftlichen Sektor beruht. Der Staat muss in diesem Falle die Rolle des Krisenmanagements übernehmen und durch Beschäftigungsprogramme die Nachfragelücke ausfüllen, damit durch diese Impulse die Wirtschaft aus der Krise herausgeführt wird (**nachfrageorientierte, antizyklische Stabilisierungspolitik**).

Die Gegenposition wird von neoklassischen Autoren vertreten, die auf die Selbstheilungskräfte der Marktwirtschaft vertrauen und von staatlichen Eingriffen nur eine destabilisierende Wirkung erwarten (z. B. M. Friedman, 1970). Arbeitslosigkeit ist nach dieser Auffasung die Folge von geldpolitischen Eingriffen der Notenbank oder fiskalpolitischen Eingriffen des Staates, die durch Unstetigkeit und Überdosierung gekennzeichnet sind. Kostenträchtige Interventionen in den Wirtschaftsablauf werden als „Schocks" angesehen, die die Anpassungsfähigkeit des privaten Sektors überfordern und aufgrund von Wirkungsverzögerungen nur einen destabilisierenden Effekt haben. Der Staat soll deshalb auf Eingriffe in den Wirtschaftsablauf verzichten und nur günstige Rahmenbedingungen (z. B. unternehmensfreundliches Steuersystem) für die Investitionstätigkeit der privaten Wirtschaft schaffen (**angebotsorientierte Stabilitätspolitik**).

Umstritten ist ferner, in welchem Ausmaß der Staat eingreifen soll, wenn die Arbeitslosigkeit auf strukturellen Veränderungen in der Wirtschaft beruht. Eine differenzierte Analyse der Bewältigungsstrategien setzt deshalb voraus, dass die verschiedenen Ursachen der Arbeitslosigkeit herausgearbeitet werden, auf die unterschiedliche Bewältigungsstrategien antworten.

4.5.2 Ursachen der Arbeitslosigkeit und Bewältigungsstrategien

4.5.2.1 Kurzfristige Such- und Saisonarbeitslosigkeit und Maßnahmen zum Arbeitsmarktausgleich

Die Sucharbeitslosigkeit ist eine **friktionelle Arbeitslosigkeit**, die eintritt, wenn ein bisheriger Arbeitsplatz aufgegeben wird und der Arbeitnehmer eine gewisse Zeit nicht beschäftigt ist, weil er aus den zur Verfügung stehenden offenen Stellen noch nicht die für ihn passende gefunden hat. Die Bundesagentur für Arbeit geht davon aus, dass jede Arbeitslosigkeit, die nicht länger als drei Monate dauert, als friktionelle Arbeitslosigkeit im Sinne von **Sucharbeitslosigkeit** zu bezeichnen ist.

Maßnahmen der Bundesagentur für Arbeit, die aufgrund von Bestimmungen zur Arbeitsförderung im **Sozialgesetzbuch III** den Ausgleich von Angebot und Nachfrage am Arbeitsmarkt fördern, sind dazu geeignet, diese Art von Arbeitslosigkeit zu minimieren. Dazu gehören:

- Verbesserung der Marktransparenz durch Berufsberatung und Arbeitsvermittlung,
- Verbesserung der beruflichen Mobilität durch Fortbildung und Umschulung,
- Verbesserung der räumlichen Mobilität durch Übernahme der Anpassungskosten.

Teilweise dienen diese Maßnahmen auch dazu, strukturelle Arbeitslosigkeit zu beseitigen (vgl. Abschnitt 4.5.2.4).

Die **saisonale Arbeitslosigkeit** ist ebenfalls kurzfristiger Art. Sie ist durch jahreszeitliche Schwankungen der Nachfrage (Beispiel Tourismus) oder der Produktion (Bauwirtschaft, Landwirtschaft) bedingt. Da die Saisoneinflüsse als Ursache nicht beseitigt werden können, müssen Ausgleichsmaßnahmen ggf. mit Hilfe staatlicher Förderung vorgesehen werden. So kann durch Winterbauförderung erreicht werden, dass im begrenzten Umfang die Beschäftigung im Bausektor auch im Winter aufrechterhalten wird. Mobilitätsbeihilfen können dazu beitragen, dass in der Landwirtschaft beschäftigte Arbeitskräfte in der Wintersaison ggf. im Touristikgewerbe eingesetzt werden.

4.5.2.2 Konjunkturelle Arbeitslosigkeit und nachfrageorientierte Globalsteuerung

Konjunkturelle Arbeitslosigkeit tritt als typische Begleiterscheinung von periodisch auftretenden Schwankungen im Wirtschaftsablauf marktwirtschaftlich-kapitalistischer Volkswirtschaften auf. Die Arbeitslosigkeit ist Folge eines Rückgangs der gesamtwirtschaftlichen Nachfrage in der Rezessionsphase. In der Regel setzt der **Nachfragerückgang** in der Investitionsgüterindustrie ein, wenn in der vorgelagerten Konsumgüterindustrie die Nachfrage nicht mehr die bisherigen Wachstumsraten aufweist und die Unternehmen deshalb vorsichtiger mit ihren Investitionen disponieren. Als weitere Ursache sind Einbrüche in der Auslandsnachfrage zu nennen, wenn aufgrund der wirtschaftlichen Entwicklung im Ausland die Nachfrage nach Exportgütern zurückgeht. Wie durch das nachfolgende Pfeilschema 1 zum Ausdruck gebracht wird, tritt als Folge des Defizits an gesamtwirtschaftlicher Nachfrage ein **kumulativer Prozeß** ein: Die Auslastung der Produktionskapazitäten verschlechtert sich, die Gewinnerwartungen gehen zurück, die Investitionsgüternachfrage lässt weiter nach, die Produktion wird zunehmend eingeschränkt, und als Folge dieser Prozesse wächst die Zahl der Arbeitslosen. Arbeitslose verfügen über ein geringeres Einkommen als Beschäftigte, so dass auch die Nachfrage nach privaten Konsumgütern zurückgeht. Wenn die Konsumgüterindustrie auf diesen Nachfragerückgang mit Produktionseinschränkungen reagiert, setzt sich die Krisenentwicklung fort.

In dieser Situation muss nach Keynesscher Auffassung der Staat eingreifen und den Nachfrageeinbruch im privaten Bereich durch **staatliche Maßnahmen** ausgleichen. Damit werden Impulse gegeben, die den kumulativen Prozeß umkehren sollen (Pfeilschema 2).

Das Schwergewicht liegt dabei auf der Steigerung der öffentlichen Ausgaben für Güter und Dienstleistungen (z. B. Vergabe von Aufträgen an die Bauindustrie, Durchführung von Umweltschutzprogrammen). Darüber hinaus gewährt der Staat durch Subventionen oder Steuernachlässe Begünstigungen bzw. Anreize für die Nachfrage der privaten Haushalte und der Unternehmen (bspw. Gewährung eines Investitionsbonus bei der Anschaffung von Investitionsgütern). Ausgabenerhöhungen und Steuersenkung zugleich müssen dazu führen, dass sich im Staatshaushalt ein Defizit bildet. Dieses Defizit wird bewusst in Kauf genommen (**deficit spending**) in der Erwartung, dass in der nachfolgenden Aufschwungsphase der Konjunktur die Schulden wieder abgebaut werden können. Um zu verhindern, dass durch die hohe Schuldenaufnahme des Staates die Zinsen steigen, soll die Zentralbank mit dem Einsatz ihrer **geldpolitischen Instrumente** ergänzend tätig werden. Die Erhöhung der Bankenliquidität soll zinssenkende Wirkung haben und die Investitionsnachfrage der privaten Unternehmen anregen.

Wirkungsgrenzen dieser nachfrageorientierten Gegensteuerung ergeben sich vor allem in zweierlei Hinsicht:

- Da der Staat nicht direkt in die Planungen der privaten Haushalte und Unternehmen eingreift, sondern nur Anreize und Vergünstigungen bietet (Prinzip der **Globalsteue-**

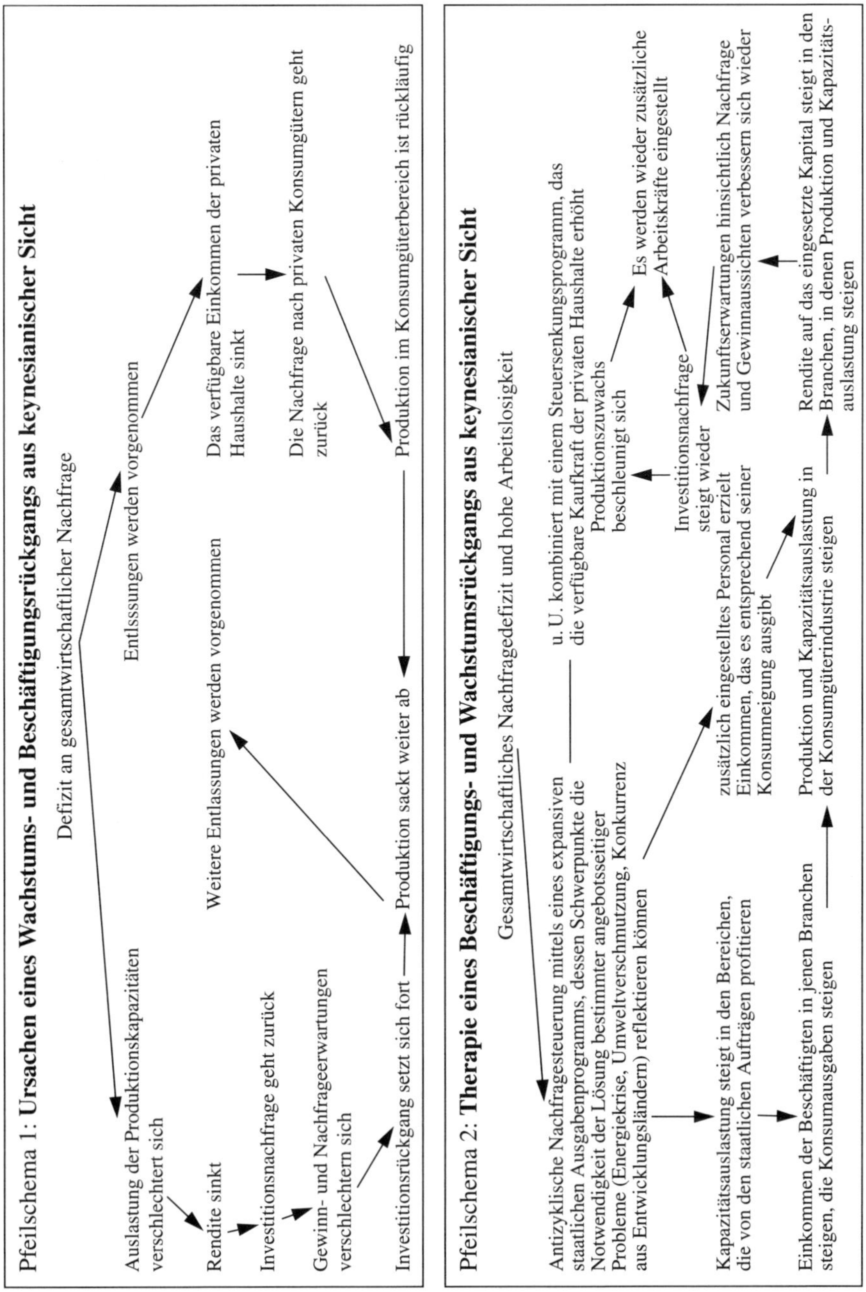

Quelle: C. Leipert: Alternative Wege der Wirtschaftspolitik, in: Informationsdienst zur wirtschaftlichen Bildung des Instituts für wirtschafts- und sozialwissenschaftliche Bildung, Hrsg.: G.-J. Krol, Heft 12, 1980, S. 21.

rung), ist unsicher, in welchem Ausmaß und zu welchem Zeitpunkt die staatlichen Maßnahmen wirksam werden. Verzögerungen in der Wirkungskette führen dazu, dass der Staat stärker interveniert und damit über das Ziel der Impulsgebung hinausgeht.

- Je länger die Krise andauert und je stärker der Staat interveniert, um so höher wird die Schuldenlast. Erfahrungsgemäß werden diese Defizite in der nachfolgenden konjunkturellen Aufschwungphase nicht wieder vollständig durch Kreditrückzahlung abgebaut, weil dies von den politischen Gremien einen Verzicht auf die Verwendung von Steuereinnahmen für zusätzliche Zwecke bedeutet. Die Entwicklung der Schuldenlast in der Bundesrepublik Deutschland ist dafür ein anschauliches Beispiel. Die vorübergehende konjunkturelle Verschuldung des Staates wird damit zu einem dauerhaften **„strukturellen Budgetdefizit"**. Grenzen der Staatsverschuldung ergeben sich aufgrund der **Konvergenzkriterien** des Maastricher Vertrages zur Europäischen Währungsunion. Demnach darf das Verhältnis des öffentlichen Defizits zum Bruttoinlandsprodukt den Wert von 3 Prozent nicht überschreiten (Defizitkriterium) und das Verhältnis des öffentlichen Schuldenstandes zum Bruttoinlandsprodukt darf den Referenzwert von 60 Prozent nicht überschreiten (Schuldenstandskriterium).

4.5.2.3 Wachstumsdefizitäre Arbeitslosigkeit und angebotsorientierte Wirtschaftspolitik

Anhaltend hohe Arbeitslosigkeit im Gefolge der ersten Ölkrise (1975), der zweiten Ölkrise (1981/82) und der Deutschen Einheit, verbunden mit einer hohen Staatsverschuldung, hat dazu geführt, dass die nachfrageorientierte Stabilisierungspolitik nachhaltig in Mißkredit geraten ist, und die Gründe der Arbeitslosigkeit auf der **Angebotsseite** gesucht werden.

Wenn steigende Öl- und Rohstoffpreise zu einer Erhöhung des Preisniveaus führen und zum Ausgleich für den Kaufkraftverlust anschließend hohe Lohnforderungen durchgesetzt werden, steigt das **Stückkostenivevau** der Unternehmen an, mit der Folge, dass die Gewinnspanne schrumpft, wenn es nicht gelingt, diese erhöhten Stückkosten am Markt in höheren Preisen weiterhin durchzusetzen. Die Folge ist eine nachlassende Investitionstätigkeit und eine Abschwächung des Wirtschaftswachstums mit zunehmender Arbeitslosigkeit. Als weitere „Störung" der Angebotsbedingungen werden Umweltschutzauflagen und hohe Besteuerung angesehen (Pfeilschema 3).

Besonders der Lohnsatz als Kostenfaktor steht im Mittelpunkt dieses Erklärungsansatzes. Anhand der Definition der **Lohnstückkosten** (Lohnstückkosten = Lohnsatz : Arbeitsproduktivität) lässt sich demonstrieren, dass bei einer Anhebung der Lohnsätze (einschließlich Lohnnebenkosten) über das Ausmaß der Erhöhung der Arbeitsproduktivität hinaus die Lohnstückkosten ansteigen müssen. Als Folge sind drei Entwicklungen denkbar:

- Die Unternehmen versuchen, die Steigerung der Lohnstückkosten durch arbeitsparende Rationalisierungsmaßnahmen aufzufangen.
- Die Unternehmen versuchen, die erhöhten Lohnstückkosten bei unveränderter Gewinnspanne auf die Preise zu überwälzen. Dadurch verringert sich der Realwert der Löhne, was sich nachteilig auf die Konsumgüternachfrage der Lohnbezieher auswirkt.
- Sind Preiserhöhungen am Markt nicht im erforderlichen Ausmaß durchsetzbar, so verringern die gestiegenen Lohnstückkosten die Gewinnspanne. Als Folge tritt eine Reduzierung der Investitionstätigkeit ein.

Die Argumentation läuft in jedem dieser drei Fälle darauf hinaus, dass bei Lohnsteigerungen, die über den Produktivitätszuwachs hinausgehen, die Beschäftigung sinkt. Da in der Bundesrepublik Deutschland die gesamtwirtschaftlichen Lohnstückkosten in der Regel (Ausnahmen 2004–2006) gestiegen sind, wird in diesem Kostendruck eine permanente Ursache für ein zu geringes Wachstum und damit verbundene Arbeitslosigkeit gesehen.

Als **Bewältigungsstrategie** wird folgerichtig eine betont zurückhaltende Lohnpolitik und die Schaffung günstiger Rahmenbedingungen für privatwirtschaftliche Investitionen verlangt. Leitbild dieser **angebotsorientierten Wirtschaftspolitik** ist die marktwirtschaftlich kapitalistische Wirtschaft, in der sich der Staat hauptsächlich darauf beschränkt, Rahmendaten zu setzen, innerhalb derer sich die privatwirtschaftliche Initiative im Leistungswettbewerb am Markt entfalten kann. Darüber hinaus soll der Staat durch Reduzierung der Abgabenlast, Abbau der zinstreibenden Staatsverschuldung und die Beseitigung von Investitionshemmnissen (z. B. Verzicht auf zeitraubende Genehmigungsverfahren) zu einer Verbesserung der Angebotsbedingungen beitragen. Impulse für die Beschäftigung und das Wachstum werden auch von einer Förderung der Forschungs- und Technologietätigkeit (FuT) der Unternehmen erwartet (Pfeilschema 4).

Die Geldpolitik soll unter Verzicht auf Manipulationen der Zinsentwicklung stetig betrieben werden, d. h. Geldmengenerhöhungen werden nur parallel zum realen Wachstum zugelassen. Die Begrenzung der Zuwachsrate der Geldversorgung durch Kopplung an die Rate des realen Wachstums soll ein stetiges Wachstum ohne Inflation ermöglichen (**Trendorientierung**).

Kritisch ist zur angebotsorientierten Wirtschaftspolitik anzumerken, dass die einseitige Betonung der Angebotsbedingungen nicht dem untrennbaren Zusammenhang von Angebot und Nachfrage gerecht wird. Dies wird deutlich an der einseitigen Sicht des Zusammenhangs zwischen Gewinnentwicklung und Investitionstätigkeit. Da der **Gewinn** sich als Differenz aus Erlös und Kosten ergibt, hängt die Höhe des Gewinns nicht allein von der Kostenentwicklung, sondern auch von der Nachfrageentwicklung ab. Wenn als Instrument der Kostensenkung eine Politik der **Reallohnsenkung** über mehrere Jahre hinweg betrieben wird, so muss sich dies in einer Abschwächung der Konsumgüternachfrage auswirken, mit der Folge, dass aufgrund von negativen Absatzerwartungen der Unternehmen Erweiterungsinvestitionen ausbleiben.

Aus **gewerkschaftlicher Sicht** wird insbesondere bezweifelt, ob die Wachstumsforcierung durch eine angebotsorientierte Wirtschaftspolitik ausreicht, um die **Rationalisierungswirkung** des technischen Fortschritts auszugleichen und Erweiterungsinvestitionen zur Schaffung neuer Arbeitsplätze in dem Umfang auszulösen, wie es zur Beseitigung der Arbeitslosigkeit notwendig ist. Die Gewerkschaften halten deshalb als **Ergänzungsstrategie** eine allgemeine **Verkürzung der Arbeitszeit** für notwendig.

Die **Kostenwirkung** einer Arbeitszeitverkürzung hängt von den Vereinbarungen hinsichtlich des Lohnausgleichs ab. **Lohnausgleich** liegt nach gewerkschaftlicher Auffassung dann vor, wenn nach einer Arbeitszeitverkürzung die nominellen Wochenlöhne bzw. Monatsgehälter unverändert bleiben, so dass die Arbeitnehmer durch die Arbeitszeitverkürzung keine Einkommenseinbußen erleiden. Da in diesem Falle trotz verringerter Arbeitszeit von den Unternehmen die gleiche Lohn- und Gehaltssumme wie bisher gezahlt werden muss, bedeutet dies eine Erhöhung der Lohnkosten je Stunde (Lohnsätze) prozentual im gleichen Ausmaße wie die Arbeitszeit reduziert wird. Die Auswirkungen dieser durch Arbeitszeitverkürzung induzierten Lohnsatzerhöhung auf die **Lohnstückkosten** lassen sich anhand des bereits erläuterten Zusammenhangs zwischen Lohnstückkosten, Lohnsatz und Arbeitsproduktivität verdeutlichen. Die Erhö-

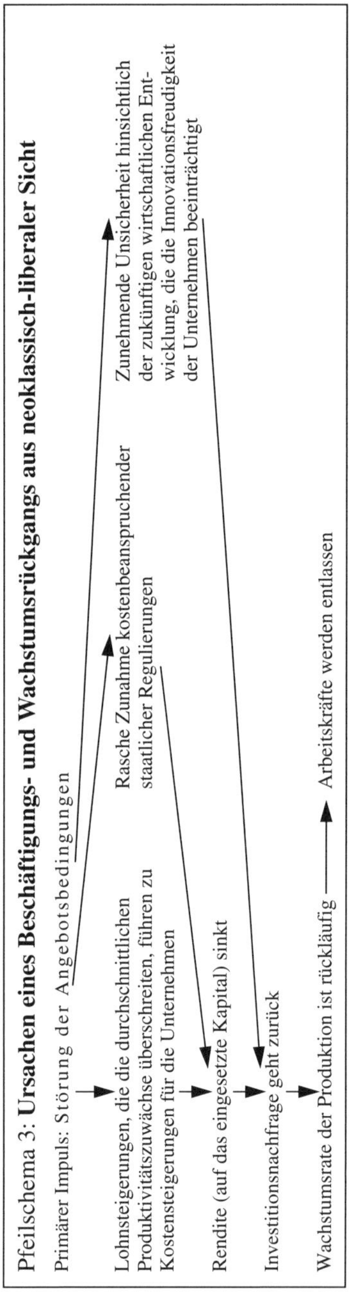

Pfeilschema 3: **Ursachen eines Beschäftigungs- und Wachstumsrückgangs aus neoklassisch-liberaler Sicht**

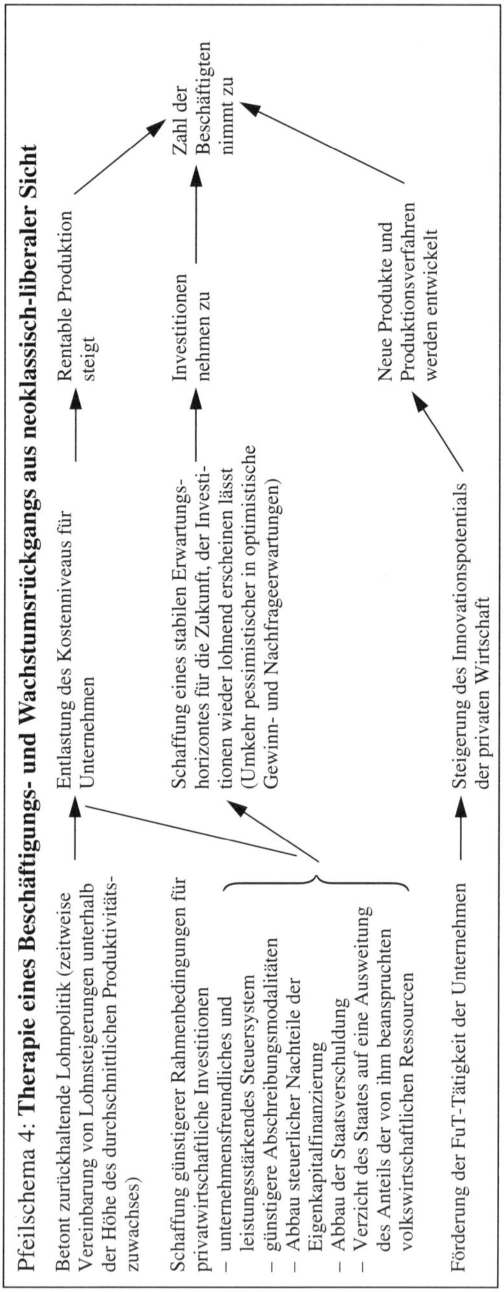

Pfeilschema 4: **Therapie eines Beschäftigungs- und Wachstumsrückgangs aus neoklassisch-liberaler Sicht**

Quelle: C. Leipert: Alternative Wege der Wirtschaftspolitik, in: Informationsdienst zur wirtschaftlichen Bildung des Instituts für wirtschafts- und sozialwissenschaftliche Bildung, Hrsg.: G.-J. Krol, Heft 12, 1980, S. 19.

hung der Arbeitsproduktivität zeigt den Spielraum an für Lohnsatzerhöhungen, die das Niveau der Lohnstückkosten unberührt lassen. Der **Produktivitätszuwachs** kann bekanntlich nur einmal verteilt werden: entweder im Rahmen der Tarifverhandlungen über die üblichen Lohnsatzsteigerungen oder für Arbeitszeitverkürzungen mit Lohnausgleich, die rechnerisch eine Lohnsatzerhöhung zur Folge haben. Angesichts der hohen Arbeitslosigkeit sind die Gewerkschaften seit 1994 bereit, in ihren Forderungen auf Arbeitszeitverkürzungen auf den vollen Lohnausgleich zu verzichten. Als Gegenleistung wird von den Unternehmen der Verzicht auf betriebsbedingte Kündigungen erwartet („Lohnverzicht gegen Beschäftigungssicherung").

Die **Arbeitgeberseite** setzt den Schwerpunkt in der Arbeitszeitpolitik auf die **Flexibilisierung der Arbeitszeit**. Nachfrageschwankungen sollen durch flexible Arbeitszeitregelungen aufgefangen werden (auftragsabhängige bzw. kundenfrequenzorientierte Arbeitszeit), Arbeitszeiten und Maschinenlaufzeiten sollen so entkoppelt werden, dass eine möglichst hohe Auslastung der Maschinen (kapazitätsorientierte Arbeitszeit) gewährleistet ist, teure Überstunden vermieden werden, aber auch Entlassungen nicht notwendig sind. Während der Kosteneinsparungseffekt der Flexibilisierung auf der Hand liegt, ist der Beschäftigungseffekt umstritten. Zunächst einmal wird durch die Anpassung der Arbeitszeiten an die betriebsorganisatorischen Bedingungen die Arbeitsproduktivität erhöht und Arbeitskräfte werden eingespart. Aus unternehmerischer Sicht ergibt sich ein indirekter Beschäftigungseffekt aus der günstigen Kostenentwicklung: Wenn durch die bessere Auslastung der Maschinen die Stückkostenentwicklung günstig gestaltet werden kann, erhöht dies die Wettbewerbsfähigkeit der Unternehmen mit beschäftigungssichernder bzw. beschäftigungssteigernder Wirkung.

Der erhebliche Anstieg der Arbeitslosigkeit seit der Jahrtausendwende auf 5 Millionen zu Beginn des Jahres 2006 hat zu einer **Trendwende** in der Arbeitszeitpolitik geführt. Der globalisierungsbedingte Kostendruck (vgl. Abschnitt 4.5.2.4.6) hat eine Rationalisierungswelle und arbeitsplatzsparende Fusionen ausgelöst, die einen hohen Produktivitätsanstieg und bei Lohnsteigerungen unterhalb dieses Verteilungsspielraumes eine Senkung der Lohnstückkosten zur Folge hatten. Statt Arbeitsverkürzung wurde von den Arbeitnehmern eine **Arbeitszeitverlängerung** ohne Lohnausgleich erwartet, d. h. bei gleichzeitigen Preissteigerungen ein Reallohnverzicht gegen Verzicht auf betriebsbedingte Kündigungen.

Erst mit der Beschleunigung des Wachstums (2,7%) im Wirtschaftsaufschwung 2006 hat sich der Trend am Arbeitsmarkt verbessert und zu sinkenden Arbeitslosenzahlen geführt. Mitte des Jahres 2007 wurde bereits nachdrücklich der Mangel an qualifizierten Fachkräften beklagt.

4.5.2.4 Strukturelle Arbeitslosigkeit und strukturorientierte Arbeitsmarktpolitik

4.5.2.4.1 Arbeitslosigkeit im Strukturwandel

Strukturelle Arbeitslosigkeit soll hier begriffen werden als Arbeitslosigkeit in **Teilbereichen** einer Volkswirtschaft, die durch Einflußfaktoren des Strukturwandels ausgelöst wird. Demzufolge ist strukturelle Arbeitslosigkeit ein äußerst komplexes Phänomen, dessen konkrete Erscheinungsformen so vielfältig sind wie die Bestimmungsfaktoren des **Strukturwandels**. Dies kann an einigen Beispielen verdeutlicht werden:

- Wenn durch den Eintritt geburtenstarker Jahrgänge in das Erwerbsleben oder durch einen positiven Wanderungssaldo (Zuzug von Ausländern und Aussiedlern) das Erwerbspersonenpotential stark ansteigt, folgt daraus eine Belastung für den Arbeitsmarkt, die mit demographisch bedingter Arbeitslosigkeit verbunden sein kann.

- Die Durchsetzung technologischer Neuerungen betrifft die einzelnen Wirtschaftszweige unterschiedlich. Der Freisetzungseffekt konzentriert sich auf Industriebranchen, in denen ein hoher Automatisierungsgrad durchgesetzt werden kann. Demgegenüber erfolgt eine Kompensation durch neue Arbeitsplätze im Dienstleistungssektor (technologische/sektorale Komponente).
- In Verbindung mit der Durchsetzung neuer Technologien ist eine Anhebung der Qualifikationsanforderungen zu beobachten („Höherqualifizierungsthese"). „Rationalisierungsgewinner" sind die Höherqualifizierten, während wenig qualifizierte oder nicht mehr qualifizierbare Arbeitnehmer zu den „Rationalisierungsverlierern" gehören (qualifikatorische Komponente).
- Die branchenmäßigen Unterschiede in der Arbeitslosigkeit wirken sich auch auf die Region aus, je nachdem, welche Branchen in dieser Region vertreten sind. Da die Mobilität im Austausch der Produktionsfaktoren zwischen den Regionen begrenzt ist, ergibt sich eine regionalspezifische Arbeitslosigkeit.
- In einem durch Exporte, Importe und Kapitalbewegungen international stark eingebundenem Land wie der Bundesrepublik Deutschland kommt außenwirtschaftlichen Bestimmungsfaktoren des Beschäftigungsniveaus bzw. der Arbeitslosigkeit verstärkte Bedeutung zu. Klassische Beispiele außenwirtschaftlicher „Schocks" waren die Ölkrisen der 70er und beginnenden 80er Jahre. Als „Angebotsschock" wird auch die drastische Veränderung der Angebotsveränderungen in der Weltwirtschaft interpretiert, die mit dem Begriff „Globalisierung" verbunden ist (internationale Komponente).

4.5.2.4.2 Die demographische Komponente

In den 80er Jahren und noch zu Beginn der 90er Jahre ist in der Bundesrepublik Deutschland das **Erwerbspersonenpotential** angestiegen, d. h. die Zahl der Menschen, die zusätzlich auf dem Arbeitsmarkt als Nachfrager nach einem Arbeitsplatz auftraten. Ursächlich dafür waren folgende demographischen Entwicklungen: Eintritt geburtenstarker Jahrgänge in das Erwerbsleben, **Zuwanderungsüberschüsse** von Ausländern und die steigende Frauenerwerbsquote in Westdeutschland. Da trotz ansteigender Beschäftigung in dieser Zeit nicht die erforderlichen zusätzlichen Arbeitsplätze geschaffen werden konnten, ergab sich eine demgraphisch bedingte Komponente der Arbeitslosigkeit. Um die Schere zwischen Potential und Bedarf möglichst gering zu halten, wurden immer wieder Maßnahmen zur **Verringerung des Arbeitskräftepotentials** diskutiert und durchgeführt. Vorruhestandsregelungen, Altersteilzeit, Anwerbestop für Ausländer, Rückkehrbeihilfen für Ausländer, Änderung des Asylrechts, Umschulungen, Eingliederungs- und Mobilitätsbeihilfen gehören zum Katalog dieser Maßnahmen, die teilweise umstritten sind, da sie nicht nur wirtschaftliche Sachverhalte berühren.

Für die Zukunft wird wegen der niedrigen und noch weiter sinkenden Geburtenraten und der Begrenzung der Zuwanderung ein Rückgang des Angebots an Arbeitskräften erwartet.

4.5.2.4.3 Die technologische und sektorale Komponente

Technische Neuerungen in der Form, dass völlig neue Produkte geschaffen werden (**Produktinnovation**), können zum Verschwinden „alter" Produktgruppen am Markt führen. Technische Neuerungen in Form leistungsfähigerer Produktionsverfahren (**Prozeßinnovation**) führen vorzugsweise zur Einsparung von Arbeitskraft. Dieser **Freisetzungseffekt** kann durch Impulse zur Mehrproduktion kompensiert werden, die vom technischen Fortschritt mittelbar ausgelöst werden: Wenn die neuen Technologien zu

Kostensenkungen und einer Verbilligung der Produktion führen, kann eine Absatzausweitung ausgelöst werden, die zu Mehrbeschäftigung führt (**Kompensationseffekt**). In vielen Einzelfallstudien sind die arbeitsplatzsparenden Wirkungen neuer Technologien und neuer Formen der Arbeitsorganisation (**Lean Production**) nachgewiesen worden. Diese Studien sind hinsichtlich der Verallgemeinerung ihrer Ergebnisse problematisch, da sie meist nur den direkt beobachteten Freisetzungseffekt am unmittelbaren Ort des Technikeinsatzes erfassen, die indirekten Kompensationseffekte aber nicht berücksichtigen, zumal diese von anderen schwer isolierbaren Einflussfaktoren (z.B. internationale Wettbewerbsfähigkeit) abhängen.

Charakteristisch für die Beschäftigungsentwicklung in den einzelnen **Sektoren** auf längere Sicht ist der Verlust von Arbeitsplätzen im „Primären Sektor“ (Landwirtschaft, Fischerei und Forstwirtschaft) und im „Sekundären Sektor“ (warenproduzierendes Gewerbe), während im „Tertiären Sektor“ (private und staatliche Dienstleistungen) die Beschäftigung ansteigt. Diese Entwicklung ist allerdings nicht nur auf die hohen Produktivitätsfortschritte im sekundären Sektor zurückzuführen, sondern durch Nachfrageverlagerungen auf den **Dienstleistungssektor** zu erklären.

Inwieweit der Staat durch branchenspezifische Maßnahmen in Form von Subventionen und Steuervergünstigungen in diesen Prozeß des Strukturwandels eingreifen soll, ist umstritten. In einem auf Wettbewerb beruhenden marktwirtschaftlichen System kann es nicht die Aufgabe des Staates sein, nicht wettbewerbsfähige Arbeitsplätze zu schützen. Aus sozialen Erwägungen wird aber in der Regel der Strukturwandel durch staatliche Maßnahmen begleitet, um eine reibungslose Anpassung zu ermöglichen und Härten zu vermeiden. Bei **Anpassungsmaßnahmen** in Form von Beihilfen für Produktionsumstellungen, Lohnkostenzuschüssen und Umschulungen von Arbeitnehmern soll den Unternehmen eine erfolgreiche Anpassung an den sich ändernden Bedarf und neue Produktionsbedingungen ermöglicht werden. Grundsätzlich führen solche Maßnahmen zu einer Verlangsamung des Anpassungsprozesses, wie er sonst durch die Marktlage bzw. durch den technischen Fortschritt erzwungen würde. Als Beispiele können der Steinkohlebergbau und der landwirtschaftliche Sektor genannt werden, in denen durch staatliche Subventionen im großen Umfang (Stillegungsprämien, Umstellungsbeihilfen, Preisstützungsmaßnahmen, Übernahme von Soziallasten, Investitionshilfen, Bürgschaften) vom Markt erzwungene Vorgänge verzögert, bzw. die wirtschaftlichen Lasten vom Staat übernommen werden. Die Gefahr einer Subventionierung der Verlangsamung von Anpassungsvorgängen liegt darin, dass die Anpassungsmaßnahme zur **Erhaltungsmaßnahme** wird und Strukturen erhalten werden, die unter rein wirtschaftlichen Gesichtspunkten nicht zu rechtfertigen sind. Positive Beschäftigungsimpulse können von **Entwicklungsmaßnahmen** ausgehen. Dabei handelt es sich um die Förderung von Wirtschaftszweigen, in denen zukunftsträchtige Entwicklungen vor allem in technischer Hinsicht ablaufen, die aber mit einem hohen wirtschaftlichen Risiko verbunden sind. Maßnahmen in diesem Bereich laufen auch unter der Bezeichnung Forschungs- und Technologiepolitik.

4.5.2.4.4 Die qualifikatorische Komponente

Projektionen über den zukünftigen Qualifikationsbedarf zeigen, dass sich der Trend zu höheren Qualifikationsanforderungen aus zwei Gründen fortsetzen wird: Zum einen nehmen die Tätigkeiten zu, die relativ hohe Anteile an qualifizierten Arbeit aufweisen, zum anderen besteht in den Betrieben die Tendenz, verfügbare Arbeitsplätze mit Personen höherer Qualifikation zu besetzen. Zur Anpassung an diese Entwicklung und zur Vermeidung von Arbeitslosigkeit wegen unzureichender Qualifikation dient die **„Qualifizierungsoffensive“** durch Fortbildung und Umschulung der Bundesagentur für Arbeit und betriebliche Fortbildung der Wirtschaft. Durch diese Maßnahmen sollen berufliche Kenntnisse erhalten, erweitert oder der technischen Entwicklung angepaßt werden und die berufliche Beweglichkeit gesichert und verbessert werden, um den Übergang in andere berufliche Tätigkeiten mit neuen Inhalt zu ermöglichen.

Während Maßnahmen zur Verbesserung der beruflichen und räumlichen Mobilität nicht umstritten sind und als **„flankierende Arbeitsmarktpolitik"** auch in der Konzeption der angebotsorientierten Wirtschaftspolitik auftauchen, ist die spezielle Subventionierung des Arbeitseinsatzes durch **Arbeitsbeschaffungsmaßnahmen** (ABM) der Kritik aus marktwirtschaftlicher Sicht ausgesetzt. Diese Maßnahmen werden als „marktinkonform" bezeichnet, die häufig einen Mitnahmeeffekt auslösen: Obwohl eine Förderung nur für zusätzliche Arbeiten gewährt wird, kann nicht ausgeschlossen werden, dass Förderungsmittel für Maßnahmen beansprucht werden, die letztlich auch ohne Förderung durchgeführt worden wären. Andererseits wird darauf hingewiesen, dass insbesondere längerfristige Arbeitslose schwer vermittelbar und auf Arbeitsbeschaffungsmaßnahmen angewiesen sind. Wegen der zeitlichen Befristung dieser Maßnahmen läuft das ABM-Modell ohnehin auf einen **„temporären Ersatzarbeitsmarkt"** hinaus. Der **„zweite Arbeitsmarkt"** kann als sozialpolitisches Instrument zur Eingliederung leistungsgeminderter Arbeitsloser ins Berufsleben angesehen werden. Damit tritt der sozialpolitische Aspekt gegenüber dem beschäftigungspolitischen Anspekt in den Vordergrund.

4.5.2.4.5 Die regionale Komponente

Bei der regionalen Arbeitslosigkeit handelt es sich um die Auswirkungen der übrigen Komponenten der strukturellen Arbeitslosigkeit auf eine bestimmte Region, die vor allem durch eine **einseitige Wirtschaftsstruktur** aufgrund stagnierender Wirtschaftszweige gekennzeichnet ist. Derartige Unterschiede sind allerdings nicht nur wirtschaftlich bedingt, sondern auch geographisch, historisch oder politisch wie bspw. die Benachteiligung der früheren „Zonenrandgebiete" oder die Strukturschwäche der neuen Bundesländer auf dem Gebiet der ehemaligen DDR (vgl. Tab. 2).

Tab. 2 Regionale Verteilung der Arbeitslosigkeit (Jahresdurchschnitt 2007)

Land	Arbeitslosenquote (in % aller Erwerbspersonen)
Mecklenburg-Vorpommern	16,5
Sachsen-Anhalt	16,0
Berlin	15,5
Brandenburg	14,9
Sachsen	14,7
Thüringen	13,2
Bremen	12,7
Nordrhein-Westfalen	9,5
Hamburg	9,2
Niedersachsen	8,9
Saarland	8,4
Schleswig-Holstein	8,4
Hessen	7,6
Rheinland-Pfalz	6,5
Bayern	5,9
Baden-Württemberg	4,9

Quelle: Bundesagentur für Arbeit

Durch Maßnahmen der **regionalen Strukturpolitik** wird versucht, die Unterschiede in den wirtschaftlichen, sozialen und kulturellen Lebensbedingungen in den einzelnen Regionen mit dem Ziel „Schaffung gleichwertiger Lebensbedingungen in allen Teilräumen" zu beeinflussen. Die vom Bund und den Ländern getragene **Gemeinschaftsaufgabe** „Verbesserung der regionalen Wirtschaftsstruktur" sieht Fördergebiete vor, in denen neben der Schaffung von Arbeitsplätzen und Wohnungen vor allem Maßnahmen der Infrastruktur, insbesondere die verkehrsmäßige Erschließung und die Bereitstellung von sozialen und kulturellen Einrichtungen vorgesehen sind. Auch die Verbesserung der Umweltbedingungen in den Regionen ist Bestandteil dieses Programms.

Gemeinschaftsaufgaben der regionalen Strukturpolitik in einer völlig neuen Größendimension stellen sich durch die strukturellen Probleme der deutschen Einheit. Die neuen Bundesländer weisen einen Rückstand in der wirtschaftlichen Entwicklung auf, der sich vor allem in der vergleichsweise niedrigen Produktionsleistung je Erwerbstätigen (Arbeitsproduktivität) niederschlägt. Um die Wettbewerbsfähigkeit der Wirtschaft in Ostdeutschland zu sichern, müssen Prozeßinnovationen mit produktivitätssteigernder Wirkung durchgesetzt werden. Der zwangsläufig mit diesem Prozeß verbundene Freisetzungseffekt (Aufdeckung **verdeckter Arbeitslosigkeit**) erfordert aus sozialen Gründen Anpassungsmaßnahmen, deren Finanzierungsbedarf weit über die bisherigen Hilfen für Problemgebiete hinausgeht.

4.5.2.4.6 Die internationale Komponente

Die internationale Komponente des Beschäftigungsproblems steht in einem engen Zusammenhang mit dem Prozess der **Globalisierung**. Die zunehmende weltwirtschaftliche Verflechtung über Handels-, Kapital- und Technologieströme, die durch neue Kommunikations- und Informationstechnologien beschleunigt wird, hat zu einem verschärften Wettbewerbsdruck geführt. Dadurch ausgelöst werden Rationalisierungsprozesse, die insbesondere geringqualifizierte Arbeitskräfte betreffen. Chancen ergeben sich aus Unternehmersicht in der Erschließung neuer Märkte und Ressourcen (gegebenenfalls auch durch Produktionsverlagerungen ins Ausland) und kostengünstigere Kapitalbeschaffung. Für den Verbraucher können sich preisgünstigere Produkte mit einer größeren Angebotsvielfalt ergeben. Die Risiken bestehen demgegenüber in einem weltweiten Verdrängungswettbewerb durch Kostendruck mit der Folge schwer kontrollierbarer globaler Unternehmenszusammenschlüsse zu multinationalen Großkonzernen, unkontrollierbaren Kapitalbewegungen und Infragestellung sozialer Sicherungssysteme durch den internationalen Lohnkosten- bzw. Standortwettbewerb. Gegenmaßnahmen, wie internationale Kapitalverkehrskontrollen, Erhebung einer Spekulationssteuer, internationale Fusionskontrolle und Vereinbarung ökologischer und sozialer Mindeststandards stoßen vor allem auf das Problem, dass sie international schwer durchsetzbar sind, denn es darf keine Ausnahmen geben, weil sonst die Maßnahmen nicht wirksam werden.

Literaturhinweise

Friedrich, H./Wiedemeyer, M.: Arbeitslosigkeit – ein Dauerproblem. Dimensionen – Ursachen – Bewältigungsstrategien, 3. Aufl., Verlag Leske + Budrich, Opladen 1998 (Lehrbuch mit Schaubildern und Tabellen zur Veranschaulichung; ausführliches Literaturverzeichnis).

Sachverständigenrat zur Begutachtung der gesamtwirtschaftlichen Entwicklung, Jahresgutachten 2007/2008, 6. Kapitel, Arbeitsmarkt, 7. 11. 2007.

4.6 Schattenwirtschaft
Renate Harter-Meyer

Seit den siebziger Jahren verstärkt sich in der Bundesrepublik Deutschland die Diskussion um ein Phänomen, das nicht neu ist, aber in der gegenwärtigen wirtschaftlichen und gesellschaftlichen Situation eine neue Qualität gewinnt:

Immer mehr Menschen befreien sich aus dem dichter werdenden Netz einer hoch administrierten „offiziellen" Wirtschaft. Ihre ökonomischen Aktivitäten vollziehen sich nicht mehr im „Licht" der offiziellen Wirtschaft, sondern in dem „Schatten-Bereich".

Die kontrovers geführte Diskussion um die Schattenwirtschaft weckt intensive Emotionen und Bewertungen, die im folgenden näher untersucht werden sollen.

Zur Kennzeichnung der Schattenwirtschaft gibt es eine Anzahl verschiedener Begriffe:

Schwarzarbeit, Eigenarbeit, Alternativökonomie, Subsistenzwirtschaft, Hausarbeit, Wirtschaftskriminalität, Steuerhinterziehung, Schwarzhandel, illegale Beschäftigung, Selbsthilfe, Bürgerinitiative, Nebentätigkeit, Heimarbeit, Leiharbeit, Dualwirtschaft, informelle Wirtschaft u. a. m.

Die vielschichte Begrifflichkeit markiert unterschiedliche Erkenntnisinteressen, Wertungen und eine intensive Auseinandersetzung um gesellschafts- und wirtschaftspolitische Ziele.

Welche Ziele verfolgen diejenigen, die im Bereich der Schattenwirtschaft tätig sind?

Wie ist die Schattenwirtschaft aus gesellschaftlicher, volkswirtschaftlicher, antropologischer und demokratischer Sicht zu bewerten?

Folgende Sichtweisen sind von zentraler Bedeutung:

(1) *Schattenwirtschaft als (notwendige) Ergänzung des bestehenden Wirtschaftssystems*

Aus dieser Sichtweise heraus ergeben sich in erster Linie Fragen nach der ökonomischen Rationalität, vor allem der Wirksamkeit wirtschafts- und fiskalpolitischer Maßnahmen und Ziele. Als Abgrenzungskriterium von offizieller Ökonomie und Schattenwirtschaft gilt die Erfassung der ökonomischen Aktivitäten in der Bruttosozialproduktrechnung. Beispiel: Hausarbeit.

(2) *Schattenwirtschaft als Chance (Notwendigkeit) einer alternativen Arbeits- und Lebensform in einer demokratisch verfaßten Gesellschaft*

Aus dieser Sichtweise heraus ergeben sich Fragen nach dem Sinn schattenwirtschaftlicher Tätigkeit für die Entwicklung des Individuums und der Gesellschaft in Richtung auf eine Weiterentwicklung demokratisch organisierter Arbeits- und Lebensvollzüge. Beispiel: alternative Betriebe.

(3) *Schattenwirtschaft als Bereich illegaler Beschäftigung*

Aus dieser Sichtweise ergibt sich die sich Frage, inwieweit der Staat bzw. die Bürgerinnen und Bürger weiterhin bereit sind, Arbeitsverhältnisse zu tolerieren, die dem Staat Steuern und dem Sozialversicherungssystem Beiträge vorenthalten und damit den Schutz der Arbeitnehmer vor Krankheit, Erwerbsunfähigkeit und Alter verringern sowie dem legalen Arbeitsmarkt Arbeitsplätze entziehen.

Für die weiteren Überlegungen ist zunächst deutlich festzuhalten:

Jeder Versuch, die Schattenwirtschaft als ein homogenes Ganzes mit einer eingenen Logik zu definieren, verschleiert die unterschiedlichen Entstehungsgrade und Zielsetzungen der einzelnen Erscheinungsformen, die entweder im Rahmen der offiziellen Wirtschaft, außerhalb oder teilweise außerhalb der offiziellen Ökonomie existieren. Es ist deshalb notwendig, die einzelnen Erscheinungsformen möglichst klar zu unterscheiden und pauschale Bewertungen zu vermeiden.

In Anknüpfung an den Begriff „Schatten-Wirtschaft" basieren die weiteren Überlegungen auf der Erkenntnis, dass Licht und Schatten untrennbar miteinander verbunden sind, dass es sich um die Vor- und Rückseite derselben Medaille handelt und dass eins ohne das andere nicht denkbar ist. Es handelt sich um ein **polares Aufeinanderbezogensein.**

Aus dieser Erkenntis heraus verbietet sich jedes Schwarz-Weiß-Denken und Entweder-oder-Denken. Im Mittelpunkt der Überlegungen steht vielmehr das Kriterium des Sich-Ergänzens und der Erweiterung individueller und kollektiver Handlungsspielräume und die Bekämpfung illegaler Beschäftigung, vor allem der Schwarzarbeit.

Ich werde in dem sich anschließenden Kapitel zunächst **zentrale Formen** der Schattenwirtschaft näher kennzeichnen.

Im zweiten Kapitel werde ich drei zentrale **Erklärungsansätze** zur Entstehung und Entwicklung der Schattenwirtschaft skizzieren.

Im dritten Kapitel geht es um zentrale Aspekte einer **Bewertung** der verschiedenen Formen schattenwirtschaftlicher Aktivitäten.

4.6.1 Zentrale Formen der Schattenwirtschaft

Bei aller Schwierigkeit der Abgrenzung schattenwirtschaftlicher Aktivitäten erscheint es sinnvoll, folgende Bereiche zu unterscheiden:

- Hausarbeit

  Es handelt sich um die Eigenproduktion von Gütern und Dienstleistungen zur Bedürfnisbefriedigung der Personen, die in einem Haushalt gemeinsam leben.

- Gemeinschaftliche Produktion und Selbsthilfe

  Es geht ebenfalls um eine Haushaltsproduktion, die jedoch nicht nur auf den Haushalt selbst bezogen ist, sondern über die Haushaltsgrenzen hinweg wirkt, z. B. Nachbarschaftshilfe beim Bau eines Eigenheims, gemeinschaftliche Kinderbetreuung, ehrenamtliche Vereinsarbeit.

- Arbeit in alternativen Betrieben

  Es handelt sich um Betriebe, die z. B. spezielle Formen gemeinschaftlicher Arbeit oder Gewinnbeteiligung praktizieren und eine Alternative zur vorherrschenden Art der Betriebsführung darstellen.

- Illegale Beschäftigung und Schwarzarbeit

  Zu unterscheiden sind illegale Tätigkeiten, z. B. Drogenhandel, Hehlerei – Wirtschaftskriminalität im engeren Sinne – und Aktivitäten, die grundsätzlich legal sind, jedoch durch eine illegale Hinterziehung von Steuern und Sozialversicherungsbeiträgen zu kennzeichnen sind.

  Die geschätzte **Wertschöpfung der Schattenwirtschaft** lag nach Schätzungen des Instituts der Deutschen Wirtschaft 2006 bei 340 Mio. €. Dieser Betrag gliedert sich wie folgt:

  Schwarzarbeit (bar entgoltener Arbeitseinsatz): 136 Mio.
  Illegale Geschäfte wie Drogen und Glücksspiel: 95 Mio.
  Materialeinsatz ohne Rechnung bei der Schwarzarbeit: 75 Mio.
  Bereits im Bruttosozialprodukt enthaltene Wertschöpfung wie statistisch nicht erfasste landwirtschaftliche Produkte: 34 Mio.
  (Institut der Deutschen Wirtschaft (Hrsg.) iwd Nr. 11 vom 15. 3. 2007, S. 5)

4.6.1.1 Hausarbeit

Hausarbeit ist eine gesellschaftlich notwendige Arbeit, die in der Bruttosozialproduktrechnung nicht erfaßt wird. Sie beschränkt sich nicht allein auf wirtschaftliche Tätigkeiten, sondern wird entscheidend bestimmt durch ihre generative Funktion sowie ihre Sozialisations- und Erziehungsfunktion. In bezug auf die Erwerbsarbeit sowie die erheblich verlängerten Ausbildungszeiten hat die Hausarbeit eine wichtige Regenerationsfunktion.

Hausarbeit ist gekennzeichnet durch eine starke Verbindung materieller, sozialer und emotionaler Aspekte. Sie ist vermischtes Tun, das nur begrenzt austauschbar ist. Augenfällig ist das für die Erziehung der Kinder. Für ihre befriedigende Entwicklung ist eine kontinuierliche (begrenzte) Verfügbarkeit der primären Bezugspersonen außerordentlich wichtig.

Hausarbeit als ganztägige Arbeit wird fast ausschließlich von Frauen ausgeübt – ohne Entgelt und eigenständige soziale Sicherung. Neuere Untersuchungen belegen deutlich, dass der geschlechtsspezifische Charakter der Hausarbeit keineswegs mit der „natürlichen“ Eignung der Frau in Zusammenhang steht, sondern dass er das Ergebnis einer historischen Entwicklung ist, die in anderen Kulturen anders verlaufen ist (Methfessel, 2006; Fuchs, 2005).

Entscheidend für den derzeitigen Charakter der Hausarbeit war die Entwicklung einer Arbeitsteilung, bei der Haus- und Erwerbsarbeit räumlich voneinander getrennt wurden und damit der ganzheitliche Charakter der Arbeit verlorenging. Das aus vielen Untersuchungen belegte Gefühl einer starken Isolierung der Hausfrau vom wirtschaftlichen und gesellschaftlichen Leben dokumentiert die Trennung von Lebenswelten – vor allem bei der Hausarbeit in einer Kleinfamilie.

Die einseitige Begrenzung der Frau auf eine Hausarbeit, die gesellschaftlich unterbewertet und mit einem hohen Maß an Machtlosigkeit verbunden ist, kann als die Vorherrschaft eines männlichen „Mythos“ gedeutet werden, der heute von der großen Mehrheit der Frauen und zunehmend auch von Männern in Frage gestellt wird.

Die große Mehrheit der Mädchen und Frauen will Haus- **und** Erwerbsarbeit miteinander in Verbindung bringen und fordert den Abbau einer geschlechtsspezifischen Arbeitsteilung sowie die Erprobung alternativer Formen der Teilung von Haus- und Erwerbsarbeit im gesamten Lebensvollzug (Shell Deutschland, 2006, 36–38).

Hausarbeit stellt sich zusammenfassend dar als eine gesellschaftlich notwendige Arbeit, die von großer Bedeutung für die Persönlichkeitsentwicklung ist. Das gilt nicht nur für den Haushalt mit Kindern. In ihrer Bedeutung als **Beziehungsarbeit** ist sie nicht beliebig ersetzbar durch verschiedene Personen. Ähnliches gilt für die Zeitstrukturen dieser Arbeit. Bei der Pflege und Erziehung von Kindern, Kranken und Behinderten wird deutlich, dass auch die Zeitstrukturen nicht beliebig variabel und planbar sind.

Wegen dieser Besonderheiten ist es sinnvoll, die Hauarbeit von der Eigenarbeit zu trennen. Eigenarbeit – die in erster Linie von Männern erbracht wird – ist nicht notwendig Beziehungsarbeit mit flexiblen Arbeitszeitstrukturen.

4.6.1.2 Gemeinschaftliche Produktion und Selbsthilfe

Als **Eigenarbeit** sind im folgenden alle Tätigkeiten einzelner Personen und Haushalte im Bereich des sog. „Heimwerkens“ zu verstehen. Der Begriff des „Do-it-yourself“ wird für diesen Tätigkeitsbereich vielfach verwendet.

Zwischen den Do-it-yourself-Tätigkeiten und dem Bau bzw. der Instandhaltung eines Eigenheims bzw. einer Eigentumswohnung gibt es einen engen Zusammenhang. Man geht heute davon aus, dass jedes dritte Haus mit einer „Muskelhypothek", d.h. mit einem beträchtlichen Anteil an Eigenleistung gebaut wird.

Auch für diejenigen, die zur Miete wohnen, gilt eine anspruchsvolle Heimwerkerausrüstung als Statussymbol.

Eigenarbeit ermöglicht einem Teil der Bürger den Konsum von Gütern, die sonst zu teuer wären, z. B. den Kauf eines Eigenheims. Damit vergrößert Eigenarbeit die Wahlmöglichkeiten des Individuums und der Haushalte.

Eigenarbeit ermöglicht weiterhin kreatives handwerkliches und künstlerisches Tun. Die Herstellung eines Gebrauchgutes nach eigenen Vorstellungen eröffnet z. B. die Chance zu einer stärker individuell gestalteten Wohnumwelt in einer durch Konformität geprägten Konsumwelt. Angesprochen ist hier das Bedürfnis nach Individualität in einer von Massenmedien geprägten Gesellschaft.

In engem Zusammenhang zur Eigenarbeit steht die **gemeinschaftliche Selbsthilfe**, die gegenseitige Hilfe von Familienmitgliedern, Nachbarn, Bekannten und Freunden. Sie erfolgt vielfach unentgeltlich.

Eine starke Bedeutung hat die Selbsthilfe bei der Betreuung kleiner Kinder gefunden. Sie eröffnet Müttern und Kindern, die in Kleinfamilien leben, Kommunikations- und Handlungsspielräume, die für die Entwicklung der Persönlichkeit unerläßlich sind.

Die gemeinschaftliche Selbsthilfe versucht eine Lücke zu schließen, die durch die derzeit vorrangige Form des Familienlebens in einer Kleinfamilie und das unzureichende Angebot an Hort- und Kindergartenplätzen sowie Ganztagsschulen durch die öffentlichen Hände entsteht.

Von der gemeinschaftlichen Selbsthilfe sind die **organisierten Selbsthilfegruppen** im sozialen und Gesundheitsbereich zu unterscheiden. Zu nennen sind z. B. die Anonymen Alkoholiker (AA), Selbsthilfegruppen der Sozialhilfeempfänger, Elternkreis drogenabhängiger Kinder, Kulturtreff Nord, Bürger gegen Tierversuche, Elterninitiative für eine freie Schule.

Die organisierten Selbsthilfegruppen entstehen zum einen als autonome soziale Kraft und zum anderen aufgrund der Hilfestellung von Fachleuten (Psychotherapeuten, Ärzten, Politikern, Sozialarbeitern), die mit den Strukturen des herrschenden Systems unzufrieden sind und die Grenzen einer Veränderung von innen heraus sehen.

Die organisierten Selbsthilfegruppen sind eine Reaktion von Betroffenen auf Defizite und Unzulänglichkeiten, z. B. in den Bereichen Gesundheit, soziale Dienste, Umweltschutz, Bildung und Kultur.

Sie werden zum Teil durch die öffentlichen Hände, in der Regel von den Gemeinden, sachlich und finanziell gefördert, z. B. durch die unentgeltliche Nutzung von Räumen oder direkte Zuwendungen. In Einzelfällen erfolgt finanzielle Hilfe durch private Unternehmen oder Stiftungen. Insofern entsteht eine Verbindung zwischen dem Bereich der Schattenwirtschaft und der offiziellen Wirtschaft. Der weitaus größte Teil der Leistungen, vor allem die personellen Leistungen, werden durch die Mitglieder der Gruppe erbracht und gehen nicht in die Bruttosozialproduktrechnung ein.

4.6.1.3 Illegale Beschäftigung und Schwarzarbeit

Schwarzarbeit hat seit 1975 erheblich zugenommen, verringerte sich jedoch durch das neue Schwarzarbeitsbekämpfungsgesetz aus dem Jahre 2004. Während die Schwarzarbeit im Jahre 1975 bei 5,75% des Bruttosozialprodukts lag, in den Jahren 1990 und 2001 bei 12,2% bzw. 16% ist im Jahre 2006 von 14,9% auszugehen (Globus Kartendienst Nr. 1080 vom 15. 12. 2006).

Experten weisen darauf hin, dass die Erhöhung der Mehrwertsteuer zum 1. 1. 2007 erneut zu einem Anstieg der Schwarzarbeit führen könnte.

Im internationalen Vergleich liegt Deutschland nach Schätzungen für 2007 mit 14,9% im Mittelfeld der OECD-Staaten. Die höchsten Prozentanteile haben die EU-Staaten Griechenland (25,1%), Italien (22,3%), Spanien (19,3%) und Portugal (19,2%). Die niedrigsten Prozente weisen die USA (7,2%), die Schweiz (8,2%), Japan (9,0%) und Österreich auf (9,8%). Zu berücksichtigen ist bei diesen Daten die Schwierigkeit, aussagefähige Daten zu ermitteln (Globus Kartendienst Nr. 1153 vom 25. 1. 2007).

Schwarzarbeit tritt in vielfältiger Form auf. In der öffentlichen Diskussion ist in erster Linie die Arbeit von Handwerkern und Arbeitern angesprochen, die nach der regulären Erwerbsarbeit ihre Arbeitskraft den privaten Haushalten zur Verfügung stellen – vielfach mit Wissen des Betriebes, in dem sie beschäftigt sind. Die Bezahlung erfolgt „bar auf die Hand“ („nach BAT“) – ohne Zahlung von Steuern und Abgaben zur Sozialversicherung. Der Schwarzarbeiter erhält in der Regel netto einen höheren Stundenlohn. Diejenige Person, die den Auftrag zur Schwarzarbeit erteilt, muss erheblich weniger zahlen.

Bei den Kleinunternehmern ist in der Bewertung der Schwarzarbeit vielfach eine Doppelzüngigkeit zu beobachten. In formellen Versammlungen und in der Verbandspresse fordern sie die Unterbindung der Schwarzarbeit. Gleichzeitig tolerieren sie die Schwarzarbeit ihrer Mitarbeiter bzw. die eigene. Ein Grund für dieses Verhalten liegt darin, dass jeder davon ausgeht, dass abgelehnte Aufträge von der Konkurrenz angenommen werden und dass ohne Schwarzarbeit viele Aufträge wegen zu hoher Kosten unterbleiben würden.

Eine andere Spielart der Schwarzarbeit sind z. B. Nachhilfestunden, die von Lehrern außerhalb der Dienstzeit gegen Bezahlung erteilt werden – ohne Zahlung von Abgaben. Ähnliches gilt für Reinigungsarbeiten und Kinderbetreuung in privaten Haushalten.

Eine weitere Form der Schwarzarbeit bildet die Hinterziehung von Abgaben in Form von Transaktionen, die bar ausgeführt werden, um sich dem Finanzamt zu entziehen, mal in Form von Naturaltausch, mal in Form privater, jedoch als Betriebsausgaben verbuchter Ausgaben.

Untersuchungen belegen, dass sich Schwarzarbeit auf folgende, teilweise ineinandergreifende Bereiche konzentriert:

- Bauwirtschaft
- Handwerkliche Fertigung
- Reparaturhandwerk
- Dienstleistungen, wie z. B. Versicherungsvermittlung, Bildung, Reinigung, Frisieren, Gesundheit, Kinder- und Altenpflege, Schreibarbeiten (Schneider u. Enste, 2000).

Zu erwähnen bleiben die prinzipiell schwer zu kontrollierenden **immateriellen Schwarzleistungen**“ der freien Berufe (z. B. Anwälte, Architekten, Ärzte, Steuerberater) und spezieller Beamtengruppen, z. B. in Baudezernaten.

Nach einer Befragung von EMNID haben sich 2006 rund 13 Millionen Deutsche schwarz etwas dazu verdient.
Selbst schwarz gearbeitet haben insgesamt 20,7% der Befragten, 25,8% Männer und 16,9% Frauen.
Arbeiten schwarz erledigen lassen haben insgesamt 30,8% der Befragten, 35,4% Männer und 26,5% Frauen.
(Institut der Deutschen Wirtschaft (HRsg.) iwd Nr. 11 vom 15. 3. 2007, S. 5)

Am 23. Juli 2004 wurde das **Gesetz zur Bekämpfung der Schwarzarbeit und illegalen Beschäftigung** (Schwarzarbeitsbekämpfungsgesetz – SchwarzArbG) erlassen.

Nach § 2 SchwarzArbG leistet Schwarzarbeit, wer Dienste oder Werkleistungen erbringt oder ausführen lässt und dabei

1. als Arbeitgeber, Unternehmer oder sozialversicherungspflichtiger Selbständiger seine sich auf Grund von Dienst – oder Werkleistungen ergebenden sozialversicherungspflichtigen Melde-, Beitrags- oder Aufzeichnungspflichten nicht erfüllt,
2. als Steuerpflichtiger seine sich auf Grund von Dienst- oder Werkleistungen ergebenden steuerlichen Verpflichtungen nicht erfüllt,
3. als Empfänger von Sozialleistungen seine sich auf Grund von Dienst – oder Werkleistungen ergebenden Mitteilungspflichten gegenüber dem Sozialleistungsträger nicht erfüllt,
4. als Erbringer von Dienst- oder Werkleistungen seiner sich daraus ergebenden Verpflichtung zur Anzeige vom Beginn des selbständigen Betriebes eines stehenden Gewerbes ... nicht nachgekommen ist ...
5. als Erbringer von Dienst- und Werkleistungen ein zulassungspflichtiges Handwerk als stehendes Gewerbe selbstständig betreibt, ohne in der Handwerksrolle eingetragen zu sein ...

Wer Schwarzarbeit erbringt oder ausführen lässt muss mit einem Bußgeld rechnen. Kritiker weisen darauf hin, dass die Höhe des Bußgeldes zu geringe Anreize zur Vermeidung von Schwarzarbeit biete.

Zur Ermittlung von Schwarzarbeit ist in § 6 SchwarzArbG die Unterrichtung und Zusammenarbeit der zuständigen Behörden geregelt, u. a. der Zollverwaltung, der Finanzbehörden, Krankenkassen, Rentenversicherungsträger, Sozialämter und der Bundesagentur für Arbeit.

Wichtig sind vor allem Informationen über mögliche Verstöße gegen das Arbeitnehmerüberlassungsgesetz und das Arbeitnehmerentsendegesetz.

Die **Wirksamkeit des Schwarzarbeitsbekämpfungsgesetzes von 2004** dokumentieren folgende Zahlen für 2006 (2004):

Abschluss von Ermittlungsverfahren wegen Straftaten: 91 820 (56 900)
Abschluss von Ermittlungsverfahren wegen Ordnungswidrigkeiten: 54 087 (49 926)
Summe der Bußgelder: 46,4 Mio. € (264 500 €)
Schadenssumme im Rahmen der straf- und bußgeldrechtlichen Ermittlungen: 603 Mio. € (475 €) die
Summe der Geldstrafen: 19,8 Mio. € (8,9 Mio. €)
Summe der erwirkten Freiheitsstrafen in Jahren: 1123 (472).
www.zoll.de/ Schwarzarbeit: Stand 19. 3. 2007

Experten gehen davon aus, dass sich durch eine Reduzierung von Vorschriften für Unternehmen die Schwarzarbeit eindämmen lasse. Als Vorbild gelten u. a. Großbritannien, Irland und die USA mit wenig regulierten Arbeitsmärkten. Dagegen wird eingewandt, dass z. B. die geringe Schwarzarbeit in Österreich oder der Schweiz nicht mit dieser These zu erklären sind.

Eine Anzahl von Experten erwarten, daß durch eine weitere Ausweitung des Arbeitnehmer-Entsendegesetzes von 1996, das seit Mitte 2007 u. a. neben dem Baugewerbe auch die Gebäudereiniger erfasst, Schwarzarbeit eingedämmt würde.

Bei der zur Zeit (Mitte 2007) sehr kontrovers geführten Diskussion um einen Mindest- oder Kombilohn werden ebenfalls immer wieder die Auswirkungen auf eine mögliche Schwarzarbeit genannt. Verlässliche Daten sind hierzu schwer zu ermitteln. Es geht eher um die grundsätzliche Frage nach der Rolle des Staates und der Notwendigkeit von Regulierung bzw. Deregluierung im internationalen Wettbewerb.

4.6.1.4 Alternative Betriebe

Die Mitglieder alternativer Betriebe lehnen die bestehenden Formen des Arbeitens in einer kapitalistischen Wirtschaft ab. Ihre Kritik bezieht sich in erster Linie auf die Hierarchie der Betriebsorganisation, die starre Trennung von Arbeits- und Lebenswelt und einen auf individuellem Machtstreben basierenden Wettbewerb. Alternative Betriebe haben eine Tendenz zur Vernetzung und nicht zur Abgrenzung.

In alternativen Betrieben erfolgt in der Regel eine kollektive Verfügung über den Ertrag. Das Einkommen wird nach Bedarf und nicht nach Sachkompetenz oder betrieblicher Arbeitsaufgabe verteilt.

Alternative Betriebe gibt es vor allem in den Bereichen Handel und Verkehr sowie Bildung, Kultur, Medien und Sozialarbeit. Die Tätigkeiten konzentrieren sich auf den Umgang mit Menschen.

Die Mehrheit der alternativen Betriebe verfolgt das Ziel, **umwelt- und sozialverträgliche** Produkte herzustellen und zu verteilen.

Die alternativen Betriebe unterliegen denselben rechtlichen Bestimmungen wie die Betriebe in der offiziellen Wirtschaft und sind in der Bruttosozialproduktrechnung erfaßt. Sie haben in der Regel die Rechtsform einer GmbH oder Genossenschaft.

Der Anteil der alternativen Betriebe an allen Betrieben liegt im Durchschnitt bei 0,5–1%.

Die Schwierigkeiten der alternativen Betriebe liegen darin, dass sie sich einerseits einer komplexen, offenen Lebenswelt zugehörig fühlen und sich andererseits dem herrschenden ökonomischen System mit seinen zweckrationalen Handlungsmaximen anpassen müssen.

Diese Ambivalenz ist ein Grund dafür, dass ein hoher Prozentsatz der Beschäftigten nur eine begrenzte Zeit in alternativen Betrieben arbeitet und Betriebsschließungen in einem überdurchschnittlich hohen Prozentsatz zu beobachten sind.

Zentrale Probleme alternativer Betriebe sind Schwierigkeiten bei der Kapitalbeschaffung und Besteuerung sowie die Umsetzung des Anspruchs herrschaftsfreier und selbstbestimmter Arbeitsgestaltung.

Für den überwiegenden Teil derjenigen, die in alternativen Betrieben arbeiten, stellt diese Art ökonomischer Tätigkeit eine Form dar, die ihren Bedürfnissen – zumindest auf Zeit – entspricht. Alternative Betriebe bieten vielfach Produkte und Dienstleistungen an, die den Bedürfnissen eines Teils der Bevölkerung entsprechen und am offiziellen Markt (noch) nicht oder nur unzureichend bereitgestellt werden (Rucht, 1994).

4.6.2 Erklärungsansätze zur Entstehung und Entwicklung der Schattenwirtschaft

Für die Entstehung und Entwicklung schattenwirtschaftlicher Aktivitäten sind drei Erklärungsansätze von Bedeutung, die im folgenden kurz skizziert werden sollen:

- Marktversagen
- Staatsversagen
- Wertewandel

Marktversagen wird in erster Linie auf Allokationsprobleme bezogen, d.h. auf Probleme des Marktes bezüglich der Steuerung knapper Ressourcen in konkurrierende Verwendungen.

Die Entwicklung schattenwirtschaftlicher Aktivitäten ist ein Signal für einen Mangel auf zwei Ebenen:

- ein subjektives Empfinden unerfüllter Bedürfnisse der Bürger sowie
- eine quantitative, qualitative, zeitlich und/oder räumlich nicht bedarfsgerechte Versorgung mit privaten Gütern.

Die entscheidenden Gründe für die Allokationsprobleme liegen in der Entwicklung von Unternehmensmacht, mangelnder Konkurrenz und Innovationsbereitschaft sowie den spezifischen Bedingungen auf dem Arbeitsmarkt. Aus der Perspektive eines funktionsfähigen Marktes mit flexiblen Löhnen und freiem Marktzugang bilden z.B. Kündigungsschutz, Alterszulagen, Tarifverträge über Verdienstabsicherungen sowie die Starrheit der Löhne nach unten ein Hemmnis. Es sind die von den Gewerkschaften hart erkämpften sozialen Leistungen, die den Bedürfnissen des Menschen nach Stabiltät und Existenzsicherung Rechnung tragen.

Höhere Löhne und Lohnnebenkosten führen auf konkurrierenden Märkten gerade bei personenbezogenen Dienstleistungen, wo es keine bzw. nur geringe Rationalisierungsmöglichkeiten gibt, zu überdurchschnittlichen Preissteigerungen. Damit wird ein Trend sichtbar:

Bei starker Rationalisierung werden in Massen hergestellte Konsumgüter im Vergleich zu den personenbezogenen Dienstleistungen immer billiger. Die relativ teuren Dienstleistungen werden über den Markt wegen einer schrumpfenden Käuferschicht nur in geringfügigem Maße angeboten oder wegen unzulänglicher Ertragschancen in die Zuständigkeit des Staates verlagert.

Eine andere Alternative ist das Ausweichen in die Schattenwirtschaft, wo durch Abgaben- und Steuerhinterziehung die Lohn- und Lohnnebenkosten niedrig gehalten werden. Hier besteht für Bürger mit geringerem Einkommen die Chance, Bedürfnisse zu aktualisieren, deren Befriedigung über den offiziellen Markt nicht möglich ist.

Für eine große Anzahl von Haushalten ist z.B. die hohe Technisierung nur möglich, wenn der damit verbundene Reparaturbedarf zumindest teilweise durch Eigenarbeit, gemeinschaftliche Selbsthilfe oder Schwarzarbeit erfolgt. Insofern bedingt der durch die offizielle Ökonomie geförderte hohe Konsumstandard der Haushalte schattenwirtschaftliche Aktivitäten.

Neben dem Kostenelement bezieht sich das Marktversagen auf mangelnde Innovationsfähigkeit und Anpassung an die sich wandelnden Bedürfnisse der Bürger. Schattenwirtschaftliche Tätigkeiten zielen durch neue Güter und Dienstleistungen auf sog. Marktnischen, d.h. Bereiche ökonomischer Aktivitäten, die von der offiziellen Wirtschaft nicht wahrgenommen wurde.

Staatsversagen als Erklärung für die Entwicklung der Schattenwirtschaft bezieht sich auf eine übermäßige Steuer- und Abgabenbelastung sowie eine übermäßig angewachsene und starre Bürokratisierung der öffentlichen Verwaltung.

Die Kritik an der Steuer- und Abgabenbelastung bezieht sich zum einen auf das Anwachsen staatlicher Aktivitäten generell und zum anderen auf die unzulängliche Qualität und Verteilung der öffentlichen Güter. Der Unterversorgung bestimmter Bevölkerungsgruppen steht eine Überversorgung anderer entgegen.

Eine Überversorgung kann zu einer Verringerung eigenverantwortlichen Handelns und zu einer Entmündigung der Bürger führen. Eine starke Bürokratisierung führt vielfach zu einer Nichtbeachtung bzw. Mißachtung der Bedürfnisse der Bürger zugunsten der Verfolgung von Eigeninteressen der Bürokratie.

Der Staat als Leviathan – als allmächtiger Drache.

Ein Beispiel für eine zunehmend nicht mehr akzeptierte Entmündigung der Bürger bildet der Gesundheitsbereich. Während immer mehr Mittel in eine „Apparatemedizin" fließen, wird die konkrete personale Beziehung zum Kranken vernachlässigt, wird ohne „zeitaufwendiges", schlecht honoriertes Gespräch über ihn verfügt – vielfach mittels Einsatz von Technik.

Ein Beispiel für den Bildungsbereich sind Elterninitiativen für eine alternative Schule – ein Versuch, den starken Bürokratisierungstendenzen im Schulwesen entgegenzuwirken.

Die organisierten Selbsthilfegruppen sind z. B. ein Versuch, sich der Entmündigung durch kollektiven Widerspruch und Stärkung der Eigenverantwortung zu widersetzen.

Formen der organisierten Selbsthilfe zielen auf eine Verringerung der Unterversorgung mit bestimmten öffentlichen Gütern – sowohl in quantitativer als auch in qualitativer Hinsicht (Schneider u. Enste, 2000, 101–130).

Sozioökonomische Entwicklungen

Die Entwicklung der Schwarzarbeit ist mit starken Wandlungen und Umbrüchen verbunden. Wichtig sind folgende Aspekte:

- Die zunehmende Globalisierung der Lebensvollzüge führt zu Unsicherheiten und Ängsten – vor allem auf dem Arbeitsmarkt. Befürchtet wird der Verlust von Arbeitsplätzen – auch bei steigenden Gewinnen der Unternehmen.
- Die zunehmende Ausweitung und Integration der EU ist mit Chancen und Risiken auf dem Arbeitsmarkt verbunden. Ab 2011 gilt eine uneingeschränkte Freizügigkeit aller Arbeitnehmer in der EU – für Bulgarien und Rumänien ab 2014. Viele Arbeitnehmer sowie die Gewerkschaften befürchten eine Anpassung der Löhne nach unten und ein Absinken der Arbeits- und Sozialstandards.
- Die Balance zwischen Erwerbsarbeit und Lebensführung wird schwieriger – sowohl in räumlicher Hinsicht als auch unter geschlechtsspezifischen Aspekten.
- Es entstehen neue sozialstrukturelle Schieflagen in der Verteilung von Bildung und Wissen, Einkommen und Vermögen. Die Reichen werden reicher, die Armen ärmer. Die Anzahl von armen Menschen, die auf Suppenküchen angewiesen sind, wächst. Besonders betroffensind allein erziehende Frauen und Menschen mit Migrationshintergrund.
- Die Bindekraft von Parteien und Gewerkschaften schwindet. Ehrenamtliche Tätigkeiten und Mitgliedschaften unterliegen starken Schwankungen und verlieren in den politiknahen Bereichen an Rückhalt. Andererseits wird angesichts der genannten Problemlagen der Ruf nach bürgerschaftlichem Engagement immer stärker (Baethge & Bartelheimer, 2005).

4.6.3 Aspekte einer Bewertung schattenwirtschaftlicher Tätigkeiten

Die Bewertung schattenwirtschaftlicher Tätigkeiten bezieht sich auf folgende Kriterien:

- Wettbewerb und Innovation
- Arbeitsmarkt
- Steuern und soziale Sicherung
- Selbstentfaltung und Partizipation

Wettbewerb und Innovation

Schwarzarbeit bewirkt durch die Hinterziehung von Abgaben einen Konkurrenzvorsprung gegenüber der formellen Wirtschaft. Die Folge davon ist ein Verdrängungswettbewerb, der dazu führt, dass Grenzanbieter aus dem Markt ausscheiden müssen. Für die Verbleibenden entsteht ein Anreiz zu verbesserter Leistung. Es kann zu einem Rückgang der Beschäftigung kommen.

Diese Wirkungen gelten jedoch nicht für die gesamte Wirtschaft. Die vorgelagerten Märkte bleiben dann unberührt, wenn der Kauf von Vorleistungen durch die Schwarzarbeit in gleichem Umfang weiterbestehen bleibt. Geht man davon aus, dass durch die kostengünstigere Schwarzarbeit eine Nachfrage befriedigt wird, die sonst nicht marktwirksam werden würde, so ergibt sich für die vorgelagerten Bereiche ein positiver Effekt.

Volkswirtschaftlich gesehen kann die Nachfrage gleich bzw. erhöht werden. Es kommt zu Nachfrageverschiebungen.

Für die **Eigenarbeit** und **gemeinschaftliche Selbsthilfe** ergeben sich ähnliche Überlegungen. Das starke Anwachsen des Marktes für Heimwerkerbedarf bestätigt diese Annahme.

Positive Auswirkungen auf die **Innovationsbereitschaft und -fähigkeit** können sich dadurch ergeben, dass Handwerksbetriebe sich bei zunehmendem Wettbewerb stärker an die Bedürfnisse der Bürger anpassen und in höherem Maße bereit sind, Teilleistungen bereitzustellen, die detaillierte Expertenkenntnisse und -fertigkeiten erfordern. Denkbar wäre z. B. die Verrichtung von Teilleistungen bei Eigenarbeit oder gemeinschaftlicher Selbsthilfe unter Leitung eines Handwerksmeisters oder Gesellen.

Die **alternativen Betriebe** sind in hohem Maße innovativ. Sie bieten vielfach Güter und Dienstleistungen an, die im Rahmen der offiziellen Wirtschaft nicht angeboten werden. Ihre Innovationsfähigkeit führt auch in der offiziellen Wirtschaft zu Veränderungen. Am Beispiel des Angebots an sog. Vollwertprodukten ist dies deutlich zu beobachten. Während der Kauf dieser Produkte zunächst an spezielle Läden gebunden war, bieten inzwischen die großen Handelsketten ebenfalls ein begrenztes Sortiment an. Es ist vielfach preiswerter, da die Ketten beim Einkauf bessere Konditionen aushandeln können.

Diese Innovation wurde erst durch die alternativen Betriebe und nicht durch die schon lange existierenden Reformhäuser möglich.

Arbeitsmarkt

In Zeiten einer hohen Erwerbslosigkeit kann es der Staat nicht hinnehmen, dass ein hoher Anteil an Schwarzarbeit dazu führt, dass legale Arbeitsplätze vernichtet werden. Die Situation hat sich im letzten Jahrzehnt dadurch verschärft, dass in den osteuropäischen Staaten Arbeitsplätze in einem dramatischen Ausmaß verlorengegangen sind und die Menschen bereit sind, Arbeit um jeden Preis anzunehmen. Durch das Zusammenwachsen eines europäischen Binnenmarktes sind z. B. in der Baubranche Ketten von Subunternehmen entstanden, deren Aktivitäten kaum mehr zu durchschauen sind.

Für die **organisierte Selbsthilfe** ist festzuhalten, dass z. B. die von Selbsthilfegruppen im Gesundheitssystem kritisierte unzulängliche personale Versorgung Kranker dann positive Beschäftigungswirkungen haben kann, wenn eine Umverteilung der Ressourcen von „technischen Leistungen" zu betreuungsintensiven Leistungen erfolgt – mehr Krankenschwestern und Therapeuten und weniger Apparate. Eine solche Entwicklung würde eine Umbewertung von Krankheit und Gesundheit auf gesellschaftlicher Ebene erfordern.

Steuern und soziale Sicherung

Die steuerlichen Auswirkungen der **Schwarzarbeit** stellen in der öffentlichen Diskussion wegen der milliardenhohen Steuerhinterziehung ein starkes Ärgernis dar. Diese Mittel werden den öffentlichen Händen entzogen – zugunsten des privaten Sektors.

Zu berücksichtigen ist, dass ein Teil der durch Schwarzarbeit erfolgten Arbeit aus Kostengründen unterbleiben würde, wenn eine Steuerhinterziehung nicht möglich wäre. Für diese Arbeit wären keine Steuerforderungen entstanden.

Eindeutig nachteilig sind die Auswirkungen der Schwarzarbeit auf das System sozialer Sicherung. Durch die Vermeidung der geforderten Abgaben wird die Solidargemeinschaft ausgebeutet.

Für die Arbeitnehmer beinhalten Schwarzarbeit, Leiharbeit und Heimarbeit minder- bzw. ungeschützten Arbeitsverhältnisse – nicht nur im Bereich sozialer Sicherung, sondern auch für weitere Bereiche des Arbeitsrechts.

Für die **Hausarbeit** ergibt sich das Problem, dass die Person, die Hausarbeit leistet, ohne erwerbstätig zu sein – in der Regel die Frau –, zwar keine Beiträge leistet, aber dafür auf eine eigenständige Sicherung verzichten muss. Es ergibt sich dadurch eine Abhängigkeit vom Ehepartner, die sich bei Trennung nachteilig auswirkt. Besonders negative Folgen hat die fehlende eigenständige Alterssicherung. Im Falle von Scheidung kann sich wegen der geteilten Rentenansprüche für beide Partner eine unzulängliche Alterssicherung ergeben. Betroffen ist in erster Linie die Hausfrau, die sich nach der Scheidung durch Erwerbsarbeit Rentenansprüche erwerben muss. Wegen ihres ggf. langjährigen Ausscheidens aus dem Erwerbsleben wird sie in der Regel nur eine Erwerbsarbeit finden, die wegen geringer Bezahlung geringe Rentenansprüche mit sich bringt.

Selbstentfaltung und Partizipation

Schattenwirtschaftliche Aktivitäten sind zu einem großen Teil der Ausdruck eines starken Bedürfnisses nach Selbstentfaltung und Partizipation an kollektiven und öffentlichen Entscheidungen. In Verbindung damit steht das zunehmend artikulierte Bedürfnis, die Trennung von Haus- und Erwerbsarbeit, Privatheit und Öffentlichkeit, Arbeits- und Lebenswelt in der vorherrschenden Ausprägung aufzuheben und Gespaltenes zusammenzubringen.

Deutlich erkennbar ist das bei den **organisierten Selbsthilfegruppen** und den **in alternativen Betrieben Tätigen**.

Bei alternativen Betrieben ist zu beobachten, dass sie durch ihren Anspruch, sozial- und umweltverträgliche Güter und Dienstleistungen anzubieten, die Trennung zwischen Technik und Natur, Ökonomie und Ökologie, Arbeit und Leben ein Stück weit aufzuheben versuchen. Ihr Ziel, über Inhalt, Ergebnis und Organisation der Arbeit kollektiv zu entscheiden, bildet ein Gegengewicht zu der Machtlosigkeit und Vereinzelung vieler Menschen im industriellen Arbeitsprozeß und gegenüber der staatlichen Bürokratie.

Die organisierten Selbsthilfegruppen wollen eine direkte Beteiligung an Entscheidungen, die ihre zentralen Lebensinteressen betreffen, z. B. ihre Gesundheit. Sie versuchen ein Gegengewicht zu bilden gegen die Verfügungsmacht der Experten. Das kollektive Handeln stärkt das Selbstwertgefühl der Betroffenen, die allzu oft feststellen, dass sie – auch wenn sie keine „Fachleute“ sind – spezifische Folgen von Entscheidungen durch ihre individuelle Erfahrung und Wahrnehmung vielfach besser einschätzen und bewerten können.

Selbsthilfegruppen können die Eigenverantwortung stärken, die für eine befriedigende Persönlichkeitsentwicklung unerläßlich ist.

Die Forderung nach einer anderen Bewertung und Verteilung der Hausarbeit kann eine neue Art des Zusammenlebens der Geschlechter fördern. Sie kann sich u. a. auf mehr gemeinsame Erfahrungen in beiden Bereichen notwendiger Arbeit stützen und die Chance zu einem partnerschaftlichen Leben verbessern.

Die Aspekte einer Bewertung der Schattenwirtschaft sind vielschichtig. Eine exakte abschließende Bewertung, ein Ja oder Nein, kann es nicht geben.

Einigkeit besteht darin, dass die verschiedenen Formen der Schattenwirtschaft einen starken indirekten Einfluß auf die Offizielle Wirtschaft haben und dass ein beachtenswerter Anteil der Bürger Forderungen nach mehr Partizipation und Chancen der Selbstentfaltung stellt.

Einigkeit besteht auch darin, dass der Anteil illegaler Beschäftigung und Schwarzarbeit spürbar reduziert werden muss, das er die Handlungsfähigkeit des Staates untergräbt, die Systeme sozialer Sicherheit schwächt und legale Unternehmen vom Markt verdrängt.

In einer demokratisch verfassten Gesellschaft muss das Spannungsverhältnis von Individuum und Gesellschaft, von Forderungen einzelner Personen und Gruppen nach mehr Partizipation einerseits und staatlicher Handlungsmacht andererseits immer wieder neu ausgehandelt und gestaltet werden.

Mit der Erweiterung der Europäischen Union und einer verstärkten wirtschaftlichen Integration des europäischen Marktes werden neue Probleme entstehen, die auf der Ebene der Nationalstaaten nicht mehr allein zu lösen sind. Es besteht ein Handlungsbedarf bei der Weiterentwicklung eines europäischen Wettbewerbs-, Arbeits- und Sozialrechts. Ähnliches gilt mit Blick auf die zunehmende Verflechtung der Märkte weltweit.

Literaturhinweise

Arbeitnehmer-Entsendegesetz vom 26. 2. 1996 (BGBl I S. 926). www.bundesrecht.juris.de

Baethge, Martin & Bartelheimer, Peter (2005). Deutschland im Umbruch, in: Soziologisches Forschungsinstitut (SOFI) u. a. (Hrsg.) (2005). Berichterstattung zur sozioökonomischen Entwicklung in Deutschland. Arbeit und Lebensweisen, S. 11–36, Wiesbaden: VS-Verlag.

Fuchs, Tatjana (2005). Haushaltsproduktion, in: Soziologisches Forschungsinstitut (SOFI) u. a. (Hrsg.) (2005). Berichterstattung zur sozioökonomischen Entwicklung in Deutschland. Arbeit und Lebensweisen, S. 403–432, Wiesbaden: VS-Verlag.

Fuchs, Tatjana u. a. (2005). Informelle Arbeit und Lebensweisen, in: Haushaltsproduktion, in: Soziologisches Forschungsinstitut (SOFI) u. a. (Hrsg.) (2005). Berichterstattung zur sozioökonomischen Entwicklung in Deutschland. Arbeit und Lebensweisen, S. 151–176, Wiesbaden: VS-Verlag.

Institut der deutschen Wirtschaft (Hrsg.). Schwarzarbeit. Eine Million legale Jobs verschenkt, iwd Nr. 11 vom 15. 3. 2007, S. 4, 5.

Methfessel, Barbara (2006). Haushaltslehre, in: H. May (Hrsg.). Lexikon der ökonomischen Bildung, 282–285, 6. Aufl. München.

Schell Deutschland (Hrsg.) (2006). Jugend 2006, Frankfurt.

Schneider, Friedrich & Enste, Dominik (2000). Schattenwirtschaft und Schwarzarbeit: Umfang, Ursachen, Wirkungen und wirtschaftspolitische Empfehlungen, München–Wien.
Schneider, Friedrich (2006). Shadow economics and corruption all over the world: What do we really know?, Unversität München Center for Economic Studies.
Schwarzarbeitsbekämpfungsgesetz vom 23. 7. 2004 (BGBl I, S. 1842, zuletzt geändert durch Gesetz vom 24. 6. 2005, BGBl I S. 184).

Literaturhinweise zum Selbststudium

Fuchs, Tatjana u. a. (2005). Informelle Arbeit und Lebensweisen, in: Soziologisches Forschungsinstitut (SOFI) u. a. (Hrsg.) (2005). Berichterstattung zur sozioökonomischen Entwicklung in Deutschland. Arbeit und Lebensweisen, S. 151–176, Wiesbaden: VS-Verlag.
Schneider, Friedrich & Enste, Dominik (2000). Schattenwirtschaft und Schwarzarbeit: Umfang, Ursachen, Wirkungen und wirtschaftliche Empfehlungen, München–Wien.

4.7 Geldanlage[1]
Hermann May

[1] Die nachfolgenden Ausführungen stützen sich auf May, H., Geldanlage – Vermögensbildung, 3. Aufl., München–Wien 2007.

4.7.1 Allgemeine Vorbemerkungen

4.7.1.1 Geldanlageformen im Überblick

Geldwertanlagen verschaffen dem Berechtigten Anspruch auf Auszahlung einer bestimmten Geldsumme zu einem frei wählbaren oder im voraus festzulegenden Zeitpunkt beziehungsweise in einem bestimmten Fall. Geldwertanlagen sind unter anderen: Spareinlagen, Festgelder, Sparbriefe, Bausparen, Rentenpapiere wie auch Versicherungen.

Sachwertanlagen sind im wesentlichen Aktienfonds, Immobilien, Gold, Edelmetalle.

Neben den reinen Geld- und Sachwertanlagen sind auch **gemischte Anlagen**, das heißt Anlagen, die sowohl Geldwerte als auch Sachwerte umfassen, möglich. Solche gemischte Anlagen sind insbesondere bei Investmentfonds anzutreffen.

Eine Geldanlage besonderer Art bilden die **(Finanz-)Termingeschäfte/(Finanz-)Derivate**.

Welchen Geldanlagemöglichkeiten sich nun der Anleger im einzelnen zuwendet, hängt im wesentlichen von seinen mit der jeweiligen Anlage verbundenen individuellen Zielvorgaben (Geldanlagezielen) ab.

4.7.1.2 Geldanlageziele

Die mit der Anlage von Spargeldern verfolgten Ziele sind recht unterschiedlich. Diese Unterschiedlichkeit ist nicht nur ein Reflex der Individualität des Anlegers mit seinen unterschiedlichsten Präferenzen (Vorlieben), sie hängt in der Regel auch von dessen vermögensmäßiger Ausstattung (Wohlhabenheit) ab.

Im allgemeinen sind es drei bis vier Ziele, die von den Anlegern in ihr Anlagekalkül einbezogen werden und – je nach deren Präferenzstruktur – vorrangige oder nachgeordnete Berücksichtigung erfahren. Es sind dies:

- Sicherheit der Anlage (Verlustrisiko, Kursrisiko, Ertragsrisiko, Währungsrisiko, Inflationsrisiko),
- Rentabilität der Anlage (Verzinsung, Kursgewinne/Kursverluste, Kosten und Gebühren, Rendite),
- Liquidität der Anlage (die Möglichkeit der Umwandlung in Bargeld) und
- Steuerminderung durch die Anlage.

Neben den vorgenannten klassischen Geldanlagezielen wird in jüngster Zeit auch der Aspekt der ethischen Verantwortbarkeit von Anlagen herausgestellt. Hier werden nicht selten mit Technik- und Fortschrittfsfeindlichkeit oder mit Öko-Parolen dubiose Anlagepolitik betrieben und fragwürdige Geschäfte angebahnt. Hier ist erhöhte Vorsicht geboten!

Die Anlageziele Sicherheit, Rentabilität, Liquidität und Steuerminderung stehen untereinander in einem nicht zu übersehenden Konfliktverhältnis. Sie lassen sich praktisch nie an *einer* Anlageform gleichzeitig maximieren, denn:

- hohe Rentabilität geht in der Regel mit hohem Risiko einher;
- Sicherheit geht meist zu Lasten der Rentabilität;
- langfristige Anlagen haben in der Regel eine höhere Rentabilität als kurzfristige (das heißt: höhere Liquidität wird meist durch geringere Rentabilität erkauft!);
- die Steuerbegünstigung von Geldanlagen ist meist mit langen Bindungsfristen (stark geminderte Liquidität!) oder hohen Risiken (Risikokapital!, Abschreibungsmodelle!) gekoppelt.

Es liegt letztlich im freien Belieben und der höchst persönlichen Verantwortung eines jeden Anlegers selbst zu entscheiden, welche Ziele er in Anbetracht seiner individuellen Situation vorziehen und welche er nachordnen möchte. Verallgemeinernde Feststellungen lassen sich hierfür nur schwer oder gar nicht treffen.

Die Anlage von Spargeldern in bestimmten Anlageformen hat sich vor dem Hintergrund des Konfliktes von Rentabilität und Risiko in erster Linie von den persönlichen Vermögensverhältnissen des Anlegers leiten zu lassen. Je kleiner das Vermögen des Anlegers, desto größer sollte die Sicherheit der zu wählenden Anlage und desto höher seine Zurückhaltung gegenüber risikobehafteten Anlagen sein.

4.7.2 Geldwertanlagen

4.7.2.1 Anlagen auf Konten

Einlagen auf Kontokorrent- und Girokonten sowie solche mit einer Kündigungsfrist oder Laufzeit von weniger als einem Monat, so genannte **Sichteinlagen**, dienen im wesentlichen der Abwicklung von Zahlungsverpflichtungen, der Niedrighaltung von Barbeständen wie auch als Ansparinstrument für größere Anschaffungen oder Geldanlagen. Ohne nennenswerte Verzinsung sind sie unter dem Ertragsaspekt völlig uninteressant und sollten deshalb möglichst minimiert bis vermieden werden.

Auch **Termineinlagen**, das sind meist größere runde Geldbeträge ab etwa 5000 Euro, die in **Festgelder** (fällig, d. h. wieder zur freien Verfügung des Anlegers, an einem vereinbarten Tag) und **Kündigungsgelder** (verfügbar nach einer bestimmten Kündigungsfrist) unterschieden werden, kommt unter dem Ertragsaspekt allenfalls die Bedeutung einer Zwischenlösung (d. h. [vorläufige] Anlage bis endgültige Verwendung feststeht) zu.

Spareinlagen sind Guthaben auf Sparkonten, die den Kreditinstituten (Banken, Sparkassen, Postbank) auf unbefristete Dauer zur Verfügung gestellt werden. Sie dienen der Anlage oder der Ansammlung von Vermögen und müssen eine Kündigungsfrist von mindestens 3 Monaten haben.

Das äußerst niedrige Niveau der Sparzinsen lässt es angeraten erscheinen, Spareinlagen möglichst gering zu halten und andere günstigere Anlageformen ins Auge zu fassen!

Sondersparformen subsumieren Spareinlagen zu besonderen Vertragsbedingungen, so insbesondere: Bonus-/Prämiensparen, Wachstums-/Zuwachssparen, Überschuss-/Ultimo-/Plus-/Abräumsparen, Sparvertrag mit Lebensversicherung, Gewinn-/Lossparen, Sparpläne, Sparvertrag nach § 8 Fünftes Vermögensbildungsgesetz, Sparvertrag nach § 4 Fünftes Vermögensbildungsgesetz, Euribor-Sparer, Bausparen.

Das **Bausparen** bei einer Bausparkasse dient der Erlangung eines zinsbegünstigten Darlehens für den Wohnungsbau und der Inanspruchnahme der Vergünstigungen des Wohnungsbau-Prämiengesetzes oder des § 10 Einkommensteuergesetzes (Sonderausgaben).

Mit dem Sparvertrag verpflichtet sich der Sparer zu regelmäßigen Sparleistungen. Die Sparleistungen der Sparer werden in einem Fonds gepoolt. Mit der Erfüllung bestimmter Voraussetzungen, so insbesondere Mindestansparbetrag, Wartefrist (sie richtet sich nach der zur Verfügung stehenden „Zuteilungsmasse“ und beträgt in der Regel 7–10 Jahre), erwirbt der Bausparer den Anspruch auf die vertraglich vereinbarten Leistungen. Diese umfassen: die Zuteilung des eigenen Sparguthabens und ein zinsgünstiges Darlehen. Das Darlehen wird gewöhnlich durch Eintragung einer zweitrangigen Grundschuld gesichert, so daß dem Sparer immer noch die Möglichkeit der Aufnahme eines weiteren, durch eine erste Hypothek zu sichernden Darlehens verbleibt.

Sparleistungen an Bausparkassen werden nach dem Wohnungsbau-Prämiengesetz staatlich gefördert. Der Bausparer kann deshalb für seine Sparleistungen eine *Wohnungsbauprämie* beanspruchen. Voraussetzung für den Erhalt dieser staatlichen Prämie ist jedoch, dass das zu versteuernde Einkommen des Sparers 25 600 Euro bei Alleinstehenden und 51 200 Euro bei zusammenveranlagten Ehegatten im Kalenderjahr der Sparleistung nicht übersteigt. Prämienbegünstigt sind jährliche Sparleistungen bis 512 Euro für Alleinstehende beziehungsweise 1024 Euro für Verheiratete. Der Prämiensatz beträgt 8,8 Prozent.

Über die vorgenannten prämienbegünstigten Höchstbeträge hinaus können *Arbeitnehmer* seit dem 1. 1. 1999 nach dem *Fünften Vermögensbildungsgesetz* bis 470 Euro jährlich durch ihren Arbeitgeber vermögenswirksam in einem *Bausparvertrag* anlegen lassen. Die *Arbeitnehmer-Sparzulage* beträgt 9 Prozent (Einkommensgrenze: zu versteuerndes Jahreseinkommen 17 900 Euro für Alleinstehende/35 800 Euro für Verheiratete). Damit erhält ein Bausparer 8,8 Prozent Wohnungsbauprämie und *zusätzlich* 9 Prozent Arbeitnehmer-Sparzulage.

Die Gewährung einer staatlichen Wohnungsbauprämie setzt immer voraus, dass die an die Bausparkasse erbrachten (Spar-)Leistungen – ohne vermögenswirksame Leistungen, für die Anspruch auf Arbeitnehmer-Sparzulage besteht – mindestens 50 Euro betragen.

Die *vorzeitige* (d. h. während der Sperrfrist erfolgende) *Verfügung* über das (Bau-)Sparguthaben oder Teile davon hat den Verlust der Prämie und gegebenenfalls auch der Arbeitnehmer-Sparzulage zur Folge. Es sei denn, dass diese vorzeitige Verfügung durch eine soziale Notlage wie beispielsweise Erwerbsunfähigkeit oder Tod des Bausparers respektive seines Ehegatten bedingt ist.

Eine vorzeitige Verfügung über das Sparguthaben ist nicht prämienschädlich, wenn dieses unverzüglich und unmittelbar zum Wohnungsbau herangezogen wird.

Bausparguthaben sind beleihbar. Sofern die Beleihung jedoch nicht zu Bauzwecken erfolgt, führt sie zum Verlust der Prämien und gegebenenfalls auch der Arbeitnehmer-Sparzulage.

Nach Ablauf von sieben Jahren seit Vertragsabschluss (steuerliche Bindungsfrist) kann der Bausparer frei über das angesparte Kapital einschließlich der aufgelaufenen Prämien verfügen. Von dieser Möglichkeit wird insbesondere dann gerne Gebrauch gemacht, wenn Bausparverträge lediglich der vermögenswirksamen Geldanlage dienen.

Bausparen kann nicht generell als attraktive Sparform gesehen werden. Attraktiv ist bei ihr wohl unbestritten der mit der Ansparung verbundene Anspruch auf ein relativ niedrig zu verzinsendes Darlehen. Dem steht aber die sicher als Nachteil zu klassifizierende Abschlussgebühr von 1 bis 1,6 Prozent der Vertragssumme und die während der Ansparphase nur sehr geringe *Verzinsung* (in der Regel 1–1,5 Prozent) des (Bau-)Sparguthabens gegenüber. In Anbetracht dieses geringen Zinses wäre alternativ daran zu denken, monatlich bestimmte Beträge anzusparen und diese ständig in höher verzinsliche Anlageformen umzuschichten. Diesem Vorteil stünde dann allerdings der Nachteil der in der Bauphase höher (als Bauspardarlehen) zu verzinsenden Bankkredite gegenüber. – Ein Urteil darüber, wie im speziellen Fall zu verfahren ist, kann nur unter Berücksichtigung der jeweils gegebenen Marktzinsen und deren mutmaßlicher Entwicklung erfolgen. – Abseits dieses Entscheidungskalküls kann es jedoch als unzweifelhaft gelten, dass Bausparen lediglich zur vermögenswirksamen Geldanlage (bei Verzicht auf ein

Bauvorhaben mit Baudarlehen und Auszahlung der Ansparsumme nach Ablauf der Bindungsfrist) wirtschaftlich nicht sinnvoll ist!

Als eine echte Alternative zu Festgeldern oder Spareinlagen können Geldmarktfondsanteile gelten. Geldmarktfonds sind mittlerweile von alten großen Fondsgesellschaften (Kapitalanlagegesellschaften) gehaltene Investmentfonds, die die bei ihnen eingezahlten Gelder am Geldmarkt[2] anlegen. Solche Anlagen umfassen: kurzfristige Einlagen bei Kreditinstituten, Anleihen mit einer Restlaufzeit bis zu einem Jahr, Anleihen, deren Zinsen sich variabel nach dem Geldmarktsatz richten (Floater), kurzfristige Schuldscheindarlehen wie auch Depositenzertifikate. Da am Inlands- wie auch am Eurogeldmarkt in der Regel nur sehr hohe Summen gehandelt werden, investieren die Fondsgesellschaften die mehr oder weniger großen respektive kleinen Anlagebeträge der Sparer zu den attraktiven Bedingungen von Großanlegern. Die meisten Fondsgesellschaften verlangen von den Anlegern Mindestanlagebeträge von 5000 bis 10 000 Euro. Unter Ausnutzung der vorgenannten Marktvorteile liegen die Geldmarktfondsrenditen meist über den für Einlagen erzielbaren. Allerdings dürfen mit dieser Feststellung nicht die Kursschwankungen des Fonds wie auch die von diesem regelmäßig in Ansatz gebrachten Gebühren außer acht gelassen werden. Die meisten Fondsgesellschaften verzichten auf einen Ausgabeaufschlag.

Bei einem Großteil der Geldmarktfonds werden die Erträge einbehalten und wieder angelegt (thesauriert), sodass die Kurse der Anteile fortlaufend steigen.

Insgesamt lassen sich Geldmarktfondsanteile wie folgt beurteilen: Die uneingeschränkte Verfügbarkeit garantiert höchste *Liquidität*; das *Anlagerisiko* ist sehr gering; die *Rendite* ist relativ attraktiv.

In dieser Ausstattung können Geldmarktfondsanteile als eine echte Alternative zu Festgeldern oder Spareinlagen gelten. Darüber hinaus eignen sie sich als vorläufige Anlagemöglichkeit („Parkmöglichkeit"), wenn der Anleger sich noch nicht längerfristig engagieren oder ein vorübergehendes Liquiditätspolster mit jederzeitiger Verfügbarkeit halten möchte.

4.7.2.2 Anlage in Anleihen

Anleihen, auch Obligationen, Renten(-papiere) oder im englischen Sprachraum Bonds genannt, sind Wertpapiere, die eine Schuld(-verschreibung) verbriefen. *Prinzipiell* sollte eine solche Schuldverschreibung eine den Wert ausweisende **Urkunde**, auch **Mantel** genannt, und einen **Bogen** (das ist ein Blatt, das die Kupons als Gewinnanteilscheine bzw. die Zinsscheine und den Erneuerungsschein für den aufgebrauchten Bogen ausweist) umfassen. In der *Praxis* werden für die meisten Anleihen jedoch keine Urkunden mehr ausgestellt. Die Aushändigung von Urkunden und die Einlösung von Kupons/Zinsscheinen entfällt damit heute weitgehend.

Als Kennzahl für die Rentabilität von Anleihen wird gerne die sogenannte **Umlaufrendite** herangezogen. Sie erfasst die durchschnittliche Rendite aller im Umlauf befindlichen, auf Euro lautenden Inhaberschuldverschreibungen mit einer Laufzeit von über 4 Jahren. Die Umlaufrendite wird von der Deutschen Bundesbank börsentäglich ermittelt.

[2] Der Geldmarkt ist im wesentlichen ein Markt unter Banken, auf dem liquide Mittel zur mehr oder weniger kurzfristigen Verwendung angeboten oder nachgefragt werden.

4.7.2.2.1 Klassische Anleiheformen

Unter Bezeichnungen wie **Sparbrief**, Sparkassenbrief, Kapitalsparbrief und ähnlichen bieten Kreditinstitute (wertpapierähnliche) Schuldverschreibungen für die mittelfristige Anlage von Spargeldern an. Der Mindestanlagebetrag beläuft sich je nach Anbieter auf Euro 2500 oder Euro 5000. Solche Sparbriefe sind relativ hoch verzinslich. Diese Anlageform schließt die Lücke zwischen den Spareinlagen und den langfristigen Wertpapieren.

Die *Laufzeit* von Sparbriefen ist recht unterschiedlich. Vereinzelt beträgt sie 1 Jahr, meistens jedoch 3–5 Jahre; in Ausnahmefällen auch 10 Jahre.

Die *Rückzahlung* des Sparkapitals erfolgt am Ende der Laufzeit (Fälligkeit) zu jeweils 100 Prozent.

Sparbriefe sind *weitgehend risikolos*: Es besteht kein Kursrisiko, da sie nicht an der Börse oder im freien Kapitalverkehr gehandelt werden; es besteht kein Zinsrisiko, da der Zins vertraglich vereinbart ist; es besteht kein Währungsrisiko, da der Anlagebetrag auf Euro (zum 1. 1. 2002 wurden die bestehenden Sparbriefe auf Euro umgestellt) lautet; und es besteht kein Rückzahlungsrisiko, da die Kreditinstitute (Banken/Sparkassen) allesamt Sicherungsfonds angeschlossen sind. Diese weitgehende Risikolosigkeit lässt Sparbriefe zur mündelsicheren Anlage aufsteigen.

Kaufüberlegungen in Richtung Sparbriefe sollten stets auch Bundesanleihen oder Bundesschatzbriefe als lukrative Alternativen in Betracht ziehen!

Als so genannte **Sparschuldverschreibungen** oder Spar(kassen)obligationen bieten Kreditinstitute Inhaber- oder Orderschuldverschreibungen mit einer *Laufzeit* ab 1 Jahr, meistens 4–10 Jahren, zu einem für die gesamte Laufzeit geltenden Festzins an. Der Mindestanlagebetrag beziffert sich üblicherweise auf 500 Euro.

Sparschuldverschreibungen können vom emittierenden Kreditinstitut während der Laufzeit zu einem von diesem entsprechend der jeweiligen Zinsentwicklung festgesetzten Rücknahmepreis, dem so genannten Hauskurs, zurückgenommen werden.

Kaufüberlegungen in Richtung Sparschuldverschreibungen sollten als Alternative vor allem die festverzinslichen Anleihen und die Wertpapiere des Bundes in Betracht ziehen.

Bundesschatzbriefe (im Volksmund liebevoll auch „Bundesschätzchen" genannt) sind Schuldbuchforderungen gegen den Bund[3], sogenannte Wertrechte, mit jährlich steigenden Zinssätzen. Bundesschatzbriefe dienen dem Bund zur Beschaffung von Finanzierungsmitteln für seinen Haushalt. Sie werden als Daueremissionen aufgelegt. Ihr Erwerb ex Emission sowie ihre Einlösung bei Fälligkeit erfolgen durch die Kreditinstitute (d.h. durch alle Banken u. Sparkassen) oder durch die Bundeswertpapierverwaltung *gebühren-* und *spesenfrei.* Kaufberechtigt in begrenztem Umfang sind nur natürliche Personen sowie gemeinnützige, mildtätige und kirchliche Einrichtungen. Gebietsfremde sind – bis auf wenige Ausnahmen – vom Kauf ausgeschlossen.

Bundesschatzbriefe werden in zwei Ausstattungen aufgelegt, als Bundesschatzbriefe vom Typ A und als solche vom Typ B.

---

[3] D.h. Darlehensforderungen gegen die Bundesrepublik Deutschland, für die keine Schuldverschreibungen (d.h. effektive Urkunden) ausgestellt werden. Schuldbuchforderungen werden durch Eintragung in das Staatsschuldbuch (geführt von der Bundeswertpapierverwaltung in Bad Homburg) beurkundet.

- **Bundesschatzbriefe vom Typ A:** Mindestnennwert 50 Euro und darüber hinaus jeder (auch ungerade) Betrag (0,01 €/50 €); Laufzeit 6 Jahre. Die Zinsen werden jährlich nachträglich (d. h. am Ende des Jahres) ausgezahlt. Die Rückzahlung erfolgt zum Nennwert.
- **Bundesschatzbriefe vom Typ B:** Mindestnennwert 50 Euro und darüber hinaus jeder (auch ungerade) Betrag (0,01 €/50 €); Laufzeit 7 Jahre. Die Zinsen und Zinseszinsen werden nach Ende der Laufzeit oder zum Zeitpunkt der vorzeitigen Rückgabe dem Nennwert zugeschlagen (Aufzinsungspapier).

Was die *Sicherheit* der Bundesschatzbriefe anbelangt, so wahren diese einen sehr hohen Standard. Mit der Bundesrepublik Deutschland als Schuldner entheben sie sich praktisch jeglichen *Einlösungsrisikos.* Die *Rückzahlung* erfolgt zu 100 Prozent. – Es bestehen darüber hinaus weder ein *Zinsrisiko* (die Zinssätze sind fest vereinbart!) noch ein *Währungsrisiko* (der Anlagebetrag lautet vor bzw. nach dem 1. 1. 2002 auf DM respektive auf Euro!). Bundesschatzbriefe sind mündelsicher.

Finanzierungsschätze sind ausschließlich für die private Geldanlage in Daueremission aufgelegte Wertpapiere. Mindestnennwert 500 Euro und darüber hinaus jeder (auch ungerade) Betrag (0,01 €/50 €); maximal 250 000 Euro je Person und Geschäftstag. *Laufzeit* von 1 Jahr *(Finanzierungsschätze Typ A)* oder 2 Jahren *(Finanzierungsschätze Typ B).* Sie werden über die Banken und Sparkassen mit einem Zinsabschlag (Abzinsungspapiere) verkauft und nach *Fälligkeit* zum Nennwert zurückgezahlt. Eine vorzeitige Rückgabe an den Emittenten ist ausgeschlossen. Finanzierungsschätze werden nicht an der Börse gehandelt.

Abgesehen von der *Liquidität,* die durch den Ausschluss einer vorzeitigen Rückgabe der Finanzierungsschätze beeinträchtigt ist (ihre Beleihung ist jedoch jederzeit möglich!), stellen diese Papiere eine bedenkenswerte Alternative zum Sparkonto dar. Maximale *Sicherheit* wird durch die wirtschaftliche Bonität des Emittenten, der Bundesrepublik Deutschland, gewährleistet. – Ein *Wertveränderungsrisiko* scheidet auf Grund der garantierten Rückzahlung zum Nennwert aus. Auch ein *Zinsrisiko* ist durch die feste Zinsvereinbarung nicht gegeben. Diese Verzinsung *(Rentabilität)* orientiert sich am Kapitalmarktzins.

Bundesanleihen sind (seit 1972 nur noch) Schuldbuchforderungen gegen den Bund, so genannte Wertrechtsanleihen. Sie dienen dem Bund zur Beschaffung langfristiger Mittel zur Finanzierung von Investitionen oder zur Konsolidierung kurz- und mittelfristiger Kredite. Die Laufzeit von Bundesanleihen beträgt in der Regel 10 Jahre; es werden gelegentlich jedoch auch 12-, 15- und 30-jährige Anleihen aufgelegt. Bundesanleihen sind durchweg Einmalemissionen. Mindestnennwert 1000 Euro (Neuemissionen) und darüber hinaus jeder (auch ungerade) Betrag (Altemissionen) (0,01 € [Altemissionen]/1000 € [Neuemissionen]). Der Nominalzins der Bundesanleihen orientiert sich am Kapitalmarktzins zum Zeitpunkt der Emission. Der Zinssatz ist für die gesamte Laufzeit der Anleihe fest (festverzinsliches Wertpapier). Die *Rückzahlung* der Bundesanleihen erfolgt zum Nennwert.

Zusammenfassend lassen sich Bundesanleihen als Wertpapiere von hoher *Sicherheit* ausmachen. Schuldner ist die Bundesrepublik Deutschland mit ihrem großen Vermögen und Steueraufkommen. Bei Erwerb von Neuemissionen vermeidet der Anleger das *Wertveränderungsrisiko.* Die Rückzahlung des Anlagekapitals erfolgt zu 100 Prozent. Diese 100-prozentige Rückzahlungsgarantie wird allerdings dann unterlaufen, wenn der Anleger seine Papiere (oder Teile davon) während deren Laufzeit an der Börse verkauft. Für diesen Fall trägt er selbstverständlich ein gewisses Wertveränderungsrisiko. –

Ein *Zinsrisiko* ist nicht gegeben. Ebenso kein *Währungsrisiko,* da der Anlagebetrag auf Euro lautet.

Die *Rendite* von Bundesanleihen kann im allgemeinen als gut eingestuft werden. Sie entspricht in der Regel den Marktgegebenheiten.

Im Vergleich zu Industrieanleihen liegt die Rendite von Bundesanleihen durchweg niedriger. Dieses Manko wird jedoch durch die höhere Sicherheit von Bundesanleihen kompensiert.

Die hier für Bundesanleihen getroffenen Darlegungen gelten im wesentlichen auch für Länderanleihen, Stadtanleihen, Kommunalanleihen sowie für Anleihen der Sondervermögen des Bundes.

Bundesobligationen sind Schuldbuchforderungen gegen den Bund, so genannte Wertrechtsobligationen. Sie dienen dem Bund zur Beschaffung mittelfristiger Finanzierungsmittel. Mindestanlagebetrag 100 Euro; darüber hinaus jeder (auch ungerade) Betrag (0,01 €/100 €). Ihre *Laufzeit* beträgt 5 Jahre. Bundesobligationen werden als Daueremissionen aufgelegt. Sie werden am Ende ihrer Laufzeit zum Nennwert (von 100 Prozent) *zurückgezahlt.* Die Zinsen werden jährlich ausgezahlt.

Bundesobligationen sind wie Bundesanleihen Wertpapiere von hoher *Sicherheit.* Schuldner ist die Bundesrepublik Deutschland mit ihrem großen Vermögen und Steueraufkommen. Werden Bundesobligationen während ihrer Laufzeit an der Börse verkauft, besteht selbstverständlich ein gewisses *Wertveränderungsrisiko.* Ein *Zinsrisiko* ist nicht gegeben. Ebenso kein *Währungsrisiko,* da der Anlagebetrag auf Euro lautet.

Die *Rendite* von Bundesobligationen kann im allgemeinen als gut eingestuft werden. Sie entspricht in der Regel den Marktgegebenheiten.

Im Vergleich zu Industrieobligationen liegt die Rendite von Bundesobligationen durchweg niedriger. Dieser Nachteil wir jedoch durch die höhere Sicherheit von Bundesobligationen ausgeglichen.

Für den Anleger ist es interessant, Obligationen mit niedriger Nominalverzinsung zu entsprechend niedrigen Kursen zu erwerben. Da nämlich nur die niedrigen Nominalzinsen besteuert werden, ist für ihn die Rendite nach Steuern insgesamt recht attraktiv.

Bundesschatzanweisungen sind festverzinsliche Inhaberschuldverschreibungen des Bundes und seiner Sondervermögen mit einer *Laufzeit* von 2 Jahren. Mindestanlagebetrag 1000 Euro; kleinste handelbare Einheit 0,01 Euro (0,01 €/1000 €).

Bundesschatzanweisungen werden bei einem Mindestgebot von 1 Million Euro im *Tenderverfahren* gegeben (d. h. der Bund bietet die Wertpapiere den meistbietenden Kreditinstituten zur Übernahme an) und an allen deutschen Wertpapierbörsen amtlich gehandelt. Sie können von allen Privatpersonen, auch von Gebietsfremden, erworben werden.

Die *Verzinsung* der Bundesschatzanweisungen orientiert sich am jeweiligen Kapitalmarktzins. Die Zinsen werden jährlich ausgezahlt.

Die *Rückzahlung* (Einlösung) bei Fälligkeit erfolgt ohne Gebühren zum Nennwert bei der Bundeswertpapierverwaltung!

Ähnlich wie Bundesanleihen und Bundesobligationen können Bundesschatzanweisungen jederzeit – gegebenenfalls allerdings auch unter Inkaufnahme von Kursabschlägen – an der Börse verkauft werden. Ihre *Liquidität* ist insofern stets gewährleistet. – Gleiches gilt für ihre *Sicherheit.* Sie wird durch das Bundesvermögen garantiert. – Solange der Anleger die Bundesschatzanweisungen nicht vor Ende ihrer Laufzeit verkaufen möchte, besteht für ihn auch kein *Wertveränderungsrisiko.* Ein *Währungsrisiko* ist ebenfalls nicht gegeben.

Bundesschatzanweisungen sind mit einem festen Zinssatz ausgestattet. Ihre *Rendite* ermittelt sich aus dem Nominalzins und dem Börsenkurs, zu dem das Papier gekauft wurde. Sie kann durchweg als passabel bezeichnet werden.

Bundesschatzanweisungen sind eine attraktive Alternative zum Sparkonto.

Pfandbriefe und Kommunalobligationen (seit 1. 1. 1991 auch als Öffentliche Pfandbriefe bezeichnet) sind festverzinsliche Wertpapiere, die (nach dem Pfandbriefgesetz v. 22. 5. 2005) von allen Banken (ab einer bestimmten Größe) emittiert werden können. Sie werden auch als *Bankschuldverschreibungen* klassifiziert.

Nach den einschlägigen Gesetzen müssen dem Gesamtbetrag der in Umlauf befindlichen Pfandbriefe und Kommunalobligationen jederzeit in Höhe des Nennwertes Deckungsforderungen von mindestens der gleichen Höhe und von mindestens dem gleichen Zinsertrag gegenüberstehen.

Außer den Deckungswerten haftet den Gläubigern von Pfandbriefen und Kommunalobligationen das gesamte sonstige Vermögen der Realkreditinstitute. Bei öffentlich-rechtlichen Instituten kommt für bis zum 18. 7. 2005 eingegangene Verbindlichkeiten ergänzend noch die Anstaltslast und Gewährträgerhaftung hinzu.

Die *Stückelung* bei Pfandbriefen und Kommunalobligationen beträgt 50 Euro und ein beliebig Vielfaches dieses Betrages. Ihre *Laufzeit* beträgt heute in der Regel 10 Jahre (früher: 30–40 Jahre); längere Laufzeiten sind möglich.

Der *Zinssatz* dieser Wertpapiere steht für deren gesamte Laufzeit fest. Die Zinsen werden jährlich ausgezahlt.

Sicherheit ist bei Pfandbriefen und Kommunalobligationen ebenfalls in hohem Maße gegeben. Die sie emittierenden Hypotheken- und Landesbanken sind aller einschlägigen Skepsis enthoben. Die Papiere sind mündelsicher. Sie kennen weder ein *Zins-* noch ein *Währungsrisiko.* Lediglich ein gewisses Kursrisiko ist bei ihrem Kauf oder Verkauf über die Börse gegeben.

Die hohe Sicherheit von Pfandbriefen und Kommunalobligationen drückt verständlicherweise etwas auf ihre *Rentabilität.* (Wer hohe Sicherheit sucht, muss dafür bezahlen!) Deshalb kann es durchaus lohnend sein, zu einem relativ niedrigen Börsenkurs angebotene „Langläufer“ zu kaufen und damit die effektive Verzinsung dieser Papiere anzuheben.

Pfandbriefe und Kommunalobligationen sind in ihrer *Bonität* den Bundesanleihen etwa ebenbürtig.

Industrieanleihen (auch als Industrieobligationen oder Unternehmensanleihen bezeichnet) sind Schuldverschreibungen, mit denen sich große Industrie-, Handels- und Verkehrsunternehmen langfristiges (Fremd-)Kapital für Investitionen und Umschuldungen beschaffen.

Die *Sicherheit* solcher Industrieanleihen wird in erster Linie durch die wirtschaftliche Lage und die Ertragskraft des jeweiligen Unternehmens gewährleistet.

Industrieanleihen werden in einer *Stückelung* von 50 Euro und einem beliebig Vielfachen dieses Betrages herausgegeben. Ihre *Laufzeit* beträgt in der Regel 10–20 Jahre.

Der *Zinssatz* ist für die gesamte Laufzeit festgeschrieben. Die Zinsen werden jährlich zu bestimmten Zeitpunkten ausgezahlt.

Die *Liquidität* ist bei Industrieanleihen durch die Möglichkeit ihres Verkaufs an der Börse jederzeit gewährleistet. Gegebenenfalls sind dabei allerdings Kursverluste in Kauf zu nehmen.

Die *Sicherheit* von Industrieanleihen ist im allgemeinen hoch einzustufen. Dennoch reichen diese unter dem Sicherheitsaspekt weder in der allgemeinen Einschätzung noch tatsächlich an Bundesanleihen heran. Sie sind deshalb nach dem Gesetz auch nicht als mündelsicher eingestuft.

Zins- und *Währungsrisiken* bestehen bei Industrieanleihen nicht. Ein gewisses *Kursrisiko* beim An- und Verkauf über die Börse ist jedoch immer gegeben.

Was ihre *Rentabilität* angeht, sind Industrieanleihen keineswegs attraktiv, jedoch interessanter als vergleichbare Staatspapiere (wie Bundesanleihen, Bundesobligationen, Kommunalobligationen) oder Pfandbriefe.

Ein Einstieg in Industrieobligationen ist insbesondere dann in Erwägung zu ziehen, wenn diese zu niedrigen Börsenkursen angeboten werden und ihre Restlaufzeiten nicht mehr allzu lang sind. Dann kann ihre Effektivverzinsung durchaus interessant sein.

Bankanleihen sind auf den Inhaber lautende Schuldverschreibungen (Inhaberschuldverschreibungen), mit denen sich Banken mittel- bis langfristiges (Fremd-)Kapital beschaffen. Sie erfreuen sich als Geldanlageobjekte nicht zu übersehender Beachtung.

Bankanleihen werden in der Regel in einer *Stückelung* von 1000 Euro herausgegeben. Ihre *Laufzeit* beträgt zwischen 5 und 10 Jahre. Ihr *Zinssatz* liegt für die gesamte Laufzeit fest. Die Zinsen werden jährlich ausgezahlt.

Die abschließende Beurteilung von Bankanleihen als Anlageobjekt deckt sich weitgehend mit den einschlägigen Ausführungen zu den Industrieanleihen.

Auslandsanleihen sind Schuldverschreibungen, die von ausländischen Emittenten aufgelegt werden. Als Emittenten können öffentliche und private Einrichtungen (z. B. internationale Institutionen, ausländische Staaten, Regionen, Städte, Unternehmen) auftreten. Die Anleihen können auf Euro oder auf andere Währungen lauten. Altemissionen vor dem 1. 1. 1999 lauteten auch auf DM. Entsprechend unterscheidet man DM-Auslandsanleihen, ausländische Euro-Anleihen wie auch Währungsanleihen. Sind Anleihen an zwei Währungen gebunden, so spricht man von Doppelwährungsanleihen.

Die Einschätzung des *Schuldnerrisikos* (d. i. die Fähigkeit des Emittenten, seine Zins- und Rückzahlungspflichten bedingungsgemäß zu erfüllen) ist bei Auslandsanleihen – mit i. d. R. Laufzeiten zwischen 3 und 10 Jahren – häufig nicht unproblematisch. Hier können Ratings gewisse Entscheidungshilfen bieten.

4.7.2.2.2 Neuere Anleiheformen

Durch Variation der klassischen Anleiheeigenschaften (fester Zinssatz, regelmäßige Zinszahlung, Rückzahlung am Ende der Laufzeit) wurden in jüngerer Zeit eine Reihe von Anleiheformen kreiert, die sich zunehmender Beliebtheit erfreuen. Sie seien hier nur erwähnt: Null-Kupon-Anleihen (Zerobonds), Anleihen mit variabler Verzinsung (Floating Rate Notes), Annuitäten Bonds, Swap-Anleihen, Gleitzins- und Kombizinsanleihen, Aktenindexanleihen, Hybridanleihen, Inflationsanleihen.

4.7.2.2.3 Sonderformen von Anleihen

Neben den klassischen und neueren Anleiheformen gibt es noch Sonderformen von Anleihen, die – ausgenommen Genussscheine und Rentenfonds – hier nicht weiter beleuchtet werden sollen.

Genussscheine, im Börsenjargon auch „Genüsse“ genannt, sind Wertpapiere, die Genussrechte jedoch keine Teilhaberrechte verbriefen. Genussrechte sind Gläubigerrechte ohne eindeutige gesetzliche Normierung und demnach mit großer Gestaltungsfreiheit. – Gemeinsam sind den meisten Genussscheinen die Anrechte des Inhabers auf Rückzahlung des Anlagebetrages zum Nennwert sowie auf einen Anteil am Reingewinn des betreffenden Unternehmens.

Genussscheine werden in der Regel in einer *Stückelung* von 100 und 1000 Euro angeboten und können bei Emission gebührenfrei über Kreditinstitute bezogen werden. Ihre *Laufzeiten* liegen üblicherweise bei zehn und mehr Jahren. Es gibt aber auch unbefristete Genussscheine. Diese beinhalten aber ein Kündigungsrecht. Börsennotierte Genussscheine können – soweit die entsprechende Nachfrage vorhanden ist – jederzeit verkauft werden.

Die Rückzahlung des Anlagebetrages bei Genussscheinen ist in der Regel als sicher zu bezeichnen, da durchweg nur potente (Groß-)Unternehmen (so insbesondere große Kreditinstitute) Genussscheine herausgeben.

Weniger sicher erscheint dagegen die Zinsausschüttung. Hier gilt es zu beachten, dass bei Genussscheinen mit *fester* Ausschüttung (was für die meisten zutrifft) dieselbe keineswegs so sicher ist wie das Adjektiv zu suggerieren vermag. Ausgeschüttet wird nämlich nur, wenn der Bilanzgewinn dazu ausreicht. – Genussscheine mit ergebnisabhängiger, *variabler* Ausschüttung schließlich können allenfalls dann als interessant erscheinen, wenn sie mit einem Wandelrecht ausgestattet sind.

Entsprechend der nicht zu übersehenden eingeschränkten *Sicherheit* können die in ihrer *Rendite* im Vergleich zu öffentlichen Anleihen in der Regel um 1–2 Prozentpunkte höher liegenden Genussscheine nicht gerade als attraktiv bezeichnet werden.

Genussscheine sind Risikopapiere, die einen Übergang von Aktien zu Anleihen markieren.

Rentenfonds sind von Investmentgesellschaften (Kapitalanlagegesellschaften)[4] gebildete und verwaltete Sondervermögen (Fonds) festverzinslicher Wertpapiere, über die an Geldanleger Anteilscheine (Fondsanteile), so genannte Investmentzertifikate, ausgegeben werden. Diese Investmentzertifikate verbriefen dem Anleger ein Miteigentumsrecht zu Bruchteilen an diesem Sondervermögen. Gesetzliche Grundlage der Rentenfonds ist das Gesetz über Kapitalanlagegesellschaften (KAGG).

Rentenfonds sind traditionellerweise als *Open-end-Fonds* konstruiert. Bei ihnen ist der Umfang des Fondsvermögens nicht begrenzt. Über den Zufluss von Anlagekapital wächst dieses unbegrenzt und damit auch die Anzahl der Anteilscheine darüber.

In der Regel werden die Fondsanteile über die Banken und Sparkassen vertrieben. Diese verkaufen allerdings vorwiegend nur eigene Papiere (so beispielsweise DWS-Fonds die Deutsche Bank, Cominvest-Fonds die Commerzbank, Deka-Fonds die Sparkassen, Union-Fonds die Volks- und Raiffeisenbanken). Fondsanteile können jedoch auch direkt bei den Fondsgesellschaften gezeichnet werden.

---

4 Kapitalanlagegesellschaften sind Kreditinstitute im Sinne des § 1 Kreditwesengesetz und unterliegen damit der Bankenaufsicht.

Der Anleger erwirbt die Investmentanteile zu einem *Ausgabepreis,* der börsentäglich von den Fondsgesellschaften errechnet wird. Davon zu unterscheiden ist *der Rücknahmepreis.* (Die Ausgabe- u. Rücknahmepreise werden laufend im Wirtschaftsteil der großen überregionalen Tageszeitungen veröffentlicht.) Zwischen beiden liegt ein *Ausgabeaufschlag* von 3 bis 5 Prozent.

Die Investmentgesellschaften sind den Anlegern gegenüber verpflichtet, deren Anteile jederzeit zum jeweiligen offiziellen Rücknahmepreis[5] zurückzunehmen. Deutsche Investmentzertifikate werden nicht an der Börse gehandelt.

Die Frage, ob Direktanlagen in Rentenpapieren oder die Anlage in Anteilspapieren von Rentenfonds attraktiver seien, lässt sich nicht generell und eindeutig beantworten. Was die *Bonität* der Anlage anbelangt, so ist diese in beiden Fällen weitgehend die gleiche. Auch die *Liquidität* ist in beiden Fällen in etwa gleich. Was schließlich die *Rendite* angeht, so dürfte diese für beide Anlageformen brutto ungefähr gleich sein. Was bei der Direktanlage möglicherweise durch Erwerbsspesen in Ansatz gebracht werden muss, gilt es beim Kauf von Anteilspapieren durch Ausgabeaufschläge sowie durch zusätzliche Verwaltungsgebühren als Belastung in Kauf zu nehmen.

4.7.2.3 Anlage in Lebensversicherungen

Mit der Anlage von Ersparnissen in (privaten) Lebensversicherungen kann außer der Vermögensbildung speziell der Vorsorge (für das eigene Alter, für Berufsunfähigkeit)[6] Rechnung getragen werden. Hier sind insbesondere die verschiedenen Formen der Kapitallebensversicherung und der Rentenversicherung von Interesse.

Die Lebensversicherungen folgen in ihrer Konstruktion im wesentlichen folgendem Muster: In einem Lebensversicherungsvertrag werden zwischen einer Versicherungsgesellschaft (Versicherer) und dem Versicherungsnehmer – ähnlich einem langfristigen Sparvertrag – über einen bestimmten Zeitraum eine bestimmte Ansparsumme vereinbart. Die damit zu leistenden Beiträge des Versicherungsnehmers setzen sich aus einem Kostenanteil zur Deckung des Verwaltungsaufwandes, einem Risikoanteil zur Abdeckung des Todesfallschutzes und dem Sparanteil zusammen. Der Versicherer verpflichtet sich, dem Versicherungsnehmer mit Ablauf des Vertrages das angesparte Kapital zuzüglich der aufgelaufenen Zinsen wie auch eines entsprechenden Anteils der durch die Anlage der Sparbeiträge (des Kapitals) erwirtschafteten (Kapital-)Erträge zu zahlen. Diese Zahlung kann eine bestimmte Kapitalsumme (bei den **Kapitallebensversicherungen**) oder regelmäßig wiederkehrende Leistungen in Form einer Rente (bei den **Rentenversicherungen**) beinhalten. Lebensversicherungen sind somit stets Summenversicherungen, das heißt, im Versicherungsfall wird – unabhängig vom tatsächlichen Geldbedarf – die im voraus vertraglich vereinbarte Summe zur Zahlung fällig (Prinzip der abstrakten Bedarfsdeckung!).

Vor Abschluss einer Lebensversicherung verlangt der Versicherer vom Versicherten regelmäßig Auskunft auf Fragen zu dessen Gesundheit. Diese Fragen sind genau und erschöpfend (erforderlichenfalls mit ärztlichem Attest!) zu beantworten. Widrigenfalls (d. h., wenn falsche oder unvollständige Angaben zum Gesundheitszustand gemacht

[5] Der Rücknahmepreis ergibt sich aus dem Inventarwert des Sondervermögens einschließlich eventueller Kassenbestände pro Anteil abzüglich eventueller Kosten.

[6] Ausschlaggebend für den Umfang der Altersvorsorge ist die sogenannte *Versorgungslücke.* Sie tut sich dort auf, wo ab einem bestimmten Zeitpunkt (z. B. Ausscheiden aus dem aktiven Berufsleben) das verminderte Einkommen (z. B. die gesetzliche Rente, Pension, Kapiteleinkünfte) nicht mehr ausreicht, um den gewünschten Lebensstandard weiterhin aufrechtzuerhalten.

wurden und dies von der Versicherung aufgedeckt wird) kann sich die Versicherung bei Eintritt des Versicherungsfalles vor Ablauf des Vertrages weigern, die vereinbarte Versicherungsleistung zu erbringen!

4.7.3 Sachwertanlagen

4.7.3.1 Aktien

Aktien sind Anteilscheine an einer Aktiengesellschaft. Präziser formuliert: Aktien sind Wertpapiere, die Anteile am Grundkapital einer Aktiengesellschaft verbriefen.[7] Der Eigentümer einer Aktie ist mit deren Nennwert oder deren Stückzahl am Grundkapital der betreffenden Aktiengesellschaft beteiligt. Er ist Aktionär dieses Unternehmens.

Die Aktiengesellschaft wird durch das Aktiengesetz geregelt. Sie ist eine Gesellschaftsunternehmung mit eigener Rechtspersönlichkeit. Das Gesellschaftskapital (Grundkapital) – das mindestens 50 000 Euro betragen muss – ist in so genannte Aktien aufgeteilt, die entweder als Nennbetragsaktien oder Stückaktien begründet werden (§ 8 AktG). Der Mindestbetrag einer Nennbetragsaktie ist 1 Euro; höhere Nennbeträge lauten auf ein Vielfaches dieses Mindestbetrages. Stückaktien lauten auf keinen Nennbetrag.[8]

Die dem Aktionär aus seiner Teilhabe (an der betreffenden Aktiengesellschaft) erwachsenden (Vermögens-)Rechte bestimmen sich nach dem Aktiengesetz (AktG) wie folgt:

- Anspruch auf Anteil am Gewinn (Dividende, § 60 AktG), sofern ein Bilanzgewinn erwirtschaftet wird;
- Teilnahme an der Hauptversammlung (§§ 118, 120 AktG);
- Stimmrecht in der Hauptversammlung (§§ 119, 134 AktG) nach der Höhe des vertretenen Aktienkapitals. (Das Stimmrecht des Aktionärs kann durch die Satzung der Aktiengesellschaft beschränkt werden [z. B. auf 5 Prozent des Grundkapitals für einen einzelnen Aktionär].);
- Bezugsrecht auf junge Aktien bei Kapitalerhöhungen (§ 186 ff., 221 AktG). (Wer bei der Emission junger Aktien sein Bezugsrecht nicht wahrnehmen möchte, kann dies über den an der Börse stattfindenden Bezugsrechthandel verkaufen.);
- Anteil am Liquidationserlös bei Auflösung des Unternehmens (§ 271 AktG).

Der Kauf von Aktien erfolgt über eine Bank oder Sparkasse. Der Anlegewillige erteilt dieser den Auftrag (die Order), bestimmte von ihm ins Auge gefasste oder ihm von deren Wertpapierberater empfohlene Papiere zu kaufen. Um keine Überraschung zu erleben, empfiehlt es sich, der Bank/Sparkasse den Kurs (Preis) zu nennen, den diese beim Kauf nicht überschreiten soll (Kurslimit). Wünscht der Anleger, dass die Bank/Sparkasse ihm die betreffenden Aktien auf jeden Fall besorgt, so versieht er seinen Auftrag mit dem Zusatz „billigst". Dies bedeutet, dass die Bank verpflichtet ist, die gewünschten Aktien zum günstigsten Tageskurs zu kaufen. (Beim Verkauf von Aktien heißt der Auftragszusatz entsprechend „bestens".) Bei derlei kurslimitierten Kauforders kann zu-

---

[7] Nach dem Gesetz für „Kleine Aktiengesellschaften" und zur Deregulierung des Aktienrechts von 1994 kann der Anspruch auf Einzelverbriefung der Aktien ausgeschlossen oder eingeschränkt werden. Bei Neuemissionen wird heute i. d. R. auf die Ausstellung von (Aktien-)Urkunden verzichtet.

[8] Bis zum 31. 12. 2001 mussten alle börsennotierten Aktiengesellschaften ihre Aktien auf nennwertlose Stückaktien umstellen.
Der Aktienhandel und die Kursanzeige an den deutschen Börsen erfolgt seit dem 1. 1. 1999 in Euro.

sätzlich eine zeitliche Begrenzung des Auftrages erfolgen. Erfolgt eine solche nicht, gilt der Auftrag bis zum letzten Börsentag des laufenden Monats. – Die Bank leitet diesen Auftrag gegebenenfalls zusammen mit anderen Kauf- und Verkaufsaufträgen an eine der deutschen Wertpapierbörsen weiter, wo dann ein Börsenmakler alles weitere besorgt.

In aller Regel wird die mit dem Kauf der Aktien beauftragte Bank deren Kaufpreis auf dem bei ihr geführten Konto des Anlegers belasten. Hinzu kommen die Ankaufsspesen, das sind die eigene Abwicklungsprovision (i. d. R. 1% des Aktienwertes) sowie die (von der Bank) an den Börsenmakler abzuführende Maklerprovision (Courtage). (Die Verkaufsspesen gestalten sich analog!) Nach Abwicklung des Kaufs (wie auch des Verkaufs) der Aktien erhält der Auftraggeber von der ausführenden Bank/Sparkasse eine detaillierte Abrechnung.

Die gekauften Aktien werden von der Bank einem bei ihr geführten Depotkonto des Auftraggebers gutgeschrieben. Üblicherweise werden die Aktien **nicht** an den Käufer ausgehändigt (d. h. er erhält keine effektiven Stücke), sondern bei einer Wertpapiersammelbank verwahrt *(Sonderverwahrung)* beziehungsweise es wird eine *Girosammelverwahrung* praktiziert, bei der der Anleger lediglich einen Anspruch auf gleichartige Wertpapiere in gleicher Anzahl erhält. Bei der letztgenannten Verwahrungsform ermäßigen sich die Verwahrungskosten (Depotgebühren) gegenüber der erstgenannten.

Im Gegensatz zur Anlage auf Konten oder in Anleihen ist bei Aktien weder die *Rendite* im voraus bestimmbar, noch ein Rückzahlungswert garantiert. Der Aktionär hat weder einen Anspruch auf eine bestimmte Verzinsung noch – im Falle des Verkaufs – auf einen bestimmten Erlös. Was ihm zusteht, ist eine Beteiligung am Unternehmensgewinn (soweit ein solcher erwirtschaftet wurde!) in Form einer *Dividende* und gegebenenfalls (bei positiver Kursentwicklung) ein mehr oder minder großer Kursgewinn beim Verkauf des Papieres.

Um die Dividende zu erhalten, muss der Aktionär respektive seine depotführende Bank den von der Aktiengesellschaft zur Zahlung aufgerufenen Dividendenkupon (der in einem Kuponbogen der Aktie beigefügt ist) dieser zur Zahlung vorlegen. Die depotführende Bank verlangt dafür keine spezielle Provision, wohl aber Depotgebühren!

In der Regel ist es weniger die Dividende als vielmehr die Kursentwicklung respektive der Kursgewinn, die/der den Anleger zum Kauf von Aktien veranlasst. Selbstverständlich ist diese Kursentwicklung in direktem Zusammenhang mit der Marktstellung des jeweiligen Unternehmens zu sehen. Daneben schlagen sich jedoch in ihr eine Vielzahl ökonomischer wie auch außerökonomischer Gegebenheiten nieder, die in ihrer Gesamtheit niemals im voraus zu erfassen sind. Es kann die Kursentwicklung einer Aktie allenfalls über die Kenntnis einzelner Einflussgrößen gemutmaßt werden. Die Anlage in Aktien trägt deshalb immer (mehr oder weniger) spekulativen Charakter. Der Anleger kann viel gewinnen, aber auch viel (bis alles) verlieren!

Dieses *Anlagerisikos* sollte sich jeder Anleger (insbesondere bei kurz- und mittelfristigen Engagements!) immer bewusst sein. Ihm (dem Risiko) kann in gewissem Umfang durch eine Streuung der Aktienanlage (Risikostreuung), das heißt durch den Kauf von Akten verschiedener Unternehmen (Diversifikation) beziehungsweise von Unternehmen verschiedener Branchen (Branchenmix) oder auch verschiedener Länder[9] begegnet werden.

[9] Ausländische Aktien, die an deutschen Börsen gehandelt werden, unterliegen der gleichen Handhabung wie deutsche Aktien. Ausländische Aktien, die nur an ausländischen Börsen gehandelt werden, sind für Kleinanleger nicht zu empfehlen.

Um von Kursstürzen nicht überrollt zu werden, empfiehlt es sich, für die einzelnen Papiere so genannte *Stop-loss-Marken* (d. s. Kursuntergrenzen) festzulegen, um sie (die Aktien) bei Erreichen dieser Marken zu verkaufen beziehungsweise (nach vorheriger Stop-loss-Order) durch die depotführende Bank verkaufen zu lassen. Auf welchem Kursniveau diese Untergrenzen jeweils anzusetzen sind, kann nicht generell gesagt werden. Die Entscheidung darüber wird nicht nur von der persönlichen Risikobereitschaft des Anlegers, sondern auch von der Schwankungsbreite der jeweiligen Aktie abhängen.

4.7.3.2 Aktienfonds

Aktienfonds sind von Investmentgesellschaften (Kapitalanlagegesellschaften) gebildete und verwaltete Sondervermögen (Fonds) von Aktien, über die an Geldanleger Anteilscheine (Fondsanteilscheine), so genannte Investmentzertifikate, ausgegeben werden. Diese Investmentzertifikate verbriefen dem Anleger ein Miteigentumsrecht zu Bruchteilen an diesem Sondervermögen. Gesetzliche Grundlage dieser Investmentkonstruktion ist das Gesetz über Kapitalanlagegesellschaften (KAGG).

Der Verkauf dieser Fondsanteile erfolgt gewöhnlich (stückelos, d. h. unverbrieft) über die Banken und Sparkassen. Ihr Ausgabepreis wird in der Regel börsentäglich ermittelt und liegt meist zwischen 3 und 5 Prozent über ihrem Rücknahmepreis. – Bei den seltener anzutreffenden Netto-Investmentanteilen, bei denen der Ausgabepreis gleich dem Rücknahmepreis ist, werden von der sie verwaltenden Fondsgesellschaft höhere Verwaltungsgebühren (zwischen 1,37–1,5% gegenüber 0,5–1%) berechnet.

Die Risiken der (im vorausgegangenen Kapitel beschriebenen) Anlage in einer bestimmten einzelnen Aktie (Einzelanlage) werden hier durch Anlage des Fondskapitals in einer Vielzahl von verschiedenen Aktien[10] (und die damit verbundene Risikostreuung) beträchtlich abgemildert. Entsprechend den Anlagevorgaben (den Anlagezielen, Anlageabsichten) und den damit verbundenen Anlagephilosophien lassen sich für Aktienfonds im wesentlichen zwei Einteilungskriterien ausmachen: die Anlageländer und die Anlageschwerpunkte.

4.7.3.3 Immobilien

Immobilien (unbewegliche Sachen) umfassen Grundstücke, Gebäude und Schiffe.

Geldanlagen in Immobilien können direkt (direkte Immobilienanlagen) und indirekt (indirekte Immobilienanlagen) erfolgen.

Direkte Immobilienanlagen erstrecken sich auf: Eigentumswohnungen, Einfamilienhäuser, Mehrfamilienhäuser, gemischt (wirtschaftlich) genutzte Gebäude, Gewerbebauten, Schiffe.

Indirekte Immobilienanlagen sind Beteiligungen an offenen oder geschlossenen (Immobilien-)Fonds oder diesen ähnlichen Rechtskonstruktionen.

4.7.3.3.1 Eigengenutzte Immobilien

Eigengenutzte Immobilien umfassen Eigentumswohnungen sowie Einfamilienhäuser (Eigenheime). Den Übergang von der eigengenutzten zur fremdgenutzten Immobilie markiert das Mehrfamilienhaus, das der Eigentümer zu einem Teil selbst bewohnt, oder

---

[10] Einschränkend zu dieser Feststellung gilt es zu wissen, dass die Fonds in der Regel zwischen 10 und 30 Prozent des Anlagekapitals als Ausgleichsposition zum Verlustpotential der Aktien in Anleihen oder Festgeldern halten.

das gewerblich genutzte Haus (z. B. Geschäftshaus), in dem der Eigentümer ein oder mehrere (Ober-)Geschosse selbst bewohnt (gemischt[-wirtschaftlich] genutzte Gebäude).

Zweifellos kann der Bau oder Kauf einer eigengenutzten Immobilie als eine (langfristige) Geldanlage angesehen werden. Ob es sich dabei allerdings um eine rentable Geldanlage handelt, kann nur von Fall zu Fall beurteilt werden. Während der Bau oder Kauf einer eigengenutzten Immobilie einerseits einen in der Regel nicht unerheblichen eigenen Mitteleinsatz (Sparkapital) sowie zusätzliche Fremdmittel (Bankkredite) erfordert, erspart diese dem Eigentümer ab dem Zeitpunkt ihrer Benutzungsmöglichkeit (des Einzugs) entsprechende Mietzahlungen. Ob die gesparte Miete, die in Anspruch genommenen steuerlichen Vergünstigungen und die (eventuell zu erwartenden) Wertsteigerungen der Immobilie in ihrer langfristigen Verrechnung mit den Kapitalkosten, den laufenden Instandhaltungs-[11] und Reparaturkosten (Unterhaltungskosten) sowie dem bei anderweitiger Anlage des Eigenkapitals erwirtschafteten (somit aber entgangenen) Ertrag diese (Immobilie) zu einer *wirtschaftlich* vernünftigen Geldanlage werden zu lassen, lässt sich nicht im voraus sagen. Darüber kann nur die Zukunft befinden. – Die Wirtschaftlichkeit wird aber auch in der Regel nicht das einzige ausschlaggebende Kriterium für die Geldanlage in einem Eigenheim oder einer Eigentumswohnung sein! Der Wunsch nach „eigenen vier Wänden“ ist – sicherlich individuell verschieden ausgeprägt – häufig stärker als die „gefühlsarme wirtschaftliche Vernunft“ und impliziert nicht selten die Bereitschaft, für seine Befriedigung etwas (nämlich von dem mit einer anderweitigen Anlage des Geldes möglicherweise zu realisierenden Mehrertrag) zu „opfern“. (Ob dieser immaterielle Mehrertrag dem materiellen gegenüber vorzuziehen oder nachzuordnen ist, mag jeder für sich selbst entscheiden!) Nachfolgend sollen nur noch die ökonomischen Fakten und Erwägungen interessieren!

Zunehmende Bedeutung in der persönlichen Vermögensplanung erlangt das Eigenheim respektive die Eigentumswohnung für die Altersvorsorge. Die verlockende Vorstellung, eines schönen Tages keine Miete mehr zahlen zu müssen und nach Entschuldung der Immobilie dieses Geld für andere Dinge ausgeben zu können und außerdem der Gefahr überraschender Kündigungen ein für allemal enthoben zu sein, veranlaßt immer mehr Leute, dieses Ziel langfristig ins Auge zu fassen und auf seine Erreichung hinzuarbeiten.

Die Finanzierung einer selbstgenutzten Immobilie sollte gewisse Grundsätze beachten. Je höher das vorhandene Eigenkapital, desto geringer (selbstverständlich) die Belastung! Der Eigenkapitalanteil sollte deshalb 20 bis 30 Prozent nicht unterschreiten. Der Rest kann durch Hypotheken- oder sonstige langfristige Darlehen eines Kreditinstitutes und gegebenenfalls durch Bauspardarlehen einer Bausparkasse finanziert werden.[12]

---

[11] Für Eigentumswohnungen schreibt das Gesetz die Bildung einer vom Alter und dem Ausstattungsgrad derselben abhängige Instandhaltungsrückstellung vor.

[12] Banken, Bausparkassen und Versicherungen bieten im wesentlichen vier Finanzierungsmodelle an. Das **erste Modell** basiert auf der klassischen Hypothek mit jährlicher Tilgung. Der Bauherr/Erwerber nimmt einen Bankkredit auf und zahlt diesen samt der auflaufenden Zinsen in gleichen Monatsraten zurück. Das **zweite Modell** gründet auf der Bausparfinanzierung. Der Bauherr/Erwerber erhält von der Bausparkasse ein Festdarlehen, für das er bis zur Zuteilung des Bausparvertrages nur Zinsen zu entrichten hat. Wird der Vertrag zugeteilt, wird das Festdarlehen als Annuitätenkredit in gleichen Monatsraten zurückgezahlt. Das **dritte Modell** sieht ein Festdarlehen vor, das über eine Lebens- oder Rentenversicherung getilgt wird. Das **vierte Modell** umfasst eine Kombination aus Festdarlehen und Investmentfonds. – Als solidestes Finanzierungsmodell gilt allgemein der klassische Hypothekarkredit bei einer Bank. Er bietet dem Bauherrn/Erwerber die wohl sicherste Tilgung. (Siehe Fußnotenfortsetzung nächste Seite!)

Auf jeden Fall sollte dem endgültigen Entschluss für den Bau respektive Erwerb einer Immobilie ein detaillierter Kosten- und Finanzierungsplan vorausgehen, aus dem die monatlichen Belastungen genau zu ersehen sind. Nur so kann sich ein am Bau oder Erwerb einer Immobilie Interessierter vor späteren unliebsamen Überraschungen schützen.

Eine auch weiterhin nicht außer Acht zu lassende Förderung des Baus, des Kaufs oder der Modernisierung eines Hauses wird unverändert von der KfW-Förderbank in Frankfurt am Main angeboten. Gefördert werden bis zu 30 Prozent der einschlägigen Gesamtkosten bis zu einer Höchstgrenze von 100000 Euro zu einem im Vergleich zu den gängigen Bankdarlehen beachtlich niedrigen Zinssatz.

Abschließend lässt sich die eigengenutzte Immobilie wie folgt beurteilen: Ihr Bau/Kauf impliziert in der Regel ein langfristiges (meist 10 bis 20 Jahre umfassendes) finanzielles Engagement. Soweit die Lage, die Qualität (Ausstattung u. Wohnkomfort) sowie die Größe und Gestaltung der Immobilie entsprechende Wertschätzung erfahren und somit Nachfrage auf sich ziehen können, dürfte diese als eine *sichere* Investition gelten. Auch ein gewisser mittel- bis langfristiger Wertzuwachs darf durchaus angenommen werden. Inwieweit allerdings ein plötzlich notwendig werdender Verkauf einen solchen Wertzuwachs zu realisieren vermag, sei dahingestellt. Es muss deshalb von einer eingeschränkten *Liquidität* ausgegangen werden.

Unbestritten bietet eine Immobilie einen guten *Inflationsschutz*, sofern ihr Werterhalt durch eine konsequente laufende Instandhaltung gesichert wird.

Die im eigenen Haus/der eigenen Wohnung nicht zu entrichtende, somit „eingesparte" Miete kann für den Immobilieneigentümer *gewissermaßen* als ein zusätzliches Einkommen und damit als ein attraktiver Beitrag zu dessen Altersversorgung angesehen werden. Auch das mit einer solchen Immobilie verbundene unkündbare Wohnrecht vermittelt für das Alter eine beruhigende Sicherheit, die abseits ökonomischer Kriterien hoch zu bewerten ist.

4.7.3.3.2 Fremdgenutzte Immobilien

Im Gegensatz zu eigengenutzten Immobilien sollen über fremdgenutzte Immobilien Erträge durch Vermietung oder Verpachtung erwirtschaftet werden. Fremdgenutzte Immobilien umfassen Eigentumswohnungen, Einfamilien- und Mehrfamilienhäuser, Büro- und Geschäftshäuser.

Nachfolgend soll vorrangig auf die vermietete (fremdgenutzte) Eigentumswohnung und in einer kleinen Anmerkung auf das vermietete Wohnhaus (als für Privatanleger mögliche Geldanlage) näher eingegangen werden. Die direkte Kapitalanlage in Gewerbeimmobilien (Büro- u. Geschäftshäuser) als vorzugsweise professionelles Investment soll hier nicht näher beleuchtet werden.

Vielleicht noch bedeutsamer als für die selbstgenutzte Eigentumswohnung ist für die vermietete Eigentumswohnung deren Lage. Die Lage ist für die profitable Vermietung einer Eigentumswohnung in zweifacher Hinsicht von Bedeutung: hinsichtlich der Großlage wie auch hinsichtlich der Kleinlage. Als attraktive Großlagen sind Großstädte respektive Ballungsräume einzustufen, in denen sich entsprechende Nachfrage akku-

---

Unabhängig von dem gewählten Modell empfiehlt es sich, insbesondere für in Niedrigzinsphasen abgeschlossene Darlehensverträge, eine möglichst zehnjährige Zinsbindung zu vereinbaren, um sich so vor steigenden Zinsen zu schützen und eine langjährige sichere Kalkulationsbasis zu haben.

muliert. Als attraktive Kleinlagen dürfen solche Gegenden gelten, die „in“ sind, keine Problemschichten, sondern im Gegenteil gutsituierte Bewohner ausweisen u.a.m.

Neben der Groß- und Kleinlage sind auch die Größe der Eigentumswohnung, ihr Schnitt wie auch ihre Ausstattung von Bedeutung. Großzügig bemessener Wohnraum und ebensolche Ausstattung ziehen in der Regel auch finanziell potentere Mieter an, die dann auch häufig langfristige Mietverträge abschließen. Klein- und Kleinstwohnungen ziehen gerne Mietverhältnisse für kürzere Zeiträume auf sich, was zwangsläufig häufigeren Mieterwechsel und damit verbunden eine höhere Abnutzung der Wohnung zur Folge hat. Was möglicherweise dem Anleger (bei einer fiktiven Eigennutzung) persönlich genügen würde, muss nicht unbedingt potentiellen Mietern genügen (und umgekehrt!). Es ist deshalb Bauherren/Erwerbern von zu vermietenden Eigentumswohnungen anzuraten, sich vor Baubeginn/Erwerb möglichst eingehend über die Wohnpräferenzen des ins Auge gefassten Mieterkreises zu informieren, notfalls unter Heranziehung von (neutralen) Experten!

Wenn eine Eigentumswohnung zur Vermietung und damit als Renditeobjekt in Betracht gezogen wird, sollte zweckmäßigerweise im vorhinein geprüft werden, ob sie bei den zu erwartenden Kosten und der zu realisierenden Miete überhaupt eine hinreichende *Rendite* (4 bis 5 Prozent!) abzuwerfen verspricht. Für neue und jüngere sowie für gut erhaltene ältere Eigentumswohnungen lässt sich eine solche Prüfung pauschal anhand einer Faustregel durchführen:

$$\frac{(\text{Monatsmiete} - \text{Nebenkosten}) \cdot 12}{\text{Gesamtkosten respektive Kaufpreis}} \cdot 100 = \text{Rendite}$$

Die Monatsmiete errechnet sich aus der Wohnfläche mal dem Quadratmeterpreis (siehe örtlichen Mietspiegel!). Die Nebenkosten beinhalten die Kosten für den gesetzlich vorgeschriebenen Verwalter (ca. 25 bis 35 Euro je Wohneinheit u. Monat) und die (nach dem Gesetz) zu bildende Instandhaltungsrückstellung (ca. 5 Euro je Quadratmeter Wohnfläche u. Jahr) beziehungsweise die entstandenen Reparaturkosten.

Als eine weitere Faustregel zur Überprüfung einer hinreichenden Rendite des Objektes gilt allgemein: Die Mieteinnahmen sollten die Hälfte der bei einer totalen Fremdfinanzierung des Kaufpreises entstehenden finanziellen Belastungen decken! Die verbleibende Restbelastung sollte soweit wie möglich durch Minderung der Einkommensteuer kompensiert werden.

Eine abschließende Bemerkung zum Erwerb von zur Fremdnutzung vorgesehenen Eigentumswohnungen erscheint wichtig! Es ist nachdrücklich zu warnen vor unseriösen Geschäftemachern, die Wohnblocks billig kaufen, sie in Eigentumswohnungen aufteilen und dann unter Vorspiegelung allzu optimistischer Prognosen zu überhöhten Preisen an private Anleger verkaufen. Was als gute Kapitalanlage angepriesen wurde, erweist sich für den Käufer rasch als Flop! Wohl hat das Kammergericht Berlin bereits Ende 1997 festgestellt, dass ein Kaufvertrag über eine Eigentumswohnung vom Käufer jederzeit wegen arglistiger Täuschung angefochten werden kann, wenn sich der Kaufpreis *nicht wie zugesagt* ohne Eigenanteil voll durch Mieteinnahmen und Steuervorteil trage (Aktenzeichen 7 U 5782/95). Dieses Urteil ist allerdings für solche Personen wenig hilfreich, die nicht in der Lage sind, die tatsächliche Rendite einer vermieteten Wohnung unter Berücksichtigung von Steuervorteilen und Kapitalkosten zu berechnen. Ihnen empfiehlt sich deshalt, einen Experten (Fachanwalt) zu konsultieren.

Allgemein lässt sich feststellen: Wenn sich eine als Renditeobjekt erworbene Eigentumswohnung nicht rechnet, das heißt, wenn sich herausstellt, dass Zinsen und sonstige Kosten auf unabsehbare Zeit Mieteinnahmen und Steuervorteile übersteigen, sollte der

Eigentümer versuchen, diese Immmobilie so rasch wie möglich zu veräußern und nicht „gutes Geld schlecht angelegtem hinterherwerfen". Die Aussichten, die Verluste durch Wertsteigerungen der Immobilie im Zeitverlauf auszugleichen, sind meist illusorisch!

Was für die vermietete Eigentumswohnung im kleinen, gilt für vermietete Wohnhäuser im großen. Eine Geldanlage in zu vermietende Wohnhäuser (Ein- u. Mehrfamilienhäuser) sollte sich in erster Linie an der realisierbaren Rendite und deren Bestimmungsgrößen orientieren.

Der Bau und Erwerb von Immobilien zur Fremdnutzung wird vom Staat steuerlich begünstigt. Während der Bau- respektive Erwerbsphase kann der Bauherr/Erwerber folgende Kosten als **Werbungskosten** geltend machen: Geldbeschaffungskosten einschließlich der Kreditsicherungskosten (Schätz-, Bearbeitungs-, Bürgschafts-, Notarkosten, Gebühren des Grundbuchamtes), Zinsen für Darlehen und Zwischenfinanzierung, Disagio (bis zu 5 Prozent bei einer Zinsbindungsdauer von mindestens 5 Jahren), Erhaltungsaufwand und Instandhaltungskosten bei Gebrauchtimmobilien bis 15 Prozent des Gebäudewertes. Auch sonstige im Zusammenhang mit der zur Fremdnutzung vorgesehenen Immobilie stehende Kosten, wie Grundsteuer, Verwalterkosten, Gebäudeversicherung, Wartungskosten, können als Werbungskosten in Ansatz gebracht werden.

Die während der Bau-/Erwerbsphase absetzbaren Werbungskosten können auch nach der Vermietung weiterhin geltend gemacht werden. Außerdem kann der Gebäudeanteil der Immobilie (also nicht auch das Grundstück!) im Zeitverlauf abgeschrieben werden. – Vermietete Neubauwohnungen und -häuser können – wenn der Bauantrag nach dem 31. 12. 2005 gestellt beziehungsweise die Wohnung nach diesem Zeitpunkt erworben wurde wird – ab 1. 1. 2006 nur noch linear mit 2 Prozent jährlich abgeschrieben werden (§ 7 Abs. 5 Nr. 3.c EStG i.d.F. v. 22. 12. 2005).

Eine weitere Vergünstigung für Vermieter gebauter oder erworbener Immobilien ergibt sich aus der Tatsache, dass negative Einkünfte das steuerpflichtige Einkommen mindern. Sobald der Bau/Erwerb zu einem hohen Anteil fremdfinanziert und abgeschrieben wird, ergeben sich (aus Mieteinnahmen – Werbungskosten) negative Einkünfte aus Vermietung und Verpachtung. Bei Verrechnung dieser negativen Einkünfte mit den sonstigen Einkünften (z. B. aus nichtselbständiger Arbeit, Kapitalvermögen) des Vermieters kann diesem eine weitere beachtliche Steuerersparnis entstehen.

Im Gegensatz zur staatlich geförderten eigengenutzten Immobilie muss die Finanzierung einer zur Vermietung/Verpachtung zu bauenden/kaufenden (fremdzunutzenden) Immobilie streng an den persönlichen Möglichkeiten (Einkommens- u. Steuersituation) ausgerichtet werden. Die optimale Finanzierung sollte – durch Vergleich der diversen Angebote – möglichst für die gesamte Laufzeit ermittelt werden.

Entsprechende Finanzierungssimulationen werden von den Kreditinstituten und den Finanzdienstleistern bereitgehalten und können leicht durchgespielt werden.

Bei einem (auch in der Zukunft) konstant hohen Einkommen und damit einhergehenden hohen persönlichen (Einkommen-)Steuersatz ist die Verbindung des Darlehens mit einer Lebensversicherung eine meist vorteilhafte Finanzierungsvariante. Bei ihrer Wahl sollten jedoch folgende Gesichtspunkte Beachtung finden:

- Die Höhe des Darlehens sollte die Summe von Bau-/Anschaffungskosten (d. s. neben den Baukosten/dem Kaufpreis auch die Grunderwerbsteuer, die Maklergebühr sowie die Notar- und Gerichtsgebühren des Kaufvertrages) und den einmaligen Finanzierungskosten (d. s. Bearbeitungs- u. Schätzgebühren wie auch Damnum) nicht übersteigen;

- die während der Bauzeit anfallenden Zinsen sowie die Notar- und Grundbuchgebühren für die Grundschuld sollten nicht in den Finanzierungsplan eingehen;
- die an das finanzierende Kreditinstitut abzutretende Lebensversicherung sollte auf die Höhe des auszuzahlenden Darlehensbetrages beschränkt werden und nicht den Bruttodarlehensbetrag als Bezugsgröße haben;
- das aufgenommene Darlehen muss unmittelbar für die Finanzierung der Immobilie eingesetzt werden.

4.7.3.3.3 Gemischtgenutzte Immobilien

Bei gemischtgenutzten Immobilien, das sind Zwei- und Mehrfamilienhäuser bei teilweiser Eigennutzung und teilweiser Vermietung, sind die entstehenden Kosten nach dem geltenden Steuerrecht entsprechend den jeweiligen Eigen- und Fremdnutzungsflächen aufzuteilen.

4.7.3.3.4 Immobilienfonds

Immobilienfonds sind Investmentfonds, deren Vermögen (hauptsächlich) aus Grundstücken und Gebäuden besteht. Im Gegensatz zur direkten Geldanlage in Immobilien dienen sie der *indirekten* Anlage in solchen. Hinsichtlich ihrer Konstruktion lassen sich im wesentlichen zwei Fondstypen unterscheiden: offene Fonds und geschlossene Fonds. Als Varianten des letztgenannten Typs lassen sich die Leasingfonds, Schiffsbeteiligungen, Medienfonds, Windkraftfonds, Infrastrukturfonds sowie Immobilienfonds auf Aktien nennen.

4.7.3.3.5 Immobilienaktien

Immobilienaktien sind Anteile am Grundkapital einer Aktiengesellschaft, deren Unternehmensziel der Kauf und Verkauf sowie die Verwaltung von Immobilien ist. Solche Immobilienaktiengesellschaften sind in Deutschland meist kleinere Unternehmen mit relativ wenig Gesellschaftern (Aktionären). Sie verfügen dementsprechend nur über einen kleinen Markt.

Immobilienaktien gelten als *Spezialwerte.* Wie die Erfahrung zeigt, folgt ihre Kursentwicklung keineswegs den Wertentwicklungen an den Immobilienmärkten. Sie folgen in Deutschland eher dem DAX oder dem FAZ-Index.

Eine nicht zu übersehende Gefahr dieser Spezialwerte besteht darin, dass bereits wenige Marktteilnehmer (mit ihrem auf einem solch kleinen Markt relativ hohen Gewicht) über ihr Kauf- wie auch Verkaufsverhalten größere Kursausschläge bewirken können. Diese Feststellung lässt auch die Gefahr der Manipulation der Kurse deutlich werden. Die Vorgabe von (Kurs-)Limits bei Kauf- und Verkaufsaufträgen erscheint deshalb allgemein angeraten.

Die *Liquidität* von Immobilienaktien kann durch die Begrenztheit der Märkte (und der damit möglicherweise fehlenden Nachfrage) zeitweise erheblich eingeschränkt sein.

Ansonsten gelten die unter 4.7.3.1 für Aktien getroffenen Darlegungen.

4.7.3.4 Gold/Edelmetalle

Gold ist wohl die klassische Sachwertanlage par excellence. Seit Jahrtausenden gerinnt in ihm (dem Gold) Reichtum und Vermögen. Bis weit ins zwanzigste Jahrhundert war Gold Ausdruck der Wertbeständigkeit schlechthin. Selbst heute noch empfehlen Anlageberater ihren Kunden 5 bis 10 Prozent ihres Vermögens in Gold zu halten. Ob diese konservative Empfehlung in dieser generellen Form allerdings noch ökonomisch zu rechtfertigen ist, muss in hohem Maße bezweifelt werden. Der Wert des Goldes fiel seit den frühen 1980er Jahren von über 700 US-Dollar je Feinunze bis auf 250 US-Dollar Ende des Jahrtausends. Seither hat sich wohl eine deutliche Trendwende vollzogen. Anfang 2008 steht der Goldwert bei 850! Ob, wann und in welchem Ausmaß sich dieser Trend wieder umkehrt, darüber kann nur spekuliert werden. Globale Ungleichgewichte von Angebot und Nachfrage, wie sie beispielsweise durch höhere Fördermengen oder die Auflösung staatlicher Goldreserven verursacht werden, lassen den Goldpreis jeder kalkulatorischen Disposition entraten.

Dennoch, Gold wird sicherlich auch in Zukunft seine mythische Faszination nicht verlieren. Es verkörpert weiterhin (auf kleinem Raum) einen hohen Wert und gilt deshalb als Kostbarkeit; es lässt sich leicht bewegen (mobile Anlageform) und in aller Regel ebenso leicht liquidieren.

Die Tatsache, dass Gold *keine Zinsen* trägt, wird gerne mit der Hoffnung auf einen langfristigen Wertzuwachs oder doch zumindest einen langfristigen Werterhalt kompensiert. Solange sich diese Einstellung weltweit hält, solange dürfte auch Gold seinen Wert behalten.

Wer Geld in Gold anlegen möchte, dem stehen dazu verschiedene Möglichkeiten offen: Goldmünzen, Goldmedaillen, Goldbarren, Goldschmuck, Goldsparpläne, Goldzertifikate, Goldkonten, Metalldepots, Goldminenaktien, Goldfonds, Goldtermingeschäfte, Goldoptionen.

Die für Gold getroffenen Darlegungen gelten für andere Edelmetalle analog!

4.7.4 Gemische Anlagen

4.7.4.1 Gemische Fonds (Mischfonds)

Bei gemischten Fonds hat das Fondsmanagement die Möglichkeit, das Anlagekapital nach der Marktlage (d. h. nach der Börsen- u. Konjunkturentwicklung) zu platzieren und umzuschichten. So wird es in Zeiten instabiler und rückläufiger Kurse verstärkt in Anleihen und bei boomender Börse verstärkt in Aktien gehen. Mit geringen Geldbeträgen (Sparpläne ab 50 Euro monatlich) kann der Anleger Anteile an einem im Zeitverlauf sich verändernden Fondsvermögen aus Aktien und Anleihen verschiedenster Währungen erwerben. Dies mag für wenig erfahrene Anleger als eine bequeme und beruhigende Lösung erscheinen. Dieser Schein kann aber trügen! Wie die Erfahrung zeigt, wurde die in diesen Fonds potentiell angelegte Flexibilität in der Vergangenheit meist nur sehr zurückhaltend ausgenutzt.

Der Fondssparer selbst kann derlei Ergebnisse kaum beurteilen, da er nie weiß, wie sich das Fondsvermögen gerade zusammensetzt beziehungsweise in der Vergangenheit zusammengesetzt hat.

Einen hilfreichen Anhaltspunkt über die jeweilige Fondsstrategie bietet sich für den Anleger zuweilen in den Fondsbezeichnungen: Balanced Fonds, Growth-Fonds, Rendite-Fonds und Vermögensverwaltungsfonds.

4.7.4.2 Neuere Formen gemischter Anlagen

Neuere Formen gemischter Anlagen sind: Umbrellafonds, Dachfonds (Funds of Funds), Fonds-Picking, Futures-Fonds, Optionsscheinfonds, Hedge-Fonds. Auf sie soll hier nicht weiter eingegangen werden.

4.7.5 (Finanz-)Termingeschäfte/(Finanz-)Derivate

(Finanz-)Termingeschäfte sind dadurch charakterisiert, dass ihr Abschluss und ihre Erfüllung (im Gegensatz zu den Kassageschäften, bei denen Abschluss und Erfüllung zeitlich zusammenfallen) zeitlich auseinanderfallen. Die häufigsten Formen von Termingeschäften sind Optionen, Futures und Zertifikate. Sie werden auch den Derivaten zugerechnet. Diese Anlagespezies umfasst Finanzinstrumente, deren Preise (Kurse) von den Preisen (Kursen) anderer Objekte abgeleitet (lat. derivare = ableiten) werden.

4.7.5.1 Optionen

Im Gegensatz zu den Optionsscheinen, die als eigenständige Wertpapiere an der Wertpapierbörse gehandelt werden, sind Optionen spezielle *Finanzinstrumente,* die an den so genannten Terminbörsen gehandelt werden.

Mit dem Kauf einer Option erwirbt der *Käufer* das Recht – nicht aber die Pflicht –, eine bestimmte Menge eines Anlageobjektes (z. B. Aktien, Anleihen, Währungen, Indizes, Rohstoffe)[13] innerhalb einer bestimmten Frist zu einem im voraus vereinbarten Preis (Basispreis) zu kaufen oder zu verkaufen. Die Option räumt somit ihrem Käufer ein Wahlrecht ein, einen bestimmten Kauf respektive Verkauf zu tätigen oder nicht. Der *Verkäufer* einer Option hat abzuwarten, das heißt stillzuhalten, wie sich der Käufer entscheidet, ob er von seinem Wahlrecht Gebrauch macht oder nicht. Er wird deshalb auch *Stillhalter* genannt. Ob der Käufer von seinem Wahlrecht Gebrauch macht oder nicht, wird davon abhängen, wie die Kursentwicklung des zur Wahl stehenden Anlageobjektes verläuft. Wenn diese so verläuft, wie er (der Käufer) es erwartet hat, das heißt den erhofften Gewinn bringt, wird er es wahrnehmen. Bringt die Kursentwicklung nicht den erhofften Gewinn, wird er von seinem Wahlrecht Abstand nehmen. Die einzige Einbuße, die mit diesem Verzicht verbunden ist, ist, dass der vom Käufer für die Option gezahlte Preis (Optionspreis, Optionsprämie)[14] nicht mit einem (Kurs-)Gewinn verrechnet werden kann. Diese Optionsprämie erhält der Verkäufer der Option als Gegenleistung für sein Stillhalten und die mit diesem verbundene Risikoübernahme. Der Stillhalter setzt ja (i. G. zum Käufer) auf eine Kursentwicklung, bei der der Käufer sein Wahlrecht nicht wahrnehmen wird!

Normalerweise sollte der Stillhalter die Aktien, über die er eine Option verkaufte, besitzen (= *gedeckte* [covered] Option). Dies muss aber nicht so sein. Er kann auch eine *ungedeckte* (incovered) Option schreiben (d. h. verkaufen). Dies ist für ihn allerdings äußerst riskant. Denn, wenn der Optionskäufer es verlangt, muss er (der Stillhalter) zum vereinbarten Preis liefern, egal was er am Markt selbst für das Anlageobjekt bezahlen muss! Zuweilen versuchen gewiefte Stillhalter wiederum ihrerseits dieses Risiko durch den Kauf einer entsprechenden Option (d. h. durch ein entsprechendes Gegengeschäft) glattzustellen. Doch auch solche Kniffe können das hohe Verlustrisiko nicht bannen!

Der Käufer einer Kauf- oder Verkaufsoption kann diese innerhalb ihrer Laufzeit an jedem Börsentag verkaufen. Ein solcher Verkauf führt zu einem Wechsel des Optionsbe-

---

13 Nachfolgend soll vereinfachend allgemein von Aktien ausgegangen werden!

14 Die Optionsprämie richtet sich grundsätzlich nach Angebot und Nachfrage entsprechender Optionen. Darüber hinaus hängt sie von der Laufzeit der Option, dem vereinbarten Basispreis (d. i. der im Optionskontrakt festgelegte Kurs des Anlageobjektes) und der Volatilität desselben ab. Generell führen längere Laufzeiten zu höheren Optionsprämien.

rechtigten. Die Position des Optionsverpflichteten (d. h. des Stillhalters) wird dadurch nicht tangiert.

Börsennotierte Optionen, wie sie an der Eurex[15] oder anderen internationalen Terminbörsen gehandelt werden, sind weitgehend standardisiert. Außer dem zwischen den Kontraktparteien auszuhandelnden Preis sind alle weiteren Bedingungen normiert. So geht ein Optionskontrakt immer über ein ganzes Paket von Wertpapieren und eine bestimmte Laufzeit von in der Regel 1 bis 6 Monaten. Auch der Basispreis ist nur auf bestimmten Niveaus verhandelbar.

Bezüglich der Kauf- und Verkaufsposition gilt es folgende Grundgeschäfte zu unterscheiden:

Kauf einer Kaufoption (Long Call): Eine Kaufoption wird in der Regel dann erworben, wenn der Anleger (Käufer) auf steigenden Aktienkurs setzt, aber hinsichtlich einer solchen Entwicklung doch etwas skeptisch ist. Durch den Kauf einer Kaufoption sichert sich der Anleger dann das Recht, eine bestimmte Anzahl Aktien in der Zukunft zum (niedrigeren) vereinbarten Basispreis von heute kaufen zu können. Steigt der Aktienkurs tatsächlich, so kann er diese (Aktien) am Erfüllungstag mit Gewinn an der Börse weiterverkaufen. Sein Investment hat sich – allerdings erst, wenn der (Aktien-)Kurs am Erfüllungstag den Basispreis zuzüglich Optionsprämie übersteigt – gelohnt! Bestätigt sich seine Erwartung (eines steigenden Aktienkurses) nicht (weil der Kurs stehen blieb oder fiel), so wird er die Option nicht wahrnehmen. Er hat nichts verloren außer der Optionsprämie.

Verkauf einer Kaufoption (Short Call): Der Verkäufer (Stillhalter) einer Option rechnet mit stabilem bis sinkendem Aktienkurs. Er möchte den daraus für ihn gegebenenfalls erwachsenden Gewinnausfall bis Verlust durch Verkauf zum vereinbarten Basiskurs vermeiden oder aber – bei Verzicht des Optionskäufers auf sein Wahlrecht – seinen Einnahmeausfall/Verlust um die Optionsprämie mindern.

Steigt jedoch entgegen den Erwartungen des Verkäufers der Aktienkurs, bleibt der Gewinn des Stillhalters auf die erhaltene Optionsprämie beschränkt.

Kauf einer Verkaufsoption (Long Put): Der Kauf einer Verkaufsoption kann für einen Aktienbesitzer dann sinnvoll sein, wenn er ein Fallen des Aktienkurses erwartet. Mit dem Kauf einer Verkaufsoption sichert sich der Anleger den Basispreis für die Dauer der Option. Er wird die Option wahrnehmen, wenn der Börsenkurs den Basispreis unterschreitet. Einen Gewinn wird er allerdings erst dann realisieren, wenn der Kurs um mehr als die Optionsprämie unter den Basispreis sinkt.

Der Kauf einer Verkaufsoption kann sich für Anleger empfehlen, die ihr Aktienportefeuille gegen Kursverluste absichern wollen. Fallen die Kurse, kann der Käufer seine Wertpapiere zum höheren Basispreis verkaufen. Steigen die Kurse, lässt er seine Option verfallen.

Verkauf einer Verkaufsoption (Short Put): Wer mit stabilen oder steigenden Kursen rechnet, kann – ohne selbst Wertpapiere zu besitzen – über den Verkauf einer Verkaufs-

---

[15] Durch Fusion der DTB Deutsche Terminbörse und der SOFFEX (Swiss Option and Financal Futures Exchange) im Septemer 1998 gegründet. Außerhalb Deutschlands (Eurex Frankfurt AG) und der Schweiz (Eurex Zürich AG) befinden sich so genannte Access Points (Zugänge) in London, Madrid, New York, Tokio, Hongkong, Amsterdam, Chicago, Helsinki und Sydney. Die Eurex ist seit Januar 1999 die größte elektronische Handelsplattform (Börse) für Optionen und Futures weltweit.

option dann einen Gewinn realisieren, wenn sich seine Erwartungen bestätigen. Allerdings beschränkt sich dieser Gewinn auf die erhaltene Optionsprämie. Bestätigen sich die Erwartungen (stabiler oder steigender Kurse) nicht, so macht der Käufer (der so genannte Stillhalter in Geld), soweit der Kurs der Papiere um mehr als die Optionsprämie unter den Basispreis sinkt, Verluste. Short Puts sind äußerst riskant!

Die bekanntesten an der Eurex-Deutschland gehandelten Kontrakte sind Aktienoptionen auf deutsche Standardaktien, Indexoptionen auf den DAX, TecDAX, STOXX 50, EURO STOXX 50 und Optionen auf den Euro Bund Future[16] und den Euro Bobl[17] Future.

Die Spesen für den Ankauf/Verkauf von Optionen liegen je nach Ordervolumen zwischen 40 und 108 Euro.

4.7.5.2 Futures

Ähnlich wie Optionen sind auch Futures „Wetten auf die Zukunft". Wie diese (Optionen) ermöglichen sie dem Anleger, bestimmte nach Menge, Qualität und Liefertermin standardisierte Basiswerte (Kontraktgegenstände) zu einem bestimmten Preis (Termin- oder Future-Preis) zu kaufen oder zu verkaufen. Der entscheidende Unterschied zu Optionen besteht darin, dass Futures kein Wahlrecht beinhalten. Käufer und Verkäufer gehen eine bindende Liefer-/Abnahmeverpflichtung ein. Der Käufer eines Future-Kontraktes erwirbt das Kaufrecht der per Termin gehandelten Werte (Long Position). Der Verkäufer eines Future-Kontraktes übernimmt dagegen die Pflicht, die per Termin gehandelten Werte zu liefern (Short Position).

Es lassen sich zwei Gruppen von Futures-Geschäften unterscheiden. Die **Finanz-Futures** (Aktientermingeschäfte, Aktienindextermingeschäfte, Devisentermingeschäfte, Zinstermingeschäfte) und die **Warentermingeschäfte** (Termingeschäfte auf Metalle, landwirtschaftliche Produkte sowie Welthandelswaren [Kaffee, Zucker, Kakao u. a.]).[18]

Finanz-Futures (Financal Futures) werden an Futures-Börsen (Terminbörsen) gehandelt und notiert.

Futures-Kontrakte können auf drei verschiedene Weisen erfüllt werden:

- durch tatsächliche Erfüllung des Kontraktes,
- durch ein kompensierendes Gegengeschäft (d. h. durch Glattstellung der Position) oder
- durch Cash Settlement, das heißt durch Ausgleich der Kursdifferenz in Geld (Barausgleich).

Eine effektive Lieferung und Abnahme des Basiswertes erfolgt in der Praxis nur selten. Meist wird die eingegangene Verpflichtung durch ein Gegengeschäft glattgestellt (d. h. vor Fälligkeit werden *gekaufte Kontrakte* durch *Verkauf* und *verkaufte Kontrakte* durch *Rückkauf* gleicher Kontrakte ausgeglichen).

Die Grundpositionen von Finanz-Futures, die Long Position und die Short Position, lassen sich wie folgt skizzieren:

---

16 Basiswert für Bund-Futures ist eine idealtypische Bundesanleihe.

17 Bobl = Bundesobligationen.

18 Nachfolgend soll aus Vereinfachungsgründen von Finanz-Futures, und zwar von Termingeschäften auf Aktien, ausgegangen werden.

Kauf eines Futures (Long Position): Durch den Kauf eines Future-Kontraktes verpflichtet sich der Käufer gegenüber dem Verkäufer, am Fälligkeitstag den Basiswert zu einem im voraus vereinbarten Preis (Einstandspreis) zu übernehmen. Der Käufer lässt sich dabei von der Erwartung leiten, dass der Kurs des Basiswertes während der Laufzeit des Kontraktes steigt.

Die Höhe des aus der Long Position erwachsenden Gewinnes hängt davon ab, wie weit der Kontrakt zum Zeitpunkt der Glattstellung beziehungsweise bei Fälligkeit *über* dem Einstandspreis notiert. Der Gewinn wird umso höher sein, je höher der Preis (Kurs) des Futures über den Einstandspreis steigt. Umgekehrt wird der Verlust umso höher sein, je niedriger der Kontrakt zum Zeitpunkt der Glattstellung beziehungsweise bei Fälligkeit *unter* dem Einstandspreis notiert. Der (theoretisch) unbegrenzten Gewinnmöglichkeit steht ein unbegrenztes Verlustpotential gegenüber.

Verkauf eines Futures (Short Position): Durch den Verkauf eines Future-Kontraktes verpflichtet sich der Verkäufer gegenüber dem Käufer, am Liefer- beziehungsweise Erfüllungstag den Basiswert zu einem im voraus vereinbarten Preis (Einstandspreis) zu liefern. Der Verkäufer lässt sich dabei von der Erwartung leiten, dass der Kurs des Basiswertes während der Laufzeit des Kontraktes fällt.

Die Höhe des aus der Short Position erwachsenden Gewinnes hängt davon ab, wie weit der Kontrakt zum Zeitpunkt der Glattstellung beziehungsweise Fälligkeit *unter* dem Einstandspreis notiert. Der Gewinn wird umso höher sein, je tiefer der Preis (Kurs) des Futures unter den Einstandspreis fällt. Umgekehrt wird der Verlust umso größer sein, je höher der Kontrakt zum Zeitpunkt der Glattstellung beziehungsweise bei Fälligkeit *über* dem Einstandspeis notiert. Der (theoretisch) nahezu unbegrenzten Gewinnmöglichkeit steht ein unbegrenztes Verlustpotential gegenüber.

Die ursprünglich der Absicht entsprungenen Futures, Anlegern in Wertpapieren eine Kurssicherungsmöglichkeit zu bieten, gewannen sehr rasch das Interesse von Spekulanten und sind mittlerweile zu einem Lieblingskind derselben geworden. Der Grund hierfür ist nicht nur in der Tatsache zu sehen, dass Future-Kontrakte (neben dem unbegrenzten Verlustpotential!) ein unbegrenztes Gewinnpotential haben, sondern auch in dem simplen Umstand, dass mit der Eingehung eines Future-Kontraktes (nicht wie bei Optionen eine Prämie fällig wird!) lediglich ein verhältnismäßig geringer (in Abhängigkeit vom Kontrakt und der Bonität des Anlegers veranschlagter) Bruchteil des Kontraktwertes, die so genannte *Margin* (Initial-Margin), als Sicherheit(sleistung) in Rechnung gestellt wird. Diese verführerische „Eingangskondition" sollte allerdings nicht übersehen lassen, dass bei ungünstiger Kursentwicklung die eingangs geforderte Margin dem von Banken und Terminbörse fixierten Sicherheitswert zuweilen nicht mehr zu genügen vermag und deshalb der Anleger zu einem Nachschuss (Variation-Margin) zur Kasse gebeten werden kann. Ist er zu einem solchen Nachschuss nicht bereit, wird der Kontrakt aufgehoben! Private Kleinanleger sollten sich deshalb von Futures zurückhalten!

4.7.5.3 Zertifikate

Zertifikate verbinden als so genannte strukturierte Produkte zwei oder mehrere Finanzinstrumente, meist eine Schuldverschreibung mit einem Derivat, insbesondere einer Option oder einem Future. Sie bleiben damit Schuldverschreibungen, die ihren Besitzern das Recht verbriefen, an der Kursentwicklung bestimmter Basiswerte (Aktien, Aktienkörbe, Indizes, Rohstoffe) teilzuhaben. Anleger in Zeritifikate investieren somit nicht direkt in die betreffenden Basiswerte, sondern indirekt. – Die Laufzeit der Zertifikate kann begrenzt oder unbegrenzt sein.

Dank ihrer ausgeklügelten Strukturen ist das *Verlustrisiko* von Zertifikaten meist wesentlich geringer und die *Renditechancen* durchweg höher als beim jeweiligen Basiswert.

Die Preise der Zertifikate werden durch die sie emittierenden Banken fortlaufend berechnet.

Die Zertifikate stehen und fallen mit ihren Emissionsbanken. Das von den Anlegern in diese (Zertifikate) investierte Kapital ist eng mit der Bonität dieser Einrichtungen verknüpft, da es nicht wie bei Fonds als Sondervermögen ausgewiesen und geschützt ist.

In Deutschland gehandelte Zertifikate könnn über jede Bank, einen Onlinebroker oder eine einschlägige Börse gekauft oder verkauft werden. Befristete Produkte werden am Ende ihrer Laufzeit von der jeweiligen Depotbank liquidiert und dem Anlegerkonto gutgeschrieben.

Sparpläne für Zertifikate ab 50 Euro monatlich werden von allen großen Direktbanken angeboten.

Bei Finanztermingeschäften stehen den Gewinnchancen hohe Verlustrisiken gegenüber. Jeder Anleger, der ein Finanztermingeschäft eingehen will, muss deshalb nach § 37d Abs. 1 Wertpapierhandelsgesetz von der von ihm dieserhalb kontaktierten Bank über die einschlägigen Risiken informiert werden und dies durch Unterschrift bestätigen. Das dieser Information unterlegte Informationsblatt sieht Raum für Daten des Kunden und dessen die erfolgte Information bestätigende Unterschrift vor.

4.7.6 Anmerkungen zu einer kritischen Geldanlage

Um die Gunst der zunehmend wohlhabenden privaten Geldanleger buhlt heute ein buntes Heer von seriösen wie auch zwielichtigen Finanzdienstleistern und Anlageberatern nationaler wie auch internationaler Provenienz. Dass solchen zwielichtigen Finanzdienstleistern und Anlageberatern – trotz aller einschlägiger Warnungen und Aufklärungskampagnen in den Medien – immer noch eine Vielzahl von Anlagewilligen auf den Leim geht, liegt nicht zuletzt daran, dass das (Anlage-)Beratungsinteresse seriöser Banken und Sparkassen erst ab einer entsprechend interessanten Anlagesumme (d. s. in der Regel 50 000 Euro und mehr!) erwacht. (Anlageberatung auf niedrigerem Niveau gilt als Zuschussgeschäft!)

Aber auch die Banken sollten nicht vorschnell als ausschließlich am Kundenvorteil orientierte selbstlose Dienstleister gesehen werden! Als Mittler zwischen kapitalbenötigenden Unternehmen und investitionswilligen Anlegern befinden sie sich häufig in einer Konfliktsituation. Da die Bank dem jeweiligen Emittenten in der Regel als Großkunde verbunden ist und am Verkauf dessen Wertpapiere selbst erquicklich verdient, wird sie versuchen, diesen gegenüber den potentiellen Anlegern von seiner besten Seite erscheinen zu lassen. Selbstverständlich hat eine seriöse Bank auch einen Ruf zu wahren und kann diesen nicht leichtfertig aufs Spiel setzen. Dennoch, der Interessenkonflikt ist damit nicht ausgeräumt, sondern bleibt zumindest latent angelegt. Hinzu kommt: Die Anlageberater der Banken und Sparkassen sind durchweg gehalten, die hauseigenen Sparbriefe und Investmentzertifikate an den Mann zu bringen. Anzunehmen, dass ein Bankberater einem Kleinanleger die günstigsten Marktangebote heraussucht und unterbreitet, ist ein naiver Trugschluss. Häufig sind diese Berater – insbesondere kleiner Bankfilialen – auch selbst überfordert, solches zu tun. (Ihre Qualifikation reicht dazu meist nicht aus!) Derlei Beratungsansprüche können in der Regel erst ab einem Anlagevolumen von 50 000 Euro und mehr gestellt werden. Die Beratung von Kleinanlegern reduziert sich weitgehend auf einen konfektionierten (und damit nicht individualisierten!) Standard-Service. Die individuellen Gegebenheiten des potentiellen Anlegers, wie Einkommens- und Vermögensverhältnisse, seine Steuersituation sowie seine Präferenzen hinsichtlich Risiko, Sicherheit, Liquidität, Ertrag und anderem werden vielfach nicht oder nur unzureichend zur Kenntnis genommen.

In geradezu provozierender Weise verdeutlicht sich die Minderachtung der Kleinanleger bei Neuemissionen allgemein als attraktiv erachteter Aktien. Nur selten werden hier – wie von den Banken behauptet – die Aktien tatsächlich verlost. Diese Neuaktien werden von ihnen meist recht schamlos an den Interessen der Kleinanleger vorbei Großanlegern zugeschanzt.

Dass den traditionellen Universalbanken die Kleinanleger eher lästig als willkommen sind, zeigt sich auch darin, dass sie diese mit hohen Mindestsätzen für den An- und Verkauf von Wertpapieren abzuschrecken versuchen. Hier haben mittlerweile jedoch so genannte Discount-Broker – meist Tochterinstitute angesehener Banken – ihre Chance wahrgenommen und bieten entsprechende Produkte zu attraktiven Preisen (Spesen) – allerdings aber auch ohne jegliche Beratung – an.

Aus diesen ernüchternden Gegebenheiten ergeben sich für den potentiellen Anleger unter anderen folgende Verhaltensregeln:

- Gehen Sie zunächst zu Ihrer Hausbank und erkundigen sich dort über deren Möglichkeiten der Geldanlage und der qualifizierten Beratung über diese;
- lassen Sie sich Ihre diesbezüglichen Fragen – auch hinsichtlich der steuerrechtlichen Behandlung ihrer jeweiligen Anlage – vom Leiter der einschlägigen Abteilung (Geldanlage) oder von einem kompetenten Vertreter desselben beantworten (Erkundigen Sie sich bei Ihrem Gesprächspartner unbefangen nach dessen Funktion und Stellung in der Bank! Lassen Sie sich keinesfalls von einem inferioren Angestellten „abspeisen“!);
- scheuen Sie sich – falls die Auskünfte nicht zu Ihrer Zufriedenheit ausfallen – nicht, (gegebenenfalls) von der Zweigstelle zur Zentrale der Bank zu wechseln oder sich mit Ihren Fragen einer anderen Bank zuzuwenden;
- vereinbaren Sie in der Bank Ihrer Wahl einen Beratungstermin mit einem ausgewiesenen Anlageberater;
- bereiten Sie sich umfassend auf dieses Gespräch vor;
- begnügen Sie sich nicht mit dem üblichen Standard-Programm, sondern verlangen Sie eine umfassende Darlegung der für Sie in Frage kommenden Anlagemöglichkeiten sowie eine vergleichende Gegenüberstellung derselben unter Einschluss deren Vor- und Nachteile;
- bestehen Sie auf einer klaren Beantwortung der Sie interessierenden Fragen und lassen Sie sich nicht um den „heißen Brei“ führen;
- scheuen Sie sich nicht, das Beratungsgespräch auch ohne Abschluss zu beendigen und sich gegebenenfalls noch weitere Informationen bei anderen Banken wie auch aus einschlägigen Fachzeitschriften, Fachpublikationen und sonstigen Medien zu besorgen oder sich überhaupt einer anderen Bank zuzuwenden;
- notieren Sie sich die wichtigsten Gesprächspunkte und lassen Sie sich diese auf dem Protokoll bestätigen;

- treffen Sie klare Vereinbarungen über die gegebenenfalls anfallenden Spesen (An- und Verkaufsspesen, Depotgebühren); hier eröffnen sich meist Verhandlungsspielräume, insbesondere in Abhängigkeit von der Höhe der Anlagesumme;
- holen Sie sich für die in Betracht gezogenen Investments und die mit diesen verbundenen Spesen Angebote bei verschiedenen Banken ein und vergleichen Sie diese (Angebote);
- verlangen Sie genaue Auskunft darüber, ob es sich bei den jeweiligen Anlagen um banken- oder konzerneigene (und damit für die Bank selbst um besonders profitable) Produkte handelt (diese müssen nicht, können aber im Vergleich zu Konkurrenzprodukten weniger attraktiv sein!);
- seien Sie vorsichtig gegenüber (noch so verlockend anmutenden!) ausländischen Wertpapieren, wenn Sie nicht über ausreichende einschlägige Informationen verfügen; hinzu kommt, dass ausländische Wertpapiere meist mit erheblich höheren Spesen belastet werden als inländische;
- verlangen Sie für die in Betracht zu ziehenden Wertpapiere visualisierte mittel- und langfristige Kursverläufe (Charts), aus denen Sie deutlich deren Volatilität ersehen können; üben Sie Zurückhaltung gegenüber hoch volatilen Anlagen; meiden Sie Anlageformen, deren Wertschwankungen Sie nicht jederzeit verfolgen können;
- seien Sie äußerst skeptisch gegenüber (allzu) verlockenden Renditeversprechungen; je höher die angepeilte Rendite, desto höher das Risiko!
- lassen Sie sich bei einer Anlageberatung niemals unter zeitlichen Druck setzen;
- meiden Sie jede Beziehungsaufnahme mit unbekannten Anlageberatern und -vermittlern, die Sie ungebeten telefonisch kontaktieren!;
- wählen Sie nie eine Geldanlage, deren Konstruktion Sie nicht durchblicken;
- sollten Sie trotz aller Vorsicht doch einmal „reingelegt" worden sein, ist – um nicht eventuelle Verjährungsfristen zu versäumen – *sofort* ein auf Anlageprobleme spezialisierter Rechtsanwalt zu konsultieren; es ist davon abzuraten, sich selbst mit dem unseriösen Anlageberater ins Benehmen zu setzen, da dieser dadurch frühzeitig gewarnt würde und sich – möglicherweise unter Einbezug unbedachter Äußerungen Ihrerseits – für eventuell nachfolgende anwaltliche Auseinandersetzungen wappnen könnte!

Literaturhinweise

Genossenschaftlicher Finanzverbund (Hrsg.), Basisinformationen über die Vermögensanlagen in Wertpapieren, 8. Aufl., Köln 2007.

Lindmayer, K. H., Geldanlage und Steuer 2008, Wiesbaden 2008.

May, H., Geldanlage – Vermögensbildung, 3. Aufl., München–Wien 2007.

4.8 Geldpolitik
Hermann May

4.8.1 Begriffliches

Unter Geldpolitik wird gemeinhin eine Politik verstanden, die darauf gerichtet ist, durch Steuerung des Geldangebotes (d. h. der Liquidität der Banken) sowie der Geld- und Kreditnachfrage das Erreichen von Zielen der allgemeinen Wirtschaftspolitik zu unterstützen. – Als Ordnungspolitik (monetäre Ordnungspolitik) nimmt sie prägenden Einfluß auf die Geldverfassung (Währung) beziehungsweise die Geldordnung; als Prozesspolitik (monetäre Prozesspolitik) ist sie im wesentlichen darauf ausgerichtet, die Stabilisierung und das Wachstum der Volkswirtschaft zu begründen.

4.8.2 Träger der Geldpolitik

Träger der Geldpolitik sind im allgemeinen die Zentralbanken (d. h. die zentralen staatlichen Banken), die in der Regel auch die Notenbanken sind und als solche das staatliche Monopol zur Banknoten-Emission innehaben. In der Europäischen Wirtschafts- und Währungsunion (EWWU) – und das ist der spezielle Fall – haben die Zentralbanken der Mitgliedsstaaten ihre geldpolitische Kompetenz an das Europäische Zentralbanksystem (EZBS) abgegeben.

4.8.3 Ziele der Geldpolitik

Die allgemeinen Ziele der Geldpolitik decken sich wie unter 4.8.1 dargelegt mit denen der allgemeinen Wirtschaftspolitik. Für die Bundesrepublik Deutschland sind diese im Gesetz zur Förderung der Stabilität und des Wachstums der Wirtschaft (Stabilitätsgesetz) vom 8. 6. 1967 § 1 festgelegt: „… Die Maßnahmen sind so zu treffen, dass sie im Rahmen der marktwirtschaftlichen Ordnung gleichzeitig zur Stabilität des Preisniveaus, zu einem hohen Beschäftigungsstand und außenwirtschaftlichem Gleichgewicht bei stetigem und angemessenem Wirtschaftswachstum beitragen.“ Ergänzend hierzu stellt sich die Geldpolitik in den Dienst der staatlichen Fiskal- und Schuldenpolitik.

Die gleichzeitige Verfolgung (all) dieser Ziele ist in der Regel kaum möglich, da sie sich nicht selten gegenseitig behindern beziehungsweise ausschließen **(Zielkonflikte)**. So führen beispielsweise

- in einer Rezessionsphase eine außenwirtschaftlich bedingte Hochzinspolitik zur Abwehr von Kapitalexporten in Länder mit noch höherem Zinsniveau und zur Dämpfung der Kreditnachfrage im Inland

  oder

- in einer Boomphase eine den staatlichen Finanzierungsspielraum ausweitende Schuldenpolitik zu einer Gefährdung binnen- und außenwirtschaftlicher Stabilisierungsbemühungen.[1]

Auch wenn geldpolitische Maßnahmen den Zielvorgaben entsprechend konsequent inszeniert werden, ist deren Zielerreichung keineswegs garantiert. Denn, das nur schwer oder garnicht antizipierbare und kalkulierbare reaktive Verhalten der Wirtschaftssubjekte (Unternehmer, Konsumenten, staatliche Akteure, Tarifpartner, Ausland) kann leicht den angestrebten Erfolg gefährden oder verhindern. Ebenso können Wirkungsverzögerungen (sog. time-lags) der einschlägigen Aktivitäten demselben im Wege ste-

[1] Vgl. Borchert, M., Geld und Kredit, Einführung in die Geldtheorie und Geldpolitik, 8. Aufl., München–Wien 2003, S. 240.

hen, insbesondere dann, wenn während der Zeitdauer der Verzögerung bedeutsame ökonomische (Einfluss-)größen sich ihrerseits ändern oder bereits wieder verändert haben!

Analog den Wirkungsverzögerungen geldpolitischer Maßnahmen gilt es auch Wirkungsvorwegnahmen (sog. leads) von solchen in Betracht zu ziehen; das heisst antizipative Reaktionen von Wirtschaftssubjekten auf die Ankündigung bestimmter einschlägiger Strategien.

Auch Rückkoppelungseffekte (sog. feed-back-effects) können angestrebte Zielerreichungen gefährden oder konterkarieren.

Da der – wie angedeutet – mit Unsicherheiten und unvorherzusehenden Reaktionen besetzte Wirkmechanismus (Transmissionsmechanismus) bestimmter geldpolitischer Maßnahmen nie mit Bestimmtheit das/die angestrebte(n) Ziel(e) erwarten lässt, kontrollieren die Träger der Geldpolitik (i.d.R. die Zentralbanken) die Zieleffizienz ihrer Maßnahmen häufig über entsprechend fixierte Zwischenziele und deren Erreichung/Verfehlung messende Indikatoren und leiten aus dem jeweiligen Ergebnis entsprechende Konsequenzen ab.[2]

4.8.4 Instrumente der Geldpolitik

Instrumente der monetären Ordnungspolitik sind grundsätzlich alle das Geldwesen normierenden Bestimmungen, so insbesondere Gesetze, Verordnungen, Erlasse, Verträge, Abkommen. Sie setzen die Rahmenbedingungen innerhalb derer sich die monetäre Prozesspolitik bewegen kann.

Die wesentlichen Instrumente der monetären Prozeßpolitik, die geldpolitischen Instrumente im engeren Sinne, sind:

- die Diskontpolitik,
- die Lombardpolitik,
- die Mindestreservepolitik und
- die Offenmarktpolitik (einschließlich Wertpapierpensionspolitik).

4.8.4.1. Die Diskontpolitik

Im Rahmen ihrer Diskontpolitik reglementiert die Zentralbank die Kreditvergabe der Geschäftsbanken (Kreditinstitute). Soweit von diesen hereingenommene Wechsel bestimmte (von der Zentralbank festgelegte) Bedingungen (Bonitätskriterien) erfüllen, können sie (die Geschäftsbanken) diese (Wechsel) zum Zwecke der Refinanzierung an die Zentralbank verkaufen. Mittels dieser Rediskontierung von Wechseln erlangen die Geschäftsbanken Gutschriften auf ihrem Zentralbankkonto und damit eine Geldschöpfungs- wie auch Kreditvergabemöglichkeit. Der Preis für diese Refinanzierungsmöglichkeit gestaltet sich nach der Höhe des von der Zentralbank – je nach geldpolitischer Absicht – festgesetzten **Diskontsatzes**. Er beeinflusst nicht nur den Umfang der Wechselgeschäfte der Geschäftsbanken, sondern darüber hinaus das gesamte Zinsgefüge im Bankensystem (Signalwirkung).

Die Bereitschaft der Zentralbank zum Ankauf von Wechseln seitens der Geschäftsbanken wird durch die von dieser (Zentralbank) festgelegten **Rediskonkontingente** begrenzt. Entsprechend der jeweiligen geldpolitischen Absicht der Zentralbank können diese erhöht oder gesenkt werden.

[2] Vgl. ebenda S. 241 ff.

4.8.4.2 Die Lombardpolitik

Über die Lombardpolitik räumt die Zentralbank den Geschäftsbanken die Möglichkeit ein, Wertpapiere an sie zu verpfänden und dafür einen entsprechenden Kredit (Lombardkredit) in Anspruch zu nehmen. Die von den Geschäftsbanken dafür zu entrichtenden Zinsen orientieren sich an dem von der Zentralbank – entsprechend ihrer geldpolitischen Absicht – fixierten **Lombardsatz.** Ähnlich wie über den Diskontsatz nimmt die Zentralbank über den Lombardsatz bedeutsamen Einfluss auf die Zinsen der Geschäftsbanken. Deshalb kommt auch ihm eine Signalwirkung zu.

Das Gesamtvolumen der Lombardkredite kann durch die Zentralbank – ebenfalls in Abhängigkeit von deren jeweiligen geldpolitischen Absicht – variiert werden.

4.8.4.3 Die Mindestreservepolitik

Mit ihrer Mindestreservepolitik verpflichtet die Zentralbank die Geschäftsbanken, einen bestimmten Prozentanteil ihrer Sicht-, Termin- und Spareinlagen bei ihr (der Zentralbank) als (Quasi-)Sicherheit (Mindestreserve) zu halten. Dieser nach Einlageart gestaffelte **Mindestreservesatz** kann – entsprechend den jeweiligen geldpolitischen Erfordernissen – erhöht oder gesenkt werden. Mit der Variation der Mindestreserve manipuliert die Zentralbank den Kreditschöpfungsspielraum der Geschäftsbanken.

4.8.4.4 Die Offenmarktpolitik

Mit Offenmarktpolitik wird ein von der Zentralbank vorgenommener An- und Verkauf von Wertpapieren am offenen Markt (Offenmarktgeschäfte) umschrieben. Sie (die Zentralbank) versucht darüber den (ihre sonstigen Interventionen ergänzenden) An- beziehungsweise Verkauf von Wertpapieren seitens der Geschäftsbanken zu stimulieren und so Einfluss auf deren Reserveüberschuss und damit Kreditschöpfungsmöglichkeiten zu nehmen.

Dieser aufgezeigten Absicht fügen sich auch die sogenannten **Wertpapierpensionsgeschäfte.** Bei dieser Sonderform der Offenmarktgeschäfte kauft die Zentralbank von Geschäftsbanken Wertpapiere für eine begrenzte Zeit (i.d.R. für 1–2 Monate). Nach Ablauf derselben müssen die Geschäftsbanken diese (Wertpapiere) wieder zurücknehmen. Der damit auf Seiten der Geschäftsbanken bezweckte Effekt ist die kurzfristige Überbrückung von Liquiditätsengpässen.

4.8.5 Konzeptionen der Geldpolitik

Die praktische Geldpolitik lässt sich in ihrem Handeln in der Regel von Vorstellungen über die gesamtwirtschaftlichen Wirkungszusammenhänge ihrer Maßnahmen (transmissionstheoretische Vorstellungen) leiten. Diese Konzeptionen lassen sich vereinfachend auf zwei Grundannahmen reduzieren: auf die (post-)keynesianische und die monetaristische.

4.8.5.1 Die (post-)keynesianische geldpolitische Konzeption

Ausgehend von der geldpolitischen Auffassung von John Maynard Keynes (1883 bis 1946), dass die Höhe des Zinses die Geldnachfrage und darüber die Invesititions- und Konsumnachfrage bestimmt, ist in der postkeynesianischen geldpolitischen Konzeption die Zinshöhe die wesentliche Stellgröße. Die Geldpolitik ist dieser Konzeption zufolge aufgerufen, so zu agieren, dass sich am Markt der „Gleichgewichtszinssatz" einstellt.

Dies ist dann der Fall, wenn der Marktzins gleich hoch ist wie die Rentabilität der zuletzt investierten Kapitaleinheit (Grenzleistungsfähigkeit des Kapitals). In dieser Situation wird die gesamte Investitions- und Konsumnachfrage den Angebotsmöglichkeiten entsprechen und sich damit ein Vollbeschäftigungsgleichgewicht bei stabilem Preisniveau einstellen.[3]

4.8.5.2 Die monetaristische geldpolitische Konzeption

Nach Milton Friedman (1912–2007) sollte die Geldpolitik der Zentralbank darauf verpflichtet sein, das Geldvolumen – unter Berücksichtigung der Umlaufgeschwindigkeit des Geldes – langfristig dem erwarteten Wachstum des realen Bruttoinlandsproduktes anzupassen. Damit wäre sichergestellt, dass die durch die marktwirksame Geldmenge (Geldvolumen x Umlaufgeschwindigkeit des Geldes) finanzierte Gesamtnachfrage in gleichem Umfang wächst wie das Güterangebot und demzufolge außer Preisstabilität eine Nivellierung der konjunkturell bedingten Preis-, Einkommens- und Beschäftigungsschwankungen sowie ein stetiges Wirtschaftswachstum induziert werden.[4] – Die zwingende (ordnungspolitische) Voraussetzung dieser Geldmengenpolitik sieht Friedman in einer 100%-Reserve auf alle Bankeinlagen.

Eine Variante der friedmanschen Konzeption stellt die so genannte **potentialorientierte Geldpolitik** dar, die die Deutsche Bundesbank seit Mitte der 1970er Jahre bis zur Abgabe ihrer geldpolitischen Verantwortung im Rahmen der Europäischen Wirtschafts- und Währungsunion Ende 1998 praktizierte. Ihr zufolge hat sich geldpolitisches Handeln nicht allein am Wachstum des realen Bruttoinlandsproduktes zu orientieren, sondern an dem des gesamten wirtschaftlichen Produktionspotentials, das heißt dem geschätzten Zuwachs der volkswirtschaftlichen Produktionskapazität. Ihm hat auf mittlere Sicht die Geld- und Kreditversorgung der Wirtschaft zu folgen, um die (Gesamt-)Nachfrage zu fundieren. Für den Fall, dass Diskrepanzen zwischen dem Potentialwachstum und der Gesamtnachfrage auftreten, muss die Geldpolitik unverzüglich Maßnahmen zu deren Beseitigung ergreifen.[5]

4.8.6 Die Geldpolitik in der Europäischen Währungsunion

Als Mitglied der Europäischen Wirtschafts- und Währungsunion (EWWU) hat die Bundesrepublik Deutschland ihre bislang eigenständig (souverän) durch die Deutsche Bundesbank wahrgenommene geldpolitische Entscheidungskompetenz zum 1. 1. 1999 auf das Europäische System der Zentralbanken (ESZB) übertragen. Das ESZB besteht aus der Europäischen Zentralbank (EZB) und den nationalen Zentralbanken der Mitgliedstaaten der Europäischen Union (EU).[6] Das ESZB wird tätig gemäß des Vertrages zur Gründung der Europäischen Gemeinschaft vom 7. Februar 1992 (Vertrag) und der Satzung des Europäischen Systems der Zentralbanken und der Europäischen Zentralbank. Es wird von den Beschlussorganen der EZB geleitet: Der EZB-Rat legt die Geldpolitik fest; das Direktorium ist ermächtigt, die Geldpolitik gemäß den Entscheidungen und Leitlinien des EZB-Rates auszuführen. Soweit es im Einzelfall möglich und sachge-

[3] Siehe hierzu Schaal, P., Geldtheorie und Geldpolitik, 4. Aufl., München–Wien 1998, S. 300f.

[4] Vgl. Friedman, M., A Program for Monetary Stability, New York 1960, S. 9

[5] Vgl. Schaal, P., Geldtheorie und Geldpolitik, a.a.O., S. 294f.

[6] Die nationalen Zentralbanken der Mitgliedstaaten, die die einheitliche Währung gemäß des Vertrages zur Gründung der Europäischen Gemeinschaft nicht eingeführt haben, behalten ihre währungspolitischen Befugnisse und sind damit in die Durchführung der einheitlichen Geldpolitik nicht einbezogen.

recht ist, nimmt die EZB die nationalen Zentralbanken zur Durchführung von einschlägigen Geschäften in Anspruch (siehe Übersicht 1).

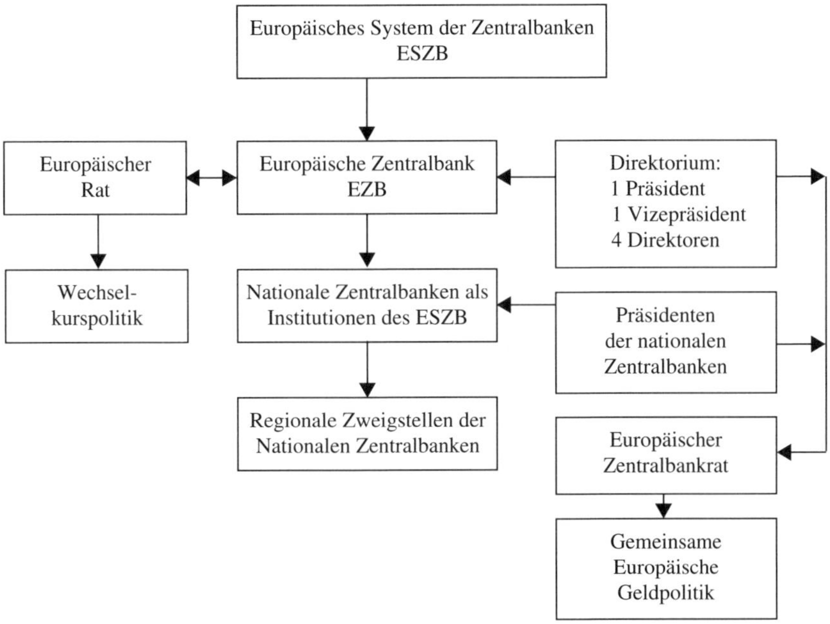

Übersicht 1: Das Europäische System der Zentralbanken
Entnommen aus: Schaal, P., Geldtheorie und Geldpolitik, a.a.O., S. 329

4.8.6.1 Ziele und Aufgaben des ESZB

Nach Art. 105 Abs. 1 des Vertrages ist es das vorrangige Ziel des ESZB „die Preisstabilität zu gewährleisten". In Verfolgung dieses Zieles wird ihm (dem ESZB) nach Art. 105 Abs. 2 die Aufgabe zugewiesen „die Geldpolitik der Gemeinschaft festzulegen und auszuführen". – Soweit es ohne Beeinträchtigung des Stabilitätszieles möglich ist, soll das ESZB darüber hinaus „die allgemeine Wirtschaftspolitik in der Gemeinschaft" unterstützen (Art. 105 Abs. 1), um so zu einem beständigen, harmonischen und ausgewogenen Wirtschaftswachstum und zur Verbesserung des Lebensstandards beizutragen (Art. 105 Abs. 1).

4.8.6.2 Die geldpolitische Strategie des ESZB

Die geldpolitische Strategie des ESZB ist durch eine quantitative Definition von Preisstabilität fundiert. Sie wird vom EZB-Rat umschrieben als „Anstieg des Harmonisierten Verbraucherindex (HVPI) für das Euro-Währungsgebiet von unter, aber nahe 2% gegenüber dem Vorjahr". Sie muss „mittelfristig" gewährleistet werden. – Mit der so fixierten Preissteigerungsrate soll einerseits einem (über 2% beginnenden) Inflationsrisiko und andererseits einem (deutlich unter 2% sich anbahnenden) Deflationsrisiko begegnet werden. Die betonte „mittelfristige" Zeitperspektive ist Ausdruck der realistischen Einsicht, dass die gewählte geldpolitische Strategie wohl kaum kurzfristig greifen kann, sondern immer nur mit einer gewissen zeitlichen Verzögerung![7]

Die geldpolitische Strategie des ESZB selbst fußt auf zwei Säulen **(Zwei-Säulen-Strategie).**

Die **erste Säule** umfasst die Analyse der gesamtwirtschaftlichen Entwicklungen von Angebot und Nachfrage auf den Waren-, Dienstleistungs- und Faktormärkten sowie deren kurz- und mittelfristigen Einflussmöglichkeiten (Risikopotential) auf die Preisstabilität.

Die **zweite Säule** beinhaltet die monetäre Analyse des langfristigen Zusammenhangs zwischen Geldmenge[8] und Preisentwicklung. Sie trägt der Auffassung Rechnung, dass die Preisstabilität mittel- bis langfristig über das Geldmengenwachstum zu steuern ist.

Einen Anhaltspunkt darüber, in welchem Umfang ein Wachstum der Geldmenge induziert werden soll, das heißt eine Zielvorstellung über dasselbe, ermittelt der EZB-Rat über den so genannten **Referenzwert**. Er wird wie folgt ermittelt:

$$\Delta M = \Delta Y_R + \Delta P - \Delta U$$

ΔM (%) = prozentuales Wachstum der Geldmenge M_3
ΔY_R (%) = prozentuales reales ($_R$) potentielles Wachstum des Bruttoinlandsproduktes
ΔP (%) = prozentualer Prteisanstieg
ΔU (%) = prozentuale Veränderung der Umlaufgeschwindigkeit des Geldes

Der Referenzwert im Startjahr der EWWU wurde vom EZB-Rat mit 4,5 Prozent veranschlagt. Er sollte in der Folgezeit alljährlich überprüft und gegebenenfalls neu festgelegt werden. – Im Jahr 2003 wurde diese Regelung suspendiert und eine Veränderung des Referenzwertes nur noch für längerfristige Zeitabstände bei gravierenden Veränderungen der ihm zugrunde liegenden Annahmen vereinbart. Bis heute (2008) liegt der Referenzwert bei 4,5 Prozent.

Auf dem Hintergrund der vorausgegangenen Darlegungen darf resümierend festgestellt werden, dass im Verständnis der ESZB die Geldwertstabilität direkt tangiert wird durch das Verhältnis von gesamtwirtschaftlichem Angebot und gesamtwirtschaftlicher Nachfrage. – Ist die Nachfrage größer als das Angebot, ergeben sich inflationäre Tendenzen; ist die Nachfrage kleiner als das Angebot, ergeben sich deflationäre. Die marktwirksame Nachfrage – definiert als Geldmenge mal Umlaufgeschwindigkeit des Geldes – ist deshalb von der EZB ins Gleichgewicht zu bringen mit dem marktwirksamen Angebot,

---

7 Vgl. hierzu u. zum folgenden Albers, H.-J., u.a., Volkswirtschaftslehre, Kap. 8.6, 7. Aufl., Haan-Gruiten 2006, S. 282 ff.

8 Bestand an Bargeld und Einlagen (d.s. von Kunden den Banken gegen einen Zins überlassene Gelder mit unterschiedlicher Fristigkeit) bei inländischen Nichtbanken (d.s. private u. öffentliche Haushalte sowie Unternehmen), der zur Nachfrage nach Gütern zur Verfügung steht. (Die Kassenbestände der Banken an Bargeld und Noten werden nicht zur Geldmenge gerechnet, da mit ihnen keine Nachfrage ausgeübt, sondern lediglich Giralgeld in Bargeld umgetauscht wird!)
Die Geldmenge lässt sich in 3 Teilmengen gliedern:
M_1: Bargeld und Sichteinlagen (d.s. täglich fällige oder mit einer Laufzeit unter einem Monat auf Giro- und Kontokorrentkonten geführte Einlagen) inländischer Nichtbanken;
M_2: M_1 plus Termineinlagen (d.s. befristete Einlagen, die für mindestens 30 Tage angelegt werden) inländischer Nichtbanken unter 4 Jahren.
M_3: M_2 plus Spareinlagen inländischer Nichtbanken mit 3-monatiger Kündigungsfrist, Geldmarktfondsanteile und kurzlaufende Bankschuldverschreibungen sowie Einlagenzertifikate bei Nichtbanken.

das heißt mit dem mit seinem Marktpreis bewerteten Bruttoinlandsprodukt! – Da die Geldmenge in erster Linie durch die Geldschöpfung der Geschäftsbanken (Kreditinstitute), das heißt durch deren Kreditvergabe an Nichtbanken (private Haushalte, Unternehmen, öffentliche Haushalte) erfolgt, hat eine der Preisstabilität verpflichtete Geldpolitik des ESZB primär darauf zu achten, dass die von ihr gegenüber den Geschäftsbanken ermöglichten Refinanzierungsmöglichkeiten mit dieser Zielvorgabe (Preisstabilität) kompatibel sind.

4.8.6.3 Die geldpolitischen Instrumente des ESZB

Das ESZB verfügt derzeit über folgende geldpolitische Instrumente (siehe Übersicht 2):

Übersicht 2: Geldpolitische Instrumente des ESZB

Geldpolitische Geschäfte	Transaktionsart		Laufzeit	Rhythmus	Verfahren
	Liquiditätsbereitstellung	Liquiditätsabschöpfung			
Offenmarktgeschäfte					
Hauptrefinanzierungsgeschäfte	Befristete Transaktionen	–	Eine Woche	Wöchentlich	Standardtender
Längerfristige Refinanzierungsgeschäfte	Befristete Transaktionen	–	Drei Monate	Monatlich	Standardtender
Feinsteuerungsoperationen	Befristete Transaktionen Devisenswaps	Befristete Transaktionen Hereinnahme von Termineinlagen Devisenswaps	Nicht standardisiert	Unregelmäßig	Schnelltender Bilaterale Geschäfte
	Endgültige Käufe	Endgültige Verkäufe	–	Unregelmäßig	Bilaterale Geschäfte
Strukturelle Operationen	Befristete Transaktionen	Emission von Schuldverschreibungen	Standardisiert/ nicht standardisiert	Regelmäßig und unregelmäßig	Standardtender
	Endgültige Käufe	Endgültige Verkäufe	–	Unregelmäßig	Bilaterale Geschäfte
Ständige Fazilitäten					
Spitzenrefinanzierungsfazilität	Befristete Transaktionen	–	Über Nacht	Inanspruchnahme auf Initiative der Geschäftspartner	
Einlagefazilität	–	Einlagenannahme	Über Nacht	Inanspruchnahme auf Initiative der Geschäftspartner	

Entnommen aus: Europäische Zentralbank, Durchführung der Geldpolitik im Euro-Währungsgebiet, Frankfurt a. M. 2006, S. 10.

4.8.6.3.1 Offenmarktgeschäfte

Offenmarktgeschäfte umfassen traditionell den seitens des ESZB durchgeführten Kauf und Verkauf von Wertpapieren auf eigene Rechnung am offenen anonymen Markt. Der Handel erstreckt sich sowohl auf kurz- wie auch auf langlaufende Wertpapiere. Der Kauf beziehungsweise Verkauf dieser Wertpapiere kann bei/an Banken wie durch Nichtbanken erfolgen. Die Zentralbank kann die Papiere „endgültig“ (outright) oder aber nur für eine begrenzte Zeit ankaufen beziehungsweise verkaufen. Kauft die Zentralbank die Wertpapiere nur für eine begrenzte Zeit, das heißt befristet, so ist die verkaufende Bank verpflichtet, diese (Wertpapiere) nach einer bestimmten Zeit (z. B. nach 14 Tagen) wieder zurückzukaufen. Solche Offenmarktgeschäfte mit Rückkaufverpflichtung werden auch (Wertpapier-)**Pensionsgeschäfte** (oder auch Repos bzw. Repogeschäfte) genannt. Die Wertpapiere werden quasi für eine bestimmte Zeitspanne „in Pension“ gegeben. – Im Gegensatz zu einem endgültigen Ankauf von längerfristigen Wertpapieren werden bei solchen Pensionsgeschäften den die Wertpapiere verkaufenden Kreditinstituten nur für einen begrenzten Zeitraum Zentralbankguthaben zur Verfügung gestellt. – Da heute die Zentralbank bei befristeten Transaktionen die Wertpapiere nur noch zum Pfand hereinnimmt, spricht man diesbezüglich nicht mehr von Wertpapierpensionsgeschäften, sondern neutraler von **befristeten Refinanzierungsgeschäften.** Wirtschaftlich betrachtet ist diese Unterscheidung ohne Bedeutung!

Mit der Zurverfügungstellung von befristetem Zentralbankgeld (sog. befristete Transaktionen) steuert das ESZB (gleichermaßen wie früher die Bundesbank) die Zinsen und die Liquidität am Geldmarkt. Den wöchentlich im Ausschreibungsverfahren durchgeführten 14-tägigen **Hauptrefinanzierungsgeschäften** kommt hierbei zentrale Bedeutung zu. – Daneben wird – ebenfalls im Ausschreibungsverfahren – einmal im Monat ein Refinanzierungsgeschäft mit einer Laufzeit von 3 Monaten, der sogenannte **Basistender** angeboten. Dieser Basistender ermöglicht insbesondere kleinen Banken eine etwas längerfristige Zentralbankgeldversorgung.

Hinsichtlich der Ausschreibung der Hauptrefinanzierungsgeschäfte und der Basistender kann das ESZB zwischen zwei Verfahren wählen, dem Mengentender und dem Zinstender. Beim **Mengentender** legt das ESZB den Zinssatz fest und die Kreditinstitute nennen in ihren Geboten lediglich die Beträge, in deren Höhe sie Wertpapiere an das ESZB zu verkaufen wünschen. Die EZB bedient diese Wünsche entweder in vollem Umfang oder aber sie repartiert diese gemäß ihrer liquiditätspolitischen Vorstellungen.

Beim **Zinstender** nennen die Kreditinstitute in ihren Geboten nicht nur die gewünschten Beträge, sondern auch den Zinssatz, zu dem sie die Refinanzierungsgeschäfte abzuschließen bereit sind. Ist das Zinsangebot zu niedrig, wird es nicht bedient; je höher es ist, desto größer die Chance der vollen Bedienung! Gebote zu dem gerade noch zum Zuge kommenden Zinssatz werden auch hier erforderlichenfalls repartiert. – Beim langfristigen Refinanzierungsgeschäft wählt das ESZB in der Regel das Zinstenderverfahren. Es überlässt damit die Zinsfindung dem Markt und vermeidet die Setzung geldpolitischer Signale.

Der Zinssatz für Hauptrefinanzierungsgeschäfte (Festsatz bei einem Mengentender, Mindestbietungssatz bei einem Zinstender) gilt als **Leitzins** (EZB-Schlüsselzinssatz). Er signalisiert die zinspolitische Strategie der EZB.

Hinsichtlich des Abwicklungszeitraumes (umfassend: Ankündigung, Gebote, Zuteilung) lassen sich Standardtender und Schnelltender unterscheiden. Beim **Standardtender** erfolgt die Abwicklung innerhalb von 24 Stunden. Er findet Einsatz bei Hauptrefinanzierungsgeschäften, längerfristigen Refinanzierungsgeschäften und bei strukturellen Operationen (siehe Schaubild 3).

Schaubild 3: Normaler Zeitrahmen für die Verfahrensschritte bei Standardtendern (EZB-Zeit, MEZ)

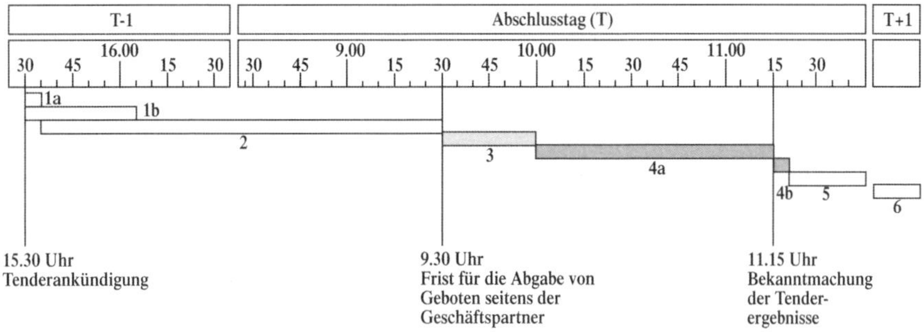

Anmerkung: Die Zahlen beziehen sich auf die in Übersicht 5 definierten Verfahrensschritte.

Entnommen aus: Europäische Zentralbank, Durchführung der Geldpolitik im Euro-Währungsgebiet, a.a.O., S. 25 ff.

Der **Schnelltender** kann innerhalb einer Stunde abgewickelt werden. Er wird hauptsächlich bei Feinsteuerungsoperationen eingesetzt (siehe Schaubild 4).

Schaubild 4: Normaler Zeitrahmen für die Verfahrensschritte bei Standardtendern

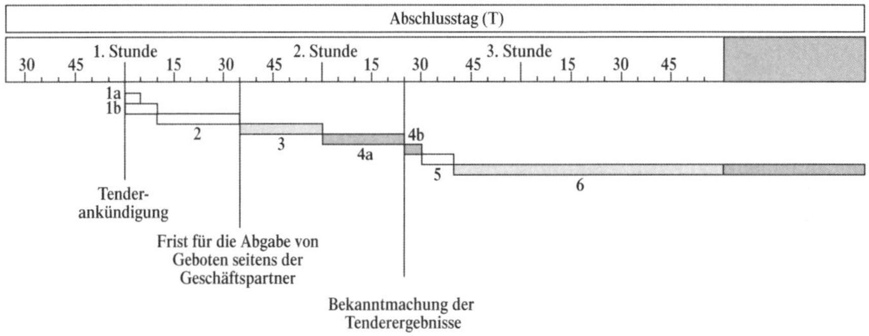

Anmerkung: Die Zahlen beziehen sich auf die in Übersicht 5 definierten Verfahrensschritte.

Entnommen aus: Europäische Zentralbank, Durchführung der Geldpolitik im Euro-Währungsgebiet, a.a.O., S. 25 ff.

Neben dem Hauptrefinanzierungsgeschäft und dem Basistender verfügt das ESZB über so genannte Feinsteuerungsoperationen und strukturelle Operationen.

Feinsteuerungsoperationen erfolgen in der Regel von Fall zu Fall über befristete Transaktionen, um die Auswirkungen unerwarteter Liquiditätsschwankungen auf die Zinssätze zu mildern. So übernimmt beispielsweise beim so genannten Devisenswapgeschäft das ESZB von Banken kurzfristig Devisen gegen Zentralbankguthaben oder das EZBS verkauft für einen befristeten Zeitraum Devisen an solche.

Strukturelle Operationen sollen die Liquiditätsposition der Banken gegenüber dem ESZB langristig beeinflussen. Ist beispielsweise das Liquiditätsdefizit der Banken aus der Sicht des ESZB zu gering, so dass diese nicht auf Refinanzierungsgeschäfte mit dem ESZB angewiesen sind und damit dessen geldpolitische Instrumente nicht greifen können, kann es dieses (Liquiditätsdefizit) unter anderem durch die Ausgabe von Schuldverschreibungen erhöhen und damit die Banken wieder in Refinanzierung zwingen.

Übersicht 5: Verfahrensschritte bei Tenderverfahren

Schritt 1	**Tenderankündigung** a. Ankündigung durch die EZB über Wirtschaftsinformationsdienste b. Ankündigung durch die nationalen Zentralbanken über nationale Wirtschaftsinformationsdienste und direkt gegenüber einzelnen Geschäftspartnern (wenn dies notwendig erscheint)
Schritt 2	**Vorbereitung und Abgabe von Geboten durch die Geschäftspartner**
Schritt 3	**Zusammenstellung der Gebote durch das Eurosystem**
Schritt 4	**Tenderzuteilung und Bekanntmachung der Tenderergebnisse** a. Zuteilungsentscheid der EZB b. Bekanntmachung des Zuteilungsergebnisses
Schritt 5	**Bestätigung der einzelnen Zuteilungsergebnisse**
Schritt 6	**Abwicklung der Transaktionen**

Entnommen aus: Europäische Zentralbank, Durchführung der Geldpolitik im Euro-Währungsgebiet, a.a.O., S. 25 ff.

4.8.6.3.2 Ständige Fazilitäten

Neben der Offenmarktpolitik gehören zum geldpolitischen Instrumentarium des ESZB zwei so genannte Ständige Fazilitäten, die Spitzenrefinanzierungsfazilität und die Einlagefazilität.

Die **Spitzenrefinanzierungsfazilität** stellt „Übernachtliquidität" zu einem bestimmten Zinssatz bereit und begrenzt dadurch ein Ausbrechen des Tagesgeldsatzes nach oben. Mit entsprechenden Sicherheiten (siehe hierzu unter 4.8.6.4) auf Pfandbasis können die Banken darauf unbegrenzt zurückgreifen. Sie müssen den Kredit allerdings am folgenden Tag wieder zurückzahlen.

Die **Einlagefazilität** ermöglicht es den Banken, überschüssige Zentralbankguthaben bei der Zentralbank bis zum banknächsten Geschäftstag zu einem festen Zinssatz anzulegen. Durch Inanspruchnahme dieser Möglichkeit soll ein starkes Abfallen des Tagesgeldsatzes vermieden werden. Der Zinssatz auf diese Einlagen ist selbstverständlicherweise niedriger als der für die Spitzenrefinanzierungsfazilität beziehungsweise für das Hauptrefinanzierungsinstrument. Er bildet in der Regel die Untergrenze des Tagesgeldsatzes.

Vor dem Hintergrund der vorausgegangenen Darlegungen lässt sich feststellen, dass sich die Zinssätze am Geldmarkt innerhalb eines Korridors bewegen, der durch die Zinssätze für die Spitzenrefinanzierungs- und Einlagenfazilität begrenzt ist. Innerhalb dieses Korridors werden sie sich erfahrungsgemäß am Zinssatz für das Hauptrefinanzierungsgeschäft orientieren.

Wie der Zinssatz für Hauptrefinanzierungsgeschäfte gelten die Zinssätze für die Ständigen Fazilitäten als **Leitzinsen** (EZB-Schlüsselzinssätze) und signalisieren (wie diese) die zinspolitische Strategie der EZB.

4.8.6.3.3 Mindestreserve

Die Mindestreserve ergänzt das geldpolitische Instrumentarium des ESZB. Mit der Pflicht der Kreditinstitute, ein bestimmtes Guthaben (Mindestreserve) bei der (nationalen) Zentralbank zu unterhalten, soll eine Stabilisierung der Geldmarktzinsen begünstigt und eine strukturelle Liquiditätslücke des Bankensystems gewährleistet werden. Die Reservepflicht der Kreditinstitute richtet sich einerseits nach der Höhe ihrer Nichtbankeneinlagen und dem Volumen ausgegebener Schuldverschreibungen[9], andererseits nach dem vom ESZB (einheitlich auf 2 Prozent) festgelegten Mindestreservesatz. Die Mindestreserve ist nur im Durchschnitt der Reserveerfüllungsperiode (diese beginnt am 24. eines jeden Monats und endet am 23. des Folgemonats), nicht aber täglich zu erfüllen. Die Kreditinstitute können so Liquiditätsausschläge über ihre Mindestreserveguthaben ausgleichen.

4.8.6.4 Notenbankfähige Sicherheiten[10]

Artikel 18.1 der ESZB-Satzung fordert, dass für alle Kreditgeschäfte (d. h. liquiditätszuführende geldpolitische Geschäfte und Innertageskredite) des Eurosystems (von den Kreditinstituten) ausreichende (sog. notenbankfähige) Sicherheiten gestellt werden. Das Eurosystem akzeptiert einen umfangreichen Katalog solcher Sicherheiten und hat diese mit rechtlicher Verbindlichkeit ab 1. 1. 2007 in einem „einheitlichen Sicherheitenverzeichnis" erfasst (siehe Übersicht 6). Dieser einheitliche Rahmen für notenbankfähige Sicherheiten unterscheidet marktfähige und nicht marktfähige Sicherheiten, die die vom Eurosystem festgelegten einheitlichen und im gesamten Euro-Währungsgebiet geltenden Zulassungskriterien erfüllen. Bezüglich der Qualität der Sicherheiten und ihrer Eignung für die verschiedenen geldpolitischen Operationen des Eurosystems lassen sich keine Unterschiede ausmachen, abgesehen davon, dass das Eurosystem bei endgültigen Käufen beziehungsweise Verkäufen keine nicht marktfähigen Sicherheiten verwendet.

4.8.7 Schlussbemerkung

Mit den vorgenannten geldpolitischen Operationen kann das ESZB nur bedingt Einfluss auf die Geldwertstabilität nehmen, da zwischen diesen und der Reaktion des Preisniveaus langwierige und zum Teil nur schwer voraussehbare Wirkungszusammenhänge bestehen. Hinzu kommt, dass statistisch feststellbare Inflationsraten lediglich Vergangenheitswerte repräsentieren und deswegen nur eingeschränkt Hinweise auf künftige Entwicklungen und diesen gemäße Maßnahmen geben können.

Der EZB-Rat kann die Instrumente, Konditionen, Zulassungskriterien und Verfahren für die Durchführung geldpolitischer Maßnahmen (d. h. den geldpolitischen Handlungsrahmen) jederzeit ändern.[11]

---

[9] Mindestreservepflichtig sind: täglich fällige Einlagen, Einlagen mit einer vereinbarten Laufzeit beziehungsweise Kündigungsfrist von bis zu 2 Jahren und ausgegebene Schuldverschreibungen. Einlagen mit einer vereinbarten Laufzeit beziehungsweise Kündigungsfrist von mehr als 2 Jahren, ausgegebene Schuldverschreibungen mit vereinbarter Laufzeit von über 2 Jahren sowie Verbindlichkeiten aus Repogeschäften werden auch in die Mindestreservebasis einbezogen; sie werden jedoch mit einem Reservesatz von 0 Prozent belegt.

[10] Vgl. Europäische Zentralbank, Durchführung der Geldpolitik im Euro-Währungsgebiet, a.a.O., S. 11 u. S. 37 ff.

[11] Vgl. ebenda S. 11.

Übersicht 6: Für geldpolitische Geschäfte des Eurosystems zugelassene Sicherheiten

Zulassungskriterien	Marktfähige Sicherheiten	Nichtmarktfähige Sicherheiten	
Art der Sicherheit	EZB-Schuldverschreibungen Sonstige marktfähige Schuldtitel	Kreditforderungen	RMBDs**)
Bonitäts-anforderungen	Die Sicherheit muss den hohen Bonitätsanforderungen genügen. Die hohen Bonitätsanforderungen werden anhand der ECAF*)-Regeln für marktfähige Sicherheiten beurteilt.	Der Schuldner/Garant muss den hohen Bonitätsanforderungen genügen. Die Kreditwürdigkeit wird anhand der ECAF-Regeln für Kreditforderungen beurteilt.	Die Sicherheit muss den hohen Bonitätsanforderungen genügen. Die hohen Bonitätsanforderungen werden anhand der ECAF-Regeln für RMDBs beurteilt
Emissionsort	EWR***)	Nicht zutreffend	Nicht zutreffend
Abwicklungs-/ Bearbeitungs-verfahren	Abwicklungsort: Euro-Währungsgebiet Die Sicherheiten müssen zentral in girosammelverwahrfähiger Form bei nationalen Zentralbanken oder einem Wertpapierabwicklungssystem hinterlegt werden, das den EZB-Mindeststandards entspricht.	Verfahren des Eurosystems	Verfahren des Eurosystems
Art des Emittenten/ Schuldners/ Garanten	Zentralbanken Öffentliche Hand Privater Sektor Internationale und supranationale Organisationen	Öffentliche Hand Nichtfinanzielle Unternehmen Internationale und supranationale Organisationen	Kreditinstitute
Sitz des Emittenten/ Schuldners oder Garanten	Emittent: EWR oder G-10-Länder außerhalb des EWR Garant: EWR	Euro-Währungsgebiet	Euro-Währungsgebiet
Zugelassene Märkte	Geregelte Märkte Von der EZB zugelassene nicht geregelte Märkte	Nicht zutreffend	Nicht zutreffend
Währung	Euro	Euro	Euro
Mindestbetrag	Nicht zutreffend	Mindestbetrag zum Zeitpunkt der Einreichung der Kreditforderung 1. Januar 2007 bis 31. Dezember 2011: – inländische Nutzung: Festlegung durch NZBen – Grenzüberschreitende Nutzung: einheitlicher Mindestbetrag von 500 000 € Ab 1. Januar 2012: Einheitlicher Mindestbetrag von 500 000 € im gesamten Euro-Währungsgebiet	Nicht zutreffend
Rechtsgrundlage bezüglich Kredit-forderungen	Nicht zutreffend	Geltendes Recht für den Vertrag über die Kreditforderung und ihre Nutzung als Sicherheit: Bestimmung eines Mitgliedstaats des Euro-Währungsgebiets, Insgesamt darf die Zahl der geltenden Rechtsordnungen für (i) den Geschäftspartner, (ii) den Gläubiger, (iii) denSchuldner, (iv) (ggf.) den Garanten, (v) den Vertrag über die Kreditforderung und (iv) die Vereinbarung zur Nutzung der Kreditforderungen als Sicherheit zwei nicht überschreiten	
Grenzüberschreitende Nutzung	Ja	Ja	Ja

*) ECAF: Eurosystem credit assessment
**) RMBDs: Retail Montage-Backed Debt Instruments (nicht marktfähige mit hypothekarischen Darlehen an Privatkunden besicherte Schuldtitel)
***) EWR: Europäischer Währungsraum
Entnommen aus: Europäische Zentralbank, Durchführung der Geldpolitik im Euro-Währungsgebiet, a.a.O., S. 44.

Literaturhinweise

Albers, H.-J. u. a.: Volkswirtschaftslehre, Kapitel 8.6, 7. Aufl., Haan-Gruiten 2006.

Ashauer, G.: Geldpolitik, in: May, H. (Hrsg.), Lexikon der ökonomischen Bildung, 6. Aufl., München–Wien 2006.

Borchert, M.: Geld und Kredit, Einführung in die Geldtheorie und Geldpolitik, 8. Aufl., München–Wien 2003.

Europäische Zentralbank, Durchführung der Geldpolitik im Euro-Währungsgebiet, Frankfurt a. M. 2006.

Peto, R.: Geldtheorie und Geldpolitik, 2. Aufl., München–Wien 2002.

Schaal, P.: Geldtheorie und Geldpolitik, 4. Aufl., München–Wien 1998.

4.9 Finanzpolitik
Hans Kaminski

4.9.1 Zur begrifflichen Abgrenzung

Die **Finanzpolitik** ist ein Instrument der Wirtschaftspolitik, die über öffentliche Haushalte vollzogen wird. Sie umfasst alle Maßnahmen der öffentlichen Hand (Gebietskörperschaften) und Parafisci (z. B. Kirchen, Arbeitslosen- und Sozialversicherung einschließlich der öffentlichen Krankenversicherung), die darauf ausgelegt sind, mit Hilfe öffentlicher Einnahmen und Ausgaben sowie dem öffentlichen Haushalt die Höhe und Struktur des Sozialprodukts einer Volkswirtschaft zu beeinflussen. Die Finanzwissenschaft wird als eine Teildisziplin der Volkswirtschaftslehre angesehen, die sich mit den unterschiedlichen wirtschaftlichen Aktivitäten des Staates auseinandersetzt. „Finanzwissenschaft ist die ökonomische Analyse des Staates" (Blankart 2006, S. 9).

Die ökonomische Analyse als Denkmethode arbeitet im Kern mit den folgenden Annahmen:

1. Die Annahme des methodologischen Individualismus, die das Individuum zur allein maßgebenden Handlungseinheit erklärt.
2. Die Eigennutzannahme, die unterstellt, dass Individuen nach ihrem Vorteil streben und entsprechend entscheiden.
3. Die Annahme gegebener Präferenzen und veränderlicher Beschränkungen, die als verantwortlich für individuelles Verhalten gesehen werden und schließlich
4. die Annahme der Existenz relevanter Alternativen, zwischen denen ein Individuum wählen kann (vgl. Blankart 2006, S. 12 ff.; vgl. Homann/Suchanek 2005).

Die Abgrenzung der Finanzpolitik von den übrigen Wirtschaftspolitiken lässt sich nicht von den Zielen, sondern nur von deren Mitteln und Instrumenten her vornehmen.

Deshalb gelten die Allokations-, Distributions- und Stabilisierungsziele (vgl. Pkt. 4.9.3) der Finanzpolitik auch allgemein für die Wirtschaftspolitik. Das spezifisch fiskalische Ziel beschreibt lediglich die Form der Einnahmenerzielung, um gewünschte Ausgaben durch den Staat durchführen zu können, und ist deshalb als Ziel ein abgeleitetes, nachgeordnetes und kein eigenständiges Ziel.

Die Begriffe Finanzpolitik und Fiskalpolitik werden zumeist synonym verwendet. Zuweilen erfolgt aber eine Unterscheidung dahingehend, unter Fiskalpolitik (lat. fiscus, Staatskasse) alle Maßnahmen zu verstehen, die den Staatshaushalt in Einnahmen und Ausgaben auszugleichen versuchen und somit Fiskalpolitik als „kassenorientiert" betrachten, während dagegen die Finanzpolitik und deren Maßnahmen der Beeinflussung der Konjunktur dienen und mit den rein fiskalischen Zielsetzungen sogar in Widerspruch stehen können: „So können fiskalpolitisch Steuererhöhungen zur Verstärkung der Staatseinnahmen sinnvoll, aber finanzpolitisch bedenklich sein, da sie im Falle eines konjunkturellen Abschwungs eine zusätzlich dämpfende Wirkung hätten." (Altmann 2000, S. 283). Hier wird auf diese Unterscheidung verzichtet und das fiskalpolitische Ziel als ein Teilziel der Finanzpolitik betrachtet.

4.9.2 Zur Notwendigkeit und Rechtfertigung staatlicher Finanzpolitik

In einem marktwirtschaftlichen System bedarf die staatliche Tätigkeit einer besonderen Begründung, da in der Regel die einzelnen Wirtschaftssubjekte (private Haushalte und Unternehmen) Träger der ökonomischen Entscheidungen sind und der Staat deshalb nur **subsidiären** Charakter hat.

Ein kurzer Blick in die Tagespresse, in die Nachrichten des Hörfunks und Fernsehens zeigt, dass es kaum einen ökonomischen und politischen Bereich des Landes gibt, der nicht von finanzpolitischen Maßnahmen beeinflusst wird, und die Diskussion über alternative Verwendungszwecke für die Bereitstellung von Sachgütern und Dienstleistungen, für die Beeinflussung der konjunkturellen Situation eines Landes bzw. für korrigierende Maßnahmen der Umverteilung (z.B. der primären Einkommensverteilung) alltäglich ist (vgl. Abb. 1).

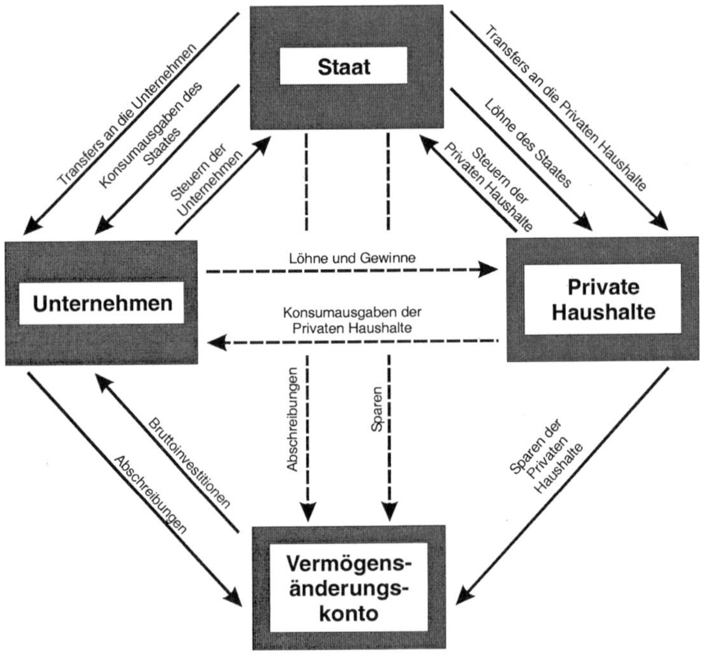

Abb. 1 Die Stellung des Staates im erweiterten Kreislaufmodell

Damit verknüpft ist auch gleichzeitig die Diskussion über die Notwendigkeit oder Schädlichkeit des staatlichen Eingreifens in den Wirtschaftsprozess im Rahmen marktwirtschaftlicher Systeme.

Öffentliche Güter

Der Preisbildungsmechanismus, der herkömmlicherweise auf den Wirtschaftsprozess einen erheblichen Einfluss hat, scheint keineswegs für alle Güter geeignet zu sein, die gehandelt werden. Es gibt Güter, bei denen der Markt als Koordinierungssystem versagt. Werden auf dem Markt Sachgüter und Dienstleistungen getauscht, dann sind diese Tauschakte durch Eigentumsrechte an diesen Gütern bestimmt. Ein Verbraucher, der ein bestimmtes Gut erwerben will, muss in der Regel die Bedingungen anerkennen, die der Eigentümer dieses Gutes setzt. Ist er nicht bereit, diese Bedingungen (z.B. den Preis) anzuerkennen, wird er von der Nutzung des Gutes ausgeschlossen (sog. Ausschluss-Prinzip). Es gibt jedoch Güter, die vom Bürger täglich benötigt werden und für die das sog. Ausschluss-Prinzip nicht gilt. Man bezeichnet diese Güter als „öffentliche Güter". Musgrave, einer der berühmtesten Finanzwissenschaftler der Gegenwart, hat das Problem anschaulich beschrieben:

> „Wenn ich eine Maß Bier oder ein Paar Schuhe verbrauche, dann sind diese speziellen Güter für andere Individuen nicht mehr verfügbar. Mein Konsum und der ihrer rivalisieren. Das ist der Fall bei privaten Gütern. Werden dagegen Maßnahmen gegen die Luftverschmutzung eingeleitet und wird dadurch eine Luftverbesserung erzielt, so kommt diese Verbesserung all denen zugute, die atmen. M. a. W., der Verbrauch solcher Güter seitens mehrerer Individuen rivalisiert nicht in dem Sinne, daß die Nutzungsteilhabe eines Individuums den Nutzen eines anderen beeinträchtigt. Das ist der Fall bei **öffentlichen Gütern.** Anders ausgedrückt, die Nutzen, die irgend jemand beim Verbrauch eines öffentlichen Gutes erzielt, sind externalisiert insofern, als sie auch allen anderen zur Verfügung stehen" (Musgrave, R. A./Musgrave, P. B./ Kullmer, L. 1975, S. 5f.).

Ein weiteres Beispiel wäre die Straßenbeleuchtung. Sie ist ein öffentliches Gut, d. h. das Licht kommt nicht nur einem zugute, sondern allen anderen Anwohnern ebenfalls. Man kann von der Nutzung solcher öffentlicher Güter nicht ausgeschlossen werden (sog. Nicht-Ausschlussprinzip). Oder soll eine Straße gebaut werden und ist die Finanzierung zu klären, so wird der Einzelne kaum bereit sein, kundzutun, welchen Betrag er bereit ist dafür zu zahlen, da er hofft, dass das Projekt auch ohne seine besondere finanzielle Beteiligung zustande kommt und er quasi zum Nulltarif die Straße benutzen kann.

Und schließlich soll ein letztes Beispiel die Bedeutung der sog. privatrechtlichen Exkludierbarkeit aufzeigen: „Niemand, der an einem Deich interessiert ist, tritt z. B. von sich aus als Nachfrager entsprechender Bauleistungen auf dem Markt auf. Er weiß ja, dass er die übrigen Nutzer nicht dazu zwingen könnte, sich an den Kosten zu beteiligen. Deshalb nehmen normalerweise alle eine abwartende Haltung ein" (Grossekettler 1999, S. 533).

Fazit: Es kann deshalb zu sog. Trittbrettfahrer-Effekten kommen, da der Konsum des Gutes nicht auf eine Person beschränkt werden kann, weil alle Straßenbenutzer als Nutznießer gelten und alle jene ebenfalls, die die Schutzwirkungen des Deiches wohl zu schätzen wissen.

Die Begriffe „private" und „öffentliche" Güter besagen nicht, dass diese Güter jeweils nur unter privater bzw. staatlicher Regie hergestellt werden können. Auch der Staat produziert private Güter, wie z. B. die Briefzustellung, und öffentliche Güter können auch von sozialen Zusammenschlüssen wie Nachbarschaften oder Kirchen produziert und angeboten werden. Es geht hier vielmehr nur um eine ökonomische Unterscheidung.

Meritorische Güter

Neben den privaten Gütern und den (spezifischen) öffentlichen Gütern sind die sogenannten meritorischen (merit goods) zu nennen, die zur Deckung von Kollektivbedürfnissen angeboten werden. Für sie könnte es durchaus einen privaten Markt geben. Da aber zu befürchten ist, dass die Nachfrage nach meritorischen Gütern nicht groß genug ist, weil die Individuen deren Nutzen nicht „richtig" einschätzen, werden sie vom Staat zu Preisen abgegeben, die nicht kostendeckend sind. Beispiele dafür sind Büchereien, Museen, Theater, Kindergärten, Bäder, Volkshochschulen, Musikschulen, Schulen, Hochschulen und Impfungen. Der Staat erwirbt sich auf diese Weise „merits", d. h. Verdienste.

Das vor allem von Musgrave entwickelte Konzept der meritorischen (de-meritorischen) Güter ist allerdings nicht unumstritten. Es wird eingewandt, dass auf diese Weise Präferenzverzerrungen stattfinden und damit das klassische Allokationsziel verzerrt wird. „Meritorische Güter an sich" gibt es nicht, weil sie eher das Ergebnis gesellschaftlicher Wertvorstellungen über ihre Notwendigkeit darstellen als dass sie ökonomisch begründbar sind.

Dem Staat wird auch eine Funktion bei der **Korrektur von Marktunvollkommenheiten** zugeschrieben, z. B. im Falle externer Kosten, die durch die wirtschaftlichen Aktivitäten eines Wirtschaftssubjektes verursacht worden sind, aber andere Wirtschaftssubjekte belasten (z. B. Umweltverschmutzung). Durch den Marktmechanismus allein wird eine optimale Allokation der Ressourcen nicht erreicht. Hier können mit Hilfe staatlicher Aktivitäten, wie Besteuerung, d. h. durch finanzielle Bestrafung oder Belohnung, durch Verbote und Gebote, wirtschaftliche Aktivitäten in gewünschte Richtungen gelenkt werden.

> „Im Grenzfall mag sogar die Übernahme eines Güterangebots durch den Staat geboten sein, wenn bei der Produktion nahezu ausschließlich externe Effekte anfallen und zudem noch eine große Zahl von Wirtschaftssubjekten betroffen ist. Beispiel sind Infrastrukturinvestitionen, Forschungsaktivitäten, Leistungen im Bildungs- und Gesundheitswesen" (Peffekoven 1984, S. 464).

Finanzpolitik ist u. a. eine Form von Umverteilung, die neben der positiven Feststellung immer auch eine normative Komponente enthält und damit Fragen nach Gerechtigkeitskriterien generiert. Blankart (2006, S. 89 ff.) zeigt, dass diese Frage traditionell angegangen werden kann mit der Feststellung, dass – wie die traditionelle Finanzwissenschaft es sieht –, Gerechtigkeit als exogener Begriff interpretiert wird oder aber im Sinne einer modernen, eher institutionenorientierten Finanzwissenschaft, Gerechtigkeitsnormen als endogen begründet werden. Diese Sichtweise ist eine Umkehrung der traditionellen Sichtweise über Gerechtigkeit: „Während üblicherweise Regeln danach beurteilt werden, ob sie gerecht sind, wird in der institutionenorientierten Finanzwissenschaft Gerechtigkeit danach gemessen, ob sie mit den Regeln übereinstimmt. Regeln stehen in ihrer logischen Einordnung vor der Gerechtigkeit. Blankart weist auf das grundsätzliche Problem hin, dass eine Mehrheitsdemokratie – weil Ergebnisse vom Zufall abhängen – die Gerechtigkeitsfrage nicht lösen könne und vor allem auch dann nicht, wenn die Verfassung mit umverteilungspolitischen Generalklauseln (vgl. Sozialstaatsprinzip) arbeitet (Blankart 2006, S. 100): „Jede Mehrheit, die für sich soziale Gerechtigkeit definiert und durch Umverteilungsmaßnahmen zu erreichen sucht, setzt Anreize für eine andere Koalition, die soziale Gerechtigkeit wieder neu zu definieren und durchzusetzen usw." Dieses Dilemma ist nicht auflösbar.

4.9.3 Ziele der Finanzpolitik

Im Anschluss an Musgrave, R. A./Musgrave, P. B./Kullmer, L. (1975, S. 4 ff.) ist es üblich, dem Staat für seine Aktivitäten drei Ziele zuzuweisen:

- das Allokationsziel;
- das Distributionsziel;
- das Stabilisierungsziel.

Das **Allokationsziel** besteht darin, Einsatz und Verwendung der volkswirtschaftlichen Ressourcen so zu beeinflussen, dass es zu einem anderen Güterangebot kommt, als die privaten Aktivitäten über den Marktmechanismus es allein erreicht hätten. Eine optimale Allokation der Produktionsfaktoren soll die Bereitstellung öffentlicher Güter ermöglichen bzw. die Aufteilung vorhandener Ressourcen auf private und öffentliche Güter unterstützen.

Das Allokationsziel versucht immer eine andere Ressourcenverteilung zu erreichen, ob sie zwischen Privaten stattfindet (z. B. durch Regionalpolitik oder Sektorenpolitik), zwischen Staat und Privaten oder schließlich innerhalb des Staates selbst (z. B. über den Finanzausgleich).

Das **Distributionsziel** soll die Voraussetzungen und/oder die Ergebnisse der sich über den Faktormarkt ergebenden Primärverteilung verändern (z. B. beim Einkommen und/ oder Vermögen, durch Transferzahlungen - Sozialpolitik).

Das **Stabilisierungsziel** meint die Aufgabe des Staates, mit Hilfe der Budgetpolitik die mit der marktwirtschaftlichen Ordnung verbundenen Schwankungen zu glätten und zu stabilisieren, d. h. Vollbeschäftigung, Preisniveaustabilität, angemessenes Wirtschaftswachstum und einen Zahlungsbilanzausgleich zu erreichen, wie es in dem Stabilitäts- und Wachstumsgesetz von 1967 intendiert ist.

Diese Zielsetzungen sind allerdings einfacher analytisch zu trennen, als praktisch und politisch zu handhaben, weil sie sich gegenseitig beeinflussen und sogar miteinander im Konflikt stehen können, wie das folgende Beispiel zeigt:

> „Eine Verschärfung der Progression der Einkommensteuer mag verteilungspolitisch erwünscht sein, kann aber wachstumspolitisch negative Wirkungen haben und die optimale Allokation stören. Ein konjunkturpolitisch motivierter Baustopp kann allokationspolitisch unerwünscht sein (Investitionsruinen)" (Peffekoven 1984, S. 474).

Das Stabilisierungsziel ist dogmenhistorisch eng verknüpft mit der keynesianischen Lehre. John Maynard Keynes, Lord Keynes of Tilton, war in seinem Denken stark beeinflusst durch die hohe Arbeitslosigkeit während der Weltwirtschaftskrise in den zwanziger Jahren des vorigen Jahrhunderts und brachte gegenüber der seinerzeit herrschenden „klassischen" Lehre vor allem folgende Gesichtspunkte ein: Erstens sieht er den Preismechanismus als weniger leistungsfähig an als es allgemein vermutet wurde. Er sei nicht so flexibel, dass er alle Ungleichgewichte auf den Märkten beseitige, vielmehr seien z. B. die Preise bei den Löhnen durch mehrjährige Arbeitsverträge mit gesichertem Lohn nach unten starr, und machtstarke Gewerkschaften seien trotz hoher Arbeitslosigkeit in der Lage, das Absenken von Löhnen zu verhindern. Zweitens neige die Wirtschaft zu Instabilität, die durch Verhaltensänderungen von Unternehmern als Investoren einerseits sowie durch Konsumenten andererseits verursacht würden, weil ihre Entscheidungen durch Erwartungen beeinflusst werden, die sie gegenüber der Zukunft hegen. D. h., wirtschaftliches Verhalten wird auch beeinflusst durch psychologische Faktoren, durch individuelle Einschätzungen, durch wirtschaftliche Zukunftsängste und durch Renditeerwartungen. Inflexibler Preismechanismus und eine zu Instabilität neigende Wirtschaft verlangen deshalb nach einer verantwortlichen, aktiven Wirtschaftspolitik des Staates. Eine lahmende Konjunktur soll der Staat dadurch stimulieren, dass *deficit spending* betrieben wird. Staatliche Mehrausgaben und Steuerausfälle sind durch Kreditaufnahmen zu finanzieren.

Das Stabilitäts- und Wachstumsgesetz von 1967 ist Ausdruck des stabilisierungspolitischen Gesamtziels.

Monetaristisch orientierte Positionen sehen im Gegensatz zu den Fiskalisten den privaten Sektor eher als stabil an. Wachstumsstörungen und Konjunkturzyklen werden durch exogene Faktoren verursacht. Die staatliche Wirtschaftspolitik, die mit ihrer „stop and go"-Politik nur Brems- und Beschleunigungsmanöver vollzieht, ruft ihrer Ansicht nach die Probleme erst hervor, die sie zu bekämpfen vorgibt. Falsch dosierte und terminierte fiskalistische Maßnahmen erzeugen Instabilitäten. Vielmehr wird der Geldmenge und Geldpolitik für das Wirtschaftsgeschehen die bedeutsamere Rolle zugeschrieben. Die privaten Kreditnachfrager würden durch staatliche Interventionen und öffentliche Kreditaufnahmen vom Markt verdrängt und der staatliche Handlungsspielraum mit einer steigenden Staatsquote immer geringer.

4.9.4 Finanzpolitische Instrumente

Die finanzpolitischen Instrumente werden klassischerweise in einnahmen- und ausgabenpolitische Instrumente unterschieden. Als dritter wichtiger Bereich zählt die Schulden- und Einlagenpolitik des Staates, mit der einerseits die Finanzierung von Haushaltsdefiziten und andererseits die Verwendung von Haushaltsüberschüssen geregelt wird. Sie ist mit den Ländern und der Bundesbank abzustimmen, um keine kontraproduktiven Effekte auszulösen (vgl. Abb. 2).

Die Fülle der Instrumente ist hier nicht im Einzelnen darstellbar. Deshalb findet eine Beschränkung statt auf die **Einnahmenpolitik** in Form der Steuerpolitik (Pkt. 4.9.4.1) und auf einige Aspekte der **Ausgabenpolitik** (Pkt. 4.9.4.2).

4.9.4.1 Einnahmenpolitik

Es gibt unterschiedliche Anknüpfungspunkte für die Besteuerung. Dies können Personen, das Vermögen und die wirtschaftlichen Aktivitäten sein, wie sie mit Hilfe des Wirtschaftskreislaufes darstellbar sind (vgl. Abb. 3).

Die dort dargestellten Stromgrößen werden hier zugrundegelegt, um aufzuzeigen, wie die zentralen wirtschaftlichen Aktivitäten Anknüpfungspunkte für die Besteuerung sein können. Dabei wird allerdings der Staat als Sektor hier nicht berücksichtigt, was für den Erkenntnisgewinn an dieser Stelle unerheblich ist. Durch diese Darstellung kann einerseits auf die makroökonomischen Aggregate (Unternehmen und private Haushalte) als **Steuerobjekte** abgestellt werden und andererseits auf die aus den wirtschaftlichen Aktivitäten entstehenden Einnahmen und Ausgaben.

Die Steuern können anknüpfen an

- Haushaltseinkommen,
- Haushaltsausgaben,
- Einnahmen des Unternehmens aus dem Verkauf von Konsumgütern,
- den gesamten Einnahmen des Unternehmens aus dem Konsum und den Investitionen,
- Erträgen des Unternehmens,
- den intrasektoralen (z. B. Schenkungen, Erbschaften) und intersektoralen Übertragungen von Unternehmen an private Haushalte oder die besonders wichtigen Übertragungen des Sektors „Staat" (z. B. Transferzahlungen), die aber durch Abb. 3 nicht erfasst werden.

Die bedeutendste Einnahmequelle des Staates sind die **Steuern.** Sie sind finanzielle Zwangsabgaben, die vom Staat nach Höhe und Besteuerungsobjekt oder -tatbestand kraft hoheitlicher Gewalt einseitig festgesetzt werden. Der Steuerzahler hat keinen Anspruch auf ihm persönlich zurechenbare Gegenleistungen. Es gib keine Äquivalenz zwischen der staatlichen Leistung und der Steuer.

Nach der **„Überwälzbarkeit"** sind zwei Kategorien von Steuern zu unterscheiden:

Direkte Steuern: Hier soll der Steuerzahler, von dem das Finanzamt die Steuer kassiert, auch der letztendliche Träger der Steuerlast sein. Eine Überwälzung auf andere Personen ist nicht möglich (z. B. die Lohn- und Einkommensteuer, Vermögen- und Körperschaftsteuer, Hundesteuer, Kfz-Steuer).

Indirekte Steuern: Der Steuerzahler kann die Steuer über den Preis weitergeben (überwälzen). So werden allgemeine Verbrauchssteuern (wie die Mehrwertsteuer) und spezielle Verbrauchsteuern (z. B. Kaffeesteuer, Branntweinsteuer, Mineralölsteuer) zwar von den Unternehmen an den Staat abgeführt, jedoch über die Preiskalkulation auf den

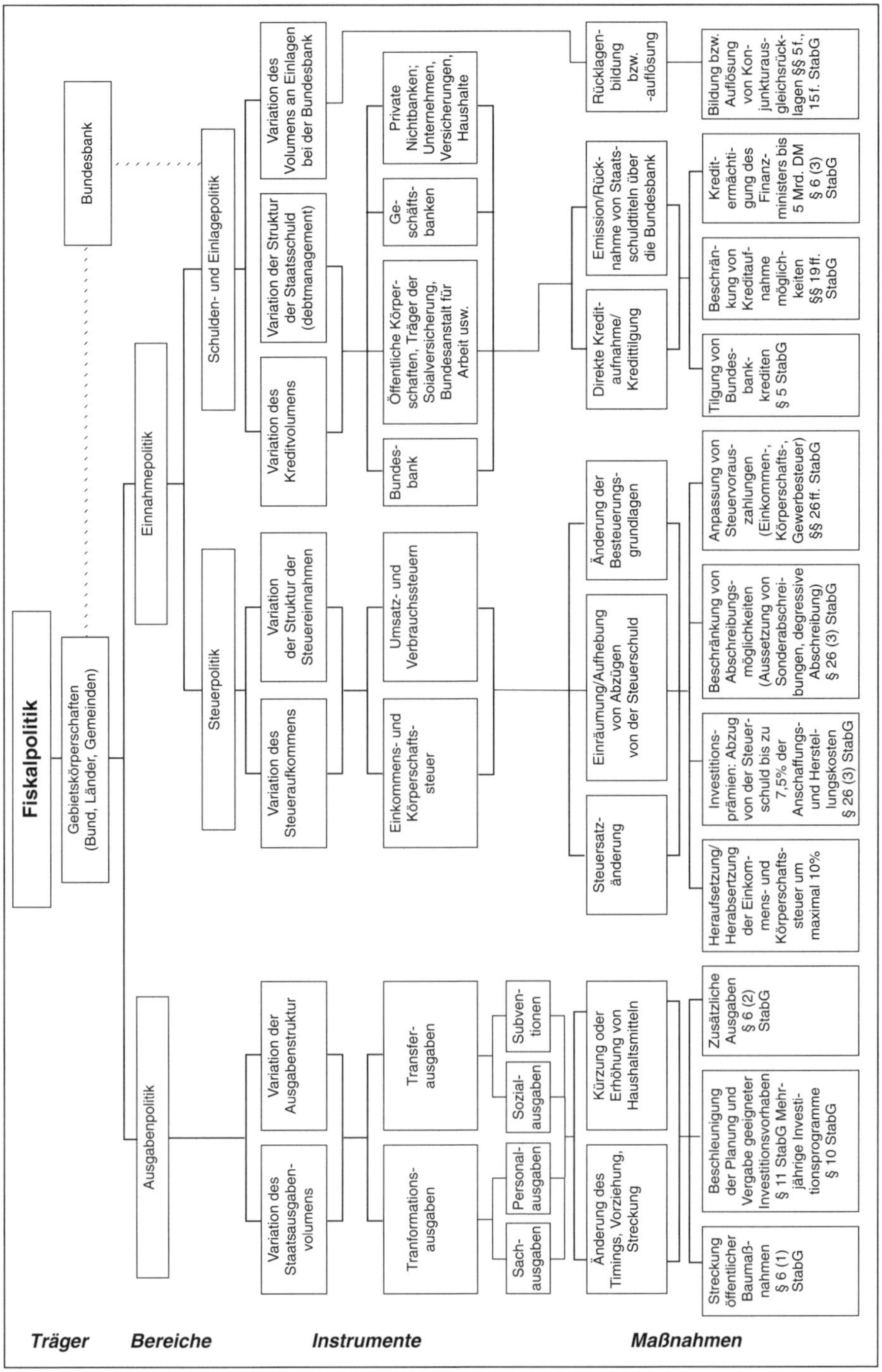

Abb. 2 Träger, Bereiche, Instrumente, Maßnahmen der Fiskalpolitik

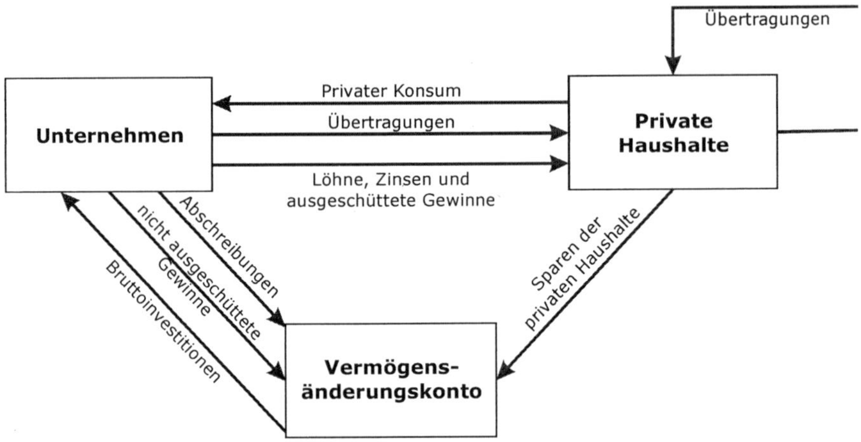

Abb. 3 Anknüpfungspunkte für die Besteuerung
Mit Hilfe der vereinfachten Darstellung der Einkommenskonten im Rahmen der volkswirtschaftlichen Gesamtrechnung lässt sich der Empfang und die Verwendung des Einkommens der Sektoren „Private Haushalte", „Unternehmen" und „Staat" aufzeigen.

Konsumenten übergewälzt. Im Falle der Verbrauchsteuer ist das auch beabsichtigt. Problematisch kann es werden, wenn etwa der Unternehmenssektor Träger einer Steuer sein soll, diese aber überwälzen kann. Dann muss die Steuer so konstruiert werden, dass dies ausgeschlossen wird. Hierzu zählen alle Steuern und ähnliche Abgaben, die der Staat beim Produzenten erhebt und bei der Gewinnermittlung abzugsfähig sind, was für direkte Steuern nicht gilt (z. B. Grund- und Gewerbesteuer, Verbrauchsteuer).

Das Merkmal der „Überwälzbarkeit" wird für die Unterscheidung zwischen direkten und indirekten Steuern zwar häufig genannt, ist aber dennoch nicht ganz unproblematisch.

Soll	Haben
Konsumausgaben Direkte Steuern Ersparnis Unternehmen	Faktoreinkommen Transfereinkommen
Direkte Steuern Verfügbares Einkommen Ersparnis Staat	Unverteilte Gewinne
Transferzahlungen an Private Haushalte, Indirekte Steuern Unternehmen, Ausland – Direkte Steuern – Staatlicher Konsum – Subventionen – Ersparnis	– Faktoreinkommen – Sozialbeiträge (Verwaltungsgebühren, Strafen usw.)

Abb. 4 Einkommenskonten der Sektoren Private Haushalte, Unternehmen, Staat

Da

> „praktisch jede Steuer grundsätzlich überwälzbar ist, und dies nie nach den vorliegenden Umständen im Zeitablauf tatsächlich unterschiedlich gelingen dürfte, ist die Gleichsetzung von indirekten und überwälzbaren Steuern nicht zweckmäßig. Gleich problematisch ist die Definition der direkten Steuern als solche, die unmittelbar Personen oder Haushalten auferlegt werden, die die Steuern tragen sollen. Schließlich wird auf das Steuerobjekt und auf persönliche Umstände abgestellt. Danach belasten direkte Steuern insbesondere Einkommen und Vermögen unmittelbar bei den Wirtschaftssubjekten unter Berücksichtigung der persönlichen Umstände der Belasteten, indirekte Steuern knüpfen hingegen an Kosten, Erlöse oder bestimmte Transaktionen ohne Rücksicht auf die persönlichen Umstände der Belasteten an" (Brümmerhoff, 2001, S. 233).

Abb. 5 gibt einen Überblick über die Verteilung der verschiedenen Steuern auf Bund, Länder und Gemeinden.

Den Steuern am ähnlichsten sind die **Zölle.** Zölle sind Abgaben im grenzüberschreitenden Warenverkehr, die entweder als absoluter Betrag je eingeführter Mengeneinheit (z. B. 30,– € je Tonne als „Mengenzoll") oder als prozentualer Zuschlag auf den eingeführten Warenwert (z. B. 5% des Rechnungsbetrages, d. h. als „Wertzoll") erhoben werden.

Beiträge: Sie stellen wie die Steuern Zwangsabgaben dar, sind jedoch mit einer Gegenleistung verbunden. Die Gegenleistungen müssen nicht exakt individuell zurechenbar sein. Unterschieden werden Beiträge an die öffentliche Hand, z. B. die Umlage von Straßenbaukosten auf Grundstückseigentümer und Beiträge an die Sozialversicherungen wie gesetzliche Kranken-, Renten- und Arbeitslosenversicherung.

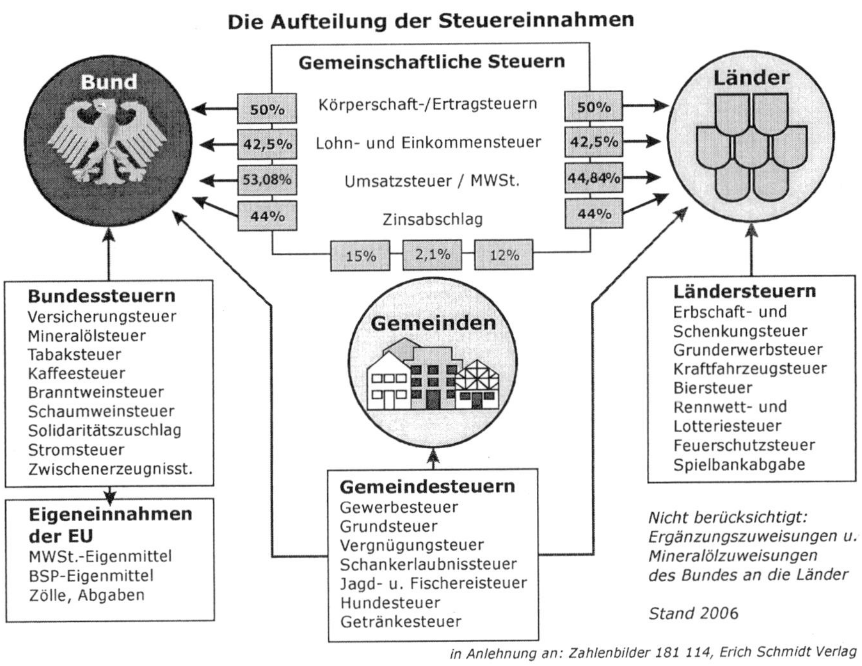

Abb. 5 Aufteilung des Steueraufkommens nach Gebietskörperschaften

Gebühren: Der Charakter dieser Zahlungen gleicht dem der Beiträge, nur stehen der Gebührenzahlung konkrete Leistungen wie Müllabfuhr, Passausstellung, Beglaubigungen usw. gegenüber.

Die bisher genannten Einnahmearten stellen die Hauptquellen der Staatseinnahmen dar. Darüber hinaus hat der Staat aber auch **Erwerbseinkünfte** aus Kapitalbeteiligungen. So ist die Bundesrepublik z. B. an VW, an der Veba und der Lufthansa beteiligt. Allerdings ist das staatliche Engagement in der privaten Wirtschaft in der letzten Zeit verstärkt in die Diskussion geraten. Teile des Bundesvermögens sollen – wie dies bei Veba schon geschehen ist – „privatisiert“ werden, d. h. die Kapitalanteile sollen durch Verkauf monetarisiert werden. So fließen dem Staat zusätzlich einmalige Veräußerungseinnahmen zu.

Zum Staatssektor gehören nicht, wie oft irrtümlich angenommen wird, die sog. öffentlichen Unternehmen wie Bahn, Post, Versorgungsbetriebe usw. Diese Betriebe stellen jeweils ein **„Sondervermögen“** dar, aus dem dem staatlichen Eigentümer, der auch das Grundkapital stellt, der Gewinn zusteht. Die Unternehmen selbst sind aber keine staatlichen Behörden, sondern sind dem Unternehmenssektor zuzurechnen.

Zudem ist zu berücksichtigen, dass mit der sog. Postreform II die Unternehmen Postdienst, Postbank und Telekom 1995 als Aktiengesellschaften privatisiert wurden.

Da die hier beschriebenen Einnahmen in den letzten Jahren nicht ausreichten, die für erforderlich gehaltenen Ausgaben zu decken, tritt schließlich als letzte Einnahmequelle die **öffentliche Schuld** hinzu. Der Staat kann auf verschiedene Weise bei der Bundesbank, bei den Geschäftsbanken, bei anderen Kapitalsammelstellen und auch direkt bei den privaten Haushalten (über den Kapitalmarkt) Kredite aufnehmen.

Die Einnahmen- und Ausgabenpolitik des Staates steht über ihre rein fiskaltechnische Seite hinaus im Dienste der allgemeinen Wirtschaftspolitik. Das bedeutet, dass sie zur Erreichung der Ziele des **Stabilitätsgesetzes** beizutragen hat. Aus diesem Grunde ist die Frage nach den Auswirkungen auf die verschiedenen Wirtschaftssektoren von hoher Bedeutung, wie am Beispiel der Steuern gezeigt werden kann.

Die Steuer bedeutet für den Träger eine Verminderung seiner Konsummöglichkeiten, da sein verfügbares Einkommen oder sein Vermögen durch sie geschmälert wird. Als gerecht wird dabei ein Steuersystem empfunden, das jedem Wirtschaftsbürger nach seiner Leistungsfähigkeit das **gleiche Opfer** abverlangt. Dieses Fundamentalprinzip der Besteuerung wird **Leistungsfähigkeitsprinzip** genannt.

Das Problem besteht nun darin, eben dieses „gleiche Opfer“ zu messen. Als Indikatoren dafür dienen beispielsweise

- das Einkommen,
- die Einkommensverwendung,
- das Vermögen,
- soziale Komponenten.

Die Begründung dafür liegt in ihrer Eigenschaft als Indikatoren für die „Nutzenstiftung“, d. h. es wird angenommen, dass

- ein höheres Einkommen einen größeren, allerdings **degressiv steigenden** Nutzen stiftet;
- die Konsumstruktur Rückschlüsse auf den aus dem Einkommen gezogenen Nutzen zulässt;
- das Vermögen (unabhängig von etwaigen Zinserträgen) z. B. in Form von Grund- und Hausbesitz Bedürfnisbefriedigung ermöglicht und dadurch ebenfalls zur Beurteilung der Leistungsfähigkeit hinzugezogen werden muss.

Hinzu kommen soziale Komponenten wie „Zahl der Kinder“ oder „Behinderungen“, die für die Ermittlung der wirtschaftlichen Leistungsfähigkeit sehr große Bedeutung haben (Sozialpolitik).

Auf die Prämissen der Nutzenmessung kann hier nicht eingegangen werden. Erwähnt sei nur, dass diese mit großen, bisher ungelösten Problemen belastet ist. Ein Ausdruck dieser Probleme ist die ständig wachsende Komplexität und Intransparenz des Steuersystems im Bemühen um mehr Gerechtigkeit.

Eine Steuer, die am Indikator „Einkommensverwendung“ ansetzt, ist die **Mehrwertsteuer** (eigentlich: Umsatzsteuer). Sie ist eine „allgemeine Verbrauchsteuer“, d. h. jeder Konsummarkt (mit Ausnahme des Handels zwischen privaten Haushalten) wird mit dieser Steuer belegt. Wer mehr konsumiert, muss mehr Steuern zahlen.

Ersichtlich führt dies zu einer Bevorteilung der Steuerzahler mit hohem Einkommen, da diese einen vergleichsweise höheren Anteil ihres Einkommens sparen können als niedrige Einkommensempfänger. Andererseits wird der Konsumanteil an Luxusartikeln bei dieser Gruppe höher sein als bei Geringverdienenden. Dies hat zu einem Splitting des Mehrwertsteuertarifs geführt: Nahrungsmittel werden nur mit dem halben Regelsteuersatz belegt. Wenn bei niedrigem Einkommen eine niedrigere Sparquote, d. h. eine höhere Konsumquote angenommen wird, könnte theoretisch der durch die Teilung des Tarifs bewirkte Entlastungseffekt in relativ hohem Maße weiterem Konsum zugute kommen, da jede Steuerminderung das verfügbare Einkommen erhöht.

Eine Steuer, die an der Einkommensentstehung ansetzt, ist die **Lohn- und Einkommensteuer**. Die wirkenden Mechanismen sind dieselben wie oben. Die Unterschiede in der Leistungsfähigkeit kommen im gestaffelten Steuertarif zum Ausdruck.

Die skizzierten Beispiele zeigen, wie die Konstruktion und Ausgestaltung einer Steuer neben Gerechtigkeitsanforderungen auch wirtschaftspolitische Effekte zu berücksichtigen hat. Auf diese Weise kann die Einnahmenpolitik ein Instrument der Wirtschaftspolitik sein. Die kontroversen Diskussionen um wirtschaftspolitische Folgen von Steuerentlastungen bestätigen dies immer wieder.

Ein wirtschaftspolitisches Problem stellen allerdings die Zeitverzögerungen (vgl. näher Pkt. 4.9.6) bei der Vereinnahmung der Steuern dar. Zu den allgemeinen Zeitverzögerungen tritt in diesem Zusammenhang der sog. „Veranlagungslag“ hinzu.

Zwar schwankt das Steueraufkommen mit den Einkommens- und Gewinnveränderungen, aber die Veranlagungszeiträume sind oftmals so lang, dass eine hohe Steuerzahlung sich bis in die nächste Rezessionsphase verzögern kann. Dies ist ein typisches Beispiel für eine faktisch kontraproduktive Wirkung: Die Abschöpfung des hohen Einkommens oder Gewinns wird nicht nur im Boom verpasst, sondern verschlimmert u. U. noch die darauf folgende Rezession, da das verfügbare Einkommen nicht erhöht, sondern übermäßig gesenkt wird.

Die tatsächliche Wirksamkeit steuerpolitischer Maßnahmen auf den Wirtschaftsprozess, insbesondere auf Konsum und Investitionen, hängt jedoch letztlich von den Verhaltensweisen der Wirtschaftssubjekte ab. Eine Erhöhung des verfügbaren Einkommens wird sich keineswegs automatisch in höheren Konsum umsetzen. Viele andere situative Faktoren üben bei den individuellen Entscheidungen einen Einfluss aus. Und was das Gerechtigkeitspostulat betrifft, so zeigt sich, dass man ihm nur durch eine Kombination verschiedener Steuerarten und verschiedener Steuerobjekte/-tatbestände näher kommt.

Die Steuern dienen schließlich auch der **Verhaltenssteuerung.** Als Beispiel ist die Steuerbegünstigung der Aufwendung für die Altersvorsorge zu nennen.

4.9.4.2 Ausgabenpolitik

Die Ausgaben des Staates können danach unterschieden werden, ob sie Gegenleistungen für in Anspruch genommene Güter darstellen oder nicht. Zur ersten Gruppe gehört der so genannte **„Staatsverbrauch“**. Unter dieser Größe, oft auch als „Staatskonsum“ bezeichnet, versteht man die laufenden, für die jeweilige Wirtschaftsperiode bestimmten Käufe des Staates von Gütern und Dienstleistungen. Es handelt sich um

a) Käufe bei Unternehmen, z. B. Bürobedarf mit kurzfristiger Lebensdauer, Kreide und Bleistifte für Lehrkräfte.

b) Einkommenszahlungen an private Haushalte (Ausgaben z. B. für Beamte, Arbeiter und Angestellte).

c) Verteidigungsaufwand. Hierbei wird keine Unterscheidung nach der Lebensdauer getroffen. Der gesamte Aufwand, auch langfristige Anlagen, wird hier erfasst.

d) Staatliche Investitionen. Hierunter versteht man langlebige Wirtschaftsgüter (z. B. Straßen, Gebäude), die zum größten Teil über den Unternehmenssektor beschafft werden. Ein geringer Teil wird vom Staat selbst erstellt.

Der zweiten Gruppe von Staatsausgaben stehen keine Gegenleistungen gegenüber. Der größte Ausgabenblock in diesem Bereich ist der der **Transferzahlungen an private Haushalte** (Renten, Wohngeld, Sozialhilfe, BaföG usw.). Ein ebenfalls bedeutender Ausgabenbereich sind die **Subventionen an den Unternehmenssektor.**

Zunächst ließe sich bei der Ausgabenpolitik annehmen, dass der Staat grundsätzlich nicht mehr ausgeben als einnehmen kann, um damit dem klassischen „Budgetprinzip“ eines ausgeglichenen Haushalts zu entsprechen. Dies ist allerdings nur vordergründig eine plausible Überlegung und würde der Funktion des Staates in hochkomplexen Industriegesellschaften nicht gerecht werden. Da ca. Dreiviertel der Staatseinnahmen Steuern sind und vorrangig Tatbestände besteuert werden, die sich parallel zum Konjunkturverlauf verändern, hätte eine in Einnahmen und Ausgaben ausgeglichene Finanzpolitik (Parallelpolitik) ernste Folgen:

> „Im Konjunkturabschwung gehen z. B. die Umsätze und somit das Aufkommen aus der Mehrwertsteuer (bzw. die entsprechenden Wachstumsraten) zurück: Steigende Arbeitslosigkeit vermindert Lohn- und Einkommenssteuereinnahmen.
>
> Analoges gilt für rückläufige Unternehmergewinne und Kapitalerträge, kurz: Im Abschwung müssten dem klassischen Budgetprinzip nach – bei sinkenden Staatseinnahmen – die Staatsausgaben gekürzt werden, was die sich abschwächende Nachfrage noch mehr dämpfen würde. Umgekehrt würden sich im Aufschwung die Staatseinnahmen erhöhen, was zu verstärkter Ausgabetätigkeit führen würde und die Konjunktur möglicherweise überhitzen könnte“. (Altmann 2000, S. 286).

Deshalb wird die Finanzpolitik insgesamt im Hinblick auf ihre wirtschaftspolitischen Zielsetzungen eingesetzt, um die auftretenden Konjunkturschwünge zu kompensieren. Sie ist also in erster Linie „antizyklische“ Wirtschaftspolitik mit dem Ziel, den Wirtschaftsprozess zu verstetigen, d. h. eine Rezession abzufangen bzw. einen Boom zu dämpfen.

Im Unterschied zur Einnahmenpolitik kann der Staat mit der Ausgabenpolitik unmittelbar auf den Wirtschaftsprozess einwirken. Wenn der Staat beispielsweise mehr Personen beschäftigt, wirkt sich das auf das Einkommen und den Konsum aus; wenn er mehr Geld für den Straßenbau, den Bau von Krankenhäusern oder Schulen ausgibt, dann hat das für die betroffenen Wirtschaftszweige positive Auswirkungen. Beeinflussen kann der Staat jedoch nur die „Primärzahlung“. Über die weitere Verwendung dieser Primärzahlung und damit über das Eintreten der beabsichtigten Multiplikatorwirkung entscheiden die einzelnen Empfänger.

Diesem Ziel hat die Ausgabenpolitik gemäß den Bestimmungen des Stabilitätsgesetzes zu dienen, was jedoch von der Eigenart der Ausgaben her nicht einfach ist, weil sich Personal- und Sachausgaben, also der „Staatsverbrauch“, nicht einfach nach konjunkturpolitischen Erwägungen beliebig variieren lassen. Große Bereiche des Staatsverbrauchs sind vertraglich festgelegt (z. B. Beamtengehälter), und eine Ausweitung oder Einschränkung dieser Ausgaben müsste in jedem Fall zunächst Bedarfsgesichtspunkten folgen. Überdies sind die Folgekosten von Investitionen kaum steuerbar. Eine Gemeinde, die ein Schwimmbad gebaut hat, kann nur schwerlich den Bademeister oder die Heizungs- und Reinigungskosten einsparen.

Als echte fiskalpolitische „Manövriermasse“ bleiben damit nur die **Investitionen** selbst. Die §§ 10 und 11 des Stabilitätsgesetzes schreiben eine mittelfristige Finanzplanung vor, der eine entsprechende Investitionsplanung zugrunde liegen muss. Anstehende Investitionsprojekte sollen nach Priorität gestaffelt zur Verfügung stehen, damit sie bei Bedarf terminlich platziert werden können. In einer Rezessionsphase sollen dann verstärkt Investitionen getätigt, im Boom hingegen Projekte zurückgestellt werden. In Phasen einer Rezession soll somit über die Ausgabenpolitik des Staates die Konjunktur belebt und in Zeiten eines Booms gebremst werden.

Das Konzept ist zwar einleuchtend, stößt jedoch auf gravierende **praktische Probleme:** Der Anteil der Investitionen macht im Bundeshaushalt nur einen relativ geringen Prozentsatz aus, dagegen entfallen gut zwei Drittel aller staatlichen Investitionen auf die Gemeinden. Und antizyklisches Verhalten der Gemeinden konnte bisher kaum beobachtet werden, obgleich auch sie mit ihrer Finanzpolitik auf die Ziele des Stabilitätsgesetzes verpflichtet sind. Dies lässt sich u.a. dadurch erklären, dass der infrastrukturelle Bedarf auf kommunaler Ebene noch direkter an die Entscheidungsträger herangetragen wird und finanzielle Möglichkeiten demzufolge auch stets sofort genutzt werden. Zudem ist auf dieser Ebene das wirtschaftspolitische Bewusstsein für die Belange der Gesamtwirtschaft naturgemäß nicht so ausgeprägt wie auf Bundesebene in den Planungsstäben der Fachministerien.

Die Investitionen eignen sich besonders gut als wirtschaftspolitisches Instrument, allerdings muss ihre Erhöhung dauerhafter Natur sein. Jede Investition hat einen unmittelbaren Einkommenseffekt, sie führt also unmittelbar zu einer Erhöhung des Volkseinkommens. Damit erhöhen sich wiederum die Konsummöglichkeiten der privaten Haushalte, was wiederum eine Erhöhung des Volkseinkommens auslösen kann. Die theoretische Begründung kann in diesem Rahmen zwar nicht dargestellt werden, aber es sei festgehalten, dass eine **Investition** eine mehrfache (multiple) Wirkung auf das Volkseinkommen hat. Dies gilt auch umgekehrt, d. h., eine sinkende Konsumnachfrage hat ebenfalls eine mehrfache Wirkung auf die Investitionsgüternachfrage. Das macht deutlich, weshalb der Staat seine besondere Aufmerksamkeit darauf richtet, ein Absinken des Investitionsniveaus mit Hilfe einer antizyklischen Investitionspolitik zu mindern. Die antizyklische Investitionspolitik des Staates kann bereits dann als erfolgreich bezeichnet werden, wenn es ihr gelingt, ein Absinken des Investitionsniveaus zu bremsen und entsprechend boomartige Steigerungen abzuschwächen.

Die Abb. 6 zeigt das Instrumentarium des Staates auf der Basis des Stabilitätsgesetzes, ohne dass für diesen Zusammenhang die Möglichkeit besteht, es im Einzelnen darzustellen.

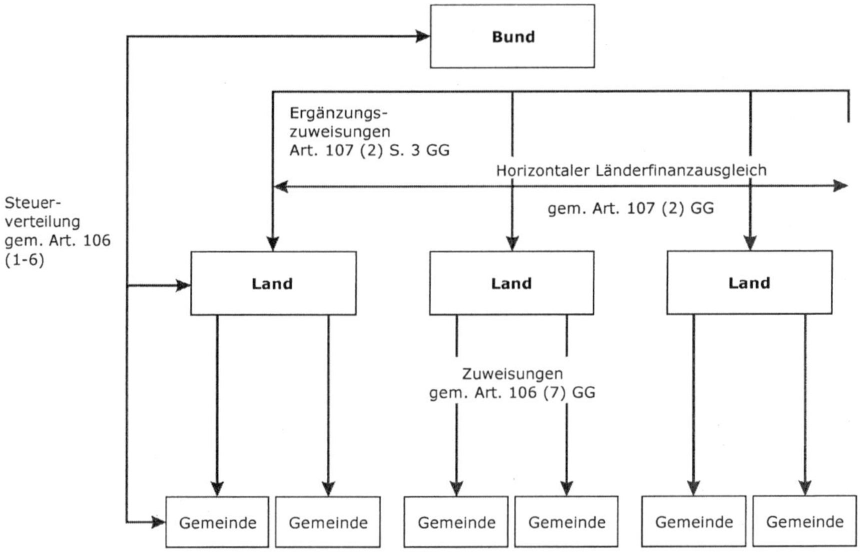

Abb. 6 System des Finanzausgleichs

4.9.5 Träger der Finanzpolitik

In einem föderalistisch organisierten Staatswesen sind unterschiedliche Träger der Finanzpolitik zu unterscheiden. Dies ist deshalb wichtig, weil es nicht ausreichend ist, geeignete Instrumente der Finanzpolitik festzustellen, ohne zu prüfen, inwieweit diese Instrumente auch der Kontrolle der Träger der Wirtschaftspolitik unterliegen.

Die Träger der Finanzpolitik lassen sich in Gebietskörperschaften (supranationale Träger (z.B. die EU), Bund, Länder und Gemeinden) und Parafisci unter dem Gesichtspunkt der räumlichen und zeitlichen Durchsetzung finanzpolitischer Maßnahmen unterscheiden. Durch die Vielzahl der Träger ergibt sich ein hoher Koordinationsbedarf, um sie z.B. auf ein antizyklisches Verhalten festzulegen (vgl. Art. 109, 3 GG), mit denen kontraproduktive Effekte vermieden werden sollen.

Jede der genannten Ebenen hat rechtlich festgelegte Aufgaben. Während z.B. dem Bund die Bereiche Verteidigung und Soziale Sicherung obliegen, haben die Länder sich z.B. der Bildungspolitik vorrangig zuzuwenden und die Gemeinden der Aufgabe der Entwicklung der örtlichen Infrastruktur. Eine Koordination der Aufgaben und eine Abstimmung des Ausgabeverhaltens ist z.B. auch schon deshalb erforderlich, weil die einzelnen Ebenen sich unterschiedlich verhalten. So ist bei Gemeinden nicht selten ein eher prozyklisches Ausgabeverhalten zu beobachten, indem sie ihre Ausgabenpolitik an den jeweils erzielten Einnahmen ausrichten. Das kommunale Steueraufkommen ist, wie z.B. die Gewerbesteuer, konjunkturabhängig. Und die Gemeinden tendieren (vgl. Ahrns/ Feser 1995, S. 111) deshalb zu einem prozyklischen Verhalten, „da ihre investiven Ausgaben überwiegend Maßnahmen der lokalen Daseinsvorsorge sind, deren Bereitstellung nicht den Zufälligkeiten konjunktureller Gegebenheiten unterworfen werden sollte".

Dort, wo Staatsausgaben anfallen, entstehen nicht auch gleichzeitig Einnahmen, weil aufgrund der unterschiedlichen Steuerkraft zwischen den Bundesländern und den Gemeinden unterschiedliche Steuereinnahmen verfügbar sind und deshalb zwischen den Gebietskörperschaften ein Finanzausgleich erforderlich ist. Damit wird auch der vom Grundgesetz geforderten Einheitlichkeit der Lebensverhältnisse im Bundesgebiet (vgl. Art. 72, 2 und Art. 106 Abs. 3 GG) Rechnung getragen. Es wird zwischen dem horizontalen und vertikalen Finanzausgleich unterschieden.

Der **vertikale** Finanzausgleich (Art. 106 GG) regelt die Aufteilung der Einnahmen zwischen Bund, Ländern und Kommunen, während der **horizontale** Finanzausgleich (Art. 107 GG) die Einnahmenverteilung zwischen den („reichen" und „armen") Bundesländern bzw. zwischen den Gemeinden vorsieht (vgl. Abb. 6).

Hinzuweisen ist auf die zunehmende Bedeutung der Europäischen Union bei der nationalen finanzpolitischen Entscheidungsfindung.

4.9.6 Grenzen der Finanzpolitik

Die Möglichkeiten der Finanzpolitik dürfen nicht überschätzt werden. Dafür lassen sich mehrere Gründe benennen:

1. Das Problem der Zeit- und Wirkungsverzögerungen

   Zwar ist das Problem der Zeit- und Wirkungsverzögerungen (time lags) kein spezifisch finanzpolitisches Problem, sondern ein Problem aller wirtschaftspolitischen Maßnahmen, aber es macht sich in der Finanzpolitik in relevanter Weise bemerkbar.

   Solche Zeitverzögerungen treten auf allen Stufen des wirtschaftlichen Prozesses auf und können verheerende Wirkungen entfalten, im Extremfall die aktuelle Situation sogar verschlimmern.

   Abb. 7 zeigt die zu beobachtenden Verzögerungen, wobei grundsätzlich zwischen Innenverzögerungen (inside lags), die sich im Verlaufe des politischen Planungsprozesses ergeben, und Außenverzögerungen (outside lags) als deren Folge unterschieden wird.

   - **Erkennungsverzögerungen (recognition lag)**

   Eine Störung im Wirtschaftsprozess muss zunächst einmal erkannt werden. Obwohl es aus der Erfahrung der Wirtschaftspolitiker heraus einige Frühindikatoren gibt, stehen doch viele erforderliche Daten erst relativ spät zur Verfügung.

   - **Entscheidungs- und Administrationsverzögerungen**

     Ist die Situation als Krisensituation richtig diagnostiziert, müssen die geeigneten Maßnahmen ausgewählt, kombiniert und dosiert werden. Außerdem ist ein Konsens der Verantwortlichen über die verschiedenen Handlungsalternativen herzustellen. Bis zur parlamentarischen Absicherung vergeht u. U. nochmals Zeit.

   - **Anlaufverzögerungen**

     Zwischen dem **Einsatz** der Maßnahme und dem Beginn ihrer Wirkung vergeht abermals Zeit.

   - **Verlaufsverzögerung**

     Schließlich müssen die Wirtschaftssubjekte auf die neue Situation reagieren und die beschlossenen Maßnahmen in wirtschaftliche Aktivitäten umsetzen. Das kann – je nach Maßnahme – außerordentlich lange dauern.

Zum Verzögerungsproblem kommt noch das Problem der **Unsicherheit der Prognosen** hinzu. Prognosen beruhen nur zu einem Teil auf eindeutigen und endgültigen Daten,

<table>
<tr><td colspan="7">Zeitverzögerungen der Wirtschaftspolitik (total policy lag)</td></tr>
<tr><td colspan="5">Innenverzögerung (inside lag)</td><td colspan="2">Außenverzögerung (outside lag)</td></tr>
<tr><td colspan="4">Handlungsverzögerung (policy preparation lag)</td><td>Durchführungsverzögerung (administrative, instrumental, intermediate lag)</td><td colspan="2">Wirkungsverzögerung (policy effect lag)</td></tr>
<tr><td colspan="3">Erkennungsverzögerung (recognition lag)</td><td colspan="2">Aktionsverzögerung (action lag)</td><td colspan="2"></td></tr>
<tr><td>Diagnoseverzögerung (diagnostic lag)</td><td>Prognoseverzögerung (prognostic lag)</td><td>Planungsverzögerung (planning lag)</td><td>Entscheidungsverzögerung (decision lag)</td><td></td><td>Reaktionsverzögerung bei den Adressaten (reaction lag)</td><td>Durchsetzungsverzögerung bei den Adressaten (operational lag)</td></tr>
<tr><td>Wahrnehmung unerwünschter Zustände und Entwicklungen. Beschaffung von Informationen über die Problemaspekte sowie erklärungsrelevante Theorien und Anwendungsbedingungen. Erklärung der problematischen Sachverhalte (Ursachenanalyse.)</td><td>Vorhersage der künftigen Entwicklung des Problems bei Verzicht auf wirtschafspolitisches Handeln (Status-quo-Prognose). Entscheidung für ein bestimmtes Prognoseergebnis und Vergleich mit den politischen Zielsetzungen. Feststellung des Handlungsbedarfs.</td><td>Ermittlung alternativer Ziel-Mittel-Kombinationen (Wirkungsanalyse). Ableitung geeigneter Maßnahmen zur Erreichung vorgegebener Ziele (Programmierung). Prognose des sachlichen und zeitlichen Wirkungsablaufs vorgesehener Maßnahmen (Wirkungsprognose).</td><td>Entscheidung zwischen den von der Wirkungsanalyse aufgezeigten Handlungsalternativen. Definitive Festlegung bestimmter Zielwerte und Maßnahmen. Innerparteiliche, parlamentarische usw. Durchsetzung des Programms.</td><td>Rechtsverbindliche Ausgestaltung und praktische Durchführung der Maßnahmen. Beteiligung nachgeordneter Körperschaften, Ressorts, Behörden, usw. sowie autonomer sozialer Gruppen (Tarifparteien, Berufsverbände), nationaler Entscheidungsträger (Bundesbank) und internationaler Institutionen (EG-Kommission, IWF, BIZ). Überwindung rechtlicher (Normenkontrollverfahren, Verfügungen) und tatsächlicher Widerstände (Boykott, Proteste).</td><td>Wahrnehmung geplanter oder ergriffener Maßnahmen und Beschaffung von Informationen. Feststellung der Betoffenheit durch die Maßnahmen. Prognose der sich durch die Maßnahmen möglicherweise ergebenden Vor- und Nachteile. Feststellung des Handlungsbedarfs und Entscheidung über zu ergreifenden Maßnahmen. Vorbereitung des Maßnahmevollzugs (Antragstellung, Vertragsabschlüsse oder -kündigungen, Auftragserteilung).</td><td>Anweisung ausführender Betriebe, Abteilungen usw. durch die Unternehmensleitung. Arbeitsvorbereitung, Projektplanung, Koordination, Einkommens-, Vermögens- und Konsumdispositionen. Überwindung unternehmensinterner Widerstände, z. B. bei geplanten Entlassungen, Neueinstellungen, Überstunden, Rationalisierungsvorhaben. Überwindung unternehmensexterner Widerstände, z. B. bei Betriebsstillegungen und -erweiterungen, Neubauvorhaben, Umweltbelastungen.</td></tr>
</table>

Zeit ⟶

Abb. 7 Zeitverzögerungen der Wirtschaftspolitik
Quelle: Berg/Cassel/Hartwig 1999, S. 262.

wesentliche Teile einer Prognose sind Zukunftserwartungen des Prognoseerstellers. Zwar können immer wieder neue Erfahrungen in das Prognoseverfahren eingehen, aber es bleibt doch ein hohes Maß an Unwägbarkeit.

2. Da die im Stabilitätsgesetz vorbestimmte Politik eine Politikform ist, bei der Entscheidungen fallweise über das Ausmaß und die Art der zu ergreifenden Maßnahmen

getroffen werden (diskretionäre Politik) und die o.g. Zeit- und Wirkungsverzögerungen die Effizienz empfindlich stören können, gibt es Forderungen nach einer automatischen Steuerung der Reaktionen der Ausgaben- und Einnahmenpolitik, die entsprechend der konjunkturellen Situation erfolgen oder beim Überschreiten bestimmter Korridorwerte als antizyklische Maßnahmen greifen sollen. Allerdings sind diese Instrumente noch nicht so ausgereift, dass damit die o.g. Probleme verhindert werden könnten.

Ebenfalls wird die mangelnde außenwirtschaftliche Absicherung beklagt, die aus der Unvollständigkeit des Instrumentariums des Stabilitätsgesetzes herrührt.

3. Ein besonderes Problem stellt die mangelhafte Variationsfähigkeit der Einnahmen dar, weil wesentliche Teile des Budgets rechtlich festgelegt sind und Veränderungen (z. B. Steuererhöhungen) politische Problemlagen in demokratisch verfassten Gesellschaftsordnungen erzeugen, die der jeweiligen Regierung keine großen Handlungsspielräume ermöglichen.

   Hinzu kommt, dass das Ausmaß der Staatsverschuldung über die öffentliche Kreditaufnahme die künftigen Zins- und Tilgungsverpflichtungen z. B. aus (wahl-)politischen Gründen nicht selten vernachlässigt und damit künftige Handlungsspielräume ebenfalls beschränkt werden.

   Übersehen wird in der öffentlichen Diskussion zumeist, dass Art. 115 GG zwar Hinweise für die Höhe der Kreditaufnahme, aber nicht für die Höhe der Gesamtverschuldung gibt und somit die Verschuldungsgrenzen nicht deutlich sind.

   Auch ist zu beachten, dass die öffentliche Nettoverschuldung, die der Budgetfinanzierung allgemein oder nur bestimmten Projekten dient, geldpolitische Effekte hat und somit Angebot und Nachfrage von Geld und Kredit beeinflusst und ebenfalls indirekte reale Austauschbeziehungen mitbestimmt.

   Die Staatsverschuldung birgt auch sog. „crowding-out"-Effekte in sich, d. h., der Staat als Kreditnachfrager verdrängt den privaten Kreditnachfrager, bewirkt damit zinssteigernde Effekte, die durchaus wieder zu Wachstumseinbußen führen können.

   Deshalb wird auch eine enge Koordination von Finanzpolitik und Geldpolitik für erforderlich gehalten, wobei seit Jahren ein heftiger Theorienstreit zwischen monetaristischen und postkeynesianischen Konzepten zu beobachten ist (vgl. auch Punkte 4.9.3 und 4.9.5).

   Insgesamt werden Regeln für die Beschränkung der Staatsverschuldung erforderlich sein (vgl. no-bail-out-Klausel im Maastricht-Vertrag, Verbot oder Monetisierung von Haushaltsdefiziten, Obergrenzen für staatliche Kreditaufnahme, die so genannte „golden-rule" mit dem Verbot, dass die öffentliche Neuverschuldung jährlich nicht höher sein darf als die geplanten Ausgaben für (Netto-)-Investitionen usw.).

   Die Wirksamkeit dieser Regeln wird jedoch nicht übermäßig hoch eingeschätzt, wie zahlreiche Beispiele zeigen (vgl. Donges/Freytag 2001, S. 238 ff.).

4. Die Wirkungen der finanzpolitischen Instrumente dürfen nicht nur als Variation der quantitativen Geldströme gesehen werden. Vielmehr muss auch der Nutzen öffentlicher Leistungen, ihr Einfluss auf die wirtschaftliche und gesellschaftliche Entwicklung gesehen werden.

5. Die Bedeutung des Wachstums- und Stabilitätsgesetzes wird zunehmend kritisch eingeschätzt. Schlecht (1990, 97 f.) sieht das „Elend der Globalsteuerung" der Siebzigerjahre vor allem in drei Punkten begründet:

„Erstens zeigte sich, und dies recht bald, daß die angemessene Dimensionierung und das zeitgerechte Timing von Maßnahmen einer aktiven Konjunktursteuerung durch die Fiskalpolitik ein erhebliches und anfangs wohl auch unterschätztes Problem darstellen. Zweitens setzte man zu lange auf den Einsatz einer nachfrageankurbelnden öffentlichen Ausgabenausweitung, obwohl die Hauptursachen der zu bewältigenden wirtschaftlichen Fehlentwicklungen sich immer mehr auf die Angebotsseite der Volkswirtschaft verlagerten. Drittens wurden die Instrumente keynesianischer Konjunkturpolitik auch zur Durchsetzung anderer Ziele mißbraucht, die sich plakativ unter dem Oberbegriff ‚Reformen' zusammenfassen lassen."

In einem Gutachten des Ifo-Instituts (Leibfritz u. a. 2001, S. 26) werden die Auswirkungen der Finanzpolitik auf die Konjunktur skeptisch eingeschätzt. Es kommt zu dem Urteil: „Von der Finanzpolitik gehen zwar kurzfristig Wirkungen auf die Konjunktur aus, doch spielt – anders als in den sechziger und siebziger Jahren – die ‚keynesianische Feinsteuerung' in der Finanzpolitik praktisch keine Rolle mehr." Die angeführten Gründe werden in der Literatur weitgehend geteilt (ebd., S. 26): „So dauert es angesichts des politischen Entscheidungsprozesses relativ lange, bis derartige Maßnahmen implementiert werden können. Es gibt auch eine große Unsicherheit über die Höhe und die zeitliche Verteilung dieser Wirkungen, so dass die Maßnahmen evtl. erst wirken, wenn sich die Konjunktur schon wieder verändert hat. Unterstellt man, dass die Entscheidungen der Wirtschaftssubjekte nicht auf kurzfristigen Veränderungen, sondern auf einem längerfristigen Erwartungshorizont beruhen (nicht-keynesianische Effekte), dann hätten temporäre finanzpolitische Maßnahmen ohnehin keine oder nur geringe (oder evtl. sogar negative) Wirkungen auf die Gesamtnachfrage."

6. Die Reichweite finanzpolitischer Maßnahmen muss auch im Lichte der „ökonomischen Theorie der Politik" kritisch eingeschätzt werden. Die „ökonomische Theorie der Politik" mit ihrem Versuch, Methoden und Instrumente ökonomischer Analyse auf politische Entscheidungsprozesse anzuwenden (vgl. z. B. Downs 1957; Herder-Dorneich 1959; Olson 1968; Buchanan/Tullock 1962; Frey 1981, 1990) zeigt, dass es eine wechselseitige Abhängigkeit des ökonomischen und politischen Handelns gibt. Für die Erklärung nichtmarktlicher Prozesse verwendet sie u. a. das Eigennutzaxiom.

   Politische Akteure, Verbandsführer o. a. können nicht als „interessenneutral", d. h. allein der gesamtgesellschaftlichen Wohlfahrt verpflichtet, gelten. Vielmehr wollen sie Macht, Ansehen, Einkommen, berufliche Positionen gewinnen, sie wollen wieder gewählt werden, und sie agieren in Institutionen und machen sich diese für ihre Ziele nutzbar. Individuen verhalten sich „rational" in Entscheidungssituationen unter Berücksichtigung der eigenen Präferenzen und der Restriktionen, die ihren Handlungsspielraum begrenzen.

   Die Ökonomische Theorie der Politik nimmt an, dass es in demokratisch verfassten Staaten eine „Wählerverteilung" gibt, die sich über die Bandbreite möglicher ideologischer Einstellungen erstreckt (vgl. Franke 1996, S. 20). Mit dieser Annahme ist es nur konsequent, dass z. B. Parteien an dieser Wählerverteilung ihr aktives und reaktives Handeln ausrichten. Es lässt sich beispielsweise feststellen, dass distributionspolitische Ziele um so mehr bevorzugt werden, je weiter man auf der Ideologieskala nach links schreitet, während die Mitte durch ein ausgewogenes Verhältnis von Distribution und Allokation zu kennzeichnen wäre. Je weiter man nach rechts kommt, desto mehr dominiert die Betonung reiner Allokationsziele (vgl. ebd., S. 21). Interessengruppen haben ein geradezu „natürliches" Interesse daran, an Leistungen des

Staates, des Kollektivs, zu partizipieren, aber wo immer möglich, Kosten für diese Leistungen zu minimieren (free rider-Problem).

Es wird aber immer wieder bedauert, dass diese Wirkungen durch effektive Methoden der Planung und kollektive Entscheidungen finanzpolitisch bisher nicht ausreichend beherrschbar sind. „Eine Finanzpolitik aus einem Guß, d.h. der optimale Einsatz aller Instrumente bei ausgewogener Berücksichtigung aller Ziele und Minimierung von Konflikten scheitert meist nicht nur an Problemen der Information über die wirtschaftliche Lage und deren Entwicklung, an mangelhafter Kenntnis aller Wirkungen der Instrumente, sondern auch daran, daß die öffentliche Finanzwirtschaft in eine Vielzahl von Einzelhaushalten mit mehr oder weniger autonomen Handlungsspielraum und eigenwilligen Bewertungen der politischen Ziele aufgeteilt ist.“ (Tiepelmann 1981, S. 125)

Literaturhinweise

Ahrns, H.-J./Feser, D.: Wirtschaftspolitik, 6. Aufl., München–Wien 1995.

Altmann, J.: Wirtschaftspolitik, 7. erw. u. völlig neu bearb. Aufl., Stuttgart, Jena 2000.

Berg, H./Cassel, D./Hartwig, K. H.: Theorie der Wirtschaftspolitik. In: Vahlens Kompendium der Wirtschaftstheorie und Wirtschaftspolitik, Bd. 2, 7. Aufl., München 1999, S. 171–298.

Blankart, C. B.: Öffentliche Finanzen in der Demokratie, 6. Aufl., München 2006.

Buchanan, J. M./Tullock, G.: The Calculus of Consent: Logical Foundations of Constitutional Democracy, Ann Arbor 1962.

Buchholz, W.: Fiskalpolitik. In: Schubert (Hg.): Handwörterbuch des ökonomischen Systems der Bundesrepublik Deutschland, Wiesbaden 2005.

Brümmerhoff, D.: Finanzwissenschaft, 8. überarb. Auflage, München-Wien 2001.

Cassel, D./Thieme, H. J.: Stabilitätspolitik. In: Vahlens Kompendium der Wirtschaftstheorie und Wirtschaftspolitik, Bd. 2, 7. überarb. Aufl., München 1999, S.363–437.

Donges, J. B./Freytag, A: Allgemeine Wirtschaftspolitik, Stuttgart 2001.

Downs, A.: Ökonomische Theorie der Demokratie, Tübingen 1968, (engl.: An Economic Theory of Democracy, New York 1957).

Franke, F. S.: (Ir)rationale Politik? Grundzüge und politische Anwendungen der „Ökonomischen Theorie der Politik“, Marburg 1996.

Frey, B. S.: Theorie Demokratischer Wirtschaftspolitik, München 1981.

Frey, B. S.: Ökonomie ist Sozialwissenschaft – Die Anwendung der Ökonomie auf neue Gebiete, München 1990.

Grossekettler, H.: Öffentliche Finanzen, in: Vahlens Kompendium der Wirtschaftstheorie und Wirtschaftspolitik (Bd. 1), München 1999, S. 519–672.

Hardes, H.-D./ Mertes, J.: Grundzüge der Volkswirtschaftslehre, München–Wien 1990.

Hansmeyer, K.-H.: Finanzpolitik. In: Gablers Wirtschaftslexikon, 15. vollst, überarb. Auflage, 2000, S. 1099 ff.

Herder-Dorneich, Ph.: Politisches Modell zur Wirtschaftstheorie. Theorie der Bestimmungsfaktoren finanzwirtschaftlicher Staatstätigkeit, Freiburg i.B. 1959.

Homann, K./Suchanek, A.: Ökonomik. Eine Einführung, 2. Aufl., Tübingen 2005.

Kaiser, F. J./H. Kaminski: Volkswirtschaftslehre, 9. überarb. Auflage, München 1999.

Kirsch, G.: Finanztheorie. In: Handwörterbuch der Volkswirtschaft, Wiesbaden 1978, S. 298–316.

Leibfritz, W. u.a.: Finanzpolitik im Spannungsfeld des Europäischen Stabilitätspaktes (Gutachten des ifo-Instituts im Auftrag des BMF), Berlin 2001.

Mackscheidt, K./Steinhausen, J.: Finanzpolitik I, Grundfragen fiskalischer Lenkung, 3. Aufl., 1978.

Musgrave, R. A./Musgrave, P. B./Kullmer, L.: Die öffentlichen Finanzen in Theorie und Praxis, 2 Bände, Tübingen 1975.

Olson, M.: Die Logik kollektiven Handelns, Tübingen 1968, (engl.: The Logic of Collective Action, Cambridge 1965).

Pätzold. J.: Stabilisierungspolitik, 5. Aufl., Bern, Stuttgart 1993.

Peffekoven, R.: Öffentliche Finanzen. In: Vahlens Kompendium der Wirtschaftstheorie und Wirtschaftspolitik, Bd. 1, 2. Auflage, München 1984, S. 455–534.
Recktenwald, H. Cl. (Hg.): Finanzpolitik, Köln-Berlin 1969.
Schlecht, O.: Grundlagen und Perspektiven der Sozialen Marktwirtschaft, Tübingen 1990.
Tiepelmann, K: Finanzpolitik. In: Kaiser, F.J./H. Kaminski (Hg.), Wirtschaft-Handwörterbuch zur Arbeits- und Wirtschaftslehre, Bad Heilbronn/Obb. 1981, S. 123 ff.

4.10 Sozialpolitik
Hans Kaminski

4.10.1 Begriffliche Abgrenzung

Der Begriff Sozialpolitik, der auf Wilhelm Heinrich Riehl („Naturgeschichte des deutschen Volkes als Grundlage einer deutschen Socialpolitik", 1851) zurückgeht, ist bisher nicht einheitlich definiert worden und hat in seiner Begriffsgeschichte immer wieder Bedeutungsverschiebungen erfahren.

Sozialpolitik soll hier zunächst verstanden werden als die Summe der Maßnahmen staatlicher und öffentlich-rechtlicher Institutionen sowie von Gruppen und Verbänden, die es sich zum Ziel gesetzt haben, auf der Grundlage bestimmter Wertvorstellungen die wirtschaftliche und/oder gesellschaftliche Stellung von solchen Personengruppen zu verbessern, die absolut oder im Vergleich zu anderen Gruppen als schwach angesehen werden und als schutzbedürftig gelten.

Die zur näheren Charakterisierung benachteiligter Personengruppen herangezogenen Begriffe wie „Lebenslage", „sozial schwache Gruppen", „sozialgefährdete Gruppen" gelten als bisher nicht hinlänglich operationalisierte Begriffe.

Die zahlreichen Definitionsversuche von Sozialpolitik zeigen, dass es sinnvoll ist, zunächst zwischen der theoretischen Sozialpolitik (Wissenschaft von der Sozialpolitik) und der praktischen Sozialpolitik zu unterscheiden (vgl. Brück 1976, S. 20; Lampert/Bossert 2007, S. 3 ff.), obwohl theoretische und praktische Sozialpolitik zwei Seiten einer Medaille sind und sich gegenseitig bedingen. Ohne theoretische Abstützung ist kaum eine erfolgreiche Sozialpolitik zu betreiben und eine theoretische Sozialpolitik, die nicht erfolgreiches sozialpolitisches Handeln intendierte, wäre blind.

Im Anschluss an Lampert/Bossert (2007) soll **praktische Sozialpolitik** als jenes politische Handeln definiert werden, das beabsichtigt

1. die wirtschaftliche und soziale Stellung von wirtschaftlich und/oder sozial absolut oder relativ schwachen Personenmehrheiten durch den Einsatz geeignet erscheinender Mittel im Sinne der in einer Gesellschaft verfolgten gesellschaftlichen und sozialen Grundziele (freie Entfaltung der Persönlichkeit, soziale Sicherheit, soziale Gerechtigkeit) zu verbessern und
2. den Eintritt in den Zustand wirtschaftlicher und/oder sozialer Schwäche als Folge existenzgefährdender Risiken zu verhindern (Lampert a. a. O., S. 4).

Sozialpolitik als Wissenschaft ließe sich definieren als „grundsätzlich wissenschaftsautonome, systematische, d. h. möglichst vollständige und nach sachlogischen Gesichtspunkten geordnete Darstellung und Analyse realer und gedachter Systeme, Systemelemente und Probleme der Sozialpolitik mit dem Ziel, mit Hilfe frei wählbarer, geeignet erscheinender wissenschaftlicher Methoden objektive d. h. intersubjektiver Überprüfung standhaltende Erkenntnisse über praktiziertes sozialpolitisches Handeln und über mögliche Handlungsalternativen zu gewinnen" (a. a. O., S. 11).

Konzentriert man theoretische und praktische Sozialpolitik auf ihren inhaltlichen Kern, dann kann Sozialpolitik bezeichnet werden als eine aufgrund geglaubter Werte versuchte oder tatsächliche Einflussnahme auf die sozialen (und damit natürlich auch gesellschaftlichen) Bedingungen, unter denen die Menschen leben (Brück 1976, S. 21).

Hinsichtlich der Verortungsproblematik der Sozialpolitik im System wissenschaftlicher Disziplinen gibt es Versuche, die Sozialpolitik entweder enger an die Wirtschaftswissenschaften und damit als Teilbereich der Wirtschaftspolitik zu betrachten oder eine größere Nähe zur Soziologie anzunehmen. Beide Versuche sind nicht unproblematisch. Wirtschafts- und Sozialpolitik sind nicht deckungsgleich und das Methodeninstrumentarium der Wirtschaftswissenschaften reicht nicht aus zur vollständigen Erfassung,

Analyse und Lösung sozialpolitischer Probleme; vielmehr wird auch interdisziplinäre Zusammenarbeit erforderlich. Zwar sind die Verbindungen zwischen Sozialpolitik und Wirtschaftspolitik sehr eng, weil die Verbesserung von Lebensbedingungen sehr häufig eine Verbesserung der **wirtschaftlichen** Lebensbedingungen darstellt. Diese erfolgt wiederum über eine Beeinflussung der Wirtschaftsordnung, der Wirtschaftsprozesse und der Wirtschaftsstruktur, und dafür gilt der traditionelle Instrumentenkasten der Wirtschaftspolitik (z.B. Vollbeschäftigungspolitik, Wachstumspolitik, Wettbewerbspolitik, Stabilitätspolitik). Andererseits sind wichtige sozialpolitische Ziele wie der Schutz der Arbeitskraft der Arbeitnehmer, die Förderung der beruflichen Qualifikation und die wirtschaftliche Absicherung von sozialen Notlagen ebenfalls Ziele der Wirtschaftspolitik. Die teilweise Deckungsgleichheit zeigt sich auch im Hinblick auf Adressaten und Objekte der Sozialpolitik.

Festzuhalten bleibt: Sozialpolitik kann, wie W. Eucken (1960, S. 312ff.) schon vor Jahrzehnten formulierte, nicht als Anhängsel der „übrigen Wirtschaftspolitik" betrachtet werden, sondern muss in erster Linie Wirtschaftsordnungspolitik sein.

„Ob es sich um Geld, Kredit-, Devisen- oder Kartellpolitik handelt, oder ob von der Stellung des Arbeiters auf dem Arbeitsmarkt, im Betrieb oder von seinem häuslichen Geschick die Rede ist, stets besteht eine allgemeine Interdependenz der Wirtschaftspolitik, und stets werden die Arbeiter mitbetroffen. **Es gibt nichts, was nicht sozial wichtig wäre.** Es gibt keine wirtschaftspolitische Maßnahme, die nicht zugleich auch, sei es direkt oder indirekt, soziale Auswirkungen und soziale Bedeutung hätte. Wer soziale Interessen vertreten will, sollte daher sein Augenmerk vor allem auf die Gestaltung der Gesamtordnung richten. Durch die allgemeine Ordnungspolitik muss versucht werden, die Entstehung sozialer Fragen zu verhindern. Entstehen sie doch, so ist zuerst zu prüfen, ob es sich nicht um Sekundärwirkungen irgendwelcher auf ganz anderem Gebiet liegender Maßnahmen handelt." (Külp/Schreiber, 1971, S. 35ff.).

4.10.2 Zur Begründung der Notwendigkeit der Sozialpolitik

Es sind vor allem drei Gesichtspunkte, die die staatliche Sozialpolitik zu stützen scheinen:

1. Da das Arbeitseinkommen in der Regel die wichtigste Dimension wirtschaftlicher Sicherheit ist, gefährdet Erwerbsunfähigkeit und/oder das Auftreten von Krankheit, Unfall, Alter und Invalidität diese Sicherheit. Ohne diese Problemfelder gäbe es keine staatliche Sozialpolitik.

   Die besondere Bedeutung des Einkommens besteht dabei zum einen in der Zuerkennung eines sozialen Status, aber darüber hinaus werden über das Einkommen die äußeren Lebensumstände und die sozialen Aktivitäten gesteuert. Dies gilt für die Freizeitgestaltung und den Urlaub ebenso wie für den Aufbau und die Erhaltung eines sozialen Kontaktkreises, für die Teilnahme am kulturellen Leben bis hin zur Wohngestaltung.

2. Sozialpolitik ist erforderlich aufgrund der nicht ausreichenden Fähigkeit zahlreicher Gesellschaftsmitglieder, ihre Existenz durch Arbeitsleistungen zu sichern, wie z.B. körperlich Behinderte, dauernd Kranke, körperlich Schwache oder geistig Behinderte. Besonders im Verhältnis der Gesellschaft zu diesen Personengruppen zeigt sich generell eine wichtige Qualitätsdimension einer Gesellschaft.

3. Auch das gesellschaftspolitische Zielsystem hat Einfluss auf die Notwendigkeit staatlicher Sozialpolitik. Wenn soziale Gerechtigkeit, sozialer Friede und soziale Sicherheit zu integralen Bestandteilen eines gesellschaftspolitischen Zielsystems ge-

zählt werden, dann hat eine Gesellschaft einen gesellschaftspolitischen Zustand zu verändern, den sie von ihrem Zielsystem als negativ abweichend erklärt.

„In einer Marktwirtschaft ohne soziale Absicherung und damit Redistribution von Einkommen wären viele Individuen, die (temporär) von Arbeitslosigkeit betroffen sind, vor Armut ungeschützt“ (Erlei/Leschke/Sauerland 2007, S. 474, ebd.) und deshalb ist in diesem Sinne Redistributionspolitik nicht „ein Wegnehmen“ von Einkommen, sondern die „Bezahlung für das Kollektivgut ‚Sozialer Frieden‘.“

Sozialpolitik hat immer antithetischen Charakter zur herrschenden Wirtschaftsordnung und stellt entweder Korrektur oder Komplement des normalen Wirtschaftsprozesses dar (Schäfer 1983, S. 511). Sozialpolitik wäre obselet, wenn eine Gesellschaft ohne regulierende Prinzipien als „in Ordnung“ befunden würde. „Wäre Vollbeschäftigung immer gewährleistet, wären Arbeitsmarkt- und Arbeitslosenpolitik überflüssig. Wäre die Arbeit der Produktionsfaktor, der den Produktionsprozess organisiert bzw. dem der dispositive Faktor verantwortlich ist (Labourismus), nicht das Kapital (Kapitalismus), bedürfte es keiner Mitbestimmungsregelungen und keiner Betriebsverfassung. Würden alle Einkommen – wie im Endzustand der kommunistischen Utopie – nach den individuellen Bedürfnissen, nicht – wie in unserer Gesellschaft – nach marktgängigen Leistungen verteilt, wäre nicht nur die soziale Umverteilungspolitik, sondern auch die Tarifpolitik funktionslos.“ (Schäfer 1983, S. 511 f.)

Die Notwendigkeit staatlicher Eingriffe wird deshalb in der Regel aus den konstatierten Funktionsmängeln marktwirtschaftlicher Systeme begründet, obwohl die theoretischen Erklärungsansätze hierzu immer wieder kontrovers diskutiert werden (vgl. Fritsch/Wein/Ewers 2007).

Die Argumente liegen auf unterschiedlichen Ebenen und lassen sich zusammenfassend als allokatives, distributives und konjunkturelles Marktversagen unterscheiden, können hier aber nicht weiter dargestellt werden.

Alle bekannten Wirtschaftssysteme weisen Funktionsmängel auf, und es wäre ein fatales Missverständnis, würden sie nur z. B. der Marktwirtschaft zugeschrieben, wie oberflächliche Kritik nahelegen könnte. Wie revolutionierend sich Funktionsmängel in planwirtschaftlichen Systemen auswirken, haben die Veränderungen in den osteuropäischen Ländern ab 1989 gezeigt. In antithetischem Charakter zu marktwirtschaftlichen Systemen fanden planwirtschaftliche Systeme ihre Begründung, um den Funktionsmängeln marktwirtschaftlicher Systeme zu entgehen, und letztlich wurden neben dem politischen und diktatorischen Alleinanspruch für die breite Bevölkerung nur soziale Notlagen produziert und potenziert.

Bei der Beschreibung der Stärken und Schwächen der deutschen Sozialpolitik werden insbesondere folgende Argumente aufgeführt (vgl. Schmidt 2005, S. 345 f.; sowie Kap. 4.10.7):

Positiv werden der weitreichende Schutz für die Anspruchsberechtigten gesehen und die damit verbundene Minderung der sozialen und politischen Folgen von Konjunktur- und Strukturkrisen. Dies gilt ebenfalls für die Einbindung der Gewerkschaften und für die Entlastungen von Unternehmen vom Konflikt der Sozialleistungen. Die Sozialpolitik hat hohe Akzeptanz bei weiten Teilen der Bevölkerung.

Negativ gesehen wird die als drückend empfundene Finanzierungslast der Unternehmen und die arbeits- und sozialrechtliche Überregulierung von Wirtschaft und Gesellschaft und die insbesondere damit verknüpfte direkte Kostenbelastung des Faktors Arbeit, was sich als Beschäftigungsbarriere einerseits und Einnahmebremse für die Sozialversicherungskassen andererseits auswirkt. Soziale Sicherungssysteme wurden zwar geschaffen, so Weinmann (2006, S. 308), um Menschen vor den Folgen eines Arbeitsplatzverlustes oder der Erwerbsunfähigkeit zu schützen, aber noch zu häufig führt die Ausgestaltung dazu, dass Arbeitslosigkeit entsteht. Der Schutzwall, den offensichtlich die Sozialpolitik um die Lohnpolitik der Sozialpartner errichtet, verleitet Unternehmen und Betriebsräte zur Externalisierung von Kosten zu Lasten Dritter (z. B. Frühverrentungspraxis, die allerdings neuerdings erschwert wird). „Die Entwicklung sozialer Leistungen hat die empirische Relevanz von Mitnahmeeffekten über den Verbleib in Hilfen („Hilfefalle"), Moral Hazard, opportunistisches Verhalten bis zum (illegalen) Missbrauch solidarisch getragener Leistungen vielfach bestätigt." (Kleinhenz 2004, S. 270)

4.10.3 Geschichte, Leitbilder und Ziele der Sozialpolitik

4.10.3.1 Historische Aspekte der Entwicklung von sozialen Systemen

Soziale Sicherungssysteme sind keine Erfindung hochkomplexer Industriegesellschaften, sondern es hat sie auch in anderen historischen Gesellschaftssystemen schon gegeben. Die soziale Sicherung wird vor allen Dingen determiniert durch die Gesellschaftsstruktur, das Wohlstandsniveau und die vorherrschenden Werthaltungen. Die Gesellschaftsstruktur (Altersaufbau der Bevölkerung, Familienstruktur, Siedlungsstruktur, Produktions- und Rohstruktur) zeigt sich in den herrschenden sozialen Verhältnissen und den Lebenslagen ihrer Gesellschaftsmitglieder. Welche Mittel zur Sicherung und zur Umverteilung zur Verfügung stehen, wird über das Wohlstandsniveau bestimmt. Da zur Sicherungs-Umverteilung nur jene Mittel eingesetzt werden können, die der ökonomischen Leistungskraft entsprechen, hat eine Gesellschaft Wertentscheidungen zu treffen. Für die Art der sozialen Sicherung sind deshalb die Werte und Werthaltungen in einer Gesellschaft von hoher Bedeutung, da diese in politischen Auseinandersetzungen Einfluss darauf haben, wer Empfänger der Leistungen sein soll und wer in welchem Maße zu zahlen hat.

Bei der Darstellung der sozialen Sicherung in unterschiedlichen Gesellschaftssystemen unterscheidet Petersen (1989) drei idealtypische Gesellschaftssysteme:

- die archaische Gesellschaft;
- die feudale Gesellschaft;
- die industrielle Gesellschaft.

1.) **Archaische Gesellschaften** sind durch eine nur geringe Zahl von Mitgliedern gekennzeichnet, die überwiegend verwandtschaftlich miteinander verbunden sind und eine geschlossene Solidargemeinschaft darstellen. Aufgrund des technischen Entwicklungsstandes gibt es nur beschränkte Möglichkeiten des Lagerns, Speicherns und des Transports von Gütern, so dass die dauerhafte Versorgung nicht kontinuierlich sichergestellt ist, d. h., es besteht ein relativ hohes Subsistenzrisiko. Für das Überleben erfordert dieses ein solidarisches Verhalten der Gesellschaftsmitglieder und eine vorrangig leistungsorientierte Teilung von Gütern. Der Güteraustausch erfolgt nach dem Prinzip der Gegenseitigkeit (Reziprozität), d. h., eine Leistung begründet einen Anspruch, ohne Quantität, Qualität und Zeitpunkt vorab festzulegen. Diese Faktoren werden abhängig gemacht von den Möglichkeiten des Empfängers bzw. dem Bedarf des Gebers. Da nicht das Äquivalenzprinzip den Markttausch bestimmt, wie in Industriegesellschaften, gründet sich die soziale Sicherung auf der interpersonellen Einkommensumverteilung zwischen Verwandten. Verwandtschaft ist ein konstituierendes Prinzip der sozialen Sicherung in solchen archaischen Gesellschaften.

2.) In **feudalen Gesellschaften** ist eine soziale Sicherung ihrer Mitglieder im Sinne einer umfassenden Solidargemeinschaft nicht mehr möglich, weil sich die Lebenslagen aufgrund der arbeitsteiligen Produktion in Landwirtschaft, Gewerbe und Handel sowie aufgrund der vertikalen Gliederung der Gesellschaft entscheidend verändert haben. Das System der sozialen Sicherung wird durch unterschiedliche Elemente gestützt. Neben einer Vielzahl unterschiedlicher Personenverbände gibt es Formen so genannter herrschaftlicher Fürsorge: Das war das feudale Herrschersystem, das war die Landwirtschaft, weil die Grundeinheit der ländlichen Produktion die bäuerliche Hauswirtschaft darstellte, die außer der Kernfamilie des Bauern und den Verwandten auch noch das Gesinde umfasste. Da ein leistungsfähiges Staatswesen in feudalen Gesellschaften fehlte, erfolgte eine soziale Sicherung durch interpersonelle Beziehungen in unterschiedlichen Organisationsformen. Dazu zählen das Lehnswesen für geleistete Dienste und Gehorsam, ihr Wert, der zum einen Unterhalt und Schutz bedeutet, aber gleichzeitig auch Verzicht auf persönliche Freiheitsrechte. Als weiteres ist die Hausgemeinschaft zu nennen, die nicht nur eine Arbeits- und Produktionsgemeinschaft, sondern auch eine Verbrauchs- und Versorgungsgemeinschaft bildet und somit ein bestimmtes Maß sozialer Sicherung gewährt. Darüber hinaus ist die Nachbarschaft von hoher Bedeutung, weil die zwischen den Nachbarn stattfindenden Austauschprozesse nicht vorrangig dem Äquivalenzprinzip, sondern dem Prinzip der Gegenseitigkeit folgen. Hinzu kommt, dass nach der Städtebildung im Mittelalter eine genossenschaftliche Struktur entstand wie z. B. die Gilden der Kaufleute und die Zünfte der Handwerker. Sie gründen auf der Solidarität ihrer Mitglieder und verpflichten zu gegenseitiger Hilfe.

Die Auflösung der feudalen Herrschaftsstrukturen im Zusammenhang mit der industriellen Revolution Ende des 18. und Anfang des 19. Jahrhunderts (z. B. Bauernbefreiung, Einführung der Gewerbefreiheit, industrielle Massenproduktion, zunehmende Technisierung, Auflösung von Hausgemeinschaften oder Großfamilien, Reduzierung der Familiengröße auf die Kernfamilie) schuf neue Risikobestände, die mit dem System sozialer Sicherung feudaler Herrschaftsstrukturen nicht mehr abzusichern gewesen sind. Während im Mittelalter und auch noch in der Anfangsphase der industriellen Revolution sozialpolitisches Handeln gleichbedeutend mit Armenhilfe gewesen ist, liegt das Hauptgewicht der Sozialpolitik im 19. Jahrhundert in dem Versuch, die Arbeiterschaft gegen wirtschaftliche Folgen, die durch Unfall, Invalidität und Krankheit eintreten können, abzusichern. Dabei ist sozialpolitisches Handeln des Staates nicht als Akt mildtätiger Fürsorge zu sehen, sondern das Ergebnis von Auseinandersetzungen der sozialen Klassen im 19. Jahrhundert, aus der die Sozialgesetzgebung als Zugeständnis des Obrigkeitsstaates hervorging. Durch die zunehmende Industrialisierung verschlechterte sich die wirtschaftliche und soziale Situation des deutschen Industrieproletariats außerordentlich und die großen Wanderungsbewegungen aus den östlichen Regionen brachten zusätzliche Wohnungsnot mit sich. Ein Weggang aus der Heimat bedeutete zugleich häufig auch die Loslösung aus sozialen Bindungen und Normengefügen. Die weitgehende Schutzlosigkeit und Unsicherheit der sich ständig vergrößernden Arbeitnehmerschaft in der Gesellschaft und die beginnende gewerkschaftliche Organisation bedeutete eine ständige Bedrohung der politischen Ordnung. Es erschien fast unmöglich, die Arbeiterschaft davon abzuhalten, mit radikalen Mitteln ihrer Forderung nach sozialer Sicherung Nachdruck zu verleihen. Mit dem „Gesetz gegen die gemeingefährlichen Bestrebungen der Sozialdemokratie" von 1878 gab es einen ersten staatlichen Versuch, die Verbreitung so genannter „sozialdemokratischer Ideen", mit denen die Arbeitnehmer ein eigenes Selbstbewusstsein entwickelten, zu unterbinden. Zwar hatte Bismarck vor seinem Erlass verkündet, alle Bestrebungen zu fördern, die positiv auf eine Verbesserung der Lage der Arbeiter gerichtet seien, doch wurden innerhalb weniger Wochen fast alle Gewerkschaften verboten, Mitgliederversammlungen untersagt und der Druck und Vertrieb der meisten Gewerkschaftsblätter unterbunden. Mit der kaiserlichen Botschaft vom 17.11. 1881 schlug der Staat dann eine zweite strategische Linie ein. Mit dem

Krankenversicherungsgesetz von 1883, dem Unfallversicherungsgesetz von 1884 und dem Alters- und Invalidengesetz von 1889 wurde ein soziales Netz geschaffen, das für damalige Gesellschaftssysteme beispiellos war.

In den ersten drei Jahrzehnten des 20. Jahrhunderts rückte dann der Arbeitsmarkt in den Brennpunkt sozialdemokratischer Maßnahmen. Als Weichenstellung für eine demokratische Arbeitsmarktordnung sind die Garantie der Koalitionsfreiheit durch die Weimarer Reichsverfassung sowie die Einführung der betrieblichen Mitbestimmung und das Betriebsrätegesetz von 1920 zu betrachten.

Nach dem Zweiten Weltkrieg erfolgte eine Neuordnung des Verhältnisses zwischen Bürger und Staat. Im Artikel 20 Abs. 1 des Grundgesetzes wird bestimmt, dass die Bundesrepublik Deutschland ein demokratischer und sozialer Bundesstaat ist, und Artikel 28 Abs. 1 Satz 1 GG fordert, dass die verfassungsgemäße Ordnung in den Ländern „den Grundsätzen des republikanischen, demokratischen und sozialen Rechtsstaates im Sinne dieses Grundgesetzes“ zu entsprechen habe.

Wenn Artikel 20 Absatz 1 GG die Bundesrepublik als einen sozialen Bundesstaat definiert, so folgt, dass der Staat die Pflicht hat, für einen Ausgleich der sozialen Gegensätze und damit für eine gerechte Sozialordnung zu sorgen (Grundsatzurteil des Bundesverfassungsgerichts vom 18. 7. 1967, BVerfGEz. Z., S. 180 f.).

Das Sozialstaatsprinzip (Artikel 20 GG) richtet den Staat auf zwei allgemeine Ziele aus, und zwar auf das Ziel des sozialen Ausgleichs (Ausgleich der sozialen Gegensätze) und Sorge für eine gerechte Sozialordnung (Bundesverfassungsgericht) und zweitens auf das Ziel der sozialen Sicherheit. Dies meint, dass der Staat die Existenzgrundlagen seiner Bürger zu sichern und möglichst auch zu fördern habe und durch geeignete Maßnahmen in Bildungs- und Gesundheitswesen bzw. in anderen Bereichen der Sozialpolitik und der Wirtschaftspolitik Daseinssorge zu betreiben hat. Diese sehr generellen und wenig operationalen Kategorien werden ergänzt durch Normen, die im Grundgesetz enthalten sind und den Staat auf bestimmte soziale Grundwerte verpflichten, wie z. B. Gleichheit vor dem Gesetz, Schutz von Ehe und Familie, Koalitionsfreiheit, Sozialbindung des Privateigentums (Artikel 3,6,9 und 14 des Grundgesetzes). Aus den Erfahrungen der Weimarer Republik formuliert das Grundgesetz eine Bestandsgarantie der Grundrechte, die in ihrem Wesensgehalt nicht angetastet werden dürfen (Artikel 19 II Grundgesetz). Damit hat das Sozialstaatsprinzip einen besonderen verfassungsrechtlichen Rang und gehört zu den staatsfundamentalen Normen wie z. B. die Grundsätze Demokratie, bundesstaatlicher Aufbau und Rechtsstaat.

Bei der Betrachtung der Ordnungs- und Gestaltungsprinzipien (vgl. D. Kath, 1999, S. 477–541) lassen sich generell die folgenden unterscheiden (vgl. hierzu auch Abb. 1):

1. Das Individualprinzip mit der Intention der freiwilligen individuellen Vorsorge für Ereignisse, die im normalen Lebenszyklus zu erwarten sind. Die zentralen Handlungsmöglichkeiten werden im Sparen und im Abschluss solcher Versicherungen gesehen, die als Zusammenschluss einer hinreichend großen Anzahl von Individuen zu einer Versichertengemeinschaft jedem Beteiligten im Normalfall gewährleisten, einen Schutz vor den finanziellen Folgen von Schadensfällen aufzubauen. Mit dem Äquivalenzprinzip wird je nach individueller Wahrscheinlichkeit für einen Eintritt und für den Umfang des Schadens der Finanzierungsanteil des einzelnen Versicherten entsprechend der Höhe seines Beitrags zum Gesamtrisiko festgesetzt.

2. Das Sozialprinzip spiegelt sich wider in der gesetzlich verfügten staatlichen Vorsorge, z. B. gesetzliche Sozialversicherung. Hierbei werden drei Gestaltungsprinzipien unterschieden:

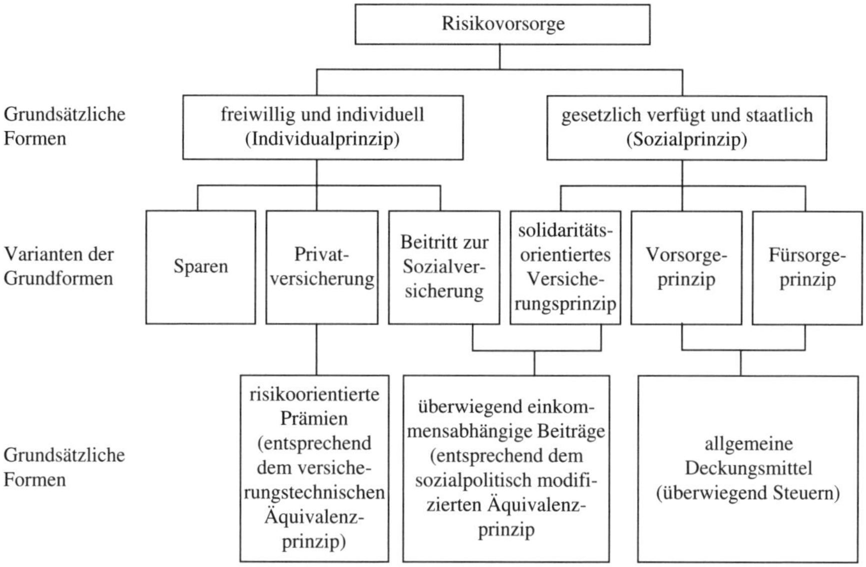

Abb. 1 Gestaltungsprinzipien und Finanzierungsformen der Risikovorsorge
Quelle: Lampert/Althammer (2007, S. 278)

a) Das Versicherungsprinzip: Es gilt in abgewandelter Form wie beim Individualprinzip; es besteht eine Versicherungspflicht für bestimmte soziale Gruppen wobei der gleiche Risikofall im Allgemeinen zu gleicher Leistung führt.

b) Das Versorgungsprinzip: Die Kosten der Risikoversicherung werden nicht demjenigen angelastet, der sie verursacht, die Sicherung erfolgt vom Staat und wird bestritten aus Steuern und Abgaben.

c) Das Fürsorgeprinzip schließlich zielt ab auf eine „spezielle Bedürftigkeit", die Anlass für eine Leistung (z.B. Formen der Sozialhilfe, Leistungen aus Hartz IV) an einen Bürger ist, der sich in einer Notlage befindet.

Beim Versicherungs-, Versorgungs- und Fürsorgeprinzip gilt generell das sog. Solidarprinzip, d.h. die Versicherten tragen gemeinsam (solidarisch) die zu versichernden Risiken.

4.10.3.2 Leitbilder und Ziele

Generell lassen sich zwei sozialpolitische Leitbilder unterscheiden, und zwar das Leitbild des Sozialstaates und das der Leistungsgesellschaft (vgl. Petersen 1989, S. 17 ff; Kath 1999, S. 480ff.; Althammer 2004, S. 19–33).

Es lässt sich zeigen, dass zwischen gesamtgesellschaftlichen Zielen wie Frieden, Freiheit, Gerechtigkeit, Sicherheit und Wohlstand ein enger Zusammenhang mit sozialpolitischen Zielen besteht und vor allem Kategorien wie **Gerechtigkeit** und **Sicherheit** besondere Bedeutung haben. Gerechtigkeit gehört zwar schon seit der Antike zu den vier Haupttugenden neben der Tapferkeit, Weisheit und Besonnenheit; die Operationalisierung des Begriffs Gerechtigkeit ist jedoch alles andere als einfach und abhängig von den Bedingungen einer historischen Situation, der gesellschaftlichen Kräfteverteilung und den vorherrschenden sozialen Normen. Entweder meint Gerechtigkeit Gleichmäßigkeit bzw. Verhältnismäßigkeit (gleicher Lohn für gleiche Leistung) oder ausgleichende, umverteilende Gerechtigkeit.

Die beiden Ausprägungen des Gerechtigkeitsbegriffs lassen sich als Leistungs- und als Bedarfsgerechtigkeit („Jeder nach seinen Bedürfnissen") bezeichnen.

Eine Sozialpolitik nach dem Leitbild der Leistungsgesellschaft weist den gesellschaftsgestaltenden Anspruch des Staates zurück und betont vor allem das Recht auf freie Entfaltung der Persönlichkeit (Individualprinzip). Damit wird eine staatlich-zentrale Lenkung der Wirtschaft abgelehnt. Der Staat hat nur Rahmenbedingungen zu schaffen.

Dagegen entspricht das Leitbild des Sozialstaates eher den Ordnungsvorstellungen des „demokratischen Sozialismus". Grundsatz sozialpolitischen Handelns ist das Prinzip der Solidarität. Es wird die Korrekturbedürftigkeit der herrschenden Eigentumsordnung und Einkommensverteilung behauptet, ohne die Prinzipien der Sozialen Marktwirtschaft generell aufgeben zu wollen.

Die unterschiedlichen Leitbilder unterscheiden sich weniger in ihrem unmittelbaren Bezug zu obersten gesellschaftlichen Zielsetzungen, sondern mehr in der Art und Weise, wie sie inhaltlich konkretisiert werden und mit welchen Werturteilen sie operieren, um die jeweils miteinander in Konflikt stehenden Normen in eine Rangordnung zu bringen. „Je nachdem, ob der Gerechtigkeitsbegriff auf distributive oder formale Gerechtigkeit abstellt und ob Freiheit als materiale oder formale Unabhängigkeit definiert ist, wird jeweils auch die Antwort auf die Frage vorgeprägt, ob und inwieweit Gerechtigkeit und Sicherheit mit Freiheit, Wohlstand und sozialem Frieden vereinbar sind" (Kath 1999, S. 481).

In dem jeweils aktuellen Ringen der politischen Parteien lassen sich diese Unterschiede deutlich aufzeigen, und es ist zu erkennen, wie unterschiedliche Wege gesucht, welche Werturteile den eigenen Programmen unterlegt und welche Instrumente als adäquat zur Erreichung der Zielsetzungen angesehen werden.

Werden den eher abstrakten Finalzielen wie Gerechtigkeit, Freiheit, Sicherheit bestimmte Instrumentalziele (vgl. Abb. 2) vorgelagert, dann lassen sich derer fünf erkennen, die damit wichtige sozialpolitische Handlungsfelder beschreiben.

4.10.4 Ansatzpunkte und Bereiche der Sozialpolitik

Nachfolgend werden wichtige Ansatzpunkte der staatlichen Sozialpolitik skizziert (vgl. Abb. 3) und ausgehend von deren Schutz-, Verteilungs- und Produktivitätsfunktion im gesamtwirtschaftlichen Zusammenhang bestimmt (vgl. Abb. 4). Generell gilt, dass der Staat dort zu aktivem Handeln verpflichtet ist, wo allein über eine Marktpreisbildung gesetzte wirtschafts- und sozialpolitische Ziele nicht oder nicht effizient genug erfüllt werden (vgl. Althammer 2004, S. 7).

Es wird deutlich, dass es um

- die Durchsetzung menschenwürdiger Arbeitsbedingungen (Schutzfunktion),
- die Korrektur der primären Verteilung der Markteinkommen (Verteilungsfunktion),
- das existenzsichernde Einkommen für arbeitsfähige und erwerbsfähige (Produktivitätsfunktion) Personen

geht.

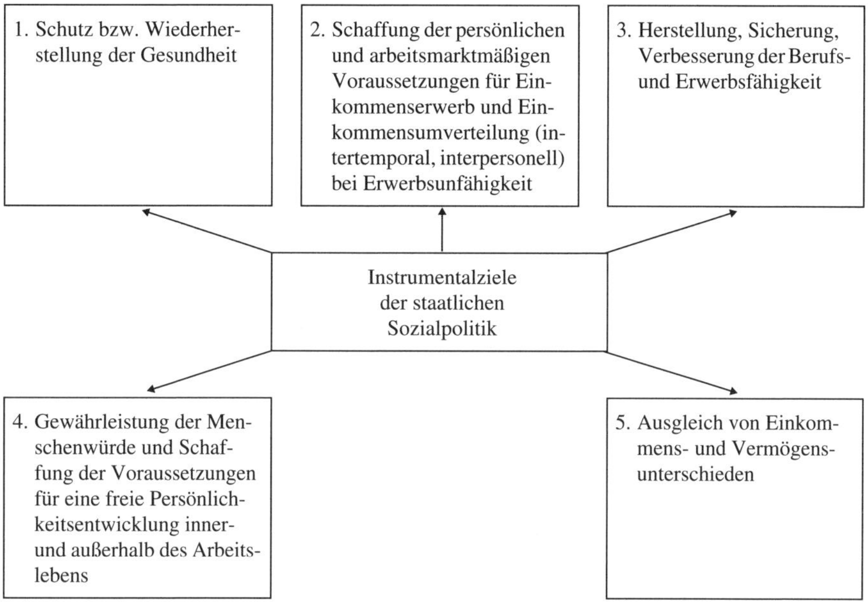

Abb. 2 Instrumentalziele staatlicher Sozialpolitik

Während das erste Ziel Maßnahmen erforderlich macht, die die Betriebs- und Unternehmensverfassung beeinflussen und den Arbeitnehmerschutz entwickeln, geht es beim zweiten Ziel vorrangig um die soziale Sicherung und um eine Ausgleichs- und Gesellschaftspolitik. Das dritte Ziel beinhaltet unterschiedliche Formen der Arbeitsmarktpolitik.

Insgesamt lassen sich fünf klassische Bereiche der Sozialpolitik erkennen, die in Abb. 4 dieses Beitrages dargestellt sind.

4.10.4.1 Soziale Sicherung

Die Soziale Sicherung ist zweifellos ein Kernstück der Sozialpolitik des Staates. Die Allgemeine Konferenz der Internationalen Arbeitsorganisation (ILO) hat Mindeststandards für Leistungen der Sozialen Sicherung normiert, die bei folgenden Risiken eintreten:

- Krankheit
- Arbeitslosigkeit
- Alter
- Arbeitsunfälle und Berufskrankheiten
- Familienlasten
- Mutterschaft
- Invalidität
- Tod des Unterhaltspflichtigen

Zwar gibt es hinsichtlich der Formulierung von Standardrisiken durchaus noch einen Konsens, aber die Bestimmung des Sicherungsniveaus ist immer Gegestand konflikthafter politischer Prozesse, weil sich im Kern darin auch unterschiedliche Leitbilder von Sozialpolitik widerspiegeln (vgl. Pkt. 4.10.3.2).

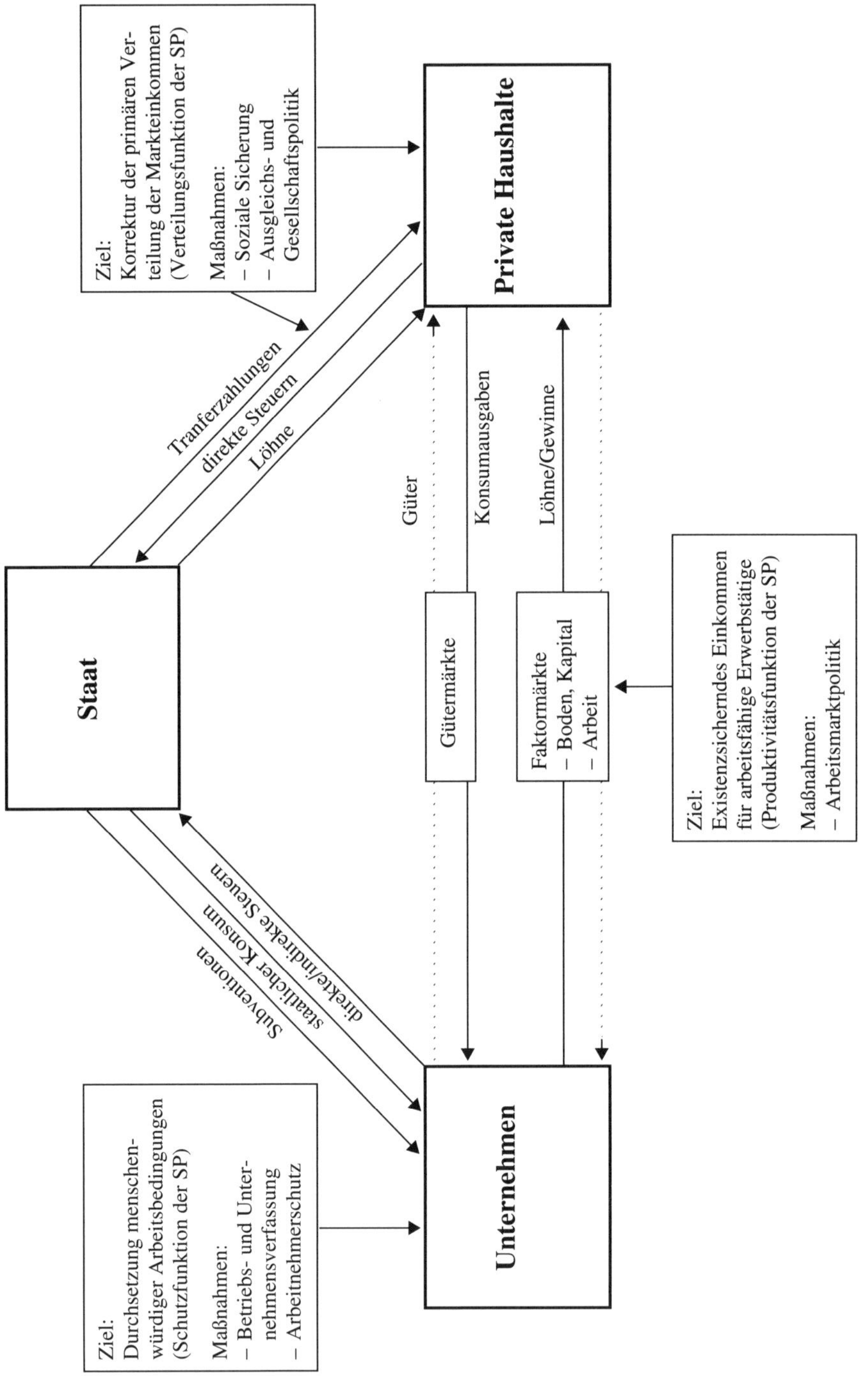

Abb. 3 Ansatzpunkte staatlicher Sozialpolitik

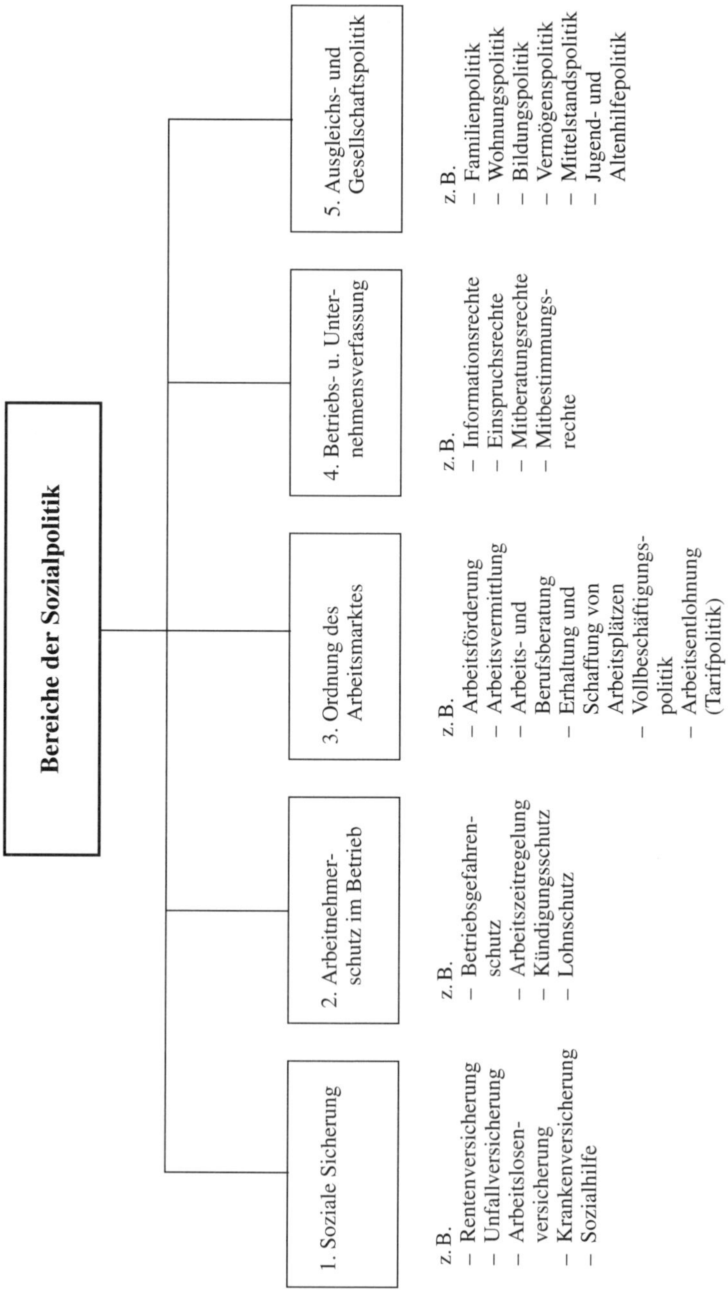

Abb. 4 Bereiche der Sozialpolitik

Das System der Sozialversicherung beeinflusst im hohen Maße die Lebenssituation der Bevölkerung, und zwar in mehrfacher Hinsicht:

- Zum Ersten versucht die Sozialversicherung die primäre Einkommensverteilung durch die Zuteilung von Sozialeinkommen zu korrigieren und zu ergänzen.
- Zum Zweiten strebt die Sozialversicherung an, durch die Bereitstellung und Vermittlung sozialer Güter und Dienste unterschiedliche Lebenslagen anzugleichen.
- Zum Dritten beabsichtigt die Sozialversicherung, dem Eintritt von Risiken vorzubeugen, indem über rechtliche Regelungen auf die Lebens- und Arbeitswelt eingewirkt wird.

Das Gesetz über die Krankenversicherung der Arbeiter von 1883, das Unfallversicherungsgesetz von 1884 und das Gesetz über die Invaliditäts- und Altersversicherung von 1889 stellen die Grundlage für die deutsche Sozialversicherung dar. Diese Gesetze wurden 1911 in der Reichsversicherungsordnung (RVO) zusammengefasst. Hinzu kamen das Angestelltenversicherungsgesetz (AVG) von 1911, das Reichsknappschaftsgesetz (RKG) von 1923 sowie weitere Gesetze zum Schutz besonderer Personengruppen. Das Arbeitsförderungsgesetz (AFG) von 1969 stellt die gesetzliche Grundlage der Arbeitslosenversicherung dar.

Es ist unstrittig, dass es der Vorsorge bedarf, um die Bedarfsdeckung des privaten Haushalts auch in extremen Lebenslagen sicherzustellen, sei es bei Krankheit, Unfall, Invalidität, Kinderreichtum oder Arbeitslosigkeit. Dies kann in einer Gesellschaft grundsätzlich auf zwei Wegen organisiert werden: Entweder sorgt das Individuum selbst dafür (Individualprinzip), oder es wird eine kollektive Vorsorge nach dem sog. Sozialprinzip organisiert. Es gibt kaum einen anderen Bereich, der durch eine solche Vielzahl rechtlicher Bestimmungen gekennzeichnet ist. Dieser Tatbestand macht das Sozialrecht für den Bürger in weiten Teilen unübersichtlich. Der Gesetzgeber hat deshalb versucht, eine Zusammenfassung des geltenden Sozialrechts im sog. Sozialgesetzbuch (SGB) zu leisten. Dieses fasst alle auf Dauer angelegten Sozialleistungsbereiche zusammen und umfasst alle sozialen Rechte und Pflichten. Seine Aufgaben werden im § 1 des Ersten Buches des Sozialgesetzbuches wie folgt beschrieben:

„Das Recht des Sozialgesetzbuchs soll zur Verwirklichung sozialer Gerechtigkeit und sozialer Sicherheit, Sozialleistungen einschließlich sozialer und erzieherischer Hilfen gestalten. Es soll dazu beitragen, ein menschenwürdiges Dasein zu sichern, gleiche Voraussetzungen für die freie Entfaltung der Persönlichkeit, insbesondere auch für junge Menschen, zu schaffen, die Familie zu schützen und zu fördern, den Erwerb des Lebensunterhalts durch eine frei gewählte Tätigkeit zu ermöglichen und besondere Belastungen des Lebens, auch durch Hilfe zur Selbsthilfe, abzuwenden oder auszugleichen."

4.10.4.2 Arbeitnehmerschutz im Betrieb

Die Bestimmungen beim sozialen Schutz des Arbeitnehmers reichen vom Schutz vor gesundheitlichen Gefahren, der Festlegung von zulässigen Arbeitszeiten bis hin zum Bestandsschutz für das Arbeitsverhältnis.

Arbeitnehmerschutz wird verstanden als „die Gesamtheit sozialpolitischer Maßnahmen zum Schutze der abhängig Arbeitenden gegen (materielle und immaterielle) Schädigungen und Gefahren, die aus der Arbeitsausübung und aus dem Abhängigkeitscharakter des Lohnarbeitsverhältnisses erwachsen" (Lampert/Bossert 2007, S. 125).

Forderungen zu diesem Bereich gibt es schon seit Beginn der Industrialisierung mit den Erscheinungsformen wie Kinderarbeit, überlanger Arbeitszeiten, Gesundheitsgefährdungen, besondere Benachteiligung von Kindern und Frauen usw.

Als ein Beispiel gilt der „Act for the Preservation of the Health and Morals of Apprentices and Others employed in Cotton and other Mills and Cotton and other Factories" von 1802. Darin wurde u. a. festgelegt, dass Fabriklehrlinge nicht länger als zwölf Stunden pro Tag beschäftigt werden dürfen, dass Arbeitsräume gelüftet und geweißt werden müssen, den Lehrlingen einmal pro Monat die Teilnahme am Sonntagsgottesdienst zu ermöglichen ist, mindestens ein Bett für zwei Lehrlinge zur Verfügung stehen muss und die Schlafräume nach Geschlechtern zu trennen sind (vgl. Schäfer 1983, S. 509 f.).

4.10.4.3 Arbeitsmarktpolitik

Arbeitsmarktpolitik lässt sich als die Gesamtheit der wirtschaftspolitischen und sozialpolitischen Entscheidungen und Maßnahmen definieren, mit denen „die Funktionsweise des Arbeitsmarktes geregelt, dessen Funktionsprobleme verringert und die mit ihnen verbundenen sozialen Folgen abgewendet werden sollen" (Kath 1999, 494).

Klassischerweise werden drei Einzelbereiche der Arbeitsmarktpolitik unterschieden: die Arbeitsmarktordnungspolitik, die Arbeitsmarktausgleichspolitik und die Vollbeschäftigungspolitik.

Die Notwendigkeit einer besonderen **Arbeitsmarktordnungspolitik** ergibt sich aus der Überlegung, dass im Artikel 12 GG die freie Wahl des Arbeitsplatzes – im Unterschied zu planwirtschaftlichen Systemen – garantiert ist und zu den unveräußerlichen Grundrechten des Menschen zählt. Zum anderen ist die Arbeitsmarktordnungspolitik erforderlich aus der qualitativ anderen Verfasstheit des Arbeitsmarktes im Verhältnis zu klassischen Gütermärkten.

„Es war wahrscheinlich von Anfang an ein Fehler, den Arbeitsmarkt als einen Markt in Analogie zu den Gütermärkten zu behandeln ... Zu diesen Besonderheiten (des Arbeitsmarktes) gehört vor allem die Tatsache, dass das, war auf diesem Markt angeboten wird, personengebunden ist, dass das Einkommen aus Arbeit weit mehr als das aus dem Verkauf von Dingen das einzige und Haupteinkommen darstellt, dass mit dem Verkauf der Arbeitsleistung Statusfragen verbunden sind, dass das Arbeitsangebot durch besondere Heterogenität gekennzeichnet ist, dass die Frage der Mobilität hier viel größere Probleme aufwirft als bei anderen Produktionsfaktoren, und schließlich hängt es auch mit der Unbestimmtheit des Inhaltes eines auf längere Zeit abgeschlosenen Arbeitskontraktes zusammen." (Rothschild 1986, S. 434).

Wenn eine freie Preisbildung auf dem Arbeitsmarkt zu unzulänglichen Ergebnissen führen muss, dann sind andere gesellschaftliche Entscheidungsmechanismen erforderlich.

In Deutschland hat sich als Entscheidungsmechanismus seit der zweiten Hälfte des 19. Jahrhunderts das Verhandlungssystem (collective bargaining) herausgebildet. Art. 9 GG erklärt die Tarifautonomie einschließlich des Arbeitskampfes zu den ebenfalls unveräußerlichen Grundrechten des Menschen.

Zwischen einer marktwirtschaftlichen Ordnung und dem Verhandlungssystem besteht kein Widerspruch. Die individuelle unternehmerische Entscheidung beim Angebot von Arbeitskraft bleibt in gleicher Weise bestehen wie die freie Arbeitsplatzwahl. (vgl. Kath 1999, S. 495 ff.).

Die **Vollbeschäftigungspolitik** lässt sich beschreiben als die Summe aller wirtschaftspolitischen und sozialpolitischen Maßnahmen, die beabsichtigen, einen hohen Beschäftigungsstand zu erreichen, d. h. alle Arbeitsfähigen und Arbeitswilligen zu beschäftigen. Die erforderlichen Maßnahmen lassen sich nicht unter die herkömmlichen Maßnahmen der Sozialpolitik subsumieren, sondern können nur im Zusammenhang mit der

Wirtschaftspolitik betrachtet werden (vgl. a. Pkt. 4.10.1). Der Vollbeschäftigungspolitik wird naturgemäß eine hohe Bedeutung zuerkannt (vgl. § 1 Gesetz zur Förderung der Stabilität und des Wachstums der Wirtschaft (1967)), obwohl die Formulierung und der Einsatz angemessener Instrumente politisch immer wieder umstritten ist und zudem wirtschaftstheoretische Erklärungsansätze wiederum abhängig sind von ebenfalls kontrovers diskutierten gesellschaftlichen Grundannahmen.

Weitgehend anerkannt ist jedoch, dass die Auswirkungen von Arbeitslosigkeit so fundamental in die Existenz eines Menschen eingreifen, dass Ursachen und Folgen bekämpft werden müssen. Zu den Auswirkungen werden gezählt:

- ein Status- und Prestigeverlust, der sich zuweilen mit sozialer Diskriminierung verbindet;
- Autoritätsverlust in der Familie, Eheprobleme;
- der Verlust sozialer Kontakte;
- der Verlust des für die Gesundheit notwendigen Wechsels von Stress und Entspannung;
- die Einschränkung des gewohnten Lebensstandards;
- der Verlust der Lebensperspektive und damit des Lebensmutes.

Von daher wird verständlich, dass in der Menschenrechtscharta der UNO von 1948 im Artikel 23 (1) festgelegt wird:

„Jeder Mensch hat das Recht auf Arbeit, auf freie Berufswahl, auf angemessene und befriedigende Arbeitsbedingungen sowie auf Schutz vor Arbeitslosigkeit."

Die staatliche Vollbeschäftigungspolitik steht vor zahlreichen Problemen. Zu nennen sind beispielsweise das Problem der Staatsverschuldung, Auswirkungen des gesamtwirtschaftlichen Strukturwandels nationaler Wirtschaften und ihr Zusammenhang mit weltwirtschaftlichen Entwicklungen (vgl. z. B. Energiesituation, neue Technologien, demographische Veränderungen, Wertewandel usw.) sowie die Mindestlohnarbeitslosigkeit.

Die **Arbeitsmarktausgleichspolitik** beinhaltet in Ergänzung zur Vollbeschäftigungspolitik den Versuch, friktionelle strukturelle Arbeislosigkeit zu begrenzen.

Dazu bedient man sich solcher Instrumente, die zur Verbesserung der Markttransparenz und zum Abbau von Friktionen führen sollen, wie z. B. die Berufsberatung, Arbeitsplatzvermittlung, Aus- und Fortbildungsförderung, Mobilitätshilfen. Eine Grundlage hierfür ist das Dritte Buch des Sozialgesetzbuches (Arbeitsförderung).

Des Weiteren zählen dazu Marktinterventionen, die auf eine Veränderung der Faktorallokation und -kombination abzielen, wie z. B. Ausbildungsförderungen, Umschulungshilfen, die spezielle Subventionierung des Arbeitseinsatzes oder auch die Verteuerung von arbeitssprengenden Investitionen (vgl. Lampert, a. a. O., S. 203 ff., Kath a. a. O., S. 426 ff.).

4.10.4.4 Betriebs- und Unternehmensverfassung

In marktwirtschaftlichen Systemen ist das Verfügungsrecht eines der wichtigsten Eigentumsrechte, da aus der Verfügung über Produktionsmittel auch gleichzeitig ein Verfügungsrecht über Personen abgeleitet wird.

Aus dem Widerspruch zwischen dem Verfügungsrecht über Produktionsmittel und den frühen Idealen von Selbstbestimmung des Menschen und individueller Freiheit ist die Forderung nach weitgehenden Mitbestimmungsrechten für Arbeitnehmer besonders nach dem Zweiten Weltkrieg energisch erhoben worden, um sie in der Betriebs- und Unternehmensverfassung zu verankern. Dabei ging es im Wesentlichen darum zu verhindern, dass Herrschafts- und Leitungsbefugnisse nicht streng einseitig ausgeübt werden sollen, sondern dies nur unter Mitwirkung der Betroffenen zu geschehen habe.

Die „Sachverständigenkommission zur Auswertung der bisherigen Erfahrungen bei der Mitbestimmung“ hat Mitbestimmung 1970 definiert als „institutionelle Teilnahme der Arbeitnehmer oder ihrer Vertreter an der Gestaltung und inhaltlichen Festlegung des Willensbildungs- und Entscheidungsprozesses im Unternehmen, und zwar zunächst ohne Rücksicht auf die Art und den Umfang einer Teilnahme von Arbeitnehmervertretern in den Unternehmensorganen“.

Die Konfliktzonen ergeben sich damit aus der Frage: *Wer* soll über *was, wie* mitbestimmen? Unterschieden werden drei Ebenen der Mitbestimmung: die **betriebliche Mitbestimmung** auf der Basis des Betriebsverfassungsgesetzes (in der Fassung von 2001) und Bundespersonalvertretungsgesetzes (1974) (z.B. Entscheidungen über Lohnsystem, Betriebsordnung, Urlaubsregelungen), die **Mitbestimmung im Unternehmen** (vgl. Montanmitbestimmungsgesetz 1951, Mitbestimmungsgesetz von 1976), das Gesetz über die Drittelbeteiligung der Arbeitnehmer im Aufsichtsrat (Drittelbeteiligungsgesetz) von 2004 (das das Betriebsverfassungsgesetz von 1952 ersetzt), die **Mitbestimmung auf gesamtwirtschaftlicher** (überbetrieblicher) **Ebene** (z.B. Entscheidungen der Sozialversicherungsverwaltung, der Arbeitsverwaltung).

4.10.4.5 Ausgleichs- und Gesellschaftspolitik

Zu diesem Bereich werden unterschiedliche Politiken zusammengefasst, die hier nicht im Einzelnen beschrieben werden können, sondern lediglich durch einige sozialpolitische Gesetze charakterisiert werden:

Die **Familienpolitik** (vgl. Kindergeldgesetz (1954), Mutterschaftsurlaub (1979), Erziehungsgeld (1986/87), zielt darauf ab, die Familie als Institution zu schützen und zu fördern, weil sie für die Gesellschaft wichtige und unentbehrliche Funktionen übernimmt, wie z. B. die Reproduktions-, Sozialisations- und die Regenerationsfunktion.

In diesen Komplex fällt auch die **Jugend- und Altenhilfe** (vgl. z.B. die Erziehungshilfe im Rahmen des Jugendwohlfahrtsgesetzes, das Jugendarbeitsschutzgesetz, das Gesetz zum Schutz der Jugend in der Öffentlichkeit (1957), das Gesetz über die Verbreitung jugendgefährdender Schriften (1961), die Jugendförderung).

Die **Altenhilfe** basiert auf dem Sozialhilfegesetz (1961) (z.B. Krankenhilfen, Blindenhilfe, Pflegehilfe, Hilfen zur Weiterführung des Haushaltes usw.).

Die **Wohnungspolitik** (vgl. 1. Wohnungsbaugesetz (1950), Wohnungsbauprämiengesetz (1952), Wohngeldgesetz (1964/65) verfolgt das Ziel, die Wohnungsversorgung der Bevölkerung sicherzustellen, da einerseits die wichtige Funktion angemessener Wohnverhältnisse für jeden Menschen und die hohen Kosten der Herstellung, des Unterhalts und der Nutzung von Wohnungen besondere Personengruppen mit begrenztem Einkommen vor schwierige Probleme stellt.

Die **Bildungspolitik** ist unter der Annahme von Chancengleichheit darauf gerichtet, all jene in die Lage zu versetzen, eine ihren Begabungen und Neigungen entsprechende Ausbildung zu wählen, die diese nicht aus eigenen und/oder elterlichen Mitteln bestreiten können (vgl. Berufsbildungsgesetz (1969), Bundesausbildungsförderungsgesetz (1971), Berufsbildungsförderungsgesetz (1981).

Die **Vermögenspolitik** (vgl. Sparprämiengesetz (1959), Gesetz zur Förderung der Vermögensbildung (1961) will auf der Basis gesellschaftlicher Zielsetzungen die Bildung und Verteilung des Vermögens beeinflussen. Vermögen ist nicht nur Quelle für neues

Vermögen, sondern auch Absicherung der persönlichen wirtschaftlichen Wohlfahrt. Vermögen erhöht Freiheitsspielräume und Entfaltungsmöglichkeiten, wie Vermögenslosigkeit permanent verpflichtet, die Arbeitskraft auf dem Arbeitsmarkt anzubieten.

Die Vermögenspolitik operiert mit den Mitteln der staatlichen Sparförderung und Steuerpolitik, dem Investivlohn als Einkommen, auf das ein Arbeitnehmer zugunsten einer längerfristigen Anlage verzichtet sowie der direkten Beteiligung der Arbeitnehmer am Ertrag eines Unternehmens.

Schließlich ist die **mittelstandsorientierte Sozialpolitik** zu nennen, die Angehörige des Mittelstandes vor einer absoluten oder relativen Verschlechterung ihrer Lebenslage zu schützen versucht.

Beispiele dafür sind die Maßnahmen für selbständige Landwirte (vgl. z.B. Gesetz über die Krankenversicherung der Landwirte, Gesetz über die Altershilfe für Landwirte, Handwerkerversicherungsgesetz (1960). Es geht um Rationalisierungs- und Modernisierungshilfen ebenso wie um Aus- und Fortbildungsmaßnahmen, um Kredithilfen für Existenzgründungen usw.

Siehe ergänzend zu 4.10.4 Abb. 5.

4.10.5 Träger und Organe der staatlichen Sozialpolitik

Die sozialpolitische Gesetzgebungskompetenz von Bundestag und Bundesrat basiert auf den Art. 70–78 GG. Sie gilt als „konkurrierende Gesetzgebung" (Art. 74 GG). Es besteht eine Fülle von Trägern und Organen, die aus der historischen Entwicklung unterschiedlicher sozialer Sicherungssysteme zu verstehen ist.

Besonders zu nennen sind neben dem Staat die Wohlfahrtsverbände und die Kirchen.

Stationen der staatlichen Sozialpolitik

1802 England: „Moral and Health Act", Beschränkung der Arbeitszeit für Kinder unter neun Jahren auf zwölf Stunden am Tag
1820 und 1830 England: Fabrikgesetzgebung, Einrichtung von Fabrikinspektionen
1836 A. Krupp gründet eine Betriebskrankenkasse
1845 Grundlagen zur Schaffung von Krankenkassen für Fabrikarbeiter in der Allg. Preußischen Gewerbeordnung
1849 Preußische Verordnung (Beitrittspflicht zu Unterstützungskassen, Errichtung von Krankenkassen für gewerbliche Arbeiter)
1853 „Elberfelder System": Einführung der offenen Armenpflege
1855 Krupp gründet Kranken- und Sterbekasse mit obligatorischer Mitgliedschaft
1858 Krupp gründet Pensionskasse
1881 17.11. Ankündigung von gesetzlichen Regelungen für eine Sozialversicherung in der „Kaiserlichen Botschaft"
1883 Krankenversicherungsgesetz
1884 Unfallversicherungsgesetz
1889 Gesetz über die Invaliden- und Alterssicherung
1911 Reichsversicherungsordnung (RVO) Angestelltenversicherungsgesetz
1918 Familienmitversicherung
1918 Die 48-Stunden-Woche wird eingeführt
1923 Reichsknappschaftsgesetz
1927 Gesetz über die Arbeitsvermittlung und die Arbeitslosenversicherung
1929 Aufnahme von Berufskrankheiten in die Unfallversicherung

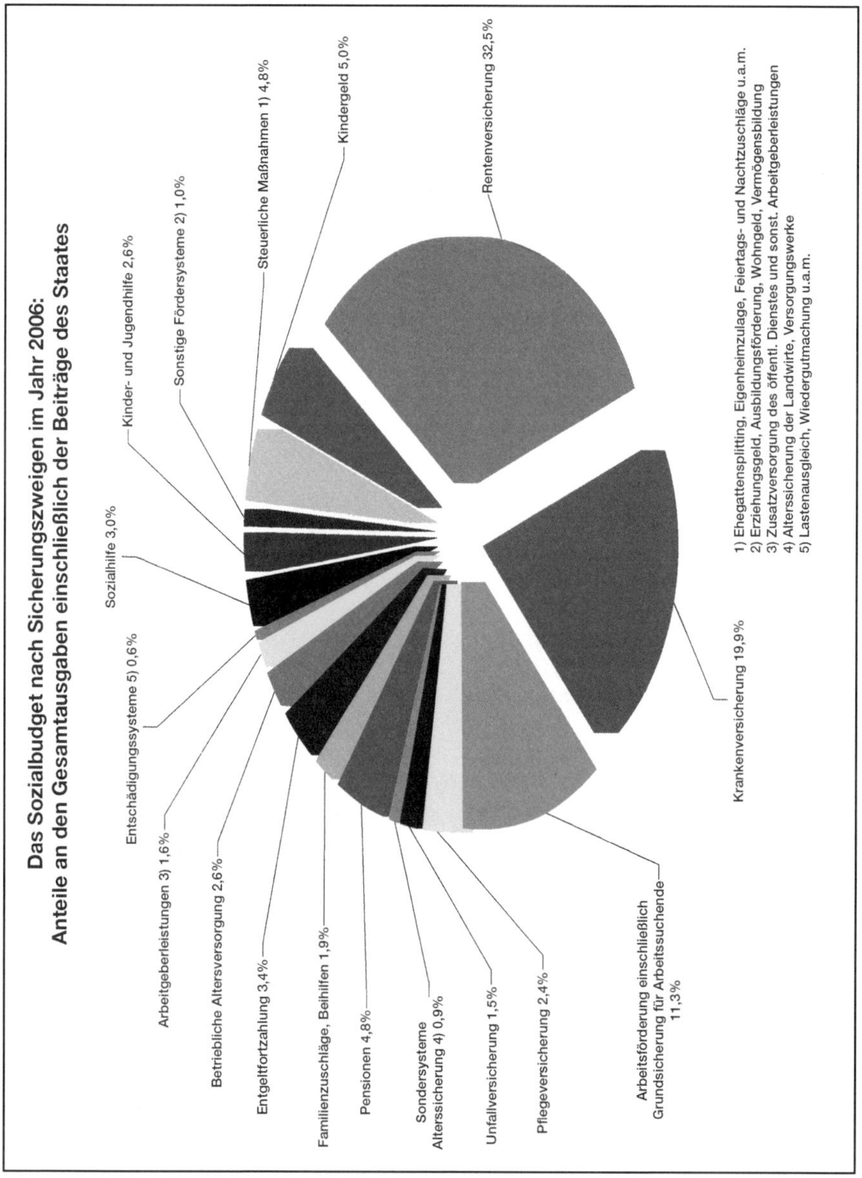

Abb. 5 Sozialbudget nach Sicherungszweigen
Quelle: Bundesministerium für Arbeit und Soziales

1938 Jugendschutzgesetz
Gesetz zur Altersvorsorge für Handwerker
1941 04.11. Verordnung über die Krankenversicherung für Rentner
1949 Bundesversorgungsgesetz für Kriegsopfer
1952 Betriebsverfassungsgesetz wird verabschiedet, Lastenausgleichsgesetz.
Wohnungsbauprämiengesetz
Mutterschutzgesetz
Selbstverwaltungsgesetz für die Sozialversicherung
1953 Bundesversicherungsanstalt für Angestellte
Sozialgerichtsgesetz
1954 Kindergeldgesetzgebung
1957 Gesetze zur Neuregelung des Rechts der Rentenversicherung der Arbeiter und der Angestellten – „Große Rentenreform“
1960 1. Wohngeldgesetz, Beihilfen, Jugendarbeitsschutzgesetz
1961 Bundessozialhilfegesetz
Gesetz zur Förderung der Vermögensbildung für Arbeitnehmer
1967 Ausbildungsförderungsgesetz (1.)
1969 Arbeitsförderungsgesetz, Bundesanstalt für Arbeit
Gesetz über die Fortzahlung des Arbeitsentgeltes im Krankheitsfall
1970 3. Vermögensbildungsgesetz, 624-Mark-Gesetz
1971 Gesetz über die Unfallversicherung für Schüler, Studenten und Kinder im Kindergarten
1972 Novellierung des Betriebsverfassungsgesetzes
1975 Sozialgesetzbuch (SGB)
1979 Verbesserung des Mutterschaftsurlaubs
1983 Künstlersozialversicherungsgesetz
Neuregelung der Krankenversicherung der Rentner
1984 Vorruhestandsgesetz für Arbeitnehmer ab dem 58. Lebensjahr
1985 Beschäftigungsförderungsgesetz
1986 Gesetz zur Neutralität der Bundesanstalt für Arbeit bei Arbeitskämpfen
1989 Gesundheits-Reformgesetz
1993 Gesundheits-Strukturgesetz
1995 1. Stufe der Pflegeversicherung
1996 2. Stufe der Pflegeversicherung
1996 Recht der gesetzlichen Unfallversicherung wird als siebter Teil in das Sozialgesetzbuch eingearbeitet
1999 Reform des Rechts der geringfügigen Beschäftigungsverhältnisse
2000 Umsetzung der europäischen Richtlinien über Teilzeitarbeit und befristete Arbeitsverträge
2001 Gesetz zur Reform der Renten wegen verminderter Erwerbsfähigkeit
2003 Hartz-Gesetzgebung: Erstes und Zweites Gesetz für moderne Dienstleistungen am Arbeitsmarkt
2004 Gesetz zu Reformen am Arbeitsmarkt
Drittes Gesetz für moderne Dienstleistungen am Arbeitsmarkt
2004 Gesetz zur Modernisierung der gesetzlichen Krankenversicherung (Praxisgebühr)
2005 Viertes Gesetz für moderne Dienstleistungen am Arbeitsmarkt
2005 Gesetz zur Berücksichtigung der Kindererziehung im Beitragsrecht der sozialen Pflegeversicherung (Kinder-Berücksichtigungsgesetz KiBG)
2006 Gesetz für mehr Wirtschaftlichkeit in der Arzneimittelversorgung (AVWG)
2007 Einführung des Elterngeldes
2007 Versicherungspflicht in der gesetzlichen Krankenversicherung (GKV)

4.10.6 Europäische Sozialpolitik

Im Zusammenhang mit der Realisierung des europäischen Binnenmarktes ist neben den vorrangig ökonomischen Fragen die soziale Dimension des europäischen Binnenmarktes in die Diskussion geraten und die Schaffung eines „europäischen sozialen Raums" gefordert (vgl. Bundesministerium für Arbeit und Sozialordnung 1989). Insgesamt sind mehrere Etappen europäischer Sozialpolitik zu erkennen. Der EWG-Vertrag von 1957 bietet mit seinen Sozialvorschriften noch keine ausreichende Grundlage für eine umfassende Sozialpolitik. Die Annahme, dass mit dem Funktionieren des gemeinsamen Marktes sich auch gleichzeitig die verschiedenen einzelstaatlichen Sozialsysteme angleichen würden, war ebenso unrealistisch wie die Annahme, dass wirtschaftliche Mechanismen zwangsläufig sozialen Fortschritt und Vollbeschäftigung nach sich ziehen.

Das soziale Gefälle zwischen den zwölf EU-Mitgliedstaaten ist noch erheblich. Dies zeigt sich beim Vergleich der Verdienste und Sozialeinkommen, des Sozialprodukts, der geltenden Mitbestimmungsregelungen, der Bedingungen des Arbeitsschutzes, der Arbeitslosenquote usw.

Die Ende 1989 verabschiedete „Charta der sozialen Grundrechte" enthält wichtige soziale Grundrechte, die verwirklicht werden sollen:

- Recht auf Freizügigkeit, Beschäftigung und gerechte Entlohnung
- Recht auf sozialen Schutz
- Recht auf Koalitionsfreiheit und Tarifverhandlungen
- Recht auf Berufsausbildung und Fortbildung
- Recht auf Gleichbehandlung von Mann und Frau
- Recht der Arbeitnehmer auf Information, Konsultation und Mitwirkung in den Betrieben
- Recht auf Gesundheitsschutz und Sicherheit am Arbeitsplatz
- Recht auf Kinder- und Jugendschutz
- Recht auf Mindestversorgung für ältere Menschen und Integration behinderter Arbeitnehmer.

Insgesamt gibt es Befürchtungen der Arbeitnehmer in den Ländern mit einem hohen Schutzniveau, dass dieses „herunternivelliert" wird und ihre in Jahrzehnten errungenen sozialpolitischen Fortschritte zur Disposition stehen können, und andererseits stellt sich die Frage nach der Finanzierbarkeit der Sozialleistungen in Europa, wenn von allen Ländern in gleicher Weise das hohe Schutzniveau bspw. der Bundesrepublik realisiert werden soll.

4.10.7 Probleme des Sozialstaates

Die in den letzten Jahrzehnten erheblich gestiegenen Sozialleistungen haben immer wieder die Frage nach ihrer weiteren Finanzierbarkeit provoziert und nach deren Sinnhaftigkeit gefragt. Es ist allgemein erkannt, dass das deutsche Modell des Sozialstaats reformbedürftig ist. Dabei wird die grundsätzliche Zielrichtung und Ausgestaltung der Sozialpolitik sowie die Effizienz der sozialen Ausgleichsmaßnahmen bezweifelt. Einerseits wird der zu hohe Sicherungsumfang bemängelt, andererseits die mangelnden Schutzmaßnahmen für Arbeitslose. Hinzu kommt, dass die absehbare demographische Entwicklung die künftigen Belastungen für die Erwerbstätigen erhöhen wird, wenn das System der sozialen Sicherung Bestand haben soll.

Zum Teil wird der erhebliche Anstieg der Sozialleistungen auch auf ein fehlgesteuertes Interesse an höheren Sozialleistungen zurückgeführt, und es werden „Anspruchsspiralen" identifiziert, die dazu führen, dass das System der sozialen Sicherung selbst vor einer ausufernden Inanspruchnahme geschützt werden muß. Dazu sind einige Anmerkungen erforderlich:

1. Für jedes Sozialversicherungssystem gibt es zwei ernstzunehmende Probleme, die Einfluss auf das Verhalten der Versicherten haben (Koslowski 1994, S. 305 ff.):

   a) *Moral hazard* und
   b) das sog. „Restaurant-Rechnungs-Problem"

   Moral hazard, das „moralische Wagnis", die „moralische Versuchung" für den Verbraucher bedeutet, dass sich das Verhalten der Versicherten ändert, wenn sie versichert sind und diese sich gegenüber jedem Risiko nachlässiger verhalten, gegen das sie sich durch die Versicherung abgesichert haben. Die Versicherungsnehmer werden weniger aufmerksam und risikofreudiger gegenüber dem versicherten Risiko und erhöhen so den Leistungsbedarf.

   Das „Restaurant-Rechnungs-Problem", welches Alltagserfahrungen belegen, besagt vereinfacht, dass beispielsweise die Rechnung in einem Restaurant regelmäßig höher ausfällt, wenn eine Gruppe **vor** dem Essen beschlossen hat, die Rechnung gemeinsam zu gleichen Teilen zu bezahlen. „Jeder bestellt dann ein teureres Menü, als er allein zu bezahlen hätte." (Koslowski 1994, S. 306).

   Die Versuchung, sich seinen „Beitrag" durch missbräuchliche Leistungsinanspruchnahme wieder „hereinzuholen", wird durch die rechtlich-organisatorische Ausgestaltung des Systems der sozialen Sicherung geradezu genährt. Diese gesamtgesellschaftlich bedenklichen „Übernutzungserscheinungen" lassen sich bildhaft folgendermaßen umschreiben. Alle wollen im großen Ozean des sozialen Sicherungssystems fleißig fischen, aber die Bereitschaft, für „Nachschub" zu sorgen, ist wenig ausgeprägt. Dieses *moral hazard*-Phänomen begünstigt regelmäßig Forderungen nach höheren Beitragssätzen, und damit beginnt der Teufelskreis aufs Neue. Der Einzelne verhält sich im Sinne des Eigennutzaxioms „rational". Für die Versichertengemeinschaft ist dies negativ, d.h., aus der individuellen Rationalität ergibt sich keine gesamtgesellschaftliche Rationalität, vielmehr zeigt sich eine klassische Rationalitätsfalle (vgl. Olson 1968; Herder-Dorneich 1992, S. 65 ff.).

   Dieses Phänomen gilt nicht nur für einzelne Personen, sondern auch für andere Akteure im Gesundheitssystem, z.B. die Krankenhäuser. (Ein System, das einzelne Hammerschläge entlohnt und nicht das befestigte Brett, darf sich nicht wundern, wenn die Anzahl der Hammerschläge nicht unbedingt in einem Leistungszusammenhang mit ihrem erreichten Ergebnis steht.)

2. Offensichtlich ist das Problem ungelöst, dass das bestehende System der sozialen Sicherung mit mehreren „illusionsfördernden Elementen" ausgestattet ist, die dem Bürger die „ökonomische Wahrheit" verschweigen und ihn in der sozialpolitischen Diskussion dazu verführen, den Überbringer der Botschaft mit dem Verursacher sozialpolitischer Problemlagen zu verwechseln. Zumindest drei illusionsfördernde Momente identifiziert Koslowski (1994, S. 351):

   - „Es fehlt die Transparenz über die zukünftigen Zahlungsverpflichtungen, d.h. die Transparenz für den Einzelnen darüber, wie weit seine Generation, die Elterngeneration, sich bei der nachfolgenden verschuldet hat, indem die Elterngeneration zu wenig Kinder aufgezogen oder ihre eigene Lebenserwartung erhöht hat.

- Die künftigen Zahlungsverpflichtungen der Kinder für die Eltern werden in der gegenwärtigen Periode ungenügend beachtet bzw. abdiskontiert.
- Die Entscheidungen zwischen Konsum und Kapitalbildung werden entsprechend verzerrt."

3. Es kann nicht darum gehen, die grundsätzliche Notwendigkeit eines Systems der sozialen Sicherung in Frage zu stellen, sondern um ein Ringen und um dessen Ausmaß und Organisationsform. Die fahrlässige und geradezu „armierte" Sprache versucht dies permanent zu verschleiern und dem Bürger „entweder-oder-Positionen" zu offerieren: Abbau des Sozialstaates, Marktradikale, Bündnis gegen Arbeit, Ellenbogengesellschaft, Manchesterkapitalismus, Heuschrecken-Kapitalismus, Sozialpakt gegen die Schwachen usw.

   Auf diese Weise löst sich das Problem nicht. Vielmehr zeigt sich ein fast bedrohliches Unverständnis marktwirtschaftlicher Systeme. Hoppmann (1993, S. 13) macht darauf aufmerksam: „Das Konzept ‚soziale Gerechtigkeit' im Sinne einer konkreten, von Menschen herbeizuführenen Einkommensstruktur ist im Rahmen eines marktwirtschaftlichen Prozesses inhaltsleer; es liefert keine Grundlage, das Marktsystem moralisch zu beurteilen, also auch nicht, es moralisch zu verwerfen. Das Marktsystem liefert Signale in Form von Preisen und Einkommen, und es hat keinen Sinn, Signale danach zu beurteilen, ob sie ‚sozial gerecht' sind oder nicht."

4. Bei einer Beurteilung der gegenwärtig diskutierten Selbstbeteiligungskonzepte im Rahmen des Gesundheitsstrukturgesetzes und des Gesundheitsreformgesetzes zeigt sich, dass diese weitgehend nur Symptome kurieren und daher für eine langfristige Kostendämpfung nicht ausreichend sind: „Die derzeit bestehenden Selbstbeteiligungsregelungen betreffen Bereiche, die lediglich von der Sekundärnachfrage, also den Arztentscheidungen, spürbar beeinflusst sind. Sie können daher nicht auf Dauer kostendämpfend und nachfragesenkend wirken." (Lachmann 1995, S. 246) Erfolgversprechend wären verschiedene Selbstbeteiligungsmodelle mit einem Schwerpunkt auf der Primärnachfrage, den Härtefallregelungen und Anreizen für die Wahrnehmung von Vorsorgeuntersuchungen.

   Man könnte ein Zwischenresümee ziehen: Wenn sich gegenwärtig ernsthafte Probleme des Systems der sozialen Sicherung erkennen lassen, sei es im Bereich der Rentenversicherung, des Gesundheitswesens usw., dann ist offensichtlich das Institutionen- und Regelsystem der Sozialen Marktwirtschaft zu lange zu sorglos mit seinen Wirkungen auf das individuelle Verhalten von Menschen umgegangen, bzw. wurden diese Wirkungen unzutreffend eingeschätzt.

   Nicht bei allen „Errungenschaften" des Systems der Sozialen Marktwirtschaft in den letzten Jahrzehnten handelte es sich um soziale Wohltaten, sondern wohl teilweise um „soziale Missetaten", die gegenwärtig deshalb sehr schwer korrigierbar sind, weil sie bei vielen Bürgern einen geradezu naturrechtlichen Charakter zu haben scheinen.

Literaturhinweise

Achinger, H.: Sozialpolitik als Gesellschaftspolitik. Frankfurt am Main 1979.

Adam, H./Keim, H./Vierengel, H.: Soziale Sicherung, hrsg. von der Bundeszentrale für politische Bildung, Bonn 1988.

Albers, W.: Sozialverfassung. In: Vaubel/Barbier (Hrsg.): Handbuch Marktwirtschaft, Fullingen 1986, S. 187–198.

Althammer, J.: Sozialpolitik, hrsg. von Bertelsmann Stiftung und Institut für ökonomische Bildung, Gütersloh, Oldenburg 2004.

Bäcker, G. u. a.: Sozialpolitik und soziale Lage in Deutschland. 4. Aufl. Wiesbaden (2 Bände) 2007.
Breyer, F. u. a.: Gesundheitsökonomie, 4. Aufl., Berlin 2003.
Brück, G. W.: Allgemeine Sozialpolitik, Köln 1976.
Bundesministerium für Arbeit und Sozialordnung, Berlin/Bonn, Bundesarchiv, Koblenz (Hrsg.): Geschichte der Sozialpolitik in Deutschland seit 1945, Bd. 1: Grundlagen der Sozialpolitik, Baden-Baden 2001.
Engelhardt, W.-W.: Theorie der Sozialpolitik. In: Glasstetter/Müller/Mendle/Rettig (Hrsg.): Handwörterbuch der Volkswirtschaft, Wiesbaden 1978, Spalte 1181–1198.
Erlei, M./Leschke, M./Sauerland, D.: Neue Institutionenökonomik, Stuttgart 2. Aufl. 2007.
Eucken, W.: Grundsätze der Wirtschaftspolitik, hrsg. von W. Eucken u. K.P. Hensel, 3. unveränd. Aufl., Tübingen-Zürich 1960.
Fritsch, M./Wein, T./Ewers, H. J.: Marktversagen und Wirtschaftspolitik: Mikroökonomische Grundlagen staatlichen Handelns, 7. Aufl., München 2007.
Herder-Dorneich, Ph.: Vernetzte Strukturen, Baden-Baden 1992.
Hoppmann, E.: Prinzipien freiheitlicher Wirtschaftspolitik, Tübingen 1993.
Kath, D.: Sozialpolitik. In: Vahlens Kompendium der Wirtschaftstheorie und Wirtschaftspolitik, Band 2, 7. überarb. Aufl., München 1999, S. 477–541.
Kaufmann, F.-X.: Der Begriff Sozialpolitik und seine wissenschaftliche Deutung, in: Bundesministerium für Arbeit und Sozialordnung, (Hrsg.), Band 1 2001, S. 7–101.
Kleinhenz, G. D.: Sozialpolitik als Reform des Sozialstaats, in: Gablers Wirtschaftslexikon, 16. Aufl., Wiesbaden 2004, S. 270ff.
Koslowski, P.: Die Ordnung der Wirtschaft, Tübingen 1994.
Külp/Schreiber (Hrsg.): Soziale Sicherheit, Köln–Berlin 1971.
Lachmann, W.: Volkswirtschaftslehre 2 – Anwendungen, Berlin–Heidelberg 1995.
Lampert, H./Althammer, J.: Lehrbuch der Sozialpolitik, 8. Aufl., Berlin 2007.
Lampert, H./Bossert, A.: Die Wirtschafts- und Sozialordnung der Bundesrepublik Deutschland im Rahmen der Europäischen Union, 16. Aufl., München 2007.
Nell-Breuning, o.V.: Mitbestimmung, Frankfurt/M. 1968.
Oberender, P.: Reform des Gesundheitswesens durch Zulassung marktwirtschaftlicher Steuerungselemente: Diagnose und Therapie unter besonderer Berücksichtigung der gesetzlichen Krankenversicherung, in: Hamburger Jahrbuch für Wirtschafts- und Gesellschaftspolitik 31, 1986 S. 179–199.
Obinger, H./Ott, N. (2003) Sozialpolitik, in: Vahlens Kompendium der Wirtschaftstheorie und Wirtschaftspolitik, Bd. 2, 8. Aufl. München, S. 487–543.
Olson, M.: Die Logik kollektiven Handelns, Tübingen 1968.
Petersen, H.-G.: Sozialökonomik, Stuttgart–Berlin–Köln 1989.
Rosenbrock, R./Gerlingen, Th.: Gesundheitspolitik. Eine systematische Einführung, Bern u.a. 2004.
Rothschild, K.W.: Mikroökonomik des Arbeitsmarktes. In: Mikroökonomik des Arbeitsmarktes – Theorien, Methoden und empirische Ergebnisse für die Schweiz, hrg. von H. Schelbert-Syfrig u. a., Bern und Stuttgart 1986, S. 431–438.
Schäfer, D.: Sozialpolitik. In: Gablers Volkswirtschaftslexikon, 2. Aufl., Wiesbaden 1983, S. 509–512.
Schlösser, H. J.: Sozialstaat und Volkswirtschaft, in: Unterricht Wirtschaft, H. 2/2000, Velber, S. 3–5.
Schmidt, H. G. (2005) Sozialpolitik in Deutschland, Wiesbaden.
Schmidt, K.-H.: Sozialpolitik. In: Kaiser/Kaminski (Hrsg.): Wirtschaft-Handwörterbuch zu Arbeits- und Wirtschaftslehre, Bad Heilbrunn/Obb. 1981, S. 266–269.
Sinn, H. W.: Sozialstaat im Wandel, in: Die Zukunft des Sozialstaates, hrsg. von Richard Hauser, Berlin 2000, S. 15–34.
Weinmann, J.: Wirtschaftspolitik – Allokation und kollektive Entscheidung, 4. Aufl., Berlin–Heidelberg–New York 2006.

4.11 Die Zukunft des Sozialstaates
Hans Jürgen Schlösser

4.11.1 Einleitung: Begriff des Sozialstaates

Für den Begriff „Sozialstaat“ existiert keine eindeutige und international einheitlich benutzte Definition. Während im englischen Sprachraum „Wohlfahrtsstaat“ (welfare state) synonym zum deutschen Begriff Sozialstaat gebraucht wird, wird im Deutschen mit dem Wohlfahrtsstaat oft eine besonders weitgehende kollektive Risikoübernahme und Versorgung verbunden. Die Begriffsverwendung ist aber ebenfalls nicht einheitlich. Im folgenden wird allein der Begriff Sozialstaat benutzt.

Die Inhalte, die mit dem Begriff „Sozialstaat“ verbunden werden, lassen sich am ehesten aus politischen Willenserklärungen, Gesetzestexten und sozialpolitischen Programmen erschließen, welche versuchen, das Sozialstaatsprinzip zu konkretisieren. Hierzu gehören z. B.

- das Sozialgesetzbuch der Bundesrepublik Deutschland,
- sozialstaatsbezogene Ausführungen des Grundgesetzes und der Länderverfassungen,
- die europäische Sozialcharta,
- die allgemeine Erklärung der Menschenrechte der Generalversammlung der Vereinten Nationen und
- der UN-Pakt über die wirtschaftlichen, sozialen und kulturellen Rechte.

Kern des Sozialstaatsprinzips ist die Garantie eines Mindestlebensstandards für jedermann, insbesondere medizinische Versorgung, das Recht auf Bildung und Teilhabe am kulturellen Leben.

Diese Sozialstaatspostulate finden wiederum vielfältige Konkretisierungen: Schutz der menschlichen Arbeitskraft durch angemessene Arbeitsbedingungen, gerechten Lohn und Berufsausbildung, sowie durch das Recht auf die kollektive Wahrnehmung von Interessen durch Gewerkschaften. Hinzu tritt die Absicherung gegen zahlreiche Gefährdungen: Krankheit, Unfälle, Invalidität, Arbeitslosigkeit und Armut im Alter sowie Einschränkung der Arbeitskraft durch Schwangerschaft und Mutterschaft. Zu den besonderen sozialstaatlichen Anliegen gehört die Versorgung mit Wohnraum, der Schutz von Frauen, Kindern und Jugendlichen sowie die Unterstützung von Behinderten.

Letztlich bilden das Arbeitsrecht und das System der Sicherheit den Kern des Sozialstaates. Als kernnaher Bereich tritt das Bildungssystem hinzu. Mieterschutz, Verbraucherschutz und ein hohes Niveau der Versorgung mit öffentlichen Gütern kennzeichnen darüber hinaus den Sozialstaat in reichen Industriegesellschaften.

Wenngleich eine allgemeingültige, wirtschaftswissenschaftlich-systematisch fundierte Definition des Begriffs „Sozialstaat“ nicht möglich ist, lässt sich dennoch sagen: Ausgehend von der sozialpolitischen Zielsetzung der Vergangenheit, materielle Not zu lindern, hat sich das heutige, moderne Sozialstaatsprinzip zu einem Postulat entwickelt, durch mehr oder minder zentrale staatliche Eingriffe und Regelungen die Individuen von Risiken zu entlasten und von ihrer persönlichen Zukunftsvorsorge teilweise zu entpflichten. Damit wird das Sozialstaatsprinzip auch Gegenstand ordnungspolitischer Dispute, in denen die Prinzipien des Wettbewerbs und der Eigenverantwortlichkeit auf der einen Seite den Postulaten der staatlichen Fürsorglichkeit und der Schutzbedürftigkeit des einzelnen auf der anderen Seite gegenübergestellt werden.

Im folgenden werden ohne den Anspruch auf Vollständigkeit einige wesentliche Elemente des Sozialstaats in Deutschland vorgestellt. Die Auswahl orientiert sich einerseits an der (finanziellen) Bedeutung im Sozialsystem, zum anderen daran, ob sich besonders vordringliche Fragen und ordnungspolitische Probleme herausarbeiten lassen.

4.11.2 Grundelemente des Sozialstaates in der Bundesrepublik Deutschland

4.11.2.1 Rentenversicherung

Das umfangreichste Sozialversicherungssystem in der Bundesrepublik Deutschland ist die Rentenversicherung. Sie umfasst die

- Rentenversicherung der Arbeiter,
- Rentenversicherung der Angestellten und
- die knappschaftliche Rentenversicherung.

Auf die Rentenversicherung entfallen etwa 32% der gesamten Sozialleistungen und rund 11% des Bruttonationeinkommens der Bundesrepublik Deutschland.

Die rechtlichen Grundlagen der Rentenversicherung bestehen in den Ausführungen des Grundgesetzes zur Sozialversicherung (Art. 74, Ziff. 12, Art. 87, Abs. 2, Art. 95, Abs. 1, Art. 120, Abs. 1, Art. 14, Art. 3), dem Gesetz über die Selbstverwaltung in der Sozialversicherung, dem Sozialgerichtsgesetz, dem Gesetz über die Errichtung der Bundesversicherungsanstalt für Angestellte, dem Bundesversicherungsamtsgesetz und dem Bundesknappschafts-Errichtungsgesetz. Hinzu tritt das Fremdrenten- und Auslandsrentengesetz.

Die Rentenversicherung in der Bundesrepublik Deutschland basiert auf dem „Umlageprinzip": Die Versicherten finanzieren mit ihren Beiträgen die gegenwärtigen Renten im Vertrauen darauf, die nächste Generation werde dieses auch für sie tun. Damit wird Rentenversicherung nicht als gesetzlich verordneter Sparprozess für das eigene Alter nach dem Muster der privaten Lebensversicherung verstanden, sondern als Solidarvertrag zwischen den Generationen (Generationenvertrag). Die Höhe der Rente wird dabei nach einer „Rentenformel" berechnet. Das Berechnungsprinzip zielt darauf ab, dass die Renten erheblich über dem Existenzminimum liegen und in die Nähe der Erwerbseinkommen gerückt werden. Es geht bei der Rentenversicherung also nicht lediglich um eine Grundsicherung zur Vermeidung von Not im Alter, sondern um eine Lebensstandardsicherung. Die Rente in der Bundesrepublik Deutschland ist „dynamisch", was bedeutet, dass die Rentenanwartschaften und Renten entsprechend der Einkommensentwicklung jährlich angepasst werden. Dadurch sollen die Rentner den erreichten Lebensstandard aufrecht erhalten, am Produktivitätsfortschritt beteiligt werden und an der laufenden Einkommensentwicklung der Aktiven teilnehmen können.

Die Erhöhung des Leistungsspektrums der Rentenversicherung, die demographische Entwicklung (Zunahme des Anteils der Rentner an der Gesamtbevölkerung) und andere Gründe, wie Einnahmeausfälle durch Rückgang der gesamtwirtschaftlichen Aktivität, aber auch: Belastung der Rentenversicherung durch versicherungsfremde Leistungen, haben zu laufenden Erhöhungen des Beitragssatzes der Rentenversicherung geführt. Zusätzlich zu den Beitragseinnahmen erhält die Rentenversicherung Zuschüsse durch den Bund, zu welchen dieser vom Grundgesetz verpflichtet wird.

In den 70er Jahren allerdings hat die gesetzliche Rentenversicherung hohe Überschüsse erzielt. Die Rentenpolitik reagierte auf diese Überschüsse mit einer starken Leistungsausweitung; dazu gehört die Einführung einer flexiblen Altersgrenze – von 63 bzw. 62 Jahren, die Öffnung der Rentenversicherung für bisher ausgeschlossene Personen wie Selbständige und nicht erwerbstätige Hausfrauen, verbunden mit großzügigen Nachentrichtungsmöglichkeiten, sowie besondere Leistungen zum Ausgleich niedriger Löhne, welche die Bezieher niedriger Einkommen an die Rentenansprüche der Durchschnittsverdiener heranführen.

In der zweiten Hälfte der 70er Jahre begann dann die gesetzliche Rentenversicherung Defizite aufzuweisen. Beitragszahlung der Rentenversicherung für die Krankenversicherung der Rentner, die größere Versicherungsdichte bei den Frauen und andere Ausgabeausweitungen führten zu einer schnellen Abschmelzung der Rücklage der Rentenversicherung, welche die Funktion einer konjunkturellen Schwankungsreserve hat. Die Rentenpolitik reagierte u. a. mit der Herabsetzung der Mindestschwankungsreserve auf eine Monatsausgabe, Beitragserhöhungen und Leistungsbeschränkungen.

Gleichzeitig wurde aber das Leistungspektrum auch erhöht: die flexible Altersgrenze wurde für besondere Gruppen gesenkt, z. B. für Behinderte, und Künstler und Publizisten wurden in die Rentenversicherung für Angestellte einbezogen.

In den 80er Jahren kam es zu einer weiteren Verschlechterung der finanziellen Situation in der Rentenversicherung, welche hauptsächlich durch die Zunahme der Arbeitslosigkeit hervorgerufen wurde. Hinzu trat, dass die demographische Entwicklung die Finanzierung der Renten durch das Umlageverfahren in zukünftigen Jahrzehnten immer schwieriger erscheinen ließ. Es wurden weitere Reformschritte ergriffen, zu denen insbesondere die Bindung der Renten an die Nettoeinkommen (anstatt an die Bruttoeinkommen) und die Beteiligung der Rentner an den Beiträgen für ihre Krankenversicherung zu nennen sind. Diese und eine Reihe von weiteren Maßnahmen, zu welchen auch die Heraufsetzung des Beitragssatzes in der Rentenversicherung für Arbeiter und Angestellte zählte, führten dazu, dass seit 1985 wieder Überschüsse erzielt wurden und die Schwankungsreserve auf 1,9 Monatsausgaben stieg. Auf der Leistungsseite sind in dieser Zeit die Neuordnung der Hinterbliebenenversorgung und die Verbesserung der sozialen Sicherung der Frauen, u. a. initiiert durch das Bundesverfassungsgericht, besonders bedeutsam. Hinzu trat die Berücksichtigung von Kindererziehungszeiten bei der Bemessung der Rente für Frauen.

In den neunziger Jahren verschärften sich wiederum die Finanzierungs- und Leistungsanforderung an die Rentenversicherung aufgrund der demographischen Entwicklung und der teilweise unbefriedigenden konjunkturellen Tendenzen. Gleichwohl bestärkten die Regierungsparteien und die SPD als größte Oppositionspartei die vier Grundprinzipien, welche bereits der Rentenreform von 1957 zugrunde lagen:

- Finanzierung der Rentenversicherung im Umlageverfahren,
- Lohn- und Beitragsbezogenheit der Rente,
- Lebensstandardsicherung durch die Rentenversicherung,
- Teilhabe der Rentner an der allgemeinen Einkommensentwicklung.

An die Stelle der in der Vergangenheit dominierenden gesetzlichen Rentenversicherung tritt 2001 ein „Drei-Säulen-Modell" der Altersversorgung: Die drei Säulen der Alterssicherung bilden dabei die gesetzliche Rente – aber nicht mehr ausreichend zur Lebensstandardsicherung, sondern nur als Grundversorgung zur Vermeidung von Armut – sowie die Betriebsrenten und die private Versicherung.

Mit der Einführung der „Riester-Rente" zum 1. Januar 2002 sollte die Rentenversicherung auf andere finanzielle Grundlagen gestellt werden. Neben die staatliche Versicherung, die nur noch als Grundsicherung zu verstehen ist, und die betrieblichen Renten trat 2002 die dritte Säule einer staatlich geförderten privaten Altersversicherung. Dies geschah in Form von Zuschüssen und Steuervergütungen. Waren seit der Mitte der 1970er Jahre überwiegend „Sparmaßnahmen" in Form von Leistungskürzungen das bevorzugte Mittel der Regierungen geweisen, um Defiziten der Rentenversicherungen zu begegnen, so war die Einführung der „Riester-Rente" der erste Schritt hin zu einem

Systemwechsel[1]. Dadurch, dass in der staatlich geförderten Riester-Rente eigene Rücklagen gebildet werden konnten, bedeutete es eine Verschiebung hin zu einem Mischsystem aus umlage- und rücklagefinanzierter Altersvorsorge. Mit der Riester'schen Rentenreform von 2002 erfolgte zudem die Umstellung der Berechnungsgrundlage der Rentenhöhe vom durchschnittlichen Nettoeinkommen (Nettoprinzip, seit der Rentenreform 1989/92) wieder auf das Bruttoprinzip, denn das Nettoprinzip hatte zur Folge gehabt, dass aus Steuersenkungen, die eine Steigerung des Nettolohns nach sich zogen, höhere Rentenzahlungen resultierten[2].

Die stufenweise Anhebung des Rentenalters fällt hingegen in die Kategorie Leistungskürzung, da künftig ein Arbeitnehmer länger arbeiten muss, um das gleiche Rentenniveau zu erreichen wie früher. Von 2012 bis 2029 soll das Rentenalter erst im einmonatigen, ab 2024 im zweimonatigen Rhythmus um einen Monat angehoben werden, bis es 67 Jahre erreicht. Nachdem das Rentenalter in den Anfangsjahren der Rentenversicherung von 70 Jahren (1889) auf 65 Jahre (1916) gesenkt worden war[3], sowie ab Anfang der 1970er Jahre der Weg in die Frühverrentung erleichtert wurde, geht der Trend nun wieder zurück zu höheren Rentenaltern.

4.11.2.2 Krankenversicherung und Pflegeversicherung

Die gesetzliche Krankenversicherung ist der älteste Zweig der deutschen Sozialversicherung. Sie schützt etwa 90% der Bevölkerung im Krankheitsfall. Die Verwaltungsführung liegt bei den Versicherten und ihren Arbeitgebern in eigener Verantwortung.

Von großer Bedeutung ist die Regelung der Beziehung zwischen den Ärzten und den Krankenkassen: Der Gesetzgeber hat mit dem Kassenarztgesetz von 1955 die unmittelbaren Rechtsbeziehungen zwischen Arzt und Krankenkasse beseitigt und die Verhandlungskompetenz für die ärztliche Seite den Kassenärztlichen Vereinigungen übertragen. Damit erhielten die Zusammenschlüsse der Kassenärzte eine starke Position gegenüber der im Vergleich zersplitterten Nachfrageseite der Kassen.[4]

1956 wurden die Rentner vollwertige Mitglieder der jeweiligen Krankenkasse, und ihre Beiträge waren von der Rentenversicherung aufzubringen.

Bereits 1959 kam es zu einem ersten Anlauf zur Reform der Krankenversicherung. Ein wesentliches Reformziel bestand darin, für jede ärztliche Leistung eine Selbstbeteiligung einzuführen. Die Reform scheiterte allerdings an vielfältigen Widerständen verschiedener Verbände, ebenso wie ein zweiter Versuch 1962, der u.a. eine Mitteilung ärztlicher Honorarforderungen an die Versicherten und eine stärkere Belastung der Arbeitgeber vorsah. Anscheinend hat dieses doppelte Scheitern für die nächsten 25 Jahre alle Versuche gelähmt, grundsätzliche Neuerungen in Angriff zu nehmen.[5]

In mehreren Schritten sind in der Vergangenheit die Leistungen der gesetzlichen Krankenversicherung erhöht worden. 1957 wurden durch das Lohnfortzahlungsgesetz die wirtschaftliche Sicherung der Arbeiter im Krankheitsfall wesentlich verbessert und die Karenztage von drei auf zwei Tage verkürzt. Seit 1961 beträgt der Zuschuss der Arbeit-

---

1 Siehe Boeckh, J., Huster, E.-U., Benz, B., Sozialpolitik in Deutschland. Wiesbaden 2004, S. 317.

2 Pilz, F., Der Sozialstaat, Ausbau, Kontroversen, Umbau. Bonn 2004, S. 173.

3 Ein Alter von 70 Jahren erreichten nur wenige Industriearbeiter – 1911 gab es nur 100000 Altersrentner. Nach: Hentschel, V.; Geschichte der deutschen Sozialpolitik (1880–1980). Soziale Sicherung und kollektives Arbeitsrecht. Frankfurt a.M., S. 24.

4 Vgl. Zipperer, M., Krankenversicherung auf Erfolgskurs, in: Erfolg und Zukunft des Sozialstaates, hrsg. v. Bundesminister für Arbeit und Sozialordnung, Bonn 1989, S. 28–44.

5 Vgl. ebd.

geber bei der Lohnfortzahlung 100% des Nettolohns, und Karenztage fallen weg. Mit der endgültigen arbeitsrechtlichen Regelung durch das Lohnfortzahlungsgesetz von 1969 wurde die Krankenversicherung von der Last der wirtschaftlichen Sicherung der Arbeitgeber im Krankheitsfall – dafür war sie 1883 hauptsächlich geschaffen worden – befreit.

Diese Entlastung der gesetzlichen Krankenversicherung wurde zur Erweiterung des versicherten Personenkreises – z. B. auf Landwirte, Behinderte, Studenten, Künstler[6] – und zur Verbesserung der Leistungen genutzt. Beispiel für wesentliche Leistungssteigerungen sind Maßnahmen zur Früherkennung von Krankheiten, der Anspruch auf Haushaltshilfe bzw. Krankengeld bei Verdienstausfall durch die Betreuung eines kranken Kindes, Leistungserhöhungen bei der Rehabilitation und anderes.

Einige dieser Leistungssteigerungen wurden kontrovers diskutiert, können sie doch als versicherungsfremde Leistungen angesehen werden, die zwar dem Bereich der Familienpolitik zuzuordnen sind, gleichwohl aber der gesetzlichen Krankenversicherung aufgebürdet werden. Hierzu gehört die Gewährung von Haushaltshilfe und die Zahlung von Krankengeld wegen der Betreuung eines kranken Kindes, aber auch die Verlängerung der Familienhilfe für arbeitslose Jugendliche. Ordnungspolitisch „sauber" wäre eine Finanzierung durch die Budgets der entsprechenden staatlichen Akteure – z. B. Ministerien, – anstatt durch die Krankenversicherung. Besonders umstritten sind in diesem Zusammenhang die Belastung der Krankenversicherung mit den Kosten für Sterilisation und Schwangerschaftsabbruch, die der Gesetzgeber als flankierende Maßnahmen zur Reform des § 218 eingeführt hat.

Eine Folge der Leistungssteigerung und der Ausweitung der gesetzlichen Krankenversicherung auf neue Personenkreise bestand in einem schnellen Anstieg der Ausgaben. In der ersten Hälfte der siebziger Jahre stiegen die Ausgaben jährlich um 16,5% pro Mitglied, während die Beiträge sich nur um 9,6% erhöhten. In der Folge wurden die Beiträge erhöht, und die versicherte Bevölkerung musste einen immer größeren Teil ihres Erwerbseinkommens für die Ausgaben der Krankenversicherung zur Verfügung stellen.

Trotz der bereits Ende der siebziger Jahre einsetzenden Bemühungen um eine grundlegende Reform der gesetzlichen Krankenversicherung konnte dieser Trend – die Ausgaben steigen schneller als die Einnahmen – nicht gebrochen werden. Hinzu trat alsbald das Problem einer „aus den Fugen geratenen Finanzierung der Krankenversicherung der Rentner"[7].

Die zunehmende Lücke zwischen Einnahmen und Ausgaben der gesetzlichen Krankenversicherung mit dem Zwang zu wiederholten Beitragserhöhungen sowie die schlechteren wirtschaftlichen Rahmenbedingungen gaben Anlass zu mehreren Kostendämpfungsprogrammen. Das Hauptziel dieser Programme bestand in der Stabilisierung der Beitragssätze. Es sollte im wesentlichen durch zwei Strategien erreicht werden:

- eine Budgetierung der Ausgaben,
- eine einnahmenorientierte Ausgabenpolitik.

Immer wieder wurde auch versucht, gegen Missbräuche anzugehen, etwa im Bereich der Kuren oder des Zahnersatzes. Von besonderer Bedeutung war und ist die Senkung

[6] Die Erweiterung des versicherten Personenkreises führte oft zur Entlastung anderer Budgets, zum Beispiel der Sozialhilfe, zu Lasten der gesetzlichen Krankenversicherung.

[7] Zipperer, M., a. a. O., S. 39.

der Kosten von Krankenhäusern. Trotz intensiver Bemühungen und verschiedener Leistungseinschränkungen konnte jedoch das Ziel der Beitragsstabilität langfristig nicht erreicht werden. Offensichtlich zielten die eher kurzfristig angelegten Maßnahmen zur Kostendämpfung nur auf die Symptome, ohne die eigentlichen Ursachen der problematischen Entwicklung zu treffen.

Seit 1984 stiegen die Beitragssätze zur gesetzlichen Krankenversicherung wieder ständig an, und die Notwendigkeit einer breit angelegten Strukturreform, die an den Ursachen der Fehlentwicklung ansetzte, wurde immer offensichtlicher.

Wiederum war die Stabilität der Beitragssätze das Hauptziel der Politik. Die Strukturreform griff tief in das Leistungsrecht ein, zum Beispiel durch:

- Wegfall des Sterbegeldes,
- Einschränkungen bei Arznei-, Heil- und Hilfsmitteln,
- Einschränkungen bei Fahrtkosten, Kuren, Zahnersatz, Kieferorthopädie
- sowie höheren Zuzahlungen der Patienten.

Trotz des Gesetzes zur Strukturreform im Gesundheitswesen, das 1988 verabschiedet wurde, kam die gesetzliche Krankenversicherung seither nicht zur Ruhe. Die Schere zwischen Einnahmen und Ausgaben schließt sich nicht, und auch das immer wieder verfolgte Ziel der Beitragssatzstabilität ist als nicht gesichert anzusehen.

Mit dem Gesundheitsstrukturgesetz von 1992 wurden die Ausgaben per Gesetz gedeckelt und die Möglichkeit zum leichteren Wechsel der Krankenkasse eingeführt. Damit die Beiträge der Kassen nicht allzu sehr auseinanderklaffen würden, wurde der Risikostrukturausgleich (RSA)[8] eingeführt, der verschiedene Parameter der Patienten einbezog, allerdings nicht die Morbidität (Krankenzustand). Daher konnten die Krankenkassen zwischen „guten“ und „schlechten“ Risiken selektieren. Diesen Missstand behob erst die Gesundheitsreform von 2002 mit der Einbeziehung der Morbidität[9]. Die folgenden Reformen (1996/97, 2000 und 2001/02) umfassten vor allem die Privatisierung von Leistungen wie der höheren Zuzahlung beim Zahnersatz und bei Arzneimitteln. Fallpauschalen sollten bei der Gesundheitsreform 2000 die Behandlungskosten deckeln, indem die Ärzte für ähnliche Fälle nur noch eine Pauschale bekamen. Als wichtiger Meilenstein wird häufig die Schaffung des Koordinierungsrates aus Vertretern der Ärzte, Krankenhäusern und Krankenversicherungen im Jahr 2000 angesehen. Die Unabhängigkeit dieses Gremiums, das Behandlungskriterien ausarbeiten soll, wird allerdings von Kritikern angezweifelt, die hinterfragen, ob Interessengruppen – auch wenn sie aus unterschiedlichen Lagern kommen – tatsächlich Bestandslösungen zum Allgemeinwohl formulieren können.[10]

Nachdem 2002 die Krankenkassen erneute Defizite anhäuften, reagierte die Regierung mit dem Beitragssicherungsgesetz, mit dem die Beiträge und die Ausgaben eingefroren wurden und die Pharmaindustrie zur Gewährung von Mengenrabatten gezwungen werden sollte. Aufgrund der zahlreichen Ausnahmeregelungen blieb das Gesetz aber von geringer Wirkung. Die Reformrunde von 2003 brachte vor allem Privatisierungen von Leistungen. Dass die Krankenkassen danach zum ersten Mal seit langem Überschüsse erwirtschafteten, führte allerdings nicht zu der erwarteten deutlichen Senkung des Arbeitgeberanteils an der Krankenversicherung, da die Kassen die Überschüsse zumeist für die Tilgung aufgelaufener Verbindlichkeiten verwenden wollten, statt sie in Form von Beitragssenkungen weiterzugeben.

---

8 Pilz, F., Der Sozialstaat. Ausbau – Kontroveren – Umbau. Bonn 2004, S. 186.

9 Ebd., S. 191.

10 Ebd., S. 190f.

Da auch die Maßnahmen der Politik, die Ausgaben der Ärzte zu beschränken, insgesamt fehlgeschlagen sind, wird die Gesundheitspolitik auch weiterhin ein Problemfeld der Sozialpolitik darstellen. Ein Beitrag in einem verwandten Politikfeld könnte dabei vom europäischen Gerichtshof aus Luxemburg kommen: Die Aufhebung des Niederlassungsverbotes für Apothekenketten könnte die Kosten für Medikamente senken und mehr Wettbewerb auf dem Gesundheitssektor schaffen.

Wie mehr Wettbewerb im Krankenversicherungssystem und gleichzeitig eine Beibehaltung des Solidaritätsprinzips konkret umgesetzt werden soll, ist nur schwer absehbar. Es stellt sich die Frage, ob das überkommene Solidarsystem überhaupt hin zu mehr Wettbewerb „umbaubar" ist. Es haben sich zwei grundlegende Reformansätze in den letzten Jahren herauskristallisiert[11]: Die „Bürgerversicherung" soll die Beitragsbasis der Krankenversicherungen verbreitern, indem alle Bürger beitragspflichtig werden. Der Beitrag soll einen prozentualen Anteil am Einkommen betragen, wobei mehr Einkommensarten als bisher berücksichtigt werden sollen – dadurch soll der Faktor Arbeit entlastet werden. Ob die Privaten Krankenkassen abgeschafft werden, ist in den zahlreichen Bürgerversicherungskonzepten umstritten.

Im Konzept der „Gesundheitsprämie", zahlt jeder Bürger die gleiche Pauschale für den Versicherungsschutz, und Geringverdiener werden aus Steuermitteln unterstützt. Das Nebeneinander zwischen Gesetzlichen und Privaten Krankenkassen bliebe erhalten. Mit der Gesundheitsprämie wären die Beiträge weitgehend vom Arbeitseinkommen entkoppelt und die Beiträge der Geringverdiener würden aus Steuermitteln finanziert.

Die Pflegeversicherung ist eine relativ junge Versicherung – das Sozialgesetzbuch XI, das die Pflegeversicherung regelt, ist seit Mitte 1994 in Kraft. Damit trug die Politik der Tatsache Rechnung, dass die Familie nicht mehr die Pflege für ältere Menschen alleine übernehmen kann. Immer mehr Pflegebedürftige waren so Sozialhilfeempfänger geworden. Mit dem Inkrafttreten der Pflegeversicherung ist die Pflege von Pflegebedürftigen nun als „gesamtgesellschaftliche Aufgabe" bezeichnet (§ 8 SGB XI), allerdings nur als soziale Grundsicherung. Leistungen, die über die der Pflegeversicherung hinausgehen, sollen durch die Rente getragen werden.

Alle Personen, die in einer Krankenkasse Mitglied sind – egal ob gesetzlich oder privat, freiwillig oder nicht – sind Mitglieder bei den gesetzlichen und privaten Krankenversicherungen eingerichteten Pflegekassen. Diese sind die Träger der Pflegeversicherung und von den Krankenkassen unabhängig. Freiwillige Mitglieder der Gesetzlichen Krankenversicherung können allerdings auch private Anbieter von Pflegeversicherungen in Anspruch nehmen. Neben der Bereitstellung von Pflegeleistungen ist es Aufgabe der Pflegekassen, die Versorgung der Versicherten mit Pflegeleistungen entsprechend dem medizinisch-pflegerischen Stand zu gewährleisten (alleiniger Sicherstellungsauftrag).

Die Zahl der Leistungsempfänger hat sich von 1,5 Mio. im Jahre 1996 auf 2 Mio. im Jahre 2006 erhöht.[12] Zwar gilt der gesetzlich vorgegebene Grundsatz, häusliche Pflege einer stationären (z. B. in einem Alten- und Pflegeheim) vorzuziehen ist (§ 43 SGB XI); und gut 2/3 der Leistungsbezieher wird auch zu Hause gepflegt. Allerdings steigt der

---

[11] Für eine Gegenüberstellung der unterschiedlichen Konzepte und ihrer Varianten siehe Greß, S., Zwischen Kopfpauschale und Bürgerprämie. Expertisen zur Finanzierungsreform der gesetzlichen Krankenversicherung. Düsseldorf 2005.

[12] Leistungsempfänger der sozialen Pflegeversicherung am Jahresende nach Pflegestufen. Herausgegeben vom Bundesministerium für Gesundheit (04-Leistungsempfaenger-der-sozialen-PV-nach-Pflegestufen-p.pdf).

Anteil derer, die professionelle Hilfe in Pflegeheimen in Anspruch nehmen (33,5% im Jahr 2006). Auch die Beanspruchung von ambulanten Pflegediensten im häuslichen Umfeld steigt; analog dazu die Ausgaben: die Zahlungen des höheren Pflegegeldes für ambulante und stationäre Pflege in Heimen steigen stärker als die Ausgaben für die niedrigere Pflegehilfe (Zuschuss für familiäre Pflege) fallen. Es lässt sich also ein Trend zur Professionalisierung der Pflege konstatieren, der sich in höheren Ausgaben niederschlägt.

Die Pflegeversicherung war in den letzten Jahren von größeren Reformen nicht betroffen, obwohl auch hier die Ausgaben stetig stiegen. Größere Umbaumaßnahmen würden wohl nur im Rahmen einer kompletten Umstellung der deutschen Sozialversicherungen auf eine Bürgerversicherung oder im Rahmen einer kompletten Privatisierung erfolgen. Auch eine von mehreren Seiten geforderte Dynamisierung der Leistungshöhe, die bisher absolut formuliert ist, wurde nicht umgesetzt. Dadurch konnte allerdings ein Steigen der Gesamtleistungshöhe eingedämmt werden. Als treibende Kraft bei der Reformierung der Pflegeversicherung hat sich zuletzt das Bundesverfassungsgericht erwiesen.[13] Mit dem Urteil von April 2001 stellte es fest, dass die beitragsmäßige Gleichbehandlung von Familien mit Kindern und Kinderlosen nicht verfassungskonform sei, da Kinderlose angesichts des Umlagesystems weniger zur Finanzierung der Pflegeversicherung beitrügen. Zum 1. 1. 2005 müssen daher Beitragspflichtige, die keine Kinder erziehen oder erzogen haben, einen Beitragszuschlag von 0,25% zu ihren regulären Beiträgen entrichten (Kinder-Berücksichtigungsgesetz). Dies half der Finanzierungsseite zwar kurzfristig, der langfristig fortschreitende Trend zur Professionalisierung aufgrund sich ändernder Familienverhältnisse und eine älter werdenden Bevölkerung lässt aber einen weiter steigenden Finanzierungsbedarf erwarten. Angesichts tendenziell sinkenden Renten ist gleichzeitig auch eine Versorgungslücke zu erwarten, da die Rente die Leistungen abdecken soll, die nicht von der Pflegeversicherung getragen werden.

4.11.2.3 Unfallversicherung

Dem gegliederten Sozialversicherungssystem der Bundesrepublik Deutschland liegt die ordnungspolitische Entscheidung einer bewussten Risikoabgrenzung zugrunde: Die Zuständigkeit der Krankenversicherung im Krankheitsfall, das Einstehen der Rentenversicherung als zentrale Alterssicherung und als Sicherung gegen das Risiko der Invalidität und schließlich die Unfallversicherung als Sicherung gegen Invalidität durch Arbeitsunfälle und Berufskrankheiten. Einem einheitlichen Invaliditätssicherungssystem ist damit eine klare ordnungspolitische Absage erteilt.[14]

Das Unfallversicherungsgesetz von 1884 zielte darauf ab, körperliche Schäden und ihre Folgen, die kausal auf Ereignisse im Betrieb zurückzuführen sind, durch ein öffentlichrechtliches Haftungssystem zu entschädigen.[15] Der individuelle Unternehmer ist von der Haftung freigestellt, an seine Verpflichtung tritt die alleinige Finanzierungspflicht der Gemeinschaft der Unternehmer, welche allein die Beiträge bestreiten – dies im Unterschied zur Renten- und Krankenversicherung, bei der Arbeitgeber und Arbeitnehmer sich die Beiträge teilen.

---

[13] Sendler, J., Zukunftsanforderungen an eine wirksame Absicherung bei Pflegebefürditgkeit. In: Soziale Sicherheit 8–9, 2004, S. 265.

[14] Vgl. Thomas, H.–P., Unfallversicherung – Schutz gegen Gefahren der Arbeitswelt, in: Erfolg und Zukunft des Sozialstaates, a. a. O., S. 62–72.

[15] Vgl. im einzelnen Wickenhagen, F., Geschichte der gewerblichen Unfallversicherung, München, Wien 1980, passim.

Wie die anderen beiden Sozialversicherungen erfuhr auch die Unfallversicherung im Lauf der Zeit eine Ausweitung des versicherten Personenkreises und des Leistungsumfanges. Bis heute gelten die Prinzipien der Gründerzeit:

- Kausalität,
- öffentlich-rechtliche Entschädigung,
- Umlageverfahren mit alleiniger Finanzierung durch die Unternehmer,
- fachliche Gliederung in gewerbliche Berufsgenossenschaften als Versicherungsträger.

Zu den wichtigsten Leistungsverbesserungen der neueren Zeit gehört die Einführung der jährlichen Rentenanpassung. Zusätzlich in den Versicherungsschutz wurden einbezogen:

- Jugendliche in der Ausbildungsphase,
- Schüler und Studenten,
- Kinder in Kindergärten.

Erweiterungen des Versicherungsschutzes betrafen zum Beispiel:

- den ersten Gang des Versicherten zur Bank nach Ablauf eines Lohnzahlungszeitraumes,
- Unfälle auf Umwegen, die ein Versicherter wegen seiner eigenen Berufstätigkeit oder der Berufstätigkeit seines Ehepartners zurücklegen musste, um sein Kind in fremde Obhut zu geben,
- verbesserte Unfallversicherung von Fahrgemeinschaften.

Damit entfernte sich die gesetzliche Unfallversicherung von ihrer ursprünglichen Intention, Schutz gegen Gefahren im Arbeitsleben zu gewährleisten. Die ordnungspolitische Problematik wird in der Diskussion über die Definition von Berufskrankheiten besonders deutlich:

In der heutigen Zeit werden alle Menschen in ihrer Umwelt nachgewiesenen oder vermuteten karcinogenen Stoffen und anderen schädlichen Substanzen ausgesetzt. Kritiker des derzeitigen[16] Berufskrankheitensystems fordern, die Ursache von Leiden zunächst einmal im Arbeitsleben zu vermuten und die gesetzliche Unfallversicherung haften zu lassen. Dies läuft auf die gesetzliche Vermutung hinaus, eine Krankheit solange als Berufskrankheit anzusehen, als nicht der Arbeitgeber des Erkrankten den Beweis erbracht hat, dass die Krankheit nicht beruflich verursacht worden ist.

Die Erfüllung dieser bis heute immer wieder erhobenen Forderung würde aber dem Ordnungsprinzip des gegliederten Sozialversicherungssystems widersprechen, nach welchem die Unfallversicherung nur bei möglichst genau definierten beruflichen Risiken ersetzend oder ergänzend zu den anderen Sicherungssystemen hinzutritt. Eine Umkehr der Beweislast würde darauf hinauslaufen, die vielfältigen Gefährdungen und Risiken aus der Umwelt, aus dem privaten Umfeld mit seinen unterschiedlichen Lebensgewohnheiten und dem beruflichen Alltag ausschließlich und gebündelt in Form einer Fiktion in die Arbeitswelt zu verlegen.

Andere Reformvorschläge zielen auf die Abschaffung, oder zumindest die Aufweichung des Versicherungsmonopols der Berufsgenossenschaften hin. Derzeit sind die Betriebe einer Branche zwangsweise einer Berufsgenossenschaft zugeordnet und zwangsversichert (§§ 1 und 2, SGB VII). Hinzu kommt ein polizeiliches Regelmonopol der Berufsgenossenschaften durch die Erlassung von Unfallverhütungsvorschriften und das Erstversorgungsmonopol bei der Rehabilitation von Unfallopfern in Genossen-

[16] Vgl. im einzelnen die Darstellung bei Thomas, H.-P., a. a. O.

schaftseinrichtungen.[17] Ein Wettbewerb zwischen Versicherungsträgern findet also nicht statt – einzig bei einer über die Leistungen der GUV hinausgehenden Unfall-Zusatzversicherung konkurrieren private Anbieter. Ob dieses dreigliedrige Monopol ganz oder in Teilen europarechtlich korrekt ist, ist noch zu klären. Eine Aufweichung des Monopols würde aber in jedem Fall die seit dem Bestehen der Unfallversicherung typische korporatistischen Implementierung der Versicherung in Frage stellen.

4.11.2.4 Regulierung des Arbeitsmarktes und Arbeitsmarktpolitik

Der deutsche Arbeitsmarkt wird durch ein im internationalen Vergleich kompliziertes System geregelt, in welchem dem Staat, den Tarifparteien und dem Einzelnen unterschiedliche Funktionen zugewiesen werden:

- Der Gesetzgeber gibt die wesentlichen Rahmenbedingungen und Mindeststandards vor.
- Die Tarifparteien legen in diesem Rahmen die Masse der Arbeitsbedingungen durch Tarifverträge fest.
- Die Betriebsräte und die Arbeitgeber regeln die speziellen betrieblichen Arbeitsbeziehungen.
- Die einzelnen Arbeitnehmer und Arbeitgeber schließen Arbeitsverträge ab, beenden sie und gestalten sie inhaltlich im vorgegebenen Rahmen der Gesetze und Tarifverträge.

Die Regulierung des Arbeitsmarktes beruht im wesentlichen auf drei Säulen:

- Gesetzliches Arbeitsrecht.
- Normsetzung durch Tarifvertragsparteien.
- „Richterrecht“: Die Arbeitsgerichte entwickeln Grundsätze zur Auffüllung von Lücken im Arbeitsrecht. Mit dieser besonderen Rolle nimmt die Arbeitsrechtsprechung gleichsam Funktionen des Gesetzgebers wahr.

An der grundsätzlichen Verteilung der Rollen und deren Funktionen wollen auch radikale Reformer nicht rütteln. Durch die garantierte Autonomie der Tarifvertragsparteien hat der Staat wenige Möglichkeiten der Einflussnahme. Als flexibel hat sich das System durch den vermehrten Abschluss von Haustarifverträgen erwiesen, was vor allem in Ostdeutschland genutzt wird. Dabei wird zwischen dem Betriebsrat und dem Management einer Firma ein separater Tarifvertrag ausgehandelt.

Auf staatlicher Ebene dagegen ist in den letzten Jahren die Einführung eines Mindestlohnes diskutiert worden. Neben der bloßen Einführung ist die Höhe des Mindestlohnes umstritten. Sollten Transferzahlungen in der Summe höher ausfallen als Arbeitseinkommen mit einem Mindestlohn, wäre die Einführung wirkungslos. Es wird deutlich: ein Quasi-Mindestlohn in Höhe des individuellen Sozialtransfereinkommens existiert bereits.

4.11.2.4.1 Schutzgesetze

Von besonderer sozialstaatlicher Bedeutung ist das Kündigungsschutzgesetz, verlangt es doch, dass eine ordentliche Kündigung sozial gerechtfertigt sein muss. Weitere Gesetze zur sozialen Ausgestaltung des Arbeitsmarktes betreffen die Heimarbeit (Heimarbeitsgesetz); die Lohnfortzahlung (Lohnfortzahlungsgesetz) und den Schutz von

[17] Vgl. Römer, M.: Reform der gesetzlichen Unfallversicherung. Bonn 2004.

schwangeren Frauen und Müttern (Mutterschutz) sowie von Behinderten und den Jugendarbeitsschutz.

Den Arbeitsschutzgesetzen ist gemeinsam, dass sie die Arbeitnehmer, die in einem Betrieb beschäftigt sind, vor als schädlich oder als unangemessenen angesehenen Belastungen schützen und den Arbeitgeber teilweise zu Zahlungen verpflichten (Mutterschutz, Lohnfortzahlung). Sie werden kontrovers beurteilt, da sie zwar die Arbeitnehmer schützen, die einen Arbeitsplatz haben (Insider), jedoch Marktzutrittsbarrieren für jene schaffen, die einen Arbeitsplatz suchen (Outsider).

4.11.2.4.2 Tarifverträge

1949 erfolgte in Deutschland der übergreifende Zusammenschluss der Industriegewerkschaften zum Deutschen Gewerkschaftsbund, 1950 wurde von den Alliierten die Bundesvereinigung der Deutschen Arbeitgeberverbände als Selbstverwaltungsorganisation der Arbeitgeber anerkannt. Die Gewerkschaften und die Arbeitgeberverbände bilden die Vertragsparteien im Rahmen der Tarifautonomie. Das Bundesverfassungsgericht hat festgestellt, dass die grundgesetzlich gesicherte Koalitionsfreiheit und Tarifautonomie auch begründet, dass der Staat ein Tarifvertragssystem zur Verfügung stellen muss.[18]

Im Tarifvertragsgesetz wird entsprechend geregelt,

- wer Partei des Tarifvertrags sein kann,
- welchen Inhalt der Tarifvertrag haben kann,
- wer tarifgebunden ist,
- wann Tarifverträge für allgemeinverbindlich erklärt werden können,
- wie ein Tarifvertrag gegen Umgehungen gesichert wird.

Die Vereinbarungen der Tarifverträge haben die Qualität von Rechtsnormen. Sie gelten als Mindestbedingungen, von denen nicht abgewichen werden darf, falls sich die Abweichung zuungunsten der Arbeitnehmer auswirkt.

Im Lauf der letzten Jahrzehnte haben sich die Inhalte von Tarifverträgen ausgeweitet. Während in den fünfziger Jahren der Lohn als Grundlage eines angemessenen Lebensstandards im Vordergrund stand, trat bald eine Orientierung auf die Verbesserung wirtschaftlicher und sozialer Arbeitsbedingungen hinzu. Oft enthielten solche Tarifverträge Regelungen, die später Bestandteile von Gesetzen wurden. Dies gilt zum Beispiel für die Lohnfortzahlung für Arbeiter im Krankheitsfall, die aufgrund eines sechzehnwöchigen Streiks der Metallarbeiter in Schleswig-Holstein 1956/57 erreicht wurde.

Weitere, im Zeitablauf wichtiger werdende Inhalte von Tarifverträgen betreffen die wöchentliche Arbeitszeit, den Urlaub, das Weihnachtsgeld, den Schutz vor den Folgen moderner Technologien, Kündigungsschutz, Verdienstsicherung älterer Arbeitnehmer, Bildungsurlaub, Qualifizierung der Arbeitnehmer, Vorruhestand und Einführung neuer Techniken. Diese exemplarische Aufzählung mag verdeutlichen, dass, ähnlich wie andere sozialstaatliche Regelungen, auch die sozialstaatliche Ausgestaltung des Arbeitsmarktes mit der Zeit immer weitere Aspekte umfaßt hat.

4.11.2.4.3 Mitbestimmung

Zum Markenzeichen deutscher Sozialstaatlichkeit in der Arbeitswelt gehören auch die betriebliche Mitbestimmung und die Unternehmensmitbestimmung. Die Fundamente des Betriebsverfassungsgesetzes bestehen in

[18] Vgl. Wlotzke, O., Arbeitsrecht bewährt und unverzichtbar, in: Erfolg und Zukunft des Sozialstaats, a. a. O., S. 45–61.

- dem von der gesamten Belegschaft gewählten Betriebsrat als Organ der Betriebsverfassung,
- dem Grundsatz der vertrauensvollen Zusammenarbeit,
- der betrieblichen Friedenspflicht,
- dem Vorrang des Tarifvertrages.

Im Lauf der Zeit ist der Schutz der betriebsverfassungsrechtlichen Funktionsträger und die Präsenz der Gewerkschaften in der Betriebsverfassung gestärkt worden.

Erweiterungen gab es auch hinsichtlich der Beratungs- und Informationsrechte des Betriebsrates bei der Einführung neuer Techniken, der Rechte der Jugend- und Auszubildendenvertretung und der Rechte von Minderheiten.

Zur Betriebsverfassung tritt im deutschen Sozialstaat die Unternehmensmitbestimmung, welche sich auf das gesamte Unternehmen als Wirtschaftseinheit bezieht:

- Das Mitbestimmungsgesetz wird auf Unternehmen mit mehr als 2000 Mitarbeitern angewandt und sieht vor, dass der Aufsichtsrat paritätisch von Vertretern der Anteilseigner und der Arbeitnehmer besetzt wird. Im Konfliktfall haben die Anteilseigner das Übergewicht.
- Im Montanmitbestimmungsgesetz, welches für die Unternehmen des Bergbaus und der Eisen- und Stahlindustrie gilt, wird eine paritätische Besetzung des Aufsichtsrates vorgesehen, bei der ein neutrales Mitglied im Konfliktfall den Ausschlag gibt.

Nach dem Betriebsverfassungsgesetz von 2001 wird die Bildung von Betriebsräten erleichtert und ein vereinfachtes Wahlverfahren in kleineren Betrieben eingeführt.

4.11.2.4.4 Bundesagentur für Arbeit

Zur Protektion der Arbeitnehmer und der Förderung ihrer Beteiligung an Unternehmensentscheidungen tritt seit den siebziger Jahren die aktive Arbeitsmarktpolitik, welche im wesentlichen durch das Arbeitsförderungsgesetz (AFG)[19] von 1969 bestimmt wird. Die Arbeitsmarktpolitik beruht auf einem konzeptionellen Grundgedanken, welcher der keynesianischen Wirtschaftstheorie entstammt und nicht allein dem AFG, sondern auch anderen wirtschaftspolitisch relevanten Gesetzen, besonders dem „Stabilitätsgesetz", zugrunde liegt: Die keynsianische, nachfrageorientierte Wirtschaftspolitik geht davon aus, dass volkswirtschaftliche Ungleichgewichte durch eine antizyklisch operierende Finanz- und Wirtschaftspolitik überwindbar sind. Hier zeigt sich eine „Geistesverwandtschaft" zwischen sozialstaatlichem Denken und einer bestimmten, eben keynesianischen, Richtung der Konjunkturpolitik.

Ursprünglich diente die Arbeitsmarktpolitik der sozialen Absicherung von Arbeitslosen und der Arbeitsvermittlung. Die Trägerin der Politik ist die Bundesanstalt für Arbeit. Zu den „Kernstücken" sind heute allerdings viele weitere Aktivitäten der Bundesanstalt getreten: Kranken- und Unfallversicherung der Arbeitslosen, Kurzarbeitergeld, Stilllegungsvergütung, Konkursausfallgeld, Zuschüsse zu Vorstellungskosten und zur Arbeitsausrüstung, Trennungsbeihilfen bei der Arbeitsaufnahme fern des bisherigen Wohnortes, Überbrückungsbeihilfen bis zur ersten Gehaltszahlung, Anlernzuschüsse, Zuschüsse zur Aus- und Fortbildung u. v. m. Die Zunahme des Leistungsumfanges, die bereits für die Renten-, Kranken- und Unfallversicherung konstatiert wurde, kennzeichnet auch die Arbeitsmarktpolitik im Sozialstaat.

---

19 Das AFG ist mit den Hartz-Gesetzen in das SGB III übernommen worden.

Geprägt von der Auffassung, dass der Staat zu einer vorausschauenden Wachstums-, Struktur- und Arbeitsmarkt Politik verpflichtet und fähig ist, wurde die Fürsorglichkeit der Bundesagentur für Arbeit immer wieder ausgeweitet. Der ehemals „vorherrschende Versicherungsgedanke mit dem Primat der finanziellen Absicherung der Arbeitnehmer für den Fall der Arbeitslosigkeit wurde zurückgedrängt hinter das Ziel, nach Möglichkeit rechtzeitig Arbeitslosigkeit und unterwertiger Beschäftigung vorzubeugen … Neben den früher vorrangigen Versicherungsaufgaben bietet sie nun schwerpunktmäßig Dienstleistungen für Arbeitnehmer in allen Stadien ihres Berufslebens an …“[20]

Die Leistungsexpansion hat, wie bei den anderen Trägern des Sozialstaates, zu einer steigenden finanziellen Belastung geführt; in der Folge sind die Beiträge zur Bundesagentur für Arbeit mehrfach erhöht worden. Als besonders kostenintensiv erwies sich die Übernahme der Rentenversicherungsbeiträge Arbeitsloser und die Leistungsfortzahlung im Krankheitsfall.

4.11.2.4.5 Die Hartz-Gesetze

Insgesamt gibt es vier, nach dem Vorsitzenden der Reformkommission von 2002 und damaligen VW-Personalvorstand Peter Hartz, benannte Arbeitsmarktgesetze, die die Sozialgesetzbücher II und III modifizierten. Sie sollten die Kosten der Arbeitslosigkeit für den Staat vermindern und die Vermittlungsquote erhöhen. Hartz-I und II (eigentlich „Erstes und Zweites Gesetz für moderne Dienstleistungen am Arbeitsmarkt“, beide in Kraft seit Januar 2003) sollten vor allem den Zugang von Langzeitarbeitslosen zum Arbeitsmarkt erleichtern – fallen also unter die aktive Arbeitsmarktpolitik. Beide sollten gleichzeitig die Beschäftigungshürden für Niedrigqualifizierte senken. Im Falle, dass diese eine Existenz gründen wollten, zahlte die Bundesagentur für Arbeit in den ersten drei Jahren einen Zuschuss, wobei eine Prüfung des Existenzgründungskonzeptes bis 2005 nicht stattfand. Arbeitslose, für die eine Existenzgründung nicht in Frage kam, wurden die so genannten Personal-Service-Agenturen (PSA) eingerichtet. Diese funktionierten wie Zeitarbeitsfirmen, die Arbeitslose anstellen und an Firmen ausleihen, in der Hoffnung, dass diese dort fest angestellt werden. Auf eine höhere Beschäftigungsquote unter Geringqualifizierten zielten auch die Mini-Jobs ab. Dies sind geringfügige Beschäftigungsverhältnisse, bei denen der Arbeitnehmer weniger als 400 € Bruttolohn erhält und keine Sozialversicherungsbeiträge zahlen muss; der Arbeitgeber zahlt pauschal 25%. Allerdings waren die Mini-Jobs nur für Schüler, Studenten und Rentner als Nebenbeschäftigung attraktiv. Zwischen den Mini-Jobs und einer voll sozialversicherungspflichtigen Beschäftigung sind die Midi-Jobs angesiedelt, bei denen sich der monatliche Bruttolohn zwischen 400 € und 800 € beläuft. Der Arbeitgeberbeitrag ist in der vollen Höhe fällig, der Arbeitnehmerbeitrag steigt linear auf den vollen Betrag an.

Positiver fällt das Fazit bei den Ich-AGs aus: Insgesamt wurden bis Mitte 2006[21] rund 1 Million Existenzgründungen gefördert, vor allem von Frauen und vorher unterrepräsentierten Gruppen. Mittlerweile ist das Instrument der Ich-AGs wieder abgeschafft und durch den Gründungszuschuss ersetzt worden, der aus der Zusammenlegung von Ich-AG-Förderung und dem Überbrückungsgeld entstand.

Die Personal-Service-Agenturen (PSA) müssen als Fehlschlag angesehen werden. Die Zahl der vermittelten Arbeitslosen ist gering. 2007 befanden sich im Durchschnitt nur

---

20 Rosenmöller, C., Arbeitsmarkt und Ausländerbeschäftigung im Rückblick, in: Erfolg und Zukunft des Sozialstaates, a. a. O., S. 73–87, S. 77 f.

21 Caliendo, M.; Kritikos, A.; Steiner, V.; Wießner, F.: Existenzgründungen: Unterm Strich ein Erfolg. IAB-Kurzbericht 10/2007.

noch 3000 Personen in den PSA und es stellt sich die Frage, warum die gleiche Leistung wie die der PSA nicht auch von privaten Leiharbeitsfirmen geleistet werden kann.

Die früher extensiv genutzten Arbeitsbeschaffungsmaßnahmen (ABM), die einen zweiten Arbeitsmarkt schufen, sind völlig in den Hintergrund getreten. 2006 befanden sich noch knapp 80 000 Personen in diesen Maßnahmen – Tendenz weiter rückläufig.

Das Hartz-III Gesetz („Drittes Gesetz für moderne Dienstleistungen am Arbeitsmarkt", Januar 2004) kam in der öffentlichen Debatte kaum vor. Es regelte den Umbau der Bundesanstalt für Arbeit zur Bundesagentur für Arbeit (kurz: Arbeitsagentur). Dabei sollten sich die Arbeitsagenturen auf ihre Kernkompetenzen, die Beratung und Vermittlung von Arbeitssuchenden konzentrieren. Zu diesem Zweck wurde jeder Arbeitsagentur ein Job-Center angegliedert, das diese Aufgabe übernehmen und als zentrale Anlaufstelle von Arbeitssuchenden und Arbeitgebern dienen sollte.

Das bei weitem größte öffentliche Interesse dagegen hat das zeitgleich in Kraft getretene Hartz-IV-Gesetz erhalten („Viertes Gesetz für moderne Dienstleistungen"), mit dem vor allem passive Arbeitsmarktpolitik umgesetzt wurde. Mit Inkrafttreten dieses Gesetzes zum 1. Januar 2005 wurde die Sozialhilfe und die Arbeitslosenhilfe durch das niedrigere Arbeitslosengeld-II (ALG-II, eine pausale, steuerfinanzierte Fürsorgeleistung, geregelt in § 19 ff., SGB II) ersetzt, das nach 12–18 Monaten Arbeitslosigkeit gezahlt wird – je nach Alter des Arbeitslosen – und eine Grundsicherung darstellt. In den drei ersten Bezugsjahren werden noch Zuschläge gewährt, danach bleibt nur der Regelsatz. Vor dem existenzsichernden ALG-II greift das Arbeitslosengeld-I (§ 117 ff., SGB III), das das vormalige Arbeitslosengeld ablöste. Beim ALG-I handelt es sich um eine paritätisch von Arbeitgebern und Arbeitnehmern finanzierte Versicherungsleistung, die 60–67% des durchschnittlichen Nettolohnes der letzten 12 Arbeitsmonate beträgt. Mit dem Hartz-IV-Gesetz erfolgte ebenfalls die gemeinsame Betreuung von Landzeitarbeitslosen durch die Bundesagentur und die kommunalen Sozialämter. Zuvor hatten beide Institutionen die Zuständigkeit für Langzeitarbeitslose oft an die jeweils andere verwiesen. Außerdem wurde mit dem Hartz-IV-Gesetz die Zumutbarkeitsregelung eingeführt – das heißt dass jeder Arbeitslose eine ihm angebotene legale Arbeit annehmen muss, will er nicht seine Leistungsansprüche verlieren (§ 31 f., SGB II).

Arbeitslosengeld-I und -II erhalten nur erwerbsfähige Arbeitslose, alle anderen erhalten das so genannte Sozialgeld (§ 28, SGB II), das wie die alte Sozialhilfe von den Kommunen gezahlt wird.

Neben diesen Neuerungen zahlt die Arbeitsagentur weiterhin Unterstützungsleistungen für Arbeitssuchende, die in die aktive Arbeitsmarktpolitik fallen. Sie sind teilweise aus dem alten, keynesianisch geprägten Arbeitsförderungsgesetz von 1969 übernommen. So zahlt die Bundesgentur für Arbeit unter anderem:

- Vermittlungsgutscheine,
- Weiterbildungsgutscheine,
- Kurzarbeitergeld,
- Zuschüsse zu Vorstellungskosten,
- Trennungsbeihilfen bei der Arbeitsaufnahme fern des bisherigen Wohnortes,
- Kranken- und Unfallversicherung der Arbeitslosen

Die Leistungsherabsetzung, wie durch das ALG-II und eine stärkere Komponente des Forderns brachten den Hartz-Gesetzen den Ruf der sozialen Kälte ein – dies ist allerdings nur eine Seite der Medaille. Für Jüngere kreierten die Hartz-Gesetze sogar zusätzliche Leistungen durch die neu definierten Bedarfsgemeinschaften oder weiteten bestehende aus. Verlierer waren vor allem Langzeitarbeitslose, deren Arbeitslosengeld-II in etwa auf die Höhe der alten Sozialhilfe sank. Insgesamt jedoch stieg mit dem Hartz-IV-

Gesetz das Gesamtvolumen der Leistungen erheblich, vor allem im Bereich des ALG-II – aufgrund der schlechten Konjunktur nach Inkrafttreten des Gesetzes, weil die Erwerbsfähigkeitsdefinition sehr breit angelegt war und nicht zuletzt durch Transformationskosten in der Verwaltung durch die neue Gesetzgebung.

4.11.2.5 Sozialstaatliche Bildungs- und Familienpolitik

Das Bundesausbildungsförderungsgesetz (BAföG) stellt den Kern der sozialen Sicherung für Schüler und Studenten dar. Es dient, wie auch alle anderen Maßnahmen sozialstaatlicher Bildungspolitik, dem übergeordneten Ziel der Chancengerechtigkeit: „Entsprechend dem Prinzip der Chancengerechtigkeit ist jungen Menschen wirtschaftlich die Ausbildung, die ihrer Neigung, Eignung und Leistung entspricht, auch zu ermöglichen, wenn sie und ihre unmittelbaren Angehörigen nicht in der Lage sind, die hierfür erforderlichen Mittel selber aufzubringen."[22] Mit der Umstellung der Ausbildungsförderung auf Darlehensbasis 1996 wurde der Aspekt der Eigenverantwortlichkeit verstärkt.[23] Die 20. BAFöG-Novelle 2001 führte zu einer verbesserten Bedarfsdeckung und hat den Kreis der Geförderten erheblich ausgeweitet.[24] Darüber hinaus wird es als sozialstaatliche Aufgabe der Bildungspolitik angesehen, durch soziale, regionale, kulturelle oder sonstige Gegebenheiten bedingte Beeinträchtigungen abzumildern bzw. zu beheben.

Neben diesen sozialstaatlichen Generalaufträgen verfolgt die Bildungspolitik weitere, spezielle Ziele, zum Beispiel:

- Qualifizierung von Jugendlichen ohne abgeschlossene Berufsausbildung,
- Integration lernbehinderter Jugendlicher in das Berufsleben,
- Förderung besonders Begabter in der beruflichen Bildung,
- Studentenwohnraumbau,
- Berufsförderungs- und Berufsbildungswerke für Kranke und Behinderte,
- Frauenförderung in Ausbildung und Beruf.

Auch in der Weiterbildung spielt die Frauenförderung eine immer größere Rolle, etwa bei der beruflichen Wiedereingliederung von Frauen nach der Familienphase.

Das Ziel deutscher sozialstaatlicher Familienpolitik ist derzeit, „zu einem der familienfreundlichsten Länder Europas"[25] zu werden. An den Indikatoren „höhere Geburtenrate, eine gelingende Vereinbarkeit von Beruf und Familie, geringe Armutsrisiken, ein höheres Bildungsniveau der Kinder und eine hohe Erziehungskompetenz der Eltern" nimmt die Politik Abschied von einem Familienbild, das allein auf die Erziehung von Kindern ausgerichtet war.[26] Schwerpunkte bilden der „Familienlastenausgleich", Verbesserungen der Rahmenbedingungen für die Vereinbarkeit von Familie und Beruf, Anerkennung von Erziehungszeiten im Rentenrecht und familienorientierter Wohnungsbau. Hinzu treten Maßnahmen zum Schutz des ungeborenen Lebens.

---

[22] Sozialbericht 1993, Hrsg.: Bundesministerium für Arbeit und Sozialordnung, Bonn 1994, S. 39. Vgl. sinngemäß Sozialbericht 1997, a. a. O., S. 35 und Sozialbericht 2001, a. a. O., S. 63–70.

[23] Vgl. Sozialbericht 1997, Hrsg.: Bundesministerium für Arbeit und Sozialordnung, Bonn 1998, S. 40.

[24] Vgl. Sozialbericht 2001, Hrsg.: Bundesministerium für Arbeit und Sozialordnung, Berlin 2002. S. 69.

[25] Sozialbericht 2005. Hrsg. Bundesministerium für Gesundheit und Soziale Sicherung, Berlin 2005, S. 130.

[26] Vgl. Sozialbericht 1993, a.a.O. S. 88.

Der Familienlastenausgleich besteht aus einem System von Kinderfreibeträgen, Kindergeld und Kindergeldzuschlag in Verbindung mit weiteren Sozialleistungen und Steuererleichterungen. Zur sozialstaatlicher Familienpolitik gehört auch das Erziehungsgeldgesetz mit Erziehungsgeld und Erziehungsurlaub sowie die Freistellung von der Arbeit bei Erkrankung eines Kindes mit Anspruch auf Krankengeld für die betreuende Person. Außerdem ist in den alten Bundesländern ein flächendeckendes System gemeinnütziger Familienferienstätten für verschiedene Zielgruppen geschaffen worden: Für kinderreiche Familien, Familien mit behinderten Angehörigen, Alleinerziehende und Familien mit geringem Einkommen. Weitere Leistungen werden für Senioren geboten. In den Fokus gerückt ist in den letzten Jahren die stärkere Gewährung von Sachmitteln anstelle von Geldleistungen. So soll ab dem Jahr 2008 jedes Kind einen Rechtsanspruch auf einen Kindergartenplatz haben und die Zahl der Krippenplätze mit Bundesmitteln verdreifacht werden.

Zur Familienpolitik tritt im deutschen Sozialstaat die Gleichstellungspolitik, die Jugendpolitik und die Seniorenpolitik, die sich, ebenso wie die Familienpolitik, teilweise mit anderen sozialstaatlichen Maßnahmen und Regulierungen überlappen oder diese flankieren.

4.11.2.6 Sozialstaatliche Steuerpolitik und soziale Sicherung

Dem Sozialstaatsprinzip sind in der Steuerpolitik jene Normen zuzuordnen, welche sich zur „Korrektur der Einkommens- und Vermögensverteilung sowie zur Annäherung von Start- und Chancengleichheit eignen".[27] Im wesentlichen handelt es sich dabei um

- den Familienlastenausgleich ergänzt durch Steuerentlastungen für Alleinerziehende (2004),
- die Berücksichtigung des Existenzminimums bei der Besteuerung,
- steuerliche Vergünstigung des eigengenutzten Wohneigentums und der Versorgung mit Mietwohnungen,
- der steuerlichen Vergünstigung von Maßnahmen zur Altersvorsorge.
- steuerliche Vergünstigungen für Qualifizierungsmaßnahmen.

Hinzu treten weitere sozialpolitische Maßnahmen auf dem Gebiet des Steuerrechtes, welche die unterschiedlichsten Bereiche betreffen; exemplarisch sei hier die steuerliche Begünstigung der Benutzung öffentlicher Verkehrsmittel auf dem Weg zur Arbeit genannt, sowie steuerliche Maßnahmen im Bereich der Rehabilitierung von Strafgefangene. Sozialstaatliche Begründungen werden auch für die Erhebung des „Solidaritätszuschlages" zur Finanzierung der Aufgaben der deutschen Einheit vorgebracht.

Ein wesentliches Element der sozialen Sicherung in Deutschland stellt das Sozialhilfegesetz dar (SGB XII), um „den Leistungsberechtigten die Führung eines Lebens zu ermöglichen, das der Würde des Menschen entspricht (§§ 1 SGB XII). Mit der Hartz-Gesetzgebung wurde auch das Sozialhilfegesetz reformiert. Die Sozialhilfe wird nur noch an Personen gezahlt, die „sich nicht selbst helfen können und die erforderliche Hilfe auch nicht von andern"[28] erhalten; dies allerdings nur, wenn sie weniger als drei Stunden pro Tag arbeitsfähig sind – ansonsten greift die Grundsicherung für Arbeitssuchende (SGB II). Träger der Sozialhilfe sind die Kommunen. Damit ist die Sozialhilfe eine steuerfinanzierte, kommunale Fürsorgeleistung. Aus den ursprünglich zwei Säulen

[27] Sozialbericht 1993, a. a. O., S. 107 und Sozialbericht 1997, a. a. O., S. 117.

[28] Sozialhilfe und Grundsicherung. Hrsg.: BMAS, Berlin, 2007, S. 14.

(„Hilfe zum Lebensunterhalt“ und „Hilfe in besonderen Lebenlsagen“) wurden mit der Reform 2005 sieben Säulen:

- Hilfe zum Lebensunterhalt,
- Grundsicherung im Alter und bei Erwerbsminderung,
- Hilfen zur Gesundheit,
- Eingliederungshilfen für behinderte Menschen,
- Hilfe zur Pflege,
- Hilfe zur Überwindung besonderer sozialer Schiwerigkeiten,
- Hilfe in anderen Lebenslagen.

Ursprünglich zielte das 1962 in Kraft getretene Sozialhilfegesetz nur darauf ab, vorübergehend einzelne Personengruppen zu unterstützen. Als mit der Zeit immer neue Personengruppen hinzukamen (z. B. Alleinerziehende, Migranten, Pflegebedürftige, Behinderte), stiegen die Ausgaben stark an: Von der Wiedervereinigung 1991 bis zur Jahrtausendwende stiegen die Bruttoausgaben von umgerechnet 19,1 Mrd. € auf 24,9 Mrd. €. Die Politik reagierte mit Leistungseinschränkungen bzw. einer Begrenzung des Anstiegs der Regelsätze sowie eine Intensivierung der Missbrauchsbekämpfung. Mit der Reform von 2005 wurden die Ausgaben reduziert; von 26,3 Mrd. € auf 19,3 Mrd. € – dies vor allem aufgrund eines drastischen Rückganges bei der „Hilfe zum Lebensunterhalt“, die von 10 Mrd. € auf 1,2 Mrd. € sank[29], da frühere Sozialhilfeempfänger, die arbeitsfähig waren, in den Geltungsbereich des ALG-II rutschten.

Zur Sozialhilfe treten weitere Bereiche der sozialen Sicherung. Zu ihnen gehören u. a.:

- die landwirtschaftliche Sozialpolitik,
- die Unterstützung von Künstlern,
- die Förderung der freien Wohlfahrtspflege und von Selbsthilfegruppen,
- Verbraucherschutz („Restschuldbefreiung“ überschuldeter Haushalte),
- Vermögensbildung (Förderung der Vermögensbeteiligung der Arbeitnehmer und des Bausparens).

4.11.2.7 Wohnungspolitik

Sozialstaatliche Wohnungspolitik zeichnet sich in Deutschland durch drei Hauptelemente aus:

- Wohngeld,
- sozialer Wohnungsbau,
- Mieterschutz.

Gesetzlichen Anspruch auf Wohngeld haben nach der Reform des Wohngeldgesetzes von 2005 Mieter oder Hauseigentümer, „wenn ihre Miete bzw. Belastung die wirtschaftliche Leistungsfähigkeit des Haushaltes überfordert“[30]. Die Zuschüsse – bei Mietern spricht man vom „Mietzuschuss“, bei Hauseigentümern vom „Lastenzuschuss – richten sich nach dem Gesamteinkommen, der Zahl der Familienmitglieder und der Mietstufe der Gemeinde. Ausgenommen sind seit der Reform Bezieher von Transfereinkommen, die in den Rechtskreis des SGB II fallen. Damit fielen die ständig steigenden Ausgaben von 5,2 Mrd. € im Jahr 2004 auf 1,3 Mrd. € im Jahr 2005.

[29] Ausgaben der Sozialhilfe. Quelle: www.destatis.de
[30] Soziale Sicherung im Überblick, Hrsg.: BMAS, Berlin 2007, S. 126.

Wesentliche Maßnahmen zum verstärkten Mieterschutz enthält das 2001 neu in Kraft getretene Mietrecht:

- Absenkung der „Kappungsgrenze“ für Mieterhöhungen von 30% auf 20% innerhalb von 3 Jahren, auch wenn die ortsübliche Vergleichsmiete im Einzelfall eine höhere Miete zuließe,
- Verkürzung der Kündigungsfrist für Mieter auf einheitlich 3 Monate unabhängig von der Mietdauer,
- Verlängerung der Schonfrist für die Nachholung der Zahlung von rückständiger Miete,
- Erweiterung des Rechts zum Eintritt und zur Fortsetzung des Mietverhältnisses für Lebenspartner in auf Dauer angelegten Lebensverhältnissen.[31]

4.11.3 Die Krise des Sozialstaates

4.11.3.1 Finanzengpässe und ordnungspolitische Unklarheiten

Die kontroversen Diskussionen um Krisenerscheinungen des Sozialstaates entwickeln sich entlang zweier Linien, die als pragmatisch finanzpolitisch und als grundsätzlich ordnungspolitisch bezeichnet werden können:

Die hohe Arbeitslosigkeit in den westlichen Gesellschaften mit stark ausgebautem Sozialstaat hat zu einer wachsenden finanziellen Belastung der sozialen Sicherungssysteme geführt. Gleichzeitig nimmt der Anteil der alten Menschen in diesen Ländern zu; diese demographische Entwicklung führt dazu, dass die auf dem Umlageverfahren basierte Altersversorgung teilweise heute, teilweise später, aber heute absehbar, in diesen Ländern in Finanzierungsschwierigkeiten gerät: Entweder müssen die Beiträge zur Rentenversicherung immer weiter erhöht werden, oder die Renten sind in Zukunft zu senken. Die ständige Ausweitung des Kreises von Leistungsempfängern und die Expansion des Leistungsumfanges erreicht Grenzen der Finanzierbarkeit. Zwar haben die finanziellen Herausforderungen der deutschen Einigung erheblich zur finanziellen Belastung der sozialen Sicherungssysteme beigetragen, jedoch zeigt ein Blick auf die anderen Industriestaaten, dass die genannten Probleme auch generell auftreten und nicht durch die deutsche Einigung verursacht, sondern verschärft werden.

In der grundsätzlich ordnungspolitischen Diskussion wird die Frage nach dem Verhältnis von Staat und Gesellschaft bzw. von individueller Verantwortung und kollektiver Absicherung aufgeworfen. Dabei treffen unterschiedliche Menschenbilder und Gesellschaftskonzeptionen aufeinander: Wird der Mensch primär als Versorgungsobjekt angesehen, so folgt daraus eine durch egalitäre Betreuungsvorstellungen geleitete Wirtschafts- und Sozialpolitik, die tendenziell zentralistisch ausgerichtet ist und in der das Versorgungsprinzip dominant ist. Anspruchs- und Beitragsdenken haben sich als negative Begleiterscheinungen derartiger Konzeptionen erwiesen.

Ein Gegenentwurf orientiert sich am Leitbild der Selbstentfaltung des Menschen in Wettbewerbssituationen. Als Konsequenz folgt daraus nicht das Versorgungsprinzip, sondern das Subsidiaritätsprinzip. Aus der Perspektive des Menschenbildes stellt sich dabei die Frage nach den anthropologisch normativen Voraussetzungen für den Erfolg einer auf Selbsthilfe setzenden Wirtschafts- und Sozialpolitik.

[31] Vgl. Sozialbericht 2001, a. a. O., S. 268.

Ursprünglich verfolgte sozialstaatliche Politik die Zielsetzung der Armutsbekämpfung und richtete sich nur auf eine relativ kleine Zahl von Adressaten. Die unter Bismarck geschaffene Invaliden- und Alterssicherung bezog zwar alle Arbeiter und Angestellten bis zu einer gewissen Einkommenshöhe ein, jedoch wurden die erst vom 70. Lebensjahr an geltenden – niedrigen – Renten aufgrund der damaligen Lebenserwartung an weniger als 1% der Bevölkerung ausgerichtet. Auch als Deutschland als erstes Land der Welt 1916 den Beginn des Rentenalters auf 65 Jahre senkte, nahm der Anteil der Rentenbezieher auf kaum 3% der Bevölkerung zu. Es war daher möglich, die Rentenversicherung mit niedrigen, zweckgebundenen Beiträgen zu finanzieren.

Ganz anders stellt sich die Situation der sozialen Sicherungssysteme heute dar, was wiederum exemplarisch an der Rentenversicherung verdeutlicht wird: Der Anteil der über Sechzigjährigen an der Gesamtbevölkerung lag 2005 bei 25% und wird für das Jahr 2020 auf über 30% sowie für 2050 auf knapp 40% geschätzt.[32] Die daraus offensichtlich resultierenden praktischen Finanzierungsprobleme im Umlageverfahren haben die grundsätzlich ordnungspolitische Diskussion befördert. Die erfreuliche Zunahme der Lebenserwartung, die einer reichen Industriegesellschaft adäquaten höheren Ansprüche an den Lebensstandard im Alter auf der einen Seite und die sinkenden Geburtenraten, allerdings auch die hohe Arbeitslosigkeit, haben die politische Praxis mit Finanzierungsproblemen konfrontiert, die ohne grundsätzliche ordnungspolitische Neuorientierungen auf Dauer nicht zu bewältigen sein werden.

Die ordnungspolitische Problematik des Sozialstaates hat zwei Dimensionen: Zur Frage nach der zweckmäßigen Aufgabenteilung von individueller und kollektiver Absicherung tritt die sozialstaatsimmanente Problematik der inneren Ordnung der einzelnen kollektiven sozialen Sicherungssysteme: Konnte zum Beispiel in der Anfangszeit der Bundesrepublik Deutschland noch von einem gegliederten Sozialversicherungssystem gesprochen werden, in welchem Renten-, Unfall- und Krankenversicherung sowie Arbeitslosenversicherung für die Sicherung gegen relativ genau definierte Risiken zuständig waren, so tritt dem Bürger heute ein sozialstaatliches System gegenüber, dessen Zuständigkeitsbereiche nicht mehr klar geordnet sind.[33] Das „soziale Netz" zeigt keine einheitliche Grammatik mehr, immer mehr Institutionen sind für die unterschiedlichsten Risiken zuständig, das System ist nicht nur anonym – das war es „naturgemäß" als kollektives immer –, sondern auch unübersichtlich, ähnlich wie das System der Steuern und Abgaben. Die Zunahme an Anonymität und Unübersichtlichkeit sowohl der Steuern und Beiträge als auch der Leistungssysteme stärkt die zentralen Gewalten, letztlich die des Staates über den Bürger. Hinzu tritt die Belastung der Sozialversicherungssysteme mit „versicherungsfremden" Leistungen, die in einzelnen Bereichen Defizite hervorbringen, deren Ursachen in staatlichem Handeln auf ganz anderen Gebieten liegen.

4.11.3.2 Pluralisierung der Lebensstile und unvollständige Versicherungsbiographien

Die bisher gültige Konzeption des Sozialstaates, insbesondere die drei großen Versicherungssysteme, basieren auf gesellschaftlichen Leitbildern und Trends, die die volkswirtschaftliche Realität nur noch unzutreffend beschreiben:[34]

---

[32] Bevölkerungsentwicklung Deutschlands bis 2050. 11. koordinierte Bevölkerungsvorausberechnung, Wiesbaden 2006, S. 57 ff.

[33] Vgl. dazu im einzelnen die exemplarischen Ausführungen des Abschnitts 2 dieses Beitrages.

[34] Vgl. Wagner, G., Thiede, R., Eine integrierte Sozial- und Arbeitsmarktpolitik weist den Weg in die Zukunft des Sozialstaates, in: Sozialstaat 2000, Hrsg.: R. Heize, Bonn 1988 (2. Aufl.), S. 253–266, passim.

- Auf der Aufbringungsseite gilt das Leitbild des vollzeitbeschäftigten, lebenslangen Arbeitsverhältnisses („Normal-Arbeitsverhältnis").
- Auf der Leistungsseite herrschte in der Vergangenheit das Leitbild des vollerwerbstätigen Ehemanns und seiner nicht erwerbstätigen, kindererziehenden Ehefrau vor.

Wenngleich diese Leitbilder heute und in Zukunft keineswegs obsolet sind, so sind doch Trends fort von den traditionellen Familientypen und den entsprechenden Normal-Arbeitsverhältnissen unübersehbar:

- zunehmende Frauenerwerbstätigkeit,
- zunehmende Teilzeitbeschäftigung und Unterbrechung der Erwerbstätigkeit,
- Anwachsen der Freizeit und zunehmender Wunsch nach Arbeitszeitflexibilisierung bei Arbeitnehmern wie bei Arbeitgebern,
- Zunahme der „neuen" Selbstständigen,
- Zunahme von Alleinerziehenden,
- niedrigere Geburtenhäufigkeit,
- Zunahme nicht-ehelicher Lebensgemeinschaften.

Die mit diesen Trends verbundene Zunahme unvollständiger Versicherungsbiographien erzeugt bei den Versicherten Versorgungsprobleme bei Renten- und Arbeitslosenversicherung und damit eine verstärkte Belastung der Sozialhilfe. In der Krankenversicherung kommt es dagegen zu Finanzierungsproblemen. Die Zunahme selbstständiger Existenzen und flexibler Arbeitsverhältnisse wird vom bisherigen starren Sicherungssystem kaum berücksichtigt.

4.11.3.3 Überlastung der Sicherungssysteme durch kurzfristiges Krisenmanagement und Ordnungsverlust

Im Konzert der Institutionen zur sozialen Sicherung hatten die deutschen Sozialversicherungseinrichtungen bei ihrer Gründung und späteren Ausgestaltung in der Anfangszeit der Bundesrepublik Deutschland einen Sonderstatus:[35]

- gegenüber der staatlichen Fürsorge durch die Beitragsabhängigkeit der Leistungen und ihre Orientierung an der relativen Höhe der Beiträge (sozialversicherungsmäßige Äquivalenz);
- im Gegensatz zu Steuern durch die Zweckbindung der Beiträge;
- durch die soziale Selbstverwaltung[36] durch Vertreter der Versicherten und der Arbeitgeber, teilweise auch des Staates.

Diese Sonderstellung der Sozialversicherungseinrichtungen ist nach dem zweiten Weltkrieg immer weiter abgebaut worden.

Die Besonderheit der überwiegenden Finanzierung durch Beiträge wurde mittelbar dadurch aufgelöst, dass die Bundeszuschüsse für versicherungsfremde Leistungen als Ausgleichsmasse im Staatshaushalt verwandt und Einnahmeüberschüsse einer Einrichtung zur Deckung von Defiziten in anderen Bereichen eingesetzt wurden.[37] Diese Praxis

[35] Vgl. Kleinhenz, G., Die Zukunft des Sozialstaats, in: Hamburger Jahrbuch für Wirtschafts- und Gesellschaftspolitik, Bd. 37 (1992), S. 43–71, passim.

[36] Vgl. aus ordnungspolitischer Sicht Lampert, H., Soziale Selbstverwaltung als ordnungspolitisches Prinzip staatlicher Sozialpolitik, in: Selbstverwaltung als ordnungspolitisches Problem des Sozialstaates, Hrsg.: H. Winterstein, Bd. II, Berlin 1984, zit. n. Kleinhenz.

[37] Ein Beispiel besteht in der Beanspruchung der Rentenversicherung für Aufgaben der deutschen Einigung, für welche der Staatshaushalt einspringen müsste. Eine Erhebung des Verbandes der

des „Verschiebebahnhofs“ (Lampert) führt zur Erosion des Vertrauens der Versicherten in die Reziprozität von Beitrags- und Versicherungsleistungen. Für den einzelnen lohnt sich Leistung nicht mehr, wenn Sozialversicherungsbeiträge nicht mehr als Leistung für eine gleichwertige Gegenleistung angesehen werden können, sondern zusammen mit den Steuern insgesamt als staatliche Belastung der Leistungseinkommen gelten müssen.

4.11.3.4 Grenzen der volkswirtschaftlichen Belastbarkeit

Mit 700 Mrd. Euro machte 2005 das Sozialbudget 31% des Bruttonationaleinkommens aus.[38] Wesentliche Tranchen entfielen auf die Rentenversicherung (240 Mrd. Euro), die Krankenversicherung (142 Mrd. Euro) und die Arbeitsförderung (88 Mrd. Euro). Der Anteil des Sozialbudgets am BSP betrug 1960 noch 22,8%, mithin ist seither das Sozialbudget schneller gewachsen als das Bruttonationaleinkommen.[39]

Die unmittelbaren Vorteile für die Empfänger der Leistungen sind offenkundig, problematisch dagegen sind die längerfristigen Auswirkungen auf das Verhalten der Empfänger (Leistungsbereitschaft), die Leistungsfähigkeit der Wirtschaft und die langfristige Stabilität der Sozialsysteme.

Die Finanzierung der Sozialversicherungen belastet weitgehend den Faktor Arbeit. Der verschärfte Wettbewerb im Verlauf der wirtschaftlichen Globalisierung erlaubt es den Volkswirtschaften der Industrieländer nicht, ihren Produzenten – also Arbeitnehmern und Arbeitgebern – weiterhin hohe oder gar höhere Beiträge zu den Sozialversicherungen aufzubürden. Auch die finanzielle Situation des Staatshaushaltes erlaubt keine weiteren Belastungen mehr. In der Folge gerät heute in allen europäischen Ländern – den traditionellen Sozialstaaten – das Sozialbudget wegen seiner Höhe und wegen seiner volkswirtschaftlichen Effekte in die Kritik.

4.11.4 Neuorientierung sozialstaatlicher Politik

4.11.4.1 Reformvorschläge

4.11.4.1.1 Erhöhung der Erwerbsbeteiligung

Die Stabilität der sozialen Sicherungssysteme wird u. a. wesentlich durch die demographische Entwicklung und das Umlageverfahren in Frage gestellt.[40] Reformvorschläge zielen deshalb darauf ab, den Geburtenrückgang durch eine Erhöhung der Erwerbsbeteiligung zu kompensieren.[41]

Neben der schon erfolgten schrittweisen Erhöhung des Renteneintrittsalters von 65 auf 67 Jahre ist die Verkürzung von Ausbildungszeiten eine mögliche Maßnahme. Im tertiären Bildungsbereich ist dies durch die Implementierung von Bachelor- und Masterstudiengängen schon umgesetzt. Es wird auch eine Erhöhung der Teilzeitarbeitsplätze

---

deutschen Rentenversicherer veranschlagt die Belastung durch versicherungsfremde Leistungen 1993 auf fast 16,4 Mrd. Euro. Vgl. Neue Zürcher Zeitung v. 14. 2. 1996, S. 9.

38 Vgl. Deutschland in Zahlen, Hrsg.: Institut der Deutschen Wirtschaft, Köln 2006, S. 17 und 75.

39 Gewiss hatten die Belastungen durch die deutsche Einheit Anteil daran, aber die 30%-Marke wurde bereits in den siebziger Jahren überschritten.

40 Vgl. ausführlich Miegel, M., Wahl, S., Solidarische Grundsicherung – Private Vorsorge: Der Weg aus der Rentenkrise, München 1999.

41 Vgl. Wagner, G., Thiede, a. a. O., S. 257 ff., Leenen, W. R., Die Bevölkerungsentwicklung aus Sicht der Bundesrepublik – Skeptische Anmerkungen zu einer aktuellen Diskussion, in: Bevölkerungsrückgang – Risiko und Chance, Loccumer Protokolle 23, 1978 o. O., S. 17–41.

gefordert, um „partnerschaftliche Erwerbstätigkeit" (Wagner/Tiede) zu ermöglichen, wenn – vielleicht flankiert durch Arbeitszeitverkürzung auf 30 Wochenstunden – dadurch auch Männer mehr Zeit für Kindererziehung und Betreuung Pflegebedürftiger hätten.

Die vielschichtige Problematik der Arbeitszeitverkürzung kann hier nicht behandelt werden. Nachdem aber unter dem Postulat der niedrigen Lohnkosten jüngst die Arbeitszeit erhöht worden ist – die wöchentliche per Tarifvertrag und die Lebensarbeitszeit mit der Anhebung des Rentenalters – erscheint eine Senkung der Arbeitszeiten in Zukunft sehr unwahrscheinlich. Gewiss ist, dass eine Erhöhung der Erwerbsbeteiligung die Einnahmen der Sozialversicherung steigern kann; ob sie soweit möglich ist, dass die demographische Entwicklung kompensiert wird, ist heute kaum abzuschätzen. Unsicher ist auch der Effekt der Zuwanderung. Bedenkt man, dass sicher obere Grenzen für die Erwerbsbeteiligung anzunehmen sind, so erscheint dieser Weg höchstens mittelfristig die Probleme der sozialen Sicherungssysteme entschärfen zu können.

4.11.4.1.2 Wiederbelebung der Selbstverwaltung

Die Selbstverwaltung der Sozialversicherungen ist durch die weitgehende gesetzliche Festlegung der Leistungen in ihrer Bedeutung geschwächt worden. Eine Rückverlagerung von Gestaltungskompetenzen auf der Beitrags- und Leistungsseite könnte die Selbstverantwortung der Sozialversicherung stärken und sie unabhängiger von der Tagespolitik, insbesondere von wahltaktischem Ge- und Missbrauch machen. Auch könnte eine gestärkte Selbstverwaltung wahrscheinlich leichter Selbstkontrolle gegenüber missbräuchlicher Nutzung der Sicherungseinrichtungen und gegenüber Ausbeutung der Solidargemeinschaft durch einzelne ausüben und einen Ausstieg aus der Ausgaben-Beitragserhöhungsspirale leichter und mit mehr Akzeptanz vertreten als der durch Sicherheitsversprechen gebundene Staat.

4.11.4.1.3 Absenkungen der Leistungen des Sozialstaates

Eine Entlastung insbesondere der Altersicherung könnte durch die Relativierung des 1957 gegebenen Leistungsversprechens hinsichtlich der Lebenstandardsicherung erreicht werden. Ein Schritt in diese Richtung ist mit der „Riester-Rente" vollzogen worden („Drei-Säulen-Modell"). Ein anderer war die Zusammenlegung der Arbeitslosenhilfe mit der Sozialhilfe zum ALG-II auf Sozialhilfeniveau (SGB II).

Auch für die Krankenversicherung wären vergleichbare Mehrsäulen-Modelle denkbar, die auf einer gesetzlichen Mindestsicherung basieren, wobei der einzelne, wenn er darüber hinausgehende Absicherung wünscht, diese am freien Versicherungsmarkt erwerben müsste. Für andere Leistungen des Sozialstaates – Sozialhilfe, Arbeitslosenversicherung, sozialstaatliche Bildungs- und Wohnungspolitik etc. – lassen sich ebenfalls Rückbaumodelle des Sozialstaates entwicklen, die mehr oder minder die staatliche „Rundumvorsorge" reduzieren und an den privaten Sektor verweisen.

Akzeptanz und Erfolg solcher Maßnahmen sind allerdings im vorhinein schwer zu beurteilen. Zwar dürften die Beitragszahler ein hohes Interesse an einer Verminderung der Belastung haben, aber die Zahl der Leistungsempfänger, die in einem Rückbau des Sozialstaates direkte Nachteile hinnehmen müssten, ist ebenfalls hoch und stellt in der Tagespolitik eine wichtige Klientel dar. Der massive Protest gegen die Hartz-Gesetzgebung hat dies deutlich gemacht. Da sowohl das Leistungsspektrum als auch die Beitragsseite im modernen Sozialstaat außerordentlich an Eigendynamik gewonnen und an Übersichtlichkeit verloren haben und sich deshalb der Zusammenhang zwischen Beiträgen und Leistungen dem einzelnen immer schwerer erschließt, befindet sich die Sozialpolitik in einem Dilemma: Eine Erhöhung der Beiträge wird nur schwer akzeptiert, da die „faire“ Gegenleistung immer schwerer zurechenbar ist; eine Senkung des Leistungsniveaus ist unpopulär, weil eine korrespondierende Belastungssenkung im Beitrags-Steuer-Leistungs-Netz kaum darstellbar ist.

4.11.4.2 Grundsätzliche Neuorientierungen

Der hohe Anteil der Sozialausgaben am Bruttosozialprodukt, die damit einhergehende zunehmende Belastung der privaten Einkommen durch Beiträge und Steuern, besonders aber die Belastung des Faktors Arbeit und die öffentlichen Defizite haben in den letzten Jahren zu einer stärkeren Hinwendung der wissenschaftlichen und politischen Diskussion zu grundsätzlichen ordnungspolitischen Aspekten beigetragen. Im Zentrum steht dabei die Frage nach der Verteilung von privater und kollektiver Verantwortung für die Absicherung von Risiken.

Liberale Kritiker des Sozialstaates fordern eine konsequente Trennung von Staat und Gesellschaft und damit die Privatisierung der sozialen Sicherung in allen Lebensbereichen. Eine solche weitgehende Deregulierung und Privatisierung der sozialen Sicherungssysteme würde gewiss ein fundamentales Umdenken in zahlreichen Bereichen bedingen. Dies sei beispielhaft am „Generationenvertrag“ verdeutlicht.

Zunehmend wird das Gebiet der Generationenbeziehung in der sozialwissenschaftlichen Forschung thematisiert.[42] Eine schwedische Umfrage kam 1994 zu dem Ergebnis, dass mehr als die Hälfte der Bevölkerung finanzielle Schwierigkeiten der Eltern nicht als ihr eigenes Problem betrachte, sondern als Problem des Staates.[43] Solche und vergleichbare andere Erhebungen in verschiedenen Staaten deuten darauf hin, dass „soziale Wärme“ durch kollektive Sicherungsinstitutionen nicht gesichert wird und ethische Grundlagen privaten Zusammenlebens erodiert werden.

Im Sozialstaat sind zunehmend Verantwortungsbereiche von sozialen „Primärsystemen“ wie Familie und Nachbarschaft auf „Sekundärsysteme“ wie Staat und Versicherungen übertragen worden. Dies wurde einerseits als Freiheitsgewinn angesehen, befreite es doch das Individuum aus der sozialen Kontrolle und der Enge der Kleingruppe. Die Sekundärsysteme treten aber heute dem Einzelnen anonym gegenüber und drohen an Finanzengpässen zu scheitern. Ihr Rückbau und die Verlagerung ihrer Zuständigkeit auf Primärsysteme steht jedoch vor dem Problem, dass die Substitution privater durch kollektive Verantwortung die ehemals funktionsfähigen Primärsysteme stark in Mitleidenschaft gezogen hat.

Heute besteht die Gefahr, dass die normativen Voraussetzungen für eine „Bürgergesellschaft“ in Teilen der Bevölkerung nicht mehr erfüllt sind: Der Generationenvertrag wird nicht mehr als persönliche Angelegenheit angesehen, sondern Solidarität an Institutionen delegiert. Ob dieser Prozess irreversibel ist, muss als ungewiss angesehen werden.

Eine vollständige „Rückgabe“ sozialer Risiken an die Familie – bei gleichzeitiger Entlastung von Steuern und Beiträgen – ist kaum realistisch und wird wohl auch mehrheitlich nicht gewünscht. Eine Alternative bestände dann im verstärkten Angebot privater

---

[42] Vgl. Lüscher, K., Schultheis, F. (Hrsg), Generationenbeziehungen in „postmodernen Gesellschaften“: Analysen zum Verhältnis von Individuum, Familie, Staat und Gesellschaft, Konstanzer Beiträge zur sozialwissenschaftlichen Forschung, Bd. 17, Konstanz 1993.

[43] Vgl. Neue Zürcher Zeitung v. 6.10 1994, S. 27

Sicherungen. Ein reformiertes soziales Sicherungssystem müsste auch nach dieser Auffassung[44] eine Reihe von Mindestanforderungen erfüllen:

- Transparenz: Versicherungen müssten ihre Berechnungen auf dem (Gruppen-)Risiko basieren und das Prinzip der Gleichwertigkeit und Nachvollziehbarkeit von Leistung und Gegenleistung wahren. Dabei wäre der Umverteilung zu entsagen. Zur Transparenz gehört auch eine niedrige Zahl von Leistungs- und Beitrags-„Kanälen" und von Institutionen.
- Wahlmöglichkeiten: Die einzelnen müssten zwischen unterschiedlichen, den eigenen Bedürfnissen und Möglichkeiten angepassten Leistungspaketen und zwischen im Wettbewerb stehenden Anbietern wählen können.
- Selbstverantwortung: Obligatorische und kollektive Sicherungssysteme sollten nur für jene Risiken bestehen, die der einzelne nicht aus eigener Kraft bewältigen kann. Alle anderen Risiken sollten privat bzw. über Marktangebote verarbeitet werden.
- Bedürftigkeit: Die Sozialpolitik sollte Hilfen auf Antrag und nur an Bedürftige leisten, Sozialhilfe nicht als Rechtsanspruch ansehen. Dies bedeutet auch den Übergang von der Objekt- zur Subjektförderung.

Literaturhinweise

Bevölkerungsentwicklung Deutschlands bis 2050. 1. koordinierte Bevölkerungsvorausberechnung. Hrsg. vom Statistischen Bundesamt, Wiesbaden 2006.

Boekh, J., Huster, E.-U., Benz, B., Sozialpolitik in Deutschland. Wiesbaden 2004.

Caliendo, M.; Kritikos, A.; Steiner, V.; Wießner, F.: Existenzgründungen: Unterm Strich ein Erfolg. IAB-Kurzbericht 10/2007.

Deutschland in Zahlen, Hrsg.: Institut der Deutschen Wirtschaft, Köln 2002.

Greß, S., Zwischen Kopfpauschale und Bürgerprämie. Expertisen zur Finanzierungsreform der gesetzlichen Krankenversicherung. Düsseldorf 2005.

Hentschel, W., Geschichte der deutschen Sozialpolitik (1880–1980). Soziale Sicherung und kollektives Arbeitsrecht. Frankfurt a. M. 1983.

Kleinhenz, G., Die Zukunft des Sozialstaates, in: Hamburger Jahrbuch für Wirtschafts- und Gesellschaftspolitik, Bd. 37 (1992), S. 43–71.

Lampert, H., Soziale Selbstverwaltung als ordnungspolitisches Prinzip staatlicher Sozialpolitik, in: Selbstverwaltung als ordnungspolitisches Problem des Sozialstaates, Hrsg.: H. Winterstein, Bd. II, Berlin 1984.

Leenen, W. R., Die Bevölkerungsentwicklung aus Sicht der Bundesrepublik – Skeptische Anmerkungen zu einer aktuellen Diskussion, in: Bevölkerungsrückgang – Risiko und Chance, Loccumer Protokolle 23, 1978 o. O., S. 17–41.

Lüscher, K., Schultheis, F. (Hrsg), Generationenbeziehungen in „postmodernen Gesellschaften": Analysen zum Verhältnis von Individuum, Familie, Staat und Gesellschaft, Konstanzer Beiträge zur sozialwissenschaftlichen Forschung, Bd. 17, Konstanz 2001.

Miegel, M., Wahl, S., Solidarische Grundsicherung – Private Vorsorge: Der Weg aus der Rentenkrise, München 1999.

Niemeyer, W., Die Rentenversicherung als Kernstück der sozialen Sicherung, in: Erfolg und Zukunft des Sozialstaates, hrsg. v. Bundesminister für Arbeit und Sozialordnung, Bonn 1989.

Pilz, F., Der Sozialstaat. Ausbau – Kontroversen – Umbau. Bonn 2004.

Römer, M., Reform der gesetzlichen Unfallversicherung. Bonn 2004.

Rosenmöller, C., Arbeitsmarkt und Ausländerbeschäftigung im Rückblick, in: Erfolg und Zukunft des Sozialstaates, hrsg. v. Bundesminister für Arbeit und Sozialordnung, Bonn 1989, S. 73–87.

[44] Vgl. ebd.

Sendler, J., Zukunftsanforderungen an eine wirksame Absicherung bei Pflegebedürftigkeit. In: Soziale Sicherheit 8–9, 2004.
Sozialbericht 1993, Hrsg.: Bundesministerium für Arbeit und Sozialordnung, Bonn 1994.
Sozialbericht 1997, Hrsg.: Bundesministerium für Arbeit und Sozialordnung, Bonn 1998.
Sozialbericht 2005. Hrsg. vom Bundesministerium für Gesundheit und Soziale Sicherung. Berlin 2005.
Soziale Sicherung im Überblick. Hrsg. vom Bundesministerium für Arbeit und Soziales, Berlin 2007.
Sozialbericht 2001, Hrsg.: Bundesministerium für Arbeit und Sozialordnung, Berlin 2002.
Sozialhilfe und Grundsicherung. Hrsg. vom Bundesministerium für Arbeit und Soziales, Berlin 2007.
Thomas, H.-P., Unfallversicherung – Schutz gegen Gefahren der Arbeitswelt, in: Erfolg und Zukunft des Sozialstaates, hrsg. v. Bundesminister für Arbeit und Sozialordnung, Bonn 1989.
Wagner, G., Thiede, R., Eine integrierte Sozial- und Arbeitsmarktpolitik weist den Weg in die Zukunft des Sozialstaates, in: Sozialstaat 2000, Hrsg.: R. Heinze, Bonn 1988 (2. Aufl.), S. 253–266.
Wickenhagen, F., Geschichte der gewerblichen Unfallversicherung, München Wien 1980.
Wlotzke, O., Arbeitsrecht bewährt und unverzichtbar, in: Erfolg und Zukunft des Sozialstaats, hrsg. v. Bundesminister für Arbeit und Sozialordnung, Bonn 1989, S. 45–61.
Zipperer, M., Krankenversicherung auf Erfolgskurs, in: Erfolg und Zukunft des Sozialstaates, hrsg. v. Bundesminister für Arbeit und Sozialordnung, Bonn 1989, S. 28–44.

4.12 Die Ethik der Marktwirtschaft
Hermann May

4.12.1 Vorbemerkung

Jedes Wirtschaftssystem[1] respektive jede aus einem solchen abgeleitete Wirtschaftsordnung impliziert eine bestimmte Moral, das heißt ein normatives Element, das das Wollen der darin handelnden Menschen zum Ausdruck bringt. Dieses zu Moralregeln verdichtete Wollen ist – folgen wir Friedrich A. von Hayek – nicht als ein Ausfluß des menschlichen Geistes zu verstehen, sondern als das Ergebnis von spontanen Entwicklungsprozessen, in denen der Zufall Pate stand. Die für das wirtschaftliche Handeln geltenden Moralregeln können nicht losgelöst von den für den gesellschaftlichen und staatlichen Bereich geltenden gesehen werden; sie verbinden quasi diese Teilsysteme zu einem einheitlichen Gesamtsystem.

Die ökonomischen Teilsysteme der Moderne finden ihre Konkretisierung in der **Zentralverwaltungswirtschaft** einerseits und in der **freien Marktwirtschaft** andererseits. Die Zentralverwaltungswirtschaft ist gesellschaftspolitisch vom Kollektivismus und staatspolitisch vom Totalitarismus des Einparteiensystems getragen. Recht ist, was den Zielen der Partei dient (Parteimoral). In der Verfolgung dieser Ziele heiligt der Zweck die Mittel. Die Zentralität der Entscheidung und Verwaltung ist durchgängig. Ihr hat sich der einzelne in der Gemeinschaft aller zu fügen, die sich ihrerseits selbst zu einer neuen Einheit, dem Kollektiv, hypostasiert und als solche mehr ausmacht als die Summe der umfaßten Individuen.[2] Die emotionale Basis dieser Einheit ist das Gemeinschaftsgefühl, das gängigerweise über das Reizbild des Klassenfeindes indoktriniert wird. Der Gemeinnutz wird zum höchsten wirtschaftsethischen Wert erhoben. Ihm hat sich der einzelne in seinem Streben unterzuordnen.

Dienen und Unterordnen sind als Systemerfordernisse und Freiheit lediglich als „Einsicht in die gesamtheitliche Notwendigkeit“[3] zu begreifen. Wer sich dieses Menschen- und Gesellschaftsverständnis nicht zu eigen macht, setzt sich dem Bannstrahl der Partei aus, fällt in gesellschaftliche Acht. – Allein aus der loyalen Gesinnung erwachsen staatsbürgerliche Rechte; wer sie hat, ist immer auf dem rechten Weg. Es herrscht **Gesinnungsethik** auf der Basis eines kollektiven Wertesystems.[4]

4.12.2 Die Ethik im Modell der Marktwirtschaft

Das Wirtschaftssystem **„freie Marktwirtschaft“** repräsentiert das Gegenmodell der kollektivistischen Zentralverwaltungswirtschaft. Wo bei dieser der durch den zentralen Plan mit seinen differenzierten Normvorgaben erwirkte Zwang herrscht, gilt hier Freiwilligkeit. Die Individuen (Wirtschaftssubjekte) bringen hier ihre Wünsche als Anbieter und Nachfrager am Markt zum Ausdruck. Abschlüsse kommen nur dort zustande, wo sich beide (Markt-)Parteien, Käufer und Verkäufer, einen Nutzen respektive einen Gewinn versprechen; denn: die Begrenztheit der Mittel (Kaufkraft) und die Knappheit

---

1 Die begriffliche Bestimmung der Termini „Wirtschaftssystem“ und „Wirtschaftsordnung“ ist nicht einheitlich. Sie werden oft nebeneinander gebraucht, wobei mit beiden Bezeichnungen gelegentlich das gleiche, mitunter auch Unterschiedliches gemeint wird. Nachfolgend soll folgendes Begriffsverständnis gelten: Als **Wirtschaftssysteme** gelten die reinen Formen (**Idealtypen**) des gesellschaftlichen Wirtschaftens (Marktwirtschaft, Zentralverwaltungswirtschaft); als **Wirtschaftsordnungen** die Gesamtheit der jeweils realisierten Formen (**Realtypen**), in denen der Wirtschaftsprozeß alltäglich abläuft.

2 Vgl. hierzu und zum folgenden Giersch, H., Zur Ethik der Wirtschaftsfreiheit (Vortrag), Schriftenreihe der Bank Hofmann AG, Zürich, o. O. 1986, S. 4f.

3 Ebenda S. 4f.

4 Vgl. ebenda S. 5.

der Güter zwingen beide Seiten zu wirtschaftlichem Verhalten. Was sich in welchem Umfang zu produzieren bzw. zu kaufen lohnt, bestimmt sich über die Preise, die sich für die Güter und Leistungen aus dem freien Spiel von Angebot und Nachfrage am Markt bilden. Die Koordination von Angebot und Nachfrage, von Produktion und Konsumtion/Investition vollzieht sich damit gleichsam demokratisch.[5]

Als demokratische Veranstaltung findet die Marktwirtschaft – die, wie es Franz Böhm (1895–1977) einmal sinngemäß formulierte, nichts anderes ist als eine aufs raffinierteste vervollkommnete tägliche und stündliche plebiszitäre Demokratie, – ihre Entsprechung in der freien Gesellschaft. Unverzichtbare Voraussetzung für die Realisierung von Markt-(austausch-)prozessen ist die Existenz von **Privateigentum** (auch an Produktionsmitteln), das Streben nach **Gewinn- und Nutzenmaximierung** sowie **freie Preise** als Koordinationsinstrumente. Diese die Strukturmerkmale des marktwirtschaftlichen Systems markierenden Elemente sind wohl nicht auf dieses beschränkt, treten aber in ihm besonders prägnant in Erscheinung. Wie insbesondere Peter Koslowski deutlich macht[6], kommen diese drei Strukturelemente in allen Gesellschaften, traditionellen wie modernen, vor; sie wurden aber – so vor allem das Nutzen-/Gewinnstreben wie auch das Verlangen nach dinglichen Verfügungsrechten (Privateigentum) – in der Marktwirtschaft aus religiösen und kulturellen Bezügen gelöst und als genuine menschliche Strebungen anerkannt. Diese moralische Neutralisierung von Gewinn- und Eigentumsmotiv erlaubte erst deren Respektierung und soziale Freisetzung als elementare Antriebskräfte der Wirtschaft.

Wie lässt sich nun diese soziale Freisetzung eigeninteressengeleiteter (egoistischer) Strebungen und damit die Autonomisierung der Wirtschaft[7] rechtfertigen?

Die Autonomisierung der Wirtschaft ist als Konsequenz der Befreiung des Menschen aus angestammten sozialen Bindungen sowie sozialen und religiösen Normen zu begreifen, so wie sie die Entwicklung des okzidentalen Geistes im allgemeinen und des europäischen Denkens im besonderen durch den Individualismus, Subjektivismus und Rationalismus induzierte.[8] Sie führte zu einer Entzweiung von Individuum und Gemeinschaft und eröffnete darüber hinaus den Weg zur Subjektivität. „Das Subjekt, das Ich, wird zum Maß aller Dinge und selbstverantwortlich für sein Handeln und seine soziale Position."[9] Handlungs- und Handelsfreiheit sowie wirtschaftlicher Wertsubjektivismus reflektieren die Freiheit des Individuums in seiner wirtschaftlichen Bewährung. Die individuellen Pläne der Produzenten und Konsumenten bestimmen den Wirtschaftsprozeß. Der Vertrag konsentierender Partner wird zur Grundlage der wirtschaftlichen Beziehungen, die sich wohl am treffendsten als Tauschbeziehungen umschreiben lassen. Eine solche Transaktion kommt immer nur dann zustande, wenn sich **beide** Partner von ihr einen Vorteil versprechen. Dies bedeutet, dass jeder Marktteilnehmer für das, was er anzubieten hat, möglichst viel erhalten und für das, was er erwerben will, möglichst wenig aufwenden möchte.[10] Dies mag, wie Herbert Giersch freimütig konzediert, „hart und kalt erscheinen", gehört aber „zum Abtasten der subjektiven Wünsche und der objektiven Möglichkeiten. … Der potentielle Vertragspartner ist nicht der Nächste, der unseren Altruismus braucht. Er muss voll zum Ausdruck bringen, was

---

5 Vgl. ebenda, S. 6.

6 Siehe Koslowski, P.: Ethik des Kapitalismus, Tübingen 1986, S. 17.

7 Vgl. hierzu Salin, E.: Politische Ökonomie, Tübingen 1967, S. 2.

8 Vgl. Koslowski, P.: Ethik des Kapitalismus, a.a.O., S. 18f.

9 Ebenda S. 19.

10 Vgl. Giersch, H.: Zur Ethik der Wirtschaftsfreiheit, a.a.O., S. 9

ihm die erwartete Leistung wert ist. Sonst gibt er falsche Signale.[11] Diese Feststellung lässt nicht unberücksichtigt, dass sich jeder Marktteilnehmer selbstverständlich den günstigsten Partner aussuchen kann. Bedarf dieser Partner einer Zuwendung, so kann ihm diese gegebenenfalls als Privatperson, als Nächster, entgegengebracht werden, den man so lieben mag, wie sich selbst.[12] – Dieses soziale Arrangement gründet im wesentlichen auf zwei Annahmen: Zum einen, dass das (mündige) Individuum in seinen elementaren Bedürfnissen am besten selbst beurteilen kann, was für es von Interesse ist; zum anderen, dass die individuelle Handlungsabsicht immer nur unter der Bedingung realisierbar ist, dass der (Tausch-)Partner gleichermaßen seine Interessen verwirklichen kann. Es gilt das **Ethos der Gegenseitigkeit,** das heißt der Reziprozität des Verhaltens.[13] Wer seinen (Tausch-)Partner zu übervorteilen versucht, muss – zumindest längerfristig – mit Gegenreaktionen, wie Abbruch oder Einschränkung der Beziehungen, Diskriminierung, Vertrauensentzug, rechnen. Verstöße gegen das Ethos der Reziprozität werden deshalb im eignen Interesse vermieden; keinesfalls um den Partner „glücklich" zu machen, aus „Nächstenliebe" oder „Selbstlosigkeit".[14] Ein solches irrationales Verhalten kann in der Marktwirtschaft nicht gefordert werden; es hätte sogar als gefährlich zu gelten, da solche die Reziprozität des Verhaltens übersteigenden Zugeständnisse – infolge der Knappheit der Mittel – dort Tauschaktionen verhindern würden, wo sie der rationale Kompromiß rechtfertigen würde. Die Effizienz der Marktwirtschaft ist, auch wenn es manchem aus kollektivistischen oder scheinreligiösen Vorurteilen nicht gefallen mag, an die Einhaltung des Grundsatzes der Reziprozität gebunden. Seine Verletzung stört die Funktionsfähigkeit der Ordnung.

Dennoch gilt es zu sehen, dass auch das Ethos der Gegenseitigkeit ein Mindestmaß an gutem Willen voraussetzt; ohne ihn müsste auch der Tauschverkehr zusammenbrechen.[15] Engstirnigkeit und Kompromißlosigkeit zahlen sich auf Dauer nicht aus; das freie Zusammenwirken der Tauschpartner ist keine punktuelle Veranstaltung, sondern „ein fortwährender Prozeß, in dem jeder Teilnehmer sich ständig neu bewähren muss".[16] Diese Bewährung impliziert die Übernahme der Verantwortung für die Folgen des Handelns. Verantwortung kann sich dabei keineswegs nur von den direkten Kosten und Erträgen dieses Handelns leiten lassen. Als Kosten sind auch die indirekten Nachteile oder Schäden in Betracht zu ziehen, die vielleicht zu einem späteren Zeitpunkt von den Betroffenen geltend gemacht werden. Ebenso ist als Gewinn im erweiterten Sinn auch das wachsende Ansehen (Image) des Unternehmens am Markt wie auch bei den Mitarbeitern und in der Öffentlichkeit zu werten.[17] Verantwortung wird in der Marktwirtschaft zum ethischen Fundament des Handelns. Es herrscht **Verantwortungsethik.**[18]

Der soziale Effekt der auf Gegenseitigkeit abstellenden und in Verantwortungsethik eingebundenen Marktwirtschaft wird oft nicht deutlich (genug) gesehen. Teilnahme am Tauschsystem der Marktwirtschaft bedeutet Teilnahme am **Wettbewerb**[19]. Für diesen

---

[11] Ebenda.

[12] Vgl. ebenda.

[13] Vgl. Molitor, B.: Die Moral der Wirtschaftsordnung, Köln 1980, S. 11.

[14] Vgl. ebenda S. 12.

[15] Vgl. Boulding, K. E.: Volkswirtschaftslehre als Moralwissenschaft, in: Hamburger Jahrbuch für Wirtschafts- und Gesellschaftspolitik, 16. Jg. (1971), S. 21.

[16] Giersch, H.: Zur Ethik der Wirtschaftsfreiheit, a. a. O., S. 10.

[17] Vgl. ebenda S. 12.

[18] Vgl. ebenda.

[19] Wettbewerb setzt bestimmte Freiheitsrechte voraus: Berufs- und Gewerbefreiheit, Konsumfreiheit, Vertragsfreiheit einschließlich der Möglichkeit zur freien Preisgestaltung.

Marktwettbewerb gilt prinzipiell der direkte Zusammenhang von Leistung und Gegenleistung: „Jeder kann sich mehr leisten, wenn er für andere mehr leistet.“[20] Das Eigeninteresse, das den Unternehmer nach Gewinnmaximierung streben lässt, wird durch den Wettbewerb mit anderen Konkurrenten um die Gunst der Kunden neutralisiert und kehrt sich zu deren Nutzen. Das Eigeninteresse lässt die Unternehmer (Anbieter) untereinander um die Zuneigung der Kunden (Nachfrager) wetteifern und damit gleichzeitig sich gegenseitig in der Befriedigung deren Bedürfnisse übertreffen. Dabei wird/werden der/die Unternehmer Erfolg haben und damit den angestrebten Gewinn realisieren, der/die mit seinen/ihren Angeboten den Vorstellungen der Kunden am ehesten entspricht/entsprechen. Der von ihm/ihnen realisierte **Gewinn** wird damit zum **Indikator für eine soziale Funktion**.[21] Dieser als Prämie für besondere Zufriedenstellung von Nachfragern zu verstehende „Lohn“ (so genannter Pioniergewinn) kann nun aber von den in der wettbewerblichen Auseinandersetzung die Konkurrenz (zunächst) hinter sich lassenden Unternehmern keineswegs als dauerhaft gesicherte Einkommensquelle betrachtet werden. Denn, die Konkurrenz schläft nicht! Im Gegenteil, der (relativ) hohe Pioniergewinn lockt und veranlasst diese, ihr Angebot dem (noch) präferierten Pionierprodukt anzugleichen oder dieses sogar zu übertreffen. Diese Entwicklung lässt in aller Regel den Preis des Pionierproduktes sinken; der Pioniergewinn wird quasi sozialisiert. – Diese Gefahr, dass er von seinen Konkurrenten (durch Nutzbarmachung des technischen Fortschritts und dadurch ermöglichten Kosten- und Preissenkungen) eingeholt oder sogar überholt und damit Kunden verlieren wird, ist dem Pionier hinreichend bekannt. Er wird deshalb seinerseits versuchen, durch entsprechende Produktverbesserungen seinen Vorsprung möglichst zu halten oder gar auszubauen, zumindest aber nicht überholt zu werden. – Der Wettbewerb unterwirft auf diese Art die gesamte Unternehmerschaft einem fortwährenden (Bewährungs-)Druck, die knappen Produktionsfaktoren möglichst rationell einzusetzen, um dadurch die Kosten und in ihrem Gefolge die Preise der Produkte möglichst niedrig zu halten und dadurch attraktiv für die Nachfrager zu sein/werden. Über Wettbewerbsdruck und flexible Preise wird so das Eigeninteresse dem Gemeinwohl dienstbar gemacht. Oder anders ausgedrückt: „aus mittelmäßigen Motiven ergeben sich“, unter dem Druck des Wettbewerbs in Verbindung mit flexiblen Preisen, „hervorragende Taten, so als sei der Mensch von Natur aus schon edel, hilfreich und gut“.[22]

4.12.3 Die Ethik der Sozialen Marktwirtschaft

Nach Auffassung der geistigen Väter der Sozialen Marktwirtschaft – so vor allem **Ludwig Erhard** (1897–1977), **Walter Eucken** (1891–1950), **Wilhelm Röpke** (1899–1966), **Alexander Rüstow** (1885–1963) und **Alfred Müller-Armack** (1901–1978) – kann die reine, sich selbst überlassene Marktwirtschaft dem Anspruch sozialer Gerechtigkeit nicht hinreichend genügen. Sie optieren deshalb für eine marktwirtschaftliche Ordnung, in der sich persönliche **Freiheit** und **soziale Gerechtigkeit** in einer Synthese vereinen. Sie wagen damit den Versuch, alte soziale und politische Gegensätze in einer **„Sozialidee“** zu integrieren, die das übergreifend Gemeinsame bestimmt, das für alle Beteiligten einen Gewinn bringt.[23] Folgen wir Alfred Müller-Armack, so unterliegt diesem Versuch die Absicht der sozialen Versöhnung („sozialen Irenik“). Soziale Marktwirtschaft definiert sich für ihn als eine um das Leitbild einer „humanen Gesellschaft“ ergänzte Marktwirtschaft. In ihr bestimmt die **Wirtschaftsordnung** die Regeln, denen die Bereitstellung

---

[20] Giersch, H.: Zur Ethik der Wirtschaftsfreiheit, a. a. O., S. 8.
[21] Vgl. hierzu Molitor, B.: Die Moral der Wirtschaftsordnung, a. a. O., S. 18
[22] Giersch, H.: Zur Ethik der Wirtschaftsfreiheit, a. a. O., S. 9.
[23] Vgl. Krüsselberg, H.-G.: Theorie für die Praxis, in: Die Zeit, Nr. 19 vom 5. Mai 1989, S. 42.

von Gütern und Dienstleistungen unterliegen; die **Sozialordnung** garantiert jene sozialen Rechte und Pflichten sowie jene (sozialen) Sicherungsleistungen, die der Markt nicht gewähren kann.[24] **Freiheit** und (soziale) **Bindung** werden damit zu den tragenden ethischen Pfeilern dieser Wirtschaftsordnung.[25] Diese symbiotische Ergänzung von Freiheit und Bindung oder anders ausgedrückt: von marktwirtschaftlicher Effizienz und sozialem Ausgleich, ist, wie bereits John Stuart Mill (1806–1873) scharfsinnig erkannte, nicht unproblematisch. „Das Problem, das es zu lösen gilt", so meint er, „ist von besonderer Feinheit als auch von besonderer Wichtigkeit, wie man den größten Betrag an notwendiger Hilfe gibt mit dem geringsten Anreiz, dass ein ungebührliches Vertrauen darauf gesetzt wird."[26]

Der „systematische Ort der Moral"[27] ist in der Sozialen Marktwirtschaft nicht die einzelne Markttransaktion, sondern die diese in ihrem selbstinteressegeleiteten Streben begrenzende – wo nötig erscheinend – sozial verpflichtende Rahmenordnung. Markt und Wettbewerb werden als Mittel eingesetzt, die Lebensmöglichkeiten aller zu verbessern. Sie gewinnen damit eine moralische Qualität.

Die Konstituierung der Rahmenordnung zum „systematischen Ort der Moral" schließt nun aber keineswegs aus, dass moralische Verantwortung auch innerhalb der Rahmenordnung gefragt ist. Moralische Verantwortung kann am Markt wie auch im Prozeß der betrieblichen Leistungserstellung jederzeit durch die dort Handelnden ergänzend zur Rahmenordnung praktiziert werden. Es gilt jedoch festzustellen, dass es sich dabei „nicht um eine generelle Lösung, sondern um systematisch nachrangige Ausnahmen"[28] handelt.

Mit dem Wissen um die unverzichtbare Leistungsfähigkeit der Marktwirtschaft und um die notwendige Versöhnung von Weltanschauungen und Gruppeninteressen wendet sich die Konzeption der „Sozialen Marktwirtschaft" **gegen** ein die Marktwirtschaft aufhebendes Lenkungssystem, **gegen** eine materialistische, ökonomisch und rationalistisch bestimmte Weltauffassung und **gegen** eine Leugnung der sozialen Gebundenheit und Verantwortung menschlicher Existenz.[29]

Vor dem Hintergrund dieser normierenden Vorgaben lassen sich im Konzept der Sozialen Marktwirtschaft folgende hervorragende Stilelemente ausmachen: die Bejahung des **Wettbewerbs** und des **Privateigentums**, die Stabilisierung des **Geldwerts** sowie die Anstrebung des **sozialen Ausgleichs.**[30]

Wirksamer (Leistungs-)**Wettbewerb** soll in der Sozialen Marktwirtschaft durch die Rahmenordnung ermöglicht und gesichert werden. Sie soll Machtkonzentrationen verhindern und dadurch die Freiheit des einzelnen – so insbesondere die Berufs- und Gewerbefreiheit, die Konsumfreiheit, die Vertragsfreiheit einschließlich der Möglichkeit der freien Preisgestaltung – bestmöglich wahren. In der Bewältigung dieser Aufgabe beweist sich die marktwirtschaftliche Ordnung schlechthin. In der bundesdeutschen

---

24 Vgl. ebenda.

25 Vgl. Schlecht, O.: Der ethische Gehalt der Sozialen Marktwirtschaft, in: Die Ethik der Sozialen Marktwirtschaft, Thesen und Anfragen, hrsgg. v. d. Ludwig-Erhard-Stiftung, Stuttgart – New York 1988, S. 11ff.

26 Mill, J. St.: Principles of Political Economy (1848); Reprint: Fairfield N. J. 1976, S. 967.

27 Homann, K.: Heilige Samariter, Über die Schwierigkeiten der Kirchen, den Markt als soziale Veranstaltung zu begreifen, in: Die Zeit, Nr. 16 vom 14. April 1989, S. 44.

28 Ebenda,S. 45.

29 Vgl. Krüsselberg, H.-G.: Theorie für die Praxis, a. a. O., S. 42.

30 Vgl. Lachmann, W.: Ethik und Soziale Marktwirtschaft, in: Aus Politik und Zeitgeschichte, B 17/88, S. 18f.

Wirtschaftsverfassung hat sich der Versuch dieser Aufgabenbewältigung im **Gesetz gegen Wettbewerbsbeschränkungen** niedergeschlagen. Dieses von Ludwig Erhard als **Grundgesetz der Sozialen Marktwirtschaft** apostrophierte Regelwerk repräsentiert gleichsam die ökonomische Ethik dieser Ordnung.[31] Dennoch kommt ihm keineswegs eherner Charakter zu; es muss laufend an die wirtschaftlichen und strukturellen Veränderungen angepasst werden, um im Sinne der alten Grundideen der Sozialen Marktwirtschaft einen wirksamen Leistungswettbewerb zu gewährleisten und wettbewerbsschädliche Konzentrationen zu vermeiden. Der Markt muss fortwährend als Institution der freiheitlichen Wahl garantiert werden.

Während in der Theorie der reinen Marktwirtschaft unterstellt wird, dass der einzelne durch seinen wirtschaftlichen Leistungsbeitrag über die für die freie Wahl der präferierten Güter notwendige Kaufkraft verfügt, zieht die Soziale Marktwirtschaft für Leistungsunfähige oder Leistungsschwache das Fehlen „ausreichender“ Mittel in Betracht. Konsequenterweise sorgt in ihr dann auch der Staat über Transferzahlungen[32], dass diese leistungsschwächeren Gesellschaftsgruppen über ein zur Befriedigung ihrer dringlichsten Bedürfnisse entsprechendes Einkommen verfügen.

Hinsichtlich der dem Leistungswettbewerb unterstellten Leistungssteigerungen – die dann wieder der Allgemeinheit zugute kämen – betonen die Vertreter der Sozialen Marktwirtschaft deutliche Vorbehalte. Leistungssteigerungen durch Wettbewerb können nach ihrer Auffassung nur unter der Voraussetzung erwartet werden, dass die Konkurrenten in etwa gleich stark oder doch zumindest so stark sind, dass sie sich gegenseitig herausfordern können. Diese Erkenntnis mündet in die Forderung nach „gleichen Startchancen“. Diese Forderung ist, wie die jüngere wettbewerbspolitische Erfahrung zeigt, nicht unproblematisch, setzen sich mit ihr doch zunehmend Tendenzen durch, Gesetze zum Schutze **vor** Wettbewerb und zur Durchsetzung sektoraler Sonderinteressen zu rechtfertigen.

Das **Privateigentum** an den Produktionsmitteln wird im Konzept der Sozialen Marktwirtschaft durch die **Effizienzthese** gestützt: Das Selbstinteresse des Eigentümers, das heißt seine Gewinnmaximierungsabsicht, lässt ihn bestrebt sein, sein Betriebsziel mit einem Minimum an Faktoreinsatz (Input) zu erreichen. Dieses Streben macht den Eigentümerunternehmer in der wirtschaftlichen Ausnutzung der knappen Ressourcen dem Verwalter von Gemeineigentum gegenüber überlegen. Die gesamtwirtschaftliche Folge: Produktionsmittel in Privateigentum führen (in der Regel) zu höheren Produktionsergebnissen als dies bei verstaatlichten Produktionsmitteln möglich wäre. Diese Feststellung enthebt den privaten Produktionsmittelbesitzer in der Sozialen Marktwirtschaft jedoch keineswegs der **Sozialbindung seines Eigentums,** das heißt der durch die Bedürfnisse der Allgemeinheit erforderlich werdenden Beschränkung in der Ausübung seiner Eigentumsrechte.

Der aus der ökonomischen Nutzung des Eigentums entspringende **Gewinn** wird im Konzept der Sozialen Marktwirtschaft als unverzichtbarer Anreiz für den Unternehmer gesehen, die Bedürfnisse der Nachfrager möglichst besser zu befriedigen als dies seine Mitkonkurrenten vermögen. Derjenige, der die Nachfrage am Markt besser bedient als die – oder das Gros der – Mitbewerber, hat in diesem Verständnis einen höheren Gewinn verdient.[33] Gewinne können somit genau so ehrlich erworben werden wie Löhne.

---

31 Vgl. Schlecht, O.: Der ethische Gehalt der Sozialen Marktwirtschaft, a. a. O., S. 14.

32 Transferzahlungen sind Geldzuweisungen des Staates an private Wirtschaftssubjekte im Wege der Einkommensumverteilung. Hauptträger dieser Maßnahme sind Sozialversicherungen und Lastenausgleichsämter.

33 Vgl. dazu Watrin, Ch.: Fragen an die Kritiker von Wettbewerbsgesellschaften, in: Rauscher, A.

Eng mit den Vorstellungen über das Privateigentum verbunden ist die in das Konzept der Sozialen Marktwirtschaft eingegangene sozialethische Forderung nach **Preisstabilität.** Sie wird von dem katholischen Sozialethiker Johannes Messner folgendermaßen auf den Punkt gebracht: Da der Wert des Geldes, das heißt seine Kaufkraft, in der modernen Wirtschaft nicht mehr durch dessen Materialwert bestimmt ist, sondern durch die Politik der Währungsbehörde, hat diese eine große sozialethische Verantwortung.[34] Diese Feststellung geht davon aus, dass das Geld eine besondere Form von Privateigentum darstelle, dem ein entsprechendes Eigentumsrecht (besser Vermögensrecht), das heißt ein Anrecht (besser Anspruch) auf Gegenwert in zum Kauf stehenden Gütern und Dienstleistungen innewohne. Der Währungsbehörde falle deshalb die Verantwortung zu, das mit dem Geld erworbene Vermögensrecht möglichst umfassend zu wahren. Ein schwindender Geldwert würde eine Minderung des mit dem Geld erworbenen Anspruchs (auf Güter und Dienstleistungen) bedeuten und dementsprechend das aus dem Geld abzuleitende Vermögensrecht des Geldbesitzers schmälern. Eine solche „Teilenteignung" wäre deshalb sozialethisch nicht zu verantworten. Inwiefern die Forderung nach Geldwertstabilität neben der Überlegung, durch Hinnahme von inflationären Entwicklungen eine höhere Beschäftigung zu erreichen (oder anders ausgedrückt: Arbeitslosigkeit zu mindern), eine Relativierung rechtfertigt, kann hier nicht abschließend diskutiert werden. Zumindest scheint im Zusammenhang mit dieser Frage ein sozialethischer Zielkonflikt nicht ausgeschlossen.

Eine Analyse der ethischen Grundlagen der Sozialen Marktwirtschaft kann sich nicht dem Einwand verschließen, dass diese den Menschen in zwei unterschiedlichen, ja möglicherweise sogar widersprüchlich scheinenden Verhaltensweisen einfordere: einerseits als das vom Selbstinteresse geleitete Wirtschaftssubjekt und andererseits als den seinen Mitmenschen in Solidarität verbundenen Staatsbürger. In der direkten Auseinandersetzung mit seinen Konkurrenten am Markt darf, ja soll sich der einzelne von seinem persönlichen Vorteil, das heißt von dem, was seinen Nutzen respektive Gewinn erhöht, leiten lassen; (gebändigter) Egoismus gilt hier als unverzichtbares Erfordernis zur Erwirkung höchstmöglicher Effizienz, will sagen: der bestmöglichen Nutzung knapper Ressourcen. In Entsprechung seines demokratischen Wahlrechts stimmt dieses selbstinteressengeleitete Wirtschaftssubjekt gleichzeitig aber auch staatlichen Umverteilungsmaßnahmen zu und gibt sich damit als sozial verantwortlich, als Altruist, zu erkennen. Diese scheinbare Widersprüchlichkeit löst sich jedoch schnell auf, wenn wir die Zustimmung zu redistributiven Korrekturen (Verteilungs- respektive Marktkorrekturen) aus der selbstinteressebestimmten Absicht herleiten, darüber soziale Spannungen und möglicherweise daraus erwachsende Gefährdungen der geltenden Wirtschafts- und Gesellschaftsordnung zu vermeiden und somit die den marktwirtschaftlichen Wettbewerb ermöglichende Rahmenordnung langfristig zu erhalten. Das zunächst irritierende Sozialverhalten könnte in dieser Auslegung in ein langfristig ausgerichtetes Vorteilsstreben umgedeutet werden und fügte sich damit dem Bild vom selbstinteressegeleiteten Menschen. Die Soziale Marktwirtschaft erschiene nicht mehr als ein ethisches Paradoxon.[35]

(Hrsg.): Kapitalismuskritik im Widerstreit, Köln 1973, S. 33–63 und ders., Wirtschaftsordnungen und christliche Soziallehre, in: Zeitschrift für Wirtschaftspolitik, 28 (1979), S. 7–27.

34 Siehe hierzu Schmitz, W.: Die soziale Ordnungsfunktion von Geld, Kapital und Kredit, Ansatzpunkte für eine systematische Währungsethik, in: Klose, A., Schambeck, H., Weiler, R. (Hrsg.): Das Neue Naturrecht, Gedächtnisschrift für Johannes Messner, Berlin 1985, S. 227–258, insbesondere S. 246.

35 Vgl. Lachmann, W.: Ethik und Soziale Marktwirtschaft, a. a. O., S. 25 f.

4.12.4 Leistungsgrenzen der Sozialen Marktwirtschaft

Die marktwirtschaftliche Ordnung lässt den in ihr befassten Wirtschaftssubjekten den größtmöglichen Freiheits- und somit Entfaltungsraum. Diese Freiheit bedarf einer sichernden (Verantwortungs-)Ethik. Sie ist insbesondere dort gefragt, wo die Wirtschaftsordnung versagt. Dies ist regelmäßig bei den so genannten **negativen externen Effekten** der Fall. Sie resultieren aus Fehlallokationen, zu denen das einzelne Wirtschaftssubjekt aus Unkenntnis über die gesamtgesellschaftlichen Kosten oder Nutzen seines Handelns verführt wird. Diesem Defizit versucht der Staat in der Regel durch Verbote und Gebote, vereinzelt auch durch entsprechende Anreize zu begegnen. Während Verbote und Gebote naturgemäß als lästige Bevormundung empfunden und infolgedessen – soweit dies möglich ist – zu umgehen versucht werden und damit ihren intendierten Effekt zumindest teilweise einbüßen, begünstigen (ökonomisch sinnvolle) Anreize freiwilliges Handeln im gesellschaftlich erwünschten Sinn, somit moralisches Handeln. – Diese Feststellung soll nachfolgend beispielhaft für den Bereich „Umweltbelastung" verdeutlicht werden.

Das Problem der **Umweltbelastung** stellt sich unter ökonomischem Aspekt dergestalt dar, dass die durch die Produktion verursachten Umweltschäden (soziale Kosten) beim Verursacher nicht kostenmäßig erfaßt, sondern quasi der Allgemeinheit aufgebürdet, das heißt sozialisiert werden. Aus dieser Tatsache wird die Forderung abgeleitet, durch Gesetzgebung und Überwachungsmaßnahmen die Rahmenbedingungen (Rahmenordnung) so zu verändern, dass die sozialen Kosten von den verursachenden Unternehmen getragen beziehungsweise vermieden werden. Man sucht damit den Schuldigen, nicht aber – wie es notwendig wäre – die Ursache.[36] In Verkennung von Ursache und Wirkung ist man überdies oft leichtfertig bereit, das Umweltproblem als moralisches Versagen der Unternehmer abzutun. In Wirklichkeit sind es aber die verfehlten ökonomischen Anreize einer kurzsichtigen Wirtschaftspolitik, die die Unternehmer nicht moralisch im Sinne einer Kostenminimierung – auch der umweltbelastenden Kosten – handeln lassen. Was heißt das?[37] – Bislang galt die Umwelt als Gemeineigentum. Gemeineigentum hat nun aber – im Gegensatz zu Privateigentum – keinen Preis und damit keinen Wert. Was nichts kostet, kann im Verständnis der meisten Menschen nach Belieben ausgebeutet werden; was keinen Preis hat, ist nicht Gegenstand von Tausch und Handel, verlangt keinen sparsamen Umgang. – Was ist zu tun? Da die Umwelt wohl kaum in Privateigentum überführt werden kann, bietet sich ihre teilweise „Vermarktung" über Nutzungsrechte an, die man meistbietend versteigert. Auf diese Weise bilden sich Nutzungspreise, die ihrerseits den Käufer von Nutzungsrechten zum sparsamen Gebrauch derselben und damit auch zur sparsamen Nutzung der Umwelt veranlassen. Eine solche Vermarktung der Nutzungsrechte im Wege der Versteigerung muss offen sein, damit auch Außenseiter, insbesondere solche Unternehmer, die im Umwelt„verbrauch" sparsamer sein können als das Gros der Nutzer, zum Zuge kommen und damit den Wettbewerb in Gang setzen. Dies wird mit hoher Wahrscheinlichkeit dadurch erreicht, dass die weniger sparsamen Umweltverbraucher durch die geringere Umweltkostenbelastung der sparsameren Umweltverbraucher und deren dadurch bedingte günstigere Produktkalkulation (Preisgestaltung) veranlasst werden, ebenfalls nach umweltschonenderen Produktionsmethoden Ausschau zu halten, um dadurch ihre Umweltkosten zu senken und Wettbewerbsnachteile zu vermeiden.[38] – Behördliche

---

[36] Vgl. ebenda S. 24.

[37] Siehe zum folgenden auch Giersch, H.: Zur Ethik der Wirtschaftsfreiheit, a.a.O., S. 17ff.

[38] Dieser Überlagerung fügt sich die (auf der Grundlage des Kyoto-Protokolls von 1997) zum 1. 1. 2005 in Kraft getretene EU-Emissionshandelsrichtlinie (umgesetzt in nationales Recht durch das

Auflagen können diesen gemeinwohldienlichen und damit ethisch wertvollen „Markteffekt“ nicht zeitigen. Sie beruhen, worauf Herbert Giersch nachdrücklich hinweist[39], auf technischen Kriterien, nicht auf Wertschätzungen. Sie sind deswegen ökonomisch ineffizient. Darüber hinaus diskriminieren sie die Außenseiter, von denen sie – im Gegensatz zu den bisherigen Nutzern – den neuesten Stand der Technik verlangen. Ein Anreiz zum Suchen nach neuen, umweltschonenderen Lösungen wird auf diesem Wege den Unternehmen nicht gegeben. Der in dieser Situation zu wünschende Gemeinsinn (Umweltmoral) kann wohl allgemein gefordert, nicht aber oder zumindest nicht im erforderlichen Umfang realisiert werden. Die Gesamtheit, an die sich der moralische Appell wendet, ist zu groß, um in ausreichendem Maße persönliche Betroffenheit zu erwirken und dementsprechende Verantwortung zu provozieren. Das „Sich-Durchmogeln“ mit der stillen Rechtfertigung, „andere verfahren auch nicht anders“ oder „soll ich der einzige Dumme sein?“ und ähnlichem wird zum weitverbreiteten Verhaltensmuster. – Die Konsequenz aus dieser nüchternen Erkenntnis liegt nahe: Gesamtheitsanliegen müssen dezentralisiert werden. Damit werden sie zu Anliegen kleiner Gruppen, in denen das (ethisch zu qualifizierende) Eigeninteresse des einzelnen wirksam durchschlägt.[40]

Auch mit Blick auf die gegenwärtig herrschende Arbeitslosigkeit und die Probleme im Gesundheitswesen lässt sich ein Versagen der Wirtschaftsordnung durch das Setzen falscher Anreize und damit das Fehlen eines gesellschaftlichen Ethos feststellen.

Die **Arbeitslosigkeit** wird heute allgemein zu Recht beklagt. Dennoch erlaubt man sich im politischen Gespräch mit Rücksicht auf gewisse Sensibilitäten in der Wählerschaft – wenn überhaupt, dann nur mit äußerster Zurückhaltung – neben den konjunkturellen, außenwirtschaftlichen und strukturellen Ursachen auch das durch die allgemeine Arbeitslosenversicherung sozialisierte Arbeitslosenrisiko und andere soziale Schutzmaßnahmen, die die Anpassung an neue Strukturen behindern bis verhindern, als Ursachen von Arbeitslosigkeit zu nennen. In der Tat wird die materielle Not im Gefolge von Arbeitslosigkeit den durch sie Betroffenen weitgehend erspart. Sie werden damit – zumindest in einem gewissen Umfang – dem Druck enthoben, sich den Markterfordernissen anzupassen und gegebenenfalls eine entsprechende Mobilität zu entwickeln. Auch hier hat der Staat in seiner sozialen Verantwortung des Guten zu viel getan und die staatlichen Anreize falsch gesetzt. Ein sicherlich nicht unbeträchtlicher Teil der Arbeitslosen sieht sich nämlich durch sie veranlasst, die sozialen Segnungen der Arbeitslosigkeit weidlich auszuschöpfen und damit die persönliche Verantwortungsmoral zu unterdrücken. Es drängt sich in diesem Zusammenhang die Vermutung auf, dass sich die bundesdeutsche Arbeitslosigkeit anders gestalten würde, wenn beispielsweise die Tarifpartner auch für die Arbeitslosenversicherung aufzukommen hätten.[41]

Auch im **Gesundheitswesen** führen falsche Anreize zu ökonomisch unerwünschten Effekten.[42] Die Beiträge zur sozialen Krankenversicherung (der rund 90 v. H. der Bevöl-

---

Treibhausgas-Emissionshandelsgesetz u. weitere Rechtsvorschriften). Sie verpflichtet die EU-Mitgliedsländer jeweils zu Beginn einer sogenannten Emissionshandelsperiode einen nationalen Allokationsplan (NAP) zu präsentieren und darin festzulegen, wieviel Treibhausgase jeder größere Emittent ihres Landes während eines bestimmten Zeitraumes (z. B. 2008–2012) ausstoßen darf. Bei Verstößen gegen diese Vorgaben müssen von den jeweiligen Unternehmen Emissionsrechte zugekauft werden oder es werden Strafen verhängt.

39 Vgl. ebenda S. 18.

40 Vgl. ebenda S. 19.

41 Vgl. Lachmann, W.: Ethik und Soziale Marktwirtschaft, a. a. O., S. 24.

42 Vgl. hierzu und zum folgenden ebenda S. 24.

kerung angehören) werden hier von jedem ohne Rücksicht auf die tatsächliche Inanspruchnahme von Versicherungsleistungen in einer vom Einkommen abhängigen Höhe erhoben und provozieren damit leicht ein Verhalten, das in seiner bescheidensten Ausprägung auf „Rückzahlung" der geleisteten Beiträge gerichtet ist. Eine Stimulierung des Eigeninteresses auf Vermeidung oder Niedrighaltung von Versicherungsleistungen durch entsprechende Reduzierung der Beitragssätze oder aber der Entlassung aus der Zwangsversicherung in die eigenverantwortliche Risikoabsicherung durch Abschluss einer Privatversicherung wird hier nur ansatzweise – für diejenigen, deren Verdienst die Versicherungspflichtgrenze übersteigt – praktiziert. Die Ethik des Selbstinteresses bekommt hier keineswegs die ihr gebührende Chance. Der Marktmechanismus kann hier nicht zum Zuge kommen, da der Wettbewerb und die Preisanreize weitgehend fehlen. Dem unsolidarischen Verhalten in einer aufgezwungenen Solidargemeinschaft sind somit Tür und Tor geöffnet. Dies gilt für Versicherte, Versicherer wie auch Leistungserbringer. So wie die Versicherten zur weitestgehenden Inanspruchnahme von Versicherungsleistungen verführt werden, sehen sich die Leistungserbringer (Ärzte und Krankenhäuser) veranlasst, möglichst viele und teure Maßnahmen zu verordnen. Die für ein ökonomisch effizientes Verhalten notwendigen Anreize zur Kostensenkung entfallen. Auch die Versicherungen sehen sich – wie die Erfahrung lehrt – nicht zu wirtschaftlichem Verhalten veranlasst; verschlechtert sich ihre Gewinnsituation, versuchen sie die Beitragssätze zu erhöhen, nicht aber die Kosten zu senken. Die immer wieder beklagte Kostenexplosion im Gesundheitswesen ist die natürliche Konsequenz dieses Verhaltens. Ihr kann wohl kaum durch moralische Appelle begegnet werden. Hier müssten ökonomisch sinnvolle Anreize gesetzt werden, die sowohl den Anbietern (Krankenhäuser, Pharmaindustrie, Ärzteschaft) als auch den Nachfragern (Patienten) und Versicherern den wirtschaftlichen Gebrauch der knappen Ressourcen unter Marktaspekten attraktiv machen würden.

Die Gefahr, dass gutgemeinte sozialpolitische Regelungen ökonomisch „unmoralische" Gesamtauswirkungen haben könnten, ist mit der Politik der Sozialen Marktwirtschaft zwangsläufig verbunden. Diese Gefahr beinhaltet gleichsam das ethische Problem dieser Wirtschaftsordnung.[43]

4.12.5 Schlussbemerkung

Das **marktwirtschaftliche System** setzt auf die Koordination der einzelwirtschaftlichen Pläne über den Markt. Diese Koordination verlangt den souverän handelnden Menschen, dessen autonome Entscheidungen primär seiner eigenen Verantwortlichkeit unterliegen. Diese Verantwortlichkeit ist zunächst aus dem Interesse am eigenen Wohl und dem der eigenen Familie gespeist. Allgemeine Verantwortung gegenüber ferner stehenden Einzelpersonen oder Gruppen der Gesellschaft ist für das Funktionieren des Marktmechanismus nicht nur nicht erforderlich, sondern sogar schädlich. Die Marktwirtschaft ist demnach nicht auf den sich moralisch selbstüberwindenden Übermenschen angewiesen, sondern setzt auf den „normalen" Menschen mit durchschnittlicher Moral.[44] Ihre Ethik appelliert somit nicht an Gefühle, sondern stützt sich auf das **typische,** in die persönliche Verantwortung eingebettete und in die wirtschaftliche Rahmenordnung des Staates gestellte **menschliche Verhalten.** Die **Soziale Marktwirtschaft** versucht diese Individualethik in besonderer Weise institutionell abzusichern, indem sie die soziale Verantwortung konzeptionell verankert. Ob diese Kon-

[43] Vgl. ebenda, S. 25.

[44] Vgl. Schlecht, O.: Der ethische Gehalt der Sozialen Marktwirtschaft, a. a. O., S. 8 f.

zeption den Anforderungen unserer christlich-abendländischen Ethik gerecht wird, dürfte im wesentlichen vom Vermögen ihrer politischen Kräfte abhängen, die verfügbaren Gestaltungsräume dieser Wirtschaftsordnung im Dienste sozialethischer Ziele zu nutzen. Die Umsetzung der Sozialen Marktwirtschaft wird unseres Erachtens in all jenen Bereichen zum Scheitern verurteilt sein, in denen der Staat auf interventionistische Mittel zurückgreift, obgleich eine marktliche Lösung sozialer wäre.[45] Hier darf bei der Wahl der Mittel nicht der angestrebte Idealzustand den Ausschlag geben; es muss auch ein mögliches Fehlverhalten der Bürger, insbesondere ein durch falsche Anreize stimuliertes unsoziales Verhalten einkalkuliert werden.[46]

Literaturhinweise

Albers, H.-J. (Hrsg.): Ethik und ökonomische Bildung, Bergisch-Gladbach 1996.

Biervert, B., Held, M. (Hrsg.): Ethische Grundlagen der ökonomischen Theorie: Eigentum, Verträge, Institutionen, Frankfurt – New York 1989.

Boulding, K. E.: Volkswirtschaftslehre als Moralwissenschaft, in: Hamburger Jahrbuch für Wirtschafts- und Gesellschaftspolitik, 16. Jg. (1971).

Die Ethik der Sozialen Marktwirtschaft: Thesen und Anfragen, hrsgg. v. d. Ludwig-Erhard-Stiftung, Stuttgart – New York 1988.

Enste, D. H.: Marktwirtschaft und Moral, Köln 2006.

Giersch, H.: Zur Ethik der Wirtschaftsfreiheit (Vortrag), Schriftenreihe der Bank Hofmann AG, Zürich, o. O., 1986.

Hayek, F. A.: The Three Sources of Human Values, London 1978.

Homann, K.: Heilige Samariter, Über die Schwierigkeiten der Kirchen, den Markt als soziale Veranstaltung zu begreifen, in: Die Zeit, Nr. 16 v. 14. April 1989, S. 44.

ders. (Hrsg.): Aktuelle Probleme der Wirtschaftsethik, Berlin 1992.

ders. (Hrsg.): Stichwort „Ethik der Marktwirtschaft“, in: May (Hrsg.), Lexikon der ökonomischen Bildung, 6. Aufl., München–Wien 2006

Kirsch, G.: Die Kosten der Unmoral, in: Frankfurter Allgemeine Zeitung, Nr. 243 v. 19. Oktober 2002, S. 13.

Koslowski, P.: Ethik des Kapitalismus, Tübingen 1986/5. Aufl. 1995.

ders. (Hrsg.): Wirtschaftsethik – wo ist die Philosophie, Heidelberg 2001.

Krüsselberg, H.-G.: Theorie für die Praxis, in: Die Zeit, Nr. 19 vom 5. Mai 1989, S. 42.

Lachmann, W.: Wirtschaft und Ethik: Maßstäbe wirtschaftlichen Handelns, Neuhausen – Stuttgart 1987.

ders.: Ethik und Soziale Marktwirtschaft, in: Aus Politik und Zeitgeschichte, B 17/88, S. 15–26.

ders., Haupt, R., Farmer, K. (Hrsg.), Zur Zukunft Europas, Wirtschaftsethische Probleme der Europäischen Union, Neuhausen–Stuttgart 2007.

Mill, J. St.: Principles of Political Economy (1848), Reprint: Fairfield N. J. 1976.

Molitor, B.: Die Moral der Wirtschaftsordnung, Köln 1980.

Müller-Armack, A.: Religion und Wirtschaft, 3. Aufl., Bern – Stuttgart 1981.

Rahmsdorf, D., Schäfer, H.-B. (Hrsg.): Ethische Grundfragen der Wirtschafts- und Rechtsordnung, Berlin – Hamburg 1988.

Rauscher, A. (Hrsg.): Selbstinteresse und Gemeinwohl: Beiträge zur Ordnung der Wirtschaftsgesellschaft, Berlin 1985.

Suchanek, A., Ökonomische Ethik, 2. Aufl., Tübingen 2007.

Walter, N.: Ethik + Effizienz = Marktwirtschaft, in: Baader, R. (Hrsg.), Wider die Wohlfahrtsdiktatur, Gräfelfing 1995.

Watrin, Ch.: Wirtschaftsordnungen und christliche Soziallehre, in: Zeitschrift für Wirtschaftspolitik, 28 (1979), S. 7–27.

45 Vgl. Lachmann, W.: Ethik und Soziale Marktwirtschaft, a. a. O., S. 26.

46 Vgl. ebenda.

ders.: Fragen an die Kritiker von Wettbewerbsgesellschaften, in: Rauscher, A. (Hrsg.), Kapitalismuskritik im Widerstreit, Köln 1973, S. 33–63.

Wilson, Th.: Sympathy and Self-interest, in: ders. (ed.), The Market and the State: Essays in Honour of Adam Smith, Oxford 1976.

Yeager, L. B.: Ethics as Social Science, The Moral Philosophy of Social Cooperation, Cheltenham Glos (UK) 2001.

4.13 Umweltprobleme aus ökonomischer Sicht – Zur Relevanz der Umweltökonomie für die Umweltbildung

Gerd-Jan Krol

4.13.1 Einleitung

Ein Unterricht, der sich der heute vordringlichen Frage stellt, wie umweltverträglicheres Verhalten der gesellschaftlichen Akteure gefördert und beschleunigt werden kann, wird an sozialökonomischen Erklärungsmustern und Lösungsansätzen für die vielfältigen Umweltprobleme nicht länger vorbeigehen können. Die breite Kluft zwischen Umweltbewusstsein und Verhalten fordert dazu heraus, die bisher fast ausschließlich ökologisch und individualethisch fundierte Umweltbildung um originäre sozialökonomische Aspekte zu ergänzen. Dies kann durch eine stärker fächer- bzw. lernbereichsspezifische Strukturierung der Umwelterziehung erfolgen, die dem gesellschaftswissenschaftlichen Bereich die Aufgabe zuweist, sich auf der Basis sozialökonomischer Theorien mit den institutionellen Faktoren zu befassen, die umweltbelastendes Verhalten der gesellschaftlichen Akteure begünstigen, und entsprechende Veränderungen der relevanten Institutionen einschließlich ihrer Voraussetzungen und Folgewirkungen zu thematisieren.

4.13.2 Ursachen des Umweltproblems

Umweltprobleme sind komplexer Natur, und entsprechend komplex sind die Ursachen, die zu ihrer Entstehung beigetragen haben. Dies hat in der Vergangenheit ideologiegeprägte Kontroversen über Lösungsansätze erleichtert. Das Spektrum der Forderungen reichte von einer Aufhebung des arbeitsteiligen Industriesystems über die Forderung nach Nullwachstum und Änderung der die Wirtschaftsordnung tragenden Institutionen bis hin zu Forderungen nach Verhaltensänderungen der gesellschaftlichen Akteure im Rahmen der bestehenden Institutionen. Hinter solchen Forderungen stehen mehr oder weniger differenzierte Problemdiagnosen, die Ursachenkomplexe, Folgekosten von Lösungsansätzen und Rahmenbedingungen für politische Gestaltungsprozesse unterschiedlich gewichten. Heute wird die Umweltproblematik zunehmend als Teilaspekt einer dauerhaft nachhaltigen Entwicklung (Sustainable Development) diskutiert, die neben ökologischen und ökonomischen Dimensionen vor allem auch die Fragen der interregionalen (Nord-Süd-Problematik) und intergenerationellen (möglichst keine Beeinträchtigung der Handlungsoptionen der nachwachsenden Generationen) Gerechtigkeit umfasst. In diesem Beitrag steht die Umweltproblematik im Mittelpunkt. Abb. 2 nennt zentrale Ursachen für das Entstehen von Umweltproblemen. Wegen der besonderen Bedeutung, auch für die fachdidaktische Diskussion, werden wir uns hier auf die Ursachenkomplexe Wirtschaftswachstum, sozioökonomische Ursachen und wirtschaftssystembezogene Ursachen konzentrieren, weil sie für die Kontroverse um wirksame Ansätze der Umweltpolitik von besonderer Bedeutung sind.

Wie jede rationale Politik, so muss sich auch die Umweltpolitik auf eine Analyse der Ursachen der Umweltprobleme gründen, wenn sie effektiv (wirksam) und zugleich effizient (möglichst kostengünstig) sein will. Beide Kriterien, ökologische Wirksamkeit und ökonomische Effizienz, sind hier bedeutsam, denn eine Vernachlässigung der Kosten des Umweltschutzes gefährdet nicht nur die Akzeptanz umweltpolitischer Maßnahmen, sie kann auch zur Folge haben, dass bestimmte Umweltqualitätsziele mit geringeren Kosten erreichbar sind. Diese ökonomische Aussage bedeutet ökologisch, dass mit gleichen Kosten ein Mehr an Umweltschutz möglich ist.

In ökonomischer Sichtweise werden Umweltprobleme als zu hohe Nutzungsniveaus verschiedener, nun miteinander konkurrierender, und das heißt faktisch knapper, Umweltleistungen gedeutet (Abb. 1).

Die heute spürbaren Verwendungskonkurrenzen zwischen unterschiedlichen Umweltnutzungen implizieren, dass den Belangen der natürlichen Umwelt nicht überall absolu-

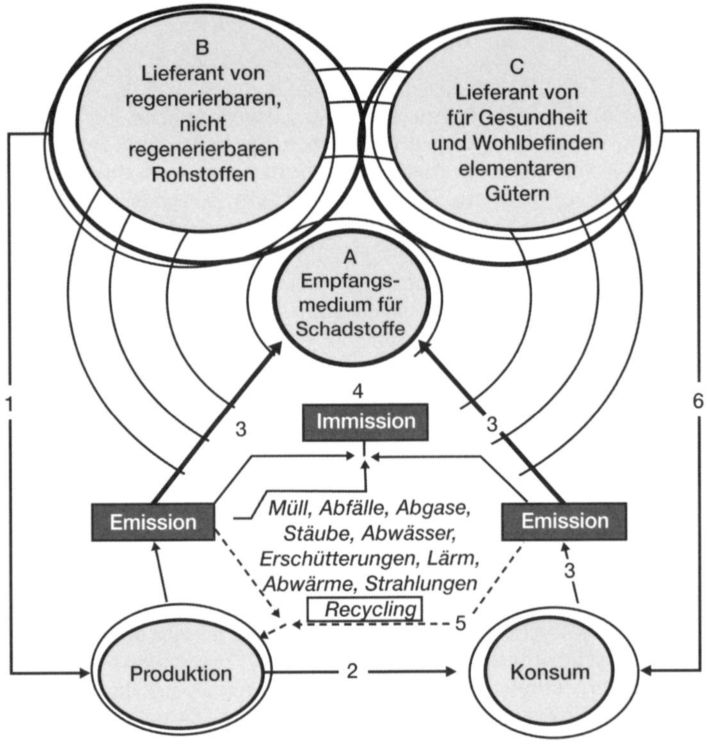

Abb. 1 Beziehungen zwischen ökologischem und ökonomischen System aus umweltökonomischer Perspektive[1]

ter Vorrang eingeräumt werden kann. Würde beispielsweise die Nutzung der Umwelt als Aufnahmemedium für unerwünschte Kuppelprodukte des Konsum- und Produktionsprozesses (Emissionen) vollständig eingestellt, würde dies die Einstellung der industriellen Produktion mit allen daraus folgenden Konsequenzen für die gesellschaftliche Stabilität bedeuten.

Folglich muss es darum gehen, das Nutzungsniveau von ökologisch bedenklichen Umweltleistungen (beispielsweise als Aufnahmemedium für Schadstoffe oder als Lieferant von Ressourcen) zu reduzieren. Das schließt Verbote in Fällen, wo aus Gründen der Gefahrenabwehr eine Reduzierung auf Null geboten ist, nicht aus.

4.13.2.1 Wirtschaftliches Wachstum

Die Übernutzung von Umweltleistungen hat etwas mit der Struktur und dem Niveau von Produktion und Konsum zu tun, die ihrerseits das Ergebnis des Wirtschaftswachstums in der Vergangenheit sind. Hieraus wurde die Forderung nach „Nullwachstum“ abgeleitet, bei der die gesamtwirtschaftliche Produktion auf einem bestimmten Niveau verharrt und sich lediglich in seiner Zusammensetzung verändern könnte. Diese durch

[1] G.-J. Krol, Das Umweltproblem aus ökonomischer Sicht. In: Gegenwartskunde, Heft 3, 1986, S. 379.

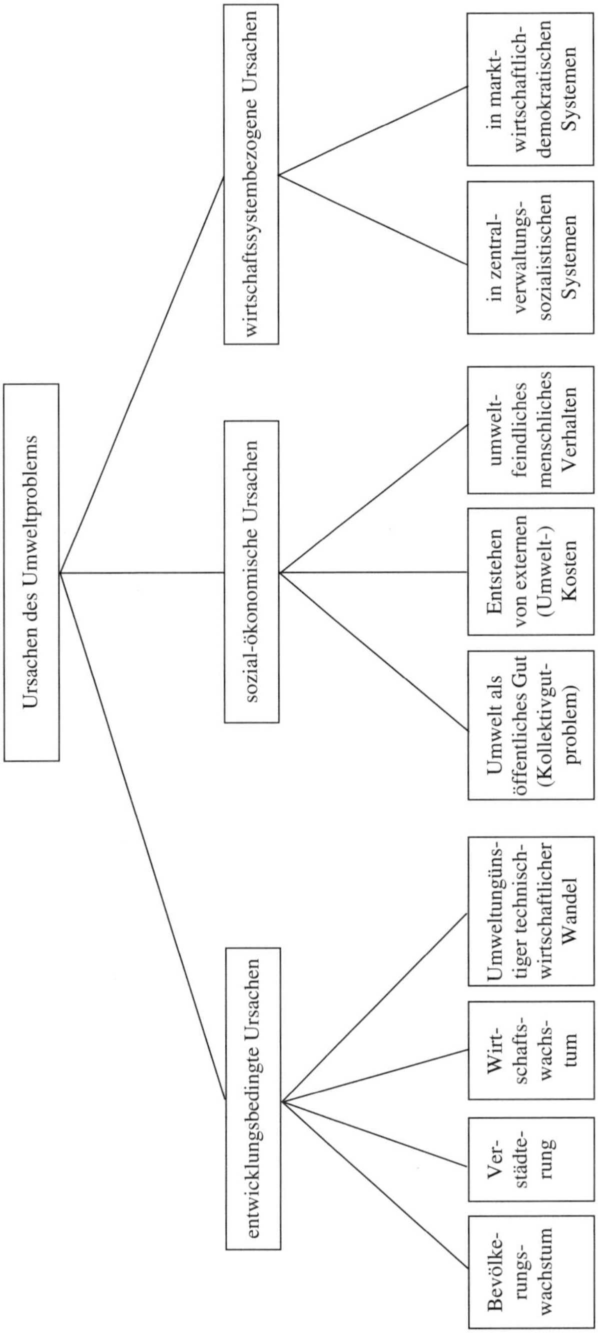

Abb. 2 Ursachen des Umweltproblems

Quelle: L. Wicke, Umweltökonomie, 4. Auflage, München 1993

die Club of Rome-Studie zu den Grenzen des Wachstums 1972 wesentlich mitinspirierte Forderung beruht auf bestimmten Beziehungen zwischen Wachstumsrate und Niveau der gesamtwirtschaftlichen Produktion, wobei zwischen Niveau der gesamtwirtschaftlichen Produktion und Ressourcenverbrauch bzw. Emissionsmenge konstante Beziehungen unterstellt werden. Bei in der Zeit gleichbleibender Wachstumsrate der gesamtwirtschaftlichen Produktion steigen die absoluten Zuwächse der Produktion progressiv an, während viele Ressourcen und die Kapazität der Umwelt als Aufnahmemedium für Schadstoffe durch ihren jeweiligen Bestand begrenzt sind, also bei jeder positiven Wachstumsrate der gesamtwirtschaftlichen Produktion knapper werden müssen. Unterstellt man zwischen Produktion und Ressourcenverbrauch bzw. Emissionen einen konstanten Zusammenhang, ist der Tag der Ressourcenerschöpfung bzw. der Erschöpfung der Schadstoffaufnahmekapazität abzusehen.

Autoren, die einer wachtsumspessimistischen Position zuzurechnen sind, sehen die gegenwärtig betriebene Wirtschaftsweise an einem Punkt, der den ökologischen Grenzen des wirtschaftlichen Wachstums nahekommt und diese in Teilbereichen erreicht oder gar überschritten hat. Sie fordern deshalb eine absolute Priorität für die Belange des Umweltschutzes. Vertreter der wachstumsoptimistischen Position verweisen hingegen darauf, dass Wirtschaftswachstum Verteilungskonflikte entschärfen und umweltpolitische Fortschritte fördern könne, da es im Wirtschaftswachstum leichter falle, die für den Umweltschutz notwendigen zusätzlichen Mittel freizusetzen. Ohne Wachstum werden alle Umverteilungen zum Nullsummenspiel, bei dem jedes Mehr mit absoluten Einbußen an anderer Stelle erkauft werden muss.

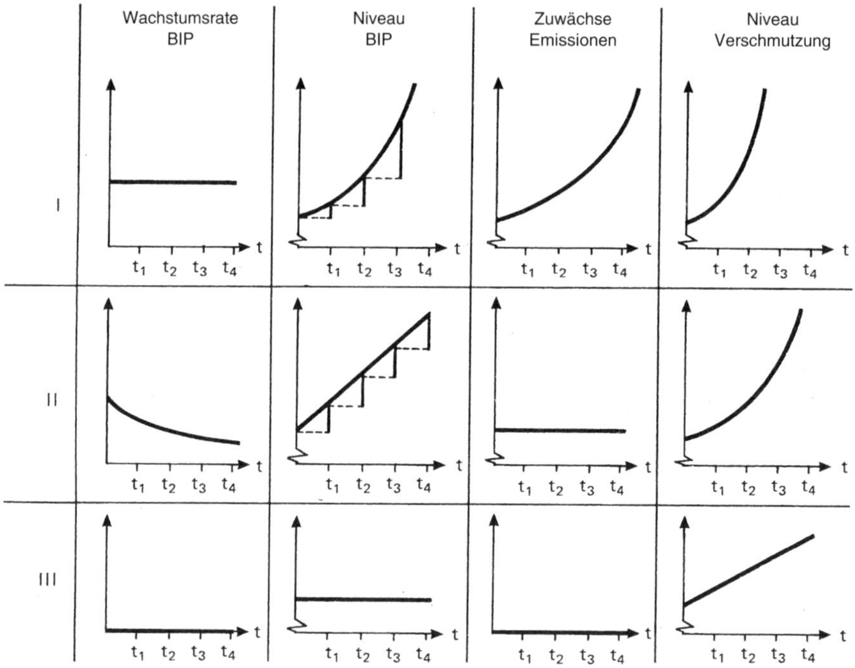

Abb. 3 Wachstumsrate, Niveau des Bruttoinlandsprodukts und Verschmutzungsniveau bei unveränderter Technologie

Hinzu kommt, dass völlig ungeklärt ist, wie in einer Marktwirtschaft Nullwachstum realisiert werden soll und mit welchen Kosten in durchaus umfassendem Sinne notwendige Änderungen im institutionellen Rahmen erkauft werden müssten.

Nullwachstum ist zudem keine hinreichende Bedingung für eine Verbesserung der Umweltqualität, denn es bedeutet zunächst nur eine Verlangsamung von Umweltbeanspruchungen. Da ja weiterhin auf dem bisherigen Niveau Ressourcen beansprucht und Emissionen an die Umwelt abgegeben werden, nehmen (nicht regenerierbare) Ressourcenbestände ab und Verschmutzungsniveaus zu, soweit sie die Assimilationskapazität der verschiedenen Umweltmedien übersteigen (vgl. Abb. 3, III). Entscheidend ist auch bei Nullwachstum, ob Produktion und Konsum mit schonenderer Ressourcennutzung, einer wirksameren Umwandlung von Nebenprodukten und Abfällen in wiederverwertbaren Input (Recycling) und mit sinkenden Emissionsniveaus einhergehen. Vertreter der wachstumsoptimistischen Position gehen davon aus, dass sich Substitutionsprozesse zugunsten umweltverträglicher Alternativen leichter und schneller in einer wachsenden Wirtschaft realisieren lassen. Hierzu müssen Energie- und Ressourcenproduktivität freilich stärker steigen (bzw. die Emissionen pro Einheit BIP stärker sinken) als das Wachstum der Produktion. Zwischen beiden Positionen muss hier keine Entscheidung getroffen werden[2], denn für beide Positionen gilt, dass es weitergehender Überlegungen und Maßnahmen bedarf, die das Problem in den Mittelpunkt stellen, wie die Gesellschaft den **Suchprozess** hin zu umweltverträglicheren Verhaltensmustern der verschiedenen gesellschaftlichen Akteure (Konsumenten, Produzenten, Politiker etc.) am besten fördern kann. Dieser Aspekt erlangt insbesondere für das Leitbild „Sustainable Development“ bzw. „dauerhaft umweltgerechte Entwicklung“ zentrale Bedeutung. Wie immer dieses von der Weltkommission für Umwelt und Entwicklung im so genannten Brundtland-Bericht popularisierte Leitbild operationalisiert wird: Es wird auf Dauer eine drastische Reduzierung von Umweltnutzungen in den Industrieländern bedeuten und damit einen tief greifenden ökonomischen und sozialen Strukturwandel erfordern.[3]

4.13.2.2 Fehlverhalten – Umwelt als „öffentliches Gut“

Umweltprobleme sind das Ergebnis der Entscheidungen gesellschaftlicher Akteure (Konsumenten, Produzenten, Politiker etc.). Die Entscheidungen und Verhaltensweisen der jeweiligen Akteure werden maßgeblich durch die jeweiligen Wünsche und Ziele (Präferenzen) und die Handlungsbeschränkungen (Restriktionen) bestimmt, denen die Entscheidungsträger bei der Realisierung ihrer Wünsche und Ziele gegenüber stehen.

Für die überwiegende Mehrheit der Bürger, aber auch in den Programmen der politischen Parteien, hat das Ziel einer intakten Umwelt einen hohen Stellenwert. Dies schlägt sich jedoch keineswegs in allgemein umweltverträglicherem Verhalten nieder. Exemplarisch: Trotz gestiegenen Umweltbewusstseins, trotz vielfältiger Informationen in den Medien, trotz Zusagen der Verpackungsindustrie, den Anteil der Einwegbehältnisse nicht auszuweiten und trotz bestehender Wahlmöglichkeiten auf den Märkten haben Produzenten und Verbraucher den Anteil der umweltpolitisch bedenklichen Einwegbehältnisse, beispielsweise für Getränke, ansteigen lassen. (2003 reagierte die Politik hierauf mit Einführung einer Pfandpflicht auf die meisten Getränkeeinwegbehält-

---

2 Einen leicht zugänglichen Überblick über die Kontroverse zwischen Wachstumsoptimisten und Wachstumspessimisten gibt H. Mäding, Brauchen wir Wachstum? In: Aus Politik und Zeitgeschichte, B 19/84, S. 3–17.

3 Vgl. beispielsweise: Zukunftsfähiges Deutschland – Ein Beitrag zu einer global nachhaltigen Entwicklung, hrsg. von Bund u. Misereor, Basel, Boston, Berlin 1996.

nisse.) Für die ökologische Problematik zählt diese Feststellung und nicht der Nachweis, dass einzelne Verbraucher Einwegbehältnisse ablehnen und systematisch in Mehrwegbehältnissen verpackte Ware nachfragen.

Die vom Aufklärungsethos geprägte Umwelterziehung und Umweltbildung reagiert auf die sich verbreiternde Kluft zwischen Umweltbewusstsein und Verhalten mit dem Bemühen um den Aufbau ökologischen Wissens und Bewusstseins, deren Verhaltensrelevanz vor allem durch didaktisch methodische Arrangements intensiviert werden soll. Im Mittelpunkt steht das Bemühen um die Anbahnung ökologieverträglicher Verhaltensdispositionen. Stellt sich das gewünschte Verhalten nicht ein, so ist nach diesem Ansatz mit einer Intensivierung bewusstseinsbildender Prozesse zu reagieren.

Andere Konsequenzen ergeben sich nach der ökonomischen Verhaltenstheorie[4], die vom Eigennutzaxiom ausgeht und das Verhalten der gesellschaftlichen Akteure aus keineswegs nur pekuniär zu sehenden Kosten-Nutzen-Kalkülen erklärt. Bleiben trotz geschärften Umweltbewusstseins entsprechende Verhaltensänderungen aus bzw. wird beobachtet, dass das Verhalten umweltbewusster Menschen in unterschiedlichen Situationen trotz ökologischen Wissens unterschiedlich umweltverträglich ausfällt, würden nach dem ökonomischen Ansatz die „Kosten“ gewünschter Verhaltensänderungen in den Blick zu nehmen sein. Dabei kann hier offen bleiben, ob dieses viel gescholtene, aber gerade von moralsensiblen Wissenschaften noch häufig missverstandene Konstrukt eines durch Kosten/Nutzenkalküle beeinflussten homo oeconomicus methodologischen Status oder den Status einer empirisch gehaltvollen Hypothese hat.[5] Für die folgenden Ausführungen muss man sich lediglich darauf einlassen, dass Menschen aus individueller Perspektive vorteilhaft erscheinende Alternativen zu realisieren versuchen, sich jedenfalls auf Dauer nicht für Handlungsalternativen entscheiden, die aus der subjektiven Sicht mit höheren Kosten verbunden ist.

Von einer solchen Beschreibung des Eigeninteresses als analytischer Basis ausgehend, kann nun die breite Kluft zwischen der hohen Wertschätzung für eine intakte Umwelt und dem nach wie vor wenig umweltverträglichen Verhalten der gesellschaftlichen Akteure lösungsorientiert mit bestimmten Eigenschaftsmerkmalen hoher Umweltqualität (aber auch von Maßnahmen zu ihrer Wiederherstellung bzw. Erhaltung) erklärt werden. Diese Eigenschaftsmerkmale beziehen sich auf den Kollektivgutcharakter von Umweltleistungen, die sich mit der Theorie „öffentliche Güter“ gut beschreiben und hinsichtlich der Verhaltensanreize mittels des so genannten „Gefangenendilemmas“ veranschaulichen lassen.[6] Viele Leistungen der natürlichen Umwelt haben ebenso wie die Wirkung von Maßnahmen zur Verbesserung der Umwelt den Charakter eines „öffentlichen Gutes“. Öffentliche Güter unterscheiden sich grundlegend von privaten, über Märkte bereitgestellten Gütern. Bei öffentlichen Gütern gilt kein Ausschlussprinzip von Preisen. Sie können in Anspruch genommen werden, ohne dass der Nutzer sich zwin-

---

4 Vgl. den Beitrag „Die ökonomische Verhaltenstheorie“ in diesem Bande.

5 Vgl. hierzu: K. Homann, Philosophie und Ökonomie. In: Jahrbuch für Neue Politische Ökonomie, Band 7, Tübingen 1988, S. 115 ff.; K. Homann u. A. Suchanek, Ökonomik: Eine Einführung. Tübingen 2000, insbesondere S. 421 ff., G. Kirchgässner, Ökonomie als imperial(istisch)e Wissenschaft, ebenda, S. 136.

6 Eine ausführliche Darstellung der Theorie der öffentlichen Güter findet sich bei R.A. Musgrave, L. Kullmer, Die öffentlichen Finanzen in Theorie und Praxis, Band 1, 4. Auflage, S. 60 ff. Zur Anwendung dieses Theorems auf Umweltprobleme ausführlich H. C. Binswanger, H. Bonus, M. Zimmermann, Wirtschaft und Umwelt. Möglichkeiten einer ökologieverträglichen Wirtschaftspolitik, Stuttgart et al. 1981, S. 102 ff. Eine knappe Beschreibung der Umwelt als öffentliches Gut und des daraus resultierenden Entstehens von externen Kosten findet sich bei L. Wicke, a.a.O., S. 41 ff.

gend über einen zu zahlenden Preis an den Kosten ihrer Erstellung oder Erhaltung beteiligen muss.

Bei privaten Gütern werden all diejenigen von der Nutzung ausgeschlossen, die nicht bereit (oder nicht in der Lage) sind, den Marktpreis des Gutes zu zahlen. Dieses Ausschlussprinzip von Marktpreisen ist eine zentrale Voraussetzung dafür, dass der Nachfrage von Mitgliedern einer Gesellschaft nach Gütern auf den Märkten ein entsprechendes Angebot gegenüber stehen kann. Denn nur dort, wo dieses Ausschlussprinzip zur Anwendung kommt, müssen Nachfrager ihre Wertschätzung nach den jeweiligen Gütern in Zahlungsbereitschaft offenbaren. Nur dann finden sich im Markt Produzenten, die gewünschte Güter auch produzieren und anbieten, denn nur dann können sie über die Preise die aufzuwendenden Produktionskosten (einschließlich eines Gewinnanteils) zurückerhalten.

Öffentliche Güter, wie z. B. saubere Luft, lassen sich nicht stückeln und auf einzelne Nachfrager aufteilen. Sie können nur insgesamt oder überhaupt nicht bereitgestellt werden. Werden sie angeboten, kann der Einzelne sie nutzen, ohne dass er sich zwingend an den Kosten ihrer Bereitstellung oder Erhaltung beteiligt haben muss. Wenn der Einzelne aber eine Leistung nutzen kann, ohne sich an den Kosten der Bereitstellung dieser Leistung beteiligen zu müssen, dann besteht ein **systematischer Anreiz**, die Kosten der Bereitstellung zu meiden. Angewendet auf Umweltprobleme kommt hinzu, dass aus der Sicht des Einzelnen umweltverträglicheres Verhalten in der Regel fühlbare und sichere Kosten in Form von Geld, Zeit, Aufgabe von Bequemlichkeit etc. mit sich bringt, die als **Einzelbeitrag** aber keine fühlbare Verbesserung der Umweltqualität bewirken können. Diese käme erst später und nur dann zu Stande, wenn umweltverträglicheres Verhalten von einer hinreichenden Zahl von Produzenten und Konsumenten sichergestellt werden kann. Eben dieses bleibt unsicher. Nicht fehlendes individuelles „Wollen" ist dann das Problem ausbleibender Umweltverbesserungen, sondern fehlendes individuelles „Können". Damit besteht in anonymen Marktsituationen bezüglich des Umweltproblems ein systematischer Anreiz zum Einnehmen einer Außenseiter- bzw. Trittbrettfahrerposition. Dies heißt für den Einzelnen (Konsumenten, Produzenten, Politiker auf nationaler und internationaler Ebene), für Verbesserungen der Umwelt zu plädieren und diese auch in Anspruch nehmen zu wollen, aber gleichzeitig permanent der Versuchung ausgesetzt zu sein, die Kosten und Unbequemlichkeiten der Herbeiführung von Umweltverbesserungen selbst zu meiden. Das Ergebnis ist, dass unter diesen Konstellationen trotz eines vorhandenen und von den Individuen als dringlich eingestuften Bedürfnisses nach verbesserter Umweltqualität ohne weiteres keine entsprechende Bereitstellung auf freiwilliger Basis erfolgen wird.

Wegen der zentralen Bedeutung sei dieses Problem fehllenkender Anreizstrukturen anhand eines Modells verdeutlicht, dessen logische Struktur den grundlegenden Annahmen der Umwelterziehung und Umweltbildung entspricht (Abb. 4).

Modellmäßig vereinfachend unterstellen wir, dass umweltverträglicheres Verhalten für alle Mitglieder der Gesellschaft (gleichermaßen) Vorteile von 20 Einheiten (EH) bringt. Die nicht nur pekuniär zu sehenden Kosten umweltverträglicheren Verhaltens (neben Geld auch Zeit, Mühen, Aufgabe von Bequemlichkeit etc.) mögen für jeden Einzelnen mit 10 EH zu Buche schlagen. Damit würde umweltverträglicheres Verhalten jedem Mitglied dieser Gesellschaft einen Nettovorteil von 10 EH ermöglichen.

An diese durch das Feld I repräsentierte, vorteilhafte Konstellation wird üblicherweise die Erwartung geknüpft, dass eine freiwillige Verhaltensänderung zu Stande kommt. Und diese Erwartung bestünde zu Recht, wenn der Einzelne seine Situation nur dadurch verbessern könnte, dass die Vereinnahmung des Nutzens von 20 EH zwingend den indi-

		Verhalten der **anderen** Konsumenten/Produzenten	
		umweltverträglich	nicht umweltverträglich
Verhalten des **einzelnen** Konsumenten/Produzenten	umweltverträglich	Nutzen 20 EH ./. Kosten 10 EH (I) Nettonutzen + 10 EH	Nutzen 0 EH ./. Kosten 10 EH (III) Nettonutzen – 10 EH
	nicht umweltverträglich	Nutzen 20 EH ./. Kosten 0 EH (II) Nettonutzen + 20 EH	Nutzen 0 EH ./. Kosten 0 EH (IV) Nettonutzen 0 EH

Abb. 4 Umweltprobleme als Gefangenendilemma

Diese didaktisch besonders geeignete Modellierung als Mehrpersonengefangenendilemma weicht von der üblichen Darstellung ab. Siehe: G.-J. Krol, Das Konzept rationalen Verhaltens als Bezugsrahmen für eine integrative Theorie des Konsumentenverhaltens. In: Ökonomische Bildung – Aufgabe für die Zukunft, Bergisch Gladbach 1988, S. 168.

viduellen Kostenbeitrag von 10 EH zur Bereitstellung des Nutzens voraussetzt. Dies ist jedoch dann nicht der Fall, wenn es sich bei dem Gut, das einen Bruttonutzen von 20 EH ermöglicht, um ein „öffentliches Gut“ handelt, von dessen Nutzen niemand ausgeschlossen werden kann. Dann kann der **Einzelne** seinen Nettovorteil dadurch um weitere 10 EH erhöhen, dass er seinen Kostenbeitrag in der Erwartung verweigert, dass die anderen die (mit umweltverträglicherem Verhalten verbundenen) Kosten von 10 EH tragen werden. Für den Einzelnen besteht dann ein systematischer Anreiz, vom Feld I in das Feld II auszuweichen, d. h. hier, den freiwilligen Beitrag zur Verbesserung der Umwelt zu verweigern. Wenn man mit einem menschlichen Verhalten rechnen muss, welches individuell realisierbar erscheinende Vorteile auch einzulösen versucht, dann folgt angesichts vieler Eigenschaften der Umwelt als öffentliches Gut,

- dass für jeden Einzelnen ein **Anreiz** besteht, nicht Feld I, sondern Feld II zu realisieren;
- dass umweltpolitisch Engagierte, die diesem Anreiz widerstehen, damit rechnen müssen, dass ihr aus Einsicht in die Notwendigkeit erbrachter Leistungsbeitrag nicht zu spürbaren Verbesserungen der Umweltqualität führt, weil ihnen nicht hinreichend viele folgen, sie also nur die Kosten umweltverträglicheren Verhaltens tragen, ohne dass insgesamt eine spürbar verbesserte Umweltqualität zu Stande käme (Feld III);
- dass die Wahrscheinlichkeit groß ist, dass das von allen gewünschte und für alle potenziell vorteilhafte Ergebnis verbesserte Umweltqualität nicht zu Stande kommt (Feld IV). Hieran vermögen Umweltinformationen und Umweltbewusstsein grundsätzlich nichts zu ändern, solange diese Anreizstrukturen gegeben sind.

Nach dem Ergebnis dieser theoretischen Ableitung unterbleibt umweltverträglicheres Verhalten, obwohl es mit der Aussicht auf individuelle Vorteile verbunden werden kann. Was die Entscheidungssituation in der Realität anbetrifft, ist umweltverträglicheres Verhalten allerdings allzu häufig eine mit individuellen Nachteilen verbundene Alternative. In Flaschen abgefüllte Milch war teurer als Milch in Einwegkunststoffbehältnissen. Heute findet man sie kaum noch auf den Märkten. Unternehmen, die mehr als durch staatliche Auflagen erzwungen für die Umwelt tun, haben zunächst im Vergleich zu den Konkurrenten nur höhere Kosten. Und wenn es von einem ordnungspolitischen Standpunkt aus gesehen die Aufgabe von Unternehmen ist, nach kostengünstigen Problemlösungen zu suchen, dann ist es unter den gegebenen Konstellationen vorhersehbar und zwingend, dass Unternehmen ihr innovatorisches Potenzial nicht an umwelttechnischen Fortschritten ausrichten.

In dieser Sicht hängt umweltverträglicheres Verhalten nicht nur vom Umweltbewusstsein, sondern auch von den durch Handlungsbeschränkungen und Anreizstrukturen bestimmten Merkmalen der jeweiligen Entscheidungssituation ab.[7] Diese freilich sind unter ökologischen (und Nachhaltigkeits-)Aspekten veränderbar und veränderungsbedürftig und Umwelterziehung und Umweltbildung müssen dies in den Blick nehmen, wenn sie ihren Beitrag zur Zukunftsgestaltung leisten wollen. Individualethisch ausgerichtete, auf Anreizresistenz basierende Konzepte zur Bewältigung von Dilemmasituationen stoßen in der modernen, anonymisierten, regel- und anreizgesteuerten Gesellschaft an Grenzen. Sie können in Verantwortungszumutungen einmünden, wenn sie auf Situationen angewendet werden, in denen geforderte Verhaltensänderungen mit sicheren und sofort anfallenden Nachteilen/„Kosten" verbunden sind, ohne einen spürbaren Beitrag zur Problementschärfung leisten zu können, weil dieser vom Beitrag der jeweils anderen abhängt (und erst zukünftig anfällt). Und solange die „guten Beispiele" durch Trittbrettfahrer ausbeutbar bleiben (Abb. 4, Feld III), muss in anonymen Kontexten damit gerechnet werden, dass Ausbeutbarkeit zur Ausbeutung wird.

Solange der einzelne Konsument (das Unternehmen, die Kommune, das Bundesland oder der Staat) die Kosten umweltverträglicheren Verhaltens meiden kann, ohne als Einzelner auf die Nutzung verbesserter oder erhaltener Umweltqualität verzichten zu müssen, solange die Umwelt ganz (oder aber auch nach Maßgabe staatlicher Genehmigungen eingeschränkt, s. u.) zum Nulltarif genutzt werden kann, ist nicht zu erwarten, dass das technisch Mögliche und ökonomisch Vertretbare auch tatsächlich realisiert wird. Wer Umweltbildung mit der Erwartung von Verhaltensänderung verbindet, wird – so wie die Dinge nun einmal liegen – die angestrebten Verhaltensänderungen auch als ein Problem der Anreizstrukturen und deren Gestaltung begreifen müssen. Umweltbewusstsein und „Umweltmoral" werden damit nicht überflüssig. Im Gegenteil: Mit ihrer Verankerung in den Rahmenbedingungen und Anreizstrukturen stärken sie ihr Geltungspotenzial. Wie dies in einer freiheitlich verfassten, marktwirtschaftlich ausgerichteten Ordnung geschehen kann, wird im Folgenden beschrieben.

4.13.2.3 Marktwirtschaft, Marktmechanismus und externe Effekte

Die Anreize auszuscheren hängen wesentlich von den institutionellen Bedingungen ab, unter denen wirtschaftliche Entscheidungen getroffen werden. Zwar haben sich Umweltprobleme unter dem Regime marktwirtschaftlicher Ordnungsbedingungen entwickelt[8], die für ökologische Fortschritte entscheidende Frage ist jedoch, ob Umweltprobleme auf das Wirken von Marktmechanismen oder auf deren unzulängliche institutionelle Ausgestaltung zurückzuführen sind.

---

7 Vgl. hierzu auch A. Diekmann, Umweltbewusstsein oder Anreizstrukturen? Empirische Befunde zum Energiesparen, der Verkehrsmittelwahl und zum Konsumentenverhalten. In: Kooperatives Umwelthandeln, hrsg. v. A. Diekmann u. A. Franzen, Chur/Zürich 1995, S. 39–68.

8 Auf die eher größeren Umweltbeeinträchtigungen bei insgesamt geringerer Wirtschaftsleistung pro Kopf unter den zentralplanwirtschaftlichen Ordnungsbedingungen der ehemals sozialistischen Staaten wird hier nicht eingegangen.

Gerade weil die moralsensiblen Wissenschaften den Vorschlägen der Ökonomen zur Erklärung und Entschärfung der Umweltprobleme mit großem Misstrauen gegenüberstehen, erscheint es notwendig, das **Vorurteil** gegenüber der ökonomischen Perspektive mit Grundprinzipien der Marktallokation (auch im Lichte verfügbarer Alternativen) zu konfrontieren.

Ausgangspunkt ist dabei die faktische Knappheit von Umweltleistungen, die spürbare und sich verschärfende Verwendungskonkurrenz. Eben wegen der Knappheit muss mit Umweltleistungen wirtschaftlich umgegangen werden (was ökologisch gebotene Verbote bestimmter Verwendungsarten durch politische Entscheidungen keineswegs ausschließt). Zur Lösung von Knappheitsproblemen haben sich nun Märkte als effiziente Steuerungsinstrumente erwiesen, weil sie Knappheitsphänomenen, d.h. ungestillten Bedürfnissen, die durch die Betroffenen selbst artikuliert werden, normalerweise mit Entknappungstendenzen begegnen.

Das **Prinzip marktwirtschaftlicher Lenkung** lässt eine effiziente, d.h. möglichst kostengünstige Deckung der Bedarfe erwarten, allerdings nur unter der Voraussetzung eines wirksamen Wettbewerbs und eines die relativen Güterknappheiten widerspiegelnden Preissystems. Nicht jeder Preis am Markt ist ein Knappheitspreis. Knappheitspreise signalisieren den Entscheidungsträgern Knappheitsfolgen. Sie liegen in den ungestillten Bedürfnissen anderer, die auf das Gut (die Leistung bzw. die Produktionsfaktoren) verzichten müssen, wenn einer es (sie) erworben hat. Maß für diesen Verzicht sind Knappheitspreise, und das gesellschaftliche Problem besteht darin, die faktischen Preise diesen (gedachten) Knappheitspreisen anzunähern. Zur Verdeutlichung: Wenn die Zahlungsbereitschaft von einhundert an einem Konzertbesuch Interessierten sich um jeweils einen EURO unterscheidet, so dass dem größten Liebhaber diese Darbietung 100 EURO wert ist, dem mit der geringsten Zahlungsbereitschaft aber nur einen EURO und es stehen nur 65 Plätze zur Verfügung, dann garantiert nur ein Preis von 36 EURO, dass die unter diesen Bedingungen unvermeindlichen Verzichte so gering als möglich sind. Dieser Preis wird dafür sorgen, dass diejenigen in den Genuss des Konzertes kommen, denen es 36 EURO und mehr wert ist, während genau diejenigen draußen bleiben, deren durch die Zahlungsbereitschaft gemessenen Wertschätzung unter 36 EURO liegt. Der Preis von 36 ist ein Knappheitspreis. Jede davon abweichende Verteilung der Konzertkarten, wie sie durch andere Verteilungsverfahren (Windhundverfahren, Rationierung, Zuweisung durch Eliten etc.) wahrscheinlich ist, würde höhere Verzichte als nötig bedeuten. Bei aller Unvollkommenheit gibt es bisher kein besseres Verfahren als das der Bewertung konkurrierender Angebote seitens der Nachfrager. Der sich auf Wettbewerbsmärkten ergebende Preis zeigt, wie die Nachfrager insgesamt ein Gut bewerten. Dieser Marktpreis ist deshalb auch ein Maß für den Verzicht, der Nachfrager trifft, wenn andere mehr für sich beanspruchen, und damit ein Knappheitspreis, der den Nutzer im volkswirtschaftlichen Rechnungszusammenhang mit den wirtschaftlichen Folgen konfrontiert, die er durch seine Nachfrage verursacht.[9] Während die Notwendigkeit des Wirtschaftens aus Knappheitsphänomenen resultiert, ist Ziel eines jeden Wirtschaftens, die Knappheit zu lindern. Hier entfaltet das Prinzip der Marktsteuerung seine besonderen Vorteile, insofern jede Verknappung, soweit sie sich in Knappheitspreisen ausdrücken kann, gleichzeitig Tendenzen zur Entknappung beinhaltet. Steigende Nachfrage nach begrenzt zur Verfügung stehenden Gütern (bzw. Ressourcen) lässt normalerweise deren Preis steigen. Diese werden dann für die Nachfrager zu (steigenden) Kosten. So gestiegene Preise signalisieren einen Anstieg der relativen Knappheit. Verwen-

[9] Vgl. hierzu im Einzelnen die sozialphilosophische Beschreibung des Lenkungssystems Markt bei H.C. Binswanger, H. Bonus, M. Timmermann, a.a.O., S. 84ff.

dungen dieses Gutes, die mit geringerer Zahlungsbereitschaft belegt sind und damit (bei ausgeglichener Einkommensverteilung) eine niedrigere Dringlichkeit signalisieren, werden von der Nutzung ausgeschlossen. Handelt es sich um vermehrbare Güter, ergeben sich gleichzeitig Anreize zur Angebotsausdehnung. Entknappungstendenzen finden also in einem doppelten Sinne statt, durch Mengenanpassungen und Substitutionsvorgänge auf der Nachfrageseite und durch Angebotsausdehnungen auf der Angebotsseite. In diesen von dem Willen und den Zielen der einzelnen Anbieter und Nachfrager völlig losgelösten gesamtwirtschaftlichen Wirkungen des Steuerungsinstrumentes Markt liegen seine die gesellschaftliche Wohlfahrt fördernden Funktionen.

Dies ist das Prinzip, und die Argumente für die Effizienz dieses Prinzips lassen sich nicht einfach mit dem Hinweis auf seine unvollkommene Realisierung in der Praxis entkräften. So ist unbestritten, dass eine sehr **ungleiche Einkommensverteilung** und **Positionen von Marktmacht** dazu führen, dass die Marktpreise die relativen Knappheiten nur verzerrt widerspiegeln. Würde – in einem fiktiven Beispiel – aufgrund extrem ungleicher Einkommensverteilung ein hoher Preis für Milch Nutzungsverzichte bei den Kindern der Armen implizieren, während die Katzen der Reichen versorgt werden, so würde diese Marktbewertung (eben wegen extrem ungleicher Einkommensverteilung) grundlegenden Normen des Gemeinwesens widersprechen und nicht die „wahren“ Knappheiten, d.h. die unvermeidlich notwendigen Nutzungsverzichte, widerspiegeln.

Bezogen auf Umweltprobleme ist eine dritte Quelle des Auseinanderfallens von Marktpreisen und Knappheitspreisen relevant, die so genannten (negativen) **externen Effekte**. Sie bewirken, dass die für eine funktionsfähige Marktallokation entscheidenden Knappheitspreise höher als die Marktpreise sind, weil bestimmte Kostenbestandteile – wiederum aufgrund institutioneller Mängel – aus der Preiskalkulation ausgeschlossen bleiben. Damit werden die gesamtwirtschaftlichen Knappheiten verzerrt und fehlerhaft signalisiert. Die faktischen Knappheiten sind größer als die durch das Preissystem siganlisierten. Damit ist der Verbrauch knapper Güter/Ressourcen höher, als er bei „richtiger“ Marktbewertung sein würde. Der Nutzer knapper Güter/Ressourcen wird nur mit einem Teil der Knappheitsfolgen konfrontiert. Das Ergebnis ist ein vom gesellschaftlichen Standpunkt aus verschwenderischer Umgang. Wohlgemerkt: Nicht weil fehlerhaftes Verhalten individueller Entscheidungsträger vorliegt, sondern weil die Marktpreise als Grundlage wirtschaftlicher Entscheidungen falsche/verzerrte Knappheitsrelationen signalisieren.

Damit lässt sich nun die (gerade für viele ökologisch Engagierte vorentschiedene[10]) Frage nach dem Beitrag der Marktwirtschaft zur Entstehung und Verschärfung der Umweltprobleme lösungsorientiert wie folgt beantworten. Die Leistungsfähigkeit des Marktmechanismus ist an zwei notwendige (wenn auch nicht hinreichende) Voraussetzungen gebunden: An wirksamen Wettbewerb und ein die relativen Knappheiten widerspiegelndes Preissystem. Umweltleistungen (saubere Luft, fischreiche Gewässer, intakte Landschaften etc.) sind zwar faktisch knapp geworden, sie haben aber i.d.R. keine bzw. keine die tatsächlichen Knappheiten widerspiegelnde Preise. Umweltleistungen können (weitgehend) zum Nulltarif in Anspruch genommen werden. Art und Ausmaß des mit ihrer Nutzung verbundenen Nutzungsverzichts schlagen sich dann nicht in den einzelwirtschaftlichen Kosten- und Preiskalkulationen nieder. Entsprechend kann es unter diesen Bedingungen im Wettbewerb keine Anpassungsprozesse in

[10] Vgl. hierzu im Einzelnen: H. Heid, Ökologie als Bildungsfrage? In: Zeitschrift für Pädagogik, 38. Jg. (1992), S. 113–138 und die Replik G.-J. Krol, Ökologie als Bildungsfrage? Zum sozialen Vakuum der Umweltbildung. Ebendort, 39. Jg. (1993), S. 651–672.

Richtung eines schonenden Umganges mit der natürlichen Umwelt geben. Andererseits lässt die durch den Nulltarif für Umweltleistungen begünstigte extensive Nutzung steigende Kosten bei den von Umweltschädigungen Betroffenen entstehen, die eben wegen des Nulltarifs nicht beim Verursacher der Umweltbeeinträchtigung verrechnet werden, sondern von Dritten bzw. der Gesellschaft zu tragen sind. Je stärker nun das Ausmaß der Umweltbelastung ist, desto größer ist dann die Differenz zwischen den einzelwirtschaftlich kalkulierten Kosten und den Kosten, die Teilen der Gesellschaft oder der Gesellschaft als Ganzes entstehen. Umso stärker weichen die Marktpreise von den Knappheitspreisen ab, umso problematischer ist die Lenkungswirkung der auf Basis der einzelwirtschaftlichen Kosten ermittelten und um die Knappheitsfolgen der Inanspruchnahme von Umweltleistungen verzerrten Preissignale. Die Preise von in Produktion, Ge- und Verbrauch umweltbelastenden Gütern sind im Vergleich zu umweltverträglicheren zu gering. Die (ungewollte) Förderung umweltbelastender Produktions- und Konsummuster bei gleichzeitiger Diskriminierung umweltverträglicherer Wirtschaftsweise ist die zwingende und voraussehbare Folge. Zwingend und voraussehbar deshalb, weil die gesellschaftliche Rolle der Unternehmen darin liegt, kostengünstige Problemlösungen zu finden. Und wenn Umweltleistungen keinen Preis haben und damit für die Nutzer keine Kosten verursachen, gibt es keinen Anreiz, sich um eine Reduzierung der Inanspruchnahme von Umweltleistungen zu bemühen. Im Gegenteil, man wird sich gegen kostenverursachende Reduzierungen von Umweltbeanspruchungen – etwa aufgrund von Auflagen (s. u.) – wehren. Würde man hingegen die Inanspruchnahme von Umweltleistungen selbst mit Preisen belegen, so dass sie in die betriebswirtschftlichen Kosten- und Preiskalkulationen eingingen und damit den Nutzern von Umweltleistungen die Knappheitsfolgen signalisierten und anlasteten, würden umweltbelastende Produktions- und Konsummuster im Vergleich zu umweltverträglicheren relativ teurer. Ökonomen sprechen hier vom Prinzip der **Internalisierung externer Effekte**. Erst dann würde umweltverträglicheres Verhalten mit Kosten- und damit Wettbewerbsvorteilen belohnt werden können.

In dieser Sicht liegt die zentrale Ursache für die Entstehung und Verschärfung der Umweltprobleme in der falschen Bewertung von Umweltleistungen, im (weitgehenden) Nulltarif für die Inanspruchnahme der Umwelt, im zu hohen „Öffentlichkeitsgrad“ der knappen Ressource natürliche Umwelt. Die Ursache ist nicht in der Wirkungsweise der Marktmechanismen als solche zu sehen, sondern in den unzulänglichen – weil die Umweltknappheiten nicht berücksichtigenden und die Knappheitsfolgen nicht signalisierenden – Preisen. Das für die Beziehungen zwischen Ökonomie und Ökologie wichtigste Problem liegt in dieser Sicht darin, dafür zu sorgen, dass Umweltknappheiten sich in den für wirtschaftliche Entscheidungen maßgeblichen relativen Preisen niederschlagen. Nicht das Prinzip Marktsteuerung versagt, sondern ein Konstruktionsfehler hinsichtlich der institutionellen Ausgestaltung behindert umweltverträglichere Ergebnisse. Dieser Konstruktionsfehler liegt darin, dass Produzenten und Konsumenten einen Teil der von ihnen bewusst oder unbewusst verursachten Handlungsfolgen auf Dritte (die Allgemeinheit, das Ausland, zukünftige Generationen) abwälzen können. Solange umweltverträglicheres Verhalten sich eben wegen der Abwälzungsmöglichkeit von Handlungsfolgen gegen die i. d. R. verhaltensbestimmenden Eigeninteressen durchsetzen muss, wird es systematisch erschwert statt gefördert. Diese Fehlleitung des Eigeninteresses (nicht das Eigeninteresse selbst) ist aus ökonomischer Sicht die eigentliche Ursache fortschreitender Umweltzerstörung in der Marktwirtschaft.

Folglich muss die Umweltpolitik, wenn sie ökologisch wirksam und ökonomisch effizient sein will, die Rahmenbedingungen, unter denen Marktmechanismen wirken, so verändern, dass die Anreize zum Einnehmen der Trittbrettfahrerposition, zu umweltbelastendem Verhalten, wirksam beschränkt werden. Es hängt dann von den durch das politische Entscheidungssystem zu setzenden Rahmenbedingungen ab, ob der Marktmechanismus zur Quelle weiterer Umweltgefährdungen wird oder als Instrument eines wirksamen und kostengünstigen Umweltschutzes genutzt wird.[11]

4.13.3 Umweltpolitik

Rationale Umweltpolitik verlangt, dass der Staat zunächst die für die einzelnen Belastungsbereiche anzustrebenden Umweltqualitätsziele festlegt und Vorschriften, Regeln und Verfahren ihrer ökologisch wirksamen und ökonomisch effizienten Durchsetzung entwickelt. Hierbei ist zwischen dem ökologisch Erforderlichen und ökonomisch Möglichen abzuwägen, und zwar in der Praxis unter den Bedingungen allgemein unzureichenden Wissens über ökologische Zusammenhänge und unterschiedlicher Betroffenheit der Wähler durch Umweltschäden und umweltpolitische Maßnahmen.

4.13.3.1 Prinzipien der Umweltpolitik

Seit dem Umweltprogramm des Jahres 1971 und seiner Fortschreibung beruht die Umweltpolitik auf drei Prinzipien:

- dem Verursacherprinzip
- dem Vorsorgeprinzip
- dem Kooperationsprinzip.[12]

Das **Verursacherprinzip** gilt als Kostenzurechnungsprinzip und ökonomisches Effizienzkriterium.[13] Nach dem Verursacherprinzip sollen die Kosten von Umweltschädigungen von denjenigen getragen werden, die für ihre Entstehung verantwortlich sind. Werden dem Verursacher von Umweltschäden[14] die Kosten der Vermeidung, der Sanierung oder der Kompensation zugerechnet, verteuern sich Produktion und Konsum nach Maßgabe der Umweltbeeinträchtigung. Erst dann können die Preisverhältnisse der Güter die in Produktion, Ge- und Verbrauch unterschiedlichen Umweltbeeinträchtigungen signalisieren. Prinzipiell stärkt also ein so operationalisiertes Verursacherprinzip die Lenkungsfunktion der Preise in die umweltpolitisch gewünschte Richtung. Unter statischen, nachfrageorientierten Aspekten wird die preiselastische Nachfrage auf relativ umweltverträglichere Produkte gelenkt, wenn die Preisverhältnisse durch den Verzehr an Umweltleistungen (mit-)bestimmt sind. Dies ist jedoch keineswegs sicher, da die Preise das Ergebnis einer Vielzahl von Kostendeterminanten sind. Selbst dann kann jedoch ein so operationalisiertes Verursacherprinzip in dynamischer Sicht auf der Ange-

---

[11] B. Zohlnhöfer, Umweltschutz in der Demokratie. In: Jahrbuch für Neue Politische Ökonomie, hrsg. von E. Boettcher et. al., Tübingen 1984, S. 106.

[12] Umweltbericht 76. Fortschreibung des Umweltprogramms der Bundesregierung vom 14. Juli 1976, Stuttgart et al. 1976, S. 26 ff.

[13] Umwelt – 90. Umweltpolitik. Ziele und Lösungen, hrsg. vom Bundesminister für Umwelt, Naturschutz und Reaktorsicherheit, o. O., o. J., S. 19.

[14] Wer ökonomisch gesehen der Verursacher einer Umweltbeeinträchtigung ist, ist nicht immer eindeutig zu beantworten. Verursacht beispielsweise die nächtliche Anlieferung von Frischgemüse per Lkw ruhestörenden Lärm, so ist der Lkw zweifellos der Urheber dieser Umweltbeeinträchtigung, aber ist er auch der Verursacher, wenn diejenigen, die sich in ihrem Bedürfnis nach Ruhe gestört fühlen, nach frischem Salat verlangen? Vgl. hierzu H. Bonus, Eine Lanze für den „Wasserpfennig". In: Wirtschaftsdienst, 66. Jg., H. 9 (1986), S. 451 ff., und die Repliken in den folgenden Heften: H. 11, 12 (1986); H. 1,3,4 (1987). Ökologisch, d. h. unter dem Aspekt der Lenkungswirkung (Allokativer Aspekt), macht das Verursacherprinzip nur Sinn, wenn beim „Urheber" als Verursacher angesetzt wird.

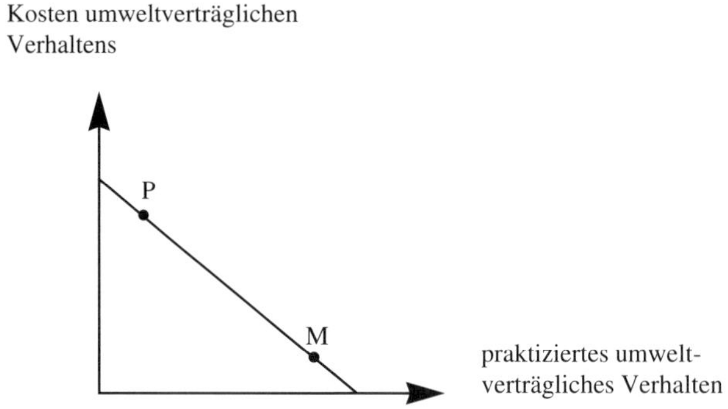

Abb. 5 Umweltverträgliches Verhalten und Kosten der Verhaltensänderung

Maßnahmen, die umweltverträglicheres Handeln durch spezifische Ge- bzw. Verbote gegen grundlegende Handlungsmotivationen erzwingen wollen einerseits und ökonomische Instrumente, die umweltverträglicheres Verhalten im Markt (ökonomisch) attraktiver machen wollen, andererseits. Die ökonomischen Instrumente lassen sich wiederum in drei Gruppen unterteilen: Abgaben, Zertifikate und Veränderungen des Haftungsrechts. Alle diese Ansatzpunkte haben ihre spezifische Bedeutung.[17]

In der Bundesrepublik wird die Umweltpolitik vom ordnungsrechtlichen Ansatz dominiert, bei dem die Politik – ausgehend von bestimmten Umweltqualitätszielen – mittels Umweltauflagen (Gebote und Verbote) im Einzelnen die Nutzungsbedingungen von Umweltleistungen festlegt und kontrolliert und bei Verstößen bestraft. Dieser ordnungsrechtliche Ansatz, der den politisch administrativen Strukturen entgegenkommt, gelangt nun zunehmend an Grenzen der ökologischen Wirksamkeit und der ökonomischen Effizienz. Gleichzeitig stößt eine stärkere Ausrichtung der Umweltpolitik auf ökonomische, anreizkonformere Instrumente auf besondere Akzeptanzprobleme, weil diese letztlich auf eine sichtbare Verpreisung und spürbare Verteuerung von Umweltnutzungen hinausläuft, auch wenn diese nun sichtbaren Kosten ingesamt geringer sein mögen als die unsichtbaren Kosten durch ordnungsrechtliche Maßnahmen.[18] Unglücklicherweise verstärken die vorherrschenden Konzepte der Umwelterziehung und Umweltbildung dieses Vorurteil, wenn sie den Konflikt zwischen Ökonomie und Ökologie in einen Konflikt zwischen Ökologie und Marktwirtschaft umdeuten, anstatt darüber zu informieren, wie ein ökologischer Rahmen für die Marktwirtschaft den Konflikt zwischen Ökonomie und Ökologie entschärfen könnte (s. u. Tab. 1).

Im Folgenden wird die Problematik des ordnungsrechtlichen Ansatzes am Beispiel der Umweltauflagen dargestellt und mit Umweltabgaben, Umweltlizenzen und Veränderungen des Haftungsrechts als ökonomischen Instrumenten kontrastiert.

---

[17] Zu einer differenzierten Bewertung der den einzelnen Ansatzpunkten zuzuordnenden Instrumente vgl. L. Wicke, a. a. O., S. 193. Allerdings werden die einzelnen Maßnahmen dort anders systematisiert. Vgl. auch: G.-J. Krol u. A. Schmid, Volkswirtschaftslehre – eine problemorientierte Einführung, 21. Auflage, Tübingen 2002, Kap. 4.11. Eine Einordnung der Ansatzpunkte unter Einschluss von Aufklärungsprozessen findet sich bei G. Kirsch, Umwelt, Ethik und individuelle Freiheit: Eine Bestandsaufnahme. In: Elemente einer rationalen Umweltpolitik, hrsg. v. H. Siebert, Tübingen 1996, S. 3–32.

[18] K.-H. Hansmeyer u. H. K. Schneider, Umweltpolitik. Ihre Fortentwicklung unter marktsteuernden Aspekten, Göttingen 1990, S. 22.

4.13.3.2.1 Umweltpolitik mittels Auflagen

Mittels Umweltauflagen spezifiziert der Staat auf administrativem, einzelfallbezogenem Wege die Nutzungsbedingungen von Umweltleistungen. Beispielsweise legt die Politik zur Bekämpfung von Luftverschmutzung bei Produktionsanlagen in der Bundesrepublik die Nutzungsbedingungen für die Umwelt als Aufnahmemedium für Schadstoffe fest. Sie geht in der Praxis nach einem Genehmigungsverfahren vor, in dem die Gewerbeaufsicht für Neuanlagen Genehmigungen nur dann erteilt, wenn diese dem „Stand der Technik" entsprechen, und wenn durch die Neuanlagen die im Belastungsgebiet geltenden, durch politische Entscheidungen festgelegten Umweltqualitätsziele nicht verletzt werden.[19] Für Altanlagen, das sind Anlagen im Besitz einer Genehmigung, können unter bestimmten Bedingungen nachträgliche Anordnungen erteilt werden.

Kurzfristig kann eine nach diesem Ansatz betriebene Umweltpolitik durchaus zu einer erheblichen Reduzierung der Umweltbelastung im Anwendungsbereich führen. Auch kann dieses Instrument aus Gründen der Gefahrenabwehr unverzichtbar sein. Auf längere Sicht ist das Instrument der Auflagen aber mit gravierenden Nachteilen verbunden. Es behindert umwelttechnische Innovationen im Sinne des für anhaltende Fortschritte maßgeblichen, integrierten Umweltschutzes und macht den Umweltschutz teurer als nötig. Beides ist zu erläutern.

Behinderung von umwelttechnischen Fortschritt und integriertem Umweltschutz im Wettbewerb: Mit der Erfüllung der Auflagen und der Erteilung der Genehmigung durch die Gewerbeaufsicht erhält das Unternehmen faktisch das Recht, die Umwelt als Aufnahmemedium für Schadstoffe im durch die Genehmigung vorgegebenen Maß zu nutzen, und zwar zum Nulltarif. Zwar zwingt der Staat die Nutzer von Umweltleistungen zu Investitionen in Vermeidungstechnologie (z.B. Luftfilter), aber mit Erfüllung der Auflage können die Restemissionen zum Nulltarif an die Umwelt abgegeben werden. Nicht die Umweltnutzungen führen zu Kosten, sondern die Anstrengungen zur Erfüllung der Auflagen. Dies hat weitreichende Konsequenzen.

Wenn Unternehmen weiterhin Schadstoffe – im durch die Genehmigung vorgegebenen Maß – kostenlos an die Umwelt abgeben können, fehlt jeder Anreiz zu einer weiteren Verringerung der Emissionen, selbst wenn entsprechende umwelttechnische Fortschritte verfügbar und ökonomisch tragbar sind. Denn zusätzliche Investitionen in Entwicklung und Einsatz von Vermeidungstechnologie führen unter dem Regime dieser Umweltpolitik für den Entscheidungsträger nur zu höheren Kosten und Wettbewerbsnachteilen. Deshalb müssen unter dem Regime der Auflagenpolitik Umweltinnovationen von Behördenvertretern gegen die Interessen der Unternehmen durchgesetzt werden. Behördenvertreter müssen, ohne über die dafür erforderlichen Informationen zu verfügen, die technische und ökonomische Durchsetzbarkeit umweltschonenderer neuer Technologien im Einzelfall nachweisen, während die über das notwendige Spezialwissen verfügenden Unternehmen ihre Anstrengungen darauf richten, schärfere Umweltauflagen abzuwehren. Damit findet ein für den integrierten Umweltschutz verhängnisvoller Rollentausch statt. Die für die Lösung des Umweltproblems auf längere Sicht zentrale Frage der **Entwicklung**, des **Einsatzes** und der **Verbreitung** umwelttechnologischer Fortschritte wird unter diesem Regime dem nachweislich hierfür nicht geeigneten administrativen System anheim gegeben, während das gerade unter dem Innovationsaspekt kreative Wettbewerbssystem in die Rolle eines Bremsers gedrängt wird. Diese Rollenverteilung ist ausschließlich darauf zurückzuführen, dass jede Auflagenpolitik für die zulässigen Restnutzungen der Umwelt faktisch kostenlose Verschmutzungsrechte verteilt. Die Umweltverschmutzung

---
[19] Zu Einzelheiten siehe: L. Wicke, a.a.O., S. 195ff.

bleibt damit – wenn auch nur im durch die Genehmigung vorgegebenen Maß – konkurrenzlos günstig und behindert damit jede weitere Anstrengung zur Reduzierung der Umweltbelastung seitens der Akteure des Marktsystems.

Wirtschaftliche Ineffizienz: Diese Umweltpolitik lässt aber nicht nur weiterhin eine konkurrenzlos günstige Umweltverschmutzung zu, sie macht auch den durchgesetzten Umweltschutz teurer als nötig. Das aber heißt nichts anderes, als dass mit gleichen Kosten ein Mehr an Umweltschutz realisiert werden könnte. Die Ursache hierfür liegt in unterschiedlichen Kosten der Verringerung von Umweltnutzungen zwischen Unternehmen und Produktionsanlagen. Eine Auflagenpolitik, die von **jedem** Unternehmen bzw. von **jeder** Anlage gleichermaßen die Einhaltung der Vorgaben verlangt, verursacht insgesamt Kosten in Höhe der Summe der auf die einzelnen Anlagen/Unternehmen bezogenen Vermeidungskosten. Sind diese Vermeidungskosten zwischen Unternehmen/Anlagen aber unterschiedlich, dann kann eine gleiche Reduzierung der Emissionsmenge – bezogen auf eine Belastungsregion – auch zu geringeren Kosten erzielt werden, indem solche Unternehmen/Anlagen mit hohen Vermeidungskosten ihr Emissionsniveau weniger senken, wenn gleichzeitig Unternehmen/Anlagen mit geringeren Vermeidungskosten eine entsprechend höhere Reduzierung ihres Emissionsniveaus realisieren.[20]

4.13.3.2.2 Umweltabgaben

Der ordnungsrechtliche Ansatz der Umweltpolitik mittels Auflagen trennt lediglich zwischen zulässigen und unzulässigen Umweltnutzungen.[21] Verbote reduzieren die zulässigen Umweltnutzungen auf Null, Gebote teilen die zulässigen Restnutzungen zum Nulltarif zu. Damit bleiben sie konkurrenzlos günstig. Die ökonomischen Instrumente beziehen sich auf die effiziente Bewirtschaftung der zulässigen Restnutzungen und deren weitere Reduzierung. Dies ist immer dann bedeutsam, wenn die beschränkt zugelassenen Nutzungen noch mit Umweltschäden verbunden sind.

Statt wie bisher bei der Auflagenpolitik Verschmutzungsrechte weiterhin zum Nulltarif zur Verfügung zu stellen und so die Abwälzung von Kosten auf Dritte/die Allgemeinheit zu erlauben, könnte der Staat die Umweltnutzung selbst mit einer Abgabe pro Nutzungseinheit belegen. Wer viel für den Umweltschutz tut, spart Abgaben, wer die Umwelt weiterhin stark beansprucht, wird mit zusätzlichen Kosten belastet. Selbstinteressiertes Verhalten hat dann zur Folge, dass Umweltbelastungen dort reduziert werden, wo die Vermeidungskosten (Kosten der Vermeidung bzw. der Verringerung der Umweltbelastung durch Umweltschutzinvestitionen) geringer sind als die zu zahlenden Emissionsabgaben. Sie unterbleiben dort, wo die Vermeidungskosten noch höher sind als die zu zahlenden Emissionsabgaben. Der Umweltschutz erfolgt dann an der kostengünstigsten Stelle. Werden die Umweltnutzungen selbst mit Abgaben belegt und damit zu einem Kostenbestandteil, kann das im wirtschaftlichen Bereich vorherrschende Eigennutzkalkül für umweltverträglicheres Verhalten genutzt werden. Investitionen in Forschung, Entwicklung, Einsatz und Verbreitung umweltverträglicherer Technologien können nun prinzipiell die Wettbewerbsfähigkeit stärken, statt sie zu schwächen. Der Wettbewerb als wirksames „Entdeckungsverfahren" für neue, bisher unbekannte Problemlösungen kann dann prinzipiell auch für die Belange der Umwelt genutzt werden, statt wie bei der Auflagenpolitik mehr Umweltschutz gegen die Triebkräfte des Wett-

[20] Eine für den Unterricht geeignete, vergleichende modellmäßige Darstellung der Umweltpolitik mittels Auflagen, Abgaben und Märkten für Verschmutzungsrechte findet sich bei G.-J. Krol, Mehr Markt im Umweltschutz? Zum Verhältnis von Ökonomie und Ökologie in der Umwelterziehung. In: Gegenwartskunde, Heft 2, 1989, S. 207 ff.

[21] K.-H. Hansmeyer u. H. K. Schneider, a. a. O., S. 32.

bewerbs durchsetzen zu müssen. Allerdings ist die Wirkung entscheidend von der „richtigen“ Höhe der Abgabesätze sowie deren Anpassung an geänderte Knappheitsverhältnisse abhängig. Zu niedrige Abgabesätze – nach den „Gesetzen politischer Preisbildung“ eher wahrscheinlich als zu hohe – beinhalten die Gefahr, dass die Verringerung der Umweltnutzungen nicht zu Stande kommt, weil Mengenanpassungen und Substitutionsprozesse unterbleiben. Zu hohe Abgabesätze können Produktion und Beschäftigung gefährden. Auch dürfen solche Abgaben nicht die Funktion der Finanzierung öffentlicher Aufgaben übernehmen (wohl aber dafür verwendet werden), denn umweltpolitisch sind die Abgaben besonders wirksam, deren Aufkommen in der Zeit gegen Null geht, weil die an eine Umweltschädigung geknüpfte Bemessungsgrundlage schrumpft.

4.13.3.2.3 Märkte für Verschmutzungsrechte (Emissionslizenzen)

Die Einbeziehung der Umweltnutzungen selbst in die wirtschaftlichen Entscheidungskalküle von Produzenten und Konsumenten lässt sich auch dadurch erreichen, dass die Preisbildung für Umweltnutzungen Märkten übertragen wird. Der Staat kann – ausgehend von konkret anzustrebenden Umweltqualitätszielen in Form von maximal zulässigen Emissionsmengen bestimmter Schadstoffe in der Belastungsregion – eine danach zu bestimmende Menge von gestückelten Emissionsrechten zur Verfügung stellen. Durch die fixierte Menge an gestückelten Verschmutzungsrechten stellt der Staat sicher, dass die angestrebte Umweltqualität erreicht wird, wenn das Kontrollsystem darüber hinausgehende Emissionen verhindern kann. Jeder, der die Umwelt als Aufnahmemedium des betreffenden Schadstoffes nutzen will, muss nun im erforderlichen Umfang Emissionsrechte erwerben, allerdings nicht zu einem Festpreis, wie bei Abgaben, sondern zu einem Marktpreis, der sich aus der Konkurrenz der Nachfrage aller an den Verschmutzungsrechten Interessierten um den politisch fixierten Bestand an Verschmutzungsrechten ergibt. Mit der Verknappung des Angebotes an Verschmutzungsrechten in der Zeit – beispielsweise durch nur zeitlich begrenzte Gültigkeit oder periodische Abwertung – steigen die Preise der Rechte auf den entsprechenden Märkten und der Einsatz umweltschonender Technologien wird ökonomisch attraktiver. Es werden die Unternehmen als Nachfrager nach Emissionslizenzen ausscheiden, bei denen die zusätzlichen Kosten der Reduzierung von Umweltbelastung (durch Investitionen in Vermeidungstechnologien) geringer sind als die Kosten für den Erwerb benötigter Verschmutzungsrechte. Umgekehrt erwerben die Unternehmen Verschmutzungsrechte, bei denen die Vermeidungskosten immer noch höher sind als die Aufwendungen für die benötigte Zahl von Lizenzen. Dies sichert eine kostengünstige Realisierung des Umweltschutzes. Gleichzeitig ergibt sich jedoch ein Anreiz zum Einsatz von Vermeidungstechnologie auch bei denjenigen, die über einen für die eigene Produktion hinreichenden Bestand an Emissionsrechten verfügen, da sie diese nun verkaufen können, wenn sie in Vermeidungstechnologie investieren. Stärker noch als Emissionsabgaben könnten sie Anreize für die Entwicklung, den Einsatz und die Verbreitung umweltschonender Technologie schaffen[22] und damit integrierten Umweltschutz fördern.

---

[22] Zu amerikanischen Erfahrungen mit Abgaben und Lizenzen, vgl. H. Bonus, Marktwirtschaftliche Konzepte im Umweltschutz. Auswertung amerikanischer Erfahrungen im Auftrage des Landes Baden-Württemberg, Stuttgart 1984. Ausführlicher zu Märkten für Verschmutzungsrechte: H.C. Binswanger, H. Bonus, H. Timmermann, a.a.O., S. 143 ff. Eine knappe Darstellung mit einer Gegenüberstellung von Vor- und Nachteilen liefert L. Wicke, a.a.O., S. 383 ff. H. Bonus, Emissionsrechte als Mittel der Privatisierung öffentlicher Ressourcen aus der Umwelt. In: Umweltökonomik, hrsg. von H. Möller et al. Königstein/Ts. 1982, S. 295 ff. Eine Übersicht über Grundsatzfragen, Implementationsanforderungen und Anwendungsbeispiele bietet: H. Bonus (Hrsg.),

4.13.3.2.4 Veränderungen des Haftungsrechts

Ein weiterer Ansatzpunkt, die Umweltnutzungen in Kosten- und Preissignale zu integrieren und damit die Steuerungsfunktion des Marktes auch umweltpolitisch zu stärken, der in besonderem Maße auch dem Vorsorgeprinzip Rechnung trägt, liegt in der Veränderung des Haftungsrechts. Die aus ökonomischer Perspektive zentrale Frage lautet in diesem Zusammenhang: Welche Anreize zur frühzeitigen Vermeidung von Umweltschäden (ex-ante Präventionswirkungen) gehen von den Regelungen zu Schadensersatzleistungen (ex-post wirkendes Haftungsrecht) aus? Häufig sind Schädiger in einer starken, Geschädigte, auf die die sozialen Zusatzkosten der Umweltbelastung abgewälzt werden, in einer schwachen Position. Geschädigte können häufig weder Kompensationszahlungen erwirken noch die Verursacher von Umweltbelastungen veranlassen, die Schädigung einzustellen, weil die Kosten der Anspruchsdurchsetzung häufig prohibitiv hoch sind. Eine wichtige Ursache hierfür liegt im Prinzip der **Verschuldenshaftung**, die neben dem Nachweis eines Schadens, dem strengen naturwissenschaftlichen Kausalitätsnachweis, dem Verursachernachweis noch den Nachweis des Verschuldens (Vorsatz oder grobe Fahrlässigkeit) voraussetzt. Gerade im Umweltbereich ist diese Nachweiskette nur schwer und häufig nur durch langfristige und teure Untersuchungen zu führen. Hier könnte die Einführung des beispielsweise aus der Straßenverkehrsordnung bekannten Prinzips der **Gefährdungshaftung** helfen, nach der unabhängig von der Verschuldung für Schäden gehaftet wird. Hierdurch wird nicht nur dem Verursacherprinzip, sondern auch dem Vorsorgeprinzip in hohem Maße Rechnung getragen, denn nun muss das i.d.R. über Umweltrisiken besser informierte Unternehmen das Risiko von Schadensersatzforderungen aufgrund von Umweltschäden schon vor Aufnahme der Produktion in das wirtschaftliche Kalkül einbeziehen und die Haftungsgründe entweder durch umweltfreundlichere Produktion oder Versicherung gegen Haftungsrisiken, soweit diese kalkulierbar sind, reduzieren.[23] Über die an die Schadensrisiken gekoppelte Höhe der Versicherungsprämien werden die sozialen Zusatzkosten, die sonst auf Dritte bzw. die Allgemeinheit abgewälzten Schäden, internalisiert. Gleichzeitig kann von der Einschaltung von Versicherungen eine objektivierte Risikobewertung erwartet werden. Unterschätzt eine Versicherung Schadensrisiken, läuft sie im Schadensersatzfall Gefahr, zahlungsunfähig zu werden. Überschätzt sie Schadensrisiken (und die daran geknüpfte Prämienhöhe), läuft sie unter Wettbewerbsbedingungen Gefahr, von konkurrierenden Versicherungen aus dem Markt gedrängt zu werden.

4.13.4 Zusammenfassung

Umwelterziehung und Umweltbildung treten ausdrücklich mit dem Anspruch eines Beitrags zur Problementschärfung an, können aber auf die breite und sich verbreiternde Kluft zwischen Umweltbewusstsein und nach wie vor wenig umweltverträglichem Verhalten im Alltag keine überzeugende Antwort geben. Auch im wirtschafts- und sozialkundlichen Aufgabenfeld dominiert eine Individualisierung der Umweltprobleme.

Umweltzertifikate. Der steinige Weg zur Marktwirtschaft. In: Zeitschrift für angewandte Umweltforschung. Sonderheft 9, 1998. Zu dem seit 2005 in der EU praktizierten CO_2-Emissionshandelssystem siehe G.-J. Krol, Europäischer Emissionshandel. In: Entscheidungsorientierte Volkswirtschaftslehre, Festschrift für G. Dieckheuer, hsg. v. M. Göcke u. St. Kooths, Frankfurt a.M. u.a. 2005, S. 291–314.

23 Über die in Japan mit diesem Ansatz gemachten (positiven) Erfahrungen berichten: S. Tsuru u. H. Weidner, Ein Modell für uns. Die Erfolge der japanischen Umweltpolitik, Köln 1985.

So zeigt eine 2007 durchgeführte Auswertung von 27 Schulbüchern des gesellschaftlichen Aufgabenfeldes allgemein bildender Schulen, dass 66% der behandelten Lösungen von Umweltproblemen dem individualpolitischen Konzept zuzuordnen sind. Nur ein Drittel der Lösungsansätze verweist ausdrücklich auf Gestaltung der (problemabhängigen) Handlungsbeschränkungen und davon wiederum nur ein Viertel auf Möglichkeiten der Anreizgestaltung, die die Suche nach umweltverträglicheren Alternativen anregen.

Tab. 1: In Schulbüchern behandelte Umweltprobleme und Lösungsansätze

	Klima/ Luftv.	Boden- und Ressourcen-übernutzung	Trinkwasser-problematik	Abfall	Waldsterben/ Artenvielfalt	Summe
genannte Umwelt-probleme	32	35	21	17	19	124
individual-politische Lösungsansätze	64 44%	41 82%	16 62%	73 95%	23 79%	222 66%
sozioökonomische Lösungsansätze	87 56%	9 18%	10 38%	4 5%	6 21%	116 34%
davon: Auflagen	52 34%	8 16%	7 27%	3 4%	6 21%	76 22%
Anreize	35 22%	1 2%	3 11%	1 1%	0 0%	40 12%

Zusammenstellung aus 27 in den Gesellschaftswissenschaften eingesetzten Schulbüchern der Schulbuchverlage Klett, Schrödel, Oldenbourg, Cornelsen und Westermann

Im auf Anreizresistenz ausgerichteten individualpolitischen Ansatz müssen die Umweltschutzziele gegen die Eigeninteressen der wirtschaftlichen Akteure angestrebt werden. Die Ebene, auf der Umweltschutzziele mit den Eigeninteressen kompatibel werden können, gelangt erst gar nicht ins Blickfeld. Dies liegt an einer unzureichenden sozialökonomischen Fundierung der Umweltbildung auch im gesellschaftlichen Aufgabenfeld begründet. Die naturwissenschaftlich und individualethisch fundierte Umweltbildung überspielt die sozialökonomische Problematik der Umweltprobleme. Aus (bestenfalls[24]) ökologisch zulänglichen Problemanalysen werden Handlungsanforderungen an gesellschaftliche Akteure (Verbraucher, Unternehmen, Politiker etc.) abgeleitet und mit den realisierbaren Handlungsmöglichkeiten identifiziert. Zielgröße sind Verhaltensdispositionen. Probleme der Umsetzung von Verhaltensdispositionen in konkretes Verhalten, Beschränkungen des Handlungsspielraums also, werden nicht mehr als Gegenstand der Umweltbildung gesehen, obwohl hierin der systematische Ort der Problemerklärung und Problemlösung/-entschärfung für die zentralen Umweltprobleme zu sehen ist. Wenn also heute zunehmend die breite Kluft zwischen einem gestiegenen Umweltbewusstsein einerseits und nach wie vor umweltbelastendem Verhalten andererseits beklagt wird, so ist diese Kluft nicht primär durch weitere Intensivierung des ökologischen Bewusstseins zu verringern, sondern vor allem durch den Abbau derjenigen Faktoren, die eine Umsetzung der Verhaltensdispositionen in Alltagsverhalten behindern. Diese Faktoren wurden hier mittels der ökonomischen Theorie herausgearbeitet. Sie liegen in fehlleitenden Anreiz-

[24] Vgl. dazu J. Kahlert, Alltagstheorien in der Umweltpädagogik, Weinheim 1990, inbesondere S. 61 ff.

strukturen, die nicht dadurch überspielt werden können, dass auf Umweltbewusstsein gesetzt wird, wenn umweltverträglicheres Verhalten (von Produzenten und Konsumenten) sich permanent gegen individuell vorteilhaftere Alternativen durchsetzen muss. Solange umweltbelastendes Verhalten für den Einzelnen (Verbraucher, Unternehmer etc.) vorteilhafter ist als umweltverträglicheres, ist in einer arbeitsteiligen, anonymen, von Märkten und ihrer Funktionslogik geprägten Gesellschaft die Ausbeutung des „guten Beispiels" durch Trittbrettfahrer voraussehbar. Wenn die Bedingungen, unter denen Marktkräfte wirken, es Produzenten und Konsumenten erlauben, einen Teil der von ihnen verursachten Handlungsfolgen auf Dritte bzw. die Allgemeinheit abzuwälzen, nämlich die Kosten der Umweltbelastung, dann wird die umweltbelastende Handlungsalternative immer einen Kostenvorteil vor der umweltverträglicheren behalten, dann sind die Preise der in Produktion und/oder Konsum umweltbelastenden Produkte zu gering. Sie erhalten einen künstlichen und durch nichts als durch die historische Entwicklung begründeten Wettbewerbsvorteil. Hieran vermag eine Umweltpolitik, die umweltverträglicheres Verhalten durch direkte einzelfallbezogene Vorgaben und Kontrollen erreichen will, grundsätzlich nichts zu ändern.

Ein entscheidender Schritt zur Lösung der Umweltprobleme muss also darin liegen, Konsumenten und Produzenten mit den Kosten von Umweltbeanspruchungen zu belasten. Hierzu bedarf es bestimmter staatlicher Entscheidungen auf unterschiedlichen Ebenen (EU, Bund, Länder, Kommunen) und in unterschiedlichen umweltpolitischen Problembereichen. Umwelterziehung und Umweltbildung können die dringend gebotene Änderung der Anreizstrukturen, der „Spielregeln" für wirtschaftliche Interaktionen fördern, aber auch erschweren. Umweltbildung und Umwelterziehung haben die sozialökonomischen Ursachen der Umweltprobleme bisher ausgespart. Sie zielen auf Anreizresistenz, statt auf ökologieverträgliche Anreizgestaltung. Deshalb besteht die Gefahr, dass die unterrichtlich thematisierten Handlungsempfehlungen den faktischen Spielraum der Konsumenten, Produzenten und staatlichen Entscheidungsträger überfordern. Insgesamt droht eine so konzipierte Umwelterziehung das Gegenteil von dem, was sie will, zu bewirken, nämlich statt abzuwägender, bewusster und konfliktfähiger Parteinahme blindes Engagement und auf lange Sicht Resignation. Empfohlen wird deshalb, das bisherige, unverzichtbare, ökologische Standbein der Umweltbildung und Umwelterziehung um ein originäres sozialökonomisches Standbein zu ergänzen, welches die Probleme der Umsetzung von Verhaltensdispositionen in konkretes Verhalten ins Rampenlicht rückt und damit die Faktoren beleuchtet, die dem auf Kleingruppenkontexte zugeschnittenen individualpolitischen Ansatz ein auch für anonyme und globale Kontexte tragfähiges Fundament geben. Um Missverständnissen vorzubeugen: Es geht hier nicht darum, Umweltprobleme dem Markt zu überlassen, sondern den Akteuren auf Märkten (laufend) umweltverträglichere Handlungen erst zu ermöglichen. Dies setzt angesichts der dilemmatischen Struktur der Umweltprobleme nicht nur eine Veränderung des Umweltbewusstseins, sondern auch eine Veränderung der Anreizstrukturen und institutionellen Rahmenbedingungen durch kollektives Handeln voraus, zu denen Umweltbildung und Umwelterziehung durch die Vermittlung angemessener Problemperspektiven ihren Beitrag leisten müssen.

Literaturhinweise

H. C. Binswanger, H. Bonus, H. Timmermann, Wirtschaft und Umwelt, Möglichkeiten einer ökologieverträglichen Umweltpolitik, Stuttgart et al. 1981.

A. Diekmann, Umweltbewusstsein oder Anreizstrukturen? Empirische Befunde zum Energiesparen, der Verkehrsmittelwahl und zum Konsumentenverhalten. In: Kooperatives Umwelthandeln, hrsg. v. A. Diekmann u. A. Franzen, Chur/Zürich 1995, S. 39–68.

B. S. Frey, Umweltökonomie, 2. Auflage, Göttingen 1985.

F. Jäger, Natur und Wirtschaft. Auf dem Weg zu einer ökologischen Marktwirtschaft, 2. Auflage, Chur Zürich 1994.

G. Kirsch, Umwelt, Ethik und individuelle Freiheit: Eine Bestandsaufnahme. In: Elemente einer rationalen Umweltpolitik, hrsg. v. H. Siebert, Tübingen 1996, S. 3–32.

G. M. Maier-Rigaud, Umweltpolitik in der offenen Gesellschaft, Opladen 1988.

A. Suchanek, Chancen und Grenzen der Implementation umweltverträglicher Verhaltensmuster in der modernen Gesellschaft. In: Umweltethik und ihre gesellschaftliche Vermittlung, hrsg. v. M. Sellmann, Bad Honnef 1997, S. 45–115.

L. Wicke, Umweltökonomie, 4. Auflage, München 1993.

Zukunftsfähiges Deutschland. Ein Beitrag zu einer global nachhaltigen Entwicklung, hrsg. v. Bund u. Misereor, Basel, Boston, Berlin 1996.

4.14 Europäische Wirtschaftsintegration
Klaus-Peter Kruber

In der Zeit nach dem 2. Weltkrieg bis in die 50er Jahre war die wichtigste Triebfeder der Bemühungen um die europäische Einigung das Bestreben der Gründerstaaten, „durch diesen Zusammenschluss ihrer Wirtschaftskräfte Frieden und Freiheit zu wahren und zu festigen“ (Präambel des EWG-Vertrags von 1957). Mit den raschen Erfolgen der EWG geriet diese Motivation aus dem Blickfeld der öffentlichen Diskussion. Zwischen den westlichen europäischen Staaten entstand eine so enge wirtschaftliche, politische und militärische Verflechtung, dass eine andere als friedliche und freiheitliche Entwicklung der Beziehungen zwischen diesen Staaten nicht mehr denkbar ist. Dieser Erfolg wird – weil er so selbstverständlich geworden ist – der EU nicht mehr zugerechnet. Durch Ereignisse der letzten Jahre gewinnt die ursprüngliche Zielsetzung auf einer neuen Ebene wieder an Bedeutung. Angesichts der politischen und ökonomischen Herausforderungen am Beginn des 21. Jahrhunderts ist eine Belebung der Integrationsdynamik und eine gesteigerte Attraktivität der Gemeinschaft festzustellen. Mit den Verträgen von Maastricht, Amsterdam und Nizza (1992, 1997, 2000), die den Durchbruch zur Vertiefung und Erweiterung der Union, zum Binnenmarkt und zur Währungsunion brachten, betritt sie eine höhere qualitative Stufe der Integration, die zur politischen Union führen soll. Die Krise der Integrationspolitik nach dem Scheitern des Entwurfs einer Europäischen Verfassung konnte im Juni 2007 durch die Einigung im Europäischen Rat auf die Grundzüge eines reformierten Vertrags überwunden werden. Demokratisierung und Übergang zur Marktwirtschaft in den ehemals kommunistischen Staaten Mittel- und Osteuropas beendeten die Spaltung Europas. Österreich, Finnland und Schweden sind der EU 1995 beigetreten. 2004 bzw. 2007 erfolgte der Beitritt von 12 ost- und südeuropäischen Ländern, die EU wuchs auf 27 Staaten. Auch die Türkei hat ihren Beitritt beantragt. Einen weiteren Anstoß erhält die europäische Einigungspolitik aus der Erkenntnis, dass Europa nur geeint auf die Dauer eine Rolle im politischen und weltwirtschaftlichen Kräftefeld zwischen Nordamerika und Ost- und Südostasien bewahren kann. (Baum-Ceisig u. a. 2007)

4.14.1 Dimensionen und Stand des Integrationsprozesses

Integration bedeutet Herstellung einer Einheit oder Eingliederung in ein größeres Ganzes. Integration kann sich auf einzelne Teilbereiche der Gesellschaft beziehen und von sehr unterschiedlicher Intensität sein: Integrierend wirken wachsende Verbindungen durch private Transaktionen (Handel, Reisen), durch Zollabbau oder Aufhebung von Devisenbeschränkungen. Integration geschieht auch durch vertragliche Zusammenarbeit von Staaten auf einzelnen Politikfeldern (Gewässerschutzabkommen, Militärbündnis). Weitergehende Integrationsformen übertragen Kompetenzen für bestimmte Politikbereiche von nationalen auf supranationale Institutionen (Bsp. EG-Agrarpolitik, EG-Außenhandelspolitik, Europäische Zentralbank). Endstufe der Integration ist die Verschmelzung von Staaten (Bsp. deutsche Wiedervereinigung 1990). Dazwischen sind viele Abstufungen möglich.

Frei (1985, 113 ff.) unterscheidet drei Dimensionen von Integration:

- zunehmend gemeinsame politische Entscheidungsfindung (institutionelle Dimension),
- wachsendes Gemeinschaftsbewusstsein (sozialpsychologische Dimension),
- Zunahme von gesellschaftlichen Verbindungen, insbes. wirtschaftlichen Verflechtungen (Dimension der Transaktionen).

Integration kann sich – zumindest auf den niederen Stufen – in den einzelnen Dimensionen weitgehend getrennt vollziehen. Beispiele sind die recht weitgehende wirtschaftliche Zusammenarbeit zwischen den NAFTA-Staaten (USA, Kanada, Mexiko) ohne vertiefte politische Integration oder die auf die politisch-militärische Ebene beschränkte Integration in der NATO. Je weiter Integration voranschreitet, desto notwendiger erweisen sich jedoch gleichgewichtige Fortschritte auch in den anderen Dimensionen (Frei 1985, 119). Die Staaten der Europäischen Gemeinschaft (EG) haben sich im Vertrag von Maastricht (7.2.1992) über die Europäische Union (EU) eine sehr weitreichende Integration zum Ziel gesetzt. Sie streben eine Wirtschafts- und Währungsunion und eine politische Union an. Die Integration ist jedoch in den verschiedenen Dimensionen unterschiedlich weit fortgeschritten. Daraus haben sich schon in der Vergangenheit Probleme ergeben. Insbesondere haben Rückstände in der politischen Integration immer wieder Fortschritte in der wirtschaftlichen Integration gebremst oder verhindert.

Schon nach dem EWG-Vertrag waren eine Reihe von wichtigen Politikfeldern in unterschiedlichem Grade Gegenstand von supranationaler Politik: Am weitesten reichten die EG-Kompetenzen in der Zoll- und Außenhandelspolitik, Agrarpolitik und hinsichtlich der Freizügigkeit von Arbeitnehmern. Aber auch bei der Liberalisierung des Kapitalverkehrs, in der Wettbewerbs- und Regionalpolitik hat die EG eigene Kompetenzen über bzw. neben den Mitgliedstaaten. Ferner entwickelten sich im Laufe der Zeit am Rande des EWG-Vertrags weitere Aufgaben für die Gemeinschaft: erste umwelt- und technologiepolitische Ansätze entstanden zunächst auf der Grundlage des Art. 235 („Erlass von Vorschriften für unvorhergesehene Fälle"), und außerhalb des Vertrags entstand eine Europäische Politische Zusammenarbeit (EPZ) in der Außenpolitik der Mitgliedstaaten. Der Vertrag über die Europäische Union hat für diese Aufgaben eine vertragliche Grundlage geschaffen und die Kompetenzen zwischen EU und den nationalen Regierungen abgesteckt. Aber bis heute fehlt in wichtigen Politikfeldern den Regierungen der Mitgliedstaaten die Bereitschaft, sich echten Gemeinschaftsbeschlüssen nach dem Mehrheitsprinzip zu unterwerfen. So werden alle Entscheidungen zum Binnenmarkt mit Mehrheit getroffen – ausgenommen sind Umwelt-, Sozial- und Steuerpolitik. Der Vertrag über die Europäische Union sieht drei „Säulen" für die Union vor: Binnenmarkt und Währungsunion, Gemeinsame Außen- und Sicherheitspolitik und Zusammenarbeit in der Innen- und Justizpolitik (z.B. Aufbau von Europol und gemeinsame Asylpolitik als Ergänzung zum Abbau der inneren Grenzkontrollen und Freizügigkeit). Seit „Maastricht" konzentrierten sich die Anstrengungen auf die 1. Säule, auf den beiden anderen Politikfeldern konnten nur geringere Fortschritte erzielt werden. Die immer wieder durchschlagenden nationalen Interessen bei Entscheidungen in der EU sind verständlich, solange die in nationalen Wahlen für nationale Regierungen legitimierten Minister die Mehrzahl der Entscheidungen treffen. Zwar hat das Europäische Parlament durch die Direktwahlen seit 1979 und durch den EU-Vertrag wichtige zusätzliche Beratungs- und Entscheidungsrechte erhalten, und seine Stellung als Kontrollorgan gegenüber der Kommission wurde gestärkt. Dennoch besteht ein „Demokratiedefizit" der Gemeinschaft (Theurl/Meyer 2001, 41 ff.).

Dass im Konfliktfall Politiker immer wieder nationalen Interessen den Vorrang geben, hat auch eine Ursache im noch unzureichend entwickelten Gemeinschaftsbewusstsein der europäischen Bürger. Zwar ist eine verbreitete generelle Zustimmung zu Europa festzustellen, und es wächst die Einsicht, dass viele Probleme in Europa in Zukunft nur noch gemeinsam zu lösen sind (vgl. hierzu die in regelmäßigen Abständen von der EU-Kommission veröffentlichten Umfrageergebnisse des Eurobarometer). Aber es fehlt in den Bevölkerungen der europäischen Partnerländer noch ein „Wir-Gefühl" als Europäer und eine vergleichbare Solidarität, wie sie z. B. hinsichtlich des Finanzausgleichs zwischen Regionen eines Staates zu beobachten ist (Stichwort: Diskussion um „Nettozahler und -empfänger" in der EU). Vielfach wird nicht bewusst, wie weit die Integration in der Dimension der Transaktionen, d.h. im Alltag der Konsumenten, Arbeitnehmer, Unternehmer und in der Freizeit, bereits Realität ist.

Ziel des EWG-Vertrags von 1957 war die Verwirklichung eines gemeinsamen Marktes. Dieser ist gekennzeichnet durch die „4 Freiheiten“: freier Warenverkehr, Freizügigkeit der Arbeitskräfte, Niederlassungs- und Dienstleistungsfreiheit und freier Kapitalverkehr. Diese Ziele sind bereits heute ganz oder teilweise erreicht. Einige Stichworte mögen dies verdeutlichen.

Der Abbau von Zöllen und anderen Einfuhrhindernissen innerhalb der EG hat zu einem enormen Anstieg der Handelsverflechtungen in der Gemeinschaft geführt, der die ebenfalls eindrucksvollen Steigerungsraten des Außenhandels mit der „übrigen Welt“ noch deutlich übertrifft. Heute wickeln die EG-Staaten im Durchschnitt 60% ihres Außenhandels untereinander ab, wobei die EG-Verflechtung von über 50% (Großbritannien, Dänemark) bis etwa 80% (Benelux-Staaten) reicht.

Aber nicht nur der Austausch von Waren über die Grenzen innerhalb der EU hat überproportional zugenommen, auch die Standorte der Produktion reichen über die Grenzen hinweg. Besonders deutlich ist das in der Autoindustrie. Alle großen Hersteller unterhalten Fabriken in mehreren EU-Ländern und planen Produktion und Vertrieb europaweit. Das tatsächliche Ausmaß der internationalen Produktionsverflechtung wird nicht deutlich, wenn man lediglich auf die Herkunft der Fertigwaren schaut. Noch intensiver ist der Austausch auf der Stufe der Vor- und Halbfabrikate und der Zulieferungen. Zahlreiche Unternehmen unterhalten Tochtergesellschaften in anderen EG-Staaten, Konzentrationsprozesse überschreiten die Grenzen. Viele, auch kleinere und mittlere Unternehmen können bereits als „Euro-Multis“ gelten.

Für Arbeitnehmer aus EU-Ländern gilt Freizügigkeit bei der Wahl des Arbeitsplatzes. Sie gelten nicht als „Gastarbeiter“ und benötigen keine Aufenthalts- und Arbeitserlaubnis. In vielen Fällen ist die Anerkennung von Berufsabschlüssen und Diplomen bereits geregelt. Der Kapitalverkehr ist in der Währungsunion liberalisiert. Unabhängig von der EG hatte sich bereits vorher zwischen den Banken ein „Eurogeldmarkt“ entwickelt. Der wachsende Tourismus hat die Grenzen in Europa allgemein durchlässiger gemacht. Europäische Landschaften sind vielen vertrauter als manche nationale Region. Zwischen fast allen EU-Staaten sind die Grenzkontrollen mit Beginn des Binnenmarktes ganz entfallen („Schengener Abkommen“ 1990). Umweltschutzvorschriften der EU (z.B. Grenzwerte für Nitrate im Grundwasser) zwingen Mitgliedstaaten (in diesem Falle u.a. die Bundesrepublik), ihre Anstrengungen auf diesem Gebiet zu verstärken. Europäische Zusammenarbeit ermöglicht Technologieprojekte, die die Kräfte jedes Einzelstaates übersteigen würden (Airbus, Ariane). Lebensmittelskandale (BSE, „Hormonfleisch“) und Viehseuchen (Vogelgrippe) sind heute nur noch auf EU-Ebene zu bekämpfen. Wie diese und weitere Beispiele zeigen, nimmt Europa auch für den Bürger erkennbar Gestalt an.

4.14.2 Die Vollendung des Binnenmarktes

Nach ihrer Gründung (EWG-Vertrag 25. 3. 1957) machte die EWG zunächst rasche Fortschritte. Die Zollunion wurde vorzeitig 1967 vollendet. Danach kam es zu einem Wechsel von Stagnation und partiellen Fortschritten (Thiel 1999, 11 ff.). Am Ende der achtziger Jahre blieb noch viel zu tun auf dem Weg zu einem echten Binnenmarkt. Der gemeinsame Markt unterschied sich noch in vielem von einem nationalen Markt. Noch immer verzögerten Grenzformalitäten den Waren- und Reiseverkehr. Nationale Normen und technische Regelungen und unterschiedliche Mehrwert- und Verbrauchsteuersätze erwiesen sich als wirksamere Handelshemmnisse, als es die längst abgeschafften Zölle und Mengenbeschränkungen waren. Ausländische Anbieter erhielten vielfach keine Chance, bei öffentlichen Aufträgen (Bauvorhaben, Beschaffung von Telekommunikationsgeräten usw.) zum Zuge zu kommen. Die Versicherungs-, Verkehrs- und Versorgungsmärkte der Mitgliedstaaten waren durch zahlreiche nationale Regulierungen vor ausländischer Konkurrenz geschützt. Insgesamt verursachten die damals noch bestehenden Wirtschaftsgrenzen in der EG Kosten des „Noch-nicht-Europa" in Milliardenhöhe. Ihr Abbau würde das Wirtschaftswachstum steigern, die Verbraucherpreise senken und Arbeitsplätze schaffen (Cecchini-Bericht 1988). Die Beschlüsse zum Binnenmarkt sahen vor, diese Hemmnisse bis zum 31. 12. 1992 zu beseitigen.

Zur Vollendung des Gemeinsamen Marktes legte die EG-Kommission 1985 ein „Weißbuch" vor, das ein konkretes Programm und einen Terminplan enthielt. Zur Verwirklichung der „4 Freiheiten" waren nach Auffassung der Kommission (der sich der Rat anschloss) 282 Rechtsakte erforderlich mit dem Ziel

- Beseitigung der Grenzkontrollen,
- Harmonisierung von technischen und anderen Normen,
- Liberalisierung des öffentlichen Auftragswesens,
- Freizügigkeit der Arbeitnehmer und Selbstständigen,
- freier Dienstleistungsverkehr,
- freier Kapitalverkehr,
- Schaffung geeigneter Rahmenbedingungen für die industrielle Zusammenarbeit in der Gemeinschaft,
- Beseitigung der Steuerschranken.

Die in den einzelnen Staaten abweichenden technischen Normen, gesundheitsrechtlichen Regelungen, Verpackungs- und Deklarationsvorschriften machten aufwändige Prüfungs- und Zulassungsverfahren notwendig und erfordern oft kostspielige technische Änderungen für den Export in bestimmte Länder. Nur in wenigen Fällen können diese Vorschriften mit Sicherheits- oder Gesundheitsanforderungen begründet werden. Nicht selten besteht aber auch der Verdacht, dass sie in erster Linie dem Schutz einheimischer Produzenten vor ausländischen Wettbewerbern dienen sollen. Sie verhinderten die Ausnutzung der economies of scale im großen europäischen Markt der nahezu 500 Millionen Verbraucher. Die Durchsetzung komplizierter Einfuhrbestimmungen war ein Hauptgrund für die Beibehaltung der Grenzkontrollen nach Abschaffung der tarifären Hindernisse.

Zur Abschaffung der Grenzkontrollen mussten entweder die Normen vereinheitlicht werden (Harmonisierungsprinzip), oder die Kontrollen mussten ins Ursprungsland verlagert und gegenseitig anerkannt werden (Anerkennungsprinzip). Konzentrierte sich die EG früher auf die Vereinheitlichung der Normen, so wurde mit dem Binnenmarktprogramm das zweite Verfahren favorisiert: Es wird nur dort eine Harmonisierung angestrebt, wo aus wichtigen Gründen ein einheitliches Schutzniveau für alle erforderlich erscheint. Die Regelung technischer Details soll durch europäische Normungsinstitute (CEN, CENELEC) erfolgen, die nach den Vorgaben durch die Kommission die Anforderungen für die einzelnen Produkte festlegen. Diese Normen sind nicht zwingend, aber wer als Hersteller nach anderen Normen produziert, trägt die Beweislast und das Risiko, dass sein Produkt den europäischen Richtlinien nicht entspricht. Beispiele sind die Vorschriften zur Sicherheit von Spielzeug oder die Anforderungen an Bildschirm-Arbeitsplätze.

Seit 1993 ist der Kapitalverkehr in der EU vollständig liberalisiert – eine wichtige Voraussetzung für die Währungsunion. 1998 wurden die nationalen Netzmonopole in der Telekommunikation aufgehoben, seither machen private Anbieter den bisherigen staatlichen (bzw. jüngst privatisierten) Monopolisten Konkurrenz. Die Konsumenten profitieren von besseren Angeboten und niedrigeren Preisen. Zur Aufbrechung von nationalen Monopolen gehört auch die Liberalisierung des öffentlichen Auftragswesens in der Gemeinschaft. Öffentliche Aufträge für zivile und militärische Güter und Baumaßnahmen wurden bisher fast ausschließlich an nationale „Hoflieferanten" vergeben, auch wenn z. B. ausländische Unternehmen billiger gewesen wären. Öffentliche Aufträge ab 0,4 Mio. Euro (bei Bauvorhaben 5 Mio. Euro) müssen nun grundsätzlich EU-weit ausgeschrieben werden. Man erwartet davon eine Belebung des Wettbewerbs und Einsparung von Steuermitteln.

„Freizügigkeit" heißt nicht nur Abschaffung von Personenkontrollen an den Binnengrenzen (Schengener Abkommen), sondern auch freie Berufsausübung in allen Mitgliedstaaten der EU. Als wichtiges Mobilitätshindernis erwies sich die fehlende Anerkennung von Berufsabschlüssen und Befähigungsnachweisen. Nach mühsamen Fortschritten bei einzelnen Berufen (Architekten, Apotheker, Friseure) brachten die „Allgemeine Regelung zur Anerkennung der Hochschuldiplome" und die „Allgemeine Regelung zur Anerkennung beruflicher Befähigungsnachweise" 1988/89 einen wichtigen Durchbruch, wenngleich sich bei der Umsetzung in nationales Recht in vielen Details noch Probleme ergaben. Von höchster Bedeutung für die Freizügigkeit von Arbeitnehmern ist auch die Anerkennung von Beschäftigungs- und Versicherungszeiten in der Sozialversicherung unabhängig davon, wo sie erworben worden sind.

Ein schwieriges Problem stellen die uneinheitlichen Verbrauchssteuern dar. Alle EG-Staaten erheben eine Mehrwertsteuer und verschiedene Verbrauchssteuern. Die Steuersätze weichen stark voneinander ab: Die Mehrwertsteuersätze reichen (2007) von 15% (Luxemburg, Zypern) bis 25% (Dänemark, Schweden). Noch stärkere Unterschiede gibt es bei den Ausnahmeregelungen zur Mehrwertsteuer und bei den Verbrauchssteuern. Diese Steuern werden vom Anbieter auf den Nettopreis aufgeschlagen und an den Fiskus abgeführt. Wird das Produkt exportiert, erstattete der Staat die Verbrauchssteuer an den Exporteur. Die Zöllner des Einfuhrlandes belasteten das Produkt mit dem dort geltenden Steuersatz. Dadurch entstanden erhebliche Preisdifferenzen für ein und dasselbe Produkt beiderseits einer Grenze (Beispielsweise für alkoholische Getränke oder Autos zwischen Deutschland und Dänemark). Will ein Staat mit hoher Verbrauchsbesteuerung vermeiden, dass ihm die erwarteten Steuereinnahmen entgehen, weil die Bürger jenseits der Grenze einkaufen, muss die Ein- und Ausfuhr durch Zöllner kontrolliert werden. Eine Angleichung der Mehrwert- und Verbrauchssteuersätze würde die Staaten jedoch vor erhebliche Probleme stellen: Staaten mit hohen Steuersätzen müssten diese senken und auf bedeutende Steuereinnahmen verzichten bzw. zum Ausgleich ihre Einkommensteuern deutlich anheben (das Umgekehrte gilt für Staaten mit unterdurchschnittlichen Verbrauchssteuersätzen). Derartige Umstrukturierungen des Steuersystems sind aber politisch nur außerordentlich schwer durchzusetzen. Die Frage der Steuerharmonisierung greift tief in die sensibelsten Souveränitätsrechte eines Staates ein. Die EG hat deshalb auch darauf verzichtet, einheitliche Steuersätze festzulegen. Sie strebt eine Annäherung der Mehrwertsteuersätze auf eine Bandbreite von 14–18% an, wobei die verbleibenden Differenzen dann so gering wären, dass auf eine Beibehaltung der Grenzkontrollen aus diesem Grund verzichtet werden könnte. Um bis dahin auf die Entlastung von der Ursprungslandsteuer und Belastung mit der Bestimmungslandsteuer beim Grenzübergang von Waren verzichten zu können, hat die EU eine Übergangsregelung beschlossen. Danach bleibt es beim Bestimmungslandprinzip (Besteuerung beim Importeur nach den im Verbrauchsland geltenden Mehrwertsteuersätzen, um Wettbewerbsgleichheit mit den inländischen Anbietern herzustellen). Kontrollen an den Grenzen entfallen, sie werden ins Ursprungsland verlagert (Entlastung der Exporteure durch

Meldung der Ausfuhr an die Finanzämter im Rahmen der Umsatzsteuererklärung). Für grenzüberschreitende Einkäufe von Privatpersonen entfallen (bis zu einer Mengengrenze, ab der gewerbliche Aktivitäten vermutet werden) Grenzkontrollen völlig.

Mit der inzwischen in den „alten" EG-Ländern weitgehend erfolgten Umsetzung der Richtlinien des Binnenmarktprogramms ist die wirtschaftliche Integration nicht beendet; es handelt sich um einen offenen Prozess, der zu einer Wirtschafts- und Währungsunion führen soll. Die neuen EU-Länder benötigen dafür noch eine längere Anpassungszeit mit Übergangsregelungen.

4.14.3 Strategien und Techniken der Integrationspolitik

Integration kann man mit verschiedenen Strategien zu verwirklichen versuchen (Ohr/Gruber 2001, 3 ff.). Ein Ansatz zielt auf den Aufbau eines Bundesstaates durch Übertragung von Aufgaben und Zuständigkeiten auf supranationale Organe. Die Integration geschieht durch Verträge zwischen den Staaten, die bestimmte Politikfelder „vergemeinschaften". Man spricht von einem föderalistischen (Frei) oder konstitutionellen Ansatz (Kreile 1989, 26), bzw. von institutioneller Integration (Sannwald/Stohler). Nach einer anderen Strategie besteht „Integration umgekehrt darin ... auf dem Wege gegenseitiger Vereinbarung durch Auflockerung und schließlich durch völlige Beseitigung administrativer Maßnahmen, die den freien Wirtschaftsaustausch über die staatlichen Grenzen hinaus reglementieren, zur Schaffung eines größeren Marktes zu gelangen" (Sannwald/Stohler 1961, 75). Dieser funktionelle Ansatz geht davon aus, dass durch den Abbau von Barrieren für den Handel und durch Freizügigkeit der Produktionsfaktoren zunehmend gemeinsame Interessen und Ordnungsformen entstehen, die schrittweise zu immer mehr Verflechtungen und zum Zusammenwachsen – auch im Bereich der Politik – führen werden (funktionelle bzw. Marktintegration). Eine (extreme) Variante des funktionellen Ansatzes geht davon aus, dass „vorpreschende" Integration einzelner Wirtschaftssektoren (Montanbereich, Agrarwirtschaft) Sachzwänge schafft, die dann zu weiteren Integrationsschritten auch in anderen Bereichen führen werden (Theorie der Spillover-Effekte partieller Integration). Die Geschichte der EU zeigt allerdings, dass diese Hypothese die politischen Probleme der Integration unterschätzt und dass ein solches Vorgehen sogar zum Sprengsatz für die Gemeinschaft werden kann (Dicke 2004, 223 ff). Beispiele sind die Streitigkeiten um die gemeinsame Agrarpolitik oder die übereilten Pläne für eine Wirtschafts- und Währungsunion 1971, die zu schweren Belastungsproben für den Zusammenhalt der Gemeinschaft geführt haben.

Die EU verfolgte in den 90er Jahren auf dem Weg zum Binnenmarkt eine gemäßigte Strategie der funktionellen Integration. Sie wird begleitet von einer komplementären Politikintegration: Der Abbau von Integrationshemmnissen wird ergänzt durch gleichzeitige institutionelle Vorkehrungen, „die die Marktintegration stützen und gegen Renationalisierung und Desintegration absichern sollen" (Kreile 1989, 26). Beispiele sind die Einführung einer EU-Fusionskontrolle zur Absicherung des Wettbewerbs im Binnenmarkt oder der Ausbau der EU-Regionalpolitik zur Vermeidung von politisch nicht tolerierbaren regionalen Disparitäten. Gemäß dem Prinzip der Subsidiarität erhält die Gemeinschaft neben bzw. an Stelle der nationalen Staaten bestimmte Kompetenzen für einzelne Aufgaben, die die Einzelstaaten nicht mehr selbst zu bewältigen vermögen. Demgegenüber wurde mit dem Stufenplan zur Währungsunion der Weg der institutionellen Integration beschritten.

Zur Herstellung eines Binnenmarktes müssen bestimmte Integrationshemmnisse völlig beseitigt werden (Zölle, Devisenbeschränkungen, Grenzkontrollen). Andere Vorschriften sind grundsätzlich notwendig, aber ihre unterschiedliche Gestaltung in den einzelnen Staaten macht sie zum Integrationshemmnis (technische Normen, Verbrauchssteuern). In der Vergangenheit war die EU-Kommission bemüht, Integrationshemmnisse durch Vereinheitlichung der Normen abzubauen. Die Technik der Harmonisierung durch einheitliche EU-Normen erwies sich in vielen Fällen als langwierige Prozedur und als Auslöser für zahlreiche politische Konflikte. Die oft komplizierten Regelungen am Ende des Interessenausgleichs zwischen Regierungen und Verbänden trugen der EU den Vorwurf eines übermäßigen bürokratischen Regulierungseifers ein. In den letzten Jahren geht die EU-Kommission zunehmend zu einer anderen Technik beim Abbau von Integrationshemmnissen über: Ein Produkt, das in einem EU-Staat zugelassen ist, darf auch in jedem anderen Mitgliedstaat verkauft werden. Die EU-Staaten erkennen ihre Zulassungs- und Überwachungszertifikate gegenseitig an (Dicke 2004, 223 ff.).

Diese veränderte Integrationstechnik geht zurück auf ein Urteil des Europäischen Gerichtshofs aus dem Jahre 1979. Es hob ein Importverbot der Bundesrepublik für den französischen Likör „Cassis de Dijon“ auf. Die Bundesregierung hatte argumentiert, dieser Likör entspreche nicht den deutschen Gesetzesvorschriften, nach denen für Likör ein Alkoholgehalt von mindestens 25% vorgeschrieben ist (Cassis hat aber nur 15–20%). Ähnliche Entscheidungen ergingen zu Importverboten einzelner Mitgliedstaaten für Bier, Nudeln, Wurstwaren, die den nationalen Vorschriften nicht entsprachen (Thiel 1999, 95). Die EU verzichtet – um es an einem Beispiel deutlich zu machen – auf die schwierige Vereinheitlichung von 27 nationalen Verordnungen über zulässige Zutaten und Konservierungsmittel von Wurstwaren, aber sie verlangt von der Bundesrepublik, ihr Einfuhrverbot für Wurst, die auch pflanzliches Fett enthält, aufzuheben. Das Einvernehmen in der EU, auf dem Weg zum Binnenmarkt grundsätzlich nach dem Prinzip der gegenseitigen Anerkennung von Normen vorzugehen, hat Integrationsfortschritte wesentlich erleichtert und beschleunigt. Ausnahmen gelten nur für Gefährdungen der Sicherheit, der Gesundheit oder der Umwelt. Dabei dürfen allerdings die nationalen Sonderregelungen keine willkürliche Diskriminierung oder Handelsbeschränkung bewirken (Art. 95 EG-Vertrag).

4.14.4 Die Europäische Wirtschafts- und Währungsunion

4.14.4.1 Zunehmende konjunkturelle Interdependenz in der Gemeinschaft

Fortschreitende wirtschaftliche Integration hat Folgen für die nationalen Konjunktur- und Währungspolitiken. Dies ergibt sich aus zwei Gründen: Die tatsächliche konjunkturelle Verbundenheit der EU-Staaten nimmt zu, und im gleichen Zuge verlieren nationale konjunkturpolitische Maßnahmen an Wirksamkeit. Zwischen 9% (Frankreich, Italien) und 40% (Belgien, Luxemburg) des Sozialprodukts werden in die EU-Staaten exportiert (EU-Durchschnitt 13%).

Entsprechend viele Arbeitsplätze hängen direkt (und noch mehr indirekt) vom gemeinsamen Markt ab. Die konjunkturelle Entwicklung in den Nachbarländern hat unmittelbare und fühlbare Rückwirkungen auf Arbeitsmarkt und Preisniveau im Inland. Eine Wirtschaftskrise in A führt zu Exporteinbrüchen und Entlassungen in B, eine überschäumende Inflation in A führt zu einem Exportboom und Devisenzustrom in B, die dort auch die Preise in die Höhe treiben. Im eigenen Interesse sind EU-Länder an einer stabilen Wirtschaftsentwicklung in den Partnerländern interessiert. Hinzu kommt, dass nationale Wirtschaftspolitik an Wirksamkeit verliert, je weiter die Integration voranschreitet. Die Anfangsphasen der EWG wurden begünstigt durch das allgemeine rasche Wirtschaftswachstum. Doch die zunehmenden konjunkturellen Probleme und Währungskrisen seit Ende der 60er Jahre zeigten, dass einerseits die wirtschaftliche Interdependenz schon weit fortgeschritten war, andererseits unverbindliche Konsultationen zwischen Regierungen nicht ausreichten, um eine wirksame Koordinierung der Wirtschaftspolitiken sicherzustellen. Ein erster Versuch, in einer Zeit wirtschaftlicher Turbulenzen eine Wirtschafts- und Währungsunion zu errichten (Werner-Plan, 1971), musste scheitern, solange die tatsächliche wirtschaftliche Entwicklung in den einzelnen EG-Staaten noch stark voneinander abwich und die wirtschaftspolitischen Prioritäten der Regierungen noch stark divergierten. In dieser Situation waren Regierungen und Notenbanken letztlich nicht bereit, auf ihre wirtschaftspolitische Souveränität zu verzichten. Europa war noch weit von den Bedingungen eines „Optimalen Währungsraums" (Mundell) entfernt; die „Ölkrise" 1973/74 brachte das Ende der Pläne.

4.14.4.2 Das Europäische Währungssystem – Vorläufer der Währungsunion

1978 unternahmen die EG-Länder einen neuen Anlauf zu verstärkter Währungszusammenarbeit. Die Ziele waren bescheidener: Es ging um mehr Wechselkursstabilität und harmonischere Wirtschaftsentwicklung. Beschlossen wurde das Europäische Währungssystem (EWS). Es bestand aus drei Elementen (Ohr/Schmidt 2001, 421 ff.):

1. Zwischen den Währungen der Mitgliedstaaten waren grundsätzlich feste Wechselkurse vereinbart. Innerhalb einer Bandbreite von +/– 2,25% konnten die Kurse am Markt frei schwanken. Wurden diese Grenzen erreicht, so mussten die Zentralbanken intervenieren, d.h. durch Käufe bzw. Verkäufe den Wechselkurs der betreffenden Währung innerhalb der Bandbreite halten. Um den Zentralbanken Mittel für die Interventionen zur Verfügung zu stellen, gab es ein System von kurz- und mittelfristigen gegenseitigen Währungskrediten.

2. Bei grundlegenden Wechselkursungleichgewichten aufgrund unterschiedlicher Wirtschaftsentwicklung zwischen den Mitgliedstaaten waren Wechselkursanpassungen vorgesehen. Sie sollten nur in gegenseitigem Einvernehmen erfolgen.

3. Bezugsgröße für die Währungen im EWS war der ECU (European Currency Unit). Der ECU war als Währungskorb aus den EG-Währungen definiert, wobei sich die Anteile der Währungen nach der Wirtschaftskraft der Staaten richteten. Die Leitkurse zum ECU mussten bis 1997 wiederholt verändert werden.

Der ECU diente nur als Recheneinheit in der EG und als Zahlungsmittel und Währungsreserve für die Zentralbanken. Er war kein Zahlungsmittel im Alltag der Unternehmen und Konsumenten.

Das EWS konnte die Erwartungen nur unvollkommen erfüllen. Es zeigte sich, dass die Volkswirtschaften der Mitgliedsländer sich noch sehr unterschiedlich entwickelten. Der Versuch, die im EWS festgelegten Wechselkurse auch dann „um jeden Preis" zu verteidigen, wenn sich Inflationsraten und Zinsen in einzelnen EG-Ländern unterschiedlich entwickelten, hat immer wieder in Währungskrisen mit zeitweiligem Austritt einzelner Staaten aus dem EWS und Neufestsetzung von Leitkursen geendet. Die Erweiterung der Bandbreiten auf +/–15% im August 1993 bedeutete faktisch das Ende des EWS. Als stärkste Währung erwies sich mehr und mehr die DM. Die DM wurde die wichtigste Interventions- und Reservewährung im EWS, und die übrigen Zentralbanken mussten sich der Geldpolitik der Bundesbank weitgehend anschließen. Tatsächlich hatte sich in Europa die DM als „Ankerwährung" etabliert.

4.14.4.3 Institutionelle Grundlagen der Währungsunion

Von einer Währungsunion spricht man, wenn die nationalen Währungen durch eine gemeinsame Währung ersetzt werden oder wenn die Wechselkurse zwischen den nationalen Währungen unabänderlich festgelegt werden. Das Ziel der Währungsunion kann auf drei Wegen erreicht werden:

1. Leitwährungsstrategie
2. Parallelwährungsstrategie
3. Strategie der einzelnen Schritte (Stufenplan).

Im ersten Fall setzt sich die Währung der stärksten Wirtschaftsmacht als Leitwährung durch. Die übrigen Zentralbanken orientieren sich in ihrer Währungspolitik an der Geldpolitik der Zentralbank des Leitwährungslandes. Ansätze zu dieser Strategie gab es im EWS: Von vielen Beobachtern wurde das EWS als „DM-Zone“ bezeichnet. Zur Verwirklichung der Währungsunion hätten die übrigen Länder ihre Währungen abschaffen müssen. Es war aber offenkundig, dass die übrigen Mitgliedstaaten nicht bereit waren, sich auch offiziell der DM „unterzuordnen“.

Im zweiten Fall wird neben den nationalen Währungen eine zusätzliche EU-Währung in Umlauf gebracht. Eine EU-Zentralbank müsste durch besonders erfolgreiche Stabilitätspolitik der neuen Währung in Konkurrenz mit den anderen zum Durchbruch verhelfen. Letztlich müsste sie die nationalen Währungen vom Markt verdrängen, weil immer mehr Unternehmen ihre Zahlungen in dieser Währung abwickeln und immer mehr Menschen sie für ihre Sparanlagen bevorzugen (Konkurrenzmodell).

Realistisch war nur der dritte „Weg der einzelnen Schritte“. Über eine zunehmende Koordinierung der Wirtschaftspolitiken und die allmähliche Übertragung von Zuständigkeiten auf gemeinsame Organe erfolgt ein schrittweiser Übergang zur Währungsunion. Dies ist auch der Weg, den die EU-Regierungen gewählt haben. Der Plan für die Währungsunion beruhte auf dem 1989 vom damaligen Präsidenten der Kommission vorgelegten „Delors-Bericht“. Er sah 3 Stufen vor.

Die erste Stufe dauerte vom 1. 1. 1990 bis zum 31. 12. 1993. Ziel war es, in dieser Zeit eine Angleichung der Wirtschaftspolitiken und der wirtschaftlichen Entwicklungen in der Gemeinschaft zu erreichen. In diese Zeit fielen einige bedeutsame Ereignisse. Die Wiedervereinigung Deutschlands erbrachte einen neuen Anstoß für die europäische Einigung: Um die Furcht vor dem vergrößerten Deutschland abzubauen, sollte Deutschland durch die Europäische Union eingebunden werden. Der Maastricht-Vertrag über die Europäische Union vom 7. 2. 1992 schuf den rechtlichen Rahmen für den Binnenmarkt, die Währungsunion, die Gemeinsame Außen- und Sicherheitspolitik und die Zusammenarbeit in der Innen- und Rechtspolitik (3 Säulen der EU; Thiel 1999, 35).

Die zweite Stufe dauerte von 1994 bis 1998. In diese Phase fiel die Erweiterung der EU um Österreich, Schweden und Finnland am 1. 1. 1995. Ziel der zweiten Stufe waren weitere Anstrengungen zur Angleichung der Wirtschaft und institutionelle Vorbereitungen für das Europäische Zentralbanksystem. Zu diesem Zweck wurde das Europäische Währungsinstitut in Frankfurt/M. zur Vorbereitung der Tätigkeit der Europäischen Zentralbank errichtet. Die bisher von den Regierungen kontrollierten Notenbanken von Frankreich, Belgien und Spanien und Italien erhielten eine weitreichende Autonomie nach dem Vorbild der Deutschen Bundesbank. Die Finanzierung von Haushaltsdefiziten durch die Zentralbanken wurde verboten. Beschlossen wurde auch der Name der neuen Währung: Sie sollte EURO (€) heißen.

Für die Teilnahme an der Währungsunion wurden nach heftigem politischem Ringen strenge Beitrittskriterien (Konvergenzkriterien) vereinbart. Sie sollen die Regierungen zu Haushaltsdisziplin und stabilitätsorientierter Wirtschaftspolitik zwingen. Die Inflationsrate eines Euro-Landes darf nicht um mehr als 1,5% und die Zinsen dürfen nicht um mehr als 2% höher liegen als in den drei preisstabilsten EU-Ländern. Die Gesamtverschuldung des Staates darf 60% und die jährliche Neuverschuldung 3% des Bruttoinlandsprodukts nicht überschreiten, und die Währung eines Beitrittslandes muss in den letzten zwei Jahren in der EWS-Bandbreite verblieben sein. Länder, deren Staatsverschuldung über 60% liegt (Italien, Belgien), sind verpflichtet, die Staatsverschuldung abzubauen.

Um die Stabilität des Euro über die Startphase hinaus zu sichern, wurde der Europäischen Zentralbank eine starke institutionelle Stellung eingeräumt (siehe dazu unten). Auch wurde vereinbart, dass die Konvergenzkriterien nicht nur einmalig für den Start gelten sollen. In einem Stabilitätspakt, der Teil des EU-Vertragswerks wurde (Art. 104 EG-Vertrag), werden die Kriterien zur Begrenzung der Staatsverschuldung dauerhaft festgeschrieben. Nur unter eng definierten Bedingungen soll es Ausnahmen für eine kurzfristige Überschreitung des 3%-Kriteriums für einzelne Länder geben. Und ein kompliziertes Abmahnungsverfahren, an dessen Ende auch finanzielle Sanktionen stehen können, soll die Einhaltung der Haushaltsdisziplin in den EU-Staaten sicherstellen. Portugal, Griechenland und von 2003 bis 2006 auch Deutschland haben das Verschuldungskriterium verletzt und wurden von der EU-Kommission abgemahnt; zu Sanktionen kam es bisher nicht.

Trotz beachtlicher Erfolge bei der Inflationsbekämpfung zeichnete sich ab, dass zum zunächst vorgesehenen Startpunkt der Währungsunion am 1. 1. 1997 nur wenige Länder sämtliche Kriterien erfüllen würden. Der Start wurde daher auf den vorsorglich vereinbarten Termin 1. 1. 1999 verschoben. Zu diesem Zeitpunkt erfüllten alle EU-Staaten mit Ausnahme von Griechenland die Konvergenzkriterien. Die Währungsunion begann mit 11 Staaten: Belgien, Deutschland, Finnland, Frankreich, Irland, Italien, Luxemburg, Niederlande, Österreich, Portugal und Spanien. Großbritannien, Dänemark und Schweden, die die Kriterien erfüllten, hatten sich vertraglich vorbehalten, der Währungsunion nicht beizutreten (eventuell werden sie zu einem späteren Zeitpunkt die Euro-Währung übernehmen). Griechenland ist – nachdem es die Kriterien erfüllt hat – am 1. 1. 2001 als 12. Land der Währungsunion beigetreten. Slowenien folgte am 1. 1. 2007, Malta und Zypern sind am 1. 1. 2008 beigetreten.

Die Wechselkurse zwischen den Ländern der Währungsunion wurden zum 1. 1. 1999 unwiderruflich festgelegt. Eine unabhängige Europäische Zentralbank (EZB) ist seitdem für die Geldpolitik verantwortlich, die Zentralbanken der Mitgliedstaaten wurden quasi zu Filialen der Europäischen Zentralbank. Die nationalen Banknoten und Münzen wurden zunächst weiter benützt. Tatsächlich existiert in den Euro-Ländern seit dem 1. 1. 1999 nur noch eine gemeinsame Währung. Die Geldpolitik liegt in der Hand der EZB, der Zahlungsverkehr zwischen Banken und Staaten wird in Euro abgewickelt, Aktien und Wertpapiere werden in Euro notiert, der Euro an Devisenmärkten gehandelt. Die Übergangszeit wurde zur Umstellung der Zahlungs- und Rechnungssysteme und zur Vorbereitung der Ausgabe des Euro-Bargeldes genutzt. Die alten DM-, Franc-, Lira- etc. Banknoten und Münzen wurden nach dem 1. 1. 2002 durch europäisches Geld (Euro und Cent) ersetzt.

Die Euro-Währung wird vom Europäischen System der Zentralbanken ausgegeben und kontrolliert (Görgens 2004). Es besteht aus der Europäischen Zentralbank (EZB) und den Zentralbanken der (2008) 15 Euro-Länder. Vorrangiges Ziel der EZB ist es, die Preisstabilität zu gewährleisten (Art. 105 EG-Vertrag). Sie entscheidet über die Geldpolitik der Euro-Länder und führt sie mit Hilfe der nationalen Zentralbanken durch. Sie allein genehmigt die Ausgabe von Banknoten und Münzen. Sie verwaltet die Währungsreserven der Gemeinschaft, und sie sorgt zusammen mit den nationalen Zentralbanken für das reibungslose Funktionieren des Zahlungsverkehrs in der Gemeinschaft. Organe der EZB sind das Direktorium und der Rat der EZB. Das Direktorium besteht aus dem Präsidenten, dem Vizepräsidenten und 4 weiteren Direktoren. Der EZB-Rat besteht aus den Mitgliedern des Direktoriums und den Präsidenten der Zentralbanken der Euro-Mitgliedsländer. Er ist das eigentliche Entscheidungsorgan. Das Direktorium führt die laufenden Geschäfte auf der Grundlage der Beschlüsse des EZB-Rats.

Der Erweiterte Rat der EZB umfasst auch die Präsidenten der Zentralbanken der übrigen EU-Mitglieder, die (noch) nicht den Euro eingeführt haben. Er dient der Kommunikation und Koordination unter den Notenbanken, fasst aber keine Beschlüsse zur Geldpolitik.

Als Instrumente der Geldpolitik stehen der EZB die Offenmarktpolitik, die Mindestreservenpolitik und die Politik der ständigen Fazilitäten (= Festlegung des Spitzen-Refinanzierungssatzes und des Einlagenzinses) zur Verfügung. (Zum geldpolitischen Instrumentarium der EBZ vgl. Görgens 2004)

Zur Sicherung der Geldwertstabilität muss gewährleistet sein, dass die Geldpolitik nicht zur Finanzierung von Staatsausgaben oder für andere wirtschaftspolitische Zwecke (beispielsweise eine beschäftigungspolitisch motivierte „Politik des billigen Geldes") missbraucht werden kann, die dieses Ziel gefährden könnten. Dies erfordert die Autonomie der EZB gegenüber den Regierungen der Mitgliedstaaten und gegenüber der Kommission der EU.

Zur Bestimmung der Unabhängigkeit einer Zentralbank sind mehrere Dimensionen zu berücksichtigen (Ohr/Schmidt 2001, 445 ff.):

- institutionelle Unabhängigkeit
- personelle Unabhängigkeit
- funktionelle Unabhängigkeit.

Die Leitungsgremien der EZB sind unabhängig von Weisungen: Bei der Wahrnehmung ihrer Aufgaben „darf weder die EZB noch eine nationale Zentralbank noch ein Mitglied ihrer Beschlussorgane Weisungen von Organen oder Einrichtungen der Gemeinschaft, Regierungen der Mitgliedstaaten oder anderen Stellen einholen oder entgegennehmen." (Art. 108 EG-Vertrag) Die Mitglieder des Direktoriums werden von den Regierungen der Mitgliedstaaten auf Empfehlung des Ministerrates, der hierzu das Europäische Parlament und den EZB-Rat anhört, ernannt. Ihre Amtsdauer beträgt 8 Jahre, eine Wiederernennung ist nicht möglich (Art. 112). Das Weisungsverbot, das komplizierte Berufungsverfahren und die lange Amtsdauer sollen die institutionelle und personelle Unabhängigkeit der EZB sichern.

Die EZB kann nicht zur Finanzierung von Staatsverschuldung gezwungen werden. Die Vergabe von Krediten an die Gemeinschaft oder einzelne Mitgliedstaaten ist ausdrücklich untersagt (Art. 101). Grundsätzlich verfügt sie über bewährte geldpolitische Instrumente. Eine mögliche Einschränkung der funktionellen Handlungsfähigkeit der EZB könnte sich unter bestimmten Umständen daraus ergeben, dass die Festlegung des Wechselkursregimes in die Zuständigkeit des Ministerrats der EU fällt. Die EZB ist dabei zu hören (Art. 111). So wäre denkbar, dass der Ministerrat gegenüber Drittwährungen (etwa dem Dollar oder dem Yen) in internationalen Verträgen feste Wechselkurse vereinbaren würde und aus politischen Gründen auch dann an diesen Paritäten festhalten wollte, wenn eine Wechselkursanpassung ökonomisch geboten wäre. Dadurch könnte die EZB zu Interventionen am Devisenmarkt gezwungen sein, die ihren geldpolitischen Zielsetzungen zuwiderlaufen.

4.14.4.4 Perspektiven der europäischen Wirtschafts- und Währungspolitik

Die Währungsunion war im Vorfeld unter Politikern, Ökonomen und in der Öffentlichkeit heftig umstritten. Auch in der Bevölkerung gab es zunächst erhebliche Akzeptanzprobleme bezüglich des Euro – nicht nur in Deutschland, wo die DM für viele Menschen Wohlstand und Stabilität verkörperte. Andere sehen im Euro das handgreifliche Symbol für das Zusammenwachsen Europas. Umstritten ist auch der Zusammenhang zwischen Währungsunion und politischer Union. Viele Politiker und fast alle Ökonomen sind der Überzeugung, dass die Währungsunion auf Dauer nur bestehen kann, wenn sie in eine vertiefte politische Union eingebettet wird. Demgegenüber ist für Europa-Skeptiker, z.B. in Großbritannien und Dänemark, gerade die zwangsläufige Vertiefung der Integration ein Argument, der Währungsunion nicht beizutreten.

Aus ökonomischer Sicht sind es vor allem zwei Problemkreise, die kontrovers diskutiert werden: die Aussichten für die Stabilität des Euro in der Zukunft und die Frage, welche Konsequenzen der Verzicht auf den Wechselkurs für die Wirtschaftspolitik in der Gemeinschaft hat.

Nach Auffassung der meisten Ökonomen sind die im EG-Vertrag getroffenen institutionellen Voraussetzungen (autonome EZB, Stabilitätspakt) grundsätzlich geeignet, eine auf Geldwertstabilität gerichtete Währungspolitik zu gewährleisten. Die Unabhängigkeit der EZB wurde nach dem bewährten Muster der Autonomie der Bundesbank geregelt, und sie hat durch die Festschreibung im EU-Vertrag rechtlich sogar einen höheren Rang (der EU-Vertrag kann nur einstimmig durch alle Mitgliedstaaten geändert werden). Einen möglichen Schwachpunkt sehen Kritiker darin, dass das Leitungsgremium der EZB im politischen Alltag dem Druck von weniger stabilitätsbewussten Regierungen zu einer lockeren Geldpolitik nicht widerstehen könnte.

Solcher Druck würde besonders dann akut, wenn es zu schwerwiegenden strukturellen oder regionalen Ungleichgewichten käme (Arbeitslosigkeit in einem, boomende Wirtschaft in einem anderen Land). Trotz der deutlichen Fortschritte zu einer konvergenteren Wirtschaftsentwicklung der Euro-Länder kann gefragt werden, ob die Währungsunion die Bedingungen eines „optimalen Währungsraums“ im Sinne von Mundell (1961) bereits hinreichend erfüllt. Kam es in der Vergangenheit zu Unterschieden der wirtschaftlichen Entwicklungen zwischen zwei Ländern (höhere Inflation in A als in B), so konnte die damit verbundene Verschlechterung der Wettbewerbsposition von A unter anderem durch eine Änderung des Wechselkurses (hier: Abwertung gegenüber der B-Währung) ausgeglichen werden. Bei einer gemeinsamen Währung entfällt dieses Instrument, die Steigerung der Wettbewerbsfähigkeit in A muss allein durch restriktive Geld- und Finanzpolitik, sinkende (oder weniger als in B steigende) Reallöhne und steigende Mobilität der Arbeitskräfte (Abwanderung nach B) erreicht werden. Der Ruf nach mehr Mitteln für die Regional- und Strukturpolitik könnte die finanzielle Solidarität der Mitgliedstaaten überfordern und/oder zu verstärktem Druck auf die EZB führen, die geldpolitischen Zügel zu lockern. (Ohr/Schmidt 2001, 445) Eine Währungsunion erfordert eine flexible Lohn- und Arbeitsmarktpolitik und einen gewissen Finanzausgleich im Rahmen der Regional- und Strukturpolitik.

Die bisherige Entwicklung zeigt eine gemischte Bilanz. In den ersten Jahren hat sich der Euro binnenwirtschaftlich als stabile Währung erwiesen (Inflationsrate von durchschnittlich um 2%). Der Außenwert des Euro unterlag stärkeren Schwankungen. Gegenüber dem Dollar musste der Euro zeitweise kräftige Kurseinbußen hinnehmen. Der Anfangskurs im Januar 1999 (1 € = 1,16 $) erwies sich als überbewertet, der Euro sank zunächst nach seiner Einführung rasch auf 1 € = 0, 82 $ (Ende 2000). Für diese Kursentwicklung waren nicht nur die Marktkräfte verantwortlich. Eine Rolle spielten auch psychologische Faktoren: der Dollar hatte als Anlagewährung noch einen Vertrauensvorschuss gegenüber dem Euro, der dieses Vertrauen erst erwerben musste. Nach 2002 stabilisierte sich der Eurokurs und stieg seither auf 1,45 (Januar 2008) an. Das Zusammenspiel von Geldpolitik und Finanzpolitiken verlief bisher besser als vielfach erwartet. Die vereinbarte finanzpolitische Disziplin der Regierungen war Belastungsproben ausgesetzt (Portugal, Deutschland), die dehnbaren Regelungen des Stabilitätspakts haben sich bisher als nur begrenzt wirksames Instrument beim Kampf gegen ausufernde Neuverschuldung erwiesen: Deutschland hat jahrelang gegen den Pakt verstoßen, ohne dass die Sanktionen angewandt wurden. Die Arbeitsmarkt- und Lohnpolitiken stellen sich nur langsam auf die neuen Gegebenheiten ein. Die mangelnde Flexibilisierung des Arbeitsmarktes erweist sich besonders in Deutschland als Anpassungs- und Wachstumshemmnis im europäischen und globalen Wettbewerb.

Der Start der Währungsunion scheint gelungen, ihr Erfolg auf Dauer erfordert permanente Anstrengungen (Andersen 2004; Hillenbrandt 2004, 242 ff.). Hier ist insbesondere die Politik gefordert: „In der heutigen Zeit, in der die Finanzmärkte entscheidend durch Erwartungen geprägt sind, ist die Akzeptanz der gemeinsamen Währung durch die Wirtschaftsteilnehmer ein wesentlicher Faktor für ihren tatsächlichen Erfolg. Eine wichtige Aufgabe fällt daher der Europäischen Zentralbank zu, die Glaubwürdigkeit ihrer Geldpolitik vermitteln muss ... (Das Vertrauen hängt aber) nicht nur von der Qualität der Geldpolitik ab, sondern auch von der wirtschaftlichen Dynamik einerseits und der politischen Einheit und Einigkeit im Währungsraum andererseits. Das bedeutet, dass die europäische Einheitswährung solange labil bleiben wird, solange hinter dieser Währung keine als Einheit angesehene Euroland-Volkswirtschaft, kein gemeinsamer politischer Wille und keine europäische Identität stehen.“ (Ohr/Schmidt 2001, 439)

4.14.5 Probleme der vergrößerten EU

Die Absicht der EU-Staaten, Binnenmarkt, Währungsunion und politische Union zu verwirklichen, fällt in eine Zeit radikaler Umwälzungen in Europa und in der Weltpolitik. Der Zerfall des „Ostblocks“ durch die Demokratisierung und die Einführung der Marktwirtschaft in Mittel- und Osteuropa und die inzwischen erfolgte Ost- und Süderweiterung der Europäischen Union um 12 Staaten geben dem Begriff „Europa“ wieder seine geografische Bedeutung. Zwar ist die EU auch weiter grundsätzlich offen für Erweiterungen (mit Kroatien und der Türkei haben Verhandlungen begonnen), jedoch hat sich die Auffassung durchgesetzt, dass die EU zunächst einer Phase der Vertiefung vor einer etwaigen neuen Erweiterung bedarf.

Ökonomisch eröffnet die Erweiterung des Gemeinsamen Marktes neue Chancen sowohl für die Beitrittsstaaten als auch für die bisherigen Mitglieder. Der größere Markt ermöglicht die Realisierung von economies of scale, verstärkt den Wettbewerb, verbessert die Allokation der Ressourcen, beschleunigt den überfälligen Strukturwandel in den Mittel- und Osteuropäischen Ländern und wird zu beschleunigtem Wachstum in der Gemeinschaft führen. Die Erweiterung bringt aber auch erhebliche Anpassungsprobleme für „alte“ und „neue“ Mitglieder mit sich (Schäfer 2001, 241 ff.). Nur einige Probleme können hier stichwortartig angesprochen werden.

Es besteht ein erhebliches Entwicklungsgefälle der Beitrittsländer gegenüber den EU-Staaten einerseits und zwischen den Beitrittsländern andererseits (folgende Zahlen nach EU-eurostat 2007). Vergleicht man das Bruttoinlandsprodukt pro Kopf (gemessen in Kaufkraftparitäten), erreichen Bulgarien und Rumänien 2007 38 bzw. 39% des Durchschnitts der EU-25 (zum Vergleich: Das „schwächste“ der EU-15-Länder, Portugal, erreicht 69%, Deutschland 110%, Irland 139%). Die Produktionsstrukturen sind vielfach veraltet. Der Anteil der Landwirtschaft am BIP beträgt in Bulgarien und Rumänien rd. 10%, in den weiter entwickelten Staaten Ungarn und Polen immer noch gut 5% (zum Vergleich: Deutschland 1,0%). In Rumänien sind ein Drittel der Erwerbstätigen in der Landwirtschaft beschäftigt, in Polen 12% (in Deutschland sind es nur 2,2%). Erhebliche Strukturanpassungen sind in Gang gesetzt worden und werden weiter erforderlich sein, wobei dieser Prozess durch zunehmende Direktinvestitionen aus den „alten" EU-Ländern befördert wird.

Die Produktivität der Landwirtschaft der osteuropäischen Beitrittsländer ist (noch) gering. Das landwirtschaftliche Produktionspotential der EU erhöht sich durch ihren Beitritt um ca. ein Drittel. Einerseits besteht die Gefahr steigender Überschüsse in der EU, die den Agrarhaushalt mit enormen Kosten belasten könnten. Zum anderen wird der beschleunigte Strukturwandel eine große Zahl von Arbeitskräften in den Beitrittsländern freisetzen. Mit der im Juli 1997 beschlossenen „Agenda 2000" wird versucht, diesen Problemen zu begegnen. Der finanzielle Rahmen für die EU-Agrarpolitik nach der Erweiterung wurde festgelegt und nach oben begrenzt, die Agrarpolitik soll schrittweise von der Preisstützungspolitik auf eine Politik der direkten Einkommensstützung und Produktionsbegrenzung umgestellt werden, und es wurden Hilfs- und Umstellungsprogramme für die Beitrittsländer entwickelt. Dennoch ist mit erheblichen Auseinandersetzungen über die Verteilung der Agrarsubventionen und die Mittel für die Regional- und Strukturpolitik zwischen den Beitrittsländern und den bisher begünstigten Regionen der „alten" EU (Südländer, aber auch Ostdeutschland) zu rechnen.

Das Lohnniveau in den Beitrittsländern ist deutlich niedriger als in den bisherigen EU-Staaten. Modelltheoretisch führt die Integration dieser Länder zu einem Strom von Kapital von West nach Ost und zu einer Migration von Arbeitskräften von Ost nach West. Insbesondere arbeitsintensive Produktionen und Vor- und Zulieferungen werden nach Osten verlagert werden. Vor allem in Deutschland, dem unmittelbaren Nachbarn von Polen und Tschechien, werden Befürchtungen geäußert, der Zustrom von Arbeitskräften könne hier die Arbeitslosigkeit erhöhen. Die Migration wird jedoch aus mehreren Gründen geringer ausfallen als befürchtet: Die Mobilität von Arbeitskräften wird z.T. ersetzt durch zunehmenden Außenhandel, der es ermöglicht, die komparativen Kostenunterschiede zu nutzen. Die Außenhandelsverflechtung zwischen den Beitrittsländern und der EU ist bereits hoch (67% der ungarischen Ausfuhren gehen in die EU, bei Polen sind es 59%; Schäfer 2001, 246; 13% der deutschen Ausfuhren gehen nach Mittel- und Osteuropa, IW 2007, 41) und sie wird noch zunehmen. Ferner zeigen die Erfahrungen mit der Süderweiterung (1986 Spanien, Portugal), dass Arbeitskräfte auch unter den Bedingungen der Freizügigkeit nur in geringer Zahl mobil sind. Und schließlich wurden lange Übergangszeiträume bis zur völligen Freizügigkeit vereinbart. Deutschland hat davon Gebrauch gemacht und die Freizügigkeit bis 2009 ausgesetzt.

Mit dem Beitritt haben die neuen Mitgliedsländer sich auch zur Übernahme der Euro-Währung verpflichtet, sobald sie die Konvergenzkriterien erfüllen. Allerdings benötigen sie (mit Ausnahme von Slowenien, Malta und Zypern) hierfür eine längere Übergangszeit. Bis dahin gehören diese Währungen zunächst dem Wechselkursmechanismus II an (einer Art Neuauflage des EWS; Schäfer 2001, 258f.). Bis zu einem Beitritt zum „Euroland" müssen die Volkswirtschaften dieser Länder konkurrenzfähiger werden und ihre Währungen die notwendige innere und äußere Stabilität gewinnen.

Die ökonomische Erweiterung der Union erfordert begleitende politische Maßnahmen. Die politische Dimension der Integration hinkt zur Zeit bedenklich hinter der ökonomischen hinterher, und die Diskrepanz könnte zu krisenhaften Spannungen führen. Vorrangig bedürfen drei Problemfelder einer Lösung (Weidenfeld 2004):

Die Institutionen und die Entscheidungsverfahren in der EU sind bereits heute überfordert und so kompliziert, dass nur noch Experten sie durchschauen können. Der gescheiterte Europäische Verfassungsvertrag sollte zu mehr Durchschaubarkeit der Strukturen beitragen. Die Zusammensetzung der EU-Organe, ihre Kompetenzen und die Verfahren zur Entscheidungsfindung müssen in der EU der 27 neu geregelt werden. Dabei muss die Rolle des Europäischen Parlaments gestärkt werden, und die Aufgabenverteilung zwischen Union, Mitgliedstaaten und regionalen Einheiten nach dem im EU-Vertrag verankerten Prinzip der Subsidiarität (Titel 1, Art, B: Ziele der Union) neu überdacht werden. Wichtige Grundlagen für eine institutionelle Reform wurden auf der Konferenz des Europäischen Rats im Juni 2007 beschlossen und führten zum Vertrag von Lissabon, der 2009 in Kraft treten soll.

Es gilt institutionelle Regelungen zu finden, die stärker als bisher differenzierte Formen der Integration und der Beteiligung an einzelnen Politikfeldern ermöglichen. Nicht alle Staaten können oder wollen sich an allen Integrationsprojekten (Beispiele: Währungsunion, europäische Streitkräfte) beteiligen, bzw. sie benötigen Anpassungs- und Übergangsfristen, um die Voraussetzungen zu schaffen. Die EU steht zur Zeit vor zwei Gefahren: Einerseits gilt es, eine neue Teilung Europas in wenige politisch und wirtschaftlich hoch integrierte Länder („Kerneuropa“) und ein mehr oder minder eng daran gebundenes Resteuropa zu vermeiden. Andererseits muss der Zerfall zu einem lockeren „Europa à la carte“, in dem jedes Land sich an den verschiedenen Politikfeldern unterschiedlich beteiligt, vermieden werden. Denkbar ist z. B. ein „Europa der unterschiedlichen Geschwindigkeiten“ bezüglich der Übernahme der vollen Verpflichtungen aus den verschiedenen EU-Vertragswerken (Wohlgemuth/Brandi 2007).

Die Gemeinschaft muss ferner eine Antwort auf die veränderten internationalen Rahmenbedingungen (Globalisierung der Wirtschaft, Europa als ein Eckpunkt der Triade, Europas Rolle im Nord-Süd-Dialog) und ihre gewachsene weltpolitische Verantwortung finden. Das erfordert insbesondere eine Revidierung ihrer protektionistischen Agrarpolitik – einem wesentlichen Streitpunkt der Nord-Süd-Auseinandersetzungen im Rahmen der WTO (Hofmann/Tondi 2007). Die Globalisierung erfordert auch eine Intensivierung der Gemeinsamen Außen- und Sicherheitspolitik. Wie notwendig dies ist, wurde angesichts der wenig überzeugenden Rolle der EU bei der Beendigung der Konflikte auf dem Balkan und der unterschiedlichen Positionierung von EU-Staaten zum Irakkrieg für jedermann offenbar.

Literaturverzeichnis

Andersen, Uwe (2004): Hat der Euro sich bewährt? Eine Zwischenbilanz nach fünf Jahren, in: Varwick, Johannes, Knelangen, Wilhelm (Hg.): Neues Europa – alte EU? Opladen 2004.

Baum-Ceisig, Alexandra u. a. (2007): Die Europäische Union. Eine Einführung in die politischen, ökonomischen und sozialen Probleme des erweiterten Europa, Baden-Baden 2007.

Dicke, Hugo (2004): Der Europäische Binnenmarkt, in: Weidenfeld, Werner (Hg.): Die Europäische Union. Politisches System und Politikbereiche, Bonn 2004, S. 223–241.

Frei, Daniel (1985): Integrationsprozesse. Theoretische Erkenntnisse und praktische Folgerungen, in: Weidenfeld, Werner (Hrsg.): Die Identität Europas. Bonn 1985, S. 113–131.

Görgens, Egon u. a. (2004): Europäische Geldpolitik, Stuttgart 2004.

Hillenbrandt, Olaf (2004): Die Wirtschafts- und Währungsunion, in: Weidenfeld, Werner (2004), S. 242–272.

Hofmann, Rainer, Tondi, Gabriele (Eds.): The European Union and the WTO Doha-Round, Baden-Baden 2007.

Kreile, Michael (1989): Politische Dimensionen des europäischen Binnenmarktes, in: Aus Politik und Zeitgeschichte B 24/25 1989, S. 25–35.

Ohr, Renate, Torsten Gruber (2001): Zur Theorie regionaler Integration, in: Ohr, Renate, Theresia Theurl (Hrsg.): Kompendium Europäische Wirtschaftspolitik, München 2001, S. 1–40.

Ohr, Renate, André Schmidt (2001): Europäische Geld- und Währungspolitik, in: Ohr/Theurl (2001), a.a.O., S. 417–466.

Sannwald, Rolf, Stohler, Jacques (1961): Wirtschaftliche Integration, 2. A., Tübingen 1961.

Schäfer, Wolf (2001): EU-Osterweiterung, in: Ohr/Theurl (2001), a.a.O., S. 241–270.
Theurl, Theresia, Eric Meyer (2001): Institutionelle Grundlagen der Europäischen Union, in: Ohr/Theurl (2001), a.a.O., S. 41–204.
Thiel, Elke: Die Europäische Union, 3. Aufl. München 1999
Weidenfeld, Werner (2004): Die Europäische Union. Politisches System und Politikbereiche, Bonn (2004).
Wohlgemuth, Michael, Brandi, Clara (2007): Europe à la carte? In: Varwick, Johannes, Lang, Olaf (Eds.): The European Union and its Neighbours, Opladen 2007, 178 ff.

4.15 Globalisierung der Wirtschaft – Von der Volkswirtschaft zur Weltwirtschaft

Klaus-Peter Kruber

Mit Blick auf die Wirtschaft scheint die Welt am Beginn des 21. Jahrhunderts zu einem Markt zusammenzuwachsen (Stiglitz 2006, 21). Gewiss ist diese Sicht überzogen, sie unterschätzt die Bedeutung regionaler Märkte und nationaler Wirtschaftspolitik. Dennoch: „Globalisierung“ ist ein Schlagwort, das Entwicklungstendenzen in vielen Lebensbereichen kennzeichnet. Ihre augenfälligsten Ausprägungen findet Globalisierung in der weltweit vernetzten Kommunikation und in der Internationalisierung der Wirtschaftsbeziehungen. Ihre Auswirkungen zeigen sich auf der Ebene von Staat und Volkswirtschaft und unmittelbar beim einzelnen Unternehmen, Arbeitnehmer und Konsumenten. Die Entwicklung der internationalen Wirtschaftsbeziehungen kann durch einige Tendenzen gekennzeichnet werden (Koch 2000, 21 ff.):

- Der internationale Güter- und Dienstleistungshandel und der Kapitalverkehr wachsen mit höheren Zuwachsraten als die nationalen Wirtschaften.
- Welthandel und Kapitalverkehr konzentrieren sich auf die industrialisierten Länder der Nordhalbkugel, insbesondere die „Triade“ Nordamerika, Europa und Ost- bzw. Südostasien.
- Die Interdependenz der Volkswirtschaften nimmt zu. Zur traditionellen Rohstoffabhängigkeit der Industrieländer tritt als Folge der intensiven Handels- und Kapitalverflechtung vor allem die Übertragung von Konjunkturschwankungen und Inflation über die Grenzen hinweg.
- Der Wettbewerb ist gekennzeichnet durch eine Internationalisierung von Produktion und Vermarktung in weltweit tätigen, global „denkenden“ Unternehmensnetzen.
- Die rasche Entwicklung der modernen Kommunikations- und Informationstechnologien bewirkt eine zunehmende Vernetzung des Wissens, die ubiquitäre Präsenz der Massenmedien hat zu einer Art „Weltöffentlichkeit“ geführt. Politiker sprechen von der Tendenz zum „globalen Dorf“.
- Die Ungleichgewichte zwischen armen und reichen Nationen führen vermehrt zu Arbeitskräftewanderungen (Armutsmigration). Hinzu tritt eine zunehmende Mobilität qualifizierter Arbeitskräfte und Führungspersonen in den multinational agierenden Unternehmen.
- Die Globalisierung der Wirtschaft ist begleitet von einer Globalisierung von Umweltbelastungen durch Produktion und Konsum.
- Die zunehmenden Interdependenzen führen zur Aushöhlung von nationalstaatlicher Souveränität – nicht zuletzt im Bereich der Wirtschafts- und Währungspolitik. Sie erfordern neue Institutionen und Instrumente für den wachsenden Kooperationsbedarf in allen Bereichen der Politik.

Die skizzierten Tendenzen treffen vielfach auf Denkstrukturen, Institutionen und Handlungsinstrumente, die auf diese Herausforderungen nicht eingestellt sind. Daraus ergeben sich schwerwiegende Probleme und Gestaltungsdefizite, die in der Zukunft vermehrten Koordinierungsbedarf im Rahmen einer „Weltwirtschaftspolitik“ erfordern (vgl. Sautter 2004, 361 ff., Stiglitz 2006, 33 ff.).

4.15.1 Entwicklungstendenzen der Weltwirtschaft

Internationale Wirtschaftsbeziehungen umfassen den Austausch von Waren und Dienstleistungen, Kapital und Arbeit. Den eigentlichen Kern und den quantitativen Schwerpunkt bildete bis in die Gegenwart der Handel mit Waren. Der **Welthandel** hat in der Nachkriegszeit explosionsartig zugenommen. Während das Gesamtvolumen des Welthandels 1950 nur 60 Mrd. $ betrug, stieg der Wert aller Exporte 2005 auf 10 171 Mrd. $ an (www.wto.org/its-06). Insbesondere seit 2000 ist eine starke Zunahme des Welthandels zu verzeichnen. Stieg das Exportvolumen in den 1980er und 1990er Jahren ungefähr in dem gleichen Maß oder nur leicht stärker als das Weltwirtschaftsergebnis insgesamt, liegt die Zunahme des Welthandels seitdem deutlich über dem Wachstum der Weltwirtschaft. Auch wenn man die in diesem Wachstum steckenden Preissteigerungen abzieht, bleibt ein enormes reales Wachstum, das deutlich über dem des Welt-Sozialprodukts liegt. Die Entwicklung des Welthandels kann als signifikantes Indiz für die fortschreitende Globalisierung der Wirtschaft gedeutet werden.

An der Zunahme hatten nicht alle Waren und nicht alle Staaten gleichen Anteil. Die wichtigsten Waren des Welthandels sind heute Maschinen, Energie und bergbauliche Rohstoffe, Agrarprodukte und verarbeitete Nahrungsmittel, Straßenfahrzeuge, EDV und Büromaschinen, Telekommunikationseinrichtungen, Haushaltsgeräte, Unterhaltungselektronik, Chemie- und Arzneimittelprodukte, Textilien und Bekleidung. Aus dieser Aufzählung wird deutlich, dass der weitaus größte Teil des Warenhandels auf industriell gefertigte oder bearbeitete Produkte entfällt: Investitions- und Konsumgüter, Halbfabrikate, Grundstoffe, verarbeitete Rohstoffe und Nahrungsmittel. Entsprechend konzentriert sich der Welthandel auf den Austausch der Industrieländer untereinander (5281 Mrd. $, das sind 61% aller weltweiten Ausfuhren 2004). Gliedert man den Welthandel in 7 Regionen, entfallen (2004) vom Welthandelsvolumen 3715 Mrd. $ auf Europa (EU-25), auf Asien/Pazifik 2388 Mrd. $, auf Nordamerika (USA, Kanada, Mexiko) 1324 Mrd. $, auf Nahost 390 Mrd. $. Südamerika, Russland/GUS und Afrika liegen mit 276, 266 bzw. 232 Mrd. $ eng beieinander (www.wto.org/its-06). China und die südostasiatischen Staaten sind heute mit hohen Wachstumsraten in die Weltwirtschaft eingebunden. Fasst man sie mit Japan zur südostasiatischen Wirtschaftsregion zusammen, so wird deutlich, wie stark die eigentlichen Entwicklungsländer und zumindest vorerst auch die ehemaligen kommunistischen Staatshandelsländer an den Rand der Weltwirtschaft gedrängt sind.

Innerhalb der Industrieländer ist eine weitere Konzentration des Handelsaustauschs auf die „Triade“ Westeuropa, USA und Japan/Südostasien festzustellen. Sie schlägt sich auch in einer entsprechenden handelspolitischen Blockbildung nieder: Europäische Union, Nordamerikanische Freihandelszone (NAFTA) und die Ansätze zu einer südostasiatisch-pazifischen Freihandelszone (APEC). Innerhalb dieser Blöcke ist ein gemeinsamer Markt für Waren, Dienstleistungen, Kapital und Arbeitskräfte weitgehend realisiert (Binnenmarkt der EU), im Entstehen (NAFTA) bzw. eine entsprechende Liberalisierung wird angestrebt (APEC). Aber auch zwischen den Blöcken wurden in den letzten Jahrzehnten Handelshemmnisse abgebaut oder deutlich verringert (Erfolge des GATT beim Zollabbau und anderen Handelserleichterungen).

Jahrhundertelang war internationale Arbeitsteilung ausschließlich Handel mit Waren. **Dienstleistungen** waren – abgesehen von den mit dem Warenhandel verbundenen Transport- und Versicherungsdienstleistungen – im wesentlichen Binnengüter. Das hat sich sehr geändert. Dienstleistungen sind in wachsendem Maße Gegenstand des internationalen Austauschs: 2005 wurden weltweit Dienstleistungen im Wert von 2415 Mrd. $ gehandelt (www.wto.org/its-06). Ihre Wachstumsrate liegt über der des Warenhandels. Die seit Jahrzehnten wachsende Bedeutung des tertiären Sektors erlaubt es, von einer „Tertiarisierung“ der Wirtschaft zu sprechen, die sich unter dem Einfluss der Globalisierung deutlich beschleunigt hat (Fischer Weltalmanach 2007, S. 687). Besonders spektakulär sind die Expansion des internationalen Tourismus und der Telekommunikation. Nur im Zeitraum von 2001–2003 war eine Stagnation des internationalen Reiseverkehrs zu verzeichnen, die auf die andauernde Terror- und Kriegsfurcht seit den

Anschlägen vom 11. September 2001 und die schlechte Konjunkturlage vieler Industrieländer zurückzuführen war, seither erholte sich der internationale Tourismus 2005 wieder vollständig. Im Jahre 2003 wurden weltweit 605 Mrd. $ für Auslandsreisen ausgegeben. Deutsche gaben 2005 58 Mrd. € für Auslandsreisen aus, Ausländer ließen 23 Mrd. € in Deutschland (Fischer Weltalmanach 2007, S. 705).

Moderne Telekommunikation vernetzt die Welt zu einem Markt. „Multimedia“ und Internet bewirken einen weiteren Entwicklungssprung auf den internationalen Telekommunikationsmärkten. International gehandelt werden Informationen (Nutzung von Datenbanken) und Dienstleistungen der Werbungs- und Unterhaltungsbranche (Vermarktung von Sport- und Popveranstaltungen, Film- und TV-Rechte), Lizenzen für die Nutzung von Patenten usw. Für die USA ist mittlerweile die Film- und TV-Branche der zweitgrößte Devisenbringer. Für die Nutzungsrechte für Spielfilme oder Fernsehserien werden Hunderte Millionen Dollar in die USA überwiesen. Auch anspruchsvolle Dienstleistungsaufgaben können heute z.T. bereits in Entwicklungsländer verlagert werden: qualifizierte Informatiker zur Entwicklung von EDV-Software stehen z. B. in Indien reichlich und zu wesentlich niedrigeren Löhnen zur Verfügung (die Lufthansa lässt ihr Buchungssystem dort entwickeln), Anlagenbaufirmen wie Lurgi und Uhde vergeben Konstruktionsaufträge an indische Ingenieure, mit denen sie über Internet kommunizieren. Es entwickeln sich weltumspannende, weitgehend standortunabhängige Unternehmensnetze.

Der dritte, seit den 70er Jahren am raschesten wachsende Teilbereich der internationalen Wirtschaftsbeziehungen ist der **Kapitalverkehr**. Ein Grund für die Zunahme internationaler Geld- und Kapitalbewegungen liegt im Finanzierungsbedarf für den wachsenden Waren- und Dienstleistungshandel. Eine weitere Ursache ist die Internationalisierung der Geldmärkte und Anlagemöglichkeiten. Banken agieren in einem weltweiten, durch Telekommunikation verbundenen Finanzsystem und legen ihre liquiden Gelder dort an, wo sie (unter Berücksichtigung von Wechselkurs- und politischen Risiken) die günstigsten Renditen finden. Liquidität suchende Banken nehmen dort ihre Gelder auf, wo die Zinsen am niedrigsten sind. Zwischen 1985 und 2005 hat der internationale Handel um 341% zugenommen. Die privaten Kapitalabflüsse (Aktien-, Wertpapierkäufe und Bankkredite im Ausland) sind um das 15fache (1574%) gewachsen (iwd 30/2006). Täglich werden ca. 2000 Mrd. $ auf internationalen Finanzmärkten gehandelt, nur 5% davon entfallen auf die Finanzierung des Handels. Neben Banken, Versicherungen und multinationalen Unternehmen treten neue Akteure an den internationalen Finanzmärkten auf: Pensionsfonds suchen weltweit rentable Anlagemöglichkeiten für Ersparnisse der wohlhabenden Nordamerikaner, Europäer und Japaner. Investmentfonds investieren in riskante, aber bei Gelingen hoch rentable Projekte und versuchen, die Risiken durch Streuung über unterschiedliche Projekte (hedging) zu minimieren. Internationale Geld- und Kapitalbewegungen haben erheblichen Einfluss auf die Entwicklung der Wechselkurse; gleichzeitig ist die Ausnutzung von Wechselkursschwankungen ein wichtiges Motiv für spekulative Kapitalbewegungen. Politische Krisen oder der Versuch von Regierungen, unrealistische Wechselkurse zu verteidigen, können Spekulationswellen auslösen, die das Weltwährungssystem erschüttern (Bsp. Asien-Krise 1997/98, Argentinien-Krise 2001/02). Für die international vernetzten Geldmärkte und Devisenbörsen ist die Bezeichnung „Weltmarkt“ sicher angebracht.

Die dritte Quelle für das rasche Wachstum des internationalen Kapitalverkehrs ist der längerfristige Kapitalexport in Form von Portfolioinvestitionen (= Käufe ausländischer Wertpapiere) und Direktinvestitionen. Als Direktinvestition wird die Gründung von Tochterfirmen im Ausland oder der Erwerb von bzw. die Beteiligung an ausländischen Unternehmen bezeichnet. Direktinvestitionen führen zur Internationalisierung von Unternehmen; sie sind daher ein besonders hervorzuhebendes Instrument zur Globalisierung der Wirtschaft.

Nicht nur Kapital, auch die **Arbeitskräfte** werden zunehmend mobiler. Politisch und ökonomisch besonders brisant ist die durch das Wohlstandsgefälle zwischen reichen Nationen und Entwicklungsländern ausgelöste Migration von Millionen Menschen. Weniger beachtet, aber nach der Verwirklichung des europäischen Binnenmarktes und mit der zunehmenden Verflechtung innerhalb der Triade von steigender Bedeutung, ist die Mobilität von qualifizierten Fachkräften und insbesondere Führungsnachwuchs in Europa und weltweit. Zeitweilige Tätigkeit im Ausland ist z.B. in der Tourismusbranche, im Anlagenbau und in vielen international tätigen Industriefirmen und Banken selbstverständlich; „internationale Erfahrung" wird zunehmend eine Voraussetzung für erfolgreiche Karriere.

4.15.2 Deutschland in der internationalen Arbeitsteilung

4.15.2.1 Außenhandelsverflechtung

Zusammen mit den USA, China und Japan ist Deutschland wichtigste Außenhandelsnation. Im Jahre 2006 erreichte die Ausfuhr von Waren 904,9 Mrd. €. Gleichzeitig wurden für 741,5 Mrd. € Waren importiert, der Überschuss der Handelsbilanz betrug 163,4 Mrd. €. Die Dienstleistungsbilanz weist (wegen der hohen Auslandsausgaben deutscher Urlauber) ein Defizit von 40,6 Mrd. € auf (IW, Deutschland in Zahlen 2007, S. 19).

Tab. 1 Die deutsche Zahlungsbilanz (Salden; in Mrd. €)

	1990		2000		2006	
Leistungsbilanzsaldo	+39,1		−35,2		+116,6	
Außenhandel		+53,9		+59,1		+162,2
Dienstleistungen		−13,4		−49,0		−23,1
Erwerbs- u. Verm. Einkommen		+18,5		− 8,3		−23,0
Lfd. Übertragungen		−18,0		−28,0		−26,8
Vermögensübertraggn.	− 2,5		+ 6,8		− 0,2	
Kapitalbilanz	−46,7		+28,3		−149,3	
Restposten	+16,1		− 5,8		+ 30,0	
Veränderung der Währungsreserven	− 5,9		+ 5,8		+ 2,9	

Quelle: Institut der Deutschen Wirtschaft, Deutschland in Zahlen 2007, Köln 2007, 43

Unter Berücksichtigung der Erwerbs- und Vermögenseinkommen von Inländern im Ausland bzw. Ausländern im Inland erreichten die Exporte 2006 44,6% des Bruttonationaleinkommens; die Importquote betrug 39,3%. Mit anderen Worten: Fast vierzig Prozent der im Inland verfügbaren Fertigwaren und Vorprodukte stammen aus dem Ausland, nahezu die Hälfte aller Arbeitsplätze im Inland produzieren für ausländische Kunden (indirekt ist die Auslandsabhängigkeit noch größer). Die Auslandsverflechtung ist nicht in allen Wirtschaftszweigen gleich. Tab. 2 gibt einen Überblick über den Außenhandel nach Warengruppen.

Tab. 2 Außenhandel nach Warengruppen 2006

In Prozent des	Exports (904,9 Mrd. €)	Imports (741,5 Mrd. €)
Agrarprodukte, Nahrungs- und Genussmittel	3,9	5,6
Energie	2,5	12,3
Chemische Erzeugnisse	13,7	11,1
Stahl, Metalle, Metallwaren	8,3	8,2
Maschinen, Anlagen	16,6	8,8
Elektrotechn. Erzeugnisse	16,2	17,2
Straßenfahrzeuge	19,9	11,9
Textilien, Bekleidung	2,7	4,9
Andere Fertigwaren und bearbeitete Waren	8,6	7,8

Quelle: IW, Deutschland in Zahlen 2007, 40

Auffallend ist, dass viele Industriezweige sowohl beim Export als auch beim Import mit hohen Zahlen vertreten sind. Dies kann auf zwei Ursachen zurückgeführt werden: In der Papier- und Chemieindustrie zum Beispiel müssen fast alle Rohstoffe importiert werden, ein erheblicher Teil der Fertigerzeugnisse wird exportiert. Demgegenüber finden sich im Straßenfahrzeugbau auf der Import- und der Exportseite gleichartige Erzeugnisse (Autos in- und ausländischer Hersteller). Die Differenzierung der Nachfrage ist ursächlich für diese intra-industrielle Arbeitsteilung.

Eine regionale Betrachtung zeigt die starke Einbindung Deutschlands in den europäischen Binnenmarkt. 59% der Importe stammen von dort, 63,4% der Exporte gehen in die EU-Länder (2005). Allerdings kann man sich fragen, ob es sich hier wirklich noch im klassischen Sinne um „Außenhandel“ handelt: Mit der fortgeschrittenen Integration im Binnenmarkt entwickelt er sich für immer mehr Unternehmen zu einem Teil des „heimischen“ Marktes, nach der Errichtung der Währungsunion wurde der intra-EU-Handel im „Euroland“ zum Binnenhandel.

Der deutsche Außenhandel ist sehr stark auf den intraindustriellen Austausch mit anderen Industriestaaten ausgerichtet: Auf den Handel mit den westlichen Industriestaaten (den EU-Ländern, USA, Kanada, Japan) entfallen etwa drei Viertel sowohl der Importe wie der Exporte. Daneben gewinnt Ost- und Südostasien an Bedeutung: Nach China gehen (2006) 3,1% der Ausfuhren, von dort kommen 6,7% der Importe. Ebenso bedeutsam ist der Handel mit den südostasiatischen Schwellenländern (Anteile am Import 4,6%, am Export 3,5%). Hohe Zuwachsraten weist auch der Handel mit den Mittel- und osteuropäischen Ländern auf, die seit 2004 EU-Mitglieder sind (13,6% Anteil am Import und 11,6% am Export). Etwas zurückgegangen ist die Abhängigkeit von den OPEC Ländern; dies ist vor allem auf die wachsende Bedeutung von Großbritannien, Norwegen und Russland als Erdöllieferanten zurückzuführen (Deutschland in Zahlen 2007, 41).

4.15.2.2 Internationalisierung von Unternehmen

Täglich wird in der Presse über Investitionen ausländischer Unternehmen in Deutschland bzw. (häufiger noch) deutscher Unternehmen im Ausland berichtet. Immer mehr Unternehmen errichten Produktionsstätten oder erwerben Tochtergesellschaften im Ausland; die Entwicklung von Multinationalen Unternehmen (MU) ist ein hervorstechendes Merkmal der Globalisierung der Wirtschaft (Koch 2000, 55 ff.).

Zu den ersten MU gehörten Mineralölkonzerne – z. B. Rockefellers Standard Oil Company (heute EXXON). Nach dem 1. Weltkrieg setzte sich die Internationalisierung fort. In Deutschland gründete z. B. Ford 1925 eine Fabrik in Köln, General Motors erwarb 1929 Opel. Die eigentliche Expansion der MU begann jedoch erst nach dem 2. Weltkrieg. Bis zum Ende der 60er Jahre kamen fast alle MU aus den USA. Technologischer Vorsprung, Finanzkraft und die Überbewertung des Dollar waren die Grundlagen für die weltweite Expansion von US-Konzernen. Das rasche Wirtschaftswachstum und die wirtschaftliche Integration in Europa lockten zahlreiche Unternehmen aus den USA an. Umfangreiche Firmenaufkäufe in Europa und die Aktivitäten von US-Konzernen in vielen Entwicklungsländern lösten in der Öffentlichkeit eine kritische Diskussion über die „Multis" aus.

Seit Mitte der 70er Jahre geht das Wachstum der MU nicht mehr nur von den USA aus, und es sind auch nicht mehr nur Großunternehmen, die international tätig werden. Besonders europäische und japanische Unternehmen entwickelten sich zu MU und dehnten ihre Aktivitäten auch auf den amerikanischen Markt aus. Deutschland, das in den 60er Jahren beim Aufbau seiner Wirtschaft stark vom Nettozufluss ausländischer Direktinvestitionen profitiert hatte, investiert heute sehr viel mehr Kapital im Ausland, als von dort hereinströmt. Neben die MU aus den Industrieländern treten seit den 80er Jahren – wenn auch noch mit geringerer Bedeutung – solche aus Schwellenländern (z. B. Südkorea). Auch finden sich MUs nicht mehr nur in Urproduktion und Industrie, sondern auch im tertiären Sektor: Handelsunternehmen, Banken, Medienkonzerne, Hotelketten, Werbeagenturen usw.

Die Bedeutung von MU und ihre regionale Verteilung kann an der Entwicklung der Direktinvestitionen verdeutlicht werden. Glichen sich 1971 deutsche Investitionen im Ausland (4,2 Mrd. DM) und ausländische in Deutschland (3,8 Mrd. DM) noch aus, so öffnet sich seit den 80er Jahren zunehmend eine Schere: netto fließt Kapital aus Deutschland ab. Ausländische Standorte werden immer wichtiger für deutsche Firmen, während Deutschland nicht in gleichem Maße ausländische Unternehmen anzieht – ein ernst zu nehmendes Indiz für Schwächen des Standorts Deutschland im internationalen Wettbewerb. 2006 investierten deutsche Firmen 45,1 Mrd. € im Ausland, ausländische investierten 28,4 Mrd. € in Deutschland. Wichtigste Zielländer für deutsche Direktinvestitionen sind die Industriestaaten, in erster Linie die EU-Mitgliedstaaten (etwa die Hälfte der deutschen Direktinvestitionen geht in die EU-Länder). An zweiter Stelle der Zielländer stehen die USA (30,2%; IW, Deutschland in Zahlen 2007, 42). Relativ geringe Prozentanteile entfallen auf die übrigen Industrieländer (einschließlich Japan) und die Entwicklungsländer. Von wachsender Bedeutung als Standorte deutscher Direktinvestitionen sind die mittel- und osteuropäischen EU-Beitrittsländer und die VR China.

Auch für die Auslandsinvestitionen anderer wichtiger Kapitalexportländer gilt eine ähnliche Struktur: wichtigste Zielländer sind Industriestaaten mit vergleichbarem Entwicklungsniveau in Europa und Nordamerika. Vor allem in den Industriestaaten finden sich kaufkräftige Nachfrage, technologisches Know How, qualifizierte Arbeitskräfte, Rechtssicherheit und die infrastrukturellen Voraussetzungen für Auslandsengagements (Verkehrswege, Telekommunikation, leistungsfähige öffentliche Verwaltung). Seit Mitte der 1990er Jahre gewinnen asiatische und südamerikanische Entwicklungsländer auch als Investitionsstandorte an Bedeutung. Insbesondere Amerikaner und Japaner lenken wachsende Anteile ihrer Auslandsinvestitionen in diese Regionen, Deutschland folgte mit etwas Verzögerung. Inzwischen ist besonders China ein bevorzugter Investitionsstandort; etwa 40% der deutschen Investitionen in China entfallen auf die Automobilindustrie (2005).

Multinationale Unternehmen bestreiten nach manchen Schätzungen bis zu 80% des Welthandels. Ein großer Teil davon dürfte interner Handel innerhalb des Zulieferer- und Vermarktungsnetzes multinationaler Konzerne sein. Ein Beispiel ist das komplizierte Netz von Produktionsstätten großer Automobilunternehmen in verschiedenen Ländern. Nahrungsmittelkonzerne wie Unilever, Nestlé, Philipp Morris, Coca Cola sind mit ihren im In- oder Ausland erzeugten Markenprodukten Teil unseres Alltags. Multinationale Banken wickeln den größten Teil des internationalen Kapitalverkehrs ab. Entscheidungen in den Führungsspitzen großer MU (z.B. über Produktionsstätten, Innovationen, Marktstrategien) spielen eine wichtige Rolle für die wirtschaftliche, soziale und politische Entwicklung des internationalen Systems (vgl. Stiglitz 2006, 237 ff.; Müller/Kornmeier 2001, 215 ff.).

Die rasche Entwicklung der MU hat vielfältige Ursachen. Eine war die Liberalisierung des Welthandels und des internationalen Kapitalverkehrs zwischen den westlichen Industriestaaten. Eine weitere Voraussetzung für die Expansion und zentrale Koordinierung internationaler Unternehmensaktivitäten war die Entstehung leistungsfähiger globaler Informations- und Kommunikationsnetze durch Fernmeldesatelliten und Glasfasertechnologie.

Unter den betriebswirtschaftlichen Motiven für eine internationale Geschäftstätigkeit steht die Erschließung neuer Absatzmärkte an erster Stelle. Die Expansion des Auslandsgeschäfts macht dann häufig die Präsenz im Markt durch eigene Vertriebs-, Service- oder gar Produktionsstätten erforderlich. Produktion und Marketing vor Ort erleichtern das Eingehen auf spezielle Markterfordernisse und landesspezifische Konsumgewohnheiten. Rasche Belieferung und flexibler Kundendienst sind wichtige Argumente für die Ansiedelung von Zulieferern in der Nähe ihrer Kunden im Zeitalter von just in time-planning und lean production.

Ein weiteres Motiv für Auslandsinvestitionen ist die Ausnutzung von Standortvorteilen, insbesondere von unterschiedlichen Arbeitskosten. Deutschland ist seit vielen Jahren ein Hochlohnland. Umgerechnet zu den geltenden Wechselkursen liegt Deutschland mit Arbeitskosten (durchschnittl. Stundenlohn + Lohnzusatzkosten) von 27,87 € je Arbeitsstunde (produzierendes Gewerbe, D-West, 2005) in der verarbeitenden Industrie weltweit an dritter Stelle hinter Norwegen und Dänemark und z.T. weit vor den wichtigsten Konkurrenten (Japan 17,90, USA 19,29, Großbritannien 20,47, Frankreich 21,38 €; IW: Standort Deutschland – ein internationaler Vergleich 2007, 6). Somit kostete eine Arbeiterstunde in Westdeutschland 2005 rund 34% mehr als im Schnitt der Konkurrenzländer – mittel- und osteuropäische EU-Neulinge nicht berücksichtigt. Zwar erreicht in Deutschland auch die Arbeitsproduktivität dank der modernen Technologien, der effizienten Infrastruktur und der hoch qualifizierten Arbeitskräfte internationale Spitzenwerte. Hohe Arbeitsproduktivität und Vorteile aus der direkten Präsenz in kaufkräftigen Märkten können bei anspruchsvollen Produkten den Nachteil hoher Arbeitskosten kompensieren. Und die internationale Wettbewerbsfähigkeit hängt auch von den Wechselkursen ab. Aber auch wenn man dies berücksichtigt, sind die Lohnstückkosten in Deutschland höher als in anderen Industrieländern: z.B. gegenüber den USA 6% und Japan 25% und Kanada 28%. Im Durchschnitt lagen die Lohnstückkosten in Deutschland 2005 10% über denen ausländischer Mitbewerber und waren somit im internationalen Vergleich am fünfthöchsten (IW: Internationale Wirtschaftszahlen 2007, 7). Daraus folgt ein Kostennachteil für den Standort Deutschland, der massiven Rationalisierungsdruck in der Industrie auslöst und zum Abbau von Arbeitsplätzen in vielen Wirtschaftszweigen geführt hat: Immer mehr werden arbeitsintensive Produktionen oder Teilprozesse in Entwicklungsländer oder nach Osteuropa verlagert, und auch bei technisch komplexen Produkten erweisen sich Standorte in anderen EU-Ländern und in den USA als kostengünstiger. Diese Tendenz hat einen solchen Umfang angenommen, dass ernste Sorgen um die Zukunft unserer wirtschaftlichen und sozialstaatlichen Entwicklung angebracht sind.

Auch die Sicherung der Rohstoffversorgung kann (z.B. in der Mineralöl- oder Stahlindustrie) ein wichtiger Grund für Auslandsinvestitionen sein. Von wachsender Bedeutung ist das Bestreben, Zugang zu neuen Technologien oder zum innovativen Know How an Hightech-Standorten zu erhalten. Kapitalstarke MU übernehmen innovative kleine Unternehmen und sorgen für die breite Einführung der Erfindungen am Markt. Beispiele aus der EDV-Branche, der Pharma- oder Gentechnik sind bekannt.

Weitere Motive liefern von Staaten gesetzte Rahmenbedingungen. Hohe Gewinnbesteuerung, starre arbeits- und sozialrechtliche Standards (und damit verbunden hohe Personalzusatzkosten und geringe Flexibilität von Arbeitszeiten usw.), aber auch strenge Umweltschutz- oder Wettbewerbsgesetze sind Faktoren, die Standortentscheidungen beeinflussen. Eine bedeutende Rolle spielen auch das „soziale Klima“ und die politische Stabilität des Gastlandes. Hohe Streikhäufigkeit, die Gefahr von Enteignung oder Beschränkung des Gewinntransfers in das Heimatland können kostenmäßig vorteilhafte Standorte unattraktiv machen.

Schließlich schafft auch die wirtschaftliche Integration von Staaten Anreize für Direktinvestitionen: Schließen sich Volkswirtschaften zu Wirtschaftsgemeinschaften zusammen, entsteht ein Anreiz für Firmen aus Drittländern, sich durch Gründung oder Erwerb von Betrieben den Marktzugang zu Binnenmarktbedingungen zu sichern. Dieses Motiv spielt besonders für die amerikanischen und japanischen Investitionen in der EU eine wichtige Rolle. Großbritannien ist ein bevorzugter Standort für japanische und amerikanische Firmen, die von dort aus den EU-Binnenmarkt beliefern können.

4.15.3 Freihandel oder Protektionismus?

Internationale Arbeitsteilung ermöglicht eine Ausweitung der Produktions- und Konsummöglichkeiten der beteiligten Länder. Unterschiede in den natürlichen Produktionsbedingungen (Klima, Bodenschätze) machen es vorteilhaft, dass Länder sich auf bestimmte Produktionen spezialisieren und andere Produkte im billigeren Ausland erwerben. Unterschiedliche Ausstattung mit Produktionsfaktoren führt zu Unterschieden bei den relativen Faktorpreisen. Für die beteiligten Länder ist es dann von Vorteil, sich auf die Produktionen zu spezialisieren, bei denen sie relative Kostenvorteile aufweisen (Theorie der komparativen Kostenvorteile, David Ricardo 1772–1823): Länder, in denen Arbeit im Vergleich zum Kapital reichlich vorhanden ist, werden sich auf arbeitsintensive Produktionen spezialisieren, Länder, in denen Arbeit vergleichsweise knapp in Relation zum vorhandenen Produktiv- und Infrastrukturkapital ist, werden kapitalintensive Produkte herstellen. Spezialisierung ermöglicht (selbst bei im Ausgangszustand gleich ausgestatteten Ländern) Kosteneinsparungen durch die Ausnutzung von Massenproduktionsvorteilen und macht internationalen Handel vorteilhaft. Internationaler Handel verschärft den Wettbewerb, bricht Monopolstellungen auf, erzwingt Kosten- und Preissenkungen und fördert die Innovationsdynamik. Die Außenwirtschaftstheorie zeigt, dass **freier internationaler Handel die Gesamtproduktion der Welt** bei gegebener Ausstattung mit Produktionsfaktoren **maximiert** (Krugman/Obstfeld 2004, 290 ff.). Umstritten ist allerdings, ob Freihandel die Entwicklungschancen der einzelnen Länder gleichmäßig fördert, und ob die Verteilung der Wachstumsgewinne durch freien Welthandel den Gerechtigkeitsvorstellungen der Regierungen und Völker entspricht. Freihandel bewirkt Wettbewerbsdruck und erzwingt Anpassungen, die von denen, die sich anpassen müssen, oft als „unfair“ empfunden werden und sie veranlassen, nach staatlichem Schutz vor ausländischer Konkurrenz zu rufen. Wenngleich seit Adam Smith (1723– 1790) Freihandel von den meisten Regierungen als Leitbild des Welthandels (verbal) akzeptiert wird, ist die Geschichte der Außenwirtschaft gekennzeichnet durch protektionistische Eingriffe in den internationalen Handel und die Währungsbeziehungen (Krugmann/Obstfeld 2004, 296 ff.; Müller/Kornmeier 2001, 89 ff.).

Führt die Spezialisierung durch internationale Arbeitsteilung dazu, dass ein Land sich auf nur ein Exportprodukt konzentriert, kann dies zu Problemen führen, wenn dieses Produkt starken Preisschwankungen an den Weltmärkten unterliegt (das gilt für viele landwirtschaftliche Rohstoffe und Bergbauprodukte) oder durch substitutive Produkte verdrängt wird (Beispiel: Naturkautschuk durch Synthesegummi, Baumwolle durch Kunstfasern). Beispiele für **Export-Monokulturen** finden sich in vielen Ländern: Saudi-Arabien, Kuwait und andere OPEC-Staaten sind vom Erdölexport abhängig, Kaffee erbringt 95 bzw. 80% der Exporterlöse von Uganda bzw. Burundi, Sambias Export besteht zu 81% aus Kupfer. Generell beinhaltet die Spezialisierung auf Produkte, die eine **niedrige Einkommenselastizität** aufweisen (das gilt für viele landwirtschaftliche Erzeugnisse und industrielle Grundstoffe) ein begrenzteres Wachstumspotenzial als dies bei einkommenselastischen Gütern (höherwertigen Konsumgütern, Dienstleistungen, Investitionsgütern) der Fall ist.

Schließlich weisen junge Industrien vielfach anfangs noch höhere Kosten, schlechtere Qualität usw. auf, auch wenn das innovative Produkt – wenn es die „Kinderkrankheiten" erst einmal überwunden hat – gegenüber „alten" Industrien die besseren Wachstumschancen hat. Für den Fall einer solchen **„infant industry"** werden zeitlich begrenzte Schutzzölle (vielfach in Anlehnung an Friedrich List, 1789–1846, Erziehungszölle genannt) gefordert, bis die junge Industrie wettbewerbsfähig ist. Vor allem Entwicklungsländer berufen sich auf diese Argumente zum Schutz ihrer Industrien vor überlegener Konkurrenz aus den entwickelten Staaten.

Neben diesen wirtschaftstheoretisch begründeten Argumenten für Eingriffe in den Freihandel werden auch politische und fiskalische angeführt. Dazu gehört das **Autarkie-Argument**: Bestimmte Produktionen müssten erhalten werden, weil sie im Falle eines Krieges lebens- oder verteidigungswichtig seien (Landwirtschaft, Kohlebergbau, Rüstungsindustrie). Für viele Entwicklungsländer stellen Zölle auf importierte (Luxus-)Güter eine wichtige Einnahmequelle für den Staatshaushalt dar (**Fiskal-Argument**). Das gilt besonders für Staaten, die über ein wenig effizientes Steuersystem im Innern verfügen.

In allen diesen Fällen gilt es, die vorgebrachten Argumente sorgfältig zu prüfen. Zum Beispiel haben die begrenzten Absatzchancen für Weizen aus Argentinien weniger mit weltweit gesättigter Nachfrage zu tun als mit der Tatsache, dass USA und EU ihre hoch subventionierten Überschüsse zu Dumpingpreisen in den Weltmarkt drücken. Auch kann man bezüglich der Zukunftschancen vieler industrieller Prestigeprojekte in Entwicklungsländern berechtigte Zweifel anmelden. Und es ist immer wieder – nicht zuletzt in den entwickelten Staaten – festzustellen, dass irgendwann einmal mit dem infant-industry-Argument eingeführte „zeitlich begrenzte" Schutzzölle weiterbestehen, auch wenn das Baby bereits ein stattliches Alter erreicht hat. Das Autarkie-Argument schließlich steht auf wackligen Füßen, wenn die angeblich von Nahrungsmittelimporten unabhängig machende Landwirtschaft auf einer Hightech-Basis beruht, die von Erdöl- und Futtermittelimporten abhängig ist. In allen solchen Fällen gilt es ferner zu prüfen, ob das Ziel, z.B. der Aufbau einer industriellen Basis in einem Entwicklungsland, nicht besser mit anderen wirtschaftspolitischen Instrumenten (z.B. befristeten Subventionen, Förderung von Investitionen in Infrastruktur- und Humankapital) erreicht werden kann.

Seltener noch als in Entwicklungsländern können protektionistische Maßnahmen in Industrieländern einer kritischen Analyse standhalten. Meistens sind die kurzfristigen Vorteile für einzelne Wirtschaftszweige in volkswirtschaftlicher und längerfristiger Perspektive betrachtet **teuer erkauft**.

- Der Schutz heimischer Produzenten vor ausländischer Konkurrenz muss von den Verbrauchern durch höhere Preise bezahlt werden. Werden heimische Vorprodukte (z.B. Stahl) durch Zölle verteuert, verschlechtert dies die Exportchancen anderer Wirtschaftszweige (z.B. Auto-, Werkzeugindustrie). Wird ausländische Konkurrenz ausgesperrt fehlt ein wichtiger Antrieb für Innovationen. All dies führt zu hohen, aber nicht für jedermann offensichtlichen volkswirtschaftlichen Verlusten.
- Der Schutz strukturell unterlegener Wirtschaftszweige ist nur mit steigenden Kosten (volkswirtschaftlichen Effizienzeinbußen, zusätzlich meistens noch Subventionen aus Steuermitteln) aufrecht zu erhalten. Schließlich müssen – wie die Erfahrung (Landwirtschaft, Kohlebergbau, Stahl-, Werftindustrie) zeigt – doch Anpassungen vorgenommen werden, die mit zusätzlichem Aufwand von Steuermitteln und sozialen Verwerfungen verbunden sind. Protektionismus bindet Kapital und kreative Kräfte in „alten" Produktionen, die für die Entwicklung neuer Produkte dringend benötigt würden.
- Werden ausländische Anbieter „ausgesperrt", wie dies z.B. beim EU-Agrarmarkt der Fall ist, fehlen ihnen Exporterlöse, die es ihnen ermöglichen würden, Produkte aus der EU zu importieren. Über Nahrungsmittelhilfe und Entwicklungskredite werden Entwicklungsländern dann Mittel zur Verfügung gestellt, die sie sich wegen der Handelshemmnisse nicht selbst verdienen konnten.
- Die Einführung von Protektionsmaßnahmen provoziert in vielen Fällen „Vergeltungsmaßnahmen" der betroffenen Länder. Ein solcher „Handelskrieg" schädigt beide Parteien. In den 30er Jahren hat eine Spirale von Protektions- und Vergeltungsmaßnahmen, die ihrerseits Vergeltungsmaßnahmen (Retorsionen) provozierten, den Welthandel nahezu völlig erstickt.

4.15.4 Instrumente der Außenwirtschaftspolitik

Die zahlreichen Instrumente zur Beeinflussung der Außenwirtschaftsbeziehungen lassen sich verschieden gliedern. Einmal lassen sich währungspolitische und außenhandelspolitische Instrumente unterscheiden, zum anderen können protektionistische Instrumente unterschieden werden und solche, die dem Abbau von Handelshemmnissen dienen (Krugman/Obstfeld 2004, 239 ff.).

Zu den währungspolitischen Maßnahmen gehören gezielte **Manipulationen des Wechselkurses**, z.B. eine Abwertung der Währung, um den Export anzukurbeln und Importe zu drosseln. Zu den währungspolitischen Eingriffen gehört auch die Einführung von **Devisenbewirtschaftung**. Dabei handelt es sich um die teilweise oder völlige Aufhebung der freien Konvertibilität der Währung. Das heißt, die Regierung führt ein staatliches Devisenmonopol und eine zentrale Planung des Außenhandels ein. Devisen, die im Export erlöst werden, müssen zu einem staatlich festgelegten Kurs an die Zentralbank verkauft werden, und Importeure müssen die Zuteilung von Devisen beantragen. Ihre Anträge werden nach Maßgabe der staatlichen Einfuhrplanung entschieden. Der internationale Wettbewerb wird ausgeschaltet. In den 30er Jahren gingen immer mehr Staaten zur Devisenbewirtschaftung über. Nach dem 2. Weltkrieg wurde sie in den westlichen Industrieländern nach und nach abgebaut, blieb aber in den Staatshandelsländern des Ostblocks und bis heute in vielen Entwicklungsländern als Instrument zur

Kontrolle der Außenwirtschaftsbeziehungen entsprechend den staatlichen Plänen erhalten.

Die wichtigsten außenhandelspolitischen Instrumente zur Beschränkung von Einfuhren sind Zölle, Kontingente und nichttarifäre Handelshemmnisse. Zur Förderung von Exporten werden Subventionen eingesetzt.

Kontingente sind mengenmäßige (gelegentlich auch wertmäßige) Beschränkungen der Einfuhr, um heimische Anbieter zu schützen: Es werden nur solche Einfuhrmengen zugelassen, die den nationalen Markt „nicht stören".

Zölle sind Abgaben, die vom Importeur einer Ware an den Staat zu entrichten sind. Sie verteuern die Ware im Inland und schützen damit die inländischen Hersteller vor billigeren ausländischen Anbietern (Schutzzoll). Gleichzeitig verschaffen sie dem Staat Einnahmen (Finanzzoll). Zwischen dem Schutz- und dem Einnahmeeffekt von Zöllen besteht allerdings eine Zielkonkurrenz: der „perfekte" Schutzzoll hebt den Preis der Importware so an, dass sie überhaupt nicht mehr eingeführt wird (die Einnahme ist dann Null), der „perfekte" Finanzzoll ist so dosiert, dass die Zolleinnahmen maximiert werden. In der EU sind die Zölle und die als nahezu perfekte Schutzzölle konstruierten Agrarabschöpfungen eine wichtige Finanzierungsquelle der Gemeinschaft.

Nach verschiedenen Freihandelsrunden im Rahmen des GATT und nach dem völligen Abbau im Innern des europäischen Marktes haben Kontingente und Zölle viel an Bedeutung verloren. Wichtiger sind heute die **nichttarifären Handelshemmnisse**. Dabei handelt es sich um Formalitäten im Abfertigungsverfahren an den Grenzen, um die Vorgabe bestimmter technischer Standards, Herkunftszertifikate, Gesundheitsprüfungen usw. Bei solchen Vorschriften ist schwer zu beurteilen, inwieweit sie tatsächlich den vorgegebenen Zielen (Sicherheit, Gesundheits-, Umweltschutz) dienen, oder ob sie die Einfuhr ausländischer Erzeugnisse behindern und verteuern sollen.

Zölle, Kontingente und nichttarifäre Handelshemmnisse sind protektionistische Instrumente der Außenhandelspolitik. Handelsverträge und die verschiedenen Formen wirtschaftlicher Integration dienen dem (regionalen) Abbau von Handelshemmnissen.

In einem **Handelsvertrag** vereinbaren zwei oder mehr Staaten den Abbau bestimmter Handelshemmnisse untereinander (z. B. eine Zollsenkung für ein bestimmtes Produkt), oder sie verbessern die Voraussetzungen für den Handel untereinander, indem sie z. B. Abkommen über die gegenseitige Durchsetzung von Rechtsansprüchen von Unternehmen oder über die Vermeidung der Doppelbesteuerung von Gewinnen bei multinational tätigen Unternehmen abschließen.

Eine Form regionaler Integration ist die **Freihandelszone**: Zölle und Kontingente zwischen den Partnerstaaten werden generell aufgehoben (evtl. mit Ausnahmen für bestimmte Warengruppen, z. B. landwirtschaftliche Erzeugnisse). Gegenüber Drittländern behält jedes Land seine Zollhoheit. Daher sind bei unterschiedlichen Außenzöllen auch an den Binnengrenzen der Freihandelszone weiterhin Zollkontrollen notwendig, um zu verhindern, dass die Waren aus Drittländern, die für das Hochzoll-Land bestimmt sind, über das Niedrigzoll-Land eingeführt werden.

In einer **Zollunion** einigen sich die Mitgliedstaaten nicht nur auf den Zollabbau untereinander, sondern sie vereinbaren einen gemeinsamen Außenzoll gegenüber Drittländern. In diesem Fall können sie auf Zollkontrollen untereinander verzichten.

Noch einen Schritt weiter geht ein **Gemeinsamer Markt**. Über den Freihandel hinaus werden Freizügigkeit der Arbeitnehmer, Niederlassungsfreiheit für Unternehmer und freier Kapitalverkehr vereinbart („4 Freiheiten"). Bei dem 1993 in Kraft getretenen Binnenmarkt der EU handelt es sich um die Vollendung des bereits im EWG-Vertrag von 1957 vereinbarten Ziels. Die 1967 verwirklichte Zollunion war nur eine Etappe auf diesem Weg, insbesondere zahlreiche nichttarifäre Handelshemmnisse und Beschränkungen der Freizügigkeit, der Niederlassungsfreiheit und des Kapitalverkehrs waren in der „alten“ EG (und sind in den nächsten Jahren in den Beitrittsländern) zu beseitigen, damit ein einheitlicher Binnenmarkt in Europa entsteht.

4.15.5 Internationale Organisationen der Weltwirtschaft

4.15.5.1 Das Allgemeine Zoll- und Handelsabkommen (GATT) bzw. die Welthandelsorganisation (WTO)

Das General Agreement on Tariffs and Trade (GATT) ist am 1.1.1948 in Kraft getreten. Es geht zurück auf Bemühungen, im Rahmen der Vereinten Nationen die in den 30er Jahren und durch den 2. Weltkrieg zerrütteten Handels- und Währungsbeziehungen für die Nachkriegszeit neu zu ordnen. In der 1948 unterzeichneten „Havanna-Charta“ wurde beschlossen, eine Internationale Handelsorganisation (ITO) zu gründen, die die handelspolitische Ergänzung zum Internationalen Währungsfonds (IWF) sein sollte. Eine Reihe von Unterzeichnerstaaten, darunter die USA, waren jedoch später nicht bereit, den Havanna-Vertrag zu ratifizieren. Statt dessen wurde ein bereits 1947 als vorbereitendes Teilabkommen beschlossener Vertrag, das Allgemeine Zoll- und Handelsabkommen, zur Dauereinrichtung. Das „Provisorium“ GATT wurde erst am 1. 1. 1995 durch die Welthandelsorganisation (World Trade Organization, WTO) abgelöst (Sautter 2004, 85 ff.).

Ziele des GATT bzw. der WTO sind Erhöhung des Lebensstandards, Sicherung der Vollbeschäftigung und Förderung des Wachstums durch Intensivierung des internationalen Warenaustauschs. Zur Erreichung dieser Ziele sollen bestimmte Grundsätze durchgesetzt werden:

- Grundsatz der **Liberalisierung,**
- Grundsatz der Gegenseitigkeit (**Reziprozität**),
- Grundsatz der Nichtdiskriminierung oder der **Meistbegünstigung**.

Liberalisierung zielt auf Abbau von tarifären (Zölle, Kontingente) und nichttarifären Handelshemmnissen. Dies geschieht in Welthandelskonferenzen (bisher gab es im GATT 7, im Rahmen der WTO 6 Ministerkonferenzen, die letzte 2005 in Hongkong). Der Grundsatz der Reziprozität besagt, dass ein Land, dem Handelserleichterungen (Präferenzen) gewährt werden, seinerseits Präferenzen gewähren soll. Die Meistbegünstigungsklausel bestimmt, dass Präferenzen, die ein Land einem anderen einräumt, auch den übrigen Mitgliedsländern zugestanden werden müssen. Dieser Grundsatz hat wesentlich geholfen, tarifäre Handelshemmnisse in den Zollrunden auf breiter Front abzubauen.

Von diesen Grundsätzen gibt es vier Ausnahmen:

- die Meistbegünstigung wird nicht auf Präferenzen angewandt, die bei Vertragsabschluss bereits bestanden (das war z. B. für die Commonwealth-Länder wichtig),
- sie wird auch nicht auf Freihandelszonen oder Zollunionen angewandt (ihr Wesen besteht ja gerade darin, dass die Mitglieder sich Handelsvorteile einräumen, die Drittländern nicht gewährt werden),
- im Falle von Zahlungsbilanzproblemen können Einfuhren, auch selektiv, begrenzt werden,
- Entwicklungsländer sind vom Prinzip der Reziprozität befreit: Sie können Handelsvergünstigungen in Anspruch nehmen, ohne ihrerseits Präferenzen gewähren zu müssen.

Das GATT war rechtlich nur ein Vertrag, faktisch aber eine internationale Organisation. Oberstes Organ war die Vollversammlung der Vertreter der Vertragsparteien (= Mitgliedstaaten), die jährlich einmal tagte. Zwischen den Vollversammlungen entschied ein „ständiger Rat", ausführendes Organ war das GATT-Sekretariat mit Sitz in Genf. Das GATT hatte zuletzt 130 Vertragsparteien (Mitglieder), der WTO Vertrag wurde im April 1994 von 117 Staaten unterzeichnet. Nach der Aufnahme der VR China 2002 und Saudi-Arabiens 2005 waren 149 Staaten Mitglied der WTO. Mit 31 weiteren Staaten (darunter Russland) wird verhandelt. Organe der WTO sind:

- die Ministerkonferenz (alle 2 Jahre) als oberstes Beschlussorgan,
- der Allgemeine Rat für laufende Angelegenheiten,
- Räte für die 3 Teilbereiche GATT/Waren, GATS/Dienstleistungen und TRIPS/Geistiges Eigentum,
- eine Schlichtungsstelle und
- ein Generalsekretär (mit Sitz in Genf).

Das GATT (bzw. die WTO) hat mit seiner bisherigen Tätigkeit beachtliche Erfolge beim Abbau von Handelshemmnissen erzielt und zum Anstieg des Welthandels und den damit verbundenen Wachstumsgewinnen beigetragen. Zwischen den Industrieländern spielen Zölle heute kaum noch eine Rolle. Allerdings wird die Erfolgsbilanz getrübt durch die zahlreichen Ausnahmeregelungen, die immer wieder neue Protektionismen entstehen ließen. Beispiele sind die faktische Ausklammerung des Agrarbereichs aus den Liberalisierungsbemühungen und zahlreiche „Selbstbeschränkungsabkommen" wie z. B. das Textilabkommen, das die Ausfuhr von Textilien aus Entwicklungsländern in die Industrieländer „freiwillig" beschränkt. Die weitgehende Schließung der Agrar- und Textilmärkte der Industrieländer macht die Handelsliberalisierung in den Augen vieler Entwicklungsländer unglaubwürdig. Der Wirtschafts-Nobelpreisträger Stiglitz (2001, 21) spricht von der „Heuchelei" der Industrieländer, die Freihandel vorzugsweise dort einfordern, wo es ihnen nutzt.

Das GATT hatte keine Weisungsbefugnis und Durchsetzungsmöglichkeiten gegenüber Mitgliedern, die sich nicht an die Regeln hielten. Sie konnten nur ermahnt werden, und eventuell konnten Vergeltungsmaßnahmen (Retorsionen, z. B. Aufhebung von Präferenzen, Einführung von Beschränkungen) beschlossen werden. Hier konnten Fortschritte erzielt werden. Von der WTO wird eine strengere Verbindlichkeit erwartet, es wurde ein Schlichtungsverfahren institutionalisiert. Auch kümmert sich die WTO nicht nur um den Warenhandel, sondern auch um die Liberalisierung von Dienstleistungen (Versicherungen, Telekommunikation), des Agrarbereichs und des „geistigen Eigentums" (Patente, Urheberrechte).

GATT bzw. WTO arbeiten mit der UNCTAD zusammen, einem ständigen Organ der UNO, das sich mit Fragen des Welthandels und der Entwicklungspolitik befasst. Die Zusammenarbeit ist allerdings nicht frei von Spannungen, denn die von den Entwicklungsländern dominierte UNCTAD fordert eine stärker protektionistische „Neue Weltwirtschaftsordnung", die ein Instrument der Entwicklungshilfe sein soll (Sautter 2004, 144 ff.).

4.15.5.2 Der Internationale Währungsfonds (IWF)

Der Internationale Währungsfonds (IWF, engl. International Monetary Fund, IMF) ist die bedeutendste Organisation zur Gestaltung der Weltwährungsordnung. Der IWF wurde 1944 auf der Konferenz von Bretton Woods (USA) beschlossen und trat am 27. 12. 1945 in Kraft. Wie das GATT war der IWF ursprünglich Teil eines umfassenderen Versuchs zur Neuordnung der internationalen Wirtschaftsbeziehungen, die aber nur bruchstückhaft verwirklicht wurde. Nach mehreren dramatischen Krisen Ende der 60er und in den 70er Jahren wurden das mit dem IWF begründete „Währungssystem von Bretton Woods" aufgegeben und die Statuten des IWF 1978 grundlegend geändert.

Die ursprünglichen Ziele des IWF waren

- die Wiederherstellung der Konvertibilität der Währungen und eines multilateralen Zahlungssystems,
- die Gewährleistung eines Systems anpassungsfähiger, aber grundsätzlich fixer Wechselkurse in Anbindung an den Dollar und das Gold,
- finanzieller Beistand für Länder mit Zahlungsbilanzdefiziten.

Das **Bretton-Woods-System** war durch folgende Regelungen gekennzeichnet:

- Jedes Mitglied des IWF vereinbarte mit dem Fonds eine Parität (einen fixen Wechselkurs) in Gold oder in Dollar (der Dollar war als einzige Nachkriegswährung in einer festen Relation an Gold gebunden).
- Alle Mitglieder (mit Ausnahme der USA) verpflichteten sich, durch Interventionen ihrer Zentralbanken auf den Devisenmärkten den Wechselkurs ihrer Währung innerhalb einer Bandbreite von anfangs +/– 1% um die Parität zu stabilisieren (Die Bandbreite wurde später mehrfach erweitert).
- Wechselkursänderungen sollten nur für den Fall eines „fundamentalen Zahlungsbilanzungleichgewichts" vorgenommen werden (Woran ein fundamentales Ungleichgewicht zu erkennen ist, wurde nicht definiert).

Organe des IWF waren und sind der Gouverneursrat, in den jedes Mitgliedsland einen Vertreter und einen Stellvertreter (meist den Finanzminister und den Zentralbankchef) entsendet. Er tagt einmal im Jahr. Die Geschäfte führt das aus 24 Mitgliedern bestehende Exekutivdirektorium. Die Stimmrechte im IWF richten sich nach Quoten (einer Art Einlage, die auch als Basis für Kreditgewährung an die Mitgliedstaaten dient). Die USA haben eine Quote von 17,08% des IWF-Kapitals (dies ermöglicht ihnen eine Sperrminorität gegen Beschlüsse im Gouverneursrat). Die Quote von Japan beträgt 6,13%. Deutschland verfügt über 5,99% der Stimmrechte, Großbritannien und Frankreich über je 4,95% (die EU-Länder zusammen erreichen ebenfalls eine Sperrminorität). Zur Zeit hat der IWF 185 Mitglieder. Sitz des IWF ist Washington.

Das Bretton-Woods-System hat bis weit in die 60er Jahre relativ problemlos funktioniert. Die anfangs nahezu überall bestehenden Konvertibilitätsbeschränkungen konnten zumindest in den westlichen Industrieländern nach und nach gelockert und abgebaut werden. Ein stabiles Währungssystem mit dem Dollar als Leitwährung begünstigte die rasche Expansion des Welthandels. Ab Mitte der 60er Jahre wurden die Konstruktionsmängel des Systems offenbar, die Währungskrisen häuften sich. Praktisch war allein der Dollar internationales Zahlungsmittel. Der Umlauf von Dollars außerhalb der USA resultierte aus Zahlungsbilanzdefiziten der USA. Anfangs waren Dollars knapp, Zahlungsbilanzdefizite der USA waren erwünscht. In dem Maße, wie die USA (zum Beispiel im Zuge des Vietnamkriegs) ihre Zahlungsbilanzdefizite ausweiteten, wurde die Relation zwischen umlaufenden Dollars und den Goldreserven der USA immer ungünstiger und das Vertrauen in die Konvertibilität des Dollars schwand. Hinzu kam, dass auch andere Länder mit fundamentalen Zahlungsbilanzungleichgewichten immer weniger bereit waren, Paritätsänderungen vorzunehmen. Länder, die Devisenüberschüsse anhäuften (z.B. Deutschland) verzögerten notwendige Aufwertungen ihrer Währung, da die heimische Industrie nicht auf die exportfördernden und importhemmenden Effekte der unterbewerteten Währung verzichten wollte und die Gewerkschaften um Arbeitsplätze fürchteten. Länder mit Zahlungsbilanzdefiziten verzögerten die notwendige Abwertung, um Importe nicht zu verteuern und weil sie die notwendige restriktive Geld- und Finanzpolitik mit der Gefahr von Arbeitsplatzverlusten vermeiden wollten. Der IWF „unterstützte" dieses Verhalten, indem er großzügig Dollarkredite an Defizitländer vergab und notfalls neue Liquidität (z.B. 1969 die Sonderziehungsrechte) schuf. Die Währungskrisen von 1971 und 1973 brachten das faktische Ende des Bretton-Woods-Systems: die Bindung des Dollar an das Gold wurde auch formal beendet, die meisten Staaten gaben den Wechselkurs ihrer Währung frei. Die Statuten des IWF wurden allerdings erst 1978 geändert. Nun war jedes Mitgliedsland frei zu entscheiden, ob es den Kurs seiner Währung am Devisenmarkt frei schwanken lässt, oder ob es ihn an den Dollar oder eine andere Währung bindet (faktisch hatten sich die Länder diese Freiheit schon 1973 genommen). Seither hat sich ein **differenziertes System flexibler, teilweise verbundener Währungen** herausgebildet: die Wechselkurse von Dollar und Yen richten sich nach Angebot und Nachfrage an den Devisenmärkten. Zahlreiche Länder in Südamerika und Südostasien haben ihre Währungen an den Dollar gebunden. In der EU hatten seit 1979 eine Reihe von Ländern im Rahmen des EWS grundsätzlich feste Wechselkurse vereinbart (das EWS war ein ganz ähnliches System wie das Bretton-Woods-System). 1999 haben zunächst 11 (inzwischen – ab Januar 2008 – 15) EU-Staaten den Euro als gemeinsame Währung eingeführt. Einige osteuropäische Länder haben ihre Währungen an den Euro angebunden. Gegenüber anderen Währungen, insbesondere Dollar und Yen, bilden sich die Wechselkurse frei.

Der IWF überwacht die Wechselkurspolitik seiner Mitglieder, greift aber nicht mehr selbst an den Devisenmärkten ein. Er soll durch die Vergabe von Krediten an Länder, die sich in akuten Zahlungsbilanzschwierigkeiten befinden, die Rolle der Feuerwehr bei Währungskrisen spielen. Die Zahlungsbilanzkredite werden mit Auflagen vergeben, die eine solide Wirtschaftspolitik der Empfängerländer sicherstellen sollen. Seit den 80er Jahren konzentriert sich der IWF auf die Kreditvergabe an die Entwicklungsländer und an die ehemaligen kommunistischen Staaten im Übergang zur Marktwirtschaft und auf technische Hilfe beim Aufbau von Währungsinstitutionen und die Beratung bei der Verfolgung einer marktwirtschaftlichen Währungspolitik (Sautter 2004, 158 ff.; Stiglitz 2006, 307 ff.). In den letzten Jahren geriet der IWF zunehmend in die Kritik von verschiedenen Seiten.

Kritisiert wird erstens die Vermengung von Währungspolitik und Entwicklungspolitik. Der IWF hat in den letzten Jahren spezielle Kreditangebote für Entwicklungsländer entwickelt – eine Aufgabe, für die eigentlich die **Weltbank** zuständig ist. Sie wurde 1944 zusammen mit dem IWF gegründet, um Entwicklungsaufgaben – zuerst im kriegszerstörten Europa, später in Entwicklungsländern – zu finanzieren. Kritisiert wird zweitens das Krisenmanagement des IWF (beispielsweise bei der Asienkrise 1997/98 und im Falle Argentinien 2001/02). Währungskredite würden vielfach zu spät gewährt und zudem mit Auflagen verbunden, die zu wenig die speziellen Bedingungen der betroffenen Länder berücksichtigen. Die Politik des IWF sei zu sehr an „Rezepten" orientiert, die auf Erfahrungen in Industrieländern mit entwickeltem Bankwesen, effizienten Steuersystemen und funktionierender Verwaltung beruhten (Stiglitz 2001, 226 ff.). Der IWF solle sich drittens mit Kreditzusagen stärker zurückhalten, um dem Phänomen des moral hazard zu begegnen: Im Vertrauen darauf, dass der IWF bei Liquiditätsproblemen von Schuldnerstaaten rasch einspringen wird, würden Banken der Industrieländer zu leichtfertig Kredite vergeben und Regierungen der Schuldnerländer zu wenig auf deren effiziente Verwendung achten. Der IWF solle seine Kreditbedingungen so staffeln, dass eine dauerhafte Inanspruchnahme von Finanzhilfen entmutigt wird. Er solle sich stärker darauf konzentrieren, durch seine Überwachungsaktivitäten und verbesserte Frühwarnsysteme internationale Finanz- und Währungskrisen möglichst zu vermeiden (Nunnenkamp 2002, 30 ff.).

Literaturverzeichnis

Institut der Deutschen Wirtschaft: Deutschland in Zahlen 2007, Berlin 2007.
Koch, E.: Globalisierung der Wirtschaft, München 2000.
Krugman, P., M. Obstfeld: Internationale Wirtschaft. Theorie und Politik der Außenwirtschaft, 6. Aufl. München 2004.
Müller, S., M. Kornmeier: Streitfall Globalisierung, München/Wien 2001.
Nunnenkamp, P.: IWF und Weltbank: Trotz aller Mängel weiterhin gebraucht? Kiel 2002.
Sautter, H.: Weltwirtschaftsordnung, Berlin 2004.
Stiglitz, J.: Schatten der Globalisierung, Berlin 2002.
Stiglitz, J.: Die Chancen der Globalisierung, Berlin 2006.

Sachverzeichnis

Weitere Werke von Professor May im Oldenbourg Wissenschaftsverlag:

May, H.
Didaktik der ökonomischen Bildung
6., überarbeitete und aktualisierte Auflage 2007. X, 123 Seiten, gebunden
ca. € 19,80, ISBN 978-3-486-58266-6

May, H.
Geldanlage – Vermögensbildung
3., völlig überarbeitete, aktualisierte Auflage 2007. XIV, 227 Seiten, gebunden
€ 29,80, ISBN 978-3-486-58151-5

May, H. (Hrsg.)
Lexikon der ökonomischen Bildung
6., völlig überarbeitete und erweiterte Auflage 2006. XIX, 713 Seiten, gebunden
€ 59,80, ISBN 978-3-486-58042-6

May, H.
Ökonomie für Pädagogen
14., überarbeitete und aktualisierte Auflage 2008. XV, 340 Seiten, gebunden
€ 34,80, ISBN 978-3-486-58517-9

May, H.
Wirtschaftsbürger-Taschenbuch
Wirtschaftliches und rechtliches Grundwissen
7., überarbeitete und aktualisierte Auflage 2006. 556 Seiten, gebunden
€ 34,80, ISBN 978-3-486-57809-6

R. Oldenbourg Verlag München Wien